瀋陽年鑒

SHENYANG YEARBOOK

（总第三十三卷）

2017

沈阳市统计局　编

中国统计出版社
China Statistics Press

图书在版编目（CIP）数据

沈阳年鉴. 2017 / 沈阳市统计局编. —北京：中国统计出版社，2017.11
ISBN 978-7-5037-8396-8

Ⅰ. ①沈… Ⅱ. ①沈… Ⅲ. ①沈阳—2017—年鉴
Ⅳ. ①Z523.11

中国版本图书馆CIP数据核字(2017)第264960号

沈阳年鉴—2017

作　　者/ 沈阳市统计局
责任编辑/ 陈越月
装帧设计/ 戴杰　阎力
出版发行/ 中国统计出版社
地　　址/ 北京市丰台区西三环南路甲6号　邮政编码/100073
电　　话/ 邮购（010）63376909　书店（010）68783171
网　　址/ http://csp.stats.gov.cn
印　　刷/ 沈阳大地印刷有限责任公司
经　　销/ 新华书店
开　　本/ 890mm×1240mm　1/16
字　　数/ 1300千字
印　　张/ 32.25
版　　别/ 2017年11月第1版
版　　次/ 2017年11月第1次印刷
定　　价/ 200元

沈陽数字

国土面积	12860	平方公里
户籍人口	734.4	万人
地区生产总值	5546.4	亿元
第一产业增加值	266.4	亿元
第二产业增加值	2151.6	亿元
第三产业增加值	3128.5	亿元
一般公共预算收入	620.9	亿元
一般公共预算支出	825.4	亿元
固定资产投资额	1631.6	亿元
社会消费品零售总额	3985.9	亿元
外贸进出口总额	113.3	亿美元
新签利用外资项目（合同）	132	个
实际利用外商直接投资额	8.2	亿美元
接待国际旅游者	68.7	万人次
城市居民人均可支配收入	39135	元
农村居民人均可支配收入	14445	元
城镇非私营单位在岗职工平均工资	67444	元

摄影：李雪松

沈陽風采
SHENYANG FENG CAI

长白岛森林公园

浑南奥林匹克公园

万柳塘公园

沈阳站

桃仙国际机场进出道路

浑河长青桥

浑河三好桥

青年南大街

沈水湾夜色

浑河富民桥

沈水之阳

南金廊五里河地区

摄影：陆 兵

沈陽風采
SHENYANG FENG CAI

沈陽工業風采

SHENYANG GONG YE FENG CAI

德国总理默克尔考察中德产业园

德国总理默克尔参加宝马新车型下线仪式

华晨宝马大东生产线

华晨宝马铁西工厂冲压车间

华晨宝马铁西工厂车身车间

沈陽風采

SHENYANG FENG CAI

艺术惠民演出

沈阳马拉松

统计连着你我他 数据准确靠大家

统计数据要重视，做好工作靠法制。
诚信统计为宗旨，虚加水分真可耻。
要是数据不真实，依法处罚悔已迟。

什么是统计?

在实际应用中，人们对统计一词的理解一般有三种涵义：统计工作、统计资料和统计科学。

1、统计工作。指利用科学的方法搜集、整理、分析和提供关于社会经济现象数量资料工作的总称，是统计的基础。

2、统计资料。指通过统计工作取得的、用来反映社会经济现象的数据资料的总称。统计工作所取得的各项数字资料及有关文字资料，一般反映在统计表、统计图、统计手册、统计年鉴、统计资料汇编和统计分析报告中。

3、统计科学。指研究如何搜集、整理和分析统计资料的理论与方法。统计工作、统计资料、统计科学三者之间的关系是：统计工作的成果是统计资料，统计资料和统计科学的基础是统计工作，统计科学既是统计工作经验的理论概括，又是指导统计工作的原理、原则和方法。

统计工作的任务

统计工作的任务体现为统计信息、统计咨询、统计监督三大职能。具体地说统计的基本任务是对经济社会发展情况进行统计调查、统计分析，提供统计资料和统计咨询意见，实行统计监督。

统计工作的过程

统计工作的过程是指统计部门进行统计业务活动的过程。主要分为统计设计、统计调查、统计整理、统计分析四个阶段。

地区生产总值及增长情况

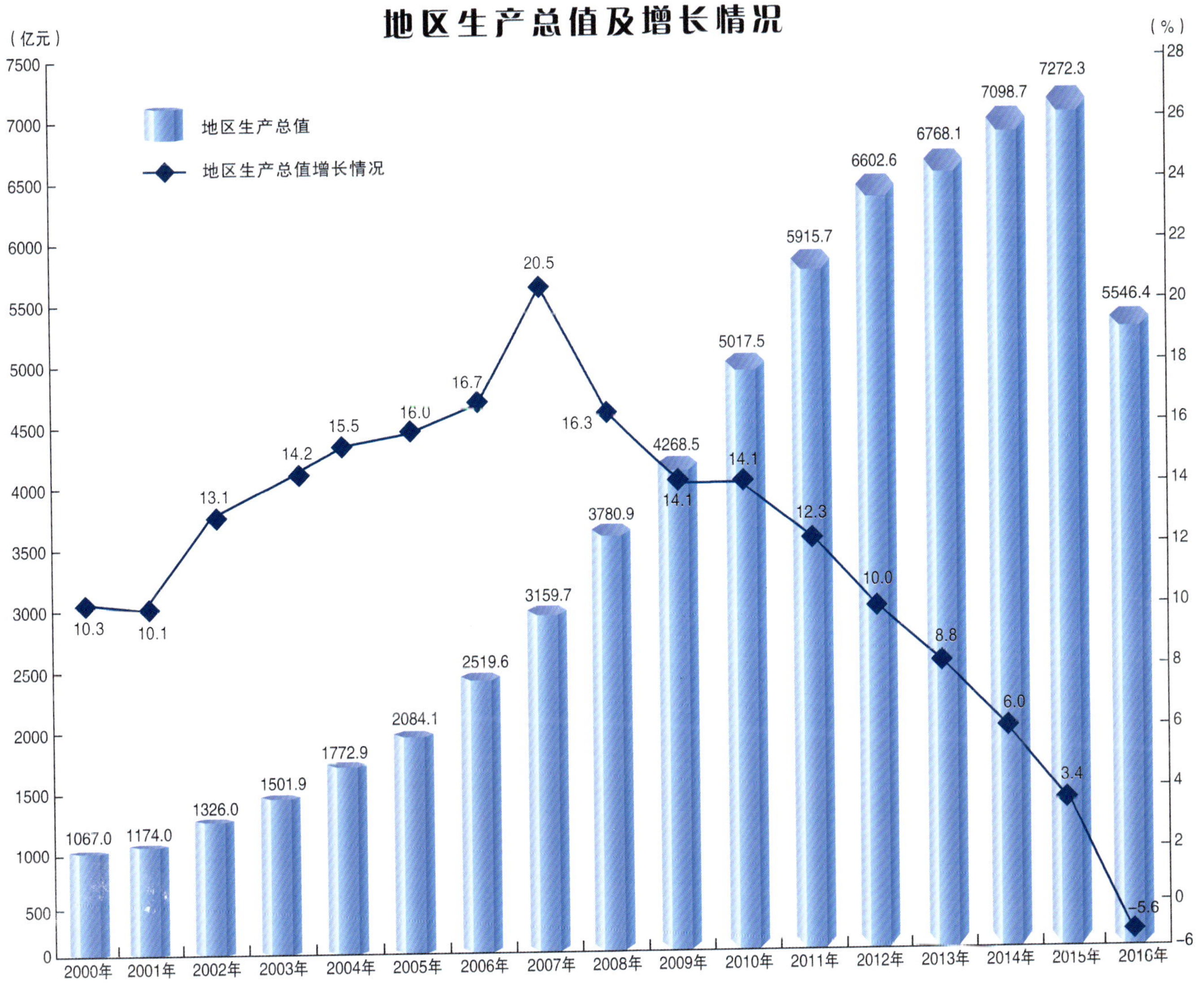

规模以上工业企业增加值及增长情况

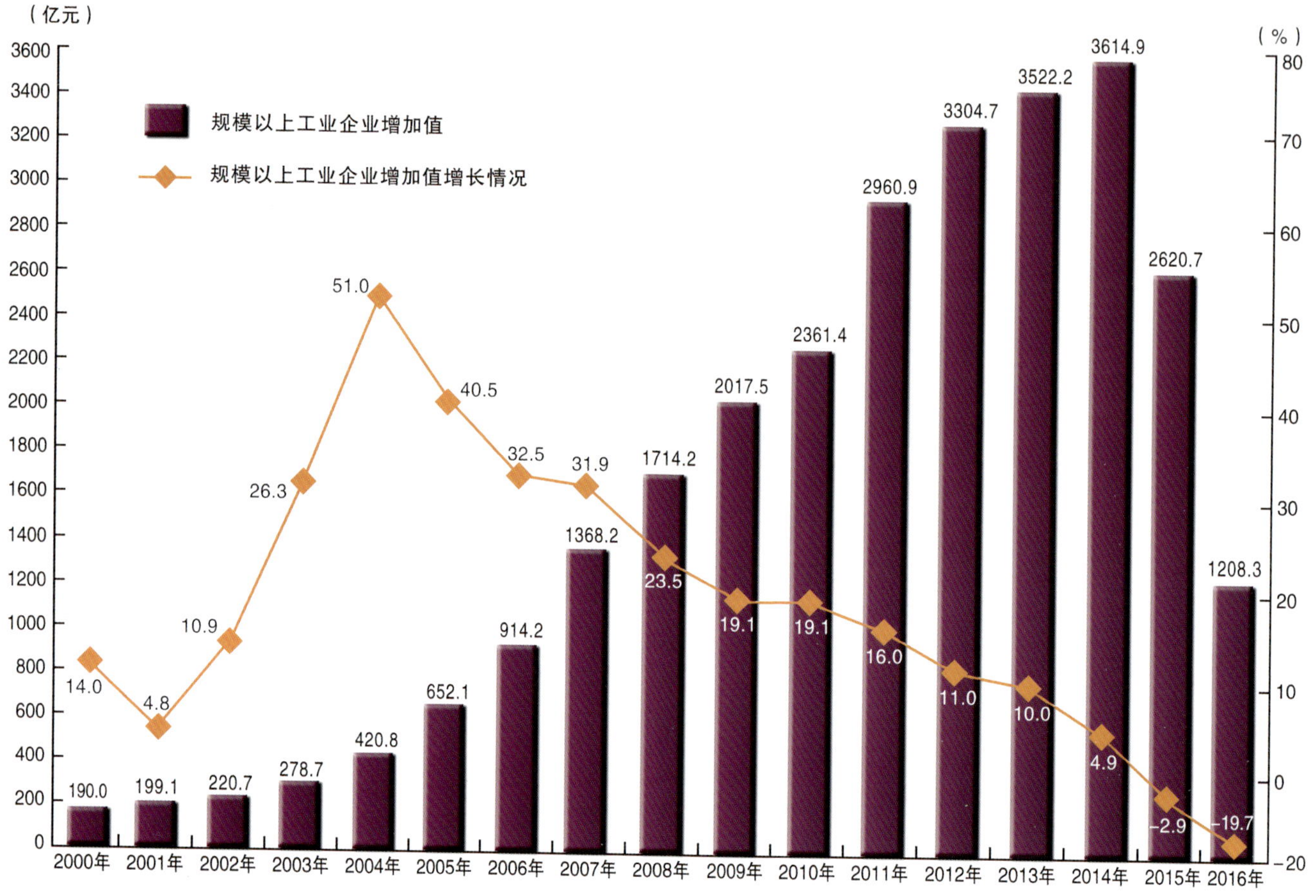

第三产业增加值及增长情况

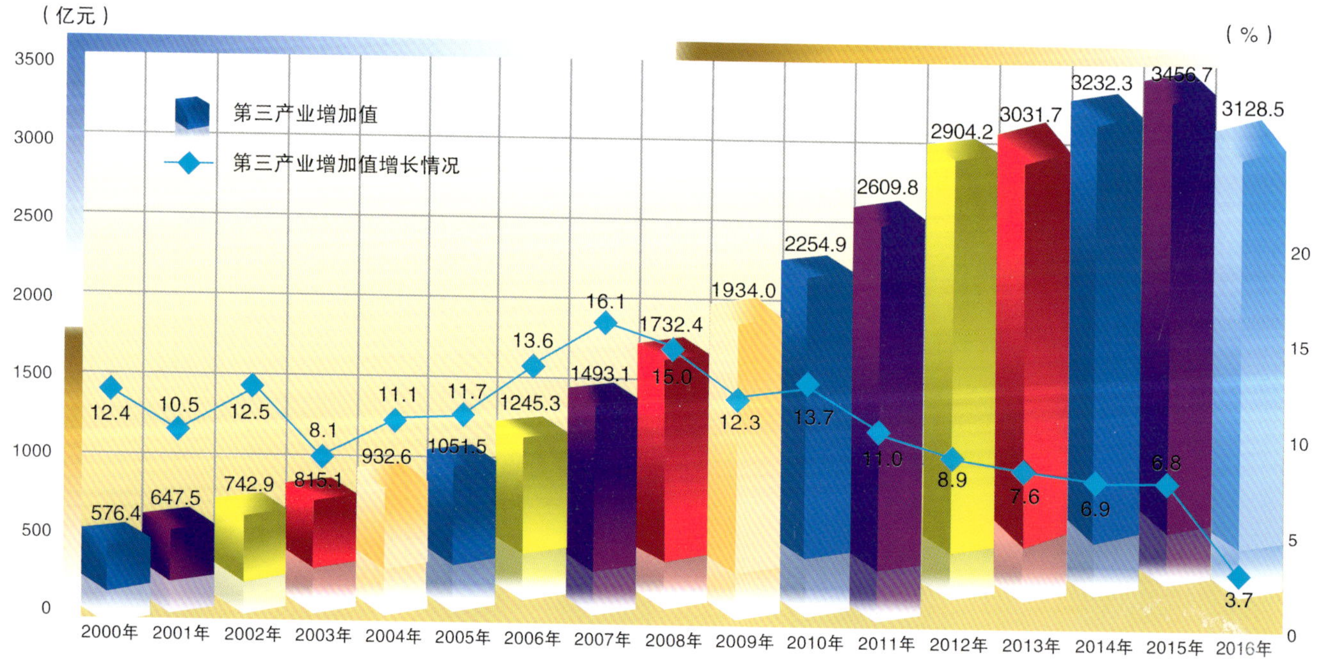

固定资产投资额及增长情况

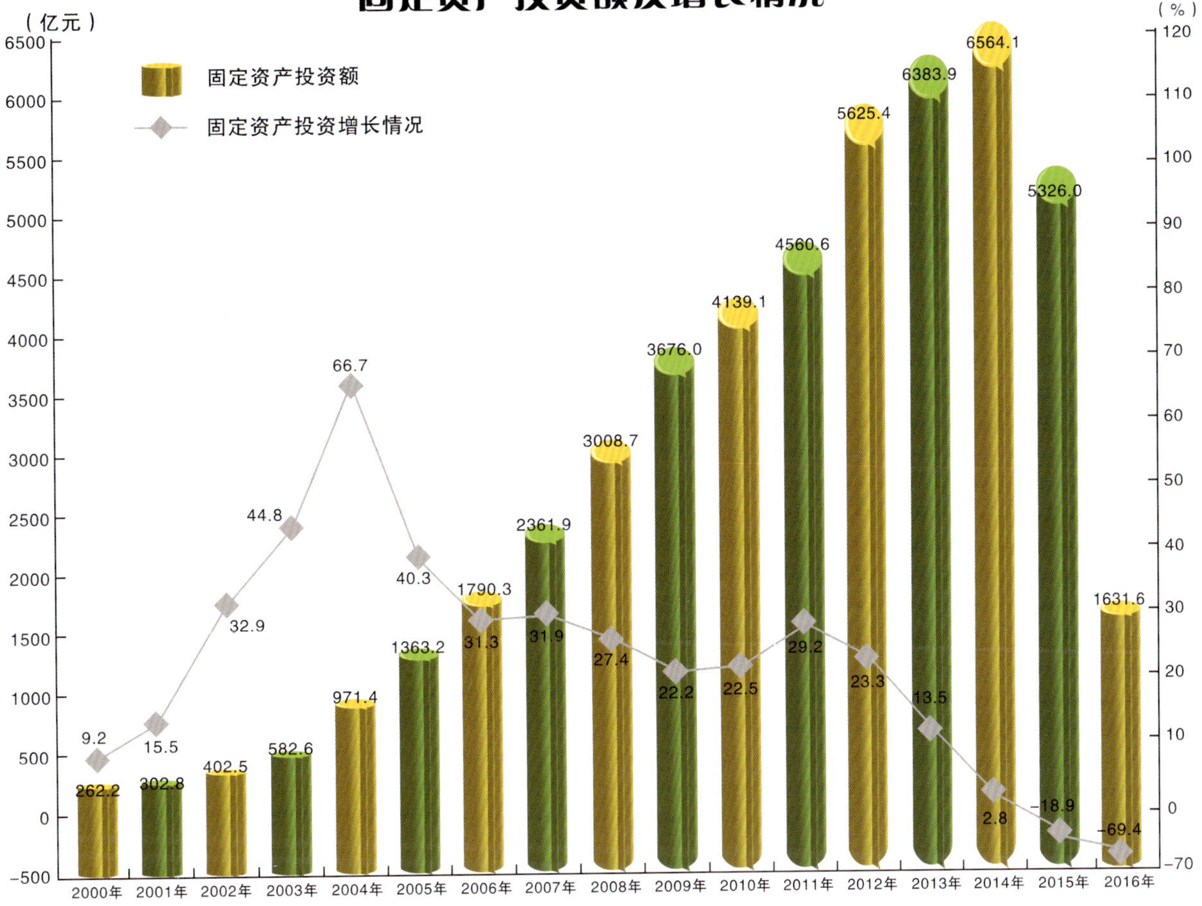

房地产开发投资额及增长情况

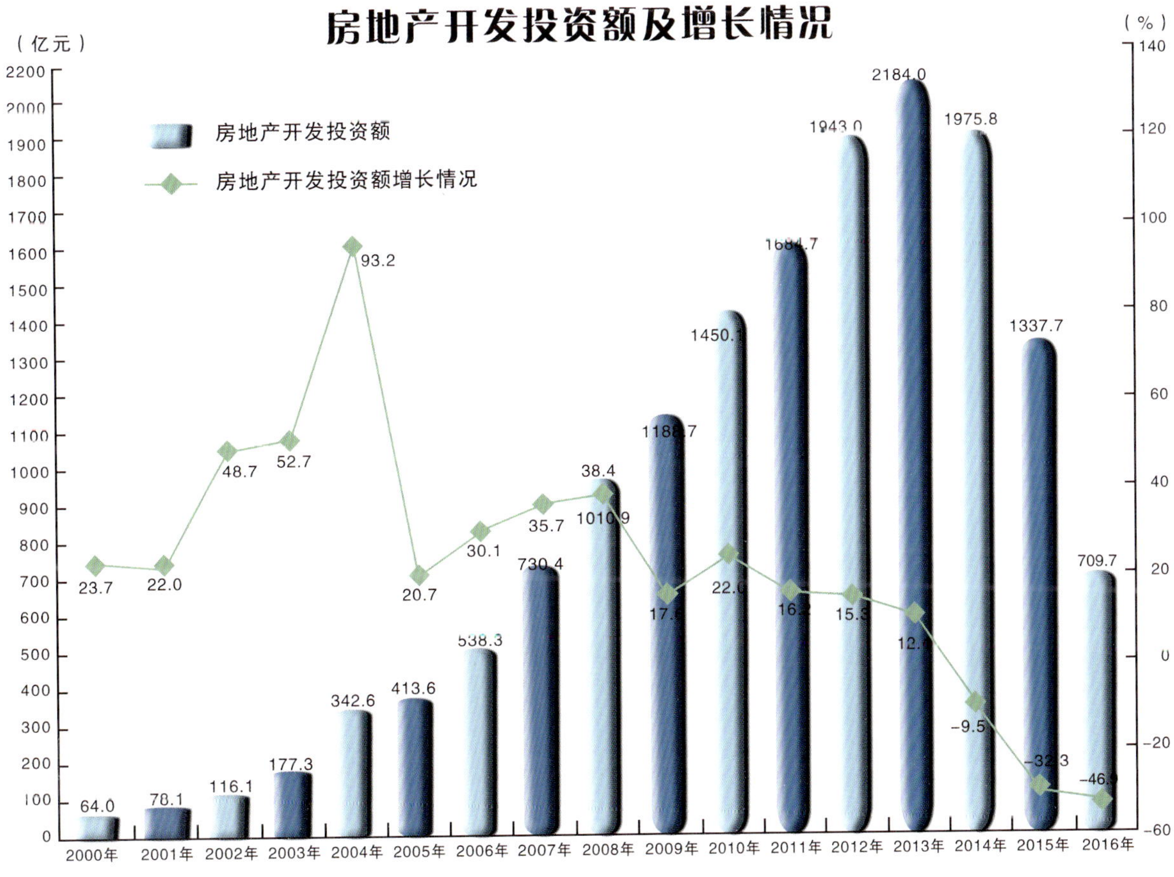

·社会消费品零售总额及增长情况

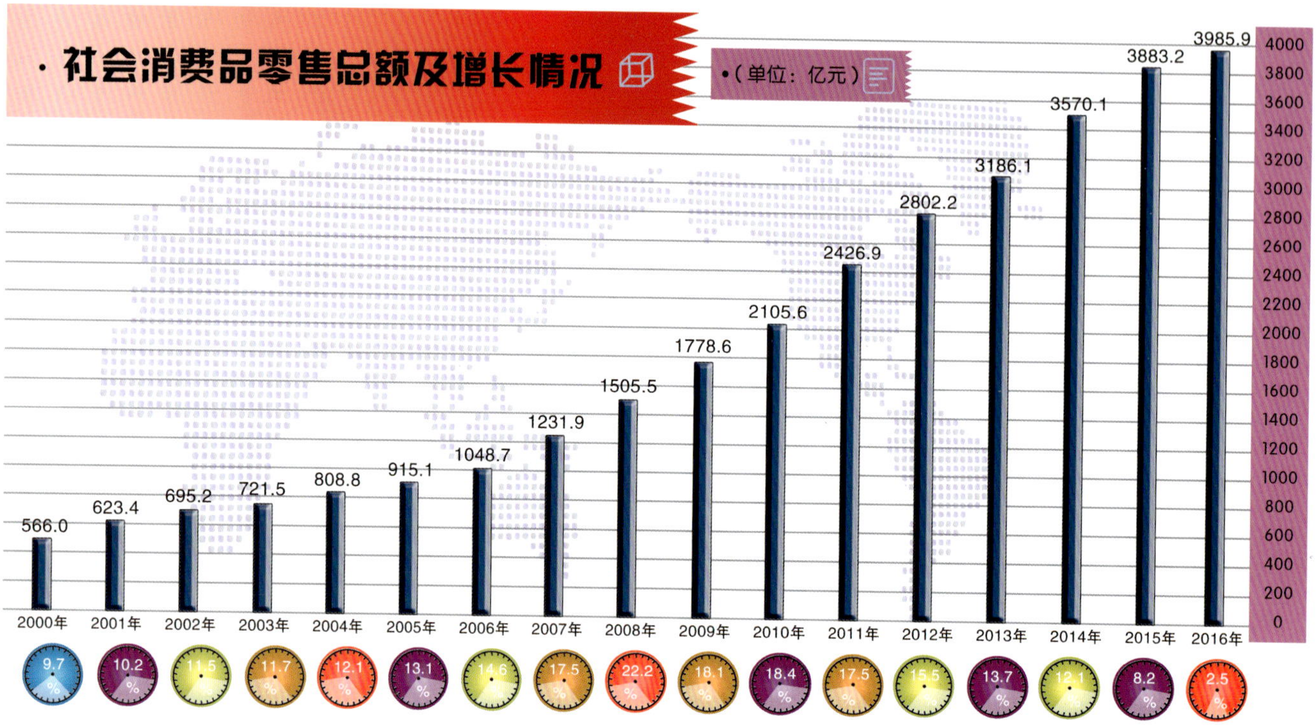

实际利用外资额及增长情况

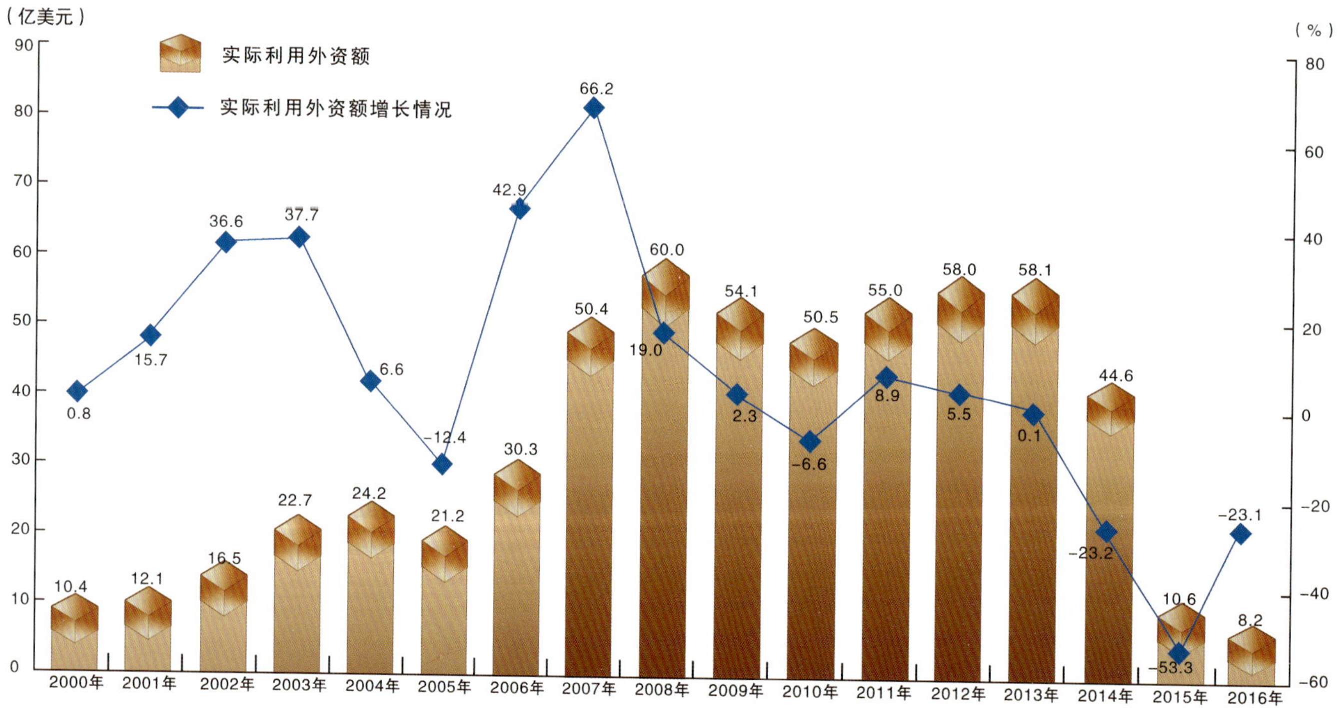

一般公共预算收支

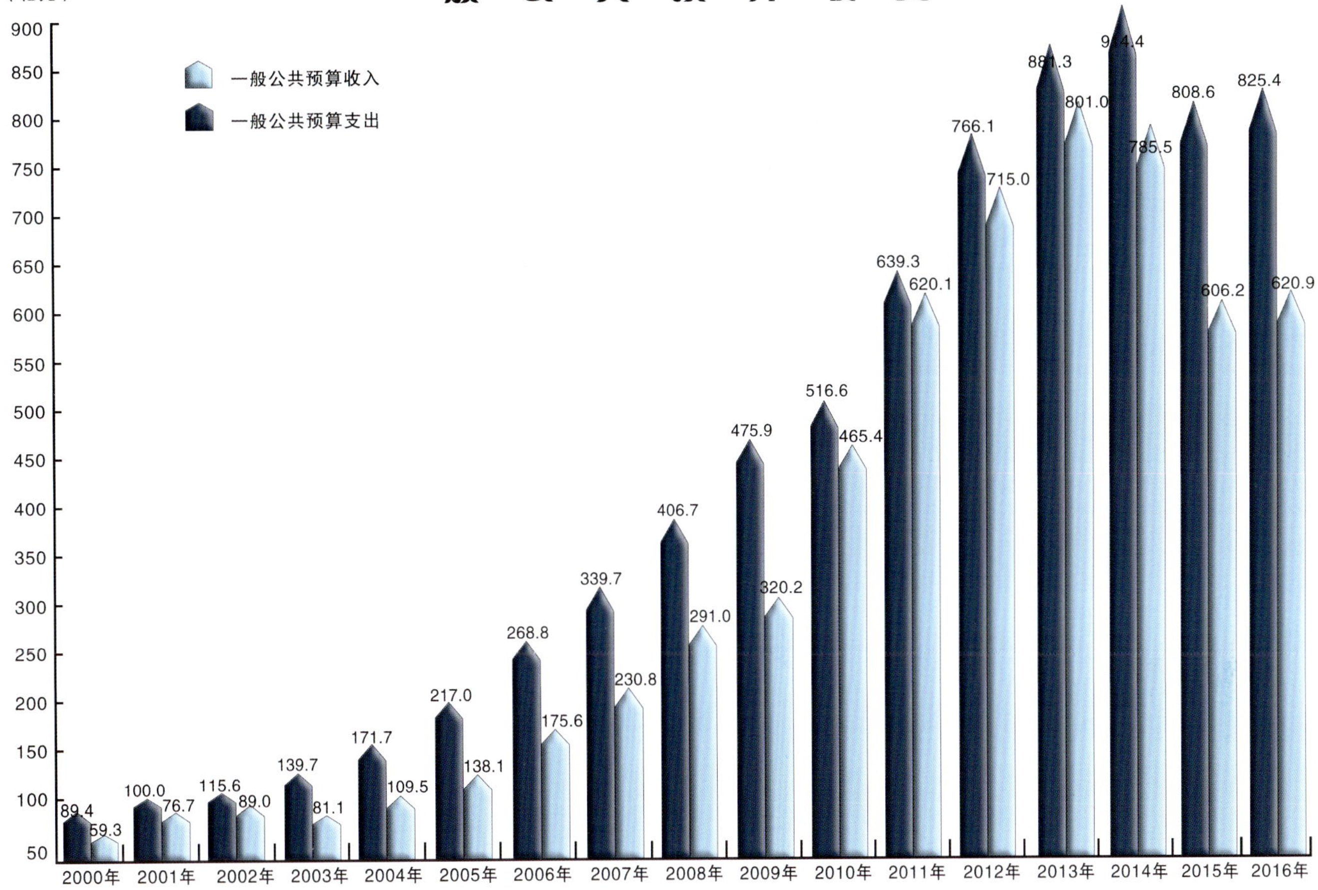

城镇非私营单位在岗职工平均工资及增长情况

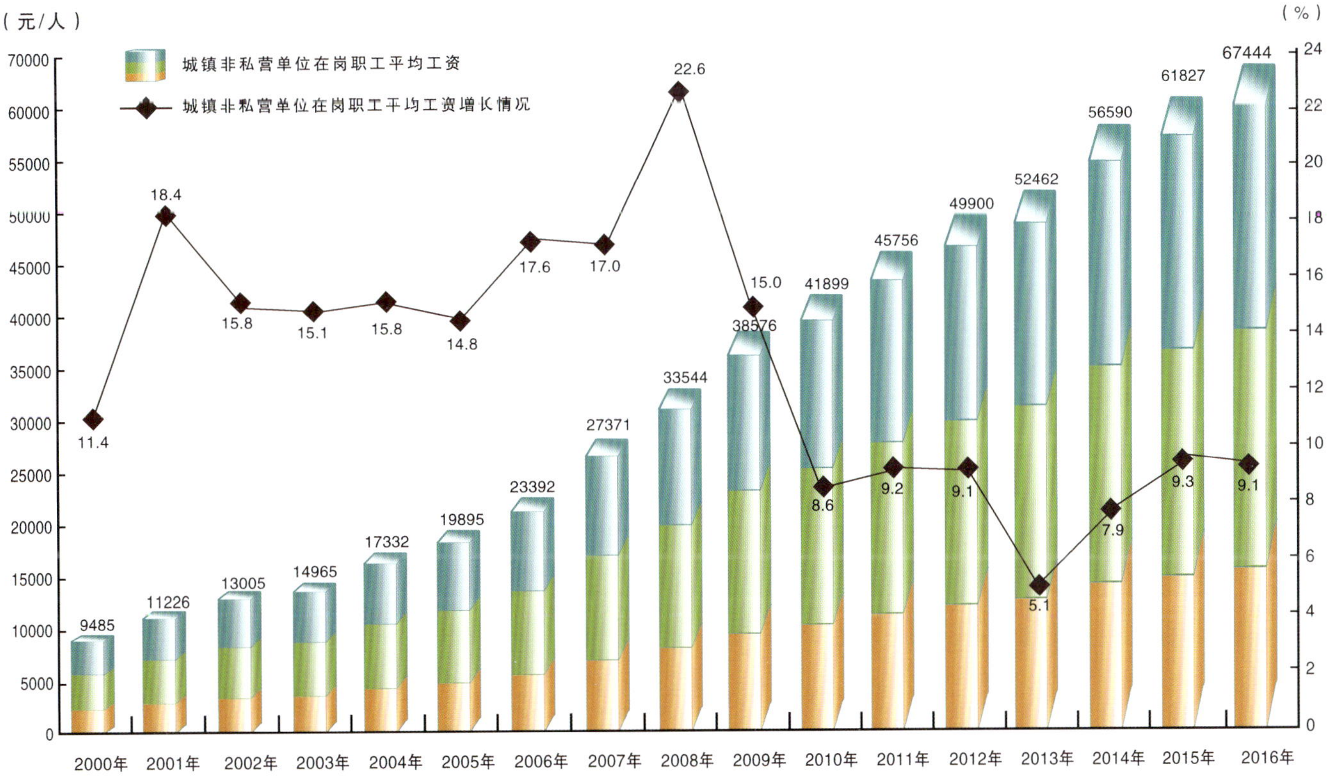

城市居民生活

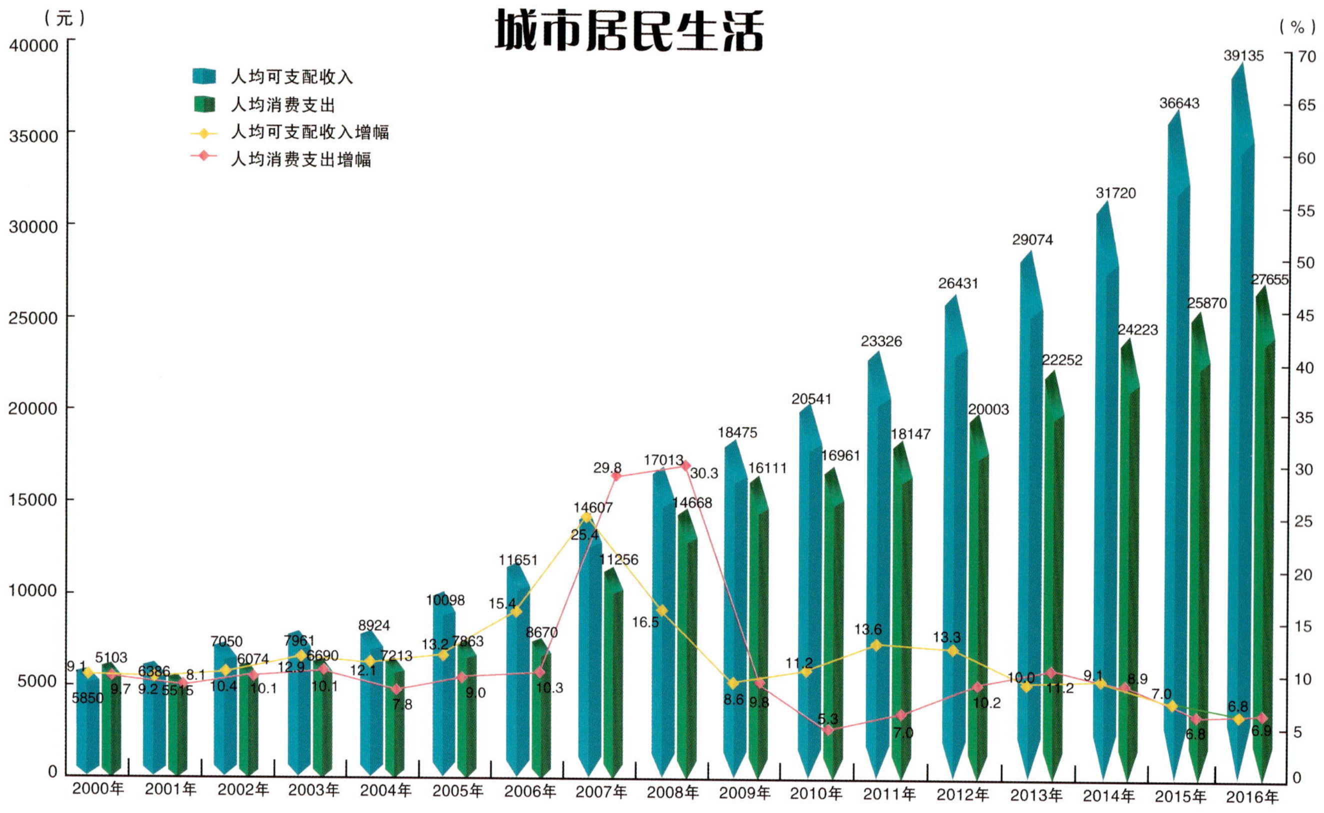

农村居民生活

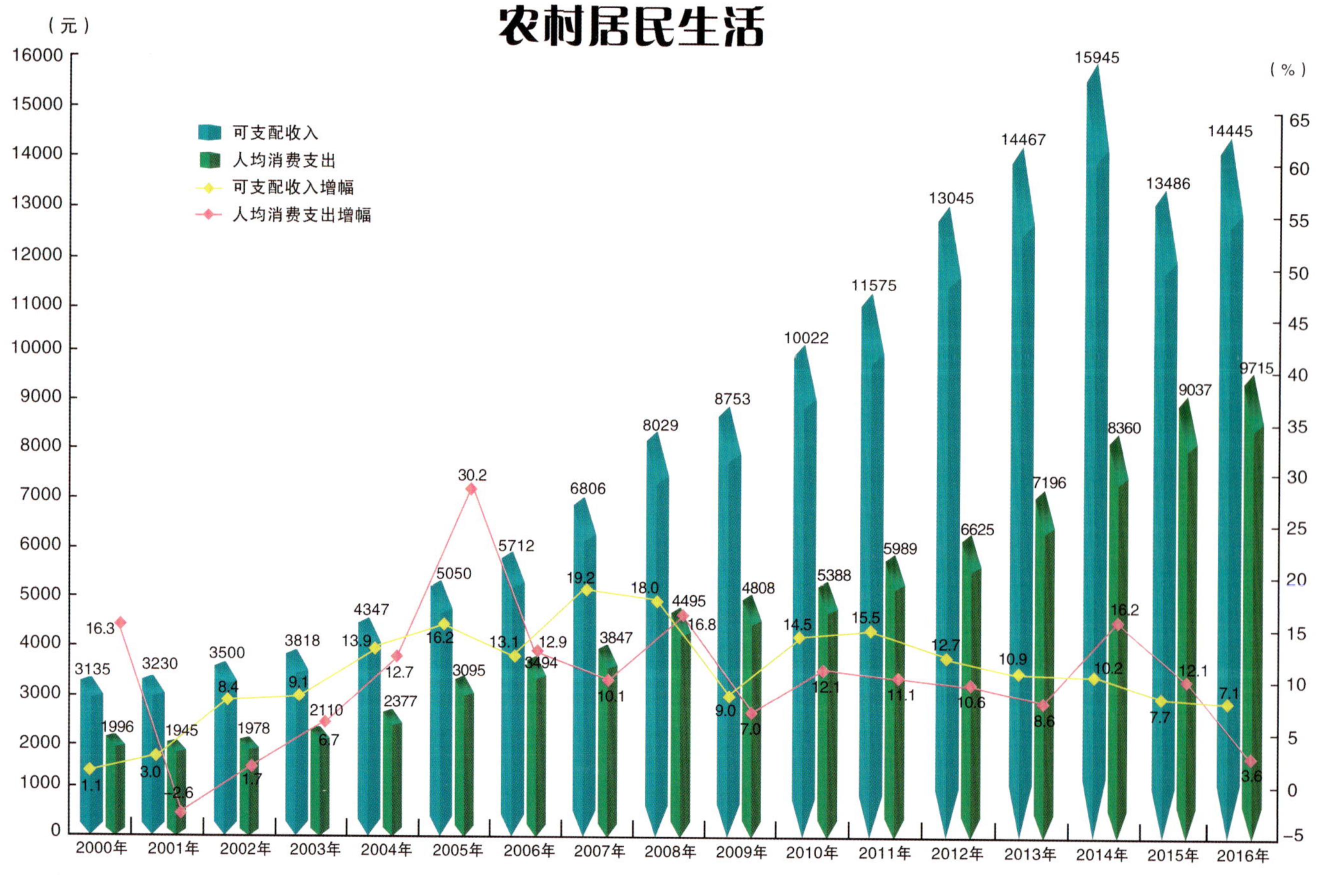

《沈阳年鉴》编纂委员会

主　任：姜有为（市委副书记、沈阳市人民政府市长）
副主任：马占春（市委常委、沈阳市人民政府常务副市长）
　　　　连茂君（市委常委、市委秘书长）
　　　　孟昭贵（沈阳市人大常委会秘书长）
　　　　肖　枫（沈阳市人民政府党组成员、秘书长）
　　　　徐大地（沈阳市政协秘书长）
　　　　冷雪峰（沈阳市统计局局长）

编　委：（以姓氏笔画为序）
　　　　卫丽莹（沈阳市统计局副局长）
　　　　方铁林（沈阳市工商局局长）
　　　　卢　俊（沈阳市财政局局长）
　　　　田　家（沈阳市经信委主任）
　　　　吕　凡（沈阳市建委主任）
　　　　朱文波（沈阳市农经委主任）
　　　　曲　放（沈阳市地税局局长）
　　　　苏文捷（沈阳市教育局局长）
　　　　李争时（沈阳市统计局副局长）
　　　　杨廷威（沈阳市统计局副局长）
　　　　张振川（沈阳市统计局副巡视员）
　　　　孟昭霞（辽宁省统计局沈阳调查队队长）
　　　　赵日刚（沈阳市科技局局长）
　　　　段继阳（沈阳市发改委副主任）
　　　　姚嘉民（沈阳市国税局局长）
　　　　康　勇（沈阳市统计局副巡视员）
　　　　董　玥（沈阳市统计局副局长）
　　　　路绍奎（国家统计局沈阳调查队队长）

《沈阳年鉴》编辑部

总 编 辑： 冷雪峰

副总编辑： 李争时　董　玥　杨廷威　孟昭霞　卫丽莹　张振川　康　勇

编　　辑： 葛文喆　商立中　张向阳　狄　克　姜希一　孟　为

张旭萍　张　勇　郭　悦　侯　路　毛英杰　戴　杰

那　琪　阎　力　王利明　富丽鸿　李梦瑶

责任编校： 戴　杰

框架设计： 阎　力

数据库系统编辑： 陈江宜

校　　对： 那　琪　阎　力　王利明　富丽鸿　李梦瑶

《沈阳年鉴》编辑部

地址：沈阳市沈河区奉天街305号

邮编：110013　电话：(024)22739160

E—mail：nj. sy@163. com

编 辑 说 明

一、《沈阳年鉴》是沈阳市人民政府主办、由沈阳市统计局负责编辑出版的综合性地方年鉴。自1985年创刊以来，已连续出版33卷。是国内外公开发行的集知识、信息、资料为一体的具有公报性、资料性、权威性的工具书。

二、《沈阳年鉴－2017》旨在全面、系统、翔实地记载2016年沈阳市社会经济和社会发展的基本情况和基本资料，为海内外各界人士了解沈阳、研究沈阳和建设沈阳提供翔实的资料和信息，为"让沈阳走向世界，让世界了解沈阳"提供窗口，发挥桥梁作用。

三、《沈阳年鉴－2017》在编纂体例上基本保持了类目的相对稳定。全书共设26个部类：(1)特辑；(2)沈阳概貌；(3)党政机关；(4)群众团体；(5)地方军事；(6)政法；(7)工业；(8)交通·邮政；(9)城乡建设和管理；(10)商务；(11)旅游；(12)农村经济；(13)经济管理；(14)财政·税收；(15)金融；(16)科学技术；(17)教育；(18)文化；(19)卫生·体育；(20)社会·民生；(21)区、县(市)及开发区；(22)人物；(23)统计资料；(24)文献·法规选编；(25)沈阳大事记；(26)附录。

四、《沈阳年鉴》统计资料版采用中英文对照，为海外各界人士了解沈阳经济和社会发展提供方便。

五、《沈阳年鉴》采用分类编辑法，以条目为主体。体例分一、二、三级目。一级目为大类，二级目为分目，三级目为条目，用黑体字加【】号作标题。

六、《沈阳年鉴》采用的稿件均由各有关部门和行业专人撰写，并经撰稿单位领导审定。统计资料由沈阳市统计局提供，因统计口径等原因，有关部门所用的个别数据与"统计资料"中的不尽一致，采用时请予注意。

七、《沈阳年鉴》的编撰工作得到了沈阳市各级领导和社会各界的大力支持，在此谨表谢意。并恳祈各界人士继续给年鉴工作以更多的支持和帮助，对书中错漏之处给予批评指正，以期不断完善提高。

目　录

特　辑

·党和国家领导人来沈视察·

·专　文·

·重大活动·

·打造国际化营商环境·

·智慧城市建设·

·沈城美誉·

沈阳概貌

·自然概况·

·国民经济和社会发展·

·全面深化改革·

·精神文明建设·

党政机关

·中共沈阳市委·

组　　织

宣　　传

群众团体

·市总工会·

·共青团沈阳市委·

·市妇女联合会·

·市科学技术协会·

·市社会科学界联合会·

·市归国华侨联合会·

·市台湾同胞联谊会·

·市残疾人联合会·

·市黄埔军校同学会·

地方军事

·沈阳警备区·

·预备役部队·

·武装警察·

·人民防空·

政　法

·综　述·

·法治政府建设·

·公　安·

·建　筑·

·房　地　产·

·规划和国土资源管理·

·城市管理·

·市政管理·

·市政设施建设·

·园林绿化·

·市容管理·

·环境卫生·

·地铁建设·

·城管行政执法·

教　育

·综合管理·

·学前教育·

·义务教育·

·普通高中教育·

·职业教育·

·高等教育·

·终身教育·

·民办教育·

·特殊教育·

·民族教育·

文 化

·综 述·

·群众文化·

·文艺创作与表演·

·文物保护·

·文化市场管理·

·档 案·

·新闻出版·

·广播·影视·

沈阳广播电视台

卫生·体育

·卫 生·

综 述

医政管理

卫生监督

疾病预防控制

基层卫生

妇幼卫生

中医工作

卫生科教

药械管理

爱国卫生

财务保障

·人口与计划生育·

·市级领导及市管领导干部名单·

·光　荣　榜·

统计资料

·综合平衡·

·人口与就业·

·农村经济·

·工业、能源、物资、交通、邮电·

·固定资产投资·

·国内贸易·

·外经外贸、旅游业·

·财政、金融·

·教育、文化、卫生·

·城市建设、环境保护·

·其他经济指标·

文献·法规选编

·文　　献·

·法规·规章·

沈阳大事记（2016年）

附　　录

CONTENTS

TRANSPORTAION AND POSTAL SERVICES

CITY AND VILLAGE CONSTRUCTION AND MANAGEMENT

DOMESTIC TRADE

FOREIGN ECONOMY TRADE

TOURISM

RURAL ECONOMY

ECONOMY MANAGEMENT

FINANCE AND TAX

BANKING AND INSURANCE

SCIENCE RESEARCH AND COMPREHENSIVE TECHNOLOGY SERVICE

EDUCATION

CULTURE

PUBLIC HEALTH AND SPORTS

SOCETY AND LIFE

SURVEY OF DISTRICTS

FIGURES

STATISTICAL DATA

SELECTED DOCUMENTS AND LOCAL LAWS

特　　辑

党和国家领导人来沈视察

【中共中央政治局常委、国务院副总理张高丽来沈调研】 2016年6月16日至17日，中共中央政治局常委、国务院副总理张高丽在辽宁调研东北地区等老工业基地振兴情况。张高丽前往沈阳市和平区政务审批服务局办事大厅，察看国地税窗口、证照发放窗口，调研辽宁加快转变政府职能、全面推开营改增实施情况；到沈阳机床公司察看智能机床和智能制造示范基地，调研推进国有企业改革、促进装备制造等优势产业提质增效等工作；到沈阳新松机器人自动化公司察看工业机器人数字化生产车间，调研推进结构调整、培育新产业新业态工作；到沈阳国际软件园，调研支持民营经济发展、鼓励创业创新工作情况。17日上午，张高丽在沈阳主持召开辽宁、吉林、黑龙江、内蒙古四省区负责同志参加的全面振兴东北地区等老工业基地座谈会。

张高丽表示，东北地区在国家发展全局中具有举足轻重的地位。习近平总书记强调，振兴东北地区等老工业基地是国家的一个重大战略，老工业基地要抢抓机遇、奋发有为，着力完善体制机制，着力推进结构调整，着力鼓励创新创业，着力保障和改善民生，闯出一条新形势下老工业基地振兴发展新路。李克强总理也对东北地区发展提出了明确要求。我们要深入贯彻创新、协调、绿色、开放、共享的发展理念，坚定不移推进供给侧结构性改革，推动实现新一轮东北振兴。

张高丽强调，东北地区要大力实施创新驱动发展战略，着力调整经济结构，加快构建现代产业发展新格局。要加快转变政府职能，深入推进简政放权、放管结合、优化服务，创造良好营商环境。要不断深化国有企业改革，增强企业内在活力、市场竞争力，使其成为老工业基地振兴的重要支撑力量。要建立“亲”“清”新型政商关系，积极支持民营经济发展。要引进人才、培养人才、留住人才、用好人才，为新一轮振兴提供智力支撑。要统筹抓好现代农业产业体系、生产体系、经营体系建设，进一步提升国家商品粮生产核心区地位。要抓住国家实施“一带一路”建设战略和推动京津冀协同发展等重大机遇，统筹推进对内对外开放，培育开放型经济新优势。要加强生态环境保护，打造北方生态屏障和山青水绿的宜居家园。要坚持把保障和改善民生作为出发点和落脚点，加大民生建设资金投入，使发展成果更多更公平惠及全体人民。

张高丽要求，东北地区和有关部门要认真开展“两学一做”学习教育，按照“三严三实”要求，把老工业基地振兴工作抓实抓好抓出成效。要加强领导班子建设，解放思想、振奋精神，勇于担当、苦干实干，团结带领广大干部群众，坚决打赢全面振兴这场硬仗。

（*市委办公厅*）

【中共中央政治局委员、国务院副总理刘延东来沈出席活动】 “九一八”事变发生85周年之际，勿忘“九一八”撞钟鸣警仪式于2016年9月18日上午在辽宁省沈阳市“九一八”历史博物馆残历碑广场举行。中共中央政治局委员、国务院副总理刘延东出席仪式并讲话。

上午9时许，仪式开始。全场高唱国歌。9时18分，刘延东等领导同志和群众代表神情凝重地推动钟槌击响“警世钟”。14响钟声，寓意着中国人民14年抗战历程。沈阳全城拉响防空警报，火车、汽车鸣笛。

随后，刘延东发表讲话指出，伟大的中华民族是爱好和平的民族，也是敢于保卫和平的民族。中国共产党和中国人民从苦难中走过来，深知和平的珍贵、发展的价值，把促进世界和平与发展视为自己的神圣职责。历史不容忘记，未来充满光明。让我们更加紧密地团结在以习近平同志为总书记的党中央周围，弘扬伟大的爱国主义精神，弘扬伟大的抗战精神，满怀信心地为实现“两个一百年”奋斗目标、实现中华民族伟大复兴的中国梦而努力奋斗。

刘延东等领导同志还同各界群众代表一道参观了“九一八”历史博物馆。

全国人大常委会副委员长张宝文，全国政协副主席陈晓光出席仪式。在辽参加过抗日战争的老战士和老同志代表，抗战烈士亲属代表，中央党政军群有关部门、吉林省、黑龙江省负责同志，北部战区有关负责同志，各界群众代表等约1000人参加仪式。

省委书记、省人大常委会主任李希主持仪式。省委副书记、省长陈求发，省政协主席夏德仁，省委常委、沈阳市委书记王蒙徽，市长潘利国，市人大常委会主任赵长义，市政协主席姜宏等省市领导出席仪式。

（*市委办公厅*）

【全国人大常委会副委员长张宝文来沈出席活动】 “九一八”事变发生85周年之际，勿忘“九一八”撞钟鸣警仪式于2016年9月18日上午在辽宁省沈阳市“九一八”历史博物馆残历碑广场举行。中共中央政治局委员、国务院副总理刘延东出席仪式并讲话。

全国人大常委会副委员长张宝文，全国政协副主席陈晓光出席仪式。在辽参加过抗日战争的老战士和老同志代表，抗战烈士亲属代表，中央党政军群有关部门、吉林省、黑龙江省负责同志，北部战区有关负责同志，各界群众代表等约1000人参加仪式。

省委书记、省人大常委会主任李希主持仪式。省委副书记、省长陈求发，省政协主席夏德仁，省委常委、沈阳市委书记王蒙徽，市长潘利国，市人大常委会主任赵长义，市政协主席姜宏等省市领导出席仪式。

（*胡士俭*）

【全国政协副主席陈晓光来沈出席活动】 “九一八”事变发生85周年之际，勿忘“九一八”撞钟鸣警仪式于2016年9月18日上午在辽宁省沈阳市“九一八”历史博物馆残历碑广场举行。中共中央政治局委员、国务院副总理刘延东出席仪式并讲话。

全国人大常委会副委员长张宝文，全国政协副主席陈晓光出席仪式。在辽参加过抗日战争的老战士和老同志代表，抗战烈士亲属代表，中央党政军群有关部门、吉林省、黑龙江省负责同志，北部战区有关负责同志，各界群众代表等约1000人参加仪式。

省委书记、省人大常委会主任李希主持仪式。省委副书记、省长陈求发，省政协主席夏德仁，省委常委、沈阳市委书记王蒙徽，市长潘利国，市人大常委会主任赵长义，市政协主席姜宏等省市领导出席仪式。

（鉴　闻）

专　文

深入贯彻新发展理念 打造国际化营商环境 为实现沈阳老工业基地全面振兴而努力奋斗

——在中国共产党沈阳市第十三次代表大会上的报告

（2016年11月15日）

王蒙徽

各位代表、同志们：

现在，我代表中国共产党沈阳市第十二届委员会向大会作报告。

一、过去五年工作的简要回顾

市第十二次党代会以来，在党中央和省委的坚强领导下，市委团结带领广大党员、干部和群众，抢抓机遇，开拓进取，攻坚克难，真抓实干，较好地完成了各项任务，书写了老工业基地振兴发展的新篇章。

过去的五年，理论武装持续强化、发展思路不断完善。我们积极组织广大党员干部认真学习贯彻党的十八大和十八届三中、四中、五中、六中全会精神，坚持把深入学习贯彻习近平总书记系列重要讲话精神作为首要政治任务，不断把科学理论转化为谋划振兴的正确思路、领导振兴的工作能力和推动振兴的实际成效。顺应形势发展变化，确立了实现“三大目标”、完成“五大任务”的基本思路，发展目标更加聚焦，城市定位更加明确。不断优化发展空间，初步形成了东西南北中各具特色的发展格局。全面贯彻落实党中央关于新一轮东北振兴的决策部署，坚持问题导向，细化工作措施，进一步形成了齐心协力推动振兴发展的良好局面。

过去的五年，经济结构逐步优化、综合实力稳步提升。我们主动适应和积极引领经济发展新常态，大力推进转方式调结构，经济发展稳中有进、进中更优，五年累计一般公共预算收入是上一个五年的2.4倍。产业转型升级步伐明显加快，三次产业结构不断优化，支柱产业地位更加巩固，战略性新兴产业蓬勃发展，工业机器人产业规模跃居全国首位，IC装备产业综合实力位列全国三甲，高新技术产品增加值占规模以上工业增加值的比重达到33.2%；现代服务业发展全面提速，服务业对经济增长的贡献大幅提升；县域经济稳步发展，农业现代化水平进一步提高。项目建设成效明显，铁西装备制造、大东汽车两大产业集群产值突破千亿元，浑南软件与电子信息等16个产业集群产值突破百亿元，多元支撑的产业发展格局加快形成。

过去的五年，改革创新深入推进、发展活力不断增强。我们扎实推进新型工业化综合配套改革，大力实施创新驱动和对外开放战略，我市进入国家自主创新示范区行列，成为东北地区唯一的国家全面创新改革试验区。国资国企改革深入推进，组建了航空、旅游等七大产业集团，重点国有企业在推进股权多元化、员工持股等方面取得重要进展。在副省级城市中率先组建行政审批局，网上审批服务平台正式运行，政府权责清单面向社会公布，行政职权精简率达61.7%。开放合作层次不断提升，沈阳经济区一体化实现新突破，中德装备园成为全国首个装备制造业对德合作园区，中德合作典范效应正在显现。

过去的五年，城市建设步伐加快、城乡面貌明显改观。我们以承办“十二运”为契机，持续加大城市规划、建设和管理力度，全力推进大浑南开发建设，城市品位和城市形象明显提升。桃仙机场新航站楼、沈阳新南站、盛京大剧院、中国工业博物馆等一批枢纽型、功能性重大基础设施投入使用，地铁轨道交通网络和城市快速路系统更加完善，覆盖城乡、对接城际的综合立体交通体系初步形成。蒲河廊道实现生态化景观化，卧龙湖被列入国家生态环境保护试点，抗霾攻坚成效明显，宜居乡村建设成果显著。智慧城市建设全面启动，“公交都市”创建工作有序推进，城市管理水平进一步提升。

过去的五年，社会建设成效显著、群众得到更多实惠。我们坚持把保障和改善民生作为一切工作的出发点和落脚点，全力为广大人民群众办好事办实事。棚户区、暖房子、老旧小区、农村饮用水改造等重点民生工程取得明显成效。城乡居民人均可支配收入、企业退休人员基本养老金、城乡低保标准年均增长10%以上，城镇登记失业率始终控制在3.5%以内，贫困人口累计减少16万人。各项社会事业取得新进展，教育综合实力跨进副省级城市前列，文化艺术惠民“双百万”工程成效显著，医疗卫生服务能力明显提升，体育事业蓬勃发展。平安沈阳、法治沈阳建设成果丰硕，安全生产、食药监管、防灾减灾、应急处置等工作全面加强，社会更加和谐稳定。成功摘得“全国文明城市”桂冠，荣获全国双拥模范城“八连冠”。

过去的五年，党的建设得到加强、党风政风逐步好转。我们认真落实中央八项规定精神，深入开展党的群众路线教育实践活动、“三严三实”专题教育、“两学一做”学习教育和“讲诚信、懂规矩、守纪律”教育，驰而不息反“四风”、转作风，群众反映强烈的不正之风得到较好治理。严格落实工作责任制，及时分析舆情动态，意识形态工作明显加强。认真贯彻执行干部选拔任用工作条例，不断深化干部人事制度改革，加大干部教育培训力度，加强干部考核和管理监督，县、乡、村党组织换届工作顺利完成，领导班子和干部队伍建设进一步加强。大力加强党支部规范化建设，深入整顿软弱涣散基层党组织，不断扩大党的组织和工作覆盖，基层党组织的创造力凝聚力战斗力得到增强。制定实施“盛京人才”战略，统筹推进人才引进、培养和使用，人才对振兴发展的支撑作用不断提升。坚持“三责联动”，认真落实党风廉政建设党委主体责任和纪委监督责任，深入推进党风廉政建设和反腐败斗争，严肃查办违纪违法案件，全力配合做好辽宁拉票贿选案查处工作，创造性地开展挺纪在前、严守底线“集中谈”，党员干部的纪律意识和规矩意识进一步增强。注重发挥党委总揽全局、协调各方的领导核心作用，各级人大、政协和各民主党派、人民团体的职能作用不断加强，团结共识、团结共事、团结共进的良好局面得到巩固和发展。

五年的历程极不平凡，取得的成绩来之不易。这是党中央和省委正确领导的结果，是全市广大党员干部和人民群众团结拼搏的结果，是社会各界大力支持的结果。在此，我代表中共沈阳市第十二届委员会，向全市共产党员、广大干部群众，向各民主党派、工商联、无党派人士、各人民团体，向离退休老同志，向驻沈部队和武警官兵，向所有关心支持沈阳振兴发展的同志们、朋友们，表示衷心的感谢，并致以崇高的敬意！

五年的奋斗历程启示我们：推动振兴大业承前启后、继往开来，必须坚持正确政治方向，牢固树立“四个意识”，始终同以习近平同志为核心的党中央保持高度一致，确保中央大政方针和省委决策部署落到实处；必须坚持新发展理念，积极探索具有沈阳特色的振兴发展新路，实现有质量、有效益、可持续的发展；必须坚持改革开放创新，全力突破体制性机制性结构性障碍，不断增强发展的内生动力；必须坚持以人民为中心，持之以恒为人民谋福祉，让人民群众有更多获得感；必须坚持全面从严治党，不断提升管党治党的能力水平，为振兴发展提供坚强的政治保证。

五年的发展成就令人瞩目，存在的问题也不容忽视，主要表现在：一是落实全面从严治党主体责任不够有力，党风廉政建设和反腐败斗争形势依然严峻复杂，有的干部不讲诚信，说假话、编假数字、造假政绩，搞拉拉扯扯、团团伙伙；有的干部不懂规矩，习惯于搞例外、搞特殊、搞潜规则；有的干部不守纪律，违反中央八项规定精神和党的六项纪律的现象时有发生，特别是一些党员领导干部涉及辽宁拉票贿选案，性质恶劣、影响极坏，严重破坏了政治生态和从政环境；有的干部思想观念、精神状态和工作作风还不适应新形势新任务新要求，不敢担当、不愿作为的问题依然存在。二是体制性机制性问题依然突出，政府与市场关系尚未真正理顺，国资国企等重点领域改革尚未找到突破口，现代城市治理体系尚未建立起来。三是转方式调结构步伐不快，主要经济指标增速明显下滑，重大项目储备明显不足，财政收入增长乏力，经济发展质量和效益有待进一步提高。四是创新创业体系亟待完善，人才外流严重，全社会创新创业意识需要进一步增强，城市创新能力有待进一步提高。五是城乡区域发展不够平衡，环境、交通、医疗、教育等领域的热点难点问题仍很突出，城市规划建设管理水平和综合服务功能需要进一步提升。我们一定要以对党的事业、对沈阳未来发展、对全市人民高度负责的精神，下决心解决好这些问题。

二、今后五年的奋斗目标

加快新一轮东北振兴，是以习近平同志为核心的党中央从党和国家工作全局高度作出的重大战略决策，事关我国区域发展总体战略的实现，事关我国工业化、信息化、城镇化、农业现代化的协调发展，事关我国周边和东北亚地区的安全稳定，意义重大、影响深远。沈阳作为重要老工业基地城市和东北地区中心城市，必须切实肩负起党中央赋予我们光荣而艰巨的历史使命，把实现全面振兴作为矢志不渝的奋斗目标，不负重托、不辱使命、不懈奋斗，不断把沈阳振兴大业推向前进。

实现沈阳老工业基地全面振兴，必须以新发展理念为引领。创新、协调、绿色、开放、共享的新发展理念，是我们党关于发展理论的又一次重大升华，是统领党和国家事业发展全局的重大指导思想。我们必须进一步增强贯彻落实新发展理念的思想自觉和行动自觉，把创新发展作为第一动力，把协调发展作为内在要求，把绿色发展作为根本条件，把开放发展作为必由之路，把共享发展作为根本出发点和落脚点，不断破解发展难题、增强发展动力、厚植发展优势，切实把新发展理念贯彻落实到沈阳振兴发展的全过程。

实现沈阳老工业基地全面振兴，必须以“四个着力”为根本路径。着力完善体制机制、着力推进结构调整、着力鼓励创新创业、着力保障和改善民生，是以习近平同志为核心的党中央为新一轮东北振兴指明的新方向、提出的新要求，是贯彻落实新发展理念的战略举措，是推进供给侧结构性改革的基本内涵。我们必须把“四个着力”作为实现全面振兴的根本路径，不断破解振兴发展的深层次矛盾和问题，全力推动经济社会转型发展，奋力闯出一条新形势下老工业基地振兴发展的新路子。

实现沈阳老工业基地全面振兴，必须以打造国际化营商环境为主要切入点。随着经济全球化、区域一体化快速发展，营商环境日益成为城市和区域竞争的核心和焦点。在新一轮东北振兴战略深入实施之际，习近平总书记专门就改善东北发展环境作出重要批示，强调东北地区要建设好投资、营商等软环境，遏制资本、人才流出，吸引投资、促进发展。习近平总书记的重要批示，进一步指明了加快全面振兴的切入点和突破口。对照国际化营商环境标准和先进城市成功经验，我们的营商环境存在着明显薄弱环节，已经成为制约沈阳振兴发展的关键问题和主要障碍。我们必须充分认识打造国际化营商环境的极端重要性，切实增强责任感和紧迫感，对标先进城市、对接国际标准，举全市之力打一场优化营商环境的攻坚战、决胜战，以营商环境的大提升增强发展新动力、构筑竞争新优势、再创振兴新辉煌。

今后五年，全市工作的指导思想是：高举中国特色社会主义伟大旗帜，全面贯彻党的十八大和十八届三中、四中、五中、六中全会精神，以马克思列宁主义、毛泽东思想、邓小平理论、“三个代表”重要思想、科学发展观为指导，深入贯彻习近平总书记系列重要讲话精神特别是关于东北振兴发展的重要指示批示精神，统筹推进“五位一体”总体布局，协调推进“四个全面”战略布局，牢固树立新发展理念，主动适应引领新常态，抓住供给侧结构性改革这条主线，把握转变经济发展方式这个关键，落实“四个着力”要求，全力打造国际化营商环境，积极促进产业转型、城市转型、社会转型，扎实推进全面从严治党，全面建成小康社会，努力把沈阳建设成为引领实现东北振兴发展的中心城市，为实现中华民族伟大复兴的中国梦作出我们的贡献。

坚持创新发展。全面创新改革试验区和国家自主创新示范区建设成效显著，重点领域和关键环节改革取得决定性成果，大众创业万众创新蓬勃发展。到2020年，战略性新兴产业增加值占地区生产总值比重大幅提升，全社会研发投入占地区生产总值比重达到3%以上，科技进步贡献率达到65%以上。

坚持协调发展。产业结构持续优化，城乡区域统筹发展体制机制不断完善，城市综合承载能力全面增强。到2020年，实现地区生产总值比2010年翻一番，服务业增加值占地区生产总值比重达到50%以上，城镇化率达到85%。

坚持绿色发展。生产方式和生活方式绿色低碳水平明显提升，生态保护和人居环境建设达到国内先进水平。到2020年，二氧化碳排放强度、单位地区生产总值能耗和主要污染物排放等指标逐年降低，建成区绿化覆盖率达到45%，城市空气质量优良天数比率达到80%以上。

坚持开放发展。国际化营商环境建设成效明显，城市国际化水平显著提升。到2020年，进出口总额年均增长5%，对境外投资额年均增长10%，中德装备园成为“中国制造2025”与“德国工业4.0”战略对接示范区，建成装备制造业“走出去”重要基地。

坚持共享发展。基本公共服务均等化程度持续提升，人民生活水平和社会文明程度显著提高。到2020年，城乡居民人均可支配收入比2010年翻一番，贫困人口全面脱贫，建成国家卫生城市和国家健康城市。

在此基础上，再经过10年的努力，到2030年，把沈阳建设成为立足东北、辐射全国、影响东北亚的科技创新中心、金融商贸中心、信息文化中心，成为具有国际竞争力的先进装备制造基地、国家新型工业化示范基地，率先实现老工业基地全面振兴，努力建成东北亚地区重要的国际中心城市。

三、今后五年的主要任务

贯彻新发展理念，实现未来五年的奋斗目标，必须深入落实党中央、国务院关于全面振兴东北地区等老工业基地的相关政策意见，将贯彻落实“四个着力”要求作为未来五年的主要任务，全力打造国际化营商环境，加快推动沈阳老工业基地全面振兴。

（一）着力完善体制机制，构建现代治理体系，为振兴发展提供强大动力。紧紧把握正确处理市场和政府关系这一关键，加强顶层设计，突出问题导向，破除传统思维和体制弊端，加快形成同市场全面对接、充满内在活力的体制机制。

发挥规划统筹功能，大力推进“多规合一”改革。坚持统筹规划、规划统筹，切实将“多规合一”改革作为建立可持续发展新机制的重要平台。科学制定和全面实施沈阳振兴发展战略规划，进一步明确振兴发展的总体思路、行动方案和保障措施，并以此为抓手，推进“多规合一”改革。进一步完善空间规划体系，实现发展目标、空间坐标、用地指标“三标”衔接，建立全市统一的空间信息管理平台，真正做到一张图管控，从根本上解决因规划冲突而造成的环境破坏、资源浪费和效率低下等问题。加快推动建设项目审批流程的再造，建立完善项目生成策划协调机制，做大做实项目储备库。建立部门业务联动、监控考核、动态更新制度，确保“多规合一”改革有序推进、取得实效。

加快转变政府职能，不断提高政府管理和服务水平。深入推进简政放权、放管结合、优化服务，不断提高行政效能。完善市行政审批局职能，进一步削减审批事项，下放审批权限，优化审批流程，完善政府权力清单、责任清单、公共服务事项清单，深化商事制度改革，全面推行“五证合一、一照一码”，大力推进政务公开，充分激发市场活力。推进政府监管体制改革，创新监管机制和监管方式，建立综合监管体系，促进各类市场主体公平竞争。进一步优化政府服务，推进政府职责优化配置和统筹整合，加大服务企业、服务社会力度，深入落实并不断完善降低企业成本、减轻企业负担各项政策，提升公共服务供给效率，让企业和群众办事更加便捷高效。

深化重点领域改革，充分激发市场活力。进一步完善国有资产管理体制，组建一批国有资本投资运营公司，推进国有资产集中统一监管，提高国有资产运营效益。放开放活国有企业自主经营管理权，深化国有企业股权多元化改革，鼓励沈鼓集团等企业上市融资，支持北方重工等企业与大型央企、民企开展战略重组。加快解决厂办大集体等历史遗留问题。稳妥推进农村土地制度和集体资产股份合作制改革。扎实开展优化金融生态改革试验，加快建设东北区域金融中心。深入推进政务诚信、商务诚信、社会诚信建设，建立社会征信体系，健全信用信息系统，完善信用奖惩联动机制，努力建设“信用沈阳”。

全面推进依法治市，切实维护公平正义。深化法治沈阳建设，切实形成良好法治环境。加强和改进立法工作，增强法规的针对性和系统性，为振兴发展提供立法保障。严格依法行政，规范公正文明执法，努力打造法治政府。深化司法体制改革，加强司法规范化建设，提高司法公信力。加强司法服务创新，增强公共法律服务供给，健全多元化纠纷解决机制，切实维护各类市场主体和人民群众的合法权益。

实施更加积极的开放战略，构建全方位开放的新格局。全力推进国际化战略，努力打造开放沈阳。加快“沈阳港”建设步伐，统筹陆海联运，建设“一带一路”重要的物流枢纽城市。充分发挥自由贸易区和中德装备园的政策优势、制度创新优势和产业辐射效应，聚集国际产业资源要素，持续深化技术合作，打造产业合作基地。大力实施“走出去”战略,主动对接国家多双边产能合作机制,联合参与“一带一路”周边国家基础设施互联互通等重大项目建设,全力推进装备制造业“走出去”,鼓励商贸物流、电子商务、外贸企业向沿线国家拓展业务范围,加快转变外贸发展方式。

(二)着力推进结构调整,统筹推动产业、城市、社会转型,全面提升城市综合实力。坚持多策并举、精准发力,加快转方式调结构步伐,努力走出一条质量更高、效益更好、结构更优、优势充分释放的转型发展新路子。

推动产业转型,构建现代产业体系。坚持市场化导向,加强产业整合,增强产业发展的内生动力,打造产业链条和产业集群,提升产业发展的系统性和整体性。深入推进“两化融合”,以信息化带动工业化、以工业化促进信息化,实现二者在技术、产品、管理等层面深度交融,切实提升产业和产品的竞争力。准确把握产业发展规律,以制造业特别是高端制造业为基础,大力发展生产性服务业特别是现代物流业,促进三次产业联动发展,推动产业转型升级。用好加减乘除“四法统筹”,将去产能、去库存、去杠杆、降成本、补短板落到实处。坚持抓龙头,搭平台,铸链条,构建“五大板块”协调发展的现代产业体系。一是加快发展先进制造业,做大做强新能源汽车、数控机床、输变电设备、航空装备、轨道交通装备等产业,推进制造业向高端化、智能化、绿色化转变,壮大现代产业体系的骨干。二是着力培育战略性新兴产业,强化“互联网+”、大数据、云计算的综合集成应用,培育发展新一代信息技术、机器人及智能装备、新材料、新能源、生物医药、节能环保等战略性新兴产业,抢占产业发展制高点,抓住现代产业体系的关键。三是大力发展都市型现代服务业,壮大科创服务、信息服务、金融服务、商务服务、现代物流等生产性服务业,做优文化创意、健康养老、旅游休闲等生活性服务业,加快建设高端要素集聚的生产性服务业中心和满足都市人群多样化需求的生活性服务业中心,做强现代产业体系的支撑。四是优化提升传统产业,加快机械、电力、医药化工等行业的智能化改造,加快发展现代建筑产业,夯实现代产业体系的根基。五是做优做精“三高”型都市农业,积极构建现代农业产业体系、生产体系、经营体系,推动农业向高端精品、高效特色、高产生态转变,打牢现代产业体系的基础。

加快城市转型,提升城市的承载力和宜居度。转变城市发展方式,优化发展空间,完善城市功能,加强城市管理,不断增强城市魅力。优化城市空间布局,以浑河两岸新老城区为骨架,以东部副城、西部副城、北部副城为重点,着力打造“东山西水、一河两岸、一主三副”的城市空间格局,促进各区域合理分工、优势互补、错位发展,努力实现空间利用效率和价值最大化。完善城市基础设施,加快重大交通基础设施建设,构建以轨道交通和快速路系统为支撑的综合交通体系,加强地下空间开发利用,推进综合管廊和海绵城市建设,不断增强城市基础设施承载能力。划定生态控制线,保育“三环三带四楔”生态廊道,加强浑河、蒲河、卧龙湖等河流湖泊生态建设保护,整治提升环城水系,建设完善城市公园体系,强化大气污染防治,加快推进生活垃圾“减量化、无害化、资源化”处理。加强历史建筑保护和旧城更新,开发挖掘沈阳文化要素及人们的共同记忆,活化和保护历史文化街区和历史风貌建筑,加快老旧小区更新改造,建设完整社区。坚持建管并重,建立城市智能化、精细化、常态化管理长效机制,不断提高城市管理水平,让人民群众生活得更舒心、更美好,努力把沈阳建设成为北国风光宜居家园。有序推进新型城镇化,合理转移农业人口,以城乡基本公共服务水平均等化和公共服务设施均衡布局为抓手,推动以县为单元的就地城镇化,实现城乡统筹协调发展。积极推动沈阳经济区一体化,建设一小时交通圈,促进城市之间协同发展,打造铁岭—沈阳—辽阳—鞍山　营口发展轴,着力培育连接、聚合、扩散能力,将沈阳经济区建成新型工业化示范区和具有较强竞争力、影响力的城市群。

探索社会转型,共同缔造幸福沈阳。开展“幸福沈阳共同缔造”行动,按照“核心是共同、基础在社区、群众为主体”的基本原则,创新社会治理体系,转变社会治理模式,提升社会治理水平。坚持将社区作为基本单元,以群众参与为核心、以培育精神为根本、以奖励优秀为动力、以项目活动为载体、以分类统筹为手段,发动群众共谋、共建、共管、共评、共享,努力构建“纵向到底,横向到边,协商共治”的城市社会治理体系。“纵向到底”就是党的领导到社区、政府的服务到社区,通过创新社区党建机制,健全社区党组织核心主导机制,推行街道“大党工委制”和社区“大党委制”,建立和完善社区党组织领导多元主体协商共谋、群团组织和党政部门共同参与、在职党员进社区、社区党代表工作室等机制,使党的领导扎根到社区,党员的先锋模范作用发挥在社区,党组织成为社区的领导核心。“横向到边”就是把每个居民都纳入一个或多个社区社会组织,让每个居民在组织中找到自己的位置,自觉参与组织的活动,约束和规范自己的行为,不断增强归属感、自豪感和责任感,形成人人关心和参与社区治理的局面,并让每个充满活力的社区组织都有序参与社区治理,进而调动社会成员积极性,激发社会组织活力。“协商共治”就是发挥居民群众的主体作用,以协商民主的方式方法、制度机制,实现“决策共谋、发展共建、建设共管、效果共评、成果共享”,凝聚民意、民力、民智和民心。在开展共同缔造行动中,要进一步丰富完善工作举措,积极构建科学有效的城市治理体系。一是创新政府治理。厘清政府职责与居民自治边界,厘清街道与社区的职责分工,持续推进简政放权,尽可能把资源、服务、管理放到基层;改进公共服务提供方式,推广政府购买服务,健全服务网络,提升服务的质量和效率。二是激发各方参与。搭建载体平台吸引群众参与,从百姓身边的小事、房前屋后的实事做起,让群众有意愿、有平台、有途径参与共同缔造;培育社会组织发动群众参与,建设社会组织孵化器,培育一批社会组织,使其成为推动基层社会治理创新的骨干力量;统筹各方资源拓展群众参与,成立同驻共建理事会、社企共建理事会等平台,着力解决资源分散问题,形成共治合力;完善制度机制保障群众参与，建立健全居民代表会议制度、社区事务协调会和社区民主监督评议委员会制度，构建“志工＋社工＋义工”的志愿者服务模式，形成规范有效的社区服务机制和群众参与机制。三是塑造共同精神。培育对社区的认同感，通过社区美好环境、生态文化、特色文化等建设，增强对社区的热爱之情；锤炼社区公共精神，通过群众参与，积极培育“勤勉自律、互信互助、开放包容、共建共享”的城市文化，促进新老居民相识相知，成为“一家人”；强化主人翁意识，通过共同缔造，推动群众和政府关系从“你和我”变为“我们”，居民行动从“要我做”变为“一起做”，社区建设从“靠政府”变成“靠大家”。

（三）着力鼓励创新创业，激发全社会创造活力，建设国家创新型城市。深入落实全面创新改革试验方案，完善扶持措施，加大推进力度，使大众创业、万众创新成为加快全面振兴的战略基点和强大引擎，形成各种资本、各类群体、各个方面竞相创新创业的生动局面。

加强知识产权保护，构建良好创新生态。强化知识产权制度对创新的基本保障作用，充分激发创新活力和潜力。提高知识产权创造、运用、保护和管理能力，以知识产权利益分享机制为纽带，促进创新成果知识产权化。加强知识产权侵权查处，加大对侵犯知识产权行为的打击力度，有效保护知识产权。改革新技术、新产品、新商业模式的准入管理，破除不合理准入障碍，确保各类市场主体依法平等进入创新领域。

完善鼓励措施，促进科技与经济深度融合。推动科技创新同产业发展有效对接，让创新成果落实到创造新的增长点上。强化企业创新主体地位和主导作用，引导扶持骨干企业和科技型企业建设工程技术研究中心、重点实验室、企业技术中心，构建以企业为主导、产学研用合作的产业技术创新战略联盟。支持国家机器人创新中心等创新平台建设，最大限度释放科技资源优势。建立财政科技投入统筹联动机制，完善政府采购促进中小企业创新发展的相关措施，促进创新产品研发和规模化应用。下放科技成果的管理、使用和处置权，构建市场需求导向的科研成果转移转化机制。建立创新收益分配制度，完善创新业绩考核、长期激励和职称晋升制度。整合资源要素，建设东北科技大市场，为创新提供更高水平服务。

深入实施“盛京人才”战略，构筑创新创业强大智力支撑。加快建立与国际接轨的人才培养和使用机制，充分激发各类人才创造活力，努力建设具有国际竞争力的人才高地，确保优秀人才愿意来、留得住、用得好。充分发挥本地高校和科研院所优势，打通人才双向流动通道，鼓励科研人员领办创办科技型企业。构建各类人才尤其是高层次人才服务保障和创业发展体系，吸引更多国内外高层次创新人才和团队来沈创新创业。推进部分高校向应用技术型高校转型，造就一批创新型领军人才和技能人才。大力倡导企业家精神，培养造就一大批勇于创新、敢于创业的企业家。弘扬工匠精神，引导职工立足岗位、钻研技能、建功立业。

加大扶持力度，充分激发全社会创业热情。积极营造良好的创业环境，健全制度体系和服务体系，支持和引导一切有意愿、有能力的群体实现创业梦想。加快“创客沈阳”建设，鼓励扶持社会力量投资建设创客空间、创业咖啡、创新工场等新型孵化载体，为创业者搭建便捷高效的创业平台。培育壮大金融要素市场，加快设立创业投资引导基金，大力发展天使投资、创业投资和产业投资，切实提升金融服务实体经济能力。大力弘扬敢为人先、勇于探索的创业精神，形成创业光荣的价值导向和良好氛围。

（四）着力保障和改善民生，促进社会和谐稳定，不断增强人民群众获得感。坚持把增进民生福祉作为工作的出发点和落脚点，深入实施各项民生工程，切实解决好人民群众最关心、最直接、最现实的利益问题，让全市人民更多更公平地享受振兴发展成果。

提高就业和社会保障水平，织牢民生保障网。坚持保基本、兜底线，筑牢民生之本，夯实民生之基，解除群众后顾之忧。坚持就业优先战略，多渠道开发就业岗位，加大对重点人员和困难群体的就业帮扶力度，促进更加充分更高质量就业。实施收入倍增计划，拓展城乡居民增收渠道，不断提高城乡居民收入水平，实现经济增长与居民增收互促共进。逐步提高各类群体的社会保障标准，确保社保待遇按时足额发放。完善基本医疗保险制度，加快推进城乡居民基本医疗保险一体化。推广医养结合新型养老模式，构建多层次养老服务体系。采取稳定脱贫措施，建立长效扶贫机制，坚决打赢脱贫攻坚战。积极推进棚户区、老旧小区、农村危房改造和保障性住房建设，大力发展残疾人事业、社会福利事业和慈善事业，健全社会救助体系，让人民群众过上更有保障、更有尊严的幸福生活。

加快发展社会事业，促进公共服务优质化均等化。以优质均等、覆盖城乡为方向，不断增加优质公共产品和服务供给，更好满足人民群众对美好生活的向往。积极推进教育现代化，优先发展普惠制学前教育，优质均衡发展义务教育，推动职业教育和高等教育与地方经济发展深度融合。全面开展国家卫生城市创建和国家健康城市建设工作，深化医药卫生体制改革，提升医疗保障服务能力，努力为人民群众提供良好的卫生与健康服务。大力发展体育事业和体育产业，实施全民健身战略，建设体育强市。扎实开展双拥共建，促进军政军民团结。巩固提升创建全国文明城市成果，推动精神文明建设走上常态化、长效化、法治化轨道。积极培育和践行社会主义核心价值观，充分发挥哲学社会科学作用，加强公共文化服务体系建设，完善重大文化设施，支持文艺精品创作生产，加快发展文化事业和文化产业，构建传统媒体和新兴媒体融合发展的舆论新生态，讲好沈阳故事，切实增强城市文化软实力。

深化平安沈阳建设，确保社会大局稳定。创新理念思路和体制机制，夯实基层基础，不断提高人民群众安全感和满意度。强化社会治安综合治理，推进社区网格化规范化建设，健全现代化、立体化社会治安防控体系，依法严密防范和惩治各类违法犯罪活动。落实信访工作责任制，打造阳光信访、责任信访、法治信访。积极创建国家食品安全城市，健全食品药品安全监管机制，全过程保障食品药品安全。严格落实安全生产责任制，完善应急体系和防灾减灾救灾机制，做好各类风险的防范、化解与管控，坚决遏制重特大安全事故发生，切实增强城市抗风险能力。

（五）打造国际化营商环境，切实落实“四个着力”要求，全力推进振兴发展。坚持把打造国际化营商环境作为落实“四个着力”要求、破解振兴发展瓶颈制约的重要抓手，进一步增强城市吸引力、凝聚力和竞争力。

坚持问题导向。认真落实习近平总书记关于建设好投资、营商等软环境的批示要求，深入基层，深入实际，多层次、广渠道、全方位掌握实际情况，针对诚信缺失、吃拿卡要、乱检查乱执法等营商环境突出问题，明确主攻方向，对症下药，逐一改进提升。积极吸收借鉴先进国家和地区在营商环境建设方面的成功模式和经验，瞄准国际一流城市标杆，对照国际化营商环境标准，进一步细化完善我市营商环境指标体系，不断创新打造国际化营商环境的思路和举措，切实提高各个方面对沈阳营商环境的满意度。

把握工作重点。牢牢把握重点领域和关键环节，切实在打造政务、市场、开放、要素、设施、社会、法治七大环境上取得突破。坚持以进一步理顺政府和市场关系为重点，着力解决政府职能错位、越位、缺位、不到位问题，全力打造廉洁高效的政务环境；坚持以放开放活市场为重点，完善监管，健全服务，降低门槛，减少成本，充分激发市场主体活力，全力打造诚信规范的市场环境；坚持以提高城市国际化水平为重点，主动对接国际惯例和通行规则，建立与国际接轨的营商规则体系，全力打造互利共赢的开放环境；坚持以培育发展要素市场为重点，促进人才、土地、资金、技术和信息各生产要素有序自由流动，全力打造完备优质的要素环境；坚持以提升城市功能为重点，顺应中心城市发展要求，不断完善道路交通、能源供应等重大基础设施，提升城市集聚力、辐射力和宜居度，全力打造功能完善的设施环境；坚持以创新和完善社会治理体系为重点，推动基本公共服务优质化均衡化，塑造城市共同精神，全力打造温馨包容的社会环境；坚持以充分发挥法治的引领、规范和保障作用为重点，健全法制体系，促进文明执法、公正司法、全民守法，全力打造公平公正的法治环境。

形成推进合力。要进一步解放思想、更新观念，坚决破除与国际化营商环境标准不相适应、阻碍落实“四个着力”要求的体制机制弊端，牢固树立人人都有责任、人人都是环境的理念，切实增强优化营商环境的责任感、紧迫感和使命感。狠抓责任落实，抓紧对打造国际化营商环境的各项任务进行分解细化，明确责任主体、工作措施和进度要求，强化督查问责，确保各项任务在执行中不落空、不变通、不走样。加强统筹，上下联动，齐抓共管，推动形成人人参与营商环境建设的浓厚氛围，凝聚打造国际化营商环境的强大合力。

四、努力开创全面从严治党新局面

实现全面振兴，关键在党，关键在人。各级党组织要切实肩负起全面从严治党主体责任，不断提高管党治党的能力和水平，积极营造风清气正、干事创业的良好从政环境，为打造国际化营商环境、实现老工业基地全面振兴提供坚强保证。

（一）深刻吸取辽宁拉票贿选案沉痛教训，净化和营造良好政治生态。深入学习贯彻习近平总书记关于辽宁拉票贿选案的重要讲话、指示批示和《中共中央关于辽宁拉票贿选案查处情况及其教训警示的通报》精神，认真贯彻省委关于落实全面从严治党要求、净化和营造良好政治生态的有关要求，以案明纪、以案示警、以案为鉴，全力打造政治上的绿水青山。要坚决维护中央权威和党的集中统一，不断强化政治意识、大局意识、核心意识、看齐意识，坚定不移把党中央决策部署落到实处，在思想上政治上行动上始终同以习近平同志为核心的党中央保持高度一致。认真履行全面从严治党主体责任，坚持敢管敢严、真管真严、长管长严，层层传导压力，逐级压实责任，推动管党治党真正从“宽松软”走向“严实硬”。严肃党内政治生活，全面落实《关于新形势下党内政治生活的若干准则》《中国共产党地方委员会工作条例》《中国共产党党组工作条例（试行）》，坚持和完善民主集中制，用好批评和自我批评武器，增强党内政治生活的政治性、时代性、原则性、战斗性。严守党的政治纪律和政治规矩，认真学习贯彻党章和《中国共产党廉洁自律准则》《中国共产党纪律处分条例》，坚决整治圈子文化和弄虚作假等突出问题，引导广大党员干部讲诚信、懂规矩、守纪律，提高政治警觉性和政治鉴别力，自觉做政治上的“明白人”。切实强化党内监督，认真执行《中国共产党党内监督条例》和《中国共产党问责条例》，加强对“一把手”和重点领域重要岗位监督，加大问责追究力度，促使党员领导干部做到有权必有责、有责要担当、用权受监督、失责必追究。

（二）坚持不懈强化理论武装，不断提升广大党员干部的思想政治素质。坚持把思想建设作为推进全面从严治党的首要任务，以“两学一做”等党内经常性学习教育为抓手，进一步强化理论武装，努力提高广大党员干部的政治素质、思想觉悟和理论水平。深入学习习近平总书记系列重要讲话精神，自觉用讲话精神武装头脑、指导实践、推动工作。加强理想信念教育，不断增强对马克思主义的信仰、对社会主义和共产主义的信念，坚定对中国特色社会主义的道路自信、理论自信、制度自信、文化自信。积极推进广大党员干部强化党性修养、践行党的宗旨、涵养道德品格，广泛开展向先进典型学习活动，增强自我改造的思想和行动自觉。牢牢把握意识形态工作的领导权主动权，弘扬主旋律、传播正能量，不断巩固全市人民团结奋斗的共同思想基础。

（三）牢固树立正确的选人用人导向，努力建设高素质的干部队伍。坚持党管干部原则和新时期好干部标准，认真贯彻干部选拔任用工作条例，充分调动各方面、各层次、各年龄段干部的积极性，真正把政治强、懂专业、善治理、敢担当、作风正的优秀干部选拔到各级领导岗位，坚决整治选人用人上的不正之风，切实防止干部“带病提拔”和“带病上岗”，不断提高选人用人公信度。充分发挥干部实绩考核“指挥棒”作用，完善差异化考核指标体系，把贯彻落实新发展理念、打造国际化营商环境纳入考核内容，引导各级领导班子和领导干部不断提高贯彻新发展理念的能力和水平。坚持“三个区分开来”，建立容错纠错机制，旗帜鲜明为敢于担当的干部担当，为敢于负责的干部负责。

（四）大力加强基层党建工作，持续夯实党执政的组织基础。牢固树立大抓基层的鲜明导向，坚持政治功能与服务功能相统一、分类施策与整体推进相结合，推动全市基层党组织建设全面进步、全面过硬。大力加强农村、国企、社区、机关、学校、非公经济和社会组织等各领域基层党组织建设，深入开展富有沈阳特色的基层党建活动，不断扩大党的组织和工作的有效覆盖，充分发挥基层党组织的战斗堡垒作用。选优配强基层党组织带头人和党务干部，推动各种资源向基层倾斜，切实为基层党组织开展工作、服务群众提供保障。坚持党的组织生活各项制度，积极推进党内民主，抓好党员发展、教育、管理和服务工作，引导全市广大党员争做“四讲四有”的合格党员，在推动沈阳新一轮振兴发展中建功立业。

（五）持之以恒深化标本兼治，深入推进党风廉政建设和反腐败斗争。坚持警钟长鸣、常抓不懈，确保在正风肃纪、惩贪治腐、建章立制方面不断取得新的成效，努力建设廉洁沈阳。严格贯彻执行中央八项规定精神，不断巩固拓展党的群众路线教育实践活动和“三严三实”专题教育成果，着力解决不作为、虚作为、乱作为和破坏营商环境问题，推动作风建设常态化、长效化，坚决防止“四风”问题反弹回潮。加强党性党风党纪教育和廉政文化建设，筑牢拒腐防变的思想防线和制度防线，着力构建不敢腐、不能腐、不想腐的体制机制。转变监督执纪理念，运用好监督执纪“四种形态”，推动惩治腐败由治标为主转向标本兼治。坚持无禁区、全覆盖、零容忍，严肃查办各类违纪违法案件，坚决治理发生在群众身边的不正之风和腐败问题，切实打造有利于振兴发展的良好环境。

（六）充分凝聚各方智慧力量，进一步形成加快振兴发展的强大合力。各级党委要不断提高执政能力和领导水平，充分发挥总揽全局、协调各方的领导核心作用，集中精力议大事、抓大事，团结带领广大党员干部群众实现党委的各项工作目标。加强党对人大工作领导，支持各级人大及其常委会依法履行职能、积极开展工作。充分发挥人民政协在协商民主中的重要作用，推进政治协商、民主监督、参政议政制度化规范化程序化。加快构建大统战工作格局，积极为各民主党派、工商联、无党派人士发挥作用搭建平台，进一步加强民族、宗教、对台、外事、侨务等工作，不断巩固和发展最广泛的爱国统一战线。认真做好老干部工作。加强和改进党对工会、共青团、妇联等群团组织的领导，深化群团组织改革，切实保持和增强群团组织的政治性、先进性和群众性。

面对新形势新任务新要求，我们的担子更重、责任更大。全市广大党员干部必须进一步转变思维方式，大力破除思维定势、行为惯性和路径依赖，强化战略思维、历史思维、辩证思维、系统思维、创新思维、底线思维，勇于变革、勇于突破，永不僵化、永不停滞，不断开创振兴发展的新局面；必须进一步转变思想观念，冲破一切影响和制约振兴发展的思想观念障碍，以新一轮思想解放推动新一轮振兴发展；必须进一步转变工作方式，积极适应市场化、法治化、信息化、专业化要求，不断提高新形势下领导经济发展、做好群众工作、驾驭复杂局面的能力和水平，切实增强各项工作的科学性、预见性、主动性和创造性；必须进一步转变工作作风，始终保持昂扬向上、奋发有为的精神状态，始终保持时不我待、只争朝夕的工作激情，始终保持勇于担当、真抓实干的责任意识，确保各项决策部署落到实处。

各位代表、同志们，今天的沈阳已经站在新的历史起点、踏上新的发展征程。让我们更加紧密地团结在以习近平同志为核心的党中央周围，高举中国特色社会主义伟大旗帜，在党中央和省委的坚强领导下，不忘初心，继续前进，为实现沈阳老工业基地全面振兴而努力奋斗！

沈阳市人民代表大会常务委员会工作报告

——2017年1月10日在沈阳市第十五届人民代表大会第六次会议上

沈阳市人大常委会主任　赵长义

各位代表：

我受市人大常委会委托，向大会报告工作，请予审议。

2016年的主要工作

过去一年，常委会在中共沈阳市委的领导下，全面贯彻党的十八大、十八届三中、四中、五中、六中全会和习近平总书记系列重要讲话精神，认真落实市委决策部署和市十五届人大四次会议决议，紧扣全市振兴发展主题，认真履行法定职权，扎实开展各项工作，与全体人大代表一起，为推动老工业基地新一轮振兴发展作出了积极贡献。

一、不断提高立法质量，充分发挥地方立法的引领、推动作用

一年来，常委会自觉接受市委对立法工作的领导，坚持针对问题立法、突出地方特色、注重管用有效的工作思路，扎实推进地方立法工作，制定和修正了3件地方性法规，对2项法规草案进行了审议，努力实现法律效果、社会效果和政治效果的统一。

制定《沈阳市农田水利设施条例》，推动解决制约农业和农村经济发展的关键问题。农田水利设施的建设管理，事关农业和农村经济的可持续发展。常委会在近年来对我市农田水利设施建设管理进行连续监督推进的基础上，针对农田水利设施的建设管理现状，在条例制定中，从规划与建设、运行与维护、保障与扶持等方面都作出明确规定，特别是把解决“建、管、用”脱节作为制度设计的重点，确定了运行维护主体，细化了管理维护职责，完善了经费保障机制，对危害农田水利设施行为也明确了处罚规定，为我市农田水利事业发展创造了有力的法制条件。

制定《沈阳市劳动争议调解条例》，为构建和谐稳定劳动关系提供法规支持。劳动争议调解是预防和解决劳动争议的“第一道防线”。随着经济社会的快速发展，劳动制度发生了重大变化，劳动争议数量也呈现不断上升趋势，亟需通过地方立法来加强劳动争议调解工作。常委会针对我市劳动争议调解工作中的突出问题，在条例中分别就调解的含义与原则、调解组织、调解程序、调解协议等内容作出了明确规范，对防止矛盾激化、维护社会和谐稳定将发挥重要作用。

审议《沈阳市轨道交通管理条例（草案）》，促进完善中心城市服务功能。发展城市轨道交通，是构建体现公交优先原则的公共交通体系、提高城市集聚辐射功能和承载力、建设区域中心城市的必然选择。为适应我市轨道交通事业快速发展的需要，充分发挥法治在行业发展中的引领保障作用，将轨道交通管理纳入法治化轨道，常委会在连续两年调研的基础上，本着"条件成熟、急需为先"的原则，适时启动了制定工作，去年对条例草案进行了一审，力求从管理体制、规划建设、运营管理、安全保障等方面作出明确规定，以推动我市轨道交通事业持续健康发展。

审议《沈阳市制定地方性法规条例（修订草案）》，为依法推进全市地方立法工作提供制度保障。按照新修改的立法法，对我市现行制定地方性法规条例进行了相应修改和充实，并结合多年来的地方立法实践，将行之有效的经验做法纳入条例，通过条例的修改完善，进一步规范我市地方立法活动，依法保障立法权的正确行使。条例修订草案已经本届常委会第36次会议审议，将提交本次人会审议表决。

修正《沈阳市城市市容和环境卫生管理条例》，积极适应城市管理的现行需要。常委会对本条例中不适应现行管理体制、涉及行政审批事项、与上位法相抵触的部分条款进行了修正，保证了条例的适用可行。此外，对现行有效的55部地方性法规进行了清理，就科技进步、物业管理、社会保险费征缴、安全生产、大气污染防治等10件需要修改完善的法规提出了清理意见，以确保地方性法规与我市改革发展进程相适应。

不断完善立法工作方法和机制，努力提高科学立法、民主立法的水平。常委会注重发挥人大的立法主导作用，始终把提高立法质量贯穿于立法工作全过程，加强立法的组织协调，提前介入法规调研、论证和起草工作。积极探索立法工作创新，在对物业管理条例进行立法后评估的同时，首次委托第三方评估机构对农田水利设施条例开展了立法前评估，并邀请专家进行立法专题培训，确保立法质量；改进法规草案公开征求意见制度，制定了地方法规草案公开征求意见和意见采纳反馈办法，拓展了公民表达立法诉求的途径；健全了代表参与地方立法、征询区县（市）人大立法意见以及建立基层立法联系点的机制，重视发挥立法顾问单位、立法顾问、专家学者的作用，使立法充分体现全市人民的共同意志。

二、坚持服务振兴发展大局，不断提高依法监督的针对性和实效性

一年来，常委会按照服务振兴发展、关注民生改善、注重监督实效的要求，综合运用听取报告、执法检查、视察调研、专题询问、预决算审查等多种形式，不断增强对"一府两院"的监督支持力度。

围绕全市工作中心加强监督，推动和保障市委重大决策部署的落实。为推动全市经济持续健康发展，组织开展了经济运行情况专题调研，听取审议上半年国民经济和计划执行情况报告，积极提出意见建议，支持和促进政府有效化解经济下行压力，确保稳增长、调结构、促改革、惠民生的全面落实。为推动我市全面创新改革试验区、中德高端装备制造产业园等重大战略任务的加速实施，多次组织开展专项调研视察，听取相关情况报告，支持全面创新改革试验先行先试，加快形成可复制可推广的经验。

为着力发挥科技创新对转变经济发展方式的引领作用，听取了科技创新工作情况汇报，推动创新驱动发展战略的实施。为推动我市扩大对外开放，听取了外经贸工作情况汇报，支持政府有效应对外贸进出口和利用外资所面临的严峻形势，深化与"一带一路"沿线国家和地区的贸易合作，推进企业"走出去"战略的实施。

围绕预算编制和执行加强监督，确保公共财政健康平稳运行。深化对政府全口径预算编制审查工作，组建预算审查咨询专家委员会对预算草案进行了初审，对市城管局、民政局的部门预算草案进行了专题审议，各专委会提前介入对口业务部门的预算编制，为代表更好履行预算审查职责提供保障。在对决算和预算执行的监督中，针对所存在的突出问题，重点强调规范财政转移支付行为，优化财政支出结构，增强预算执行效率，尤其是重视解决财政结余结转资金规模过大的问题，常委会为此进行了跟踪问效，听取了市本级统筹盘活存量资金情况的专题汇报，促进政府相关部门严控财政结转、结存资金的规模，创新专项资金管理模式，用好用足财政专项，努力提升财政运行效益。进一步完善审议方式，首次由审计部门负责人向常委会做审计整改落实情况报告，推动审计工作报告反映出的问题认真整改落实。对我市振兴发展基金等政府投资基金运行情况开展调研，以促进政府投资基金更好发挥对社会投资的引导拉动作用。

围绕保障和改善民生加强监督，推动基本公共服务水平不断提升。为推进城乡结合部地区老旧住宅的"三网"配套改造，常委会从认真办理和落实议案入手，多次视察和听取改造进展情况，督促政府在已取得惠及7.43万户居民的阶段性成果基础上，确保尽快全面完成二环内的"三网"改造任务，使更多百姓喝到干净水、用上安全气、享有温暖房。为推动社会化养老服务体系建设，常委会不仅认真督办相关议案，多次视察调研并听取专项报告，并且针对养老服务体系建设中的突出问题，围绕"居家养老服务"开展专题询问，支持政府有效应对人口老龄化的挑战。着眼于有效缓解"看病难、看病贵"的问题，将区域医疗联合体建设纳入监督视野，促进优质医疗资源向基层下沉，提升医疗服务均等化水平；对中医药事业发展持续推进，促进相关扶持政策落实到位。关注百姓出行条件改善，专题听取优先发展城市公共交通相关情况的汇报，建议加快公交场站、港湾站建设和老旧车辆更新，补齐公共交通的发展短板，推进"公交优先"战略的有效实施。关注我市构建和谐劳动关系问题，听取了市总工会相关情况通报，对全市和谐劳动关系建设工作依法给予积极支持。

围绕环境保护加强监督，推动生态文明建设。积极回应代表和群众对资源环境保护的关切，连续三年将解决我市城乡垃圾减量化、无害化、资源化处理问题列为重要监督议题，综合运用多种监督形式加以推进，去年在开展集中视察、联合调研、听取专项报告对此项工作跟踪问效的同时，又开展了专题询问，促进解决我市垃圾"三化"处理中面临的困难和问题，重点加快三个垃圾焚烧场的建设进程。对污水污泥处理及综合利用情况进行深入调研视察，就尽快有效处理祝家镇150万吨积存污泥提出建议，推动政府将解决这一事关环境与安全的重大问题列入日程。开展了以“大力推进生态文明，努力建设美丽沈阳”为主题的环保世纪行宣传活动，对环境资源方面法律法规进行了集中宣传。

围绕解决“三农”问题加强监督，推动农业与农村经济加快发展。继本届人大二次会议以来对我市农田水利基础设施建设工作实施连续监督，去年又以此为切入点，督促政府将农田水利设施建设作为强农惠农的重要举措加以落实，全市农田排涝设施已达到十年一遇标准，农田水利设施建设管理的长效机制已经形成，监督实效充分显现。关注村容村貌改善，组织县区人大主任考察学习盘锦市经验，大力推动宜居乡村建设。关注农业结构调整，对农村电商、互联网+农业、都市休闲农业等进行了视察。关注扶贫开发工作，对“一区一市两县”相关情况进行专题视察调研并听取了专项汇报，推动相关决策部署和政策举措切实落地。

围绕文化遗产保护与利用加强监督，推动历史文化名城建设。常委会首次对我市文化遗产保护与利用工作开展专项监督，听取专项工作报告，针对文化遗产保护与利用工作中的突出问题，就重视规划引领、保证相关法律法规实施、提升管理保护能力、科学利用遗产资源、实现与旅游业的融合发展以及皇城地区改造提升等提出审议意见，以促进提升我市的文化软实力。

围绕法律法规实施加强监督，推动依法治市进程。常委会为依法推动全民健身和健康城市建设，对省全民健身条例、市公共体育设施条例的贯彻实施情况开展了执法检查，听取审议了执法检查工作报告，针对影响我市全民健身的主要问题和薄弱环节，就提升全民健身的环境、场地与设施建设水平、加大群众性体育资源有效供给、加强科学健身指导等方面提出意见建议，特别是针对公共财政投入和使用绩效问题，强调要提高体彩公益金用于全民健身的比例，以满足人民群众日益增长的健身需求。就监狱法、禁毒法和市残疾人保障条例开展了调研视察，促进相关法律法规的贯彻实施。

围绕依法行政、公正司法加强监督，努力维护社会公平正义。通过听取审议我市法治政府建设工作报告，督促政府进一步规范行政权力运行，深化诚信建设，努力提升政府公信力。关注市法院贯彻执行民事诉讼法案件审理期限规定情况，不断完善民事案件审限管理机制。关注市检察院开展民事行政检察监督工作情况，促其加大相关工作力度。支持公安机关加强受案立案工作，不断提高规范执法水平。积极开展备案审查工作，对10件政府规章进行了备案审查。认真做好受理公民、法人和其他组织的申诉、控告、检举和意见工作，共受理申控事项1306件，推动解决群众的合法利益诉求。

围绕监督制度建设，着力构建人大监督工作的制度体系。制定了常委会专题询问、审议意见督办、市政府工作部门主要负责人向常委会报告履职情况等三个实施办法，使人大监督工作的制度体系更加健全完善，尤其是常委会积极推进对政府投资项目审查监督的探索实践，制定出台了关于政府投资项目监督工作若干意见，在加强和深化人大专项监督工作上取得了新的突破。

三、坚持党的领导与依法履职相统一，认真行使重大事项决定和人事任免职权

一年来，常委会围绕保障和促进全市重大决策部署的有效落实，将重大事项决定权与监督权有机结合，围绕计划执行、预算监督、政府性债务、创新改革、旅游业发展、养老体系建设、文化遗产保护、法治政府建设等社会关注、群众关切的重大事项，适时作出了批准决议或提出审议意见。

建立地方政府债务定期报告和限额审批制度，确保政府举债依法合规。先后听取审议了2015年和2016年地方政府债务限额的议案，分别作出了批准议案的决议，并专题听取审议了我市政府性债务情况的报告，促进政府确保债务规模合理、风险可控、使用规范。审议通过旅游发展总体规划，助推旅游强市建设。常委会对大力培育和发展旅游产业高度关注，对我市旅游产业发展状况进行了深入调研，听取审议了旅游发展总体规划编制情况报告，首次以表决通过的方式赋予和强化了旅游发展总体规划的法定地位，为充分发挥规划的总揽引领作用，保证规划实施的严肃性、权威性和连续性创造了有利条件。

广泛汇聚代表智慧，为审议批准战略规划奠定基础。制定沈阳振兴发展战略规划是引领老工业基地未来发展的重大举措。常委会充分发挥人大密切联系代表和人民群众的优势，通过召开座谈会、深入走访等形式，认真听取代表意见，并将征求代表和群众意见的过程变成不断凝聚共识的过程，不仅为本次会议批准规划创造条件，也为战略规划的实施夯实民意基础。

审议通过“七五”法治宣传教育决议，全面推进法治沈阳建设。决议强调围绕实施沈阳振兴发展战略规划和打造国际化营商环境，不断深化法治宣传教育，从突出宪法为核心的法律体系学习宣传、引领全社会法治素养提升、推进法治文化建设、增强法治宣传活力、提升法治社会建设水平、健全法治宣传教育格局、保障决议和规划实施等七个方面提出了要求。

作出召开十五届人大五次会议的决定，圆满完成了预定任务。认真贯彻中央关于查处辽宁拉票贿选案和习近平总书记重要讲话及指示批示精神，按照省委的统一要求，作出召开市十五届人民代表大会第五次会议的决定，并按照中央和省、市委关于选举工作的各项要求，精心组织筹备，依法有序实施，顺利完成73名省人大代表的补选任务。

坚持党管干部和人大依法任免相统一，认真行使人事任免权。在去年相继加开了5次常委会会议而且人事任免事项又较多的情况下，全体组成人员站在讲政治、讲大局的高度，自觉与市委保持一致，充分体现组织意图，圆满完成了各项任免任务，保证了任免权的正确有效行使，全年共任免国家机关工作人员126人次，保证地方国家机关正常运转和各项工作顺利进行。

四、发挥代表主体作用，着力提升对代表依法履职的服务保障水平

一年来，常委会坚持强化人大代表主体地位，优化代表履职环境，不断改进代表工作。

加强了代表议案建议督办工作。在议案办理上，常委会将本届人大四次会议确定的两项议案以及跨年度办理的议案，全部列为重要监督议题，适时组织调研视察、听取审议相关报告、开展专题询问，持续推动议案落实，取得了明显成效。在代表建议督办上，常委会不断改进建议督办方式，通过开展满意度测评，主任会议组成人员对25件代表建议进行重点督办等系列举措，强化建议落实工作，尤其是为解决代表“被满意”现象，制定了建议办理的意见反馈办法，确定由代表直接向代表工委反馈办理意见，使建议办理答复更加客观真实。目前761件代表建议已全部办结，代表所提问题得到解决或基本解决的624件，占82%，建议办理成效有了新的提高。

积极为代表依法履职创造条件。通过市代表培训中心、全国人大培训基地等平台，对1400余人次代表和80余名代表组长进行了履职学习培训，各专委会分别组织代表开展了专业培训。充分尊重代表知情知政权，及时向代表通报市情政情和社情。加强对代表履职情况考核，落实代表履职写实制度，组织开展代表向原选举单位述职工作，促进代表自觉接受原选举单位和选民监督。对先进代表小组、履职优秀代表以及优秀议案建议进行了评选表彰，利用多种媒体对代表履职事迹进行宣传，激励和引导代表积极履职。

不断丰富代表闭会期间活动。围绕全市经济社会发展重点、改革难点、群众关注热点，认真开展“三深入”活动，组织600余名省市人大代表深入基层了解社情民意、开展专题调研，代表活动与常委会重点监督工作紧密结合，视察调研与监督实效同步增强。代表对常委会工作的参与度进一步提升，全年共有60名代表列席常委会会议和分组审议，900多人次各级代表参加了常委会各项履职活动，代表履职风采得到了充分展现。

五、认真落实中央和省、市委要求，全面加强常委会自身建设

常委会以开展“两学一做”学习教育为契机，坚持抓重点，求实效，扎实推进自身建设。

坚持人大工作正确的政治方向。常委会坚持和完善理论中心组学习制度，认真学习贯彻党的十八届六中全会、习近平总书记系列重要讲话和市党代会精神，努力强化政治意识、大局意识、核心意识和看齐意识。认真开展辽宁拉票贿选案警示教育，使人大代表、组成人员和机关干部以案为鉴，筑牢防线，达到了受警醒、明底线、知敬畏的效果。自觉接受党的领导，坚持重大事项向市委请示报告制度，保证人大工作始终沿着正确轨道向前推进。

扎实开展“两学一做”学习教育。把学习习近平总书记系列重要讲话精神作为学习教育的关键，组织学习党章党规，增强尊崇维护党章、严守党纪党规的思想自觉和行动自觉。注重发挥常委会党组核心作用，制定了党组工作规则、党风廉政建设主体责任工作计划，认真履行全面从严治党主体责任，保障常委会依法履行职权。认真做好中央巡视组“回头看”反馈意见的整改落实，以不回避、不遮掩，敢于负责、敢于担当的态度，严肃执纪整改。

着力推进履职能力建设。为保证常委会的会议质量和监督成效，坚持会前深入调研，会后跟踪监督，已经成为人大工作常态。每项监督项目的确立、每次重要审议之前，都进行有针对性的调研、形成详实具体的报告、提供参阅资料、进行讲座辅导，对提升审议水平、增强监督实效发挥了重要作用。增强了常委会工作的透明度，全年共邀请了60名公民旁听会议。注重加强机关建设，持续改进作风，树立正确选人用人导向，建设忠诚干净担当的人大干部队伍，使人大机关始终保持了奋发有为、团结向上、风清气正的良好风貌。

加强了与区县（市）人大的联系，召开了市与区县（市）人大常委会主任座谈会，坚持重点监督工作协调联动，指导推动基层人大组织机构与制度建设，支持乡镇人大主席团和街道人大工委依法行使职权，提高全市人大工作整体水平。配合全国和省人大开展相关执法检查、专题调研和视察。配合国家总体外交和地方发展需要，开展了与国外地方议会和友好城市的交往。

各位代表：在总结成绩的同时，我们也清醒地看到，常委会工作还存在一些差距和不足，主要是：发挥人大立法主导作用在有的环节上做得还不够；对有些审议意见的跟踪落实还不到位；议案建议督办工作还需不断改进；对人大代表的监督管理仍需强化，特别是辽宁拉票贿选案涉及我市的省人大代表人数众多，给人大工作和形象带来极大伤害，反映出我们缺乏敏锐的政治警觉和政治鉴别力，教训极为沉痛。对这些问题，我们要在今后工作中认真加以改进和解决。

2017年的主要任务

今年是深入贯彻落实市第十三次党代会精神的第一年，也是全面实施沈阳振兴发展战略规划的开局之年。常委会工作总体思路是：全面贯彻党的十八大和十八届三中、四中、五中、六中全会精神，深入学习贯彻习近平总书记系列重要讲话精神，认真落实市党代会和市委全会决策部署，坚持党的领导、人民当家作主和依法治国的有机统一，充分发挥人民代表大会的制度优势，紧密围绕打造国际化营商环境，促进产业转型、城市转型、社会转型，依法履行职权，全力助推稳增长、促改革、调结构、惠民生、防风险等重点工作，为加快沈阳老工业基地振兴发展提供强有力的民主法治保障。

——加强改进立法工作，努力在营造有利于振兴发展的法制环境上取得新突破。认真贯彻中央《关于加强党领导立法工作的意见》，坚持重大立法问题向市委请示报告以及立法规划、年度计划、法规草案报市委批准制度，增强接受党对立法工作领导的自觉性。围绕“法治沈阳”建设、全面创新改革和打造国际化营商环境的需求，有效推进地方立法工作，确保地方法规立得住、行得通、真管用。要在充分借鉴国内外轨道交通建设管理成功经验的基础上，继续做好《沈阳市轨道交通管理条例》的制定工作。围绕科技进步、大气污染防治、物业管理、安全生产、居家养老等地方性法规的制定修改，深入调研论证。针对城乡建设管理、环境保护、民生保障，开展重点领域的立法需求调研，为编制五年立法规划创造条件。坚持科学立法、民主立法，发挥人大立法主导作用，扩大公民有序参与立法途径，提高立法的精细化水平。

——突出监督工作重点，努力在服务保障全市工作大局上取得新成效。围绕落实市党代会和市委全会的决策部署，确定监督工作重点，安排监督议题，组织开展调研、视察和检查。对全面创新改革试验、自主创新示范区、自由贸易试验区、中德产业园以及综合保税区建设持续监督推进；对深化国企改革、打造先进装备制造业基地、加强科技成果转化、建设社会信用体系、改善外商投资环境、实施旅游总体规划，改造皇城区域等要持续给予关注和支持；围绕推进农业供给侧结构性改革，将农村二次产业融合发展、土地“三权”分置工作纳入监督视野，继续推进培育发展农民专业合作社、家庭农场等新型农业经营主体和宜居乡村建设。深化对计划和预决算执行的审查监督，在依法听取计划、预算、审计等专项报告的同时，做好本年度政府投资项目计划安排、大额专项资金使用、政府性债务的审查监督以及审计查出问题的监督，批准2017年地方政府债务限额。加强民生和环境保护工作的监督，对和谐社区建设、城市公共交通、“三网”改造、居家养老服务体系建设、垃圾焚烧场建设、祝家镇积存污泥处理等事关民生、事关城市可持续发展的重要事项，加强跟踪推进；继续关注普通高中教育发展、体育产业发展以及民族工作，促进社会和谐，增进民生福祉。加强对执法、司法工作的监督，推动“一府两院”依法行政、公正司法，支持和促进法院解决“执行难”中的规避执行、抗拒执行等失信问题，支持检察机关规范刑事执行检察工作，督促公安机关加强禁毒工作。继续做好规范性文件备案审查工作，做好受理公民、法人和其他组织的申诉、控告、检举和意见工作。

——认真行使重大事项决定权，努力在依法保证市委重大决策部署落实上实现新作为。继续坚持讨论决定重大事项与强化监督有机结合，围绕全市振兴发展、创新改革的重大事项和重点监督工作，适时作出决议决定，提出审议意见，及时将市委的重要主张转变为全市人民的共同意志，为实施振兴发展战略规划统一意志、凝聚力量。坚持党管干部和依法任免干部相统一，依法做好人事任免工作，保证市委推荐的人选顺利通过法定程序成为国家政权机关的领导人员。

——充分发挥代表主体作用，努力在深化拓展代表工作上取得新进展。以充分发挥人大代表在打造国际化营商环境和“幸福沈阳共同缔造”行动中的重要作用为主题，开展代表“三深入”活动，将全市人民的力量和智慧凝聚到落实沈阳振兴发展战略规划上来。着眼提高政治素质和履职能力，强化代表履职培训，尤其在新代表初任培训中要开展好警示教育，使代表在履行职务中坚持正确的政治方向。加强代表小组活动的组织指导，完善代表履职管理，制定和完善代表履职考评办法。提高代表议案建议办理工作效率和质量，推进代表建议满意度测评工作，对本届以来代表议案建议办理和落实情况做好“回头看”，努力把代表议案建议办理得更好、更到位。

——进一步加强常委会自身建设，努力在提升履职能力水平上展现新变化。认真贯彻党的十八届六中全会精神和全面从严治党的各项要求，推进思想政治、纪律作风和党风廉政建设的常态化、长效化，以加强党的建设带动机关自身建设。坚持人大工作正确的政治方向，找准人大在推进全面创新改革和振兴发展中的切入点，把履职能力建设摆在更加突出位置，加强对常委会组成人员和机关干部的培训教育，提高依法履职的能力水平。加强机关队伍建设，着力打造政治坚定、作风过硬、业务精通、廉洁自律的人大工作队伍，为人大工作的发展注入活力。加强信息化背景下的人大宣传工作，重视利用新媒体拓展宣传平台和载体。深刻吸取辽宁拉票贿选案的沉痛教训，依法做好市人大换届选举工作，加强对区县（市）和乡、镇人大换届选举工作的指导检查，保证换届选举依法有序进行。密切与区县（市）人大联系，保持在重要监督工作上的协调联动。开展与国外友城、地方议会的友好交往，更好地服务于全市对外开放工作的大局。

各位代表：市第十三次党代会对沈阳改革发展作出了新的重大部署，本次代表大会也将审议批准沈阳振兴发展战略规划。新一轮振兴发展的宏伟蓝图在激励着我们，全面推进依法治市的责任使命在召唤着我们。让我们紧密团结在以习近平同志为核心的党中央周围，在市委的正确领导下，以恪尽职守来诠释履职的责任，以奋发有为来回应人民的期待，以积极担当来抓好工作的落实，为推进我市社会主义民主法治建设，加快实现沈阳老工业基地全面振兴作出新的更大贡献！

政府工作报告

——2017年1月12日沈阳市
第十五届人民代表大会
第六次会议通过

沈阳市人民政府市长　姜有为

各位代表：

现在，我代表市政府向大会报告工作，请予审议，并请市政协各位委员提出意见。

一、2016年主要工作回顾

过去一年，在市委的坚强领导下，在市人大及其常委会依法监督和市政协民主监督下，市政府紧紧依靠全市人民，全面贯彻党的十八大、十八届三中、四中、五中、六中全会和习近平总书记系列重要讲话精神，按照五大发展理念和“四个着力”要求，积极推进中央新一轮东北振兴战略实施，认真落实市第十三次党代会部署，坚持稳中求进工作总基调，以供给侧结构性改革为主线，统筹抓好各项工作，努力推动全市经济社会平稳发展。

预计全市地区生产总值完成6712亿元；固定资产投资完成1621亿元；一般公共预算收入完成620.9亿元，增长2.4%；社会消费品零售总额完成3960亿元；城镇居民人均可支配收入达到39135元，增长6.8%；农村居民人均可支配收入达到14445元，增长7.1%；城镇登记失业率为3.12%。

（一）认真落实新一轮振兴战略，努力推进供给侧结构性改革，经济发展质量效益明显提高

积极落实供给侧结构性改革重点任务，出台稳增长政策措施，全市经济逐步企稳向好。地方税收占一般公共预算收入比重达到82.4%，提高1.2个百分点。

振兴政策举措有效实施。认真贯彻中央关于新一轮东北振兴决策部署，系统研究和编制沈阳振兴发展战略规划，明确振兴发展总体思路和行动方案。对接《推进东北地区等老工业基地振兴三年滚动实施方案》，细化分解任务，狠抓工作落实。主动开展项目、政策、资金对接，争取到国家和省重大项目162个、政策85项、资金251.1亿元，政策红利得到有效释放。

“三去一降一补”成效明显。积极支持企业“走出去”化解产能，新签对外投资超千万美元项目15个、协议投资额11.3亿美元，联立铜业入选“2016年中国企业全球化新锐50强”。出台房地产新政33条，全市商品住房备案面积增长9.8%，去化周期缩短到7个月。采取债券置换、政府与社会资本合作等措施，政府性债务风险得到有效防控。全面实施“营改增”和降本减负20条政策，减免行政事业性和经营服务性收费55项，为企业和居民直接减负约55亿元。

项目带动战略扎实推进。出台壮大战略性新兴产业、差别化供地等政策措

施，开工建设一批调结构、补短板重大项目。335个重点产业项目完成投资962.4亿元，132个政府投资项目完成投资142亿元，城市地下综合管廊等7个政府与社会资本合作项目启动实施，有效投资规模持续扩大。

（二）加快推进结构调整，努力建设制造强市、服务业大市，产业转型升级取得新进展

积极培育新产业、新业态、新模式，推动三次产业协调发展，服务业增加值占地区生产总值比重提高6.3个百分点。

工业加快转型升级。实施优势企业倍增计划和困难企业帮扶计划，工业运行质量得到提升，华晨汽车首次挺进中国企业百强。启动建设64个制造业智能升级示范项目，机床集团入选2016中国“新经济”十大优秀案例，i5智能机床产量增长1.2倍，我市成为“中国制造2025”试点示范城市。沈鼓集团研制的国内首台120万吨乙烯压缩机组投入运转，航天新光集团研制的氢气涡轮泵、中科院沈阳自动化所研制的深渊着陆器和无人潜水器，成功应用于我国“深空、深海”工程。新兴产业快速发展，机器人产业实现业务收入70亿元、增长27.3%，航空产业完成产值311亿元、增长7%。

服务业层次水平不断提升。辽宁振兴银行获批在沈筹建，全市新增中国银行辽宁分行总部等各类金融及金融服务机构40家，我市获准开展跨境人民币创新业务试点。沈阳国际物流港跻身首批国家级示范物流园区行列，我市成为国家现代物流创新发展试点市。全市限额以上单位网上商品零售额增长42.4%，浑南电商基地进入全国优秀电商园区20强。全年举办中国城市规划年会等各类展会380项，会展交易额增长10.2%。我市成为国家文化消费试点城市。沈北新区、浑南区成为国家全域旅游示范区创建单位，全市旅游总收入增长13.1%。

现代农业加快发展。积极调整农业结构，创建粮油作物高产示范区25个，“三品一标”认证面积达797万亩，康平县获批创建国家有机产品认证示范县，法库县被评为国家农产品质量安全县。沈阳东北冷鲜港进境肉类指定查验场通过国家验收，开辟了辽宁进口肉类商品新通道。开通“沈满俄”班列，填补了东北地区鲜活农产品出口国际铁路联运空白。土地确权登记、经营权流转等农村综合改革稳步推进。新民市获批全国农村产业融合发展试点示范县，苏家屯区成为国家产城融合示范区。辽中区正式挂牌，获批国家新型城镇化综合试点区。

（三）深入推进全面创新改革，努力构建开放发展新格局，发展动力活力不断增强

精心编制全面创新改革试验方案并获国务院批复，积极探索、先行先试，形成了中德装备园体制机制创新等4项可复制推广经验。

科技创新取得新突破。出台自主创新示范区建设三年行动计划和10项政策，全市新增高新技术企业139家，是上年的3.2倍。组建以新松为龙头的机器人产业创新联盟，新增8个国家级工程研究中心（工程实验室），我市国家级创新平台数量进入全国第一集团。富创精密IC设备关键零部件、芯源微电子显影设备等重大科技专项通过国家验收。浑南区成为全国首批区域“双创”示范基地，三好街两岸青年创业园被评为“海峡两岸青年创业基地”，新增15家国家级众创空间，我市入选全国科技和金融结合、知识产权质押融资试点城市。“盛京人才”战略深入实施，全市新增两院院士2人、“千人计划”5人、“万人计划”23人。

行政体制改革向纵深推进。加快转变政府职能，积极推进“放管服”改革，取消下放108项行政职权，行政审批事项削减46%、要件削减31.5%。在中德装备园等14个经济园区开展行政事业“零收费”试点，在大东区开展金融机构代办工商注册试点。公布并动态管理行政收费等6张目录清单，实施“五证合一、一照一码”，推行“双随机、一公开”监管，全市新增各类市场主体10.4万户、增长15.7%。

国资国企改革稳步实施。出台进一步深化国资国企改革实施意见和配套政策，旅游、养老、航空等7大产业集团投入运营，有效带动了优势资源整合与重点产业培育发展。市副食集团混合所有制改革取得新成效，机床集团履行出资人职责试点、东药集团内部用人制度改革试点等工作扎实推进，国有企业经营活力不断增强。

对外开放取得新成效。沈阳成为辽宁自由贸易试验区重点城市。成功接待德国总理默克尔来访，对德合作迈上新台阶。中德装备园集聚项目246个，成为中德智能制造合作试点示范园区。新开6条国际航线，与英国贝尔法斯特市结为友好城市，我市荣获“中国国际友好城市交流合作奖”。沈阳市跨境电商进口直购通关服务平台开通运行，我市成为全国服务外包示范市。主动融入“一带一路”，新签对外承包工程项目22个，北方重工集团获土耳其6台盾构机大单。境外合作园区建设加快，中德新松教育集团并购德国陶特洛夫职业培训学院，全市对外投资增长1倍。沈阳经济区一体化建设扎实推进，与营口港务集团共建的沈阳港集团投入运营。

（四）积极促进信息化与城市化融合，努力建设智慧城市，城市运行效率明显提高

深入落实国家“互联网+”战略，以“惠民、兴业、善政”为目标，积极打造智慧沈阳，我市获批国家大数据综合试验区，为城市转型发展奠定了坚实基础。

通信基础设施建设全面推进。开展“提速降费”行动，“光纤进小区”和行政村“光纤村村通”年度计划全面完成。无线网络四环内实现全覆盖，免费智能WiFi覆盖120个热点区域，全市公交车辆免费WiFi工程启动实施。我市成为“宽带中国”示范城市。

大数据产业加快培育发展。成功举办智慧城市（国际）创新大会。大数据发展生态体系不断完善，工业大数据创新发展试点有序推进，东网科技获2016中国大数据最佳创新企业奖。与浪潮集团合作推广“大数据创客模式”，大数据“双创”行动计划成效初显。华为、中兴、360、软通动力等60余家知名企业在沈投资兴业，以大数据为核心的新一代信息技术产业发展全面提速。

智慧城市应用体系加快建设。智慧沈阳统一平台上线试运行，数据共享交换平台、数据清洗融合平台和决策分析门户等功能投入应用，政府部门间数据交换和资源共享进程加快。政务协同办公平台投入运行，政府运行效率大幅提升、行政成本大幅下降。区域人口健康信息平台、智慧城市应急指挥中心等重点项目顺利推进，居民信息平台、智慧医保APP等投入使用，中小学全面建成“数字校园”，市属医院加快普及“智慧医院”，“乘车易”用户突破百万，“停车易、行车易”用户达到140万，城市运行和市民生活更加高效便捷。

（五）不断完善城市功能，努力打造生态宜居环境，城乡面貌持续改善

认真落实中央城市工作会议精神，坚持以人为核心，坚持建管并重，城市品质实现新提升。

基础设施建设扎实推进。地铁4、9、10号线和2号线北延线工程进展顺利，南北快速干道北段高架桥建成通车，五爱互通立交桥部分投入使用，百里二环实现无信号通行。新建改造城市慢行系统44万平方米，新增各类公共停车场47处、停车泊位9500个。投资15.7亿元加快宜居乡村建设。整修农村公路1810公里，为98个自然村通上柏油路。南运河、铁西新城、南北快速干道地下综合管廊开工建设，长青公园等8个“海绵城市”项目启动实施。农田水利设施不断完善，防洪减灾能力进一步增强。

生态环境明显改善。重拳治理雾霾，拆除10吨以下燃煤锅炉1917台，淘汰黄标车及老旧车辆5.6万辆，实施最严格的秸秆禁烧制度，强化工业排放、建筑工地扬尘管理，PM2.5、PM10浓度分别下降25%和18.3%，重污染天数比上年减少19天，大气优良天数增加42天。实施道路、水系、公园等重点区域绿化景观提升工程，全市绿化造林20.8万亩。百里环城水系综合治理、中小河流生态治理、污水处理厂建设和提标升级改造等工程加快推进，卧龙湖国家湖泊生态环境保护试点工作成效显著。

城市管理不断加强。构建以属地管理为核心的执法体系，数字城管加快向智慧城管升级，实行环卫常态化、标准化作业管理，市容秩序、市政设施、小区环境等12大专项治理行动全面启动。加快“公交都市”建设，新开调整公交线路27条，新增更新清洁能源公交车1327台，新增6条农村公交化客运线路，地铁实现常态化延时运营。推行城市生活垃圾分类管理，老虎冲渗沥液处理厂投入使用，城市垃圾“三化”处理能力不断提高。

（六）加大民生投入力度，努力建设幸福沈阳，发展成果更多惠及人民群众

实施十大民生工程，重点民生支出占财政支出比重达到85%，我市在联合国中国城市人类发展指数排名中居第四位。

就业和社会保障水平不断提高。成功举办“创响中国”巡回接力等“双创”活动，实施重点群体就业援助、企业稳岗补贴等政策，城镇新增就业8.4万人，城镇登记失业率低于控制目标0.88个百分点。企业退休人员基本养老金“十二连涨”，城乡低保“五连增”，城乡低保家庭冬季采暖救助实现全覆盖。我市成为全国首批生育保险和医疗保险合并实施试点城市。建成区域性居家养老服务中心17个，新增养老床位4042张，我市成为全国首批居家和社区养老服务改革试点城市。残疾人事业民生投入增长46.3%。11662个建档立卡贫困人口实现脱贫。投入3.84亿元实施城乡结合部老旧住宅“三网”配套改造工程，惠及居民7.43万户。完成棚改2.6万户（套），基本建成保障房1.9万套，维修更新老旧住宅电梯212部，旧住宅区环境改造、农村危房改造、节能暖房改造等民生工程项目按计划完成。

公共服务供给能力持续提升。各级各类教育协调有序发展，增加公办幼儿园学位3500个，完成340所中小学旱厕、校舍改造，我市成为国家学前教育改革发展实验区、全国首批职业教育双元培育改革试点市。医疗综合服务能力显著提升，覆盖城乡的20个示范医联体全面建成，基层卫生服务体系建设进入全国示范行列，中医药事业加快发展，我市成为国家级医养结合试点城市。成功举办中国·沈阳国际合唱节，沈阳交响乐团受邀登上国家大剧院舞台，汗王宫遗址陈列馆、职工之家劳模纪念馆等文化设施建成开放，沈河区成为国家公共文化服务体系示范区。开展全民健身活动，有序开放各类全民健身场所。举办“十二强赛”、“哥德杯”世界青少年足球赛、沈阳马拉松等国际赛事，和平区世界足球公园、皇姑区气膜足球馆投入使用，“足球之都”建设为城市增添了活力。

社会治理创新取得新进展。加快和谐社区、智慧社区建设，积极推行“一口式受理、全科式服务、开放式办公”模式，社区服务信息化、智慧化、便利化水平不断提高。深化信访制度改革，及时发现和解决各类突出矛盾。公安“三大载体”活动深入实施，各类大型群众性活动安全有序，食品安全示范城市创建工作扎实推进，道路交通、消防、危险化学品等领域整治成效明显，安全生产形势和社会治安大局持续稳定。

（七）加快转变政府职能，努力加强政府自身建设，行政效能不断提升

按照打造国际化营商环境要求，积极推进政务环境建设，政府管理和服务水平不断提高。

法治建设持续推进。自觉接受人大法律监督、工作监督和政协民主监督，认真办理人大议案、代表建议和政协提案，提请市人大常委会审议法规草案4件，发布政府规章10件。出台法治政府建设实施方案和重大行政决策程序规定，建立重大决策合法性审查机制，进一步夯实了政府依法决策、依法行政的基础。

作风建设深入推进。迅速落实打造国际化营商环境意见，全面开展五大专项整治行动。推行公务员及时奖励制度，实施“督考合一”，激励约束机制更加完善。加强政府智库建设，拓宽群众建言献策渠道，切实增强了政府工作的针对性和实效性。

廉政建设不断加强。深入开展“两学一做”学习教育，认真落实中央巡视“回头看”整改任务，集中开展辽宁拉票贿选案警示教育，持续纠正“四风”，坚持厉行节约，“三公”经费支出继续压减。认真落实党风廉政建设主体责任，强化行政监察和审计监督，公务员队伍廉洁从政意识不断增强。

过去一年，国防动员、人防和民兵预备役建设进一步加强，我市实现全国双拥模范城“八连冠”。国家安全、保密、统计、参事、民族、宗教、侨务、贸促、广播电视、新闻出版、邮政、气象、防震减灾、档案、修志、文史、红十字会和慈善事业等工作都取得了新成绩。

各位代表，过去一年的成绩来之不易，这是市委正确领导的结果，是全市人民团结一心、共同奋斗的结果。在此，我代表市政府，向全市各族人民，向人大代表、政协委员、各民主党派、各人民团体和社会各界人士，向驻沈解放军、武警部队官兵和中省直单位，向关心支持沈阳振兴发展的港澳台同胞、海外侨胞和国际友人，表示诚挚的感谢和崇高的敬意！

回顾过去一年工作，我们也清醒地认识到发展中还存在一些问题。一是体制机制问题仍然突出，政府与市场关系尚未理顺，国资国企改革还不到位，民营经济发展还有很多制约，创新创业体系亟待完善。二是结构性问题仍然突出，重化工业比重过大，高附加值产品偏少，产业整体竞争力不强，县域经济相对薄弱，经济外向度不高，新旧动能还需加速接续转换。三是营商环境问题仍然突出，企业各类负担还比较重，投资吸引力下降，高层次人才外流，科研成果本地转化率不高。四是热点民生问题仍然突出，就业潜在压力不容忽视，城乡居民收入增长缓慢，公共服务水平还不高，环境污染、交通拥堵等“城市病”需要加大力

度综合治理。五是政府职能错位、越位、缺位问题仍然存在,管理服务能力还不强,个别干部作风不实、担当意识不够,“放管服”改革还有很大的空间。

去年,我市地区生产总值、固定资产投资、规模以上工业增加值等指标未能完成预期目标,主要原因是,我们认真落实中央巡视组和国家审计署的反馈意见,举一反三抓整改,全面剔除虚增、做实经济数据,夯实后的指标与过去虚假数据存在不可比因素。同时也要看到,经济指标下降,表面上是外部需求不足,实质上是老工业基地长期以来积累的体制性、机制性、结构性矛盾的集中显现。

当前,外部环境依然严峻复杂,世界经济处于长周期衰退之中,不确定不稳定因素增多。我国区域经济走势分化,我市与先进地区在思想观念、工作方式、经济发展水平等方面差距拉大。经济增速下滑、结构调整阵痛、动能转换困难相互交织,经济运行风险增加,改革任务异常艰巨,振兴发展处在滚石上山、爬坡过坎的关键阶段。我们慢不得、更等不起,一定要增强责任感、紧迫感。同时,更要保持战略定力,坚定发展信心。

信心来自国家前所未有的政策支持。新一轮振兴战略深入实施,沈阳成为国家全面创新改革试验区、自主创新示范区和辽宁自由贸易试验区建设重点城市,赢得了多重历史新机遇。

信心来自发展基础和潜力。沈阳拥有雄厚的产业基础、较强的科研实力和一大批行业领军企业,区位优势日益明显,发展新动能正在不断集聚。

信心来自经济企稳向好的势头。过去一年,沈阳先行指标与全国同步增长,发展质量效益逐步提高,筑底企稳、回升向好的态势已经显现。

信心来自风清气正的政治生态。通过政治生态的修复,党风政风日益清朗清明,为沈阳振兴发展提供了坚强的政治保障。

信心来自干部群众的热切期盼。市第十三次党代会为沈阳振兴发展绘就了蓝图、指明了方向,全市上下已经汇聚起共谋振兴、共同缔造的强大合力。

我们坚信,有以习近平同志为核心的党中央亲切关怀,有省委、省政府和市委的坚强领导,有全市干部群众的共同努力,我们一定能够克服暂时困难,一定能够重塑沈阳辉煌,一定能够走出振兴发展新路,把沈阳老工业基地振兴伟大事业不断推向前进!

二、2017 年重点工作安排

今年是党的十九大召开之年,是全面贯彻落实市第十三次党代会精神的开局之年,是扎实推进沈阳振兴发展的关键之年,做好今年政府各项工作意义重大。

今年,政府工作总体要求是:全面贯彻党的十八大和十八届三中、四中、五中、六中全会精神,认真落实习近平总书记系列重要讲话精神特别是关于东北振兴发展的重要指示批示精神,统筹推进“五位一体”总体布局,协调推进“四个全面”战略布局,认真落实“四个着力”要求,按照中央和省委经济工作会议部署,深刻把握经济发展进入新常态的重大判断,深刻把握以新发展理念为指导、以供给侧结构性改革为主线的政策框架,深刻把握稳中求进工作总基调这个治国理政的重要原则,全面落实市第十三次党代会确定的目标和任务,切实抓好稳增长、促改革、调结构、惠民生、防风险各项工作,促进经济平稳健康发展和社会和谐稳定。

今年全市经济社会发展的主要预期目标是:地区生产总值增长 7%;固定资产投资增长 15%;一般公共预算收入增长 5%;社会消费品零售总额增长 10%;城镇和农村居民人均可支配收入增长与经济增长同步;城镇登记失业率控制在 3.7% 以内。

经济增长预期目标确定为 7%,考虑了与“十三五”规划目标相衔接,与全面建成小康社会要求相适应;考虑了保障就业、改善民生对经济增长的需要,以及稳定和引导社会预期的需要;考虑了做实经济数据后增长潜力将得到释放,经济增长有一定恢复性空间。

从实现预期目标的主要支撑看:工业方面,占全市工业 80% 的三大千亿产业持续增长,汽车行业将有一系列新车型投放市场,机械装备骨干企业新增订货明显增加,农产品加工龙头企业规模不断扩大;全年预计新增规模以上企业 200 户左右,也将带来新增量。服务业方面,金融机构本外币存贷款余额持续增长,房地产市场交易保持活跃,物流、会展、电商等现代服务业快速发展。投资方面,已落实开复工亿元以上项目 570 个,当年预计完成投资 1250 亿元左右,一批储备项目也将落地开工。消费方面,居民收入稳步提高,消费预期比较稳定,旅游、文化、教育、体育、健康等消费热点持续升温。特别是营商环境持续改善将吸引更多的企业和投资,“大众创业、万众创新”将催生更多新的市场主体。只要我们加倍努力,就一定能够实现预期目标。

做好今年政府工作,要深入贯彻新发展理念,破解发展难题、筑牢发展基础、厚植发展优势,推动沈阳新一轮振兴发展迈出新步伐、取得新突破。第一,必须坚持以振兴发展战略规划为引领,加快实施国际化、区域一体化、城市空间优化、产业多元化、人的现代化五大战略,切实做到一张蓝图干到底。第二,必须坚持以供给侧结构性改革为主线,用好加减乘除“四法统筹”,着力振兴实体经济,着力补齐发展短板,着力提升供给结构的竞争力。第三,必须坚持以打造国际化营商环境为切入点,注重服务便利和效率优先,着力解决突出问题,不断创新体制机制,充分激发市场活力。第四,必须坚持以创新驱动为根本动力,深入推进全面创新改革试验和自主创新示范区建设,集聚创新资源,活跃创新要素,改善创新生态,加快构建经济发展新方式。第五,必须坚持以人民为中心的发展思想,推进共同缔造,改善公共服务,搞好基本民生、保障底线民生、解决热点民生,让老百姓的日子越来越好,烦心事闹心事越来越少。第六,必须坚持改善政府服务,转变政府职能,改进管理方式,努力建设法治政府、诚信政府、廉洁政府、服务型政府,切实提高政府公信力、执行力。

(一)坚持目标导向、问题切入,确保国际化营商环境建设取得明显成效

全面落实市委、市政府打造国际化营商环境意见,切实通过环境的整体改善来集聚发展要素,激发社会潜能,释放发展内生动力。

分类对标,综合评估。对照世界银行指标体系,引入第三方专业评估机构,查找我市在企业全生命周期服务方面存在的差距;对照发达国家和先进地区,查找我市在政务、市场、开放、要素、设施、社会、法治等营商环境方面存在的问题,明确改进方向,找准工作路径,制定改进措施。

重点突破,协同推进。深入开展政务服务窗口质量、乱收费乱罚款乱检查、垄断性服务行业涉企服务、政府和企业失信、企业正常跨区迁移难等五大专项整治行动,着力提升窗口单位工作人员服务意识、文明素质、业务能力,切实以政务环境建设带动各领域营商环境建

设。建立协调联动、监督考核和社会广泛参与机制，树立人人都有责任、人人都是环境的理念，形成共同缔造营商环境的强大合力，确保营商环境建设取得实效。

严格整改，全面提升。瞄准2020年营商环境排名进入前50的目标，结合评估报告建立问题清单，以"零容忍"态度抓紧整改百姓反映集中、企业反映强烈、社会反映普遍的突出问题。动员社会参与，加强社会监督，敢于揭短亮丑，确保整改到位。加强制度设计，建立长效机制，坚决防止问题反复反弹。积极宣传先进典型和工作推进成效，迅速改变沈阳营商环境形象。

（二）深化供给侧结构性改革，全力保持经济平稳健康发展

坚持以提高供给结构竞争力为主攻方向，突出重点任务，进一步发挥有效投资关键作用和实体经济支撑作用，推动全市经济提质增效。

深入推进"三去一降一补"。在去产能方面，支持企业技术改造、兼并重组，主动对接国家多边产能合作机制，通过海外建厂、工程承包等方式"走出去"，创新企业大型成套装备营销方式，努力拓展市场，提高企业生产负荷。在去库存方面，主要化解房地产库存。坚持分类施策，针对商业地产，重点是向文化、旅游、养老等业态和住宅用途转化；针对中心城区和县域商品住房，把好土地供应"闸门"，继续化解县域库存，确保中心城区去化周期和房价稳定在合理区间。在去杠杆方面，通过股权融资、债转股、资产重组等方式，拓宽直接融资渠道，帮助企业特别是国有企业降低负债率；规范政府举债行为、强化债务限额及预算管理，通过债券置换化解存量债务，通过政府与社会资本合作减少新增债务，有效防控政府性债务风险。在降成本方面，努力降低企业水电气暖、物流、融资等经营性成本，降低税费及审批等制度性成本，扩大"零审批""零收费"园区试点。在补短板方面，通过发展新产业、新业态、新产品，补齐新经济短板；通过提升县域公共服务、培育壮大主导产业，补齐县域经济短板；通过完善政策支撑和服务体系，补齐民营经济短板。

大力实施项目带动战略。加快推进重大项目开复工，集中力量抓好华晨宝马第七代5系、米拉国际汽车研发与检测中心、利源铝型材深加工、盛京金融广场、沈阳铁路综合货场等433个重点产业项目，地铁、城市综合管廊等135个基础设施项目，垃圾及污水处理等48个生态环保项目，棚户区改造等55个民生项目，电网改造等30个能源项目。加强重大项目储备，深入研究投资需求，围绕培育新动能、发展新经济、延展产业链引进一批产业项目，围绕促进区域一体化、提升城市承载力、补齐民生短板策划一批基础设施、生态环保、改善民生项目，围绕优化城市空间做好东塔机场等一批重大搬迁改造项目前期工作，充实项目储备库。加快投融资体制改革，发挥政府投资引导作用，着力激发民间资本投资活力，加快实施一批政府与社会资本合作项目。有效破解项目建设难题，落实项目推进责任制，全力做好项目基础设施和公共服务配套，着力解决制约项目建设的土地征收和房屋拆迁等问题。

着力振兴实体经济。开展新动能培育行动，积极发展云计算、物联网、移动互联网等新业态，支持传统产业引入新技术、新机制、新模式，加快新旧动能转换。开展质量品牌提升行动，落实重点工业优质产品补贴政策，支持企业提高产品技术、工艺装备、能效管理水平，切实增加高质量产品和服务供给，培育一批"沈阳"品牌。开展企业规模升级行动，对重点产值增量企业、产品订单增长企业给予政策支持，建立中小企业入规升级培育库，实行"小升规"奖励制度。开展"工业强基"行动，依托重点工程、重大项目和骨干企业，发展本市需求量大、有市场、有技术支撑的"四基"产品，培育"专精尖"配套企业，不断提升本地基础产业的协作配套能力。

（三）深入推进改革开放创新，不断激发发展动力活力

大力实施创新驱动发展战略和国际化战略，深入推进全面创新改革试验，持续释放发展新动能。

全面推进"多规合一"改革。创新规划管理体制机制，建立部门业务联动、监控考核、动态更新等制度，确保"多规合一"有效落实。建立统一的空间规划体系，做到发展目标、空间坐标和用地指标"三标"合一，抓好城市总体规划、经济社会发展规划、土地利用规划、环境保护规划"四规"统筹，实现一张蓝图、一个平台、一张表单、一套机制，切实发挥规划在城市发展中的主导作用。

加快国资国企改革。优化国有资产布局，放大国有资本功能，推进国有资产集中统一监管，分类实施监管、分类推进改革、分类促进发展。改组设立国有资本投资运营公司，组建金控集团、城投集团、产投集团，搭建资产管理和处置平台，推动融资平台市场化改革，壮大产业引导基金规模。深化国有企业改革，完善国有企业法人治理结构，优化国有企业股权结构、组织结构、资产结构和产品结构，进一步健全航空、旅游、环保、养老等7大产业集团运转机制。推进混合所有制改革试点。加强国有企业党的建设，切实发挥企业党组织在企业改革发展、重大决策、人事任免等方面的重要作用。推进驻沈央企"三供一业"移交，分离企业办社会职能，积极解决厂办大集体等历史遗留问题。

深化行政体制改革。优化政府职能配置，深入推进"放管服"改革，严格执行政府清单管理制度，在中德装备园试点企业投资项目承诺制。复制厦门行政审批制度改革模式，推进职能整合、流程再造，推广"一个窗口受理、一站式办理、一条龙服务"，确保所有行政审批事项办结时限不超过国家法定时限的40%。深化商事制度改革，实行企业登记全程电子化和简易注销登记改革，全面推行企业"五证合一、一照一码"、个体工商户"两证合一"和"双随机、一公开"监管，建立信用公共信息共享平台，充分激发市场主体活力。稳步推进事业单位分类改革。

大力发展民营经济。完善融资服务体系，加强担保体系建设，运用助保贷、融资扶持基金、流动性债权基金、应收账款质押和股权质押贷款等金融工具，缓解企业融资难、"过桥难"等问题。完善创新创业服务体系，建设一批中小微企业创业基地、公共技术服务平台和成果孵化器，开展"互联网+小微企业"专项行动，提升中小微企业创新能力。完善市场服务体系，组织中小微企业参加贸易展示洽谈，支持中小企业与大企业协作配套，鼓励优势民营企业"走出去"，申办"2018APEC中小企业技术交流暨展览会"。完善人才服务体系，开展科研院所与中小企业服务对接，通过高等院校、职业技术学校培养一批技能人才。引导民营企业建立现代企业制度，支持优秀民营企业上市。

积极推进科技创新。加快国家自主创新示范区建设，构建具有沈阳特色的创新体制机制，充分释放政策红利，打造良好创新生态。努力提升创新能力，深化科技计划改革，引导企业加大研发投

入，对接京沈高校、科研院所开展100项重大技术联合攻关。支持企业设立海外研发机构，并购海外研发团队。实施科技成果转化工程，持续跟踪支持一批重大研发项目熟化、转化。遴选200家企业实施高新技术企业培育计划，实施科技"小巨人"成长计划。加快创新平台建设，大力培育IC装备等38个产业技术创新联盟，引进建立与我市产业密切关联的院士工作站、产业技术研究院、工程研究中心和技术转移中心，围绕机器人、数字医疗等行业龙头企业推进全产业链创新布局，提高协同创新水平。完善创新服务体系，积极推动科研院所、高等院校开放资源，搭建工业设计、检验检测、科学数据、大型科学仪器设备共享等公共服务平台。加强知识产权保护、运用，创建知识产权示范市，开展知识产权质押融资试点，为创新型企业搭建融资平台。深入推进"盛京人才"战略，实施盛京优才集聚计划、盛京英才支持计划和重点产业高层次紧缺人才奖励计划，培养集聚各领域领军人才、管理人才、专业技能人才，实行人才引进培养、服务保障特殊政策，争创老工业基地人才管理改革试验区。

实施更加积极的开放战略。借鉴厦门模式，以推进负面清单投资管理、贸易便利化和金融开放为核心，加快自贸区改革创新。以中德装备园为载体，抓好对德国以及欧洲各国的招商引资、企业并购，促进中德企业扩大技术、管理、双元制教育合作，办好德国企业沈阳行活动。实施精准招商，围绕壮大汽车、装备制造等千亿产业集群加强产业链招商，围绕发展生物医药、新材料、新能源、大数据、电子商务等新产业、新业态加强新经济招商，盯住长三角、珠三角、京津冀等创新活跃地区加强科技成果转化项目招商。积极融入"一带一路"，优化口岸通关环境，打造"沈阳港"和空港经济区等开放枢纽，探索"沈满欧"、"沈满俄"班列长效运营机制。深化友城合作，拓展对外交流渠道。加强对口合作，以项目清单为抓手，建立与北京、江苏、厦门合作机制，实现互利互惠、共赢发展。

（四）加快推进产业转型，着力构建现代产业体系

大力实施产业多元化战略，抓龙头、搭平台、铸链条，加快构建"五大板块"协调发展的现代产业体系。

加快推进工业转型升级。发挥先进装备制造业引领作用，推动制造业智能化、高端化、服务化，对接德国"工业4.0"，推进"中国制造2025"试点示范城市建设，继续开展制造业智能升级行动，建设装备制造业大数据中心，支持企业打造智能工厂、智能车间；鼓励骨干企业加大科技投入，加快产品结构升级，提升高端装备发展水平；加快实施沈阳机床i5战略计划，促进i5智能机床在重点领域的推广应用，支持特变沈变、北方重工等企业承揽"交钥匙"工程。推动新兴产业规模化，开工建设50个新兴产业、25个新兴业态项目，争取庞巴迪Q400飞机总装项目落地，力争机器人产业产值突破90亿元。推动优势产业集群化，以龙头企业为核心，打造航空、输变电装备、机器人、新一代信息技术等千亿产业链（集群）。推动军民融合发展，启动航天十二院军民融合技术转移中心项目，支持新松建设军民融合特色园区，争创国家军民融合创新示范区。

大力发展都市型现代服务业。着力发展与国际化城市功能相匹配的生产性服务业。积极推进金融创新，加快集聚新型金融机构和培育区域性资本市场、要素市场，推动金融商贸开发区晋升国家级开发区。做优做强现代物流业，强化物流通道拓展、物流设施建设和物流技术应用，加快跨境电商等物流产业园建设，推动快递业与电子商务联动发展，打造"一带一路"重要节点城市。加快建设东北亚会展中心城市，办好中国装备制造业博览会、国际飞行大会等大型会展活动。着力发展与都市人群多样化需求相适应的生活性服务业。加快培育壮大旅游、文化、体育、健康、养老等"幸福产业"，推进国有景区改革，发展工业、乡村、清文化等主题旅游，推动盛京皇城创建国家5A级旅游景区。着力促进传统商业向"线上线下"结合、"体验销售"结合转变，改善中街、太原街、长江街等商业街区消费环境，让一批老街、老店、老市场重新焕发活力。

做优做精"三高"型都市农业。深化农业供给侧结构性改革，继续优化种植业结构，促进一二三产业融合发展，大力实施农产品品牌战略，提高农业综合效益，促进农民增收。建设都市农业产业体系，加快环城、沈康、沈阜等示范带和蒲河经济带建设，打造一批高端精品、"名特优新"农产品基地和休闲观光农业基地，新增10户农业产业化龙头企业，提高农产品精深加工水平。完善都市农业生产体系，加强农业基础设施建设和粮油高产示范区建设。稳定粮食生产，扩大肉、蛋、奶产量，保障"菜篮子"安全，支持寒富苹果等特色农产品开拓市场。培育都市农业经营体系，基本完成农村土地承包经营权确权登记，推进"三权分置"改革，促进适度规模经营。加强新型职业农民技能培训，新增500家农民合作社、230个家庭农场。推进供销社改革，搭建涉农电商平台，建立新型高效的农产品流通网络。

（五）加快推进城市转型，切实提升城市承载力和宜居度

坚持内涵式发展，正确处理规模与效益、建设与管理、主城与副城的关系，优化发展空间，完善城市功能，增强城市魅力，努力建设北国风光宜居家园。

提升城市统筹规划建设水平。按照"一河两岸、一主三副"的规划布局，大力推进基础设施和教育、医疗等公共服务资源向浑南新城区布局、向副城延伸，畅通新城与老城、主城与副城之间的交通联络。统筹城乡规划建设，支持苏家屯区开展市场化推进产城融合综合试点、辽中区和新民市开展国家新型城镇化综合试点、康平县建设城乡统筹发展示范区，加强县城、重点镇、特色镇建设，加快以县为单元的就地城镇化。统筹区域发展，积极参与沈抚新区建设，完善沈阳—营口陆海联运系统，推进铁岭—沈阳—营口城际铁路建设，打造沈阳经济区重要发展轴。

提升基础设施现代化水平。完善城市轨道交通系统，开工建设地铁2号线南延线、3号线和6号线，完成1号线东延线和4号线北延线前期工作。完善城市快速交通系统，建设东一环、长青街、沈辽路等快速路，确保南北快速干道、五爱互通立交桥全面投入使用，启动沈康高速三环连接线工程。实施西北连接线、中央大街跨河桥及二环快速路节点改造等工程，打通环路连接线和重要交通节点。加快发展城市慢行系统，建设高品质专用绿道。结合新城建设和老城改造，实施国省干道提标升级工程，加快推进南运河等城市综合管廊建设，启动沈河东部新城"海绵城市"示范区建设，实施西部、东部电力扩容工程。

提升城市智慧化水平。进一步扩大4G无线网络、宽带网络、免费智能WiFi覆盖范围，打造宽带乡村、光网城市和无线城市。继续推进智慧交通、智慧医疗、智慧社区等各类惠民项目，提升市民对智慧沈阳建设的获得感。完善智慧沈阳

统一平台和数据安全保障体系,实现大数据共享、开放与安全相互促进。扎实推进国家大数据综合试验区建设,组建大数据交易平台机构,形成数据交易机制,建设集存储、处理、运营、安全及标准于一体的东北区域大数据中心。依托华录集团、国信优易、树根互联、清华大学工业大数据研究中心等企业和机构,推进铁西国家信息中心大数据创新创业(沈阳)基地、浑南国家大学科技城、沈北国际(中韩)创新产业园等大数据领域的基地、园区和项目建设,加快大数据产业布局,开展工业大数据应用试点示范。承办好第四届中国智慧城市(国际)创新大会。

提升城乡宜居水平。严格执行生态保护红线制度,保育"三环三带四楔"生态廊道。促进城乡绿化提档升级,改造辽河七星湿地、南塔等城市公园,提升城区主路绿化景观,加快退耕还林、荒地造林。持续推进蓝天工程,继续淘汰治理黄标车,淘汰拆除600台燃煤锅炉,加强秸秆资源化利用,努力增加大气优良天数。加快推进全域河湖水系连通工程,实施北部、沈水湾等4座污水处理厂提标改造及南部污水处理厂二期建设等工程,综合治理细河、白塔堡河、小南河等黑臭水体,推进卧龙湖、珍珠湖生态工程建设,打造亲水环境。完善城市生活垃圾分类回收管理机制,确保老虎冲餐厨废弃物处理场投入运行。加快推进老虎冲、大辛、张士垃圾焚烧发电项目建设,实施祝家150万吨积存污泥无害化处理和污染源在线监控项目。加大宜居乡村建设力度,开展99个宜居示范村镇创建。实施全民节能行动计划,加快国家循环经济示范城市建设。

提升城市管理精细化水平。深入推进城市管理和执法体制改革,建立形成制度化、规范化、科学化、智能化城市管理工作机制,建立城市精细化管理平台,实现城市管理全方位覆盖、全时段监管、高效能运转。着力解决百姓身边问题,将精细化管理向小街小巷、小区周边延伸,向市政设施维护、环卫作业、园林绿化、市容景观提升拓展。实施居民住宅区物业提升工程,加强老旧住宅区综合改造后的规范化管理。加强交通疏导,完善重点地区指路标志和流量检测系统,加大各类停车场建设力度,强化小街小巷静态交通治理。加快创建"公交都市",新开调整30条公交线路,新增更新新能源、清洁能源公交车1350台,缩短高峰期车隔,不断提高公交舒适度和便捷度。

(六)加快推进社会转型,共同缔造幸福沈阳

创新社会治理体系,转变社会治理模式,织牢织密民生保障网,不断提升人民群众生活质量和水平。

着力推进社会治理创新。以社区为基本单元,努力构建"纵向到底、横向到边、协商共治"的社会治理体系,把权力下放到基层、将服务推进到基层。加快和谐社区建设,提升市民文明素质,建立健全居民代表会议制度,引领居民"协商共治",增强居民对社区的认同感。建设社会组织孵化基地,加大政府购买服务力度,引导社会组织参与社会治理、提供公共服务。加强双拥共建,促进军政、军民团结。强化市民主人翁意识,塑造城市共同精神,实现"决策共谋、发展共建、建设共管、效果共评、成果共享"。

加大就业和社会保障力度。坚持就业优先战略,多渠道开发就业岗位,实施万人创业工程,加强大学生、复转军人等重点人员就业服务,新增就业8.8万人以上。推进城乡居民基本医疗保险一体化,进一步提高企业退休人员养老待遇水平,确保养老金及时足额发放。加快完善社会化养老服务体系,推广医养结合新型养老模式,推进居家和社区养老服务改革试点,新增区域性居家养老服务中心20个、日间照料站30个、养老床位4000张。提高困难群体救助标准,逐步缩小城乡救助差距。健全精准扶贫长效机制,继续推进区县结对帮扶共建,实现行政村通客运班车率、饮水安全受益率、有线电视覆盖率、新农合参合补助率四个100%,坚决打赢脱贫攻坚战。大力发展残疾人事业、社会福利事业和慈善事业,开发应用盲人"乘车易",加强困境儿童监护、生活、教育、医疗等方面保障,为全市孤儿和残疾人投保意外伤害险。继续办好一批民生实事,改造80个老旧小区、1.2万户(套)棚户区、805户农村危房,完善40个新建小区配套,推进111个小区、5.5万户老旧住宅"三网"配套改造,力争通过社会化方式完成298台老旧电梯维修更新,基本建成1万套保障房,实施300万平方米节能暖房工程,进一步提高供暖质量。

不断提升公共服务水平。促进教育公平,提高教育质量,新增公办幼儿园学位3500个,改造农村义务教育薄弱学校100所,完成全市中小学卫生保健所达标改造,完善中小学实验与运动器材配备,推动职业教育、高等教育与地方经济融合发展。推进老年人大学向社区延伸,不断完善终身教育体系。积极创建国家卫生城市和健康城市。适时启动城市公立医院综合改革,加强医联体建设,促进分级诊疗、多点执业。加快中国医大一院浑南国际医院、东北国际医院、沈阳积水潭医院建设,推进市中医院、口腔医院等重点医院迁建工程,完成市职工康复医院改造工程。繁荣发展文化事业,鼓励艺术精品创作,加强国际文化艺术交流与合作,开展"文化下乡"、流动博物馆送展等文化惠民活动。实施"九·一八"历史博物馆改造,确保市少儿图书馆迁建工程一期投入使用,市青少年宫、妇女会馆、艺术学校等项目按期完工。鼓励利用老厂房、老街区建设文创产业园区,培育新型文化业态和特色文创企业,做强国家文化产业示范基地,切实提高城市文化软实力。大力发展体育事业,推进公共体育场馆向市民免费、低收费开放,启动棋盘山户外全民健身中心项目建设,办好市第十四届全民运动会、国际市民体育联盟首届市民冬奥会等大型体育赛事,打造足球城市品牌,建设体育强市。

深化平安沈阳建设。完善立体化社会治安防控体系,依法严厉打击各类违法犯罪。建立多元化的群众诉求表达渠道,落实信访工作责任制,依法分类解决信访问题。完善食品药品可追溯体系和检验检测体系,严厉打击食品药品领域违法行为,扎实推进国家食品安全城市创建工作。推进安全生产领域改革发展,严格实行安全生产党政同责、一岗双责、齐抓共管、失职追责,加强安全管理制度化、标准化、网格化、信息化建设,坚决防范重特大安全事故发生。做好气象灾害预报预警,完善应急和防灾减灾救灾机制,增强应急救援能力,保障群众安居乐业、社会安定有序。

(七)不断加强政府自身建设,努力提高施政能力和服务水平

实现全面振兴对政府自身建设提出了更高的要求,必须进一步转变政府职能,不断提高政府工作质量和效率。

坚持正确政治方向。牢固树立"四个意识"特别是核心意识、看齐意识,认真落实全面从严治党要求和"讲诚信、懂规矩、守纪律"要求,深刻吸取辽宁拉票贿选案教训,切实在思想上政治上行动上始终同以习近平同志为核心的党中

央保持高度一致，切实把党中央国务院、省委省政府和市委各项决策部署落到实处。

扎实推进依法行政。自觉接受人大依法监督、政协民主监督和社会广泛监督，严格依法决策、依法行政，努力建设法治政府。完善政府守信践诺机制，建立健全政务和行政承诺考核制度，严格履行各项政策承诺，努力建设诚信政府。切实强化党风廉政建设主体责任，全面落实"一岗双责"，认真落实中央八项规定精神，积极构建"亲""清"新型政商关系，努力建设廉洁政府。强化政府公共服务职能，提高服务能力和服务效率，推广窗口单位预约服务、延时服务，努力建设服务型政府。

持续加强作风建设。坚持问计于民、问需于民，听取政府参事、顾问和智库专家意见，深入开展调查研究，落实民主集中制，促进政府决策科学化。发挥"关键少数"示范带动作用，自觉践行"三严三实"，以上率下，团结协作，形成干事创业的浓厚氛围。进一步紧张起来，扎实细致，快速反应，敢于担当，善于担当，雷厉风行抓落实。建立健全容错机制，坚持"三个区分开来"，旗帜鲜明地为敢于担当的干部担当，为敢于负责的干部负责，让敢担当、有作为的干部没有后顾之忧。

各位代表，沈阳已经迈上了振兴发展的新征程。让我们更加紧密地团结在以习近平同志为核心的党中央周围，在市委的坚强领导下，坚定信心、凝心聚力、开拓进取、扎实工作，奋力开创振兴发展新局面，以优异成绩迎接党的十九大胜利召开！

中国人民政治协商会议沈阳市第十四届委员会常务委员会工作报告

——2017年1月8日在政协沈阳市第十四届委员会第五次会议上

沈阳市政协主席　姜宏

各位委员：

现在，我代表市政协常委会作工作报告，请予审议。

一、2016年工作回顾

在刚刚过去的2016年，我们在中共沈阳市委的领导下，认真学习贯彻中共十八届三中、四中、五中、六中全会精神和习近平总书记系列重要讲话精神，按照市第十三次党代会和市委政协工作会议部署要求，牢牢把握团结和民主两大主题，保持政治定力，服务工作大局，稳步推进政协协商民主建设，为推动沈阳老工业基地全面振兴发展作出了新的贡献。

（一）聚焦中心工作，紧扣创新改革，推动经济建设平稳健康发展

坚持把适应新常态、打造新优势、推动新发展作为协商议政的重点，抓住突出矛盾和关键环节，建睿智之言、献务实之策，积极推进体制机制改革和产业转型升级。

着力推进全面创新改革，促进企业转方式调结构增动力。抓住深化国有企业改革这个关系全局的重大问题，组织政协委员和专家学者赴"长三角"和"珠三角"地区深度考察，会同民主党派、工商联和区县（市）政协联合开展调研，在市政协十四届二十三次常委会议协商中，提出了进一步优化国有企业改革发展环境、出台国有企业综合配套改革"1+N"文件等意见建议，其中在股权改革、选人用人、研发投入、松绑减负、资产证券化、解决历史遗留问题等方面提出有突破性建议，受到各方高度关注。市委将市政协《关于深化国有企业改革，增强企业活力和市场竞争力调研协商报告》转发全市党政部门和国有企业；市委、市政府在《关于进一步深化国资国企改革的实施意见》中充分吸纳了政协协商意见和建议。与此同时，组织政协委员并协同有关方面，抓住与全面创新改革试验相关议题，有重点地开展科技创新、改善投资环境、申报设立自贸区、加快综合保税区建设等方面的调研、视察和议政建言，积极推动创新改革发展。

着眼于产业结构优化调整，积极推动新产业新优势的形成和发展。尤其是针对现代建筑产业发展中遇到的问题，组织政协委员和专家学者，会同民盟、民建、致公、九三学社等民主党派及有关区县（市）政协，深入调查研究，提出意见建议，并提交市政协十四届二十四次常委会议进行协商，就加强宏观引导、落实政策措施、完善市场机制、制定产业标准、延伸产业链、改善融资环境等关键性问题建言献策，以促进我市建筑产业现代化示范城市建设和发展。同时，主动适应经济新常态，关注产业发展新特点，组织政协委员对机器人产业、IC装备产业、商贸会展业、电子商务业的发展以及中德产业园建设等议题开展对口协商，并积极推动解决企业发展面临的软环境方面问题，为助推产业经济发展建言助力。

推进供给侧结构性改革，提高供给质量，扩大有效供给，落实好以人民为中心的发展思想，是中共中央作出的重大决策。结合沈阳实际，在全面贯彻这一重大决策思想中，我们注重围绕农业提质增效、农业品牌建设这个关键性问题，组织政协委员和专家学者，联合民盟、九三学社和涉农区县（市）政协，深入农村，调查研究，抓住症结，精准建言。经市政协十四届三十六次主席会议充分协商，提出把农业品牌建设作为推动现代农业发展的重大战略，以质量竞争优势推进农业转型升级，加快推动农业从产品经营向品牌经营转变的意见，并从优化政务环境、社会环境、产业环境三个方面提出了一系列建议。市委、市政府对此给予充分肯定和支持，相关区县（市）及时出台文件，推动农业品牌建设进入决策、付诸实施。同时，组织政协委员对农村"三资"管理、农田水利设施建设等问题开展调研视察和界别协商，着力推动农业和农村工作发展。

（二）坚持履职为民，关注群众期待，积极促进民生发展与进步

坚持把增进人民福祉作为政协履职着力点，围绕涉及人民群众切身利益的突出问题，谋利民之策，献安民之计。

关注社会治理，促进职工群众合法权益的实现和发展。抓住完善劳动争议调处工作、构建和谐劳动关系这个普遍关心的议题，联合民革、民盟、民建、农工等民主党派和工商联，与区县（市）政协联动，深入基层，了解情况，排查问题，研究对策，并召开市政协十四届三十七次主席会议进行专题协商，提出了建设以工会为主体的基层调解员队伍、推行集体合同、提高仲裁实效、稳定企业用工等富有建设性的意见和建议，为市委、市政府制定和完善相关法规政策提供了智力支持和民意基础。同时，组织政协委员开展形式多样的视察活动，倾听各界呼声，反映社情民意，持续推进精准扶贫、捐资助学、社会救助、公益事业、民用电梯安全保障和公共交通建设，更好地体现了人民政协为人民的履职理念。

推动社会进步，着力促进公共医疗卫生事业发展。随着我市城市布局的调整和产业空间的扩大，新兴居住区医疗服务功能缺失的问题日益突出，人民群众对此高度关注。针对这个问题，以

"调整市属医院布局、优化医疗资源配置"为重点,与农工党市委会组成联合调研组,深入医院视察,听取情况通报,组织专题研讨,全面分析我市医院布局调整进展情况和存在的问题,有针对性地在市政协专题协商会议上建言献策,提出了保证医疗卫生发展规划用地、科学调整医疗资源增量、加快重点专科和特色科系建设、推进医疗卫生投融资体制改革以及发挥公立医院对社会力量引领作用等意见和建议,引起了市政府的高度关注,将以市政协协商议政为契机,进一步解决好医疗资源配置不均衡问题。同时,针对城乡义务教育均衡发展、二胎政策实施、妇女会馆和少年宫建设使用、社区文体活动中心建设中的问题,积极开展调研视察和对口协商,促进发展成果让人民共享。

聚焦城乡发展,促进宜居水平进一步提升。为使广大群众享有高效、便利、快捷的智能生活,组织政协委员针对大数据发展与资源共享问题开展专题协商,从搞好顶层设计、建立多元化投融资机制、建设居民综合信息核对中心、创建智慧城市与大数据产业互动的"沈阳模式"等方面提出真知灼见,促进了大数据共享与开放六大工程以及12个项目建设。同时,组织政协委员持续关注蓝天工程、宜居乡村、文物保护、垃圾处理、气象预警防灾信息进村入户、绿化提升三年行动计划的实施情况,开展跟踪视察,推动人文关怀措施落地生根。

(三)坚持团结共事,增进思想共识,汇聚改革发展强大合力

认真贯彻中共中央关于政协工作的决策部署和市委政协工作会议精神,积极发挥人民政协团结统战功能,积极营造和而不同、博采众言的和谐氛围,推动政协履职取得新成效。

加强思想政治建设。充分发挥政协理论中心组引领作用,组织各民主党派、工商联和政协机关干部,深入学习贯彻中共十八届六中全会和习近平总书记系列重要讲话精神,深刻把握治国理政的新理念新思想新战略,不断增强中国特色社会主义的道路自信、理论自信、制度自信、文化自信,切实把广大政协委员的思想和行动统一到以习近平同志为核心的中共中央决策部署上来。认真贯彻落实中共沈阳市第十三次代表大会和市委政协工作会议精神,充分发挥政协党组政治核心作用,加强和改善党对政协工作领导,保持政协工作坚定正确的政治方向,确保政协在大局下行动。

充分发挥政协委员主体作用。加强政协专委会建设,丰富和活跃以专委会为依托的委员界别活动。完善委员提案工作信息化系统和提案办理协商办法,进一步畅达政协信息工作,开展市情通报和委员大视察等主题活动,发挥民主监督小组和民主监督员作用。强化政协委员队伍建设,加强履职动态考评,促进委员履职能力的提高。

注重发挥党派团体和各界代表人士作用。充分尊重和保障民主党派、工商联和无党派人士民主权利,加大党派团体提案的督办反馈力度。完善工作机制,拓展履职平台,开展联合调研,积极为其协商议政、发表意见和反映社情民意创造条件,进一步发展广开言路、畅所欲言、平等协商、合作共事的良好局面。

积极做好民族宗教和团结联谊工作。重视发挥民族宗教界代表人士的作用,组织民族宗教界委员开展调研视察和对口协商,维护民族团结和宗教和睦。密切与港澳海外委员的联系,组织港澳委员对我市旅游产业发展情况开展调研,充分发挥其在对外交往中的纽带作用。

切实抓好政协机关和政协工作体系建设。进一步加强政协对外宣传、对内交流和文史书籍编辑出版工作,不断增强政协工作社会影响力。加强对基层政协工作的指导,强化两级政协之间的信息交流、培训合作和工作联动。深化政协理论研究工作,与副省级市政协协作开展"民主监督与人民政协"专题研讨,取得了一批有质量的理论研究成果。加强政协机关建设,服务委员、保障履职的能力得到进一步提高。

做好人民政协工作,根本在于加强党的领导,切实推进全面从严治党。我们按照市委的部署,充分发挥中共市政协党组的政治核心作用,通过召开理论中心组学习会和市政协常委会等形式,认真组织各民主党派等政协参加单位和政协委员,传达学习贯彻中共沈阳市第十三次代表大会精神,解读领会党代会报告的精神实质和深刻内涵,围绕实现"两个奋斗目标"和制定实施《沈阳振兴发展战略规划》,以打造国际化营商环境和推进幸福沈阳共同缔造为着力点,广泛动员政协委员和专家学者积极发声,宣传发展蓝图,凝聚思想共识,对标先进城市,精准建言献策,积极施展作为,努力把思想和行动统一到市委确定的目标任务上来。同时,召开市政协领导班子专题民主生活会和政协机关党组织生活会,结合开展"两学一做"学习教育活动,深刻吸取辽宁拉票贿选案沉痛教训,切实增强政治意识、大局意识、核心意识、看齐意识,自觉坚持党对政协工作的领导,落实管党治党的主体责任,深入贯彻执行中央八项规定,切实加强党风廉政建设,严防"四风"反弹回潮,建设忠诚干净担当的政协干部队伍,努力塑造风清气正的政治生态。

各位委员,2016年市政协工作取得的成绩,是中共沈阳市委正确领导和市人民政府大力支持的结果,是各民主党派、工商联、无党派人士、人民团体、区县(市)政协和广大政协委员尽心尽力、团结奋斗的结果,也是社会各界充分信任、鼎力相助的结果。在此,我代表市政协常委会,向所有关心和支持政协工作的各级各界各个方面表示衷心的感谢!

回顾市政协一年的工作,也要清醒地看到,我们的工作还有一些差距和不足,主要是委员主体作用发挥得还不够充分,界别特色的活动还不够丰富,调查研究还不够深入,协商议政的实效有待进一步提高。这些都需要我们在今后的工作中继续加以改进。

二、2017年工作安排

2017年是深入贯彻新发展理念,落实市第十三次党代会精神,打造国际化营商环境、实现全面建成小康社会奋斗目标的关键一年。我们要在中共沈阳市委的领导下,坚持以邓小平理论、"三个代表"重要思想、科学发展观为指导,学习贯彻中共十八届三中、四中、五中、六中全会和习近平总书记系列重要讲话精神,落实市第十三次党代会和市委政协工作会议的决策部署,适应把握引领经济发展的新常态,广泛凝聚推动全面振兴的正能量,努力完成全年经济社会发展目标,全力打造国际化营商环境,积极推进制度化协商民主,进一步提升履职能力和水平,努力做到协商更充分、监督更有效、团结更广泛、氛围更和谐,为实现全年经济社会发展目标、推动沈阳创新改革发展和老工业基地全面振兴作出新的贡献。

(一)加强理论武装,始终保持坚定正确的政治方向

人民政协是中国共产党领导的多党合作和政治协商的重要机构,必须把思想政治建设放在首位,认真贯彻中共中央重要决策部署和省市委指示精神,牢

牢把握政协性质定位，保持政治定力，服务工作大局，确保政协工作沿着正确的政治方向发展。

学习贯彻中共十八届六中全会精神，是当前以及今后一个时期的重要政治任务。全市各级政协组织要认真组织全体政协委员开展主题鲜明、形式多样、务实有效的学习活动，切实增强“四个意识”特别是核心意识、看齐意识，更加坚定地维护以习近平同志为核心的中共中央权威，更加自觉地在思想上政治上行动上同以习近平同志为核心的中共中央保持高度一致。把坚持中国共产党领导，坚持中国特色社会主义道路，作为坚守理想的主心骨、牢固信念的压舱石，始终保持坚定正确的政治方向。

学习贯彻中共十八届六中全会精神要紧密结合实际，加强理论武装，指导工作实践。去年底召开的中共沈阳市第十三次代表大会制定了沈阳振兴发展战略规划，描绘了未来五年发展蓝图，提出了深入贯彻新发展理念、全力打造国际化营商环境，努力完成经济社会发展目标的要求。我们要把贯彻市第十三次党代会精神与贯彻中共十八届六中全会精神紧密结合起来，加强和改进政协工作，认真履行政治协商、民主监督、参政议政职能，坚持问题导向，深入调查研究，有效协商议政，多进诤言、多谋良策、多出实招，努力寻求全社会意愿和要求的最大公约数、画出民心民愿的最大同心圆，使政协工作与全局工作相一致、相呼应、相契合，团结引导参加政协各党派团体和各族各界人士投身到新的伟大实践中来，为沈阳老工业基地全面振兴广泛凝聚共识、凝聚智慧、凝聚力量。

（二）服务工作大局，积极推动改革发展和民生进步

贯彻落实新发展理念，坚持稳中求进工作总基调，围绕推进供给侧结构性改革这条主线，着力抓住影响创新改革发展和民生进步的关键性问题，群策群力，建言献策，推动我市完成稳增长、促改革、调结构、惠民生的发展目标。

高度关注和推进营商环境建设。打造国际化营商环境，对于沈阳全面振兴发展具有举足轻重的作用。必须紧紧围绕这个重点，倾斜力量，深入调研，精准发力，深度开展协商议政，为破除体制束缚、发展障碍、作风沉疴，推动政务环境、市场环境、开放环境、要素环境、设施环境、社会环境、法治环境不断改善，发挥政协之长，贡献政协之力。

切实推进供给侧结构性改革。抓住关键，选准议题，围绕优化产业结构、扩大有效供给积极开展协商，着力促进产业资本与金融资本融合，推动生产要素配置方式创新；着力促进生产性服务业发展，为建设新型工业化示范城市提供支持；着力促进商业模式创新，强化中心城市服务功能；着力促进休闲观光农业发展，培育壮大都市农业和农村新型业态。

从幸福沈阳共同缔造的要求出发，高度重视人民群众关切。针对城市建设年度计划、重点工程等公共投资事项，着力开展专题协商、咨政建言。围绕教育、文化、医疗、养老、城市交通、社会治理、湿地保护和浑河城市段综合开发等人民群众普遍关注的热点、难点问题，积极组织开展调研、视察和协商议政，为保障和改善民生作出新的贡献。

（三）深化工作创新，不断推进协商民主发展

去年召开的中共沈阳市委政协工作会议，以扎实推进政协协商民主为着力点，对新时期人民政协工作做出了全面部署。我们要认真学习领会，创造性地抓好贯彻落实工作，充分发挥人民政协作为协商民主重要渠道和专门协商机构作用。

坚持以协商民主统筹政协各项职能。学习贯彻《中共沈阳市委关于进一步加强新时期人民政协工作的决定》及其《关于重要事项开展政协协商的实施细则》，要把握精神实质、抓住关键环节，牢固树立把协商民主贯穿履职全过程的工作理念，加快构建程序合理、环节完整的协商民主制度体系，确保政协协商民主全面推进、全面覆盖、全面落实。

加强政协协商民主制度建设。坚持“抓两头、带中间”，突出协商计划制定和协商成果落实这两个重点，建立健全各项制度和工作机制。要以制定年度协商计划为龙头，建立健全议题会商、计划制定、审议决策、贯彻实施的工作机制，确保政协协商计划与党委、政府工作紧密衔接。要着力抓好协商成果的落实工作，强化政协协商与决策程序的有效衔接，健全完善协商成果转化与反馈机制。

深入开展监督性协商工作。坚持以协商民主作为加强民主监督的重要实现方式和工作机制，丰富监督性协商形式，加强民主监督小组建设，积极运用民主评议方式，对落实稳增长措施、打造国际化营商环境、推进幸福沈阳共同缔造等方面进行民主监督，完善通过民主评议强化民主监督的工作机制，发挥政协提案、视察调研、反映社情民意和委员来信来访等在民主监督中的作用。

（四）加强自身建设，进一步提高政协履职能力和水平

坚持以提高履职能力和思想政治素质为目标，按照“懂政协、会协商、善议政”和“守纪律、讲规矩、重品行”的要求，进一步加强政协委员队伍和政协机关干部队伍建设，以适应新时期政协工作发展的需要。

切实提高思想政治素质。要把思想政治建设始终摆在政协自身建设的首位，通过不同层面、不同形式的政治理论学习，不断提高政治把握能力，进一步巩固共同思想政治基础，明确政协工作前进方向。全体政协委员特别是政协委员中的中共党员要坚持理想信念，遵守政治规矩和政治纪律，深刻吸取辽宁拉票贿选案的沉痛教训，铸牢对党忠诚、一心为民的政治品格，带头营造风清气正的政治生态。

充分发挥政协委员的主体作用。政协专委会是政协委员的重要组织形式，要进一步加强专委会建设，健全界别召集人和联络员制度，密切与委员的联系，强化委员管理服务工作，提高委员界别活动参与度。继续抓好委员培训工作，提高培训的针对性和有效性。科学安排委员听取市情、担当课题、参与协商等履职活动，为其知情明政、参政议政创造更为有利的条件。

巩固发展最广泛的爱国统一战线。坚持多党合作和政治协商制度，加强政协专委会与民主党派、工商联和无党派人士的联系和工作联动。拓宽团结联合覆盖面，贯彻落实民族宗教政策，有针对性地对进城务工经商的少数民族群众服务管理问题进行专题调研。积极开展团结联谊和对外交往活动，组织引导港澳委员继续为沈阳全面振兴发展贡献力量。

加强政协工作体系建设，进一步提高全市政协工作整体水平。区县（市）政协是做好全市政协工作的重要基础，要按照市委政协工作会议的部署，发扬首创精神，注重工作实效，提高工作水平，增强新形势下政协工作的创造力和影响力。市政协要加强工作指导，适时召开区县（市）政协主席工作会议，总结交流经验，推动工作发展，并为政协换届工作做好准备。

抓好政协机关建设，巩固和拓展“两学一做”学习教育成果。政协党组要全面落实党风廉政建设的主体责任和监督责任，教育政协机关干部严格遵守政治规矩和政治纪律，提高其思想政治素质和服务委员、服务履职、服务大局的能力。加强政协理论研究，成立人民政协智库，充分发挥广大委员和专家学者的作用，为政协工作创新发展提供有力的思想理论支持。

中共沈阳市第十三次代表大会承前启后、继往开来，吹响了全力打造国际化营商环境、努力实现“两个奋斗目标”的进军号角。新征程、新使命，要求我们时不我待、砥砺前行、奋发有为。发展是硬道理，环境是硬条件。环境作为生存之所依、发展之所系，须臾不可离开。尤其是备受关注的营商环境，与老工业基地全面振兴息息相关，非变革企业不能发展、事业不能兴旺、人民不能高兴。我们每一个委员、每一个界别、每一个政协参加单位，都要以此为己任，发挥人民政协的独特优势和作用，善于建言、敢于监督，凝聚共识、汇聚力量，共同打造一个让市场活力涌流、创造活力迸发、发展活力强劲的国际化营商环境。

各位委员、同志们，今天的沈阳已经站在了新的历史起点上。让我们在中共沈阳市委的领导下，紧密团结在以习近平同志为核心的中共中央周围，以更加饱满的政治热情，同心同德、积极进取，不忘初心、继续前进，为实现沈阳老工业基地全面振兴作出新的贡献！

重大活动

【第十五届中国国际装备制造业博览会】 由商务部、国家发展改革委、工业和信息化部、科技部、中国贸促会和辽宁省政府主办，沈阳市政府承办的第十五届中国国际装备制造业博览会(简称：中国制博会)，于2016年9月1日至5日在沈阳国际展览中心成功举办。

本届中国制博会展览总面积约11万平方米，共设置7个室内展场和2个室外展场。参展展品主要包括：工业机器人、智能制造技术、3D打印技术和设备、IC装备、工业设计等战略性新兴产业技术装备、机床及其功能部件、通用设备与专用设备、大型装备、工程机械与特种车辆等传统装备制造业产品和设备等。展位总数3930个，中外参展企业830家，采购商和专业观众超过10.3万人次，参观总人数达16.4万人次。参展企业现场签订销售合同意向金额为6.22亿元人民币。

首届中国国防科技工业展览会与第二届沈阳机器人展同期举办。展会现场展出了航空、航天、核能、兵器、电子、反恐防爆和社会安全防范以及军民融合成果和机器人等展品，真正实现了优势互补、资源共享，最大限度发挥了中国制博会的叠加作用。

本届展会围绕“装备制造与高新技术”的主题，共举办了2016国防科技工业两化融合推进大会、智领中国·创赢未来2016制造强国高峰论坛、中国航空航天发动机先进制造论坛、国产工业软件优秀解决方案展示暨辽宁省军民融合对接会、第十五届中国制博会采购商大会、阿里巴巴大企业采购东北行—2016装备制造业源产地网商采购洽商会、跨境电商助推辽宁制造走出去—出口时代联手谷歌再造辽宁外贸新优势主题论坛、“服务型制造万里行”走进东北—2016服务型制造高峰论坛、国际机器人表演赛、机器人应用演示会、互联网+机床工具一站式采购—诺展商城“母机节”和第十五届中国制博会展品评奖活动。

谷歌、阿里巴巴、诺展商城等知名电商企业通过举办论坛、讲座和组织采购商进行贸易对接洽谈等形式，建立互联网+装备制造业等新型贸易服务平台。

本届展会吸引了国内众多媒体。新华社、东方卫视、中国产经新闻、新华网、香港商报、香港大公报、人民网等纷纷派出记者进行现场直播和报道开幕式及展场的情况。各类新闻媒体也推出专版、专刊、专题、专栏20余个，实现了中国制博会信息在全球范围内的快速传播。

(李颂东)

【2016中国城市规划年会】 2016年9月24日至26日，2016中国城市规划年会在沈阳新世界博览馆召开，会议由中国城市规划学会、沈阳市政府主办，市规划国土局承办。来自全国34个省级行政区的1164家城市规划机构、科研院校和设计单位的8000余名专家学者和代表参加会议。住建部副部长黄艳、中国工程院院士邹德慈，著名城市规划专家崔功豪、陈为邦、吴志强等参会并作了专题报告。此次规划年会共举办各类会议论坛60场，征集论文3200篇。系统交流了一年来全国各地在城市规划研究、规划管理、规划设计和规划教育等领域的最新成就，探讨当前城市规划工作中面临的一系列热点和难点问题。会议专门设置国家中心城市建设和老工业基地城市振兴等高端论坛，共同为沈阳城市发展出谋划策。会议期间还安排7条专业调研线路，组织5000余人对沈阳市历史文化、生态建设、城市发展等进行实地考察，多角度展示沈阳的独特魅力，领略沈阳城市建设所取得的成就。与会的领导、专家学者对此次年会给予了充分肯定和高度评价，对沈阳的城市建设留下了深刻印象。此次规划年会既是一次学术交流的盛会，更是展示沈阳市承办大型会议、活动能力，展现沈阳市规划建设风采，提升城市影响力的一次良好契机，对沈阳市经济社会发展特别是城市规划建设产生深远影响。

(刘乃婧)

【2016中国(沈阳)国际机器人大会】 2016中国(沈阳)国际机器人大会于2016年9月1日至5日在沈阳国际展览中心成功举办。本届展会由沈阳市人民政府主办，中国国际贸易促进委员会沈阳市分会、沈阳市经济和信息化委员会、浑南区人民政府和科技部机器人产业技术创新战略联盟共同承办，中国制博会组委会办公室和沈阳机器人产业联盟协办。展出面积1.3万平方米，124家中外机器人知名企业、研发机构、商协会组织和机器人园区设立了504个标准展位，展品范围广泛，涵盖海陆空用机器人、工业机器人、服务机器人以及上下游配套产品和技术。中科院沈阳自动化所的空中无人机、极地科考机器人、海洋资源勘探机器人、防恐防爆机器人、紧急救援机器人等高精尖产品亮相展会，沈阳新松机器人自动化股份有限公司重点展出了复合型机器人、洁净机器人和家用机器人等服务型机器人。展会同期，还成功举办了采购商大会、机器人应用演示会、日本川崎市展团开馆式、沈阳川崎企业经贸对接洽谈会暨签约仪式等配套活动。展会期间，人民网、新华网、新浪网、腾讯网、中国新闻网、东北新闻网等国内主流媒体以及辽宁电视台、辽沈晚报、辽宁日报、沈阳电视台、沈阳广播电视台、沈阳日报、沈阳晚报等地方媒体也报道了此次展会。

(刘纹雨)

【中国(沈阳)国际农业博览会】 2016年9月10日至13日，第十六届中国沈阳国际农业博览会在沈阳国际展览中心举行。此次展会历时4天，展出面积6.4万平方米，形成了辽沈精品、国际红酒、进口食品、休闲农业等五大版块，以“绿色、健康、创新、发展”为主题，在打造品牌农业、促进展会转型升级方面，呈现出更加专业化、更加信息化、更加国际化等一系列新亮点。按照“突出企业和产品，方便洽谈和销售”的要求，本届展会有来自省内外及俄罗斯、澳大利亚、香港、澳门等28个国家和地区1600多家企业参加，规模宏大，人气鼎盛，成果丰富，观展人数累计达32万人次。其中大型连锁超市、农产品批发商、专业合作社等专业观众突破5万人次，签订交易合同126个，合同交易额23.6亿元，现场交易额达2.4亿元。

更加突出专业化。本届展会形成了辽沈精品、国际红酒、进口食品、休闲农业等五大版块，设置了4个展馆2464个展位，比上年增加了961个展位。E1馆沈阳精品展区：汇聚了沈阳万古园米业的“康森”留胚米等近100个沈阳农业知名品牌。E2馆外省市精品展区：展示大连、沈阳经济区各市及来自吉林长春、四川成都、新疆塔城等地的外省市名优农产品及农业新科技、新成果。W1馆国际红酒展区：也是本次展会的高端展区，展示国内外精品葡萄酒、酒具、葡萄文化、葡萄酒文化及葡萄酒配套食品等。W2馆休闲农业及境外食品展区：休闲农业板块充分展示沈阳市休闲农业发展成果，包括稻梦空间、盛京驿站、祥云乐园等多个休闲品牌及景观绿化苗木、花卉、观赏鱼等的展示；境外食品板块展示来自俄罗斯的伏特加酒、巧克力、野生海参等多种优质食品。

更加突出信息化。本届展会再次将农产品电子商务纳入展会，通过展会平台使辽沈地区的一大批名优品牌与农产品电子商务平台对接，推动“互联网+农业”新商业模式。沈阳市智慧农业、电子商务、农产品供应链、农业航空及农业金融等得到了充分展示。组委会邀请国内外知名电商现场观摩、洽谈，将辽沈知名品牌推向全国市场，网上推广“特色辽宁”和“特色沈阳”。同时，利用官方网站、微信、商城，建立对接贸易、展示产品、交易体验等模式，创建O2O交易平台，实现永不落幕的展会。

更加突出国际化。组委会特别重视国际化通道的建设，将国外原产地的产品引进来，再把展会里优质的农产品推广到全球各个国家，结合国家“一带一路”实施战略助推农业跨境贸易的发展。组委会邀请俄罗斯作为主宾国，为大型国际贸易企业设置“进口食品精品专区”，为葡萄酒主产国家设置红酒馆，举办“中法”、“中俄”两个高水平农业和经贸发展论坛。沈阳农博会首次将国际展区面积将开放到占总展示面积的25%以上，国际化程度创历史新高。此外，组委会还邀请一些国家的商协会和机构观摩展会，建立交流，寻求农业经贸合作，继续提高展会的国际化水平。

（*徐光明*）

【2016中国（沈阳）东北振兴国际金融大会】　2016年5月5日至6日，“2016中国（沈阳）东北振兴国际金融大会”在沈阳成功举办。商务部投资促进事务局副局长张玉中、市长潘利国等领导分别参加相关活动。本次会议吸引了30个国家（地区）的中外行业领军企业、知名中介机构代表近300人参会，与相关区县、企业实现对接，洽谈项目，有力推介了沈阳市金融产业发展优势。

会议围绕“中国东北经济新一轮振兴”、“下一场工业革命的建设与融资”、“中国新常态下的外商直接投资和中国海外直接投资”、“中国企业成长过程中的融资问题”等4个主题进行深入探讨。会议期间还穿插进行沈阳市金融产业专题推介会及“中国经济展望和预测”专题演讲。

（*刘一砂*）

【2016沈阳韩流商品博览会】　2016年5月12日至14日，沈阳市人民政府和韩国通商产业资源部在辽宁工业展览馆合作举办2016沈阳韩流商品博览会。此次博览会由沈阳市外经贸局与大韩贸易投资振兴公社、大韩民国驻沈阳总领事馆共同承办。

1.活动规格高、影响力大、参展企业多。韩流商品博览会是韩国规模最大的综合博览会，本次博览会是继泰国、法国、日本、英国、巴西和上海等国家地区后，韩国在境外举办的第七届博览会，也是沈阳市历史上举办的最高规格的韩国商品博览会。沈阳市市长潘利国等领导出席开幕式并致辞，韩国产业通商资源部部长周亨焕出席，韩国大韩贸易投资振兴公社副社长郑光泳出席本届韩流商品博览会相关活动，韩国驻华使馆也派高层参加了开幕式。市长潘利国在开幕式前会见了韩国产业通商资源部部长周亨焕，双方就深化沈阳与韩国的合作进行了交流。开幕式结束后，中韩双方领导共同巡馆参观展会。

本届博览会的参展企业数量众多，包括三星、浦项、大宇、乐天、伊思化妆品等国际知名企业共计131家韩国企业参展。参展商品种类繁多，包括服装、鞋、化妆品、食品、婴幼儿用品、玩具、医疗美容器械等。展会期间，486家来自全国各地的采购商前来洽谈，观展人数累计达到2.3万人次。

2.展会平台专业，经贸洽谈取得丰硕成果。本届博览会活动包括消费品展示、经贸洽谈、企业对接等，为中韩企业深入合作以及经贸交流的发展提供了博览、借鉴、交流、合作的渠道，为中韩两国企业展示形象和实力、开拓市场、寻求合作提供了有效平台。本届博览会，中韩双方企业累计洽谈项目2388个，洽谈项目金额达2.1亿美元。其中韩国浦项大宇与中国ALOG集团、韩国好食品（株）与吉林一海经贸有限公司、MRINE-TECHNO（株）与HARNONE集团、HAN-MAEK与范立消费有限公司等一批企业达成合作意向并签约。首尔峨山医院与沈阳东北国际医院合作项目也达成积极意向。

3.创新会展模式，有力拉动沈阳市会展消费。本届博览会加强了产业与文化的融合，通过明星助推促进韩国商品的推广，提升了博览会的品牌影响力。作为2016沈阳韩流商品博览会的同期活动，主办方专门邀请韩国著名影星及人气组合等为本届博览会前来助阵，韩流宣传大使颁奖以及文艺演出等活动也成为本届博览会一大亮点。本届博览会组织参展企业向沈阳市的老年人和残疾儿童捐赠价值4000万韩币（约合人民币22万元）的物品，增强企业的社会责任感和知名度。

2016沈阳韩流商品博览会还有力地拉动了消费。博览会期间，前来沈阳市参加博览会的国内外来宾约为500人，入住宾馆达1500间次。香格里拉酒店、华府酒店、东北大厦等酒店宾馆预定火爆，价格出现了不同幅度上涨。同时还带动了展馆附近的餐饮业。

（*刘一砂*）

【第二届德国企业沈阳行暨中国机会—中德制造业合作论坛】　2016年6月15日，“第二届德国企业沈阳行暨中国机会—中德制造业合作论坛”在沈召开。商务部投资促进事务局副局长李勇、沈阳市副市长张景辉、辽宁省经济合作局局长周铁赢、德国驻沈阳总领馆副总领事古莹等嘉宾出席了论坛并致辞。本次系列活动由“中德制造业合作论坛”及“中德合作项目对接会”组成，延续了第一届论坛“中德同行，合作共赢”的主题，进一步加强了中德经贸合作交流，加快推进中德（沈阳）高端装备制造产业园建设，分享中国制造2025与德国工业4.0融合发展的中国机会。

（刘一砂）

【2016中国（沈阳）国际现代建筑产业博览会】 2016年5月25日至27日，2016中国（沈阳）国际现代建筑产业博览会（以下简称“建博会”）在沈阳国际展览中心举行。

1. 参展企业更高端。本届建博会共设四个室内展场和一个大型室外展场，共吸引了美国、日本、加拿大、德国、意大利、韩国等10多个国家和地区以及国内25个省、市、自治区的600余家企业参展。德国艾巴维、日本藤田、瑞士普适板、中南集团、中辰钢构、亚泰建材、沈阳兆寰等国内外建筑企业，集中展示了大量新技术、新材料、新产品，建博会国际化水平进一步提高。

2. 社会各界更关注。5月24日至26日，国家住建部在沈组织召开全国装配式建筑发展交流大会，上海、四川、广东、江苏、浙江、北京、哈尔滨等43个省、市组织代表团到会并参观展会。国家住建部、省住建厅、市政协等领导也在展会期间到场参观。同时，全市开发、设计、施工、监理等企业，市直相关部门、各区、县（市）政府以及沈阳建筑大学等高校参加了展会，参展观众达5.8万人次。新闻媒体对建博会及沈阳市现代建筑产业发展情况给予了持续关注。

3. 展品内容更新颖。“互联网+现代建筑”、建筑信息模型（BIM）、质量追溯等新兴技术成为主角，三维立体“图纸”、无人机测绘+全息投影、构件嵌入芯片二维码等技术相继亮相。首设海绵城市建设展示区，推动现代建筑向城市基础设施建设领域拓展。

4. 展会活动更丰富。辽宁省现代建筑产业技术创新战略联盟、辽宁省现代建筑工业化联盟、沈阳建筑新型模型（BIM）与现代建筑产业技术创新战略联盟首次以企业联盟形式组团参展，并在展会期间组织了装配式建筑、建筑新型模型、绿色建筑、工程监理企业转型等多领域专项研讨会。

（付　欣）

【2016中国（沈阳）国际旅游名品博览会】 2016年9月7－11日，2016中国（沈阳）国际旅游名品博览会在辽宁工业展览馆举行，主题为“国际交流合作 共赢旅游惠民”，以做好旅游大产业、建设旅游大市场、打造沈阳旅游“大服务”品牌为目标，以宣传推广“传奇盛京 福运沈阳”城市旅游形象为途径，以政府主导、企业参与、市场化运营为原则。总展出面积1.3万平方米；全场共设置500余个国际标准展位，1000余平米特装展位；参展单位约700家，参展商代表超2000人；参展国际国内商品近万种；接待游客35万人次，实现交易额近千万元。本届博览会有来自22个国家和港、澳、台地区40余家官方机构、行业组织和旅游企业参展。俄罗斯驻沈领事馆总领事、日本驻沈领事馆总领事、副领事，德国、韩国驻沈领事馆领事，美国驻沈领事馆也派出代表参加了开幕式。本届博览会规模大、产品丰富，为旅游企业搭建了良好的交流平台，展会期间各主流媒体纷纷予以报道，形成了良好的舆论环境和社会氛围。博览会期间，百姓参观选购热情高涨，反应热烈，社会效应显著，为沈城百姓和来沈游客提供了良好的旅游服务，达到了国际交流、合作共赢、旅游惠民的办会目标。

（刘亚欣）

打造国际化营商环境

【沈阳市打造国际化营商环境工作领导小组及其办公室成立】 2016年11月25日，中共沈阳市十三届委员会常务委员会第1次会议决定，成立沈阳市打造国际化营商环境工作领导小组，由省委常委、市委书记王蒙徽任组长，市长潘利国、市人大常委会主任赵长义、市政协主席姜宏和其他市委常委、副市长任副组长，各区、县（市）委书记和市直有关部门主要领导为成员。领导小组下设办公室，主任由市委常委、秘书长连茂君担任。办公室设在市委办公厅，负责综合协调、日常调度、跟踪落实、考核评价。为积极推动此项工作落实，成立由市级领导为组长的7个专项工作组，即政务环境组、市场环境组、开放环境组、要素环境组、设施环境组、社会环境组、法治环境组。

（李　莹）

【优化营商环境专项整治行动】 2016年12月8日，省委常委、市委书记王蒙徽主持召开中共沈阳市十三届委员会常务委员会第4次会议。市政府党组成员、副秘书长、办公厅主任肖枫作《沈阳市开展优化营商环境专项整治行动方案》的汇报。会议审议并原则通过该《方案》，责成有关部门按照市委常委会会议意见修改完善后印发。会议强调，开展优化营商环境专项整治行动，是贯彻落实市第十三次党代会精神，推动沈阳新一轮振兴发展的实际举措。一要狠抓突出问题，二要加强监督，三要严格追责问责，四要营商环境专项整治和深化改革同步抓，五要营造浓厚氛围。营商环境领导小组要切实加强组织领导，抓好统筹协调，及时发现和解决工作中遇到的矛盾问题。从市委常委和市领导做起，各级领导干部都要勇于担当、大胆工作，形成全市上下齐心协力打造国际化营商环境的浓厚氛围。

（李　莹）

【沈阳市打造国际化营商环境动员部署大会召开】 2016年12月8日，沈阳市召开打造国际化营商环境动员部署大会。省委常委、市委书记王蒙徽出席会议并讲话，市长潘利国主持会议。市委副书记姜有为、市政协主席姜宏出席会议。王蒙徽强调，各个方面必须站在政治的、全局的、战略的高度，充分认识打造国际化营商环境的重大意义，进一步统一思想认识、凝聚强大共识，切实把抓好营商环境建设作为共同意志和自觉行动，举全市之力打好优化营商环境的攻坚战决胜战。会上，市委副书记韩东太作《中共沈阳市委、沈阳市人民政府关于打造国际化营商环境的意见》的说明，市委常委、常务副市长马占春就开展优化营商环境专项整治行动进行部署，市委常委、秘书长连茂君宣读关于聘请建设幸福沈阳监督员的通知，监督员代表和部分地区、部门负责同志作表态发言。

（李　莹）

【建设幸福沈阳监督员座谈会】 2016年12月8日，经有关方面推荐、审核，市委、市政府研究决定，聘请徐占海等30名同志为建设幸福沈阳监督员，并召开建设幸福沈阳监督员第一次座谈会，市委常委、秘书长、市营商办主任连茂君出席会议并讲话。会议强调，作为监督员，要具有奉献精神，充满责任意识；开展监督工作，需围绕沈阳市阶段性的重点工作;对监督员所提的问题、建议,市营商办将跟踪督办、及时反馈,并据此对监督员的履职情况做综合评估。

(李 莹)

【打造国际化营商环境新闻发布会】 2016年12月19日,沈阳市委、市政府召开打造国际化营商环境第一次新闻发布会。市委常委、秘书长、市营商办主任连茂君在会上发布:沈阳要力争通过3年左右的努力,使沈阳的营商环境达到世界银行营商环境排名前50名经济体水平。其中包括"7个环境",即廉洁高效的政务环境、诚信规范的市场环境、互利共赢的开放环境、完备优质的要素环境、功能完善的设施环境、温馨包容的社会环境、公平公正的法治环境,共35项内容。相关部门负责人就城市设施建设、贸易通关、社会信用体系等各方面如何打造营商环境,回答了记者的提问。

(李 莹)

智慧城市建设

【概况】 2016年,沈阳市不断完善信息基础设施建设,上线运行智慧沈阳统一平台,深入推进智慧城市信息惠民应用,推动政府信息和公共数据交换、共享和开放,并加快发展大数据产业,智慧城市各项工作取得积极进展。

1.信息基础设施建设不断完善,获批"宽带中国"示范城市。推进光改工作,优化无线信号,推进热点区域免费智能WiFi建设,提速降费惠企便民。

2.统一平台等项目上线运行,政务服务能力和效率逐步提升。形成两平台、三门户、五大数据库。收集整理了27家单位4.3亿条业务数据,政府部门间数据交换和资源共享进程加快。

3.各项惠民应用深入推进,市民参与度和获得感得到提高。相继在智慧交通、智慧卫生、智慧教育、智慧社区、智慧旅游等领域启动建设了"沈阳易行"、"乘车易"、"数字校园"等一批信息惠民项目。开展2016年智慧沈阳优秀项目和创意评选活动。

4.打造国际化营商环境,助力"多规合一"和"审批平台"建设。积极打造区域信息枢纽等完备优质的要素环境。从技术支撑方面全面保障"多规合一"相关工作。

5.开展制度与管理等方面探索创新,保障体系日趋完善。智慧城市建设列入全市绩效考评体系;《沈阳市政务信息资源交换共享管理办法》等政策文件出台;编制"智慧沈阳安全保障体系总体规划",开展现场安全检查;开展公务员系统智慧城市建设能力培训。

(大数据局)

【印发沈阳市智慧城市总体规划(2016-2020年)】

一、规划编制背景

智慧城市是运用大数据、物联网、云计算等新一代信息技术,促进城市规划、建设、管理和服务智慧化的新理念和新模式,是新一代信息技术创新应用与城市转型发展深度融合的产物。为充分利用现有资源,有效解决信息基础设施有待加强、数据价值尚未充分释放、公共服务水平仍需提升等突出问题,加强智慧城市自上而下的顶层设计,作为"十三五"期间实施依据和行动纲领。

二、规划总体框架和主要内容

本规划包括发展现状、基本形势、指导思想与发展目标、总体框架、技术路线与标准设计、主要任务、实施步骤、保障机制、投融资和建设运营模式9个章节。

到2020年,构建"智基、智心、智脑、智惠、智理、智业、智引"的智慧沈阳体系,集成落实各项国家信息化政策,构建以人为本、惠及全民的民生服务新体系,打造精准治理、多方协作的社会治理新模式,培育高端智能、新兴繁荣的产业发展新生态,提升城市的凝聚力、辐射力、带动力。

三、规划的主要特点

1.力求立足政策前沿,具有前瞻性。符合"创新、协调、绿色、开放、共享"五大发展理念,吸收了世界上的信息化技术潮流和智慧城市前沿经验。

2.力求符合沈阳实际,具有可操作性。全面调研和深入分析沈阳市现状与发展需求,充分考虑沈阳市老工业基地的背景。

3.力求设计理念先进,具有创新性。创新性地提出了智慧城市的"七智"概念模型,以"数据驱动、智慧引领"为核心理念,设计理念独具创新。

4.力求内容充实全面,重点突出。选取基础设施、数据资源、民生服务、社会管理等7个重点领域作为着力点,选取36个建设工程进行了规划设计。

(大数据局)

【印发沈阳市智慧产业发展规划(2016-2020年)】

一、规划编制背景

智慧产业是建立在智慧的发现、创造、运用、消费基础上,以大数据及云计算、互联网、物联网、移动互联网等新一代信息技术为依托,以知识和数据为核心生产要素,提供数字化、网络化、智能化的产品与服务的产业形态。

二、总体框架和主要内容

本规划共包括发展背景、发展基础与优势、指导思想和发展目标、重点方向与主要任务、重大工程、空间布局、保障措施7个章节,和《智慧产业的概念和特点》、《目标测算、重点政策及招商目标企业》2个附件。

结合国际、国内的各类经验,根据沈阳市产业发展实际需求,创新性地提出了智慧产业"一核四业"的分类体系,"一核"即大数据产业,"四业"分别为基础智慧产业、智慧产品制造业、智慧服务业和提升型智慧产业。其中大数据是智慧产业的核心领域。

三、规划的主要特点

1.力求规划具有创新性和引领性。创造性地总结出"智慧产业"的概念、内涵和发展态势。

2.力求规划编制高起点、高站位。编制过程中,对国内十余个省市发展智慧产业相关领域情况进行深入研究。

3.实施路径清晰,力争具备可操作性。提出15个智慧产业重点发展领域、国外和国内的招商引资重点对象,以及发展该领域可依托的重点园区和企业主体。

4.作为沈阳市其他产业规划的有力补充,将与其他规划相互支撑、紧密融合。智慧产业推动原有产业向智慧化、高端化转型,两者互为支撑、相互推动。

(大数据局)

【第三届中国智慧城市(国际)创新大会】 由国家新型智慧城市建设部际协调工作组、工业和信息化部、农业部、国家标准委、国家测绘地理信息局指导,沈阳市人民政府与中国城市和小城镇改革发展中心、智慧城市发展联盟主办,国家信息中心、中国信息通信研究院、中国信息协会联合主办,沈阳市大数据管理局、沈北新区人民政府、东软集团股份有限公司、中兴通讯股份有限公司、中国联合网络通信有限公司沈阳市分公司联合承办的2016沈阳·第三届中国智慧城市(国际)创新大会暨2016智慧城市和大数据发展(沈阳)博览会(以下简称"第三届智慧城市创新大会")于2016年11

月11日至13日在沈阳市成功举行。

作为新型智慧城市建设部际协调工作组2016－2018年工作计划中确定的每年定期举办的重要会议，第三届智慧城市创新大会以“振兴、协同、共赢”为主题，重点关注东北振兴、智慧城市建设和大数据发展，明晰和解读国家各部委促进智慧城市和大数据发展的相关政策、近期工作、未来重点。同时，按照“政府搭台、企业自愿、专业运作”的总体思路，还举行了2016智慧城市和大数据发展（沈阳）博览会、中国沈阳·数据开放与应用创新大赛及2016年智慧沈阳优秀项目和创意评选活动3个活动，既达到了宣传解读国家相关政策、搭建高端前沿的交流合作平台、促进各方全面深入合作的办会目标，又起到了宣传智慧沈阳的建设工作、促进市民广泛参与的推动作用。

本届创新大会体现了以下特点：一是合作平台高、得到多家国家部委领导关注，二是来宾水平高、国际化参与程度广，三是观众专业性强、论坛活动广受欢迎，四是活动内容丰富、主题契合沈阳市发展实际，五是博览会规模大、展览内容创新性突出，六是活动知晓率高、市场化运作模式得以实施。11月11日，中央电视台新闻联播以“建立新型智慧城市标准体系”为主题对本届大会进行了报道；新华网和网易进行了全程直播，网络直播观众超过30万人；此外，来自中央、省市以及香港的30多家媒体、100多位记者也进行了新闻报道。

会议期间，市政府主要领导先后会见了微软、中国信通院、华为、德勤、SAS等企业相关负责人，对接交流成果丰硕。

（大数据局）

【打造智慧园区】 2016年，市大数据局在全市范围内开展了大数据产业发展情况摸底及调研工作，深入考察产业分布、发展趋势、园区规划、人才供给、双创等多项工作内容，为引导好沈阳市智慧产业发展、聚合，制定相关扶持政策、办法提供坚实基础。

沈河区积极推动金融云谷园区建设；铁西区联手华夏幸福基业股份有限公司，筹备建设“东北大数据产业基地”；和平区在三好街搭建智能制造数字化共性支撑平台，打造特色“互联网＋创新创业”模式；沈北新区制定了“一谷两园”智慧产业园发展规划，园区已经聚集了信息产业和大数据相关企业247家；于洪区推进大数据产业园建设，规划面积5平方公里，启动了君农哥农业物联网产业基地、中雁科技创意产业园、维龙沈阳于洪电子商务园3个园区项目；浑南区围绕锦联新经济产业园、沈阳国际软件园、国际新兴产业园等重点园区制订了浑南智慧产业园区建设方案。

（大数据局）

【智慧政务协同办公平台建设】 智慧政务协同办公平台自2016年1月1日上线以来，经过不断建设、发展与完善，取得了较好的应用效果。

推广应用方面，平台的接入单位从年初的80家扩展到135家单位，涵盖了全市各地区、市政府各部门、各直属单位、驻外办事处及人民团体、重点国有企业等，达到了“横向到边”的目标。平台的全员应用市直单位从年初的16家发展到30家，注册用户数从最初的不到5000人增长到近1.1万人，其中发改委、经信委、农委、科技局、服务业委、旅游委等14家市直单位均在2016年实现全员使用。沈北新区实现了市、区、乡（街道）、社区（行政村）的四级协同，基本实现了“纵向到底”。铁西区、于洪区、康平县、法库县协同办公平台正在开发或试运行阶段。

节能降耗方面，平台自年初应用以来，网上处理的各类工作共计10.03万件次，其中：办理公文3.21万件，信息交流6.15万件，会议活动339件，公告发布文件等信息3855件，专阅信息报送等各类文档共6083件。为了响应市领导提出的“开小会、开短会”的要求，在协同办公平台上搭建了以市政府办公厅两个视频会议室为核心、连接全市79家单位的全市软视频会议系统，全年利用该系统共召开软视频会议43次，极大提高会务效率。2016年平台节约各类行政开支（含油耗、纸张、通讯费等）共计1310.42万元，提升办公效率10.94万小时，应用成果明显。

（大数据局）

【沈阳工业大数据创新论坛】 为进一步推进智慧沈阳城市建设，加快沈阳工业大数据产业发展，2016年3月，市大数据管理局举办了“沈阳工业大数据创新论坛”。

论坛邀请到美国辛辛那提大学讲座教授、白宫CPS专家组顾问李杰教授作为论坛嘉宾，分享其在工业大数据应用领域的经典案例。李杰教授指出，随着大数据、物联网及云计算技术的发展，数据蕴含的价值正在飞速提高。未来的工业竞争将从实体世界转至“不可见”的世界，创新正从实体的“蛋黄”转向更具创新空间的数据和服务“蛋白”。沈阳作为国家重要的工业基地，以装备制造业为主体的工业基础雄厚，产业门类齐全，工业数据资源丰富。充分发挥大数据的驱动作用，推动产业转型升级，对沈阳工业在新一轮东北振兴中实现突破发展具有十分重要的引领作用。

论坛还邀请美国NI公司开展学术交流，中科院计算所、三橡公司等作代表发言，此外，李杰教授与现场的企业家们进行了精彩的论坛互动。

（大数据局）

【智慧沈阳优秀项目和创意评选】 本次活动在政府各部门及社会各界的广泛参与下，汇集了广大市民和社会精英的智慧，网上投票过程中各单位和个人发动了各方力量组织参与投票，宣传了智慧沈阳取得的成果，活动的参与者展现了极高的参与热情和良好的精神风貌，充分体现了“全民参与、共建共享”的幸福沈阳发展理念，也对智慧沈阳建设起到了有力的推进作用。

1.全民参与性强。设立了最优项目奖和最佳创意奖2个奖项，分别面向政府部门和全体市民进行征集，累计参与人数超过60万人。

2.申报创意质量高。从改进已有智慧沈阳建设的内容和解决市民生活过程中的痛点难点问题两个方面，为智慧沈阳建设提供了宝贵的借鉴参考。

3.技术支撑力度大。由于活动的公众参与性强、社会关注度高，网上投票平台的访问量巨大，组委会组建了投票平台安全保障技术团队，保障了网上投票的如期完成。

4.活动延展性强。通过本次活动，在广大市民之中汲取了宝贵的智慧沈阳优秀创意，对已采纳的优秀创意进行持续跟踪。

5.宣传力度空前。本次活动从政府明电、广播电视、报纸、新媒体、手机APP等渠道进行了全方位、多维度的立体式宣传，力度空前，达到了前所未有的宣传效果。

（大数据局）

【智慧沈阳统一平台建设】 智慧沈阳统一平台集成大数据、云计算、互联网等先进技术，具备数据采集、存储、清洗、融合、分析、共享、交换等基本功能，打通数据孤岛，实现城市间的数据融合和共享交换，为各项智慧应用提供数据支撑。面向市民提供便民利民等民生服务；面向企业提供信息资源服务以及企业之间信息交互服务；面向政府提供信息资源服务、数据交换服务、公共应用服务。

智慧沈阳统一平台项目建设由沈阳市大数据管理局牵头，沈阳大数据运营有限公司具体负责落实智慧沈阳统一平台的建设工作。

截至2016年末，智慧沈阳统一平台项目从对接的26个委办局共采集746张表，完成5.5亿条数据的录入和编目工作。初步建成了人口库、法人库、建筑物库、车辆库和地址库等城市级基础库，共采集梳理户籍人口数据约796万条，法人数据约80万条，建筑物中楼栋信息约15万条、房屋信息约379万条，运营车辆信息约40万条，地址库地址信息699万条。随着采集数据的不断丰富，城市级数据库的建设工作还将会持续进行补充完善。

智慧沈阳统一平台已完成数据开放门户、信用门户和决策分析门户的部署和测试工作，初步具备基于平台采集的数据对外提供数据开放服务、对政府决策部门提供决策支撑的能力。

（*大数据局*）

【沈阳获批“宽带中国”示范城市和国家大数据综合试验区】 沈阳市于2016年8月获批“宽带中国”试点城市称号，根据《“宽带中国”示范城市建设方案》规定的内容，截至2016年底，沈阳市已实现主城区内全部具备光纤网络接入能力，农村地区行政村村村通光纤，并已实现四环路内无线信号无死角覆盖。对照宽带中国实施方案指标，均超前完成任务。与此同时，全市120个公共热点区域实现免费智能WiFi覆盖，使用情况良好。

2016年10月，国家发改委、工业和信息化部、中央网信办联合印发了《关于同意在部分区域推进国家大数据综合试验区建设的函》（发改高技〔2016〕2123号），批准沈阳市成为东北地区惟一、副省级城市惟一的国家大数据综合试验区。作为区域示范类综合试验区，要求沈阳市要更加注重数据资源统筹，加强大数据产业集聚，发挥辐射带动作用，促进区域协同发展，实现经济提质增效。国家三部委将根据进展情况和实际需要，在大数据发展重大工程、国家大数据工程实验室、政务信息资源共享等各类专项及相关政策方面对试验区给予重点和优先支持。

（*大数据局*）

【沈阳市政府与360公司开展战略合作】 沈阳市在智慧城市建设中，在全国范围内率先系统地考虑智慧城市的建设与安全工作同步，本着信息系统建设与网络安全建设“同步规划、同步设计、同步实施”的三同步原则，逐步构建具备“一站一脑三能力”的信息安全保障体系。2016年3月16日，沈阳市人民政府与360公司正式签署战略合作协议，双方将携手构建全国智慧城市首个大数据互联网安全预警平台——“智慧沈阳网络安全监控预警平台”。

为踏实推进此项工作，由大数据管理局牵头，奇虎360公司协助编制了“智慧沈阳安全保障体系总体规划”，提出构建智慧沈阳信息安全保障体系，实现对沈阳市网络安全工作的一站式服务。2016年5月16日，以方滨兴院士为组长的专家组对总体规划和“智慧沈阳安全保障体系一期实施方案”做出了高度评价，认为该方案可行，服务模式创新。360公司已经在沈阳设立了研发中心和本地的服务团队。

（*大数据局*）

【正式开启支付宝沈阳城市服务端口】 2016年4月，支付宝沈阳城市服务端口正式开启，为沈阳市民提供“智慧城市”的一站式解决方案。互联网+“城市服务”平台由沈阳市政府与阿里巴巴合作打造，支付宝与沈阳市大数据局及沈阳大数据运营公司联合研发。

沈阳市民可通过支付宝中的“城市服务”进行车辆违章信息查询、医保查询、公积金查询等一站式便民服务。同时，以上支付宝城市服务的内容全方位与“我的沈阳”APP打通，沈阳市民想要更多沈阳本地服务，可以通过支付宝上的“我的沈阳”服务窗下载更多服务内容。

（*大数据局*）

沈城美誉

【沈阳市获批“中国制造2025”试点示范城市】 2016年11月30日，国家工信部印发了《工业和信息化部关于沈阳创建“中国制造2025”试点示范城市的批复》（工信部规函〔2016〕499号），沈阳市成为首批创建“中国制造2025”试点示范城市。这是在国家实施新一轮东北老工业基地振兴战略背景下，继国家批准沈阳市为国家全面创新改革试验区、自主创新示范区和自贸试验区后，国家部委赋予沈阳市的又一重要历史使命。

按照工业和信息化部的要求，沈阳市创建“中国制造2025”试点示范城市工作，将全面贯彻创新、协调、绿色、开放、共享的发展理念，深入实施《中国制造2025》，按照习近平总书记对东北老工业基地振兴提出的“四个着力”要求，围绕东北振兴“十三五”规划及《关于深入推进实施新一轮东北振兴战略加快推动东北地区经济企稳向好若干重要举措的意见》，坚持“创新驱动、质量为先、绿色发展、结构优化、人才为本”的基本方针，以推进制造业转型升级和提质增效为中心，以加快新一代信息技术与制造业融合为主线，以智能制造为主攻方向，以供给侧结构性改革为重要抓手，以国际化营商环境建设为重要着力点，着重在智能制造、服务型制造、军民融合创新示范区、区域制造业协同创新体系建设、双元技术技能人才培养、中德（沈阳）高端装备制造产业园建设、打造沈阳国际化营商新环境等7个方面开展试点示范。

（*经信委*）

【沈阳市荣获“全国法治宣传教育先进城市”称号】 2016年5月26日，在北京召开的第八次全国法治宣传教育工作会议上，沈阳市获得2011—2015年度“全国法治宣传教育先进城市”称号，是沈阳市法治宣传教育工作15年间连续三次获此殊荣，实现市委、市政府确定的“三连冠”目标。自“六五”普法规划实施以来，沈阳市按照国家、省的统一部署，在市委的统一领导下，以建设法治沈阳为目标，紧紧围绕老工业基地振兴这一主题，坚持“普治并举、整体部署、全面推进、重点突破”的工作思路，实现了法治宣传教育机制建设、重点对象、载体创新、法治文化、法治化进程“五个突破”。5年来，沈阳市地方立法水平不断提高，各级领导干部和公务员依法执政、依法行政能力不断加强，全民法律素质不断提升，基层民主法治建设不断夯实，社会法治环境不断优化，全社会尊法、学法、守法、用法的自觉性全面提高，为实现沈阳老工业基地振兴和经济社会发展营造了良好的法治环境。

（*张瀚文*）

【沈阳市荣获“中国国际友好城市交流合作奖”】 2016年11月10日至11日，中国国际友好城市大会在重庆举行，沈阳市荣获“国际友好城市交流合作奖”。该奖项由中国人民对外友好协会、中国国际友好城市联合会共同颁发，旨在表彰在国际友城工作中成绩优异、表现突出的省市。沈阳市自1980年与日本札幌市结为第一个友好城市以来，经过30余年深耕细作，已与14个国家的19个城市结为友好城市，提升了沈阳的国际形象和影响力,在促进全市经济社会发展中发挥了不可替代的作用。

(李 丹)

【沈河区获批国家公共文化服务体系示范区】 沈河区自2013年11月由国家文化部批准、成为第一批创建国家公共文化服务体系示范区以来,全面落实了《国家公共文化服务体系示范区创建标准》中7个方面28项72个指标。2016年1月,《公共文化资源整合与共建共享研究》课题通过文化部专家组验收;5月,通过文化部专家组实地检查验收及进京现场答辩;10月26日,国家文化部、财政部对第二批创建国家公共文化服务体系示范区进行了颁牌,标志着沈河区示范区创建工作取得了圆满成功。

(文广局)

【沈河区被授予"中国服装商贸名城"的荣誉称号】 沈河区居于沈阳市中心的核心区域,是我国北方重要商埠和物流集散地。近年来,沈河区始终坚持服务业立区,经过多年的发展,沈河区的服务业在全市具有示范作用。沈河区的服装商贸产业主要集中在中街、五爱和南塔商圈,服装商场数达160家,专业市场12个,商户数量近2.5万家,2015年服装服饰商贸交易额达650亿元。

沈河区服装商贸产业的发展,既有悠久的历史,也有现代化商业模式,还有金融中心做支撑。中街作为沈阳最早的商业街,已有300多年的历史,2015年荣膺全国首批"中国商旅文产业发展示范街区"称号,是海内外游客游览沈阳的必到之处。作为中国北方最大的纺织、服装、小商品集散地,五爱市场是全国继义乌之后排名第二的五大集贸市场之一,是中国最著名的批发市场之一,也是东北亚经济圈和环渤海经济圈最大的流转型轻工产品交易中心,取得的全国性荣誉称号达35项。南塔市场是全国大型鞋类商品专业批发市场之一,商品销售总额达200亿元,日均客流量在20万人以上。

此外,在沈阳金廊沿线,由北向南依次坐落着卓展购物中心、市府恒隆广场、久丽百货等知名零售商场。其中卓展购物中心和市府恒隆广场更成为沈阳地标式建筑和辽沈地区追求品质、品牌和高档消费人群的最佳选择。

为推动区域服装商贸产业做强做优,沈河区编制完成了《服装商贸产业发展规划》,制定了服装商贸产业的发展方针、政策和目标,坚持产业转型升级,创新经营模式,发展现代物流,推进商旅文产业格局,发展电子商务,以打造智慧商圈提升市场业态为主,力争把沈河区建设成为辽宁乃至全国重要的服装商贸产业基地。

2016年9月19日,沈河区被中国纺织工业联合会授予"中国服装商贸名城"的荣誉称号,是全国第4个获此殊荣的城区。

(齐建军)

【沈河区大南街道红巾社区荣获全国"最美志愿服务社区"称号】 沈阳市沈河区大南街道红巾社区占地面积17.2万平方米,居民5774户,常住人口1.56万人。2009年,红巾社区在全国首创居民"特设"党支部,各个党支部定期在社区广场开展志愿者招募活动,吸纳有爱心有特长肯奉献的群众加入志愿者队伍,开展"自己的家园自己管,自己的家园自己建"的党群共建活动,并在活动中逐步形成了"党委抓支部、支部带协会、协会聚志愿者"的志愿服务模式。社区从成立"亢秉铨劳模服务团队"开始,不断推进学雷锋活动常态化,引领社区志愿服务不断提升,先后建立了"周继纯治安巡逻小分队"、"李德英公共设施养护岗"、"矛盾纠纷调解协会"等10个党员责任区、28个责任岗和18个协会,使各项社区事务都有协会负责管理,从而实现了老旧弃管小区居民自治、物业自管。这些志愿者们活跃在公共设施维护、绿化维护、卫生监督、治安巡逻、文体活动、调解纠纷、日常服务等各个岗位上,成为社区一道靓丽的风景线。

社区成立了18个志愿者协会,登记注册志愿者已达3580余名,并形成了有影响力的优秀志愿服务品牌,如:"亢秉铨劳模大集"、"农民工志愿者十送爱心服务"。2016年2月,沈河区大南街道红巾社区获得中央宣传部、中央组织部、中央文明办、民政部等单位联合评选的"最美志愿服务社区"称号。

(齐建军)

【苏家屯区成为国家产城融合示范区】 2016年9月,苏家屯区获得国家发改委正式批复的"国家产城融合示范区"称号。苏家屯区委、区政府坚持主动融入国家、省、市发展战略,明确了"十三五"时期是推进产城融合发展至关重要的五年,是苏家屯转型跨越、全面振兴的关键时期。全区上下不等不靠,严格按照示范区建设总体方案,依托省级雪松经济开发区,重点建设"一园三城",构建了"以产兴城、以城带产、产城融合、产城一体"的发展格局。根据国家发改委《关于产城融合示范区建设管理的指导意见》(发改地区〔2015〕2778号)提出的有关要求和重点任务,迅速展开示范区建设工作。11月18日,区委召开专题会议,研究部署下一步产城融合示范区建设主要工作,明确了示范区"产业、社会、城市"转型总体思路。积极利用沈阳与北京、江苏、厦门合作的机遇和平台,苏家屯区已与同为国家产城融合示范区的北京市丰台区、厦门市海沧区开展了初步对接,下一步将在深入开展国家产城融合示范区建设工作中展开交流合作。

(金 珊)

【沈北新区成为首批国家全域旅游示范区创建单位】 作为辽宁省旅游产业发展示范区的沈阳市沈北新区,2016年2月获得国家旅游局批准,成为辽宁省惟一的国家全域旅游示范区参创城区。旅游产业是沈阳市沈北新区着力打造的支柱产业,凭借冰雪、森林、湿地、温泉、民俗等自然与人文资源优势,沈北新区积极推进旅游资源整体包装、综合开发和市场化运营。随着方特欢乐世界、稻梦空间、紫烟薰衣草庄园等一批旅游项目陆续开业,沈北旅游形象不断提升,旅游市场不断拓展,旅游竞争力不断增强。沈北新区拥有国家A级旅游景区15个,其中:4A级景区2个,3A级景区12个,2A级景区1个。2016年全区游客接待量达925万人次,同比增长148%;旅游总收入实现29.6亿元,同比增长44%。此外,沈北新区还将新增一大批具有特色的旅游项目,如盛京古城、央视影视基地、七星海世界等,沈北新区正在向"旅游资源遍布每个角落"的国家全域旅游示范区目标迈进。

(贺 亮)

【辽中区获批国家新型城镇化综合试点区】 新型城镇化是现代化的必由之路,是最大的内需潜力所在,是经济发展的重要动力,也是一项重要的民生工程。为贯彻落实《国家新型城镇化规划(2014-2020年)》(中发[2014]4号)、《〈2016年政府工作报告〉重点工作部门分工的意见》(国发[2016]20号)精神,沈阳市辽中区紧紧抓住撤县设区的历史机遇,积极组织开展国家新型城镇化标准化试点申报工作。2016年11月29日,经国家发改委、住建部等11部委批准,辽宁省辽中区成为第三批国家新型城镇化综合试点区级地区。试点确定后,辽中区迅速将工作重心转移到试点任务落实上来,成立了由区委书记、区长任组长的领导小组,完善了城镇化工作机制,明确了以人的城镇化为核心,以促进辽中区产业与城市功能融合、空间整合为重点,全面落实五位一体的总体布局,着力推进城乡一体化建设,大力提升城镇化水平和发展质量。 (陈启良)

沈 阳 概 貌

自然概况

【位置与地貌】 沈阳位于中国东北地区的南部,辽宁省的中部,在东经122度25分9秒—123度48分24秒、北纬41度11分51秒—43度2分13秒之间。东西长115公里,南北宽205公里。

沈阳市国土总面积为1.29万平方公里,其中:建成区面积430平方公里。沈阳地区以平原为主,地势平坦,平均海拔50米左右,山地丘陵集中在东北、东南部,属辽东丘陵的延伸部分。西部是辽河、浑河冲积平原,地势由东向西缓缓倾斜。全市最高海拔高度为447.2米,在法库县境内;最低海拔高度为5.3米,在辽中区于家房镇。

(鉴 闻)

【历史沿革】 沈阳市位于浑河北岸,浑河古称沈水,因古代以水北为阳,故称沈阳。沈阳历史悠久,2012年8月至2013年9月,沈阳市文物考古研究所与吉林大学边疆考古研究中心组成旧石器联合考古队,先后两次对沈阳农业大学后山旧石器时代遗址进行考古发掘,发掘面积109平方米。通过近7米深的发掘,该遗址中发现了5个连续分布的旧石器文化层,通过科学的光释光测年、沉积学检测分析,确定其年代距今1.5~11万年。出土了620余件古人类加工和使用过的打制石器,包括手镐、盘状石核、尖状器、砍砸器、刮削器、雕刻器、石核、石片等。揭示出的一组古人类建造和使用的建筑遗迹,推测其可能与古人类在野外搭建的窝棚式建筑有关,测定该遗迹的年代距今7~7.3万年。通过发现的5个旧石器文化层,确立了沈阳地区旧石器时代中晚期的文化序列,并将沈阳地区有人类活动的历史从新乐文化的7200年,提前至距今11万年左右。公元前300年(燕昭王十二年),燕国名将秦开在此屯兵戍边,设立侯城,为沈阳建城之始。秦始皇统一六国后,分天下为36郡,沈阳属辽东郡境。西汉时沈阳是东北的军事重镇,为中部都尉治所,已初具县邑规模。公元前108年(汉武帝元封三年)设玄菟郡。经魏晋至隋唐,沈阳地区部分属辽东郡,部分为玄菟郡所辖。公元668年(唐总章元年)后,隶安东都护府。公元921年(辽神册六年),在沈阳境内设置沈州,筑有土城。1116年金太祖完颜旻攻克沈州后,在境内设驿站多处,扼守交通,并发展了瓷器、铜镜等手工业。13世纪初元金交兵时,沈州土城被毁。1296年(元元贞二年),元改沈州为沈阳路,至此沈阳见于史册,并重筑土城,沈阳已成为关内外交通要冲、商品交易集散地和文化联系纽带,是东北重镇之一。1372年(明洪武五年)明军攻克沈阳,1386年改沈阳路为沈阳中卫。为加强防御,1388年在元代土城基础上新建砖城,设东南西北4门,并在城内修"十"字街通向各门。此时,在沈阳附近有开原、广宁、抚顺3大马市,促进了沈阳商业、手工业发展。1621年(清天命六年),后金汗王努尔哈赤领兵攻占沈阳,1625年把都城从辽阳迁至沈阳,将明代砖城加宽加高,改4门为8门,将城内"十"字街改为"井"字街,并大兴土木,修建了融汉、满、蒙、藏等各族文化艺术特色的宫殿及寺塔。1634年(清天聪八年),皇太极改沈阳为盛京(汉文为天眷盛京、满文音为谋克敦、英译MUKDEN)。1644年(清顺治元年)迁都北京后,清以沈阳为陪都,并于1657年(清顺治十四年)以"奉天承运"之意在沈阳古城区设奉天府,这便是沈阳又名奉天的由来。19世纪中后期,沈阳城内民族手工业和工商业迅速发展,关内外交往规模不断扩大,沈阳逐渐成为关外政治、经济、文化中心。1911年辛亥革命后,沈阳成为奉系军阀首领张作霖统治东北的中心,修铁路、开矿山、办工厂、建银号,使沈阳近代工业得到长足发展。1923年8月,奉天省划沈阳县城区及商埠地一带为市区,正式设立奉天市政公所,沈阳首次出现市的建制。1928年6月3日,张作霖被日军炸死于皇姑屯三洞桥后,张学良执政,于同年12月29日在沈阳宣布"东北易帜",并于1929年4月2日将奉天市改名为沈阳市。1931年,日本帝国主义发动"九一八"事变并侵占沈阳,将沈阳市改为奉天市。1945年8月,抗日战争胜利,八路军进驻沈阳,奉天市恢复沈阳市名称。10月10日,沈阳市民主联合政府成立,白希清任市长,焦若愚任副市长。1946年3月,国民党军队进驻沈阳并发起内战。1948年11月2日,沈阳获得解放。11月3日,沈阳特别市政府成立,隶属东北行政委员会,朱其文任市长,焦若愚任副市长兼秘书长。同月20日,市政府决定将市内22个区合并为沈河、大东、北关、北市、南市、铁西、皇姑、和平8个区。1949年5月1日,沈阳特别市政府改为沈阳市人民政府,同年8月,沈阳市隶属东北人民政府领导。1953年2月,苏家屯镇改为苏家屯区,沈阳市辖区增至9个。1953年3月12日,沈阳市改为中央直辖市。1954年8月11日,沈阳市改为辽宁省辖市。1955年1月21日,沈阳市人民政府改称沈阳市人民委员会。1959年1月1日,辽宁省人民政府决定将原铁岭地区的铁岭、法库、康平、开原、昌图、西丰和原辽阳专区的沈阳、辽中、新民、台安10个县划归沈阳市领导,沈阳市共辖9个市区、10个县。同年2月24日,市人民委员会撤销北市、南市、北关3个区的建制,并入和平、沈河、大东等区。同年12月31日，撤销沈阳县建制，其所辖地区分别划入市内邻近各区，并设立新城子区。1964年3月16日，中共辽宁省委决定设立沈阳专区，将沈阳市所辖的铁岭、法库、康平、昌图、开原、西丰、新民、辽中、台安9县划归沈阳专区领导。1964年3月24日，市人民委员会决定设立东陵、于洪2个郊区。1968年5月10日，沈阳市革命委员会成立。1969年12月26日、1970年1月1日，辽中县、新民县分别划归沈阳市领导。1980年4月19日，沈阳市革命委员会改为沈阳市人民政府。1993年1月1日经国务院批准，原铁岭市的法库、康平县划归沈阳管辖。同年经国务院批准，新民县撤县设市。至2004年末，沈阳市辖和平、沈河、大东、皇姑、铁西、于洪、苏家屯、东陵、新城子9个市区以及新民、辽中、法库、康平4个县（市）。2006年10月8日，经国务院批准将新城子区和辉山农业高新技术开发区合并，成立沈北新区。2014年8月1日，经国务院批准，东陵区正式更名为浑南区。2016年1月7日，国务院以国函〔2016〕6号文件批复同意辽宁省沈阳市撤销辽中县设立沈阳市辽中区，2016年4月11日，辽中区正式挂牌。

（鉴　闻）

【经济地理位置】　沈阳地处东北地区的南部，辽宁省的中心。她背倚长白山麓，面向渤海之滨，是辽东半岛的腹地。在以沈阳为中心的150公里半径内，有中国著名的钢都鞍山、煤都抚顺、煤铁之城本溪、煤电之城阜新、石油之城盘锦、轻纺之城丹东、化纤之城辽阳和粮食煤炭基地铁岭，这些资源丰富、实力雄厚的辽宁中部工业城市形成了世界上罕见的城市群。沟通世界各大港口的大连港，正在开发的营口新港和锦州港、距沈阳不超过400公里。

沈阳作为中国东北地区最大的经济中心城市和通往中国长城以南地区必经之路，长期的经济发展，形成了密如蛛网的航空、铁路、公路运输网络。

中国南方航空股份有限公司北方分公司（以下简称南航北方分公司）前身系原中国北方航空公司。2004年底，经国家有关部门批准，北方航空公司正式将航空主业资产注入中国南方航空股份公司。作为中国南方航空股份公司在沈阳设立的分支机构，南航北方分公司从2005年1月1日起，正式按照分公司模式运营，该分公司位于沈阳东塔机场，以沈阳桃仙国际机场为基地机场，主要经营沈阳出港至国内外大中城市的航线。截至2016年底，南航北方分公司拥有A320系列运输飞机28架，经营沈阳始发航线50余条（不含包机），国际航线连通日本、韩国、新加坡等多个国家。

沈阳的铁路是东北地区最大的铁路枢纽，沈山线、沈吉线、长大线、沈丹线、苏抚线等铁路干线，沟海线、辽溪线、开本线、溪田线、铁法线、丹大线等支线都交汇在沈阳。

沈阳的公路四通八达。不仅农村实现了村村通公路，而且与大连、本溪、抚顺、铁岭、锦州等省内城市全部实现高速公路化，形成了全国少有的高速公路网络。

（鉴　闻）

【人口】　2016年，沈阳人口总户数为268.4万户，比上年增加3.2万户，户籍人口为734.4万人，增加4.0万人。其中：市辖区户数为217.5万户，占全市总户数的81.1%，人口为586.5万人，占全市总人口的79.9%。在全市13个区、县（市）中，铁西区人口最多，为91.1万人，沈北新区人口最少，为32.2万人。

在总人口中，男性人口为362.8万人，占总人口的49.4%；女性人口为371.5万人，占总人口的50.6%，性别比为97.7。出生人口中，男性人口3.57万人，女性人口3.37万人，性别比为105.8。

2016年，全市出生人口6.94万人，出生率为9.48‰，比上年提高2.78个千分点；死亡人口6.08万人，死亡率为8.30‰，提高0.02个千分点，自然增长率为1.18‰。

2016年，全市共迁入人口5.8万人，比上年增加1.0万人。其中：省内迁入人口3.5万人，省外迁入人口2.3万人；迁出人口2.7万人，比上年减少1.0万人。其中，迁往省内人口0.8万人，迁往省外人口1.9万人。全年人口机械增长3.1万人，增加2.0万人。

人口年龄结构与上年相比变化不大，2016年全市17岁及以下人口94.8万人，比上年增加2.4万人，占总人口的12.9%，提高0.2个百分点；18—34岁人口153.9万人，减少7.0万人，占总人口的21.0%，下降1.0个百分点；35—59岁人口314.9万人，减少0.6万人，占总人口的42.9%，下降0.3个百分点；60岁及以上人口170.8万人，增加9.2万人，占总人口的23.3%，提高1.2个百分点，人口老龄化程度愈发严重。

（赵艳霞）

【民族】　全市现有5个民族乡、256个民族村，少数民族乡村全部以满、蒙、朝、回和锡伯族5个世居少数民族单独或两个民族混合命名。5个民族乡全部位于康平、法库两县，下辖48个行政村，少数民族人口4.63万人，占民族乡人口总数的54%，区域面积561平方公里，人均占有耕地0.33公顷；256个民族村分布于全市11个区、县（市），民族村总人口36.45万人，其中，少数民族人口19万余人，占民族村人口总数的52.16%。2015年，民族村居民人均可支配收入达1.39万元，高于全市农村居民人均可支配收入水平。但由于地区贫富差距较大，仍有四分之一的民族村属低收入水平，年人均可支配收入不足万元。有3个民族乡为市级贫困乡，21个民族村为省级重点贫困村，康平县占90%以上。

（吴国峰）

【宗教】　沈阳市是辽宁省宗教工作任务较重的城市，是历史上东北宗教的发源地和传播中心。全市现有佛教、道教、伊斯兰教、天主教、基督教五大宗教。依法登记的市区两级爱国宗教团体15个，宗教活动场所346处，经备案的宗教教职人员625人，信教群众42万人。2011年以来，信教群众每年平均递增约3000人（信仰佛教占30%、基督教占65%、其他占5%）。

（吴国峰）

【行政区划】　2016年1月7日，经国务院批准，撤销辽中县，设立沈阳市辽中区，以原辽中县的行政区域为辽中区的行政区域，辽中区人民政府驻蒲东街道滨水路26号。截至2016年底，沈阳市辖和平、沈河、大东、皇姑、铁西、苏家屯、浑南、沈北、于洪、辽中10个市辖区，康平、法库2个县,代管新民1个县级市,共13个县级政区;下设141个街道办事处、55个镇、18个乡,共214个乡级政区。

(刘志明)

【行政区域界线管理】 2016年5月8日,妥善解决新民市与法库县林地资源争议问题。7月20日,《沈阳市政区图》《沈阳市城区政区图》《沈阳市行政区域界线详图集》更新出版发行。8月16日,完成沈阳市与鞍山市、抚顺市、本溪市市级行政区域界线联合检查成果资料上报省厅工作。10月15日,根据《国务院第二次全国地名普查领导小组办公室关于报送行政区域界线及界桩数据的通知》,完成区、县(市)、乡镇两级行政区域界线详图扫描工作,为勘界成果信息化工作奠定基础。11月22日,市政府办公厅下达《沈阳市人民政府办公厅关于确认铁西区人民政府于洪区人民政府联合勘定行政区域界线协议书的函》《沈阳市人民政府办公厅关于确认铁西区人民政府辽中区人民政府联合勘定行政区域界线协议书的函》《沈阳市人民政府办公厅关于确认铁西区人民政府新民市人民政府联合勘定行政区域界线协议书的函》。

(胡志英)

国民经济和社会发展

【经济总量】 2016年,沈阳市地区生产总值(GDP)5546.4亿元,按可比价计算,比上年下降5.6%。其中:第一产业增加值266.4亿元,下降17.8%;第二产业增加值2151.6亿元,下降14.9%;第三产业增加值3128.5亿元,增长3.7%。第一产业增加值占GDP的比重为4.8%,第二产业增加值比重为38.8%,第三产业增加值比重为56.4%。按常住人口计算,人均GDP为66893元,下降5.7%。

(陈江宜)

【农业】 全年农林牧渔业总产值534.2亿元。其中,种植业产值243.2亿元,林业产值12.6亿元,畜牧业产值227.5亿元,渔业产值27.2亿元,农林牧渔服务业产值23.7亿元。

全市农作物播种面积65.6万公顷,其中粮食作物播种面积50.8万公顷。粮食生产实现十三连丰,粮食总产量360.4万吨,其中:水稻产量102.3万吨,玉米产量244.2万吨。水果产量30.2万吨;蔬菜产量371.3万吨;肉类总产量64.5万吨;禽蛋产量19.3万吨;牛奶产量48.4万吨。

全年农业机械总动力345.88万千瓦(2016年口径调整后不包括农用运输车),农业机械化综合水平提高到92.1%。农用化肥施用量(折纯)20.5万吨,地膜覆盖面积5.3万公顷。

现代农业。全市市级农业产业化龙头企业107个,省级重点龙头企业52个,国家级重点龙头企业8个。全市农民专业合作社7363个,带动农户16.5万户。“三品一标”认证面积达58.61万公顷。高效特色农业面积达到7.25万公顷。建成市级粮油高产示范区25个。环城都市农业产业带15个项目竣工。

(陈江宜)

【工业】 全年规模以上工业增加值1208.3亿元,比上年下降19.7%。其中,重工业增加值952.1亿元,轻工业增加值256.2亿元。装备制造业实现增加值785.4亿元,占全市规模以上工业增加值65.0%,比上年提高12.5个百分点。汽车及零部件、建筑产品、农副产品加工、化工产品制造业、钢铁及有色金属冶炼及压延业五大优势产业实现增加值782亿元。工业出口产品交货值178.3亿元。

全市规模以上工业企业实现利税总额540.5亿元,利润总额274.6亿元。工业经济效益综合指数227.74%,工业产品产销率99.7%。

(陈江宜)

【建筑业及固定资产投资】 全市建筑业增加值409.1亿元。资质等级以上建筑业企业完成总产值1395.9亿元。

全年固定资产投资1631.6亿元,比上年下降69.4%。从投资主体看,国有经济投资394.6亿元;外商及港澳台经济投资187.4亿元;民间投资1049.6亿元。从产业分布看,第一产业投资13.2亿元;第二产业投资434.9亿元,其中工业投资433.6亿元;第三产业投资1183.5亿元。全年新增固定资产855.5亿元。

全年房地产开发投资709.7亿元,其中住宅投资490.4亿元。房屋施工面积7058.1万平方米;房屋竣工面积903.2万平方米,其中住宅802.1万平方米。商品房销售面积1184.3万平方米,其中住宅销售面积1099.4万平方米;商品房销售额844.2亿元,其中商品住宅销售额751.7亿元。

(陈江宜)

【国内贸易】 全年实现社会消费品零售总额3985.9亿元,比上年增长2.5%。其中限额以上单位实现网上商品零售额141.9亿元,增长40.7%,浑南电商基地进入全国优秀电商园区20强。按地区分,城镇零售额3688.9亿元,增长1.3%;乡村零售额297亿元,增长8.7%。

限额以上批发零售贸易企业实现零售额1815.1亿元。其中,汽车类零售额488.5亿元;服装、鞋帽、针纺织品类零售额193.3亿元;中西药品类零售额281.3亿元;粮油、食品类零售额108.2亿元;家用电器和音像器材类零售额138.8亿元;日用品类零售额93.6亿元;通讯器材类零售额81.8亿元;建筑及装潢材料类零售额26.9亿元。全年成交额超亿元的商品交易市场53个,交易额1042.6亿元。

(陈江宜)

【对外经济贸易与旅游】 沈阳成为辽宁自由贸易试验区重点城市,沈阳市跨境电商进口直购通关服务平台开通运行,成为全国服务外包示范市。全年进出口总额113.3亿美元,比上年下降19.3%。其中,进口总额70.8亿美元,出口总额42.5亿美元。全年新签外商投资合同项目132个,合同外资额6.8亿美元,实际利用外商直接投资8.2亿美元,下降23.1%。全年对外承包工程与劳务合作合同金额12.7亿美元,实现营业额9.1亿美元。

智慧旅游公共服务平台上线运营,发行居游智惠旅游卡,沈阳经济区近百万市民游客从中享受到惠民旅游政策。全市国家A级旅游景区100家,旅行社222家,星级饭店96家。全年旅游总收入583.7亿元,比上年增长12.8%,其中:国内旅游收入562.8亿元,增长13.2%;外汇收入3.44亿美元,增长4.0%。接待国内外旅游者6401.1万人次,增长

11.9%,其中:国内旅游者6333万人次,增长12.0%;入境旅游者68.1万人次,增长5.4%。全市在建旅游项目96个,当年投资108亿元。

(陈江宜)

【财政、金融】 全年一般公共预算收入620.9亿元,比上年增长2.4%,其中各项税收511.6亿元,增长3.9%。在各项税收中,增值税154.9亿元,增长95.0%;营业税74.0亿元,下降49.5%;企业所得税80.5亿元,增长4.3%;个人所得税26.2亿元,增长12.8%;土地增值税25.7亿元,增长25.8%;耕地占用税4.9亿元,下降31.9%;契税34.2亿元,增长15.9%。

全年一般公共预算支出825.4亿元,增长2.1%。其中,住房保障支出增长64.6%,医疗卫生支出增长13.0%,社会保障和就业支出增长8.6%,城乡社区事务支出下降23.0%,交通运输支出下降36.4%。

到2016年末,全市银行机构及网点1490家,金融机构本外币存款余额14446.3亿元,比年初增长2.9%;本外币贷款余额12798.2亿元,比年初增长10.5%。

全市证券营业部123个。全年证券交易额36289.2亿元,比上年下降34.4%。其中,股票交易额19747亿元,下降50.9%;基金交易额690.4亿元,下降82.3%。

(陈江宜)

【交通运输、邮政和信息传输业】 全年货物运输总量2.21亿吨,比上年增长3.3%。其中:铁路558.9万吨,增长15.8%;公路2.15亿吨,增长3.0%;民用航空6.73万吨,增长3.1%。全年旅客发送量2.06亿人,略降0.03%。其中,铁路4718.4万人,增长6.6%;公路1.52亿人,下降2.0%;民用航空673.6万人,增长1.8%。

2016年末全市民用汽车保有量188万辆,比上年末增长14.3%。其中,载客汽车169.1万辆,载货汽车17.8万辆。私人汽车保有量156.7万辆,增长16.4%。

沈阳与国际26个城市、国内79个城市(地区)通航。新开18条国际国内航线,沈阳机场航线达到189条,其中,国际航线34条,国内航线155条;民航运输飞机起降11.4万架次,增长15.8%;机场旅客吞吐量1496.7万人次,增长18.0%。

全年完成邮电业务总量302.7亿元。其中,邮政业业务总量34.7亿元,电信业务总量268.1亿元。年末城乡固定电话用户188.8万户,下降17.7%;移动电话用户1226.3万户,下降9.1%。固定电话普及率22.8部/百人,移动电话普及率147.9部/百人。国际互联网络宽带接入用户207.8万户,增长10.5%。

(陈江宜)

【城市建设】 2016年,城建投资完成274亿元。基础设施建设扎实推进。地铁4、9、10号线和2号线北延线工程进展顺利,南北快速干道北段高架桥建成通车,五爱互通立交桥部分投入使用,百里二环实现无信号通行。新建改造城市慢行系统44万平方米,新增各类公共停车场47处、停车泊位9500个。投资15.7亿元加快宜居乡村建设。整修农村公路1810公里,为98个自然村通上柏油路。南运河、铁西新城、南北快速干道地下综合管廊开工建设,长青公园等8处公园提升改造项目启动实施。

全市供热管网总长度1.03万公里,供热面积达到2.24亿平方米。全年新增供水管网30.5公里,供水管道总长度3583.5公里,全年供水量6.24亿吨。天然气供气管道总长度6800公里。

城市交通。2016年末城市公交运营线路254条,其中新开、调整公交线路34条,增加运营里程164.8公里,公交运营线路长度达4711.5公里;公交运营车辆5444台,年内新增、更新公交车辆1360台,全部为新能源和清洁能源公交车;试点推广公交电子站牌43处。全年公共交通客运总量10亿人次。地铁实现常态化延时运营,地铁1、2号线运营里程达595.9万列公里,客运量29917.9万乘次。浑南有轨电车共完成运营里程326.7万列公里,客运量1071.7万人次。年末出租汽车1.78万辆。

(陈江宜)

【环境保护】 实施道路、水系、公园等重点区域绿化景观提升工程。百里环城水系综合治理、中小河流生态治理、污水处理厂建设和提标升级改造等工程加快推进,卧龙湖国家湖泊生态环境保护试点工作成效显著。全市绿化造林1.4万公顷(21.3万亩)。

拆除10吨以下燃煤锅炉1917台,淘汰黄标车及老旧车辆5.6万辆,实施最严格的秸秆禁烧制度,强化工业排放、建筑工地扬尘管理,PM2.5、PM10浓度分别下降25%和18.3%,环境空气质量优良天数249天,比上年增加42天。推行城市生活垃圾分类管理,生活垃圾处理率达到100%。城市污水处理能力达到240万吨,城市污水处理率达到83%,医疗废物无害化处置率100%,机动车尾气检测85万辆,水源地水质达标率100%。

(陈江宜)

【人口与就业】 2016年末,全市常住人口829.2万人,比上年末增长0.01%。户籍人口734.4万人,增长0.55%。其中,市区人口586.5万人,县(市)人口147.9万人;男性人口362.8万人,女性人口371.6万人。人口出生率9.48‰,提高2.78个千分点,出生人口性别比105.8;人口死亡率8.30‰,提高0.02个千分点。人口自然增长率1.18‰。

初步统计,全市城镇非私营单位从业人员129.3万人,比上年末下降11.9%,其中在岗职工119.3万人,下降12.6%。在岗职工中,国有经济单位52.9万人,减少7.8万人;集体经济单位3.3万人,减少0.4万人;其他经济单位63.1万人,减少9万人。在岗职工产业分布,第一产业0.13万人,增加0.01万人;第二产业50.1万人,减少10.6万人;第三产业69.1万人,减少6.6万人。

成立了沈阳市大学生创业联盟,实施重点群体就业援助、企业稳岗补贴等政策,全年城镇新增就业8.4万人,援助就业困难群体就业0.79万人。2016年末,城镇登记失业人员10.2万人,城镇登记失业率3.12%。

(陈江宜)

【人民生活和社会保障】 2016年,城镇居民人均可支配收入3.91万元,比上年增长6.8%;人均消费支出2.77万元,增长6.9%。农村居民人均可支配收入1.44万元,增长7.1%;人均消费支出9715元,增长7.5%。

到2016年末,全市参加城镇基本养老保险380.7万人,比上年末增加10.1万人;城乡居民社会养老保险114万人,减少1.2万人。参加城镇职工医疗保险338.5万人,减少12.9万人;城镇居民医疗保险159.3万人,增加15.8万人。新型农村合作医疗参合人数209.2万人,参合率99%以上,人均筹资标准提高到570元,人均补助标准提高到420元。参加失业保险140万人,增加0.5万人;工伤保险178.9万人,减少9.9万人;生育保险296.2万人,增加5.3万人。沈阳市成为全国首批生育保险和医疗保险合并实施试点城市。被征地农民参加社会保障参保人数24.22万人。

企业退休人员基本养老金人均每月2336元,比上年提高154元。失业保险金人均支出标准为每月1097元,提高132元。职工最低工资标准:市区和开发区1530元,三县(市)1230元。城镇居民最低生活保障标准:十城区每人每月610元,三县(市)每人每月535元。农村最低生活保障标准:十城区每人每月395元,三县(市)每人每月335元。

全年发放最低生活保障金5亿元。其中,城市发放最低生活保障金3.9亿元,4.4万户、6.4万人享受城市居民最低生活保障;农村发放最低生活保障金1.1亿元,3万户、5.3万人享受农村居民最低生活保障。1512户、2912人享受城市低保边缘户救助;2522户、5353人享受农村低保边缘户救助。

沈阳市成为全国首批居家和社区养老服务改革试点城市。建成区域性居家养老服务中心37个,新增养老床位4042张;新增17个社区日间照料站。到2016年末,全市各类收养性社会福利机构174个,床位4.3万张,入住养员3.2万人。

全年福利彩票销售24.6亿元,筹集福利彩票公益金6.6亿元。全年共募集慈善资金1277.7万元(其中福彩公益金875万元)。

(陈江宜)

【社会事业】 实施创新驱动发展战略,获批国家自主创新示范区、国家科技与金融结合试点城市和国家、省知识产权质押融资试点城市。争取国家、省级各类科技计划资金8.5亿元。其中:603个项目获得国家自然科学基金的直接资助,支持额度2.9亿元;14个项目获得2016年国家重点研发计划支持,支持额度3.1亿元,均创历史新高。9个项目获国家科技进步奖,10个项目获中国专利奖。到2016年末,全市拥有市级以上民口独立科学研究与技术开发机构103个;市级以上工程技术研究中心和省级以上工程研究中心合计290个,其中国家级14个;市级以上重点实验室和省级以上工程实验室375个,其中国家级15个。拥有两院院士25名,其中,中国科学院院士8名,中国工程院院士17名。全年市以上登记认定的科技成果191项,其中应用技术成果171项。应用技术成果中,达到国际水平86项(国际领先15项,国际先进71项);达到国内水平84项(国内领先64项,国内先进20项)。软科学成果及基础理论成果20项。各类技贸机构技术贸易成交额186.91亿元。专利申请2.22万件,其中发明专利申请1.23万件;专利授权9528件,其中发明专利授权2853件。

教育。2016年末,全市普通高等院校47所(含独立学院4所),招收本、专科学生10.7万人,在校生40.4万人,本、专科毕业生10.4万人。普通高等院校和科研机构招收研究生1.6万人,在校研究生4.8万人,毕业研究生1.2万人。普通中学296所,在校生26.7万人;普通中专33所,在校生5.2万人;职业高中48所,在校生1.9万人。技工学校31所,在校生1.6万人。成功申报国家首批产业转型技术技能人才双元培育改革试点,中德学院首批60名学生正式开课。初中毕业生升学率112%,高中阶段毛入学率114.2%。小学272所,在校生37.4万人。小学适龄人口毛入学率115.2%。义务教育阶段生均经费定额标准大幅度提高,小学、初中生均定额标准分别提高到1150元/生/年、1350元/生/年,均高于省定标准300元。全市学前教育幼儿入园率99.1%。2016年全市普惠性幼儿园916所,占比达到70.2%。沈阳市被联合国公布为全国人均受教育年限和预期受教育年限最高城市,教育发展指数国内第一。

成功举办中国·沈阳国际合唱节。沈阳市图书馆数字化建设工程完工,实现了市(区)图书馆图书通借通还,完成市少儿图书馆一期搬迁改造工程。倾力打造实景演出"皇家礼仪大典",参加默克尔总理沈阳一行和哥德杯开幕式文艺演出赢得赞誉,创排了音乐情景剧《沈阳恋歌》、杂技儿童剧《熊猫—寻梦之旅》、大型评剧《孝庄长歌》等一批反映时代主旋律的舞台艺术精品,沈阳交响乐团受邀参加第五届《中国交响乐之春》登上国家大剧院舞台,汗王宫遗址、郑家洼子青铜短剑墓陈列馆和豫亲王府遗址保护项目完工并对外开放,张氏帅府博物馆获批东北首家海峡两岸交流基地,沈阳故宫博物院举办建院90周年系列活动,公布了第四批市级非物质文化遗产项目代表性传承人50名,沈阳市成为第一批国家文化消费试点城市,沈河区成为国家公共文化服务体系示范区。全年开展各类群众文化活动1万场,参与群众1000万人次,开展公益性艺术培训774场次,组织公益性文艺演出772场。

沈阳市成为国家级医养结合试点城市。强力推进深化医改,大力推进分级诊疗,组建覆盖全域的20个示范医联体。中国医大一院和大东医院的"同城托管"模式得到国家卫计委高度赞誉。2016年末,全市卫生机构2324个(不含村级卫生组织)。其中:医院268个;卫生院115个;社区卫生服务机构137个,其中社区卫生服务中心73个、社区卫生服务站64个;疾病预防控制中心(防疫站)16个;妇幼卫生保健机构15个;专科疾病防治机构22个;卫生监督所12个。年末实有病床6.39万张,各类卫生技术人员6.89万人,其中执业医师2.49万人,执业助理医师1654人,注册护士3.06万人。召开全市中医药暨卫生健康大会,《沈阳市中医药事业发展"十三五"规划》等一系列扶持中医药事业发展政策措施出台。市公共卫生服务中心等8个续建项目,市口腔医院等3个易地新建项目有序推进,市五院肿瘤防治中心、区域人口健康信息平台两个PPP项目完成前期工作,中国医大一院浑南国际医院建设重新启动,沈阳积水潭医院建设基本完工,东北国际医院投入使用。全面落实两孩和计划生育奖励扶助政策,办理二孩生育登记1.7万例,为9.8万人发放“两项制度”补助资金1.6亿元,沈河、大东、铁西被评为全国计划生育优质服务先进单位。

2016年,沈阳市全民健身异彩纷呈,“足球之都”建设成效明显,竞技体育得到提升,体育事业取得了一定成就。举办了世界杯预选赛亚洲区十二强赛、“哥德杯”世界青少年足球赛、“和平杯”国际青少年足球邀请赛、沈阳马拉松等国际赛事,建设并完成了沈阳足球公园(40片场地)、浑南李铁8号足球公园、和平区足球公园等场馆,为城市增添了活力。全年共举办大型赛事活动36场次,群众性健身活动1060余场次,参与人群421万人次。培训社会体育指导员2.1万余人,国民体质监测人数达5.5万余人。体彩发行再创新高,销量达15.4亿元,比上年增长6.3%。

(陈江宜)

全面深化改革

【概况】 2016年,全市认真学习习近平总书记系列重要讲话精神,深入贯彻党的十八届三中、四中、五中、六中全会精神,全面落实中央和省委关于全面深化改革工作的新要求新部署,坚持把改革作为重大政治任务摆在突出位置,加强组织领导,精心谋划设计,确保各项改革积极稳妥、准确有序地向前推进。市委充分发挥领导核心作用,全面加强对改革工作的组织领导,市委主要领导主持召开全面深化改革领导小组会议和市委常委会专题研究改革议题,确保全市各项改革向前推进。专项小组实化、细化本领域改革具体措施,推进各项改革任务落实、责任落实。市委改革办聚焦深化改革,积极主动服务,全面履职尽责,在以文辅政、调查研究、督察督办等方面取得了新成效。各牵头部门、参与部门共同形成了谋改革、推改革的强大合力。精心谋划总体设计,研究制定了《中共沈阳市委全面深化改革领导小组2016年工作要点》,并印发了任务分解表,形成了全市年度改革工作总台账,使全面深化改革的总体设计更加完善,时间表和路线图更加清晰;深入开展调查研究,推出了一批重大改革典型案例,引起了国家有关部委和省市领导同志的高度关注和充分肯定,充分发挥助推改革的积极作用;积极开展改革督察,深入市直部门和区县开展专项督察、实地督察,联合专项小组开展年终对账检查和绩效考核,有力推动改革任务落实;加强改革宣传培训,形成了浓厚的改革氛围,提供了强有力的人才和智力支撑。全市各地区各部门各单位共完成改革任务275项。其中,经济体制改革全面发力,围绕处理好政府和市场关系这一关键,着力建立与市场经济相适应的体制机制,全面创新改革试验、自主创新示范区、中德产业园、自贸区等重大改革试点全力推进,供给侧结构性改革深入推进,行政管理体制改革不断深化,国资国企改革实施意见和配套文件出台,7大产业集团成功组建并投入运营,创新驱动战略深入实施,浑南区获批国家首批,东北唯一双创示范区,金融财税体制改革大力实施,城乡一体化体制机制不断完善,全方位对外开放新机制加快形成;民主政治领域改革稳步推进,协商民主和基层民主建设取得积极进展;社会事业改革协同推进,人民群众幸福感普遍增强;社会体制改革开拓前行,司法体制改革深入推进;生态文明体制改革步伐加快,在全省率先建立了生态环境保护责任和追究制度体系;党的建设制度改革扎实推进,盛京人才战略深入实施;纪律检查体制改革注重实效,全面从严治党的责任制度得到有效落实;供销社综合改革取得积极进展,资本运营的内在水平和服务城乡的综合能力全面提升。

(市委改革办)

【筹备召开3次市委深改组会议】 4月7日、6月29日、8月9日,市委改革办筹备召开市委全面深化改革领导小组会议,贯彻落实中央和省委重大改革部署、研究重大改革事项、听取专项改革汇报,先后审议通过了进一步深化全市国资国企改革、全面深化公安改革工作、深化供销合作社综合改革、推进供给侧结构性改革等一系列重要改革工作方案。

(市委改革办)

【印发《中共沈阳市委全面深化改革领导小组2016年工作要点》】 5月5日,市委办公厅印发《中共沈阳市委全面深化改革领导小组2016年工作要点》。《要点》对2016年经济体制改革、社会事业改革、社会体制改革、生态文明体制改革、民主政治领域改革、党的建设制度改革和纪律检查体制改革等各领域重点改革任务进行细化实化具体化,为扎实有序地实施年度改革工作提供了重要依据。

(市委改革办)

【印发《中共沈阳市委全面深化改革领导小组2016年工作要点任务分解表》】 6月15日,市委改革办印发《市委全面深化改革领导小组2016年工作要点任务分解表》。《任务分解表》提出了236项重要改革举措,明确了各项改革举措的任务清单、责任部门和完成时限,使全面深化改革的年度任务更加明确,主攻方向更加突出。

(市委改革办)

【改革督察考核】 落实市委全面深化改革领导小组的要求,认真做好2016年度改革任务的督察考评。按照全市目标绩效管理考核工作要求,对68家市属单位承担的309项改革任务完成情况进行了考评。有力地推动了各项改革任务的全面落实。建立国家和省重大改革方案、重大改革试点统计台账,对全市承接情况和改革方案制定出台情况及时跟踪、定期调度,并会同改革专项小组和相关部门,开展了重点改革专项和重大改革试点督察,为市委全面深化改革领导小组及时掌握改革动态提供了参考。健全完善改革督察工作机制,起草了加强改革落实工作的实施意见、开展改革第三方评估办法等,努力形成有利于推动改革落实的督察工作制度。

(市委改革办)

【推出一批重大改革典型案例】 2016

年，市委改革办围绕领导关注、群众关心、事关全局的改革重点难点问题，聚焦全市深入实施创新驱动发展战略、推进大众创业万众创新、加快农村改革、进一步深化国资国企改革等专题开展调研，深入分析存在的问题，提出了一些有价值、有可操作性的对策建议。配合省委政研室起草形成的沈阳市深化公安改革调研报告，得到了省委、市委主要领导的肯定性批示。特别是围绕全面深化改革中涌现出来的重大典型，深入挖掘、总结提升，形成了一批质量高、影响大的改革典型经验材。其中：《沈阳市探索国资国企改革新模式》等6篇作为全省重大改革典型案例上报中央改革办，7月26日，《沈阳机床集团以自主创新为引领推动装备制造业转型升级》被中央改革办遴选为全国重要改革案例，在《改革情况交流》上印发了专刊；《沈阳市践行民本警务理念推进警务运行机制改革》被中央办公厅印发《每日汇报》专报中央政治局；《沈阳市“4+1”养老服务新模式》《推进商事制度改革》等8篇印发省委《改革动态》；《沈阳市综合施策构筑防霾治霾新机制》《和平区深化行政审批制度改革取得新成效》同时刊发省政府《辽宁信息》并上报国务院办公厅，沈阳市改革经验做法上报数量、质量和采用量始终位居全省第一。

（市委改革办）

【“改革进行时”系列宣传】 2016年，市委改革办会同市委宣传部、各改革专项小组成员单位继续大力开展“改革进行时”系列宣传活动。在沈阳日报重要版面推出相关报道40余篇，沈阳广播电视台播发相关稿件近百篇，全市一些重点领域和部分地区的改革亮点在人民日报、经济日报、中国改革报、改革内参等国家级新闻媒体进行了宣传报道，正确引导社会舆论，传播改革好声音，汇聚改革正能量。

（市委改革办）

【“深化改革助推振兴”系列培训】 2016年，市委改革办会同市委组织部、各改革专项小组，围绕全面创新改革试验、供给侧结构性改革、自主创新示范区建设等重大改革，举办了5场专题培训，参训人数近千人次。参与组织创新改革专题研讨班，参训干部对标先进查找差距，结合实际开展研讨，学习经验制定措施，进一步提高了全市广大党员干部想改革、谋改革、推改革的责任担当和能力素质。

（市委改革办）

精神文明建设

【“微笑看得见”2016中国沈阳·城市微笑汇活动暨《微笑的旅行日记》首发仪式】 2016年5月8日是第68个世界微笑日，由沈阳市委宣传部文明办主办的“微笑看得见”2016中国沈阳·城市微笑汇活动暨《微笑的旅行日记》首发仪式在浑南万达广场奥体中心店举行。活动现场，58名儿童在指导老师的指导下进行“微笑看得见”主题绘画，画出他们心中的微笑和快乐。来宾现场通过“立拍得”拍照微笑照片或合影，并贴放到“微笑墙”上。活动现场还举行了《微笑的旅行日记》图书首发。《微笑的旅行日记》是一本记录了不同人微笑故事的图书，从数万条微笑图书漂流线路里精选了数条展示在书中，展现了在这四年微笑漂流路上值得铭记的那些地儿，那些人，那些事儿。这里有著名军旅作家、诗人胡世宗，把微笑传递到了“英雄的东方第一哨”；青年海归协会牵手国际友人，记录海外微笑漂流之旅；90后微笑使者重走丝绸之路，将微笑带回历史现场；留学生的世界博物馆微笑之旅，将微笑传递到世界各地的艺术殿堂；孩子们亲手写的微笑日记等，微笑漂流参与者自由发挥创作内容，微笑温暖了每一页图文。“微笑中国”服务车队世界吉尼斯纪录获得者，“微笑的哥”滕家智以及的哥的姐代表上场，进行“微笑中国”沈阳服务车队授旗仪式，现场通过异地连线播放视频，共同感受异地“微笑中国”服务车队的喜悦。媒体代表徐曼等12位微笑图书领航员现场分享几年来跟随微笑的故事和心得。向参与本次活动的每一个传播者发出倡议，联起手来，让微笑漂流，让友善传递，让“微笑沈阳”品牌更具魅力。鲁美师生代表现场诵读微笑雕塑倡议书，他们将征集、设计“微笑”主题雕塑作品。此举不仅是鲁美学子走出校园参与社会的一个积极的举动，更预示着师生们吹响了文化振兴城市、文化点亮城市的号角。本次活动，吸引了中央、省市新闻媒体记者、门户网站和自媒体人。他们不仅是报道者，也是参与者，通过各种传播平台进行着现场直播、即时播报，全方位、立体化展示活动。本次活动，不仅对过去几年“微笑沈阳”活动进行了梳理和立体呈现，更为明天奏起再次起航的号角。随着“微笑看得见”活动的深入开展，人们会对微笑有更深的理解与感悟，一缕缕微笑会弥漫在沈城每个角落、弥漫在沈城创建全国文明城市的每个瞬间、弥漫在每个人的心中。

（文明办）

【第八届沈阳全民读书季】 将“全民读书月”升级为“全民读书季”活动，扩大活动影响力。4月20日，举办“辽宁省第五届全民读书节暨第八届沈阳全民读书季揭幕仪式”，国家和省市有关领导出席。在读书季活动期间，抓住重点人群，大力加强机关公职人员读书学习，着力培养青年学生的读书习惯，引导企事单位职工开展读书活动，重点推进社区居民阅读活动。通过扎实推进“五大平台”阅读推广等十大主题活动、推进市直机关“两学一做”主题征文等13项专题活动、推进129项基层阅读活动，不断吸引群众参与，参与市民达350万人次。联合沈阳广播电视台开展“诗与远方”线上推广，全台每位播音主持录制1个经典名篇，持续推出30期、92个精品节目，网络点击量达2000多万人次，扩大了全民读书季的影响力。6月18日，举办第八届沈阳全民读书季闭幕式暨沈阳广播电视台经典名篇朗诵会，全面展示读书季期间的丰硕成果。在全市广泛开展书香系列评选活动。经基层推荐，组委评选产生了42个书香单位、31个书香校园、26个书香社区、30个书香家庭，并择优向辽宁省全民读书节组委会推荐8名"四佳人物"、6个最美书店(书吧)，为建设书香沈阳，助力振兴发展，营造了浓厚的社会氛围。沈阳市被省读书节组委会授予优秀组织奖。

（文明办）

【家庭家教家风建设】 在全市深化"弘扬家教家风，树立家国情怀"主题活动，把家庭文明建设纳入全市精神文明建设"五大创建"中。强化教育引导，深入各基层单位开展好家庭、好家教、好家风宣讲活动。组建"家国情怀"宣讲团，邀请专家学者、理论工作者，开展研讨活动。利用社区宣传栏、电子屏、楼体墙面等载体，进行好家庭、好家风、好家训以及传统"家"文化的宣传展示，美化社区环境。通过召开座谈会、开展陋习整治行动、征集选定公约内容，引导市民建立家庭公约、楼层公约、单位公约、小区公约、社区公约、市民公约，引导市民遵守公序良俗、规章制度、道德文明，增强社会责任意识。强化家庭实践，把家庭作为弘扬优秀家教家风文化的基本单位和有效载体。通过在家庭中开展树家教活动、在社区中开展育家风活动、在学校中开展写家史活动、在单位中开展晒家训活动，把优秀传统文化融入家庭实践。强化典型引领，大力宣传沈阳市首届全国文明家庭孙家宇孙家沧事迹，深化"十百千"征集评选活动，逐步形成好家风好家庭评选活动常态化机制。

（文明办）

【2016年度"寻找沈阳最美乡村"活动】 为宣传美丽乡村建设成果，推动全市农村精神文明建设工作形成热潮，市文明办、市建委、沈阳日报社从9月19日开始联合举办了"寻找沈阳美丽乡村"活动。按照实事求是、以人为本、广泛参与的原则，编制了《"寻找美丽乡村"宣传活动实施方案》，活动共分为总体宣传、推荐展示和评比评选等三个阶段进行。经过组织相关区、县(市)初步筛选推荐，第一阶段全市各区、县(市)共推荐美丽乡村35个，经过一周的微信和网络票选，确定20个美丽乡村进入候选名单。12月5日，市文明办、市建委、沈阳日报社组建组由群众代表、区县相关部门、省住建厅领导、省市规划专家等9人组成的专家组，对入围的20个美丽乡村进行实地测评打分，最终择优选出浑南区魏家沟村、闫家村、王士兰村，沈北新区孟家台村、中寺村，苏家屯区邓家沟村，辽中区养前村、东于村，新民市靠山屯村、后大河泡村等10个沈阳市最美乡村，市文明办、市建委、沈阳日报社对10个获奖村统一命名表彰并颁发奖牌。

（文明办）

【"说沈阳、评沈阳、爱沈阳"活动】 为认真贯彻落实市第十三次党代会精神，积极探索实践产业转型、城市转型和社会转型，共同缔造幸福沈阳，全力打造国际化营商环境，实现沈阳全面振兴，根据市委主要领导关于引导广大干部群众，正确说沈阳、评沈阳、爱沈阳，凝聚正能量的指示要求，在全市组织开展"说沈阳·评沈阳·爱沈阳"行动，为幸福沈阳共同缔造营造良好的社会氛围。组织开展"说沈阳·评沈阳·爱沈阳"主题宣讲、专家座谈、全民讨论、征文演讲，引导广大干部群众转变思想观念。通过在市属媒体开设"对话家乡人"、"振兴路上有话说"等专题，提振沈阳人民"精气神"。在全市窗口行业开展岗位大练兵活动，组织优质文明诚信服务竞赛，全面提高窗口服务人员业务技能。开展服务环境整治行动，按照规范化、标准化要求，完善各服务窗口硬件设施建设，为市民营造良好的服务环境。春节前夕在全市机场、火车站、长途汽车客运站等窗口单位，开展"我们的节日—春节"主题活动，通过播放公益广告、贴福字、挂春联、迎乡亲、送老乡回家等活动，涵养"家"的味道，提升城市温度，激发返乡市民爱家乡热情。

（文明办）

【感动沈阳人物评选】 为加强公民道德建设，市文明办广泛开展"我推荐、我评议身边好人"暨感动沈阳人物评选表彰系列活动，健全完善层层有标杆、行行有典型、身边有好人的道德建设格局。2017年1月18日，在盛京大剧院成功举办2016年度感动沈阳人物颁奖典礼。其中，九大妈志愿服务队、周玉祥、李春和、姜兆军、杨凤田、何伟、郑姝音、孙家宇孙家沧兄弟、张艳侠、皮亚婷们等10名个人(集体)获评2016年感动沈阳人物。

（文明办）

党 政 机 关

中共沈阳市委

【市委十二届十三次全体会议】 2016年4月7日，中共沈阳市委召开十二届十三次全体会议。市委委员、市委候补委员61人出席了会议。

省委副书记、市委书记曾维作讲话。市委副书记、市长潘利国主持会议，并宣读《中共沈阳市委关于召开中国共产党沈阳市第十三次代表大会的决议》（草案）。市委常委、组织部部长刘桂香对《中共沈阳市委关于召开中国共产党沈阳市第十三次代表大会的决议》（草案）进行了说明，并宣读《中共沈阳市委关于成立辽中区委、区纪委，撤销辽中县委、县纪委的决议》（草案）。会议表决通过了《中共沈阳市委关于召开中国共产党沈阳市第十三次代表大会的决议》和《中共沈阳市委关于成立辽中区委、区纪委，撤销辽中县委、县纪委的决议》。

全会认为，召开市第十三次党代会，是全市广大党员和人民群众政治生活中的一件大事。筹备好党代会、搞好市委换届，事关夺取新一轮全面振兴新胜利，事关贯彻落实全面从严治党新要求，事关开创政通人和团结奋进新局面，意义重大，影响深远。要切实从政治的、全局的高度出发，充分认识这次换届工作的重要性，以强烈的思想自觉和行动自觉扎实做好筹备工作，为确保市党代会圆满成功奠定坚实基础。

全会要求，要全力抓好党代会筹备工作这一重大政治任务，坚持把加强组织领导贯穿始终，抓住关键环节，高效率、高质量推进各项工作。要围绕绘出好蓝图，认真做好党代会报告起草工作，切实在科学的思想方法指导下总结工作、研判形势、谋划思路、制定举措，努力形成一个体现中央要求、切合沈阳实际、振奋人心士气、引领全面振兴的好报告。要围绕推出好代表，把加强党的领导、发扬民主、依法办事贯穿党代表选举全过程，确保选出符合条件、结构合理、比例恰当以及政治性、先进性和代表性都很强的优秀党代表。要围绕选出好班子，牢固树立正确用人导向，坚持德才兼备、以德为先，认真贯彻新时期好干部标准，落实“忠诚干净担当”和“三严三实”要求，全面提升市委领导班子建设科学化水平。要围绕换出好风气，坚决贯彻中央和省委关于严肃换届纪律的要求部署，以“零容忍”的政治态度抓好正风肃纪，深入做好换届选举中的思想政治工作，保持风清气正的换届环境。

全会强调，要增强工作的协调性，把筹备好党代会与做好当前重点工作紧密结合起来，为市党代会胜利召开营造良好环境。要围绕完成全年目标任务，加强经济运行综合分析，加大项目开发建设力度，引导广大党员干部进一步提振精气神，始终做到干字当头，全力推动经济平稳健康增长，确保“十三五”开好局、起好步。要着力保障和改善民生，妥善解决群众反映的热点难点问题，切实做好就业、安全生产、公共安全等工作，保持社会大局和谐稳定。要认真做好区县（市）党委换届工作，加强对换届工作的领导，为市党代会胜利召开打好基础。要扎实开展“两学一做”学习教育，并与深入开展向毛丰美同志学习活动、抓好巡视整改工作结合起来，把学习成果转化为加快建设国家中心城市、实现老工业基地全面振兴的强大动力。要开展多种形式的主题宣传活动，唱响主旋律，弘扬正能量，促进形成心齐气顺劲足的浓厚氛围。

全会强调，积极推动辽中撤县设区，是市委、市政府着眼全市大局、谋划长远发展作出的重要决策，是优化空间布局、统筹城乡发展的重大举措，对于沈阳加快建设国家中心城市、推动新一轮全面振兴，具有十分重大的意义。辽中一定要紧紧抓住重大历史机遇，开拓创新，乘势而上，努力在新的起点上取得新突破、实现新跨越。各有关方面要与辽中一道，平稳有序推进撤县设区后续工作，并积极发挥职能作用，为辽中跨越发展创造良好条件。

全会号召，全市各级党组织一定要在省委的正确领导下，以对党的事业、对沈阳未来发展高度负责的精神，高质量完成党代会筹备任务，全面做好今年各项工作，以加快新一轮全面振兴的崭新成果，迎接市党代会的胜利召开。

（*市委办公厅*）

【中国共产党沈阳市第十三次代表大会】 2016年11月15日，中国共产党沈阳市第十三次代表大会在辽宁人民会堂隆重开幕。

大会由潘利国主持。王蒙徽代表中共沈阳市第十二届委员会，向大会作了题为《深入贯彻新发展理念打造国际化营商环境为实现沈阳老工业基地全面振兴而努力奋斗》的报告。报告共分四个部分：一、过去五年工作的简要回顾；二、今后五年的奋斗目标；三、今后五年的主要任务；四、努力开创全面从严治党新局面。

王蒙徽在报告中回顾总结了过去五年十二届市委的工作。他指出，市第十二次党代会以来，在党中央和省委的坚强领导下，市委团结带领广大党员、干部和群众，抢抓机遇，开拓进取，攻坚克难，真抓实干，较好地完成了各项任务，理论武装持续强化、发展思路不断完善，经济结构逐步优化、综合实力稳步提升，改革创新深入推进、发展活力不断增强，城市建设步伐加快、城乡面貌明显改观，社会建设成效显著、群众得到更多实惠，党的建设得到加强、党风政风逐步好转，书写了老工业基地振兴发展的新篇章。

王蒙徽强调，五年的奋斗历程启示我们，推动振兴大业承前启后、继往开来，必须坚持正确政治方向，牢固树立“四个意识”，始终同以习近平同志为核心的党中央保持高度一致，确保中央大政方针和省委决策部署落到实处；必须坚持五大发展理念，积极探索具有沈阳特色的振兴发展新路，实现有质量、有效益、可持续的发展；必须坚持改革开放创新，全力突破体制性机制性结构性障碍，不断增强发展的内生动力；必须坚持以人民为中心，持之以恒为人民谋福祉，让人民群众有更多获得感；必须坚持全面从严治党，不断提升管党治党的能力水平，为振兴发展提供坚强的政治保证。

王蒙徽指出，加快新一轮东北振兴，是以习近平同志为核心的党中央从党和国家工作全局高度作出的重大战略决策。沈阳作为重要老工业基地城市和东北地区中心城市，必须切实肩负起党中央赋予我们光荣而艰巨的历史使命，把实现全面振兴作为矢志不渝的奋斗目标，以新发展理念为引领，以“四个着力”为根本路径，以打造国际化营商环境为主要切入点，不负重托、不辱使命、不懈奋斗，不断把沈阳振兴大业推向前进。未来五年，要推动创新发展、协调发展、绿色发展、开放发展、共享发展取得重要突破性进展；再经过10年的努力，到2030年，把沈阳建设成为立足东北、辐射全国、影响东北亚的科技创新中心、金融商贸中心、信息文化中心，成为具有国际竞争力的先进装备制造基地、国家新型工业化示范基地，率先实现老工业基地全面振兴，努力建成东北亚地区重要的国际中心城市。

王蒙徽指出，今后五年全市工作的指导思想是：高举中国特色社会主义伟大旗帜，全面贯彻党的十八大和十八届三中、四中、五中、六中全会精神，以马克思列宁主义、毛泽东思想、邓小平理论、“三个代表”重要思想、科学发展观为指导，深入贯彻习近平总书记系列重要讲话精神，统筹推进“五位一体”总体布局，协调推进“四个全面”战略布局，牢固树立新发展理念，主动适应引领新常态，抓住供给侧结构性改革这条主线，把握转变经济发展方式这个关键，落实“四个着力”，扎实推进全面从严治党，全力打造国际化营商环境，积极促进产业转型、城市转型、社会转型，全面建成小康社会，努力把沈阳建设成为引领实现东北振兴发展的中心城市，为实现中华民族伟大复兴的中国梦作出我们的贡献。

王蒙徽强调，贯彻新发展理念、实现未来五年的奋斗目标，必须深入落实党中央、国务院关于全面振兴东北地区等老工业基地的相关政策意见，将贯彻落实“四个着力”作为未来五年的主要任务，全力打造国际化营商环境。要着力完善体制机制，大力推进“多规合一”改革，加快转变政府职能，深化重点领域改革，全面推进依法治市，完善开放合作机制，构建现代治理体系，为振兴发展提供强大动力；着力推进结构调整，构建现代产业体系，提升城市的承载力和宜居度，共同缔造幸福沈阳，统筹推动产业转型、城市转型、社会转型，全面提升城市综合实力；着力鼓励创新创业，加强知识产权保护，促进科技与经济深度融合，深入实施“盛京人才”战略，激发全社会创造活力，建设国家创新型城市；着力保障和改善民生，提高就业和社会保障水平，加快发展社会事业，深化平安沈阳建设，促进社会和谐稳定，不断增强人民群众获得感；借鉴先进经验，对接国际标准，全力打造廉洁高效的政务环境、诚信规范的市场环境、互利共赢的开放环境、完备优质的要素环境、功能完善的设施环境、温馨包容的社会环境、公平公正的法治环境，切实落实“四个着力”，全力推进振兴发展。

王蒙徽强调，实现全面振兴，关键在党，关键在人。全市各级党组织要切实肩负起全面从严治党主体责任，不断提高管党治党的能力和水平，积极营造风清气正、干事创业的良好从政环境，为打造国际化营商环境、实现老工业基地全面振兴提供坚强保证。要深刻吸取辽宁拉票贿选案沉痛教训，净化和营造良好政治生态；坚持不懈强化理论武装，不断提升广大党员干部的思想政治素质；牢固树立正确的选人用人导向，努力建设高素质的干部队伍；大力加强基层党建工作，持续夯实党执政的组织基础；持之以恒深化标本兼治，深入推进党风廉政建设和反腐败斗争；充分凝聚各方智慧力量，进一步形成加快振兴发展的强大合力。全市广大党员干部必须进一步转变思维方式、思想观念、工作方式、工作作风，始终保持昂扬向上、奋发有为的精神状态，始终保持时不我待、只争朝夕的工作激情，始终保持勇于担当、真抓实干的责任意识，确保各项决策部署落到实处。

大会号召，全市各级党组织、广大共产党员和人民群众要更加紧密地团结在以习近平同志为核心的党中央周围，高举中国特色社会主义伟大旗帜，在党中央和省委的坚强领导下，不忘初心，继续前进，为实现沈阳老工业基地全面振兴而努力奋斗！

大会选举出由73名委员、14名候补委员组成的中国共产党沈阳市第十三届委员会；选举出由51名委员组成的市纪律检查委员会。选举出沈阳市出席中国共产党辽宁省第十二次代表大会的113名代表。

大会一致通过了中国共产党沈阳市第十三次代表大会关于第十二届委员会报告的决议和关于市纪律检查委员会工作报告的决议。

2016年11月17日，中国共产党沈阳市第十三次代表大会圆满完成各项议程，在辽宁人民会堂胜利闭幕。

（市委办公厅）

【市委十三届一次全体会议】 2016年11月17日下午，中国共产党沈阳市第十三届委员会举行第一次全体会议。新当选的73名市委委员和14名候补委员出席会议，市纪委委员列席会议。王蒙徽同志主持会议。

全会以无记名投票方式，选举产生了11名中共沈阳市第十三届委员会常务委员会委员。他们是：王蒙徽、韩东太、马占春、刘晓东、刘桂香、李松林、冯守权、连茂君、王健、王镇、王冬石。全会选举王蒙徽同志为市委书记，选举韩东太同志为市委副书记。

全会通过了市纪委一次全会的选举结果：王冬石为市纪委书记，邓福林、孙建军、张淼为市纪委副书记。

新当选的市委书记王蒙徽在会上发表讲话。他首先代表新一届市委领导班子对全体市委委员的充分信任表示衷心感谢。王蒙徽说，本届市委就任于“十三五”开局年，受命于全面建成小康社会的决胜期和老工业基地全面振兴的关键期，使命光荣、任务艰巨、责任重大。我们一定要充分发挥“关键少数”的作用，不负重托、不辱使命，团结带领全市广大党员、干部和群众，全面贯彻落实市党代会精神，奋发图强、艰苦创业，继续把沈阳的振兴大业推向前进，努力向党和人民交上一份满意的答卷。

王蒙徽就加强市委班子自身建设提出五点希望：

一要始终牢记使命，努力建设信仰坚定、党性坚强的领导班子。要增强核心意识，更加紧密地团结在以习近平同志为核心的党中央周围，更加坚定地维护以习近平同志为核心的党中央权威，更加自觉地在思想上政治上行动上同以习近平同志为核心的党中央保持高度一致，更加扎实地把党中央各项决策部署落到实处。要对党绝对忠诚，坚决拥护党的纲领，严格遵守党的章程，模范履行党员义务，矢志不渝为党和人民的事业奋斗终身。要坚定理想信念，切实筑牢信仰之基、补足精神之钙、把稳思想之舵，坚定对中国特色社会主义的道路自信、理论自信、制度自信、文化自信。

二要始终履职尽责，努力建设勤学善思、求真务实的领导班子。始终保持奋发有为的精神状态、锐意进取的干事激情，引领全市上下攻坚克难、真抓实干，切实把党代会精神落到实处。要把握精神实质，带头深入学习习近平总书记重要讲话精神和治国理政新理念新思想新战略，带头深入学习市第十三次党代会报告，切实用市党代会精神统一思想、凝聚共识，不断增强贯彻落实党代会精神的思想自觉和行动自觉。要强化担当意识，切实做到在矛盾面前敢抓敢管、敢于碰硬，在困难面前敢闯敢试、敢为人先，在风险面前敢作敢为、敢于担责，确保在打造国际化营商环境和推进产业、城市、社会转型等方面取得突破性进展。要弘扬奉献精神，争当改革创新的急先锋、振兴发展的实干家，为实现沈阳老工业基地的全面振兴而不懈奋斗。

三要始终践行宗旨，努力建设心系群众、执政为民的领导班子。坚持以人民为中心的发展思想，牢固树立全心全意为人民服务的宗旨，不断增强全市人民的获得感和幸福感。要真诚倾听民意，坚持思想上尊重群众、感情上贴近群众，真正把人民群众所盼所愿作为我们的所做所为。要广泛集中民智，充分尊重群众主体地位，尊重群众首创精神，发动群众共谋、共建、共管、共评、共享，以幸福沈阳"共同缔造"凝心聚力。要切实改善民生，深入实施各项民生工程，千方百计为人民群众办实事、做好事、解难事，努力把城市建设得更美好、让人民生活得更幸福。

四要始终维护大局，努力建设精诚团结、和衷共济的领导班子。倍加珍视团结、精心维护团结、自觉增进团结，以市委班子的团结和谐带动各级领导班子乃至全市人民的团结和谐。要以共同事业引领团结，坚持以党和人民的事业为重，以沈阳的振兴发展大局为重，努力形成一心一意谋发展、聚精会神促振兴、群策群力干事业的生动局面。要以健全制度保障团结，严格落实民主集中制，健全完善市委议事规则和决策程序，贯彻集体领导下的分工负责制，切实维护市委权威。要以宽广胸怀促进团结，自觉增强相互谅解的气度、容人容事的雅量、从善如流的胸襟，在合作共事中增进理解、在互帮互助中共同提高、在团结奋斗中促进和谐。

五要始终保持本色，努力建设清正廉洁、干净干事的领导班子。深刻吸取辽宁拉票贿选案沉痛教训，始终敬畏党纪国法，树立起新一届市委廉洁从政的良好形象，自觉践行"讲诚信、懂规矩、守纪律"的要求，引领全市上下形成风清气正的良好政治生态。要常修为政立身之德，带头贯彻"三严三实"要求，努力培养健康的生活情趣、高尚的精神追求、良好的个人修养和特有的人格魅力，用自己的模范行为和高尚品格感染干部群众、引领社会风尚。要坚守清正廉洁之本，始终把纪律和规矩挺在前面，认真贯彻落实中央八项规定精神和廉洁从政各项规定，牢牢守住思想道德防线、党性原则底线、法规纪律红线。要恪尽从严治党之责，增强主业主责意识，加强和规范党内政治生活，切实强化党内监督，不断推动管党治党从"宽松软"走向"严实硬"，以全面从严治党的实际成效赢得人民的信心、信任和信赖。

王蒙徽最后强调，新一届市委班子一定要倍加珍惜时代赋予的机会和舞台，倍加珍惜人民的信任和期望，倍加珍惜沈阳振兴发展面临的难得历史机遇，更加紧密地团结在以习近平同志为核心的党中央周围，在党中央和省委的坚强领导下，紧紧依靠全市人民，不忘初心、继续前进，为实现市第十三次党代会确定的宏伟目标而努力奋斗！

（*市委办公厅*）

【市委十三届二次全体会议】 2016年12月13日中共沈阳市委召开十三届二次全体会议。市委常委会主持会议。省委常委、市委书记王蒙徽代表市委常委会，就全市深入学习贯彻落实党的十八届六中全会和省委十一届十四次全会精神进行安排部署。会议审议通过了《中共沈阳市委贯彻〈中共辽宁省委关于贯彻党的十八届六中全会精神 落实全面从严治党要求 营造良好政治生态的决定〉的实施意见》。王蒙徽就《实施意见（讨论稿）》向全会作说明。

会议指出，党的十八届六中全会深入回答了管党治党的一系列重大理论和现实问题，创造性地提出了许多新思想新观点新要求，是我们党历史上重要的里程碑。全市上下一定要充分认识党的十八届六中全会的重大意义和深远影响，全面准确把握精神实质和丰富内涵，特别是深刻领会、准确把握确立习近平总书记在党中央、全党的核心地位的重大意义，时刻在思想上政治上行动上同以习近平同志为核心的党中央保持高度一致；深刻领会、准确把握关于全面从严治党的新部署新要求，不断把全面从严治党各项工作引向深入；深刻领会、准确把握新形势下加强和规范党内政治生活的极端重要性，不断夯实全面从严治党的基础；深刻领会、准确把握强化党内监督对推进全面从严治党的重要作用，全力推动党内监督常态化、科学化、规范化；深刻领会、准确把握关于"突出抓好领导干部特别是高级干部"的重要论述，切实以领导干部的模范行为带动党风政风民风的不断好转。

会议要求，要牢固树立核心意识，坚决维护习近平总书记在党中央、全党的核心地位。要深入学习习近平总书记系列重要讲话精神特别是关于东北振兴的重要讲话和指示批示精神，坚持原原本本学、认认真真学、联系实际学，深入领会丰富内涵和核心要义，深入领会贯穿其中的科学认识论和方法论，使其成为推动沈阳全面振兴的强大思想武器。要坚持知行合一、学以致用，切实把核心意识落实到行动上、体现在工作中，确保中央、省委决策部署在沈阳落地生根。

会议要求，要加强和规范党内政治生活，打牢全面从严治党的基础。要全面落实"讲诚信、懂规矩、守纪律"要求，加强思想教育和专项整治力度，引导广大党员干部坚守正道、坚守原则、坚守底线，不断强化遵规守纪的思想自觉和行动自觉。要树立正确选人用人导向，严把政治关、品行关、作风关、廉洁关，坚决防止和纠正选人用人上的不正之风，坚决防止“带病提拔”。要落实好党内政治生活各项制度，引导党员干部养成遵规守纪的良好习惯，形成老老实实做人、规规矩矩做事的高度自觉。

会议要求，要全面落实党内监督责任，着力构建党内监督新格局。各级党委(党组)要切实担负起党内监督主体责任，不断完善权力运行制约和监督体系建设，切实形成强化党内监督的鲜明导向。各级纪委要切实履行监督执纪问责职责，用好监督执纪“四种形态”，把党内监督的威力充分发挥出来。要重点加强对党员领导干部特别是一把手的监督，不断探索完善有效管用的方式方法。

会议要求，要认真落实全面从严治党各项要求，推动管党治党从宽松软走向严实硬。要坚持不懈抓好作风建设，对违反中央八项规定精神的问题，发现一起、查处一起。要毫不放松坚决惩治腐败，在严厉查处大案要案的同时，下大气力查处发生在群众身边的不正之风和腐败案件。要压实从严治党主体责任，坚持从市委常委做起，从各级领导干部做起，进一步树立正确政绩观，把抓好党建作为最大的政绩，全面扛起管党治党的责任。要层层压实责任，推动管党治党责任延伸到最基层，真正把各级党组织建设成为坚强有力的战斗堡垒。

会议强调，学习宣传贯彻党的十八届六中全会精神是当前和今后一个时期的重要政治任务。全市各级党组织必须坚持科学统筹、精心组织安排，持续用力、久久为功，全力抓好全会精神的学习宣传贯彻。要把党的十八届六中全会精神纳入中心组学习的重要内容，作为理论武装工作的重要任务，制定学习计划，采取多种形式，力求学深学透、融会贯通、入脑入心。要充分发挥党员领导干部的表率作用，坚持以身作则、以上率下学习和践行《准则》《条例》，为广大党员干部作出示范、树立榜样。要增强宣讲工作的针对性和实效性，不断扩大覆盖面和影响力，推动全会精神深入人心。要加强舆论引导，努力营造学习宣传贯彻党的十八届六中全会精神的良好氛围。要强化督促检查，确保学习贯彻全会精神取得扎扎实实的成效。

会议号召，要更加紧密地团结在以习近平同志为核心的党中央周围，牢固树立政治意识、大局意识、核心意识、看齐意识，坚定不移维护党中央权威和党中央集中统一领导，全面贯彻落实党的十八届六中全会精神，坚定不移推进全面从严治党，共同营造风清气正的政治生态，加快推进沈阳新一轮振兴发展。

市委委员、市委候补委员参加了会议，市纪委委员和相关部门负责人列席了会议。

(市委办公厅)

【沈阳市领导干部大会】 2016年8月23日，沈阳市召开领导干部大会，宣布中共中央关于沈阳市委主要领导调整的决定。省委书记、省人大常委会主任李希出席会议并讲话，省委副书记曾维讲话。

会上，省委常委、组织部部长辛桂梓宣读中央和省委的决定。中央批准：王蒙徽同志任辽宁省委委员、常委和沈阳市委书记，曾维同志不再担任沈阳市委书记职务。省委决定：王蒙徽同志任沈阳市委委员、常委，曾维同志不再担任沈阳市委常委、委员职务。

李希在讲话中指出，这次沈阳市委主要领导调整，是中央根据辽宁工作大局需要，着眼于加强省级和沈阳市领导班子建设，经过通盘考虑、慎重研究作出的重要决策，充分体现了中央对辽宁省和沈阳市工作的高度重视，体现了对辽宁省省级和沈阳市领导班子的亲切关怀和殷切期望。全市广大党员干部要以高度的政治责任感，自觉把思想统一到中央决定上来，以实际行动贯彻落实好中央决定精神，从全市工作的大局出发，同心同德，团结一致，实现市委主要领导的顺利交接和工作的平稳过渡，更好地巩固和发展沈阳市经济社会持续稳定发展的良好局面，把沈阳的事情办好，让党中央放心，让全市人民满意。

李希指出，改革开放以来，在党中央的坚强领导下，沈阳市历届领导班子团结带领广大干部群众，锐意进取、奋力拼搏，全市改革开放和现代化建设事业取得显著成绩。特别是近年来，以曾维同志为班长的沈阳市委，认真贯彻落实党的十八大和十八届三中、四中、五中全会精神，开拓进取、扎实工作，全市振兴发展取得明显成效和阶段性成果。在沈阳工作8年多来，曾维同志始终本着对党和人民事业高度负责的态度，勤勤恳恳、兢兢业业地工作，为沈阳经济社会发展作出了积极贡献。

李希强调，当前，辽宁老工业基地振兴正处于滚石上山、爬坡过坎的关键阶段，沈阳和全省一样，经济发展面临较大下行压力。沈阳市要认真学习贯彻习近平总书记系列重要讲话精神，特别是关于东北、辽宁振兴发展的重要指示精神，在贯彻落实五大发展理念和“四个着力”要求上走在全省前列，切实把发展的路子走对走实走好，在辽宁新一轮振兴发展中打头阵、当先锋。要着力完善体制机制，以建设国家全面创新改革试验区和沈大国家自主创新示范区建设为契机，实现全面深化改革的新突破，努力为全省提供示范、贡献力量。着力推进结构调整，大力推进供给侧结构性改革，坚持多策并举，“加减乘除”一起做，走出一条振兴发展新路。着力鼓励创新创业，加快形成以创新为主要引领和支撑的经济体系和发展模式。着力保障和改善民生，不断提高全市人民的获得感和满意度。

李希要求，沈阳市委要大力加强党的建设，努力在净化和营造良好的政治生态和从政环境上走在全省前列。认真履行全面从严治党主体责任，敢于作为、敢于担当、敢于较真碰硬，以良好的党风带动政风民风。切实抓好中央巡视反馈意见整改落实工作，确保整改取得实质性效果。以铁的纪律、严的要求抓好党委换届工作，确保换届风清气正。深入推进党风廉政建设和反腐败斗争，持之以恒地整治“四风”。认真开展“两学一做”学习教育，推动党的基层组织全面进步、全面过硬。

曾维在讲话中表示，完全拥护和坚决服从中央和省委的决定。他说，近年来，沈阳市深入学习贯彻习近平总书记系列重要讲话精神，积极适应、主动引领经济发展新常态，认真践行、全面落实新发展理念，自觉在思想上政治上行动上同以习近平同志为总书记的党中央保持高度一致。坚持以建设国家中心城市为目标，全力推动沈阳在新一轮振兴发展中当先锋打头阵，综合实力稳步提升，为今后发展奠定了坚实基础。沈阳发生的变化、取得的成绩，是党中央、省委正确领导的结果，是全市各级党组织和广大干部群众共同奋斗的结果。

王蒙徽在讲话中表示，中央和省委决定他担任辽宁省委常委、沈阳市委书记，他坚决拥护，衷心感谢组织的信任。他说，沈阳是一座具有光荣传统和深厚历史文化底蕴的城市,在国家大局中一直具有特殊战略地位,党中央、国务院和省委、省政府一直高度重视和支持沈阳的发展。能够到沈阳工作,他深感使命光荣,责任重大。他将深入学习贯彻习近平总书记系列重要讲话特别是关于加快东北全面振兴的重要指示精神,牢固树立“四个意识”,自觉在思想上政治上行动上同以习近平同志为总书记的党中央保持高度一致,坚决贯彻落实中央和省委各项决策部署。他将全身心投入到沈阳工作中,虚心向同志们学习,多做调查研究,多听意见建议,与全市广大干部群众一道,解放思想、改革创新,努力为沈阳振兴发展作出贡献,不辜负组织的重托和群众的期待。他将认真履行好全面从严治党“第一责任人”职责,努力营造风清气正、干事创业的良好政治生态。我将自觉践行“三严三实”要求,严格执行廉洁从政各项规定,主动接受监督,始终做到忠诚干净担当。

沈阳市委副书记、市长潘利国主持会议。沈阳市领导赵长义、姜宏等出席会议。

(市委办公厅)

【沈阳市“学党章党规、学系列讲话,做合格党员”学习教育工作会议】 2016年4月25日,省委副书记、市委书记曾维主持召开市委常委会议,传达学习习近平总书记关于“两学一做”学习教育重要指示及中央“两学一做”学习教育工作座谈会、全省“两学一做”学习教育工作会议精神,研究部署沈阳市贯彻落实意见。

会议指出,开展“两学一做”学习教育,是中央推进全面从严治党、加强党的思想政治建设的重大部署,是继党的群众路线教育实践活动、“三严三实”专题教育之后深化党内教育的又一次重要实践,是推动学习教育从“关键少数”向全体党员拓展、从集中性教育活动向经常性教育延伸的重要举措。习近平总书记的重要指示,深刻阐明了开展“两学一做”学习教育的重大意义、总体目标、基本要求和主要任务,突出强调了各级党组织应履行的主体责任,为开展学习教育指明了正确方向,提供了根本遵循。全市各级党组织一定要把思想和行动统一到习近平总书记的重要指示精神上来,切实把学习教育抓实抓好,引导广大党员干部牢固树立政治意识、大局意识、核心意识、看齐意识,始终在思想上政治上行动上同以习近平同志为总书记的党中央保持高度一致,为沈阳新一轮振兴发展提供更加坚强的组织保证。

会议强调,要准确把握中央、省委的要求部署,紧密结合实际推进各项工作,确保学习教育取得实效。要坚持基础在学、关键在做,把思想政治建设摆在首位,把学习党章党规与学习习近平总书记系列重要讲话统一起来,教育引导广大党员自觉按照党员标准规范言行,进一步坚定理想信念、提高党性觉悟。要坚持问题导向,以“四讲四有”为标准来对照、来检验,切实做到带着问题学、针对问题改,把解决问题贯穿学习教育全过程。要坚持分类指导,充分发挥党支部的作用,把学习教育的任务具体化、精准化、差异化。要坚持以上率下,充分发挥各级领导干部的示范作用,引领带动学习教育有序开展。各级党组织要把抓好学习教育作为一项重要政治任务,切实加强领导,周密安排部署,精心组织推动,确保学习教育取得扎扎实实的成效。

(市委办公厅)

【沈阳市进一步贯彻落实《中共中央 国务院关于全面振兴东北地区等老工业基地的若干意见》工作会议】 2016年5月25日,沈阳市召开进一步贯彻落实《中共中央 国务院关于全面振兴东北地区等老工业基地的若干意见》工作会议。省委副书记、市委书记曾维出席会议并讲话,他强调,全市上下要把思想和行动统一到中央的决策部署上来,以改革创新为动力,下大气力推动供给侧结构性改革,着力做好突出改革、聚焦项目、优化环境、守住民生四项重点工作,推动沈阳在新一轮振兴中继续当先锋打头阵。市长潘利国主持会议,市人大常委会主任赵长义、市政协主席姜宏出席会议。会上,国家发改委东北振兴司副司长杨荫凯对《若干意见》精神进行了解读。

曾维在讲话中指出,当前,在新形势下推动沈阳新一轮振兴,重要前提是进一步统一思想认识,深入领会、贯彻落实中央的决策部署和战略意图。全市上下必须把思想和行动统一到习近平总书记系列重要讲话精神特别是关于东北振兴的新要求上来,统一到《若干意见》精神上来,统一到中央对当前经济形势的分析判断上来,统一到中央对推进供给侧结构性改革的重大部署上来,坚定信心、抢抓机遇、真抓实干,着力做好突出改革、聚焦项目、优化环境、守住民生四项重点工作,推动沈阳走出一条质量更高、效益更好、结构更优、优势充分释放的发展新路。

就做好下一步工作,曾维强调,要以更大力度深化政府自身改革,持续推进简政放权,加快转变政府职能,让市场在资源配置中发挥决定性作用。要以推动科技创新为核心,以培育创新型企业为主攻方向,加大引进人才力度,更加聚焦重点区域,推动全面创新改革试验取得实质进展。要着力推动供给侧结构性改革,一手抓加快推动传统产业转型升级,一手抓大力发展战略性新兴产业,不断扩大有效和中高端供给。要继续狠抓重大项目建设,特别是把中德装备园作为重要突破口,着力在抢占高端、完善模式、营造环境上下功夫,打造中国制造2025对接德国工业4.0的重要平台。要牢固树立尊商、重商、亲商、扶商意识,全面构建“亲”“清”新型政商关系,让投资者安心经营、放心发展、顺心办事。要牢牢兜住民生这个最大底线,维护沈阳社会大局和谐稳定。要强化责任担当,注重协调联动,进一步形成争分夺秒狠抓落实的强大合力。

潘利国在主持时说,落实《若干意见》精神是一项复杂的系统工程。要进一步强化“一把手”和领导班子的主体责任、牵头单位的主攻责任和配合单位的助攻责任,群策群力、主动作为做好各项工作。要把“四个着力”要求贯穿新一轮振兴的全过程,聚焦创新改革、结构调整、创新创业、改善民生,在完善体制机制、推进转型升级、繁荣民营经济、实现共享发展上精准发力。要充分发挥考核监督的“风向标”和“指挥棒”作用,全面实施专项督考、专项述职、专项奖惩,确保各项振兴发展任务加快推进、有力开展。

市委、市人大常委会、市政府、市政协副市级以上领导,市法院、检察院负责同志,市委各部委,市人大、市政协各专门委员会,市直各部门(单位)、各区县(市)、市级群团组织、市属高校和企业,驻沈单位和部分民营企业负责同志参加会议。

(市委办公厅)

【沈阳市警示教育大会】 2016年9月

27日，沈阳市召开警示教育大会，认真总结、深刻反思辽宁拉票贿选案的沉痛教训，对全市深入开展警示教育进行全面安排部署。省委常委、市委书记王蒙徽出席会议并讲话，市委副书记、市长潘利国主持会议，市人大常委会主任赵长义参加会议。市委常委、市纪委书记王德波传达中央有关精神。

一段时间以来，为深入贯彻落实党中央、中央纪委查处辽宁拉票贿选案的决策部署，市委多次召开会议，传达学习中央有关精神和省委有关要求，总结反思案件教训，研究部署抓好落实的具体举措。全省警示教育大会后，专门制定了《中共沈阳市委关于在全市开展警示教育活动的通知》，决定从现在起到11月中旬，在各级党委(党组)和广大党员干部中集中开展警示教育活动，引导方方面面进一步统一思想，全力打造良好政治生态和从政环境，为沈阳全面振兴提供坚强保证。

王蒙徽在讲话中指出，辽宁拉票贿选案是新中国成立以来查处的第一起发生在省级层面、严重违反党纪国法、严重违反政治纪律和政治规矩、严重违反组织纪律和换届纪律、严重破坏人大选举制度的重大案件。案件性质严重、触目惊心，是对我国人民代表大会制度的挑战，是对社会主义民主政治的挑战，是对国家法律和党的纪律的挑战，触碰了中国特色社会主义制度底线和中国共产党执政底线。依纪依法彻查和处理辽宁拉票贿选案，充分体现了以习近平同志为总书记的党中央坚定不移推进全面从严治党、全面依法治国的鲜明态度和坚定决心，维护了人民代表大会制度的权威和尊严，维护了党纪国法的权威和尊严。全市各级党组织和广大党员干部一定要切实把思想和行动统一到中央和省委的要求部署上来，充分认清案件的恶劣性质、严重危害和警示教训，坚持以案明纪、以案示警、以案为鉴，认真总结反思，深刻吸取教训，进一步形成打造良好政治生态的思想共识和行动自觉，推动沈阳老工业基地以更加健康的肌体走向全面振兴，不辜负中央和省委的期望重托。

王蒙徽强调，要坚持警钟长鸣、引以为鉴，举一反三吸取警示教训，努力构建风清气正的良好政治生态。要严守政治纪律和政治规矩，牢固树立“四个意识”，自觉践行“讲诚信、懂规矩、守纪律”要求，不断增强党性原则、政治觉悟和组织观念，坚定不移地同以习近平同志为总书记的党中央保持高度一致。要严格落实全面从严治党主体责任，更加强化抓党建的主业意识和主动精神，进一步明确责任清单、细化责任到人，确保管党治党严起来、紧起来、硬起来。要严把选人用人关口，树立正确选人用人导向，坚持党管干部原则和好干部标准不动摇，营造心齐气顺、干事创业的从政环境。要严肃党内政治生活，充分发挥其锤炼党性、净化思想、提高觉悟的熔炉作用，不断加强对干部的教育、管理和监督，让干部在严格约束中健康成长。

王蒙徽要求，要坚持以警示教育为契机，引导各个方面鼓足精气神、激发正能量，更加真抓实干、奋发有为，全力做好当前各项工作。要深入开展警示教育，使广大党员干部在思想深处把纪律和规矩立起来、挺起来、严起来，始终保持对党纪国法的敬畏之心。要坚持把加强党的领导贯穿换届工作始终，周密安排部署，严肃换届纪律，确保市第十三次党代会风清气正、圆满成功。要扎实开展“两学一做”学习教育，把案件反思剖析和警示教育作为重要内容，加强“讲诚信、懂规矩、守纪律”教育，引导广大党员干部争做“四讲四有”的合格共产党员。要按照中央、省委的要求部署，深入践行五大发展理念，认真落实“四个着力”要求，围绕打造国际化营商环境，坚持精准发力，深化改革创新，加快转型升级，不断把各项工作提高到一个新水平。要坚持不懈加强作风建设，把严和实的精神体现到方方面面，做一件事成一件事。要全力做好安全生产、社会治安、信访稳定等工作，确保社会大局和谐稳定。

市委常委、市人大常委会、市政府、市政协领导班子中的党员负责同志，市法院院长、市检察院检察长；市委各部委、市直各单位领导班子中的党员负责同志，市属国有企业、高校党政主要负责同志；各区县(市)党委、人大、政府、政协领导班子中的党员负责同志等共1400余人参加会议。

(*市委办公厅*)

【打造国际化营商环境动员部署大会】 2016年12月8日，沈阳市召开打造国际化营商环境动员部署大会。省委常委、市委书记王蒙徽出席会议并讲话，市长潘利国主持会议。市委副书记姜有为，市政协主席姜宏出席会议。

会上，市委副书记韩东太作《中共沈阳市委沈阳市人民政府关于打造国际化营商环境的意见》(以下简称《意见》)的说明，市委常委、常务副市长马占春就开展优化营商环境专项整治行动进行部署，市委常委、秘书长连茂君宣读关于聘请建设幸福沈阳监督员的通知，监督员代表和部分地区、部门负责同志作表态发言。

打造国际化营商环境，是沈阳市第十三次党代会作出的决策部署，将重点打造廉洁高效的政务环境、诚信规范的市场环境、互利共赢的开放环境、完备优质的要素环境、功能完善的设施环境、温馨包容的社会环境、公平公正的法治环境。力争通过3年左右的努力，使沈阳市的营商环境达到世界银行营商环境排名前50名经济体水平。

王蒙徽强调，打造国际化营商环境，是落实习近平总书记重要讲话和指示批示精神、推动沈阳新一轮振兴发展的主要切入点；是破解深层次体制机制矛盾，解决不平衡、不协调、不可持续问题，加快转型发展、增强内生动力的重要手段；是不断提高城市文明程度、提升市民文明素质的有效路径；是落实全面从严治党要求、净化和营造良好政治生态的重要举措。各个方面必须站在政治的、全局的、战略的高度，充分认识打造国际化营商环境的重大意义，进一步统一思想认识、凝聚强大共识，切实把抓好营商环境建设作为共同意志和自觉行动，举全市之力打好优化营商环境的攻坚战决胜战。

王蒙徽强调，打造国际化营商环境是一项系统工程和长期任务，必须坚持以新理念新方式推动工作。要实施精准对标，聚焦国际化标准，对照《意见》要求，深入查找差距不足，进一步明晰自身方位、明确努力方向，切实增强工作的针对性和实效性。要解决突出问题，着眼于进一步降低企业发展成本、打破权力寻租链条、提高行政审批效能、规范监督管理措施等，在深入开展调查研究的基础上，摸清现状、列出清单、逐一解决，切实让企业和群众看到实实在在的变化，真正让沈阳成为生活在这里的人们为之自豪、为之骄傲的城市。要坚持共同缔造，全面做好组织群众、宣传群众工作，广泛发动群众谋划、参与、监督营商环境建设,促进形成人人都是营商环境的强大共识,全面开创携手共建幸福沈阳的生动局面。要建立长效机制,及时总结推广成型经验,切实形成有力有效服务企业发展、确保群众受益的良性循环。

王蒙徽强调,打造国际化营商环境是我们作出的庄严承诺,各级党政组织必须加强领导,为营商环境建设取得扎实成效提供坚强保证。要自上而下建立层层负责的工作体制,坚持从领导同志做起,强化担当,各负其责,并建立健全科学的评估、考核和问责机制,确保各项任务落到实处。对不作为乱作为、破坏营商环境的人和事,必须及时曝光、严肃追责。要组织各级干部深入学习习近平总书记关于东北振兴的重要讲话和指示批示精神,进一步解放思想、更新观念,不断提升能力素质,真正成为推动工作的行家里手。要强化大局意识和担当精神,密切配合、互相补台,形成齐心协力抓好落实的强大合力。要加强舆论引导,深入宣传营商环境建设的重大意义、目标任务、阶段成果,积极选树宣传各类先进典型,进一步营造打造国际化营商环境的浓厚氛围。

市委、市人大常委会、市政府、市政协领导班子成员,市法院、检察院主要领导,市委各部委、市直各部门、各单位党政主要领导,市人大常委会、市政协各专门委员会负责人,市各民主党派、工商联负责人和无党派人士代表,各区、县(市)党政领导班子成员、人大、政协主要领导,街道、乡镇主要负责同志,部分市党代表、人大代表、政协委员和窗口单位工作人员,部分中央、省驻沈单位主要领导和高校、科研院所、企业代表参加会议。

(市委办公厅)

【"双城双创"工作动员大会】　2016年4月28日,沈阳市召开创建国家卫生城市暨建设国家健康城市动员大会,提出确保到2017年底完成创建国家卫生城市和建设国家健康城市的目标。省委副书记、市委书记曾维出席,市长潘利国讲话,市人大常委会主任赵长义出席。

潘利国指出,当前,沈阳"双城双创"工作特别是创建国家卫生城市工作已进入总攻阶段,全市上下一定要把思想和行动统一到市委、市政府的要求部署上来,充分认识到"双城双创"是实现小康目标的基础工程,打造美丽城市的环境工程,建设幸福沈阳的民生工程,不断增强紧迫感,将"双城双创"工作摆在重要位置、抓出明显成效,确保如期实现创建目标。

潘利国强调,创建过程要始终坚持目标导向,建立倒逼机制,把握关键环节,要把创建工作与当前全市中心工作结合起来,统筹推进,努力实现创建活动与振兴发展互为支撑、良性互动的工作格局。要始终坚持问题导向,认真学习、全面掌握创建工作相关要求,对照指标梳理问题、拉出清单、查明原因,逐一尽快整改。要始终坚持成果导向,通过创建切实解决群众最关心、反映最强烈、需要最迫切的问题,使群众在创建中不断增加获得感,充分享受创建成果。同时,要坚持边实践、边总结,以制度的形式固定"双城双创"过程中形成的好思路、好做法、好经验,推动创建工作步入科学化、规范化轨道。

潘利国要求,全市上下要牢固树立"全城创建"理念,坚持"一盘棋"思想,各司其职、密切协作。市创建指挥部要发挥好"指挥棒"作用,抓好指挥调度和统筹谋划。各地区、各部门、各单位要抓紧建立和完善组织体系,切实形成"一把手"亲自挂帅、靠前指挥,一级抓一级、层层抓落实的工作格局。要做好任务细化分解,明确责任部门和责任人,建立起纵向到底、横向到边、环环相扣的责任链条。要注重采取卓有成效的方式做好群众工作,找到创建工作的主攻方向。要进一步强化对创建工作的监督考核,将"双城双创"工作纳入全市绩效考核体系。要不断加大舆论宣传力度,不断增强创建工作的社会参与度,促进全社会形成全力争创全国卫生城市和健康城市,共同建设幸福家园的强大合力。

会议由市委常委、宣传部部长韩东太主持。会上,副市长姜军部署了全市创建工作,市卫计委、市城建局、市食药监局、沈河区有关负责同志作表态发言。

市委、市人大常委会、市政府、市政协领导班子成员,市法院、市检察院主要领导,市委、市政府各部门(单位)主要领导,市级群团组织和民主党派、市属大专院校、部分中省直驻沈单位主要负责人,各区、县(市)党政主要领导,政府主管领导及相关部门负责人等参加会议。

(市委办公厅)

·组　　织·

【开展"两学一做"学习教育活动】　按照中央、省委的统一部署,沈阳市于2016年4月26日在全省率先召开全市"学党章党规、学系列讲话,做合格党员"学习教育工作会议,全面启动全市"两学一做"学习教育。在制订全市学习教育总方案的基础上,分别制订了市委常委会学习教育安排方案、县处级以上领导班子和党员领导干部学习教育实施方案,以及农村、社区、机关等7个领域的子方案,即"1+3+7"方案体系。市委常委率先垂范,带头讲专题党课,进行学习研讨,参加所在支部的组织生活会,到联系点调研指导工作,共进行了5个专题、11次学习研讨。全市共组织市、区两级四大班子成员和所属部门主要负责同志约2000人,集中收看了学习贯彻党的十八届六中全会精神中央宣讲团报告会;组织市、区(县)两级领导班子成员和全市党员干部代表聆听了毛丰美先进事迹报告会,10余万名党员收看了毛丰美先进事迹报告会电教片,组织13万余名党员观看电影《毛丰美》、话剧《千子碑》;在《沈阳日报》头版开设专栏,连发15篇专家访谈、14篇社论,邀请社会各界专家学者从不同角度阐释了习近平总书记系列讲话精神;组织市、区两级党校教师和宣讲团成员深入开展"送党课下基层"活动,累计讲党课600余场;组织300余批次、8万余名党员到周恩来少年读书旧址等学习教育实践基地和"九一八"历史博物馆、沈阳市劳模纪念馆等党性教育基地实地学习感悟,汲取精神力量;组织全市县处级以上领导班子以深刻汲取辽宁拉票贿选案沉痛教训为主要内容召开一次专题民主生活会;组织全市党支部,针对世界杯亚洲区预选赛十二强赛交通疏导不畅等问题,以"加强党员干部作风建设,打造东北一流营商环境"为主题召开支部党员大会。在深化学习教育中推动村级党组织、乡镇党委、区县(市)党委和市委换届平稳顺利进行,广大党员干部严格遵守换届纪律,确保了换届工作风清气正;推动中央巡视组"回头看"反馈意见的整改落实,形成全市组织系统整改工作"2+9"方案体系,确保整改取得实质性效果;推动学习教育与贯彻落实《中共中央国务院关于全面振兴东北地区等老工业基地的若干意见》、推动沈阳振兴发展结合起来,广泛开展“全面振兴当先锋、创新改革打头阵”、“共产党员工程”、“机关转作风为民四服务”、“在职党员进社区”、“为民服务全程代理”、“帮企业稳增长促振兴”等实践活动,并研究出台《关于在“两学一做”学习教育中认真解决投资、营商等软环境中存在突出问题的指导意见》,推动全市81个市直机关单位与相关企业对接帮扶,选派6944名优秀党员干部开展“双进双解”活动,走进企业解决问题4440个。中央和省委“两学一做”学习教育督导组先后10次到沈阳市调研督查,对全市学习教育工作给予充分肯定;中央和省市各级媒体分别宣传报道了全市开展学习教育的经验做法。

(贾　佳)

【党的制度建设改革工作】 按照市委全面深化改革具体安排,扎实推进全市党的建设制度改革。2016年初研究提出改革任务,并在全市组织部长会议上作安排部署。制定党的制度建设改革要点,形成任务分解表,确保各项任务落实到具体部门和有关人员。制定《中共沈阳市委党的建设工作领导小组2016年工作要点》,明确5大项21条改革任务,建立工作台账、实行动态管控。

(贾　佳)

【市本级党委换届工作】 深入研究换届政策,严格按照中组部、省委有关要求,制定“两委”委员提名原则、产生程序和酝酿、推荐、考察等工作办法,认真做好新一届市“两委”委员人选预装、“四必”审查、考察及向中组部和省委呈报市“两委”换届人事安排请示等工作。圆满完成党代会相关筹备组织工作,起草、汇总、核准、编印各类领导讲话、干部任免审批表等会上材料近百种,中央、省市委的人事安排意图顺利实现,党代会取得圆满成功。

(贾　佳)

【中省管干部人事任免服务对接工作】

2016年,沈阳市市委书记、市长、市人大常委会主任、市委副书记、常务副市长、市纪委书记、常委副市长、副市长等均发生变动,先后有13名市委常委正式任职、转岗或退出。提早谋划、积极协调,严格按照规定履行相关程序,确保各项工作平稳实施。

(贾　佳)

【全国、省、市人大代表补选工作】 在补选全国人大代表方面,研究制订沈阳市推荐提名方案和人选考察方案,严格开展“四必”审查及职能单位联审等工作,提请市委常委会集体研究、报省复审及考察、公示等程序,最终确定5名全国人大代表候选人建议人选。在补选省人大代表方面,协调安排市领导与51名涉贿选案的省人大代表逐一谈话,依法履行代表辞职程序;严格依法依规组织推荐、提名、联审、考察省人大代表人选,提请市人大依法履行选举程序,在十五届人大五次会议上补选省人大代表73名。在补选市人大代表方面,经推荐、提名、联审、考察、选举等程序依法补选市人大代表33名。

(贾　佳)

【领导班子和领导干部工作实绩考核工作】 参照省委工作模式,全面启动沈阳市实绩考核工作,积极协调市直机关工委、市督考办等部门,成立市实绩考核领导小组及办公室。组织召开实绩考核动员大会及阶段推进会议,制发2016年工作实绩考核方案和实施细则,组织开展半年、三季度、年终指标考核。建立考核与督导同步推进机制,强化过程考核与年终考核的统筹协调。同时,学习借鉴厦门市成功做法,着手建立完善差异化考核评价体系。

(贾　佳)

【“两会”人事安排及相关组织工作】

按照市委统一部署,认真做好市十五届人大四次会议和市政协十四届四次会议的筹备和选举等相关工作。提出大会组织机构名单并提交市委常委会审议通过,完成了候选人名单、登记表、主要表现和有关人选说明等材料的组织起草和综合汇总工作。会上,积极做好市人大、市政协选举的组织工作,邢凯、顾春明2名同志当选市人大副主任,张明等4名委员和隋莉等11名专委会委员均顺利当选。

(贾　佳)

【推进与厦门市互派干部挂职(任职)及与北京市对口合作】 在与厦门市互派干部挂职方面,按照《沈阳市人民政府厦门市人民政府战略合作框架协议》及市委主要领导批示要求,把综合素质好、大局意识强、有发展潜力和培养价值的领导干部选派到厦门市挂职锻炼。制订《选派赴厦门市挂职锻炼干部工作方案》,对挂职干部选派范围、挂职目的、挂职期限、组织实施及管理方式进行了明确。在与北京市对口合作方面,根据有关要求,起草形成了《关于与北京市互派干部挂职和开展干部培训工作方案》,就干部挂职、干部培训、人才交流等方面提出了合作范围及合作方式。

(贾　佳)

【干部制度建设】 为进一步建立健全有效管用、简便易行的选人用人机制,按照中央从严治党要求,以从严、规范、实用为原则,结合沈阳市进一步规范干部工作实际需要,先后制定出台了《沈阳市市管党政领导干部个别提拔任职操作办法(试行)》(沈委办发〔2016〕18号)、《中共沈阳市委组织部关于完善市委管理干部任前公示办法的通知》(沈组通字〔2016〕25号)、《关于市直部门(单位)局级领导干部和关键岗位正处级领导干部交流轮岗的暂行办法》(沈组发〔2016〕4号)、《市管干部辞去公职操作办法》(沈组办发〔2016〕9号)等5个政策性文件,市管领导干部选拔任用工作科学化、制度化水平不断提高。

(贾　佳)

【援藏援疆工作】 按照中央对口支援西藏、新疆干部和人才管理办法有关规定,分别于6月和11月赴藏、赴疆对第七批援藏、第四批援疆工作队进行期满考核。积极做好第八批援藏、第五批援疆干部人才选派工作。为严把援藏援疆干部人才的身体关、素质关、能力关,分别制订了干部人才选派工作方案及考察工作方案,对报名人员进行了严格的体检、考察比选等程序,最终于7月选派4名行政干部、5名专业技术人才赴藏工作,于12月选派10名行政干部、11名专业技术人才赴疆工作。同时,扎实做好新疆塔城市中青年干部来沈培训工作,全年共举办塔城市干部培训班3期,培训干部118人,进一步加强了两地干部交流。

(贾　佳)

【领导干部在企业违规兼职专项整治工作】 为认真解决中央第三巡视组反馈的领导干部在企业兼职取酬问题,按照中央和省委有关文件精神,坚持单位自查与上级督查相结合、规范程序与清理整顿相结合,对党政领导干部在企业违规兼职行为进行强力整治，符合规定人员可在企业兼职的予以规范审批，违规兼职的全部进行清理。此外，为巩固清理成果，形成长效管理机制，研究制定《沈阳市干部在社会团体和企业兼职（任职）审批管理办法》，在每季度末之前进行统计调度督办清理。

（贾　佳）

【区、县（市）党委换届考察工作】 以选优配强领导班子和干部队伍为根本，提前筹划，结合各区县（市）领导班子运行、整体结构、优化方向、进退留转及干部储备等情况，于3月份和7月份分别交流调整了81名领导干部。编撰了《沈阳市区县（市）党委领导班子换届考察工作规范》，并对考察组成员及区县（市）委组织部的具体工作人员进行了专题培训。根据各区县（市）具体情况制定了换届考察工作预安排表，倒排工期进度，明确各个阶段、各个环节的起止时间。到2016年9月10日，13个区县（市）全部顺利召开党代会，市委批复人选均高票或满票当选，圆满实现了市委人事安排意图。

（贾　佳）

【理顺辽中撤县设区市管干部职务职级】 根据省委组织部批复意见，扎实有效地开展了辽中撤县设区工作。对辽中县现有市管干部职务职级进行了逐一梳理，形成辽中撤县设区理顺干部职级工作方案，确定了辽中区市管干部正职、副职、非领导职务等的职务晋升原则。通过民主推荐、谈话考察、任前公示等环节，对18名市管干部职级履行了晋升程序。

（贾　佳）

【省人大代表补选工作】 这次补选是在辽宁拉票贿选案对全省政治生态和从政环境造成严重破坏的背景下进行的，省、市委对此高度重视。按照《中共中央关于加强和改进人大代表、政协委员有关工作的通知》（中发〔2016〕3号）和《中共辽宁省委关于认真做好辽宁省第十二届人民代表大会代表补选工作的通知》（辽委发〔2016〕34号）文件要求，本次补选首次由组织部门直接负责人选的推荐提名和考察。为此，市委组织部精心谋划、周密实施，以高度的政治责任感，依法依规做好补选省人大代表各环节工作，特别是对人选进行严格把关，认真开展“四必”审核和深入考察，通过开展人选身份结构审查、12家职能部门联审、对非公有制经济人士进行综合评价、征求纪检监察机关意见等，共审核各单位推荐人选85名，最终确定了64名代表人选，连同省直单位推荐的9名代表人选，经10月19日召开的市第十五届人大第五次会议全体代表选举，全部顺利当选，圆满完成了这一重要政治任务。

（贾　佳）

【加强市管企业党的建设】 贯彻全国国有企业党的建设工作会议精神，落实《关于在深化国有企业改革中坚持党的领导加强党的建设的若干意见》（中办发〔2015〕44号），切实加强全市14户市管企业党建工作。督促指导市管企业党委换届，批复市管企业党委换届人选请示，参加市管企业党换届大会。坚持党管干部原则，加强市管企业领导人员党群职务管理，加强市管企业党委会在干部工作中的把关定向作用。进一步完善市管企业分类管理，推动党管干部原则和发挥市场机制作用相结合。

（贾　佳）

【市管干部任职培训班和市管干部理论进修班】 2016年3月7日—5月6日举办一期市管干部任职培训班；5月9日—6月10日，9月5日—10月14日，10月17日—11月18日分别举办三期市管干部理论进修班，共培训市管干部267人。2016年把马克思主义理论教育和党性教育作为党校的主业主课，充分发挥党校干部教育培训主渠道作用。把马克思主义中国化最新成果作为理论教育中心内容，把深入学习习近平总书记系列重要讲话精神、“四个全面”战略布局、增强“四个意识”、党章党规党纪等教育作为核心培训内容，安排不低于总课时的70%；深入开展理想信念教育、党的宗旨教育、党史国史教育、革命传统教育，组织学员开展党性分析、党性研讨、党日活动、廉政测试等多种形式的教学活动，开办“学员讲坛”17期，拓展体验式现场教学实践基地20余处，实现教学相长、学学相长。同时，组织相关班次市管干部分别到上海市委党校、福建古田干部教育基地进行现场教学。

（贾　佳）

【优秀中青年干部培训班】 2016年3月7日—6月3日，9月5日—12月9日分别举办一期市直经济部门优秀中青年干部培训研和一期区、县（市）优秀中青年干部培训班，共培训优秀中青年干部118人。在培训中，结合经济部门特点，加大在经济转型、行政管理、依法决策等方面培训力度，着重选取“‘十三五’新发展格局”、“供给侧改革”、“‘一路一带’战略与辽宁振兴”、“法治政府建设”等作为精品课程，并邀请20余位国内知名专家学者授课，组织学员赴晋江经济开发区现场教学，不断提升深化改革执政能力水平。在区、县（市）优秀中青年干部培训班中，突出区域经济、综合改革、社会治理、民生建设等方面培训特点。尤其是在党性教育中，探索组织学员赴新民市周坨子镇进农村、进农户、当农民，开展与农民同吃、同住、同劳动的“三同教育”，在与群众“零”距离接触中，切实增进了干部与基层群众的感情，了解了基层群众的冷暖，密切了党群干群关系。培训中还分别组织相关班次到福建古田干部教育培训基地和井冈山革命教育基地进行现场教学。

（贾　佳）

【市、县、乡党委换届风气监督工作】 全力配合省委第一巡回督查组和省委督导组，高质量完成其在市党代会期间对换届风气监督的督查指导工作，省委换届巡回督查组对沈阳市换届风气监督工作给予了高度评价，党委换届风气考核评分为满分。按照中央和省委要求，狠抓换届纪律，营造了风清气正的换届环境，制定下发了一系列文件、通知，明确了关于换届风气监督的工作任务和责任分工，确保将换届风气监督贯穿于市本级党委换届工作全过程，做到同步谋划、同步安排。同时，扎实做好省人大代表补选、市党代会筹备及会议期间、省党代表推选工作中的风气监督工作，推进风气监督的各项措施落到实处。

（贾　佳）

【中央、省委巡视反馈意见整改落实工作】 按照市委办公厅下发的《关于省委第六巡视组反馈意见整改落实工作的任务和措施》及《关于省委巡视组反馈意见整改落实工作的督促检查方案》要求，立即梳理了组织部承担的工作任务，根据处室工作职责，对整改任务进行了分解，并以文件形式下发《市委组织部关于落实省委第六巡视组反馈意见的通知》（沈组办字〔2015〕13号）。建立整改工作销号、约谈制度，每月按时上报整改落实情况，确保各项整改任务如期完成。制订市委组织部关于落实《中央巡视组巡视反馈意见整改任务》的工作方案，召开了部内有关处室协调推进会，明确责任，落实到人。按照要求，共涉及组织部牵头整改任务11项，全部整改完成。三是制订《市委组织部关于中央组织部选人用人工作检查组"回头看"情况反馈意见的整改落实方案》及《关于开展超职数配备干部问题专项整治工作方案》、《关于开展干部"带病提拔"问题专项整治工作方案》、《关于开展违规用人突出问题专项整治工作方案》，明确工作目标、整治内容和措施步骤，倒排工期，倒逼任务，强力推进整改落实任务，高质量、按时限完成整治工作任务。

（贾　佳）

【专项整治工作】　一是进一步提高干部选拔任用工作规范化水平，对部分区、县（市）和市直单位开展了选人用人专项检查，对在检查中发现的问题及时向有关地区和单位进行反馈，并督促抓好反馈问题的整改落实和相关责任人的追责处理。二是认真贯彻落实中央和省委的部署要求，始终将超职数整改消化工作作为一项重要政治任务来抓。提前完成了副处级以上领导职务消化任务，超额完成省里下达的处科级领导干部消化数量，取得了突破性成果。三是认真开展干部"带病提拔"集中倒查工作。中央巡视反馈整改期间，在各有关地区和单位甄别的基础上，经认真核实，全市共排查出17名领导干部属"带病提拔"倒查对象，配合省委组织部完成了县处级领导干部的倒查工作，完成了科级领导干部的倒查工作，并形成了《审理情况的报告》，对相关责任人进行了处理。

（贾　佳）

【干部选拔任用工作监督】　一是严格落实市管党委（党组）干部选拔任用工作审核备案制度，对13个区、县（市）委讨论研究干部的56次常委会工作方案进行了审核，涉及任用干部874人次，不断规范了市管党委（党组）选人用人工作。二是完成74家市管单位2015年度干部选拔任用"一报告三评议"工作，发放并收回评议票5905张，对738名新提拔任用正处（科）级领导干部进行了测评。三是扎实做好提醒、函询、诫勉工作，细化工作方案，推动工作常态化，定期做好汇总统计。下发《关于进一步贯彻落实党委组织部门与干部谈心谈话制度的通知》，规范组织部门谈心谈话方式。四是严格执行干部选拔任用有关事项报告受理程序，受理各单位有关事项报告7件次，涉及干部13名，按规定进行了批复或履行向省委组织部报告程序。

（贾　佳）

【区、县（市）党委组织部门开通"12380"专用举报电话】　为进一步加强群众对干部选拔任用工作的监督，按照中组部和省委组织部的要求，2016年4月，沈阳市13个区、县（市）党委组织部门全部开通了"12380"专用举报电话，主要受理违反《党政领导干部选拔任用工作条例》等法规选人用人问题、违反换届纪律问题，以及对领导干部政治、思想、作风、廉洁自律等方面问题的举报。这是继2004年中组织部开通"12380"专用举报电话后，拓宽举报监督，从严选人用人监督的又一项重要举措。

（贾　佳）

【村"两委"换届工作】　2016年4月28日，全市圆满完成1259个村党组织、1229个村委会换届工作，共涉及新民、辽中、法库、康平、沈北、于洪等区、县（市）所辖的119个乡镇（街道）和4个功能区（开发区）。此次换届选举共推选出村"两委"委员7922人，其中：书记、主任"一肩挑"130名，村"两委"成员交叉任职的2217名，实现连选连任的村党组织书记937名、村委会主任768名。

（贾　佳）

【召开中国共产党沈阳市第十三次代表大会】　11月14日至17日，召开中国共产党沈阳市第十三次代表大会，圆满完成市委换届选举工作任务，实现了中央和省委的组织意图。认真研究制订市党代会筹备工作方案，成立筹备工作领导机构和工作机构。4月6日，召开市委十二届十三次全会作出召开市第十三次党代会的决议。做好代表选举工作，严把代表人选资格条件，对所有的党代表推荐人选进行了"9种情形"联审和"四个必须"核查。认真做好大会选举的组织实施，形成大会议程、大会日程、选举办法、各次主持用语等150余个文字材料，确保大会选举程序严谨、有条不紊。

（贾　佳）

【全市13个区、县（市）委完成换届选举】　2016年7月25日至9月10日，全市13个区、县（市）相继召开党代会进行换届选举。组织开展换届选举工作业务培训，明确代表选举程序和有关要求。严格把关代表人选资格条件，按照干部管理权限指导做好党代表人选"9种情形"联审和"四个必须"核查工作，向纪委、组织部、政法委、公安局、检察院、法院、审计局、信访局、工会、地税局、国税局、工商局等多个部门征求意见，确保"零死角"，共审查党代表人选中的市管干部568人。

（贾　佳）

【全面强化党支部建设】　制定出台《关于在"两学一做"学习教育中加强党支部建设的意见》，开展创建一批"六好"党支部、设立一个支部主题党日、建立一个党员星级管理制度、开展一次各领域党支部书记全员培训、整顿一批软弱涣散基层党组织的"五个一"活动。沈阳市按照"选、建、带"三个步骤，大力实施党支部规范化建设，确定34个党支部申报省级党支部规范化建设示范点；从2016年7月起，将每月工作日的第一个星期三作为全市支部主题党日；全市3000余个窗口和服务行业党支部采取个人自评、党员互评、组织评定等步骤开展考评；开展了各领域党支部书记全员培训，对2300余名市直机关党支部书记进行"两学一做"学习教育集中轮训，举办13期基层党组织书记市级示范培训班，全市累计培训党支部书记近3万人；下发了《关于在"两学一做"学习教育中做好整顿软弱涣散基层党组织工作的通知》，推动了软弱涣散基层党组织的整顿转化等。中央媒体刊发了全市强化党支部建设的经验做法。

（贾　佳）

【推进基层党建重点任务】　按照中央和省委关于把基层党建重点任务作为"两学一做"学习教育重点内容的要求，沈阳市于2016年6月23日和8月17日，先后两次召开"两学一做"学习教育推进会，深入学习贯彻中央和省委"两学一做"学习教育有关部署要求，认真做好学习教育阶段总结，对基层党建9项重点任务进行部署。派出15个市委"两学一做"学习教育调研督查组坚持1—2个月督查，对全市149家市直党委（党组）开展3轮、441次调研督查，取得了良好效果。全市各级党组织按照中央和省、市委关于抓好基层党建重点任务的要求,切实压紧工作责任、精细指导、精准发力,推动党员组织关系集中排查情况、党费收缴工作专项检查情况、党员违纪违法未给予相应处理清理工作情况、领导机关党员干部学习教育情况、党支部规范化建设情况等基层党建重点任务落地落实。

(贾 佳)

【庆祝建党95周年系列活动】 2016年6月29日,在辽宁人民会堂组织召开沈阳市庆祝中国共产党成立95周年暨"两优一先"表彰大会,市委表彰了147个基层党组织、444名共产党员、150名党务工作者。同时,有33个基层党组织、17名共产党员、14名党务工作者获得省委表彰。新民市周坨子镇党委、东北大学党委被评为"全国先进基层党组织";沈鼓集团设计院副总工程师姜妍被授予"全国优秀共产党员"称号,并成为全国重大先进典型,中央媒体多次对全国优秀共产党员姜妍的先进事迹进行了报道。在"七一"前夕组织召开了"学习毛丰美、实干促振兴"组织生活会,走访慰问老党员、生活困难党员等一系列活动庆祝建党95周年,并组织广大党员干部采取领导带头学、结合党日学、专家引领学、党课送学和知行合一学的"五学"方式深入学习领会习近平总书记"七一"重要讲话的主要内容和精神实质。

(贾 佳)

【中组部、国务院国资委国有企业党建工作专题调研】 2016年2月23日、24日,中组部、国务院国资委国有企业党建工作专题调研组来沈阳市,就党建工作开展情况进行专题调研。调研组先后来到沈鼓集团、沈阳机床、沈飞公司等国有企业,深入车间调研,听取基层党组织书记和党员职工情况介绍。2月26日,省委副书记、市委书记曾维同志接受了专题调研组访谈。调研组对沈阳市重点任务完成情况给予充分肯定。

(贾 佳)

【全市73个乡镇党委完成换届选举】 2016年3月23日至4月9日,全市73个乡镇相继召开党代会进行换届选举,在全省率先完成换届选举工作任务。通过加强领导、严格标准、压实责任等措施,严格人选资格条件,切实保证换届工作平稳有序。全市共选举产生新一届乡镇党委委员657名,乡镇党委书记73名。选举产生新一届乡镇纪委委员365名,专职纪委书记73名。新一届乡镇党委班子符合省市委的各项要求。

(贾 佳)

【选举产生沈阳市出席辽宁省第十二次党代会代表】 2016年11月17日,中国共产党沈阳市第十三次代表大会选举产生113名沈阳市出席辽宁省第十二次党代会代表。按照省委要求,认真组织全市32个推荐单位,采取自下而上、上下结合、反复酝酿、逐级遴选方式,提出267名省党代表候选人推荐人选。在代表人选考察和公示后,召开市委全会进行投票表决,并报省委审批。113名省党代表的资格条件和结构比例均符合中央和省委有关要求。

(贾 佳)

【召开县以上党和国家机关党员领导干部民主生活会】 按照中央和省委要求,认真贯彻落实中央《县以上党和国家机关党员领导干部民主生活会若干规定》,组织指导全市市管领导班子召开以"学习贯彻党的十八届六中全会精神"为主题的2016年度民主生活会。市委派出24个督导组对民主生活会进行督查指导,全市172个县以上党政机关领导班子召开了2016年度民主生活会。

(贾 佳)

【党组织组建"百日攻坚"行动】 2016年8月初,按照中央和省委要求,在全市实施党组织组建"百日攻坚"行动,集中推进非公有制企业和社会组织"两个覆盖"。在市级层面的统筹调度和各区县(市)、市直有关单位的协调配合下,全市所有乡镇(街道)全部设立了综合党委,并配备了工作力量。全市职工百人以上非公有制企业组建率达到100%,职工50人以上非公有制企业、从业人员30人以上的社会服务机构(民办学校、民办医院)以及律师、会计师事务所等实体性社会组织的党组织组建工作成效显著。全年共新建非公企业党组织1688个,社会组织党组织431个。

(贾 佳)

【推进"小个专"领域"两个覆盖"工作】

为有效解决大量小微企业"两个覆盖"工作难题,实现在非公企业聚集区域党的组织和工作覆盖,联合市工商局,就抓好全市小微企业、个体工商户、专业市场的党组织组建工作进行专门部署。8月12日,在市工商局召开全市非公有制经济组织("小个专")党组织组建"百日攻坚"行动动员大会,明确了此次行动的目标任务和工作重点。2016年,全市新建"小个专"党组织115个。这一做法被《中国组织人事报》、《中国工商报》、《辽宁日报》、《沈阳日报》等媒体予以报道。

(贾 佳)

【出台加强社会组织党建工作的任务分工方案】 为认真贯彻落实全国、全省社会组织党的建设工作座谈会议和《中共辽宁省委办公厅印发〈关于加强社会组织党的建设工作的实施意见(试行)〉的通知》(辽委办发〔2016〕14号)精神,结合沈阳市实际,制定出台了《沈阳市贯彻落实〈关于加强社会组织党的建设工作的实施意见(试行)〉的任务分工方案》(沈委办发〔2016〕41号),明确目标任务,细化责任分工,为今后一段时期内指导全市社会组织党建工作提供基本纲领。

(贾 佳)

【全市社会组织党的建设工作座谈会】

2016年11月9日,组织召开全市社会组织党的建设工作座谈会,13个区、县(市)和33家市直有关部门参会,市委常委、组织部长刘桂香同志出席会议并讲话。此次会议认真学习贯彻党的十八届六中全会精神和习近平总书记系列重要讲话精神,特别是关于加强社会组织党建工作的重要指示精神,认真贯彻落实全国、全省社会组织党的建设工作座谈会精神,下发了《社会组织党建工作资料汇编》、《社会组织党建工作经验材料汇编》和《社会组织党建工作问答》等材料,总结交流经验,分析面临形势,对全市社会组织党的建设工作做出安排部署。

(贾 佳)

【公务员考录及遴选工作】 根据年初制定的工作计划,2016年沈阳市坚持科学编制公务员考录计划,积极稳妥组织实施公务员考录工作。全市法院、检察院系统计划招录公务员217人,报名考生2.5万余人。经过职位申报、笔试、面试、体检、考察等环节,最终共录用193人。针对2016年沈阳市市直机关不参与公务员招录的情况,在全面系统总结公务员遴选工作经验基础上,市委组织部会同市人社局于11月中旬启动了市直机关公务员遴选工作。经过制订方案、报名、面试、笔试、考察等环节,市直党群系统共4家单位遴选8名工作人员。

(贾 佳)

【深化司法体制改革相关工作】 根据省委组织部的有关要求和年初制定的工作计划,组织跟进做好法官、检察官单独职务序列改革相关工作,贯彻落实法官、检察官单独职务序列规定及配套办法,全面做好部署和培训、宣传、舆论引导等工作,推进分类改革入轨实施。市委组织部会同市法院、市检察院科学制定计划,指导各区、县(市)委组织部门和法检两院对全市2594名法官、检察官进行了职务套改。

(贾 佳)

【公务员考核奖励工作】 一是深化公务员平时考核试点工作。6月24日,市委组织部会同市人社局召开了公务员平时考核工作培训研讨会,组织各试点单位交流研讨了一年来试点工作经验做法,进一步推动公务员平时考核深入开展。二是在全市范围内开展公务员及时奖励工作,对在处理突发事件和承担专项重要工作中做出显著成绩和贡献的公务员及时给予奖励。三是积极推动"人民满意公务员示范单位"和"人民满意公务员示范岗"创建工作,沈阳市党群系统推荐评选出"人民满意公务员示范单位"1个、"人民满意公务员示范岗"2个。

(贾 佳)

【浑南、沈北两区干部聘任制整改工作】 按照省委第六巡视组反馈意见要求,市委组织部会同市人社局积极推进整改工作,召开工作推进会,开展专题调研,起草《关于浑南、沈北两区聘任制干部结束聘任后有关问题的处理意见》并报省委组织部。6月初,按照市委领导指示精神和整改工作进度安排,会同市委督查室、市人社局、市编委办分别赴沈北、浑南两区就有关问题进行现场督办,较好解决了两区的历史遗留问题。

(贾 佳)

【提高人才专项资金额度】 为进一步提升人才工作质量,根据全市创新改革工作的要求及《关于实施"盛京人才"战略打造具有国际竞争力人才高地的意见》(沈委发〔2016〕9号),2016年度沈阳市加大人才投入力度,将人才资源开发专项资金从每年3000万元额度提高至1.3亿元,并更名为"盛京人才"计划专项资金,专项用于人才引进、人才培育、人才激励和人才服务保障等人才工作。市人才办与市财政局共同商讨专项资金的管理方式、使用流程、使用范围及使用条件等问题,并征求了市人才工作领导小组成员单位意见,出台了《沈阳市"盛京人才"计划专项资金管理办法》(沈人才〔2016〕4号),确保专项资金管理的安全、规范和高效。

(贾 佳)

【首次举办海创汇·"千人计划"专家创业特训班】 为深入实施"盛京人才"战略,吸引更多高层次人才来沈创新创业,在欧美同学会和国家千人计划专家联谊会的指导下,市委组织部(市人才办)联合北京海创智库,于7月至10月在沈阳市成功举办了三期海创汇·"千人计划"专家创业特训班,邀请40余位来自先进制造、生物医药和新材料等领域的国家"千人计划"专家参加特训。7月9日上午,海创汇·"千人计划"创业特训班开班典礼在沈阳举行,欧美同学会副秘书长张明杰同志、沈阳市委常委、副市长王翔坤同志出席典礼并致辞。市委组织部、市人才办、市委统战部等部门领导同志以及参训专家参加活动。

(贾 佳)

【中国制造2025·国家"千人计划"装备制造业转型升级主题峰会】 2016年10月15日—16日,中国制造2025·国家"千人计划"装备制造业转型升级主题峰会在沈阳市成功举办。10月15日上午举行了主题峰会开幕式,欧美同学会副会长、全国政协常委、致公党中央副主席、中科院院士程津培,沈阳市市长潘利国,国家"千人计划"专家联谊会副会长李东升出席开幕式并致辞。开幕式由市委副书记、宣传部部长韩东太主持,市委常委、组织部部长刘桂香、市委常委、铁西区委书记李松林、北京航空航天大学王华明院士、中科院金属研究所成会明院士、近百位机械制造、航空航天、材料和汽车领域的国家"千人计划"专家学者和沈阳市部分市直单位的领导同志参加了开幕式活动。

(贾 佳)

【党员教育电视片观摩交流活动获多项荣誉】 2017年1月,2015至2016年辽宁省党员教育电视片观摩交流活动圆满结束,沈阳市选送的12部党员教育电视片喜获多项荣誉。在各市和省直单位分组中,《身边》(市委组织部)获一等奖,《携手共挽联心结》(市委组织部、沈河区委组织部)获二等奖,《民情台账》(市委组织部、铁西区委组织部)、《为民代理惠万家》(市委组织部)获三等奖;在区、县(市)分组中,《为党徽争光为民服务》(市委组织部、大东区委组织部)、《创新惠民》(市委组织部、和平区委组织部)获一等奖,《感动地铁人物·匠心筑梦》(市直机关工委、地铁建设指挥部)、《和谐大院》(市委组织部、皇姑区委组织)获二等奖,《1.2平方公里的守护》(市直机关工委、市交通局北站分局)、《不能这么整》(市直机关工委、市总工会)、《百姓贴心人》(新民市委组织部)、《愿为和谐著华章》(于洪区委组织部)获三等奖。

(贾 佳)

·宣 传·

【概况】 2016年,全市宣传思想文化战线在市委的正确领导下,牢固树立"四个意识",着眼"两个巩固"根本任务,在重点突破中整体推进,获得了一批先进荣誉,推出了一批先进典型,打造了一批活动品牌,创作了一批精品力作,搭建了一批重要平台,建设了一批重点项目,各项工作都取得明显成效。思想理论建设深入推进,新闻舆论引导水平稳步提升,意识形态工作责任制全面落实,核心价值观、精神文明建设卓有成效,文化改革发展硕果累累,基层工作和队伍建设取得新进展,为推动沈阳新一轮振兴提供了有力支撑。

(宣传部)

【学习贯彻党的十八届六中全会精神】 印发《关于认真学习宣传贯彻党的十八届六中全会精神的通知》,明确全市广大党员干部群众学习贯彻十八届六中全会精神的重大意义、重要内容、工作安排和具体要求,迅速掀起学习热潮。印发《关于全市党委中心组认真学习党的十八届六中全会精神的通知》,将全会精神作为各级党委(党组)中心组学习的重要内容,制定学习计划,开展专题学习研讨,召开学习党的十八届六中全会精神理论座谈会,组织专家学者进行研讨交流。组织沈阳市理论骨干参加全省理论骨干培训班。围绕全会精神列出一批重点选题，组织驻沈高校、市社科联等有关部门和单位开展深入系统研究。举行党的十八届六中全会精神中央宣讲团宣讲报告电视电话会议，认真组织党的十八届六中全会精神省委宣讲团来沈作首场宣讲报告，并协助省委宣传部做好党的十八届六中全会精神基层宣讲的宣传工作。印发《关于做好党的十八届六中全会精神宣讲工作的通知》，组建由市委宣传部、市委组织部和市纪委的领导干部，以及省委党校、市委党校专家学者组成的市委宣讲团，深入基层开展集中宣讲。印发《党的十八届六中全会精神宣传工作方案》，对市属新闻媒体多层次、多角度宣传六中全会精神，作出具体部署，提出明确要求，营造学习宣传贯彻六中全会精神的浓厚氛围。

（宣传部）

【打造国际化营商环境】 在中国共产党沈阳市第十三次代表大会上，新一届市委提出了打造国际化营商环境的重要战略部署。市属各新闻单位迅速启动新闻宣传工作，积极参与、主动创新，用新版面、新手段、新媒体，对沈阳市打造国际化营商环境的政策进行全方位、多角度的解读和报道，推动形成人人参与营商环境建设的浓厚氛围，凝聚打造国际化营商环境的强大合力。沈阳日报设“打造国际化营商环境 开启全面振兴新征程”专版专栏，采用多种形式、开辟多个栏目报道，同时在新媒体平台推出相关报道；沈阳网更新“打造国际化营商环境开启全面振兴新征程”专题，录制多期“打造国际化营商环境”系列《微民生》访谈；沈阳晚报先后推出多个整版，报道了《沈阳振兴发展战略规划》（征求意见稿）等相关稿件，并在官方微信推出报道；地铁第一时间报利用创意头版开展相关宣传，并在新媒体平台推出报道。沈阳广播电视台新闻频道《沈阳新闻》栏目开设“打造国际化营商环境”专栏；新闻广播利用《沈阳新闻》栏目先后推出多篇报道；生活广播在《生活集结号》栏目推出相关报道；都市广播在新媒体平台先后推出多篇稿件；音乐广播在《新闻早班车》栏目推出多篇报道。中央、省媒体分别对沈阳市打造“国际化营商环境”进行了报道。

（宣传部）

【纪念红军长征80周年】 各媒体按中央和省委要求，根据市委宣传部的部署，分别开设了红军长征胜利80周年专题宣传，结合媒体特点，创新报道形式和内容，在重要版面和时段，多样化、高质量、大密度地推出纪念长征胜利80周年系列报道。并运用传统媒体和新媒体相结合的手段，使听众更加深刻地体会不怕牺牲、前赴后继，勇往直前、坚韧不拔，众志成城、团结互助，百折不挠，克服困难的长征精神，从而影响更多受众，用长征精神激励工作，实现了重述历史、宣传革命、继往开来的宣传效果。

（宣传部）

【新闻舆论工作座谈会】 2016年3月4日，市委在沈阳广播电视台召开了“市委新闻舆论工作座谈会”，会议传达学习习近平总书记在党的新闻舆论工作座谈会上的重要讲话精神和省委专题座谈会精神，就抓好贯彻落实进行研究部署。中央、省媒体驻辽、驻沈新闻机构和市属媒体主要负责同志，市直宣传文化系统各单位和各区、县（市）委主要同志参加座谈会。新华社辽宁分社沈阳记者站站长石庆伟，沈阳日报报业集团总裁、党委书记、总编辑姜军同志，沈阳广播电视台台长、党委书记张东毅，沈阳日报政文部主任刘妮，沈阳广播电视台主持人王欣分别发言。会议由市委常委、秘书长马占春主持。省委副书记、市委书记曾维出席会议并讲话，他强调，要深入学习贯彻习近平总书记重要讲话精神，不断提高新闻舆论的传播力、引导力、影响力、公信力，为沈阳新一轮振兴发展凝聚强大力量、营造浓厚氛围。

（宣传部）

【“九一八”事变85周年撞钟鸣警仪式】 纪念“九一八”事变85周年撞钟鸣警仪式，于2016年9月18日上午9时，在沈阳市九一八历史博物馆残历碑广场举行。中共中央政治局委员、国务院副总理刘延东同志，全国人大、全国政协和中央军委等各有关部门的领导同志出席了仪式。参加过抗日战争的老战士和老同志代表，抗战烈士亲属代表，中央党政军群有关部门和辽宁省、吉林省、黑龙江省负责同志及各界群众代表，共计1000余人参加了活动。勿忘“九一八”撞钟鸣警仪式是沈阳市国防教育的品牌活动，受到国内外的广泛关注，中央、省、市等10余家媒体现场报道。

（宣传部）

【“沈阳好人·振兴发展时代楷模”评选主题活动】 2016年11月，市委宣传部在全市开展推选“沈阳好人·振兴发展时代楷模”活动，得到各基层单位的积极响应，共收到“时代楷模”候选人28人。参与评选的候选人当中，有来自基层的优秀人物，如爱岗敬业、处处为学生着想的皇姑区向工街小学慕善新老师；也有我国百万吨级乙烯压缩机的设计者、沈鼓集团透平设计院设计三室主任、教授级高级工程师姜妍；还有德高望重的中国工程院院士、沈阳工业大学特种电机研究所所长、教授、博士生导师、国家稀土永磁电机工程中心主任唐任远。2016年12月29日，中共沈阳市委宣传部下发文件，授予苏秋颖、冯冬昌、王雪光、王刚班组、董俊、慕善新、北李官警务工作站、吕德国、唐任远、董毅、常玲、韩大冬、康敏等13名同志（集体）“沈阳好人·时代楷模”荣誉称号。此次评选活动结束后，市委宣传部号召全社会开展向他们学习的活动，积极践行社会主义核心价值观和沈阳人基本道德准则，为推进依法治市、加快国家中心城市建设，打造国际化营商环境，实现沈阳老工业基地全面振兴的新胜利做出更大贡献。

（宣传部）

【2016沈阳年度新闻影响力盛典】 2016年，沈阳市正式启动了“沈阳新闻奖”的评选工作。全年共有来自中央、省、市新闻、网络和新媒体的2300余件作品入围，通过月评、季评和年度总评，评选出506件获奖作品。这些作品在推动振兴、打造国际化营商环境等方面起到了积极的推动作用。为梳理城市大事件，讲述沈阳的变化，盘点年度好新闻，进一步激励各级各类媒体以新闻助推沈阳加快全面振兴的实践，1月23日晚，中共沈阳市委宣传部在沈阳广播电视台成功举行了“筑梦沈阳 新闻力量—2016沈阳年度新闻影响力盛典”活动。盛典以“借新闻力量 为振兴沈阳助力”为主题，用事件把握高度、用人物把握温度、用故事把握深度，吸引了来自中央、省市50余家媒体的200余名新闻工作者和自媒体人。奖项设计分为“6+1”奖项，分别是振兴发展影响力奖、民生服务影响力奖、舆论监督影响力奖、突破创新影响力奖、新媒体影响力奖、助力营商影响力奖及年度特别大奖。盛典充分体现了媒体融合思维，来自中央、省、市的网络媒体、政务微博、微信、自媒体等全媒体

记者对盛典进行了全方位、多角度的直播。中央、省、市等传统媒体以事件为由头,创新手段,多角度诠释"借新闻力量为振兴沈阳助力"的主题,广泛进行宣传。

(宣传部)

【沈阳城市形象宣传片—《中国名片·沈阳》在沈阳首发】 引进新华社《中国名片》城市宣传团队,用时1年多的时间,组织相关部门、专家学者召开座谈会10余次,实地考察20余次,组织征集了各行业普通市民代表100多人参演,拍摄了100多个城市点位,经过数次推敲修改,完成了《中国名片·沈阳》城市形象宣传片(7分钟)和城市广告片(15秒)。本片以雪人、工人和机器人呵护摇篮为主线,通过时空穿越、动静结合、虚实转换等艺术手法,借助动画、三维等技术手段,按照拍摄电影的标准,生动、形象、唯美、独特地展现了沈阳的特点、性格、形象,让没来过沈阳的人觉得美,让来过沈阳的人觉得像。为充分发挥本片宣传沈阳、提高沈阳知名度和美誉度的作用,于12月29日策划举办了《中国名片·沈阳》首发式,邀请导演、演员代表等出席,通过中央、省、市、境外报纸、广播、电视、网络媒体、自媒体等开展全媒体联动宣传,并在"世界的十字路口"美国纽约时报广场、澳大利亚悉尼世界广场和墨西哥华雷斯国际机场大屏精彩亮相,每天循环播出500次,成为国内外媒体追踪和关注的焦点。国务院新闻办官网在"地方"和"视界"两个频道分别以《〈中国名片·沈阳〉霸屏世界各大广场》、《纽约时报广场跨年大片—〈中国名片·沈阳〉》为题进行了报道。

(宣传部)

【对外文化交流】 开辟"一带一路"文化交流新途径。组织沈阳新闻文化交流团于7月,赴俄罗斯、波兰、捷克开展新闻文化交流活动。期间,就沈阳二战盟军战俘营与波兰奥斯维辛集中营遗址达成合作意向,在俄罗斯成功举办"中国沈阳·索契文化周",让欧洲各界友人感受浓郁的中国风、沈阳情,推进沈阳与"一带一路"国家的文化交流及多领域合作。开展"哥德杯·沈阳情"手拉手结对子文化交流活动。哥德杯(中国)世界青少年足球赛在沈举办期间,挑选出沈阳代表性的足球队和家庭,与外国来沈的足球队和家庭结对子,开展"五个一"(一场友情聚餐或一场家宴、一次城市微旅游、一场健身运动、一堂中华传统文化课、一份特色礼物)交流活动,让外国友人亲身感受沈阳的城市风采和沈阳人的热情好客,加深外国人对中华文化的了解及热爱。开展"我爱沈阳—外国人眼中的沈阳"主题外宣活动。2016年10—12月,广泛发动在沈学习、生活、工作、旅游的外国友人积极参与,先后组织举办了摄影大赛及摄影展、拍摄专题宣传片、汉语演讲大赛三个主题活动,并举办了2016"外国人眼中的沈阳"年度典礼。活动共吸引了来自30多个国家和地区千余名外籍友人的关注和参与,搭建了沈阳城市文化对外传播的国际新平台。

(宣传部)

【"公益让城市更温暖"第二届公益广告大赛】 2015年12月3日,中国·沈阳"公益,让城市更温暖"第二届公益广告大赛正式启动。本次大赛依托"沈阳发布"等平台并引入众多新媒体刊播转发以及评论数总达3万余次,阅读量达50余万人次,1.2万人参与投票。与上一届有所不同的是,这一届比赛打破了专业门槛,接纳全社会各界人士的热心参与,参赛者不仅有专业广告传媒公司,还包括高等院校师生、小学生、非广告专业的上班族、环保协会成员、退休职工等各行各业人士。共收到来自全国19个省(市、自治区)的1979件参赛作品,数量比首届(962件)增加了106%,其中:平面类1418件,影视类427件,广播类134件;全国各大专院校学生参赛作品占总作品数的57.4%;外省市的作品占总作品数近50%。大赛评选出内容涉及中国梦、环保、关注弱势群体、廉政、诚信等不同层面的获奖作品60部。其中:微视频类、平面类、广播类各有18个公益广告作品获奖,微电影类共6个公益广告作品获奖,沈阳本地获奖作品共27个。这些优秀作品在全市范围内进行展播,平面类优秀作品被制作成了环保袋、名片、车贴、文化贴等生活类文化产品,免费发放到沈城群众手中。其中:微电影《老苏》荣获中宣部组织开展的社会主义核心价值观主题微电影征集展示活动5分钟类"三等优秀作品奖。"

(宣传部)

【主题宣传】 2016年,市委宣传部围绕"坚持正确舆论导向,为新一轮沈阳振兴发展营造良好氛围"的总体目标,坚持围绕中心、服务大局,精心组织重大主题、重要会议和重要活动的新闻宣传,为完成全市年度重点工作任务,营造了平稳有序、积极奋进的舆论氛围。组织召开"加强全面振兴等重大主题新闻宣传工作座谈会"、"市第十三次党代会宣传工作动员会",进一步统一思想,明确要求。围绕全市重点工作,推出"落实'四个着力'加快全面振兴"、"抓项目 优环境 促振兴"、"两学一做"、"说沈阳、评沈阳、爱沈阳"、"打造国际化营商环境开启全面振兴新征程"等十余项主题宣传活动,充分展示国家对于东北老工业基地振兴发展的支持,生动翔实地诠释了沈阳迎难而上、共促振兴的精神风貌。组织开展了全市两会、市人大十五届五次全会、市第十三次党代会系列报道,做到了全面、准确、及时、生动,实现了"零差错、无纰漏、高质量、有创新"。组织了"2016哥德杯(中国)世界青少年足球赛"、"2016沈阳马拉松"、"2016中国城市规划年会"、"2016沈阳·第三届中国智慧城市(国际)创新大会"、"唱响索契"等多项重大活动宣传,组织市属媒体充分利用网络和新兴媒体的传播优势,特别是"微直播"、无人机等新媒体传播技术,多视角、不间断地开展了宣传报道,充分展示了城市良好形象和市民良好精神风貌。

(宣传部)

【理论宣讲】 以深入学习宣讲习近平总书记系列重要讲话精神、助推创新改革、助推全面振兴为工作主线,以党的十八届六中全会精神和习近平总书记"七一"重要讲话精神为主要内容,高举旗帜,服务大局,以严的精神和实的作风,继续抓住品牌化推进理论宣讲工作的特点和优势,不断提高理论宣讲的针对性和实效性,扩大了覆盖面和影响力。先后起草和发出《关于做好深入学习习近平总书记系列重要讲话精神宣讲工作的意见》《关于印发当前理论宣讲重点讲授菜单的通知》《关于做好学习贯彻党的十八届六中全会精神宣讲工作的通知》(市委办公厅文件形式)等,组织市委宣讲团和全市四级理论宣讲员队伍,深入党员干部群众开展宣讲,注重解疑释惑,加强互动交流。两期专题宣讲共开展3301场,受众29.7万人次,为深入学习贯彻讲话精神、推进全市理论武装和全面振兴工作，营造了氛围，发挥了作用。

（宣传部）

【沈阳发布】 按照制度化、规范化、专业化的要求，全面打造“沈阳发布”品牌，逐步形成了以周发布、例行发布、应急发布、两会发布、新闻吹风等多形式相互支撑的新闻发布体系。围绕全市的中心工作和重点任务，全年共召开新闻发布会达105场，发布内容涵盖“打造国际化营商环境”、“迎新春 惠民生”、全市“两会”、便民服务信息、政府规章政策解读等，各地区、各部门累计254家次在“沈阳发布”平台进行新闻发布，累计到会采访记者3500多人次。“沈阳发布”已经成为全市政务信息发布的权威品牌，受到各级媒体和社会各界的良好评价，为全市经济社会发展创造了良好的舆论环境。同时，积极推进“智慧发布”工作，努力实现新闻发布工作流程的智能化、规范化、多样化。特别是11—12月，以“深入贯彻新发展理念 打造国际化营商环境”为主题，重点围绕打造国际化营商环境、构建现代治理体系、都市型农业、先进制造业、都市型现代服务业、对外开放、城乡建设、文化事业、改善民生、创新改革等方面组织召开11场系列新闻发布会，着重发布贯彻落实市十三次党代会精神的思路、目标、举措，市发改委、市经信委、市建委、和平区等50多家新闻发布单位进行不同主题、阶段式联合发布，社会反响强烈。

（宣传部）

·统　　战·

【概况】 2016年，在市委的正确领导下，全市统一战线以学习十八大、十八届三中、四中、五中、六中全会和习近平总书记系列重要讲话精神为主线，深入贯彻落实《中国共产党统一战线工作条例（试行）》和中央、省、市委统战工作会议以及全国、全省统战部长会议、市委工作会议的部署要求，落实全面从严治党要求，扎实抓好中央和省、市委关于统一战线一系列重要部署的贯彻落实，立足构建大统战格局，着力推进统战工作体制机制创新；坚持问题导向，着力抓实落实有关政策规定；深化实践创新，着力推动各领域统战工作向纵深拓展；聚焦中心大局，着力为“十三五”规划实施贡献力量；坚持开拓求实创新，加强统战部门和统战干部队伍建设，扎实推动各领域工作不断取得新进展。

（李　铁）

【“凝心聚力‘十三五’助推全面振兴”主题活动】 制发了沈阳市统一战线“凝心聚力‘十三五’助推全面振兴”主题活动方案，并召开推动会议进行了部署，引导全市统一战线广大成员积极开展调查研究献计出力。各民主党派、工商联、无党派人士形成调研报告110余篇，提案、建议220余件，参加各种协商会、征求意见座谈会10余次，提出意见建议为市委和政府科学决策提供了重要参考。

（李　铁）

【市委统战工作领导小组成立】 2016年11月25日，市委常委会审议同意了市委统一战线工作领导小组组成人员名单。省委副书记、市委书记王蒙徽任领导小组组长。市委副书记韩东太，市委常委、统战部部长王镇，市政府党组成员、副市长张景辉任副组长。领导小组下设办公室，设在市委统战部，负责日常工作。领导小组办公室主任由王镇兼任，副主任由市委统战部副部长任桂芳兼任。

（李　铁）

【市委统战工作领导小组第一次会议】 2016年12月28日上午，省委副书记、市委书记王蒙徽主持召开了中共沈阳市委统一战线领导小组第一次全体会议，审议通过了《市委统一战线工作领导小组工作规则》《省委统战工作领导小组来我市调研检查反馈意见整改方案》《关于开展贯彻落实中央和省市委关于统一战线一系列重大决策部署情况督查工作方案》。

（李　铁）

【开展理想信念教育实践活动】 支持民主党派、无党派人士深入开展坚持和发展中国特色社会主义学习实践活动，举办民主党派领导班子成员培训班，赴红色革命圣地古田开展现场教学。组织开展民主党派新成员、基层负责人、骨干成员等各类培训，成立民主党派形势任务教育宣讲团，举办“同心”大讲堂活动。组织无党派人士、非公有制经济人士赴福建古田、贵州遵义开展专题研修和理念信念教育实践考察活动。

（李　铁）

【协助民主党派做好换届工作】 认真落实中央、省委关于民主党派市级组织换届工作精神，协助民主党派市级组织做好换届工作。完成了部分民主党派的届中调整和各民主党派领导班子成员届中述职民主评议工作。起草了《中共沈阳市委统战部关于协助各民主党派做好市级组织换届工作的意见》，拟制了全市民主党派市级组织换届工作方案和初步人事安排方案。通过学习培训、座谈交流、调研考察、跟踪统计等多种形式，协助民主党派加强自身建设。

（李　铁）

【党外干部队伍建设】 与市委组织部建立联席会议机制，向市委提出了《关于近期党外干部安排的建议》。加强党外后备干部梯队建设，对后备干部采取培训班与实践锻炼（挂职）相结合的方式进行培养，就规范党外人士教育培训工作进行调研，全年共举办30期党外干部培训班。做好第二批省党外代表人士来沈阳实践锻炼工作。

（李　铁）

【推动非公有制经济人士服务社会】 在非公有制经济人士中深入开展“百企联百村·同走致富路”精准扶贫行动，全市民营企业和商会组织结对省市建档立卡贫困村102个，实现了省级60个建档贫困村的全覆盖。积极引导广大非公有制经济人士参与光彩事业“九个一”活动，共帮助贫困地区修路17条、开发项目13个，引进项目21个，援助光彩小学7个、帮扶贫困学生和贫困户3015户、帮扶重点优抚对象622人次、安置职工就业5209人次。

（李　铁）

【非公经济人士综合评价工作】 完成了中央统战部交办的综合评价工作试点和软件试运行工作任务，对100多名拟作各类安排的非公有制经济人士进行了综合评价。积极参与中央统战部综合评价文件制定和软件研发具体工作，沈阳市综合评价工作作为典型案例在全国推广。贯彻中央和省委办公厅关于工商联（民间商会）换届文件精神，指导工商联换届工作稳步推进。

（李　铁）

【民族宗教工作】 会同市民委开展民族团结进步创建活动，对贯彻落实中央统一战线系列重大决策部署开展民族领域工作自查，并就民族工作聚力“十三五”提出工作举措。加强与宗教界代表人士的联系，组织开展爱国主义教育培训，支持宗教团体搞好自身建设，开展公益活动。会同市宗教局协助市委、市政府认真筹备并召开了全市宗教工作会议。

（李 铁）

【港澳台海外统战工作】 做好来沈重要团组接待工作，组织团组赴境外开展引资引智等活动，为引进先进技术人才及促进“一带一路”经贸交流、吸引更多海外高端人才来沈创业发展起到了积极作用。组织20名台湾教育工作者与沈阳有关民族小学进行交流，并建立起经常性联系。加强沈阳市欧美同学会（沈阳留学人员联谊会）建设，积极为留学人员服务，成功为20名留学人员在沈创业牵线搭桥，引进1个国家级重点实验项目落户沈阳。

（李 铁）

【协调推进基层统战工作】 推动6所高校单独设立了统战部。贯彻落实《中共中央统战部、中共教育部党组关于加强新形势下高校统一战线工作的意见》，起草了沈阳市贯彻落实意见精神的具体工作举措。进一步明确了国有企业、科研院所、市直单位统战工作主管领导、负责机构、负责人和专兼职工作人员。

（李 铁）

【基层统战和党外知识分子工作】 在全市开展了无党派人士政治面貌登记工作，组织召开市党外知识分子联谊会二届三次理事会，学习传达了党的十八届六中全会和市十三次党代会精神，推荐无党派人士和新的社会阶层人士参加省委统战部举办的理论培训班。成立了沈阳市党外知识分子联谊会社会组织从业人员分会和网络界人士分会。进一步完善了联席会议制度，推动沈阳市新阶层人士统战工作规范化、制度化建设。指导各区、县（市）成立了新阶层联谊组织，建立了新阶层联席会议制度。

（李 铁）

【统战宣传和理论研究】 组织举办书画笔会、统战条例知识网上答题等活动，进一步加强《沈阳统一战线》和沈阳同舟网站平台载体建设，形成了深厚舆论氛围。召开了统战理论研究会工作年会，进一步规范了相关工作。统战信息工作荣获中央统战部三等奖、省委统战部特殊贡献奖。和平区委统战部《着眼“双促双服务”创新开展基层统战工作》、市工商联《开展“双驻”活动营造“亲”“清”新型政商关系法制环境》、东北大学党委统战部《“三化”融合提升统战工作科学化水平》、沈阳音乐学院党委统战部《高等艺术院校统一战线发挥优势作用推进文化强省战略的探索与实践》获全省统战工作实践创新奖。

（李 铁）

·政策研究·

【重要会议筹备】 凝神聚力抓大事，圆满完成了市第十三次党代会、市委十二届十三次和十五次全会、市委十三届一次全会等一系列重要会议的筹备工作，开创了以文辅政新局面。特别是在起草市第十三次党代会报告过程中，面对错综复杂的经济形势，积极适应新形势新要求，坚持开门写报告，在抽调全室骨干力量组成党代会报告起草小组基础上，吸纳部分市直部门、区委和国有企业领导同志以及相关专家学者参与报告起草，组织50余个部门就39个重点课题进行调查研究并形成了调研成果，切实做到集思广益，为起草一个好报告奠定了坚实基础。市第十三次党代会报告，以“坚持问题导向、符合时代要求、突出振兴主题”为原则，从报告主题的确定，到结构框架，再到重点内容、具体表述，反复斟酌，征求方方面面的意见，数十次进行调整修改完善，形成的报告主题鲜明，结构新颖，内涵丰富，重点突出，既体现了中央和省委要求，又切合沈阳实际，是一份思想性、针对性、指导性、操作性都很强的党代会报告，得到各位党代表和全市上下的一致肯定。围绕党代会筹备，高质量完成了市委主要领导在市委十二届十三次和十五次全会、市委十三届一次全会、市委党代会专题调研工作部署会上的讲话以及党代会报告说明、决议、通稿、社论等相关重要文稿起草，为市第十三次党代会胜利召开提供了重要保障。

（政研室）

【重要文稿起草】 把握全局谋要事，圆满完成了市委主要领导讲话、市委出台的政策意见等一系列重要文稿的起草工作，拓展了服务决策新领域。通过不断深化对沈阳市情的认识和对市委主要领导思路的理解，做到快速跟进、主动适应，文稿贴近度和服务质量不断增强。起草了王蒙徽书记在全市经济工作会议上的讲话，为动员全市上下进一步解放思想、转变观念，咬定目标、精准施策，推动全市经济社会平稳健康发展奠定了坚实基础。此外，起草了曾维书记在省委理论中心组和市委理论中心组学习习近平总书记“七一”重要讲话精神专题会议上的发言、在省委常委（扩大）会议上关于沈阳市上半年工作情况和下半年工作安排的汇报等重要文稿，这些文稿都准确体现了市委决策意图，得到了有关领导的肯定。围绕服务市委重大决策，会同市发改委研究制定了《沈阳振兴发展战略规划》，独立完成了《关于全面推进幸福沈阳共同缔造行动的指导意见》，起草了《关于进一步加强新时期人民政协工作的决定》《关于加快推进医疗卫生与养老服务结合发展的实施意见》，参与修改完善了《关于加强和改进党的群团工作的实施意见》《市委议事决策规则》《市委工作规则（试行）》等重要文件。这些重大政策性文件，都充分体现了市委决策意图，符合上级要求，突出了沈阳特色，为今后一个时期做好相关工作提供了重要遵循。同时积极拓展服务决策的领域，延伸服务触角，按照市委领导要求，受国家审计署委托，修改完成了《地方党委政府主要领导干部经济责任审计指南》，得到国家审计署有关领导的充分肯定。

（政研室）

【开展调查研究】 围绕市委中心工作开展调查研究，坚持把调查研究作为政研工作的“主业”和服务决策的根基，在党代会报告等重要文稿起草任务极其繁重的情况下，合理摆布全室力量，充分发挥主观能动性，聚焦“四个着力”，聚焦事关沈阳振兴发展的重大问题，全年共开展29个专题调研，形成一批重要研究成果，其中有7篇调研报告获得市领导批示，为市委科学决策提供了重要参考，实现了成果转化新突破。以强烈的大局意识抓好重大课题调研,围绕中德装备园体制机制创新、脱贫攻坚等事关振兴发展全局的重大问题,深入开展调查研究,完成了《关于高水平推进中德产业园建设的几点建议》《关于打赢我市脱贫攻坚战的调查报告》,得到市委主要领导肯定性批示。以强烈的服务意识抓好领导关注课题调研,针对市委主要领导交办的调研任务,做到第一时间快速反应,力争拿出最优质量的调研成果,《关于于洪区建设高端产业发展聚集区的调查与思考》得到市委主要领导肯定性批示,《关于各区县(市)党委和政府领导因公赴省外、境外情况的分析报告》得到有关市领导口头表扬。以强烈的责任意识抓好自主选题调研,其中《关于抓住中韩自贸协定签署机遇推动全市经济转型升级的研究报告》得到市委主要领导肯定性批示,《关于我市公共体育设施发展情况的调查》《关于和平区推进家教家风建设的调查研究》得到有关市领导肯定性批示。

(政研室)

【决策咨询和信息编研】 集思广益聚众智,咨询信息发挥了新作用,坚持把借力外脑作为提升以文辅政效能的重要途径,组织咨询委员紧紧围绕市委中心工作,多建有用之言、多谋发展之计、多献务实之策,决策咨询工作的针对性、操作性不断增强,圆满完成了决策咨询和信息编研工作。围绕新一届市委任期目标研究等重大问题和全市中心工作,公开招标征集了11个重大研究课题,得到专家学者和社会各界的高度重视,形成了一批高质量的研究成果的同时,有效提升了决策咨询工作在全市的吸引力和影响力。围绕事关全市经济社会发展的热点、难点问题,组织咨询委员和专家学者积极开展对策研究,全年共编发《决策咨询》25期,有8期获得市领导的肯定性批示,决策咨询的质量明显提高。积极协调有关市咨询委员就《沈阳市党政领导干部生态环境损害责任追究办法(试行)》《沈阳市市管领导班子和市管干部环境保护工作考核办法(试行)》《关于加强沈阳新型智库建设的实施意见》等开展咨询论证,有效推动了决策的科学化、民主化。资料编研的深度和广度持续拓展,紧跟市委主要领导的关注点和事关全局的关键点,形成了《下好农业供给侧结构性改革这盘大棋》《发展智慧交通助力智慧城市建设》等22篇资料分析报告,为相关工作开展提供了有益的理论启示和实践借鉴。

(政研室)

·对台工作·

【对台经济】 2016年,全市新批台资项目19个,投资总额1.02亿美元,其中合同台资额1亿美元,实际利用台资额5590.1万美元。推进在谈、在建台资项目28个,沈河区新增天逸集团金融合作项目、苏家屯区新增鸿海精密汽车零部件生产基地项目、法库县陶瓷艺术酒店及商业住宅二期项目落地;在谈的台玻集团玻璃生产项目、乡林集团涵碧楼沈阳店项目、友嘉集团数控机床项目、正新集团轮胎生产基地项目、长兴集团化工项目等均有了新的进展。同时,台湾苹果实业有限公司化妆品和保健品项目、牛樟枝技术引进生产项目、青柠生物科技有限公司技术引进生产项目、汽车用环保空调生产项目等也有了新突破。全年组织赴台经贸团组30个、118人次。市有关领导及市台办先后12次带队赴上海、广东、深圳、厦门及台北、高雄等10余个城市开展经贸交流活动,考察台商投资环境,走访台企,会见台商,成功洽谈推进一批项目,协调在建项目问题。以加强沈台各领域交流合作为契机,广泛邀请台湾经贸团组来沈考察,全年先后接待全国台企联、台湾电电公会、亚洲大学校友总会、台湾飞鸿物流集团、台湾统潮生物科技有限公司、台湾智慧自动化与机器人协会、台湾全球生物产业科技发展基金会、台湾中华青年发展联合会等台湾来访经贸团组24个、174人次。在青年创业、电子信息、农业、服务业、光电技术、生物科技、展会等方面进行了广泛交流,建立了深入的合作关系,全面展现了沈阳新的发展前景商机。

(赫英良)

【对台交流交往】 2016年,全市赴台交流团组14个、65人次,接待来访台湾交流团组26个、440人次,赴台大专院校就读学生64人,赴台就读陆生总数262人。全年经沈阳口岸赴台6.41万人次,台胞来沈2.60万人次。以做好"三争取"工作为契机,突出做好国台办重点交流项目,举办"2016年寒假台湾大学生中华文化研习营"、"2016年暑假台湾大学生中华文化研习营",为深入做好台湾学生工作打下了坚实基础。经积极努力申请,中央台办、国台办正式批准张氏帅府博物馆和三好街两岸青年创业园设立海峡两岸交流基地和海峡两岸青年创业基地,并分别于9月9日和9月22日举行了授牌仪式,国台办领导、辽宁省、沈阳市领导及台湾有关知名人士出席活动。两个基地的成立在沈阳市、辽宁省乃至东北地区实现了零的突破,进一步搭建了坚实的交流平台。将沈阳和新竹的交流活动与"海峡两岸交流基地"授牌仪式、第七届"两岸三馆年会"、沈阳冯庸抗战文化交流中心成立等活动合并举办"四合一活动",扩大了活动规模,提高了活动层次,推动了沈阳与新竹的交流深入发展,提升了沈阳在岛内的影响力。2016年全市各有关部门与台湾相关单位开展了交通、体育、农业、卫生、安全生产等领域交流活动。3月27日至4月2日,沈阳大学团组赴台交流,与台湾和春技术学院、侨光科技大学分别签署了学术交流合作协定。4月中旬,14所台湾地区职业学校的56名校长和教师参加了由沈阳职业技术学院举办的"2016年辽台两地职业院校校长论坛",以"合作、发展、共赢"为主题,通过"两岸高等职业教育特色介绍"、"两岸高等职业教育未来前景"两个板块的研讨,促进了沈台两地职业学院相互了解和深度合作。5月上旬,市政府有关领导率团赴台,就交通智能化建设和管理、绿色交通科技、交通运输及安全防护、体育产业发展等进行了交流洽谈。5月13日至19日,由市台办、和平区台办、铁西区台办5人组成的沈阳市文化经贸交流团赴台,加强与台湾县市交流、看望陆配陆生、协调台商重点案件、推进沈阳市重点交流项目。

(赫英良)

【对台宣传教育】 2016年,全年在各级纸媒发稿44篇,在电台、电视台发稿13篇,在网络媒体发稿620篇、图片520幅;在台湾纸媒刊登沈阳市稿件60篇,电视媒体播发2个专题片。对台宣传稿件无论在数量上还是质量上，较上年均有成倍提高。4月26日，邀请国台办专家做台海形势专题报告会，700名市管干部等参加，受到广泛好评。不断增强沈台两地新闻交流活动，接待台湾TVBS、台湾东森电视台等3个台湾媒体交流团采访。继续开展沈阳晚报与台湾旺报的新闻合作，在旺报刊登12期沈阳新闻专版，增强了沈阳市在台湾的知名度和影响力。在沈阳日报刊登台湾的由来、涉台展会政策问答、台胞投资政策问答等10期专题解答。创建沈台交流微信公众号服务平台，宣传各类涉台政策法规和惠台政策，发布两岸各领域交流合作资讯，介绍沈阳振兴发展的新成就，为促进沈阳与台湾加强经贸交流合作，创造了积极的舆论环境。

（赫英良）

【台胞合法权益保障】 2016年，受理台胞投诉案件40件，办结35件，结案率88%。建立与台商协会会长及重点台商、大型台资企业座谈会制度，召开2次台商投诉协调工作例会。为配合做好打造沈阳市国际化营商环境工作，出台了《沈阳市人民政府关于鼓励和支持台湾同胞投资的实施意见》《沈阳市台商投诉协调工作管理办法》《沈阳市台办结对帮扶台资企业实施方案》。举办了沈阳市台资企业法律知识培训座谈会，请省高法法官为台商普及有关法律知识。坚持调处平台前移，派驻专人深入台资企业和在建台资项目了解生产和生活情况，现场办公集中力量协调解决台商提出的问题，并加强对各项惠台政策宣传和指导，进一步提振了台商在沈发展信心，不断营造对台经济工作的良好环境。经全市上下努力，部分重点案件得到妥善解决。同时，为在沈台胞就医、就学、办证等各方面提供生活便利，努力为台胞台企排忧解难，解除后顾之忧。

（赫英良）

·保　　密·

【概况】 2016年是“十三五”规划的开局之年，全市各级保密组织和广大保密工作者抢抓机遇，坚定信心，科学谋划，扎实开展基础能力建设，持续推进“三大管理”，突出抓好专项检查，圆满完成了各项工作任务，实现了“十三五”良好开局，充分发挥了保密工作“保驾护航”作用。在确定保密工作发展总体框架的同时，市保密局紧紧抓好全年各项保密工作任务的落实。召开中共沈阳市委保密委员会扩大会议，总结2015年全市保密工作，部署2016年保密工作任务，为沈阳市保密事业科学发展提供有力保障。加强军工科研生产单位保密管理，全年共完成20家单位申报认证和重新认证申请材料的审核，配合省军工认证办完成28家首轮和二、三轮重新申请认证单位的现场审查。开展保密干部业务培训班，297家单位的保密办主任和人事部门负责人共500余人参加培训。继续以送教上门的方式为市委统战部、总工会、司法局等23家单位开展保密培训，累计培训1800余人。开展档案数字化保密管理调研，围绕档案数字化发展中保密管理的新课题，对全市200多家党政机关和企事业单位档案数字化保密管理情况进行了调研。开展商业秘密管理调研，针对存在的问题，研究起草《沈阳市商业秘密保护管理指南》。充分发挥《保密工作》杂志等刊物宣传作用，制作了《暗战一—致命的密码》、《暗战二—危险的邂逅》、《暗战三—网络谍影》和包含12个保密警示教育案例的光盘，积极推广“保密观”微信公众号。制订《沈阳市保密自查自评督查工作方案》，对相关地区和单位的保密自查自评工作进行了督查。加强与教育、招考、司法等部门的配合，抓好各类国家统一考试试卷的保密管理，全年与招考部门一同完成了中、高考，公务员考试、职业医师考试等20余次各类考试的保密监管。在东北地区率先成立市级国家保密科技测评分中心。开展“双先”评比表彰工作，评出先进集体70个和先进工作者71名。

（保密局）

【制定《“十三五”时期沈阳市保密事业发展规划》】 中央和省“十三五”时期保密事业发展规划印发后，市保密局立即结合工作实际起草了沈阳市“十三五”时期保密事业发展规划，明确了指导思想、工作原则和发展目标，制定了具体保障措施。在征求市委保密委员会全体成员意见并认真修改后，以市委办公厅和市政府办公厅正式文件形式印发全市贯彻执行，为“十三五”时期保密工作发展提供了遵循。

（保密局）

【中共沈阳市委保密委员会扩大会议】 沈阳市保密局紧紧抓好全年各项保密工作任务的落实，第一时间将中央和省委保密委员会会议精神向市委保密委员会作了专题汇报，并按照市委领导同志意见，3月30日组织召开中共沈阳市委保密委员会扩大会议。会议学习了习近平总书记重要讲话精神和省委书记、省人大常委会主任李希同志批示精神，传达了中央5号文件和全国保密工作会议及省委保密委员会会议精神，总结了2015年全市保密工作，审议通过了《中共沈阳市委保密委员会2016年工作要点》，市委常委、秘书长、保密委员会主任马占春同志作了重要讲话，对全年保密工作进行安排部署。会后，全市各地区、各单位分别召开保密委员会（保密工作领导小组）和保密业务会议贯彻落实市委保密委员会扩大会议精神。

（保密局）

【保密业务培训】 5—6月举办了5期保密干部业务培训班，297家单位的保密办主任和人事部门负责人共500余人参加培训。市保密局精心准备课件，围绕涉密岗位确定、涉密人员审查和备案工作程序等内容，进行了定密责任人暨涉密人员确定工作培训。培训结束后，还通过电话咨询、上门指导等方式进行答疑解惑，确保了培训效果，为进一步做好涉密人员的确定和管理工作打下了坚实基础。

（保密局）

【保密宣传教育】 继续以送教上门的方式开展保密宣传教育。市保密局为市委统战部、总工会、司法局等23家单位进行了保密业务培训，累计培训1800余人。培训坚持理论与实践相结合，针对各单位行业特色，既有扎实系统的理论知识，又有鲜活生动的案例，真正起到了学用结合、学以致用的效果，受到了各机关单位的认可和好评。坚守党校保密教育阵地。继续依托市委党校教学资源，会同党校专职保密教师制订保密教学计划在市管干部、中青后备干部、初任公务员培训等班次开保密课80多学时，对600余名领导干部进行保密教育培训。

（保密局）

【保密管理专项调研】 一是开展档案数字化保密管理调研。市保密局围绕档案数字化发展中保密管理的新课题，通过上门走访、电话咨询和召开座谈会等方式对全市200多家党政机关和企事业单位档案数字化保密管理情况进行了调研，摸清了基本情况。针对存在的问题，市保密局制定相应的管理措施，以规范档案数字化保密管理工作。二是开展商业秘密管理调研。在沈阳被列为国家全面创新改革试验区的大背景下，沈阳市企业也紧紧抓住这个宝贵的发展机遇，在保密管理工作中做了有益探索和尝试。但通过调研，发现在商业秘密的管理上还存在保密意识淡薄、保护措施落后、对保密部门的指导不积极配合等问题。针对存在的问题，市保密局集思广益，借鉴国家秘密保护的成功经验，研究起草《沈阳市商业秘密保护管理指南》。

（保密局）

【开展自查自评督查】 根据《中央保密委员会2016年工作要点》和国家、省保密局关于进一步做好机关、单位保密自查自评工作要求，市保密局结合沈阳市实际，制订《沈阳市保密自查自评督查工作方案》。成立2个督查组，于9月12日至11月17日，对相关地区和单位的保密自查自评工作进行了督查。重点从保密工作领导责任制落实、保密制度建设、保密宣传教育和涉密人员管理、定密和国家秘密载体管理等方面开展现场督查，对自查自评工作开展较好的地区和单位提出表扬，对自查自评工作开展不力、存在问题较多的单位提出批评，并将每个单位存在的问题及建议单独行文交办整改。通过此次督查，堵塞了机关单位保密管理中的漏洞，强化了全员的保密意识，整体提高了沈阳市机关单位的保密工作水平，为全市保密管理再上新台阶打下了坚实的基础。

（保密局）

【中高考等国家考试保密检查】 加强与教育、招考、司法等部门的配合，抓好各类国家统一考试试卷的保密管理，全年与招考部门一同完成了中、高考，公务员考试、职业医师考试等20余次各类考试的保密监管。对各区、县（市）和司法局、卫生局等单位的试卷保密室进行了全面检查；指派专人入闱中考命题、中考外语听力命题、特岗教师招录考试命题和教师资格考试命题；对中考命题设备进行保密检查和封存，确保了试卷在各个环节的安全保密；在中高考期间，借用省保密局移动检查车对考场周边进行可疑无线通信信号监测和命题场所检查。

（保密局）

【保密机构队伍建设】 市保密局坚持开展保密业务“大练兵”活动，提高保密业务水平，为沈阳市保密教育储备了师资力量。在东北地区率先成立市级国家保密科技测评分中心的基础上，按照国家测评中心的要求，有条不紊地推进测评分中心建设工作。11月29日，沈阳市测评分中心成功通过国家保密科技测评中心评审，国家测评中心主任朱宜兵同志代表国家保密科技测评中心向分中心授予了牌匾和证书，同意国家保密科技测评中心（沈阳市）分中心开展涉密信息系统测评和授权的其他相关工作。

（保密局）

【“双先”评比表彰工作】 为更好地推动全市保密工作开展，弘扬保密工作正能量，按照《沈阳市保密工作系统表彰奖励暂行办法》，在全市范围内评选了2015—2016年度保密工作先进集体和先进工作者评选工作。经逐级推荐、层层审核，最终评选出和平区保密局等70个保密工作先进集体、孟威等71名保密工作先进工作者。

（保密局）

·老干部工作·

【落实政治待遇】 2016年，全市各级党政组织和老干部工作部门，认真学习贯彻习近平总书记关于老干部工作系列重要讲话精神和中央办公厅、国务院办公厅印发的《关于进一步加强和改进离退休干部工作的意见》（中办发〔2016〕3号），紧紧围绕全市工作大局，扎实开展为党和人民事业增添正能量活动，持续抓好离退休干部党的建设和服务管理工作，坚持老干部工作转型发展，精心设计活动载体，组织引导广大离退休干部为沈阳振兴发展献智出力。建立沈阳老干部“创客空间”。利用市区老干部活动中心（室）和老干部大学阵地现有条件，市区两级老干部局和有条件的单位普遍建立老干部“创客空间”，围绕中心工作设定主题，定期组织活动，及时归纳整理老干部的新创意、新点子、新建议，对有价值的及时报送有关部门，全市13个区、县（市）和3个市直单位建立了老干部“创客空间”，总面积超过1000多平方米。开展“家的故事”主题征文活动。3月27日至5月20日，组织开展“家的故事”征文。通过讲述一个个家的故事，充分展示离退休干部在传承优良家风、弘扬中华民族传统美德、传递向上向善精神方面的重要作用，以影响和带动周围人共同释放正能量。共收集作品188篇，并择优向省局报送11篇作品和提供11条采访线索。开展“我的入党时刻”主题征文活动。为纪念建党95周年，弘扬社会主义核心价值观，进一步展示中华民族关于家庭的传统美德和离退休干部精神风貌，抒发老同志对党的深厚感情和对党的事业的无比忠诚，4月12日至5月12日，市局在全市离退休干部中开展了“我的入党时刻”主题征文，共征集稿件182篇，有17篇作品获得一、二、三等奖。联合涉老媒体开辟“正能量”专版。5月18日，市局联合《晚晴报》社开设“正能量”专版，通过“正思考”、“正体验”、“正畅谈”、“正访谈”等栏目集中宣传和展现沈阳市老干部正能量活动取得的成果和广大离退休干部的精神风采，自第一期专版推出以来，已出版16期。开展“我为振兴献良策”活动。为充分挖掘和发挥这些老同志的智慧和经验优势，形成人人关心振兴、参与振兴、建言振兴的正能量，6月30日，市局在全市离退休干部中组织开展了“我为振兴献良策”活动。截至7月31日，共收到175名离退休干部提出的“良策”434条，内容涉及党的建设、人才培养、振兴发展、城市民生、三农问题、环境保护、医药卫生、文化体育、招商引资、老龄事业、教育事业等11大类。坚持抓好离退休干部思想建设和组织建设。全市老干部系统举办政治学习方面的活动883场次，近5万人次参加。举办全市离退休干部党支部书记培训班。100余名离退休干部党支部书记围绕如何进一步做好新时期离退休干部党支部工作认真听专家讲座和开展座谈交流。向469名市属年满90周岁离休干部赠送彩电,10年来全市共有2337名离休干部享受到了这项特殊待遇。

(毕文杰)

【落实生活待遇】 推进离休干部住房货币化补贴工作进度。截至2016年底,全市共解决1.35万名离休干部住房补贴,占符合政策离休干部总数1.52万人的89%。完成了32家市直特困企业107名离休干部住房补贴发放工作,发放金额460.9万元,解决了3家事业转企单位离休干部住房货币化补贴,完成了300余名市直特困企业离休干部住房货币化补贴信息录入、改档、审批工作。全市尚未解决的单位均已制定了解决计划,预计两年内全部解决。全市离休干部看病开药更加方便。市局积极协调、配合市有关部门推进全市干诊制度改革,促进扩大定点医院范围,各定点医院认真负责,不断完善系统,市区两级财政支持力度大,持卡就医工作运行平稳。做好离休干部待遇常规性工作。针对易地长期居住离休干部医药费报销不便的问题,主动协调有关部门和离休干部所在单位为15名易地安置的特困企业离休干部报销医药费68万元。为2219名市直企事业单位离休干部办理了医疗统筹认定审核,为558名市直特困企业离休干部办理了市财政减免手续。组织7批次577名离休干部健康疗养。在沈阳市出台采暖费暗补变明补政策时,积极与市房产局协调,为全市980名特困企业离休干部办理采暖费免缴手续。创新离休干部个性化服务。全市各级老干部工作部门积极创新服务举措,从实际出发,本着一人一策的原则,认真做好离休干部个性化服务工作。各区、县(市)继续加强和完善依托社区等社会资源为离休干部开展"四就近"服务制度,满足多数离休干部选择居家养老的养老方式,各离休干部所在单位不断强化职责,创新服务内容,开展亲情化服务。

(毕文杰)

【阵地建设】 加强阵地建设,全市离退休干部政治和文化活动继续呈现活跃局面。市老干部活动中心克服硬件设施不完善的不利因素,坚持开展形式多样的活动。所属市老干部艺术团经常深入基层慰问演出,受众达数万人。市老年人大学坚持教学、建设两不误,全年完成教学任务3800学时。大学新校舍主体工程已经完工,正在抓紧进行配套工程和投入使用的筹备工作。市老干部疗养院创新"管家式"服务方式,高质量完成了各项老干部政务活动和离休干部健康疗养接待服务任务。市关工委办公室积极为"五老"做好服务和管理工作,为广大离退休干部关心青少年健康成长发挥职能作用。市五里河干休所在驻所离休干部人数锐减的情况下,一如既往、坚守职责,全力做好服务管理工作。各区、县(市)和一些市直单位也高度重视老干部活动阵地建设,投入资金约170万元,改善老干部活动环境。

(毕文杰)

【队伍建设】 按照全市老干部工作会议提出的要求,全市各级老干部工作部门以开展"两学一做"学习教育为契机,积极做好老干部工作人员爱岗敬业教育和政策业务培训,不断提升老干部工作人员思想政治素质和实际工作能力。认真开展"两学一做"学习教育。结合老干部工作实际,要求老干部工作者在发扬和传承党的优良传统,为党的事业增添正能量中当先锋、打头阵。通过培训提高政策业务水平和实际工作能力。举办全市老干部工作者培训班,对近年新入职的老干部工作人员和负责老干部工作具体业务的工作人员进行培训。创新多种形式抓队伍建设。开设"老干部工作讲堂",深入研讨做好新时期老干部工作方法和途径。组织老干部工作人员亲情演出队,深入老干部活动场所和行动不便的老干部家中慰问演出,强化工作人员敬老意识。开展大走访活动,增强老干部工作人员责任意识。

(毕文杰)

纪检监察

【综述】 2016年,全市各级纪检监察机关全面贯彻党的十八大和十八届三中、四中、五中、六中全会精神,深入贯彻习近平总书记系列重要讲话精神,坚持全面从严治党,忠诚履行党章赋予的职责,强化监督执纪问责,着力净化修复政治生态,全市党风廉政建设和反腐败工作迈出新步伐,腐败蔓延势头得到有效遏制,反腐败斗争压倒性态势已经形成,党内政治生活呈现新的气象。

加大问责力度,推动"两个责任"落实。加强对"两个责任"落实情况的监督检查和动态考核,实行签字背书,开展有针对性的约谈,督促责任落实。把问责作为压实"两个责任"的有效手段,全年对112名党员领导干部因分管范围内发生侵害群众利益问题或出现违反八项规定精神问题进行问责,全市分17批通报了21起责任追究的典型问题。特别是对和平区人大班子成员公款旅游、市交通局干部公款旅游等问题严肃查处,对履行主体责任和监督责任不力的领导干部进行了问责,并且在社会上公开曝光,引起强烈反响。

保持高压态势,强化对腐败的震慑。全市各级纪检监察机关共受理信访举报7866件次;立案2587件,同比增长50.8%;查处市管干部54人,增长116%;处级干部259人,增长32.1%。严肃查处了乔伟、耿洪臣、李英华等一批严重违纪案件,并对付晓慧案所涉及的一批相关责任人进行了责任倒查。各区、县(市)立案数首次全部突破百件,派驻机构纪律审查能力进一步提高。落实宽严相济、治病救人的方针,出台了落实监督执纪"四种形态"实施意见和谈话函询实施办法。开展谈话函询366次,同比增长388%;组织处理140人,增长106%;给予纪律轻处分1792人,占处分总人数的73.5%;给予纪律重处分645人,占26.5%;移送司法机关处理72人,占2.78%,取得了良好的政治、法纪和社会效果。配合省纪委认真做好辽宁拉票贿选案查处工作,集中抓好涉案人员的处分决定的落实,对88名沈阳地区涉案人员分别做出处理,重处分1人,轻处分24人,诫勉谈话21人,批评教育42人。严格依纪依规开展执纪审查工作,实现了纪律审查零事故。

坚持从严执纪,持之以恒纠正"四风"。抓住关键节点,组织专项检查,坚决纠正违规举办升学宴、违规发放津贴补贴、违规租用超标车辆、违规使用办公用房等突出问题。坚持发现一起严肃查处一起，对典型案件一律通报曝光，市纪委通报曝光典型案件7批31起，涉及市管干部11人，释放出了越往后越严的强烈信号。

坚持立行立改，抓好巡视反馈意见的落实。对中央和省委巡视组移交的227件问题线索认真办理，做到件件有着落、事事有回音。在全市开展“挺纪在前、严守底线”集中谈，促动党员干部知敬畏、明底线、守规矩。协助市委制定并出台了关于全面从严治党、营造良好政治生态的实施意见，不断完善制度体系。

狠抓自身建设，努力提高队伍整体素质。深入开展“两学一做”学习教育，市纪委常委会牢固树立政治意识、大局意识、核心意识、看齐意识，自觉同以习近平同志为核心的党中央保持高度一致。出台加强市纪委常委班子思想政治建设的意见，严肃党内政治生活，不断提高领导能力和工作水平。精心组织，严密程序，圆满完成市和区、县(市)两级纪委的换届工作。强化内部监督，对系统内违纪问题不遮掩、不护短，严肃查处，严防“灯下黑”。

(吕兴宇)

【队伍自身建设】 深入开展“两学一做”学习教育，组织机关党员干部认真学习党章党规、《习近平总书记系列重要讲话读本(2016年版)》《习近平关于严明党的纪律和规矩论述摘编》等，并以支部为单位围绕“讲政治、有信念”、“讲规矩、有纪律”、“讲道德、有品行”、“讲奉献、有作为”四个专题进行讨论。委局领导班子成员以普通党员身份参加支部民主生活会，为支部党员讲党课。创新载体，在委局机关开展“弘扬廉洁美德、宣讲廉洁故事、争做勤廉表率”教育实践活动，通过廉政书画作品创作展示、制做廉政警示桌牌等形式，教育引导党员廉洁修身、廉洁齐家、廉洁用权。加强机关党支部组织建设，3月顺利完成机关党支部的换届选举工作，新成立了办公厅党总支和第八纪检监察室党支部。

(吕兴宇)

【市纪委十二届六次全会】 2016年2月1日，中共沈阳市第十二届纪律检查委员会第六次全体会议举行。全会审议通过了市委常委、市纪委书记王德波代表市纪委常委会所作的题为《严明党规党纪，全面履行职责，为实现沈阳振兴发展提供坚强的纪律保证》的工作报告。

全会认为，2015年，在省纪委和市委的领导下，全市各级纪检监察机关深入贯彻全面从严治党要求，忠诚履行党章赋予的职责，找准职能定位，工作思路更加清晰；注重压力传导，“两个责任”得到有效落实；持续推进“三转”，改革取得阶段性成果；强化纪律约束，纪律审查工作实现新突破；锲而不舍纠“四风”，党风政风持续好转；抓好组织协调，协作配合机制逐步形成；加强队伍建设，履职能力有新的提升。全市共查办违纪案件1716件，给予党政纪处分1747人，立案件数、处分人数同比分别增长55%、38.67%。

会议提出，2016年全市各级纪检监察机关要深入贯彻党的十八大、十八届历次中央全会和中、省纪委六次全会精神，认真落实市委十二届十二次全会精神，以习近平总书记系列重要讲话精神为指导，保持坚强政治定力，坚定“四个足够自信”，树牢向中央看齐意识，坚持全面从严治党，忠诚履行党章赋予的职责，聚焦监督执纪问责，深化标本兼治，创新体制机制，把纪律挺在前面，持之以恒落实中央八项规定精神，着力解决群众身边的不正之风和腐败问题，力度不减、节奏不变，坚决遏制腐败蔓延势头，建设忠诚干净担当的纪检监察干部队伍，不断取得党风廉政建设和反腐败斗争新成效，为实现沈阳全面振兴提供坚强的纪律保证。

全会要求，各级纪检监察机关要严明党的纪律，确保党规党纪落到实处；夯实管党治党责任，让失责必究成为常态；把纪律挺在前面，实践好“四种形态”；常抓抓出习惯，防止“四风”反弹回潮；深入开展专项治理，坚决纠正损害群众利益的不正之风和腐败问题；深化体制改革，形成监督执纪问责合力；强化自我监督，建设一支忠诚于党、让人民放心的纪检监察队伍。

(吕兴宇)

【加强换届纪律监督】 按照中央和省市关于换届纪律监督工作的要求部署，市纪委成立了换届纪律监督工作领导小组，建立了市、区县(市)及乡镇三级纪委分片包点制度、换届纪律监督工作周报告制度、换届纪律舆情监测制度、换届纪律监督工作全程纪实制度，加强换届纪律执行情况的监督检查，并设立专用举报电话，实行24小时专人值守，对反映换届中违纪问题的信访举报，第一时间调查处理。全市共立案22件，给予党政纪处分28人，分3批对11起典型案件进行曝光。严把党风廉政意见回复关，对省、市、县三级党委换届人选中的711名市管干部严格审查，提出取消提名资格建议55人。

(吕兴宇)

【“挺纪在前，严守底线”集中谈】 2016年6月27日至30日，市纪委采取“谈讲结合、以谈为主”的形式，以中省市纪委近两年来查处的违纪案件为反面教材，以重申十八大以来党中央关于全面从严治党的重大决策部署和党内法规制度建设新思想和新要求，重申党中央对党风廉政建设和反腐败斗争的坚定决心和鲜明态度，重申反腐败向基层延伸、越往后执纪越严的强烈信号，重申中央第三巡视组巡视“回头看”反馈的问题和整改要求为主要内容，在全市党员领导干部中，开展挺纪在前、严守底线“集中谈”。市纪委领导班子和各纪检监察室负责人按照责任分工，组成16个谈话组，分27次(包括补课)对全市市管领导干部、区县(市)“两委”委员和区县(管辖)党委(党组)书记2695人进行集中谈话。市级层面集中谈结束后，市直各单位党委(党组)、纪委、纪检组和各区县(市)党委、纪委，参照市纪委模式，也层层开展了谈话。全市共进行集中谈2348场，谈话8.99万人，实现了对全市党员干部的全覆盖。

(吕兴宇)

【落实中央八项规定精神监督检查】 2016年，全市纪检监察机关采取日常定期查、节日重点查、线索集中查的方式，加强对中央八项规定精神落实情况的监督检查。组织明察暗访305次，暗访重要点位1248个，抽查消费记录5000余份，检查机关单位624家；抓住重要节日,组成120个检查组,就公车管理、婚礼操办、节日值班等事项,检查单位591个、消费娱乐场所1440个;结合落实巡视整改意见,对违反中央八项规定问题线索开展集中查,交办问题线索320件,跟踪督办57件。全年共查处违反中央八项规定精神问题183起,处理党员干部232人,给予党纪政纪处分211人,同比分别增长245.3%、300%和276.8%。

(吕兴宇)

【整治损害群众利益的不正之风】 2016年,市纪委先后组织开展了损害群众利益典型信访案件专项治理和扶贫领域违纪问题专项整治,以农村集体“三资管理”和惠农领域强占掠夺、贪污挪用,扶贫领域虚报冒领、截留私分,征地拆迁领域以权谋私、弄虚作假等问题为重点,对十八大以来反映损害群众利益问题的信访举报大起底、大排查,筛选确定152件典型信访案件和51件反映扶贫领域违纪问题线索,交由基层办理,并实行领导包案和清单管理、责任管理、销号管理。截至12月底,152件信访案件已结案147件,给予党政纪处分143人,移送司法机关16人,挽回经济损失325.91万元;51件扶贫领域问题线索已全部办结,给予党政纪处分43人,挽回经济损失17.31万元。

(吕兴宇)

【市纪委十三届一次全会】 2016年11月17日,中共沈阳市第十三届纪律检查委员会第一次全体会议举行。会议选举产生了中国共产党沈阳市第十三届纪律检查委员会常务委员会委员。他们是王冬石、邓福林、孙建军、张淼、赵岩、刘恩举、张中人、孔宪才、关卫民、毕成伟、李新和。全会选举王冬石同志为市纪委书记,选举邓福林、孙建军、张淼同志为副书记。选举结果经市委十三届一次全会通过。会议提出,市纪委全体委员和全市纪检监察干部要对党绝对忠诚,始终保持政治上的清醒与坚定;要聚焦主责主业,全面履行党章赋予的职责;要坚守清正廉洁,自觉做秉公执纪的模范,不忘初心、砥砺前行,全面落实市党代会确立的目标任务,做出无愧于党、无愧于人民、无愧于时代的成绩。

(吕兴宇)

【贯彻落实市十三次党代会精神】 2016年11月18日,市纪委监察局召开机关干部会议,传达学习市第十三次党代会精神。会议强调,本次党代会确定了全力打造国际化营商环境,努力把沈阳建设成为引领实现东北振兴发展的中心城市的目标任务。全市各级纪检监察机关要坚持围绕中心、服务大局,找准职责定位,强化监督执纪问责,为打造国际化营商环境提供坚强的纪律保证。既要坚决查处严重腐败案件,又要查处发生在群众身边的小腐败、微腐败、雁过拔毛的腐败案件,也要查处弄虚作假的问题。要运用好监督执纪“四种形态”,在监督和问责上发力,在查处“四风”和中央八项规定精神上下功夫。要从严管理、从严监督、从严教育纪检监察干部队伍,把执纪审查权关在制度的笼子里。

(吕兴宇)

市人大常委会

【市第十五届人大第五次会议】 2016年10月19日,沈阳市第十五届人民代表大会第五次会议在辽宁人民会堂举行。会议补选了辽宁省第十二届人民代表大会代表。大会主席团常务主席赵长义主持了第一次、第二次全体会议。沈阳市第十五届人民代表大会第五次会议实有代表515名,两次全体会议的代表分别为479名、484名。在第一次全体会议上,表决通过了沈阳市第十五届人民代表大会第五次会议选举办法。会后,各代表团酝酿了大会主席团提出的候选人建议名单,进行了代表联名推荐候选人,推荐了大会选举监票人,酝酿了代表联名推荐的候选人和正式候选人名单。在第二次全体会议上,大会以无记名投票的方式补选了辽宁省第十二届人民代表大会代表。期间,市十五届人大五次会议主席团召开了四次主席团会议。本次大会认真落实党中央、中央纪委查处辽宁拉票贿选案的决策部署,深入贯彻习近平总书记重要讲话和指示批示精神,严格执行中央和省、市委关于选举工作的各项要求,坚持党的领导,充分发扬民主,严格依法办事,坚决与中央和省委保持高度一致,实现了党的意图和人民意愿的高度统一。大会规范有序、务实高效、风清气正。会议期间,全体代表站在全局和战略的高度,本着对党和人民事业高度负责的精神,依法正确行使选举权,严格遵守政治纪律、政治规矩、组织纪律、选举纪律以及大会纪律,坚决贯彻中央和省、市委意图,充分展现了各位代表对党绝对忠诚,讲政治、懂规矩、守纪律、顾大局的良好精神风貌。

(胡士俊)

【市第十五届人大第六次会议】 2017年1月9日至12日,沈阳市第十五届人民代表大会第六次会议在辽宁人民会堂隆重召开。来自全市各条战线的人大代表,肩负着全市人民的重托,以饱满的政治热情和强烈的使命感共赴盛会。大会期间,代表们将认真履行宪法和法律赋予的职权,为谋划和确定2017年全市经济社会发展任务、加快推动沈阳老工业基地全面振兴贡献智慧力量。2月9日上午,市十五届人大六次会议开幕。大会主席团常务主席、市人大常委会主任赵长义主持第一次全体会议。市委副书记、副市长、代市长姜有为向大会作政府工作报告。市委常委、常务副市长马占春向大会作关于《沈阳振兴发展战略规划(草案)》的说明。大会印发了沈阳市2016年国民经济和社会发展计划执行情况与2017年国民经济和社会发展计划(草案)的报告、沈阳市2016年预算执行情况和2017年预算(草案)的报告。1月10日下午,市十五届人大六次会议举行第二次全体会议。大会主席团常务主席潘利国主持会议。市人大常委会主任赵长义向大会作《沈阳市人民代表大会常务委员会工作报告》,市中级人民法院院长周维远向大会作《沈阳市中级人民法院工作报告》,市人民检察院检察长赵东岩向大会作的《沈阳市人民检察院工作报告》,市人大常委会副主任邢凯向大会作关于《沈阳市制定地方性法规条例(修订草案)》的说明。大会通过了沈阳市第十五届人民代表大会第六次会议关于接受赵长义辞去沈阳市第十五届人民代表大会常务委员会主任,张宁辞去沈阳市第十五届人民代表大会常务委员会秘书长、孟昭贵辞去沈阳市第十五届人民代表大会常务委员会委员,王翔坤、庞洪波分别辞去沈阳市人民政府副市长职务请求的决定。表决通过了沈阳市第十五届人民代表大会第六次会议选举和通过有关专门委员会组成人员人选办法。1月12日下午，大会进行了选举事项，补选潘利国为沈阳市第十五届人民代表大会常务委员会主任、王翔坤为沈阳市第十五届人民代表大会常务委员会副主任、孟昭贵为沈阳市第十五届人民代表大会常务委员会秘书长、孙建军、范泉水、姜欣、韩春声沈阳市第十五届人民代表大会常务委员会委员，补选姜有为沈阳市人民政府市长，表决通过了沈阳市第十五届人民代表大会有关专门委员会组成人员人选名单。新当选同志的与代表见面，并向宪法宣誓。大会分别表决通过了关于《沈阳市人民政府工作报告》的决议、关于《沈阳振兴发展战略规划》的决议、关于沈阳市2016年国民经济和社会发展计划执行情况与2017年国民经济和社会发展计划的决议、关于沈阳市2016年预算执行情况和2017年预算的决议、关于《沈阳市人民代表大会常务委员会工作报告》的决议、关于《沈阳市中级人民法院工作报告》的决议、关于《沈阳市人民检察院工作报告》的决议和《沈阳市制定地方性法规条例(修订草案)》。

（胡士俊）

·市人大常委会会议·

【十五届人民代表大会常务委员会第二十七次会议】 会议于2016年2月24日举行。市人大常委会主任赵长义、副主任王开军分别主持了会议期间的两次全体会议。(一)会议审议并表决通过了沈阳市人大常委会2016年工作要点。常委会组成人员认为，常委会工作要点认真贯彻落实市委十二届十二次全会和市委人大工作会议精神，按照市十五届人大四次会议常委会工作报告提出的工作任务，紧紧围绕“四个着力”，充分发挥人大职能作用，严格履行法定职责，工作安排科学合理，任务明确，重点突出，与全市工作大局结合紧密，符合沈阳市民主法治建设和人大工作实际，具有很强的针对性和可操作性。(二)会议审议并表决通过了《沈阳市人民代表大会常务委员会专题询问办法》、《沈阳市人民代表大会常务委员会审议意见督办办法》、《关于市政府工作部门主要负责人向市人大常委会报告履职情况的实施办法》。(三)会议进行了人事任免事项。任命：魏武宁为沈阳市人民检察院检察委员会委员；彭松为沈阳市人民检察院检察委员会委员；高尚宏为沈阳市人民检察院检察员；王卒成为沈阳市人民检察院检察员；魏学宾为沈阳市人民检察院检察员；袁明涛为沈阳市人民检察院检察员；杨德明为沈阳市人民检察院检察员；范军东为沈阳市人民检察院检察员；宫国平为沈阳市人民检察院检察员；马鹏鹍为沈阳市人民检察院检察员；张帅为沈阳市人民检察院检察员；王辉为沈阳市人民检察院检察员；李壮为沈阳市人民检察院检察员；杨福楠为沈阳市人民检察院检察员；张昆伦为沈阳市人民检察院检察员；张林楠为沈阳市人民检察院检察员；魏铁君为沈阳市人民检察院检察员；孙娜为沈阳市人民检察院检察员。决定免去：顾春明的沈阳市人民政府副市长职务；隋莉的沈阳市经济和信息化委员会主任职务；郭向文的沈阳市农村经济委员会主任职务。免去：高峰的沈阳市人民检察院副检察长、检察委员会委员、检察员职务；张德奎的沈阳市人民检察院检察员职务；刘刚的沈阳经济技术开发区人民检察院检察员职务。

（胡士俊）

【十五届人民代表大会常务委员会第二十八次会议】 会议于2016年3月21日举行。市人大常委会主任赵长义、副主任邢凯分别主持了会议期间的两次全体会议。(一)会议表决通过了《沈阳市人民代表大会常务委员会关于接受王珉辞去辽宁省第十二届人民代表大会代表职务的决定》。(二)会议进行了人事任免事项。决定任命：刘国秀为沈阳市人民政府副市长、沈阳市公安局局长。决定免去：闵学冲的沈阳市人民政府副市长职务；许文有的沈阳市人民政府副市长、沈阳市公安局局长职务。(三)会议传达了第十二届全国人民代表大会第四次会议精神。市人大常委会主任赵长义传达了十二届全国人大四次会议的概况；习近平总书记在“两会”党员负责同志会议上的重要讲话精神和在参加上海等代表团审议时重要讲话的主要精神；王岐山、马凯、万钢同志参加辽宁代表团审议时的讲话精神；会议各项报告审议情况；沈阳代表参加各项报告审议、提出议案建议以及履职新闻报道情况。

（胡士俊）

【十五届人民代表大会常务委员会第二十九次会议】 会议于2016年4月7日举行。市人大常委会主任赵长义、副主任顾春明分别主持了会议期间的两次全体会议，会议进行了人事任免事项。决定任命王翔坤为沈阳市人民政府副市长。决定免去杨亚洲的沈阳市人民政府副市长职务。

（胡士俊）

【十五届人民代表大会常务委员会第三十次会议】 会议于2016年4月25日至26日举行。市人大常委会主任赵长义、副主任李继安分别主持了会议期间的两次全体会议。(一)会议审议了《沈阳市劳动争议调解条例(草案)》(一审)。(二)会议审议并表决通过了《沈阳市城市市容和环境卫生管理条例修正案(草案)》。(三)会议听取审议并表决通过了市人大内务司法委员会关于市十五届人大四次会议主席团交付审议的《关于加快我市社会化养老服务体系建设的议案》审议结果的报告。(四)会议听取审议并表决通过了市人大环境与资源保护城乡建设委员会关于市十五届人大四次会议主席团交付审议的《关于大力推进城乡结合部老旧住宅供水、供气、供热管网配套改造的议案》审议结果的报告。(五)会议审议并表决通过了《沈阳市人大常委会关于加强政府投资项目监督工作的若干意见》。(六)会议审议了《沈阳市人民政府关于提请审议批准2015年地方政府债务限额的议案》，表决通过了沈阳市人民代表大会常务委员会关于批准《沈阳市人民政府关于提请审议批准2015年地方政府债务限额的议案》的决议。(七)会议审议并表决通过了沈阳市人民代表大会常务委员会关于接受苏宏章辞去辽宁省第十二届人民代表大会代表职务的决定。

（胡士俊）

【十五届人民代表大会常务委员会第三十一次会议】 会议于2016年6月23

日至24日举行。市人大常委会主任赵长义、副主任徐璐分别主持了会议期间的两次全体会议。(一)会议审议了《沈阳市农田水利设施条例(草案)》(一审)。(二)会议审议了《沈阳市劳动争议调解条例(草案)》(二审)。(三)会议听取审议了市政府关于沈阳市2015年财政决算的报告,审查批准了2015年市本级决算。(四)会议听取审议了市政府关于2015年度沈阳市本级预算执行和其他财政收支的审计工作报告。(五)会议听取审议并表决通过了市政府《关于加大对农田水利基础设施建设和维护投入力度的议案》三年办理结果的报告。(六)会议听取了市政府关于沈阳市旅游发展总体规划编制及有关情况的报告,审议并表决通过了《沈阳市旅游发展总体规划(2015—2020年)》。(七)会议进行了人事任免事项。

(胡士俊)

【十五届人民代表大会常务委员会第三十二次会议】 会议于2016年7月20日举行。市人大常委会主任赵长义、副主任黄凯分别主持了会议期间的两次全体会议。(一)会议听取审议了沈阳市人民代表大会常务委员会代表资格审查委员会关于个别代表的代表资格的报告。(二)会议审议并表决通过了沈阳市人民代表大会常务委员会关于接受杨亚洲辞去辽宁省第十二届人民代表大会代表职务的决定。(三)会议进行了人事任免事项。决定免去:张景辉的沈阳市发展和改革委员会主任职务;宋锡坤的沈阳市科学技术局局长职务;李强的沈阳市规划和国土资源局局长职务。决定任命:阎秉哲为沈阳市发展和改革委员会主任;赵日刚为沈阳市科学技术局局长。

(胡士俊)

【十五届人民代表大会常务委员会第三十三次会议】 会议于2016年8月24日至26日举行。市人大常委会主任赵长义、副主任于波分别主持了会议期间的两次全体会议。(一)会议审议了《沈阳市农田水利设施条例(草案)》(二审)。(二)会议审议并表决通过了《沈阳市劳动争议调解条例》。(三)会议听取审议了市政府关于沈阳市2016年上半年国民经济和社会发展计划执行情况的报告。(四)会议听取审议了市政府关于沈阳市2016年上半年预算执行情况的报告。(五)会议听取审议了市政府关于沈阳市政府性债务情况的报告,审议了《沈阳市人民政府关于提请审议批准2016年地方政府债务限额的议案》,表决通过了沈阳市人民代表大会常务委员会关于批准《沈阳市人民政府关于提请审议批准2016年地方政府债务限额的议案》的决议。(六)会议听取审议并表决通过了市政府《关于采取有效措施,抓紧解决城乡垃圾减量化、无害化、资源化处理的议案》等2件议案审议意见落实情况的报告。(七)会议听取审议了市人大常委会执法检查组关于检查《辽宁省全民健身条例》和《沈阳市公共体育设施条例》实施情况的报告。(八)会议听取审议了市政府、市法院、市检察院关于市十五届人大四次会议以来代表建议、批评和意见办理情况的报告。(九)会议听取审议了沈阳市人民代表大会常务委员会代表资格审查委员会关于个别代表的代表资格的报告。(十)会议表决通过了沈阳市人民代表大会常务委员会关于接受王占柱辞去辽宁省第十二届人民代表大会代表职务的决定。(十一)会议进行了人事任免事项。决定免去:祁鸣的沈阳市人民政府副市长职务;根据工作需要,决定免去陈弘的沈阳市质量技术监督局局长职务。

(胡士俊)

【十五届人民代表大会常务委员会第三十四次会议】 会议于9月10日举行,市人大常委会副主任李继安主持会议。会议审议并表决通过了关于接受沈阳市部分辽宁省第十二届人民代表大会代表辞去代表职务的决定。

(胡士俊)

【十五届人民代表大会常务委员会第三十五次会议】 会议于2016年10月9日举行。市人大常委会主任赵长义、副主任于波分别主持了会议期间的两次全体会议。(一)会议审议并表决通过了沈阳市人民代表大会常务委员会关于召开沈阳市第十五届人民代表大会第五次会议的决定。会议决定沈阳市第十五届人民代表大会第五次会议于2016年10月19日召开。(二)会议审议并表决通过了沈阳市第十五届人民代表大会第五次会议议程(草案)和日程(草案)。会议议程(草案)补选辽宁省第十二届人民代表大会代表。会议议程(草案)和日程(草案),将按程序分别提请市十五届人大五次会议预备会议和主席团第一次会议通过。(三)会议听取了关于沈阳市第十五届人民代表大会第五次会议筹备工作情况的报告。2016年9月中旬,市人大常委会成立了大会筹备工作机构,制定了筹备工作方案,各项筹备工作全面展开,有序进行。大会的会场和代表驻地安排、会议文件材料准备等各项筹备工作基本就绪,能够保证大会如期召开。(四)会议听取审议了沈阳市人民代表大会常务委员会代表资格审查委员会关于个别代表的代表资格的报告。沈阳市第十五届人民代表大会代表名额为529名。市十五届人大常委会第三十三次会议召开时,实有代表523名。第三十三次会议召开以来,代表出缺15名。其中,调离沈阳和因工作变动辞职11人:马玉生、牛晋丛、闵学冲、陈晓旭、陈航、庞洪波、房志坚、赵国利、康龙、阎秉哲、程晓龙;辞职3人:王东(满族)、杨丹明、邹建波;未经批准两次不出席市人民代表大会会议1人:杜荣生。房志坚等15人的代表资格终止。房志坚的沈阳市第十五届人民代表大会内务司法委员会委员职务、杨丹明的沈阳市第十五届人民代表大会环境与资源保护城乡建设委员会委员职务和邹建波的沈阳市第十五届人民代表大会教育科学文化卫生委员会委员职务相应终止。最近,沈河区补选王蒙徽、陈弘(女),铁西区补选董锋,沈北新区补选连茂君、刘东耀、李强,苏家屯区补选韩东太(满族),为沈阳市第十五届人民代表大会代表。现在,沈阳市第十五届人民代表大会实有代表515名。(五)会议审议了沈阳市第十五届人民代表大会第五次会议主席团和秘书长、主席团常务主席、副秘书长及列席人员建议名单。市十五届人大五次会议主席团和秘书长、主席团常务主席、副秘书长建议名单,是根据有关法律规定和工作需要,参照以往构成情况并与市委组织部反复沟通提出的。建议名单将按程序提请市十五届人大五次会议预备会议和主席团第一次会议选举、推选和决定。列席人员建议名单,是根据有关法律规定和工作需要提出的。（六）会议进行了人事任免事项。决定免去：于龙的沈阳市旅游局局长职务；因工作变动，免去孙建军的沈阳市中级人民法院副院长、审判委员会委员、审判员职务。决定任命：马占春为沈阳市人民政府副市长；朱文波为沈阳市农村经济委员会主任；于龙为沈阳市旅游委员会主任；张坚强为沈阳市质量技术监督局局长。

（胡士俊）

【十五届人民代表大会常务委员会第三十六次会议】 会议于2016年11月2日至4日举行。市人大常委会主任赵长义、副主任王开军分别主持了会议期间的两次全体会议。（一）会议审议并表决通过了《沈阳市农田水利设施条例》（三审）。（二）会议审议了《沈阳市轨道交通管理条例（草案）》（一审）。（三）会议表决了市人大常委会关于提请市人民代表大会审议《沈阳市制定地方性法规条例（修订草案）》的议案。（四）会议听取审议并表决通过了市政府《关于加快我市社会化养老服务体系建设的议案》办理情况的报告。（五）会议听取审议并表决通过了市政府《关于大力推进城乡结合部老旧住宅供水、供气、供热管网配套改造的议案》办理情况的报告。（六）会议听取审议并表决通过了市政府关于沈阳市文化遗产保护与利用工作情况的报告。（七）会议听取审议了关于中德（沈阳）高端装备制造产业园建设情况的报告。（八）会议听取审议了市政府关于我市全面创新改革试验进展情况的报告。（九）会议听取审议并表决通过了关于我市法治政府建设情况的报告。（十）会议进行了人事任免事项。

（胡士俊）

【十五届人民代表大会常务委员会第三十七次会议】 会议于2016年12月9日举行。市人大常委会主任赵长义、副主任邢凯分别主持了会议期间的两次全体会议。（一）会议审议并表决通过了沈阳市人民代表大会常务委员会关于召开沈阳市第十五届人民代表大会第六次会议的决定。会议决定：沈阳市第十五届人民代表大会第六次会议于2017年1月9日召开。建议会议的主要议程是：（1）听取和审议沈阳市人民政府工作报告；（2）审查和批准《沈阳振兴发展战略规划》；（3）审查和批准沈阳市2016年国民经济和社会发展计划执行情况与2017年国民经济和社会发展计划草案的报告，批准沈阳市2017年国民经济和社会发展计划；（4）审查和批准沈阳市2016年预算执行情况和2017年预算草案的报告，批准沈阳市2017年市本级预算；（5）听取和审议沈阳市人民代表大会常务委员会工作报告；（6）听取和审议沈阳市中级人民法院工作报告；（7）听取和审议沈阳市人民检察院工作报告；（8）审议沈阳市人民代表大会常务委员会关于提请审议《沈阳市制定地方性法规条例（修订草案）》的议案；（9）选举事项；（10）其他。（二）会议审议并原则通过了市人大常委会向市十五届人大六次会议所作的工作报告。（三）会议听取审议了市政府关于《2015年度沈阳市本级预算执行和其他财政收支的审计工作报告》提出问题整改情况的报告。（四）会议听取审议了市政府关于市十五届人大四次会议以来代表建议、批评和意见办理情况的报告。（五）会议审议了市法院关于市十五届人大四次会议以来代表建议、批评和意见办理情况的报告（书面）。（六）会议审议了市检察院关于市十五届人大四次会议以来代表建议、批评和意见办理情况的报告（书面）。（七）会议审议并表决通过了沈阳市人民代表大会常务委员会关于接受潘利国辞去沈阳市人民政府市长职务的决定。（八）会议审议了沈阳市人民代表大会常务委员会主任会议关于提请决定任命姜有为为沈阳市人民政府副市长并决定其为代理市长的议案；表决决定任命姜有为为沈阳市人民政府副市长；表决通过了沈阳市人民代表大会常务委员会关于姜有为为沈阳市人民政府代理市长的决定。（九）会议审议并表决通过了沈阳市人民代表大会常务委员会关于接受王秀香辞去辽宁省第十二届人民代表大会代表职务的决定。（十）会议进行了人事任免事项。决定任命：姜有为为沈阳市人民政府副市长；肖枫为沈阳市人民政府秘书长。决定免去：连茂君的沈阳市人民政府秘书长职务。

（胡士俊）

【十五届人民代表大会常务委员会第三十八次会议】 会议于2016年12月28日举行。市人大常委会党组书记潘利国参加会议。市人大常委会主任赵长义、副主任顾春明分别主持了会议期间的两次全体会议。（一）会议审议并表决通过了沈阳市第十五届人民代表大会第六次会议议程（草案）和日程（草案）。会议议程（草案）：（1）听取和审议沈阳市人民政府工作报告；（2）审查和批准《沈阳振兴发展战略规划（草案）》；（3）审查和批准沈阳市2016年国民经济和社会发展计划执行情况与2017年国民经济和社会发展计划草案的报告，批准沈阳市2017年国民经济和社会发展计划；（4）审查和批准沈阳市2016年预算执行情况和2017年预算草案的报告，批准沈阳市2017年市本级预算；（5）听取和审议沈阳市人民代表大会常务委员会工作报告；（6）听取和审议沈阳市中级人民法院工作报告；（7）听取和审议沈阳市人民检察院工作报告；（8）审议沈阳市人民代表大会常务委员会关于提请审议《沈阳市制定地方性法规条例（修订草案）》的议案；（9）通过沈阳市第十五届人民代表大会第六次会议关于接受部分沈阳市第十五届人民代表大会常务委员会组成人员辞去职务的决定（草案）；（10）通过沈阳市第十五届人民代表大会第六次会议关于接受个别沈阳市人民政府副市长辞去职务的决定（草案）；（11）补选沈阳市第十五届人民代表大会常务委员会主任、副主任、秘书长、委员；（12）补选沈阳市人民政府市长；（13）通过沈阳市第十五届人民代表大会有关专门委员会组成人员人选。会议议程（草案）和日程（草案），将按程序分别提请市十五届人大六次会议预备会议和主席团第一次会议通过。（二）会议听取了关于沈阳市第十五届人民代表大会第六次会议筹备工作情况的报告。2016年12月初，市人大常委会成立了大会筹备工作机构，制定了筹备工作方案，定期召开工作调度会，目前，会议的各项筹备工作已基本就绪，能够保证大会如期召开。（三）会议听取并审议了沈阳市人民代表大会常务委员会代表资格审查委员会关于个别代表的代表资格的报告。（四）会议审议并表决通过了沈阳市第十五届人民代表大会第六次会议主席团和秘书长、主席团常务主席、副秘书长及列席人员建议名单。市十五届人大六次会议主席团和秘书长、主席团常务主席、副秘书长建议名单，是根据有关法律规定和工作需要，参照以往构成情况提出的，会后将按程序提请市十五届人大六次会议预备会议和主席团第一次会议选举、推选和决定。（五）会议审议并表决通过了市政府提请审议关于开展第七个五年（2016－2020年）法治宣传教育决议（草案）的议案。（六）会议补选了辽宁省第十二届人民代表大会代表。会议补选范继英、姜有为为辽宁省第十二届人民代表大会代表。

（胡士俊）

【提高地方立法质量】 2016年，常委会自觉接受市委对立法工作的领导，坚持针对问题立法、突出地方特色、注重管用有效的工作思路，扎实推进地方立法工作。制定和修正了3件地方性法规，对2项法规草案进行了审议，努力实现法律效果、社会效果和政治效果的统一。制定《沈阳市农田水利设施条例》，推动解决制约农业和农村经济发展的关键问题。农田水利设施的建设管理，事关农业和农村经济的可持续发展。常委会在近年来对沈阳市农田水利设施建设管理进行连续监督推进的基础上，针对农田水利设施的建设管理现状，在条例制定中，从规划与建设、运行与维护、保障与扶持等方面都作出明确规定，特别是把解决“建、管、用”脱节作为制度设计的重点，确定了运行维护主体，细化了管理维护职责，完善了经费保障机制，对危害农田水利设施行为也明确了处罚规定，为沈阳市农田水利事业发展创造了有力的法制条件。制定《沈阳市劳动争议调解条例》，为构建和谐稳定劳动关系提供法规支持。劳动争议调解是预防和解决劳动争议的“第一道防线”。随着经济社会的快速发展，劳动制度发生了重大变化，劳动争议数量也呈现不断上升趋势，亟需通过地方立法来加强劳动争议调解工作。常委会针对沈阳市劳动争议调解工作中的突出问题，在条例中分别就调解的含义与原则、调解组织、调解程序、调解协议等内容作出了明确规范，对防止矛盾激化、维护社会和谐稳定将发挥重要作用。审议《沈阳市轨道交通管理条例（草案）》，促进完善中心城市服务功能。发展城市轨道交通，是构建体现公交优先原则的公共交通体系、提高城市集聚辐射功能和承载力、建设区域中心城市的必然选择。为适应沈阳市轨道交通事业快速发展的需要，充分发挥法治在行业发展中的引领保障作用，将轨道交通管理纳入法治化轨道，常委会在连续两年调研的基础上，本着“条件成熟、急需为先”的原则，适时启动了制定工作，2015年对条例草案进行了一审，力求从管理体制、规划建设、运营管理、安全保障等方面作出明确规定，以推动沈阳市轨道交通事业持续健康发展。审议《沈阳市制定地方性法规条例（修订草案）》，为依法推进全市地方立法工作提供制度保障。按照新修改的立法法，对沈阳市现行制定地方性法规条例进行了相应修改和充实，并结合多年来的地方立法实践，将行之有效的经验做法纳入条例，通过条例的修改完善，进一步规范地方立法活动，依法保障立法权的正确行使。条例修订草案已经本届常委会第36次会议审议，将提交本次大会审议表决。修正《沈阳市城市市容和环境卫生管理条例》，积极适应城市管理的现行需要。常委会对本条例中不适应现行管理体制、涉及行政审批事项、与上位法相抵触的部分条款进行了修正，保证了条例的适用可行。此外，对现行有效的55部地方性法规进行了清理，就科技进步、物业管理、社会保险费征缴、安全生产、大气污染防治等10件需要修改完善的法规提出了清理意见，以确保地方性法规与我市改革发展进程相适应。不断完善立法工作方法和机制，努力提高科学立法、民主立法的水平。常委会注重发挥人大的立法主导作用，始终把提高立法质量贯穿于立法工作全过程，加强立法的组织协调，提前介入法规调研、论证和起草工作。积极探索立法工作创新，在对物业管理条例进行立法后评估的同时，首次委托第三方评估机构对农田水利设施条例开展了立法前评估，并邀请专家进行立法专题培训，确保立法质量；改进法规草案公开征求意见制度，制定了地方法规草案公开征求意见和意见采纳反馈办法，拓展了公民表达立法诉求的途径；健全了代表参与地方立法、征询区县（市）人大立法意见以及建立基层立法联系点的机制，重视发挥立法顾问单位、立法顾问、专家学者的作用，使立法充分体现全市人民的共同意志。

（胡士俊）

【增强依法监督实效】 2016年，常委会按照服务振兴发展、关注民生改善、注重监督实效的要求，综合运用听取报告、执法检查、视察调研、专题询问、预决算审查等多种形式，不断增强对“一府两院”的监督支持力度。一是围绕全市工作中心加强监督，推动和保障市委重大决策部署的落实。为推动全市经济持续健康发展，组织开展了经济运行情况专题调研，听取审议上半年国民经济和计划执行情况报告，积极提出意见建议，支持和促进政府有效化解经济下行压力，确保稳增长、调结构、促改革、惠民生的全面落实。为推动沈阳市全面创新改革试验区、中德高端装备制造产业园等重大战略任务的加速实施，多次组织开展专项调研视察，听取相关情况报告，支持全面创新改革试验先行先试，加快形成可复制可推广的经验。为着力发挥科技创新对转变经济发展方式的引领作用，听取了科技创新工作情况汇报，推动创新驱动发展战略的实施。为推动沈阳市扩大对外开放，听取了外经贸工作情况汇报，支持政府有效应对外贸进出口和利用外资所面临的严峻形势，深化与“一带一路”沿线国家和地区的贸易合作，推进企业“走出去”战略的实施。二是围绕预算编制和执行加强监督，确保公共财政健康平稳运行。深化对政府全口径预算编制审查工作，组建预算审查咨询专家委员会对预算草案进行了初审，对市城管局、民政局的部门预算草案进行了专题审议，各专委会提前介入对口业务部门的预算编制，为代表更好履行预算审查职责提供保障。在对决算和预算执行的监督中，针对所存在的突出问题，重点强调规范财政转移支付行为，优化财政支出结构，增强预算执行效率，尤其是重视解决财政结余结转资金规模过大的问题，常委会为此进行了跟踪问效，听取了市本级统筹盘活存量资金情况的专题汇报，促进政府相关部门严控财政结转、结存资金的规模，创新专项资金管理模式，用好用足财政专项，努力提升财政运行效益。进一步完善审议方式，首次由审计部门负责人向常委会做审计整改落实情况报告，推动审计工作报告反映出的问题认真整改落实。对沈阳市振兴发展基金等政府投资基金运行情况开展调研，以促进政府投资基金更好发挥对社会投资的引导拉动作用。三是围绕保障和改善民生加强监督，推动基本公共服务水平不断提升。为推进城乡结合部地区老旧住宅的"三网"配套改造，常委会从认真办理和落实议案入手，多次视察和听取改造进展情况，督促政府在已取得惠及7.43万户居民的阶段性成果基础上，确保尽快全面完成二环内的"三网"改造任务，使更多百姓喝到干净水、用上安全气、享有温暖房。为推动社会化养老服务体系建设，常委会不仅认真督办相关议案，多次视察调研并听取专项报告，并且针对养老服务体系建设中的突出问题，围绕"居家养老服务"开展专题询问，支持政府有效应对人口老龄化的挑战。着眼于有效缓解"看病难、看病贵"的问题，将区域医疗联合体建设纳入监督视野，促进优质医疗资源向基层下沉，提升医疗服务均等化水平；对中医药事业发展持续推进，促进相关扶持政策落实到位。关注百姓出行条件改善，专题听取优先发展城市公共交通相关情况的汇报，建议加快公交场站、港湾站建设和老旧车辆更新，补齐公共交通的发展短板，推进"公交优先"战略的有效实施。关注沈阳市构建和谐劳动关系问题，听取了市总工会相关情况通报，对全市和谐劳动关系建设工作依法给予积极支持。四是围绕环境保护加强监督，推动生态文明建设。积极回应代表和群众对资源环境保护的关切，连续三年将解决城乡垃圾减量化、无害化、资源化处理问题列为重要监督议题，综合运用多种监督形式加以推进。2016年在开展集中视察、联合调研、听取专项报告对此项工作跟踪问效的同时，又开展了专题询问，促进解决垃圾"三化"处理中面临的困难和问题，重点加快三个垃圾焚烧场的建设进程。对污水污泥处理及综合利用情况进行深入调研视察，就尽快有效处理祝家镇150万吨积存污泥提出建议，推动政府将解决这一事关环境与安全的重大问题列入日程。开展了以"大力推进生态文明，努力建设美丽沈阳"为主题的环保世纪行宣传活动，对环境资源方面法律法规进行了集中宣传。五是围绕解决"三农"问题加强监督，推动农业与农村经济加快发展。继本届人大二次会议以来对沈阳市农田水利基础设施建设工作实施连续监督，2016年又以此为切入点，督促政府将农田水利设施建设作为强农惠农的重要举措加以落实，全市农田排涝设施已达到十年一遇标准，农田水利设施建设管理的长效机制已经形成，监督实效充分显现。关注村容村貌改善，组织县区人大主任考察学习盘锦市经验，大力推动宜居乡村建设。关注农业结构调整，对农村电商、互联网＋农业、都市休闲农业等进行了视察。关注扶贫开发工作，对"一区一市两县"相关情况进行专题视察调研并听取了专项汇报，推动相关决策部署和政策举措切实落地。六是围绕文化遗产保护与利用加强监督，推动历史文化名城建设。常委会首次对沈阳市文化遗产保护与利用工作开展专项监督，听取专项工作报告，针对文化遗产保护与利用工作中的突出问题，就重视规划引领、保证相关法律法规实施、提升管理保护能力、科学利用遗产资源、实现与旅游业的融合发展以及皇城地区改造提升等提出审议意见，以促进提升沈阳市的文化软实力。七是围绕法律法规实施加强监督，推动依法治市进程。常委会为依法推动全民健身和健康城市建设，对省全民健身条例、市公共体育设施条例的贯彻实施情况开展了执法检查，听取审议了执法检查工作报告，针对影响全市全民健身的主要问题和薄弱环节，就提升全民健身的环境、场地与设施建设水平、加大群众性体育资源有效供给、加强科学健身指导等方面提出意见建议，特别是针对公共财政投入和使用绩效问题，强调要提高体彩公益金用于全民健身的比例，以满足人民群众日益增长的健身需求。就监狱法、禁毒法和市残疾人保障条例开展了调研视察，促进相关法律法规的贯彻实施。八是围绕依法行政、公正司法加强监督，努力维护社会公平正义。通过听取审议沈阳市法治政府建设工作报告，督促政府进一步规范行政权力运行，深化诚信建设，努力提升政府公信力。关注市法院贯彻执行民事诉讼法案件审理期限规定情况，不断完善民事案件审限管理机制。关注市检察院开展民事行政检察监督工作情况，促其加大相关工作力度。支持公安机关加强受案立案工作，不断提高规范执法水平。积极开展备案审查工作，对10件政府规章进行了备案审查。认真做好受理公民、法人和其他组织的申诉、控告、检举和意见工作，共受理申控事项1306件，推动解决群众的合法利益诉求。九是围绕监督制度建设，着力构建人大监督工作的制度体系。制定了常委会专题询问、审议意见督办、市政府工作部门主要负责人向常委会报告履职情况等三个实施办法，使人大监督工作的制度体系更加健全完善，尤其是常委会积极推进对政府投资项目审查监督的探索实践，制定出台了关于政府投资项目监督工作若干意见，在加强和深化人大专项监督工作上取得了新的突破。

（胡士俊）

【依法行使重大事项决定和人事任免职权】 常委会围绕保障和促进全市重大决策部署的有效落实，将重大事项决定权与监督权有机结合，围绕计划执行、预算监督、政府性债务、创新改革、旅游业发展、养老体系建设、文化遗产保护、法治政府建设等社会关注、群众关切的重大事项，适时作出了批准决议或提出审议意见。一是建立地方政府债务定期报告和限额审批制度，确保政府举债依法合规。先后听取审议了2015年和2016年地方政府债务限额的议案，分别作出了批准议案的决议，并专题听取审议了全市政府性债务情况的报告，促进政府确保债务规模合理、风险可控、使用规范。审议通过旅游发展总体规划，助推旅游强市建设。常委会对大力培育和发展旅游产业高度关注，对旅游产业发展状况进行了深入调研，听取审议了旅游发展总体规划编制情况报告，首次以表决通过的方式赋予和强化了旅游发展总体规划的法定地位，为充分发挥规划的总揽引领作用，保证规划实施的严肃性、权威性和连续性创造了有利条件。二是广泛汇聚代表智慧，为审议批准战略规划奠定基础。制定沈阳振兴发展战略规划是引领老工业基地未来发展的重大举措。常委会充分发挥人大密切联系代表和人民群众的优势,通过召开座谈会、深入走访等形式,认真听取代表意见,并将征求代表和群众意见的过程变成不断凝聚共识的过程,不仅为本次会议批准规划创造条件,也为战略规划的实施夯实民意基础。三是审议通过"七五"法治宣传教育决议,全面推进法治沈阳建设。决议强调围绕实施沈阳振兴发展战略规划和打造国际化营商环境,不断深化法治宣传教育,从突出宪法为核心的法律体系学习宣传、引领全社会法治素养提升、推进法治文化建设、增强法治宣传活力、提升法治社会建设水平、健全法治宣传教育格局、保障决议和规划实施等七个方面提出了要求。四是作出召开十五届人大五次会议的决定,圆满完成了预定任务。认真贯彻中央关于查处辽宁拉票贿选案和习近平总书记重要讲话及指示批示精神,按照省委的统一要求,作出召开市十五届人民代表大会第五次会议的决定,并按照中央和省、市委关于选举工作的各项要求,精心组织筹备,依法有序实施,顺利完成73名省人大代表的补选任务。五是坚持党管干部和人大依法任免相统一,认真行使人事任免权。在相继加开了5次常委会会议而且人事任免事项又较多的情况下,全体组成人员站在讲政治、讲大局的高度,自觉与市委保持一致,充分体现组织意图,圆满完成了各项任免任务,保证了任免权的正确有效行使,全年共任免国家机关工作人员126人次,保证地方国家机关正常运转和各项工作顺利进行。

(胡士俊)

【加强和改进代表工作】 一是加强了代表议案建议督办工作。在议案办理上,常委会将本届人大四次会议确定的两项议案以及跨年度办理的议案,全部列为重要监督议题,适时组织调研视察、听取审议相关报告、开展专题询问,持续推动议案落实,取得了明显成效。在代表建议督办上,常委会不断改进建议督办方式,通过开展满意度测评,主任会议组成人员对25件代表建议进行重点督办等系列举措,强化建议落实工作,尤其是为解决代表"被满意"现象,制定了建议办理的意见反馈办法,确定由代表直接向代表工委反馈办理意见,使建议办理答复更加客观真实。761件代表建议已全部办结,代表所提问题得到解决或基本解决的624件,占82%,建议办理成效有了新的提高。二是积极为代表依法履职创造条件。通过市代表培训中心、全国人大培训基地等平台,对1400余人次代表和80余名代表组长进行了履职学习培训,各专委会分别组织代表开展了专业培训。充分尊重代表知情知政权,及时向代表通报市情政情和社情。加强对代表履职情况考核,落实代表履职写实制度,组织开展代表向原选举单位述职工作,促进代表自觉接受原选举单位和选民监督。对先进代表小组、履职优秀代表以及优秀议案建议进行了评选表彰,利用多种媒体对代表履职事迹进行宣传,激励和引导代表积极履职。三是不断丰富代表闭会期间活动。围绕全市经济社会发展重点、改革难点、群众关注热点,认真开展"三深入"活动,组织600余名省市人大代表深入基层了解社情民意、开展专题调研,代表活动与常委会重点监督工作紧密结合,视察调研与监督实效同步增强。代表对常委会工作的参与度进一步提升,全年共有60名代表列席常委会会议和分组审议,900多人次各级代表参加了常委会各项履职活动,代表履职风采得到了充分展现。

(胡士俊)

【加强常委会自身建设】 常委会以开展"两学一做"学习教育为契机,坚持抓重点,求实效,扎实推进自身建设。一是坚持人大工作正确的政治方向。常委会坚持和完善理论中心组学习制度,认真学习贯彻党的十八届六中全会、习近平总书记系列重要讲话和市党代会精神,努力强化政治意识、大局意识、核心意识和看齐意识。认真开展辽宁拉票贿选案警示教育,使人大代表、组成人员和机关干部以案为鉴,筑牢防线,达到了受警醒、明底线、知敬畏的效果。自觉接受党的领导,坚持重大事项向市委请示报告制度,保证人大工作始终沿着正确轨道向前推进。二是扎实开展"两学一做"学习教育。把学习习近平总书记系列重要讲话精神作为学习教育的关键,组织学习党章党规,增强尊崇维护党章、严守党纪党规的思想自觉和行动自觉。注重发挥常委会党组核心作用,制定了党组工作规则、党风廉政建设主体责任工作计划,认真履行全面从严治党主体责任,保障常委会依法履行职权。认真做好中央巡视组"回头看"反馈意见的整改落实,以不回避、不遮掩,敢于负责、敢于担当的态度,严肃执纪整改。三是着力推进履职能力建设。为保证常委会的会议质量和监督成效,坚持会前深入调研,会后跟踪监督,已经成为人大工作常态。每项监督项目的确立、每次重要审议之前,都进行有针对性的调研、形成详实具体的报告、提供参阅资料、进行讲座辅导,对提升审议水平、增强监督实效发挥了重要作用。增强了常委会工作的透明度,全年共邀请了60名公民旁听会议。注重加强机关建设,持续改进作风,树立正确选人用人导向,建设忠诚干净担当的人大干部队伍,使人大机关始终保持了奋发有为、团结向上、风清气正的良好风貌。四是加强了与区、县(市)人大的联系,召开了市与区、县(市)人大常委会主任座谈会,坚持重点监督工作协调联动,指导推动基层人大组织机构与制度建设,支持乡镇人大主席团和街道人大工委依法行使职权,提高全市人大工作整体水平。配合全国和省人大开展相关执法检查、专题调研和视察。配合国家总体外交和地方发展需要,开展了与国外地方议会和友好城市的交往。

(胡士俊)

沈阳市人民政府

【市政府第十九届七次全体(扩大)会议】 2016年7月22日,市长潘利国主持召开市政府第十九届七次全体(扩大)会议,总结上半年工作,安排部署下半年重点任务。会议分析了经济运行情况,要求各地区、各部门加快推进全面创新改革试验,推进供给侧结构性改革,深化国资国企改革。突出抓好项目建设,加大招商引资力度。优化营商环境,清理涉企收费,加强"三乱"、"四难"问题专项整治。做好民生工作,不断增强群众的获得感。不断改进作风,提高效能,全力以赴完成各项目标任务。

(孙云鹏)

【市政府第十九届八次全体(扩大)会议】 2016年12月30日,副市长、代市长姜有为主持召开市政府第十九届八次全体(扩大)会议,讨论并原则通过《政府工作报告(讨论稿)》。会议要求各地区、各部门以《沈阳振兴发展战略规划》为引领,提升国际化营商环境建设水平,推进供给侧结构性改革,深化"多规合一"、国资国企、科技创新等重点领域关键改革,加快推进项目建设,抓好工业经济运行,提高城市建设水平,着力保障和改善民生,进一步强化责任担当,努力实现明年各项工作的良好开局。

(孙云鹏)

2016 年市政府常务会议

序号	会议名称	日期	主要内容
1	市政府第 32 次常务会议	1 月 11 日	1. 关于"两会"期间人大代表建议政协提案征集工作情况的汇报 2. 关于提请废止《沈阳市建筑业农民工工资支付管理办法》、《沈阳市建设工程社会保障费管理办法》和《沈阳市建筑工程安全防护文明施工措施费用管理实施办法》的说明
2	市政府第 33 次常务会议	2 月 17 日	1. 关于 2015 年全市安全生产工作情况和 2016 年工作安排的汇报 2. 关于《沈阳市事业单位聘用制雇员管理办法(试行)》起草情况的汇报 3. 关于沈阳市机关事业单位职工住房采暖费"暗补"变"明补"实施办法的情况汇报 4. 关于《沈阳市重大行政决策程序规定(草案)》和《沈阳市老年人权益保障办法(草案)》的说明 5. 关于 2015 年度政府绩效管理考评结果及 2016 年政府绩效管理工作的汇报
3	市政府第 34 次常务会议	4 月 12 日	1. 传达国务院第四次廉政工作暨省政府廉政工作电视电话会议精神 2. 关于一季度全市经济运行情况的汇报 3. 关于一季度全市及各地区主要经济指标完成情况的通报 4. 关于建立政府质量奖励制度有关情况的汇报 5. 关于全市安全生产目标管理考核工作的情况汇报 6. 关于《沈阳市劳动人事争议调解条例(草案)》和《沈阳市城市市容和环境卫生管理条例(修改草案)》的说明 7. 关于违纪干部处理
4	市政府第 35 次常务会议	5 月 26 日	1. 关于全市公务用车制度改革有关情况的汇报 2. 关于落实省政府下放行政职权情况的汇报 3. 关于在公务员队伍中开展及时奖励工作的汇报 4. 关于国家自主创新示范区建设进展情况的汇报 5. 关于沈阳市差别化用地政策实施意见的汇报 6. 关于《沈阳市政务信息资源交换共享管理办法》的说明 7. 关于《沈阳市标准化体系建设发展规划(2016 - 2020 年)》有关编制情况的汇报 8. 关于全市融资租赁业发展情况的汇报 9. 关于《中共沈阳市委、沈阳市人民政府关于限时授予中省直驻沈单位工作人员"沈阳市劳动模范"荣誉称号的管理办法》的起草说明
5	市政府第 36 次常务会议	6 月 17 日	1. 部署市政府系统关于中央第三组开展巡视"回头看"情况反馈意见的整改落实工作 2. 关于组建行政审批局的汇报 3. 关于全面创新改革"降本减负"的工作汇报 4. 关于深化供销合作社综合改革情况的汇报 5. 关于我市 2016 年防汛抗旱准备工作情况的汇报 6. 关于《沈阳市农田水利设施条例(草案)》的说明

序号	会议名称	日期	主要内容
6	市政府第37次常务会议	8月24日	1. 关于上半年公务员及时奖励工作汇报 2. 关于《沈阳市国有林场改革工作方案》起草和工作进展情况的汇报 3. 关于建立“盛京大工匠”评选制度的情况汇报 4. 关于提请废止《沈阳市企业女职工劳动保护办法》等政府规章的说明
7	市政府第38次常务会议	10月13日	1. 关于前三季度全市经济运行情况及第四季度重点工作的汇报 2. 关于前三季度全市及各地区主要经济指标完成情况的通报 3. 关于前三季度我市CPI运行情况的汇报 4. 关于明确辽中撤县建区管理体制有关问题的汇报 5. 关于设立沈阳票据资产交易中心有限责任公司的汇报 6. 关于国务院安委办巡查沈阳市安全生产工作情况的汇报 7. 关于《沈阳市法治政府建设实施方案(2016－2020年)(草案)》的说明 8. 关于《沈阳市轨道交通管理条例(草案)》和《沈阳市直管公房管理办法(草案)》的说明 9. 关于违纪干部处理
8	市政府第39次常务会议	11月24日	1. 关于全市安全生产工作情况的汇报 2. 关于《沈阳市打造国际化营商环境的意见》的说明 3. 关于全市宗教工作会议筹备情况的汇报 4. 关于污水处理费征收调整标准方案的汇报 5. 关于《沈阳市空中连廊开发建设管理办法》起草情况的汇报 6. 关于《沈阳市人民防空工程权属登记实施意见》和《沈阳市结合民用建筑修建人防停车场使用管理办法》起草情况的汇报 7. 关于《沈阳市燃气管理办法(草案)》、《沈阳市道路挖掘管理办法(草案)》和《沈阳市旅游管理规定(草案)》的说明
9	市政府第40次常务会议	12月27日	1. 关于《政府工作报告(讨论稿)》的说明 2.《关于沈阳市2016年国民经济和社会发展计划执行情况及2017年国经经济和社会发展计划(草案)的报告》 3.《关于我市2016年财政预算执行及2017年预算安排情况的报告》 4. 关于《沈阳市振兴发展战略规划》的说明 5. 关于建立公共服务事项清单、调整权责清单、落实省取消调整行政职权情况的汇报 6. 关于2017年城建计划预安排情况的汇报 7. 关于《沈阳市排污权有偿使用和交易管理办法(草案)》和《沈阳市严重失信企业联合惩戒办法(草案)》的说明 8. 关于2016年度沈阳市科学技术奖励及科技创新奖评奖情况的汇报 9. 关于《沈阳市企业养老保险基金收支管理实施意见(试行)》起草情况的汇报 10. 关于前三季度公务员及时奖励工作的汇报

(王立石)

【建议提案办理】 2016年,市政府将建议提案办理与开展“两学一做”学习教育有机结合,以建议提案解决落实为核心,进一步强化组织领导,严格落实责任,创新工作方式,采取了创新答复反馈方式、重点建议提案办理公开、领办疑难建议提案等工作机制,坚持开展“请代表委员走进政府”活动,实现了办理工作质量和水平的新提升。市政府承办101件省建议提案,在省政府建议提案办理绩效考核中取得了优秀的考核成绩,被省政协评为先进承办单位。承办的1296件市建议提案在实现见面率、办复率、应满意率3个100%的同时,解决率达到83.2%,比上年提高了1个百分点。市政府系统办理工作得到了省政府、市人大、市政协和广大代表委员的充分肯定和高度评价。

(王立石)

【督考工作】 2016年,市督考办紧紧围绕全市中心工作,以坚定政治信念、提升业务能力为基础,以提升督办考评效能、推进决策落实为手段,勇于创新,锐意进取、扎实工作,圆满完成了各项本职工作和领导交办的重要任务。

一是围绕全局督大事。2016 年,共督办《政府工作报告》4 轮次、《市政府常务会议纪要》9 期、《市长办公会议纪要》84 期、市长交办事项 23 批(次),各类工作任务 800 余项、专项督办 1100 余件,总体办结率达 97.2%。二是关注民生督实事。督考办围绕市政府确定的实施就业创业、社会保障、脱贫攻坚、体育惠民、和谐社区等 10 大民生工程,逐项制定了《计划进度表》,建立起相互衔接、全程跟踪、动态管理的工作机制,推进各项民生工程实事均按要求和标准实现了进度目标,确保人民群众满意。三是紧扣热点督难事。针对涉及企业反映的 63 项营商环境问题,逐项制定《任务分解表》,明确目标、细化责任、限定时限,整改措施取得明显成效。针对群众反映强烈的政务服务问题,组织对市、县(区)办事大厅和公共服务窗口单位开展 5 轮明查暗访及"回头看",发现问题点名道姓进行通报批评,并跟踪整改落实情况,得到群众积极拥护。

(焦明洋)

【加大"抗霾攻坚"工作督查力度】 2016 年,市政府就抗霾攻坚行动目标做出重要工作部署后,督考办在调研调度基础上,及时就"燃煤污染治理、黄标车淘汰、秸秆禁烧及综合利用、扬尘管控、重污染天气应急"等重点工作,制订多项督查方案,多次会同环保、房产等有关部门深入到各地区和相关部门现场开展督查督办工作,通过"出狠招、勤调度、明查暗访、严格问责"等手段推动各项工作落实。通过加大"治霾"目标行动督查督办力度,2016 年,沈阳市环境空气质量优、良天数为 249 天,占全年总天数 68%,比 2015 年增加 42 天,大气环境综合指数改善程度、重污染天数削减幅度、细颗粒物(PM2.5)和二氧化硫年均浓度削减幅度均为全省第一。

(焦明洋)

【对北塔公园停车场建设问题进行实地督查】 2016 年 4 月 30 日,市督考办按市领导指示要求,对北塔公园建设过程中居民反映的毁绿、环评未通过等问题进行了实地督查,并组织市、区建设、环保、规划、城建等相关部门开展现场调研,同时,走访该公园周边部分居民,在深入调查了解情况并与有关部门研究论证的基础上,经市领导同意,向皇姑区政府提出了三点意见:一是立即按规定在施工现场设立整体及停车场建设公示牌,向市民群众公示项目实施有关情况;二是迅速采取措施,妥善做好与相关小区群众的沟通解释工作,争取投诉人的理解和支持,及早平息矛盾;三是多听群众意见,进一步做好补绿养护及停车场管理等后续工作。皇姑区认真落实提出的三点意见,区委领导亲自组织抓落实,带头与反映问题的群众恳谈对话,取得了包括投诉人在内的居民的理解和支持,北塔公园停车场建设问题得到解决,收尾工程顺利复工。

(焦明洋)

【应急管理】 2016 年,沈阳市应急管理工作按照"总结经验、突出重点、均衡发展、形成特色"的基本思路,着力完善长效机制,夯实工作基础,先后出台了绩效考核新细则、应急处置新规范、队伍管理新规则,不断推动应急实践创新发展。全年共接收和处理各类信息 1300 余件,成功组织中国(沈阳)民用航空应急救援演练,完成"智慧城市运营指挥中心"项目建设,开通了"沈阳应急"微信和应急广播,参与处置了沈阳龙泉墓园意外翻车事故等 80 余起突发事件,社会大局持续保持稳定。

以技术手段应用为支撑,强化信息报送时效性。与协同办公平台相融合,重新设计了《值班信息》、《预警信息》等工作载体的界面和流程,优化重要信息报送流程。新建智慧城市运营指挥中心项目,通过"一张图"指挥、"一键通"通信,实现视频监控、在线会商、数据分析、资源查询等四大调度功能,提高了智慧应急能力。

以预案体系建设为抓手,推动应急准备精细化。注重在基层预案管理上下功夫,预案体系建设的重心不断向深度和广度拓展。为做好全市重大突发事件防范工作,积极开展了重大突发事件情景构建先行先试工作。特邀国家行政学院专家来沈举办专题讲座,进行交流指导,形成了《沈阳市重大突发事件情景构建总体工作方案》,稳步推进试点研究工作。全市共组织各类演练 187 次,提高了各级各部门熟悉预案和组织指挥能力。

以提高应对能力为目标,推动应急处置规范化。进一步梳理现场处置流程,出台了《沈阳市突发事件现场应急处置工作规范》、《沈阳市应急救援队伍工作规范》和《沈阳市应急管理专家工作规则》,完善了联动机制和保障措施,为应急队伍调用、管理和救援工作的开展提供依据,提升了沈阳市应急队伍的管理水平。省长陈求发对"沈阳市成功处置一例人感染 H7N9 禽流感病例"给予批示表扬。

以创新宣传媒体为依托,推动应急宣教社会化。为提高公众应急避险和自救互救能力,积极探索建立常态化的应急管理宣教机制,充分利用广播、电视、网络等媒体开展应急知识宣传活动,提高了公众应急管理素质。"沈阳应急"微信平台公众号正式上线,"沈阳应急"广播正式开通,广泛传播应急知识和发布预警信息,进一步推动了应急宣教社会化。

(马仁舜)

【沈阳市应急救援航空队揭牌成立】 2016 年 1 月 15 日,沈阳市应急救援航空队暨沈阳市公安局警务航空支队正式成立。沈阳市人民政府市长潘利国和沈阳军区空军司令部参谋长助理土洪斌为市应急救援航空队揭牌,辽宁省公安厅党委副书记、副厅长关耀林和省发展改革委副主任、省沈阳经济区工作办主任刘始杰为市公安局警务航空支队揭牌。副市长、市公安局党委书记、局长许文有主持揭牌首航仪式。警用直升机作为公安机关现代化装备的重要组成部分,是构建立体化社会治安防控体系的有效手段,其具有机动速度快、投送范围大、威慑力强、不受地面交通条件影响等显著优势,不但可以为巡逻监控、空中指挥、反恐防暴、交通灭火、运送警力等警务活动提供保障,而且还可以担负政府赋予的其它抢险救灾任务和社会公益活动。

(马仁舜)

【第十届应急管理宣传周活动】 2016 年 9 月 3 日至 9 日,围绕"普及应急知识,构建平安家园"主题全市开展了形式多样、内容丰富的系列宣传活动,掀起了社会各界广泛关注应急管理、广泛参与应急宣传活动的热潮。活动启动仪式于9月3日上午在沈阳北中街豫珑城举行,省政府应急办、市政府应急办、沈河区政府、沈阳广播电视台FM98.6频道等有关领导,市安监局、质监局、地震局、气象局、水务集团、供电公司和沈阳应急广播等14家部门和单位参与现场活动。活动现场发放了应急宣传手册等宣传资料2000余份,还赠送公交车司机、市民《沈阳市民应急知识读本》和急救包、应急手电、收音机等应急资料和物品。

(马仁舜)

【组织中国(沈阳)民用航空应急救援演练】 2016年8月26日上午,来自"中航直"和市公安局警航支队的两架直升机将"伤员"顺利送至医院,并安全返航,标志着历时46分钟的中国(沈阳)民用航空应急救援演练圆满结束,成功实现两架直升机同时应对两种突发事件,这在国内尚属首次。同时,也意味着沈阳市在航空应急救援体系建设方面又迈上了新的台阶。市长潘利国,市领导王翔坤、张景辉、刘国秀与中国应急救援协会副会长陈兰华、中航直升机有限公司董事长余枫,以及来自我国应急与航空业界的专家300余人组成的评审组,共同在市应急指挥中心观摩了演练活动。这次演练任务的顺利完成,全面检验了沈阳市应急管理十年来取得的成效,进一步完善了突发事件应急救援体系,实际探索了航空应急救援机制构建的可行性,为探索构建"空地一体化"应急救援模式,全面提升应急管理能力注入了新的动力。

(马仁舜)

【"沈阳应急"微信公众平台正式上线】 2016年5月12日,"沈阳应急"微信公众号今天正式上线,在沈阳市政府应急办指导下,以文字、图片和视频等形式,介绍与传播应急及防灾减灾知识,提升公众的应急防范和自救互救能力,努力打造沈阳市民身边的"防灾减灾应急宝"。

"沈阳应急"微信公众平台以"传播避险应急知识,增强公民应对能力"为宗旨,通过整合应急管理工作信息资源,将突发事件的防范、应对工作融入日常便民服务之中。只需在微信中搜索并关注"沈阳应急"微信公众号,即可随时获取沈阳的实时天气预报、气象预警、空气质量数据,也可以查询到最时实的道路交通、地铁运营、航班铁路信息动态;非常时期,还可以了解暴雪、暴雨等气象灾害引发的城市道路交通等风险隐患,做好灾害应对的准备。除此以外,"沈阳应急"微信公众号也是"应急知识库、百宝箱",市民能够查询到沈阳应对各类突发事件的处置工作动态和演练信息,学习现场急救的操作方法,熟悉各类应急标志,做到有备无患,防患未然。

为配合"沈阳应急"微信公众号上线,"5·12"防灾减灾宣传日当天,市政府应急办深入街道社区展开宣传,发放应急手册和宣传品,希望通过这一服务平台能让广大市民朋友受益。该微信公众号由沈阳市政府应急办负责指导和管理。

(马仁舜)

【行政审批】 2016年,组织有关部门逐项对行政审批事项及要件进行改革式清理,全市审批事项由666项减少至570项,削减幅度14%;审批要件由6503个减少至4456个,削减幅度31%;行政审批中介服务事项由219项减少至169项,削减幅度23%;围绕投资建设、市场准入、社会事务、城市管理领域,编制常用的四大类八种审批流程图,实现审批事项"一个窗口受理、一站式办理、一条龙服务";推进审批事项集中办理,从权力配置层面对各部门审批职能进行调整与规范。具有行政审批职能的政府部门将审批事项、审批人员向一个内设机构集中,统一进驻政务服务中心,设立专门的服务窗口集中办理,办理环节全部在政务服务中心内完成,实现了"两集中、两到位",既职能集中、人员集中,做到事项进驻到位、窗口授权到位;全市已建立1个市级政务服务中心(13个专项分中心)、14个区县政务服务中心、193个乡镇(街道)政务服务中心,实现政务服务在市、区县、街道(乡镇)三个层级的全覆盖。全市36个具有审批职能的市直部门全部成立审批办公室,并整建制进驻政务服务中心开展工作。其中:有483项市级行政审批事项进驻市政务服务中心集中办理,87项市级行政审批事项进入专项分中心集中办理,项目集中办理率达到100%,全市行政审批事项全部实现集中公开办理。充分发挥"互联网+政务服务"优势,启动沈阳市网上审批服务平台。

(王　硕)

【沈阳市网上审批服务平台启动】 沈阳市网上审批服务平台于2016年9月14日启动。全市行政审批系统纵向贯通市、区县、乡镇(街道)三个层级,横向联通相关政府部门,实现各级政务服务中心数据连通、信息共享,实现"业务一张网、管理一条线、服务一体化"。同时,将全市行政审批中介机构纳入网上管理,提供资质登记、信誉推介等服务,统一服务标准,限定工作时限,推行准入和退出机制,推进中介服务选取、竞价、成交、评价等环节线上运行。

(王　硕)

·外　　事·

【市领导出访】 2016年,市级领导出访俄罗斯、白俄罗斯、英国、德国、意大利、摩洛哥、芬兰、瑞典、丹麦、古巴、秘鲁、阿根廷、捷克、罗马尼亚、西班牙、柬埔寨、韩国、日本等40余个国家和地区,强力推进了一大批大型合作项目。如潘利国市长出访,广泛接触中俄经贸促进机构,洽谈推进了13个对外合作项目,成功签署了2个战略合作框架协议,直接促成了大东区东湖水域治理及周边基础设施配套PPP项目和皇姑区首府新区商业地产等项目的签约。市政协姜宏主席出访,搭建了与摩洛哥在"海上丝绸之路"战略下的国家层面合作平台,推进了与意大利中小企业的多领域、多产业合作。

(李　丹)

【重要外国团组访沈】 2016年,来访重要政务团组有德国总理默克尔、韩国总理黄教安,以及德国、加拿大、南非、马来西亚、卡塔尔5个国家驻华大使,澳大利亚国际教育和旅游部部长、韩国产业通商资源部部长,英国贝尔法斯特市、意大利帕尔马市、日本佐世保市、韩国群山市的5位市长,来访重要经贸团组有德国宝马、德国西门子、德国施耐德、欧洲货币集团、美国江森自控、美国播音民机、加拿大庞巴迪等世界500强知名企业，全方位促进了全市各领域对外开放。

（李　丹）

【沈阳市与贝尔法斯特市缔结友好城市】 2016年5月18日，沈阳市与英国北爱尔兰首府贝尔法斯特市正式缔结友好城市。市长潘利国与贝尔法斯特市市长阿尔德·卡森分别代表两市签约并会谈。贝尔法斯特市，北爱尔兰首府，是北爱尔兰政治、文化中心和最大的工业城市。该市造船业历史悠久，以其建造的泰坦尼克号闻名于世。

（李　丹）

【沈阳市与斯洛伐克班斯卡－比斯特里察市结为友好合作关系城市】 2016年5月23日，沈阳市与斯洛伐克班斯卡－比斯特里察市结为友好合作关系城市。副市长张景辉和班斯卡－比斯特里察市市长约翰·诺斯阔分别代表两市签约并会谈。班斯卡－比斯特里察位于斯洛伐克中心，是班斯卡－比斯特里察州首府，斯洛伐克第三大重要城市，有机械制造、木材加工、化学药品、水泥、纺织、啤酒酿造等工业。

（李　丹）

【德国总理默克尔访沈】 2016年6月14日，德国总理默克尔到沈阳参观访问。在沈期间，默克尔参观了沈阳故宫、中国工业博物馆和华晨宝马铁西工厂。省委书记、省人大常委会主任李希在沈阳香格里拉大酒店会见默克尔总理一行。德国国务秘书、联邦政府新闻发言人史蒂芬·赛贝特，德国驻华大使柯慕贤，德国总理外事和安全政策顾问克里斯托夫·霍伊斯根，德国总理经济和财政政策顾问拉尔斯－亨德里克·罗勒；外交部部长助理刘海星、中国驻德国大使史明德，省委副书记、沈阳市委书记曾维，省领导谭作钧、吴汉圣，沈阳市领导张景辉参加会见。当天，中德（辽宁）经贸合作推介会在沈阳举办，省长陈求发主持会议并讲话。德国联邦经济与能源部国务秘书马蒂亚斯·马赫尼希，副省长赵化明、刘强、江瑞出席会议，沈阳市市长潘利国介绍了中德（沈阳）高端装备制造产业园建设情况。来自中德双方近70名企业家及政府官员参加推介会。

（李　丹）

【韩国总理黄教安访沈】 2016年6月29日至6月30日，韩国总理黄教安到沈阳参观访问。在沈期间，省委书记、省人大常委会主任李希，省长陈求发在沈阳会见韩国国务总理黄教安。韩国驻华大使金章洙，韩国外交部副部长赵兑烈，韩国驻沈阳总领事申凤燮；中国驻韩国大使邱国洪，省及沈阳市领导曾维、吴汉圣、邴志刚、潘利国、张景辉会见时在座。在沈期间，黄教安还出席了韩国—中国（东北三省）企业界人士交流早餐座谈会。副省长邴志刚出席活动并致辞。

（李　丹）

【乌拉圭佛罗里达省省长卡洛斯·恩西索访沈】 2016年9月25日至27日，乌拉圭佛罗里达省省长卡洛斯·恩西索率团访沈，参观考察了特变电工集团和远大集团，并与特变电工集团就承接佛罗里达省2000公里乡村光伏照明工程达成初步合作意向。恩西索省长表示，希望能够进一步加强弗罗里达省与沈阳市在农业、基础设施建设、新能源等领域的交流与合作。

（李　丹）

【阿根廷圣胡安省考塞特市市长朱利安·吉尔访沈】 2016年10月21日至30日，阿根廷圣胡安省考塞特市市长朱利安·吉尔、拉美—中国国际集团董事长费尔南多率经贸代表团访沈，与远大集团、特变电工集团、北方重工集团、五爱集团、铁西区电动自行车批发市场、沈阳海越国际贸易集团、沈阳伟信鹏国际物流集团等沈阳市企业进行洽谈对接，双方在农业、木材加工、基础设施建设、国际物流、LED照明、电动自行车、建筑材料、食品及饮料进出口等领域达成多个采购意向。

（李　丹）

【韩国群山市市长文东信访沈】 2016年4月25日至27日，韩国群山市市长文东信率团访沈，在沈阳市举办“第三届群山市中国友好城市交流会”、“群山市旅游观光说明会”和“沈阳－群山文化交流演出”等活动，进一步加强两市文化、旅游领域的交流与合作。群山市位于韩国全罗北道，是韩国西海岸中部城市，被韩国政府列为重点开发城市，化工、电子、金属、精密机械、太阳能等高新技术产业发达，拥有斗山机械、现代重工、OCI（太阳能）等韩国著名企业。

（李　丹）

【蒙古中央省代表团访沈】 2016年4月18日至21日，蒙古国中央省公共政策管理部长萨·朝格巴雅尔一行访沈，与沈阳市就“一带一路”框架下，进一步加强农牧业、基础设施、能源等领域的务实合作进行深入洽谈。在沈期间，代表团还考察了辽宁禾丰牧业有限公司，并洽谈了肉类进出口、肉类加工、饲料生产等合作项目。中央省位于蒙古国中部，面积8.1万平方公里，人口约11.3万人，地理位置优越，交通便利。中央省矿物资源丰富，农牧业发达，国家级大型企业有巴嘎淖尔煤矿、扎玛尔金厂、伦格绿石矿。

（李　丹）

【坦桑尼亚中非民间商会会长访沈】 2016年4月21至22日，坦桑尼亚中非民间商会会长丁贤一行访沈，与沈阳市就“一带一路”框架下，进一步加强沈阳与非洲国家，特别是坦桑尼亚的务实合作进行深入洽谈。丁贤表示，坦桑尼亚中非民间商会将积极为沈阳企业赴非合作搭建桥梁。中非民间商会是由联合国开发计划署、商务部中国国际经济技术交流中心和中国光彩事业促进会共同发起成立的全国性商会组织，2006年10月23日正式成立，坦桑尼亚分会现有47个企业会员。

（李　丹）

【美中关系全国委员会代表团访沈】 2016年6月1日至3日，美中关系全国委员会公众知识分子项目代表团访问沈阳。代表团成员均是美国顶尖大学专门研究中国问题的教授学者。在沈期间，代表团重点访问了沈阳机床集团、东软集团以及青杨社会工作服务中心，全面了解了沈阳市企业在转型升级、改革创新、国际合作进程中产生的文化冲突，以及我国对社会福利工作的扶植、对社会福利工作人员的培养等方面情况。美中关系全国委员会成立于1966年，美中关系全国委员会公众知识分子项目旨在帮助20名研究中国的美国青年专家学者加深和拓展对中国政治、经济及社会的了解，培养新一代中国问题专家。

（李　丹）

【中斯友好协会代表团访沈】 2016年6月16日至18日，斯洛伐克中斯友好协会主席安东·欧夏克率团访沈。在沈期间,代表团与市发改委、市环保局、市绿环集团就加强养老、医疗、环保、体育教育等方面的务实合作进行了会谈,与沈阳建筑大学和沈阳大学商洽建立了留学生互换交流机制、开展儿童夏令营等方面的合作项目。

(李　丹)

【马来西亚驻华大使访沈】 2016年7月28日,马来西亚驻华大使拿督扎伊努丁·叶海亚率沙巴州旅游局一行访沈,出席沈阳利星行广场封顶仪式。市长潘利国会见了大使一行。会谈期间,叶海亚大使邀请沈阳企业到马来西亚投资兴业,开展合作,并希望进一步加强马来西亚与沈阳在旅游、教育、文化等领域的合作。市长潘利国表示,沈阳市将深入实施国家"一带一路"战略,加快推进优秀企业、优质产品"走进去"。沈阳市政府将积极关注和大力支持马来西亚企业在沈建设项目,也鼓励更多沈阳企业到马来西亚投资,实现互利合作、共赢发展。

(李　丹)

【英国北爱尔兰议员及企业家代表团访沈】 2016年10月30日至11月1日,英国北爱尔兰议员、前北爱尔兰区域发展大臣康纳·墨菲(Mr. ConorMurphy)率北爱议员及企业家代表团一行25人来访,与沈阳市共同举办企业对接洽谈会。北爱地区制造业协会、奥斯特大学国际合作处等13家商协会、企业和机构,以及沈鼓集团、海韵锦江国际酒店等沈阳市22家企业出席活动,双方就加强装备制造、旅游、餐饮、教育培训等领域合作进行了深度交流,并达成多个合作意向。

(李　丹)

【乌干达总统事务部部长访沈】 2016年11月14日至19日,乌干达总统事务部部长姆芭瑶·姆布拉库布扎率团来沈访问,与沈阳市就乌干达辽沈工业园建设发展、加强多领域合作进行深入洽谈。姆芭瑶部长表示,乌干达地理位置优越,自然资源丰富,是投资的理想地。乌干达现在大力吸引外国投资,乌干达辽沈工业园的建立为东北地区企业投资乌干达搭建了良好的平台。华晨集团在工业园内生产的金杯面包车在乌干达十分受欢迎,乌干达政府将为沈阳在乌投资企业提供政策和税收上的支持。

(李　丹)

【澳大利亚旅游和国际教育部部长理查德·科尔贝克访沈】 2016年4月11日至12日,澳大利亚旅游和国际教育部部长、贸易与投资部副部长理查德·科尔贝克访沈,出席在沈阳举办的第二届"中国澳大利亚周"国际教育专题活动。来自澳大利亚30所知名院校和20余家重点企业与来自中方的40余家大学和20余家企业参加了"教育国际化—在中国的发展趋势、战略与合作"、"区域性优先领域合作"、"行业人力资本发展与职业培训"、"职业教育与培训领域的合作机会"等多个主题论坛活动,进一步密切了沈阳与澳大利亚在教育、文化、旅游等领域的交流与合作,推动沈阳市"盛京人才"战略的实施。活动期间,市长潘利国会见了理查德·科尔贝克部长一行。

(李　丹)

【第六届韩国大田—中国(沈阳)项目洽谈会】 2016年11月8日,由韩国大田广域市政府主办,大田经济通商振兴院、大田广域市驻沈阳办事处、沈阳市对外科学技术交流中心共同承办的"第六届韩国大田—中国(沈阳)项目洽谈会"在沈阳举办。韩国大田经济通商振兴院以及韩国大田市7家优秀企业,与辽沈地区60余家企业进行了对接洽谈,合作项目涉及高性能控制阀门、护树板、携带式空气净化器、空气净化、杀菌设备、软木芳香剂、紫外线环保购物袋、美甲抛光器、功能性化妆品等众多领域,进一步开拓了两市企业合作渠道及市场空间。

(李　丹)

【韩国城南市青少年代表团访沈】 2016年10月17日至18日,韩国城南市政府率青少年代表团一行41人访沈,与沈阳市回民中学进行交流。两市学生通过文艺表演、足球赛及游戏等活动,进一步增进了解、深厚友谊,对全市青少年开拓国际视野、促进学校国际化建设起到积极推动作用。

(李　丹)

【哈萨克斯坦主流媒体代表团访沈】 2016年11月15日至16日,中国驻哈萨克斯坦使馆新闻和公共外交处与哈萨克斯坦外交部国际新闻司组织哈萨克十余家主流媒体记者采访团访沈,考察采访沈阳市与哈萨克斯坦地方合作密切、参与共建"一带一路"、开展产能合作的重点企业。代表团重点采访了沈阳联立铜业有限公司,该公司2015年末与哈萨克斯坦中亚黄金集团签署了铜冶炼项目合作框架协议,共同开发哈萨克斯坦铜矿资源。项目投资总额达到8亿美元,其中中方占比60%,为4.8亿美元,该合作项目已列入沈阳市"十三五"重点项目。

(李　丹)

【美国欣欣教育基金会访沈】 2016年6月6日,美国欣欣教育基金会代表团参观访问沈阳市儿童福利院和孤残儿童特殊教育学校。访问期间,代表团详细了解了沈阳儿童福利院的发展状况,以及孤残儿童生活、学习、兴趣爱好等方面的情况,高度评价了沈阳儿童福利院办学理念和服务氛围,并表示后续将对该院发展给予更多关注和帮助。美国欣欣教育基金会于1997年成立于美国旧金山,是旅美华侨华人自发成立的非营利性慈善组织。自1998年以来,共资助中国贫困地区学校300余所,康平、法库两县共有4所学校300余名学生受益。

(李　丹)

【斐济议会代表团访沈】 2016年8月5日,斐济议会副议长鲁维尼·纳达罗、斐济议会社会事务委员会主席维埃姆·佩里率领斐济议会代表团访沈,考察沈河区滨河社区卫生服务中心,并与市卫计委、沈河区卫计局以及滨河社区卫生服务中心举行座谈。代表团详细了解了沈阳市社区卫生服务开展情况,并就残疾人康复服务和慢性病防治等方面展开深入交流,对全市面向基层群众提供基本医疗服务、中医药服务和免费基本公共卫生服务的做法表示赞赏。代表团希望与沈阳市在卫生服务领域展开深入合作,选派斐济医护人员到沈阳市医院学习交流,同时希望沈阳市能向斐济派驻医疗队,分享基层卫生服务工作经验,帮助斐济提升卫生服务水平。

(李　丹)

【召开领事保护工作碰头会】 2016年1月26日,市外办组织召开领事保护工作碰头会,市公安局、市安全局、市教育局、市外经贸局、市旅游局、市外宣办、皇姑区、铁西区等单位参加会议。市外办通报了近三年涉沈阳市居民领事保护工作情况，主要呈现以下特点：一是领事保护案件呈高发态势，海外安全风险形势不容乐观；二是从地域分布来看，亚洲地区仍是案件主要发生地；三是从案件类型看，社会治安、出入境受阻、经济和劳务纠纷案件分列前三位。此外，与会各单位还就领事保护工作遇到的难点问题进行深入探讨，并对进一步加强人员、经费保障等方面工作提出合理化建议。

（李　丹）

【开展领事保护宣传活动】 2016年11月25日，市外办联合市公安局出入境管理局、市旅游局共同举办了领事保护宣传活动。联合工作组在市公安局出入境管理局办事大厅、市外办签证大厅和市旅游局服务窗口，为办理出境的市民、企业和旅行社免费发放外交部领事司印发的《中国领事保护和协助指南》、《中国企业海外安全风险防范指南》等，向前来咨询的市民进行海外出行安全宣传，提高海外安全意识和自我保护能力。

（李　丹）

【日本驻沈总领馆新任总领事石塚英树到任】 2016年2月23日，日本驻沈总领馆新任总领事石塚英树到任。石塚英树毕业于东京大学经济学专业，1987年进入外务省，先后在日本驻巴基斯坦大使馆、日本内阁官房、日本驻斯里兰卡大使馆、日本驻瑞典大使馆任职。

（李　丹）

【美国新任驻沈阳总领事梅儒瑞到任】

2016年8月8日，美国驻沈阳总领事馆新任总领事梅儒瑞到任。梅儒瑞先生毕业于霍普金斯大学现代国际关系研究院，获得中国研究硕士学位。曾就读于德克萨斯大学奥斯汀分校，获得文学学士学位。梅儒瑞先生曾任美国政治事务副国务卿特别助理，并在美国驻华大使馆、美国驻意大使馆，美国驻广州总领事馆任职。

（李　丹）

【“沈阳日语文化节”活动】 2016年4月24日，沈阳日语文化节活动成功在沈举办。活动主办单位为沈阳日本人教师会，市外办、沈阳日本人会和日本驻沈阳总领事馆为特别支持单位。来自辽宁大学、沈阳药科大学、沈阳航空航天大学、辽宁石油化工大学、中国医科大学、东北大学、东北育才学校、东北育才外国语学校等院校日语专业的300余名学生参加活动。学生们通过歌曲、舞蹈、配音、舞台剧等演出形式，展示了日本传统文化。沈阳日语文化节每年举办一届，2016年是第20届，活动的举办进一步促进了沈阳市日语教育水平的发展，也对加深沈阳市学生对日本文化的理解发挥重要作用。

（李　丹）

【“沈阳日本语演讲大赛”活动】 2016年5月15日，第20届沈阳市日语演讲比赛在沈阳举办。本届日语演讲比赛由沈阳日本人会主办，沈阳日本语教师会承办，市外办、中国日语教学研究会、日领馆等特别支持。来自沈阳大学、辽宁石油化工大学、沈阳工业大学、沈阳航空航天大学、辽宁大学、辽宁师范大学海华学院、沈阳师范大学、中国医科大学、沈阳药科大学、东北大学软件学院、沈阳农业大学、辽宁何氏医学院、东北育才学校等院校的30名学生分别参加了大学日语专业组、大学非日语专业组、初高中组3个组别的比赛。活动的成功举办为日语学习者提供了共同切磋、相互促进的交流平台，进一步提高了日语学习者的学习热情和语言能力。

（李　丹）

【沈阳与新西兰经贸交流座谈会】

2016年5月11日，新西兰中国国际贸易促进委员会代表团访沈，与沈阳市共同举办“沈阳与新西兰经贸交流座谈会”。活动期间，市贸促会、中德产业园和北方联合出版传媒集团与代表团就智能电动汽车、绿色环保屋、影视后期制作和食品贸易、地产经纪等方面开展互动交流与项目对接。新西兰中国国际贸易促进委员会（简称 NZCITA），是通过新西兰有关政府部门正式注册并获批准的非营利性民间组织，旨在促进新西兰与中国的商业贸易发展和开发。

（李　丹）

【“中韩创业创新人才20培养计划”活动】 2016年7月27日至8月9日，韩国大田市韩南大学教授崔钟锡率领韩国创业创新人才交流代表团来访，与沈阳市中嘉博众集团共同开展“中韩创业创新人才20培养计划”交流活动。“中韩创业创新人才20培养计划”项目由沈阳中嘉博众集团与韩国大田韩南大学共同推进，中韩双方各自组织10人制的大学生创业者和社会创业团队到对方国家进行企业实习、创业交流及项目展示，并最终在韩国举办创业项目大赛，以此加深中韩双方在创业创新人才培养方面的沟通交流。本次来访的韩国代表团交流项目主要包括智能小便器、天然石膏芳香剂、化妆品、天然精油香皂、USB发热垫、共享装修信息等。

（李　丹）

【澳大利亚鲍克斯希尔足球俱乐部赴沈阳市儿童福利院进行捐赠】 2016年8月16日，来沈参加“歌德杯中国”世界青少年足球赛的澳大利亚鲍克斯希尔足球俱乐部一行48人，赴沈阳市儿童福利院开展爱心活动，向孤残儿童捐赠了足球服、玩具和书籍等物品。澳大利亚的青少年足球运动员与福利院的孩子们积极互动，切身感受福利院对孤残儿童无微不至的关怀照顾和愉快的生活学习氛围，加深了澳大利亚青少年对中国城市社会福利和市民生活的了解，也进一步推动了沈阳市与澳大利亚青少年文体领域的交流与合作。

（李　丹）

【“领事沙龙—走进沈阳杂技团”活动】

2016年11月23日，由市外办主办的“领事沙龙”活动正式启动，首期活动主题为走进沈阳杂技团，由市文广局协办。日本、韩国、俄罗斯、德国驻沈阳总领馆领事官员及夫人出席活动。领事官员及夫人们观摩了杂技《熊猫寻梦之旅》的排练，详细了解了沈阳杂技团的基本情况，以及对外交流需求。领馆官员们均表示愿意为推动中国传统文化与本国文化交流牵线搭桥，并就中国杂技艺术“引进来、走出去”等问题纷纷献计献策。“领事沙龙”活动是市外办打造的沈阳市与各驻沈总领馆之间长效、定期的非正式交流机制，活动宗旨是促进沈阳与各驻沈总领馆及其派出国之间的全面交流与合作，进一步优化沈阳对外开放环境。领事沙龙活动的出席人员为各驻沈总领馆的领事官员及夫人。

（李　丹）

【望湖路小学与美国犹他州德莱佩小学结为友好姐妹学校】 2016年2月26日，沈阳市望湖路小学与美国犹他州德莱佩小学成功举行缔结友好姐妹学校视频会议。辽宁省人大、辽宁省教育厅、沈阳市人大有关领导，犹他州议会参众两院议长，以及在美访问的辽宁省人大友好经贸代表团出席活动。望湖路小学与德莱佩小学共同签署了结为中美友好姐妹学校的声明，双方将通过书信、视频会议等形式，加强交流合作，密切友好关系，促进共同发展。签字仪式后，两校学生还就兴趣爱好、校园环境、课外作业、运动项目、饮食、书籍、旅行等话题开展交流。

（李 丹）

【沈阳市青少年体育交流团赴日本札幌参赛】 2016年7月31日至8月5日，沈阳市青少年体育交流团赴日本友城札幌参加“第四届札幌中学生田径比赛”。全市共8名运动员参赛，取得4枚金牌，4枚银牌、4枚金牌分别是男子300米、女子3000米、男子1500米、女子1500米；4枚银牌是男子1500米、女子1500米、铅球、跳高。与沈阳市共同参赛的还有美国波特兰市、德国慕尼黑市、俄罗斯新西伯利亚市等札幌国际友城的青少年团组。

（李 丹）

【因公出国（境）管理】 2016年，市外办共审核审批各类因公出国（境）团组470批1165人次，其中实行计划考核的党政干部较上年同期减少26.9%，实现了年度工作目标。全年共受理因公出国护照（通行证）签证744批、1874人次，因公护照收缴率达到100%。

（李 丹）

·侨 务·

【走访慰问侨界代表】 2016年春节前夕，市侨办在全市范围内开展“侨爱工程—送温暖走访慰问活动”，先后走访慰问了市著名侨资企业沈阳绿厦房地产开发公司老归侨代表傅秋凡，以及全市200多名贫困归侨侨眷，并代表市委市政府送去慰问金和慰问品。走访过程中，市侨办详细了解了企业发展情况和经营过程中遇到的问题，以及困难归侨侨眷生活中存在的实际困难，高度评价了老归侨为沈阳社会发展做出的贡献。

（李 丹）

【归侨侨眷职业技能培训】 2016年10月19日，市侨办在于洪区马三家街道边台村举办了归侨侨眷职业技能培训活动，帮助和引导困难归侨侨眷掌握生产技能，支持和鼓励困难归侨侨眷实现就业创业。此次培训活动，邀请了沈阳农业大学葡萄、草莓种植专家为于洪区马三家街道边台村的归侨侨眷及周边农民60余人，进行农业技能培训，内容主要包括大棚种植草莓、葡萄的相关技术。培训通过专家授课咨询、图片样品展示、现场发放惠农小册子、专家农民互动等形式，让受训农民能够掌握农业生产操作技能，实现就业创业梦想，提高部分困难归侨侨眷家庭收入。

（李 丹）

【第二期侨界青年创新创业技能培训班】 2016年9月8日至9日，市侨办成功举办了“沈阳市第二期侨界青年创新创业技能培训班”，重点对沈阳市处于初创阶段的70名新侨人员、海外归国留学生以及归侨侨眷子女进行了培训。市创新办、经信委、就业和人力服务局、工行沈阳支行以及辽宁海归创新学院、拓源集团的专家和教授，重点就“我市全面改革创新试验情况”、“中小微企业扶持政策”、“我市创业政策及经验指导”、企业贷款及融资程序，以及“初创企业的品牌与定位”等方面内容给学员们进行讲解和辅导。市侨办希望侨界青年积极投身沈阳市“大众创业、万众创新”活动中来，实现创业梦想的同时，为沈阳经济社会发展多做贡献。

（李 丹）

【沈阳新侨创新发展联盟正式成立】 2016年6月19日，沈阳新侨创新发展联盟（以下简称“新侨联盟”）举行成立仪式。副市长张景辉在成立仪式上讲话并为联盟揭牌。在沈阳全面创新改革的大背景下，为集聚侨智、侨力、侨资，整合新侨资源，打造和谐共创的良好创业环境，市侨办积极促成在沈侨企成立新侨联盟，何氏医学院、中嘉博众集团等45家新侨企业加入联盟。成立新侨联盟是市侨办进一步深化为侨服务的重要创新举措，新侨联盟将整合沈阳新侨企业资源，共营企业互助发展的良好创业生态，凝聚沈阳侨智侨力，为沈阳城市发展建言献策。此外，联盟将通过社会公益等活动，树立联盟企业形象，重振企业信心，发挥新侨的榜样作用。

（李 丹）

【沈阳海外交流协会在俄罗斯设立首个海外联络站】 2016年4月28日，沈阳海外交流协会与中俄商会在莫斯科共同签署建立友好合作关系协议，市政协主席姜宏向中俄商会会长诺辛科授予“沈阳海外交流协会（俄罗斯）联络站”牌匾，该站是沈阳海外交流协会设立的首个海外联络站。沈阳海外交流协会（俄罗斯）联络站的建立，为沈阳与俄罗斯的经贸交往搭建了平台，拓宽了渠道，进一步加强了沈阳市与俄罗斯的联系，特别是双方企业间的交流合作，将切实推动“新丝绸之路经济带”建设。

（李 丹）

【沈阳海外侨务工作（法兰克福）联络站设立】 2016年8月22日，沈阳海外侨务工作（法兰克福）联络站在德国辽宁总会正式挂牌，该站是沈阳市在海外设立的第五个侨务工作联络站。法兰克福联络站设立后，将通过对德国华侨华人特别是辽宁籍华侨华人的广泛联络，全面推动沈阳市与德国在经济、贸易、文化、教育等多领域的交流合作。

（李 丹）

【沈阳海外侨务工作（英国伦敦）联络站成立】 2016年11月7日，沈阳海外侨务工作（英国伦敦）联络站授牌仪式成功举行，第六个海外侨务工作联络站正式在英国辽宁同乡会设立。英国伦敦联络站设立后，将通过对英国华侨华人特别是辽宁籍华侨华人的广泛联络，全面推动沈阳市与英国在经济、贸易、文化、教育等多领域的交流合作。

（李 丹）

【“侨爱工程—基层卫生工作者岗位技能培训暨惠侨科普讲座义诊”活动】 2016年11月2日，市侨办组织侨界医疗专家赴苏家屯区十里河街道进行基层卫生工作者岗位技能培训暨惠侨科普讲座义诊活动。活动旨在发挥市侨务优势，搭建广大归侨侨眷助推沈阳市经济社会发展的平台，顺应他们为沈阳市经济社会发展服务的意愿，同时缓解偏远贫困地区缺医少药的实际困难。本次活动中国医科大学派出了由5名侨界专家教授组成的义诊小组，为当地的10余名基层卫生工作者进行了岗位技能培训，为当地的80余名群众进行了科普讲座及检查咨询服务。侨资企业沈阳市艾迪康医疗检验中心抽调了4名工作人员为当地群众近百人进行血液样本采集和化验。

（李　丹）

【“感知沈阳·共谋发展—澳洲华商沈阳行”活动】 2016年9月22日，澳洲中国东北同乡会监事长、澳洲中国出口商会会长侯伟率团访沈，与沈阳市共同举办“感知沈阳·共谋发展—澳洲华商沈阳行”暨项目推介座谈会。市侨办组织市旅游委、市旅游集团、浑南区外办、市农产品进出口协会、市华侨国际交流促进会等部门，以及7家沈阳新侨创新发展联盟企业，与代表团开展项目对接。通过对接，双方达成多个合作意向，涉及环保、建筑、旅游、农产品进出口贸易等领域。

（李　丹）

【“感知沈阳·共谋发展—泰国侨领沈阳行”活动】 2016年7月18至22日，泰国江浙沪总商会钱湘麟主席率团访沈，与沈阳市共同举办“感知沈阳·共谋发展—泰国侨领沈阳行”活动。代表团参观考察了沈阳经济技术开发区以及北方重工集团、沈阳副食集团、沈阳农产品进出口协会、市科协等单位和企业，并举办了座谈、项目洽谈等活动，与多个部门达成合作意向，涉及机械工业、科技人才、农副产品进出口贸易等领域。

（李　丹）

【“同心襄筑中国梦，两地共谱振兴篇—香港工程师学会走进沈阳交流日”活动】 2016年3月30日，市外办联合市建委、市城建局、香港特区政府驻辽宁联络处共同举办了“同心襄筑中国梦，两地共谱振兴篇—香港工程师学会走进沈阳交流日”活动。香港著名土木桥梁专家刘正光博士率香港工程师学会代表团参加活动，香港特区政府驻京办主任傅小慧全程陪同。代表团一行40余人考察了五爱立交桥和南北快速干道2个项目的施工现场，高度评价沈阳市南北快速干道隧道部分的设计施工，并认为该工程应作为项目典范为业界技术人员和院校师生提供指导借鉴。在沈期间，代表团还参加了“沈港两地工程界交流研讨会”，与沈阳市工程界专家就道桥工程、建设施工等方面的学术课题充分交换意见，相互学习借鉴各自的成功经验和创新成果。刘正光，香港著名土木、桥梁专家，素有“香港桥王”的美誉，曾任香港特区政府路政署副署长、土木工程署署长、香港工程师学会会长等职务。本世纪80年代，刘正光博士参与了沈阳市第一座立交桥—望花桥的建设。

（李　丹）

【同心襄筑中国梦，两地共谱振兴篇—服务港企政策咨询研讨会】 2016年12月8日，市外办与市人社局、市房产局、市政务服务办、沈阳中国香港（地区）商会联合举办了“同心襄筑中国梦，两地共谱振兴篇—服务港企政策咨询研讨会”。活动期间，市人社局、市房产局、市政务服务办等单位详细解读了《关于促进房地产市场健康发展的实施意见（试行）》等相关政策法规，并与20余位港资企业代表就房产新政、养老保险、行政审批等热点问题展开座谈。通过宣传沈阳市投资环境，解读相关政策法规，帮助港企在沈快速健康发展。

（李　丹）

【香港投资推广署助推沈阳市企业“走出去”】 2016年11月21日至24日，香港特区政府投资推广署华北推广总监胡盛龙一行访沈，为沈阳市重点企业解答拓展海外市场相关政策性问题，助推全市企业“走出去”。在沈期间，代表团与中沈国际、旅游集团、物资集团、地铁集团、城建集团、中北物流、老龙口等多家大中型企业进行对接，重点介绍了香港投资环境、产业政策及为企业海外投资并购所提供的支持服务等方面内容。胡盛龙总监表示，香港投资推广署将利用香港在金融、法律、科技、人才等方面的资源优势，发挥香港作为“一带一路超级联系人”的作用，帮助沈阳企业通过香港拓展海外市场。

（李　丹）

【“香港创意营商日·沈阳”活动】 2016年9月22日，“香港创意营商日·沈阳”活动在香格里拉大酒店成功举办。活动由市外办与香港贸易发展局共同组织，17家香港创意设计和市场营销企业精英20余人，与沈阳市320余家企业的520余位代表开展合作对接，取得了丰富成果。活动由企业对接、交流研讨、商贸洽谈三部分组成。在企业对接环节，沈阳天江老龙口酿造有限公司、沈阳八王寺饮料有限公司、沈阳辉山乳业等一批老字号知名企业与香港企业进行了洽谈，希望借助香港在品牌设计和市场营销的资源优势，助推企业提升综合实力，实现转型升级。在交流研讨环节，香港巧思设计、K－Matrix公司、高介原创进行了主旨演讲，针对大数据时代背景下如何拓展海外业务，提升企业综合竞争力进行了深入讲解和剖析，并与参会企业开展交流互动。在商贸洽谈环节，全市50余家企业与香港企业达成合作意向。

（李　丹）

·编　　制·

【行政体制改革】 加快推进重点领域改革，为加强沈阳市政府督查和绩效考评工作，将全市政务公开职责、市绩效考评职责划入市政府督查室，将市政府督查室更名为市政府督查和绩效考评办公室，挂市政府营商环境建设办公室牌子。为全面落实中央和省委巡视工作，成立了中共沈阳市委巡视工作联络办公室，全面负责中央、省市委巡视机构交办的各项事宜。

（刘　洋）

【健全完善权责清单】 为确保权责清单的准确性和实效性，出台了《权责清单动态管理办法》。组织43个市直部门对照法律法规、简政放权等变化情况，对权责清单（2015版）进行调整，2016版权责清单保留2374项行政职权，并通过市政府门户网站、《沈阳日报》等主流媒体将调整情况进行公告，进一步明晰了政府权力边界。

（刘　洋）

【建立公共服务事项清单】 为全面贯彻落实国务院、省市政府简化优化公共服务流程的要求，出台了《沈阳市简化优化公共服务流程方便基层群众办事创业工作方案》，借鉴南京、厦门、济南等地经验，制定了《工作指南》。组织市直54个部门（单位）对照法律法规规章、对照外省市清单认真梳理了本部门（单位)的公共服务事项,砍掉了111项不合法、不合理的证明和手续等事项,保留247项公共服务事项,建立了《公共服务事项清单(2016版)》。并通过市政府门户网站、《沈阳日报》等主流媒体向社会公布,进一步方便了企业群众办事,有力推动了大众创业、万众创新。

(刘 洋)

【事业单位改革】 稳步推进事业单位改革,出台了《沈阳市分类推进事业单位改革中事业单位转制为企业的指导意见》,积极稳妥推进生产经营类事业单位改革。全年审核和公示事业单位年度报告858家,公示率达100%;办理各类登记事项978项,最大限度地为事业单位提供方便快捷服务;积极承接推进统一社会代码工作,为机关和群团赋码122家;完成了事业单位、社会团体及企业等组织利用国有资产举办事业单位设立登记工作,实现了由登记管理为主向服务监管为主的转变。

(刘 洋)

【简政放权】 持续推进简政放权,全市分三批共取消下放调整108项行政职权。为全面推进创新改革试验工作和支持中德(沈阳)高端装备制造产业园建设,向省政府分别为市里争取到43项、为铁西区争取到31项省级经济管理权限。截至2016年底,全市分九轮共取消下放调整1089项行政职权,申请到了74项省级经济管理权限,进一步促进了项目建设,激发了市场活力,方便了群众办事。

(刘 洋)

【创新监管方式】 积极推进"双随机、一公开"改革,出台了《关于推广随机抽查规范事中事后监管的实施意见》和《沈阳市关于进一步推进随机抽查规范事中事后监管的工作方案》,建立了"一单、两库、一细则"。着力解决一些领域存在的执法任性、执法扰民、执法不公和执法不严等问题,实现了随机抽查事项达到本部门市场监管执法事项的70%以上,其他行政执法事项的50%以上的目标。

(刘 洋)

【机构编制管理】 按照"严控总量、盘活存量、增减平衡、优化结构、分级负责"的总体要求,不断优化机构编制管理。将全市4719家事业单位全部纳入实名制管理,健全了实名制系统数据库,实行了实时动态监管,实现了横向到边、纵向到底的全覆盖监督管理模式。严格审批制度,全年完成市直各部门核验工作1440余次,从源头上把住了核验关和审批关,确保实现财政供养人员只减不增的目标。

(刘 洋)

·信 访·

【概况】 2016年,市信访局认真贯彻落实党的十八大,十八届三中、四中、五中、六中全会,特别是贯彻落实市第十三次党代会精神、省第十二次党代会精神,坚持运用法治思维、法治方式组织做好新时期信访工作,积极推进信访工作制度改革,维护了群众合法权益,促进了沈阳社会大局的和谐稳定。2016年,沈阳市发生进京正常访到国家信访局登记3997件次5232人次;到省信访局上访登记1836件次3943人次。信访稳定、秩序良好。

2016年,市信访大厅共接待群众来访1.34万件次、1.69万人次,其中集体访397件次、3905人次,求决类信访事项书面告知率100%;市民诉求专线共受理电话诉求8.88万件次,即时办结7.44万件次、交办1.45万件次,到期办结率100%、反馈率100%,群众满意率98%;共受理群众来信6975件,及时受理率100%、按期答复率100%;共受理网上信访事项6154件次,按期答复率100%。区县信访大厅累计接待登记走访4714件次、1.70万人次。其中集体访810件次、9509人次。

(彭长根)

【信访工作制度改革】 市信访信息系统全部接入省信访信息系统,实现了与13个区县(市)15个信访大厅、199个乡镇街道、89个市直部门互联互通。制定下发了《沈阳市网上信访事项办理工作管理办法》《沈阳市网上信访事项登记受理工作细则》《沈阳市网上信访事项办理工作细则》《沈阳市网上信访事项督查督办工作细则》。研究制定了《沈阳市依法分类处理信访诉求工作实施办法》,有力推动了"诉访分离"、依法逐级走访和依法分类处理信访问题等方面工作的开展。沈阳市信访工作制度改革做法6月份在国家信访局组织召开的井冈山全国省级信访局长专题会议上作了介绍。

(彭长根)

【信访积案化解攻坚】 2016年,国家信访局交办沈阳市信访积案24件,化解1件、引导进入法定程序23件,办结24件,办结率100%;省交办沈阳市信访积案1222件,化解172件,终结34件,引导进入法定程序1008件,办结1204件,办结率98.5%;省通报沈阳市、县两级党政主要领导包案32件,化解21件,引导进入法定程序10件,终结1件,办结32件,办结率100%。全市共筛选出31件案件申请中央和省级信访专项资金331.8万元,其中,使用中央和省级信访专项资金168.4万元,市本级配套资金163.4万元,化解率100%。市交办信访积案606件,办结570件,办结率94.1%。

(彭长根)

【敏感时点信访稳定任务】 按照"防风险、控危机、处事件"的总要求,紧紧围绕"不出大事、少出小事、出事能及时处置"总目标,积极做好敏感期间信访工作。2016年,先后完成了党的十八届六中全会、全国三级"两会"、中央巡视组"回头看"、"G20"峰会、世界互联网大会等敏感期间信访工作,实现了省委、省政府,市委、市政府确定的工作目标。中央巡视组到辽"回头看"期间,积极做好信访登记、疏导、分流、劝返、接谈、交办等工作。"回头看"期间信访分流中心全省共登记来访群众2.48万人,其中沈阳1.20万人,占全省登记总量的43%,圆满完成了信访稳定任务,实现了确保不发生到省集体访、长时间滞留等"八个确保"工作目标。

(彭长根)

【社会稳定风险评估】 依据国家《风险评估技术标准》形成了沈阳市相对科学的评估方法,不断完善社会稳定风险评估机制,坚持对重大决策、项目做到应评尽评。2016年,对全市房屋征收、土地征收坚持做到"五个不动",即:不依法依规不动、补偿不到位不动、区县主要领导不到拆迁现场不动、工作预案没做好不动、市里相关部门不到位不动。所有项目社会稳定风险评估工作做到“四个提前”，即：提前介入、提前调研、提前对策、提前化解；“三个跟踪”，即：民调跟踪、现场跟踪、结果跟踪；“两个着力”，即：着力维护群众利益、着力支持经济发展；“一个取向”，即：一切为了社会的和谐稳定。同时，认真探索请第三方参与评估形式，由相对独立的专家组形成意见，不受有关决策和利益方左右，提出相对科学、客观、公正的风险评估结论。既充分发挥行政工作系统的主体作用，又充分发挥稳评工作研究所、专家队伍和第三方评估机构这两翼的支持和服务作用，探索实施社会稳定风险评估“一体两翼”的工作格局，收到良好效果。2016年，共对45个重点项目实施了风险评估。

（彭长根）

【矛盾纠纷排查、预报】 坚持经常性的矛盾纠纷大排查以及重大敏感期排查活动，提前做好稳控预防工作。坚持对重点人员、重点网站、重点信息实施网络舆情监控，特别是对涉及征地拆迁、拖欠农民工工资等群体访、越级访信息的监控，及时发现重要敏感信访信息。2016年，共组织全市大规模排查活动19次，累计排查出不稳定因素3.20万件次，其中：涉个体访2.40万件次，集体访7971件次。全年整理编印4期《社情民意》专刊，较好地发挥了预警作用。

（彭长根）

政协沈阳市委员会

【市政协十四届五次全体会议】 中国人民政治协商会议沈阳市第十四届委员会第五次会议，于2017年1月8日至11日举行。会议审议并通过了姜宏主席代表市政协十四届委员会常务委员会所作的工作报告和刘慧鸣副主席所作的提案工作情况报告。会议增补了市政协副主席、常务委员。

会议协商讨论了姜有为代市长所作的政府工作报告；协商讨论了《沈阳振兴发展战略规划（草案）》以及市政府其他报告；协商讨论了沈阳市中级人民法院工作报告和沈阳市人民检察院工作报告，均表示赞同，并提出了意见建议；协商讨论了市人大常委会主任、市长、市人大常委会副主任人选。

会议认为，市政协常务委员会在中共沈阳市委的领导下，按照市第十三次党代会和市委政协工作会议部署要求，牢牢把握团结和民主两大主题，保持政治定力，服务工作大局，稳步推进政协协商民主建设，为打造国际化营商环境，推动沈阳老工业基地全面振兴发展作出了新的贡献。会议对市政协常务委员会提出的2017年工作任务表示同意，对进一步做好政协工作提出了建议。

会议要求，市政协各参加单位和全体委员，在新的一年里，要以邓小平理论、“三个代表”重要思想、科学发展观为指导，学习贯彻中共十八届三中、四中、五中、六中全会和习近平总书记系列重要讲话精神，落实市第十三次党代会和市委政协工作会议的决策部署，全力打造国际化营商环境，积极推进制度化协商民主，不断提升履职能力和水平，努力做到协商更充分、监督更有效、团结更广泛、氛围更和谐，为实现全年经济社会发展目标，推动沈阳创新改革发展和幸福沈阳共同缔造贡献力量。

会议号召，市政协各参加单位和广大政协委员，要更加紧密地团结在以习近平同志为核心的中共中央周围，在中共沈阳市委的领导下，围绕推动实施《沈阳振兴发展战略规划》和打造国际化营商环境、幸福沈阳共同缔造等重点任务，发挥人民政协的独特优势和作用，善于建言、敢于监督，凝聚共识、汇聚力量，以更加饱满的政治热情，不忘初心、继续前进，同心同德、奋发有为，为实现沈阳老工业基地全面振兴作出新的贡献。

（吴汉伟）

【市政协常委会议】 2016年，市政协先后召开了7次常委会议。

1月6日，政协沈阳市第十四届委员会举行第二十次常委会议，市政协主席姜宏主持会议。会议协商了相关人事事项。

1月7日，政协沈阳市第十四届委员会举行第二十一次常委会议，市政协主席姜宏主持会议并讲话。会议听取了大会秘书长关于小组讨论综合情况的汇报；审议了相关人事事项；审议通过了市政协十四届四次会议提案审查报告（草）；审议通过了市政协十四届四次会议决议（草）。

1月8日，政协沈阳市第十四届委员会举行第二十二次常委会议，市政协主席姜宏主持会议并讲话。会议讨论通过了市政协2016年工作要点。

7月8日，市政协召开十四届二十三次常委会议，市政协主席姜宏主持会议并讲话。会议协商讨论了关于“推动国有企业改革，增强企业活力和市场竞争力”等有关问题；审议通过了《关于“推动国有企业改革，增强企业活力和市场竞争力”专题调研报告》。市长潘利国出席会议并讲话。

8月26日，市政协召开十四届二十四次常委会议，市政协主席姜宏主持会议并讲话。会议协商讨论了关于“推进我市现代建筑产业发展”等有关问题，讨论通过了《关于推进我市现代建筑产业发展的调研协商报告》。

11月24日，市政协召开十四届二十五次常委会议，传达和解读市第十三次党代会精神。市政协主席姜宏主持会议并讲话。

12月9日，市政协召开十四届二十六次常委会议，市政协主席姜宏主持会议并讲话。会议听取了市党群系统、市政府系统关于市政协十四届四次会议以来提案办理工作情况的通报；审议了市法院关于市政协十四届四次会议以来提案办理工作情况的通报（书面）；协商通过了市政协十四届五次会议相关事项。

（吴汉伟）

【履行职能】 2016年，在中共沈阳市委的领导下，市政协认真学习贯彻中共十八届三中、四中、五中、六中全会精神和习近平总书记系列重要讲话精神，按照市第十三次党代会和市委政协工作会议部署要求，牢牢把握团结和民主两大主题，保持政治定力，服务工作大局，稳步推进政协协商民主建设，为推动沈阳老工业基地全面振兴发展作出了新的贡献。

一是着力推进全面创新改革，促进企业转方式调结构增动力。围绕深化国有企业改革这个关系全局的重大问题，组织政协委员和专家学者赴“长三角”和“珠三角”地区深度考察，会同民主党派、工商联和区县（市）政协开展调研，在市政协十四届二十三次常委会议协商中，提出了进一步优化国有企业改革发展环境、出台国有企业综合配套改革“1+N”文件等意见建议，其中在股权改革、选人用人、研发投入、松绑减负、资产证券化、解决历史遗留问题等方面提出了突破性建议，受到各方高度关注。市委将市政协《关于深化国有企业改革，增强企业活力和市场竞争力调研协商报告》转发全市党政部门和国有企业；市委、市政府在《关于进一步深化国资国企改革的实施意见》中充分吸纳了政协协商意见和建议。

二是着眼于产业结构优化调整，积极推动新产业新优势的形成和发展。尤其是针对现代建筑产业发展中遇到的问题，组织政协委员和专家学者，会同民盟、民建、致公、九三学社等民主党派及有关区县（市）政协，深入调查研究，提出意见建议，并提交市政协十四届二十四次常委会议进行协商，就加强宏观引导、落实政策措施、完善市场机制、制定产业标准、延伸产业链、改善融资环境等关键性问题建言献策，促进了沈阳市建筑产业现代化示范城市建设和发展。

三是推进供给侧结构性改革，提高供给质量，扩大有效供给。供给侧结构性改革的根本目的是提高社会生产力水平，落实好以人民为中心的发展思想。结合沈阳实际，在全面贯彻这一重大决策思想中，注重围绕农业提质增效、农业品牌建设这个关键性问题，组织政协委员和专家学者，联合民盟、九三学社和涉农区县（市）政协，深入农村，调查研究，抓住症结，精准建言。经市政协十四届三十六次主席会议充分协商，提出把农业品牌建设作为推动现代农业发展的重大战略，以质量竞争优势推进农业转型升级，加快推动农业从产品经营向品牌经营转变，并从优化政务环境、社会环境、产业环境三个方面提出了一系列建议。市委、市政府对此给予充分肯定和支持，相关区县（市）及时出台文件，推动农业品牌建设进入决策、付诸实施。

四是关注社会治理，促进职工群众合法权益的实现和发展。抓住完善劳动争议调处工作、构建和谐劳动关系这个普遍关心的议题，联合民革、民盟、民建、农工等民主党派和工商联，与区县（市）政协联动，深入基层，了解情况，排查问题，研究对策，并召开市政协十四届三十七次主席会议进行专题协商，提出了建设以工会为主体的基层调解员队伍、推行集体合同、提高仲裁实效、稳定企业用工等富有建设性的意见和建议，为市委、市政府制定和完善相关法规政策提供了智力支持和民意基础。

五是推动社会进步，着力促进公共医疗卫生事业发展。随着沈阳市城市布局的调整和产业空间的扩大，新兴居住区医疗服务功能缺失的问题日益突出，人民群众对此反映较大。针对这个问题，以“调整市属医院布局、优化医疗资源配置”为重点，与农工党市委会组成联合调研组，深入医院视察，听取情况通报，组织专题研讨，全面分析全市医院布局调整进展情况和存在的问题，有针对性地在市政协专题协商会议上建言献策，提出了保证医疗卫生发展规划用地、科学调整医疗资源增量、加快重点专科和特色科系建设、推进医疗卫生投融资体制改革以及发挥公立医院对社会力量引领作用等意见和建议，引起了市政府的高度关注，市政府表示将以市政协协商议政为契机，进一步解决好医疗资源配置不均衡问题。

六是聚焦城乡发展，促进宜居水平进一步提升。为使广大群众享有高效、便利、快捷的智能生活，组织政协委员针对大数据发展与资源共享问题开展专题协商，从搞好顶层设计、建立多元化投融资机制、建设居民综合信息核对中心、创建智慧城市与大数据产业互动的“沈阳模式”等方面提出真知灼见，促进了大数据共享与开放六大工程以及12个项目建设。

（吴汉伟）

【学习宣传文史】 认真组织学习，提升委员履职能力。市政协紧密结合形势发展，适时召开党组理论学习中心组学习会，学习全国政协全会精神、中国共产党第十八届中央委员会第六次全体会议精神及全国政协第十八次常委会议精神和沈阳市第十三次党代会精神，通过理论学习中心组学习会的学习，积极引领和带动委员学习；围绕党政中心工作和政协不同时期的学习重点，精心选题，先后编发了5期20多万字的《学习参考资料》，为委员更好地参政议政发挥了积极作用；订阅报刊杂志，帮助理论中心组成员和委员了解党的方针政策、借鉴经验、开阔视野、扩大知识面。

增强宣传工作活力，努力塑造政协的良好形象。积极协调各新闻媒体，准确把握舆论导向，加大了对政协全委会议、常委会议、主席会议、专题协商会议等重要会议的宣传力度；努力聚焦亮点，抓好调研视察成果和提案宣传。通过报纸、广播、电视、网络等媒体，报道近百件委员提出的关注民生的提案落实情况和10多件视察调研成果；通过《政协园地》专版和《委员在线》节目，发表建言立论成果，反映民意，为民解忧；组织各区、县（市）政协负责新闻宣传工作的通讯员开展集中培训，提高全市政协新闻宣传工作人员的政治业务素质及与媒体打交道的能力。

搞好培训和协作，切实做好文史资料工作。市政协联合区县（市）政协，征集专题史料20余万字，编辑出版了《下岗》一书，与市政府地方志办公室共同编辑出版了《沈阳御膳文化》一书；适时组织全市政协文史工作者开展学习交流活动，加强全市政协系统文史部门及相关单位的联系和交流，不断增进了解，促进工作；组织区县（市）政协从事文史工作的主管副主席及工作人员，到全国政协培训基地集中培训；积极参与全国及省政协系统文史工作大协作，配合做好有关专题史料的协作征集工作；筹备市政协文史资料展示馆建设。

（吴汉伟）

【政协提案】 市政协十四届四次会议以来，收到来自政协委员、政协各参加单位和政协各专门委员会的提案共655件，经审查立案608件。在立案的提案中，集体提案和界别提案106件、委员提案502件。按内容分类，提案涉及经济科技的162件，城乡建设与城市管理的235件，社会事业的96件，法制建设和民生改善的115件。从落实办理情况看，已解决或采纳的507件，占83.4%；列入计划解决的77件，占12.6%；因政策或条件限制暂时难以解决、留作有关部门工作参考的24件，占4%。

夯实基础，不断提升提案质量。市政协坚持"围绕中心、服务大局、提高质量、讲求实效"的提案工作方针，进一步深化"提案质量年"活动，认真贯彻《关于进一步提高提案质量的意见》，注重对提案质量的把关，做好相关服务工作，积极引导政协委员、政协各参加单位和政协各专门委员会科学选题，充分发挥界别优势，提出高质量提案。组织开展提案工作培训，强化提案人的质量意识。坚持实行提案"三审"制，严把"入口关"，从源头上保证提案质量。

加大力度，推进提案办理协商。市政协坚持多措并举，切实加大提案办理协商力度。一是坚持重点提案高层次协商督办。实行政协领导督办重点提案制度，由市政协主席、副主席分别对所负责的重点提案进行督办，促进意见建议的落实。二是推动同类提案的集中办理协商。提高提案办理效率，增强提案办理实效。三是强化疑难提案和上年度遗留提案的跟踪督办。

强化服务，不断完善提案工作机制。市政协认真贯彻《全国政协提案办理协商办法》，制定了《政协沈阳市委员会提案办理协商办法》。积极推进提案工作信息化建设，初步实现了提案提交、立案审查、办理答复的全程信息化，政协提案工作的科学化水平和工作效率有新的提升。认真开展提案评优表彰工作，对2015、2016两个年度的97件优秀提案、31个先进承办单位和46名先进工作者进行通报表彰。

（吴汉伟）

【海外联谊】 选择有效方式，开展建言献策活动。在市政协十四届四次全会期间，专门组织召开港澳委员座谈会，拓宽了委员履职渠道。港澳委员利用视野开阔、联系广泛的优势，积极为沈阳的经济社会发展建真言、献良策，切实履行好政协委员的职责；组织港澳委员到沈阳幸福9号产业发展有限公司和沈阳市儿童福利院进行参观考察，在认真听取了相关负责人介绍后，委员们表示愿意为沈阳市的社会福利事业贡献力量；组织部分委员赴上海、深圳等城市就自贸区工作开展专题调研。借鉴发达地区成功经验，结合沈阳实际，形成了《关于加快推进以沈阳综合保税区为核心区的辽宁自贸区申报的建议》，并以市政协正式文件的形式转送市政府。

加强与港澳台侨人士的联系，广泛开展联络联谊活动。市政协举办了2016"沈阳国际软件园杯"羽乒友谊赛，进一步加强了与港澳台侨人士及海归创业人士之间的联络联谊，结交了朋友，增进了友谊，凝聚了力量；市政协领导率团赴香港、澳门走访看望在港澳地区政协委员，拜会两地中联办、港区省级政协委员联谊会、澳门东北商会、澳门中小企业总商会，加强了联络，增进了友谊；市政协组织委员参加市委组织部举办的"名家讲堂"，听取中央台办、国务院台办研究局孙升亮副局长所作"当前台海局势及中央对台政策专题讲座"。让委员深入了解和把握当前两岸关系发展态势，密切关注两岸关系未来发展。

选择多种渠道，扩大对外交往。市政协邀请七国驻沈总领事馆总领事出席市政协十四届四次会议开幕式，同时受邀出席法国、德国、韩国等驻沈总领事馆的联谊、庆祝活动，密切了彼此间的工作联系，增进了沟通和友谊；接待香港青少年夏令营暨交流团来沈阳访问，加强了两地教育文化的交流与合作，加深了两地青少年之间的深厚友谊，也有助于香港青少年进一步了解祖国，了解中华民族优秀的传统文化。

（吴汉伟）

民主党派和工商联

【中国国民党革命委员会沈阳市委员会】 思想理论建设。开展纪念孙中山先生诞辰150周年系列活动。组织机关工作人员和广大党员认真学习习近平总书记在纪念孙中山先生诞辰150周年大会的重要讲话精神，开展纪念孙中山先生诞辰150周年征文活动，共征集稿件27篇，其中10篇被省民革评为优秀征文，9篇被收录在《辽宁民革》杂志征文专刊中；与民革长春市委、民革哈尔滨市委联合举办纪念孙中山诞辰150周年画展，选送了30余幅作品，出版《翰墨中山情—纪念孙中山诞辰150周年东北三市书画作品集》；参加民革省委举办的全省民革组织纪念孙中山诞辰150周年画展，提供书画作品32幅。扎实开展理论研究工作。全年共整理报送市委统战部理论研究课题9篇，其中金福《新的社会阶层人士统战工作研究》和张译姗的《一致性与多样性的新时期统一战线哲学底蕴和实践思路》两篇课题被选为立项课题；报送市政协理论研究课题11篇，其中由高孝杰副主委作为负责人，党员杨功涵撰写的课题《试论充分发挥民主党派在政协民主监督中的作用》被选为立项课题，并获得市政协重点课题研究成果一等奖。继续开展"机关大讲堂"活动，全年共有9名机关干部结合各自工作实际，从不同角度在机关内部，选择与工作密切相关的题目进行了授课。

组织建设。全年共发展新党员71人，平均年龄37岁。其中：大学学历50人，具有学士学位25人；研究生学历21人，具有硕士学位16人，博士学位5人；具有民革特色的30人，中高级职称的23人；区政协委员3人。成立大东、皇姑、沈河三个基层工作委员会，苏家屯区、于洪区两个总支部。市委会现有基层工作委员会4个、总支2个、支部32个，全市民革党员1075人。

参政议政。在沈阳市政协十四届四次会议上，市委会共提交大会口头发言1件、书面发言4件；民革集体提案12件，界别提案5件。其中，《关于我市发展产业金融的提案》成为市政协督办的重点提案，并得到市政府办理部门的认真办理和落实。《全面提升综保区功能为建立沈阳市自贸区夯实基础》作为政协大会的书面发言材料。《关于实施创新驱动发展战略加快经济结构转型升级的提案》和《关于我市发展产业金融的提案》两件提案被市政协评为2015—2016年度优秀提案奖。

社会服务。2016年，民革市委赴康平县开展扶贫脱贫工作调研座谈。就扶贫资金监督和规范化使用，有效解决涉农领域职务犯罪问题进行调研并提出建议。按照民革中央关于积极开展"加快推进城际轨道交通建设调查研究"的指示精神，民革市委深入开展了轨道交通建设大调研活动。赴辽宁省未成年犯管教所开展主题系列帮教活动。市委会与辽宁省未成年犯管教所签订了《加强未成年服刑人员法律帮教工作共建协议》，以此引导、动员、鼓励更多的社会力量，共同推动未成年服刑人员健康、规范、人文的改造。积极参加民革北方城市第十三届旅游风光摄影展，民革沈阳市委精选出30幅摄影图片参展。

祖统工作。积极探索祖统工作新渠道，举办了在沈台湾大学生中秋节座谈会等参观活动。4月，开展"送法到台企"专题调研座谈活动。6月，参加民革全国祖统先进表彰暨工作会议，民革沈阳市委员会被授予民革全国祖统工作先进集体。

（*杨潇音*）

【中国民主同盟沈阳市委员会】 参政议政。民盟沈阳市委紧密围绕"十三五"规划实施，新一轮沈阳老工业基地全面振兴，"四个着力"贯彻落实等深入开展调研，积极为沈阳经济社会发展建睿智之言，献务实之策。一是认真参与政治协商。民盟沈阳市委主要领导认真参加全国政协会议，中共辽宁省委、省政府，中共沈阳市委、市政府、市政协举行的民主协商会、情况通报会、征求意见会、专题座谈会和视察活动，就沈阳市党风廉政建设和反腐败工作情况、《中共沈阳市委关于进一步加强新时期人民政协工作的决定（草）》和《中共沈阳市委关于重要决策开展政协协商有关程序的规定（草）》、沈阳市第十三次党代会报告（征求意见稿）、市纪委向沈阳市十三次党代会的工作报告（征求意见稿）、市政协十四届五次会议常委会工作报告（征求意见稿）和提案工作报告（征求意见稿）、市政府工作报告（征求意见稿）等提出真知灼见。参加中共辽宁省委调研检查座谈会，就沈阳市贯彻落实中央、省委关于统一战线系列重大决策部署的情况提出意见建议。二是积极进行建言献策。在全国"两会"上，全国政协委员提交《创新监管模式推动"互联网+交通"发展》、《关于支持沈阳航空产业发展的建议》两份提案，受到国家有关部委的重视，相关建议被采纳。在省"两会"上，盟内人大代表、政协委员提交了《关于推进我省中小学核心素养培育的建议》、《关于故宫周围文物保护的建议》等30多件议案、提案。在市"两会"上，民盟沈阳市委提交集体提案10件。其中《关于促进我市大型零售商业项目运营的建议》作为大会口头发言，并被列为主席重点督办提案。《关于运用大数据提升沈阳智慧交通管理的建议》、《关于进一步完善沈阳市养老保障制度的建议》作为大会书面发言。盟内市政协委员向大会提交提案38件，盟内市人大代表提交议案9件。在市政协确定的35件重点提案中，民盟占5件。李秀实、张惠平等14名盟员被评选为沈阳市优秀政协委员。三是深入开展调研活动。就"推进农业品牌建设"、"现代建筑产业发展"、"推进国有企业改革，增强企业活力和市场竞争力"、"推进劳动争议调处工作构建和谐劳动关系"等开展专题调研，形成调研报告3篇，其中《关于我市农业品牌创新发展与传播推广的建议》、《关于仲裁诉讼作用发挥及有序衔接的建议》在市政协主席会议上作专题发言。组织盟内专家学者到中德沈阳高端装备制造产业园开展专题调研，形成《关于进一步促进沈阳中德产业园发展的建议》调研报告。就民盟中央第四届教育论坛"深化改革，提高质量，推动基础教育公平发展和创新发展"议题开展调研，形成《教师队伍建设—提高教育质量的关键》调研报告。四是反映社情民意信息。民盟沈阳市委坚持把反映社情民意信息作为履职建言的重要载体和基础工作，就如何做好社情民意信息工作举办专题讲座，积极组织广大盟员及时就事关全局的重大问题和社会热点反映情况，提出建议，质量进一步提升。向民盟辽宁省委、市政协、中共市委统战部等有关部门报送反映社情民意信息100余条。部分信息受到各级领导和有关部门的高度重视，助推了相关政策的落实，促进了一些民生问题的解决。五是有序推进民主监督。积极探索将参政议政、社会服务等工作与民主监督紧密结合，通过政协提案、社情民意信息报送等多种方式履行民主监督职能，促进决策科学化和民主化。

自身建设。一是思想建设。民盟沈阳市委将学习实践活动作为思想政治工作主线，紧紧抓住重大节点和有利契机，把活动进一步推向纵深。民盟沈阳市委被民盟中央授予"坚持和发展中国特色社会主义学习实践活动先进集体"荣誉称号。全市各级组织和全体盟员认真学习深入贯彻中共十八大和十八届三中、四中、五中、六中全会和习近平总书记系列重要讲话精神。在"沈阳民盟网"刊登习近平总书记关于治国理政的新理念新思想新战略等重要讲话供广大盟员学习。组织参加中共市委统战部举办的学习习近平总书记"七一"讲话精神专题辅导讲座、市委统战系统意识形态工作培训班和统战理论学习培训。组织学习中共沈阳市第十三次代表大会精神。举办"民盟沈阳市委坚持和发展中国特色社会主义学习实践活动·同心大讲堂"，作《立足岗位，创新思维，奋进十三五》主题报告。举办民盟沈阳市委2016年度政治思想宣传工作培训班，集中系统深入学习《中国共产党统一战线工作条例（试行）》。号召各级组织和广大盟员结合工作和思想实际深入系统学习，用科学理论武装头脑、凝聚共识、指导实践、推动工作。以纪念红军长征胜利80周年为契机，组织部分盟员参观国威国防教育训练基地和铁岭雷锋纪念馆。到沈阳市光荣院，为毛岸英当年的通讯员金京浩等志愿军老战士举办"继承传统牢记使命践行同心"的慰问演出。与沈阳农业大学联合举办"纪念红军长征胜利80周年文艺晚会"。回顾长征的光辉历程，讴歌中国共产党的丰功伟绩，展现老一辈无产阶级革命家顽强拼搏、百折不挠的长征精神，号召全市盟员大力弘扬爱国主义精神，继承和发扬中国民主同盟与中国共产党风雨同舟、亲密合作的优良传统，把伟大长征精神贯穿到各项工作中。二是组织建设。民盟沈阳市委不断加强领导班子建设。主要领导积极参加辽宁省民主党派代表人士培训班。班子成员认真参加中共市委统战部举办的沈阳市各民主党派领导班子成员培训班。通过此次培训，进一步提高了班子成员的自身参政议政、合作共事的能力。增强了继承优良传统，做好政治交接的责任意识。稳步推进基层组织建设。经过积极筹备，成立民盟沈阳航空航天大学支部，实现民盟基层组织在沈大学全覆盖，直属基层组织达到55个。

民盟沈阳市委及时与每个基层及所在单位党委协商沟通，认真做好动员、推荐、考察、选举等工作。完成民盟沈阳市于洪区委员会、东北大学委员会等26个基层组织换届，顺利完成新老交接，把一批有代表性的素质好、德才兼备、年富力强的盟务工作骨干充实到各基层领导班子。以基层组织换届为契机，将民盟沈阳医学院、沈阳医学院附属中心医院、沈阳医学院附属第二医院3个支部整合成立民盟沈阳医学院委员会，扩大民盟基层组织影响力，实现资源整合。民盟沈阳市委换届筹备工作扎实稳妥进行。组织召开盟务工作经验交流会。组织12个基层组织和专委会分别从思想建设、组织建设、参政议政工作、社会服务工作等不同角度、不同侧面认真介绍和交流盟务工作的经验和方法，各有主题、侧重和特色，回顾工作，总结经验，加强交流，相互借鉴学习，拓宽视野、明确思路、共同提高，推进各基层更好地履行职能，推动盟务工作再上新台阶。持续强化人才队伍建设。民盟沈阳市委按照"保证数量、提升质量"的组织发展目标，在保持界别特色的同时，加大了对参政议政人才以及有潜力的年轻人才和高层次代表性人士的发展力度，优化了人才结构。共发展新盟员175人，平均年龄37.8岁。大学以上文化程度169人，占96.6%，高、中级职称96人，占54.8%。文化教育界78人，科技医卫界19人，政府界13人，经济界65人。截至2016年12月底，全市共有盟员4071人。举办第三十三期新盟员学习班，150多名新盟员接受培训，加深了对民盟光荣历史和优良传统的理解，增强了立盟为公、参政为民的责任感和使命感。

社会服务。民盟沈阳市委通过整合盟内资源，发挥专业特色优势，强化全市联动，努力做好社会服务工作，被民盟中央授予的"社会服务工作先进集体"荣誉称号。盟员刘宇、王丹波荣获"社会服务工作先进个人"。一是致力打造民盟品牌。巩固"民盟同馨讲坛"、"农村教育烛光行动"传统品牌。走进学校、社区、机关单位等地举办法律、中医养生、心理咨询等方面的讲座近百场。第四次走进铁岭县高中开展"农村教育烛光行动"，为该校600余名学生和教师进行高考辅导，助推城乡教育均衡发展。落实民盟远程教育"烛光行动千校计划"，在民盟辽宁省委指导下，组织协调沈阳市第124中学开展第一期信息技术与教育教学深度融合之"翻转课堂"教学模式研修班，辽宁课改联盟校的9所学校50多位领导和老师参加了此次研修班。创立"助残创业工程"新品牌。自2015年建立"助残创业基地"以来，持续开展助残帮扶活动，帮助残疾人创业增收。截至2016年底，已有200余残疾人完成创业培训，100余残疾人已实现自主创业，该项目被评为"2016年沈阳市统一战线实践创新立项项目"。二是倾力"四个一"、"三下乡"。妇女节，举办"迎'三八'展风采"女盟员联谊会；在苏家屯区新客运站广场开展妇女维权暨《反家庭暴力法》宣传活动。青年节，组织青年盟员赴抚顺市雷锋纪念馆参观。儿童节，到北陵公园开展医疗咨询和义诊活动。教师节，组织盟内医疗卫生系统专家为沈阳理工大学教师进行义诊。世界读书日，为沈阳大学师生举办古籍修复演示活动。国家宪法日，在辽宁有色大厦开展法律咨询活动。到李相镇元科村、浑河堡社区、抚顺市新宾满族自治县新宾镇下坎村、浑南区深井子小学、王驿屯村等地开展帮扶慰问活动。组织开展肿瘤防治科普讲座和大学生创业就业教育报告会。在马耳山森林保护区开展"爱家乡环保行"活动。赴中国医科大学附属盛京医院大连医院举行业务培训和义诊。到丹东市宽甸县杨木川镇小安平河小学开展"心能量"心理援助活动。走进和平区、集贤街道湖畔社区、东北大学社区、沈河区雨坛社区等开展全民阅读活动、冬季科学健身讲座、健康宣传及义诊和服务社区活动。赴于洪区马三家街道边台村，开展"三下乡"及乡村法律服务行公益活动。三是立足本职建功立业。孙思予荣获"全国五一劳动奖章"；孙萍、王军海荣获"沈阳市劳动模范"荣誉称号；岳喜庆荣获"沈阳市五四荣誉奖章"；还有许多盟员获得了各类奖励，赢得了荣誉。

（*白艳立*）

【中国民主建国会沈阳市委员会】
2016年，民建沈阳市委荣获民建全国社会服务先进集体，民建辽宁省宣传工作、理论研究工作、参政议政工作先进集体，中共沈阳市委统战部统战理论研究工作优秀组织奖。

参政议政。提交市政协十四届五次会议发言材料5篇，集体提案7件。《关于进一步加强我市公交行业建设的提案》被评为市政协十四届委员会以来十大精品提案，《关于进一步优化我市经济发展环境的提案》《关于发展光伏发电，推广清洁能源的提案》被评为市政协2015—2016年度优秀提案。共向有关部门上报社情民意信息62条。被市政协专报采用2条，《加快农村电商建设，帮助落后农村脱贫》和《"营改增"对酒店业带来影响》2条信息被市政协报送到全国政协，其他被民建省委采用。

理论研究。共组织会员撰写统战理论文章11篇。其中，《国家治理下民主党派参与公共政策制定研究》被省委统战部结项，并被评为全省统战理论研究优秀成果二等奖。市委统战部结项课题3篇，获市委统战部优秀研究成果二等奖3篇，三等奖1篇。《关于对财政预算开展民主监督的研究》被评为市政协重点研究课题一等奖，另获市政协优秀成果一等奖1篇，优秀论文1篇。

自身建设。举办学习贯彻中共十八届五中全会精神、学习《中国共产党统一战线工作条例（试行）》培训班和提升参政党履职能力培训班，召开学习中十八届六中全会和沈阳市第十三次党代会精神座谈会，引导广大会员不忘初心，坚定正确的政治方向，不断增强政党意识，提升履职能力。利用《沈阳民建》会刊、《工作动态》专刊、网站、微信群等载体进行会史、参政党相关知识、中央振兴东北政策及"一带一路"方针等方面的宣传教育，并编印学习材料，发至各支部，组织会员学习。2016年，共发展会员143人，截至2016年末，全市共有会员2710人。共向全国、省、市相关媒体报刊杂志推送宣传报道文章166篇，被中央采用36篇，省级采用130篇，市级采用150篇。

社会服务。在民建社会服务活动教育基地康平县建立了"民建助农点"，组织会员对卧龙湖沿岸开发项目进行对接。继续组织会员自愿爱心购买康平寒富苹果24.95吨，让果农及时回收资金用于再生产，同时也有效提升了合作社影响力。积极与铁西区政府协调，协助会员企业辽宁牧昌国际环保产业股份有限公司二期工程在铁西开发区落户，并逐步整体迁回沈阳，有效填补了铁西工业园环保产业的空白。民建市委还通过由会员担任辽宁秘书长的正和岛活动，将全国各地的知名企业精英引进辽宁，走入沈阳，为助推沈阳经济建设积极献计出力。举办“邦起”公益讲堂和沈阳民建会员“‘邦起’公益行动”走进黑河等活动，助推民营企业发展。充分发挥民建会员企业在促进大学生就业工作中的重要作用，与沈阳师范大学等联合举办3场招聘会，在帮助大学生解决就业难题的同时，也为民建会员企业解决用工需求。

（李　阳）

【中国民主促进会沈阳市委员会】 思想建设。把深入学习贯彻中共十八届五中、六中全会和民进十三届四中全会精神作为全年思想建设的首要任务，认真组织会员学习贯彻习近平总书记系列重要讲话，积极推进理论中心组学习制度，多次以市委会领导班子成员的名义撰写和发表署名文章，发挥了理论学习中心组对全市各级组织和会员学习的指导和领学作用。通过基层组织工作会议、基层干部训班、新会员培训班及会友培训班等活动，分不同层次进行学习和培训，并通过报告会、座谈会、交流会及视频会议等活动，力求在宣传实效上下功夫、在学习方式上谋创新，调动基层组织和会员的积极性，增强学习主动性，取得了良好的宣传效果。继续把推进坚持和发展中国特色社会主义学习实践活动作为思想建设的重点，将学习实践活动融入组织建设、参政议政和社会服务活动之中，不断增强全市会员对全面从严治党的思想认同和行动自觉，增进政治共识，增强大局意识，增强“三个自信”，不断激发广大会员投身会务和本职工作的正能量，更好地履行参政党职能。切实发挥学习实践活动领导小组的作用，继续把开展坚持和发展中国特色社会主义学习实践活动作为贯穿各项工作的主线，在总结学习实践活动阶段性成果的基础上，通过扎实有效的活动，使学习实践活动再上新台阶。市委会班子成员积极参加学习实践活动联系点活动，深入基层、深入会员，密切了与会员的思想沟通和情感交流。发挥先进典型带动作用，结合会员培训，继续开展“我身边的榜样”宣讲活动。为庆祝中国共产党成立95周年，宣传部组织会内书画家参加市委统战部组织的书画笔会，现场创作的作品受到好评，并被市档案馆收藏。以中国特色社会主义理论为指导，贯彻理论联系实际的原则，着眼于统战工作的重大决策部署，努力探讨统一战线理论和实践中的重要课题。2016年初，召开统战理论课题招标会，组织成立课题组，突出研究重点，坚持广泛参与，鼓励理论创新，强化力量统筹，全年共完成统战理论重点课题14篇。其中，《基层统战部门工作方式创新研究》等5篇论文荣获沈阳市统战理论研究会立项课题，《人民政协民主评议在监督性协商中作用研究》荣获沈阳市政协统战理论研究会立项课题；荣获会省委一等奖1篇、二等奖1篇、三等奖1篇、优秀奖2篇，荣获市统战理论研究会二等奖1篇、三等奖4篇。在会省委的统战理论征文的43篇中，民进市委占11篇。民进市委荣获全市统战理论研究先进单位。为更好地继承和弘扬民进先辈的优良传统，贯彻落实民进中央关于会史工作的部署要求，宣传部积极参与《辽宁民进前辈传略》的编写工作，经多方查找资料和实地采访，历时3个月，最后完成戚景龙、李学盈、苗树仁3位老主委的传略，共计3万余字。另外，组织各工委专干参加民进中央组织的省市区各级组织创建历史的资料整理编写工作，最后圆满完成12个工委和市委会的创建历史部分，受到会省委的好评。充分发挥《沈阳民进》、《民进沈阳市委信息简报》、沈阳民进网站、沈阳民进微信平台的宣传作用，积极宣传基层、宣传会员，扩大沈阳民进的影响。《沈阳民进》出版4期，累计20万多字；《民进沈阳市委信息简报》出版10期，发布信息617条。会刊《沈阳民进》进行了扩版，《民进沈阳市委信息简报》增加了信息量，沈阳民进网和微信平台及时更新，这些都为宣传沈阳民进提供了很好的基本平台。继续完善基层组织宣传信息工作量化考评制度，全年上报宣传信息629条，其中被采用的信息为会中央21条、会省委34条、同舟网325条、《辽宁日报》1条、《沈阳日报》4条。在市委统战部组织开展的统战文化宣传品设计制作竞赛中，市委会制作了“新民进宣传笔”，以其精准的宣传性和美观的实用性受到广泛好评。2016年在《辽宁民进》上共刊登14篇文章，累计2余万字，被采用量在全省各市遥遥领先。市委会加大了在《民主》杂志上的投稿力度，有3篇稿件共计1.1万字被采用，并荣获2016年《民主》杂志发行工作优秀集体。

组织建设。以政治坚定、民主和谐、作风过硬为目标，不断加强市委班子建设，增补副主委1名。分别召开工委和总支工作交流会，高校组织工作交流会。市委会领导深入各工委、总支进行调研，了解各工委、总支工作情况，听取各基层组织对市委会工作的意见和建议。组织部分市委会领导班子参加会中央工作培训，组织部分基层负责人参加全省基层组织工作交流会。完成皇姑工委调整以及浑南总支等6个基层组织换届，已完成了全部基层组织的换届和调整工作。组建浑南区第三支部、浑南区经济支部，对盛京小学支部进行更名。筹备在航空航天大学、理工大学设立小组，已经完成和相关党委的协商，确定了成立小组事宜和人事方案。利用传统节日，分别在妇女节、教师节、重阳节和七一党的生日时间节点，开展女性皮肤护理讲座、团队建设活动、调研、座谈会等丰富多彩的活动，有效增强了基层组织的凝聚力。持续开展创先争优活动，沈阳市33个基层组织荣获民进省委2014—2015年度先进基层组织称号，54名会员被评为民进省委2014—2015年度优秀会员。根据近年来各基层组织开展活动的情况，沈阳市选送沈河区工委、沈阳汽车工程学校支部作为典型报送民进省委，两个基层组织的事迹入选民进省委基层组织建设案例。按照《民进沈阳市委组织发展工作实施细则》的要求，对全市160余名会友进行考核、培训、座谈，并实地走访了23名新社会阶层和民办教育界会友单位，做到严把组织发展入口关。2016年共审批发展142名新会员，其中硕士研究生以上学历24人，具有高级职称15人。全市共有会员2822人。其中：

教育文化出版界占81.2%，中高级职称占75.5%。推荐田敬阳同志为省人大代表，并协助市委组织部、市委统战部对该同志进行考核。推荐王健、李毅男为民进省委先进基层组织负责人，事迹入选民进省委先进支部主任事迹汇编。以"订单培训、下沉服务"的方式，对全市各工委和总支开展全覆盖的培训，内容涉及会史教育、参政议政、组织建设等内容。按照民进辽宁省委和中共沈阳市委统战部的要求，结合市委会的实际情况，积极稳妥地开展换届筹备工作。

参政议政。全年参加中共沈阳市委、市政府、市政协组织召开的座谈会、情况通报会20次，就沈阳市先进装备制造业发展十三五规划、加强社会主义协商民主建设、统一战线工作条例、党风廉政建设和反腐败、坚持和发展中国特色社会主义学习实践活动、政府工作报告等议题进行协商和讨论，通过意见、建议的方式积极建言献策。开展调研课题招标立项活动，向基层下发《民进沈阳市委专项调研课题招标方案》和《民进沈阳市委调研课题申报书》，经过评选、论证，确定"关于推动我市职业技术教育发展的调研"为市委会重点调研课题，已结题；承担会省委"推进我省文博事业发展"课题，组建调研组，已完成调研报告并向会省委报送；与市政协联合开展"城乡教育均衡发展"调研课题，同时开展残疾人社会保障和科技创新等课题的调研。积极参与民进省委开展的"我为全面建成小康社会建一言献一策"活动。完成全市基层组织及会员报送的各类提案素材整理工作，分别提交市政协十四届四次会议大会发言7件，提案8件，其中《关于切实提高我市中小学学生体质健康水平的提案》被列为重点提案。提交民进省委提案素材16件，其中，有2件被用作省政协提案。向市政协十四届五次会议提交大会发言8件，提案9件，向民进省委提交提案素材15件。在认真贯彻信息员联络、考评奖励、成果通报等制度的基础上，还通过座谈、下发信息要点等形式，不断拓宽信息采集渠道，充分调动各级组织和广大会员的积极性，形成了一批高质量的信息成果。全年，民进市委共采用和上报信息169件，被上级单位和媒体采用236件次。其中：市领导批示5件，零讯1件，民进中央及人民政协报采用11件，省级单位采用89件，市级单位采用145件。坚持在会友培训班、基层干部培训班、后备干部培训班上进行参政议政相关培训，同时创新开展"下沉式"订单培训，区工委针对各自特点提出具体要求，市委会进行专门的指导和培训，取得了很好的效果。

社会服务。积极拓展新的对口帮扶单位，将"同心牵手，爱心扶助"活动的范围拓展到阜新市阜蒙县东梁学校，为该校20余名教师进行教学培训，捐赠了价值52万元的美术教学瓷盘、黑板、液晶投影仪、实物展台、电动投影幕、联想电脑、控制柜、电视机等教育教学物资。开展"为了孩子们快乐成长"书画表演及义卖活动，共募得善款近1.3万元，全部捐赠给了特殊学校的孩子们。组织30余位书画家会员两次走进沈阳市北市花鱼古玩城开展"春联万家"和"迎中秋笔会"惠民活动，为北市街道的低保户和北市派出所的公安干警义务书写春联、福字等字画。教师节期间，组织医卫界会员为沈阳市拔萃中学的80多名教职员工进行义诊。组织沈阳民进艺术团赴沈北新区大辛二村文化休闲娱乐广场举办迎中秋"走基层送温暖"艺术惠民文艺晚会。全市各基层组织也发挥自身优势，纷纷开展了社会服务活动，扶贫内容涉及扶贫帮困、捐资助学、慰问养老院老人、参加区级统战部门统一行动进社区等公益活动，累计捐款捐物达30余万元。

机关建设。进一步完善并严格执行各项规章制度，不断强化机关干部服务意识和规则意识。进一步完善"3+X"绩效考评体系，细化各项工作考核目标，继续开展"讲一课、写一篇、提一件、献一策"的"四个一"活动，机关干部理论水平、创新能力、业务能力显著提升。

（刘庆国）

【中国农工民主党沈阳市委员会】 2016年，农工党沈阳市委认真履行参政党职责，切实加强自身建设，扎实推进全年各项工作任务的落实，并取得了显著成绩。

围绕中心，切实发挥参政党作用。市委会领导积极参加中共沈阳市委、市政府、市政协举行的各种民主协商会、座谈会、情况通报会，对沈阳市的大政方针及重大决策进行了积极认真讨论和协商。李铁男代表农工党沈阳市委分别在农工党全国副省级城市第十一次、第十二次工作联席会议上作了《以政治交接为主线，切实加强组织建设》、《履职尽责发挥优势努力创新社会服务》的发言。与沈阳市食品药品监督管理局、沈阳市农村经济委员会召开对口联系座谈会，就农工党沈阳市委集体提案《关于推进民生"菜篮子"工程，打造"农产品质量安全市"的建议》的办理工作进行协商。截至2016年底，全市共有48个基层组织的122名党员报送了188条信息、19条建议和20件提案，无论是参与的支部和党员人数，还是提交的信息、建议和提案数量，都创造了开展"两个一"活动17年以来的历史最好水平。贺可嘉被农工党中央授予"2014—2015年度全党反映社情民意信息工作先进个人"荣誉称号。农工党沈阳市委被中共辽宁省委统战部评为"2015年度全省基层统战信息工作先进单位"。王勇被中共辽宁省委统战部评为"2015年度全省基层统战信息工作先进个人"。市委会机关被中共沈阳市委统战部评为"2015年度沈阳市统战信息工作先进集体"，是沈阳市8个民主党派中唯一获此荣誉的市委会。

开展"加强我省供给侧结构性改革，提高经济发展的质量和效益"调研活动。"加强我省供给侧结构性改革，提高经济发展的质量和效益"，是辽宁省政协2016年专题议政性常委会议重点协商课题。调研组完成了6篇调研报告，并报送农工党辽宁省委。在省政协十一届十六次常委会议上，农工党辽宁省委会专职副主委朱航作了《利用供给侧思维 补充健康服务业发展短板 推进2020年"健康辽宁"总体目标完成》的大会发言。这篇调研报告在省政协常委会上作大会发言，标志农工党沈阳市委圆满完成"加强我省供给侧结构性改革，提高经济发展的质量和效益"调研任务。

凝心聚力，充分发挥在人民政协中的作用。在市政协十四届四次会议上，农工党沈阳市委提交了《关于下大力气推进我市“分级诊疗”工作的建议》等14件提案，有6篇书面发言被收入《大会发言汇编》。李铁男副主委代表市委会在会上作了《“分级诊疗”深化医疗改革》的大会发言，引起了与会领导和广大政协委员的重视。在市政协十四届三十三次主席会议审议确定的十四届四次会议35件重点提案中，农工党沈阳市委提交的《关于改善创业创新环境，推动我市经济发展的提案》和市政协委员马平等15人《关于推进我市分级诊疗工作快速发展，改善医疗服务水平的提案》名列其中。

召开推进医疗损害赔偿案件审理、促进社会和谐稳定专题座谈研讨会。与市政协科教文卫体委员会联合召开推进医疗损害赔偿案件审理、促进社会和谐稳定专题座谈研讨会，市及和平区两级法院通报了有关医疗损害赔偿案件审理相关工作，以及咨询专家走进法庭、参与审判疑难复杂进展情况；市医调委负责人通报了临床专家参与医疗损害赔偿案件审理或调解相关工作情况。会后，完成了《关于探索医疗纠纷庭审新模式完善专家辅助人制度的几点建议》的调研报告。

参与市政协“推进劳动争议调处工作，构建和谐劳动关系”专题调研。农工党沈阳市委专题调研组完成了《关于完善我市劳动争议案件相关保障措施的建议》的调研报告。在市政协召开十四届三十七次主席会议上，王莉代表农工党沈阳市委和第五专题调研协商组，作了《关于完善我市劳动争议调处工作相关保障措施的建议》的大会发言，此文还被编入市政协十四届三十七次“推进劳动争议调处工作，构建和谐劳动关系”专题主席会议材料汇编。

明确目标，完善发挥参政党机制建设。一是举行两年一度的参政议政工作总结表彰会，对在2014—2015年度参政议政工作中作出突出成绩的37名党员给予表彰奖励。二是召开2016年参政议政工作会议，各级人大代表、政协委员、参政议政专委会成员和参政议政工作骨干50余人参加会议，讨论2016年参政议政工作要点，确定2016年参政议政调研课题。三是为深入学习贯彻中共中央和省市委统战工作会议精神，不断提高农工党基层广大党员的政策理论水平和业务水平，努力适应新形势下中国共产党领导的多党合作和政治协商工作需要，与中共沈阳市委统战部、沈阳市社会主义学院联合举办2016年参政议政信息员工作培训班，全市200余名参政议政骨干参加培训班。四是先后两次召开2016年参政议政调研课题推进会，根据参政议政工作会议讨论确定的参政议政调研课题进行分解和落实，来自全市各基层组织的80余名代表聆听了报告。

深入学习贯彻中共十八届六中全会和中共沈阳市第十三次代表大会精神。在官网上发布《中国农工民主党中央关于学习贯彻中共十八届六中全会精神的通知》。组织召开理论中心组学习（扩大）会议，深入学习贯彻中共十八届六中全会和中共沈阳市第十三次代表大会精神，李铁男主委专门为农工党沈阳市第七人民医院支部全体党员大会作学习贯彻中共十八届六中全会精神辅导。农工党沈阳药大支部、本溪高新区支部联合举行深入学习贯彻中共十八届六中全会精神报告会。农工党沈阳百丰医药支部联合机关综合支部组织学习十八届六中全会精神。

组织学习传达贯彻全国两会精神，加强形势任务教育。与农工党辽宁省委联合召开传达学习全国“两会”精神报告会，全国政协委员、辽宁省政协副主席、农工党辽宁省委主委唐建武传达十二届全国人大四次会议和全国政协十二届四次会议精神。农工党“走进基层、贴近党员，培育和践行社会主义核心价值观”百场主题宣讲活动走进辽宁，首场报告会在沈阳开讲，李铁男、王莉、张麓曾、杨向红、孟令山与100多名党员参加宣讲活动。与辽宁省国防教育基金会联合举办爱国国防教育讲座，雷锋团第十三任团长、辽宁省国防教育办公室原副主任孙启华作《雷锋团长话雷锋》的主题讲座。

组织开展纪念中国共产党成立95周年系列活动，成立中国农工民主沈阳书画院和中国农工民主党沈阳摄影协会。六位画家的优秀作品参与“全省统一战线纪念中国共产党成立95周年·与党同心书画展”。组织三位书画界党员参加市各民主党派、统战团体共同举办的“沈阳统一战线纪念中国共产党建党95周年座谈会暨书画笔会”，作品全部被收入文集。组织百余名党员观看大型历史影片《大火种》。举行中国农工民主沈阳书画院、中国农工民主党沈阳摄影协会成立仪式暨纪念中国共产党成立95周年书画摄影展。

网络宣传和社会宣传工作成绩斐然。全年共编辑出版市委会机关刊物《沈阳农工》杂志四期，受到社会各界广泛好评。农工党沈阳市委网站建设健康发展，网站内容更新及时，几乎天天进行，截至2016年底，共上传905篇文章。农工党沈阳市委官方微信订阅平台运行一年来，已有571人关注，上传图文信息145条、视频8条，共153条图文和视频信息，受到了社会各界的广泛好评。社会宣传工作成绩喜人，在《人民政协报》、农工党党刊《前进论坛》、《辽宁日报》、《沈阳日报》和沈阳同舟网发表了50多篇文章，在全市统战新闻与网络宣传稿件采用情况评比排名中始终位于前列，市委会以全市第二名的成绩被中共沈阳市委统战部评为“2015年度沈阳市统战宣传工作先进单位”。

统战理论研究取得了新的突破。赵春杰副主委代表农工党辽宁省委理论组执笔完成的《引领党外知识分子在意识形态领域发挥作用的有效途径及效应研究》，荣获农工党中央“2016年理论研究优秀论文二等奖”。马平执笔撰写的《“新形势下化消极因素为积极因素”课题研究成果报告》，被中共辽宁省委统战部、辽宁省统战理论研究会评为“2015年度全省统战理论研究优秀成果一等奖”，被中共沈阳市委统战部评为2015年度沈阳市统战理论研究优秀成果三等奖。赵春杰副主委的《引领党外知识分子在意思形态领域发挥作用的有效途径及效应分析》和马平的《要发挥主流意识形态的社会功能，引导非公有制经济在新常态下的健康成长》，被确定为2016年度全省统战理论研究立项课题。在全市统战理论研究优秀成果10篇“一等奖”中，农工党沈阳市委有两项研究成果荣获“2016年度沈阳市统战理论研究优秀成果一等奖”，另有一项研究成果荣获“2016年度沈阳市统战理论研究优秀成果二等奖”。

牢固树立“人才强党”战略意识，全面推进组织建设。一是加强领导班子建设，实现新老交替。召开七届六次全委会，一致同意赵午提出的辞去农工党沈阳市委主委的请求，会议选举李铁男为农工党沈阳市第七届委员会主任委员，顺利实现新老交替和政治交接。二是把握质量、改善结构，稳步推进组织发展。2016年，共发展包括专家学者、实职干部、企业管理人员在内的新党员116人，全部为大专以上学历，平均年龄38岁，发展率为6.7%。其中：具有博士党员6人，硕士学位的党员25人；医药卫生、生态环境和人口资源界51人，占发展总数44%，教育界16人，占发展总数14%；副高级职称以上26人，占发展总数22.4%，中级职称51人，占发展总数44%。市委会党员现有党员1825人，其中：医药卫生、环境保护和人口资源界人士1104人，占60.5%；副高级职称以上1020人，占党员总数55.9%；党员平均年龄54岁；各级人大代表、政协委员共计88人。三是强基固本、开拓创新，基层组织建设不断巩固。按照农工党章程规定，全年完成了市精神卫生中心、沈阳药科大学、药械、文艺、于洪区、医大一院、市第一医院、沈阳医学院和机关综合等10个基层支部的换届工作，新成立苏家屯区委员会、医疗卫生综合委员会2个基层委员会和百丰医药、成大生物、金融、辽中区、机关综合二支部等5个基层组织。把学习实践活动与各项工作有机结合，全年各基层组织开展活动120余次。三是加强人才队伍建设，努力抓好人才培养和党员培训工作。在广州市社会主义学院再次举办基层组织负责人培训班，在上海市社会主义学院举办基层干部理论研讨培训班。举办基层干部培训班和第32期新党员学习班，组织参政议政专题讲座，进行多党合作传统教育。

把坚持和发展中国特色社会主义学习实践活动与开展“同心·健康服务工程”、捐资助学等活动有机结合。农工党沈阳市委荣获辽宁省首届“国防教育贡献奖”。与农工党丹东市委组织中医专家，在丹东市公安局礼堂举办“关爱公安民警健康促进社会安定和谐”中医专家义诊活动。各支部结合自身优势，纷纷进社区、进敬老院、进校园，开展慰问、义诊、捐赠、帮扶、关爱等活动，受到普遍欢迎。发挥界别特色和自身优势，持续做好“中国环境与健康宣传周”、“国际科学与和平周”、“保健康、促春耕”等社会服务品牌活动。

爱岗敬业，广大党员在各自岗位上取得了可喜成绩。由李铁男主导成立的辽宁省基层单位中西医结合皮肤病专科联合体，在沈阳市第七人民医院（沈阳市中西医结合医院）成立；李淑芳荣获辽宁省首届“国防教育突出贡献奖”，这是全省惟一一个的“国防教育突出贡献奖”；徐晓辉、赵毓龙分别入选2016年度辽宁省“百千万人才工程”千人层次和万人层次人选；张岩生当选为辽宁省音乐家协会第九届主席团副主席；涂巍教授参加辽宁省“组团式”援疆任塔城地区医院副院长，被新疆自治区评为“优秀援疆干部人才”，被新疆塔城地区评为“优秀援塔干部人才”，并荣获辽宁援疆指挥部颁发的“优秀援疆人才”称号；滕聪被新疆塔城地区评为“优秀援塔干部人才”，并荣获辽宁援疆指挥部颁发的“优秀援疆人才”称号；王玉梅教授荣膺“辽宁省敬老爱老助老模范人物”称号；周云川家庭荣获2016年沈阳市“十大最美家庭”称号。

（*王　勇*）

【中国致公党沈阳市委员会】 2016年，致公党沈阳市委，团结带领全体党员，深入学习贯彻十八大以来历次全会和习近平总书记系列重要讲话精神，紧紧围绕全市创新改革发展大局，坚持“致力为公、侨海报国”，不断提高参政党履职能力，锐意进取，开拓创新，为推动沈阳老工业基地全面振兴作出了积极贡献。

坚持和发展学习实践活动，思想建设成效显著。深入学习中共十八大以来治国理政的新理念、新思想、新战略。多次组织围绕政治理论和创新改革发展为主题的基层支部主委会、基层组织经验交流培训会、专题报告会。把学习十八大以来历次全会精神、习近平总书记系列重要讲话精神与中央统战工作会议精神、自身建设、履行参政党职能有机结合，研究贯彻落实的具体方法，把中共中央精神充分落实到本党工作的各个环节和全过程之中。以中国共产党成立95周年、孙中山诞辰150周年为契机，举办征文比赛、主题报告会、交流会等形式多样、主题鲜明的活动，使广大党员全面了解致公党与中国共产党风雨同舟的光辉历程，进一步增强了荣誉感、责任感和使命感，增强了党员对中国特色社会主义的道路自信、理论自信、制度自信和文化自信，巩固和发展了与中国共产党团结合作的思想政治基础。

紧扣改革发展大局，参政议政成果丰硕。围绕中心工作，政党协商建真言。积极参加中共沈阳市委、市政府、市政协召开的协商会、座谈会、情况通报会，对沈阳经济社会发展的重大问题积极建言，对政府工作报告、“十三五”规划、贯彻落实中央统战工作会议精神、政治协商规程等重要文件的征求意见稿发表意见和看法；就国企改革、金融改革、创新人才体制、生态环境、社会事业、文化事业等重大问题，提出很多务实的建议和意见，得到中共沈阳市委的高度重视，并予以采纳。

完善制度建设，参政议政献良策。不断创新提案征集方式，及时下发集体提案参考提纲目录，为公开征集工作提供了参考和基础。组织向市政协全会提交集体提案17件，包括大会发言12件。在提案办理过程中，市委加强了与承办单位的沟通，大大提高了提案的办理深度和效果。

整合资源优势，调查研究结硕果。召开多次参政议政和提案工作会议，全面部署全年调研重点。根据支部和党员的特点、优势，精心组织课题组，形成了多篇高质量的调研报告。积极支持和协助基层支部专项调研活动。初步建立了以基层支部、专委会为核心，致公市委有力协调，“上下联动、横向互动”的联合调研模式，并在调研过程中积极探索发现人才、培养人才的工作机制，锻造了一支务实的骨干队伍。参与致公党中央组织的为全国政协双周协商会准备的关于“精准扶贫”的研调，并代表调研组起草调研报告，被中央采用；一篇调研报告转化成闫小培副主席的提案；一篇被列为市政协常委议题并获通过。

注重问题导向，民主监督显成效。致公党81名党员当选各级人大代表、政协委员，其中大多数兼任各级监察员、行风监督员，他们踊跃参加人大、政协的检查、视察活动和对各行业行风情况的监督和评议，忠于职守，认真履行监督职责。在督查过程中，注意发现问题，分析问题，并在相关协商、征求意见会上坦诚指出。在教育公平、大学生就业、小区配套幼儿园、普法维权等方面做了大量的协商沟通，并将民主监督寓于参政议政当中，为沈阳经济社会发展营造了良好的发展环境。

发挥"侨海"优势，海内外联谊局面不断拓宽。继续利用网络平台加强和海外朋友及各省、市致公组织的沟通与联系，巩固老朋友，发展新朋友。积极参加海外华人团体学术交流、纪念活动，保持和澳洲、菲律宾、荷兰、美国、加拿大、西班牙、印尼等海外洪门组织、华人团体的友谊和联系。尤其是接待了加拿大渥太华洪门民治党青年委员会的到访，经过深入交流，渥太华洪门民治党对中国致公党产生了强烈的同根认同感，将"洪门民治青年委员会"更名为"洪门致公青年委员会"，并向全加拿大进行了通报。接待了西安、泸州、毕节等地来访，多次参与致公党中央社会服务、组织建设等调研工作，扩大了致公党沈阳市委的影响，深化了各地间的交流。

广泛联系结交海外华人华侨朋友。广大党员充分利用学术交流、探亲访友、经贸合作等机会大力宣传国内改革开放的大好形势和党的方针政策，积极宣传党的侨务政策、统一战线政策，以切身体会和事实影响海外侨界人士。皇姑区支部等基层组织与广州市、泉州市、北京市、琼海市等多地结成友好支部。

锻造社会服务精品，实效和影响显著增强。致公党沈阳市委与贵州毕节市七星关区在致公党中央社会服务工作会议上签约，结成帮扶对子。致公党沈阳市委多次组织党员到毕节调研，组织医大专家医疗队和党内企业家前往毕节进行了致福送诊和扶贫对接活动。医疗队深入到七星关区人民医院，累计门诊200余人次；病房教学查房48例；会诊病例35例；疑难病例讨论6例；完成当地无法进行的疑难、复杂手术3例。同时还面向全院大型讲座2次；赠送5套口腔医疗器械。组织实施了"致福温暖工程"，党员张伟明出资15万元为毕节养老院安装了锅炉暖气淋浴设备，得到致公中央、贵州省委和中共沈阳市委统战部的高度评价。组织接待毕节七星关区招商考察团，协调党内外50余名企业家参与对接。致公党沈阳市委专职副主委李展超荣获致公中央颁发的"扶贫开发先进个人"称号。

依托企业家专委会继续实施"致力童心·学生体质提升工程"。企业家专委会丁武、单泷等出资10余万元助力"校园吉尼斯"挑战赛、"暑假体育作业"、"阳光体育一小时"等特色活动，为学生体质提升作出了贡献。企业家专委会和妇委会联合打造了"致力童心·残障儿童关爱计划"。通过主题义卖等活动，筹集善款，捐赠给残障儿童，帮助他们康复治疗和学习。依托四院支部打造了"每月义诊"。四院支部充分利用医疗优势，每月到贫困山区、部队、社区、学校、养老院等地进行义诊，并形成制度，坚持下来。全市各级组织深入学校、养老院、儿童福利院、部队、乡村、贫困山区等地，开展医疗义诊、捐资助学等服务。农业大学支部先后到康平、辽中等地送农业科技下乡，大大提高了农民脱贫的内生动力和能力。

夯实履职基础，组织和机关活力不断提升。组织机构日益完善，队伍日益壮大。新成立了1个专委会、2个工委、4个基层支部，特别是在东北大学、沈阳大学、沈阳师范大学等高校成立支部，扩大了致公党的影响，吸纳了一批高素质的新鲜血液。基层组织达29个(含2个工委，1个小组)，党员775人。其中：硕士及以上学历人士占24%，高级职称人士占53%，有侨海关系人士占75%。

基本完成了基层组织的换届工作。把熟悉统战理论、方针、政策，参政议政能力强，作风正派，热心党派工作，有较强事业心和政治责任感，有较强组织领导能力和一定群众基础的双岗皆优人才选拔出来担任支部主委、副主委和委员。

致公党沈阳市委在春节、中秋节、重阳节等传统节日，对老党员进行走访慰问，了解老党员需求，为老党员排忧解难，增强他们对组织的归属感。精心组织老党员、骨干党员进行各类参观、考察、座谈、茶话会等活动；党员因病住院或生活、工作、家庭等方面遇到困难时，都及时看望并提供力所能及的帮助，情系党员，关爱有加，调动了广大党员热爱组织，热心党务，认真履职的积极性，推动了市委工作的健康稳步发展。

强化机关建设，提高履职效率。认真组织机关干部学习重要文件和会议精神，特别是学习中共十八大以来历次全会和习近平总书记系列讲话精神及致公党中央十四大以来的重要会议精神。继续在机关干部中开展写文章、提建议活动，大大提高了机关干部的文字能力。支持机关干部参加本党中央、省委组织的各类学习和培训活动，提高了机关干部业务素质。通过组织培训、会议等活动，提高了机关干部组织协调能力。

(韩志强)

【九三学社沈阳市委员会】 参政议政。积极参加中共沈阳市委、市政府召开的座谈会和征求意见会。社市委提交的提案《加快沈阳机器人产业发展》被市政协十四届四次会议确定为重点提案。注重调研，推动参政议政工作开展。充分调动基层组织和广大社员的积极性，以问题为导向，精心选题、深入调研，就沈阳市的政治、经济、文化和社会生活中的重大问题以及人民群众普遍关心的热点问题从不同层面开展了20余次调查研究活动，形成了调研报告、提案、信息100余篇。

思想建设。社市委制订了《"凝心聚力'十三五'同心同行促振兴"主题实践活动实施方案》，举办"同心"大讲堂活动等各种纪念、专题活动，提高社市委的社会影响力。参加中共沈阳市委统战部组织的"沈阳统一战线纪念中国共产党成立95周年书画笔会"。加强理论研究工作，年初召开统战理论研讨会，统战理论骨干社员共30余人参加了会议，对25个主要选题方向进行了讨论，提出了很多新鲜的想法以及合理性的建议。经过社市委和社员的一致努力，在市委统战部课题招标中中标两项课题。6月在市委党校举办了统战理论研究骨干培训班，社员通过培训受益良多。

组织发展。社市委以"人才强社"战略为指导，全年发展社员34人，社员总数已达2189人，其中，具有高级职称的1926名，占社员总数的88%。截至2016年底，共有基层组织39个。根据社省委"关于实施《九三学社辽宁省委社内领导干部遵章履职考核办法(试行)的通知》”要求,全面提升社内领导干部遵章履职的自觉性,班子成员积极参加协商会、座谈会,走访基层组织,关心社员成长进步。4 月,召开基层组织工作经验交流会,全市 31 个基层组织负责人参加了会议,社市委对 2016 年基层组织换届工作及社市委换届工作进行动员、布置,就组织发展工作中相关问题进行说明,同时对组织部全年主要工作进行了通报。6 月,组织部分基层骨干成员赴重庆开展基层骨干培训班,30 余名骨干社员参加了培训。在市社会主义学院举办了 2016 年度新社员培训班,来自全市各基层组织的 40 余名新社员参加了培训。

机关建设。社市委坚持打造学习型、服务型机关,提高机关干部的政治素质和业务水平。机关干部参加了上级组织的干部培训班、工作联席会议并与其他市级组织座谈交流经验,多名机关干部获得了各种荣誉称号。社市委被社省委授予信息工作一等奖;获市委统战部新闻宣传一等奖、文化宣传品设计制做竞赛一等奖。

(马　佳)

【台湾民主自治同盟沈阳市委员会】 2016 年,台湾民主自治同盟沈阳市委员会(简称“台盟沈阳市委”)发展 1 名青年台胞加入台盟组织。联络积极靠近盟组织的青年台胞,为组织不断发展壮大储备力量。全市盟员 68 人。

参政议政。完成《关于促进我市快递行业健康可持续发展的提案》《关于借冬奥冰雪产业良机,发展沈阳白色经济的提案》《关于完善浑河跨河设施,优化跨河通道的通行条件的提案》等集体提案 3 件、界别提案 1 件、委员个人提案 10 件,其中《关于借冬奥冰雪产业良机,发展沈阳白色经济的提案》被市政协列为重点提案。

政治协商。台盟沈阳市委领导参加中共沈阳市委、市政府、市政协等召开的座谈会、协商会、通报会、约谈会等协商活动 20 余次,并就市委第十三次党代会工作报告、新一届市委班子人选、市政府工作报告、政协常委会工作报告等,代表盟市委作协商发言,提出相关意见和建议。

专题调研。参与台盟中央社会主义文化繁荣课题,围绕辽宁文化发展现状,深入实地调研并征求专家学者建议意见,完成《探索文艺供给侧改革服务大众文化需求推进辽宁文艺繁荣发展》的报告。参与台盟中央妇委会关注自闭症儿童课题,台盟沈阳市委员会妇委会联合盟省委妇委会组织部分成员赴市残联康复中心调研、座谈,撰写完成《沈阳自闭症儿童基本情况与问题思考》。参与台盟中央振兴东北老工业基地的调研,为牵头单位台盟辽宁省委提供调研课题素材。参与市政协“推动国有企业改革,增强企业活力和市场竞争力”调研工作,完成调研报告《沈阳市国有企业改革问题调研与思考》并被列入市政协十四届二十三次常委会议调研成果,获台盟辽宁省委 2016 年参政议政工作先进单位。

对台工作。召开台情研讨会,传达台盟中央 2016 年对台联络工作会议精神,并就进一步做好正确台湾民心工作,加强两岸经济、文化、基层交流等方面的工作提出意见和建议。举办在沈台湾青年中秋节联谊活动,加强两岸青年的交流,带领两地青年参观沈阳市规划馆和孙中山纪念馆,加深其对沈阳发展和对孙中山为振兴中华而奋斗的历程的认识。在中秋节和春节与台联共同举办传统节日的联谊活动,体现“两岸一家亲”理念。

开展“鸿雁传书 · 沈台民众交流之桥”主题活动。设计、制作《为遭受 2 · 6 地震灾难的家乡父老乡亲祈福》《纪念中国共产党成立 95 周年》《勿忘国耻纪念“九一八”事变 85 周年》等宣传品,与台盟中央两岸文化交流文员会共同制作《纪念孙中山先生诞辰 150 周年》纪念封。为盟员提供邮资,鼓励盟员给岛内亲属写家书,与岛内民众进行信函的沟通和交流,努力实现两岸同胞心灵的契合,此项目被中共沈阳市委统战部正式立项为 2016 年统一战线创新项目。

宣传工作。充分利用《沈阳日报》、“台盟中央网站”、“同舟网”、《沈阳政协》等,对全委会和所有盟务活动、对台工作等进行全面及时的报道。全年共报送宣传报道稿件 40 余件,其中:《沈阳日报》采用 5 件,台盟中央网站采用 7 件,盟中央刊物《台盟》采用 3 件。全年共向同舟网投稿 30 余件,其中,《举办在沈台湾青年中秋联谊活动》获同舟网 2016 年季度稿件二等奖,《台盟沈阳市委举办参观“复兴之路”辽宁展活动》等获季度稿件三等奖。全年共编辑出刊《沈阳台盟》4 期、《台情参考》12 期。

思想建设。在《沈阳台盟》刊物开设《学习习近平同志系列讲话精神》《开卷有益》专栏,组织市委委员、机关干部、广大盟员学习习近平系列重要讲话、中共十八届六中全会、市十三次党代会的相关精神。台盟沈阳市委报送的《树立五种意识提升五个能力》获 2016 年沈阳市统战理论研究优秀成果三等奖。召开全体盟员大会,传达学习九届四中全会精神。举办 29 期盟员学习培训班,围绕中共中央统战工作会议精神和协商民主两大主题安排专题授课、现场教学等课程,并组织盟员参观《沈阳的记忆》等主题馆藏档案展览。参加“沈阳统一战线纪念建党 95 周年座谈会暨书画笔会”活动。举办学习“七一”讲话精神报告会,邀请中共沈阳市委党校党史党建教研部门主任吴辽生作《不忘初心,继续前进—学习习近平总书记在纪念中国共产党成立 95 周年大会上发表的重要讲话精神》的专题报告。举办参观《复兴之路》辽宁展活动,带领盟员回顾中国共产党带领中国人民走过的光辉历程和取得的不朽功绩。举办“孙中山先生诞辰 150 周年”专题报告会。举办全面服务沈阳振兴发展战略大调研大讨论动员会,对党的十八届六中全会精神和沈阳市第十三次党代会精神进行解读。

举办“观知识殿堂做书香女人”活动。组织全体女盟员赴辽宁省图书馆,参观少儿部、音像部、新书坊、24 小时图书馆、众创空间、多媒体阅览室等,部分女盟员和女家属还现场办理了借书证。邀请中国医科大学附属盛京医院妇产科副主任马晓欣教授就女性保健、疾病监测、预防等方面做了专题讲座。

与辽宁省图书馆在沈河区马官桥街道福陵社区共同举办“同心驻社区 · 文化图书进社区活动”。辽宁省图书馆流动图书车直接开进了福陵社区大院,盟员陪同社区的居民登上流动图书车,共同参观了图书车的服务设施,浏览了车上的馆藏图书。活动中,盟员和图书馆的工作人员还向社区居民发放了台盟的宣传资料,并为社区居民现场办理了省图书馆借阅证等。

(沈家明)

【沈阳市工商业联合会】 2016 年,市工商联认真学习贯彻党的十八届五中、六中全会及习近平总书记系列重要讲话，以及市委第十三次党代会精神，围绕中心，服务大局，以促进“两个健康”为己任，以强化有效服务为重点，组织会员大力开展理想信念教育，认真履行参政议政职能，积极开展经济服务工作，不断推进基层商会和机关自身建设。

思想政治。坚持“团结、服务、引导、教育”方针，积极创新思想政治工作方式和载体，努力促进非公经济人士健康成长。一是深入开展理想信念教育。坚持以守法诚信为重点，深化“诚敬做产品”教育实践活动成果，组织广大会员企业举办“诚信道德讲堂”；指导各区、县(市)工商联、行业和异地商会开展“我诚信、我光彩”、“诚敬做产品”宣传教育活动。二是扎实抓好培训工作。先后在北大、浙大和中山大学举办3期现代企业管理研修班；结合“大众创业，万众创新”活动，组织企业家进校园演讲3次；会同沈阳日报等单位，举办了“2016盛京汇年会暨共创沈阳营商环境新生态高峰论坛”、“企业家心智模式修炼”等讲坛活动。三是加强典型宣传工作。借助沈阳电视台、沈阳日报及《沈阳商会》杂志等媒介，大力宣传报道了20多位企业家的典型事迹；利用网站和微信平台，积极宣传政策、人才、产品和经贸等信息2100余条。四是继续弘扬光彩精神。组织非公有制经济人士帮助贫困地区修路17条、开发项目13个、引进项目21个、援助光彩小学7个、帮扶贫困学生和贫困户3015户、帮扶重点优抚对象622人次，安置职工就业5209人次。组织会员开展“千人复明工程”—“双走进”慈善活动，积极为500名低保边缘白内障患者无偿实施了复明手术，受到社会的广泛赞誉。

参政议政。以服务经济发展和全面振兴为重点，深入开展调查研究，主动建言献策，参政议政工作成效明显。一是服务中心，调查研究水平不断提升。参与市政协“推进国有企业改革，增强企业活力和市场竞争力”专题常委会调研活动，完成混合所有制发展情况的调研。先后开展了沈阳市制造业民营企业发展情况、民营企业知识产权保护情况的调研，并形成了调研报告。二是围绕重点，建言献策工作成果突出。围绕推动沈阳市经济社会发展的热点、难点问题，向市政协提出了《提升公共服务水平，积极推动大众创业》等团体提案5件、个人提案9件，其中《提升我市会展业整体水平的提案》，被市政协确定为重点提案。会同沈阳师范大学等院校分别开展了《建立新型政商关系亟需治理“权”、“利”和谋》《非公有制经济人士企业家精神研究》统战理论课题研究。三是拓宽渠道，参政议政能力不断增强。完成了市政协《中共沈阳市委关于进一步加强新时期人民政协工作的决定(草)》及市发改委《沈阳市先进装备制造业发展“十三五”规划》的征求意见工作。尤其是在《市政府规范性和政策性文件实施效果评估办法》的征求意见工作中，市工商联提出的4条意见，均被市政府办公厅采纳。

经济服务。坚持立足自身优势，强化服务效能，有力推进了非公有制经济健康发展。一是创新融资服务，缓解企业资金难题。继续推动企业与光大、广发、民生等银行的合作，积极推进会员企业上市融资服务工作，共服务企业600多家，融资额达15.9亿元。二是开展人才服务，积极为企业提供智力支持。会同市就业局等单位，举办各类人才招聘会16场，共260多家会员企业参与招聘，提供就业岗位3800个。三是注重法律服务，维护企业合法权益。继续开展“百名律师进百企”活动，举办“法律大讲堂”2期、“劳动争议预防和经济合同风险防范讲座”10期；指导和平、沈河区等工商联发挥维权工作室和商会调解室作用，成功为企业调解经济纠纷30余起，挽回经济损失300多万元。四是做好联络服务，帮助企业需求发展商机。继续加强与国内外商会组织的交流与联系；组织会员参加“加拿大经贸项目沈阳推介会”等各类经贸交流活动；指导美容、五金和古玩商会成功举办了“第30届沈阳亚太美容化妆品博览会”、“第19届中国东北国际五金工具展览会”、“第六届中国沈阳古玩艺术品博览会”；组织会员赴省内外进行商务考察，投资洽谈等招商活动40多次，共引进项目19个，合同金额26.5亿元，到位资金20.2亿元。五是开展创业服务，助推会员企业转型升级。2016年，沈阳市工商联创业孵化基地在沈阳扬谷创客正式挂牌，基地入孵企业、团队和个人共计53家，与30多家建立战略合作关系。沈阳扬谷创客荣获国家级创业孵化基地称号，并被沈阳市科技局评为“AAA级众创空间”。

组织建设。继续优化会员结构，规范商会管理，增强组织活力，商会组织建设得到进一步加强。一是商会管理不断规范。继续抓好《关于进一步规范基层商会管理意见》的落实，督促指导省市合署办公的商会进行剥离，重新修订《沈阳市工商联会员会费管理使用规定》；进一步规范了会费的管理和使用；举办商会秘书长培训班2期；指导川渝、永康、五金、服装和古玩商会完成换届。二是会员队伍不断壮大。按照《章程》和商会组建程序，先后组建了沈阳市旅游业商会、伊春商会；吸收沈阳市哈尔滨商会、辽宁省四川商会为市总商会团体会员，进一步壮大了市工商联会员队伍。三是组织活力不断增强。联合沈阳碧桂园、军诚驾校等企业，举办了羽毛球和乒乓球比赛、企业家生日宴会及文化沙龙等活动，进一步增强了组织活力，提升了商会凝聚力。

机关建设。坚持以“两学一做”为契机，着力改进工作作风，提升干部素质，机关自身建设得到加强。一是扎实开展“两学一做”学习教育。根据市委“两学一做”学习教育的统一部署，研究制订了实施方案，及时做好思想发动工作，采取专题讲座、理论辅导等形式，组织机关全体干部、职工学习党章、习近平总书记重要讲话精神，以及一系列党纪法规；组织党员干部开展“两学一做”学习教育知识测试；召开专题民主生活会，开展了民主评议党员活动；组织观看《毛丰美同志先进事迹报告会》，参观凤城大梨树村毛丰美同志纪念馆等教育基地，有效促进了学习教育活动的落实。二是注重加强干部队伍建设。继续鼓励和支持干部在职学习和实践锻炼，机关共有12人(次)参加了北大、浙大和中山大学企业家培训班的学习，有效提升了广大干部的综合素质和业务能力。三是着力改进工作作风。坚持把改进工作作风与“两学一做”学习教育相结合，组织机关干部开展“做合格党员、做合格公务员，创建文明型机关”教育活动，重点查摆了庸懒散、不作为、不文明等问题，并制定了整改措施。

(朱小江)

群 众 团 体

市总工会

【工会组织建设】 建会入会工作取得重大进展，全年工会组织新覆盖企业3477户，新发展会员8.7万人，全市会员总数达到154.8万人。加强对基层工会的指导支持，对33户基层工会典型单位进行了重点巡访指导，提出整改意见96条，培育市级基层工会活力建设典型单位92家；市总全年下拨基层工会工作费补助1695万元、兼职工会主席岗位补贴195万元；调整对各地区的主题项目经费补助办法，下拨主题项目资金1329万元，市区联动进一步加强。大力强化工会干部教育培训，市区两级共培训工会干部万余人次。

（曹佳钰）

【企业文化、职工文化建设】 不断丰富"劳动成就梦想"主题教育实践活动内涵，"践行核心价值观"示范企业、班组、职工志愿服务团队以及最美职工等推荐选树活动影响广泛，工会大讲堂深受好评。第二届中国沈阳（铁西）国际工业摄影大展、第三届全国职工围棋大赛等活动吸引职工广泛参与，职工文化建设的覆盖面和影响力进一步提升。重要节庆时点宣传有声有色，"五一"前后开展职工系列文体活动31项，"七一"前夕的"永远跟党走"沈阳职工庆祝建党95周年交响合唱音乐会传递了正能量。

（曹佳钰）

【振兴竞赛活动】 积极落实市委、市政府的要求部署，以"建功创新改革、共建共享小康"为主题，广泛组织开展振兴竞赛活动。在竞赛领域方面，重点向非公企业、高新技术企业和工业园区推进，不断扩宽劳动竞赛主战场，实现竞赛由点到面、逐步深化；在竞赛内容方面，广泛开展职工经济技术创新竞赛，不断提高自主创新能力，在广大劳动者中掀起大众创业、万众创新的热潮；开展争当"优秀企业"、"优秀企业家"竞赛，引导和鼓励企业在经济新常态下实现新突破、新发展，为沈阳经济发展作出贡献；开展"十佳农产品营销经纪人"竞赛，推进乡镇经济快速发展；开展优质服务竞赛，为人民群众提供更加优质的服务，为服务全市经济和社会发展大局作出积极贡献。

（曹佳钰）

【职工技能素质提升】 继续推进"百万职工岗位技能提升工程"，连续两年与沈阳广播电视台联合举办了"超级技工"技能电视大赛，竞赛工种拓展到15个，群英创意赛、大师绝活赛、巧匠选秀赛三个竞赛内容，吸引了1331名选手报名参赛，在广大职工中营造了钻研技术、争当能手的浓厚氛围。圆满完成了2016年中国技能大赛——"技师杯"辽宁省暨沈阳市职业技能精英挑战赛承办任务，沈阳选派19名选手参加了比赛，最终荣获数控铣、数控车工、装调维修工三个工种第一名，加工中心操作工第二、三名。职工技协"三百行动"不断深化，全年完成技术创新成果2105项、技术攻关2682项，实施合理化建议12.7万条，群众性技术创新活动取得显著成效。

（曹佳钰）

【劳模管理服务】 打造"四位一体"劳模文化品牌，沈阳劳模纪念馆和劳动创造体验馆建成并免费对外开放，接待参观团组465批次、观众3万余人；沈阳劳模网同步上线，点击量逾4万次；《沈阳劳动模范》一书出版发行；在沈阳广播电视台新闻频道连续推出《讲述·劳模故事》宣传片，营造了崇尚劳模、学习劳模的浓厚氛围。召开劳模表彰大会，受表彰的劳模中生产和工作一线劳动者比例占70%以上。市委、市政府出台《即时授予沈阳市劳动模范荣誉称号管理办法（试行）》，进一步完善规范了劳模管理制度。

（曹佳钰）

【维护职工合法权益】 《沈阳市劳动争议调解条例》颁布实施，取得了三年推动两部立法的可喜成绩。发布《沈阳市工会推进和谐劳动关系建设蓝皮书》，客观分析劳动关系现状，曝光问题企业，辅助党政决策。指导和平区、苏家屯区相继成立劳动法庭，促进了劳动争议案件的专业化快审快结。启动"七五"普法宣传，组织近2万余户企业、12万职工参与全市集体合同知识竞赛，指导皇姑区总工会拍摄维权系列微电影《不能这么整2》，网上累计点击量过万，提升了普法宣传效果。"安康杯"竞赛活动深入开展，共有6700余家企事业单位、4.2万个班组、76万名职工参加，参赛单位同比增长超过5%，安全卫生防控"工具包"项目得到推广应用。

（曹佳钰）

【促进就业创业】 指导全市工会系统拓宽培训渠道，确保培训质量，就业技能培训呈现多元化特点。通过招标方式，利用工会系统内外培训资源，努力打造家政服务的培训品牌，共有10家培训机构中标。市、区两级工会联动开展就业技能培训，全年共完成就业技能培训1.68万人，安置下岗失业人员1.25万人。

（曹佳钰）

【服务农民工】 对农民工维权中心进行整体改造装修，重点设置"众创空间"、"职介洽谈室"和"心理咨询室"，多角度为农民工提供优质服务。升级"爱异客"APP软件，强化网上"入会"和"帮扶"功能，增设"心理咨询"和"法官说法"版块，注册人数已达12万人。通过"爱异客"成立全省首家送水工工会，在全市设立13个零散农民工入会服务站，新发展农民工会员3万人。扎实办好"9·25"农民工维权日系列活动，依托"爱异客"为沈城广大农民工办好"十件实事"，切实满足了新时期农民工需求。

（曹佳钰）

【普惠化帮扶服务】 拓展工会会员服务卡功能，用于组合保险、职工大病互助保障、职工住院津贴等普惠服务职工会员的投入不断加大，累计发放会员服务卡120余万张。与全市3420名困难职工建立联系制度，帮助1530户困难职工家庭实现了脱贫。开展“两节”送温暖走访慰问活动，全市工会系统共走访慰问8111户困难职工家庭和困难劳模，发放帮扶款物1186.11万元。公益服务职工项目扎实推进，累计审批建设职工文体广场75处，带动区县投入1.85亿元；设立城市职工休息室233个，建立职工应急救护站100个，培训急救员2744名。

（曹佳钰）

【自身建设】 深入开展“两学一做”学习教育，高质量完成各项规定动作和自选动作。坚持全面从严治党，建立实行巡查制度，积极推进问题整改，召开党风廉政建设工作会议，层层签订“一状一书”，制定下发落实“两个责任”工作计划，进行挺纪在前、严守底线“集中谈”，要求党员干部做到“一岗双责”。资产经营管理、财务和经审工作进一步加强，6家经营性直属企事业单位经济效益实现增长；巩固工会经费地税代收工作成果，在全省建立首家工会财务上岗证培训考试基地；完成基层审计项目140项，基本实现市直基层工会审计全覆盖；制定出台《沈阳市总工会购买服务资金管理规定（试行）》等文件规定，资产资金管理更加规范有序。

（曹佳钰）

【沈阳劳动模范纪念馆开馆】 2016年6月16日，由沈阳市总工会策划发起并组织论证建设的沈阳劳动模范纪念馆完成布展，正式免费对外开放，沈阳劳动创造体验馆、沈阳劳模网同步启动。展馆位于沈阳市核心地段，展览面积近3000平方米，是全国规模最大的劳动模范纪念馆。纪念馆以劳模贡献与沈阳发展为主题，采用史料图片、实物陈列，绘画及声、光、电等多种表现手段，全景式地展现了各个不同历史时期沈阳劳动模范的先进事迹。截至2016年底，接待参观团组465批次、观众3万余人。

（曹佳钰）

【审议通过《关于建立“盛京大工匠”评选制度的实施意见》】 2016年8月24日，市政府常务会议审议通过《关于建立“盛京大工匠”评选制度的实施意见》，提出“十三五”时期，沈阳每年将评选“盛京大工匠”25名、金牌工匠60名、优秀工匠200名。评选对象面向全市各行各业在职职工，并重点聚焦装备制造业、现代服务业和战略性新兴产业等企事业单位，突出基层一线、操作岗位，具有技师及以上资格的职工群体。对获得“盛京大工匠”称号的技能人才，将给予一次性奖励和工匠津贴，并作为市级劳模、“五一”劳动奖章以及单位评先的推荐对象。

（曹佳钰）

共青团沈阳市委

【共青团沈阳市十五届三次全委（扩大）会议】 2016年2月2日，共青团沈阳市十五届三次全委（扩大）会议在辽宁大厦召开，市委常委、市总工会主席王翔坤出席会议并讲话。团市委十五届常委、委员、候补委员及各市直属团委负责人、团市委机关团干部共计200余人参加会议。会上，团市委书记、党组书记张明代表团市委第十五届委员会常委会作工作报告。会议对团市委委员、候补委员进行了卸免递补；传达了团中央十七届五中全会及团省委十三届四次全会会议精神；与会团干部对王翔坤讲话、工作报告、工作决定（草案）、工作报告决议（草案）等进行了热烈讨论，围绕组织建设、思想引领、就业创业、青年民生服务等重点工作进行了深入交流；会上审议通过了《关于深入贯彻市委十二届十二次全会精神，团结带领广大团员青年为实现“十三五”时期奋斗目标作贡献的决定》。

（韩尚哲）

【开展“4+1”向基层服务对象报到和“1+100”直接联系青年活动】 按照团省委关于全省团干部扎根成长工程的工作部署，结合沈阳共青团“两学一做”学习教育活动的开展，团市委制订了《沈阳市“四三二一”团干部直接联系青年工程实施方案》，将团干部直接联系青年“1+100”工作作为市直属团委年度考核评价指标之一，建立工作制度并按既定步骤推进。以“扎根成长于基层、全面服于青年”为主题，依托团干部直接联系青年“1+100”工作管理系统在全市录入团干部481名，联系青年6.52万人。开展“走进青年、改进工作、转变作风”大宣传大调研。了解所在战线青少年基本状况、团的基层组织建设和工作开展情况，发现本战线青少年工作的突出问题和深层次原因，共形成调研报告11篇并提出可操作性的工作思路。通过新媒体、座谈、问卷调查等多种形式在全市范围内倾听青年声音，广泛收集青年意见建议。经过归纳梳理，共总结出团干部服务青年、青年就业创业等意见建议45条，并积极协调解决相关问题，真正使团组织深深植根于青年，成为广大青年遇到困难时想得起、找得到、靠得住的强大力量。

（韩尚哲）

【设立沈阳市创业就业发展基金】 2016年，团市委与沈阳市创业就业发展基金管理委员会（以下简称“基金管委会”）其他成员单位（发改委、人社局、审计局、总工会、妇联、科协、残联）科学谋划，扎实推进基金组建工作。沈阳市创业投资引导基金吸引了来自北京、上海、深圳等地的18家创投企业竞争参与。经过三轮专家评审，共有8家创投企业通过评审，成为候选合作伙伴。截至2016年底，已组建完成三支子基金，利用1200万元政府引导基金撬动3100万元社会资本，形成了4300万元资金池，将引导基金效能放大近3.6倍，累计向8个青年创业项目投资1630万元，直接拉动新注册公司法人14家（3家基金管理公司、3家投资公司、8家创业企业）。创投基金已累计带动14家企业的千余名青年在沈稳定就业创业。

（韩尚哲）

【团干部扎根成长工程】 按照《辽宁省团干部扎根成长工程实施方案》要求部署，团市委于2016年6月下发了《沈阳市团干部扎根成长工程实施方案》（沈团发〔2016〕28号），组织全市专兼职团干部结合实际工作，带着问题开展理论学习、撰写个人体会。全年全市共撰写个人学习体会3457篇，工作交流记录1971篇。广泛开展专职团干部讲团课工作。按照团省委相关文件要求，团市委以激发团干部的主观能动性，培养学习型团干部为主要设计方向，下发了《关于开展“专职团干部讲团课”精品课程推报工作的通知》，并在全市范围内深入推动实施。围绕中央党的群团工作精神等共青团工作项目，结合自身基层工作实际，通过精品课程推报、说课等形式进行了展示与评比。本次活动共开展团课授课300余课，制作团课课件119个，通过评选将其中15个优秀团课纳入市级精品团课库，推报8个省级精品团课。年初以来，团市委通过征求各部室培训需求，依托团校培训阵地，精心设计并制定下发了全年培训计划。全年，团市委以"应训尽训"为培训目标，采取按需定课的方式，强化了对新任职团干部及基层团务工作的培训，按计划实施培训共计4期，其中：新任职基层团干部培训3期，青年创业培训1期；联合市团校开展送培训下基层52期，走进基层开展基层基础团务工作培训3期，共培训基层团干部及团员、青年3700余人。同时，团市委结合上级团委工作安排，组织全市团干部对应参加团省委组织的培训，并按分级培训、分类实施原则，面向全市各级团干部分战线、分批次开展党性教育和团的专项业务培训，全年共指导各区、县（市）开展培训34期，培训人数达1051人次。

（韩尚哲）

【青春助力扶贫"点亮行动"】 为贯彻落实共青团助力脱贫攻坚电视电话会议精神，结合团省委下发的《2016年辽宁共青团青春助力扶贫"点亮行动"实施方案》，团市委以"点亮行动"为主题，围绕生产扶贫、教育扶贫、人才扶贫、公益扶贫和共青团基层基础工作等领域，对省外帮扶单位西宁市、省内帮扶单位阜新市阜蒙县、阜新市彰武县、市内帮扶单位康平县和新民市姚堡乡南土岗村开展扶贫帮困工作。开展了为康平沙金九年一贯制学校建立"红领巾快乐成长站"、康平基层团干部培训、组织彰武县建档立卡的贫困孩子开展"科普大公交"、"1+1助学计划"等活动，全年累计投入资金26.38万元，直接受益人数3202人。

（韩尚哲）

【助力脱贫攻坚"六个一"工程】 按照团中央、团省委和沈阳市关于助力脱贫攻坚工作的有关部署，团市委将此项工作作为全年重点，充分整合团属资源优势，有效利用社会资源，创新工作载体和方式，全面启动了沈阳共青团助力脱贫攻坚"六个一"工程，即：一段安全的旅途、一顿温馨的午餐、一个城里的伙伴、一堂课外的知识、一双有力的大手、一个成才的梦想。2016年共筹集"爱心校车"经费、"阳光午餐"经费、学习生活用品等累计90余万元，促成城乡学生结对60余对。

（韩尚哲）

【第十二届"振兴杯"全国青年职业技能大赛决赛】 2016年8月29日至9月1日，由团中央、人社部联合主办的第十二届"振兴杯"全国青年职业技能大赛决赛在沈隆重举行。在本次大赛三个工种项目比赛中，沈阳选手斩获了三个单项冠军、三个单项亚军、一个单项季军，取得了十二年来的最好成绩。团市委筹办了决赛开幕式，开展了"振兴杯"全国青年职业技能大赛十二年回顾展、沈阳工业文化游、全国青年高技能人才导师团导师讲评、"初心不忘匠心筑梦"——第十二届"振兴杯"全国青年职业技能大赛决赛闭幕式暨颁奖典礼等多项主体活动。团中央书记处书记汪鸿雁观看了"振兴杯"全国青年职业技能大赛十二年回顾展，并亲临机修钳工决赛场地及闭幕式现场，给予高度评价和充分肯定。

（韩尚哲）

【2016沈阳青年职业技能大赛】 2016年，全国青年高技能人才培养示范基地办公室举办了2016"振兴杯"沈阳青年职业技能大赛。本届大赛一方面结合第十二届"振兴杯"全国青年职业技能大赛竞赛工种，做好选拔工作；另一方面在传统二产、三产类工种的同时，设计了社会关注的地铁客运驾驶员技能大赛、AFC（地铁闸机）技能大赛、医疗护理大赛及青年广泛关注的未来飞行器设计大赛及飞行模拟大赛等工种，使本届沈阳市青年职业技能大赛紧跟时代步伐，与时俱进。共有来自全市各委办局、各企事业单位的约3000名青工参加了市级比赛。

（韩尚哲）

【纪念"五四"运动97周年】 为隆重纪念"五四"运动97周年，深入贯彻中央关于"大众创业、万众创新"的战略部署，积极落实全市创业就业工作的有关安排，引导广大团员青年大力弘扬"五四"精神，积极推动沈阳新一轮振兴发展，团市委于5月4日上午在辽宁大厦召开了沈阳市纪念"五四"运动97周年暨"创青春·筑未来"青年创业分享汇。沈阳市杰出青年人物和青年群体代表、青年创业者代表、团干部代表、相关新闻媒体代表等约350人参加了本次大会。市人大常委会副主任邢凯、团省委书记赵红巍等出席了大会。

（韩尚哲）

【全市党团员义务植树统一行动日活动】 2016年是保护母亲河行动实施17周年，为贯彻落实沈阳市《绿化提升三年行动计划》，广泛发动青少年和社会公众参与生态文明建设，积极以"购买碳汇"形式，履行植树、绿化义务，在全社会营造"从我做起建设美丽沈阳"的浓厚氛围，团市委联合市委组织部、市城建局、市林业局于4月27日在全市范围内开展"保护母亲河·美丽中国梦"全市党团员义务植树统一行动日活动。市委组织部、市城建局、市林业局、团市委、康平县相关领导参加了义务植树活动。来自全市党团员、青年志愿者代表、中建三局、红星美凯龙等社会各界人士共计500余人参加了现场植树。在本次义务植树统一行动期间，全市有5000余名党团员在各分会场参加了植树活动，共植树8万余株。

（韩尚哲）

【沈阳市大学生创业联盟成立】 沈阳市大学生创业联盟由团市委联合和平区委、区政府共同成立，联盟落地在三好街同方大厦，将使之成为全市大学生创新创业的全新聚集地。创业联盟将为大学生提供"一证、一桌、一卡、一床"四个一贴心服务，为全市大学生创业提供更加便利条件，力争将三好街众创空间打造成为全市大学生和青年创业梦想的摇篮。2016年5月3日上午，时任沈阳市市长潘利国在和平区三好街众创空间参加了沈阳市大学生创业联盟启动仪式。全市各界青年代表、各高校创业工作负责人共计120余人参加活动。

（韩尚哲）

【志愿者服务"哥德杯中国"】 2016年8月13—19日，哥德杯（中国）世界青少年足球赛在沈阳召开。来自全球的200多支参赛队伍齐聚沈阳，参加了这次规模盛大的足球盛宴。为全力保障本次大赛的顺利进行，团市委大力弘扬志愿服务精神，有效搭建志愿服务平台，组织动员全市广大青年志愿者投身到哥德杯（中国）的比赛中。经选拔，来自东北大学、辽宁大学等高校的650名大学生志愿者和250名社会志愿者，共计900人参与到大赛服务中。经培训并根据赛事安排，志愿者们分别在接机接站组、医疗组、物料组等11组别当中工作。

（韩尚哲）

【沈阳台湾青年企业家座谈会】 2016年12月2日，由国务院台湾事务办公室主办，沈阳市人民政府台湾事务办公室承办，共青团沈阳市委员会、沈阳市青年联合会、沈阳市青年企业家协会协办的"融合发展创领未来"沈阳台湾青年企业家座谈会在东北大学国际交流中心举行。沈阳市台办副主任朱军，团市委副书记、市青联主席马宁，台湾青年联合会副理事长林蔚丞及沈阳台湾青年企业家等70余人参加了座谈会。座谈会上，沈阳台湾青年企业家围绕两地经济、资源、文化优势互补、资源共享渠道和路径，两地如何开展更为广泛的工商业合作，如何建立长效合作机制与交流平台，促进两地青年深化了解等进行了深入交流。同时，沈阳市青年联合会和台北市青年联合会就促进两地青年企业家交流与合作签订了合作框架协议书。会后，沈阳市与台北市的三组青年企业家围绕养老服务、青年创业、智慧环保等行业，签署了首批3项合作意向协议。

（韩尚哲）

【农村青年电商培训班】 为进一步加强农村青年电商人才培养，提升广大农村青年对电子商务的认识，拓宽农村青年就业创业渠道，团市委青农部、权益部深入到辽中区、新民市、康平县、法库县分别举办了"沈阳市农村青年电商培训班"。农村青年电商以及返乡创业大学生等对电商发展有意向的青年共计430余人参加此次培训。培训课上，专业老师主要围绕电子商务实操、网络市场营销、物流配送等内容，帮助农村青年掌握网络店铺申请、网店美工、产品设计与发布、在线沟通、订单处理、网络支付与安全、营销技巧、售后服务等实用技能。培训过程中发放了130余份电商创业调查问卷，了解农村电商平台以及农村创业青年的现状和需求，同时进一步倾听农村青年诉求，为深入开展"共青团与人大代表、政协委员面对面"活动提供依据。

（韩尚哲）

【"绿色长征"公益健走活动】 为纪念中央红军长征胜利80周年，传承长征精神，引导广大青少年倡导绿色出行、参与全民健身、投身社会公益，团市委于10月20日在浑南奥林匹克公园开展了主题为"传承长征精神追求健康生活引领绿色风尚"的"绿色长征"健走活动。参加此次公益健走的代表队有团市委代表队、市环保局代表队、沈阳理工大学代表队和沈阳市青年志愿者协会代表队等共计200余人。依托沈阳共青团"青春沈阳"官方微信平台、团属"沈阳青年"、"V爱驿站"、"沈阳青年联盟"等微信平台发布了活动信息，动员广大青少年传承长征精神，积极投身国家生态环境建设和保护中。沈阳市直机关工委官方微信平台"沈阳机关党建"也做了相关报道。联合市级媒体沈阳日报，在其官方APP"沈阳帅正"上于10月21日发布了当天的活动信息。同时，通过互联网动员与环保公益有机结合的方式，引导青少年开展运动健身、倡导绿色出行、践行生活方式绿色化。全市各级团组织共组建健走队72个，共计567人，总里程数为3.91万公里。

（韩尚哲）

【第十七届成人礼】 4月18日下午，由团市委主办的2016年沈阳市第十七届成人礼在沈阳市第二十中学报告厅举行。市各成员单位分管领导，和平区区委、人大、政府、政协分管领导，以及全市中学、中职团委书记代表、全市18周岁青年学生、家长及教师代表等共计600余人到场观礼。近年来，通过开展十大感恩行动评选、"我的成长故事"分享交流会、青春为社会服务"义务奉献活动、"感谢一路有你陪伴"感恩礼互赠等活动，并邀请全国政协委员、共青团团歌词作者、著名军旅作家胡宏伟将军，《我是演说家》全国总冠军、清华大学博士研究生梁植同学来沈与青年学生分享成人感悟等多种形式，有效激发青年学生自觉肩负公民责任，努力追求梦想的青春志向，活动深受全市青年学生喜爱。2016年，全市13个区、县（市）及相关学校共组织开展成人礼活动74场，参与人数超过4万名。

（韩尚哲）

【沈阳市青少年才艺大赛】 沈阳市青少年才艺大赛由共青团沈阳市委员会、沈阳市教育局主办，沈阳市青少年宫、沈阳市青少年教育保护办公室承办，沈阳青年国际旅行社有限公司协办。"沈阳青旅杯"2016沈阳市青少年才艺大赛于5月启动，经过紧张激烈的初赛、复赛到决赛，历时半年多时间，才艺大赛的颁奖晚会在辽宁广播电视台隆重举行。全市130多所中小学及各区青少年宫的十几万名同学参与。比赛几乎囊括了所有艺术专业。活动期间经历了学校的初赛和各区紧张激烈的复赛，及最终的决赛，通过专家严格评审打分和网络投票环节决定选手成绩，最后有200多名优秀选手脱颖而出。

（韩尚哲）

【沈阳市青少年宫建设】 沈阳市青少年宫新宫建设项目自开工以来，工程进展顺利。2016年，在建工程方面：地基基础工程、主体结构工程基本完成；屋面工程基本完成；装饰装修工程中室外幕墙装饰工程基本完成，室内装饰装修工程准备施工；给排水及供暖工程、通风与空调工程、建筑电气工程、智能建筑工程基本完成；电梯工程完工。在布展设备及设施工程方面：立项工作已完成，布展项目可行性研究报告已报送市发改委审批。在室外工程方面：地下综合管网工程准备施工，室外园林景观、室内装饰装修及给排水项目工程量清单已上报市财政局基本建设工程预决算审核中心审核。

（韩尚哲）

【"团聚益心"青少年心灵成长计划系列活动】 团市委以构建"大维权"、"大服务"工作格局为主线，充分发挥团组织联系、引导、凝聚、服务青少年群体的枢纽作用，围绕全社会备受关注的青少年心理健康问题，于2016年3月在法库县正式启动"团聚益心"青少年心灵成长计划。项目持续全年，围绕呵护青少年心灵成长这一核心，分别走进学校、走入企业、走向社会，用青少年听得懂、摸得到、喜欢看、记得住的形式，先后开展了阳光心态系列讲座、轻松备考阳光行动、家庭公益跑活动、企业EAP青年员工服务、亲子教育课外拓展、心能量与心课堂、励志戏曲舞台剧巡演、心理实训基地观摩、艺术欢乐行、少年安全法治互动节等大型子活动49场，形成了社会力量齐聚、指导内容多样、多数青年收益、活动开展长效的心理维权公益品牌项目体系，覆盖全市青少年9.8万人。项目实施过程中，除充分发挥各级团组织和团员青年的主观能动性外，更加注重与预青专项组成员单位、驻沈高校、社会组织、新闻媒体单位的协同合作，众多爱心企业和专家志愿者倾情参与，建立了青少年维权服务的重要工作依托。

（韩尚哲）

【援建塔城市“青少年综合服务平台”】 2016年6月15日，沈阳团市委在塔城市青少年活动中心隆重举行沈阳市援建塔城市“青少年综合服务平台”揭牌仪式。沈阳团市委副书记马宁、塔城市委副书记（沈阳援疆干部）石福洋、塔城市委常委、宣传部长许宁伟、塔城团市委书记赵义磊及部分沈阳市青联委员出席了此次揭牌仪式。此次援建“青少年综合服务平台”，为促进沈阳团市委援建塔城市工作的开展，大力推动基层服务型团组织建设，推动青少年综合服务平台向着标准化、规范化、实用性和可持续的方向发展提供有力支撑；以此次挂牌仪式为契机，进一步服务于塔城青少年全面成长，为青少年思想品德教育提供良好的平台。沈阳团市委为“青少年综合服务平台”投入3万元资金，用于购置办公用品及活动的开展。并与塔城团市委分别就青年创业就业、青少年综合服务平台建设、团干部援疆挂职锻炼等方面签订了沈阳塔城两地合作共建意向书。

（韩尚哲）

【“团聚益心”学雷锋活动月系列主题活动】 在毛泽东同志发出“向雷锋同志学习”号召53周年之际，为进一步传承和弘扬雷锋精神，团市委在全市青少年群体中深入开展2016年“团聚益心”学雷锋活动月系列主题活动，全市各级团组织和广大团员青年开展了志愿服务、关爱慰问、心理辅导、扶贫助困等丰富多彩的活动，掀起全市团组织学雷锋活动的热潮。团市委联合和平团区委在新华街道丰泽社区开展“弘扬雷锋精神共建美好家园”主题活动，组织青年志愿者深入丰泽社区广泛开展了形式多样的志愿服务；团市委、市青年书法家协会联合沈阳广播电视台FM98.6与和平区政协委员走进和平区睿智学校，为孩子们送去学习和生活用品，启动爱心书屋项目；团辽中区委积极践行社会主义核心价值观，开展“传承红色经典弘扬雷锋精神”系列活动；沈阳森林动物园团委开展“雷锋精神心永存”主题团课活动。

（韩尚哲）

【纪念中国少年先锋队建队67周年主题活动】 2016年10月13日上午，“星火相传闪耀沈阳”沈阳市纪念中国少年先锋队建队67周年主题活动暨少先队员代表入队仪式主题活动在皇姑区童晖小学举行。活动由团市委、市教育局和市少工委共同举办，旨在深入学习贯彻习近平总书记对少年儿童和少先队工作的要求，教育引导广大少先队员听党的话，跟党走，“从小学习做人，从小学习立志，从小学习创造”，培育和践行社会主义核心价值观，为实现中华民族伟大复兴的中国梦做好全面准备。童晖小学的少先队员们为活动带来了精彩的开场表演，活动中举行了全市新队员入队仪式，标准化队室启动仪式，与会领导为沈阳市少先队工作优秀集体和个人颁奖，会上还表彰了沈阳市红领巾鼓号队大赛中的优秀队伍，金号奖获得者大东区东新小学鼓号队进行了鼓号操展示。活动在童晖小学新队员大型团体操《悦动童辉》中圆满落幕。

（韩尚哲）

【童心向党歌咏大赛】 2016年5月30日，由团市委、市文明办、市教育局、市关工委、市少工委共同主办的“阳光好少年”2016童心向党歌咏大赛在辽宁电视台演播大厅举行。14支合唱团、800余名师生齐聚一堂举行合唱比赛，喜迎第67个“六一”国际儿童节的到来。活动旨在培育和践行社会主义核心价值观，提高学校艺术教育及中小学生合唱水平，集中展示沈阳市中小学合唱艺术教育成果，对广大中小学生进行生动的爱党、爱国、爱家乡的教育。本次活动得到了全市中小学的高度重视和热情参与，经过各区、县（市）初赛预选，最终有14支代表队进入总决赛。最终，皇姑私立实验学校获得金奖，市实验学校、浑南高坎中心小学获得银奖，沈北新城子二校、浑南六十三中学、大东东新小学获得铜奖，浑南二中附小、于洪扬士小学、铁西艳粉小学、和平望湖路小学、铁西育人学校、法库四家子乡蒙古族中心小学、沈师大附中、皇姑昆山二校获得优秀合唱团奖。

（韩尚哲）

【第二届红领巾小导游风采大赛】 2016年7月15日，第二届红领巾小导游风采大赛颁奖典礼在沈阳市126中学长白校区举行。此项活动由团市委、市文明办、市教育局、市文广局、市旅游委和市少工委等单位共同举办。活动面向全市中小学生，旨在培育和践行社会主义核心价值观，增强全市少年儿童爱祖国、爱家乡、爱传统文化的朴素情感，倡导文明旅游，推动城市文明建设，打造文明沈阳的城市品牌。本次活动主题是“少年行中国，文明在路上”，为期3个月，辐射全市中小学生2万余人，从工业、文化、社区、校园多个领域有效地宣传了家乡沈阳。本次大赛增加了微信文化闯关、海报制作的活动内容，评比奖项也推陈出新，设置了最具人气奖、最具亲和力奖、最佳风采奖、最佳创意奖、最具潜质奖、最佳解说奖、最具感染力奖、最佳团队奖、最佳海报作品奖、文化闯关优胜奖等奖项。最终，文艺二校曹铭洋、于圣霖，市实验小学王瀚霆等分获各奖项。

（韩尚哲）

市妇女联合会

【两个规划顺利实施】 2016年，市妇联协调全市妇儿工委成员单位和各区、县（市）妇儿工委全面实施沈阳市妇女儿童发展规划，按步骤落实好两个规划指标。至2016年底，沈阳市妇女儿童发展规划中有中期明确达标数值要求的共涉及23项指标，全部提前达到预期目标。召开年度指标数据统计工作会议，针对两个《规划》监测指标体系空缺数值与相关成员单位沟通协商，科学确定体现两性差异的指标统计口径和界定标准。协助省妇女儿童基金会做好新一轮PAC流产后关爱优质服务医院评选工作，推动形成有利女性健康的医疗环境。

（郭铁新）

【推动妇女就业创业】 2016年，市妇联全年累计发放妇女创业贷款8432.7万元，扶持创业女性919名。构建“妇联+银行”的全新女性创业融资渠道，引入邮储银行沈阳分行作为专业合作伙伴，由市财政提供专项担保基金2000万元，可为创业女性提供最高50万元无息贷款；积极打造就业创业“盛京四姐”品牌，支持商姐、网姐、巧姐、农姐创业创新，全年共培育选树“盛京四姐”就业创业典型1577名；为弱势创业女性和“巾帼科技培训示范基地”争取资金支持114万元；积极推进社区“五公里家政服务圈”建设，建立家政分公司（分中心）9个、社区家政服务站点86个，安置就业

9141人次。全力打造家政O2O服务平台,实现供需双方"零距离"对接。实施"家政服务公益"培训工程,全年举办各类家政培训班28期,培训1.51万人次;举办"女教授牵手农家女"农业技术培训班194期,培养妇女致富带头人1101人。举办电子商务高端培训班2期,227名女性参训,其中50人成功开设网店微店。推动"无围墙工厂"稳步发展,全市百余个手工编织点年带动4600余名妇女灵活就业。开展"春风行动"、"创梦课堂"等活动,累计向下岗失业妇女、女农民工、女大学生推介岗位1.45万人次,5474名女性实现就业。

(郭铁新)

【引领妇女精神文明建设】 开展沈阳市第三届寻找"最美家庭"活动,以城乡社区(村屯)妇女之家为主阵地,并向机关、企业、学校、部队等领域拓展,并在新浪辽宁开设"2016年寻找最美家庭"专栏,扩大活动覆盖面,全市有近4万人参与评选。通过层层选拔,评选出沈阳市第三届百户"最美家庭",其中6户家庭荣获全国"最美家庭"殊荣;开展"巾帼心向党,扬帆新征程"学习教育活动,召开全市各界妇女学习贯彻党的十八届六中全会精神座谈会。举办"沈阳女性讲堂"66场,开展"优秀图书进社区、进家庭活动",邀请"全国最美家庭"代表进社区讲座,营造文明和谐的社会文化氛围;与市纪委、市委组织部、市委宣传部等7家单位联合下发《在全市党员领导干部家庭中开展"扬清廉家风,创廉洁家庭"主题宣传教育活动实施方案》,依托"沈阳机关党建"微信公共平台、市妇联官网、社区妇女之家等途径,向党员领导干部家庭发出廉洁倡议、普及廉政知识、宣传廉政典型、征集家风家训,受众达30余万人,为形成好政风提供了应有助力。

(郭铁新)

【构建反家暴工作沈阳模式】 召开全市反家庭暴力工作推进会和反家暴工作现场会,制订出台《沈阳市反家庭暴力工作实施方案》及工作细则,探索形成了反家庭暴力工作的沈阳模式。协调市法院建立人身保护令制度,2016年3月在皇姑区发出了全市第一个人身保护令。推动市救助中心建立沈阳市家庭暴力庇护中心。开展婚姻家庭矛盾纠纷和妇女儿童权益突出问题的"大排查、大调解"工作,排查调解各类问题657件。举行辽宁省暨沈阳市"建设法治中国·巾帼在行动——维权服务进社区、进家庭、到身边"等系列《反家庭暴力法》宣传咨询活动,大力宣传反家暴知识。

(郭铁新)

【满足妇女儿童利益诉求需求】 邀请市长潘立国专题调研儿童工作,走访特殊儿童群体,赠送节日礼物,现场办公解决了市福利院人员编制少、儿童足球公园利用率低等问题。实施"沈阳市妇联特困留守流动儿童牙齿保健基地"项目,1000名特困儿童、特困留守流动儿童得到免费的六龄齿窝沟封闭牙齿深氟和浅龋治疗。依托网上"爱心超市",继续开展"大手牵小手"扶贫助学活动,使近千名贫困儿童得到爱心资助。新建省、市级留守妇女儿童之家7所,辐射留守流动妇女儿童3000余名。加强"母亲课堂"建设,全市90%的社区和80%的建制村建立了家长学校或家庭教育指导中心。

(郭铁新)

【贯彻落实沈阳市第十三次党代会精神】 2016年11月23日,市妇联召开沈阳市各界妇女学习贯彻落实第十三次党代会精神报告会。来自市妇联机关、事业单位、市直公检法司、教育、卫生等部门和基层社区的妇女代表150余人参加了报告会。沈阳市委政研室副主任李向来为与会妇女代表详细解读了党代会工作报告,并就妇联组织如何参与"幸福沈阳共同缔造"行动,如何引领全市妇女为沈阳打造国际化营商环境发挥"半边天"作用做了详细辅导。

(郭铁新)

【夯实组织基础】 推动全市乡镇(街道)妇联规范换届,全市98.6%的乡镇妇联主席享受了乡镇副职的待遇。按照全国妇联要求增加妇联兼职干部,选举出来自各行各业的街道、乡镇兼职副主席638名。推动全市换届文件中做出"专职专选、定位产生"规定,全市村"两委"中有女委员的比例达到100%,村妇代会主任进村"两委"班子的比例占99.4%,分别比上届提高2.1和1.8个百分点。推动沈阳医学院成立妇委会。制定下发《沈阳市妇联基层组织考核办法》和考核实施细则,以严格督导促组织强化。

(郭铁新)

【机关党建】 市妇联以"两学一做"学习教育为载体,以打造"三型机关"为目标,通过讲党课、组织观看警示教育片,开展挺纪在前、严守底线"集中谈",把全面从严治党要求落实到每个支部、每名党员,增强党员干部的党性意识。加强机关作风建设,启动"牵手基层妇联、结万家亲"活动,开展"问需求、去'四化'、促改革"专题调研,深入了解基层组织建设和妇女群众利益诉求,解决基层和群众的困难。签订《市妇联党员领导干部挺纪在前、严守底线承诺书》,对全体党员和各级党员干部进行党性党风党纪和廉政教育,增强党员干部的廉洁奉公意识。严格执行《市妇联事业单位管理办法》、《市妇联党组人事工作议事规则》、财务管理、公车使用管理等一系列规章制度,建立《市管班子成员落实党风廉政建设主体台账》,有效地强化了机关廉政风险防控工作。

(郭铁新)

【基层调研】 开展"牵手基层妇联、结万家亲"活动。市区两级妇联机关干部与工作相对薄弱的乡镇(街道)结成一对一帮扶对子165个;市区街三级妇联干部累计走访妇女8690人次,帮助解决群众困难1418件。落实王蒙徽书记关于妇联工作的批示精神,开展了"问需求、去'四化'、促改革"专题调研,收集关于妇联工作、妇女需求和打造营商环境方面的意见建议近3000条,组织妇联干部撰写调研报告63篇,在全会形成了调研成果数据库和工作骨干人才库。承接"中国城市劳动力调查(第四轮)"获得高度认可,被树为全国六城市中的样板工程。

(郭铁新)

市科学技术协会

【第十三届沈阳科学学术年会】 结合新一轮东北振兴和沈阳2016年经济社会发展重点,第十三届学术年会主题是:"全面创新改革背景下的智慧农业"。本届学术年会由中共沈阳市委、沈阳市人民政府、中国农学会主办,沈阳市科学技术协会、沈阳市社会科学界联合会、沈阳市农村经济委员会、沈阳农业大学共同承办。

本届学术年会分为两大阶段:第一阶段以学术年会开幕式、年会特邀报告和院士专家学术研讨会为主,邀请院士、专家将最先进的科研成果、经验带到沈阳,与沈阳本地的企业进行交流、对接,以助推沈阳面向实施“中国制造2025”战略确定的“244”产业科技重大需求,针对农产品加工如何发展,传统农业如何向智慧农业转型升级等问题,为沈阳提供最有针对性、又颇具前瞻性的指导。第二阶段以贯穿全年的年会重点学术活动和专题论坛为主。

第十三届沈阳科学学术年会开幕式于9月27日在沈阳农业大学世纪会堂举行。中国农学会秘书长邹瑞苍、辽宁省科协副主席朱玉宏、沈阳农业大学校长刘广林出席会议并致辞,中国工程院院士李天来、唐任远、杨凤田、柯伟,以及来自国内外的知名专家、学者、全市各界代表800人出席会议,开幕式由市科协党组书记、副主席倪左主持。

开幕式上与会领导为新建的沈阳院士专家工作站授牌,分别是:沈阳中车时代交通设备有限公司、沈阳海默数控机床有限公司、辽宁巨子实业股份有限公司、康平县海州窝堡乡花生科技协会等四家。与会院士专家为沈阳市十大优秀自然科学学术成果获得者颁发证书和奖杯。

本届年会邀请中国工程院院士、沈阳农业大学副校长李天来,深圳华大基因科技有限公司东北区总裁徐俊光,中国农业科学院农产品加工研究所所长戴小枫做大会特邀报告。报告题目是《我国设施蔬菜发展现状及未来方向》、《基因、医学、营养与健康》、《食品加工与营养健康经济时代》。

9月27日下午,第十三届沈阳科学学术年会智慧农业院士专家学术研讨会在沈阳农业大学召开,中国工程院院士、沈阳航空航天大学校长杨凤田,北京农业信息技术研究中心主任赵春江,中国农业科学院农业信息研究所副所长王文生,浙江大学求是特聘教授何勇,中关村巨加值科技评价研究院院长于杰,辽宁和丰牧业总裁丁云峰等农业领域知名专家学者、沈阳地区农业领域企业家代表50余人出席会议。会议由沈阳市科协党组成员、副主席李宏印主持。研讨会上各界专家聚焦智慧农业,围绕“促进航空器在现代农业应用”、“打造绿色的农产品供应链”、“智慧农业的多部门、多学科合作”、“互联网+农业及农业大数据”、“实现水稻生产规模化和机械化”、“智慧养殖业”、“智慧农业领域的科技标准制定、第三方评价”、“农业校企合作”等方面开展热烈讨论。

本届年会共安排各类重点学术活动和专题论坛56场,主题涉及现代农业、医药健康、装备制造、创新改革、智慧城市建设、城乡建设管理、老工业基地新一轮振兴等经济社会发展诸多领域。整个活动贯穿全年,70多家高校、院所、企业和党政部门参与承办。“沈阳市食品药品智慧监管平台项目论证会”、“幸福沈阳建设高峰论坛”、“沈阳市食用菌产业发展院士、专家座谈会”等影响广泛,第九届食品科学国际年会被中国科协列为高层次学术会议项目。

本届学术年会共征集学术论文458篇,秉持客观、公平、公正的原则,共评审出优秀论文343篇结集出版。

(曲　涛)

【国家级科技思想库建设】 围绕沈阳市全面创新改革重大关切问题,市科协组织科技工作者开展调查研究,发动全市科技工作者积极建言献策。年初,组织2016年度科技思想库课题申报立项,对155项科技思想库课题进行立项,147项顺利结题。评出重点课题50项,一般课题105项。整理编辑《2016年沈阳市科技思想库对策建议类调研成果汇编》,收录优秀专家建议31篇,共计15万余字。全年编发《决策参考》7份,获市领导批示4人次。联合东北大学、中关村巨加值科技评价研究院开展的“新时期东北老工业基地创新发展研究”获批为2016年度中国科协重大调研课题。接受市政府政策研究室委托,成立专家组圆满完成了对10项2016年沈阳市咨询研究课题的第三方评估。

(宋　丹)

【院士专家工作站建设】 坚持“以需求为导向、以项目为纽带、以企业为主体”的工作原则,推动院士专家工作站建设工作。加强企业技术需求的征集力度,密切与院士专家的沟通联系。2016年,院士专家工作站取得了前所未有的新进展,新创建院士专家工作站10家,分别是沈阳中车时代交通设备有限公司、辽宁巨子实业股份有限公司、沈阳海默数控机床有限公司、康平县海洲窝堡乡花生科技协会、沈阳精准医疗技术有限公司、沈阳市合创旭飞科技有限公司、沈阳博奥医学检验所有限公司、沈阳北斗平台科技有限公司、沈阳国科金能新材料有限公司、沈阳细胞治疗工程技术研发中心有限公司,共有11名院士和41名专家进站工作。积极参加中国科协举办的全国示范院士专家工作站评比工作,沈阳市报送的5家院士专家工作站全部被评为中国科协示范院士专家工作站,全国仅评100家,辽宁省仅评出8家,沈阳市占全省数量的62.5%。对全市85家院士专家工作站进行运行状况年度绩效考核,考核内容包括院士专家工作站基础建设情况、团队建设情况、主要工作完成情况、业绩情况、工作经验与体会、存在的问题与不足、下步工作举措、对市科协工作建议等方面内容等,调查结果作为年底考核评优依据。申请2017年院士专家工作站经费192万元。

(宋　丹)

【科技创新】 发动20余家高校、学会、企业完成产学研协作项目24个。搭建科技成果转化服务平台,协调浑南新区和中关村巨加值科技评价研究院就创新人才、科研成果与企业对接达成合作协议。开展科技信息企业推广应用工作,引导动员630家企业入网中国科协企业创新信息服务平台,注册使用专利信息资源系统,先后培训专利工程师835人。培育沈阳毅昌科技有限公司、辽宁峰阁钛业集团有限公司等企业示范典型60个,服务企业58家,其中36家企业参与科技信息应用形成实际成果,催生新技术28项、新产品26个、新专利17项,创直接经济效益155万元,节约研发成本715.5万元。组织开展“讲理想、比创新、比贡献”活动,逾5000名企业科技人员参与其中,共申报科技创新项目1800项。举办科技创新活动月,面向企业开展创新方法培训等活动超过50场次。沈鼓集团组织的“管理好自己的健康”大型科普报告会、沈阳机床集团举办的专利申报及保护知识讲座、沈阳何氏眼科医院开展的健康公益活动各具特色。

(宋　丹)

【国内外科技交流与合作】 4月7日,市科协邀请台湾神农科技发展协会理事长、台湾农村专业技术服务协会理事长廖树宏教授来沈作“休闲农业规划设计、创意体现及运营管理”、“智慧农业大讲堂——认识新三农”专题讲座，并对沈阳市休闲农业进行实地调研。

4月15日，市科协与沈阳航空航天大学共同举办矩阵优化国际学术交流活动。活动邀请新加坡国立大学SunDe-feng教授，北京交通大学修乃华教授，天津大学黄正海教授，北京工业大学徐大川教授来沈交流合作，提升理学院优化研究团队学术研究水平，支撑相关工程应用领域发展，推动沈阳相关行业技术创新和科技成果转化。

5月14日，沈阳学生创新创业促进会揭牌仪式暨首届全国大学生创新创业论坛启幕。论坛特别邀请中国青年政治学院副院长李家华教授、清华大学经济管理学院徐中博士、浙江大学党委研究生工作部部长陈凯旋以及东北大学工商管理学院副院长孙新波教授作主题报告。促进会引导大学生积极创新和自主创业，推动高校间交流平台的建设与资源整合，培养和树立大学生创新创业典范，营造沈阳创新创业良好氛围。

7月22日，泰国江浙沪总商会主席钱湘麟一行考察访问市科协。双方针对人才交流、科技合作等问题开展了深入探讨，在建立信息互通、资源共享渠道方面达成了共识。

8月15日，市科协赴韩国美国推介海创赛，在美国盐湖城与中国旅美科技协会犹他分会就海创赛活动、科技咨询活动、科技领域协作、科技人才培训等方面签订合作协议。

（贾少敏）

【海智工作】 服务沈阳全面创新改革，积极稳妥承接市委市政府交办的海外人才离岸创新创业基地筹建任务。通过赴深圳、上海、武汉、成都四市考察学习和到锦联新城经济产业园、新松公司、国际软件园、中德园开展调研，并多次召开专题会议讨论，高标准完成了基地建设方案的拟制工作。研究提出的以“一基地、三载体、五园区”为依托，构建“一体五翼”创业生态系统，打造海外人才离岸创新创业自由港的总体规划，以及22条具体推进措施得到了市创改办肯定，赢得了中国科协支持，申报中国科协海外人才离岸创新创业基地的相关工作得以有序展开。

（贾少敏）

【中国科协党组书记、常务副主席、书记处第一书记尚勇来沈考察】 6月6日，中国科协党组书记、常务副主席、书记处第一书记尚勇来沈调研。当日上午，尚勇来到和平区文安路社区考察社区科普益民工作，参观了科普中国、科普辽宁信息终端项目和社区科普体验馆，并走进社区科普大学课堂，与学员们亲切互动。社区书记胡静琴现场介绍了科普大学工作、社区科普信息化建设情况，听取汇报后，尚勇对社区科普工作在提升居民科学素质、促进社会和谐中的作用给予了充分肯定。

辽宁省科协党组书记、副主席康捷，副主席朱玉宏，沈阳市委常委、常务副市长王翔坤，沈阳市科协党组书记、副主席倪左，副主席张丽茹等陪同调研。

（程卫东）

【盛京人才战略深入实施】 围绕企业创新需求，做好高、精、尖、缺人才的引荐和对接服务工作。协助沈阳中车时代交通设备有限公司、辽宁巨子实业股份有限公司、沈阳细胞治疗工程技术研发中心有限公司等单位新建立院士专家工作站10家，促成11位院士、41名专家与企业达成合作，其中为沈阳精准医疗技术有限公司柔性引进外籍院士两名。坚持建管并重，对全市91家工作站进行调研摸底，就基础建设、运行管理、绩效表现等内容全面督查。中国科协组织的全国百家示范院士专家工作站评选中，沈阳市有5家上榜，占辽宁省入选数量的62.5%。

（程卫东）

【2016中国沈阳海智创新创业大赛】 2016年6月15日，中国沈阳海智创新创业大赛成功启动，按照“平台柔性共建、资源链式整合、成果互益共享”模式，成功举办了中国沈阳海智创新创业大赛，促成15个政府职能部门、20家驻沈企业、18家高校院所、12个高新园区，以及多家金融、保险、股权交易机构参与合作。期间，赴韩国、美国举办了海创赛推介会，配合“创响中国巡回接力沈阳站”活动和全国“双创活动周”，组织了优秀项目路演、项目风投洽谈对接、成果展示等一系列活动，面向海内外征集科技创业项目360个，有10－15个创业项目拟定落户沈阳，35－40项科技成果有望在沈转化。10月，沈阳海创赛经验在中国科协海智基地工作会议上得到交流，沈阳市科协被评为先进单位。

12月18日，市科协举行2016海创赛项目对接活动。活动邀请北美洲中国学人国际交流中心主任尤伟顺、深圳市创业投资同业公会秘书长陈文杨、中关村股权投资协会联席会长赵红梅、北京国华汇金资产管理公司董事长白贵华、全欧华人专家委员会会长吴健、辽宁省股权和创业投资协会常务副会长王丽岩以及沈阳本地20余家创投公司负责人。市科协分别与沈阳国家大学科技城管委会、北美洲中国学人国际交流中心、深圳市创业投资同业公会、德国万为商务咨询公司签订人才交流引进、项目转化合作框架协议。

（宋　丹）

市社会科学界联合会

【概况】 2016年，沈阳市社科联、沈阳社科院深入学习贯彻习近平总书记系列重要讲话精神特别是在哲学社会科学工作座谈会上的重要讲话精神，做好“十三五”开局之年沈阳社会科学各项工作，为推动沈阳新一轮振兴发展提供理论支持、智力服务和思想保证。市社科联、社科院分别被评为全国先进社科联、社科院，辽海·沈阳讲坛被评为沈阳市全民终身学习品牌。

1. 开展科研工作，提高科研成果质量，为党和政府科学决策提供理论服务。开展年度立项课题研究，在结项的266项研究成果中，48项成果得到市领导批示或被决策采用，225篇论文刊发，8本著作出版。组织专家学者开展“2016年沈阳振兴发展研究”，共10项研究成果通过《沈阳社科对策建议》平台报市委、市政府，其中7项获得市委书记王蒙徽等市领导肯定性批示。开展重大学术活动，举办沈阳市社科界贯彻落实中央7号文件精神研讨会、沈阳市社科界学习贯彻习近平总书记在哲学社会科学工作座谈会上的重要讲话精神座谈会、纪念建党九十五周年征文和理论研讨会等。承办2016年辽宁省社会科学学术活动月、第13届沈阳科学学术年会。2017年，市社科联共举办大型学术活动10场。

2. 开展科普、讲坛工作，创新工作方法，提高市民科学文化素养。举办沈阳市社会科学普及周活动，开展活动69

项，发放科普活动指南1万余份、各类科普宣传资料2万余份，展示宣传展板500余块，参与群众5万余人，活动数量逐年增多。制定《辽海·沈阳讲坛管理办法》，推动讲坛管理制度化、规范化。进机关、进学校、进部队、进企业、进社区，举办百余场习近平总书记“七一”重要讲话精神专题宣讲。2016年共举办讲座2946场，精品讲座146场。

3. 加强社科类社会组织建设，实施规范化管理，服务经济社会发展。抓好社科类社会组织党建工作，选择条件相对成熟的市老年书画研究会、市生命健康协会等开展社科类社会组织党建工作试点。鼓励和动员社科类社会组织积极参加全市社会团体规范化建设评估活动，对20家直属社会组织进行督促检查。指导市员工帮助协会等社会组织为黎明发动机集团、沈阳地铁等10余家国有大企业服务，提供员工帮助、构建和谐劳动关系。开展社科类社会组织服务决策调研，撰写的《关于构建和谐劳动关系的调研协商报告》在市政协主席会议交流，纳入提案汇编。

（刘松岩）

【深入贯彻落实习近平总书记重要讲话精神】 5月17日，习近平总书记主持召开哲学社会科学工作座谈会并发表重要讲话后，市社科联制订实施方案，提出贯彻落实意见。5月31日，召开了“沈阳市社科界学习贯彻习近平总书记在哲学社会科学工作座谈会上的重要讲话精神座谈会”，市委副书记、宣传部长韩东太出席会议并讲话，辽宁大学副校长陆杰荣教授、东北大学马克思主义学院院长田鹏颖教授等8名专家学者从不同研究领域畅谈了学习习近平总书记重要讲话精神的认识和体会。10月11日，举办了“沈阳市社科界学习贯彻习近平总书记在哲学社会科学工作座谈会上的重要讲话精神培训班”，邀请中国社会科学院马克思主义研究院副院长樊建新研究员对习近平总书记重要讲话精神进行系统解读，200多名社科工作者参加培训。

（刘松岩）

【举办落实中央7号文件精神专题研讨会】 为贯彻落实中央7号文件精神，3月9日，市社科联召开了“沈阳市社科界贯彻落实《中共中央国务院关于全面振兴东北地区等老工业基地的若干意见》研讨会”。组织中国社会科学院工业经济研究所所长黄群慧研究员、辽宁大学副校长穆怀中教授、辽宁省政府研究室副主任马洪君教授等8名专家学者围绕“新一轮老工业基地全面振兴与沈阳创新改革”、“制造业强市实现沈阳全面振兴”等深入研讨，为沈阳振兴发展出谋献策。专家学者发言摘要在《沈阳日报》刊发。

（刘松岩）

【开展老工业基地振兴系列建言活动】 为贯彻落实中央7号文件精神，市社科联组织专家学者、实际工作者开展“2016年沈阳振兴发展课题研究”。形成《关于制造业强市实现沈阳全面振兴的对策建议》等10项研究成果，以《沈阳社科对策建议》为平台报送市委、市政府。其中，省委副书记、市委书记王蒙徽给予肯定性批示1项，时任省委副书记、市委书记曾维给予肯定性批示4项，时任市长潘利国给予肯定性批示4项。组织专家学者撰写《抓住新一轮全面振兴重大机遇，加快推进全面创新改革》等4篇理论文章，在《沈阳日报》刊发。

（刘松岩）

【重大课题研究】 2016年初，围绕贯彻落实党的十八届三中、四中、五中全会精神，以及市委十二届十二次全会提出的重点任务，精心设计选题，面向社会公开招标，开展2016年度立项课题研究。来自高校、党校、科研院所等200多个单位的2700多人参与。为提高课题研究成果质量和服务决策水平，对各单位科研部门负责人、各课题组负责人进行集中培训。在年底结项的266项研究成果中，48项成果得到市领导批示或被决策采用，225篇论文刊发，8本著作出版。

（刘松岩）

【举办沈阳市社会科学普及周活动】 为提高广大市民思想道德素质、科学文化素质，2016年5月9—15日，市社科联举办了沈阳市社会科学普及周活动。5月9日上午，在沈河区福陵社区满族民俗博物馆举办启动仪式，围绕市民关注的法律知识、青少年教育、健康养生等热点问题，组织专家学者、志愿者进行现场咨询。科普周期间，开展活动69项，发放科普活动指南1万余份、各类科普宣传资料2万余份，展示宣传展板500余块，参与群众5万余人，活动数量为历年最多。

（刘松岩）

【辽海·沈阳讲坛】 市社科联加强特色讲坛建设，在沈煤集团蒲河煤矿创办“马哲课堂”，引导煤矿干部职工学“马哲”、懂“马哲”、用“马哲”，得到省市相关领导充分肯定。制定《辽海·沈阳讲坛管理办法》，实施规范化管理，确保讲坛弘扬主旋律、传播正能量，促进讲坛科学化、可持续发展。在新华网开办网上精品讲坛，扩大传播覆盖面。全年共举办讲座近3000场，精品讲座100余场。

（刘松岩）

【搭建社科类社会组织服务经济发展平台】 市社科联积极主动指导市员工帮助协会等社会组织为黎明发动机集团、沈阳地铁等10余家国有大企业服务，提供员工帮助、解决劳动争议、构建和谐劳动关系，为企业增加经济效益达1000余万元。开展社科类社会组织服务决策调研，撰写的《关于构建和谐劳动关系的调研协商报告》在市政协主席会议交流，纳入提案汇编。其中，社会组织服务对象黎明发动机集团《高效组织、健康职场、幸福员工》的案例，为沈阳市企业解决劳动争议提供了样板和示范。

（刘松岩）

市归国华侨联合会

【开展“两学一做”学习教育】 市侨联以开展“学党章党规，学系列讲话，做合格党员”学习教育为牵动，以党建带侨建，进一步加强侨联制度建设，加强侨联干部队伍建设，不断提高侨联组织的凝聚力、战斗力。

开展“两学一做”学习教育。组织机关党员干部参加学习教育培训、专题讲座和学习研讨，带头讲党课，开好主题组织生活会，参加市直机工委学习党章党规答题活动，组织机关党员重温入党誓词宣誓、参观中共满州省委旧址、走访看望机关老党员等教育实践活动，开展“在职党员进社区”义务服务日活动，对接北市街道大庆社区进行扶贫助困，走访帮扶5户困难群众，为社区困难群众解决实际问题。完成机关党支部换届工作，成立2个党小组，贯彻全面从严治党要求，加强机关党建和党风廉政建设。

加强委员会制度建设。制定《市侨联第八届委员会工作细则》、《市侨联委员履职工作守则》，建立委员履职评价机制，组建市侨联4个委员专委会，召开工作会议、组织考察活动，丰富和活跃以专委会为依托的界别活动，充分发挥兼职副主席和常委、委员主体作用，进一步增强委员履职责任。

加强机关制度建设。修改完善并编印《沈阳市归国华侨联合会机关工作制度汇编》，制定《2016年度沈阳市侨联工作任务责任分解》，制作党组工作、党风廉政建设工作、机关党支部工作、各处室工作等制度公示板并上墙，进一步明确各项职责，推进机关工作制度化、规范化建设。

加强侨联干部队伍建设。组织市侨联机关干部和全市基层侨联干部参加了中国侨联第四期青年干部培训班、辽宁省侨联系统干部培训班30人次，进一步加强侨联组织能力建设，不断提高侨联干部队伍整体素质，切实增强做好新时期侨联工作的责任感和使命感。

（安美麟）

【贯彻落实市第十三次党代会精神】 市侨联组织专题学习市第十三次党代会精神，把贯彻落实十三次党代会精神与市侨联工作紧密结合，充分发挥侨联组织的独特优势和作用，打造国际营商环境，共同缔造幸福沈阳。沈阳市侨商会与辽宁省河北商会组成联盟代表团参加中国侨商会在沧州举办的“第四届海外侨商沧州行”活动，与河北、陕西、广东省和沧州市侨商会建立合作关系，考察侨商企业，进行项目对接。市侨联组织实施“侨爱心工程”，建立关爱老侨、精准扶贫工作机制，开展老侨、特困归侨侨眷调查统计工作。确定重点帮扶改革开放以前回来定居的老归侨98人，每人每年补助600元，“低保”特困归侨家庭12户，每户每年扶助2000元，落实“侨爱心工程”专项经费10万元，把关爱老侨、扶贫助困工作落到实处，让振兴发展、幸福沈阳的成果更多地惠及侨界群众。

（安美麟）

【沈阳市侨联青年委员会第二次委员大会】 2016年4月25日，沈阳市侨联青年委员会第二次委员大会召开，省侨联、团省委和市委、市政府及市“五侨”部门、团市委等领导出席大会。大会选举产生150人组成的市侨青会新一届委员会，市侨联副主席赵凯当选为会长，聘请共青团市委副书记、市青联副主席马宁为名誉会长，圆满完成市侨青会换届工作。

（安美麟）

【基层侨联组织建设】 市侨联深入基层调研指导，开展区县（市）、高校侨联组织建设情况调查统计，与市中省直企业工委组成联合调研组，开展沈阳市中省直企业侨情调研，进一步推进基层侨联组织建设。成立了沈阳医学院侨联、鲁美学院侨联、辽沈工业集团侨联、和平区北市场街道大庆路社区侨联，完成法库县侨联换届工作。

（安美麟）

【建立侨商战略联盟】 2016年5月13日，沈阳市侨商会与辽宁省河北商会举行建立战略合作联盟签约仪式暨两商会企业项目产品推介交流会，搭建异地商会与市侨商会的交流合作平台，促进两会会员企业的联络联谊、信息共享，整合资源、优势互补，实现合作共赢。

（安美麟）

【承办世界知名侨商辽宁行】 2016年9月23日，市侨联承办了“海外侨胞故乡行走进辽宁暨第二届世界知名侨商辽宁行”走进沈阳活动，中国侨联副主席王亚君，中国侨商会副会长兼秘书长安晨与来自美国、加拿大、新西兰等30多个国家和地区的近百名侨胞参加活动。市委、市政府高度重视，市政协主席姜宏，市政协副主席、市委统战部部长汪涛，市政府副秘书长张国祥等出席活动并会见了海外侨商。市政府召开了沈阳市项目推介座谈会，铁西区、浑南区、沈北新区政府进行项目推介，组织参观考察了新松机器人中心、中德装备园、沈北新区等地，侨商在多个领域达成合作意向。

（安美麟）

【海外联谊交流】 2016年10月10—19日，市侨联组团应邀访问匈牙利、奥地利、德国，拜会海外侨团、商会，聘请3名侨领为市侨联海外委员。拜访中国商务部（德国）国际投资促进中心、沈阳中德产业园驻德国办事处，考察侨商企业，与东北、沈阳籍侨胞座谈交流，推介沈阳中德产业园、沈阳新松机器人中心产业项目；拜访华文媒体《欧洲时报》中东欧分社，对代表团访问奥地利进行报道，并就该报社扩大宣传振兴沈阳发展达成意向。通过拜访、考察、座谈等形式，与海外侨团、商会深入接触，慰问侨胞，调研侨情，增进与欧洲侨团和商会的友谊，扩大沈阳对外宣传，邀请旅欧侨胞来沈，促进了经济文化交流合作。

（安美麟）

【学习贯彻中国侨联改革精神】 2016年9月，中共中央办公厅印发《中国侨联改革方案》。为学习贯彻和推进侨联改革工作，10月27日，市侨联召开贯彻落实《中国侨联改革方案》座谈会暨沈阳市基层侨联主席联席会议，邀请省侨联和抚顺、辽阳、铁岭市侨联及部分基层侨联主席参加会议。会议认真学习《中国侨联改革方案》精神，对侨联改革寄予了重要期望，并对基层侨联发展中存在的实际问题提出了意见建议。市侨联赴重庆等侨联改革试点城市进行调研，学习侨联改革先进经验和做法，为谋划和推进沈阳市侨联改革奠定基础。

（安美麟）

【编纂出版《沈阳华侨志》】 按照市政府工作部署和要求，市侨联与市政府地方志办公室联合编纂《沈阳华侨志》。市侨联赴汕头、潮州、梅州、揭阳、昆明等侨乡和中国华侨华人历史研究所、中国华侨博物馆进行学习调研，借鉴中国侨联及侨乡城市侨联的华侨史编纂经验，组织召开“五侨”工作会议、归侨侨眷座谈会、编纂工作研讨会和走访老归侨、老侨务干部，广泛征集沈阳市侨史、侨情资料，整理、编写华侨华人、归侨侨眷、侨务机构、侨务工作、侨联组织、重点人物、侨务政策、大事记等8个专题史料，完成了

56 万余字和 480 幅照片的志书工作，进一步推动沈阳市侨史研究工作。《沈阳华侨志》全面反映沈阳归侨侨眷、海外华侨在祖国发展的各时期的生存史、创业史、发展史和各个时期重要侨务工作，填补了沈阳市志的“华侨志”空白，为促进沈阳侨务工作发展和市志研究提供重要依据。

（安美麟）

【开展侨界主题活动】 市侨联坚持“组织起来、活跃起来”，不断丰富工作内涵，延伸工作手臂，加强对侨界群众引领工作，提高侨联组织吸引力凝聚力。市侨联、辽宁省国防教育基金会在沈阳警备区民兵训练基地举行“加强国防教育，体验军营生活”沈阳市侨联一日兵主题活动，150 余名侨联委员、侨青委员、侨商会员身着“军装”，在部队官兵带领下进队列训练、学唱军歌，参观国防教育展、特种兵模拟训练基地。并举办国防教育报告会，邀请国防大学战略研究室韩旭东教授作“中国周边安全形势及面临的危机”专题讲座等，体验军旅生活，增加国防意识和团队精神；举行“勿忘‘九一八’重走抗联路”主题活动，在“九一八”纪念馆前进行宣誓，重温抗联先辈足迹，弘扬爱国主义精神，增强团队凝聚力；举办沈阳市侨联系统第三届乒乓球比赛，全市各级侨联和侨联所属社团组织 27 支代表队、150 余名运动员参赛，进一步丰富侨界群众的文体生活，增强侨界和谐氛围，培养团结协作精神，展示侨联良好风貌。

（安美麟）

市台湾同胞联谊会

【概况】 2016 年，市台联紧紧围绕台联肩负的历史使命和市委、市政府的中心工作，充分发挥台联组织的优势，以开展“两学一做”学习教育为契机，加强自身建设，热心服务台胞，积极建言献策，开展两岸民间交流交往，圆满地完成了全年工作任务。

1. 关心台胞，排忧解难。全年，市台联走访慰问老台胞、患病台胞、困难台胞以及台胞遗属 79 户，发放慰问品 1 万余元，发放老台胞补助款 6.7 万元，发放困难台胞补助费 2.3 万元；接待定居台湾回沈探亲台胞 2 批次，走访慰问 80 岁以上老台胞并送上生日祝福，为台胞协调动回迁补偿、医药费报销、低保待遇、子女就学、台胞身份证明、子女户口籍贯以及寻找亲友等事务 19 件次，协助台商资助特困台胞解决生活费和学费问题，圆了贫困小台胞的“读书梦”。

2. 统一思想，凝心聚力。一是市台联先后举办了“学习贯彻全国‘两会’精神报告会”、“全面服务沈阳振兴发展战略大调研大讨论动员会”等学习活动，深入学习党的十八届六中全会精神、市第十三次党代会精神，以及沈阳市打造国际化营商环境动员部署大会和全市统一战线全面服务沈阳振兴发展战略大调研大讨论动员部署等会议精神。二是利用中华民族传统节日，分别举办在沈台胞春节团拜会、“三八”妇女节参观和讲座活动、迎中秋联谊会、重阳节书法知识讲座等活动。三是坚持开展“台胞活动日”活动，先后组织学习了全国“两会”精神、习近平总书记系列重要讲话精神，以及围绕党的对台方针政策和针对岛内形势组织台胞座谈讨论。在纪念孙中山先生诞辰 150 周年之际，举办“纪念孙中山先生诞辰 150 周年”专题报告会。四是注重发挥台联理事和台胞的积极性，由理事蔡春卉为台胞免费提供观看故事影片活动 2 次；由台胞吴宪组织台胞集邮协会，在纪念建党 95 周年和纪念孙中山先生诞辰 150 周年之际，策划并制作纪念封，向海外、岛内及沈阳市台胞邮发，取得了较好反响，并被市委统战部评为 2016 年度统战文化宣传品设计制作竞赛优胜作品“一等奖”。五是在“端午节”之际，举办“弘扬中华传统文化”专题报告会。六是组织沈阳市台胞代表参加了“辽宁省第九次台湾同胞代表大会”、沈阳统一战线纪念中国共产党成立 95 周年书画会以及“辽宁省台联青年台胞委员会成立大会暨第一次会议”。

3. 发挥党组作用，强化培训力度。组织台籍党员和中青年台胞在市委党校参加“2016 年沈阳市台湾省籍党员培训班”和“沈阳市第八期中青年台胞培训班”，市台联党组书记杨志宏为台籍党员作“两学一做”专题党课，并组织学员开展以“重走抗联英雄路、革命旧地铸党魂”为主题的参观调研活动。

4. 精心筹备，圆满完成换届任务。2016 年 2 月 25 日，召开沈阳市台湾同胞第八次代表大会。会议审议并通过《沈阳市台联第七届理事会工作报告》和《沈阳市台湾同胞联谊会章程》，选举产生市台联第八届理事会和新一届领导班子。

（于晓川）

【推进两岸民间交流】 强化服务，为台资企业保驾护航。2016 年，市台联调研走访台资企业 9 家，走访慰问首批来沈实习的台湾大学生 3 人。为台资企业协调解决企业劳动纠纷、企业异地经营、企业员工敲诈勒索案件、企业用地缴纳税费等事务 11 件次。通过市台联法律服务中心，为台商免费提供政策咨询。以案说法，组织部分台资企业举办“企业经营法律风险防范专题讲座”。召开市台联名誉理事座谈会，征求意见建议。

加强交流，为营商环境做贡献。一是邀请台湾中华青年发展联合会和台湾夏潮联合会来沈进行交流考察，与市台联达成关于“台湾大学生来沈阳实习和创业”、“台湾大学生毕业成果设计展览”等合作意向。二是邀请台湾少数民族教育人员参访团来沈交流参访，在沈期间先后与皇姑区珠江五校、沈北新区兴隆台锡伯族学校、和平区西塔朝鲜族小学、本溪满族自治县实验小学等学校进行座谈交流，并与相关学校达成校际之间的教师交流互访合作意向。2016 年，市台联共接待台湾中华青年发展联合会、台湾夏潮联合会、台湾农业考察团、台湾豪门国际开发股份有限公司、台湾中华两岸世纪发展协会、台湾汇万国际企业有限公司、台湾少数民族教育人员参访团和全国台联台湾大学生夏令营、冬令营辽宁分营等台湾团组 10 批次近 200 人。三是推荐沈阳市 4 名青年台胞代表，参加省台联组织的“辽宁青年台胞参访团”。四是驻会副会长廖艳芳参加由省台联组织的“辽宁文化交流参访团”，在台期间与台湾相关社团组织进行了交流和座谈。

扩大影响，加强台联组织的横向联系。一是市台联组织协调部分台商分别到陕西、吉林、武汉、贵州等省市开展交流和考察活动，开拓了台商的视野，同时，也为台资企业转型发展带来了机遇。二是市台联与和平区、苏家屯区等台联开展工作交流，研究和探讨市区台联组织的学习培训模式，形成了市台联与部分基层台联组织的良性互动。

（于晓川）

【建言献策】 市台联组织台联届别政协委员先后参加了市政协十四届四次全会、市政协理论中心组学习、市政协委员专题学习报告会、市情报告会、市政协提案委员会议、市政协港澳台与外事工作会议、市政协沈北新区全域旅游示范区建设情况视察、“政协沈阳市2016年委员大视察”等会议和活动。

召开市台联参政议政工作会议，研究部署2016年提案工作，汇集整理了提案线索和重点提案。先后与市交通局、市民政局、市教育局、市环保局等有关单位沟通，就提案落实情况进行协商。2016年，市台联在市政协全体会议上，提交台联界别提案1件、人民团体提案4件、市政协大会发言2件。其中《关于开发沈阳国家森林公园，打造沈阳生态旅游业新增长点的提案》和《关于在我市居民小区内建立便民服务中心的提案》被市政协评为2015—2016年度优秀提案。

（于晓川）

【机关建设】 深入开展“两学一做”学习教育和实践活动。一是加强领导，精心谋划开局。“两学一做”学习教育中，党支部积极响应号召，组织机关全体党员参加学习教育动员大会，制订《关于在市台联机关党员中开展“两学一做”学习教育的实施方案》和《市台联机关党支部“两学一做”学习教育工作计划》，并参加了市直机关工委和市委统战系统机关党委组织的党支部书记“两学一做”学习教育培训班，为全面开展“两学一做”学习教育营造了良好氛围。二是扎实推进，确保取得实效。以学习贯彻党十八届四中、五中和六中全会精神为重点，学习习近平总书记关于“两学一做”的重要论述及系列重要讲话精神，学习中央统战工作会议精神，以及中央一系列对台工作大政方针。组织党员干部认真学习了《党章》、《中国共产党党员领导干部廉洁从政若干准则》、《中国共产党廉洁自律准则》、《中国共产党纪律处分条例》、《中国共产党党内监督条例》和《关于新形势下党内政治生活的若干准则》等党纪党规，深化党纪党规教育。积极开展“四讲四有”四个专题学习研讨，认真开展党员组织关系集中排查和党费补缴等重点工作，领导干部自觉带头讲好党课、带头学习研讨、带头查摆问题、带头整改落实，以实际行动为全体党员做出表率。同时，党支部把党员开展学习教育情况纳入机关年度考核，通过了解党员日常表现、检查读书笔记、个别谈心谈话等方式，加强对“两学一做”学习教育的检查指导，取得了较好的效果。三是平台引领，实现学做统一。充分发挥主题党日平台作用，开展形式多样的党日活动。如组织党员参加“党员进社区”，到地铁站发放“统战法宝扇”，观看电影《毛丰美》事迹记录片，在建党95周年之际设计并制作“纪念建党95周年”纪念封等等，实现了“学习教育以知促行、学做统一”的目标。2016年党支部认真贯彻执行“三会一课”制度，支部召开3次专题组织生活会，每月召开1次支委会议和党支部“主题党日”活动，每周三组织党员专题学习。

机关各项工作有效开展。坚持每月工作例会制度，做到认真总结上月工作完成情况，部署本月工作安排，及时传达和学习贯彻市委、市委统战部的文件精神和工作部署。机关召开办公会议12次，参加各类会议58人次，参加培训33人次。2016年，出刊《沈阳台联》4期，上报信息25期。

（于晓川）

市残疾人联合会

【残疾人社会保障】 2016年，市民政局出台了《关于进一步做好困难残疾人生活补贴和重度残疾人护理补贴发放工作的通知》（沈民〔2016〕17号），在原有“两项补贴”政策基础上实现了提标扩面。生活补贴范围由低保中的一、二级重度残疾人，老年残疾人，一户多残家庭中的残疾人扩大到低保中的所有残疾人，补贴标准由每人每月70元提高到100元，平均每月补贴3.33万人；护理补贴由原来的一级重度残疾人扩大到二级重度残疾人，补贴标准由每人每月55元提高到80元，平均每月补贴5.76万人。

市残联出台《关于为残疾人投保意外伤害保险的通知》（沈残联发〔2016〕36号），为全市15.9万名残疾人投保意外伤害保险。

全市有1.81万名城镇残疾人、1.42万名农村残疾人，共计3.22万名残疾人享受到低保救助。参加城乡居民养老保险的残疾人有4.11万人，参加城乡居民养老保险的55—59周岁重度残疾人有1175人享受到每月55元补贴。参加城乡居民基本医疗保险的残疾人为8.02万人。

（张　谌）

【残疾人康复】 本着“先儿童后成人，先重残，后轻残，先生活自理，后锦上添花”的“三先三后”原则，做好残疾人康复工作。共搭建涵盖市、区、街道、社区和家庭的“五级康复网络”4015个，打造“十分钟康复圈”。本着康复“三先三后”原则，抓好残疾儿童抢救性康复工作；对成人康复中的“三瘫一截”（偏瘫、截瘫、脑瘫，截肢）采取个性化康复、心理诱导康复及配备辅助器具的辅助性康复；针对重残人群，配备443名社区卫生中心康复师，以家庭巡回康复为重点进行康复。2016年还圆满完成全市聋人致聋基因筛查工作，共计筛查529人。

超额完成省彩票基金项目辅助器具适配任务4626件，完成率147.9%（省任务数3126件）；辅助器具筛查评估适配及发放2323件，完成率116%（省任务数2000件）。

中残联康复部主任胡向阳、副主任纳新在调研沈阳市和平区、皇姑区残疾人精准康复工作中，对沈阳市残疾人康复工作给予了高度评价，并建议适时召开现场会在全国推广，引领全国残疾人“精准康复”工作的开展。

（张　谌）

【残疾人教育】 2016年,出台了《沈阳市残疾儿童少年和大学生及困难残疾人家庭大学生助学资助方案》。政策规定对残疾儿童少年在学前教育、义务教育、高中教育阶段,每生每年给予1000元助学金补助;对考取高等院校的残疾人大学生和困难残疾人家庭(低保、低保边缘)大学生,每生每年给予3000元助学金补助;对因特殊原因造成入学困难的普通残疾人家庭大学生给予入学当年一次性资助2500元。本年度符合残疾儿童少年和大学生及困难残疾人家庭大学生资助条件的有2672人,共发放助学金434.4万元。

(张　谌)

【残疾人托养服务】 2016年,开发了523个居家托养公益性岗位指标,实际招录443名轻度残疾人上岗,一对一为重度残疾人提供居家托养服务。

完成了全市阳光家园运行服务情况的摸排工作,下拨运行管理补贴经费共计192万元。

举办了"居家养残"和"阳光家园"公益岗位服务人员业务培训班。培训了1534名公益岗位服务人员,培训出勤率达98%。

(张　谌)

【残疾人文化体育】 灵活采用"感悟、沟通、体验、励志、记录、服务、民生、面对面"八大板块宣传模式,坚持发挥主阵地作用。2016年残奥会期间,聚焦20多家新闻媒体进行专题宣传,播发各类稿件百余篇(条)、微信微博40余条。沈阳残疾人工作相关媒体宣传报道1201篇,超出上年同期111%,特别是在国家级媒体上发表39条,超出上年同期229%;微信200条,微博693条,实现了零的突破。2016年市轮椅篮球队的成立,填补了沈阳残奥项目的空白,仅成立4个月就有2人进入U12国家集训队。参加了2016年沈阳马拉松活动,举办了2016沈阳特奥足球比赛;荣获2016年全国残疾人民间足球争霸赛(北部赛区)特奥融合组A组冠军。

(张　谌)

【维权服务】 畅通残疾人反映诉求渠道,完善服务平台,开通"12385"残疾人服务热线,依法办理残疾人合理合法诉求。落实政府法律顾问制度,聘请1名律师担任法律顾问,帮助残疾人通过法律途径维护自身合法权益。2016年,接待残疾人来信来访604人次,提供政策咨询553人次,答复率100%,上级部门及领导批示转办信访案件办结率100%,息访集体访2批,信访量比上年下降29.9%。举办信访与法律援助工作培训班,对103名信访工作人员进行了培训。借助广播、电视、网络、报纸等载体,持续通过残联网站公布、广播电台"民生热线"和电视台"沈阳新政"栏目解读、印发宣传册等形式,广泛宣传和解读惠残政策。组织全市残联系统开展普法宣传活动27场次,参与残疾人7518人次。争取市人大内司委对《沈阳市残疾人保障条例》实施情况进行视察,有针对性地解决存在问题,促进了惠残政策的进一步落实。发挥市、区县(市)和社区残疾人法律救助工作站作用,协调司法部门为残疾人提供免费法律咨询服务223人次、办理法律援助案件94件。全年办理市人大、政协建议提案4件,做到了见面率100%、办复率100%、满意率100%,得到代表委员的认可。

(张　谌)

【无障碍建设】 2016年,省政府民生实事工程下达沈阳市贫困残疾人家庭无障碍改造任务数为1000户,全市下达任务指标为1841户。中、省、市、区共投入改造资金806万元,实际完成2013户,超额101.3%完成省下达的任务指标。贫困残疾人家庭无障碍改造对象由肢体、视力和听力残疾人增加到精神和智力残疾人,涵盖全部残别的残疾人,改造项目也进一步丰富。沈阳市无障碍环境促进会开展无障碍调研并建言献策,配合沈阳电视台拍摄公益广告宣传片和肢体残疾人出行体验公共无障碍环境新闻片,积极推进公共无障碍建设。

(张　谌)

【基础建设】 2016年,沈阳市残疾人工作取得一系列令人瞩目的成绩。在第五次全国残疾人事业工作会议上,沈阳市政府残工委被国务院残工委评为"全国残疾人工作先进单位",位列全国12个受表彰的副省级城市之中;在省残联残疾人专职委员知识竞赛中,由铁西区、大东区组成的代表队获得第一名;沈阳市残疾人基本服务状况和需求信息数据动态更新工作获得省残联通报表扬;在市"五一"劳动节表彰中,市残联被评为"先进单位",在全市绩效考评中被列为优秀档次;在全市扶贫帮困工作评选中,被评为标兵单位;市残联第三党支部被评为"先进基层党支部",并在大会上做经验交流;在市直机关拔河比赛中,获得B组第一名。

(张　谌)

【组织建设】 2016年,基层残疾人组织规范化建设、为残疾人服务能力、专职干事(委员)队伍的管理及考核等工作日渐加强。中国残联副主席吕世明给予沈阳市基层组织建设工作以"管理能力水平全国一流,已全面超过大连"的高度评价。完成新版沈阳市盲人免费乘车卡换发工作。通过逐级培训、入户信息采集,对15.22万名残疾人进行基本服务和需求状况调查,比2015年增加了16.8%。修订《沈阳市残疾人证管理实施细则》,增加市内五区上门服务医院,做到残疾人证区县属地管理、一级审批。组织辽宁省残疾人康复中心专家上门为沈阳市儿童福利院和辽中寄养家庭的393名孤残儿童评残,各区、县(市)分别为1433名残疾人提供上门服务,全年共为1686名重度残疾人进行上门评残,比上年增加了131%。

(张　谌)

市黄埔军校同学会

【提高政治理论素养】 2016年,市黄埔同学会把提高全体机关干部政治理论素养作为工作重点,把党的建设作为衡量机关工作质量的重要标准,在贯彻落实党建工作的各项任务要求的同时,确保了同学会各项工作的全面完成,全机关的凝聚力、战斗力得到明显加强。一是强化思想高度统一。组织党员干部认真学习党的十八届三中、四中、五中、六中全会精神,以及习近平总书记系列重要讲话精神,认真执行"三会一课"制度,严肃党内政治生活,引导大家用理论武装头脑、指导实践、推动工作,时刻与习近平总书记为核心的党中央保持高度一致。二是强化政治理论学习。组织机关党员认真学习习近平总书记系列重要讲话精神，以及《党章》、《关于党内政治生活的若干准则》、《中国共产党廉洁自律准则》、《中国共产党纪律处分条例》，切实增强走有中国特色社会主义的道路自信、理论自信、制度自信和文化自信。三是推进全面从严治党。认真落实全面从严治党责任，把党建工作列入重要日程，坚持与业务工作同安排、同部署、同推动，定期分析"两个责任"落实情况，督促和激励党员干部担当有为，为做好全局工作奠定了基础。

（黄埔同学会）

【开展"两学一做"专题教育】 按照市委的统一部署，结合黄埔同学会实际，为加强机关党员队伍作风建设，从5月开始在机关党员干部中开展了"学党章党规、学系列讲话，做合格党员"学习教育，贯彻从严要求，突出问题导向，注重讲求实效。机关党支部制订了《关于在沈阳市黄埔同学会党员中开展"学党章党规、学系列讲话，做合格党员"学习教育实施方案》，并成立了学习教育工作小组。先后组织了7次理论专题学习和支部的专题学习，开展了3次党日活动和2次专题党课，组织参加了"共产党员社区奉献日"义务活动。按照工作计划，在机关党员中开展"四个一"学习活动，即：一个图解（学习"两学一做"学习教育图解）、一篇体会文章、一个微学平台、一次知识测验。"两学一做"专题教育活动，使机关干部群众学习态度、工作作风和机关凝聚力不断增强，达到了净化思想、整肃行动、提升境界的目的。

（黄埔同学会）

【召开黄埔军校建校92周年、孙中山诞辰150周年纪念大会】 2016年6月16日，沈阳市黄埔同学会组织召开了黄埔军校建校92周年、孙中山先生诞辰150周年纪念大会，并举办了黄埔同学及亲友纪念孙中山先生诞辰150周年书画展览。全市30余位黄埔同学和黄埔亲友以及有关人士、媒体记者180余人出席会议、参观展览。沈阳市委统战部副部长杨志宏在纪念大会上讲话。纪念活动秉承"发扬黄埔精神，联络同学感情，促进祖国统一，致力振兴中华"的同学会宗旨，缅怀孙中山先生为民族独立、社会进步建立的不朽功勋，表达了全市近百名黄埔同学以及数千名黄埔亲友坚决反对台独、实现祖国统一的坚定决心，昭示了两岸同胞前途命运密不可分的发展趋势，坚定了海内外中华儿女为实现祖国统一、民族复兴共同奋斗的决心。

（黄埔同学会）

【两岸交流】 一是深化两岸交流沟通，积极参与支持台湾两岸黄埔同学和黄埔后人之间的民间交流活动，支持黄埔后代赴台参访、接待来访，加强情感交流，拓宽市黄埔同学会和台湾黄埔同学和黄埔后代之间的沟通联络渠道，筑牢爱国根基，壮大反独促统力量。积极参与台湾退役将军大陆交流访问团的接待工作。二是加强宣传，利用各种活动、各种媒体宣传黄埔精神，宣传黄埔同学会和抗日同学事迹。三是以多种形势开展两岸沟通交流活动。全年共计发函、电、信、卡等320余件次，接待国内外黄埔同学及亲友40余人次。

（黄埔同学会）

【激发组织活力】 一是结合"九一八"事变、抗日战争胜利和"七七事变"等抗战史实，先后组织黄埔同学、黄埔后代召开座谈会，参观"九一八"历史博物馆、盟军战俘营等纪念场所，进行铭记历史、弘扬抗战精神教育活动。二是组织开展黄埔老兵口述历史等系列活动，抢救发掘史料，留住记忆。三是发动黄埔后代和社会志愿者关爱黄埔抗战老兵，为他们送温暖、解难题，宣传他们的事迹。倡导崇尚英雄、学习英雄、关爱英雄，铭记一切为中华民族和中国人民作出贡献的人们。四是开展节日慰问活动。在2016年新年、春节、国庆节、重阳节、抗战胜利纪念日等节日纪念日，市黄埔同学会对全市黄埔同学进行走访慰问，送去慰问品和慰问金，并分别陪同省同学会和市委统战部领导，重点看望黄埔同学会理事和黄埔抗战老兵，协调部分志愿者对抗战老兵开展了慰问活动。

（黄埔同学会）

地 方 军 事

沈阳警备区

【概况】 2016年，沈阳警备区党委深入贯彻军委国防动员部、省军区党委全会精神。抓实“两学一做”学习教育活动，持续开展改革强军主题教育，思想工作扎实有效；不断加强后备力量建设，遵照“真打实备”要求，抓好战备、训练落实，军事工作取得新成果；连续四年大抓正规化建设，不断提高标准，正规化建设水平逐年提升；切实后勤建设，面向官兵办实事，服务保障水平不断提高。在省军区2016年度主要工作量化排名中，获得安全稳定、武器装备管理、后勤工程建设项目和房地产资源管理专项整治、双25高炮打靶四项第一，第七批职工移交、民兵防化分队轮训两项第二；2次参加扑火救灾，3次参加抗洪抢险，地方党委政府给予高度评价；3次配合涉外军事活动、1次日遗化武保障均做到安全保密；为24个驻军单位协调子女入学、家属就业471人，协调解决重点涉军维权案件5起，挽回经济损失3200余万元，受到驻军欢迎；代表省军区接受了军委国防动员部、后勤保障部、军委纪委和国家国动委5次专项抽查、4次明查暗访，没有出现任何问题；先后迎接了内蒙古军区等5个友邻单位参观见学；全年未发生违法违纪问题，警备区连续9年、装备仓库连续37年无案件事故，警备区作为辽宁省军区军分区系统唯一代表被军委国防动员部评为安全稳定先进单位。

（沈洪亮）

【征兵工作】 2016年7月27日至9月10日，全力抓好沈阳市夏秋季征兵工作，圆满完成了兵员征集任务。全市共批准入伍男兵3022人，其中大专以上学历1608人，占总任务数的53.2%，超过了省规定的大学生征集比例达到52%的要求；女兵批准入伍139人，全部为大学生。主要特点：一是高端重视，末端落实。主管征兵工作的副市长定向把关、督办落实；警备区和各人武部积极发挥好“四个作用”（组织筹划作用、把关定向作用、服务保障作用、纪检监察作用）。二是宣传有力、氛围浓厚。注重抢先抓早，4月份，开始筹划展开征兵宣传工作。注重创新载体，贴近适龄青年及家长心理，体现时代特色，制作了四个宣传片和两本小册子。注重灵活方式方法，组织优秀军人先进事迹巡回报告会，用典型事例激发参军热情。开启流动宣传车、设置LED屏、发放传单、张贴标语等，营造气氛；创建征兵微信公众号，借助利用微信平台和车载天禹星等现代媒介大造声势；男性应征青年网上报名8556人，是任务数的2.85倍。大学生网上报名3953人，是大学生征集任务数的2.53倍。三是政策优越，保障有力。在去年5项优待政策的基础上，将农村义务兵经济补助金调升到6.2万元；协调市民政局拿出100个社区岗位专门招录大学生退役士兵；国有企业留出5%的岗位招录符合条件的退役士兵；安排家庭就业困难的现役士兵直系亲属到公益性岗位就业；高校每征集1名大学生入伍的奖励由300元提高到500元；春节和“八一”走访慰问军属等。这些优抚实举，为圆满完成征兵任务提供了有力保证。

（李冬生）

【党委四届二十次全委扩大会议】 2016年12月30日，沈阳警备区在机关组织召开了四届二十次全委扩大会议。全体28名委员出席，机关干部20人列席会议。会议传达学习了中央军委“军队规模结构和力量编成改革工作会议”、军委国防动员部“贯彻落实中央军委改革工作会议精神专题会议”和省军区党委十三届九次全委扩大会议精神；党委委员和机关干部就坚决贯彻上级指示作了表态发言。最后，警备区司令员赵恒志围绕如何投身改革、完成好改革任务作动员，就做好思想准备、组织准备、法纪准备、安全稳定准备、超常准备、常态工作准备等提出具体要求。

（王昆鹏）

【“两学一做”学习教育】 按照军委国防动员部、省军区指示要求，沈阳警备区组织开展“学党章党规、学系列讲话，做合格党员”学习教育活动。学习教育从4月份开始，贯穿全年。为确保学习教育成效，成立了学习教育领导小组和督导组。领导小组由司令员赵恒志为组长、副政委和机关各部领导为副组长、机关各层面8名官兵代表为组员；督导组由政治部主任李英彬为组长，4名干事为组员。活动中，坚持突出问题导向，有什么问题就解决什么问题，什么问题突出就重点解决什么问题，切实增强学习教育的针对性实效性。一是抓好学习讨论和党课教育。采取集中领学、个人自学、以考促学、全程督学四种形式，全面、系统、深入地学习了《党章》和习总书记系列重要讲话；利用电视电话会议系统，组织警备区常委和人武部政委，围绕坚定理想信念、明确政治方向为全体党员上党课。二是开展党员承诺践诺。重点抓好承诺、示诺、践诺、述诺4个步骤，组织全体党员立足本职岗位，争当“优秀共产党员”、“优秀党务工作者”。三是召开专题组织生活会。警备区、人武部和干休所党委专题民主生活会，严肃开展批评与自我批评，切实浓厚党味、增强辣味，并向下级党组织通报问题查摆情况。四是组织民主评议党员。专题组织生活会后，以个人自评、党员互评、民主测评、组织评定的形式开展评议党员活动，很好地解决了全体党员中存在的问题，教育活动达到了预期效果。

（王昆鹏）

【沈阳征兵微信公众号】 为提升征兵宣传工作的针对性和时效性，创新宣传手段，沈阳警备区积极协调相关单位，申请建立了沈阳征兵微信公众平台服务号，将征兵相关政策、报名体检方法及微信平台关注方法捆在一起宣传推广，实现传统宣传手段和新型宣传手段的结合。微信公众平台功能：普及国防法、兵役法等法规；推广宣传国家、省、市征兵相关政策；视频直播《沈阳青年在军营》、《走进直播间》等征兵宣传片；外挂链接，可直接登录国防部征兵报名网站；回复数字可了解征兵报名体检政治考核的所有流程；公布沈阳市及各区、县（市）征兵办电话及廉洁征兵监督电话；每年士兵退役前可向其推送沈阳市本年度各行业就业情况；后台管理功能可实时监控关注人员数量，系统分析后可了解当前预征青年基本数量。通过开通微信公众服务平台，极大提高了征兵宣传效果。

（陈峻峰）

【涉军维权】 2016年，在沈阳市政法委领导下，沈阳警备区注重开展涉军维权工作。与市司法局联合印发《沈阳市法律援助进军营活动月实施方案》，协调沈阳市公、检、法等部门和各区、县（市）涉军维权单位，对8起涉军维权案件进行依法公正处理，结案5起，其余3起均有明显进展。警备区近20名军人军属直接得到法律援助，有力维护了军队和军人军属的合法权益，受到广大官兵的好评和赞誉。7月份，组织市本级和所属各涉军维权单位代表参加了省涉军维权总结会议，经验做法在省军区进行了汇报交流，3个单位和3名个人受到省涉军维权工作领导小组通报表彰。

（李佃会）

【国防动员潜力信息数据采集】 从2016年5月下旬开始，按照上级国防动员委员会部署要求，组织相关部门开展全市国防动员潜力信息数据采集工作。整个采集工作分7、8月两个阶段，先后经历辽宁省和北部战区审核，完成三次信息数据采集和补充上报工作。10月下旬，根据国家国动委潜力数据填报要求，组织市、区两级国动委职能办公室专（兼）职人员，对涉及7个专业部门、223个具体项目的1950张表格内容逐一进行审核把关，并经军委国防动员部下发的《国防动员法务信息系统》单机版检测，内容全面详实，数据确凿可用，具备上报录用条件。经报请市国动委副主任审签后，对口上报至省国动委各职能办公室，圆满完成了国防动员潜力信息数据采集工作，受到上级好评。

（高 楠）

【扶贫工作】 2016年，沈阳警备区按照推进军民融合深度发展的要求，贯彻精准扶贫理念，依托省军区“百团帮百村”活动，主动拓展平台，搭建工作载体，各团级单位积极与地方民政部门协调，确定扶贫对象。坚持做到“三看”：一看贫困村是否长期扶贫未脱贫，改换扶贫方式方法；二看贫困户致贫原因，是缺少劳动力还是缺少劳动技术，实施有针对性的扶贫，缺啥补啥；三看区域经济发展情况，确定年度扶贫目标。全年建档立卡贫困户13户，投入资金2.4万元，长期共建慰问家庭12户，协调资金修建道路桥梁5公里，赠送图书2000余册，捐献行军床、被褥等抗震救灾物资200余件，协调资金建立村民活动中心、图书馆等场所2个。大东区人武部被辽宁省评为“爱国拥军，拥政爱民先进单位”，沈阳市被评为“全国双拥模范先进单位”。

（陈峻峰）

预备役部队

【召开师党委七届七次全委扩大会议】 2016年4月6日，辽宁陆军预备役高射炮兵第一师党委七届七次全委扩大会议在沈阳隆重召开。会议传达学习了军委国防动员部、北部战区和省军区全委扩大会议精神，总结2015年度工作，表彰2015年度先进单位和个人，部署2016年度任务。师党委书记、师政治委员金爱群同志主持会议并作党委工作报告，辽宁省委副书记、沈阳市委书记、师第一政治委员、师党委第一书记曾维同志出席会议并发表重要讲话。

（彭力彬）

【开展“两学一做”学习教育】 2016年，师党委认真贯彻上级党委关于开展“两学一做”学习教育系列决策部署，采取一系列措施，有效推动“两学一做”落地落实落细。师团主官带头上党课，党支部书记组织讨论，党小组长具体落实党的政治生活制度；先后开展三次大党日活动，组织全师现役官兵观看历史经典剧《星星之火》，组织部分现役和预任官兵祭扫抗美援朝烈士陵园、赴边防一线进行爱国主义教育，遴选1个团党委和3名党员介绍“两学一做”经验体会。专门在沈阳中医药大学举办预任军官杨旭波事迹报告会，经验做法被军地多家新闻媒体刊发，引起较好反响。省军区党委首长带机关工作组先后两次对师“两学一做”学习教育进行检查督导，均给予高度评价。

（彭力彬）

【开展“改革强军”主题教育】 师团党委紧紧围绕改革强军这条主线，灵活采取理论学习、集中教育、大讨论活动、主题实践四个步骤环节抓实年度主题教育。先后分三个波次组织“三新”和“发挥政治工作生命线作用”大讨论；精心组织“强军杯”歌咏比赛和篮球赛；结合纪念建党95周年和红军长征胜利80周年，组织学习习主席“七一”重要讲话和党史、军史、国防动员史；注重传统文化熏陶，集中组织全师官兵开展“家风大家谈”活动，有效筑牢官兵思想政治根基，为凝聚强军兴军正能量打下坚实思想基础。

（彭力彬）

【全面彻底肃清郭伯雄徐才厚流毒影响】 2016年10月下旬，师党委严格按照上级党委关于“全面彻底肃清郭伯雄徐才厚流毒影响、深入推进党风廉政建设和反腐败斗争”统一部署要求，带头以先行的姿态、更高的标准、严实的举措，组织全师党员干部认真开展了“形势分析、专题教育、对照检查、痕迹清理、思想作风清理”等深化肃清工作，有效纯正了部队思想、队伍和作风，为贯彻改革强军战略、建成全军一流预备役部队提供了坚强作风保证和组织保证。

（彭力彬）

【参加全省预备役旅（团）基础素质和指挥素质考核比武】 2016年5月26日至31日，预备役高炮一师5个团首长机关参加了全省预备役旅（团）基础素质和指挥素质考核比武，在21个考核项目中，取得11项第一、10项第二、8项第三，三团取得单位综合成绩全省第一名的好成绩。

（彭力彬）

【参加全省民兵预备役高炮部队要地防空作战行动演练】 2016年10月13日至17日，师参加了代号“砺箭－16”的全省民兵预备役高炮部队要地防空作战行动演练。一团获得实弹射击优胜单位，并命中航模拖靶一具，二团取得全省预备役部队双37和57高炮连考核总评第二名，三团、四团分别在高炮连实弹射击考核中取得第一、第二名。

（彭力彬）

【加强应急力量建设和实案化演练】 预备役高炮一师针对辽沈地区自然环境复杂、应急任务艰巨的实际情况，常态化保持抗洪、抗震、防火、防化、维稳等8支共1200余人应急分队，先后组织抗洪抢险、城市应急排涝、水上救生救援等训练，开展军地联合扑火、抗洪抢险、抗震救灾、核化救援等演练。圆满完成抚顺高尔山地区森林火灾扑救任务，为地方人民群众挽回经济财产损失上千万元。

（彭力彬）

武装警察

【综述】 2016年，紧紧围绕抓党风改作风，深入开展了“两学一做”学习教育活动。采取每周交班会提问应知应会、每半月汇报活动进展情况、每月召开形势分析会、每个阶段进行总结讲评等形式，利用政工信息网、板报橱窗、警营电视台等载体，加强整顿活动的宣传力度，使各级充分认清了整顿活动的重大意义。坚持用“群众路线”的方法开展活动，每一步都让群众参与，把群众的满意度作为检验学习教育成效的最好标尺。紧紧抓住“政治建队”这个根本，扎实开展了思想政治工作。着眼政治建军这一根本要求，狠抓思想政治工作落实，保证官兵“三个绝对”。利用驻地资源开辟“第二课堂”，组织参观爱国主义教育基地，请老战士讲战斗故事，引导官兵牢记历史责任，激发强国强军的政治热情。广泛开展红色影片展映、红色故事会、主题演讲比赛等强军文化系列活动。支队被辽宁省表彰为“拥政爱民模范单位”。紧紧围绕打赢“三场维稳战役”，各项任务完成圆满。围绕能打胜仗要求，全面提升遂行多样化任务能力，中心任务万无一失。按照实兵实装实案要求，参加“卫士－16”演习，每月组织拉动演练，部队遂行多样化能力有了提高。坚持依法治军从严治军，持续夯实部队安全发展基础。坚持把安全稳定作为压倒一切的头等大事来抓，紧盯防范重点，依法从严治理，打牢部队安全发展基础。深入开展“百日安全竞赛”活动，采取出主题板报、签订安全责任状、撰写安全决心书、悬挂百日安全活动倒计时牌、开展群众性安全大讨论、编印安全警句、印发安全常识口袋书、组织安全常识测试等方式，形成人人抓安全的良好局面。全面落实《纲要》大抓基层，厚实部队建设底蕴内涵。牢固树立“摊子越大越要靠打基础来保底，任务越重越要靠打基础来保证”的观念，始终坚持重心下移，基层建设发展进步明显。常态开展“学《纲要》用《纲要》”活动，强化各级按纲抓建的意识和能力靠先进性引领强班子，不断加强党委自身建设。

（李玉鹏）

【沈阳市委书记曾维视察沈阳支队】 2016年1月31日上午，辽宁省委副书记、沈阳市委书记曾维率慰问团来到沈阳支队看望慰问官兵。曾书记代表省委、省政府向战斗在执勤一线的支队官兵表示节日祝福和问候。他指出，沈阳支队作为维护辽沈地区稳定的一支重要武装力量，始终如一地坚持听党指挥、能打胜仗、作风优良的总要求，是一支拉得出、冲得上、打得赢的威武之师、文明之师。特别是在近年来，先后出色完成抚顺抗洪抢险、全运安保、城市联勤武装巡逻、扑灭山林火灾、“两会”安保等急、难、险、重任务中，挺身而出，不畏艰险，为保护人民群众生命财产安全做出了重要贡献。同时，曾书记还勉励官兵，要刻苦训练、努力学习、坚守岗位，认真履行使命，为保证辽宁省和平稳定的发展环境继续贡献力量。

（李玉鹏）

【“两学一做”学习教育】 为深入学习贯彻党中央、中央军委和习主席关于全面从严治党依法治党的指示精神，坚持把党的思想建设放在首位，沈阳支队党委科学筹划部署，精心组织实施，深入开展了“两学一做”学习教育。活动中，广泛开展“六小”“六看”活动，灵活运用周讲评、月推进、考勤通报、集中补课、笔记展评、检查讲评、理论测试等制度机制，创新开展“微党课＋X”活动，重点抓好学习教育、专题讨论、公开承诺、民主生活会等关键环节，确保学习教育扎实推进，切实取得成效。

（李玉鹏）

【联勤武装巡逻勤务】 每逢节假日、敏感期，支队联合沈阳市公安局、铁路公安派出所等单位，动用兵力和车辆，在沈阳北站、沈阳站、沈阳南站、桃仙国际机场等重点路段、重要场所担负联勤武装巡逻任务，大力加强了社会面涉爆、涉恐案件防范，确保了沈阳地区社会治安和大局稳定。

（李玉鹏）

【担负重大临时警卫勤务】 2016年9月10日，沈阳市支队动用兵力车辆，圆满完成了2016沈阳马拉松赛安全警卫任务。此次活动，有10余个国家的体育爱好者和专业运动员参赛，赛事规格高、参加人数多、安保要求严。任务中，参勤官兵克服执勤时间长、任务重、压力大等实际困难，连续执勤8个小时以上。官兵警容严整、恪守职责的执勤形象受到了联合指挥部的高度认可和人民群众的高度赞誉。

（李玉鹏）

【新兵野营拉练】 为深入贯彻习主席练兵备战重大战略思想，依据总队关于冬季野营拉练一系列指示精神，12月9日至11日，沈阳支队严密组织了为期3天的野营拉练，累计行军90余公里，完成了急行军、口令传递、队形变换、紧急伪装避险、战地救护、捕歼战斗等科目训练。通过真演实练，进一步锻炼了部队的实战能力，为遂行多样化任务奠定了坚实的基础。

（李玉鹏）

【学习沈阳市第十三次党代会精神】 2016年11月17日，沈阳市第十三次党代会召开后，沈阳支队把学习贯彻第十三次党代会精神作为一项重要内容抓紧抓好。广大官兵通过组织官兵读报纸、听广播、看新闻、召开群言堂等形式，全方位、多角度开展学习宣传活动，努力营造浓厚的学习舆论氛围，真正使党代会精神深入人心。通过学习，使广大官兵眼界更加开阔、思路更加清晰、信念更加坚定、行动更加自觉。官兵一致表示，一定要坚守岗位、勤奋学习、刻苦训练、努力工作，为实现沈阳老工业基地全面振兴贡献一份力量。

（李玉鹏）

人民防空

【人防信息化建设】 2016年，市人防办开展了防空应急指挥联动平台三维城市指挥信息系统等项目的建设。完成了对大连、鞍山等6市人防卫星通信和短波通信的组网备份及连通工作。全年完成100部防空警报器和40部警报统控平台的安装调试工作,警报试鸣鸣响率达到了100%。继续与沈阳警备区、预备役高炮一师开展民兵预备役部队和人防专业队联合整组,完成了8支人防专业队伍、3400余人的编兵任务。完成了信息对抗专业队的整组试点。组织市应急救援中心、市环保局等5个单位30人进行了12个科目的防化专业队训练,成绩良好。完成了国防动员潜力调查人防数据的采集,开展了防空袭预案和重要经济目标防护预案资料搜集整理工作,配合市应急办完成了应急战备数据统计工作。完成了国防大学国家人防重点城市建设专题研究班沈阳现地教学的相关保障工作,汇报了沈阳人防信息化建设成果。组织机关干部带通信保障分队30人,赴赤峰、通辽开展跨区域机动拉练和演练,并参加省人防办组织的异地区域协同演练,应急协同支援能力明显提升。开展了全市人防机动通信拉练及警报业务培训,进行了短波电台操作通联、野外短波电台天线架设等9个内容的教学和训练,应急保障能力加速形成。

(张 庆)

【人防工程建设】 2016年,审批结建人防工程项目43.67万平方米;出具人防工程建设面积复核手续和缴纳人防易地建设费意见168项,收取易地建设费1.99亿元。批建人员掩蔽工程面积占总批建面积的70%。全年质量评定结建人防工程35.4万平方米;安排设备安装验收47.3万平方米;监督新建人防工程40万平方米,坚持全程跟踪检查,监督到位率达到100%。出具《人防工程质量监督报告书》36份,面积32万平方米,所验工程全部达到合格标准。完成了沈河区"1001"工程综合验收,万泉公园人防工程项目确定了工程规划设计方案,沈阳人防中心医院项目列入市城建储备项目,沈阳站人防工程改扩建项目完成了建议书和可研报告编制评审,人防战备库项目组织进场施工。批准拆除10处早期人防工程,面积6509平方米,原地补建1102平方米,收取补偿款1166万元。研究制定了减免工业和现代物流项目防空地下室易地建设费政策,全年有70余个项目受益,为企业减轻负担9000余万元。向社会公布了"人民防空工程档案信息查询"和"人防企业不良信用信息公示"2项政府公共服务事项,公示了办事指南。

(张 庆)

【人防资产管理】 向社会公开了2015年度决算、"三公"经费支出和2016年度部门预算。配合市审计局对人防办2014—2016年上半年预算执行情况进行审计。安装人防工程标识100套。市本级收取人防工程使用费3672万元,北站地下商业城实现收入630万元,北站人防停车场实现收入380万元。全年检测人防工程9万平方米,维修人防工程1.2万平方米,维修人防防护门521樘,更换新型人防过滤吸收器40个、通风设备4台、通风管道3850平方米。不间断开展隐患排查治理,全年累计开展安全检查207次,下达整改通知书11份,发现的问题全部整改完毕。在乐天百货人防工程组织了两期人防工程消防演练,省市人防、安监、公安消防部门及150余家人防工程使用单位、500余人观摩了消防演练,反响良好。印发了《人民防空工程权属登记实施意见》和《关于规范结合民用建筑修建人防停车场使用管理办法的通知》,有效地保护了权利人的合法权益。对16项可划分自由裁量标准的行政职权,逐项明确了自由裁量的基准、条件、要件、流程和实施单位,并向社会公示。

(张 庆)

【准军事化机关建设】 人防办建立健全"一岗双责"责任体系。坚持好领导干部个人有关事项报告制度,建立完善工作台账。完善了廉政谈话、约谈制度,组织市管干部参加集中谈,并对副处级以上干部开展了集中谈。认真全面排查廉政风险点,纪检组对机关各处和办属事业单位负责人定期开展约谈,听取党风廉政建设责任制落实情况汇报。制订《市人防办政风行风建设考核方案》,针对行政审批、执法监管、质量监督等窗口单位,加大明察暗访和巡查力度,积极开展争创"人民满意窗口和服务标准化窗口单位"等活动。抓实中心组理论学习、基层党组织政治学习、业务知识学习、机关集中学习、新媒体教育学习等,党员干部队伍思想政治素质得到提高。落实党日制度,开展了组织关系清查和党费收缴情况自查,完善党务公开工作,组织开展了"一先两优"评选活动,基层党组织建设持续加强。

(张 庆)

政　　法

综　　述

【概况】 2016年,全市政法机关深入学习贯彻党的十八大和十八届三中、四中、五中、六中全会精神,深入学习贯彻习近平总书记系列重要讲话精神,以中央、省委政法工作会议和市十三次党代会精神为指导,全面落实"四个着力"要求,准确把握"稳中求进"的总基调,继续坚持"法治"的总取向,以"不出大事、少出小事、出事能及时处置"为总目标,以"防风险、控危机、处事件"为总要求,坚决维护社会大局稳定,切实提高维护公共安全能力,大力服务经济发展,不断提升社会治理水平,全面深化司法体制改革,着力打造过硬政法队伍,为实现"十三五"良好开局、加快建设国家中心城市、推动老工业基地全面振兴提供了有力法治保障。

(刘新钢)

【贯彻落实党代会精神】 市委政法委采取有力措施,迅速传达贯彻党代会精神,2016年11月21日,先后通过全委干部大会、委班子专题学习会、委机关干部集中学习会、党支部专题会议等形式,深入学习讨论,力求融会贯通。把贯彻落实会议精神作为政法系统的重点工作,统一思想,进一步"保增长、促振兴,营造国际化营商环境",明确了目标、指明了方向。在深入学习的同时,努力用会议精神指导和推动实践工作,结合政法工作实际,围绕中央、省、市委有关工作部署,组织开展了政法工作精准调研活动,摸清情况底数,广泛听取意见,为做好全市政法维稳工作奠定了坚实基础。

(刘新钢)

【维护社会和谐稳定】 市政法委以防范抵御"颜色革命"为首要任务,以中央巡视组来辽开展巡视工作、国庆65周年、建党95周年等重大活动和敏感时期为关键节点,依法、稳妥地化解涉疆敏感问题。有效防范和处理邪教问题,严厉打击"法轮功"人员,捣毁多个团伙,摧毁数个窝点,清缴大量邪教反宣品。建立健全多部门联动配合的信访维稳体系,有效控制进京非正常访,全年共清查案件113件,清理拖欠工资2449余万元,涉及农民工2274人。起草了《沈阳市关于完善矛盾纠纷多元化解机制的实施意见》,全面提高社会矛盾纠纷化解实效,全市共排查矛盾纠纷1.94万件,调处成功率达99.2%,进京非正常访人数同比下降39.09%。

(刘新钢)

【服务经济发展大局】 市政法委着眼全市发展大局,牵头制定了《全面推进依法治市工作实施意见》、《政法机关服务经济社会发展三十五项措施》等文件;连续三年开展了"司法行为规范年"、"诚信建设年"等活动。市法院积极开展"帮企业、稳增长、促振兴"活动,组织法官深入企业帮助防范和化解发展中的法律风险。在全省率先成立清算与破产案件审判庭,明确职能、配齐配强审判力量,完善破产案件审理机制,依法保障全市经济结构调整。市检察院制定实施《沈阳市人民检察院保障和服务沈阳"十三五"规划实施的九条措施》,积极发挥检察职能作用,服务和保障振兴发展与和谐稳定。市公安局出台《服务经济发展463项具体措施》。破获经济类案件581起,抓获境外逃犯18名,特别是成功打掉了信用卡诈骗犯罪团伙,侦破了涉及金额高达数十亿元的中港大宗商品交易市场有限公司非法集资案件、骗取出口退税案等一批大案要案,有力维护了全市的经济安全。市司法局不断强化政府法律服务工作,充分发挥法律顾问团作用,为206家政府及部门、201家事业单位、1336家企业、75家社会团体提供法律支持。市国家安全局以"烽火台工程"、"挺进工程"等工作为依托,深入开展网络反窃密工作,共检查涉密单位和部门21家,检查上网计算机343台,移动存储介质31个,发现失泄密隐患10起。

(刘新钢)

【社会治安综合治理】 全面推开以"建强三支队伍、配置三个系统、搭建三个平台"为基本内容的"三个三"平安工程,实现了社区(村)综合治理的力量、平台和手段有机融合,促进了"六联"工作落实,推动了平安社区(村)建设创新发展。深入开展社会矛盾纠纷排查化解"五排查、四整治"等专项行动,全面提高社会矛盾纠纷化解实效。全市矛盾纠纷共排查1.94万件,调处成功率保持在99.2%。落实肇事肇祸等重性精神病人"四位一体"和"以奖代补"管控救治措施,出台了《沈阳市实施以奖代补政策落实严重精神障碍患者监护责任的实施细则》,救治精神障碍患者5431人,并对8941名重性精神病人全部落实了"四位一体"管控措施。健全社会心理健康服务体系,在市24中学开展了青少年心理健康试点,积极推广中、小学心理健康服务。加强对刑满释放、吸毒人员等重点人群的心理疏导和矫治,有效预防化解影响社会安全稳定的各类因素。扎实推进"网格化服务管理推进年"活动,在全市205个街道(乡镇)和2368个社区(村)全部建立了综治中心。"四项整合"试点工作取得了阶段性成果,优化了基层治理资源配置,实现了情报信息共享、工作业务捆绑、硬件资源合用,有效提高了基层平安建设水平和治安防控能力。

(刘新钢)

【平安沈阳建设】 切实加快以信息化为引领的社会治安防控体系建设,出台了《沈阳市关于加强社会治安防控体系建设的实施意见》,健全"点线面结合、网上网下结合、人防物防技防结合、打防管控结合"的立体化防控体系。全市城区社区视频监控面达到85%以上,1721个社区实现了警务全覆盖,"7+6+x"全天候动态化社会巡防体系基本形成。大力打击违法犯罪活动,全年全市刑事警情同比下降36.7%,刑事案件发案同比下降21.8%,"八类主要案件"立案数同比下降21.7%。切实加强流动人口和重点人群管理,完善了《沈阳市实施以奖代补政策落实严重精神障碍患者监护责任的实施细则》。不断深化"平安金融"、"平安铁路"、"平安学校"等系列平安创建活动,全市45%的社区和60%的村达到了"八无"社区(村)标准。

(刘新钢)

【依法治市】 积极协调联络各成员单位、各区县(市),扎实推动依法治市工作。出台了《沈阳市2016年依法治市工作要点》,制发了《进一步加强依法治市工作情况信息收集报送工作的通知》,不断提升收集报送的信息质量。2016年共编发《依法治市工作简报》7期,推广了14个市直单位和7个地区推进依法治市工作的新思路、新举措。完成对全市依法治市各成员单位的绩效考核工作,对发现的问题及时督办解决。

(刘新钢)

【法学研究】 面向市直政法部门和法学法律工作者广泛征集课题,经学术委员会评定,确定9个有经费支持的重点课题。组织全市法学法律工作者积极参加第十一届中国法学家论坛、第十一届中国法学青年论坛、第四届"董必武青年法学成果奖"评选活动、第十一届东北法治论坛、第十一届环渤海区域法治论坛。共撰写、上报《中华人民共和国野生动物保护法(修订草案)》、《辽宁省志愿服务条例(草案)》等4期立法咨询专报。承办了以"新常态背景下辽宁全面振兴的法治保障"为主题的第十三届"辽宁法治论坛"暨第九届"沈阳经济区法治论坛"。

(刘新钢)

【政法队伍建设】 全面推进政法人才战略,抓好培训工作,不断提高政法干部思想素质和工作能力,加强党风廉政建设。充分发挥协管职能,对两级政法部门共155名市管干部进行了年度考核。大力强化政法队伍素质能力建设,系统组织全市综治、反邪教等专项业务培训,广大干警业务素质不断提升。深入开展全市政法系统开展警示教育活动,认真汲取辽宁拉票贿选案教训。扎实推进党风廉政建设和反腐败工作,印发了《2016年全市政法系统党风廉政建设和反腐败重点工作任务及责任分工》等文件,大力查处政法系统内的违规违纪问题。突出抓好政法系统重大事项报告工作,共收集各类工作信息1231条,未发生迟报、漏报、瞒报问题。

(刘新钢)

法治政府建设

【审议通过《关于我市法治政府建设情况的报告》】 市法制办代市政府起草了《关于我市法治政府建设情况的报告》,经市政府主要领导审定后,以市政府名义报送市人大。2016年11月2日,市十五届人大常委会第三十六次会议对《报告》进行审议,获表决通过,并提出审议意见。

(孟欣然)

【编制《沈阳市法治政府建设实施方案(2016-2020年)》】 市法制办代市政府编制了《沈阳市法治政府建设实施方案(2016-2020年)》,对全市深入推进依法行政、加快建设法治政府重点改革任务和具体举措进行统筹安排,明确了全市近五年法治政府建设的时间表和路线图。

(孟欣然)

【召开全市优化经济发展法治环境工作会议】 2016年6月3日,市法制办组织召开了全市优化经济发展法治环境工作会议,时任市委常委、副市长王翔坤到会并讲话,总结了全市法治环境建设工作并对今后工作提出了具体要求。会议还印发了《沈阳市优化经济发展法治环境行政执法检查工作方案》,明确了检查内容、检查范围、检查方式和工作标准,强力推进全市优化经济发展法治环境工作。市有关部门(单位)主管法制工作的领导和有关处室负责人,各区、县(市)政府主管法制工作的领导和法制机构、部分执法部门负责人,市政府行政执法监督联系点负责人代表和行政执法特邀社会监督员代表等350余人参加了会议。

(孟欣然)

【打造国际化营商法治环境】 2016年11月28日,市法制办主任王武范率相关人员赴厦门市就法治政府建设、自贸试验区建设法制保障等方面工作进行了考察学习。在此基础上形成调研报告,并印发了《关于为沈阳打造国际化营商环境提供法制保障的意见》,充分发挥政府法制机构职能作用,为沈阳打造国际化营商环境、加快全面振兴提供切实的法制保障。

(孟欣然)

【沈阳市被列为推行重大执法决定法制审核制度国家试点工作单位】 2016年12月30日,中央深改组会议作出决定,将在全国开展包括"建立重大执法决定法制审核制度等三项制度"试点工作。沈阳市被列为市级层面推行重大执法决定法制审核制度国家试点工作单位。

(孟欣然)

【确立行政检查计划管理制度】 针对企业反映比较突出的随意检查、利益检查、重复检查等问题,市法制办联合市监察局修订了《沈阳市行政检查规定》,确立了行政检查计划管理制度。2016年,市政府审核各部门提报年度检查计划38份,对上报的1.5万项次涉企检查计划进行审查,审核减少1.2万项次,确定有效检查计划为2516项次,并在政府网站向社会公示,从源头规范了行政检查行为。

(孟欣然)

【开展优化营商环境"三乱"专项整治行动】 根据市政府统一部署,自2016年12月起,市法制办针对影响企业正常生产经营活动的乱收费、乱罚款、乱检查等突出问题,开展为期一年的集中专项整治行动。进一步规范行政执法行为、完善行政执法程序、强化行政执法监督、实现公正文明执法,切实减轻企业负担,激发市场活力。

(孟欣然)

【举办2016年"国家宪法日"法制论坛】

2016年12月2日,为更好地了解建立自由贸易试验区沈阳片区的有利形势,借助"国家宪法日"之契机,市法制办以自贸区相关知识为主题,组织开展了"市政府法制讲坛暨'国家宪法日'宣传法制讲座"。全市各区、县(市)政府,市直各部门主管法制工作的领导和法制机构负责人共150余人参加了讲座。

(孟欣然)

公　安

【开展"进企业、送服务、保稳定、促发展"活动】 2016年4月,全市公安系统深入开展了"进企业、送服务、保稳定、促发展"活动,组织广大公安民警关注企业、情系企业、走进企业,提供优质、高效、便捷服务,帮助企业办好事、做实事、解难事,统筹推进软环境建设,确保公安机关服务质量、服务水平和服务效能进一步提升。活动中,明确了"六个必进"、落实"五项任务"、实现"六个进一步",达到党委、政府满意、企业法人代表和广大职工满意、社会各界满意;出台了《服务经济发展50条举措》,细化成《服务经济发展436项具体措施》;制定了《沈阳市公安局软环境建设实施方案》、《开展群众反映突出问题专项整治行动工作方案》和《"十不准"》、《"20条严禁"》等纪律规定,特别是市十三次党代会和全市打造国际化营商环境动员部署大会后,又制定出台了服务经济发展30条新举措,努力构建了"亲"、"清"的新型警企关系,做到从局领导到基层民警,每月到企业走访一次,报告工作、征求意见、解决问题。累计对全市1.03万家规上企业、1728家"六必进"企业、12万余家规下企业走访130万余家次,建成警务工作站、警务工作室、外商服务工作站、警企共建单位5122个,帮助企业解决各类问题4.3万余件,消除各类安全隐患2.5万余处,侦破涉企案件2514起,打击处理违法犯罪人员1534人,为企业挽回经济损失53.98亿元,受到了党委政府、企业群众和社会各界的充分肯定和一致好评,省委改革办专门撰写了《沈阳公安机关全面改善软环境服务经济发展》专报,省政府研究室专门撰写了《保驾经济运行护航振兴发展——关于沈阳市公安局"进企业、送服务、保稳定、促发展"活动的调研》,经验做法在全国、全省公安机关和市直机关单位推广。

(张　磊)

【推出《服务经济发展50条举措》、《服务经济发展30条新举措》】 沈阳市公安局自觉入列沈阳经济社会发展大局,制定出台了《服务经济发展50条举措》,放宽了一批公安行政管理规定;简化了一批行政管理办事程序;增加了一大批预约服务、网上服务、上门服务和延伸服务等服务内容,体现了公安机关真心、真诚、真意,真办事,真解决问题的决心。市十三次党代会和全市打造国际化营商环境动员部署大会后,为进一步护航企业发展,打造国际化营商环境,市公安局在认真落实《服务经济发展50条举措》的基础上,再次推出《打造国际化营商环境 服务经济社会发展30条新举措》,并第一时间通过新闻媒体向社会公开,组织民警第一时间将政策文件送达到全市企业法人代表手中,打通服务经济社会发展"最后一公里",为企业发展和服务群众送上实打实的"干货"、"礼包"。最新出台的《打造国际化营商环境服务经济社会发展30条新举措》,涉及缩短审批时限的15条,涉及简化办事流程的6条,涉及提供高效服务的8条,涉及纪律保障措施的1条。此外,市公安局公开了全局344个窗口单位服务电话,规范了窗口服务文明用语,对窗口单位民警进行了专门培训,并首次对接听公开电话和接处警工作提出"四项铁规",切实为企事业单位和群众提供及时便利和准确高效服务。

(贾远航)

【开展群众反映突出问题专项整治】 沈阳市公安局开展了优化营商环境专项整治行动,打造了优质高效的服务环境、安全稳定的社会环境和公平正义的法制环境。一是着力整治人民群众普遍关注的交通、消防、治安、户政、行政审批、窗口服务以及受立案等方面存在的问题,实现企业生产和群众生活的平安、畅通、舒心、有序。二是着力整治人民群众最为反感的吃拿卡要、冷硬横推等作风问题,实现群众到公安机关"办事不求人、说理有地方、事事有人管"。三是着力整治影响公安机关和民警形象的不文明、不规范、不作为、乱作为等问题,实现公安机关"服务零距离、办事零条件、执法零差错、工作零投诉、民警零违纪"。四是着力整治阻碍企业发展、经济振兴的乱罚款、乱检查、乱收费等,自由裁量权滥用问题得到彻底纠正,实现在沈企业和投资者"安心生产、放心经营、省心管理、舒心发展、专心建设"。五是着力解决共谋共建问题和企业群众普遍关注的各类影响营商环境的问题,实现问题解决反馈达到百分之百。通过开展专项问题整治行动,全市公安机关服务经济社会发展软环境建设有了明显改观,解决了一批人民群众反映的公安机关突出的热点、难点、重点问题,做到了老问题清仓见底、新问题坚持"门前清",有效提升了公安机关在经济社会发展中的贡献率,受到了公安部、省委省政府、市委市政府、省公安厅和全市人民、社会各界的充分肯定和一致好评。

(张　磊)

【立体化社会治安防控体系建设】 2016年,沈阳市公安局在市委、市政府和省公安厅的坚强领导下,推进改革创新、公正文明执法、密切警民关系、维护社会稳定、促进经济社会发展贯穿到创新完善立体化社会治安防控体系全过程。通过做精一个龙头(即:情报引领);做强两大支柱(即:公安科技建设、公安信息化建设);推进三大载体(即:进企业、送服务、保稳定、促发展活动、万名民警走基层、联万家爱民主题实践活动、人民在我心中、警察在你身边招手就站、马上就办警务流动服务活动);做实四类点位(即:社区警务点、重点部位驻防点、堵卡盘查点、交通管理驻守点);筑牢五道防线(即:社会面巡逻线、城周查缉堵控防线、道路交通安全防线、公交地铁安全防线、重点领域行业管控防线);织密六张网络(即:政治安全防控网、社会稳定防控网、常态化打击整治网、公共安全防控网、治安热点问题整治网、情报信息收集网);构建了控制点星罗棋布、巡逻线纵横交错、防控面无缝对接,全天候、全覆盖、"打防管控服"一体化的社会治安防控体系。

(贾远航)

【开展常态化打击整治】 2016年,沈阳市公安局紧密结合沈阳实际,布设了"八大战区"、开辟了"十大战场"、划分了“十二条战线”，把情报主导、风险评估、合成作战、重点整治贯穿整个常态化打击整治工作全过程，以主动打的战术、集中打的方法、合成打的手段，坚决向一切影响沈阳平安稳定的违法犯罪活动亮剑、宣战，为沈阳经济发展、事业进步、民生改善打造了安全稳定的社会环境、公平正义的法治环境和优质高效的服务环境。深入开展了“破现案、攻积案、清逃犯”等一系列打击犯罪专项行动，取得了明显成效，全市破获命案现案率、破获刑事案件现案率、网上逃犯缉捕率等均处于全国领先水平，经验做法在全省全国予以推广。

（张　磊）

【开展道路交通安全整治】 2016年，沈阳市公安局共查处各类交通违法行为314万件，依法查处各类“黑车”2万余辆。通过开展“治理非法占用公共停车泊位违法行为”等“四大专项行动”，依法查处了机动车违停行为151.8万件次，清理废弃车辆6156台，拖移严重违停车辆3453台，清理地锥地锁7835个。并不断加大全市停车场规范建设督导力度，累计发现经营性停车场违法行为724件次，全部依法查处并责令限期整改，有力强化了静态停车秩序管理工作。在严查、严打、严管交通违法行为的同时，进一步优化调整道路交通组织，在全市增设公交车专用道111.7公里，对28条道路进行了单行交通组织改造。在全市主干路机动车流量同比增加9.2%、全市道路大面积施工改造的情况下，全天机动车平均时速达到34.23公里/小时，白天平均车速27.92公里/小时，超过国家“畅通工程”一等城市标准，确保了全市道路交通路畅人安。

（贾远航）

【推进“八大领域”火灾隐患排查整治】 2016年，沈阳市公安局大力开展“八大领域”火灾隐患整治行动，针对人员密集场所、易燃易爆危险品场所、“三合一”场所、仓储场所、居民住宅、文物古建筑、区域性隐患和假冒伪劣消防产品等“八大领域”，坚持风险导向、短板导向、问题导向，强化隐患排查，明确整治重点，落实工作措施，有效整改和消除了一大批火灾隐患，确保了全市的消防安全。排查整治期间，全市共检查社会单位17.9万家次，整改火灾隐患13.5万处，共下发临时查封决定书304份，责令“三停”228家，罚款1065万元。以深化全市公安机关“三大载体”活动为契机，走访联系企业2834家，召开企业法人代表座谈会256次，征求意见建议391件，意见建议整改反馈364项，有效推进和解决了一系列消防服务难题及历史遗留问题。开展执勤岗位全员练兵活动以及水域救援、基层指挥员、攻坚组队员集训等业务培训活动，组织进行了高层、地下、城市综合体、大型商市场、仓储物流等12次大型联合演练和1700余次小型实地演练，进一步提升了消防官兵的抢险救援能力。全市火灾扑救出动1.3万次，抢险救援出动9853次，完成执勤保卫任务150余次，成功处置了八棵树金通玻璃厂、沈北阿美丽卡生产车间、铁西星摩尔、大东区东贸路等大型灭火救援任务。2016年，全市火灾件、死、伤、损四项指标比上年分别下降40.3%、60.87%、100%、51.47%，切实筑牢了城市消防安全防火墙。

（张　磊）

【大型活动安全监管】 2016年，沈阳市公安局以“防爆恐、防爆炸、防火灾、防拥挤踩踏、防群死群伤”为重点，严把“安全责任、安全许可、安全评估、安全检查、安全保卫”五大关口，累计投入安保警力16.35万人次，确保了“哥德杯”、2016沈阳马拉松赛等412项大型活动绝对安全、万无一失，为423.5万人次参与群众提供了平安有序的活动环境，受到了省、市党委政府和上级公安机关的充分肯定。9月6日，省厅召开世界杯亚洲区预选赛中国对伊朗安保工作现场观摩会，推广安保工作经验。一是坚持抓基础、建制度，对全市61个大型活动场馆、50个公园景区完善了基础台账；与市政府大型活动办、市体育局以及奥体中心、铁西体育局等建立了常态化的沟通协调机制。二是坚持抓创新、促管理，本着“突出重点、分级管理、集约用警、确保安全”的工作原则，在“五一”、端午等大型活动集中、群众游园高峰时段，对举办活动和50个重点公园景区创造性推行了A、B、C、D“四级”安保，确保责任明确、用警高效、绝对安全。三是坚持防风险、保安全，以“人、物、地、活动以及公共安全”等为重点，对活动内容、参与人员、活动设施、场地及周边、沿线的治安、交通全面开展安全评估；综合采取“分区包保、分块负责，区域联动、整体统筹”的安保模式，分级管理、等级布警，确保了各项活动绝对安全。

（贾远航）

【推进“缉枪治爆”专项行动】 2016年，沈阳市公安局破获“11.8”部督等涉枪涉爆案件113起，处理违法犯罪人员116人；打掉非法储存烟花爆竹窝点13个，收缴烟花爆竹4515件；收缴各类枪支712支，各类子弹6.17万发；成功抓获公安部挂牌督捕涉枪在逃人员1名；公安部副部长黄明、陈智敏，省公安厅长王大伟先后就成功侦破“11.8”部督涉枪案件和“缉枪治爆”专项行动取得的战果分别作出重要批示，给予充分肯定和高度评价。一是强化社会宣传。紧密结合缉枪治爆、烟花爆竹安全监管专项行动，利用各类新闻媒体、LED广告屏、短信微信以及发放一封信等方式，大范围发动宣传攻势，发放各类宣传品60余万份。二是强化源头管控。对全市404家危险物品单位以及对691个常年和春节临时烟花爆竹零售网点、13类5053处禁放地点区域和1165个集中燃放点全部落实“实名制”管理责任，并组织开展了“地毯式”、“拉网式”、“回马枪式”的涉危安全大检查，全面排查隐患漏洞、整改安全问题。三是强化破案攻坚。建立了由办公室统筹、专业警种牵头、各参战单位参与的“专班运作、专题经营、专项攻坚”行动模式；以治安部门为龙头，与情报、网安、技侦、刑侦、禁毒部门建立了“五位一体”线索收集研判机制，统筹“网上、网下”两大战场，开展线索收集，封堵有害信息，深入破案攻坚，构建了“网上网下互动、防范打击并举、专项整体并进”的打击整治格局。

（张　磊）

【推进公安改革和基层基础建设】 2016年，沈阳市公安局以市“两办”名义制定下发了《全面深化公安改革的实施意见》和《分工方案》，坚持与“四项建设”同频共振、同步推进，完成了“全面推进刑事案件速裁程序工作”及“创新外商服务站管理服务运行模式”两项省级试点工作，确保全市公安改革工作高起点开局、高水平推进。围绕打造法治公安，健全党委和政府领导下矛盾纠纷多元化预防化解机制，运用法治思维和法治方式从源头上排查、化解各类矛盾纠纷，最大限度保障群众合法权益，促进社会公平正义。沈阳市公安局在公安部组织的创建全国公安情报工作示范单位工作中荣获第一名。围绕打造亲民公安，创新行政服务管理，优化行政审批流程，调整40项行政职权项目，实现了"清单之外无权利"；取消3项行政事业性和经营服务性收费，取消7项行政审批中介服务事项，实现了"目录之外无收费"；建立了公安机关行政审批窗口首席代表制，实现了"大厅之外无审批"，努力实现服务零距离、办事零条件、执法零差错、工作零投诉、民警零违纪的"五个零"目标。围绕打造智慧公安，充分运用"互联网+"思维优化再造公安政务服务，建设了东北首家出入境24小时自助服务大厅，研发了"沈阳易行"交通系统，受到广大市民的普遍欢迎，获得了2016年智慧沈阳优秀项目和创意评选活动项目一等奖，形成了具有沈阳公安特色的基础信息化、警务实战化新模式。

（贾远航）

【开展"走基层、联万家"爱民主题实践活动】 2016年6月，沈阳市公安局组织开展了万名民警"走基层、联万家"爱民主题实践活动，把全市2.5万户家庭中的"政府最需要关注的人"、"对政府最有意见诉求的人"、"最需要政府帮助的人"全部纳入联系范围。全局1.7万名民警每人至少联系一户家庭，科级领导干部每人联系两户家庭，结成"一对一"、"一对二"的固定对子，每月至少联系一次。累计走访联系群众27.7万人次，为生活困难群众捐款捐物折合人民币826.8万元，解决各类实际问题6.38万件。感化、规劝了201名逃犯投案自首，实现了5720名信访群众息诉止访，未发生群体性事件和个人极端滋事的事件。收到感谢信、锦旗1.39万封(面)。

（张　磊）

【开展警务流动便民服务活动】 2016年7月，沈阳市公安局正式启动了"人民在我心中、警察在你身边""招手就站、马上就办"警务流动便民服务活动。全市共投入5000余万元购置了300台巡逻车，在原有巡逻警力不减的基础上，在103个城市化派出所划定205个巡区，整合投入两级机关警力7911人(包括市局领导15人、市局警力2526人、分局警力5370人)，参加轮值巡逻的机关警力达到全局总警力的46.53%。300辆警务流动服务车全部实行"三班运转、双车对开、无缝对接"的24小时叠加巡逻模式，全市每天投入社会面巡逻警力达到4126人次，相比机关警力下沉前增长了72.9%。每平方公里平均投入巡逻警力达9人，投入巡逻警车达到1.5台，社会面巡逻警力数占城区实有人口比首次达到了0.82‰，得到群众的拥护和称赞。活动开展以来，全市的刑事警情、群众反映强烈的侵财案件发案均明显下降，全市月度零发案小区占比均保持在96%以上。为群众提供业务政策咨询1.6万余件次，救助受困群众5490人次，化解矛盾纠纷4620件，指路答疑3.8万余次。通过轮值巡逻，共盘查可疑人员2.6万人次，抓获现行违法犯罪嫌疑人146人。

（贾远航）

【推进执法规范化建设】 2016年，沈阳市公安局受立案改革成效突出。全市建成市级案管中心1个，区级案管中心15个，城区派出所法制室122个，形成了"警情管控、案件管控、人员管控、财物管控、卷宗管控"五位一体的受立案改革工作"沈阳模式"。中国公安报、辽宁日报、辽宁电视台等10多家中央、省、市媒体先后对沈阳市公安局案件管理中心进行了宣传报道。出台了《沈阳市公安局关于深化公安执法规范化建设的实施意见》，从健全依法决策机制、细化执法制度、改进受案立案管理工作等8个方面，提出了30项具体工作任务。成功组织了2016年度执法资格考试，参加民警达1.1万人，达到了以考促学、提升素质的目的；组织搭建了专家讲学平台，聘请了省法院、辽宁省律师协会知名专家学者为全局民警进行了专题培训，全面提高了执法队伍的履职能力和业务水平。

（张　磊）

【扎实推进"两学一做"学习教育活动】 2016年，沈阳市公安局根据党中央和省、市委的统一部署，在全局党员民警中深入开展"学党章党规、学系列讲话，做合格党员"学习教育活动。全局各级党组织抓责任，确保了各级组织领导坚强有力。专门成立了一把手为组长的学习教育领导小组及办公室，区分层次、区分对象研究制订了学习教育方案，各级党组织书记带头参加学习教育，带头管好干部、带好班子，管好党员、带好队伍；抓规范，实现了完成规定动作不打折扣。严格落实"三会一课"等各项组织生活制度，扎实推进专题学习研讨等各项规定动作，市局组织开展"三团"下基层讲党课、作事迹报告和文艺演出93场次。抓载体，打造了服务振兴发展良好环境。深入开展"进企业、送服务、保稳定、促发展"活动、"走基层、联万家"爱民主题实践活动和"招手就站，马上就办"警务流动服务活动。省市主要领导先后作出批示并给予充分肯定。抓典型，强化了先进模范示范引领作用。积极组织广大党员观摩党性教育基地，开展向毛丰美学习活动，大力塑造先进典型群雕形象，先后有37个集体和85名个人获得市级以上荣誉称号。

（贾远航）

【推进从优待警措施落实】 2016年，沈阳市公安局经多方沟通协调，确保未休年假补贴足额发放、警衔调整津贴全部补发到位。进一步畅通医疗救治通道，第一时间为45名因公负伤、突发疾病民警及家属提供了紧急救护。大力实施"一人一策"帮扶，先后对478名英模英烈、因公牺牲、伤残重病和特困民警开展登门走访，发放慰问金876.9万元。加大英模关爱力度，组织260名英模代表分赴丹东、鞍山疗养，有3名英烈子女参加了公安部举办的"英烈子女夏令营"活动。不断丰富警营文化生活，组织市局警官艺术团先后举办23场慰问演出，精心开展"辽宁男篮进警营活动"，集中开设太极拳培训班，成功举办"迎新春"书画作品展，创新设立公安文化大讲堂，隆重举办"平安卫士杯"篮球赛。特别是积极推动"团圆计划"、提高民警伙食补贴标准、为一线交警发放保健费、提高民警超时补贴等一系列举措全部落到实处。

（贾远航）

【2016年十大刑事案件】 1.成功破获公安部督办"2015.11.11"侵犯公民个

人信息专案。2016年5月,沈阳市公安局针对公安部交办的一起侵犯公民个人信息案件进行立线侦控。经过六个月的紧张工作,成功梳理出一个涉及全国25个省、市的特大侵犯公民个人信息犯罪集团,并梳理出9条犯罪专线。公安部将此案定为"11.11"侵犯公民个人信息专案。在公安部、省公安厅的直接指挥下,在全国相关省、市公安机关的大力配合下,市公安局对"11.11"侵犯公民个人信息专案的涉案犯罪嫌疑人实施了集中抓捕。经过一个多月的紧张工作,彻底摧毁了一个全国性的侵犯公民个人信息犯罪集团,抓获犯罪嫌疑人199名,各地抓获并移交犯罪嫌疑人106名。该案的侦破,成功铲除了42个信息泄露源头,摧毁了9个涉案地域广、涉案人员多、信息数量、种类及涉案金额大的侵犯公民个人信息犯罪团伙。

2. 成功破获苏家屯区"5.13"杀人扒脸案件。2016年5月13日,沈阳市苏家屯区林盛镇发生一起杀人后扒脸的恶性杀人案件。由于案情重大、手段残忍,市、区两级公安机关高度重视。市公安局迅速成立联合专案组,全力开展侦破工作。经过走访调查,确定了被害人为苏家屯区一园艺花卉企业保管员李某(男,50岁左右,自报黑龙江人)。根据此线索,专案组通过技术手段成功锁定了犯罪嫌疑人的活动位置应在浑南区榆树村。之后,专案组综合运用视频侦查、布控抓捕,连续奋战80昼夜,于7月28日将杀人扒脸案犯罪嫌疑人孙某新(男,53岁,内蒙古鄂伦春自治旗人,2001年4月11日因杀人外逃,被内蒙古鄂伦春自治旗公安局立为网上逃犯)成功抓获,及时消除了社会影响和安全隐患。

3. 成功侦破"2016.2.19"特大盗刷银行卡新型犯罪案件。2016年2月19日,被害人薛某(女,36岁,皇姑区人)报警称,其盛京银行卡被盗刷。市公安局成立专案组立即开展调查工作,在盛京银行科技部的协助下,确定了被盗刷银行卡于2月17日和18日,以100至1000元不等数额,通过电话银行缴纳电话费88笔,合计金额1.05万元。并通过涉案电话反查出另外16名被害人,共核实计被盗刷人民币4.8万元。3月6日,在辽宁省公安厅打击治理电信网络新型犯罪沈阳查控中心的直接参与和指挥下,专案组连续奋战,在重庆市和湖南长沙市两地同时实施收网行动,成功打掉了一个通过破解公民个人信息盗刷银行卡的犯罪团伙,抓获以万某文(男,30岁,重庆南川市人)为首的团伙成员7人,缴获作案用电脑54台、手机13部。

4. 迅速侦破苏家屯区"4.1"人民检察院财务室被盗案件。2016年4月1日,沈阳市苏家屯区人民检察院发生一起夜间入室盗窃保险柜案件,被盗现金共计人民币20万元,美金3万元。案发后,市公安局迅速成立专案组,全力开展侦破工作。通过调取案发现场周边视频监控录像,发现一辆车牌号为辽A726HE的黑色丰田轿车,于案发前后在案发现场附近活动,行驶轨迹异常。经研判,确定车主为鞠某霞(女,40岁,铁西区人)。通过对鞠某霞个人信息及车辆行驶轨迹分析研判,成功确定了犯罪嫌疑人赵某(男,49岁,铁西区人,与鞠某霞为姘居关系)。4月2日,专案组成功将犯罪嫌疑人赵某抓获。在其住处内搜出被盗美元2万元。同时,搜出18万元人民币及2万美元银行存款存单。

5. 成功打掉吴某俊恶势力犯罪团伙。2016年1月28日,沈阳市新民市苏家港村陈某家玻璃被他人砸坏。接警后,辖区派出所民警会同技术人员立即赶赴现场,对案发现场进行现场勘验,对被害人进行询问。经初查,案发时期正值苏家港村两委班子换届选举,被害人陈某系该村村书记的候选人。由于被害人的身份特殊,且发案时正逢全市各行政村两委班子换届选举的特殊时期,此时候选人居住场所被犯罪嫌疑人肆意砸毁,极有可能是有针对性的攻击村换届选举候选人,有意破坏选举的恶性犯罪案件。对此,市公安局高度重视,立即抽调精干力量,成立专案组全力开展侦破工作。省公安厅也将此案定为挂牌督办。在全面掌握相关犯罪证据的基础上,3月3日,专案组果断收网,一举抓获吴某俊等团伙成员8名,成功打掉了以郭屯村村主任吴某俊为首,涉嫌暴力威胁、操纵农村"两委"换届选举的恶势力团伙,破获刑事案件7起、治安案件11起,缴获枪支8把、子弹26发、管制刀具5把、弩2把。

6. 成功破获"5.02"故意杀人案件。2016年5月2日,于洪区马三家镇小三家村发生一起故意杀人案件,被害人蔡某云(女,65岁,于洪区人)被人杀死在家中。案件发生后,市公安局立即成立专案组,开展侦破工作。通过现场勘查检验,确定被害人系被人掐脖窒息死亡。当日23时,技术部门通过对被害人阴道及乳房擦拭物进行检验比对,发现与王某学(男,41岁,内蒙古赤峰市人,1996年因强奸罪被判刑9年,2005年因强奸罪被判刑8年,2013年出狱)一致。专案组立即围绕王某学开展抓捕工作。经赶赴赤峰市调查得知,2013年王某学与杨某新(女,30岁,内蒙古阿鲁科尔沁旗人)联系密切。专案组立即对杨某新开展分析研判,获取了王某学的行踪。5月4日,专案组在于洪区马三家镇兰屯小区16号楼452室将王某学抓获。蔡某云被强奸杀害案件成功告破。

7. 成功破获于某波等人集资诈骗、非法吸收公众存款、非法经营案件。2015年10月下旬,沈阳市法库县辖区内发生一起特大非法集资、非法经营案,沈阳中港大宗商品交易市场有限公司(以下简称中港公司)于某波等人以现货交易为幌子利用互联网平台实施犯罪。接案后,市公安局高度重视,立即成立了由市局主要领导为组长、两名副局长为副组长的专案组,迅速开展侦查工作。经半年多的紧张工作,中港交易市场负责人于某波等7名主要犯罪嫌疑人均被抓捕归案,并经检查机关批准依法予以逮捕,另有4名涉嫌隐匿、销毁会计资料及帮助犯罪、情节轻微的犯罪嫌疑人被依法取保候审和监视居住,挽回经济损失折合人民币1.5亿元,其犯罪涉及受害群众遍及全国32个省、市、自治区,受害群众3.6万人,涉案金额高达239亿元人民币,给国家、地方的经济和人民群众的合法财产造成巨大的危害和损失。

8. 成功破获辽宁沈阳华玉黄金贸易公司涉嫌集资诈骗案。2016年1月19日,市公安局接110报警和群众口头报警称:沈阳华玉黄金贸易公司(以下简称"华玉公司",位于沈河区西顺城街73号1-01室)以做黄金理财的方式,用高额利息回报为诱饵,吸引投资人前来投资理财,已涉及投资人1000余人,涉及资金2亿多元,公司法人代表失联。经查,华玉公司前身(辽宁金玉华黄金贸易公司)于2009年成立后,即以"黄金理财"、"黄金回购"(有部分黄金实物)等方式,向社会不特定群体非法集资。据嫌疑人供述涉及投资人约1000人左右,已登记投资人526人,本金大约在2.72亿元左右。已返还利息2933.26万元,现公司资金由陈某霖、刘某辉掌控,造成资金链断裂无法按约定返还投资人本金和利息。鉴于案情重大,市公安局成立由两名副局长任组长,抽调精干警力组成的专案组,立即开展工作。经工作,专案组将李某敏(女,沈阳市和平区人,华玉公司股东)等5名犯罪嫌疑人抓获。现该案已进入移送审查起诉阶段。

9.成功破获部督"2015-1276"号毒品目标案件。2015年9月初,市公安局获得线索,称鞍山市无业人员蔡某琴在沈阳、鞍山等地大肆贩卖毒品冰毒。立案后,市局迅速成立专案组开展工作,经侦控发现蔡某琴与广州市贩毒嫌疑人周某姣频繁联络,有意向周某姣大量购买毒品冰毒。同时,周某姣与贩毒嫌疑人卓某、向某等人联系密切,有贩毒意向。10月3日,蔡某琴赴广州市,从周某姣、卓某手中购买冰毒16.53公斤,随后将毒品以物流夹带的方式发往沈阳。10月12日,专案组展开收网行动。在鞍山市将蔡某琴、周某姣、卓某等7人抓获。在广州市将向某抓获。在沈阳市路港物流园,缴获了伪装在豆瓣酱内的16.53公斤冰毒。之后,民警先后赴广州、深圳等地,抓获陈某、唐某等犯罪嫌疑人。2016年2月1日,"2015-1276"号特大运输、贩卖毒品目标案件顺利告破,抓获主要犯罪嫌疑人10名,缴获冰毒16.53公斤。

10.成功破获"5.29"利用互联网跨国制售假药案件。2016年8月,市公安局在公安部统一指挥下,与山东、北京、天津等省市公安机关密切配合,共同工作,缜密侦查,成功侦破"5.29"利用互联网跨国制售假药案件,摧毁了一个涉及国内多个省市自治区和地区的特大制售假药犯罪网络。经查,自2015年2月以来,该案主要犯罪嫌疑人王某杰、刘某、于某等3人,通过互联网于广州、上海、长春,购买大量保妥适(肉毒素),然后采取雇佣他人的方式,以销售化妆品为掩护,利用微信、手机做为联系工具,通过到各地参加美博会做宣传化妆品为由联系买家,向北京、上海、河北等地以及国外销售假药。2015年4月至2016年8月,工作人员先后在广东、北京、长春、廊坊等地成功将犯罪嫌疑人王某杰等9人抓获,并对其中8人予以刑事拘留,1人取保候审。查获保妥适牌国产肉毒素1200盒,衡力牌兰州产肉毒素2400盒,涉案价值800余万元。

(张　磊)

检　察

【刑事政策】　制定实施《沈阳市人民检察院保障和服务沈阳"十三五"规划实施的九条措施》。依法打击扰乱市场经济秩序犯罪,深入开展打击侵犯知识产权和制售假冒伪劣商品犯罪专项活动,依法平等保护各种所有制经济健康发展。批准逮捕侵犯知识产权、走私、逃税骗税、制售假冒伪劣产品、非法经营、金融诈骗、合同诈骗等犯罪嫌疑人199人,提起公诉379人。批准逮捕诈骗、非法吸收公众存款、生产销售有毒有害食品、侵犯公民个人信息等严重危害民生的犯罪嫌疑人554人,提起公诉610人。认真做好检察环节信访稳定工作,受理人民群众的控告、申诉和举报1203件,市检察院控告申诉检察工作被评为"辽宁省人民满意示范岗"。

(冯茉莉)

【惩治和预防职务犯罪】　市检察院共立案查办职务犯罪案件235件301人,其中:贪污贿赂犯罪案件166件212人,渎职侵权犯罪案件69件89人。按照市委反腐败协调小组部署,开展追赃追逃工作,追捕境内在逃职务犯罪嫌疑人5人。为国家和企业挽回经济损失2.1亿元,办案数量和质量在全省检察机关名列前茅。

协调召开全市预防职务犯罪工作会议。对沈阳市地铁等重大项目开展预防工作39项。召开与银行业金融机构的联席会议,开展惠农扶贫领域预防工作,进行专题预防巡讲并形成专项调研报告报送市委。将2016年确定为"预防渎职犯罪宣传年",受预防宣传教育者达3万余人。强化行贿犯罪档案查询工作,设立"独立查询区",做到预约便利,查询结果立等可取。撰写2015年度全市检察机关惩治和预防职务犯罪报告,报送市委、市人大和市政协,受到市委领导批示肯定,并入选"第二届全国检察机关惩治和预防职务犯罪百优年度报告"。

(冯茉莉)

【履职尽责】　认真履行审查逮捕和公诉职责,依法惩治各类刑事犯罪,受理审查逮捕案件6654件8318人,批准逮捕4239件5104人;受理审查起诉案件8285件1.01万人,提起公诉7905件9548人。对"11.11"侵犯公民个人信息案、"e租宝"非法吸收公众存款、集资诈骗案等有较大社会影响案件的犯罪嫌疑人依法审查逮捕。对高检院指定管辖的原黑龙江省人大常委会副主任隋凤富受贿案等一批重大案件的被告人依法提起公诉,中央电视台作了报道。深入贯彻宽严相济的刑事政策,对涉嫌犯罪但无逮捕必要的,不批准逮捕1268人;对犯罪情节轻微、社会危害较小的,不起诉73人。深入开展刑事速裁程序试点,构建检调对接机制。对应当立案而不立案的,监督立案31件;对不应当立案而立案的,监督撤案19件。对应当逮捕而未提请批捕、应当起诉而未移送审查起诉的犯罪嫌疑人,追加逮捕72人,追加起诉28人。加大对刑讯逼供、暴力取证等严重违法行为的监督力度,对不构成犯罪或证据不足的,不批准逮捕1734人,不起诉30人,书面纠正违法侦查行为88件。派员出庭支持公诉7554件,对认为确有错误的刑事判决、裁定,支持抗诉29件。

(冯茉莉)

【构建多元化监督格局】　制定实施《沈阳市人民检察院关于加强民事行政检察工作的意见》,开展"基层民事行政检察工作推进年活动"和对虚假诉讼的专项监督工作。建立与职务犯罪侦查和预防、侦查监督工作的协作机制,探索建立专家咨询、案件听证工作机制。共受理民事行政和执行监督案件799件，对认为确有错误的民事、行政判决、裁定，抗诉5件，提请省检察院抗诉53件，提出审判活动违法监督检察建议5件，提出执行监督检察建议64件。

设立"刑事执行检察局"，全面履行修改后刑事诉讼法赋予刑事执行检察工作的职能。立案侦查刑事执行环节的职务犯罪案件9件10人。全面开展羁押必要性审查，办案单位已对341名在押人员变更强制措施。依法开展对财产刑执行的监督工作，对2013年以来2.4万件适用财产刑案件全部建档，督促法院健全有关工作机制，确保财产刑得到严格执行。规范对监狱和看守所的派驻检察工作，对沈阳市242医院监管病区和沈阳市强制医疗所的刑事执行工作实行巡回检察制度，共开展巡回检察工作99次。开展集中清理判处实刑罪犯未执行刑罚专项活动，监督执行机关执行27人。对减刑、假释、暂予监外执行加强监督，纠正监狱提请不当案件171件，对撤销缓刑假释和丧失暂予监外执行条件的罪犯，监督收监执行29人。

强化检察技术保障，成立市检察院检察网络安全信息化工作领导小组，积极投入全省检察机关"科技强检示范院"争创工作。

（冯茉莉）

【检务公开】 深入推进检务公开，在人民检察院案件信息公开网公开案件程序信息1.16万条、法律文书4775件、重要案件信息183条，位居全省检察机关首位。通过"两微一端"发布检察新闻，沈阳检察门户网站发布检察信息，在首次全国百佳检察门户网站评选活动中，荣获市级检察院门户网站第6名。全市两级检察院共举办"检察开放日"活动54次，邀请社会各界人士1620人次。

主动接受人大的依法监督、政协的民主监督和社会监督。办理并答复代表建议2件、来信来访17件，做到第一时间回应、答复。市检察院成立"人民监督工作办公室"，以检察业务工作为载体，邀请代表和委员视察、座谈710人次。落实人民监督员制度，拟作撤案、不起诉处理等职务犯罪案件共10件14人，全部接受人民监督员的评议监督。认真接受律师的监督，共接待律师来访1992人次。

（冯茉莉）

【深化检察改革】 落实中央和省、市委关于深化检察体制改革的部署，成立推进司法体制改革工作领导机构，借鉴先行试点单位经验，结合实际制订改革方案，在上级确定的比例范围内，科学合理进行员额分配，积极稳妥地推进人员分类员额制改革。全市两级检察院共有752人报名参加入额遴选，其中627人通过了考试考核，报请省法官检察官遴选委员会审议。截至2016年12月31日，报请审议的人选中，市检察院131人全部通过遴选委员会评议表决，检察体制改革取得了阶段性成果。

开展"能力建设年"活动，举办业务培训188次，岗位练兵和业务竞赛72次。为基层检察院招录、调入干部52人，面向社会和基层检察院遴选优秀干部18人。2人被评定为全国检察业务专家（辽宁省仅3人），3人入选全国检察机关业务系统人才库，7人被评为"全省检察业务专家"。评选表彰全市检察机关"爱岗敬业忠诚履职优秀检察官"，进行巡回报告。

（冯茉莉）

审　判

【概况】 2016年，全市法院深入贯彻党的十八大和十八届三中、四中、五中、六中全会精神，认真落实市委工作部署和市十五届人大四次会议通过的法院工作安排，坚持司法为民公正司法，忠实履行宪法和法律赋予的职责，为沈阳新一轮振兴发展提供了有力的司法保障和法律服务。全市法院共受理各类案件26.2万件，审结21.2万件，同比分别上升15.1%和5.1%。受理、审结案件数量居全省法院首位，分别占28.1%和29.1%。其中市法院受理各类案件3.5万件，审结2.9万件，同比分别上升20.8%和16.6%。

（贾俊兴）

【刑事审判】 贯彻宽严相济刑事政策，审结各类刑事案件9433件。从严惩处严重危害社会治安犯罪，审结故意杀人、抢劫、涉黑涉恶及制毒贩毒等案件1100件。从严惩处涉众型经济犯罪，审结集资诈骗、电信诈骗、非法吸收公众存款等案件116件。从严惩处职务犯罪，审结贪污、受贿、挪用公款等案件308件，审结了黑龙江省人大常委会原副主任隋凤富受贿案、朝阳银行原董事长闫功德受贿、巨额财产来源不明案。依法打击侵害民生权益犯罪，审结制售伪劣商品、危害食品药品安全、破坏环境资源等案件92件。依法对2211名主动认罪、悔罪的刑事被告人从宽判处缓、免刑，为328名刑事被告人指定辩护律师，加强人权司法保障。积极参与社会治安防控体系建设，深入开展未成年人犯罪预防、帮教，推进平安沈阳建设。经多次专业法官会议、公检法联席会议商讨，与市检察院、市公安局联合制定《关于办理恶意透支型信用卡诈骗犯罪案件若干问题的指导意见》，同时下发给各基层公检法单位参照执行。

（贾俊兴）

【民商事审判】 贯彻"五大发展"理念，服务振兴发展大局，审结各类民商事案件14.05万件。平等保护各类商事主体合法权益，审结买卖合同、证券交易、股权纠纷等案件6.3万件。防范化解金融风险，审结银行贷款、民间借贷、互联网金融、保险纠纷等案件1.8万件。妥善化解涉民营企业纠纷，慎用查封、冻结等保全措施，促进民营企业发展。加大知识产权司法保护力度，审结知识产权案件438件，保障创新驱动发展。成立清算与破产审判庭，助力政府处置僵尸企业、清退过剩产能，审结破产清算类案件21件，推进供给侧结构性改革。妥善化解涉民生纠纷，审结土地承包流转、房屋买卖、劳动争议、教育医疗、拖欠农民工工资、环境污染责任等案件3.04万件。探索家事纠纷专业化、人性化、社会化化解方式，审结婚姻家庭案件1.2万件，调解、撤诉结案6441件，占50.4%，维护了家庭和谐稳定。

（贾俊兴）

【行政审判】 认真贯彻行政诉讼法，审结各类行政案件4115件。一审驳回原告诉讼请求1746件，一审确认行政行为违法、撤销行政行为、判决履行法定职责

662件，既监督行政机关依法行使职权，又维护了行政相对人合法权益。加大行政争议协调力度，协调化解行政案件551件，促进行政争议实质性化解。积极推动行政审判与行政执法良性互动，针对行政机关实施行政行为和应诉中存在的问题，编发《全市行政机关应诉情况司法审查报告》，促进依法行政。

（贾俊兴）

【执行工作】 紧紧围绕最高法院提出的“用两到三年时间基本解决执行难”目标，多措并举，精准发力，全力兑现当事人胜诉权益。用足用强执行强制措施，依法拘留524人，罚款58人902.63万元，限制出境689人次，限制消费1.15万人次。强化失信惩戒，公开失信被执行人信息2.02万件次，依法移送拒执犯罪嫌疑人108人，已追究刑事责任22人。拓展“金雕查控网”查控范围，联网单位增至43家，查控财产金额6.9亿元。全年执结案件3.95万件，执行金额66.76亿元，实际执行率63%，同比上升1.5个百分点。最高法院专家评估组对沈阳法院“基本解决执行难”工作给予高度评价。

（贾俊兴）

【司法公开】 自觉接受人大代表、政协委员监督，24件建议、提案全部办结。邀请代表、委员旁听庭审、见证执行558人次，视察法院工作244人次，列席法院各项工作会议121人次。受理检察机关抗诉、检察建议案件62件，审结41件，改判和发回重审22件。完善人民陪审机制，人民陪审员陪审案件3.6万件。依托信息化深入推进阳光司法，建成两级法院审判集控中心，127个科技法庭实现庭审全程录音录像，网上直播庭审1793件，公开裁判文书11.6万份，政务网站、微信、微博发布审判信息9204条，市法院文书上网量、政务网站点击率、微信影响力始终位居全国中级法院和全国政法系统前列。

（贾俊兴）

【司法改革】 突出合议庭和独任法官的审判主体地位，两级法院审判委员会讨论决定案件仅占全部审结案件的0.5%，实现绝大多数案件由合议庭和独任法官自主裁判、独立负责。深化院、庭长直接办案制度，院、庭长主审案件占结案总数的27.2%。完善审判管理监督体系，制定《审判流程管理规定》，规范审判权、审判管理权、审判监督权的边界和行权方式，实行全程留痕，切实做到“放权不放任”。稳妥推进以法官员额制为核心的人员分类管理改革，精心组织员额法官首次遴选，按照省法院确定的40%入额比例，提出了首批员额法官建议名单，并呈报省法官遴选委员会审核确认。探索审判管理新模式，市法院开展审判团队化试点改革，基层法院试行审判管理扁平化、审判辅助事务集约化，最大限度优化审判资源配置。

（贾俊兴）

【矛盾纠纷多元化解机制构建】 充分发挥法院在矛盾纠纷多元化解机制中的推动、引领和保障作用，完善与社区村镇、工会妇联、行业协会以及政府相关部门诉调对接机制，诉前化解纠纷、确认人民调解1.32万件。强力推进案件繁简分流和小额诉讼制度落实，探索简单民事案件要素式审理、表格式裁判。基层法院适用简易程序审结案件9.62万件，同比上升7.2%。深化刑事速裁程序试点改革，适用刑事速裁程序审结案件1527件，平均审理周期仅为7个工作日，上诉率比全国2%的平均水平还低1.26个百分点，最高法院调研组对沈阳法院试点经验给予高度评价。民事审判全面推进庭前会议制度，提升庭审质量和效率，最高法院在《司法改革动态》中予以推广。

（贾俊兴）

【队伍建设】 坚持以解决实务问题、满足实践需求为导向，组织两级法院干警参加各类续职培训103期4851人次，开展庭审评查238次，切实提高法官适用法律、驾驭庭审、制作裁判文书能力。强化审判指导，召开专业法官会议423次，选编下发指导性、参考性等各类案例217篇，统一法律适用标准和裁判尺度。加强专家型法官培养，15名优秀法官入选“盛京人才支持计划”。鼓励法官钻研审判业务、总结审判经验，在省级以上刊物发表审判实务论文157篇，在省级以上专题论文和裁判文书评比中获奖145篇次，5篇案例分析被最高法院采用。制定《司法机关内部人员过问案件记录和责任追究操作规程》，切实加强司法职业保障。

（贾俊兴）

【优化营商环境司法保障措施】 研究制定了《为打造国际化营商环境提供司法保障的措施》。该措施着眼沈阳审判工作实际和沈阳经济社会发展现状，立足充分发挥审判职能，确定了维护安全稳定营商环境、推动建立多元化商事纠纷解决机制、构建公正高效商事审判机制、助推供给侧结构性改革、加大知识产权保护力度、维护和谐劳动关系、监督行政机关依法行使职权、推进社会信用体系建设、探索自贸试验区司法保障机制、强化司法公开和法治宣传等十条司法保障措施，明确了提高商事审判国际化、便利化水平，营造公平公正法治环境的目标。

（贾俊兴）

司法行政

【律师工作】 全市有律师所280家，律师3593人，共代理各类案件2.9万件。律师工作始终坚持思想政治、职业道德、业务素质和律师文化“四位一体”建设不动摇，全面深化政府法律顾问工作，不断优化服务企业举措，共为206家政府及部门、201家事业单位、1336家企业、75家社会团体提供法律支持；持续推进依法介入信访工作，有120名律师参加纠纷化解值班；律师党建工作广受好评，经验做法在全市做了介绍；多措并举，进一步保障了律师执业权利，辽宁同泽所获评全国优秀律师事务所。组织全市律师认真学习贯彻党的十八大及十八届三中、四中、五中、六中全会精神，成功举办了第一届沈阳市优秀律师事务所、优秀律师评选工作。进一步完善“助企”法律服务载体，从全市3593名律师队伍中精选百名优秀中青年律师，积极开展优秀律师进企业活动，努力将律师进企业、服务重大项目活动做出实效。开展庆“三八”女律师礼仪讲座；与市检察院和FM98.6广播电台联合举办“诚信3.15检察官律师在行动普法公益活动”。

（张瀚文）

【公证工作】 2016年，共办理各类公证

10.9万件，办理公益性公证6185件，减免费用93万余元。市第一公证处被评为全国优秀公证处。积极推进落实“双随机”抽查机制，公布公证工作办事指南，促进依法行政。大力开展全市公证工作行政检查。进一步加大公证宣传力度，综合运用辽宁公证、法治之路、市局门户网站等媒介广泛宣传公证工作，全年全市共刊发61篇公证工作动态及理论文章，为公证事业发展营造良好社会环境。积极开展“公证走进高校”活动，选定沈北公证处作为试点，通过展示展板、发放资料、现场答疑等方式，积极开展和高校的交流与合作，累计发放资料1000余份，解答咨询90余次，公证公信力建设不断深入。全市3家公证处、1名公证员分别被评为省优秀公证处、优秀公证员。沈阳市第一公证处及恒信公证处公证员林洪军分别荣获第七届全国优秀公证处、优秀公证员称号。

（张瀚文）

【监狱戒毒工作】　监狱戒毒工作持续强化安保维稳意识，严格执行制度规定，创新机制载体，扎实推进清单式和精细化管理，强化狱所情分析研判，突出重点，层级负责，确保了场所持续稳定；不断创新教育理念和模式，全面推行质量评估工作，深化个别教育，教育改造和矫治质量明显提升；严格规范执法行为，深入开展执法执纪专项排查整改活动，从严管控重点执法环节，确保了公正廉洁文明执法；有力有序完成了龙山所戒毒人员收治工作，运转良好。两监已分别连续21年、20年，两所分别连续14年实现“四无”目标，安全稳定指标继续领跑全省。

（张瀚文）

【基层法律服务】　2016年，共为482名基层法律服务工作者办理了年度注册登记手续，为80人更换补发了执业证，批准了13名符合执业条件人员的执业申请，同时为100个基层法律服务所审核办理了年检登记手续。全年共接待5件涉及基层法律服务工作的投诉案件。广大基层法律服务工作者与时俱进，不等不靠，拓宽服务领域，提供优质高效的法律服务。基层法律服务所担任法律顾问214家，代理诉讼案件1638件、非诉讼案件912件，办理法律援助事项223件，避免和挽回经济损失近2439.9万元。对全市475名基层法律服务工作者进行了集中培训，邀请省厅领导及行业专家为学员授课，围绕最新司法解释、工作形势和职业操守等为学员们授课。通过学习交流，丰富了基层法律服务工作者的业务知识，提升了基层法律服务队伍的整体服务能力。

（张瀚文）

【基层人民调解】　制订下发了《沈阳市司法局关于开展人民调解“筑防线、控风险、促发展”专项活动实施方案》，全面加强对专项活动的督导检查。各区、县（市）司法局高度重视，推动专项活动深入开展。全市各级人民调解组织共调处纠纷1.28万件，调解成功1.28万件，调解成功率99.9%，为维护社会和谐稳定做出了积极贡献。全市共有人民调解委员会2752个，达到省级规范化标准调委会2325个，占总数的84.5%。建立完善了市物业纠纷、医疗纠纷、保险纠纷、道路交通、教育系统、繁华商业区等调解组织，与沈阳市电视台积极联系沟通，着手建立调解室。制发《沈阳市司法局关于在全市开展人民调解先进典型事迹宣传活动的实施方案》，充分挖掘有代表性、事迹鲜明的人民调解典型事迹，印制发放各类人民调解宣传品，提高了人民调解在群众中的社会影响力。

（张瀚文）

【社区矫正】　社区矫正工作以“监管安全年”活动为载体，扎实开展“集中清理应收监执行以及未入矫罪犯”和“安全隐患排查整治”两个专项行动，杜绝了影响社会稳定的恶性案件。2016年，全市入矫3185人，解矫2988人，共有在矫社区服刑人员4408人。安置帮教工作推出新举措，出台了《关于社会组织参与帮教刑满释放人员工作的意见》，促进刑满释放人员顺利融入社会，预防和减少重新违法犯罪。

（张瀚文）

【安置帮教】　与市综治办、市民政局、市财政局联合会签《关于社会组织参与帮教刑满释放人员工作的意见》，以建立健全社会组织参与帮教刑满释放人员的机制和制度要求，进一步鼓励、引导和支持社会组织参与帮教工作，促进刑满释放人员顺利融入社会，预防和减少重新违法犯罪，维护社会和谐稳定。全市共接收刑满释放人员4376人，帮教率99.7%，安置率98.6%。进一步推进社会治安综合治理，加强了特殊人群专项组的建设工作。

（张瀚文）

【普法教育】　全面深化法治宣传教育工作，深入推进领导干部和公务员学法用法。成立法治宣传志愿者协会，推行大学生法治辅导员工作，开展国家宪法日暨全国法治宣传日系列活动，开通并优质高效运转了沈阳普法微信公众平台，充分发挥了市局门户网站的普法功能，在全国首创利用企业服务号对普法宣传活动进行全方位网络化管理，大力加强了法治创建工作。沈阳市再获“全国法治宣传教育先进城市”称号，成功实现“三连冠”；大东区及3名个人分别被评为全国先进；“六五”普法的经验做法在全省会议上进行了介绍，有多家媒体予以宣传报道。经过精心筹备，于12月召开了全市法治宣传教育工作会议，市委、市政府转发了《规划》，市人大下发了《决议》，标志着沈阳市“七五”普法工作正式启动。

（张瀚文）

【法律援助】　法律援助工作不断扩大援助覆盖面，强化“12348”热线功能，大力推行首问负责制、限时办结制和援务公开制，深入开展案件评查、质量评估等活动，援助质量不断提高。市法援中心连续第4次蝉联“全国法律援助先进集体”，《沈阳日报》进行了整版报道，刘国秀副市长做了批示。2016年，市法援中心共受理案件1200件，接听咨询电话2.4万人次。

（张瀚文）

工　　业

综　　述

【工业经济运行】　2016年，是上一轮东北振兴以来，沈阳工业发展最为严峻的一年，工业整体出现了较大幅度的下滑，工业投资大幅下降。面对严峻的经济发展形势和下行压力，全市工业和信息化系统迎难而上，努力克服经济长期粗放式高速增长积累的矛盾，积极应对非经济因素影响，采取了很多措施，努力扭转工业发展的下滑态势。

2016年，实现规上工业产值5100亿元，下降43.6%；规上工业增加值1208.3亿元，下降19.7%。工业用电量160.29亿千瓦时，增长5.34%，其中制造业用电量100.43亿千瓦时，增长7.47%。规模以上企业单位工业增加值能耗预计下降2%以上。

一、全力以赴抓好工业经济运行

在加强工业经济运行分析调度的基础上，从三个方面强化为企业服务。一是实施《2016年全市工业优势企业倍增计划》，77户目标企业销售收入高于全市工业企业主营业务收入增速15个百分点以上。二是实施帮扶计划。重点选择100户企业精准帮扶，被帮扶企业合计产值增速高于全市10个百分点以上。三是出台了《沈阳市人民政府办公厅关于印发沈阳市鼓励政府采购和招标采购本地优质产品的措施以及沈阳市重点工业优质产品支持办法和名录管理办法的通知》（沈政办发[2015]84号），对采购《名录》内产品的工业企业和中标的《名录》内产品企业，区分不同情况，按实际采购金额，给予一定比例的补贴。首批共12个行业、838种产品列入名录，18个项目通过专业评审和财务评审，获得补贴资金1126万元。

做实工业统计数据。截至5月份，在县区自查的基础上，配合统计局核实出不符合规上条件的企业1308户、虚报产值企业524户，合计多报产值1175亿元，并对虚报问题的企业进行了停报处理。

二、以创建“中国制造2025”试点示范城市为切入点，重点领域转型升级加快步伐

1. 加快创新发展，支撑产业优化升级。以技术创新重点企业、重点创新项目为抓手，完善创新成果转移转化载体，推动以企业技术中心为主要方式的自主创新体系和以市场为导向的产学研协同创新体系建设和发展。

重点企业的创新能力显著提高。沈鼓集团远程运维服务试点示范项目获批“2016年智能制造试点示范项目”。中科院沈阳自动化所、东药集团等单位的3个项目获国家智能制造专项资金。中科院沈阳自动化所自主研发的“海斗”号和“海翼”号，以及参与研制的“天涯”号和“海角”号实现在中国第一次综合性万米深渊科考中的成功应用。新松公司打破国外垄断，推出六轴并联机器人。

创新载体建设成效显著，创新体系逐步完备。国家技术创新示范企业达到9家，市级以上企业技术中心达到290家。2016年，新认定省级企业技术中心16家、市级企业技术中心26家。注重发挥校企合作为主要方式的产学研协同创新功能，推广沈鼓大工研究院为代表的企业驻校建院合作模式，沈阳市12家企业成为成员单位，列全省之首。北方重工、沈鼓集团、沈飞集团等6个成员企业在大工建立研究院；依托辽宁重大装备制造协同创新中心，沈鼓、北方重工围绕油气长距离输送等国家重大工程需求，突破高端压缩机组、百万千瓦级核电站核主泵、大型硬岩掘进机等重大装备核心技术，协同研制国际领先的重大装备产品。

2. 重点产业领域实现优化提升。以贯彻落实“中国制造2025”制造强国战略为主线，加快传统产业优化提升，新兴产业领域发展壮大，加快产业转型升级。

机械装备制造业不断向中高端挺进。沈鼓集团荣获工信部单项产品冠军示范试点企业，120万吨/年乙烯“三机”打破国际垄断。北方重工集团成功并购美国罗宾斯公司，成为世界上技术种类最全的公司。机床集团发布世界首创的平台型智能机床i5M8，并启动建设智能工厂。特变沈变完成国家重点工程±800kV换流变压器等9项新产品开发，2项达到国际领先水平。机器人产业已形成新松公司为龙头，50余家机器人智能制造装备企业分工协作的产业格局，预计全年可实现收入70亿元，同比增长27.3%。新松公司入选2016全球最具影响力50家机器人公司。

汽车产业结构持续优化。华晨集团挺进中国企业百强，在汽车智能化、互联网汽车及新能源汽车等方面正在开展有益地探索。华晨宝马正式推出全新X1插电式混合动力型SUV，华晨金杯SY5021XXY等16款新能源车型均已获批。妙盛新能源将建成高功率锂电池电源生产基地。东软集团成为汽车信息系统解决方案服务商。华晨汽车集团与中德园管理委员会及德国德赢公司签署“轻量化技术工程中心联合组建合作协议”，对于提升沈阳市汽车产业的核心竞争力具有积极作用。

新兴产业和高端装备领域发展壮大。IC装备制造业、数字医疗设备制造业进一步巩固了全国技术领先的地位。富创精密IC设备关键零部件、芯源微电子显影设备等重大科技专项通过国家验收，在关键零部件、核心技术等领域打破了国外对中国集成电路产业的技术封锁。拓荆公司通过3D NAND的PECVD反应腔设计及ALD高产能多片反应腔项目，成为业界产能的新标准。东软医疗PET/CT获得CE认证和美国FDA批准。火炬北泰大型医疗影像设备人机操

作装置产品通过国际认证，样机通过美国GE公司实际测试。

软件和信息技术服务业产业核心竞争力得到进一步提升。东软集团跻身新兴市场软件企业30强全球榜单三甲。东网科技正式通过信息安全管理体系ISO 27001和云安全国际金牌认证CSA-STAR。

航空产业保持快速发展。中航工业与庞巴迪就在沈建设我国首个支线飞机总装线达成共识。中国航发在沈建设燃气轮机产业基地项目积极推进。沈飞民机研发制造平台项目和沈飞国际C系列飞机机身工作包风险合作项目按计划实施。沈阳航空产业集团有限公司注册成立，浑南区和沈北新区航空零部件产业园启动建设。沈阳航天新光集团有限公司提供神舟关键部件连接分离机构。通用航空研究院的世界首款电动飞机已取得适航证及生产许可证。

三、推进工业重大项目建设

全年预计完成工业固定资产投资450亿元，同比下降79%。104个市重点工业项目全部开复工，计划总投资1551亿元。其中续建项目56个，新开工项目48个。上通北盛技改、东软医疗云基地、沈化搬迁改造等重大项目和新兴产业项目已陆续投产。

同时，积极争取国家政策、资金和项目支持，获批中国制造2025试点示范城市，争取到辽宁省省级企业技术中心认定、设立沈阳市军民融合创新示范区、国家机电产品再制造试点示范、工业产品生态（绿色）设计示范企业等4项政策；辽宁省企业技术创新重点项目、国家“强基工程”2类项目；已到位资金1.29亿元。

四、推进“两化”深度融合

实施制造业智能升级三年行动计划，机床集团i5全生命周期管理及智能体验工厂等64个智能升级项目完成投资6.9亿元，安排支持资金1.68亿元。

继续组织“两化”融合管理体系贯标，特变沈变、和平子午线轮胎等10家企业成功获批国家级两化融合管理体系贯标试点。企业在精益管理、风险管控、供应链协同等方面的竞争优势初步显现。机床集团实施数字化企业建设，在已突破的核心控制技术基础上进一步搭载数控机床远程故障诊断、车间生产管理等智能化功能。

五、多措并举做好服务，非公经济运行平稳

深入开展“百千万”帮扶行动，累计走访企业近2800人次，答复和解决问题284个。推动中小微企业创新发展，安排了1386万元市中小企业发展专项资金，对37个中小企业项目进行扶持。3个智能升级项目获得500万元的资金扶持；43个项目被省认定为“专精特新”产品（技术）。

深入开展“双创示范”，2015年度、2016年度共为721户企业发放了445.9万元的小微企业服务补贴券。新认定62家小微企业合作服务机构，28个中小企业公共服务平台，27个中小微企业创业（辅导）基地，确定了4个重点培育基地。

创新中小微企业融资服务，建立9支小微企业发展基金，总规模13.4亿元；设立了总规模3亿元的融资扶持资金、总规模50亿元的中小企业创新发展基金（首期规模5亿元）；浑南区、法库开展了“助企贷”试点，总规模达0.8亿元；启动了小微企业贷款保证保险融资；为91户小微企业贷款贴息补助749.53万元；9家担保机构获得207.95万元市担保风险补助资金。

培育壮大民营企业，5户营业收入达到50亿元以上、27户营业收入达到10-50亿元。印发了《沈阳市开展民营企业建立现代企业制度实施意见》。积极争取承办第十届APEC中小企业技术交流暨展览会。加强服务平台效能建设，开展40期中小企业公益培训班、14期“双创”主题沙龙活动、6期企业财税业务专题讲座，培训人员1600余人次。沈阳市中小企业公共服务平台网投入运行，访问量达8万余次。

六、扎实推进供给侧结构性改革

制定了《关于推进工业领域供给侧结构性改革的措施》，落实《沈阳市控制产能过剩和高耗能项目的实施意见》，积极引导和支持传统制造业产能过剩企业压缩过剩产能；落实《关于进一步降低企业成本减轻企业负担的若干意见》20条政策措施，企业成本持续下降；集中资源补齐发展短板，推动产业发展向中高端迈进、供需平衡向高水平跃升、经济增长向创新驱动转变。

（经信委）

【工业投资】 2016年，全市累计完成工业投资433.6亿元，同比下降79.5%，占全市固定资产投资的26.6%。其中，装备制造业完成投资245.2亿元，同比下降76.7%，占全市工业投资的56.6%。

铁西新区、沈北新区、法库县、浑南区等4个区县工业投资同比高于全市水平，完成工业投资占全市的53.3%。辽中、大东、新民、康平等4个区、县（市）完成工业投资额相对较多，占全市工业投资的32.7%。于洪、苏家屯、皇姑、沈河、和平等5区完成工业投资较少，仅占全市工业投资的14%，同比下降幅度均在80%以上，占本地区固投比重也有不同程度的下降。

（经信委）

【重点工业项目】 2016年。列入市重点建设项目计划的投资5亿元以上工业项目104个，计划总投资1551亿元。包括：华晨金杯车辆公司搬迁改造、宝马铁西工厂三期等续建项目56个，计划总投资1095亿元；宝马发动机二期、利源轨道交通基地等新开工项目48个，计划总投资456亿元。至9月末，104个项目全部实现开复工建设，开复工率为100%，当年累计完成投资168亿元，占全市工业投资的38.7%。部分重大项目情况如下：

1.沈阳利源轨道车辆制造项目。建设期2015年至2017年，总投资55亿元，项目位于沈北新区虎石台功能区，规划占地面积176.5万平方米，建筑面积170万平方米。主要建设生产车间、物流车间、办公楼及配套设施等。该项目部分设备已经安装完毕，正在进行调试，设备招投标采购工作仍在进行中。

2.沈阳东软云基地医疗产业园项目。建设期2014年至2017年，总投资4.8亿元，项目位于浑南创新路，占地面积12.5万平方米，建设面积10万平方米，主要建设厂房、医疗综合楼、生产试验厂房等。建设C1、C2、C3三座研发与生产用房，主要包括厂房建筑面积23987平方米，并完成厂区道路及户外管网、厂区绿化及道路照明等设施的建设。购置基础网络工程设备、生产设备等50余台套。

3. 沈阳富创半导体装备精密零部件产业化项目。建设期2014年至2017年，总投资10亿元，项目位于浑南区飞云路18号，占地面积5万平方米，建筑面积5万平方米，一期主要建设恒温恒湿厂房，购置200台套专用设备及机器人等智能装备；二期主要扩充制造中心规模，开发出具备OEM产品（匀气盘、硅环、泵、阀等标准件）制造能力及模块化组装，建立智能化制造生产基地。目前恒温恒湿厂房7000平米已经建设完成并投入使用，已购置IC装备精密零部件智能柔性生产线所需的卧式加工中心、数控水切割系统、五轴联动龙门加工中心等26台套设备，并完成部分高端数控机床、工业机器人及配套检测等辅助设备安装。

4. 华晨宝马大东工厂扩建项目。建设期2014年至2017年，总投资70亿元，项目位于大东区东望路东侧沈闫线南侧。占地面积47万平方米，建筑面积18.7万平方米，主要建设冲压车间、车身车间、涂装车间，车身库等；项目建成后年生产能力将达到20万辆整车。目前项目进展顺利，冲压、车身、涂装车间建设基本完成，总装车间进行设备安装调试。

5. 华晨宝马研发中心项目。建设期2015年至2017年，总投资12.7亿元，项目位于沈阳经济技术开发区宝马大道1号，拟利用土地5.3万平方米，建筑面积约为4.24万平方米，新建研发楼、检测中心和试制车间，利用原有公用动力设施及生活配套设施，不足部分填平补齐。主要为提供设计与研发功能。项目进展顺利，正在进行内部设备安装及调试工作。

6. 华晨宝马发动机工厂扩建项目（二期）。建设期2016年至2017年，总投资19.5亿元，项目位于沈阳经济技术开发区，利用华晨宝马发动机工厂现有土地，不新增建设用地，扩建机加车间、装配车间、铸造车间和物流仓库，新增建筑面积15万平方米，新增铸造、机加、装配设备513台套，扩建发动机产能20万台/年，其中B38年产能7.5万台、B48年产能12.5万台。厂房建设已经完成，设备陆续到货，部分设备已开始安装调试。

7. 卡斯马汽车配件项目。建设期2016年至2017年，总投资5亿元，项目位于沈北新区商贸功能区，规划占地面积4.7万平方米，建筑面积5万平方米。主要建设汽车零部件项目，主要建设内容为给通用、宝马等整车制造厂生产供应底盘结构件和车身体。一期工程竣工投产，主要为通用北盛提供底盘系统零部件（前后副车架，控制臂等）以及前后端焊接和冲压总成等产品。

8. 中航工业空气动力研究院新院区项目。建设期2013年至2018年，总投资30亿元，项目位于沈北新区沈北新城功能区，规划占地39.6万平方米，建筑面积40万平方米。主要建设2.4米连续式跨声速风洞、低温高速连续式特种风洞、航空气动力试验技术研究中心、科研协作服务中心、航空产业发展中心等。2.4米风洞设备基础完成施工，风洞壳体正在进行制造和安装；风洞动力系统已完成详细设计并投产；风洞厂房动力站和辅助用房正在施工，并完成了进压管桩施工；试验部站已经投产。

9. 天津汽模通航零部件生产基地项目。建设期2016年至2017年，总投资5亿元，项目位于沈北新区虎石台街道，占地面积5万平方米，建筑面积5.5万平方米。规划建设沈飞通航飞机配套零部件生产基地及附属配套设施。

10. 沈阳海尔模块化配套一期项目。建设期2015年至2018年，总投资8亿元，项目位于沈北新区虎石台功能区，规划占地面积21万平方米，建筑面积20万平方米。主要建设生产车间、物流车间、办公楼及配套设施等。已经完成投资2亿元，3.67万平方米地块综合楼、厂房主体完成，进行厂房内外装修，10.47万平方米物流地块完成场地平整。

11. 联东U谷·沈阳铁西产业综合体项目。建设期2014年至2017年，总投资25亿元，项目位于沈阳经济技术开发区十三号路77号，占地面积23.39万平方米，总建筑面积40万平方米，建设集制造、办公、商贸物流、营销展示于一体的产业综合体。一期、二期项目已建成，三期正规划设计，2016年已完成投资3亿元。

12. 沈阳环普国际产业园项目。建设期2014年至2017年，总投资7亿元，项目位于沈阳经济技术开发区开发二十五号路123号，占地面积40万平方米，建筑面积30万平方米，建设标准厂房、定制厂房及附属配套用房，其中，标准厂房及配套用房建筑面积6.6万平方米；定制厂房建筑面积22.3万平方米。一库、三库已经建设完成，二库即将进行消防验收，标准化厂房已经入住企业，已累计投入7亿元。

（经信委）

【两化深度融合】 按照《中共中央国务院关于全面振兴东北地区等老工业基地的若干意见》（中发〔2016〕7号）的指示精神，市委、市政府关于“稳增长、促改革”的工作部署，2016年以来采取一系列重要措施，重点推动全市两化深度融合，为将沈阳市打造成为全国智能制造装备产业基地城市打下坚实基础。

1. 扎实开展两化融合管理体系贯标工作。一是全市两化融合管理体系贯标试点范围不断扩大，特变沈变、远大压缩机、飞驰电气、蓝英自动化等10家企业成功获批第三批国家级两化融合管理体系贯标试点（辽宁省获批试点企业有23家），占全省43.48%，全市国家级、省级贯标试点企业数量累计达27家，位居全省第一。二是试点企业贯标工作稳步推进，沈阳机床、沈阳飞机设计研究所先后通过国家审核，并获得国家颁发的证书；沈飞集团、国网辽宁省电力、辉山乳业、禾丰牧业、黎明发动机等5家企业进入评定阶段，三一重装、沈冶机械等4家企业贯标工作相继启动，正在逐步实施过程中。

2. 积极组织全市两化融合评估工作。组织全市规上工业企业开展两化融合评估诊断和对标引导工作，参与评估的有效样本企业数量超过250家（全省参加评估企业490家），占全省的51.63%，编制完成《2016年沈阳市两化融合发展水平评估调研报告》，为推动全市数据地图绘制工作提供科学依据。

3. 努力打造信息化与工业化促成的产业融合新模式。一是深入开展推进制造业与互联网融合试点，先行先试，引领全市加快互联网和工业融合发展步伐，15家企业获批成为首批百户试点企业，占全省第一。二是按照省工信委的要求，市经信委于8月末组织召开了“辽宁省工业互联网应用推广培训会议（沈阳站）”，会议以“融合创新，协作共赢”为主题，促进工业企业与互联网公共服务平台对接合作，谋求共同发展，加快互联网和工业融合发展步伐，深化制造业与互联网融合发展。

（经信委）

【“双进双解”活动】　为积极应对严峻复杂的宏观经济形势，沈阳市2016年继续开展“双进双解”活动，今年双进双解帮扶企业活动，以市委十二届十二次会议精神为指导，以国家全面振兴东北地区等老工业基地、创新改革试验区建设为统领，以大力培育工业发展新动力为重点，以提升传统优势产业为支撑，以推进供给侧结构性改革为牵引，以增强工业发展创新能力为目标，积极转变政府职能，集中优势资源，实施精准帮扶，促进全市工业经济平稳健康发展。

一、制订方案，建立帮扶工作体系

结合全市今年工业经济运行实际，认真研究制定《“双进双解”工业企业帮扶活动方案》，成立沈阳市“双进双解”工业企业指导组，建立了市、区县（市）双重帮扶体系，实行市直部门和区、县（市）经信部门“双实名”帮扶责任制，按照被帮扶工业企业行业特点，兼顾企业所在地域，在征求各单位意见和建议的基础上，将每户企业的帮扶工作分解到各有关市直部门及委内相关产业处室，责任到人。共确定5个市直部门和13个区、县（市）的67名机关干部（其中包括11名优秀中青年干部）落实了对100户重点企业的实名制帮扶责任。

二、突出帮扶重点，实施精准帮扶

1.突出帮扶重点。除协调解决企业生产经营中的问题和困难外，将聚焦重点方向，助力新兴产业发展；加快转型升级，提升传统优势产业；深入实施创新驱动战略，推动企业绿色发展等作为重点帮扶内容。

2.实施精准帮扶。主要围绕“制造业智能升级三年行动计划”、“沈阳市‘中国制造2025’实施方案”、“倍增计划”和2015年我市纳税百强工业企业，重点选择100户企业，其中，智能升级企业20户，中国制造2025项目企业13户，倍增企业40户，纳税百强企业24户，力求做到有的放矢、精准帮扶。同时，结合“百千万”专项行动，组建“两化融合管理体系贯标及水平评估服务”和“企业技术创新咨询”2个专家团队，纳入“双进双解”帮扶工业企业活动。

三、实施问题分级解决机制，强化帮扶工作措施

1.实行问题分级解决机制。帮扶内容属于区县（市）层面的，由本区县（市）负责；帮扶内容需要市及以上部门或跨区县（市）协调解决的，由市直帮扶责任单位负责；对于市直帮扶责任单位协调解决不了的，可报市工业企业指导组。由市工业企业指导组协调组内相关部门协调解决；对于市工业企业指导组协调解决不了的，由市工业企业指导组报市“双进双解”活动领导小组，通过市级联席会议协调解决。

2.强化各项帮扶工作措施。一是建立联席会议制度。市工业企业指导组原则上每季度召开一次联席会议，听取各帮扶责任单位的活动开展情况，协调处理指导组内需要由两个或多个部门联合攻关解决的事宜，制定和部署下一步工作。二是充分发挥网络服务平台作用。有效利用《中国沈阳政府网》、《96123市民热线网》征集问题窗口和政策信息专栏，广泛收集问题、快速分解任务、及时反馈落实结果。三是建立督办制度。各帮扶责任单位在帮扶工作中，遇到需要相关部门帮助解决的问题，在协商未果的情况下，可将问题以《协调函》或《督办函》的形式提报市工业企业指导组。经市工业企业指导组审定后，将《协调函》或《督办函》送达有关部门或区县（市），提出办理要求，限期反馈办理结果。四是建立定期沟通制度。各帮扶责任单位及帮扶责任人加强与被帮扶企业的联系，每月与被帮扶企业沟通情况，及时了解企业生产经营和项目建设情况，密切跟踪帮扶工作进度和帮扶效果，倾听企业的意见和建议。五是建立信息报送制度。各帮扶责任单位及时跟踪被帮扶企业的帮扶工作进展情况，并每月定期报送至市工业企业指导组办公室。各帮扶责任单位注重宣传报道，及时收集活动中的好经验、好做法、好典型，并将帮扶活动动态信息报送至市工业企业指导组办公室。六是建立绩效考核制度。“双进双解”活动及目标完成情况纳入市政府绩效考评体系，定期进行绩效考评。考核内容包括工作部署、组织建立、实名责任制落实、业务培训、帮扶对接、问题收集、问题解决、工作推进、统计上报、指标完成、督办函和协调函办理、交叉帮扶任务履行、典型经验总结、媒体宣传、考评责任履行等若干项，逐项进行考评。

四、创新工作方法，积极帮助企业解决问题和困难

积极组织各地区、市直有关部门深入企业，共有1183人次深入企业，在收集、梳理企业存在的问题和困难的基础上，进行任务分解，解决问题102个。同时创新工作方法，注重解决企业存在的共性问题。

1.点上问题面上解决，切实减轻企业负担。针对企业普遍存在负担较重的问题，在开展工业企业生产经营状况和成本费用大调研的基础上，围绕降低企业资源性成本、人力成本、融资成本、税费负担以及帮助企业开拓市场等方面，就解决融资难题、加快审批办理、推动新产品研发、取消不合理税负等方面，制定有针对性的政策措施。落实政府权力责任清单，协调金融机构降低企业融资成本，出台涉企收费目录清单。

2.帮助企业开拓市场。针对当前市场不景气的现实情况，抓紧建立重点工业优质产品名录，鼓励在政府采购、招标采购以及上下游企业配套中采购目录中的产品，提高全市工业优质产品市场占有率。

（经信委）

【启动建设64个制造业智能升级示范项目】　在2015年启动15个智能升级示范项目的基础上，按照《沈阳市制造业智能升级三年行动计划（2016－2018）》安排，2016年沈阳市继续大力推进企业智能升级，启动建设了64个制造业智能升级示范项目。

2016年初，通过各区县推荐，一批新项目纳入全市智能升级项目库。市经信委组建了多个行业专家团队，对全部智能升级项目的实施方案分两次进行了专业评估，累计完成120个项目方案评估，其中109个项目方案通过评估。

在方案评估的基础上，市经信委和

财政局组织相关专家，对其中74个已发生投资的智能升级项目进行了资金评审和后续的财务评审，沈阳机床（集团）有限责任公司i5全生命周期管理及智能体验工厂项目等64个项目通过了评审。

这64个项目涵盖机械装备、汽车、航空、化工、医药、轻工等多个行业，共发生智能升级投资6.88亿元，其中本地采购部分0.92亿元，另有咨询诊断及方案编制费用424.6万元。按照相关政策，最终获得补助资金1.68亿元。

这批项目质量较高，在行业内起到了良好的示范作用，为全市智能升级项目建设提供了宝贵经验，在制造业领域造成了强烈反响。

（经信委）

【“服务型制造万里行”主题活动】 2016年9月2日，“服务型制造万里行”第三站活动“走进东北、走进企业”在沈阳举办。工业和信息化部产业政策司司长许科敏、辽宁省工业和信息化委员会副主任来鹤出席活动并致辞，工信部工业文化发展中心主任罗民主持对话环节。来自东北三省、内蒙古自治区以及辽宁省各地市工业和信息化主管部门、相关企业等代表近200人参加活动。

本次活动以“加快服务型制造发展、推动东北老工业基地转型升级”为主题，邀请中国工程院院士郭重庆、清华大学副教授石振宇、中国社科院工业经济研究所研究员李晓华、北京市西城区金融办副主任李义奇等发表主题演讲。

工信部产业政策司司长许科敏在致辞中强调，发展服务型制造要把握好“一个路径”，实现“两个转变”，处理好“三种关系”。一个路径，即制造强国战略的实现路径，就是推动制造业向高端化、智能化、绿色化、服务化转型发展。两个转变，即转思想、转方式，东北地区要充分认识到发展服务型制造对于企业提质增效和转型升级的紧迫性和重要性，把发展服务型制造作为转方式的重要途径。三种关系，即制造和服务的关系、抓总和抓点的关系、抓大和抓小的关系，要在重点领域和重点地区开展试点示范，以点带面，推动各项工作扎实开展。

（张唯川）

【8家企业被认定为首批省级工业设计中心】 市经信委通过政策引导、资金支持、营造发展氛围等方式，支持沈阳市工业设计加快发展。2016年，组织推荐华晨汽车集团控股有限公司造型设计中心等申报首批省级工业设计中心。经过省工信委组织的评审，沈阳市上报的8家企业全部被认定为省级工业设计中心，占全省认定总数的73%。

按照《辽宁省工业和信息化委关于公布2016年省级工业设计中心认定结果的通告》（辽工信产业〔2016〕233号），全省共认定11个单位为2016年度省级工业设计中心。在其中6家企业内设的工业设计中心中，经沈阳市推荐获得认定的有3家，占比50%；在其中5家独立的工业设计企业中，经沈阳市推荐获得认定的有5家，占比100%。

沈阳市已经形成了以梵天设计、创新设计服务中心等专业设计机构，以华晨汽车研究院等企业工业设计中心为主体的多元产业发展态势。未来将继续发挥省级工业设计中心的示范引领作用，推动沈阳市工业设计提高发展水平。

2016年度沈阳市省级工业设计中心有8家，其中：工业设计企业15家，即：沈阳创新设计服务有限公司，沈阳梵天工业设计有限公司，沈阳毅昌科技有限公司，沈阳东北制药设计有限公司，沈阳威泰科技发展有限公司；企业工业设计中心3家，即：沈阳远大铝业设计院，沈阳机床（集团）设计研究院有限公司，华晨汽车集团控股有限公司造型设计中心。

（张唯川）

【工业优势企业倍增计划】 2016年，按照《沈阳市工业优势企业倍增计划实施方案》中确定的每户倍增企业的工作目标、工作任务和工作安排，市经信委坚持以动态台账形式进行管理倍增计划工作，定期跟踪77户目标企业的生产经营情况，倍增目标完成情况，工作任务推进完成情况。各责任单位以坚持促进企业健康发展为中心，从企业的实际情况出发，进行帮助服务，不冒进、不懈怠，推动企业可持续健康发展。

工业优势企业倍增计划共确定目标企业77户，其中，市级33户（市经信委25户，市外经贸局8户），地区级44户。工作开展以来，目标企业整体销售收入增幅逐步扩大，占全市比重逐步提高，拉动作用明显。2016年，77户目标企业合计完成销售收入1238.6亿元，同比增长10%，高于全市平均水平52个百分点。

（经信委）

【工业企业帮扶计划工作】 1、制订方案，成立指导组。结合沈阳市工业经济发展实际，广泛征求各区、县（市）意见，制订了沈阳市困难工业企业帮扶计划工作方案。成立沈阳市帮扶困难工业企业指导组。由市经信委主任任组长，主管副主任任副组长，指导组下设办公室（设在市经信委经济运行处），办公室主任由市经信委主管副主任兼任。

2、建立双重帮扶体系。建立市、区两级帮扶体系，包括市经信委、国资委等5个市直部门和13个区、县（市）政府。各市直帮扶责任单位和区、县（市）成立了帮扶困难工业企业指导组，并指派至少三人为组成成员，其中：一名市管领导干部牵头负总责；一名处级实职领导干部负责帮扶协调工作；一名其他干部负责联络企业、报送信息等日常具体工作。

3、实行“双实名制”帮扶责任制。共确定5个市直部门和13个区、县（市）的67名机关干部（其中包括11名优秀中青年干部）落实了对100户重点企业的实名制帮扶责任。实行“一企一组、市区共帮”的“双实名”帮扶责任制，即每户被帮扶企业由市直部门和区、县（市）分别组成帮扶组，共同落实企业的帮扶责任。

4、有序开展帮扶工作。先后组织召开了各区、县（市）及有关市直部门工作会议，部署“困难工业企业帮扶”活动。各成员单位工作有序开展，13个区、县（市）和5个市直部门，全部与被帮扶企业实现对接，并根据企业的不同情况，开展帮扶工作。一是由帮扶责任领导带队，逐户走访企业，深入企业和项目现场，了解企业在经营中遇到的困难和存在问题，及时开展协调帮扶工作，共为企业解决问题102个。二是召开企业座谈会，了解企业生产状况，听取各企业生产经营中存在的问题、困难和意见、建议，现场答疑解惑。三是利用网络平台（中国沈阳政府网），通过网上征集问题、活动宣传、政策解读等多种形式开展帮扶工作，开通帮扶工作QQ群，提高帮扶工作效率。

（经信委）

【制造业概况】 沈阳市制造业门类齐全，基础雄厚，为沈阳市工业的主导产业。截至到2016年底，沈阳市规模以上制造业企业户数为2257户，实现主营业务收入5221.0亿元，比上年下降41.1%；拥有资产7128.3亿元，下降3.5%；年平均用工人数为49.7万人，下降27.6%。

从生产经营情况看，2016年沈阳市制造业全年共完成工业总产值5074.2亿元，比上年下降43.2%。其中，轻工业完成993.4亿元，下降54.8%；重工业完成4343.8亿元，下降35.5%。全年实现销售产值5075.1亿元，下降42.7%，工业产品产销率为100.02%。分行业看，全市有14个行业全年产值超百亿元。其中，汽车制造业（1991.7亿元）、通用设备制造业（418.5亿元）、农副食品加工业（379.1亿元）、电气机械和器材制造业（289.1亿元）。从经济效益情况看，2016年，沈阳市制造业赢利能力有所下降。全年共实现主营业务收入5221.0亿元，比上年下降41.1%；利润总额268.4亿元，下降38.5%；实现利税519.7亿元，下降28.5%。从赢利能力来看，2016年制造业收入利润率为5.1%，较上年提高0.2个百分点。

2016年，沈阳市制造业主要工业产品产量：汽车比上年下降0.8%、汽车发动机增长22.2%、金属切削机床增长7.9%、变压器增长6.0%、输送机械下降42.1%、泵下降47.1%、风机下降72.6%、矿山专用设备下降27.2%、电力电缆下降77.4%；光缆增长23.5%、铅酸蓄电池增长19.8%、化学药品原药下降62.1%、食用植物油下降23.4%、乳制品下降9.1%、白酒下降79.2%、家具下降67.7%、纸制品下降53.6%、服装下降76.6%等。

（柳东升）

民营经济

【概况】 2016年，全市民营企业户数54.75万户。其中，企业法人17.72万户，个体工商户36.3万户。全市民营经济实现增加值3324.5亿元，同比下降23.7%，占全市的49.5%；完成固定资产投资1310.7亿元，同比下降61.7%，占全市的80%。规模以上民营工业企业实现增加值676.4亿元，占全市的56%。

一、民营经济发展环境不断优化

1.提供政策支撑。2011年市政府出台了《贯彻国务院关于进一步促进中小企业发展的若干意见的实施意见》（沈政发〔2011〕11号），市人大颁布了《沈阳市促进中小企业发展条例》，2012出台了《沈阳市支持中小微型企业发展的政策措施》。最近两年，市政府又相继出台《关于印发沈阳市开展小微企业创业创新基地城市示范工作若干政策措施的通知》（沈政发〔2015〕33号）、《沈阳市人民政府关于进一步降低企业成本减轻企业负担的若干意见》（沈政发〔2016〕24号）等多项政策举措，全市民营经济发展得到了政策上的扶持。

2.提供资金支持。市财政资金采取贴息、补助、奖励、资本金注入、风险补偿、风险投资、贷款担保等多种方式，支持企业重点项目、创业基地及园区、公共服务平台、服务体系、企业投融资体系建设，助推民营经济发展。

3.开展帮扶行动。2016年，开展“百千万”帮扶行动，设立了工业企业、农业企业等7个企业指导组、组建了12支专家团队、组织30个市直部门和13个区、县（市）的1260名机关干部开展对全市2200户企业的帮扶活动，机关干部累计走访企业5822人次，收集问题412个，问题解决率93%以上。

二、扎实推进“双创示范”工作

2015—2016年，共认定市级小微企业创业（辅导）基地32个，有2个基地获批国家中小微企业创业示范基地，6个基地获批省中小微型企业创业示范基地。全市市级以上小微企业创业（辅导）基地达到44个，其中，省级以上小微企业创业示范基地达到15个，覆盖全市7个区县（市），占市级以上基地的34%。

三、加快中小微企业融资体系建设，缓解融资难题

1.做大小微企业发展基金规模。2016年，全市设立小微企业发展基金9支，其中，市小微企业流动性支持债权基金1支，基金总规模1亿元；各县区设立小微企业发展基金8支，市级1.8亿元资金已到位，加上各区、县财政资金配比和吸纳社会资本，全部落实后，基金总规模可达12.4亿元。

2.设立中小企业融资扶持资金。市政府和金融机构共同出资设立了总规模3亿元的融资扶持资金，重点帮助贷款到期获得银行续贷的中小企业，解决“过桥”问题，降低中小企业融资转贷成本。截至2016年底，已开展19笔业务，累计为企业提供融资扶持资金16.5亿元。

3.开展重点产业园区“助企贷”业务。首先在浑南区、法库县、康平县开展重点产业园区“助企贷”融资业务试点，市政府按区县政府出资额给予配比，项目总规模达8000万元，共为68户企业发放贷款1.8亿元。

4.开展小微企业保证保险贷款业务。市政府设立2000万元风险补偿资金，合作银行邮储银行按1:20倍比例放大贷款资金规模，已为3户企业放款460万元。

5.降低小微企业融资成本。2016年，印发《关于开展小微企业贷款贴息工作的通知》，由各区、县（市）组织申报，并经专家评审，全市申报符合贴息条件的小微企业91户，申请贷款贴息补助资金计划金额749.53万元。

（朱　晔）

【非公经济发展】 2016年，沈阳市非公经济和中小企业发展环境得到进一步改善。市政府出台《沈阳市人民政府关于进一步降低企业成本减轻企业负担的若干意见》（沈政发〔2016〕24号）、《沈阳市人民政府办公厅关于印发沈阳市促进当前经济稳定增长的若干意见措施的通知》（沈政办发〔2016〕62号）。不断优化政策环境，日趋完善的政策支持体系，有力的助推了全市民营经济和中小微企业健康发展。

2016年，全市非公有制经济完成固定资产投资1218.9亿元，下降72.8%，占全市的74.7%；完成社会消费品零售总额3659.1亿元，增长2.7%，占全市的91.8%；完成出口总值30.4亿美元，下降42.7%，占全市的72.3%；完成地方

级税收收入425.7亿元,增长4.9%,占全市的83.2%;完成规模以上工业增加值636.1亿元,下降26.8%,占全市的52.6%。预计全市非公有制经济地区生产总值实现4069亿元,占全市的60.6%。

1.工业企业加快转型升级,向创新驱动转变。2016年,全市非公经济规模以上工业增加值完成636.1亿元,同比下降26.8%,比全市规模以上工业企业增加值的增幅低7.1个百分点;占全市规模以上工业企业增加值的52.6%,比上年降低了20.8个百分点。

重大项目建设稳步推进。中德装备园德国纽卡特减速机、德国SEW减速机等项目竣工投产。新兴产业保持较快发展。拓荆科技、芯源微电子、诺康生物、东软数字医疗产值分别增长483.3%、75.7%、25%、16.9%。科技创新取得新成果。富创精密IC设备关键零部件、芯源微电子显影设备研发项目通过国家科技重大专项验收。利用外资结构优化。远大压缩机、东软医疗利用外资分别达到1.4亿美元和0.8亿美元。

企业创新转型升级加快。沈阳敏像科技有限公司将BLU及TSP等世界先进制程技术逐步向沈阳引进和国产转化,填补该技术领域国内空白。晨讯科技沈阳有限公司设计集成机器人智能自动化产线,解决了人力紧缺的问题。并可实现对其他模块和精密仪器制造厂商的自动化技术输出,实现产业化并产生市场效益。云狐科技(沈阳)有限公司拥有独立品牌"云狐",并为5G提前做好技术储备。沈阳顺风实业集团大胆转型,从建筑原材料扩展到农业原材料,注重自主研发,不断推出行业升级换代新产品。艾克电缆与海航集团(央企)进行合作,携手进军全国市场。

2.服务业稳步发展,消费结构不断升级。2016年,全市非公经济预计完成服务业增加值1986亿元,增长2.7%,比全市服务业增加值增速加快0.4个百分点,占全市服务业增加值的55%,占非公经济地区生产总值的48.8%,比上年提高8.8个百分点。消费结构不断升级,限额以上企业网上零售、计算机及其配套产品快速增长。2016年,全市非公经济完成社会消费品零售总额3659.1亿元,增长2.7%,占全市的91.8%,比上年提高0.2个百分点。其中,私营企业完成限额以上社会消费品零售总额572.6亿元,占全市额以上社会消费品零售总额的29.5%。

金融业发展势头良好。2016年,全市中小微企业贷款余额5032.9亿元,占全市的39.3%。全市有23家担保机构开展中小企业贷款担保业务,实有担保资金49.23亿元。新增中小微企业贷款担保1135家,新增担保额62.50亿元。推动多层次资本市场融资,积极鼓励企业通过上市直接融资,兴齐眼药公司在深圳交易所创业板上市,融资1.03亿元;17户企业完成"新三板"挂牌,融资4.5亿元。韩国友利银行沈阳分行、毕马威会计师事务所沈阳分所、盛银消费金融公司开业。

3.政策体系日趋完善,中小企业服务工作深入开展。加速推进中小微企业帮扶工作。深入开展"百千万"帮扶行动。制定了沈阳市"百千万"帮扶行动工作方案,设立7个企业指导组,组建12支专家团队,组织30个市直部门和各区县(市)的1260名机关干部对2200户企业开展帮扶活动,累计走访企业5822人次,收集问题412个,问题解决率93%以上。

深入开展"双创示范"。2016年认定28个公共服务平台,27个创业(辅导)基地。有2个基地被认定为国家中小微企业创业示范基地,6个基地被认定为省中小微型企业创业示范基地。有43个项目被省认定为"专精特新"产品(技术)。开展民营和中小微企业培育工作。沈阳市确定了28户作为重点培育民营龙头企业,带动中小微企业走创新发展道路。

创新中小微企业融资服务。设立中小企业融资扶持资金。市政府和金融机构共同出资设立了总规模3亿元的融资扶持资金,重点帮助贷款到期获得银行续贷的中小企业,解决"过桥"问题,已开展19笔业务,累计为企业提供融资扶持资金16.5亿元。开展重点产业园区"助企贷"业务,项目总规模达8000万元,已为68户企业发放贷款1.8亿元。

(经信委)

【融资服务】 结合辽宁省开展的融资顾问专家进企业服务活动,深入县(区)、工业园区、产业集群宣传推广金融产品,组织银企对接,开展金融知识讲座,融资咨询,帮助中小微企业了解和掌握融资方式、流程等业务。在浑南软件与电子信息产业集群、法库陶瓷产业集群、康平塑编产业园区等工业园区、产业集群开展银企对接活动,帮助百余户企业达成贷款意向3亿元。此外,还协调解决企业在经营中遇到的融资问题。按照潘利国市长在《沈阳东管电力科技集团股份有限公司关于推进超超临界机组用管件国产化及与央企混合所有制进展的请求》的批示精神,及时与沈阳东管电力科技集团股份有限公司取得联系,了解企业在融资中需要帮助解决的问题,与人民银行沈阳分行营管部等有关单位沟通,让企业满意。

(于海洋)

【信用担保】 结合市政府提出的稳增长的相关政策措施,增加了对中小企业融资性担保机构低担保费率风险补助政策,经审核,共给予9家担保机构风险补助资金207.95万元。其中:2家担保机构符合担保额增量风险补助,获得补助资金43.93万元;7家担保机构符合中小微企业低担保费率风险补助,获得资金164.02万元。此外,还组织开展担保机构增资扩股工作,支持在沈阳市设立的为小微企业提供担保服务的担保机构增资扩股。市政府出资以不控股为原则,采取直接投资入股或参股组建新公司,且增资部分全部用于对全市小微企业的融资担保。通过申报筛选,首期担保机构增资扩股由恒信投资管理公司代表市政府出资,向辽宁瀚华投资担保有限公司投入资金2亿元。

(于海洋)

【落实中小企业发展政策措施】 为落实沈阳市促进中小企业发展的各项政策措施,沈阳市经济和信息化委员会在2016年主要做了如下工作:

1.深入开展"双创示范"。一是组织完成小微企业服务补贴券申领发放。2016年,全市创业基地内有755户小微企业通过审核,兑现金额为369万元。二是组织开展小微企业合作服务机构的认定,全年共认定62家合作服务机构。三是组织开展了中小企业公共服务平台和中小微企业创业(辅导)基地的认定工作,全年认定27个中小微企业创业(辅导)基地。截止2016年底,全市省级以上小微企业创业示范基地达到15个,覆盖全市7个区县(市),占市级以上基地的33%。

2. 创新中小微企业融资服务。一是做大小微企业发展基金规模,全市设立小微企业发展基金9支,基金总规模可达13.4亿元。二是设立中小企业融资扶持资金,融资扶持资金总规模3亿元,已开展19笔业务,累计为企业提供融资扶持资金16.5亿元。三是开展重点产业园区"助企贷"业务,项目总规模达8000万元,已为68户企业发放贷款1.8亿元。四是开展小微企业保证保险贷款业务,已放款460万元。五是开展小微企业贷款贴息,贷款贴息补助资金749.53万元。六是增强担保机构实力。完成2016年度市级担保风险补助资金申领。

(朱 晔)

【中小微企业监测】 为掌握沈阳市重点中小微企业生产运行情况,对75户中小微企业1—12月份运行情况进行了连续监测。75家企业从行业看,农牧业4家,制造业63家,信息传输、软件和信息技术服务业5家,建筑业1家,批发零售业1家,水利、环境和公共设施管理业1家。

1. 企业生产继续下行。1—12月份,75家重点中小企业实现工业总产值128.7亿元,同比下降3.45%,累计实现用电量超1.7亿千瓦时,同比下降8.14%。

2. 资金压力有所缓解。企业应收账款同比下降2.41%,比1—11月份下降0.1个百分点;财务费用同比下降22.25%,比1—11月份下降0.34个百分点。

3. 部分企业开始补库存。产成品同比下降0.53%,比1—11月份提高了10.4个百分点。

4. 企业用工有所减少。12月末企业从业人员1.79万人,同比下降3.21%。

5. 企业效益指标略有改善。1—12月份企业营业收入、应交税费累计分别下降7.41%、11.22%,降幅分别比1—11月份缩窄1.83、0.43个百分点,企业销售利润率8.5%,同比增加了1.9个百分点。

(经信委)

【中小企业公共服务示范平台和小微企业创业基地认定】 2016年3月,市经信委开展首批中小企业公共服务平台和中小微企业创业(辅导)基地的认定工作。按照认定办法,经过各区县申报、初审、专家评审、网上公示,新认定中小企业公共服务平台22个,中小微企业创业(辅导)基地18个,超额完成年初确定的认定10个公共服务平台和4个创业(辅导)基地目标。11月份,组织开展了第二批中小企业公共服务平台和中小微企业创业(辅导)基地的认定工作,新认定中小企业公共服务平台6个,中小微企业创业(辅导)基地9个。

(王 磊)

【中小企业发展专项资金项目】 2016年,共安排市中小企业发展专项资金1386万元,扶持37个中小企业创业(辅导)基地和中小企业公共服务平台固定资产投资项目。其中,中小企业公共服务平台32个,扶持资金1150万元;中小企业创业(辅导)基地5个,扶持资金236万元。对2015年以前认定的4户中小企业创业(辅导)基地运营费用给予补助资金450万元。

(王 磊)

【中小企业维权】 2016年,中小企业维权工作主要围绕"百千万"帮扶专项行动积极开展企业帮扶维权活动,实现重点帮扶的820户民营工业企业主营业务收入增幅高于去年同期水平。

1. 深入企业,全面掌握企业实际情况。2016年,民营(中小微)工业企业指导组共组建了4支专家团队,组织200余名机关干部,开展对全市820户企业的帮扶活动。选择130户有代表性的企业,跟踪调查,找出制约企业发展的突出问题,提出具有可操作性的意见建议。

2. 创新维权工作方式,开展灵活多样的服务活动。开通了"百千万"活动专项投诉电话及网站,建立了帮扶企业数据实时监控平台,对沈阳市40户特困企业逐户调研走访,研究帮扶企业的具体办法。从中选择有条件复苏的7户企业开展重点帮扶。

3. 主动帮扶,走进园区开展法律维权服务。2016年,成功举办了法律维权服务进园区活动,帮助企业解决了法律防范和企业维权两个方面的问题,较好地为中小企业普及法律维权知识,提高中小企业法律维权意识,减轻中小企业负担,维护中小企业合法权益。共45家高新和科技企业在帮扶活动中受益。

(侯 英)

信息产业

【电子信息制造业概况】 沈阳电子信息制造业拥有规上企业58家,从业人员近2.4万余人。2016年,共实现主营业务收入180.2亿元,同比下降36%。重点产业发展呈现两级分化局面,一方面,IC装备和数字医疗产业板块积极发挥产品优势,主营业务收入保持快速增长态势;IC装备产业依托沈阳富创精密设备有限公司、沈阳芯源微电子设备有限公司、沈阳拓荆科技有限公司等重点企业,在产品研发和市场拓展方面不断取得新成果,产业规模和行业竞争力不断提升。数字医疗产业在沈阳东软医疗系统有限公司的带动下继续保持健康快速发展,东软医疗自主研发的128层"精睿"CT全球累计销售超过100台。另一方面,数字视听和手机及移动终端产业板块行业竞争压力增大,部分企业撤资停产,经济指标持续低迷。面对不利的发展形势,全市电子信息制造业企业积极调整发展策略,不断优化产业结构,根据市场需求和热点开发新产品,产业规模下降的态势得到有效遏制。

(齐子恒)

【机器人产业】 经过多年发展,沈阳市机器人产业已经形成了以浑南区为核心,以铁西区、沈北新区、大东区等为支撑的产业布局,拥有沈阳新松机器人自动化股份有限公司、沈阳通用机器人技术股份有限公司、沈阳众拓机器人设备有限公司等一批机器人企业,2016年实现收入70亿元,同比增长27.3%,产品占国产工业机器人市场份额超过20%。沈阳新松机器人自动化股份有限公司作为全市机器人产业的龙头企业入选

2016年全球最具影响力50家机器人公司,全年实现收入52亿元,同比增长11%,生产机器人4221台/套。

在推动科技创新、加快重点项目建设和开展国际合作等方面,沈阳市机器人产业形成了较好成果。在推动科技创新方面,中国科学院沈阳自动化研究所自主研发的“海斗”号全海深自主遥控水下机器人和“海翼”号7000米水下滑翔机,以及参与研制的“天涯”号和“海角”号深渊着陆器实现了在我国第一次综合性万米深渊科考中的成功应用。沈阳新松机器人自动化股份有限公司打破国外垄断,推出了运动精度高、范围大、承载能力强的六轴并联机器人。在重点项目建设方面,沈阳市重点建设了新松智慧产业园、中国科学院沈阳自动化研究所机器人与智能制造创新研究院一期等项目,项目建成后将形成全市机器人产业技术研发、生产制造等方面新的推动力量。在引导企业开展国际合作方面,沈阳新松机器人自动化股份有限公司和安信咨询公司共同出资组建的中德新松教育集团2016年2月,成功并购德国陶特洛夫职业培训学院,使其成为国内首家收购德国职业教育机构的企业。沈阳新松机器人自动化股份有限公司还与著名跨国企业施耐德电气建立了全面战略合作伙伴关系。

(刘纹雨)

【IC装备产业】　沈阳市IC装备产业保持良好发展态势,重点企业在产品研发和市场拓展方面不断取得新成果,部分产品在业内同领域排名获得提升。沈阳芯源批量销往台湾国际一线大厂的12寸设备全部通过验收;02重大专项产业化成果显著,高端封装专用涂胶显影设备和LED涂胶显影设备国内市场占有率超过50%,成为国内客户的主流首选设备。沈阳富创新增美国应用材料公司海关安全、知识产权及焊接P2-1三项审核认证,累计通过认证46项,成为国内通过美国应材公司认证最多的供应商,排名亚洲前两位。拓荆公司的PECVD设备十天完成工艺认证流程,获得中芯国际颁发的快速装机奖,突破中芯国际同类设备的装机记录。硅基科技试制了部分12英寸SOI样品,并送到北京有色金属研究院进行测试,测试结果达到国际先进水平。新松机器人在洁净机器人市场拓展取得新成果,提供的CMP传输平台解决方案得到了国内半导体设备厂和国内晶圆制造厂双重认可;针对晶圆制造厂研制的倒片机带有直线复合运动双臂大气机械手,大幅提高了传片效率,降低了产品维护成本。2016年,该板块实现销售收入19.4亿元,同比增长14.9%。

(齐子恒)

【数字医疗产业】　沈阳市数字医疗产业在东软医疗系统有限公司的带动下继续保持强劲增长态势。东软医疗不断提高经营质量、全面推进质量效益稳健持续发展,医疗影像设备产品、医疗解决方案、医疗服务三大业务共同发力,公司呈现良好发展态势;东软医疗自主研发的128层“精睿”CT全球累计销售超过100台,打破国外垄断,填补了国内空白。新产品研发收效明显,完成256层CT样机整机装配,并进行电磁兼容测试;完成16通道1.5T超导磁共振成像系统整机电磁兼容检测,进入临床验证阶段;在北京召开的“2016中国财经峰会”上,东软医疗捧得“杰出品牌形象”大奖。沈阳火炬北泰数码科技有限责任公司积极研发数字化新产品,根据国际市场需求对已有产品进行产业化转型,出口创汇呈持续增长势头。大型医疗影像设备人机操作装置产品经通过国际认证及科技鉴定,样机通过美国GE公司实际测试,产品进入批量生产。2016年该板块实现销售收入39.8亿元,同比增长18.5%。

(齐子恒)

【计算机、通信和其他电子设备制造业】　计算机、通信和其他电子设备制造业,主要由通信设备制造业、计算机制造业、电子器件制造业、电子元件制造业、视听设备制造业和其他电子设备制造业6个中类行业组成。

沈阳市拥有长白计算机集团(沈阳)、东软集团股份有限公司、沈阳中光电子有限公司等众多国内外知名的大企业集团公司。

截至2016年末,该行业拥有规模以上工业企业38户,较上年减少21户。从企业规模看,大型企业共2户,中型企业9户,小型企业23户,微型企业4户;从登记注册类型来看,内资企业27户,港、澳、台商投资企业1户,外商投资企业10户。

2016年,全行业实现主营业务收入126.5亿元,下降38.5%,拥有资产总额212.7亿元,同比下降12.3%,其中固定资产14.8亿元,同比下降57.6%,流动资产142.1亿元,同比下降2.5%;负债104.3亿元,同比下降11.3%;所有者权益107.1亿元,同比下降13.5%;平均用工人数1.68万人,同比减少3614人。

在国际国内电子信息市场竞争日益激烈的形势下,沈阳市计算机、通信和其他电子设备制造业不断深化企业内部改革,转变经营观念,瞄准市场需求,提升产品科技含量。2016年,该行业中完成工业总产值过亿元的企业达到18户,占全行业企业户数的47.4%。

(陈　曦)

【移动通信沈阳分公司】　2016年,公司深化一体两翼策略,实施四大工程,凝心聚力,拼搏进取,构建了企业领先发展的新格局。全年实现运营收入近50亿元,4G客户总数达到360万户。

2016年,公司继续加大4G网络的建设,尤其是在地铁、高铁、交通枢纽、住宅园区等重点场景实现4G全覆盖。推动网络重点问题和关键短板集中整治,城市道路测试平均下载速率提升至30Mbps。开展VoLTE质量提升百日会战,实现VoLTE商用。集客竞争优势凸显。公司积极承接“大连接”战略,在能源监控、智能穿戴、车联网等应用领域推动物联网快速发展。聚焦重点集团行业,组建行业拓展团队,形成十三大行业拓展体系,与政府、医疗、教育、交通、能源等重点行业达成信息化合作关系,形成标杆案例14个,位列全省标杆案例总数第一。家庭市场蓬勃发展。提升家客覆盖能力,在城市,统筹安排建设任务,与万科、中海等大型物业进行合作洽谈,扩大品质园区覆盖,城市覆盖率达60%。在农村,与广电进行合作,农村覆盖率达60%。提升家客装维能力,日均装机能力满足500户,单日最高装机量近千户,客户维护回访满意度提升至95%。运营水平加快提升。电子渠道销售能力持续增强,沈阳移动官方微信粉丝达近百万,平均每天阅读量达5万次,电子渠道业务办理量占比达80%。强化实名登记,存量用户实名率达100%。改革创新稳步推进。

加强"法治移动"建设,将法律管理融入业务流程,充分发挥法律在风险防范中的作用,促进企业依法合规运营。强化内部审计监督,实施了经济责任审计、内部控制审计、重点领域专项审计等工作,防范企业运营风险。

2016年5月,受大雨及大风强对流天气影响,沈阳地区无线网络遭遇历史最严峻考验。3日当天共出动抢修人员255人、车辆102台、油机406台,完成无线基站发电521次、汇聚机房发电85次,应急抢修使故障影响范围降至最低,确保了网络运行稳定性在可控范围内。7月21日凌晨,沈阳地区陆续降雨,截至15:00时,由于降雨共造成139个2G基站退服、185个4G基站退服。公司立即启动防汛应急预案,迅速组织抢修工作。当天累计出动抢险人员254人次、抢修车辆90台次、发电机94台,共抢通基站324个,有效保障了沈阳的通信网络安全。

2016年5月,公司与沈阳市政务服务管理办公室举行"互联网+政务服务"战略合作协议签约仪式,正式确认战略合作关系。9月14日,沈阳市网上审批服务平台启动仪式在浑南新区21世纪大厦举行。沈阳市行政审批局与公司共同搭建的沈阳市网上审批服务平台将聚焦企业和群众的办事难点,运用信息化手段解决审批要件多、环节多、时限长等问题,真正实现便民、利民、惠民的"一站式"审批服务。

2016年5月,公司实现了沈阳地铁一二号线4G信号的全覆盖。经测试,网络平均下载速率达到30Mbps以上,沈阳移动4G用户在候车以及乘车期间接可以随意刷微信、看视频、玩游戏、抢红包,持续提升了用户感知。

2016年8月,公司携手辽宁省大学生就业局、辽宁青创创业服务集团有限公司,就"辽宁省青年创业就业综合服务平台"项目于皇冠假日酒店举办了签约仪式。在本次合作中,公司通过搭建辽宁省创业就业综合服务管理平台,使该平台通过相关门户网站及移动终端应用,快速建成一个满足省内中小企业创业创新服务展示、大学生创业创新服务交流等需求的共享服务中心,帮助打造高端创业创新服务品牌,让更多省内大学生得到创业就业机会;在平台搭建先期,公司在沈阳市内43所大学内铺设创业专线,通过专线将会议视频在线系统和无线创业就业服务终端机带进高校并接入综合平台,实现高校创客们在综合平台上进行在线沟通和就创业信息交互等服务。同时,公司通过最先进的电信级数据IDC机房,为该平台提供性能最佳的服务器、云存储服务和7*24小时的专业维护相应服务。

(彭丽　书婉)

无线电管理

【概况】 2016年,全市无线电管理工作坚持把打造国际化营商环境为重要工作,扎实推进无线电管理法制建设工作,进一步简化政审批制度,有效维护无线电通信安全,维护正常的广播秩序,维护国家财产安全和人民群众切身利益,全力保障各项重大活动无线电通信安全,为经济建设和社会的和谐稳定保驾护航。在中共沈阳市第十三届代表大会的无线电通信安全保障中受到了市委办公厅的表扬,在2016中国(沈阳)民用航空应急救援演练无线电通信安全保障中受到了表彰,在德国总理默克尔、韩国国务总理黄教安访华来沈期间的无线电通信安全保障中受到全省通报表扬。打击"黑广播"成果显著受到社会广泛关注,中央电视台新闻频道的5个栏目进行了专题报道。

全市无线电监测工作实现了固定监测站与移动监测站互联互通,建立了以无线电监测控制中心为核心,以固定无线电监测站、移动无线电监测车及便携式无线电监测仪表为辅助的立体全方位手段,技术人员可以随时随地利用vpn专线,通过无线电监测一体化平台远程控制监测网络,对无线电信号进行实时监测和定位,现代信息技术的应用得到进一步加强,为全市无线电管理工作提供了可靠的技术保证。

2016年11月11日,中华人民共和国国务院、中华人民共和国军事委员会发布第672号令,修订后的《中华人民共和国无线电管理条例》,自2016年12月1日起施行。条例的出台将进一步发挥无线电的应用价值,对于加快国防信息化建设、促进民航与信息通信技术产业发展具有十分重要的意义,为新形势下无线电健康发展、依法管理提供了有力的法律保障。

(李　菲)

【简化行政审批程序】 坚持把无线电管理与行政审批制度改革、简化行政审批流程和支持沈阳改革创新试验区建设相结合,全力打造管理高效、服务热情的无线电台站管理体系。全年共受理了6个单位的设台申请,批准审批固定台23部,移动台541部,双工频率15对,并对新设台站单位的无线电发射设备进行了检测。全年新发电台执照124个,换发电台执照79个。为业余无线电爱好者办理电台执照78个、换发执照56个。

(李　菲)

【重大活动保障成果显著】 坚持把重大活动无线电安全保障工作作为检验履职能力的重要标准,全力保障重大活动无线电安全。为中共沈阳市第十三次代表大会、"歌德杯中国"世界青少年足球赛、第五届沈阳法库国际飞行大会暨2016中国沈阳国际航空博览会、中国(沈阳)民用航空应急救援演练、世界杯预赛亚洲足球十二强赛、沈阳马拉松赛、德国总理默克尔及韩国总理黄教安访华等重大活动提供了安全可靠的无线电安全保障,全年保障数量创历史纪录。

(李　菲)

【为考生营造公平公正考试环境】 坚持把各项考试无线电安全保障作为无线电管理的重要工作,有效打击和防范利用无线电设备在考试中进行作弊的违法行为,保障各项考试平稳、顺利进行。共为中考、高考、研究生考试、英语四、六级考试、司法考试公务员录用考试、以及成人教育考试、会计、卫生等职业资格等22项重要考试提供了无线电安全保障,保障天数达39天,占用休息日35天。

(李　菲)

【打击"黑广播"取得重大成果】 坚持把打击"黑广播"作为检验担当能力的重要标准,有效化解社会热点问题,全力维护营良好的商环境,维护正常的广播秩序和人民群众切身利益，在民用航空、军工企业、铁路运输等重点行业及企业的无线电安全保障中成果显著。在继2014年和2015年共成功侦获244个"黑广播"基础上，2016年，再次成功侦获了120个"黑广播"，在全国同类城市中率先实现了"黑广播"基本消失的工作目标。

（李　菲）

【深入广场、社区、企业、机关、学校开展无线电管理法律法规宣传活动】　坚持把无线电管理法律法规宣传工作与无线电管理和无线电保障工作紧密结合，努力打造全方位的宣传体系。在"2.13"世界无线电日、无线电宣传月和《中华人民共和国无线电管理条例》颁布纪念日期间，分别在沈阳故宫南广场和皇寺广场开展了现场宣传活动，通过LED无线电宣传车、展示台、展示板、条幅及发放宣传册、宣传单、宣传品和有奖问答等方式宣传；通过组织专业无线电技术人员和聘请军队、业余无线电管理好者，为市第43中学学生讲授了8节无线电科普知识；同时宣传工作延伸到企业、社区和机关。

（李　菲）

轻　工　业

【概况】　截至2016年末，沈阳市共有规模以上轻工业企业693户，比上年减少239户，占全市规模以上工业企业总数的29.2%。按国民经济行业划分标准，沈阳市规模以上轻工业企业共涉足农副食品加工业、食品制造业、烟草制品业、纺织业、纺织服装服饰业、皮革毛皮羽毛及其制品和制鞋业、木材加工和木、竹、藤、棕、草制品业、家具制造业、造纸和纸制品业、印刷业和记录媒介的复制、文教、工美、体育和娱乐用品制造业和医药制造业等26个大类行业。但轻工业企业主要集中在农副食品加工业、食品制造业、医药制造业、酒、饮料和精制茶制造业、家具制造业、纺织服装服饰业、造纸和纸制品业七大行业中。以上七大行业共聚集了499户企业，占轻工业企业总数的72.0%。

2016年末，沈阳市轻工业企业共拥有资产1435.6亿元，比上年下降9.7%，其中：流动资产684.3亿元，占全部资产的47.7%；固定资产394.4亿元，占27.5%。全部负债总额为725.7亿元，比上年增长2.5%，其中，流动负债543.6亿元，占全部负债的74.9%，非流动负债129.8亿元，占17.9%。资产负债率为50.6%，比上年提高6.1个百分点。所有者权益为598.9亿元，比上年下降34.5%。年平均用工人数12.7万人，比上年减少5.2万人，下降29.1%。

从生产经营情况看，2016年，沈阳市轻工业呈现下滑态势。全年共完成工业总产值993.4亿元，比上年下降55.1%，占全部规模以上工业的比重为18.6%，比重较上年下降5.3个百分点。实现销售产值1004.5亿元，下降45.7%，工业产品产销率为101.1%。全年实现主营业务收入1025.9亿元，下降52.6%，实现利润总额59.8亿元，下降46.0%；实现利税总额104.8亿元，下降39.3%。

2016年，25个轻工大类行业中，有3个行业实现产值超百亿元：农副食品加工业实现产值379.1亿元，居轻工行业榜首，占全部轻工业的38.1%；食品制造业实现产值127.8亿元，占12.9%；医药制造业实现产值127.4亿元，占12.8%；以上3大行业实现产值占全部轻工业的63.2%。

2016年，轻工业主要产品产量：小麦粉（面粉）比上年下降5.4%、饲料下降39.8%、精制食用植物油下降23.4%、方便面下降20.0%、乳制品下降9.1%、饮料酒下降18.0%、软饮料下降6.7%、无纺布下降87.3%、服装下降76.6%、家具下降67.7%、合成洗涤剂下降40.9%、化学药品原药下降62.1%、中成药下降51.2%。

2016年，沈阳市轻工业共有82户企业生产经营呈亏损状况，亏损面为11.8%，较上年提高4.7个百分点；亏损企业的亏损额为12.1亿元，较上年减亏1.7亿元，下降12.3%。

（柳东升）

【食品制造业概况】　2016年，沈阳市食品制造业规模以上企业共有62家。从登记注册类型分组看，内资企业48家，比上年减少15家，其中：有限责任公司9家；股份有限公司3家；私营企业36家；港澳台商投资企业6家；外商投资企业8家。从行业分组看，焙烤食品制造业15家；方便面食品制造业10家；糖果、巧克力及蜜饯制造业5家；乳制品制造业5家；罐头制造业4家；调味品、发酵制品制造业8家；其他食品制造业15家。从企业规模上看，大型企业2家，中型企业9家，小型企业27家，微型企业24家。

2016年，该行业年末资产总计达196.6亿元，其中：流动资产合计116.0亿元，固定资产52.7亿元；从业人员年平均人数达15083人。2016年，该行业的生产和经济效益呈现下降态势，共计完成工业总产值127.8亿元，下降42.2%；工业销售产值127.4亿元，下降42.9%；实现产品销售收入达131.7亿元，下降40.7%；实现利润14.6亿元，下降3.9%。

2016年，内资企业在本行业占绝对优势，内资企业单位数占本行业的77.4%，完成工业总产值50.4亿元，所占比重达39.4%，工业销售产值51.2亿元，比重达40.2%，实现产品销售收入达51.2亿元，比重达38.9%，实现利润7.4亿元，比重达50.7%，实现利税9.0亿元，比重达48.9%。

2016年，该行业中，乳制品制造业全年实现工业总产值48.7亿元，排在第一位，其次为焙烤食品制造业，工业总产值22.5亿元；再次为方便食品制造，工业总产值为22.1亿元。创造利税方面，第一位为焙烤食品制造业，实现利税达7.3亿元；第二位为乳制品制造业，利税为3.5亿元。

2016年，食品制造业生产方便面11.9万吨，比上年下降20.0%；乳制品57.8万吨，下降9.1%；糖果3280吨，下降48.7%；酱油4537吨，下降74.8%；冷冻饮品7.4万吨，下降11.8%。

（张明浩）

【电气机械及器材制造业】　沈阳市电气机械及器材制造业主要由电机制造，输配电及控制设备制造，电线、电缆、光缆及电工器材制造，电池制造，家用电力器具制造，非电力家用器具制造，照明器具制造和其他电气机械及器材制造8个中类行业构成。其主要产品有电线电缆、变压器、电动机、电池、空调器、照明灯具等工业生产用品及居民日常生活用品，是与人民工作生活密切相关的行业。

截至2016年底，全行业共有规模以上工业企业203户，比上年减少83户。其中：大中型企业17户，小微型企业186户。

从行业构成上看：电机制造13户，输配电及控制设备制造92户，电线、电缆、光缆及电工器材制造68户，电池制造4户，家用电力器具制造7户，非电力家用器具制造3户，照明器具制造13户，其他电气机械及器材制造3户。

从经济类型上看：内资企业180户，占全行业户数的88.7%；港、澳、台商投资企业6户，比上年增加1户；外商投资企业17户，比上年减少2户。

2016年，全行业资产总计483.5亿元，比上年下降17.4%；负债合计310.7亿元，比上年下降9.6%；利润总额6.6亿元，比上年下降68.7%；全年平均用工人数为2.9万人，比上年减少2.2万人。

2016年，该行业实现主营业务收入359.1亿元，比去年下降52.7%。在其中类行业中，主营业务收入占据前三位的分别是：输配电及控制设备制造行业实现主营业务收入181.2亿元，占全行业50.5%；电机制造行业实现主营业务收入71.6亿元，占全行业的19.9%；电线、电缆、光缆及电工器材制造行业实现主营业务收入60.1亿元，占全行业的16.7%。

（陈　晨）

【农副食品加工业概况】　农副食品加工业作为沈阳市支柱产业之一，包括谷物磨制、饲料加工、植物油加工、屠宰及肉类加工、水产品加工、蔬菜、水果和坚果加工、其他农副食品加工等5个行业中类和13个行业小类，主要产品为大米、食用植物油、小麦粉、饲料等。

2016年末，该行业共有规模以上工业企业246户，是全市规上企业户数第二多的行业，其中大型企业1户，中型企业15户，小型企业113户，微型企业117户。资产总额达到296.9亿元，同比下降12.1%；其中固定资产105.3亿元，同比下降52.5%；平均用工人数为3.44万人，同比减少1.19万人。

2016年，农副食品加工业产值在全市38个行业大类中排名第4位，仅低于汽车制造业、通用设备制造业和铁路、船舶、航空航天和其他运输设备制造业。实现主营业务收入391.7亿元，同比下降50.6%；利润总额11.6亿元，同比下降64.0%。

2016年，在农副食品加工业中，从事饲料加工的企业有95户，实现主营业务收入211.6亿元，同比下降46.8%；利润总额7.9亿元，同比下降58.2%。

（陈　曦）

化学工业

【化学原料及化学制品制造业概况】2016年，沈阳市化学原料及化学制品制造业规模以上企业共有101家，比上年减少52家。从登记注册类型分组看，内资企业94家，比上年减少46家，其中：集体企业3家；股份合作企业1家；有限责任公司23家；股份有限公司3家；私营企业63家；其他类型企业1家；港澳台商投资企业2家；外商投资企业5家。从行业分布来看，基础化学原料制造18家，专用化学产品制造32家，涂料、油墨、颜料及类似产品制造19家，肥料制造17家，日用化学产品制造5家，农药制造4家，合成材料制造6家。从工业企业大中小微型分组看，大型企业1家，中型企业2家，小型企业47家，微型企业51家。

2016年，该行业全部资产总计年末达88.3亿元，流动资产年合计达44.2亿元，固定资产18.2亿元；从业人员年平均人数为1.29万人。2016年，该行业的生产呈现较大下降，共计完成工业总产值67.6亿元，比上年下降71.7%；工业销售产值75.0亿元，下降68.4%；实现产品销售收入78.5亿元，下降66.9%；实现利润为5.4亿元，下降54.6%。

2016年，该行业中专用化学产品制造业保持良好发展态势，并占绝对优势。专用化学产品制造业实现工业总产值达17.6亿元，所占比重高达26.0%；销售产值为19.9亿元，比重为26.5%；资产总计达28.3亿元，比重为32.0%；产品销售收入达21.3亿元，比重为27.1%；实现利税达2.6亿元，比重为31.3%；实现利润达1.6亿元，比重为29.6%。

2016年，该行业中，专用化学产品制造业全年实现工业总产值17.6亿元，排在第一位；其次为涂料、油墨、颜料及类似产品制造业，工业总产值12.9亿元；再次为肥料制造，工业总产值为9.1亿元。

2016年，沈阳市的化学原料及化学制品制造业生产的主要产品产量：合成洗涤剂1.5万吨，下降40.9%；烧碱12.9万吨，增长25.1%；涂料6.6万吨，下降60.6%；化学农药原药5354吨，下降17.1%；盐酸7.6万吨，增长160.2%；化学肥料1089吨，下降0.4%。

（张明浩）

【橡胶制品业】　2016年，沈阳市橡胶制品业规模以上工业企业共有42家，比去年减少11家。从登记注册类型分组看，内资企业36家，港澳台商投资企业1家；外商投资企业5家。从行业分布来看，轮胎制造行业5家，橡胶板、管、带制造行业20家，橡胶零件制造行业7家，再生橡胶制造行业1家，日用及医用橡胶制品制造行业1家，其他橡胶制品制造行业8家。从企业规模看，大型企业3家，中型企业6家，小微型企业33家。

2016年，该行业全部资产总计年末达188.9亿元，比去年上升1.1%；流动资产合计达50.7亿元，比去年上升26.8%；固定资产合计达107.8亿元，比去年下降7.4%；该行业平均用工人数为1.1万人。

2016年，沈阳市橡胶制品业共计完成工业总产值90.0亿元，比去年下降32.8%；实现工业销售产值87.7亿元，比去年下降33.6%。

2016年，全市橡胶制品业实现主营业务收入88.0亿元，比去年下降33.4%。其中，轮胎制造行业排在第一位，主营业务收入达63.5亿元，占全行业的72.2%；其次为橡胶板、管、带制造行业，实现主营业务收入11.7亿元，占全行业的13.3%；再次为其他橡胶制品制造行业，实现主营业务收入7.2亿元，占全行业的8.2%。

2016年,橡胶制品业中主营业务收入过亿元有12户,占比为28.6%,其主营业务收入合计达76.4亿元,占该行业的86.8%。

(陈 晨)

医药工业

【医药制造业】 医药制造业是沈阳市的优势产业之一,主要由化学药品原料药制造、化学药品制剂制造、中药饮片加工、中成药生产、兽用药品制造、生物药品制造和卫生材料及医药用品制造7个中类行业组成。

2016年,医药制造业全行业拥有规模以上工业企业45户,比上年减少9户。按登记注册类型分:内资企业36户,比上年减少了6户,其中有限责任公司7户,股份有限公司6户,私营企业22户,其他类型企业1户;港、澳、台商投资企业7户,外商投资企业2户。按经济组织类型分:独资企业6户,合作、合伙企业1户,股份有限公司9户,有限责任公司29户。

2016年,沈阳市医药制造业生产较上一年有所回落。全年共完成工业总产值127.4亿元,比上年下降了40.9%;实现销售产值129.0亿元,比上年下降了38.3%。工业产品产销率为101.3%,比上年提高了4.4个百分点。实现出口交货值7.56.4亿元,比上年提高了17.2%。

2016年,沈阳市医药制造业的资产总额302.1亿元,比上年增长了9.7%。其中:流动资产150.9亿元,占全部资产的50.0%;固定资产71.6亿元,占全部资产的23.7%。负债合计为155.8亿元,比上年增长了16.6%。实现主营业务收入146.6亿元,比上年下降了33.9%。主营业务成本为77.9亿元,比上年下降了50.2%。盈亏相抵后全行业共实现盈利18.9亿元,比上年提高了17.4%。实现利税总额27.3亿元,比上年提高了12.8%。实现应交增值税7.2亿元,比上年提高了9.1%。全行业从业人员年平均人数为1.82万人,比上年下降了15.0%。

2016年,沈阳市医药制造业共有7户企业生产经营呈现亏损状态,亏损面为15.6%。亏损企业的亏损额为1.1亿元。

(孙侠飞)

建材工业

【非金属矿物制品业】 沈阳市规模以上工业中非金属矿物制品业主要涉及水泥、石灰和石膏制造,石膏、水泥制品及类似制品制造,砖瓦、石材等建筑材料制造,玻璃制造,玻璃制品制造,玻璃纤维和玻璃纤维增强塑料制品制造,陶瓷制品制造,耐火材料制品制造,石墨及其他非金属矿物制品制造9个中类行业及28个小类行业。

2016年,沈阳市共有规模以上非金属矿物制品业工业企业212户,比上年减少75户,其中,中型企业7户,小微型企业205户。

2016年,该行业共有51户企业全年主营业务收入过亿元,实现主营业务收入合计88.9亿元,占全行业的60.1%。

从登记注册类型看:内资企业193户,占91.0%;港澳台商投资企业11户,比上年减少2户;外商投资企业8户,比上年减少3户。

从行业构成上看:水泥、石灰和石膏制造10户,石膏、水泥制品及类似制品制造83户,砖瓦、石材等建筑材料制造78户,玻璃制造6户,玻璃制品制造12户,玻璃纤维和玻璃纤维增强塑料制品制造5户,陶瓷制品制造5户,耐火材料制品制造6户,石墨及其他非金属矿物制品制造7户。

2016年,该行业拥有资产212.6亿元,比去年下降18.3%,其中固定资产原价147.0亿元,下降49.8%;负债合计104.1亿元,下降0.5%,其中流动负债83.5亿元,下降1.8%;所有者权益合计86.9亿元,比去年下降42.8%。2016年,该行业平均用工人数为3.6万人,比去年减少1.1万人。

2016年,沈阳市的非金属矿物制品业全年实现主营业务收入147.8亿元。在其中类行业中,主营业务收入占据前三名的分别是:砖瓦、石材等建筑材料制造实现主营业务收入75.7亿元,占全行业的51.2%;石膏、水泥制品及类似制品制造行业实现主营业务收入40.1亿元,占全行业的27.1%;水泥、石灰和石膏制造行业实现主营业务收入8.3亿元,占全行业的5.6%。

(陈 晨)

煤炭工业

【沈阳煤业(集团)有限责任公司】 沈阳煤业(集团)有限责任公司(以下简称沈煤集团)是集煤炭、电力、煤化工、新型环保、建材、物流、房地产开发等产业为一体的多元化、多所有制、跨地区、跨行业的大型企业集团。公司下设28个子公司、6个分公司,其中辽宁红阳能源投资股份有限公司为上市公司。截止2016年底,沈煤集团从业人员总数为2.81万人,企业总产值为95.2亿元,增加值为-12亿元,利润为-8.9亿元,经济效益综合指数75.58%,产销率102.68%,资本保值增值率97.8%,成本费用利用率-9.35%,总资产贡献率3.28%,全员劳动生产率91100元/人,流动资金周转率0.767次,资产负债率75.06%。

1.安全生产形势总体稳定。沈煤集团严格落实安全生产责任制,有效杜绝了较大以上事故发生,工伤发生人次同比下降48%。煤炭生产矿井全部达到国家二级以上水平,其中沈南矿井达到国家一级水平;非煤产业全部实现行业达标。全年累计投入安全费3.4亿元。

2.规模经济总量得到保障。沈煤集团努力克服行业产能过剩给企业效益带来的冲击,坚持去产能与存续矿井的正常生产经营"两手抓、两不误",全年完成商品煤产量636万吨、销量661万吨,发电量32.5亿度、上网电量28.4亿度、焦炭产量68万吨、煤气销量8886万立方米、石膏销量12.4万吨、矸石砖销量5452万块。

3.经营管控水平持续提升。在2015年可控性成本费用就已同比下降

5.8亿元的基础上,2016年同比下降9亿元以上。

4.内生发展活力不断增强。沈煤集团根据市场变化,确立了以煤电供热为基础,向清洁能源、绿色开采和金融控股投资平台转型的战略发展方向。建立了员工合理流动和退出机制,2016年减少在岗员工3235人,内部调剂分流员工1414人,除采掘一线外的其他劳务用工全部清退。

(徐　扬)

装备制造业

【概况】　沈阳市装备制造业包括金属制品业,通用设备制造业,专用设备制造业,汽车制造业,电气机械及器材制造业,计算机、通信和其他电子设备制造业,铁路、船舶、航空航天和其他运输设备制造业,仪器仪表制造业八个大类行业。

2016年,沈阳市装备制造业共有规模以上工业企业961户。资产总额5097.7亿元,比上年增长0.1%,负债合计3413.0亿元,比上年增长0.6%,年平均用工人数为27.3万人。

2016年,装备制造业实现工业总产值3650.1亿元,比上年下降29.9%;实现销售产值3642.9亿元,下降29.4%,产销率为99.8%。

2016年装备制造业实现主营业务收入3763.0亿元,比上年下降27.7%;利润总额200.1亿元,下降27.3%;利税总额394.2亿元,下降18.4%。在装备制造业企业中,783户企业实现盈利。2016年,利润总额超10亿的企业为华晨宝马汽车有限公司、上海通用(沈阳)北盛汽车有限公司。主营业务收入超百亿的为华晨宝马汽车有限公司、上海通用(沈阳)北盛汽车有限公司、沈阳远大铝业集团有限公司、沈阳机床(集团)有限责任公司、北方重工集团有限公司、沈阳化工集团有限公司。这些骨干企业为沈阳装备制造业的快速发展提供有力的支撑,为其持续兴旺做出了重要的贡献。

(柳东升)

【专用设备制造业】　2016年,沈阳市专用设备制造业规模以上企业共有117家,比上年减少66家。从登记注册类型分组看,内资企业108家,比上年减少59家。其中:集体企业1家;有限责任公司25家;股份有限公司3家;私营企业79家;港澳台商投资企业3家;外商投资企业6家。从行业分布来看,采矿、冶金、建筑专用设备制造41家,化工、木材、非金属加工专用设备17家,环保、社会公共服务及其他专用设备制造16家,医疗仪器设备及器械制造10家,印刷、制药、日化及日用品生产专用设备制造6家,食品、饮料、烟草及饲料生产专用设备制造5家,电子和电工机械专用设备制造13家,农、林、牧、渔专用机械制造5家,纺织、服装和皮革加工专用设备制造4家。从工业企业大中小微型分组看,大型企业4家,中型企业3家,小型企业55家,微型企业55家。

2016年,该行业全部资产总计年末达492.1亿元,流动资产年合计达327.0亿元,固定资产85.2亿元;从业人员年平均人数为2.03万人。2016年,该行业的生产和经济效益呈现下降态势,共计完成工业总产值195.6亿元,比上年下降58.2%;工业销售产值189.2亿元,下降58.9%;实现产品销售收入186.4亿元,下降59.5%。

2016年,该行业中采矿、冶金、建筑专用设备制造业保持良好发展态势,并占绝对优势,共实现工业总产值达139.6亿元,所占比重高达71.4%;销售产值为133.9亿元,比重为70.8%;资产总计达355.7亿元,比重为72.3%;产品销售收入达132.0亿元,比重为69.7%。2016年,该行业中采矿、冶金、建筑专用设备制造业全年实现工业总产值139.6亿元,排在第一位;其次为医疗仪器设备及器械制造业,工业总产值20.6亿元;再次为环保、社会公共服务及其他专用设备制造,工业总产值为11.4亿元。

2016年,沈阳市的专用设备制造业生产的主要产品:采矿专用设备25.7万吨,比上年下降27.2%;金属冶炼设备2.5万吨,比上年下降27.5%。

(张明浩)

【通用设备制造业】　通用设备制造业是沈阳市传统支柱行业,是装备制造业的重要组成部分。在全市38个行业大类中,通用设备制造业是企业户数最多的行业,知名企业云集,沈阳机床(集团)有限责任公司、沈阳鼓风机集团有限公司、沈阳三洋电梯有限公司和沈阳博林特电梯有限公司等企业享誉国内外。

沈阳市通用设备制造业具有良好的行业基础和较为完备的行业和产品体系,拥有该行业的全部9个行业中类;并拥有全部45个行业小类中的31个。行业的主要产品为金属切削机床、发动机、风机、泵和工业锅炉等。

2016年末,全市规模以上通用设备制造企业为249户,较上年减少167户。从企业规模看,大型企业共4户,中型企业10户,小型企业113户,微型企业122户;从登记注册类型来看,内资企业217户,港、澳、台商投资企业2户,外商投资企业30户。

2016年,全行业拥有资产总额903.7亿元,同比下降7.2%,全年实现主营业务收入411.8亿元,同比下降56.2%,平均用工人数为5.43万人,同比减少3.95万人。

2016年,通用设备制造业主要产品产量情况:金属切削机床5.3万台,同比增长7.9%,其中数控机床3.7万台,同比增长39.3%;工业锅炉10961蒸发量吨,同比下降42.1%;泵5.5万台,同比下降47.1%;输送机械26.9万吨,同比下降42.1%;气体压缩机243.9万台,同比增长31.9%。

(陈　曦)

【沈阳鼓风机集团股份有限公司】
2016年,沈鼓集团有从业人员6934人。企业全年累计完成工业总产值80.1亿元;工业增加值13.5亿元;新产品产值29.5亿元;出口交货值4.1亿元;产品订货69.8亿元;销售收入70.3亿元;经济效益综合指数144.4%;产销率95.6%;资本保值增值率95.01%;总资产贡献率0.6%;全员劳动生产率19.9万元;资产负债率79.9%。沈鼓集团获得市级以上科技奖励15项,其中,《大型乙烯装置成套工艺技术、关键装备与工业应用》荣获"国家科技进步"二等奖;《大型离心压缩机试压壳体及其试压方法》荣获"第十八届中国专利"奖;《年产60万吨天然气液化装置用双混合冷剂离心压缩机组研制》等两个项目荣获“中国机械工业科学技术”一等奖；《机械装备的动态和渐变可靠性组成技术及应用》荣获“教育部科技进步”一等奖；《大型空分装置用全新单缸外置冷却等温离心压缩机组》等两个项目荣获“辽宁省科技进步”二等奖；《320万吨/年连续重整装置用循环氢离心压缩机组》等5个项目获得“沈阳市科学进步”奖。

1. 沈鼓120万吨/年乙烯三机实现国产化。2016年7月2日，沈鼓集团召开“120万吨/年乙烯装置裂解气压缩机组机械运转试验见证会”，这标志着沈鼓集团与中国海洋石油总公司携手合作、共同开创了超百万吨/年乙烯三机成套国产化新征程，“沈阳造”再次填补国内技术空白，我国大型乙烯机组研制水平跃入世界先进行列。

2. 承担的国家科技支撑计划课题通过验收。2016年3月15日，中国机械工业联合会受国家科技部委托在沈鼓集团组织召开了“大型离心式压缩机节能关键技术及应用”—国家科技支撑计划课题验收会。来自天津大学、中机生产力促进中心、合肥通用机械研究院、重庆大学等科研院所11位专家对课题高度认可，并给予91.3分的优异成绩通过验收。

3. 沈鼓正式开工制造首台国产化CAP1000核主泵泵壳。2016年3月29日，由国核工程有限公司和山东核电有限公司相关专家组成的审查组，对沈鼓集团承担的“海阳二期”项目部分反应堆冷却剂泵泵壳的开工制造先决条件进行了审查。审查组一致认定沈鼓集团具备开工先决条件，同意开工制造。这标志着沈鼓集团掌握了三代屏蔽电机主泵制造的关键技术，奠定了实现CAP1000屏蔽电机主泵国产化的坚实基础。

4. “沈鼓云服务平台”入选国家智能制造试点示范项目。2016年6月17日，沈鼓集团申报的“沈鼓云服务平台——鼓风机运程运维服务”项目入选国家工信部“2016年智能制造试点示范项目”名单。这标志着沈鼓智能制造在向“互联网+现代服务”转型方面获得国家认可。“沈鼓云服务平台”以自主研发的机组监测系统SG8000和远程监测中心为基础，以“全生命周期服务”和“客户终身价值管理”为宗旨，已在线并行接入遍布全国的4000多台大型装备的实时数据，可为用客户提供全天候、一站式、集成化的专业服务。

（朱连强　王一明）

【沈阳机床(集团)有限责任公司】 2016年，沈阳机床集团以改革创新统领全局，以转型升级为工作主线，集团经营保持平稳运行，各方面工作都取得了新的进展。搭载i5系统的智能机床产业化步伐加快，新的产品和商业模式逐步得到市场和用户的认可，智能制造生态体系建设行动树立了中国智能制造风向标；省市政府全面支持沈阳机床转型战略，i5战略上升为沈阳市工业发展战略，成为辽宁振兴的核心要素；参加第九届中国(上海)数控机床展览会取得圆满成功，全球首发世界首创平台型智能机床，并在发布会上签署了多项智能制造落地项目；智能制造步伐加快，一批智能工厂先后在国内多地启动建设并部分投产；智能制造装备发展项目通过国家验收，高档数控车床制造数字化车间的研发与应用填补国内空白；《“i5”革命》成为“十三五”中国信息化行动议程重要课题，沈阳机床入选2016中国十大“新经济”优秀案例；中共中央政治局常委、国务院副总理张高丽考察沈阳机床集团，对沈阳机床突破核心技术、实施智能制造战略给予充分肯定。2016年，沈阳机床集团从业人员1.6万人，完成销售收入155亿元，工业总产值154亿元，工业增加值32亿元，数控机床产量3.3万台，产值数控化率66%，机床产品产销率97%，全员劳动生产率20万元/人。

1.《“i5”革命》成为中国信息化行动议程重要课题。1月23日，中国信息化百人会2016年会在北京召开，本次年会主题为“‘十三五’中国信息化行动议程”。会上，中国信息化百人会成员、北京大学政府管理学院教授路风发布了《“i5”革命》报告，这也是此次百人会最重要的议题。该报告以沈阳机床集团开发i5数控系统的经历为经验证据，深刻讨论了中国产业升级的理论问题。报告认为，i5数控系统是全球第一个使机床成为智能、互联产品的数控系统，甚至走在了德国工业4.0的前面。

2. 全球首发世界首创平台型智能机床—i5M8。4月11日，沈阳机床在“上海展”上举行i5智能制造战略发布会，全球首发世界首创平台型智能机床—i5M8，并现场签订多个智能制造落地项目。i5M8是在i5智能控制系统基础上开发出的世界首创平台型智能机床，是中国人首次用自己的智慧定义机床产品。它的诞生，标志着i5全生态智能制造的完善。所谓平台型，是指通过不同配置，i5M8可以针对客户需求“变身”8款不同特征的加工中心，真正突破技术瓶颈，实现“一机控制多机、一机应万变”，它挑战了世界控制技术的最大难题。

3. 省市政府全力支持沈阳机床实施i5战略。5月4日，省长陈求发到沈阳机床集团调研，对沈阳机床核心技术突破及i5智能制造战略推进给予充分肯定，明确要在研发资金和市场推广方面全力支持i5智能制造战略，用i5智能机床产品和智能化服务推进全省产业升级。5月31日，市政府办公厅公开发布了《关于支持沈阳机床集团i5战略计划的实施意见》，明确要支持沈阳机床集团实施i5战略，建设一批智能化工厂，实现从生产智能产品向提供智能服务的转型升级。8月31日，市委书记王蒙徽到沈阳机床调研，对沈阳机床在突破核心技术、落实转型升级战略、实施i5战略等工作中所做的努力给予充分肯定。

4. 数控车床制造数字化车间示范项目通过国家验收。7月1日，由集团所属企业——昆明机床和CY集团联合完成的国家智能制造装备发展项目“高档数控车床制造数字化车间的研制与应用示范”通过国家验收。项目由五条关键零件柔性生产线及车间MES、刀具管理系统、铁屑集中压块装置、测量系统、生产线外设备组成。专家评价，该项目的实施推进了以数字化、柔性化及系统集成技术为核心的智能制造装备研发及应用的进程，将使我国在智能制造领域的研发实现技术上的重大突破，填补了我国高端装备制造的空白，可替代国外进口。

5. i5战略实施取得显著成效。2016年，沈阳机床集团全面推进i5战略的实施，经营租赁、U2U、以旧换新、智能工厂等新商业模式组团发力。1月份，i5智能机床在消费电子行业斩获1万台的大订单。6月份，由沈阳机床孵化建设的全国首批智能工厂分别在湖北圣伟屹公司和襄阳轴承厂相继建成投产。9月份i5智能制造学院在辽宁装备学院举行成立大会。到2016年末，i5智能机床新增订货1.4万台，同比增长1.3倍。

6.入选中国新经济十大优秀案例。11月24日，由国务院参事主办、新华网承办的2016“国是论坛”在京举行，会上发布了2016中国新经济十大优秀案例，沈阳机床等10家企业被评为“新经济”代表性企业及案例。此次评选共征集案例申报材料128份，通过综合考量评选出最具代表性企业30家入围，最后经投票选出2016中国新经济十大优秀案例。沈阳机床i5智能制造以及共享式的商业模式成为创新升级领域的典型代表，对中国经济创新发展具有宝贵的借鉴意义。

（*黄德威*）

【北方重工集团有限公司】 2016年是北方重工经受前所未有重大考验的一年。国内外市场竞争日益激烈，合同订单大幅下滑，资金链条异常紧张，主要经济指标创逾十年最低水平。面对低迷的市场和激烈的竞争，北方重工奋力拼搏，保持了员工队伍的基本稳定。2016年，实现销售收入100亿元；实现利润5500万元；上缴税金7000亿元；实现新增订货80亿元；实现回款55亿元。

1.企业体制创新与改革取得重要进展。依托北方重工香港有限公司搭建境外投融资平台，降低融资成本，积极拓展海外业务；筹建沈阳志和投资有限公司，为迅速提高企业研发能力、市场响应能力和盈利能力打好基础。集团公司积极与中国建材旗下相关单位进行业务对接，已达成协同开拓国际市场的共识；积极配合开发区政府接收工作小组完成对7户壳企业和20户厂办大集体调查工作，具备了移交条件；与市房产局达成自管房产移交协议，尽快完成移交手续。

2.产品研制能力获得进一步提升。产品研发和产品升级积极推进。5项新产品成功推向市场，其中用于双江口水电站的心墙骨料掺和系统技术填补公司业绩空白，移动式散料系统工艺在青海盐湖料场项目中取得成套领域突破；大型洗选设备计算机流体仿真等3项共性技术开发为集团公司相关产品技术提升奠定了基础；20余项产品完成数字化设计，公司主导产品继续向智能化方向发展。

一批重大产品获得科技奖励。3项重大新产品获国家和省市科技奖项，大型球团带式焙烧机成套装备获中国机械工业科学技术二等奖和辽宁省科技进步三等奖；QJSYT－094硬岩土压双模式掘进机获辽宁省科技进步二等奖；球磨机入选辽宁省名牌产品。

3.市场开发与管理工作得到巩固。市场开发取得新突破。全面并购美国罗宾斯公司，并顺利实现接收，重塑了全球全断面掘进机行业市场竞争格局；再制造业务又见成效，中南世纪等项目盾构机再制造后实现二次销售；租赁业务进一步做大，与中建八局、中铁二十局签订多台盾构机租赁合同，分别应用于沈阳城市管廊和长春地铁施工；采用联合设计制造模式与沈阳华大科技公司共同研制出电磁淘洗磁选机，以西澳项目为依托，进军超细粒精选领域；压裂成套装备通过中石油一级采购物资供应商网准入评审，具备市场准入条件；新业务领域得到拓展，马来西亚焦化厂EPC总包等项目正式启动，按计划顺利推进。

营销管理工作稳步推进。加强市场信息跟踪能力，建立信息周报、月报制度，强化时效性；继续强化合同评审制度；增加面审程序，加强了对代理商聘用的管理力度；召开清欠专项大会，进一步统一思想，提高认识，全年实现清欠回款2.22亿元；最大限度地发挥法律在清欠工作中的作用，全年通过法律途径回款3000余万元。

4.各项管理工作不断加强。合同履约能力得到加强。采用专题会议调度协调等多种手段，及时解决资金、接口、协作等问题，保证巴基斯坦港口等一批重大项目顺利履约；为提高结构件产能，启动“三提三保”工程，积极调整人力资源结构、改进生产工艺、增加设备及作业面积；严控机加件能力性外协，积极协调解决原材料、资金等问题，提高内部配套能力。

资金管控进一步加强。加强与金融机构深层次合作，为企业并购、经营提供强有力的资金保障；建立跨境双向人民币资金池和跨境双向外币资金池，为开拓海外融资渠道奠定基础；切实保证按生产进度及需求发放贷款，严格执行贷款资金专款专用制度；拜特资金管理系统增设同类汇总、分级审批功能，确保资金支出可控、及时。

人力资源管理取得新的突破。8名技术人员入选辽宁省第十批“百千万人才工程”，3名技术人员获2016年“盛京人才”科技成果转化奖励；组建教育培训中心，制定全员培训规划大纲；全年开展技术、营销等培训课程36讲，培训员工5700余人次；实行公开竞聘制度，营造公平、公正的竞争氛围，18名员工充实到海外营销等关键岗位；制定《旷工行为的处罚规定》，全年解除30余名旷工人员劳动合同。

不断拓展和加强法务职能。科学合理地调整各管理本部职责，进一步规范公司治理结构；强化风险事前控制，通过加强合同审查、参与重大项目的商务谈判、提高业务人员法律水平等多种手段，有效规避法律风险；积极处理法律纠纷，避免和减少经济损失3000余万元；组建专门机构，加大了生效判决债权的执行力度。

质量管控能力稳步提升。各单位质量主体意识得到进一步加强，通过自查自纠，制定《质量管理提升计划》474项和《质量风险点及改进措施计划》175项；针对铸锻件质量问题，制定《大型铸锻件供方技术标评审制度》和《大型铸钢件监造计划》；加强供方资质审查和检查员检测能力考核；严格执行《质量考核规定》，对276项质量问题进行处罚；组建质量督查部门，对23项重点产品进行督查，加强质量过程管控，提升产品实物质量；通过质量管理体系复评换证审核；经省出入境检验检疫局专家组评估验收，北方重工成为辽宁首家国家级出口质量安全示范企业。

安全生产管理和资产管理工作进一步加强。开展安全检查1200余次，排查隐患780余项，均整改到位，消除了各类安全隐患；全年无重伤以上事故，安全生产事故率0.4‰，远低于考核指标；组建设备维修联合工作小组，整合全集团设备维护资源，保证设备精度和开动率；对2210台套生产设备状态进行核查，制订设备处置方案。

（北方重工）

航空航天制造业

【航空产业概况】　沈阳是国家发改委批准建设的民用航空产业国家高技术产业基地，拥有沈阳飞机工业（集团）有限公司、沈阳黎明航空发动机（集团）有限责任公司、中航沈飞民用飞机有限责任公司、沈阳沈飞国际商用飞机有限公司、沈阳兴华航空电器有限责任公司和中航沈阳飞机设计研究所、中航沈阳发动机设计研究所、中航沈阳空气动力设计研究所等一批重要航空制造企业和科研院所，中国民用航空东北地区管理局、中国民用航空东北地区空中交通管理局等国家航空行政审批管理机构，民用航空运输企业4户，机场7个，是中国重要的航空产业基地。拥有辽宁省省级企业技术中心，直接从事航空制造业人员4万余人，高级科技人员4000多人，是全国唯一具备300余名研发人员与国外研发人员共用平台进行设计的城市。登记在册的通航运营公司7家、航空俱乐部2家，主要业务包括飞行培训、航空游览、驾照培训等，2016年总飞行量8700小时，法库财湖机场连续成功举办了五届国际飞行大会，辽宁锐翔通用飞机制造有限公司生产的RX1E型飞机是国内首款新能源电动飞机，已成功实现量产。近年来，沈阳市航空产业发展机制逐步健全，成立了沈阳市航空产业发展领导小组，统筹推进航空产业重大项目；组建了沈阳航空产业集团有限公司，建立了航空产业发展新模式；成立了沈阳通航产业发展有限公司，加强通航机场建设和管理运营工作。2016年，沈阳航空产业实现产值311亿元，同比增长7%；民机、发动机等大部件转包出口交货值25.9，同比增长5%。

（经信委）

【航空产业布局】　根据沈阳市未来发展的总体布局，为实现航空产业专业化、集群化、规模化发展，在浑南、沈北新区、法库县建设三个航空产业园区。浑南航空产业园：以航空高技术产业基地和空港经济区为特色，浑南航空产业园主要以发展干支线飞机总装及大部件制造、通用飞机及大部件和零部件制造为主，依托桃仙机场临空经济区，发展航空维修、研发检测、航空物流、航空运营、保税、公务机运营、会展、航空金融等产业。园区内核心产品包括庞巴迪Q400、波音、空客、ARJ21、C919、C系列飞机等机体结构部件制造，积极争取的Q400和C系列整机项目，未来也将进入园区。并拟围绕沈飞民机及沈飞国际零件供应，建设总占地面积约450亩的浑南民机供应商产业园。沈北航空产业园：以沈飞公司168项目为核心，紧紧盯住沈飞公司军机的前机身、中机身、后机身和尾段、尾翼、机翼及舱门类、钣框类等零部件，重点引进沈飞军机及民用飞机零部件主要供应商，建设成为规模化、专业化的国际知名航空零部件配套园区，并延伸发展研发设计、运营服务、航空新材料。法库通航产业园：以财湖机场为载体，主要以发展通用航空整机研发制造、通航运营和培训为主，延伸发展通航旅游、航空展览、航空贸易、航空服务及轻小型通用飞机整机制造等产业，建设综合性航空基地。基地核心区域现已建成跑道　条，站坪近7万平方米，入驻通航企业20家，引进了7个国家17款先进通用机型。

（经信委）

【民用航空产品】　民用飞机：以零部件转包生产为主，涵盖了国内外主要干、支线民用飞机的机身段、舱门、电缆、吊挂、机翼前缘等机体结构部段。沈飞民机已成为庞巴迪公司Q400飞机机身及全机电缆的全球唯一供应商，Q400机身连接累计超过100架份，同时，也成为波音公司B737、B777飞机以及空客A320飞机重要的合作伙伴；沈飞国际公司以风险合作伙伴身份为C系列飞机配套前后机身等部件，2016年实现转包额1.9亿元。通用飞机：通用飞机产品有辽宁通用航空研究院的RX－1E型电动飞机、中休轻型飞机公司的海燕650型飞机以及辽宁联航神燕飞机有限公司引进的TECNAM公司三款机型。

航空发动机：转包生产国际民用航空发动机零部件和燃气轮机零部件，其中民用航空发动机零部件主要有机匣类、短轴类、环形件类和结构件类，燃气轮机零部件主要有过渡段类、火焰筒类、外罩类、结构件类和喷嘴类；国内产品有正处于研制过程中的QD70、QD168、QD185、R0110等燃气轮机，QD128燃气轮机已经进入小批生产。

（经信委）

【民用航空生产技术】　民用飞机研发能力潜能逐步释放：沈飞民机公司顺利完成了新舟700后机身、后货舱门JDP设计任务，机身疲劳强度分析年度任务，EWIS/EMC及液压系统安装的JDP设计等工作；与中国商飞北研中心、上飞院的技术合作持续深入，在复合材料机翼、远程宽体客机关键技术额设计与试验方面完成了阶段性联合设计任务；圆满完成了C919飞机技术出版物工作包B全部工作任务。

产品智能化装配水平显著提升：沈飞公司购置了六座标高速加工柔性生产线和六座标卧式高速加工中心等关键设备，建设了C系列飞机机身工作包机身结构件数控加工生产线，显著提升了航空大中型复杂结构件高速加工能力。沈飞国际引进的第一台自动钻铆机已实现前机身和中机身壁板月产3架份装配能力，第二台自动钻铆机完成设备验收评审，机器人自动加工系统和机器人自动制孔设备制造工作已全面启动。

信息化进程加速推进：沈飞民机公司以ERP系统为基础平台，建立了公司物流、信息流、资金流同步的智能物流系统，并全面推进实施MES系统，顺利完成了批产项目的上线运行。沈飞国际ERP系统和CAPP软件已经上线，工装管理系统已在尾锥、舱门装配线全面应用，民机MES生产管理信息系统和WMS仓储管理信息系统均已完成前期开发并实现试运行。

民用航空发动机转包生产取得了显著进步：黎明公司先后在发动机机匣锯

齿孔加工、长轴珩磨加工、油气水路一体化燃油喷嘴组合加工、热障涂层、无磁钢管加工、钛合金金属粘接、蓝腐蚀表面处理、硅橡胶填充等重大技术上取得了突破，其中多项创新成果填补了行业和国内的技术空白。

（经信委）

【中航工业沈阳飞机工业（集团）有限公司】 中航工业沈飞，主要以飞机制造为核心主业，集科研和生产为一体，军机、民机、民品、三产多元化发展的大型航空企业。隶属于中国航空工业集团公司，是中国最大的歼击机研制生产基地和国内唯一重型歼击机制造企业。占地面积830多万平方米，2016年在册职工1.5万余人。

1.经营情况。2016年沈飞公司销售收入实现175亿元，同比增长22.1%；利润6.8亿元，同比增长22.4%。控股子公司整体净资产收益率达16.7%；非航产业全年实现营业收入12.5亿元，是年初计划的189.8%，全面完成了中航工业的考核目标。

2.航空产品情况。军机服务保障能力不断加强，主机管控能力有所提升。接装培训按客户需求不断完善。客户服务迈出了新步伐。C系列、C919、ARJ21等项目均按计划完成配套任务，满足了客户需求。特别是C系列项目取得较大进展，翼身整流罩工作包签署了转回协议，尾椎实现首架份交付，2016年共交付66个产品工作包。

3.质量工作。以“一年治标”质量整顿暴露的问题为导向，将“三年治本”融入质量综合提升工程建设，制订并启动了质量综合提升工程总体方案。质量管理体系建设不断加强，各单位二级质量管理体系作用初显。2016年，公司内、外场发生质量问题数量同比均有所下降，实物质量不断提升，员工质量意识有所提高。

4.技术工作。在解决现场问题方面，坚持以型号研制为导向，加强现场跟产，有效解决生产线重大技术问题百余项。围绕6项重大瓶颈问题开展立项攻关，初见成效。

5.管理工作情况。结合公司AOS流程梳理，调整优化了经营管理、工程技术、生产组织、客户服务等多个部门组织机构，使各项工作职责更加清晰，流程更加顺畅。薪酬体系改革深入推进。加大绩效收入分配比例，强化员工收入与完成任务情况和绩效考核的有效挂钩，形成工作成绩与收入成正比的良好导向。“瘦身健体、提质增效”工作取得实效。针对缩层级、减户数、灭“三无”、清亏损等任务目标，组建了专项工作团队，狠抓投资清理。完成了2家子公司清理、1家子公司减亏，提前并超额完成了集团公司下达的年度目标。

全年完成审计项目30项，较好地发挥了审计监督与服务效能。保密管理体系运行平稳。安全保卫扎实开展，中航工业首批授予“一级保卫分级达标单位”。安全生产防控稳固加强。法律风险防范体系日趋完善。“三供一业”推进效果显著，供暖社会化移交工作提前完成。

（金　波）

交通·邮政

铁路运输

【概况】 沈阳铁路统归沈阳铁路局管辖。沈阳铁路局是中国铁路总公司直属特大型运输企业，主要承担沈阳市及辽宁省、吉林省、内蒙古自治区东部和黑龙江省、河北省部分地区铁路客货运输工作。全局管辖铁路范围跨越辽宁、吉林两省和内蒙古自治区东部，以及黑龙江省南部、河北省东北部。辐射4省1自治区，32个地级市、盟、自治州，194个县、县级市、旗、县级区。经济吸引区占地面积60多万平方千米，2016年地区总人口8000多万。2016年末全局职工总人数为22.56万人。局机关地处沈阳市和平区太原北街4号。

2016年货物发送量完成2.72亿吨，完成总公司计划的92.7%，同比降低4.5%，少运1267万吨；旅客发送量完成2.31亿人，完成总公司计划的94.6%，同比增长7.1%，多运1527万人；货车周转时间完成2.03天，比总公司计划超0.02天，同比压缩0.19天。货运机车日车公里完成642公里，比总公司计划增加12公里，同比持平；货运机车日产量完成195.6万吨公里，比总公司计划减少19.6万吨公里，同比减少24.8万吨公里；货运列车平均牵引总重完成3423吨，比总公司计划减少277吨，同比减少365吨。

2016年，沈阳市辖内共有铁路单位21个，其中独立车站5个（沈阳站、苏家屯站、沈阳北站、沈阳西站、沈阳南站）、车务段1个（沈阳车务段）、货运中心1个（沈阳货运中心）、机务段2个（沈阳机务段、苏家屯机务段）、工务段3个（沈阳工务段、沈阳工务机械段、沈阳高铁工务段）、客运段3个（沈阳客运段、餐饮服务段、旅行服务段）、供电段1个（沈阳供电段）、电务段1个（沈阳电务段）、车辆段3个（沈阳车辆段、苏家屯车辆段、沈阳动车段）、通信段1个（沈阳通信段）。

（李　航）

【旅客运输】 2016年全局办理客运业务的特等站4个、一等站8个、二等站68个、三等站108个、四等站203个、五等站4个，未定等级6个，各类车站共计401个；全局共有乘降所285个，办理客运业务车站和乘降所合计686个。全局客运系统下设长春、沈阳、大连、吉林、锦州五个客运段和旅行服务段。

2016年底，沈阳局担当旅客列车321对，其中直通121对，管内200对。全年完成客运收入200.6亿元，同比增收22.2亿元；日均完成5482万元，同比日均多收593万元，增幅达到12.2%。人均票价收入率完成80.78元/人，较上年增加4.43元/人，增幅5.8%。全年完成旅客发送量2.31亿人，日均完成63.1万人，其中直通完成4485万人，日均完成12.3万人；全局行包发送330.85万件、5.49万吨。

1月10日新图增开图定动车组列车沈阳至北京南、郑州东、石家庄、武汉和大连至山海关等9对。顺利开行拉萨列车。自2月1日起北京西—拉萨Z21/2次改由沈局担当乘务，同时套用车体开行北京西—沈阳北Z621/2次。自2月26日起成都—拉萨T22/3、T24/1次、重庆北—拉萨T222/3、T224/1次列车改由沈局担当乘务，沈阳、长春客运段投入大量人力、物力，确保了安全、平稳、有序和服务质量的提升，不仅大幅度增加了沈局客运营业收入，也获得了旅客的一致好评和肯定。“5·15”调图平稳过渡。以“5·15”全路调图为契机，增开通辽至石家庄、锦州至海拉尔、大连至伊春等3对直通列车，增开大连北至盘锦、长春至敦化、上海虹桥至苍南等早晚动车组6对。

2016年，沈阳市辖内承担客运任务的铁路车站发送旅客4569.2万人。沈阳客运段负责担当乘务沈阳（北）至北京、拉萨、广州东、上海、深圳、宁波、武汉、温州、青岛北、西安北、成都、太原、西宁、承德、哈尔滨东、齐齐哈尔、满洲里、抚远、漠河、赤峰、大连、阿尔山等方向87对旅客列车的乘务工作。其中高铁和动车组列车60.5对，普速跨局直达列车6对、跨局特快列车2对、跨局快速列车6对、跨局普快列车5对，管内快速列车3对、普通快速列车3对，管内普通慢车1对，国际直达列车0.5对。全段旅客列车日走行15.06万公里。每天出乘班组64个，日均出乘人数720人。全年输送旅客6558万人次。

（李　航）

【货物运输】 全局货运经营范围为办理整车、整零、集装箱货物运输，同时组织货运快运班列、循环车组等运输。2016年，全局货运运营里程1.10万公里，有货运办理站488个、零散货物作业站239个、批量零散货物作业站279个、集装箱办理站259个；合资铁路17条，1546公里；地方铁路4条，269公里。专用线、专用铁路共计1407家，其中：专用铁路116家；办理专用线（专用铁路）业务的车站377个，仅办理专用线（专用铁路）发到业务的车站122个；办理集装箱发到业务的专用线（专用铁路）81家；军用专用线109家。

办理货物运输品类主要为煤炭、金属矿、非金属矿、钢铁、石油、矿建、粮食等。沈阳市全年货物发送量2269.96万吨，实现货运收入19.01亿元，装车日均完成1464车，卸车日均完成1849车，完成两端收入7931.98万元，完成接取送达437.35万元。

（李　航）

【沈阳市辖内铁路】 沈阳市辖内各站段因工作性质不同，经营范围和管辖范围不同。沈阳站、沈阳北站、沈阳南站主要担当客运列车的接发及旅客的乘降工作；苏家屯站主要负责沈阳辖区内货物运输和旅客运输工作；裕国站主要承担沈阳枢纽货物列车的编组和解体任务；

沈阳车务段主要负责沈阳市辖内的客货运输以及铁岭、抚顺市辖内部分铁路的货运和客运任务。沈阳货运中心主要负责沈阳辖区内货物运输的办理和装卸任务。沈阳、苏家屯机务段主要负责客货列车的牵引运输和机车的维修和管理任务;沈阳工务段、沈阳高铁工务段、沈阳工务机械段负责管内铁路线路的维修保养任务;沈阳客运段负责旅客列车的乘降服务任务;沈阳供电段负责铁路运输的供电和维护任务;沈阳电务段负责铁路信号、道岔等电气联锁的维修管理工作;沈阳车辆段负责全局大部分客车车辆的维修和管理任务;苏家屯车辆段承担货车车辆的维修和管理任务;沈阳动车段主要负责管理维护动车组工作;沈阳通信段主要担负铁路通信信息工作。

(李 航)

【铁路车站】 2016年末,全局所辖车站769个,其中:特等站5个(长春、沈阳、苏家屯、裕国、山海关)、一等站9个、二等站92个、三等站151个、四等站462个、五等站26个、线路所24个。截至2016年底,全局车务系统共有29个站段,其中:直属站14个:长春站、长春北站、四平站、沈阳站、裕国站、苏家屯站、沈阳北站、大连站、金州站、丹东站、锦州站、山海关站、通辽站、沈阳南站;车务段15个:长春车务段、白城车务段、沈阳车务段、鞍山车务段、大连车务段、本溪车务段、锦州车务段、阜新车务段、霍林郭勒车务段、赤峰车务段、通辽车务段、吉林车务段、延吉车务段、梅河口车务段、通化车务段。

(李 航)

【铁路线路】 沈阳铁路是中国铁路的重要枢纽地区,也是东北地区最大的铁路枢纽。(北)京哈(尔滨)线、沈(阳)大(连)线,沈(阳)山(海关)、沈(阳)吉(林)线,沈(阳)丹(东)线等多条铁路干线及高速线在此通过。

沈阳工务段管辖沈大高速线391.50公里至401.80公里;京哈高速线702.26公里至710.40公里;京哈线690.13公里至882.75公里,其区段包括:沈阳北、铁岭、开原、昌图等16个车站;沈山线0公里至27.50公里,其区段包括沈阳西、大成等6个车站;沈大线389.80公里至399.03公里其区段包括沈阳站;沈吉线0.10公里至143.20公里,其区段包括沈阳东、抚顺北等17个车站;辽开线0公里至89.50公里,其区段包括西丰等3个车站;铁法线0公里至22.71公里,其区段包括大青等2个车站;于虎线0公里至22.82公里,其区段包括2个车站,沈金线3.00公里至93.30公里,其区段包括5个车站。主要负担上述6条干线4条支线及枢纽地区联络线线桥养护维修任务。

沈阳高铁工务段主要承担哈大、盘营、沈丹客专的线路、桥隧、路基、防灾检修任务,所辖线路总延长2356.74公里(哈大客专K25.461—K1144.561;盘营客专下行K5+751—K89+314,上行K5+751—K89+172;沈丹客专下行K0—K58.965、K63.865—K207.756,上行K0.293—K58.965、K63.865—K207.756),其中正线2131.98公里,站线224.76公里,路基617.72公里,道岔612组(正线道岔265组,站线道岔347组),桥梁300座,涵洞527座,隧道66座,车站23个,线路所5个,动车所3个。

(李 航)

【铁路车辆】 铁路车辆分客车车辆和货车车辆,客车车辆为全路配属制,货车车辆为全路周转制(特种车除外)。车辆的管理和维修统一归车辆段负责。沈阳市辖内有沈阳车辆段、沈阳动车段和苏家屯车辆段。

沈阳车辆段管界范围涉及到河北省、辽宁省、吉林省、内蒙古自治区,是全路重要客车检修基地之一。配属客车3097辆,其中硬座车1069辆,硬卧车1279辆,软座车26辆,软卧车299辆,发电车107辆,餐车153辆,行李车149辆,特种车15辆。代管邮政10辆。主要担负着全局客车段修、空调客车和发电车中修,承担着沈阳到北京、上海、广州、福州、深圳、温州、成都、拉萨等地182组2561辆图定旅客列车的执乘、辅修、日常检修工作。2016年完成客车段修2008辆,完成年计划100%;完成空调车中修1766辆,完成年计划100%;完成客车辅修(A1修)2869辆;完成客车临修3419辆;客列检通过修14.73万列、211.88万辆;库列检入库列车检查5.93万列、74.11万辆。2016年临客共开行163组2238辆,其中:新编临客开行74组908辆、旅游列开行13组206辆、套用车体开行76组1124辆。军运共开行103列317辆,军运乘务员103人次,值乘1370天。

沈阳动车段是沈阳铁路局唯一的动车组运用检修段,主要承担时速250公里CRH5A型、CRH5G型动车组和时速300公里CRH380B型、CRH380BG型动车组的一、二、三级检修。负责哈大、长珲、盘营、秦沈客专、沈丹、丹大,沈阳至哈尔滨、大连、北京、青岛、武汉、上海、宁波、西安间动车组列车的运用安全。配属动车组172组,其中CRH5型动车组72组,CRH380BG型动车组100组。2016年共完成动车组一级修3.15万组、二级修6822组、临修508辆。同时,按照总公司送修计划,组织入长客股份高级修29组,其中CRH5A动车组11组(四级修4组、五级修7组),CRH380BG动车组18组(均为三级修);组织入检修基地高级修30组,其中CRH5A动车组2组(均为三级修),CRH380BG动车组28组(均为三级修)。截至2016年12月31日,图定每日开行动车组列车172对133组

(李 航)

道路运输

【概况】 2016年,沈阳市完成道路货运量2.15亿吨、货运周转量370.46亿吨公里,分别比上年增长3.02%和3.03%,完成省、市政府既定的目标。客货枢纽场站建设不断加快,11个场站项目列入部、省"十三五"规划项目库,申请补贴2亿元,其中深国际综合物流园、东北农产品冷藏物流中心、沈北天兴客运站等3个省级重点项目一期工程已经建成。全力推进《沈阳市物流业发展规划》实施,重点培育的3户物流企业全部达到亿元收入目标,5家企业被列为国家首批无车承运试点单位,占全省入围企业三分之一。同时,完成6条农村客运线路公交化改造,开通沈北大学城、铁西产业游等6条定制包车线路,淘汰各类营运黄标车2.94万台,超额完成省、市下达的任务。市内8家客运站全部实现了实名购票,57家驾培机构实现了计时培训,全年培训学员19.1万人。此外,完成了8处通航水域的安全生产专项检查工作。

(赵大光)

【淘汰营运黄标车】 2016年,全市共淘

汰营运黄标车 2.94 万台，完成率 143.76%，提前并超额完成了淘汰营运黄标车任务。沈阳市交通局充分利用各类新闻媒体宣传相关政策，深入企业和客货场站等重点区域进行政策解读，并印发了4万余份宣传材料，为确保完成营运黄标车淘汰工作营造了浓郁的氛围。各级运管部门积极主动会同公安交警、环保、工商、社区等部门，对失联企业逐户走访，排查核实车辆去向，有效推进了淘汰工作进程。11 月29 日，全市各级运管部门统一在市交通局政务网站发布了注销公告，对未按照规定办理营运车辆手续注销的1.18万台车辆予以公示注销，全市淘汰营运黄标车工作完成。

（赵大光）

【启用驾培智能管理系统】 2016 年，沈阳市积极推进驾培智能管理系统启用工作：做好系统征询意见工作，为系统搭建献计献策；会同省局运管组织召开行业调研，听取意见；做好试点学员培训数据录入，配合交警部门做好自主约考工作；按照省局部署组织安装省驾驶员培训智能管理系统；转发省局文件，推进“计时培训、按学时付费、先培训后付费”等经营方式改革，实现57 家驾培机构开展了相关服务方式的改革，占全市71 家驾培机构的80.3%。

（赵大光）

【公路物流园区建设】 2016 年，全市共有东北农产品冷藏物流中心、深国际沈阳现代物流园、沈北天兴客运站等3 个项目列入省政府交通行业重点投资计划，投资金额共计4.94 亿元。截至年底，沈北天兴客运站主体工程已全部完工，东北农产品冷藏物流三个仓储用房、综合办公楼、研发楼主体工程完工。3 个项目累计完成投资3.4 亿元，完成工程进度的69%，项目建设进展顺利。

（赵大光）

【沈北天兴客运站】 沈阳市沈北天兴客运站项目位于沈阳市沈北新区蒲昌路33 号（北至蒲昌路绿化带，南至雨润国有土地，东至规划路，西至雅居街），占地面积3.66 万平方米，该项目是集多种功能为一体的现代化综合交通项目，属于沈阳市二级客运站。本次建设建筑面积1.49 万平方米，其中客运站建筑面积1.11 万平方米。项目计划总投资1.1 亿元，资金来源为企业自筹9000 万元，申请省交通厅补贴资金2000 万元。项目经前期建设施工相关手续的审批，于2015 年5 月正式开工建设，截至2016 年12 月末，累计完成投资9500 万元。完成了主体建筑及配套的消防、空调、玻璃幕墙施工，完成了外墙涂施工及院区内沥青路面施工。院区内给水、排水、燃气等外网管线已完成与市政管线的接驳，已达到正常使用的标准。

（赵大光）

【深国际沈阳现代综合物流园】 深国际沈阳现代综合物流园项目地处沈阳国际物流港范围内的马三家街道，项目规划用地70 公顷，分三期开发。项目总投资近20 亿元，建设总面积近80 万平方米，将成为全国单体面积最大的物流园区。首期取得用地面积24.13 公顷，占地面积24 万平方米，建筑面积25 万平方米，总投资7.2 亿元。资金来源为企业自筹6.45 亿元，申请省交通厅补贴资金3000 万元，申请交通部补贴资金4500 万元。项目集合物流货运仓储、办公中心、物流公寓等相关生活配套服务于一体。项目一期分A、B 两个地块开发，于2014 年9 月份开工，2016 年1 月份已完成基础设施的建设，累计完成投资7.2 亿元。园区招商工作于2015 年5 月正式启动，沈阳项目一期招商签约60 家物流企业，招商租赁套数425 套，2016 年为试运营阶段。为了更好地服务园区客户，项目园区的配套设施完善工作还在不断推进中，园区大门的安装工程已完毕，园区雨棚的搭建工程计划2017 年完工。

（赵大光）

【交通安全生产】 2016 年，全市交通运输行业未发生较大及以上安全生产责任事故。持续开展“平安交通”、“道路运输平安年”等活动，积极推进道路运输和公路施工企业安全生产标准化达标创建工作，企业安全管理水平和事故预防能力不断提升；开展交通运输行业安全事故隐患排查整治行动，组织专项检查25 次，整改安全隐患196 处，责令13 家企业进行整改；强化企业主体责任落实，规范企业经营行为，有效预防和遏制了重特大事故的发生。同时，严格落实信访稳定工作责任制，认真做好信访接待和领导包案，畅通群众诉求渠道，确保了全国“两会”、G20 峰会等重要时间节点交通运输行业的总体稳定。

（赵大光）

【交通行政执法】 开展打击非法营运行为专项整治工作，坚持以集中专项打击和常态重点整治相结合，持续高压执法工作态势，强化了对机场、火车站、客运站、地铁站、校园周边等非法营运问题重点地区和重点部位的治理，并保持了与公安机关的常态联合执法机制，加大了执法打击力度。积极处理残疾人代步车非法营运问题，进一步维护出租汽车行业稳定。全市累计查处各类非法客运经营“黑车”2013 台，依法公开拆解“黑出租车”45 台，有效净化了客运市场环境，积极回应了交通行业社会关切。

（赵大光）

【交通行业治理】 2016 年全市交通行业管理部门进一步提高审批效率，取消行政许可事项3 项、中介服务项目3 项，下放行政许可事项3 项，减少审批要件19 项，并将申报材料由原来的2 套减为1 套，切实减轻了企业负担，全年受理审批事项6.36 万件，平均办结时限1.8 个工作日；提高市民诉求办理效率，全年受理、承办群众诉求17.2 万件，办结率100%，满意率98.6%，先后4 次受到交通运输部通报表扬，辽宁省沈阳“12328”交通运输服务热线管理中心被评为全国“12328”电话十佳服务中心；加强政务公开及信用体系建设，及时、主动公开政府信息588 条，主动公开率达到100%；制定重大执法决定法制审核制度和重大行政处罚备案审查办法，为依法实施交通行政管理提供了法律保障；深度挖掘交通运输行业先进典型，在全行业形成了积极向上的良好风尚，打造了一批“立得住、叫得响”的品牌，进一步弘扬了社会主义核心价值观。

（赵大光）

【2016 年全国春运“情满旅程”先进集体】 2016 年5 月27 日，国家交通运输部、公安部、安全监管总局、中华全国总工会、共青团中央表彰2016 年春运“情满旅程”成绩突出的集体，沈阳市所属客运企业有：沈阳八方客运有限公司、沈阳经纬客运有限公司西站。他们任劳任怨，克服困难，圆满完成了春运任务，为旅客热情服务，无私奉献，成为全国客运服务企业的榜样。

（赵大光）

【“12328”电话服务中心】 辽宁省沈阳“12328”交通运输服务热线管理中心成立于2009 年，该中心为沈阳道路主枢组信息中心下属的服务机构，原为沈阳“96123”交通热线，2015年1月1日，增设辽宁省沈阳“12328”交通运输服务热线机构，中心现有员工40人，管理人员6人，话务员34人。该中心将全市交通行业三大网络平台与四大电话平台，即“12328”省平台、省民心网（政民互动）、市长信箱、市长热线“12345”、市民服务热线“96123”、“12328”市平台、“96123－3”交通热线，全部整合。该中心始终以关注民生、体察民情、反映民意、服务民生为工作理念，采取分散独立办公和集中协调管理的工作模式，以集中受理、按责转办、分级办理、统一督考为工作流程，按照事事有结果、件件有回音的工作目标，以“五心”服务法为基础，为市民群众的行业意见建议、投诉举报和信息咨询提供受理、办理以及反馈服务。经过多年运行，沈阳交通服务热线赢得了百姓群众的口碑与信任，当前业务受理总量为刚开通的2.6倍，表扬电话累计6000件次。同时也获得了上级部门的认可与肯定，2010年沈阳市总工会颁发的“工人（五一）先锋号”，2014年交通运输部颁发的“文明示范窗口”和全国妇女联合会颁发的“巾帼文明岗”两项国家级荣誉，2015年省交通厅和省人社局联合颁发的“全省‘十二五期间’先进集体”，2016年获得交通运输部命名“2015—2016年度全国“12328”电话十佳服务中心”；同时命名的先进个人有沈阳道路主枢纽信息中心的热线电话管理科科长张洋（女），沈阳道路主枢纽信息中心的热线电话话务员李晓琳（女）被交通运输部命名为2015－2016年百佳话务人员。

（赵大光）

公路与城际铁路建设

【概况】 2016年，新建、改造沈铁二号公路、沈棋路等重点公路项目20项195.9公里，维修、改造农村公路1810.2公里，惠及190余万农村居民，完成马宋公路二期、沈闫线、沈阜开发大道连接线等重点项目前期工作，打造京沈线“畅安舒美”示范公路73.5公里，创建精品示范工程3项48公里。同时，沈康四期高速公路和沈阳南动车检修基地增建项目前期工作已全面启动，沈四高速公路已竣工通车，京沈客专沈阳市境内全线实现无障碍施工，沈西工业走廊二期铁路仅用半年时间就完成全部50公里拆迁任务，确保了项目当年拆迁当年通车。此外，创新投融资方式，组建沈阳交通建设发展有限公司，作为政府购买服务的承接主体，融资建设重大交通基础设施项目，有效破解建设资金瓶颈问题。

（胡　博）

【沈四高速改扩建工程通车】 沈四高速公路（沈阳至四平）作为京哈高速的重要组成部分，2015年4月10日，全线封闭改扩建施工，全线500座桥涵都将进行加宽或重建。经过两年零5个月的施工，于2016年9月29日竣工通车。改扩建后的沈四高速路宽由原来的26米拓至42米，由原来的双向4车道扩至双向8车道，全线设计时速120公里，工程实际长度148.6公里，沈阳境内24.7公里。改扩建后，可基本解决拥堵、缓行问题，提高吉林、黑龙江、内蒙东部入关通海道路的通行速度。

（胡　博）

【沈阳铁路枢纽东北环线增二线工程】 沈阳铁路枢纽东北环线增二线工程是辽宁省政府与中国铁路总公司合作共建项目。2016年，完成主线征地组卷和1.5公里联络线征拆工作。按照市政府工作要求，针对拆迁过程中遇到的“厂中厂”等难点问题，动迁办多次组织相关责任部门召开协调会并深入现场研究解决，有力推进了电镀厂等企业地上物的征拆工作，为铁路部门进场施工打通了10米宽的施工作业通道，确保了项目施工顺利开展。同时，针对铁路部门提出的联络线改渠方案，为降低动迁成本，公路动迁办召开专题会议研究优化改渠方案，最大限度避让大型企业减少动迁量，测算节约动迁资金约2500余万元。

（胡　博）

【沈阳四环快速路养护中心】 2016年3月，沈阳成立了四环快速路养护管理中心，负责“四环”快速路养护服务工作。该中心采取巡查制，采取专职巡查与不间断巡查相结合的方式。专职巡查是指配备专人专车进行全线巡查，不间断巡查是指各区段负责人负责所属区段的巡查。全线共栽植5.27万株乔木、58.1万株灌木、153万平方米地被植物，实现产值6745万元，苗木成活率较好。日常养护除草采取机械加人工方式，全线动用1000余人，全年完成5遍；春灌动用34台水车，全线灌足灌透；病虫害防治用2台打药车，全线完成3遍打药，全线病虫害如美国白蛾均得到有效控制。配备专业扫保车6台，4条主要车道部位每天一遍。路缘石底部及防撞墙底部的清扫和散落物、白色垃圾等由各区段负责清理，每公里原则安排1人。路面坑槽、严重车辙处理：已完成修补坑槽430平方米、严重车辙1.98万平方米，人行道沥青面层损坏修复412平方米，共更换井蓖1030套。路面标线破损、损坏设施处理：共完成混凝土护栏更换维修190米；拆除及维修活动式钢护栏247个；机非护栏282米；标志维修73处；标线破损补划，面积1.56万平方米，安装丢失防撞桶129套，损坏反光膜109个，损坏车止石155个，损坏路缘石修复5200米，补放丢失爆闪灯618套。累计出动各类各型除运雪机械104台次，人员630余人，使用除雪剂322吨，除雪面积148.8万平方米。

（胡　博）

【“畅安舒美”公路养护示范路】 京沈线101国道道义至法库彰武界全长73.5公里，全线设沈北、新民、法库三个养护道班。制订了《沈阳市G101国道“畅安舒美”示范公路创建实施方案》，该路2015年完成整体改造后，2016年10月经辽宁省交通厅组织专家验收，确定该路为辽宁省省级2016年度的“畅安舒美”（含义为畅通、安全、舒适、美观）公路养护示范路，实现了路基标准化整治、道路环境整治标准化整治，养护管理标准化进一步提高公路整体形象与服务水平，有力带动全市干线公路养护管理水平的整体提升。

“畅安舒美”公路养护示范路是国家交通部2014年提出的国家干线公路重要养护标准，其指导思想旨在创建“畅安舒美”的公路交通环境，推进科学决策化、推进技术进步、推进养护管理规范化，提高通行能力、提高路况水平、提高安全水平、提高便民和出行服务水平、提高路域环境综合水平。

（胡　博）

【农村公路建设】 2016年，全市累计完成农村公路1810.2公里。充分调动各区县积极性，多方筹措农村公路建设与养护资金，加大农村公路维修改造工程、危桥改造、安全生命防护工程等建设。严格贯彻落实《公路安全保护条例》,推广县区统一执法,成立路政执法部门,采取乡村协作执法的工作方式,通过推进"四好农村路"建设,确保农村公路可持续健康发展。

养护工作全面开展,路况水平稳步提升。沈阳市农村公路养护继续以县级路养护为重点、以路面养护为中心,加强路面巡查和桥梁监管,不断完善专群结合的养护模式,切实提高农村公路养护和管理水平。全市共完成路基整修1617公里,清理边沟1424公里,处治路面翻浆坑槽等病害35.8万平方米,完成新、补植路树80公里,维修桥梁43座776.5延长米。

农村公路管理体制改革工作顺利展开。2016年是《辽宁省农村公路管理办法》全面施行的第一年,继2015年浑南区等4个区县试点的基础上,全市认真总结改革试点单位好的经验和作法,充分调动和发挥政府的主体作用,在各区县交通局的积极努力下,全市农村公路体制改革工作得到顺利开展。

(胡　博)

【建立公路连续运行参考站系统】 2016年,全市公路为保质保量按期完成前期测设工作,积极筹措资金,在全市建立了8处CORS站。CORS站(连续运行参考站系统)可以全天候实时接收GPS卫星信号,获取该地区和该时间段的"局域精密星历"及其他改正参数,可实现厘米级实时定位和事后差分,广泛应用于智能交通、公共安全管理和测绘等领域。全市CORS站已全部建成并投入使用,实现了沈阳境内信号全覆盖,大幅提高了公路测设作业精度。通过智能云后台,可实现项目信息共享和远程智能管理,真正达到提高效率、缩短工期、减少错误、确保质量的目的,为顺利完成公路测设工作奠定了坚实基础。

(胡　博)

【沈棋路中修沥青就地热再生技术应用】 2016年,沈阳市公路管理处在沈棋路中修工程中引入了国际领先的沥青现场热再生技术。通过沥青热再生机组完成加热、钯松、加再生剂、加新料复拌、摊铺、压实等一系列工艺,单车道作业每分钟推进1.5米,快速、连续完成旧路翻新。原来网裂、破损的路面,经过沥青热再生机组一走,就变成了新路,车过路成,既没有以往修路时铣刨旧路的废料,也没有粉尘,通过对原路面旧沥青混合料100%就地再生利用,真正实现了节能环保,不仅有效地保护了生态环境,而且大幅度降低了公路建设成本。

沈棋路中修工程中大面积推广应用沥青就地热再生技术,在辽宁省地方公路建设中尚属首次,有效解决了传统热再生技术"打碎骨料、改变原路面级配;加热温度、深度不够;再生混合料质量差"三大技术难题,而且采用就地加热、摊铺、碾压,优化层间粘结,具有明显技术优势,避免沥青路面渗水带来的质量隐患,施工质量好,有效延长了道路使用寿命,符合环保发展的大趋势。特别是针对沈棋路交通量大、生态环保要求较高的实际,真正实现了建设时间最少、施工水平最高、交通影响最小的目标,是建设低碳公路,实现绿色交通的典范。

(胡　博)

【组建沈阳交通建设发展有限公司】 按照农发行与交通部、辽宁省交通厅《关于做好抵押补充贷款资金(PSL)支持农村公路建设的通知》,交通部与财政部《关于推进交通运输领域政府购买服务的指导意见》等有关文件精神,市政府批准交通局组建沈阳交通建设发展有限公司(简称交建发),通过政府购买服务方式融资建设城建重点公路项目。公司于2016年9月20日注册成立,为国有独资公司,出资人是国资委,行业主管部门为沈阳市交通局。公司开展公路、客运场站、公交场站等交通基础设施项目投融资、建设、养护和管理工作;参与市内公路、客运场站、公交场站等交通基础设施政府购买公共服务,作为政府购买服务的承担主体提供公路、客运场站、公交场站等交通基础设施融资、建设及养护管理服务。参与智慧交通建设,承担市政府确定的重大专项任务。

(胡　博)

城市公共交通

【概况】 2016年,全市公交行业累计发车1798.87万次,总行程3.12亿公里,运送乘客10亿人次。全年新开、优化公交线路34条,增加运营里程164.8公里,填补公交空白56.3公里,方便了长白、于洪新城等区域近10万居民出行;同步对20处"一站多线"站位进行拆分,妥善解决了公交车集中进站影响交通秩序问题;新增、更新新能源和清洁能源公交车辆1360台,已上线运营683台,市政府给予购车补贴7.09亿元,全市绿色环保公交车辆比重达到61%;新建、改建西江街东等公交场站14处、6.8万平方米,增设公交专用道113.5公里、公交港湾站13处。开展"爱沈阳、树新风,公交行业文明行"主题实践活动,通过提升驾驶员服务、改善车容车貌等8个专项整治行动,有效解决了行车不文明、车厢卫生环境差等问题。

(陈千城)

【沈阳市公共交通管理条例】 2016年1月1日,沈阳市公共交通管理条例开始实施。该条例所称的公共交通,是指在沈阳市行政区域内按照规定的路线、编号、站点、时间运载乘客,并按照核定标准收费的公共汽车及相应的公共交通客运服务设施组成的交通服务体系。该条例适用于沈阳市行政区域内的公共交通线路、运营、设施、服务等管理活动。

该条例由市交通行政主管部门负责全市公共交通的管理工作,市公共交通管理机构具体负责本条例的实施。规划、建设、城建、财政、审计、物价、公安等有关部门按照职责分工,做好公共交通管理工作。

该条例确定了沈阳市实施公共交通优先发展战略。市和区、县(市)人民政府应当按照城乡一体化的要求,遵循统筹规划、政府主导、积极扶持、方便群众的原则管理公共交通,为公众提供经济、安全、便捷、舒适的公共交通服务。市和区、县(市)人民政府应当在财政补贴、城乡规划、用地保障、设施建设、交通管理等方面,优先支持公共交通发展。

(陈千城)

【新开调整公交线路】 2016年,沈阳市共新开调整公交线路27条,其中新开线路5条,调整线路22条。增加里程104.8公里,填补智慧三街、全运五路等多处公交空白51.8公里。有效解决了沈飞民用飞机公司、国际软件园、省图书馆、省博物馆、陆军总院浑南分院等企事业单位职工出行问题,方便了浑南区美地庄园、泰奕桃园、中海寰宇天下社区等近10万居民出行。同时,优化站点布局,对20处一站多线的站位进行拆分,妥善解决公交车辆集中进站影响运营秩序等问题，取得较好效果。

（陈千城）

【新增更新公交车辆】 2016年，沈阳市共新增、更新公交车辆1360台，其中更新33台已经上线运营；融资租赁采购的1327台已经完成购车合同签订，正在生产中，2016年底投入运营683辆新车交付使用。同时，加强对车辆的管理，调试完善运政网系统，对符合要求的公交车辆录入管理系统，并下发车辆营运证。2016年新购置的1327台车辆中，新能源公交车达到1012台，标志着全市公交车运力档次和整体服务品质再上新台阶。与传统公交车相比，2016年新购置的车辆的特点：一是环保水平高。新能源车采用LNG（液化天然气）和电力混合驱动模式，清洁能源车采用LNG清洁燃料，两种车型尾气排放更加清洁，而且新车首次加装了天窗空气净化装置，能够进一步净化车厢空气。新车到位后，沈阳市绿色公交的比率提升至61.4%。二是舒适化程度高。新车均配备了空调设备和独立暖风系统，能够为乘客打造冬暖夏凉的舒适乘车环境。采用自动变速技术和全包围驾驶室，改善了驾驶员工作环境，提升了驾驶舒适性。三是安全配置高。新车配备了发动机舱、动力电池舱自动灭火系统，配备了自爆式逃生车窗，并在驾驶室均设置强制控制开关，紧急情况下驾驶员可立即激活系统，进一步提升车辆应急处置能力。四是智能化水平高。新车首次配备了云总线控制系统，在原有总线系统的基础上增加了数据采集传输分析功能，与智能指挥调度平台实现对接，进一步提升了车辆的智能监控能力。

（陈千城）

【公交站务设施建设】 一是建设活动式站务室72处。经过前期勘查，明确了站务室建设线路和点位，积极协调各区相关部门，解决水、电和施工等问题。计划年底前完成主体框架。二是建设公交候车廊和站台，全年建设候车廊549个、公交站台500个，现正在进行建设安装，计划年底完成。三是站牌建设。共安装公交站牌720套，更换站牌线路板3000块。

（陈千城）

【公交电子站牌建设】 2016年，沈阳市继续推进公交电子站牌工作。企业先期投资2000万元，协调电力部门接通电源，加快公交电子站牌改造，协调区城建部门开展建设，完成43个站牌的改造，主要分布在大南街、三经街、三好街和南京街。铁西区的接电施工和沈河区的广告发布协调工作正在进行中，已完成38个智能站牌的数据对接工作。

（陈千城）

【加强行业监管】 2016年，沈阳市交通局利用局智能交通信息中心每日对全市已经安装GPS系统设备的线路运营情况进行监控，掌握线路运营动态，整理、统计行业运营数据，监督企业加强运营方案的执行管理。认真开展“爱沈阳树新风公交行业文明行”主题实践活动，开展冬运考核，并多次联合公安交警部门，对行车秩序进行专项整治，通过一阶段的联合整治，全市公交行业运营秩序有所好转，取得了预期效果。同时，聘请第三方审计机构，对全行业运营里程进行审计，为补贴发放提供依据。

（陈千城）

【规范管理制度】 2016年，沈阳市交通局贯彻落实《沈阳市公共交通管理条例》，在此基础上，结合行业管理实际，修订完善了《沈阳市公共交通车辆广告及服务标识设置管理办法》，起草制定了《沈阳市购物类场所免费公交线路管理办法》和《沈阳市公交场站和站务室管理规定》，进一步完善了行业管理的制度体系。

（陈千城）

【推进GPS系统建设】 一是协调相关部门，完成了2万余台次车辆的GPS系统硬件维护，对涉及站位调整、车辆调配等主要工作进行了落实、跟踪、办理。二是推进车载WIFI建设，与公交企业和系统建设单位相对接，完成了430套设备的安装工作。三是启动公交车辆手持对讲系统建设，已完成1700套手柄安装工作。

（陈千城）

【大型活动公交保障】 2016年，沈阳市交通局组织制订了畜牧业博览会、教育装备展示会、装备制造业博览会、规划年会、农博会、哥德杯、马拉松赛事、中超赛事、党代会公交保障方案、平安夜、圣诞节等11项大型活动公交保障方案，并在活动期间，安排人员到现场指挥调度，圆满完成了大型活动公交运力保障工作。展会期间，共开通9条公交专线，出动车辆820台，发车1640台次，运送市民7.4万余人次。

（陈千城）

【线路临时调整】 2016年，沈阳市道路施工改造工程点多、面广，大量道路同时施工，以及举办大型活动公交调流工作繁重，为将对公交行业造成的影响降到最低，公交中心克服困难，积极协调交警、建委等部门，科学制订公交调流方案。共制订调流方案25个，对237条次线路、5450余台次车辆走向进行了临时调整。

（陈千城）

【全力做好安全安保】 2016年，沈阳市交通局组织开展春季安全大检查、生产经营单位安全生产条件普查、流动加油车加气车专项治理、安全生产事故隐患排查治理月、生产安全事故隐患排查整治百日专项行动、安全生产月、防汛安全管理等安全专项活动，签订安保反恐责任状，进一步加强公交行业安保防范工作。

（陈千城）

【精神文明创建】 2016年，沈阳市开展了星级驾驶员和精品线路评选。对拟评定星级的驾驶员和精品线路进行考核，对不符合要求的驾驶员进行撤星处理。开展了“公交出行宣传周”系列报道活动，提升社会各界及市民对公交发展的关注、理解和支持。加强对企业新闻宣传的考核，全年累计报道650余篇，营造了良好的社会舆论氛围。

（陈千城）

【主要公交停车场建设】 国际软件园公交停车场项目总用地面积1.37万平方米，其中管理用房建筑面积为868.25平方米，维修车间建筑面积为417.02平方米，新建Ⅳ类停车场露天停车位86个，停车场及道路面积1.23万平方米、绿化682.82平方米、围墙442.96延长米，场地内设一座消防水池，预留加气站场地区域1000平方米。

万科新榆公馆公交停车场新建工程总用地面积1661.7平方米，管理用房总建筑面积为279.48平方米，新建Ⅳ类停车场露天停车位11个，停车场及道路面积1521.96平方米、绿化82.08平方米、围墙155.87延长米，场地内设一座消防水池。

高科路公交停车场新建工程，位于浑南区金阳高架桥东、三环路北、高科路南。新建工程中的房建施工包括检车库、调度用房、门卫室及相关附属工程。路面施工包括新建停车场及道路面积6738.47平方米，停车位48个，两个大门，围墙320米以及相关附属配套设施。

三台子公交停车场路面综合改造工程包括对公交停车场4200平方米停车路面、围墙、出入大门、维修台以及配套管网等进行维修改造。主要工程量：新建机动车道路面4163平方米、人行道路面108平方米、边石108米、基础处理3000平方米、新建围墙275米、栏杆16.5米、新建出入口大门2座、汽车维修台1座、外墙涂刷626平方米、新建排水管线286米、双箅雨水口13座、雨水检查井11座、安装400瓦高压钠投光灯2套、挖方4000平方米等。

东塔机场公交停车场路面综合改造工程包括对公交停车场2200平方米停车路面、围墙、出入大门以及配套管网等进行维修改造。主要工程量：新建机动车道路面1791平方米、人行道路面217平方米、栏杆维修改造204延长米、新建铸铁栏杆16.5延长米、新建出入口大门2座、更换边石17米、调整边石168米、新建排水管线135米、双箅雨水口6座、雨水检查井7座、挖方1188立方米等。

西江街东公交枢纽项目位于三环高速和西江街交叉口，总占地规模1.56万平方米。建设内容包括1.42万平方米停车路面、1050平方米站务设施、300平方米维修车间，以及围墙、出入大门及配套管网等。

（陈千城）

【公交智能化应用示范工程】 全面推进公交智能化应用示范工程建设，开发建设了交通运输行业应急指挥、视频会议、公交车无线对讲及公交车总线监测等应用系统；升级“我的沈阳·乘车易”公众出行信息服务系统，进一步完善了服务功能，提升了数据的准确性，截至2016年末，用户下载量已达105万人次；加快公交车免费WIFI系统建设进程，完成了63条线路1312台车载设备安装；开发建设了智能政务系统，并在全局推广应用，大幅提升了办公效率和行政效能。

（陈千城）

航空运输

【概况】 中国南方航空股份有限公司南航北方分公司（以下简称南航北方分公司）前身系原中国北方航空公司。2004年底，经国家有关部门批准，北方航空公司正式将航空主业资产注入中国南方航空股份有限公司。作为中国南方航空股份公司在沈阳设立的分支机构，南航北方分公司从2005年1月1日起，正式按照分公司模式运营，该分公司位于沈阳东塔机场，以沈阳桃仙国际机场为基地机场，主要经营沈阳出港至国内外大中城市的航线。截至2016年底，南航北方分公司拥有A320系列运输飞机28架，经营沈阳始发航线50余条（不含包机），国际航线连通日本、韩国、新加坡等多个国家。

（李小伶）

【航空客货邮运输】 2016年，南航北方分公司完成运输总周转量7.31亿吨公里，同比增长0.4%；旅客运输量433.8万人次，同比下降1.0%；货邮运输量3.90万吨，同比下降0.2%。客座率82.1%，同比持平；载运率74.8%，同比提高1.3个百分点。分公司实现盈利，利润贡献在股份公司排名靠前。

2016年南航北方分公司强化航班正常性管理，提高运行保障能力。运行正常性完成比例115.5%，南航沈阳出港航班关门正常率96.71%，执管航班正常率83.5%，恶性延误率0.39%。南航沈阳出港航班正常率在三大航排名第一。

（李小伶）

【航线网络建设】 2016年南航北方分公司经营以沈阳为中心，辐射日本、韩国、东南亚以及国内60多个城市的50余条航线。

在国际航线方面，南航北方分公司进一步优化日韩航线市场，但由于竞争公司不断增加运力投入，南航北方分公司日韩主干航线的运力份额和市场份额出现下滑。同时，南航北方分公司利用南航网络优势做好相关中转产品开发。2016年在澳洲、新西兰中转方面保持着55%的市场份额，旅客人数同比增幅高于市场增幅。在欧美中转方面，2016年南航市场份额保持在7%左右，南航旅客量同比增幅均高于市场增幅。

在国内网络建设方面，南航北方分公司以北京、上海、广州、深圳、成都为主形成穿梭快线，二线机场航班基本实现覆盖。同时继续加密主干市场运力投入，增加北京、深圳、上海、成都、昆明等城市航班密度，布局并加密沈阳至三亚、海口、武汉、长沙、贵阳、南京等重点潜力市场航线，形成了立足东北、辐射全国，畅通日韩的衔接紧密、趋于一体的航线网络。

（李小伶）

【优化飞机布局】 2016年南航北方分公司按照南航总体发展战略部署，依据“运力跟着市场走的原则”，结合沈阳航空运输市场变化情况及自身的飞行运营保障能力，对机队进行调整，以构建机型先进、结构精简、经济高效的机队。2016年由于受到当地经济形势及沈阳桃仙机场限班等原因影响，南航北方分公司退租1架A319飞机，引进1架A320飞机，飞机总数保持上年的28架，其中A321飞机7架、A320飞机16架、A319飞机5架。

（李小伶）

【市场营销体系】 2016年，地方经济持续低迷，航空市场需求疲软、增长乏力。同时沈阳机场时刻限制放开，一些低成本航空公司集中涌入本地市场，拉低了市场盈利水平，使南航北方分公司的经营工作面临着巨大的压力与挑战。对此，南航北方分公司持续深化营销管理，具体采取了以下措施：一是紧跟市场需求，优化调整主干航线航班，航班生产及收入指标领先于国深航、东上航、海航等主要竞争对手；二是积极走访省级政府采购单位，两方大客户及政府采购销售收入同比大幅增长；三是加强运价协调和市场跟进，抢抓春运和旺季机遇，春运和旺季均实现盈利；四是推进“南航e行”提升客户体验。发动全员发展南航公众号粉丝和下载南航APP工作，提升电子商务的客票销售量。截至2016年底，分公司微信粉丝发展量32.3万人，提升了“南航e行”在辽沈地区的品牌影响力。

在货运经营方面，实施货运航线分级管理和差异化营销，狠抓快件、鲜活等高端货源，积极开发异地经沈阳中转补舱运输，国内收入实现同比增长且高于运量增幅，平均运价同比提高1.4%，产投比103%。全年货运销售收入完成计划指标的107.3%，荣获2016年南航股份公司货运腹舱国内营销先进单位和货运高端产品先进单位。

（李小伶）

【航空安全】　2016年南航北方分公司在安全管理上采取的措施有：一是贯彻南航《关于进一步加强安全生产工作的意见》，迅速出台6方面66项具体措施，并制定工作推进时间表，狠抓《意见》贯彻和责任落实。实施了电子飞行包（EFB）应用，完成了桃仙机场PBN程序审定，认真进行了A320NEO新机型运行准备工作。二是持续排查安全运行中不执行手册的行为，先后组织对标检查10次，涵盖安全运行项目123条。开展运行专项整顿，组织了6方面、26个项目的专项检查，建立并完善了运行会商机制。重新修订了分公司新版《应急处置预案》，完善了患病旅客保障流程及不正常情况处置程序，有效提高特情处置能力。三是深入排查安全风险和隐患。排查出夏秋季风险源38项、冬春季风险源34项，组织现场、航线、危险品及驻外检查30余次，提出问题清单70条，逐条落实了整改。全年下发《风险分析报告》9份，发布安全风险提示50余条，有效防控了安全风险。

全年南航北方分公司安全运行工作平稳可控，圆满实现了第23个安全年。完成运输飞行96974小时，同比下降0.2%；飞行起降4.04万架次，同比下降3.2%；杜绝了严重差错（含）以上问题，发生了1起飞行一般差错，连续277个月保证了飞行和空防安全。

（李小伶）

【新开通航线】　2016年北方公司根据市场需求进一步优化航线网络，开辟或复飞了沈阳－西安－昆明、沈阳－重庆、沈阳－成都、沈阳－海口（复飞）、沈阳－三亚（复飞）、沈阳－深圳（复飞）等6条沈阳始发航线（不含包机）。

（李小伶）

【品牌服务】　2016年南航北方分公司在服务管理方面采取的主要措施有：一是建立月度服务改进及工作协调会制度，着重解决了运输海鲜致客舱异味、无人陪伴儿童经停服务、乘务员物品存放等13项重点问题；建立《机关工作人员出差检查制度》，收集服务检查单65份；制订《人体捐献器官转运绿色通道运输保障流程及应急处理方案》，确保工作有效衔接，全年圆满完成16次人体捐献器官运输任务；完善服务检查机制，组织各类服务检查27次，对发现的问题逐条落实整改；建立重大服务事件联合处理机制，妥善处理一般服务事件103起、特殊服务事件19起，服务监管的力度和效果显著提升。二是加强对服务问题的收集和分析，重点对旅客反映强烈、影响服务质量的问题进行专项整治；积极开展技能培训和实操演练，参训人员达6332人次；集中开展航延整治，推出航延服务专区、服务台和旅客致歉卡等服务措施；加强与空管、机场等单位的沟通协调，着力解决运输高峰期行李破损、晚到等突出问题，旅客满意度有所提升，全年旅客行李投诉率下降58%。

南航北方分公司全年服务考核在股份公司排名第二，杜绝了服务质量有效投诉及媒体曝光事件。

（李小伶）

邮　　政

【《沈阳市人民政府关于促进快递业健康发展的实施意见》正式出台】　2016年，沈阳市政府正式印发了《沈阳市人民政府关于促进快递业健康发展的实施意见》（沈政发〔2016〕61号）（简称《意见》）。《意见》明确了促进快递业健康发展的总体要求、发展目标、任务和保障措施。沈阳市快递业迎来新一轮发展期。

《意见》从起草到出台历经10个月，向34个有关单位六次发函征求意见，与市财政局、市服务业委等部门反复沟通最终达成共识。《意见》主要明确了“五大目标”，即产业规模跨上新台阶、经济社会效益更加显著、服务能力大幅提升、服务质量明显提升、企业实力明显增强。

《意见》提出了做好衔接规划，强化基础建设支持，推进快递与综合交通体系的深度融合，完善末端投递服务体系，促进快递业与电子商务、跨境电商、制造业协调发展，提供车辆通行便利，加大财政税收扶持，培育快递企业总部经济，优化快递市场环境，加强行业监管等12项保障措施。

（缪仁雷）

【沈阳局召开沈阳市邮政业发展“十三五”规划论证会议】　2016年，沈阳市邮政管理局在辽宁荣富饭店召开沈阳市邮政业“十三五”规划论证会议，会上介绍了《沈阳市邮政业发展“十三五”规划》及《规划》编制说明；听取了市内各委办局和邮政企业、快递企业对《沈阳市邮政业发展“十三五”规划》的意见。市局党组书记、局长赵光同志在会上代表市局“十三五”规划起草小组做了中心发言：一是感谢市政府各单位及全市邮政业各企业对《规划》提出的宝贵意见和建议；二是建议做好与各单位专项规划的衔接，保证规划能够更好的融合；三是希望与各单位共同抓好规划的落实工作，确保规划落到实处。下一步沈阳局将结合与会人员在会上提出的修改意见和建议形成《规划》送审稿。

市发改委、市经信委、市公安局、市财政局、市规划国土局、市建委、市交通局、市国家安全局、市科技局、市检验检疫局等部门的相关负责人和市邮政企业、重点快递企业、市快递协会等相关负责人参加了会议。

(王寅生)

【沈阳市政府将邮政业纳入沈阳市产业结构优先发展调整产业目录】 2016年,沈阳市人民政府办公厅印发了《沈阳市产业结构调整指导目录(2016年本)》(沈政办发〔2016〕132号),目录内容全部为沈阳市优先发展的项目,现代物流业与邮政业均纳入其中。

其中第三十项"邮政业"包括邮政储蓄网络建设;邮政综合业务网建设,邮件处理自动化工程;邮政普遍服务基础设施台账、快递企业备案许可、邮(快)件时限监测、消费者申诉、满意度调查及公示、邮编及行业资讯查询等公共服务和市场监管功能等邮政业公共服务平台建设;城乡邮政营业网点、快递营业网点(门店)等服务网点建设;城市、区域间和区域间的邮(快)件分拣中心、转运中心、集散中心、处理枢纽等设施建设;邮(快)件跟踪查询、自动分拣、运递调度、客服呼叫中心等信息系统开发与应用;邮(快)件分拣处理、数据采集、集装容器等技术、装备开发与应用;邮件、快件运输与交通运输融合网络技术开发;"邮件"、"快件"投递"最后一公里"通行畅通建设。

同时纳入的还有第十八项为"现代物流业"。内容包括城市、区域和区域间(快件)分拨中心、转运中心、集散中心、处理枢纽以及快件(邮件)配送站、智能快递箱等为代表的终端处理设施建设、快递服务及其网络信息技术开发应用;构建以重点物流园区分拨、公共配送中心和末端共同配送站点等物流节点为支撑的城市智能物流配送网络体系。该目录于2016年10月17日印发,自印发之日起实施。

(陈 欣)

【邮政业应急救援队伍成立】 为加强应急管理工作,提高沈阳市邮政业面对突发事件的应急反应、控制和救援能力,最大程度的预防和减少自然灾害、恶劣天气等突发事件对寄递渠道的影响,沈阳市成立邮政业应急救援队,确保消费者权益得到有效保护。

沈阳市邮政管理局指导市快递协会组织召开了沈阳市重点快递企业业务旺季服务和安全保障工作推进会,全市邮政企业、重点快递企业负责人参加了会议。会上17家企业代表签署了《沈阳市邮政业应对突发事件互助协作协议》,标志着沈阳市邮政业应急救援队伍的正式成立。应急救援队伍建设由沈阳局发起,市快递协会具体执行,协会理事单位及规模以上企业参与。主要目的是确保在发生突发事件后,其他公司第一时间帮助问题企业派送快件,确保快件不延误、有效减少突发事件可能带来的损失,最大限度保障消费者合法权益。

(缪仁雷)

【与桃仙机场联动确保寄递安全】 为了进一步提高企业对快件过机安检的重视程度,沈阳市邮政管理局与桃仙机场协商,确定了联动措施确保寄递渠道安全。一是桃仙机场每月抄送《月份快件违规收寄统计表》,提供其在安检过程发现的各公司收寄禁寄物品的情况,内容包括收寄企业、内件名称、快递单号、照片等证据材料。二是根据桃仙机场提供的线索,通过调取企业监控录像,结合桃仙机场提供的现场照片进行立案处理。三是对检查发现存在问题较为严重的企业将不享受优先过机、优先安检等优惠政策,同时将在后续的各类执法检查中加大对其检查力度。

三项联动措施的建立,拓宽了企业落实收寄验视及过机安检等工作执行情况的信息反馈来源,为沈阳市寄递渠道安全监管增加了一道防护线。

(缪仁雷)

【推广智能快递箱】 2016年,沈阳市邮政局积极贯彻"智慧邮政"要求,以智能化建设为依托,推进末端设施建设。全市智能快递箱广泛分布在小区、商场等人员密集场所,已由年初的460处增加到1003处,增长118%,格口数达到4.37万个。

以推进智能快递箱为抓手,在前期调研、论证、座谈的基础上,针对智能快递箱在发展初期遇到的各类问题,采取多项措施推进智能快递箱的普及。一是对智能快递箱进行备案管理,要求企业定期上报智能箱设立情况,及时进行备案登记。二是要求智能快递箱厂商严格审核快递业务员身份信息,避免发生偷盗件等损害消费者利益的行为。三是指导智能箱生产厂商加强后续技术研发与服务,及时解决投件、取件过程中遇到的各类问题。四是向企业和社会广泛宣传,引导快递企业使用智能快递箱,特别是在双"十一"旺季期间,为减轻企业末端投递压力。在《辽宁日报》上,刊登《智能快递箱手机扫码1分钟取件》等报道,让智能快递箱被更多的消费者接受并使用。

(陈 欣)

【快递公众满意度位居全国第四】 2016年2月29日,国家邮政局召开新闻发布会,公布了2015年快递服务满意度和时限准时率测试结果,沈阳在全国快递公众满意度中位居第四。

2015年快递公众满意度得分居前十位的城市是:上海、天津、杭州、沈阳、重庆、金华、太原、郑州、苏州、乌鲁木齐。2015年沈阳市快递服务总体满意度得分为74.0分,较2014年提升0.3分。其中,公众满意度为79.4分,时测满意度为68.5分。总体满意度前5名的企业为:顺丰速运、邮政EMS、中通快递、申通快递、圆通速递。

(缪仁雷)

【电动三轮车纳入备案管理】 为提高城市快递配送的专业化水平,解决快递企业电动三轮车市内通行难问题,完善城市快递配送网络,经与市公安部门多次沟通协调,研究出解决方案。在《快递专用电动三轮车技术要求》未正式出台前,对于在车厢两侧粘贴或悬挂"文明出行、平安沈阳"专用标志的快递电动三轮车,交警部门将给予通行便利。同时,市公安局、市邮政管理局要求各快递企业驾驶员自觉遵守交通法规,文明出行。严格遵守道路交通安全法规,严禁酒后驾驶、超速行驶、疲劳驾驶、无证驾驶以及闯红灯、逆行等危险行为。发现交通违法，及时举报，发现道路交通隐患，切勿冒险通行。

中通、宅急送等15家企业按照要求上报车辆信息，已完成1000余台电动三轮车的备案管理工作。

（陈 欣）

【沈阳市快递行业电子面单使用率超过70%】 为降低企业生产运营成本，提高快件处理效率，促进行业转型升级，沈阳市邮政管理局积极督导全市快递企业推广电子面单的使用。

电子面单是一种高效率、环保的信息化面单，不仅存在成本优势，还能更加有效地保障用户信息安全。通过数据的流转，电子面单系统可以串联快递公司、商家与消费者的数据信息。较传统的纸质面单相比，电子面单的运单和拣货单使用同一张热敏面单，大幅提高分拣效率。据各企业数据显示，使用电子面单发货速度提升30%以上。沈阳市快递企业电子面单使用率分三个层级，以京东、苏宁为首的企业电子面单使用率已达100%，顺丰公司电子面单使用率达到80%，圆通、中通等快递企业电子面单使用率达60%左右，整个快递行业电子面单使用率超过70%。

（缪仁雷）

【沈阳市首条全自动分拣线正式投入使用】 沈阳市邮政管理局赴全市各快递企业分拣中心开展双"十一"快递业务旺季准备及安全检查工作。在京东亚洲一号分拣中心，小件自动分拣机正式投入运营，这是沈阳市首条全自动分拣线。

小件自动分拣机是亚洲一号仓库中科技含量最高的设备，于2016年6月13日正式启动，工期108天，在2016年9月开始真假件测试，2016年10月27日正式投入运营。亚洲一号的小件分拣机采用交叉带双向分拣，用机械化扫描代替了人工分拣。共有8个供件台，上件过程简化为将面单置于扫描面上，分拣部分共有160个格口，对应160个站点，传送带每秒行进1.8米，远远超过了原来普通传送带每秒行进0.5米的速度，其分拣速度更快，准确率更高，实际的分拣速度在每小时1.2万件左右。平均每分钟的包裹处理量为200个，每秒钟就有3个包裹从这里奔向不同的站点，去往每个不同客户的家中。

（陈 欣）

【高铁快件助力双"十一"】 为了做好旺季寄递渠道运力保障工作，双"十一"前夕，沈阳局指导市快递协会积极协调铁路部门，充分利用铁路网络密集优势，保快件畅通，助力双"十一"。

在多方协调下，沈阳铁路部门出台了《奏响高铁曲，助力双"十一"》工作方案。《方案》中提出，双"十一"期间，沈阳铁路局将拿出到达大连、哈尔滨、长春、北京、郑州、西安等方向的8列高铁列车的最后一节车厢装运高铁快件，每列限重2吨，价格最低可优惠至3折。同时推出沈局管内8趟高铁列车，时速可达300公里，用于辽、吉两省部分城市间的较大批量的、重量在10吨以内的快件运输，这8趟列车分别是沈阳到盘锦、大连、长春、丹东等市。另外，沈阳铁路部门还同意利用所有高铁列车和动车组的大件行李存放处，用于时限要求较高的商务文件、生物制剂、医药冷链、生鲜果品等快件的运输，开车前1小时均可受理，实现当日达、次晨达和次日达，双"十一"期可对快递企业8折优惠。

"电商黄金周"高铁快件运输服务的推出，充分利用铁路可克服风雪、大雾带来的不利因素进行运输的优势，发挥了沈阳中心城市和枢纽城市的作用，极大地提升双"十一"期间沈阳邮政业的寄递运力。

（徐 莹）

【沈阳市万名快递员全部加入平安志愿者的队伍】 2016年5月17日，由沈阳市公安局和沈阳市邮政管理局共同举办的"平安沈阳文明出行"志愿者活动启动仪式在苏家屯区公安分局院内举行。市公安局、市邮政管理局领导及相关部门的负责同志，市邮政企业、快递企业负责人及快递员代表，市快递协会负责人共同出席了启动仪式。

启动仪式上快递员代表宣读了《平安沈阳文明出行》志愿者倡议书，20名企业负责人代表签署了"平安沈阳文明出行"倡议书，与会领导为参加此次启动仪式的快递员佩戴"平安志愿者"袖标。会上，市公安局和市邮管局领导就开展好"平安沈阳、文明出行"活动分别提出要求。

以启动仪式为标志，沈阳市万名快递员全部纳入沈阳市平安志愿者队伍，担负起全市社会治安综合防控工作，积极融入平安沈阳建设工作中。快递员们走向街路、社区、村庄、企业、学校履行平安志愿者的义务，成为全市"平安街路"、"平安社区"、"平安企业"、"平安校园"守护者，成为平安沈阳建设的忠诚卫士。

（缪仁雷）

城乡建设与管理

综　述

【概况】 2016年城建项目预安排计划投资规模为302亿元。其中,市本级城建计划共安排项目201项,总投资232亿元;各区、县(市)、开发区等独立投资计划共安排项目142项,总投资70.9亿元。截至12月30日,城建项目已开复工321项,完成投资274.47亿元(2015年同期300.3亿元),占全年计划91.49%(2015年同期100.1%)。其中,市本级开复工项目195项,完成投资212.47亿元(2015年同期207亿元);独立投资项目开复工126项,完成投资62亿元(2015年同期93.3亿元)。

(任　军)

【道路交通】 2016年,地铁四、九、十号、二号线北延线进展顺利;南北快速干道工程,北段高架桥已完工通车,中段、南段隧道正在进行主体结构施工;五爱街/南二环互通立交工程,除S线下穿青年大街的框构桥外,其他桥梁匝道和路基匝道建设基本完成,并已投入试运行;开工建设北一路快速路;中央大街桥项目正在进行河道内桩基础施工;王家湾(长安路)跨河桥主体已完工;南塔街下穿二环通道工程、沈铁二号公路及西部大道整修、沈棋路整修已完工;东塔跨浑河桥工程、昆山西路与304国道连通工程、马宋公路、大北关街公铁桥及沈闫线正办理前期手续。

(任　军)

【生态环境建设】 2016年启动南运河、新开河、辉山明渠及满堂河等城市水系综合治理工程。完成城区重点街路行道树补植、舍利塔盛京碑林公园(二期)、罗士圈公园改造提升工程、区属公园提升改造等绿化项目;燃煤锅炉高效除尘改造、脱硫设施升级改造、"拆小并大"等"蓝天工程"已完成;老虎冲垃圾场渗沥液处理项目已投入运营;西部污水处理厂(二期)、细河环境综合整治等"碧水工程"正在按计划实施;老虎冲垃圾焚烧项目正在进行设备采购;大辛、张士2个垃圾焚烧项目,500吨污泥扩容项目正在办理前期手续。

(任　军)

【配套设施】 2016年,铁西新城综合管廊一期工程已形成管廊4.5公里,南运河综合管廊已开工建设;海绵城市示范区(沈河区东部新城)一期工程正在开展前期工作;供水方面,南塔配水厂输水管线加固改造工程、水源输水管线护堤加固、城市应急水源保障检修(地下井热备)、水源增配双回路电源工程等工程按计划实施;排水方面,五爱泵站工程正在进行收尾,市区积水点改造已完工;200公里供热旧管网改造等工程全面完工。

(任　军)

【民生保障】 2016年实施城乡结合部老旧住宅"三网"配套改造工作,惠及居民7.43万户;基本建成保障性住房1.35万套,棚户区改造完成2.60万户,553个旧住宅区环境改造、550万平方米节能暖房已全部完工;更新老旧公交车工作正在进行;主城区破损道路整修48条已完工;延伸浑河北岸健身绿道12公里;开工建设70处公共停车场,年底已完工47处。

(任　军)

【县域基础设施建设】 2016年完成2030公里村内道路及附属设施建设、8290户农村危房改造和2.6万户改厕工作;开展了14个宜居示范镇和38个示范村建设工作;举办了寻找沈阳最美乡村宣传工作。

(徐宏涛)

【宜居乡村建设】 2016年,按照市政府宜居乡村建设工作全域全覆盖的要求,将"十三五"期间阶段保留村纳入宜居乡村建设范畴,计划到2017年底,全市1361个行政村1998个自然屯全部达到全面小康建设标准。市文明办、市建委、沈阳日报社联合举办了"寻找美丽乡村"宣传活动,编制了《"寻找美丽乡村"宣传活动实施方案》,评选出浑南区魏家村等10个沈阳市最美乡村。2016年,全市宜居乡村建设完成投资15.7亿元,完成村内道路及附属设施2030公里,完成220个村宜居达标工作,开展14个宜居示范镇和38个宜居示范村创建;开展1444个行政村的常态化保洁工作;完成2.6万座农村无害化卫生厕所改造工作和8290户危房改造工作;15万农村人口安全饮水工程已完成前期勘探和康平、法库地区打井工作。

(姜子平)

【城市环境整治专项行动】 2016年,市政府从九月末开始,在全市范围内开展为期一个月,以环境卫生、市政设施、施工现场、交通运输、小区环境、市容秩序六大方面为重点的城市环境整治专项行动。共整治问题点位2200余处,特别是在市政设施、施工现场、交通运输、小区环境这四个方面成效显著。专项行动结束后,专项行动督查组继续通过采取明查暗访、建立环境问题"销号"制度等措施,严格督促相关市直部门及各区政府,重点解决环境卫生、市容秩序的城市环境薄弱环节,包括部分街巷路周边存有生活垃圾、建筑垃圾等,沿街两侧的水果摊、门窗加工、汽车修理、建材五金等商铺占用人行道经营,坚持常态化、高标准化地开展城市环境治理。

(吕伟军)

【金廊项目】 2016年,金廊核心区段20个在建项目完成投资93亿元。截至年底,新世界博览馆、嘉里中心T1写字楼等单体建筑已投入使用;泰和龙庭住宅项目整体竣工交付使用;友谊时代广场、佳兆业中心两个项目整体完成外部装修;福佳金融大厦项目整体实现封顶;新世界酒店和公寓、宝能商场、华强商场、嘉里T2写字楼、保利大都会一期、中粮广场四期等一批单体建筑主体封顶。

一年来,先后推进解决了诸如嘉里

项目临青年大街一侧公交场站向北迁移、裕景项目煤气施工期间交通组织及11号楼竣工验收、友谊项目临五里河巷主入口整修、华强项目A#楼验收、宝能项目和恒隆项目基坑安全、安邦项目质量监督及新增出口、世茂项目路灯杆迁移、嘉里和华润项目雕塑建设、乐天项目二期集中浇筑前施工图审查、泰和龙庭项目竣工验收、佳兆业项目竣工验收、卓展项目装饰装修委托监督等60多个问题。

（汤晓东）

【“海绵城市”项目启动实施】 2016年1月,辽宁省政府颁布了《关于推进海绵城市建设的实施意见》（辽政办发〔2016〕10号）,要求到2020年每个市至少要建设1个海绵城市示范区,示范区要集中连片,面积不小于15平方公里。沈阳市选取东部新城作为海绵城市建设示范区,示范区北至沈吉铁路,南至浑河滩地,东起古井路、三环,西至新东四街,规划面积22.3平方公里。该区域内生态资源优越,用地类型多样,黑臭水体整治、排水防涝及棚户区改造需求迫切,海绵城市建设易于形成集中连片效应。示范区一期工程包括16个建设项目,其中:公园绿地项目5个,分别为前山公园、和睦北园、凌云湖公园、新开河景观提升（二环内段）和新开河景观提升（二环至三环段）,绿化面积70万平方米,采用建设透水广场、下沉式绿地、雨水花园、人工湿地等措施,实现对雨水径流的有效控制;道路排水项目11个,长度9113米,采用人行道透水铺装、生态树池及下沉式绿化带等措施,变快速汇水为分散就地吸水。

（赵程博）

建　筑

【建筑行业发展】 2016年,沈阳市2322家有资质的建筑业企业共完成建筑业总产值1395.9亿元,比2015年下降12.8%;实现建筑业增加值409.5亿元,比2015年增长5.1%;房屋建筑施工面积8781万平方米,比2015年下降11.6%。积极推进建筑业供给侧结构性改革,一是形成以少量“设计、采购、施工”一体化工程总承包企业为龙头,以一大批“专、精、特、新”专业承包企业为主体,以劳务公司为基础的建筑产业结构。二是引导企业研究开发和推广应用符合建筑产业现代化工程要求的成套技术和核心技术,做好工人的岗前培训和技能提升培训。通过提高建筑企业技术创新能力、管理人才水平、基层从业人员素质,实现企业综合实力的提升。三是以转变政府职能为前提,继续做好简政放权工作,同时做好行业监管服务体系的创新建设。四是使行业协会独立运行起来,提升建筑行业协会专业化水平和能力,推动服务重心从政府转向企业、行业、市场。

（张　伟）

【建筑行业管理】 2016年,沈阳市积极整顿建筑市场,使建筑市场逐步走向规范化。通过加强管理,积极防止应对由于转包等违法违规行为而造成的工程质量低下、建设市场混乱等现象;采取多项措施打击违法分包行为,且对建筑市场中存在的其他违法违规行为进行了查处。

（张　伟）

【工程质量管理】 2016年,沈阳市围绕全年质量工作要点,持续推进工程质量治理两年专项行动,全面落实工程建设五方主体质量终身责任制,坚持依法行政,完善质量监督体系,强化事中事后监管,有效完成全年工作任务。2016年全市在建工程建筑面积8467万平方米,比2015年增长7%。共下发工程质量整改通知单391份、局部停工单4份、责令检测通知单11份、行政调查笔录15份,共罚处金额41.41万元。工程质量治理两年行动顺利收官。2015—2016年沈阳市始终保持工程质量治理高压态势,开展工程质量专项治理和全市工程质量大检查,“两书一牌”制度得到全面落实。工程创优能力持续提升,2016年共有10项工程被评为沈阳、哈尔滨、长春三市优质观摩工程,43项工程被评为省世纪杯工程,195项工程被评为省优质主体结构工程,313项工程被评为市优质主体结构,50项工程被评为市优质工程,14项工程被评为市精品工程。

（李　洁）

【建筑施工安全生产管理】 2016年全市在建工程建筑面积为8467万平方米,未发生重大以上安全生产事故。市政府召开2016年建设工程质量安全大会,部署了2016年建设工程质量安全工作任务,按照“全覆盖、零容忍、严执法、重实效”的总要求,全面落实安全生产责任制,夯实安全生产基础工作。根据不同季节和不同施工阶段,开展了一系列专项整治和隐患排查工作。为有效防范和遏制较大事故、减少一般事故,开展了春季开（复）工安全隐患大排查、建筑施工生产安全事故隐患排查整治百日专项行动、建筑工地火灾隐患排查整治、“安全生产月”安全隐患大排查大整治、冬季施工安全隐患排查综合整治和安全生产大检查等活动,坚决堵塞安全管理漏洞。特别是对深基坑、起重机械、高支模等危险性较大的分部分项工程开展专项检查,有效预防和遏制了重特大事故发生。

（蔚海军）

【建筑市场规范】 市建委年初印发了《2016年沈阳市建筑市场综合执法检查方案》和《2016年沈阳市建筑施工“三包一靠”市场行为执法检查实施方案》,召开了县区建筑市场监管工作部署及培训工作会议。全年组成2个检查组,对全市17个区县及在建项目进行督导检查,检查组通过听取工作汇报、查阅资料台帐、现场抽取项目的方式,对各有关单位进行深入细致检查。全年考核16个区县,检查项目113个,涉及企业185家,下达调取资料通知书80余份;查处涉嫌违法行为18起,其中下达整改通知书16份,立案2起。各区县检查建筑工程项目300个,涉及建设单位299家和施工单位288家,发现存在涉嫌违法行为10起,给予限期整改7起。完成《沈阳市建设工程智慧监管与诚信管理平台工作》可行性研究,修订《沈阳市建设市场主体诚信行为激励和惩戒规定》等5个规范性文件,完善建设市场守信奖励失信惩戒机制,省、市重点建设工程项目在沈阳招投标领域使用企业信用报告率达到100%。

（刘呈来）

【现代建筑产业】 2016年,全市实现现代建筑产业产值561亿元。自土地加条件以来,全市累计出让产业化地块68宗,合计总建筑面积约1290万平方米,累计开工的产业化面积已经达近880万平方米,其中2016年新开工300万平方米,万科春河里、荣盛昆山豪庭项目等已经交付使用。规上企业中,沈阳万融现代建筑产业有限公司2016年实现产值

1.8亿元,生产预制构件约1.5万立方米;亚泰集团沈阳现代建筑工业有限公司2016年实现产值1.82亿元,生产预制构件约2万立方米;沈阳北方建设集团2016年实现产值28亿元;中南建设(沈阳)建筑产业有限公司2016年产值2000余万元,生产预制构件1万立方米;中辰钢结构公司2016年实现产值5.1亿元.

(付　欣)

【举办第五届建博会】 2016年5月25日至27日,第五届中国(沈阳)国际现代建筑产业博览会在沈阳国际展览中心举行。建博会共设四个室内展场和一个大型室外展场,共吸引了美国、日本等10多个国家和地区以及国内600余家企业参展,集中展示了多种新技术、新材料、新产品。展会期间还组织了装配式建筑、建筑新型模型、绿色建筑、工程监理企业转型等多领域专项研讨会,国家住建部在展会同期举办了"全国装配式建筑技术交流大会"。

(付　欣)

【获得国家住建部人居环境范例奖】 根据省住建厅2016年6月16日《转发住房城乡建设部关于印发中国人居环境奖评价指标体系和中国人居环境范例奖评选主题的通知》(辽住建[2016]99号)的要求,认真组织开展了沈阳市2016年中国人居环境范例奖申报工作,由市建委开展的沈阳市大力发展装配式建筑项目获得了2016年国家住建部人居环境范例奖。

(付　欣)

【实施"互联网+现代建筑"战略】 全面创新改革的重要任务取得阶段性成果,截至2016年底,基于BIM的综合信息服务平台1.0版本和工程质量管理系统1.0版本搭建工作已基本完成。

(付　欣)

【装配式建筑技术标准体系逐步完善】 2016年修编完成《装配式混凝土结构设计规程》、《装配式混凝土结构构件制作、施工与验收》、《装配式住宅建筑设计规程》及《装配式住宅全装修技术规程》四部省级技术标准,基本形成了装配式建筑及全装修的技术标准体系。编制完成了《装配式剪力墙结构深化设计、构件制作与施工安装技术指南》、《装配式商品住宅户型标准化设计图集》,分别由中国建筑工业出版社、辽宁科学技术出版社出版发行。

(付　欣)

房　地　产

【概况】 2016年,沈阳市紧紧围绕去库存这条主线,从"促销售、稳房价"两方面入手,先后制定出台了"22条"、"11条"、"7条"和"9条"房产新政,全年商品房备案面积首次突破1800万平方米大关,达到1806.5万平方米,比2015年增长10.1%;二手房转让面积首次突破1000万平方米大关,达到1047.2万平方米,比2015年增长19.3%;商品房库存面积2263.4万平方米,比2015年下降11.8%,去化周期15个月;商品住房库存面积957.1万平方米,比2015年下降28.9%,去化周期7个月,去化周期在总体上已维持在合理区间。房价运行平稳,全年商品住房备案均价6795.8元/平方米,比2015年上涨8.9%,在副省级城市中处于下游水平。

2016年,沈阳市棚户区改造任务为2.56万户,占全省总任务(14万户)18%。截至年底,开工2.60万套(户),开工率101.7%,货币化安置率100%,按计划完成省政府下达的任务目标。2016年,省政府下达沈阳农村危房改造任务为6460户,在此基础上,沈阳自加压力,任务增加到8290户,截至年底,开工8290户,超额完成省政府下达的任务指标。

2016年,省政府下达沈阳新增低收入家庭租赁补贴任务指标为700户,保障性住房基本建成1.35万套,实际下达各区、县(市)新增住房保障任务为5000套(户)。截至年底,完成新增低收入租赁补贴新增842户,完成新增住房保障任务1.12万户,基本建成2.12万户。

(董玲玲)

【旧住宅区改造553个】 2016年,对全市553个旧住宅区实施改善居住环境建设工程。其中,市本级区域内427个、财税独立区126个。改造工程主要包括绿化提升工程、道路维修工程、维修庭院排水工程、增设健身文化娱乐设施等6大项21小项内容。

(董玲玲)

【《沈阳市直管公房管理办法》出台】 2016年10月21日,《沈阳市直管公房管理办法》(沈阳市人民政府第62号政府令)发布,已经市政府第38次常务会议讨论通过,自2017年1月1日起施行。该办法的颁布填补了沈阳直管公房管理上的法律空白,施行后将为直管公房的规范化管理提供法制保障。

(董玲玲)

【房屋交易、测绘和档案管理职责划转】 2016年10月12日,为贯彻落实《不动产登记暂行条例》,按照《市编委办关于调整市不动产登记相关职责和机构设置的通知》(沈编办发〔2016〕56号)要求,将市、区房产主管部门的房屋交易、测绘和档案管理职责由市房产局划给市规划国土局。

(董玲玲)

【发布"22条"、"11条"房产新政去楼市库存】 2016年先后出台了《沈阳市人民政府办公厅关于促进房地产市场健康发展的实施意见(试行)》(沈政办发〔2016〕40号)和《沈阳市人民政府办公厅关于印发沈阳市促进房地产市场健康发展的补充措施的通知》(沈政办发〔2016〕106号)。明确了房地产市场发展目标,从优化供给、促进销售、培育主体三个方面提出了政策措施。同时,为解决商业地产去库存问题,加大对大中专毕业生购房的支持力度,为沈阳振兴发展留住更多人才。

(董玲玲)

【城市供热】 2016年,全市民用供热面积(不含一市两县和辽中区)2.95亿平方米,其中住宅2.24亿平方米,占全市供热总面积的76%。热用户308万户,全市供热经营单位236家。

全市供热运行平稳,供热诉求、供热故障均有所下降,在省民心网和省住建厅发布的满意度排名中,位列全省14个城市第一位。2016年,暖房工程任务为550万平方米,已全部完工;省政府下达淘汰和改造10吨及以下燃煤供热小锅炉358台,实际完成513台;旧管网改造任务为200公里,实际完成250.7公里;建成并启用"辽宁热付通"、"智慧供热"、"e366"等智能化收费平台,覆盖69家大中型供热单位、2.7亿平方米供热面积,占全市供热总面积的92%。

(董玲玲)

【采暖费"暗补"变"明补"】 2016年8月22号,《沈阳市机关事业单位职工住房采暖费补贴实施方案》(沈政办发〔2016〕104号)出台。文件中详细规定了沈阳市机关、事业单位在编在岗正式职工、退养职工和离退休职工等人员采暖费理入工资办法,明确了采暖费补贴发放的方法和方式。

（董玲玲）

规划和国土资源管理

【规划编制与管理】　2016年,《沈阳市城市总体规划(2011—2020年)》顺利通过部际联席会议审查,正式进入最后审批阶段,已上报住建部。市本级范围内共有44个控规单元,总面积约240.5平方公里。已经批复28个单元的控详规划,总面积约148.5平方公里。编制完成《沈阳市快速轨道交通线网规划》、《沈阳市城市交通"十三五"规划》、《沈阳市中心城区地下综合管廊专项规划》、《沈阳市绿地"十三五"规划》等并通过市政府审查。《沈阳市体育设施布局规划》、《沈阳市学前教育设施布局规划》、《中山路历史文化街区保护规划》已通过规委会审议。

（刘乃婧）

【土地要素保障】　2016年,省政府下达沈阳市新增建设用地计划指标、新增建设占用农用地指标和新增建设占用耕地指标分别为2933公顷、2548公顷和2118公顷。其中圈内新增建设用地指标1100公顷(其中占用耕地指标900公顷),圈外新增建设用地指标1833公顷(其中占用耕地指标1218公顷)。8月,沈阳市圈内2016年城市建设用地编制方案(新增建设用地1100公顷)获得国土部批复。截至2016年底,全市共批准建设用地44件,用地面积403公顷。经调查汇总,各县区正在组卷的建设项目约140个,新增用地面积约1030公顷,项目或正在落实征地、社保资金,履行征地告知、确认、听证程序,或正在解决占补平衡问题。其余已分配指标项目尚未落实地块,未开展组卷报批工作。

（刘乃婧）

【耕地保护】　2016年,省政府下达耕地保有量指标为67.33万公顷,全市耕地保有量67.36万公顷,完成了年末耕地保有量任务。完成永久基本农田划定工作,沈阳市城市周边新划入基本农田1.55万公顷,通过了国土资源部审查。新民市、辽中区、康平县、法库县等4个县级城市周边新划入永久基本农田5762公顷。落实耕地占补平衡,2016年沈阳市易地购买耕地占补平衡指标共计1227.61公顷,同时加快推进补改结合兑现承诺项目实施,开展占补平衡按等级折算试点。

（刘乃婧）

【土地利用与监管】　严格土地利用总体规划实施管理。2016年度沈阳市中心城区城乡建设用地规模边界调整申请于5月25日获国土资源部批准。调整面积615公顷,其中涉及新增建设用地494公顷(含耕地299公顷)。

市规划国土局制定出台了《关于落实差别化用地政策的实施意见》及《沈阳市旅游和养老服务设施用地管理工作实施意见》、《沈阳市落实工业用地出让最低价标准调整政策实施办法》、《沈阳市居住配套公共服务设施管理办法》、《沈阳市城区土地级别基准地价出让金标准》、《沈阳市建筑物配建地下停车位建设用地管理及产权登记实施意见》等配套文件。同时,按照城市精细化管理工作要求,研究制定了《沈阳市闲置土地处置办法》及《沈阳市闲置土地整治工作方案》,全面开展闲置土地整治工作。

（刘乃婧）

【不动产统一登记】　2016年沈阳市成立了不动产登记局、不动产登记中心,并将房产部门的房屋交易、测绘和档案管理职责一并划给市规划国土局。全市采取改造原房屋、土地登记系统和新建不动产登记平台相结合的方式积极开展信息平台建设。截至2016年底,已基本完成房产、土地登记系统的改造,对部分新建商品房屋实现房、地数据整合。

11月21日,在和平区试点发放不动产权证书和证明;11月30日,在全市范围内发放不动产权证书和证明;12月31日,实现全市"停旧发新"。

（刘乃婧）

【土地执法】　2016年,全面完成2015年度土地卫片执法监督检查工作,全市共上报卫片系统违法宗地533宗,面积231.84公顷。其中,拆除55宗,组卷报批7宗,移交其他部门处理33宗,并案处理3宗,案件终止2宗,立案查处433宗。立案查处共处罚款3075.43万元,没收建筑物46.8万平方米,拆除建筑物127.71万平方米,移交纪检监察机关提出党政纪处分建议62人,移送公安机关追究刑事责任12人。2015年度矿产卫片执法检查中,国土部共对沈阳市下发图斑17个,经现场核查,合法图斑9个、实地伪变化图斑5个、违法图斑3个。3个违法图斑均属于越界开采,2016年已全部立案查处,没收违法所得11.33万元,罚款1.13万元。

（刘乃婧）

【土地储备交易】　2016年,市本级累计储备土地79宗,土地面积1037公顷。全市土地市场共出让土地363宗,出让土地总面积1068.19公顷,成交总价191.53亿元,土地出让收益95.38亿元。

（刘乃婧）

【测绘管理】　2016年,市规划局完成沈阳市现代测绘基准体系建设,包括沈阳市似大地水准面精化成果、沈阳市GPS连续运行参考站网络和建立沈阳市CGCS2000大地坐标系。沈阳市现代测绘基准体系建设集平面、高程、似大地水准面模型和卫星定位综合服务于一体的现代测绘基准体系,在省内首次实现省、市测绘基准之间的统一与无缝衔接,7月22日,项目完成成果验收。

完成数字沈阳地理空间框架的年度运维。数据方面,制作完成2016版矢量电子地图和影像电子地图;框架实体数据进行更新;地名地址数据进行重新采集和整理。平台方面,完成平台的升级、移动端的开发以及应急保障平台的搭建。应用推广方面,扩大框架的应用广度,与食药监、气象、公安、经信委等政务部门进行合作。应用深度方面,基于框架开放的API,为包括食药监局、公安局等开发移动端业务系统,提升委办局移动办公能力。

完成沈阳市地理市情监测项目。项目以高分辨率遥感影像数据为主要数据源,结合基础地理信息数据和各类专题数据,对以沈阳四环为中心区域3037平方公里国土范围开展监测,建立监测成果数据库,进行地理市情统计分析,形成监测报告和监测成果。项目首次针对沈阳市建成完备的地理市情监测体系,为沈阳发展战略与规划、优化国土空间开发布局和各类资源配置,提供重要依据。

8月23日，项目完成成果验收。

（黄春雷）

城市管理

【概况】 2016年，沈阳市城市建设管理局综合监管工作以“创建国家卫生城市”为契机，以城市精细化管理“12大专项整治行动”为抓手，突出“健全规章制度、夯实基础工作；完善监管体系、实施精细监管；加强队伍建设，提升监管水平”的主线，全面完成了各项综合保障工作，应急抢险、综合考评、规范道路挖掘管理、综合巡视监管、政务活动保障等重点工作水平逐步提升。

（杜　健）

【综合巡视监管】 2016年，沈阳市城市建设管理局按照“属地管理、区域负责”的原则，充分发挥网格化管理的功能，实施“定人员、定路段、定片区、定责任、定标准、定要求”的“六定”管理制度，结合行业特点及季节特点，开展了“春季市政设施集中整治”、“窗口环境治理”等活动，加大了市政设施、园林绿化、市容景观、环境卫生等城市设施运行状况以及夏季城市防汛、冬季除运雪工作的综合巡视监管力度。将环境整治重点街路、桥梁等市政设施和市容环境卫生等重点部位作为巡视监管的重中之重，由局指挥中心将每日巡视发现的重点、难点问题汇总后上报市政府办公厅，由办公厅负责将相关信息印发各区，确保问题及时有效解决。全年综合巡视累计发现大小问题11.5万件（其中市政9598件，绿化2879件，市容320件，环卫1887件），办结率98%。

（杜　健）

【应急抢险】 2016年，沈阳市城市建设管理局以“预防为主，科学处置”为原则，完善了应急预案和各项应急管理规章制度，建立了汛期应急抢险预警工作机制；提高了城市运行应急管理能力，组织全市城建系统204人召开了应急管理干部业务培训会；依据《沈阳市地下设施检查井井盖安全防范管理办法》，加强对地下设施检查井权属单位的日常监管，打造市民安全出行环境，使地下设施检查井安全管理工作步入规范化管理轨道。充分发挥数字化城管平台等科技手段在突发事件处置中的快速预警和协调作用，做好防汛和除运雪指挥工作，对夏季易积水点位加大巡查力度；增加冬季冰雪路面和“冰溜子”巡视频次，杜绝安全事故发生。全年累计处置各类大小突发问题262件，均未引发衍生事件。

（杜　健）

【规范道路挖掘管理】 2016年，沈阳市城市建设管理局制定了《沈阳市城市道路挖掘管理办法》等相关规章制度，进一步规范道路挖掘管理。特别是在地铁施工沿线、南北二干线快速路施工道路挖掘改造等重点工程项目期间，组织相关单位专门例会并现场勘查，明确责任、落实措施，要求施工单位制定应急事件预案，加强施工现场文明施工和安全生产管理。为加强重点工程项目道路挖掘管控，各监管中心抽调业务骨干，实施全程监管、跟踪督办，对每一标段，乃至每一点位都进行细致地现场查看，组织协调施工单位，按照施工计划，有序开展道路挖掘工程，保证质量、进度及道路畅通，并做好管沟回填和路面恢复等项工作。针对道路挖掘年终收尾工作，早安排、早部署，督促各建设单位加快施工进度，抓紧组织道路恢复。全年实施规范化监管道路挖掘工程项目141项，监管道路挖掘37.63公里。

（杜　健）

【政务活动综合保障】 2016年，沈阳市城市建设管理局积极组织协调各区监管中心、市环卫处及相关单位，严格排查政务路线周边环境，高效、快捷地解决沿线问题和隐患。在2016年中国城市规划年会、沈阳国际马拉松等重大活动政务保障前期，制订专项保障方案，组织召开调度会议，集中验线，采取全时段、全覆盖监管方式，将存在的问题登记造册、跟踪整改，逐个销号，全年累计完成国家、省、市级各项政务活动市容环境综合保障指挥、调度35次。

（杜　健）

【综合考评】 2016年，沈阳市城市建设管理局定期组织监管中心和各区城（建）管局对各区开展互检和暗检。组织监管中心对各区以街道办事处为单位开展日常考核，依据《沈阳市城市建设管理综合考评方案（试行）》，着重考评重点地区、难点问题和城市建设工作薄弱环节，采取随机抽检、突出重点，坚持明检与暗检相结合，以暗检为主，注重动态考核，对全市各街道办事处辖区内的环境卫生、市容市貌、园林绿化、市政设施等城市管理情况进行考核，将每月暗检结果作为考评依据，定期将街道办事处排名予以通报。同时，对考评中发现的薄弱环节和存在的问题，及时督促相关单位进行整改。全年共计开展了以市政设施、园林绿化、市容景观、环境卫生为重点的综合考核联合互检3次和专项检查5次。

（杜　健）

【建立沟通协作机制】 2016年，沈阳市城市建设管理局充分发挥市、区在城市管理中的联动作用，建立各部门间的沟通协作机制，有效地提高了城市管理中存在各类问题的办事效率。一是协助各相关行业和单位，加强巡视力度。协助局园林处开展树木修剪、补植、春灌、施肥、枯死树木排查，以及公园绿地环境卫生巡查、互检工作；协助市环卫处开展住宅小区、建筑工地、重点街路等方面的环境卫生清理整治、垃圾积存点位排查等工作；协助市容处做好牌匾整治和门前市容环境整治等各项环境综合整治行动。二是强化协调指挥和督查督办功能。局指挥中心通过96766热线和民心网平台等城市管理的信息渠道，与各区监管中心一线巡查交织形成了较为完善的城市管理动态信息网，或通过局指挥大厅直接向有关部门和单位发布指令，或通过各区监管中心与市局有关单位、区域城（建）管局和其他市政公用行业单位进行信息沟通，及时将需要处置的问题反馈相关部门和单位并督查问题处理的结果。2016年度受理96766热线电话309件、民心网投诉125件、96123热线656件。

（杜　健）

市政管理

【概况】 制订并下发《市政设施精细化管理工作方案》，指导全市维护单位全面落实市政设施“精细化”管理工作。先后多次召开市政设施精细化管理调度会议，部署安排精细化管理工作，协调解决管理过程中遇到的难点问题。建立精细化管理网络工作平台和工作情况通报制度，及时将工作情况反馈给上、下两级部门，促进市区两级齐抓共管。组织完成一系列行业指导规定的编制并下发《沈阳市道桥设施维修养护工作管理规定》、《沈阳市道桥设施维修养护作业技术标准》、《沈阳市城市道路检查井安装技术规定》、《沈阳市排水设施维修养护工作管理规定》和《沈阳市排水设施维修养护工作技术标准》等。结合双城双创的工作要求，多次开展专项集中整治活动，包括城市慢行系统集中整治、城郊结合部市政设施集中整治、城市道路安全隐患排查整治等。全年共开展3次集中考核检查，多次抽查检查，为全市市政设施维护工作打下良好基础。推进沈阳市排水信息资源监管平台建设，建立“智能排水”综合体系。建立城市道桥管理系统，通过对数据的掌握，使市政设施病害得到科学处置，从而实现对道桥设施的动态管理。全年共受理市民行风热线、民生微博、民心网等各种投诉平台建议400余件，反馈率、处置率100%，满意率98%以上，答复人大政协提案34件，满意率100%。

（杨　萍）

【市政设施维护】　一是道路设施维护。2016年共完成道路维修120万平方米，道桥修补坑槽62万平方米，调补方砖17万平方米，调补边石140公里，路面灌缝360公里。二是排水设施维护。清扫管道2732公里，清掏窨井18万座次、雨水井29万座次，翻修维修窨井7446座次，翻修维修雨水井7146座次，换雨水井篦3526个。三是桥梁设施维护。桥梁维修441座次，桥梁水洗79.83万平方米，桥梁粉饰4.39万平方米，桥梁除锈3.09万平方米，声屏障维修5181米，泄水管维修6190米，地下通道维修63座次，限高架、限载牌制作安装56座次，桥面维修2.89万平方米，伸缩缝维修794米，检测桥梁169座。

（杨　萍）

【城市防汛】　2016年汛期（6月1日至9月20日）降雨天数为37天，总计降雨量636毫米，平均降水量较历年同期（240毫米）多2至3成。其中，出现15毫米以上的降雨11次。特别是进入主汛期的7月21日，城区平均降雨量80毫米，最大降雨量105毫米；7月25日2时至26日7时，沈阳市区出现大暴雨，全市平均日降水量为101毫米，最大点降水量218毫米，是1980年以来的最高值。按照市委、市政府对城市防汛工作的要求，切实做好城市防汛组织机构、抢险队伍、抢险物资等各项准备。防汛工作中坚持“提前预防、雨前检查、周密部署、靠前指挥、严防坚守、雨后总结、抓弱抓软、促动提高”的工作流程，把“抓早、抓细、抓实”的工作落实贯穿始终，根据汛期天气情况，及时发布了14次城市防汛预警指令（含非汛期3次）。

（邢　丹）

市政设施建设

【概况】　2016年，沈阳市城市建设管理局负责建设项目10余个，已完成王家湾跨河桥、五爱泵站及进出水、南运河东部截流、危旧桥加固、市管街路整修、排水专项清扫、市本级积水点改造等8项工程建设，其它项目进展顺利。为了配合南北二干线施工，保证南北二干线原有排水管道尽早拆除，为南北二干线隧道部分施工腾出位置，五爱泵站及进出水工程竣工时间由原来的2016年10月底调整为2016年7月。针对沈阳近年来大气温度的实际情况和工程特点，决定采用综合蓄热法和搭设暖棚法养护相结合进行冬季施工，这种方案在整个工程建设中极大地提高了建设速度和工程质量，为工程按期完工提供了保障。南运河东部截流工程断面采用内径3.5米圆形盾构管片，是东北首个采用盾构法施工的排水工程。

（杨　萍）

【五爱泵站及进出水管道工程】　五爱泵站主体工程位于文体路以南，五爱南街以东，占用现五爱闸门用地，规划面积约为1603平方米。泵站为污、雨水合建泵站，设计流量为26立方米每秒，其中，污水流量为6立方米每秒，雨水流量为20立方米每秒。新五爱泵站位于老五爱泵站正南方向约800米处，泵站建成后，将承担老五爱泵站的全部功能，并提高五爱排水系统的标准。泵站进出水管道泵站主体工程同期设计、同期施工。工程于2015年11月开工建设，采取冬季连续施工，2016年12月完工。

（杨　萍）

【南运河东部截流系统改造工程】　南运河东部截流系统改造工程的管道为东滨河路至南塔街方向的雨水系统，主体位于南塔街上，即为东部截流系统的雨水主干管，与东部截流系统的规划方案一致，主要起传输东部截流系统上游雨水的作用。汇水区域北至北顺城路、善邻路，南至南运河，西至大南街，东至南运河，服务面积约7平方公里。管道设计流量为20立方米每秒，断面采用内径3.5米圆形断面，管道起点为南运河北岸大南街与东滨河路交叉口向东100米处（中辽国际小区对面），沿大南街向南穿越文化路至南塔街至柏翠园路进入新建五爱街泵站。工程于2015年11月开工建设，2016年12月完工。

（杨　萍）

【王家湾跨河桥工程】　王家湾跨浑河桥位于沈阳市浑南区王家湾村，王家湾橡胶坝上游260米，西距长青桥4.9公里，东距新立堡跨浑河桥2.5公里，北侧起点距离二环约300米，向北通过规划道路下穿南二环路后接入沈河区长安路，南侧跨越南堤路后通过规划路与浑南东路相接。该桥全长1268米，其中桥梁全长1153.2米，北引道长8米，南引道长106.8米，设计宽度33米，双向6车道，两侧分别为5米宽的人非混行道，全桥跨径1153.2米。全线重新设置完善标志、标线、信号、照明等交通安全设施。工程于2016年1月开工建设，采取冬季连续施工，计划2017年10月竣工通车。

（杨　萍）

【五爱街/南二环互通立交工程】　五爱街/南二环互通立交工程总投资4.5亿元，于2015年11月开工建设，预计于2017年7月竣工通车。该工程位于沈阳市最重要的三条交通大动脉青年大街、二环快速路、南北二干线的交叉点，主要采用高架桥与地面匝道相结合的建设方式，由青年大街/二环路立交、五爱街/二环路立交、青年桥北桥头立交3个组团组成，占地面积约33万平方米。共新建、改建26条匝道（新建匝道18条、改建匝道8条），是全市已建、在建的立交桥中规模最大的全互通立交桥。建成后将取消二环路唯一剩余的信号控制路口，真正形成二环快速路交通环廊，实现对青年大街交通的分流，并取消青年大街南向北万豪门前左转信号灯控制，消除信号控制节点。

（李季伟）

【南塔街下穿二环通道工程】 南塔街下穿二环通道工程位于南塔街与南二环交汇处，拟新建2孔12米宽框构桥，总长26.6米，总宽27米，满足行人及小型车辆进入五里河公园及艺术中心人群疏散需求。工程于2015年9月开工建设，2016年底已完工并通车使用。

（李季伟）

园林绿化

【概况】 按照沈阳市城市工作会议及市政府的统一部署，围绕《沈阳市城市精细化管理实施方案》，组织全市绿化单位开展了2016年园林绿化精细化管理工作。一是制定并下发园林绿化精细化管理标准规范及工作纪实。编写并下发《沈阳市园林绿化精细化管理工作手册》，汇集了《沈阳市园林绿化精细化管理实施方案》、《沈阳市园林绿化养护管理标准》、《沈阳市园林绿化养护技术规范》等25个园林绿化行业的标准规范。编写并制作《绿色沈阳—2016沈阳市园林绿化工作纪实》图册。图册分为两部分，第一部分对市城建局园林绿化成果进行了展示，包括行道树景观提升工程、特色景观街路展示、精细化管理等10项重点工作内容；第二部分包括和平、沈河等10个区的绿化成果。图册从市、区两级全面展示了沈阳2016年园林绿化精细化建设管理成果。二是开展“沈阳市城市绿化精细化管理技术培训”。2016年12月1日，市城建局在沈阳农业大学举办了为期两天的沈阳市城市绿化精细化管理技术培训班，对市、区园林绿化管理单位班组长以上116名技术和管理人员进行了《园林绿化精细化管理理念》、《园林绿化精细化管护技术》、《公园精细化管理技术》、《园林植物主要病虫害的发生与防治技术》、《园林花卉栽培养护精细化管理技术》、《园林树木修剪技术》等课程的培训。三是召开“沈阳市园林绿化精细化管理工作推进会”。2016年12月14日，市城建局在浑南区组织召开了全市绿化行业精细化管理工作推进会。会上各区分别介绍了各自在园林绿化精细化管理方面的经验，互相交流学习。围绕“四边一域”绿化工作方案，对全市2017年园林绿化行业精细化管理工作做了全面细致的部署。四是开展“星级公园”、“最美街路”评选工作。2016年10月开展了沈阳市“星级公园”和“最美街路”评选活动。由园林绿化专家小组对全市10区1市提报的30条街路和23座公园中，从规划设计、管理养护、设施服务、景观效果等全方面进行考核，评出北陵公园等10座星级公园。“最美街路”评选，由园林绿化专家小组对沈阳市8个区和1家市属绿化单位上报的30条街路的规划设计、管理养护、景观效果等三方面进行了“最美街路”综合评选活动，在充分考虑立地条件、周边环境、人为干扰等因素的基础上，从中评选出机场路等15条最美街路。

（崔阳阳）

【行道树景观提升工程】 2016年全市投资1500万元对城区重点街路行道树景观进行提升，共实施55条街路行道树栽植。行道树景观提升工程首次采用了政府采购的模式完成了1500万元苗木的采供工作。在此基础上，各区又另行投入了部分绿化资金，小投入、高成效地完成了全市55条街路行道树的提升项目。本次行道树栽植模式实行市区联动，由市城建局牵头统一调度，市区逐条街路进行核实对接，实现“一坑一树，量身定选”。所有行道树均采用全冠栽植的方式，首次选用观花乔木暴马丁香和景观树种裂叶榆作为行道树，通过植物的合理搭配，实现了“一街一景”的预订目标。辽宁电视台、沈阳电视台、辽宁日报、沈阳日报、华商晨报、沈阳晚报、沈阳网等多家媒体都相继对该项工程进行了专题报道。

（崔阳阳）

【苗木储备】 市城建局从2015年开始用3年时间，进行行道树苗木储备工作，并计划从2018年开始，储备苗木陆续免费供应全市非财税独立区的街路行道树绿化用苗。2016年，市政府继续投入专项资金1000万进行苗木培育，储备15个品种，共6.5万株苗木，其中，榆树屯苗圃、青年苗圃储备山新杨、银中杨、刺槐、白榆、水曲柳、山皂角、垂柳、梓树、银杏、糖槭、海棠等11个品种苗木6960株；康平苗圃储备山皂角、新疆杨、山槐、水曲柳等4个品种苗木3750株；辽河储备银中杨、杞柳等2个品种苗木5.4万株。

（崔阳阳）

【沈阳马拉松赛道线路周边附属配套设施完善工程】 为迎接2016沈阳国际马拉松比赛，市城建局组织实施了赛道线路周边附属配套设施完善工程和青年大街滴灌及重点部位摆花工程，对马拉松赛道沿线进行了绿化环境提升改造。项目投资2800万元，实施了青年大街、北陵大街沿线绿化提升、桥梁粉饰及沿街楼体美化亮化工作。一是沿线绿化景观提升，增设景墙4000余延长米，摆放花架100余组，树木环保护树板3000余个，极大地提升了线路绿化景观效果。二是桥梁粉饰，对北陵大街崇山路立交桥、北陵大街地道桥及文化路立交桥进行了整体桥体粉饰。三是沿街楼体美化亮化。全部项目于2016年9月5日前竣工，有效地提升了赛道景观效果，为马拉松夜跑创造了良好的环境氛围。

（崔阳阳）

【502灾害性天气应急处理】 2016年5月2日，沈阳市遭遇暴雨大风灾害性天气，造成全市七城区街路、绿地、公园及单位庭院倒伏、倾斜、折损乔木总计3万余株，其中倒伏、倾斜树木1.6万株。全市园林绿化应急抢险队伍全部出动，采取先抢险、后补植，先通行、后处置，先街路、后绿地等方式，对倒伏树木根据实际情况进行伐除或扶正处理。各绿化部门连续奋战一周，将全市街路倾斜、倒伏树木全部处理完毕。

（崔阳阳）

【节日花卉展览】 “2016美丽北陵喜迎国庆金秋菊花展”于9月19日至10月19日在北陵公园内举办，展期30天。80组嫁接菊花、110组立体花卉装饰、近百个品种的优良观赏菊以及苑墙屏风等文化园林小品向游客进行展示，参展菊花达到20万株。同时，北陵公园在湖心岛栽植了近2万平方米向日葵花海，花海于中秋节开始陆续开放，国庆节进入盛花期。有“桃之春、好运多、金拥碧翠、金色莫妮卡、活力、欢乐火爆竹”以及两个杂交等8个品种，花色、花型、花心都有差别，植株高矮也不同，因此观赏性也各不相同。南湖公园的老牌“菊花展”在鱼跃荷香园内与市民如期相约。菊花展展出时间为9月30日至10月7

日。菊花展主要以标本菊、千头菊为主，品种有凤凰振羽、意大利口红、雪海、墨菊、金皇后等30余个品种，共计5000余株。在布局上与鱼跃荷香园建筑特色相融合，呈现了一幅江南特色的金秋画卷。此外，沈水湾公园的油菜花田、百合花海、向日葵花海，中山公园的菊花展，青年公园、万柳塘公园的荷花展，沈阳园林植物科普馆的百花园、百草园、海棠园、红枫园，也都吸引了大量市民参观游览。

（崔阳阳）

【东陵公园正红门广场修缮】 东陵公园正红门广场修缮项目计划投资2400万元，对东陵公园正红门广场、游客服务中心广场及周边环境实施提升改造，其中，正红门广场采用仿古青石板，游客服务中心采用岗岩。增加排水、照明、监控设施，对周边环境进行绿化提升。3月14日完成项目建议书批复，6月1日完成可研批复，8月5日完成初步设计概算批复，8月15日完成施工监理招标，9月5日正式进场施工。截至2016年12月底，完成游客服务中心、停车场等部位的施工，正红门广场完成建筑基础主体施工，青石板完成部分铺装，排水管线、电缆线已铺设完毕，照明及监控设备需石板铺装完毕后进行安装。预计工程将于2017年五一前全部完工。

（崔阳阳）

市容管理

【概况】 2016年，沈阳市城市建设管理局紧紧围绕“依托科技文化，打造生态美丽沈阳”工作理念，全面贯彻落实市委、市政府关于创建国家卫生城市的有关精神和要求，按照局工作任务及《城市精细化管理“12大专项治理行动”涉及我局重点工作任务分解表》任务安排，开展各项市容景观专项整治行动。稳步推进全市七区、金廊沿线及重点部位景观照明提升建设工程，组织各区开展了节日景观亮化建设，加强金廊沿线市管夜景灯饰亮化点位巡视维护，保障整体亮灯率和设施的完整及运行安全；组织经规委会通过的规划点位公开拍卖，继续推进户外广告市场化运作，加强整治监管，开展重大活动公益广告发布；严格牌匾设置管理工作，组织完成《沈阳市牌匾标识设置管理规定》修改工作；督促各区继续做好招贴喷涂清理整治工作；督促各区积极开展宜居乡村建设美化亮化工作。

（李　冰）

【景观照明建设】 2016年，沈阳市城市建设管理局根据城建计划安排，稳步推进全市七区、金廊沿线及重点部位景观照明提升建设工程。完成了金廊沿线盛京大剧院、白山立交桥、科普公园等楼体、桥体、绿地的重要节点景观照明提升工程；完成在青年大街、北陵大街等6条重点街路沿线及重要节点区域绿地、广场、公园、人行步道334组亮化座椅安装工作；完成了马拉松赛道周边景观提升改造工程所含亮化工程和沿线立面整治景观提升工程工作。完成金廊沿线节日景观照明专项规划，下发《2016年沈阳市金廊沿线节日景观照明建设实施方案》，组织推进全市节日景观照明建设工作。全年累计夜间巡视160次，督办维修问题点位960处，巡视到位率达到100%，整体亮灯率、设施完好率、维修及时率均达到98%以上。

（李　冰）

【规范户外广告设置】 2016年，沈阳市城市建设管理局组织完成24处规委会审议通过的户外广告点位市场化运作，上缴市财政户外广告出让金815万元。严格管理99处合法点位，下发安全自检通知9次，实施安全专项检查75次，处理安全隐患50起。对全市202处户外电子屏实施巡视检查32次，整改49次。累计将7批次37处违规设置户外广告设施明细函告市行政执法部门。组织协调56处合法电子屏进行中德友谊、哥德杯（中国）等户外公益宣传35次；协调部分路段路旗设置单位用30%的幅面无偿发布创城公益广告。在金廊沿线组织开展中德友谊、城市规划年会等18项重要大型活动的公益性旗标广告宣传保障任务。

（李　冰）

【加强牌匾审批管理】 2016年，沈阳市城市建设管理局组织对全市重点街路沿线亮化牌匾进行检查，将发现的83处问题点位通知相关区进行整改，督促各区做好牌匾整治工作。截至2016年底，全市各区整治重点街路牌匾共计2942块。根据《沈阳市城市市容和环境卫生管理条例》最新调整内容，组织对《沈阳市牌匾标识设置管理规定》进行相应修改。

（李　冰）

【招贴喷涂清理整治】 沈阳市城市建设管理局针对非法小广告问题治理，在全市开展了市容专项整治行动。2016年全市共清理各类招贴喷涂总数约33.2万余处。各区专业人员针对不同的粘贴界面采取不同的清理方式，既减少对原有设施设备的破坏，又清理了招贴，提升了环境面貌。同时各区加大了监督检查力度，派专人进行巡视，发现一条，清除一条，确保各类招贴喷涂随时出现随时清理。

（李　冰）

【门前市容环境责任区管理】 2016年，各区城建局结合实际情况，深入宣传引导，组织开展门前市容相关法规知识宣传，积极倡导各单位、业主和市民自觉维护市容环境卫生，进一步提高临街单位和店铺的知晓率、自觉参与程度，在全市营造自觉履责的良好氛围，并在全市九区范围内开展了市容环境综合整治检查活动。全市沿街单位、商铺共计5.6万家，下发责任状数量共计5.3万张。

（李　冰）

【宜居乡村建设美化亮化】 2016年，沈阳市城市建设管理局制定并下发了《沈阳市宜居乡村美化亮化建设工作指导意见》、《沈阳市宜居乡村美化亮化建设工作考核标准》、《沈阳市宜居乡村美化亮化建设工作考评细则》。全年共完成投资4855万元，完成138个行政村美化亮化工作，安装路灯5077盏，新修围墙6.7万延长米，粉饰和整修围墙4.5万平方米。

（李　冰）

环境卫生

【概况】 2016年，紧紧围绕“科技前沿化、行业一体化、作业标准化、管理精细化”的工作理念，较好的完成了全年的工作任务。一是管理整治双管齐下，全面落实环境卫生精细化管理工作。日常管理抓重点，制定“一路一策”的管理模式，提高精细化管理程度。集中整治消死角,开展春、秋季环境卫生整治和创建国家卫生城市环境卫生综合整治。联合四个监管中心对施工现场进行专项整治,还开展了2016年临街单位垃圾上门收集专项整治,以整治带动环境管理水平的提升。巡视监管促长效,环卫监察部门每日对环境卫生管理情况进行巡回检查,开展"抓拍"及"换位"体验活动,圆满完成各大活动赛事环境保障任务50余次。制定、修改、完善环卫作业标准和规范,加强了对环卫行业的规范管理与科学指导。二是顺利通过人大考核,"三化"处理工作取得阶段性成效。"三化"议案顺利通过人大考核;生活垃圾处理项目陆续开工建设,逐步投产运行;生活垃圾分类工作按计划稳步实施;农村生活垃圾处理常态化、长效化管理机制基本形成。三是再接再厉,继续做好今冬绿色除运雪工作。在总结2015年绿色除雪工作经验基础上,完成《2016年度除运雪工作方案》的制订和《2016年度除运雪工作手册》的印制,并及时组织召开全市除雪大会,组织开展冬季除雪作业安全培训,确保今冬除运雪工作顺利进行。四是精心谋划,推进环卫市场化改革工作。根据各地调研情况和全市实际,协助市改革创新办编制《关于沈阳市环境卫生行业市场化改革的指导意见》,并指导浑南区、大东区开展市场化改革工作。五是关爱环卫职工,圆满完成环卫工人节系列活动。按照《沈阳市第二十六届环卫工人节庆祝活动方案》安排,市环卫组织全市环卫系统干部职工开展了环卫工人游北陵、技能大赛、召开表彰会、开展培训等一系列活动。六是注重科技发展,两场一院工作安全平稳运行。环境卫生科研水平不断提升,两个垃圾场卫生填埋作业安全运行平稳,对场区作业路、场区绿化美化实施了一系列的工程建设。

(王　爽)

【《沈阳市生活垃圾管理条例》颁布实施】 2016年7月1日,《沈阳市生活垃圾管理条例》颁布实施。该条例是继北京、广东、杭州之后,第四个出台生活垃圾地方法规的城市,也是辽宁省首部关于生活垃圾管理方面较为系统、完善的地方性法规。

(王　爽)

【老虎冲垃圾场渗沥液处理工程项目建成并运行】 老虎冲垃圾场渗沥液处理工程项目于2016年3月30日完成设备调试,6月30日完成试运行,7月1日投入正式运行。从7月1日至11月30日,渗沥液处理稳定并满负荷运行,出水指标达到国家、省相关标准,共处理渗沥液14.2万吨。

(王　爽)

【圆满完成市人大垃圾"三化"处理议案审议工作】 2014年,市人大将《关于采取有效措施,抓紧解决城乡垃圾减量化、资源化、无害化处理的议案》等两件议案合并为1件议案交由市政府办理,并连续三年跟踪督办。2016年8月11日,市人大常委会组成人员对全市垃圾"三化"工作及重点项目建设情况进行了调研视察。8月24日,市人大常委会听取了市政府落实议案审议意见情况的报告,并进行了分组审议。8月25日,市人大常委会组成人员围绕议案就相关工作情况向市政府进行专题询问,议案办理审议获得高票通过。

(王　爽)

【全市所有行政村生活垃圾基本实现常态化管理】 截至2016年底,全市农村地区保洁队伍达到6010人。按照"村收集、镇转运、县处理"的运营模式,全市所有行政村基本实现了生活垃圾常态化管理。

(王　爽)

【老虎冲生活垃圾分选(试验)线试运行】 2016年4月,沈阳首条生活垃圾分选(试验)线在原老虎冲垃圾中转站启动试运行。各区环卫部门定期将部分小区、单位的可回收垃圾单独收集,运送到分选线进行二次分选,全年共分选垃圾135吨。

(王　爽)

【市内七区所有非物业小区完成分类垃圾桶配备工作】 截至2016年底,市内七区所有非物业小区分类垃圾桶全部配备完毕,共配备19.6万个。

(王　爽)

【绿色除雪工作】 市绿色除雪工作坚持"人文、科技、绿色"的理念,通过严格控制融雪剂使用,科学组织机械编组作业,广泛发动社会力量参与除雪,使融雪剂使用量在2015年减量70%的基础上又下降了10个百分点。2016年被中国城市环境卫生协会清冰雪专业委员会授予"清冰雪作业模式奖"及"清冰雪应急方案奖"。

(王　爽)

【公厕维护与管理】 全市的公厕建设管理在2016年中环协举办的光大杯系列"最美公厕"评选活动中被授予"最美公厕创意奖"、"最美公厕管理奖"和"最美公厕综合奖"等荣誉称号。全市共粉刷旱厕176座,维修水冲公厕211座,其中,沈河区、铁西区和和平区改造高档次公厕6座。完成了全市1660个公厕扶手的安装工作。通过发放卫生纸等方式,宣传动员临街单位开放"内厕"1500余家。

(王　爽)

【城乡环境卫生综合整治】 一是开展春、秋季环境卫生整治。出动环卫工人30余万人次,出动各类环卫车辆2万余台次,清理卫生死角2500余处,清运垃圾、残土、杂物等10万余吨。二是开展创建国家卫生城市环境卫生综合整治。对全市街巷路、城乡结合部、二三四环沿线等区域及公厕环境卫生进行综合清理整治,精细化管理触角延伸至卫生薄弱区域。三是开展施工现场专项整治。联合四个监管中心对污染较严重的施工现场进行追踪检查,集中整治施工车辆沿途撒落泥沙污染街路现象。

(王　爽)

【环卫执法宣传活动】 2016年将"抓拍"与"环卫体验"有机融合,对责任人进行现场说服教育,并责令其体验环卫工作,切身感受环卫工作不易,以达到自觉尊重和珍惜环卫工人劳动的效果。2016年各区环卫部门共开展环卫执法宣传20余次,"抓拍"乱丢垃圾、"车窗抛物"等不文明行为7980件,其中情节较为严重的438件通过新闻媒体予以曝光。

(王　爽)

地铁建设

【概况】 2016年,沈阳市地铁建设指挥部积极推动《沈阳市城市轨道交通建设规划(2017—2023)》报批工作。年内,新建设规划通过国家发改委组织的评审,依据评审意见完善的新建设规划报告上报国家发改委，待批复。此外，市地铁建设指挥部积极筹划新线前期工作，其中二号线南延线、一号线东延线和四号线北延线工程基本完成可研报告编制，并开展环境影响评价、节能评估、维稳分析和评估等相关前期要件编制工作；同时启动三号线一期、六号线一期工程前期工作。

九号线一期工程共完成19座车站和18个区间主体结构施工，形象进度完成约76.5%。十号线工程（丁香公园至张沙布段）共完成17座车站和8个区间主体结构施工，形象进度完成约70.4%。四号线一期工程全面开工建设，首开段城建学院站完成主体结构施工，第二、三批开工段开展管线迁改、绿化迁移、临建搭设等工作。二号线北延线二期工程土建、铺轨工程基本完成，设备系统全面进场施工。

（赵志国）

【地铁运营】 2016年，沈阳地铁全年安全开行列车22.2万列次，运营里程595.9万列公里，运送乘客2.99亿人次，日均客流81.74万人次，最大客流109.63万人次，顺利通过沈阳国际马拉松比赛、中国城市规划年会、世界杯亚洲区十二强赛、平安夜等重大活动和节假日考验。

沈阳地铁不断强化运营管理工作。一是安全管理持续升级。强化责任落实和追究，先后出台《关于追究安全隐患管理责任的处罚规定》和《关于安全生产“红线”的管理规定》等制度。深入开展安全整治月活动，发动全员查找安全隐患。圆满完成国家交通部督导检查组等上级单位安全检查迎检工作。二是设备保障成效显著。完成10列电客车架修任务，开展二号线轨道线路中修、一号线车站出入口照明改造、世纪大厦整流变压器更换等10余个重点项目深度维修，“轨道车辆轴温仿形装置”获得国家级实用新型专利称号。三是运营服务再上台阶。进一步优化运营组织，冬夏令时末班车发车分别延时至22:20和23:00；一号线最小车隔调整为均衡4分30秒，二号线最小车隔压缩至5分33秒。制发《窗口单位服务标准及奖励办法》，完善服务考评机制；开展“微笑说您好”、“准妈妈标识贴”和“媒体地铁体验”等宣传活动，全面打造文明乘车环境。四是新线筹备稳步开展。成立新线运营筹备办公室，完成《二号线北延线二期工程运营筹备总体方案》、《九、十号线运营筹备总体工作计划》，并按筹备计划，相继开展人员招聘、设备设施采购等工作。

（赵志国）

城管行政执法

【概况】 2016年，沈阳市行政执法局以“双城双创”活动为契机，以城市精细化管理为主线，认真履行各项职能，不断完善工作机制，全力解决影响城市环境的脏、乱、差、破问题，较好地完成了各项任务。全年全系统共立案1.97万件，结案1.95万件，结案率99.4%。

（张 博）

【露天烧烤等占道经营行为整治工作】 从2016年3月26日开始，全面启动了露天烧烤等占道经营行为整治行动，累计清理占道经营问题21.4万余处次，清理占道烧烤问题1.6万余处次，查扣各类烧烤炉具和经营工具1.5万余件。开展全系统集中拉练检查5次，开展市局领导班子成员带队督导检查14次，多部门联合督导检查3次。同时，建立市容环境突出问题的每日巡查、即时交办、跟踪整治和督办落实机制，累计督办整治占道烧烤及占道经营等问题2500余个。全面普查占道烧烤点位，对1500余家烧烤店铺实行重点监控，并在保障经营安全、消防安全、食品安全和通行安全，不占道、不扰民、不影响交通、不污染环境的前提下，指导各区对45处占道烧烤和占道经营问题突出部位实行规范疏导、严格管理。

（张 博）

【街路市容环境整治工作】 2016年召开了全系统落实沈阳市城市精细化管理专项治理行动工作会议，制发了《市行政执法局落实沈阳市城市精细化管理专项治理行动工作方案》，全面启动街路市容环境整治行动。一是采取“点线面”相结合的方式，对青年大街等示范街路、和平大街等27条严管街路、东顺城街新玛特等80处销号制整治点位、沈阳北站等窗口地区和全市100余条主要街路实施了重点整治和严管严控。二是制定了《临街店面装修施工市容环境管理要求》，对临街店面装修的脚手架围挡设置、立面绿网覆盖、机具物料堆放、施工占道和现场管理等进行全面检查，累计督促规范临街店面装修施工现场3900余处。三是强化对城市建筑物外立面的执法监管，累计清理临街商家出店占道外摆问题12万余处次、临街乱贴乱挂问题4.6万余处次、违规占道堆放问题5.6万余处次，特别是对水果店外摆行为进行了重点整治和严格规范。四是加大对违规道路挖掘行为的监管查处力度，并与城建局、城管局、水务集团、国家电网、燃气公司等多家单位建立对接，针对道路挖掘中出现的物料堆放占道、路面破损等市容问题进行了联合整治，全年规范道路挖掘问题302处。五是协调各区对中心城区范围内的废弃线杆进行全面普查，建立台帐，并对查明权属单位的废弃线杆及时督促设置单位予以拆除。全年共排查中心城区废弃线杆173处，依法拆除废弃线杆16处。同时，按照市长办公会议精神，及时将剩余废弃线杆明细移转市建委协调相关单位拆除。

（张 博）

【违法户外广告招牌拆除整治工作】 2016年认真落实沈阳市城市建设工作会议精神，全面启动了城市精细化管理市容环境秩序整治，重点开展了违法户外广告招牌拆除整治行动。一是加强户外广告全面排查。以严管街路、主要街路两侧和重要场所、窗口地区周边为重点，以属地分局为主体，对全市户外广告进行全面排查，共计普查全市户外广告3000余处，并及时与审批管理部门沟通，依法履行执法程序。二是加强违规广告牌匾拆除。坚持属地负责、市区联动的原则，对各类违规设置的商招、店招、户外广告和破旧残缺的广告牌开展拆除整治，依法拆除擅设的商招、店招等违规广告牌匾和街路设施4.5万余平米。三是加强违规条幅布幔拆除。以主要街路两侧、临街单位门前、商家店铺门面、过街桥梁设施和居民小区周边为重点，对各类违规设置及破损、脱落、脏污的条幅布幔开展拆除整治，累计拆除各类违规设置的条幅布幔2.5万余条。

（张 博）

【窗口地区环境整治工作】 从2016年3月26日开始,全面启动了城市精细化管理市容环境秩序整治,重点加强了窗口地区市容环境整治。一是加强了交通枢纽地区环境整治。以一场(桃仙机场)、三站(沈阳北站、沈阳站、沈阳南站)、七客(虎跃快客、团结路客运站、南塔客运站、龙之梦客运站、沈阳西客运站、SK客运站、五爱客运站)为重点,安排专门执法队伍,采取定时巡查、定点值守和错时管控等措施,对摆摊占道、沿街乞讨和违规散发宣传品等问题进行有效清理整治。二是加强了人流聚集区域环境整治。强化对地铁站、商业街区、旅游景点、会展中心、批发市场等人流聚集区域巡查监管,对各类市容环境违规行为进行及时清理整治。专门制订下发了《市行政执法局地铁出入口周边市容秩序整治方案》,并对全市43个地铁站、135个地铁出入口全部明确了整治责任人和巡查检查责任人。三是加强了违规散发宣传品整治。会同公安机关,综合运用查扣、训诫、处罚等措施,重点对机场、火车站、地铁站、旅游景点、会展中心等窗口地区周边的违规散发宣传品行为进行了重点整治,全年共查缴违规宣传品36.7万余份,对1700余家违规散发宣传品单位依法实施了行政处罚。四是加强了窗口地区环境保障。对沈阳国际展览中心、奥体中心、辽宁工业展览馆等会展中心周边进行了重点整治,并对制博会、农博会、规划年会等展会活动进行了跟踪服务和全程保障。对中街、太原街、西塔街等商业街区加强了巡查整治,并在平安夜圣诞节期间调动全系统力量进行了有效整治和管控保障。

(张 博)

【整治散流体运输执法工作】 2016年共查处散流体违规运输案件900余件,乱排乱卸违法行为多发区域得到了有效监管。一是执法前置,突出服务在先。各分局加大走访宣传力度,通过发放《沈阳市人民政府关于对从事城市建筑垃圾及散流体物料运输车辆实行密闭化改装的通告》和"运输车辆密闭化改装工作程序",主动提示在前,预防违规行为发生。二是集中行动,严查违规运输。市执法局在加强日常监管的同时,不定期组织开展集中整治行动,重点查处运输建筑垃圾车辆未采取密闭措施造成沿途洒落、乱排乱卸等违规行为。三是社会监督,设立举报机制。为进一步加强执法监管,市执法局设立举报奖励机制,公开举报电话22516801,鼓励市民参与环境治理,对提供违规运输车辆线索,并配合执法部门依法查实的市民,依据相关规定给予奖励,及时解决群众诉求。

(张 博)

【深化城市管理行政执法改革】 一是制订《沈阳市城市管理行政执法重心下移工作方案(试行)》,使城市管理行政执法勤务区模式得到进一步规范。二是重新梳理职责范围。对照《中共中央国务院关于深入推进城市执法体制改革改进城市管理工作的指导意见》(中发〔2015〕37号)以及《辽宁省深入推进城市执法体制改革改进城市管理工作实施方案》(辽政办发〔2016〕92号)确定的综合执法机构的职能,对现有职能进行梳理,为下一步城市管理行政执法改革做好准备。三是及时更新权责清单,实现了动态管理。根据相关法律法规及规章的更新情况,对2015年市执法局权责清单进行更新,并按照市编委办要求及时上报了更新情况。

(张 博)

【加强对城市出入口、城乡结合部等薄弱环节的环境综合整治】 2016年为进一步加强城市出口路和城乡结合部环境整治工作,制订下发了《城市出口路及城乡结合部市容环境整治工作方案》。一是进一步突出了整治重点。以全市19条城市出口路(二环至三环范围及部分街路三环外延长线)及城乡结合部市容环境问题整治为重点,对占道烧烤、占道经营(流动售卖)、店外摆卖、占道堆放、乱排垃圾及违章搭建、私拆乱改、侵绿毁绿、私设牌匾广告等问题开展全面整治。二是进一步落实了责任分工。以各属地分局为整治主体,以市局各支队为巡查检查主体,调动市区两级执法力量。同时,发挥行政执法勤务区的网格功能,进一步加大巡查频次和整治力度,并在重要节点和关键部位实施定点值守。三是进一步强化了检查督导。将19条城市出口路及城乡结合部列入检查重点内容,采取属地分局自查、市局支队巡查、专项集中抽查和市局领导督查等方式,强化对各类市容环境问题的督导检查力度,并纳入对各地区的市容环境考评成绩。

(张 博)

【加强建设市场执法监管和执法服务】 2016年召开了全系统建设市场执法工作会议,制定《建设市场执法工作要点》。严格落实项目负责人、执法巡查、重点环节检查等制度,对全市700余处在建项目加大巡查力度,及时发现、制止和查处各类违法违规行为。全年共查处建设市场规划、施工、招投标等方面违法案件1263件。强化执法服务,保障项目依法顺利建设。积极开展重点项目"双进双解"活动,圆满完成2016年两批31个重点项目的对接、帮扶任务,累计帮扶557人次,项目开工率达到100%。采取日常巡查、定期走访和重要点位值守等方式,加大建筑工地市容环境整治力度,及时发现并纠正了86个工地的300余处违法违规行为,对相对严重的47个工地未按规定设置围挡、进出车辆夹带泥沙、工地悬挂条幅和布幔等违规行为实施了行政处罚。

(张 博)

【大力开展"蓝天行动"执法工作】 2016年,市行政执法局共下发专项执法检查通报3期,查处露天堆场扬尘案件20余件。一是建立监管台帐,以全市主要街路及物料堆场集中地区为重点执法范围,将易扬尘物料堆场细化为沙堆、土堆、灰堆、渣堆、煤堆等堆放种类,建立执法监管台账,开展执法检查工作。二是加强日常监管,以各区分局、市局直属各支队为主,加大日常巡视检查力度,从严查处扬尘污染违法违规行为。同时,市执法局定期组织开展全系统执法检查,对发现的物料堆场扬尘突出问题,以执法通报的形式予以曝光,进行督办限期整改。三是在做好重点区域执法工作的同时,将执法区域延伸至三、四环之间的煤场、水泥搅拌站等易扬尘点位,全面排查露天堆场情况,督促企业完善环保防尘措施。

(张 博)

【深入推进住宅小区环境整治工作】 市行政执法局制定下发了《关于开展住宅小区环境执法检查的通知》,依法查处小区内违章搭建建筑物及构筑物、私拆乱改、违规占用公共部位等行为。2016年共拆除小区违章建筑800余处,面积4.2万余平方米;清理占用公共部位

3500余处，面积3.7万余平方米；清理毁绿侵绿5200余处，面积26.3万余平方米。配合市房产局完成全市550余个旧住宅区环境提升工作。

（张 博）

【开展文明祭祀执法行动】 采取日常监管与集中行动相结合的方式，加强文明祭祀执法工作，特别是针对春节、清明节、七月十五、十月初一等民俗传统祭奠日。2016年共查处民政殡葬案件277件，查扣烧纸、冥币、绕活等封建迷信用品1.97万件，劝阻街头烧纸1.09万人次。

（张 博）

【队伍建设】 深入开展"两学一做"专题教育活动。先后召开了18次局党组理论中心组学习和专题研讨活动，坚持边学边做边改原则，把学习教育活动变成发现和纠正问题的过程。落实"三会一课"制度，开展警示教育活动，认真学习《关于新形势下党内政治生活的若干准则》和《中国共产党党内监督条例》等党纪党规。局党组切实担负起党风廉政建设的主体责任和监督责任，全年共组织党员干部约谈52次，并以述职述廉、廉政谈话、个人重大事项报告为内容，教育监督党员干部廉洁自律。同时，从严执纪，做到有案必查，全年共进行诫勉谈话2人次，对全局党员干部起到了警示教育作用。制定了重大行政执法决定法制审核、重大行政处罚审查备案、涉企行政处罚一般程序案件审查备案等10余项制度，对重要执法环节和重大执法事项进行规范，行政权力运行更加透明。推行"双随机、一公开"制度，着力解决执法不公、执法扰民和随意执法等问题，从制度上约束"选择性执法"、"倾向性执法"等问题发生。

（张 博）

公用事业

【燃气供应】 2016年，沈阳燃气集团加强气源保障工作，积极与中石油等上游企业联系，落实计划指标，签订年度供气合同，做好年度、月度及日计划，并根据气源输入量及用气需求，及时进行计划调整，保证主要气源的稳定供应。同时，燃气集团还多方采购LNG等其它气源作为有效补充和应急储备，入冬前将八棵树、大青两座LNG储罐及高压燃气管道储存满，维持高位运行。2016年，全市气源日供量达到300万立方米以上，另有600万立方米的储存能力，满足冬季高峰用气需求。积极开发新气源，重新引进辽河油田气源，积极跟踪中海油天然气和阜新大唐天然气，为气源发展做准备。2016年，燃气集团全年供气总量达到7.05亿立方米（不含法库科达人工气），比2015年增长8.72%，最大日供气量达到316万立方米，服务用户达到221万户。

为做好气源保障工作，燃气集团还进一步加强供气基础设施建设。完成了与中石油门站对接的曹台门站二期扩展工程建设，供气能力提高了一倍；实施八棵树门站改造工程，新增燃气调压设施，提高供气能力，保证供气需求；完成了浑南至抚顺管线的建设，保障抚顺地区供气稳定；投产运行茨采至沈阳供气管道，在沈阳西部又增加一处气源点；投运盘锦鼎盛至沈阳供气管道，为冬季保供增加备用气源；提高了北部门站供气压力，使该门站供气能力提高一倍，保证了沈阳北部地区供气需求；建设并投用了中汇广场、华润橡树湾、汽车城等一批高中调压系统，保障了沈阳市内供气稳定。

为确保燃气管线安全稳定运行，燃气集团狠抓安全管理。加强供气设备维护，入冬前对重要调压器、阀门等供气设备进行全面检查检修，保障冬季设备稳定运行；备足备品备件，尤其是高压管道抢修备品备件，满足冬季设备抢修需要；在入冬前加强与供电部门联系，进行供电设备排查，雨雪天气加强检查频率，确保供电设备运行正常；加强安全巡查监控力度，燃气漏点应急处置及时率达到100%；处置各类燃气管网及附属设施抢险抢修1127处、维修1437处，抢维修及时率和处结率均达到100%；开展入户安检，各营业分公司完成入户安检66.5万件，公司开展专业化安检入户6.1万户，解决安全隐患10万件，专业安检区域用户报修报漏数量大幅减少；开展2次大型应急演练，提高应急处置能力，全年受理应急票件1.4万件，应急事件处结率达100%；组织各类安全大检查460人次，280余处安全隐患得到及时整改。

（陈玉柱）

【燃气管网建设与改造】 2016年，沈阳燃气集团大力实施燃气管网建设与改造工程，全年共完成管网建设90.4公里，改造老旧燃气管网184.5公里。

在管网建设上，燃气集团结合供气需求，积极进行重点工程建设。完成了永安大道（东起东平湖街，西至新蔡线）次高压、中压燃气管线工程敷设任务，冬雪湖街中压管线工程实现并网通气，金阳大街、康平经济开发区市街管网工程、抚顺沈东八路次高压燃气工程、沈法管线穿越辽沈工业集团靶场排迁工程、金杯全球物流、开发22号路、23号路等工程相继完工。

按照市人大、市政府关于做好城乡结合部老旧小区"三网"配套改造工作的部署，燃气集团集中力量实施了城乡结合部老旧小区燃气管网配套改造工程建设。从前期管网规划、图纸设计到施工各环节精心组织，克服了工期紧任务重、地下管网多且分布复杂、流动人口多、个别用户阻挠施工等诸多实际困难，保证了燃气管网配套改造工作的顺利进行，计划实施的61个小区全部开工，对具备条件的已经全部开栓。

燃气集团大力实施老旧管网改造，从源头解决管网运行安全问题。2016年实施了重点改造工程、市街隐患工程、排迁工程等一批项目建设。在重点项目上，燃气集团克服了主干道施工难、街路车辆多、人流密集、工期紧等实际困难，根据实际情况拟定现场施工方案，统筹安排，保证解决问题不过夜，尽量缩短施工工期与停气时间，较好地完成了南五马路、宁波路、市府大路、津桥路、北二路等10余条重要道路的老旧管线的改造施工任务。在市街隐患工程改造上，对多次发生泄漏的南五马路、宁波路、梅江街等老旧管线实施改造，克服了道路挖掘审批、夜间施工难度大等实际问题，彻底解决了这些街路老旧燃气管线的安全隐患问题。燃气集团还结合全市道路改造，实施管线改造工作。配合北一路高架桥建设，实施了燃气管线排迁改造工程，加强与甲方、交通管理及市政部门、相关管网单位的协调与沟通，施工人员

24小时吃住在现场，不间断施工，克服了交叉作业、工期紧等实际困难，较好地配合了北一路高架桥建设，完成了燃气管线排迁工作。

（陈玉柱）

【燃气用户服务】 2016年，沈阳燃气集团把着力解决民生问题、为用户服务工作作为一项重要工作来抓，在员工中牢固树立"用我真心，让您放心"的服务理念，全方位提升燃气管理服务水平。

千方百计满足用户用气需求。在加快工程建设的同时，积极组织力量开展新用户的开栓工作，全年新开栓民用户12万户、非民用户304户；在开栓过程中，为用户提供个性化开栓、安装服务，满足了各类用户的不同需求；着力解决拖期开栓问题，针对拖期开栓成因复杂实际情况，积极与各区政府、街道社区及开发单位进行沟通，协商拖期开栓小区的解决方案，全年共解决各类重点、难点拖期开栓用户7.4万户；为响应市政府"蓝天工程"的号召，燃气集团积极推进"煤改气"工程，与环保部门密切协作实施"煤改气"工程68项，并为53户企业开栓供气。

认真解决广大人民群众诉求。96177客服专线24小时不间断为用户提供服务，全年受理群众来电73.9万件，涉及咨询、开栓、维修等各个方面，处结率达100%；全年受理"民心网"等诉求平台反馈的各类问题2388件，全部及时办结；承办的省市人大、市政协民生建议、提案协办件6件，均按时办结，代表委员满意率100%。

不断拓展服务领域，增强全方位服务能力。按照市政府工作部署，2016年在全市范围内实施阶梯气价。为确保该项工作顺利实施，燃气集团配合物价部门认真进行前期准备工作，并从2016年4月1日起，阶梯气价及价格调整同步顺利实施；按照市政府降本减负、打造国际化营商环境的要求，通过采取集中采购、压缩内部管理成本等措施，实行普通商品房燃气工程最高限价，工程收费标准进一步降低；工程受理服务效率显著提高，进一步整合提升燃气工程受理服务中心服务职能，将工程预算编制，工程费、设计费、监理费的收取及合同签订等工作一并纳入中心办理，实现一个窗口受理、一站办结的服务模式，全年共办理各项业务1.27万件，准确率100%；继续实施购气窗口的标准化建设，为用户提供更加规范、优质的服务；扎实做好省市重大活动期间的供气服务保障工作，2016年"两会"及党代会等23场大型活动期间的供气服务得到保障；实施超期表更换工作，全年更换超期表11.3万块；继续实行特殊群体隐患免费整改，共走访2.3万户，整改隐患330户。燃气集团的优质服务得到社会广泛认可，公司获得了"中国企业管理榜优秀服务奖"，成为全国燃气行业、辽宁省惟一获奖企业。

（陈玉柱）

【自来水供应与服务】 2016年，沈阳水务集团有限公司（简称"水务集团"）完成供水量6.44亿立方米，日均供水量176万立方米。主城区单位耗电量完成0.286千瓦时/立方米。完成售水量4.85亿立方米。企业实际产销差率完成33%。完成水费收入13.04亿元。完成污水处理量0.15亿立方米。供水管网总长度4138.5公里，供水面积734.6平方公里。在装水表295.4万块。供水人口648.4万人，用水户287.2万户。实际运行泵站1932处，泵站运行率达到99.88%，全市实现全天24小时供水。沈阳市现有市政水源井555眼。主城区北部水源仍为地下水，其它区域水源基本置换为地表水为主的供水水源。全年对39眼市政水源井进行更新改造，现改造井全部投入运行，极大地缓解沈阳北部地区用水需求。开展补短板工程，针对直径600毫米及以上阀门、重要节点的阀门进行更换、维修、保养及修整井室、清理压埋占、更换井盖。更换阀门21座，维修阀门257座，更换部件68个，保养176次，清理压埋占82座，换井盖37套，修井室363座。维修漏水4932件，管网维修及时率达到97%。完成清洗1418处二次加压供水泵站的储水池，清洗总容积53.8万立方米，涉及42.9万栋楼、202.2万户居民和695.85万人口。各水厂供水采取液氯、二氧化氯、次氯酸钠三种消毒方式，6月15日至9月15日严格执行夏季余氯标准，保障供水水质达到国家标准。水质在线监测系统由水质检验中心统一管理，负责实时监控沈阳市7个行政区115处监测点的水质变化情况，包括水源、管网和二次加压供水，形成集实时预警、快速应急与高精准实验室监测于一体的立体化、全方面的水质监测体系。实行64个营业所服务网格化管理，建立管网巡视、加压供水、查表收费、涉水服务"四位一体"全方位立体式服务。在营业所实施14项打造服务品牌项目和创建服务标兵活动。增设营业所24小时服务公开电话64部，受理服务规范和办理流程与分公司公开电话相同，集团公开电话体系建设实现三级管理模式。开展"拉近百姓距离，打造金牌服务"活动，全面推广"水管家"便民服务。以政府购买服务为契机，于2016年8月15日开始实现市直管公房给水管线维修承接工作。全年22702270服务热线接听电话38.41万个，反映各类问题3125件，投诉率0.115%，与2015年相比降低0.006%；及时解决率98.78%，比计划高0.78%；人为因素投诉50件，投诉控制率1.63%，比计划降低1.37%。水务集团荣获"诉求办理工作优秀单位"、"消费者满意单位"等荣誉称号。

（周　雁）

【深化改革稳推进体制创新促发展】 2016年，水务集团以涵盖集团各业务专线的"十大工程"实施为载体，全面实施集团供给侧改革。从加强管理、技术改造入手，达到优化运行，有效供水的目的；以创建无漏洞地区、营业所全覆盖的形式，形成供水服务的新格局；以问题为导向，做好各条工作线的"加减乘除"，推进集团步入良性发展的轨道。在集团改革改制工作上，浑南集团全面做好减资、固定资产转固等工作，为全面上市做好前期准备；设计工程集团新三板上市，已按计划进入实质性操作；排水集团、世创集团的改革改制工作也正在稳步推进之中；沈河二、于洪分公司等营业系统的进一步改制工作均按计划进行研讨与推进中。

（周　雁）

【争做打造国际化营商环境排头兵】 水务集团先后出台惠企优商10条新政、改善营商环境25条新举措，以超前服务的意识与主动服务的作为，全面提高内部审批效率，面向全市房产开发企业推行“保姆式、领办式”服务。直面“矛盾聚焦”，以整顿清理建筑施工临时用水水费作为突破口，改变以往按照建筑面积计量，缺少收费依据的征收方式，对全市建筑工地均采用依表计量收费，同时，主动降低给水工程价格。

（周　雁）

【安全生产稳定运行】 水务集团连续十年实现安全生产“六个为零”。集团14家单位完成安全生产标准化创建工作，其中安全生产标准化二级达标单位2家，三级达标单位12家。全年安措计划资金实际总投入1764.30万元，有效地保障集团安全生产工作。深化隐患排查治理工作，提高事故风险防控能力。进行专项检查64次，举办相关安全培训25次，参训人员2224人、7.62万课时。开展职业危害场所检测及职业健康体检，460名一线工人到指定专业机构进行检查，均未发现职业病及疑似病例。集团荣获全省企业事业单位安全保卫工作集体一等功、沈阳市安全生产先进单位等荣誉称号。

（周　雁）

【智慧水务建设向纵深发展】 智慧管理ERP系统（一期）开发上线工作全面结束。系统包括财务核算、资金管理、人力资源、资产设备、全面预算、集中采购、协同办公、移动应用等子系统。新一代营销管理系统全面成功上线。系统包括营业查收、表务管理、用户报装、客户服务等子系统，结合移动互联网的特点和技术，建立集大数据、互联网缴费于一体的智能化客户营销管理体系。同时实现手机实时抄表业务，有效加强对抄表工作的实时监管。自动化监控领域，在重点阀门井远程监控方面运用电磁脉冲技术，低成本实现了集团对重点阀门开启状态的远程监控，在国内水务行业属于首创。利用电接点压力表对皇姑低压区二次加压泵站的管道泵进行自动化控制，降低运行成本，保证供水安全运行。

（周　雁）

【“三网”给水配套改造工程全面竣工】 按照沈阳市十五届人大第四次会议《关于大力推进城乡结合部老旧住宅供水、供气、供热管网配套改造的议案》总体要求，及沈阳市政府关于2016年“三网”给水配套改造工程作为沈阳市城建计划重点项目的工作部署，水务集团以人大代表团调研过、关注过、水质问题突出的小区为重点，以沈阳市《“三网”配套改造工作实施方案》为指导，以沈阳市政供水管网有效覆盖范围为依据，严格规范管理、精心组织施工、合理调配资源。截止10月末，“三网”配套改造工程全部完成，22个小区（26眼自备井）正式接引市政自来水。工程惠及254栋楼、1.52万户，受益人口4.00万人。11月2日，市人大会议对“三网”改造工作报告进行审议并全体表决通过。

（周　雁）

【南北二干线给排水管线排迁工程全面竣工】 为更好配合沈阳市重点工程建设—南北二干线工程实施，水务集团提前介入、精心组织，与沈阳市城市建设管理局、沈阳市城乡建设委员会通力协作、密切配合，积极进行给水管线排迁施工图设计、预算编制报审及排迁施工。工程于2015年4月初开工，2016年10月末竣工，排迁沈河区、大东区纵向（南北）DN800、DN500、DN300输配水主干线三条，DN1400—400排水管线五条，文化路、热闹路、市府大路等大型交通路口10处，交叉横向过DN1200—DN100市政输配水管线54条、排水管线37条，排迁给排水管线总长度18公里，涉及到地下需动用的水门146处、排水检查井118座。

（周　雁）

【电力供应】 国网辽宁省电力有限公司沈阳供电公司承担着沈阳地区10区2县1市和2个国家级开发区1.3万平方公里范围内的供电任务。共有营业户数460万户，历史最大日供电量为1.05亿千瓦时，最大小时电力514.6万千瓦。2016年实现售电量完成286.61亿千瓦时，比2015年增长6.26%；售电平均单价688.17元/千千瓦时，比2015年降低20.41元/千千瓦时；上缴电费完成率100%；全社会用电量325.59亿千瓦时，比2015年增长率5.97%；城市综合电压合格率99.999%；供电可靠率99.9802%。

沈阳地区现有500千伏变电站5座，变压器容量1.03万兆伏安；拥有220千伏变电站29座，变压器容量9960兆伏安；拥有66千伏公用变电站193座，变压器容量1.18万兆伏安。新增输电线路69公里。

国网沈阳供电公司在省公司综合、管理对标排名第一，取得全部12个专业管理标杆，首次实现省内站排头。被授予国家电网公司先进集体、国网大型供电企业业绩进步单位，并荣获全国法治教育先进单位、全国全面质量管理优秀企业、辽宁省企业文化建设示范单位等多项荣誉称号。

（李　松）

【电网建设】 2016年，沈阳供电公司滚动修编“十三五”电网规划。推进电力与地铁管廊资源共享规划。超前完成京沈客专等12项工程核准。率先促成省公司与市政府签订《战略合作框架协议》。完成沈北新区等5个区（县）政府协议签订工作。协调市政府下发《关于进一步加强电网建设的通知》，加快供电负荷预警等6项机制落地，开创了政企合力推动电网发展的新局面。加大重点、疑难工程推进力度，盛京220千伏变电站进线工程实现分段开工，220千伏五爱变电站等7项历史遗留工程成功投运。成立配、农网改造办公室，制定落实《配电网建设与改造技术标准》等6项指导意见。完成39个中心村电网改造任务，解决934眼机井通电问题，消除“低电压”用户1280户。加强“三通一标”应用与工程质量管控，成功打造220千伏高花变电站标杆工程。220千伏黄冈开关站等五项工程创建国网优质工程。加快信息化建设，完成中心机房改造任务，有效解决核心网络瓶颈与安全设备冗余问题。完成90个乡镇供电所网络优化接入，实现信息网和数据网深度融合。

（李　松）

【电网安全】 2016年，沈阳供电公司开展“基础管理提升年”、“培训竞赛月”等活动，完成管理提升任务57项。创建“一台一队”安全管控模式，实现66千伏及以上作业现场安全监察全覆盖。深刻吸取大连“8·18”等事故教训，开展“三查三强化”等专项督察与隐患排查26次，治理隐患494项。强化信息安全，重要网络通道实现零故障运行。加强运检精益化管理，10千伏电网故障比2015年下降11.2%。PMS2.0系统顺利通过国网实用化验收。统筹方式安排，严格计划管控，高效完成春秋检、迎峰度夏及4座220千伏变电站综合检修任务。整合雷电定位、保护信息等技术支持系统，有效提升故障研判及电网管控能力。开展大面积停电预案修编与应急演练，成功处置"7·25"铁西路面塌陷等公共突发事件。圆满完成165次重要保电任务。

(李 松)

【电力营销】 2016年，沈阳供电公司大力推广电能替代，注册"煤改电"直接交易用户323户，替代电量9.26亿千瓦时。深化"一分双无"管理，加快智能表安装，用电信息采集实现全覆盖。全面推广费控业务，完成费控建档418万户。加大用电市场整治力度，规范临时电户2708户。成立反窃电调度指挥中心，收取违约使用电费2711.24万元。完成省内首个"多表合一"采集试点工程。推进"互联网+"营销服务，"电e宝"、"掌上电力"APP注册用户达20.2万户。开展服务案例交流研讨，强化诉求分析和投诉典型事件问责，百万户投诉率指标保持全省前列。公司荣获省公司供电服务"明星单位"。深化"车联网"平台建设运营，完成8座快充站本体建设。

(李 松)

【电力科技】 2016年，沈阳电力公司积极推动电力体制改革，开展售电公司和市场化交易用户走访，完成大用户直购电11.29亿千瓦时。加大用户资产接收力度。深化"三集五大"体系建设，开展规范化管理自查和问题整改，实现体系扎根落地。稳步推进集体企业改革改制，成功搭建资产经营平台，完成15户集体企业重组整合。有序推进"三供一业"分离移交。开展全员"创意、创新、创水平"活动，发挥创新工作室示范效应，"互动式智能营业厅"项目荣获国网公司第二届青年创新创意大赛金奖。固化"三上三出一创"理念，形成管理创新成果71项，公司荣获全市惟一管理创新示范企业。"提高配电网故障处理能力关键技术与应用"项目分别获省政府科技进步二等奖和国网公司科技进步三等奖。"一种基于潮流分布特征的配电网故障分析方法及装置"项目获国网公司专利三等奖。

(李 松)

【路灯建设】 2016年，沈阳供电公司实现连续安全生产4093天，实现了安全年。平均亮灯率99.82%，路灯设备完好率99.89%。实施路灯新建及改造工程131项。成功消除西塔亮化盲区，全年路灯电费上缴率100%。

应用道路照明测试系统等一批国内最先进的专业设备，突破了检修运维管理技术瓶颈。建设沈阳智慧城市照明全资产大数据信息管理平台，国内率先开发应用路灯设备移动巡查系统。开展集智能照明、无线网络、视频监控、环境监测、充电桩等功能为一体的智慧路灯试点工作。大力催收追缴历年路灯电费、维护费及工程欠款，有效降低企业经营风险。《以数据资产为支撑的城市道路照明运维管理》荣获沈阳市企业管理现代化创新成果二等奖；郭宁同志的"安装智慧灯杆(复合型)"创意荣获2016年智慧沈阳最佳创意三等奖；《创新实施智慧照明工程，促城市营商照明环境成绩优》荣获公司"三上三出一创"上水平出经验奖。全年完成故障报修5904件，处理率100%，实现"四项服务承诺"兑现率100%和连续5年优质服务工作"零"投诉。圆满完成沈阳马拉松赛道路照明保障工作。"宋志强共产党员服务队"完成困扰西塔地区30多年的亮化盲区消除工作。解决了"辽大家属区"、"盲人大院"、"和平新村社区"等道路照明问题。组织开展历年应收账款清理和未付款项清查甄别专项工作，进一步加强经营管理风险防范。加强集体企业管理，深化依法治企工作。

(李 松)

环境保护

【概况】 2016年，沈阳市城市环境空气质量优、良天数达到249天；辽河沈阳段干流水质符合地表水Ⅳ类水质标准；浑河沈阳段干流水质劣于国家地表水环境质量Ⅴ类水质标准；城市集中式饮用水源地水质达标率96.4%；沈阳市道路交通噪声强度为二级，区域声环境总体水平为二级。

(刘 冰)

【污染减排】 2016年，全市将污染减排与抗霾攻坚行动、水污染防治行动计划等一系列环境治理统筹实施，全市可削减化学需氧量全口径2%；氨氮全口径2%；二氧化硫全口径(不包含省管电厂)1.5%；氮氧化物全口径(不包含省管电厂)1.5%。

(刘 冰)

【文明建设】 一是卧龙湖国家湖泊环境保护试点工作取得成效。中央专项支持项目进展顺利，在2015年度试点项目绩效考核中取得全省第一名，获得2016年度全省唯一的中央财政奖励资金3523万元。

二是印发《沈阳市人民政府办公厅关于加强生态保护红线管理工作的通知》。全市划定生态红线区总面积为2678.11平方公里，占市域国土总面积的20.8%，覆盖全市90%以上极重要的生态功能区。

三是开展生态红线绩效考核试点工作。按照国家环保部要求，编制试点工作方案，制定了生态保护红线管理绩效考核办法及实施细则。

四是实施生态红线勘界立标项目。启动实施了生态红线勘界立标项目，制定工作计划和实施方案，完成了项目招投标，组织施工单位抓紧实施，完成勘界和150个标志设立工作。

五是农村环境综合整治，改善人居环境。按照全市"宜居乡村"建设工作总体要求，组织各区、县(市)向设施运行常态化努力，并初步推进社会化运营。完成了全市畜禽养殖禁养区划定工作，共划定禁养区范围783.49平方千米，约占沈阳市区域总面积的5.89%。组织开展省级生态村镇创建工作，积极组织相关地区环保部门健全生态村镇创建工作档案。

(刘 冰)

【水环境建设及综合整治】 一是编制印发《沈阳市水污染防治工作实施方案(2016—2020年)》。明确各地方政府以及各部门职责，并要求各区、县(市)政府编制完成辖区内水污染防治行动方案并向市政府报备，同时制定各委办局责任状。

二是启动20万吨/日南部二期污水处理厂建设。完成立项批复、工程拟选址意见批复、项目节能报告书批复、水土保持方案审查意见、环境影响报告书批复、压覆矿产资源储量及地质灾害评审意见、项目设计招投标工作和可研批复等工作。

三是加大集中式饮用水水源地环境保护力度。多次实施饮用水源安全保障专项行动，确保全市饮用水源水质达标率稳定在100%（铁、锰地质因素除外）。对李官、于洪、南塔等38个集中式饮用水水源地开展环境状况评估工作。组织开展城市集中式饮用水水源保护区界线划定工作，并上报省政府批准。

（刘　冰）

【大气环境治理】 2016年，全市环境空气质量优良天数249天，比2015年增加42天。

1.印发《2016年沈阳市抗霾攻坚行动实施方案》，全面开展大气污染防治工作。与全市22个委办局和13个区、县（市）政府签订抗霾攻坚工作责任状。

2.组织协调全市燃煤锅炉拆除改造工作。为确保基础调查及锅炉拆除工作进度的准确性，市环保局分区域对名单内的锅炉情况进行逐一走访调查，并对各区的锅炉拆除工作进行月调度。2016年，共拆除各类燃煤锅炉1917台，超额完成省政府下达的1352台10吨及以下燃煤锅炉拆除任务。

3.实施高效除尘脱硫升级改造，严控污染物排放。市环保局、市财政局、市建委联合制定并印发《关于印发沈阳市2016年度城建计划大气治理环保有关财政资金补助项目实施方案的通知》（沈环保〔2016〕105号）。截至2016年底，除尘器升级改造项目已完工总容量5204蒸吨，脱硫设施改造项目已完工总容量8299蒸吨。

4.黄标车淘汰工作。加强机动车尾气治理，11月6日起，沈阳市全域禁行黄标车，全市完成淘汰黄标车及老旧车辆5.66万辆。

5.秸秆禁烧工作层层抓落实。针对秋冬季焚烧秸秆的情况，相继出台了《沈阳市人民政府关于禁止露天焚烧农作物秸秆的通告》、《沈阳市人民政府办公厅关于印发沈阳市秸秆焚烧工作方案的通知》、《沈阳市农作物秸秆综合利用若干政策措施》（沈政办发〔2016〕34号）等文件，强力推进全市秸秆禁烧工作。协调召开全市秸秆禁烧工作电视电话会议，要求落实区、县（市）、乡镇（街道）、村（社区）、组4级秸秆禁烧网格化管理责任制度，确定各级政府主要领导为网格责任人，明确各地区政府和各相关部门职责，建立全市秸秆禁烧4级网络责任人信息表。

6.集中开展餐饮油烟整治工作。将位于环境敏感区域的大型油烟排放餐饮单位列为全年实施重点整治的范围，并积极开展高油烟排放餐饮单位第三方油烟治理示范工作。

7.全范围开展油气回收治理工作。市环保局、市公安局等6部门联合制定并印发了《关于印发沈阳市加油站储油库油罐车强制实施油气回收改造工作方案的通知》（沈环保〔2016〕170号）。全市现有加油站、储油库、油罐车完成油气回收治理改造工作。

8.组织修订并印发《沈阳市重污染天气应急预案（修订）》（沈政办发〔2016〕28号），提高重污染天气应对能力。将重污染天气应急响应工作纳入突发事件应急管理体系。建立完善重污染天气应急预警信息发布制度、档案管理制度、监督检查制度和责任追究制度。组织各成员单位制订完成重污染天气应急分（专项）预案28份、工业企业限产操作方案22家，完善重污染天气应急工作体系。

（刘　冰）

【土壤、固废污染防治】 一是为贯彻落实《国务院关于印发土污染防治行动计划的通知》精神，市环保局成立了《沈阳市土壤污染防治工作实施方案》编写组，完成征求意见稿。

二是以“东药、沈化”场地示范项目为抓手，带动污染场地再利用防治工作。通过多方积极争取，使“东药、沈化”污染场地修复工程得到了世界银行和环保部环境保护对外合作中心的认可，列入世行POPs场地示范项目资金支持，两单位各获得全球环境基金赠款近千万元，完成了“东药”办公区等七个地块的调查、风险评估工作。

三是进一步规范危险废物转移管理，使全市固废环境安全基本得到稳固。探索危险废物审核工作，创新细化危废管理。加强污泥处置厂运行监管，污泥物联网管理系统已建设完成，验收后将正式投入运行。继续以推进废乳化液综合利用项目、废酸处理综合利用项目带动固废处置综合利用项目的建设。

（刘　冰）

商　务

国内贸易

·综　述·

【法治政府建设】 2016年，市服务业委紧密围绕沈阳市法治营商环境建设，着力加强法治政府建设，重点规范文明执法体系建设，全面加强行政执法监督，提升依法行政工作水平，为企业发展提供更好更优质服务。

1. 严谨务实工作，依法依规建制度。市服务业委进一步明确依法行政领导小组工作职责，依据处室职责和人员的调整，及时调整组织机构，衔接各项工作，处理日常行政执法事务。一是制定《关于印发〈沈阳市服务业委员会行政检查实施办法〉等四项制度的通知》（沈服发［2016］4号）、《沈阳市服务业委员会重大行政执法决定法制审核制度（试行）》（沈服发［2016］15号）、《市服务业委2016年营商环境建设工作要点》、《沈阳市服务业委员会行政执法监督检查制度》（沈服发［2016］22号）等。二是对相关规章制度按照市法制办要求进行定期评估和异议处理，对规范性文件定期清理。三是对重大行政决策进行合法性论证、集体决定、实施情况反馈和决策责任追究等制度调研。四是严格按照《沈阳市服务业委员会行政自由裁量权基准》等制度开展商务执法工作。

2. 严以正气修身，合规守法强意识。市服务业委党组高度重视"法治政府"建设工作，把加强法制教育、增强干部职工依法行政意识作为一项重要工作。做到"三个纳入"即：纳入年度工作计划，纳入机关干部学习教育内容，纳入年终工作考核范畴；"三个结合"即：把集中组织授课与个人自学结合起来，把法律法规知识学习与政治教育结合起来，把法制宣传与创建学习型机关结合起来。组织完成了《沈阳市服务业委员会2016年法制培训工作安排》，在全委开展了《市服务业委依法行政基础理论试题》答题活动，通过OA办公系统采取集中自学方式开展法制学习，制定了《法治服务》小读本，着力提升工作能力和水平，为企业发展提供更具品质服务，充分助力沈阳市营商环境大发展。

3. 严守审批流程，守法守纪提效能。强化服务窗口（现场）管理，推行亲切服务，规范服务行为，构建阳光、规范、文明、和谐的办事环境，坚持办理审批事项"七公开"原则，深化"庸懒散"专项整治工作，积极探索推进电子政务建设，进行网上预审批准备工作，完善窗口审批机制和规则流程，促进窗口建设制度化、规范化、标准化。注重对标准体系进行梳理完善，形成配套完整、科学合理的标准化管理体系，实行案卷AB角一审一核责任制，人人签订廉政承诺书。

推进简政放权、建立权责清单，取消鲜茧收购资格认定审批职权。根据沈阳市商业连锁企业发展的实际，主动取消连锁企业认定审批职权等。规范行政审批前置中介机构的服务行为，开展涉企收费清理整顿，梳理行政审批事项，规范审批要件，优化审批流程，对行政审批密切相关的第三方服务与政府部门没有脱钩现象进行了清查，并对涉及前置中介机构的审批事项进行了清理，严格执行市场准入制度，有效维护市场秩序。

4. 严明工作纪律，清正廉洁建队伍。进一步规范商务综合行政执法队伍建设，规范执法行为，提升执法水平。一是实施行政执法工作联系制度、定期汇报制度、行政问责和责任追究制度、重大行政案件报告报备、案件审查、个案监督、错案追究、重大行政处罚案件审核制度和集体讨论决定制度。二是开展行政执法案卷评查、执法人员资格审查工作，并在执法过程中告知行政相对人监督电话和监督途径，严格按照涉企检查计划对企业进行检查。三是规范自由裁量权，严格实施《行政处罚自由裁量权基本标准制度》。未因行政执法而引发行政复议和行政应诉案件。四是制定沈阳市商贸流通领域随机抽查事项清单（草稿），明确抽查依据、抽查主体、抽查内容、抽查方式，增强防范机制，提升队伍建设。

5. 严厉维护秩序，违法违纪不徇情。严厉打击侵权假冒工作。一是积极发挥领导小组办公室综合协调作用。积极推进行政执法与刑事司法衔接工作，组织开展了市、区二级行政执法与刑事司法单位300余名工作人员参加的《2016年沈阳市打击侵权假冒领域两法衔接信息共享平台业务培训》。二是加大打击力度。全市各有关部门结合实际，进一步明确工作目标，加强领导，强化措施，集中力量做好重点地区、重点领域、重点产品的查处整治工作，以法律权威惩治了一批侵权假冒违法犯罪，净化了市场环境，规范了市场秩序。三是加大酒类监管。为了保障饮用安全，促进市场经济稳定健康发展，商务执法支队充分考虑行业特征，在全年无松懈的前提下，在元旦、春节等节庆假日期间加大了对酒类市场的检查力度，开展了多次专项整治活动，加大专业市场、批发市场的监督管理，严格市场准入制度。四是加强宣传教育。全市各部门积极行动，推动打击侵权假冒宣传工作常态化，充分利用多种媒体，采取发放宣传手册和宣传资料、播报典型案件、现场解答等形式，宣传报道沈阳市打击侵权假冒工作主要成果，向社会公众普及侵权假冒相关法律法规知识，震慑违法者，在全社会营造尊重知识产权、保护知识产权的良好氛围。

（服务业委）

【依法行政】 2016年，市服务业委着力规范文明执法体系建设，坚持以制度为先导，引领沈阳市服务业法治营商环境建设。一是完善相关制度。制定《关于印发〈沈阳市服务业委员会行政检查实施办法〉等四项制度的通知》（沈服发［2016］4号）、《沈阳市服务业委员会重大行政执法决定法制审核制度(试行)》(沈服发[2016]15号)、《市服务业委2016年营商环境建设工作要点》、《沈阳市服务业委员会行政执法监督检查制度》(沈服发[2016]22号),进一步完善规章制度。二是对行政规范性文件评估清理。对相关规章制度按照市法制办要求进行定期评估和异议处理,对规范性文件定期清理。三是开展重大行政决策听证制度。对重大行政决策进行合法性论证、集体决定、实施情况反馈和决策责任追究等制度调研。四是严格遵章守纪。执法部门严格按照《沈阳市服务业委员会行政自由裁量权基准》等制度开展工作,保证依法行政工作公开公正公平。

(服务业委)

【商品市场发展】 2016年,沈阳市商品市场建设坚持以建设国家中心城市战略目标为牵引,抓住东北老工业基地全面振兴和全面创新改革试点城市等机遇,紧紧围绕"调结构、转方式、稳增长、惠民生"要求,着力在调整供给侧结构上下功夫,通过采取强化规划引导、培育领军企业、加大扶持力度和加强服务指导等措施,进一步完善沈阳市商品市场发展规模集群化、配套功能现代化、营销方式多样化、辐射效应集散化、经营模式连锁化等特色,推进商品市场转型升级,优化商贸流通结构,初步构建统一开放、竞争有序、安全高效、城乡一体的商品市场体系。

截至2016年底,全市共有商品交易市场497个,其中:综合类商品交易市场69个,农产品交易市场280个,日用消费品交易市场88个,生产资料交易市场60个。亿元以上商品市场95个,实现交易额2003.1亿元,其中综合类商品交易市场5个,实现交易额52.3亿元;农产品交易市场34个,实现交易额714.8亿元;日用消费品交易市场23个,实现交易额520.7亿元;生产资料交易市场33个,实现交易额715.3亿元。

(服务业委)

【开展消费促进月活动】 结合季节转换和沈阳市消费现状,市服务业委于2016年4月1日至5月4日,组织全市商业企业和行业协会在全市开展了消费促进月活动。围绕春季欢乐购、休闲体验游、网上购物节、绿色消费行、餐饮美食汇、升温"夜经济"和便民服务季等七大板块19项专题促销活动,搭建供需对接平台,培育消费热点,扩大消费规模。

通过活动的开展,进一步激活了全市消费的热情。一是重点零售企业主题活动鲜明,利用清明节、"五一"开展了"清明小长假,乐享新健康"、化妆品节、男装节、踏青节等活动。二是大众餐饮依然火爆,通过开展"爱家乡、吃辽菜、传技艺、品文化、餐饮企业诚信经营行业倡议"等5项活动,拉动餐饮消费。三是专业展会日渐成熟,活动期间共举办各类会展活动55项,同比增长7.8%;意向交易额281亿元,同比增长11.9%。四是汽车销售形势向好,2016中国(沈阳)国际汽车博览会共销售新车1.45万台,销售额23.56亿元,观众达29.8万人次。五是"夜经济"逐步升温,4月20日"塔湾·兴顺国际观光夜市"重装开业;1905文化创意园以油画体验课、鑫荷公益书场、美妆课、音乐会等共15场活动贯穿整个消费促进月,以文化创意吸引消费者,体验夜生活,带动夜消费。六是电子商务表现抢眼,沈阳苏宁云商销售有限公司活动期间线上销售额达9100万元,同比增长112%。

(服务业委)

【农产品现代流通体系建设】 截至2016年底,沈阳副食集团、盛发、雨润、安邦海得、新隆嘉、华润万家等6家试点企业,实现交易额680亿元,同比增长11.5%。沈阳安邦海得、新隆嘉、华润万家等3家连锁零售(团体配送)企业在沈阳建设连锁零售终端119个(含安邦海得配送单位78个),对接生产基地35个,实现统一采购、统一配送。一是突出全产业链发展。创新流通方式,以现代技术为支撑,抓住农产品生产基地、批发市场、冷链物流、连锁零售等全产业链关键节点,推进质量监督体系建设,减少环节和损耗,提高流通效率。二是突出现代交易应用。大力发展现代交易方式,农产品流通企业电子商务应用率达90%以上,沈阳副食集团"副食汇"电商平台交易额呈逐步递增趋势,辽宁新隆嘉现代农业有限公司的手机APP实现销售与配送等功能。三是突出现代运营理念。安邦海得、新隆嘉等企业,70%以上的农产品与生产基地对接。试点企业加大标准化建设力度,成为行业发展的引领者。安邦海得被商务部确定为全国首批农产品冷链流通标准化试点企业,新隆嘉被商务部确定为全国首批公益性农产品示范市场(零售)。

(服务业委)

【推进"农超对接"】 为促进沈阳市农超对接工作,进一步推动沈阳经济区特色农业与省内外大型流通企业的交流合作,2016年9月10－13日,以沈阳市举办"农博会"为契机,市服务业委联合沈阳经济区8城市举办了以"搭建农超对接平台,合作共赢持续发展"为主题的第二届沈阳经济区农超对接洽谈会。洽谈会期间举办了"农超对接受欢迎十佳企业"评选活动、零售企业与特色农产品生产企业推介洽谈会及产销对接签约仪式。此次洽谈会,沈阳经济区共有150余家采购商和270多家供应商参加洽谈,遴选了14家特色农产品企业做了推介发言,达成合作协议和意向协议60项,金额2100余万元,产品涉及肉类、水产品、果蔬、蛋类、杂粮等30余个品种。在新闻媒体刊播、报道43篇,洽谈会期间气氛热烈、成果丰硕,达到了"搭建农超对接平台,实现合作共赢发展"的目的。

(服务业委)

【融资租赁业】 近年来,在国务院以及商务部出台一系列利好政策的鼓励下,沈阳市融资租赁业从无到有,经过几年的改革创新和积累培育,已呈现良好的发展势头。

截至2016年底,在沈阳市注册的融资租赁企业共26家,注册资本48.8亿元。其中:内资融资租赁试点企业8家(国企1家,民营7家),注册资本金为22.9亿元;外资和中外合资融资租赁企业18家,注册资本金为25.9亿元人民币。融资租赁业务已涉及工业、农业、医疗、科技、办公设备和工程机械等众多领域。2016年,沈阳市融资租赁企业在租责任余额约49亿元。

2016年5月26日,沈阳市人民政府出台了《沈阳市加快推进融资租赁业发展实施方案(2016－2020)》(沈政办发〔2016〕66号),提出了未来5年融资租赁业发展目标和9项重点工作任务。预计到2020年,全市融资租赁企业要达到40家以上,融资租赁业的市场渗透率达到3－5%。

2016年10月17日,沈阳恒信租赁公司、沈阳商务服务中心在天津与中国租赁联盟、天津租赁行业协会就在沈阳市建设中国租赁业东北创新服务基地和研究院正式签署合作协议。基地落成后，将重点为融资租赁企业提供市场准入和运营、企业建设和孵化等专业服务。

（服务业委）

【窗口行业开展“行业最美”评选活动】 2016年，沈阳市服务业委与市精神文明建设办公室在商贸流通领域、电子商务行业、家庭服务行业、洗染行业、美容美发行业组织开展“行业最美”评选活动。通过行业部门选拔，主管处室审核把关，严格程序，坚持评选标准，做到优中选优，评选出125名“行业最美”人员。结合活动组织召开了“行业最美”评选表彰座谈会，商贸流通、电子商务、家庭服务、洗染、美容美发等5家行业协会从不同角度畅谈行业发展。各行业协会围绕如何为企业营造良好的发展环境问题、如何制止打假制假问题、如何解决企业用工难的问题，提出了建设性意见。

（服务业委）

【“优质文明诚信服务之星”评选活动】 2016年，沈阳市服务业委在全市窗口行业广泛深入开展优质文明诚信服务评选活动。评选活动从11月30日开始，12月31日结束。整个活动严格程序，坚持评选标准，做到优中选优，确保评选出优秀人员。活动共评选出“优质文明诚信服务窗口”5个、“优质文明诚信服务之星”10名。通过活动的开展，全面提升服务软环境建设，展示沈阳市服务业的软实力。

（服务业委）

·供销社商业·

【基层社建设】 2016年，沈阳市供销社新建和改造辽中区养士堡农康供销社、苏家屯区十里河供销社等基层社7个，基层社总数达到124个，基层社收入实现16.7亿元。开展基层工作情况专项调查，组织召开基层工作推进会，加强基层组织考核和规范建设，制定《2016年区县(市)供销社综合业绩考核办法》和《市供销社关于进一步加强基层供销社规范改造的指导意见》，不断推进供销合作社基层组织建设。

（李一鸣）

【农民专业合作社建设】 2016年，市供销社进一步指导与推进农民专业合作社的规范化发展。全年入选国家农民合作社示范社1个，即新民市旺农水果种植专业合作社，培育总社示范社2个，即沈阳信昌种植合作社、新民市鹤湖水稻生产合作社，省社示范社7个，新发展供销社参股农民专业合作社8个，新领办农民专业合作社12个，其中发展农民专业合作社联合社2个。特别是领办了第一家全市性养殖类农民专业合作社联合社——沈阳市恒丰源旺达养殖专业合作联社，并联合新民市人民政府召开了联社成立大会暨发展模式推广会议，在全系统推广“龙头企业＋合作社”这一模式。制作《农民专业合作社发展专辑》，宣传推广领办的典型合作社94个。

（李一鸣）

【农产品产销对接服务】 截至2016年底，形成了农村“菜园子”直接与社区“菜篮子”对接模式。实现市场交易额116.7亿元，供销社服务网络带动农产品销售100亿元；“新网工程”拉动农村消费50亿元。全系统已建成各类经营服务网点2000多个、区域性配送中心36个、市、县、乡区域性交易市场25个。全系统农产品市场交易额实现85.4亿元，同比增长13%。

积极参与全市“菜篮子”工程建设。以安邦海得配送和销售体系为主的供销社流通体系建设已纳入全国试点，对接生产基地20余个，发展大客户配送130家。与地利生鲜合作，利用地利物流园积极对接生产基地，建设生鲜超市80余个，形成农产品销售终端全市性覆盖。沈阳地利农产品物流园B区、C区蔬菜交易大厅启用，年市场交易量达328万吨，交易额实现200亿元。

（李一鸣）

【农业科技服务】 2016年，市供销社组织新型肥料、施肥新技术培训讲座33场。推进新型农民培训，全年培训新型农民2246人。2016年3月14日，沈阳市供销合作社联合社举办以“送放心农资下乡送科技信息下乡送金融服务下乡”为主题的“3·15”农资科技大集。市供销社邀请了20位农业、林果、植保、农资、农药、法律、电商、金融等方面的专家，为农民免费提供咨询服务。帮助农民解答和解决科学用肥用药、田间管理、果树栽培、蔬菜育苗、资金贷款、合同签订、网络购物等方面遇到的难题。市供销社共组织农资、种苗、金融等大篷车13台，现场发送农业科技书籍及农资、种苗、土地托管及金融服务、电子商务等宣传资料2000余册(份)。

（李一鸣）

【再生资源回收利用】 截至2016年底，全市供销社系统再生资源行业正常运作有12家，其中：市直企业为秋实再生资源集团公司控股企业7家，县区有康平县、法库县、苏家屯区、浑南区、新民市等供销社物资回收企业5家。有各类回收站(点)175个，分布在城乡各个街道。从事再生资源回收的人员绝大部分是乡镇农村的剩余劳动力，靠租赁门店回收废品维持生计，收购品种主要有废铁、报纸、废塑料。2016年，全市供销社系统再生资源市场交易额为11.8亿元，回收总量为13.45万吨，回收报废汽车2.2万辆。

（李一鸣）

·粮食市场·

【概况】 2016年，沈阳市纳入粮食流通统计范围的涉粮企业575家，其中：国有企业27家，非国有收储加工企业438家，转化企业110家。粮食总购进785万吨(其中：小麦52万吨，稻谷254万吨，玉米357万吨，大豆121万吨)，其中从生产者购进419万吨(其中：小麦4万吨，稻谷178万吨，玉米232万吨)；粮食总销售476万吨(其中：小麦50万吨，稻谷187万吨，玉米187万吨，大豆51万吨)；年末粮食总库存59万吨(其中：小麦3.9万吨，稻谷29.6万吨，玉米20.7万吨，大豆4.7万吨)。

（刘妮娜）

【粮食购销】 国家粳稻最低收购价收储工作。为保护种粮农民利益，稳定口粮生产，2016年，国家继续开展粳稻最低收购价收储工作，公示了2016年第一批粳稻最低收购价指定收储库点8家。经监测，到2016年底，原粮市场价格较平稳，粮食企业挂牌收购价始终高于国家规定的1.55元/斤(国标三等质量标准)的最低收购价，收购《预案》未启动。省生霉粒超标玉米收购补贴工作。在2015年度国家临储玉米收购过程中，沈阳市出现玉米生霉粒超标、不符合临储玉米收购标准的情况。按照省农委《辽宁省2015年度生霉粒超标玉米收购工作预案》要求，沈阳市于2016年1月23日至2016年3月31日启动了生霉粒超标玉米收购工作，新民市、辽中区、康平县、法库县的4家企业参与此次收购工作，累计收购生霉粒超标玉米8.0万吨。落实国家、省2016年新产米收购加工补贴政策。2016年，国家对玉米收储政策进行调整，取消了临储玉米收储制度，实施玉米市场定价、价补分离的政策。沈阳市落实2016年新产玉米收购加工补贴政策，沈北新区的希杰（沈阳）生物科技有限公司享受补贴政策，从2016年11月9日企业政策性收购开始到2016年12月31日，累计收购地产新玉米2.7万吨。

（刘妮娜）

【粮油检测】 2016年，市粮油检验监测部门对市级储备粮共抽查6次，扦取样品130份，代表数量14.41万吨，为市储粮质量安全提供技术保证。对军供粮实行原粮、成品批批检验制度，全年共抽检样品102批次，将不合格产品堵截在生产环节，保证了军供粮质量100%合格。在"两节"、"两会"期间，共扦取样品57份，代表数量5.34万吨，保证了"两节"、"两会"期间的粮油市场供应安全。在国家"临时储备粮"的质量验收工作上，集中全市技术骨干，组成两个验收小组，深入全市63个储粮库点进行扦样、检测，完成了1735个样品311.8万吨临储粮的质量验收工作，为确保国家政策性粮数量真实、质量良好、储存安全提供了技术保证。

2016年，市粮油检验监测所持续做好实验室质量管理体系运行工作，按照新准则要求对体系文件进行修改编制。采购了重金属快速测定仪、双通道磁性金属物测定仪等检验检测设备10台套，提高了检验能力。全年先后派出11名技术人员参加粮油检验培训班的学习，提高了技术人员对大型、新型仪器设备的实际操作技能。所内4名检验员取得中级、初级全国粮油检验员证书，加速了年青检验员的成长。

2016年，全市共出动技术人员987人次，深入到88个乡（镇）、299个村、1762个农户的1762个地块，扦取初级粮食样品1762份，进行质量调查、品质测报和原粮质量安全监测工作。初级样品经整理，混合成质量调查样品344份，品质测报样品140份，收获环节原粮卫生安全监测样品161份。经过两个多月的质量、品质、卫生项目的检验，得出9062个数据，制作完成了《沈阳市2016年地产粮食质量调查、品质测报和收获环节粮食质量安全监测报告》。

（刘小妹）

【执法监督检查】 全年共组织5次全市性专项检查，落实并开展了沈阳市粮食安全省长责任制考核工作。一是粮食收购市场专项检查（含国家政策性粮食收购）。从2015年11月至2016年4月30日，在全市开展秋粮收购监督检查工作，重点检查委托收储库点资格条件、执行粮食质价政策、支付农民售粮款、"转圈粮"等方面情况。期间，全市共开展粮食收购检查381次，检查企业748个次。二是粮食库存专项检查工作。会同市发改委、市财政局和农发行制订《2016年沈阳市粮食库存检查工作实施方案》，召开全市粮食库存检查部署培训会议，抽调专业技术人员，于6月组织开展了全市粮食库存自查、抽查工作，市级共抽查企业4家、粮食14.14万吨，抽查比例为45%。三是政策性粮食出库专项检查。重点检查收储库点执行出库收费标准、履行出库义务等情况，严肃查处拖延阻挠出库等违规行为。2016年全市政策性粮（玉米和水稻）竞拍8次成交227笔，其中：玉米219笔，大豆8笔，经查，未发现违规情况。

（尹秀梅）

·烟草专卖·

【卷烟经营】 2016年，沈阳市烟草专卖局（公司）贯彻行业国家局、省局（公司）和沈阳市委、市政府的部署要求，以卷烟营销市场化取向改革为主线，扎实开展卷烟经营工作。采取"稍紧平衡"投放策略，不断优化市场状态；完善营销管理制度，对需求预测、货源投放、品牌培育等流程重新再造；加大地产烟培育力度，提升"人民大会堂"品牌培育质量；应用"互联网+"模式，健全客户服务体系，宣传烟草政策，提供在线服务。最大限度地去库存、保状态、稳销量、调结构，提税利、促发展。全年销售卷烟33.89万箱，实现收入89.85亿元，税利23.26亿元。

（付程忠）

【专卖管理】 专卖部门保持打假打私高压态势，强化卷烟市场监管，完善专销结合机制，强化行政审批管理，为卷烟经营保驾护航。成立机动中队，深化与公安、交通等部门协作，开展3次全市专项行动，提升市场管控水平。规范审批行为，强化后续监管，成立办证大厅，优化工作流程，缩短办理时限，提供"一站式"服务。深入开展县级局创优工作，全市标兵单位占比达38.46%。严守规范红线，强化专卖内管，加强大户治理，专销协同发力，集中治理违规大户低价倾销、操控市场、扰乱秩序等行为。全年共打掉国网案件5起，其中1起为部督案件；累计破获各类违法案件1580起，端掉窝点111个，刑拘20人，逮捕9人，判刑9人；查获各类违法卷烟4349件。市烟草专卖局被省局评为"全省卷烟打私工作特殊贡献单位"。

（付程忠）

【市长潘利国对沈阳烟草工作作出重要批示】 2016年2月18日，市长潘利国对沈阳烟草工作作出重要批示。他指出，在过去一年里，全市烟草行业锐意进取，攻坚克难，企业发展、经营管理、专卖监管等各项工作均迈上了新台阶，实现了生产和销售"双丰收"，成为全市第二大税源支柱产业，成绩卓越、贡献突出。他强调，2016年是"十三五"开局之年，也是沈阳市实施全面创新改革的关键之年。在新一轮东北振兴的大背景下，沈阳市局（公司）要主动融入全市发展大局，解放思想，勇于变革，坚持市场导向，以提高经济效益为核心，以提高服务水平为重点，把创新的理念贯穿于生产、销售、监管的全过程，推动产业结构调整升级，加快释放发展潜能，为促进全市经济社会发展再立新功、再创佳绩。

（付程忠）

【开展3·15国际消费者权益日宣传活动】 2016年3月15日，市烟草专卖局组织开展"3·15国际消费者权益日"宣传活动。13个区、县烟草专卖局联合市场监管局、消费者协会等职能单位，在辖区主要街道、社区、商厦同步开展现场宣传服务活动。通过发放宣传单、设立法律咨询台，宣传烟草法规政策，解答消费者咨询，讲解卷烟真假辨别基本方法，提高广大群众卷烟打假防假意识和举报涉烟违法行为意识。

（付程忠）

【零售许可办证大厅正式启用】　2016年4月27日,市烟草专卖局零售许可办证大厅正式启用。大厅主要负责市内五区烟草专卖零售许可证的审批发放及后续行政许可管理。通过优化工作流程、缩短办理时限、高效便民服务,提供"一站式"服务,在审批事项上实现"一口受理、限时办结、规范办理、透明办理、网上办理",树立了行业良好形象。

(付程忠)

【开展法制宣传日烟草法律法规宣传活动】　2016年12月4日,市烟草专卖局及各区县局分别在火车站、单位门前、商场门口,以宣传展台、展板、悬挂标幅等形式,开展烟草法律法规等法制宣传日宣传活动。共向群众免费赠送普法宣传资料3000余份,讲解卷烟真伪鉴别知识和解答群众咨询500余人次。旨在提高消费者法治意识、维权意识,增强对卷烟打假、打私工作的信任支持,为构建和谐烟草营造良好社会氛围。

(付程忠)

·市场监管·

【二手车交易】　2016年,沈阳市汽车保有量快速增长,汽车存量市场规模不断扩张,二手车限迁政策的放开以及消费者理性消费观念的增强,为二手车流通业发展打下良好基础,二手车交易规模不断增大。全年沈阳市二手车交易辆为19.9万辆,同比增长18.5%;交易额92.6亿元,同比增长18.8%。

(服务业委)

【报废车回收】　受市政府黄标车报废补贴政策及公车改革等因素影响,全市报废车回收量大幅增长,2016年共回收报废机动车2.66万辆,同比增长433.8%。其中:轿车1.03万辆,大型载客车2171辆,中型载客车1692辆,重型载货车1489辆,轻型载货车8066辆,其他车型2858辆。

(服务业委)

【成品油市场】　2016年,沈阳市成品油市场呈现资源充足、汽油销量小幅增长、柴油销量降幅收窄;批发量下降,零售量稳中有升,全市总体成品油销量下降态势。2016年,全市实现成品油交易量257.8万吨,同比下降4.3%。全市汽车消费增幅不大,乘用车的增加带动了汽油需求的小幅增长。而受制于总体经济形势的影响,柴油销量持续疲软,但降幅有所收窄。

(服务业委)

对外经贸

·综　　述·

【外贸进出口】　2016年,沈阳市实现进出口总值113亿美元,同比下降19.8%。其中:出口42.1亿美元,同比下降38%;进口70.9亿美元,同比下降3%。

全市外贸进出口主要有以下特点:一是机电和高新技术产品为沈阳市进出口主要商品。两者占全市出口比重分别为69.5%和22%,其中:机电产品出口29.3亿美元,高新技术产品出口9.3亿美元,主要出口商品为彩电、小汽车、铝结构体等。进口机电产品56.1亿美元,进口高新技术产品9.4亿美元,主要商品为汽车工业产品。二是外商投资企业为沈阳市外贸主体队伍。出口方面,外资企业出口18.8亿美元,国有企业出口12.1亿美元,私营企业出口11.6亿美元。进口方面,外资企业进口60.8亿美元,国有企业进口6亿美元,私营企业进口3.9亿美元。三是亚洲、北美洲、欧洲为沈阳市主要贸易市场。2016年,出口亚洲20.2亿美元,出口北美洲9.7亿美元,出口欧洲7.5亿美元。与沈阳市有贸易往来的国家和地区共175个,其中:出口172个,进口86个。出口额靠前的国家是:对美国出口7.7亿美元,对韩国出口3亿美元,对日本出口2.8亿美元。进口额靠前的国家是:从德国进口28.7亿美元,从韩国进口6.5亿美元,从日本进口4.8亿美元。

(刘一砂)

【服务贸易】　2016年5月,经国务院批准,国家商务部等九部委联合下发《关于新增中国服务外包示范城市的通知》(商服贸函[2016]208号),正式认定沈阳市为"中国服务外包示范城市",标志着沈阳市服务外包产业发展进入一个新的阶段,对沈阳市服务外包产业发展发挥积极的作用。

(刘一砂)

【利用外资】　2016年,沈阳市新批外商投资企业132家,同比下降3.7%;合同外资额6.8亿美元(其中:新批合同外资额8.3亿美元,增资额5.1亿美元,减资额6.6亿美元),同比下降65.1%;实际利用外商直接投资8.2亿美元,同比下降23.1%。

1.重点国家和地区利用外资突出。2016年,香港地区在沈阳市实际投资2.2亿美元,占全市总额的26.5%,位居沈阳市引资国别和地区之首。排名2至5位的国家和地区分别是:瑞士1.5亿美元,占全市总额的18.2%;韩国1.4亿美元,占全市总额的17.4%;日本1.2亿美元,占全市总额的15%;英属维尔京群岛7128万美元,占全市总额的8.7%。以上5个国家和地区利用外资总额为7亿美元,占全市总额的85.8%。

2.制造业和房地产业仍是沈阳市利用外资的重点行业。2016年,沈阳市制造业实际利用外商直接投资3.6亿美元,同比增长1.6%,占全市总额的43.5%。房地产业实际利用外商直接投资3.2亿美元,同比下降32.6%,占全市总额的38.6%。制造业和房地产业占全市利用外资比重较大。

3.大项目支撑作用明显。2016年,全市外商直接投资超千万美元的大项目19个,合计金额7亿美元,占全市总额的85.9%。其中超过5000万的项目5个,分别是:远大压缩机1.4亿美元、东软医疗8361万美元、积水置业6614万美元、乐天荣光5600万美元、泰昇房地产5000万美元。

4.交通运输、仓储和邮政业利用外资增幅较大。2016年,全市新批外商投资交通运输、仓储和邮政业企业4家,合同外资额8244万美元,同比增长65%。实际利用外资额4418万美元,同比增长127.4%,占全市总量的5.4%,排名仅次于制造业和房地产业,位列第三。

5.新兴金融业为利用外资注入新活力。在国家鼓励金融创新政策的推动下,外资融资租赁和商业保理等新兴金融业得以快速发展。自2013年,沈阳市首家外资融资租赁公司——辽宁开元融资租赁有限公司成立以来，截至2016年底，全市累计设立外资融资租赁公司19家，合同外资额3.7亿美元，实际利用外资933万美元。其中2016年设立9家，合同外资额2亿美元。2015年9月，沈阳市首家外资商业保理公司——亨汇商业保理（辽宁）有限公司成立，并于2016年12月调入外资1210万美元。

（刘一砂）

【对外经济合作】 2016年，沈阳市企业共对20个国家和地区设立境外投资企业48家，协议投资额11.97亿美元，同比增长108.5%。全市对外投资企业2016年共汇出外汇1.78亿美元（含其他年份设立项目）。全市对外承包工程新签合同额11.73亿美元，完成营业额8.42亿美元。全市对外劳务合作新签合同额1.02亿美元，完成营业额7015.96万美元，累计外派劳务人员5079人。

1.对接国家战略，创新工作方法，加快融入“一带一路”战略步伐。一是发挥市外经贸易政务服务职能，组织编写发放《一带一路投资指南》，成为指导企业做好“五通”的重要参考资料。二是建立共享机制，实现市区两级“一带一路”投资项目数据互联互通。为发挥市区两级外经贸主管部门的服务合力，梳理汇总形成“一带一路”重点投资项目库，通过市区定期数据交流的数据共享机制实现双向数据流。

2.搭建各类服务平台，有效促进企业“走出去”。利用沈阳市“走出去企业战略联盟”，整合“走出去”企业资源，积极引导和鼓励联盟成员之间“一带一路”经贸合作信息共享，促进产业链节点企业和关联企业的“借船出海”和“造船出海”；搭建“走出去”微信公众服务平台。积极利用现代移动通信技术，宣传境外经贸合作信息，加大境外经贸交流信息的推广力度，扩大宣传普及面，让更多企业了解、熟悉、参与境外投资和工程承包；紧扣国家战略，积极组织县区和企业参加了第十九届中国国际投资贸易洽谈会和第十三届东盟博览会，展现了沈阳市“走出去”企业形象，加快了装备制造业向东盟“走出去”步伐。

3.加强政策宣讲，向企业普及有关境外投资知识。邀请专家、国外投资促进机构、知名会计师和律师事务所，就“走出去”扶持政策、风险评估、营商环境、法律、税收和劳动力管理等内容组织了多期培训会和业务说明会；结合调研、领导出访等工作，组织企业参加“一带一路”沿线国家项目投资说明会。

4.切实开展境外企业安全生产督促工作。为了切实做好全市外经企业安全生产工作，在开展生产安全隐患大排查大整治活动的基础上，认真组织，狠抓落实，科学部署。成立了外经企业生产安全隐患大排查大整治活动工作组，建立了外经企业安全生产联络员机制、外经企业安全生产宣传督促机制及境外安全生产事故紧急预警机制，督促区、县商务主管部门做好安全生产检查工作，并积极做好企业安全生产情况统计工作，扎实有效地开展了对全市外经企业的安全隐患排查工作。

（刘一砂）

·经济协作·

【概况】 2016年，经济协作工作按照全局总体工作部署和要求，立足全局工作重心和任务，以优化对内开放环境，打造国际化营商环境，推进国内合作交流为导向，紧紧围绕着“双进双解”工作、“请进来”招商活动、各区域间城市间的经济交流与合作、沈阳经济区合作、推进驻沈异地商会服务等五项重点工作展开。对11个位于康平县的重点建设项目展开了“双进双解”活动；会同市政府驻京办承办了北京辽宁企业商会沈阳行活动，全市共开展高层次“请进来”招商活动8次；分别参加了宁夏石嘴山、内蒙古满洲里、山西阳泉等3次环渤海市长联席会市长特派员办公会议，并接待了天津市政府交流合作办领导一行来沈交流活动；积极开展了与北京市投资促进局对口对接活动；筹备并召开了外埠商会新春座谈会，并指导市安徽商会、辽宁省四川商会分别成立了沈阳市安徽双创办公室、辽宁省川辽基金办公室。通过主动拓展区域合作领域，努力营造优良发展环境，使各项经协工作顺利推进，圆满地完成了各项工作任务，并为下一步开展与沈阳经济区、东北经济区、环渤海经济区区域间的深层次交流和合作打下良好的基础。

（刘一砂）

【“双进双解”工作】 根据沈阳市的总体部署，制订了《沈阳市对外贸易经济合作局“双进双解”走进项目活动实施方案》及实名制帮扶责任分工表，并与康平县项目办等进行了逐个项目的沟通，采用灵活多样的手段实施精准帮扶，集中力量服务重点项目建设，解决重点项目存在的实际问题，促进企业健康发展和项目加快建设，确保重点项目计划任务的全面完成。全年共参加帮扶51人次，走访了位于康平县的第一批8个项目及第二批3个项目，共收集到2家企业涉及2件问题，已全部得到有效解决。

（刘一砂）

【“请进来”招商活动】 全市共开展高层次“请进来”招商活动8次。1月中旬，接待北京北辰集团来沈考察团一行，市政府与北京北辰实业集团有限责任公司于3月9日签署战略合作协议，共同组建会展产业集团。会同市政府驻京办承办了北京辽宁企业商会沈阳行活动。由北京辽宁企业商会常务副会长黄海军、副会长兼秘书长金国忠等一行10人组成的考察团先后实地考察了苏家屯区和沈北新区共5个项目，并分别与两区区领导就投资软硬环境、地缘优势及下一步的热点投资意向等展开交流洽谈。

（刘一砂）

【环渤海区域合作】 分别参加了宁夏石嘴山、内蒙古满洲里、山西阳泉等3次环渤海市长联席会市长特派员办公会议，会上就沈阳市投资软硬环境建设、经济态势与沈满欧货物专列等进行广泛推介。提出聚焦创造区域组织专项合作新模式、聚力共建产业协作新模式、聚拢规划衔接联动实施新模式等工作思路，对区域合作成员市间如何破除行政壁垒，促进要素流动，使资源在区域内涌流进行关注与探讨。接待天津市政府交流合作办领导一行来沈交流活动，双方明确以服务京津冀一体化、东北老工业基地再振兴等国家战略为突破口，开辟合作发展空间；以强化区域协同创新为核心，挖掘合作发展动能；以深化产业对接协作为重点,优化合作发展布局;以完善互动工作机制为支撑,开好环渤海区域合作市长联席会第十八次会议等活动,更好地营造环渤海区域合作的良好氛围。

（刘一砂）

【沈阳经济区合作】　对口帮扶阜新市工作有序推进。安排彰武县招商局两位同志在异地商会集中办公地点对接招商工作,7个在沈异地商会的企业家或秘书长等15人参加了2016彰武·沈阳农业产业招商洽谈会。辽宁广东商会参会企业家在会上对水果深加工、乡村旅游采摘园、大响水旅游开发等3个招商项目产生浓厚的投资意向,各方表示会后做进一步具体洽谈推进。

（刘一砂）

【跨地区经济合作】　市外经贸局积极开展与北京市投资促进局对口对接活动。12月13日,分管领导与北京市投促局来沈人员完成对接,就建立两局间对口区域合作协调工作机制,积极协调组织驻京中外知名企业及时了解在沈设立东北区域总部、研发中心、采购中心、销售中心、运营基地、财务管理中心等功能性机构的政策,双方共同引导异地商会和在地商会、行业商协会等民间组织积极参与区域合作,适时举办主题项目推介和招商引资活动等达成共识。12月16日,局主要领导、分管领导率队拜会北京市投资促进局,与该局周卫民局长及协会工作处负责人等进行了会面、座谈,双方主要领导通过交流各自的职能寻找到对口合作的立足点,对京沈间开展招商对接活动充满信心。

（刘一砂）

【驻沈异地商会】　筹备并于元月30日召开了外埠商会新春座谈会。和平区政府、市外经贸局领导出席会议并讲话,26家在沈异地商会的会长、常委副会长、秘书长等参加了会议。为改善办公环境,扩租异地商会集中办公面积590.5平方米,使累计租用面积达到2647平方米,集中办公的异地商会(含行业商会2家)由28家增至31家,并坚持每周五商会秘书长例会制度。指导市安徽商会、辽宁省四川商会分别成立了沈阳市安徽双创办公室、辽宁省川辽基金办公室,其中安徽双创办公室进展显著,已建成近5000平方米的双创基地。

（刘一砂）

【对口支援】　根据市对口援疆工作领导小组意见,市援疆办在征求各成员单位意见后,形成了《2016年沈阳市对口支援新疆塔城市工作任务分解表》并下发到各有关单位。同时,积极强化高层互访工作机制,深入推动对口援助工作。按照国务院三峡办和辽宁省要求,市外经贸局代表沈阳市组成工作小组,赴沈阳市对口支援三峡库区重庆忠县和青海省民和回族土族自治县就重点无偿援建项目进行实地考察,并与受援方就“十三五”期间援助项目规划和重点援助工作进行了座谈,在涉及公益民生、人才培训、教育医疗和规划编制、农业生态合作等方面进行了深入对接,并就下一步重点援助工作达成共识。

积极协调援助资金拨付工作,扎实推进援建项目建设。2016年,沈阳市援助新疆塔城市援疆资金8808万元,共安排18个援建项目,各项目按年度计划顺利推进。按照国务院三峡办关于2016年全国对口支援三峡库区工作安排的意见,沈阳市援助三峡库区忠县资金300万元,安排4个援建项目,在市财政的支持下,300万元援助资金已于9月上旬拨付忠县。按照省发改委下发的《辽青十三五规划通知》要求,沈阳市对口支援青海省民和县援助资金161万元,前期援建项目规划已编制完成,161万元援助资金已拨付。

扎实推进智力援助工作。一是全力支持和密切配合市援疆工作队的各项援助工作。积极协调市财政,将203.3万元市援疆队工作经费及时拨付,给予高效率的经费保障。同时,加强联系、密切配合,进一步强化前后方关于援疆工作信息互动等方面的工作交流机制,及时排忧解难,帮助19名干部人才在边疆的工作岗位上安心工作,发挥作用。二是积极协调和调度市发改委、市教育局、市卫计委、市电视台等单位,推进援塔的智力支持工作。三是积极协调忠县,编制出台了《沈阳对口支援忠县合作规划(2016-2020)》,安排和推进了忠县移民干部培训工作。四是积极协调民和县,编制出台了《沈阳对口支援民和县“十三五”规划(2016-2020)》,并于11月中旬组织开展了民和县扶贫干部在沈的学习考察活动。

扎实推进产业援助等项目援助工作。一是协调塔城市政府与沈阳铭辰汽车有限公司签订了合作框架协议,填补了塔城地区在汽车装备制造业的空白,是塔城地区成立的首家开展汽车装备制造业务的公司。沈阳铭辰汽车公司将在乌苏市设立分公司,开展汽车改装、销售及进出口等业务。二是进一步推进沈塔文化经贸虹桥项目,组织塔城市名优农产品参加了辽宁省农博会,塔城市储绿面粉有限公司与沈阳市供销社签订了产品供销合作协议,借助市供销社旗下农商超市销售塔城面粉。三是青海三兄弟农业生态科技有限公司已与沈阳市有关企业进行对接,藏香猪、藏鸡等西藏特色农产品将落户沈阳市。四是搭建沈忠文化经贸平台,积极协调和推进重庆忠县派森百橙汁等名优产品进驻沈阳销售。

（刘一砂）

【国内投资】　2016年,围绕全省“项目年”建设,全市国内招商工作紧紧围绕“十三五”规划纲要和外经贸发展专项规划确定的目标任务,深入推进开发领域改革创新,实行更加积极主动的开放战略,积极利用“一带一路”战略、推进国际产能和装备制造合作、推动自贸区发展等有利条件,特别是全面振兴东北等地区老工业基地、系统推进全面创新改革试验和规划建设城市群及区域中心城市等国家重大战略决策落实等有利机遇,努力打造东北开放和投资新高地,坚持不懈做好全市国内招商工作,促进全市经济健康发展。

全年完成引进内资项目198个,到位资金626.42亿元。按照产业分:吸引一产项目投资2.15亿元,占总额的0.3%;吸引二产项目投资158.42亿元,占总额的25.3%,其中高科技和创新类项目投资124.5亿元,占总额的19.9%;吸引三产项目投资465.85亿元,占总额的74.4%,其中:房地产投资319.91亿元,占总额的51.1%,轻资产项目投资12.44亿元,占总额的2%。按照体量分:引进亿元以上项目182个,总到位资金613.87亿元,占总额的98%;引进百亿元以上项目10个,总到位资金63.55亿元,占总额的10.1%。全年完成招商引资重点签约项目106个。

全年开展市领导带队国内招商活动

8次,共洽谈推进了105个项目。市长潘利国率团先后2次赴北京市、1次赴天津市开展招商活动;常务副市长王翔坤、副市长张景辉分别多次率团赴长三角、珠三角地区开展重点企业的招商活动。有针对性地对世界500强企业驻京总部、中国500强企业、中央直属企业、行业领军企业和京津冀地区企业开展招商和项目洽谈对接,推进了以大数据创新应用、金融保险服务和汽车产业链经济体系构建等重点项目。

(刘一砂)

·出入境检验检疫·

【概况】 2016年,沈阳出入境检验检疫局共检验检疫出入境货物2.78万批次,金额29.12亿美元,同比分别增长26.79%、26.41%;检验检疫进出口工业品共计1.59万批次,货值12.61亿美元,同比分别下降8.22%、15.23%;检验检疫进出境动物及产品645批次,货值577万美元,同比分别增长290.91%、1.76%;检验检疫进出口食品及化妆品2724批次,货值1.17亿美元,同比分别增长9.35%、下降5.13%;签发产地证1.29万份,签证金额8亿美元,分别增长26.15%、0.74%;检验检疫进境集装箱3.14万箱,同比下降22.61%;检验样品6186批次,同比下降17.9%;涉及检测项目4.8万项次,同比下降23.9%;检疫查验出入境航空器1.08万架次,同比增长8.23%;检疫查验出入境人员176.25万人次,同比增长13.05%;出入境人员健康检查1.50万人次,同比增长4.01%;预防接种1.20万人次,同比增长0.65%;行政处罚6起,处罚金额21.95万元。

(王 雪)

【助力经济发展】 主动为自贸试验区、中德装备产业园、进口肉类指定口岸、跨境电商发展提供政策帮扶,获得市委书记、市长、副市长的肯定批示4次。

与首都机场局、金杯汽车股份有限公司、通用电气(中国)有限公司分别签署了促进外贸回稳向好助推检企协作发展合作备忘录,进一步促进了贸易便利化水平提升,加快培育外贸自主品牌,优化沈阳外资发展软环境。该备忘录的签署,使华晨宝马公司和GE公司进口零配件直接从首都机场转运到沈阳局报检验放,方便了企业通关,降低了成本。同时也为金杯公司调结构、提质量和创立自主品牌提供了有力的政策支持。此外,对华晨宝马进口自用零部件实施"清单式"申报、"一体化"直通放行、3C证书备案自审为主要内容的优惠政策。各项优惠政策将惠及企业进口产品3000余批,为企业节约人员管理、交通、材料等运营费用近10万元,节省企业办公时间2000余小时。11月,沈阳北方重工集团有限公司顺利通过辽宁局专家组现场评估,成为辽宁首家出口装备制造质量安全示范企业。

质检总局复函同意辽宁省在沈阳冷鲜港筹建进口肉类指定查验场,填补了辽宁省内陆地区进口肉类指定查验场的空白。建成后,进口肉类可以原集装箱、原铅封、原证书直接运输到沈阳冷鲜港实施检验检疫,开辟辽宁省境外肉类商品进口的新通道,并大幅下降进口肉类的综合成本。12月7日,顺利通过辽宁局组织的预验收。通关环境的改善极大地促进了进出口业务的增长。以沈阳地区冰鲜水产品进口为例,全年60批次,重量161.3吨,货值142.2万美元,同比分别增长了900%、974.8%和1297.8%。因为沈阳局的优质服务,内蒙古某企业选定沈阳桃仙机场口岸为该企业进口新西兰良马的第一入境口岸,桃仙机场遂成为全国最大新西兰良马入境空港口岸。截至2016年底,共进境新西兰良马11批,共计962匹、价值6500余万元。东北制药集团股份有限公司首次出口的1.3万盒地衣芽孢杆菌活菌胶囊/颗粒(整肠生)在约旦顺利通关,打破了外国企业对地衣芽孢杆菌制剂出口的垄断,填补了海外市场空白。

(王 雪)

【通关服务】 沈阳出入境检验检疫局积极推进"三个一"、"三互"工作,与沈阳邮政海关实现共用X光机,建立长期有效协作机制,加强查验现场执法互助,实现邮政口岸资源共享。积极助推"一带一路"战略,"沈满欧"班列检验检疫一体化监管平台系统已建成并启用,保证了出境集装箱检疫工作的顺利进行,实现"进口直通、出口直放"。助力"沈满俄"农产品铁路运输大通道开通,为中国沈阳(伊尔库斯克)农产品展销会参展产品出口保驾护航。对沈阳地区大米种植、生产、出口现状和质量安全管理等情况进行摸底调查和数据分析,起草了"同线同标同质"大米品质标准。鉴于出口日韩大米农残检测项目多的特殊性,沈阳局采取了采信第三方农残普查+过程监管+重点项目检测的检验监管模式,协同商检公司、OMIC共同扦取样品并采信农残检测报告,对转基因、镉等重点项目,按产地、品种进行重点检测,随报随放,快速集港,极大地缩短了检验流程时限,助推了沈阳地区大米出口。

3月1日,沈阳局签发首份跨区域出口直放通关单。据初步估算,实施跨区域检验检疫一体化模式作业,平均每单跨省区进出口货物至少节省一天的通关时间和千元左右的物流成本。沈阳局研发并应用"检验检疫证单管理系统"对证单传递实行过程控制,证单按期归档率由86.89%提高至98.16%,到期未归档率由13.11%降至1.84%,证单按期归档率创沈阳局历史最好水平。原产地证书实行快速审签和双向寄递服务,实现签证全过程"零见面"。

(王 雪)

【疫情防控】 2016年初以来,沈阳空港口岸疫情防控形势严峻,黄热病、寨卡病毒病、登革热等重点传染病传入风险较大。沈阳出入境检验检疫局全体干部职工增强担当意识,一批专业技术骨干主动要求充实到口岸一线。通过持续开展业务培训,提高一线工作人员的现场处置能力。调整补充现场检疫设备,发挥入境检疫"人-机"结合的作用,加强体温检测,突出医学巡查。在此基础上,加大疫情知识的宣传力度。注重横向沟通,主动与机场边检部门和航空公司取得联系,保证在第一时间获得进境旅客的准确信息,以便及时有效应对。2月21日,及时检测并处置转运了3例登革热确诊病例,为辽宁口岸首次检出。2月26日,从深圳入境的初筛寨卡病毒核酸阳性的发热旅客将抵达沈阳,按照总局和辽宁局的要求,沈阳局立即采取防控措施,并通报沈阳市卫计委,启动联防联控应急预案,积极协助转运车辆运转发热旅客,会同沈阳市疾控中心对该两名旅客进行流行病学调查和医学检查。后经省、市专家论证，通过流行病学追溯，认为可排除寨卡病毒病疑似病例，不排除暨往曾感染寨卡病毒可能性。4月，质检总局卫生司检查组对黄热病等重点传染病口岸防控工作进行了督导检查，认为防控部署全面细致、人员配置专业合理。5月，辽宁检验检疫系统卫生检疫监管工作会议在沈阳局召开，会上沈阳局组织了机场口岸疫情防控现场演练，展示了沈阳局在口岸疫情防控工作中的做法和经验，受到辽宁局领导和与会代表的高度评价。通过入境发热旅客查验，共检测出季节性流感病毒H3亚型感染者、"人偏肺病毒"感染者、"人鼻病毒"感染者各一例。

加强集体攻关，深入研究试验方法，提高检出率，加强对高风险产品的检测力度，防止有毒有害产品流入流出。全年检验检疫进出口不合格货物266批次，同比增长3.91%，检验检疫不合格货物货值1574万美元，同比下降34.93%。检验检疫进出口货物批次不合格率为0.96%，检验检疫进出口货物货值不合格率为0.54%。截获禁止入境旅客携带物2537批次，同比增长24.1%；检出有害生物25种136批次，同比增长33%。检疫查验出入境人员176.25万人次，同比增长13.05%，其中：出境人员88.71万人次，入境人员87.54万人次，同比分别增长13.32%、12.78%。检疫查验出入境航空器1.08万架次，同比增长8.23%。出入境人员健康检查1.50万人次，同比增长4.01%；出入境人员传染病监测发现病例361人次，同比增长21%，其中HIV阳性3例，梅毒92例，肺结核110例，病毒性肝炎156例。预防接种1.20万人次，同比增长0.65%。检验样品6186批次，同比下降17.9%；涉及检测项目4.80万项次，同比下降23.9%。检疫查验进境集装箱7436标箱，同比增长237.69%；进行卫生除害处理1536标箱，同比增长164.83%。

（王　雪）

【科技兴检】 持续加大科技投入，创新科技管理办法。全年共完成科研立项5项（其中：国家局2项、辽宁局2项、沈阳市1项），科技奖励申报13项，两项科技成果荣获辽宁省科技进步三等奖，三篇学术论文荣获辽宁省科学学术成果三等奖。沈阳出入境检验检疫局荣获辽宁局科技工作先进单位，1名同志荣获辽宁局科技工作先进个人。

技术中心的科研工作再创佳绩，获得辽宁省科技进步三等奖1项，17项国家标准物质和3项科研项目即将通过验收，申请国家局和沈阳市科研项目6项，在核心期刊发表论文2篇。顺利通过CNAS扩项评审，大幅提升了技术中心的检测能力，为开拓检测市场打下坚实的基础。

（王　雪）

·海　关·

【概况】 税收。2016年，沈阳海关全年累计入库税款96.48亿元。全年归类纠错186宗，估价补税3605.4万元。

监管。监管进出口总值493.3亿元，进出口集装箱6.89万箱次，进出境人员178.2万人次，进出境运输工具1.35万辆艘，办理备案手册665份、金额28.38亿美元；积极推进监管场所整改，开展危化品监管场所专项整治；行邮旅检渠道正面监管不断加强，新快件系统平稳切换，沈阳海关被纳入邮递物品信息化管理系统试点海关，促成沈阳邮政企业获批东北惟一商业快件业务试点；深化拓展"双随机"应用，随机布控查验占比达97.6%；积极推进常规稽查"双随机"改革，开展对进口汽车生产制造企业、电子产品企业的专项稽查行动，深入开展机动稽查工作，共完成企业稽查作业92家，完成稽查追补税20宗，追补税款2633.6万元，特许权使用费专项稽查取得突破；全面推进企业信用管理体系建设，对企业的守法记录和经营管理状况进行综合评估，及时对企业分类动态调整，关区新通过高级认证企业5家、一般认证企业2家，深度融入"信用辽宁"建设，加大企业信用宣讲力度。

打私。立案侦办走私犯罪案件16起，立案调查行政违法案件163起；积极响应缉私战区模式改革号召，牢固树立缉私战区打私工作"一盘棋"意识，配合第三缉私战区开展了打击"6·24、120冻品走私"专案统一查缉行动，成功侦办"8·19"系列涉税案件；侦办走私毒品案件4起，相继查获恰特草、羟考酮、大麻花等毒品，并且首次在旅检渠道自侦查发毒品案件，"12·26"走私恰特草毒品案在2016年继续扩大战果，缴获涉案恰特草755.45千克。

统计。加强虚假贸易管控，全年配合总署完成55家虚假贸易高风险企业的核实工作，对其中确认的50家虚假贸易企业采取了通关锁定或信用降级处置；充分发挥统计服务和监测预警作用，及时提供统计数据服务，加强对外贸进出口形势研判，对重点商品及主要贸易伙伴进出口情况进行监测分析，共计撰写统计分析文章154篇，其中被海关总署要情采用22篇次，被统计司采用15篇次。

（林春铭）

【区域通关一体化改革】 建立健全接单现场与区域审单中心、应急中心的联系配合机制，积极开展区域海关批量互审工作，确保区域通关一体化改革运行平稳。2016年，通过一体化平台共接受申报报关单7.28万票，本地清关业务3.58万票，转关业务2.61万票，跨关区一体化通关业务1.10万票。

（林春铭）

【大通关建设】 在东北及内蒙古四省区关检合作框架下，主动加强与辽宁出入境检验检疫局沟通配合，关检合作"三个一"全面推动实施；"三互"各领域改革有序推进，沈阳空港"关检三互合作示范区"平稳运行。在此基础上，与口岸联检单位及港务部门共同签署了合作备忘录、合作协议，在锦州海运口岸全面启动口岸联检部门的"三互"合作。2016年，关区"一次申报"报关单7.34万票，关检"一次查验"报关单51票，"一次放行"报关单1030票。积极推进辽宁国际贸易"单一窗口"建设，推广应用一期项目，锦州口岸试点工作平稳运行。

（林春铭）

【"集报集缴"改革试点】 经海关总署批准，2016年，沈阳海关正式启动"集报集缴"改革试点，以"模块化"的形式，陆续搭建配套基础与主体框架，以前置后移管理、简政放权等为基础配套，应用区域通关一体化申报，依托特殊监管区域“批次进出、集中申报”政策和系统功能，组合使用税收征管要素前置审核、汇总征税、担保共享，实现集中报关、集中缴税。试点企业通关时间普遍压缩70%，节约综合成本40%，在“省时、省事、省钱”的同时，有效拓展了监管时空，属地海关管理作用增强，风险管控能力和整体效能有所提高。试点已扩大至沈飞集团、特变电工、华晨宝马、上汽通用四家企业，截至2016年底，开展税收征管要素前置审核4099条，涉及报关单355票，货值1972万美元，所涉税款3581.2万元，有效担保1920万元。

（林春铭）

【开放合作平台建设】 迅速成立支持和推进自贸试验区建设领导小组和工作组，专门负责推动辽宁自贸试验区建设的各项相关工作。加强与大连海关、省市有关单位沟通联系，及时向总署汇报有关进展。组织赴上海、福建、浙江学习调研。通过在厦门的深入调研，经与厦门海关协商一致，双方通过建立南北区域联动、优势互补的协作共建机制，共同推动福建自贸试验区厦门片区和辽宁自贸试验区沈阳片区的协同发展。2016年12月27日，沈、厦两关共同签署了《支持促进自由贸易试验区建设发展合作备忘录》，围绕建立更加紧密的联系配合机制、共同开展监管制度创新、推进信息化系统建设、完善人才合作机制等方面进一步加强互助合作。

（林春铭）

【特殊监管区域整合优化】 积极支持关区综合保税区和保税物流中心建设发展。推动沈阳综合保税区新B区规划调整取得新进展。作为《国务院关于近期支持东北振兴若干重大政策举措的意见》中明确的重点任务铁岭保税物流中心（B型），于2016年12月26日通过了正式验收。佟二堡堡盛公用型保税仓库投入使用，有力推动了皮革产业的健康、长远发展。

（林春铭）

【支持国际物流大通道建设】 紧紧抓住国家推进“一带一路”战略的重大机遇，积极构建海、陆、空物流体系。支持锦州港口岸扩大开放，H986项目顺利完工，争取总署支持获批在锦州港开展过境运输业务，有力支持了中蒙铁路出海新通道建设。优化服务，支持沈阳至德国汉堡的“沈满欧”国际班列平稳运行，从2015年9月30日开通至2016年底，共监管班列49列，运载2323个标箱，货值7428万美元。促进沈阳桃仙国际机场空港口岸做大做强。支持航空公司开辟国际航线、加密国际航班，2016年新增航线15条，已开通国际及地区航线37条，通达首尔、东京、平壤、新加坡、温哥华等23个城市。2016年，海关共监管进出境航班1.21万架次，同比增长22.3%。丰富空港功能，支持在桃仙机场设立航油、航材保税仓库，构建离境退税、“72小时过境免签”、进境口岸免税店“三位一体”的服务格局。

（林春铭）

【推进“放管服”改革】 推广“海关行政审批网上办理平台”，实现关区行政审批项目的“网上受理、网上办理、网上反馈”，办理进度、结果网上实时查询。落实“双公示”要求，公开行政审批事项目录及办理时限。规范行政审批行为，落实满意度评价制度，2016年关区行政审批事项“零投诉”。继续精简优化内部核批事权，实行目录化管理。自主开发“12360”服务热线邮件查询系统上线运行，为收件人提供进境邮件通关状态查询服务。

（林春铭）

【助推企业发展】 支持企业开展研发设计业务。加大减免税政策扶持力度，帮助企业提升自主创新能力和核心竞争力。支持华晨宝马汽车有限公司研发中心项目建设，涉及减免税货值8325万美元。助推辖区沈阳远大智能工业集团股份有限公司与沈阳三生制药有限责任公司成功申报“国家企业技术中心”。全年共审批新增减免税备案项目23个，用汇额度合计3.42亿美元，审批总货值2.57亿美元，审批减免税款2.85亿元，实际减免税款2.24亿元。

积极支持汽车、飞机、船舶等大型装备制造业转型升级。运用“保税+”模式，助力企业降低成本、提升效益。支持沈阳华晨金杯汽车制造有限公司开展并深化加工贸易项目，2016年为企业保税进口自动变速箱1.06万台，直接为企业节约成本2428万元。帮助沈飞集团等飞机制造业企业建立内部自管体系，推行外发加工集中办理、企业边角料内销便利化等便捷措施，提高通关效率，帮助企业有效节约时间与资金成本。

以葫芦岛泳装为突破口，支持辽宁跨境电子商务壮大发展。沈阳海关从2014年开始，积极推动葫芦岛市成为全国首批跨境电子商务出口业务试点城市，并实现当年完成平台搭建、当年上线运行。2015年，成功实现申报、结汇和退税3项功能。在首都国际机场海关支持下，打通经首都机场出境的物流渠道，物流时间缩短一半，费用减少到原来的1/5。推动电商企业与包括敦豪、TNT等国际知名物流企业的合作，为企业拓宽物流渠道。2016年，葫芦岛泳装跨境电子商务结关清单75万个，增长3.7倍；商品184.1万件；增长4.8倍；货值1171.5万美元，增长48.1%；应退税额1120.3万元，增长36.6%。

（林春铭）

旅　　游

综　述

【概况】　2016年，沈阳市旅游工作围绕建设旅游强市和东北亚国际旅游城市目标，以加快改革创新和促进产业转型为主线，精心谋划、细抓落实，圆满完成"十三五"开局之年各项任务，全市旅游投资和消费呈现两旺发展态势。全年实现旅游总收入584.7亿元，同比增长13.1%；接待国内外旅游者6457.7万人次，同比增长13.0%。其中，春节期间，全市共接待游客198.52万人次，同比增加19.3%，旅游总收入15.72亿元人民币，同比增长16.7%。国庆期间，全市共接待游客657.9万人次，同比增长14.3%；旅游总收入48.6亿元，同比增长11.2%。旅行社共组织出境游团队1200余个、国内游团队2200余个，共6万余人；共接待入境、国内团队180余个，共4000余人。

抓改革，旅游发展环境持续优化。全市上下把旅游业作为支柱产业来培育，形成了共同推进旅游产业发展的大格局。市政府召开旅游产业发展工作会议，与相关单位签署了年度《旅游工作目标责任书》。市人大常委会审议表决通过全市旅游发展总体规划，为《规划》实施提供了强有力保障。市政府办公厅连续出台《关于进一步促进旅游投资与消费的实施意见》、《沈阳市乡村旅游建设实施方案（2016－2018年）》等政策性文件。旅游项目用地政策取得重大突破，市政府印发《沈阳市旅游用地管理工作实施意见》，在全国副省级城市中率先实施旅游产业用地差别化管理。争取国家优惠政策落地取得实效，沈阳市成为东北地区首个实施境外旅客购物离境退税政策的城市，全市退税商店总量达到20家，带动退税政策向盘锦、丹东等省内城市延伸。沈阳旅游集团成功组建，并顺利完成优势景区资源整合。全市国有旅游景区市场化改革稳步启动，改革实施方案通过了市长办公会议研究审议。沈阳申报国家级旅游业改革创新先行区得到国家旅游局支持，有望在明年获批为创建单位。

抓产业，旅游产品加速提质扩容。建立旅游项目调度工作机制，实施"双进双解""百千万"帮扶工作，统筹协调旅游项目的规划、招商、落地、储备、开放、提升等工作，实现了重点项目梯次推进、有序实施、逐项落实。2016年，全市入库在建旅游项目达到96个，旅游项目总投资达108亿元，投资额5000万元以上的旅游建设项目达到23个，分别超额完成省政府任务指标的20%和15%。花溪地温泉生态乐园、全健休闲基地等一批新项目建成开放；皇城里文化旅游产业园、世博园文化（艺术）小镇入选2016年全国优选旅游项目名录；七星海世界、熊猫馆等精品项目正加快建设；"盛京古城"旅游综合体等重大项目正式落户沈阳。大力开展国家级旅游景区创建，深入实施景区提质达标工程，全市国家A级景区达到99家。沈北新区、浑南区获评省旅游发展示范区，分别成为国家首批和第二批全域旅游示范区创建单位；棋盘山风景名胜区获批省级旅游度假区，卧龙湖风景区成为省级生态旅游示范区。

抓融合，产业综合效能显著提高。加速推进旅游业由传统观光形态向更宽领域延伸拓展。乡村旅游实现创新突破，推出了锡伯龙地农业创意产业园、宝石皇冠蓝莓庄园等一批休闲农庄，盛京驿站等乡村民宿旅游项目，龙呈文化创意产业园、五谷画基地、亿启来文旅创想小镇等乡村旅游创客基地，启动了星级饭店和乡村旅游示范村"结对子"工程。旅游商品加快实现品牌化，"盛京好贺儿"商品已开发生产七大类近千种，"沈阳工业机车系列"商品在2016年全国旅游商品大赛荣获银奖，老边饺子获得首批"中国金牌旅游小吃"称号。旅游装备制造业取得进展，沈阳市企业生产经营的房车、游艇、户外装备、大型游乐设施设备等一批旅游装备产品，在市场上崭露头角。

抓基础，旅游服务体系更加完善。推进全市旅游公共服务配套建设，沈阳市被评选为2015年全国"厕所革命"先进市，2016年新建、改建旅游厕所139座。智慧旅游公共服务平台上线运营，构建行业管理、企业运营、游客应用三大信息体系，有效整合旅游、交通、通信、医疗、保险、餐饮、商务等8大类22项服务功能。发行居游智惠旅游卡，沈阳经济区近百万市民游客从中享惠。"沈阳经济区居游APP项目"荣获"2016智慧沈阳优秀项目和创意评选活动"最优项目三等奖。智能检票设备（票机）安装和服务覆盖全市20余个主要景区，并延伸到省内10个城市，景区管理智能化和便捷化水平显著提升。沈阳经济区旅游一体化不断推进，八城市成立了旅游质监协作体，共同举办了"千万市民公益游"等活动。沈阳至本溪、抚顺、阜新等城际往返旅游直通车和景区接驳车累计运行2000余班次。

抓营销，城市旅游影响力不断扩大。构建全方位城市旅游形象营销体系。全市在机场、火车站、客运站、出租车、社区、重点景区和饭店、驻沈领事馆等场所发放《沈阳经济区旅游攻略》、《沈阳旅游手绘地图》、《盛京好贺儿旅游名品录》等各类宣传图册；在主流报刊、电视台创办了常年刊载和播出的《盛京旅行家》、《主播大畅游》等专题栏目。编写《福运沈阳》系列丛书。开展"沿着高铁游沈阳"活动，举办寻找"沈阳好去处"活动，推出各类好去处640余个，市民游客投票推荐数达60余万。与新浪网联合开展《"浪花爱上雪"——沈阳厦门双城记》大型主题营销活动，吸引2000多万国内外网友关注，获“金足迹国际旅游营销奖”。大力拓展国内外旅游市场，先后组团赴韩国和广州、福州、厦门举办旅游推介会，在韩国首尔、台湾台北和深圳分别设立了沈阳旅游营销中心。创新举办沈阳国际旅游节四季游活动，春、夏、秋、冬季共推出470项特色活动，活动参与人数和综合效益取得多项突破。成功举办“2016沈阳国际旅游名品博览会”，来自22个国家和地区的官方机构、行业组织和企业参展，实现交易额近千万元。

抓监管，打造优质市场环境结硕果。深入实施《旅游法》和《辽宁省旅游条例》，完成《沈阳市旅游管理规定》修订工作。持续推进旅游标准化和诚信体系建设，开展整治和规范旅行社服务网点专项行动，工作经验在全省推广。制定的“旅行社产品品质等级”等三个行业标准，纳入了2016年全省地方标准修订计划。加大执法力度，联合开展综合执法检查35次，检查相关企业80家，依法做出行政处罚19起，处罚金额共计36万元。加强旅游安全管理，建立了全市旅游安全和市场监管工作运行机制，完善市、区、企业三级联动的旅游安全、投诉和监管网络体系。持续开展“旅游维权进社区”、“诚敬做产品”主题教育、消费者权益保护和文明旅游宣传活动，提升了居民理性维权和文明出游意识。2016年，全市8家旅行社进入“全国百强旅行社”名单，4家旅行社跻身“全国入境三十强”，3家旅行社入选“全国利税贡献三十强”，达到了历史最好水平。

抓队伍，行业人才建设进一步强化。优化从业环境，针对出境游领队人员从业资格问题，提出两项建议均被国家旅游局采纳并在全国实施。着力推动旅游业“双创”工作，推出首批11家“沈阳市旅游人才培训基地”和“沈阳市旅游人才创客基地”。先后3次组织全市10个区、县(市)36个乡镇的200余名“乡村旅游带头人”，赴大连香洲、北京密云等地现场见学。邀请国内8位旅游专家，为全市旅游管理者和从业人员2000余人授课。组织少年旅游志愿者在张氏帅府、九·一八历史博物馆等景区实现常态化讲解。鼓励从业人员立足岗位建功立业，推选市青旅王馨瑶成为“全国旅游系统劳动模范”；张氏帅府付华在全国红色旅游故事大赛中获优秀奖。市旅游行业从业吸引力不断提升，2016年，全市导游员岗前培训班共有861名学员参加，是上年的3.9倍；2016年度全国导游员资格考试沈阳考区共有4493人报考，比上年增长76.3%。

(杨　芳)

【全市旅游工作会议】 4月13日，市政府组织召开2016年沈阳市旅游产业发展工作会议，总结了2015年全市旅游工作成果，部署了2016年旅游工作任务。副市长张景辉作工作报告，市长潘利国出席会议并讲话。市发改委、市建委、沈河区政府、沈北新区政府先后在会上做交流发言。各区、县(市)政府主要领导和分管领导，市旅游产业发展领导小组成员单位主要负责人，以及旅游企业、旅游专家、新闻媒体代表160多人参加会议。会上，还印发了《沈阳市关于进一步促进旅游投资和消费实施意见》和《沈阳市乡村旅游建设实施方案》(2016—2018年)。

(赵　军)

【人大建议政协提案办理】 2016年，市旅游委共办理各类建议、提案39件，其中：人大建议20件，政协提案19件，包括主办16件、协办3件，按期办结率、见面办复率、满意率均达到100%。在具体办理工作中，加强领导，强化责任，完善机制，严格标准，做到“五定”，即定包案领导、定责任处室、定工作流程、定办理时限、定办复标准。委领导还深入一线走访、调研，邀请代表、委员共商发展大计，确保了办件工作质量。

(杨　芳)

【签订旅游工作发展责任状】 为共同推进沈阳旅游产业发展，建设实现旅游强市和东北亚国际旅游城市战略目标，2016年，全市旅游工作会议上，市政府主要领导与13个地区、20个旅游产业领导小组成员单位分别签订了责任状，明确了相关单位年度工作任务、指标和重点方向。责任书明确，要坚持以改革创新促提质增效，以完善服务促群众满意，落实全市旅游发展总体规划，加强沈阳经济区旅游合作，促进旅游投资和消费增长，全面推进沈阳旅游业发展迈上新台阶。

(赵　军)

【修订旅游管理规定】 为适应旅游市场建设发展和管理需要，2016年，经沈阳市法制办同意，对1998年出台的《沈阳市旅游管理规定》的修订工作正式列入全市立法计划。经过充分调研和广泛征求意见，2016年12月28日，经市政府第39次常务会议审议通过，新修订的《沈阳市旅游管理规定》以市政府第65号令发布，《规定》于2017年2月1日起施行。这是该《规定》实施18年来首次进行修订。《规定》共七章五十条，主要包括总则、开发利用与产业促进、旅游公共服务、权益保障与经营服务、旅游安全与市场监管、法律责任、附则等内容。修订后的《规定》，更加注重旅游发展理念从局部向全域旅游城市转变，管理方式从行业管理向产业综合治理方向转变，工作机制从政策层面向法治引领方向转变，将进一步整合各方资源优势，构建完善的产业发展机制和发展体系，形成产业发展的强大合力，从而加快促进旅游业改革创新，为全市经济社会发展营造良好的营商环境。

(秦　岩)

【旅游工作综合调研】 2016年，市旅游委立足沈阳市全面振兴的大局，紧紧围绕推动旅游供给侧结构性改革，深入开展旅游基础综合研究工作，提出了旅游装备制造业、特色潜力产业转化、旅游公共服务、工业旅游、农业乡村、旅游与金融等6项软课题的研究方向。经过认真组织旅游研究课题的申报、立项评审、项目执行跟踪及结题评审等工作，辽宁大学刘建华、沈阳师范大学何军、沈阳航空航天大学陈丹红、沈阳建筑大学哈静、辽宁省交通高等专科学校崔剑生、辽宁金融职业学院张彤等6个课题组获得课题的研究任务。旅游研究项目课题组经过大量的调研，提出了“发展旅游装备制造业，拓展工业发展新思路”、“推动特色潜力资源转化，形成经济发展新优势”、“完善旅游公共服务营造宜居宜游新环境”、“做活工业旅游，激发城市文化新活力”、“创新乡村旅游，引领城乡互动新模式”、“做强旅游金融平台，打造经济发展新引擎”等具有针对性和前瞻性的思路和建议，取得了扎实研究成果，切实发挥了调研辅政作用，为旅游业发展提供了智力支撑。

(秦　岩)

【国有景区市场化改革】 2016年8

月，按照省委、省政府提出的国有旅游景区改革要求和市领导做出的批示精神，由市旅游委牵头成立了沈阳市国有旅游景区市场化改革推进领导小组，经广泛调研，起草形成了《沈阳市国有旅游景区市场化改革实施方案》。2016年10月21日，《方案》经市长办公会议审议通过。截至2016年底，全市现有国有旅游景区52家，占全市国家级旅游景区总数量的52.5%，分属多个市直部门和区、县(市)政府管理，体制僵化、政企不分、事企不分等问题突出，改革创新动力不足，发展活力无法得到充分释放，严重制约了景区自身发展和市场竞争力的提升。加快推进国有景区市场化改革，既是落实省委、省政府关于推进国有旅游景区改革战略部署的务实举措，更是破解沈阳市国有旅游景区体制机制障碍的迫切之需。

(秦　岩)

【离境退税工作】　2015年12月29日，经过国家财政部、国家税务总局和海关总署审核同意，辽宁省成为国内第二批实施离境退税政策的省份。沈阳市作为实施离境退税政策的申请发起方和投入建设方，是目前辽宁省也是东北地区唯一实施此项政策的城市。2016年4月初，经过各方共同努力和积极推动，沈阳市完成了离境退税政策实施的全部准备工作。4月11日，沈阳市人民政府召开新闻发布会，标志着沈阳市离境退税政策进入实质实施阶段。4月23日，一位飞往韩国的客人成为首位享受离境退税服务的旅客，其购买的700元的商品，获得了63元的退税款。2016年，全省共有21家离境退税商店，其中，沈阳市有中兴商业大厦、兴隆大奥莱、恒隆广场、沈阳荟华楼、辽宁大厦百货商场、沈阳故宫服务部等20家离境退税商店，为来自美国、日本、韩国等游客提供了退税服务。

(秦　岩)

规划发展

【全市旅游总体规划通过市人大表决通过】　为了让《沈阳市旅游发展总体规划(2016　2020年)》切实成为未来五年旅游发展的战略指针和重要保障，市旅游委决定提请市人大常委会审议。按照市人大的总体工作部署，市旅游委认真落实市人大在本地和外地调研、座谈会、邀请规划公司专家来沈培训、市人大代表分组视察等工作。2016年5月12日，市人大邀请各方代表围绕《沈阳市旅游发展总体规划(2015—2020年)》进行座谈交流。参加会议的有市人大黄凯副主任，民侨外委相关领导；市旅游委领导和规划处相关人员；沈河区、沈北新区、铁西区主管领导；沈阳怪坡国际滑雪场、沈阳朝阳山景区、沈阳市海外国际旅行社、沈阳市青年国际旅行社负责人等旅游企业代表；沈阳师范大学夏学英教授、沈阳建筑大学哈静教授等院校代表。2016年6月，市人大常委会表决通过了《沈阳市旅游发展总体规划(2016—2020年)》，这对于沈阳市未来五年的旅游产业发展方向和渠道，旅游产业经济水平连上新台阶、成为城市发展的新支柱，意义重大。

(李　航)

【旅游厕所建设】　2016年，认真贯彻落实国家厕所革命总体要求，把旅游厕所建设和管理作为旅游服务重要窗口来抓，作为旅游公共服务基础设施来建。积极调动全社会力量参与旅游厕所建设和提升改造，将旅游厕所建设纳入了全市旅游景区提质达标工程重点推进，促进厕所建设和改造工作取得明显进展。全年新改建旅游厕所139座，投资3014万元，总面积7783平方米，争取到国家旅游厕所建设项目专项资金补助252万元，旅游厕所建设和管理成绩处于全省首位。沈阳市被国家旅游局评选为“2016年全国厕所革命先进市”，这是继2015年国家旅游局在全国范围内开展厕所革命以来，沈阳市连续第二年获得此项荣誉。

(佟胜富)

【沈北新区、浑南区成为国家全域旅游示范区创建单位】　2015年，国家旅游局提出要通过国家全域旅游示范区创建，推动旅游业由“景区旅游”向“全域旅游”发展模式转变，实现区域资源有机整合、产业深度融合和全社会共同参与，从而构建新型旅游发展格局，树立旅游业战略性支柱产业形象，以旅游业带动区域经济社会全面协调发展。按照国家全域旅游示范区创建标准，依据《全域旅游示范区创建工作导则》，指导各地区组织开展申报和创建，沈北新区、浑南区成功获得国家全域旅游示范区创建单位。创建全域旅游，将利于地区抓住旅游业大发展的黄金机遇期，争取国家和省、市更多的优惠政策支持，全面推进“旅游+”和“+旅游”，提升区域旅游业发展能力，拓展区域旅游发展空间，培育区域旅游增长极，构建区域旅游产业新体系，培育区域旅游市场新主体和消费新热点，实施旅游品牌驱动战略和创造旅游发展新引擎。

(佟胜富)

【旅游景区提质达标工程】　2016年，依据《沈阳市旅游景区提质达标工程实施方案》，继续实施国家级旅游景区提质达标工程。按照国家标准，结合年度景区创建重点工作，有依据、有侧重地开展景区质量检查，对景区质量进行动态监管，督促指导景区在保持达标状态的基础上，进一步从整合景区资源、提升管理服务水平、开展基础及配套设施建设等方面得到提高，保障沈阳市国家级旅游景区合理规划、优质服务、规范建设、科学管理和可持续发展。在2015年对全市景区进行检查的基础上，对检查不合格的景区下达整改通知，跟踪整改落实情况，并对整改不合格的景区提出处分意见。通过旅游景区提质达标工程的实施，全市提升改造包括景区道路、公共卫生间、游客服务中心、停车场、购物中心、旅游导视系统、WIFI全覆盖等基础设施建设项目近百项，有效提升了沈阳市旅游产品品质。

(于　晶)

【国家级旅游景区创建工作】　2016年，全市共有32家景区获批国家级旅游景区。其中：4A级景区3家，3A级景区17家，2A级景区12家。沈阳市旅游景区数量已达100家，其中：5A级1家，4A级16家，3A级58家，2A级23家。全市国家4A级以上旅游景区达到17家，“高A”级景区建设取得明显成效。通过推进景区创建工作，全市旅游景区在历史文化、自然景观、宗教寺庙等传统景区产品的基础上，丰富了工业旅游、文化创意、城市休闲、农事体验等多种景区类型，进一步推进了沈阳市全域旅游建设。

(于　晶)

智慧旅游

【开通运行沈阳经济区旅游智慧化服务平台】 2016年1月19日,围绕"惠民、兴业、善政"智慧沈阳总体建设方针,由沈阳市旅游委员会主导设计开发的东北地区首款功能最全、信息量最大、覆盖面最广、应用最便捷的区域智慧旅游公共服务平台(居游手机APP)正式上线运行,该平台以居游手机APP、"居游"网、居游微信平台为核心,有机整合了区域"食住行游购娱"等多个领域资源,实现了"三端通用、三网合一"目标。该项目在2016沈阳·第三届智慧城市(国际)创新大会暨2016智慧城市和大数据发展(沈阳)博览会上,被评为2016年智慧沈阳优秀项目,并荣获三等奖。沈阳旅游智慧化工程建设工作得到了国家旅游局的密切关注,拟将沈阳纳入智慧旅游建设试点城市。国家信息中心专家委员会主任宁家骏来沈指导智慧城市建设工作期间,明确提出:"沈阳智慧旅游建设模式领先全国,应该在全国各个省市推广应用。"

(郭建伟)

【千万市民公益游活动】 2016年5月15日,第二届"福蕴山水、慧美家园"沈阳经济区千万市民公益游活动在龙之梦门前捷安泊停车广场正式拉开序幕。活动启动后,八城市旅游委遵循"政府补贴、企业让利、全民参与"原则,共同开展了免费公益游、惠民补贴游、特价自助游等丰富多彩的系列主题活动,全年共惠及市民游客近百万人。千万市民公益游活动是推动沈阳经济区旅游一体化发展的一项核心工作,也是实施惠民旅游工程的重要举措,活动实现了活跃旅游市场氛围、塑造旅游城市形象、拉动旅游产业发展、促进城市间旅游产业融合目标。《中国旅游报》以《2016年沈阳经济区千万市民公益游活动启动仪式成为区域惠民合作的引爆点》为题进行了全面报道。

(郭建伟)

【发放四季"居游"智惠卡】 为贯彻落实国务院办公厅《关于进一步促进旅游投资和消费的若干意见》精神,让沈阳经济区市民游客不用出家门就可以畅享旅游资源和吸引更多外地游客来沈阳经济区城市游玩,沈阳市旅游委创办发行了"居游"智惠服务卡。创办发行的全国首张实名制国民旅游卡("居游"智惠服务卡)开启了沈阳经济区八城市智慧旅游新模式。"居游"智惠服务卡是集身份识别、闪付通行、旅游补贴、智能服务等多项功能于一体的多功能便民服务卡,目前已在八城市发行近85万张。"居游"智惠卡在让市民享受到旅游惠民服务的同时,还可把沈阳经济区乃至全省原来比较分散的旅游资源有机地融合到一起,形成一个整体概念。在搭建旅游企业与政府之间的旅游电子政务合作平台的同时,也为旅游企业与旅游消费者之间搭建了旅游电子商务平台。游客在享受补贴优惠和各种智慧服务保障的前提下,对沈阳经济区的旅游发展将起到较好的促进和推动作用。

(郭建伟)

【开通经济区城市旅游直通车】 为实现区域旅游一体化发展,2016年6月6日,沈阳市旅游委员会协调开通了经济区城市18个景区的旅游直通车,标志着区域畅游易旅游交通体系正式形成。游客可以通过线上、线下两种方式购买"往返车票+景区门票"、"去程车票+景区门票"、"回程车票+景区门票"等3种套票,实现了方便、快捷、优惠游览省内景区的目的。沈阳是东北重要的交通枢纽,往来人员众多,"沈阳经济区景区直通车"的开通,可以将沈阳与周边城市的交通系统实现无缝衔接,各城市游客可以自由地穿行于沈阳至周边城市景区的相关景点之间,进而助推沈阳经济区旅游产业的快速发展。

(郭建伟)

宣传促销

【中国沈阳国际旅游节四季游活动】 2016中国沈阳国际旅游节四季游活动,本着坚持"政府主导、社会参与、百姓受益"的原则,整合全市旅游、文化、民俗、商业等资源,推出沈阳四季游丰富多彩的旅游系列活动和线路产品,引导大众旅游消费,吸引更多的国内外游客来沈观光,促进沈阳市旅游产业健康快速发展。2016年4月至6月为春季游活动,主题为希望之春。春季游期间,全市适时开展千万市民公益游、踏青、登山、赏花、观鸟、惠民、健身、休闲、采摘等春季特色旅游活动。2016年6月至8月为夏季游活动,主题为激情之夏。夏季游期间,全市适时开展推出美食节、啤酒节、采摘、购物等夏季特色旅游活动。2016年9月至11月为秋季游活动,主题为多彩之秋。秋季游期间,全市适时推出庙会、赏花、农家乐、摄影、自驾等秋季特色旅游活动。2016年12月至2017年3月为冬季游活动,主题为浪漫之冬。冬季游期间,全市适时推出冰雪、温泉、灯会、庙会、圣诞节、年货节、冬捕节等冬季特色旅游活动。旅游节四季游期间推出400余项特色旅游活动和特色精品线路,方便市民出游,为国内外游客提供沈阳四季旅游好去处。

(孙学林)

【寻找沈阳好去处】 由市旅游委与沈阳网联合推出的"寻找沈阳好去处活动",自2016年3月启动,至2017年1月中旬结束,近一年时间内开展了寻找沈阳好去处春节、夏季、秋季、冬季四个季度的活动。面向56万粉丝在沈阳官方微信号推送原创微信,通过沈阳网今日头条向1000万人群传播"2016年沈阳好去处",累计超过110万人次,通过微信、PC端关注沈阳好去处。PC端总投票数达到50余万,曝光量700余万次。

(孙学林)

【开展旅游客源地宣传促销】 2016年10月25—31日,由市旅游委率领的沈阳冬季冰雪旅游促销团一行18人,以"同样的东北冰雪 不一样的盛京盛情"为主题,分赴广州、福州、厦门等地开展营销推介活动,受到当地旅行商、媒体和市民的热烈欢迎。据不完全统计,羊城晚报、福州晚报、厦门晚报等当地主流媒体,对沈阳市冰雪旅游资源图文并茂地进行了整版宣传;中国新闻网、两岸咨讯网、海峡生活报、福建日报、福州旅游协会网、厦门旅游政务网等媒体报刊网络大篇幅对沈阳冬季冰雪旅游产品进行了报道;广州电视台、福州广播电台、厦门同城共享等对沈阳市冰雪促销活动进行了新闻专访,此次活动进行宣传报道转发近万余条,受众覆盖率达千万人,较好地宣传了沈阳冬季冰雪等特色旅游资源。

（孙学林）

【“浪花爱上雪”双城记—沈阳 & 厦门大型主题营销活动】　市旅游委与新浪网创意策划的大型主题营销活动《“浪花爱上雪”双城记—沈阳 & 厦门》，引入“城市旅游互换”概念，通过线上话题营销、线下创意体验等形式，引爆海内外网民对沈阳的关注，开创“旅游 + 互联网”新媒体营销新模式。活动期间，“浪花爱上雪”话题连续9天占据新浪全国旅游热推榜前十名，高峰时达到第一名、第二名，微博阅读量达1500万，北京、上海、广州、厦门、加拿大等37个海内外城市的政务和旅游微博转发活动消息线上曝光量突破亿级PV流量，产生巨大的宣传效应，引爆网民对沈阳冬季游的关注，扩大了沈阳在海内外的知名度和影响。该主题营销活动荣获“金足迹国际旅游营销奖”。

（孙学林）

【沈阳旅游装备制造业发展】　从2015年开始，中国旅游装备制造业进入加速发展时期，国家陆续出台了一系列促进旅游产业发展的政策，对旅游装备制造业给予明确支持，旅游有效供给正在加快推进。为了加快推动产业建设发展步伐，市旅游委会同市经信委提出了“关于加快推动沈阳旅游装备制造产业发展，打造‘沈阳制造’旅游装备产品品牌”的理念，逐步引导沈阳部分工业基础雄厚、技术创新水平高的制造业企业，开展旅游装备产品项目研发生产。亚德游艇、金杯房车、大黄蜂虚拟现实体感游戏、创奇主题游乐设施等沈阳企业自主研发生产的旅游装备产品问世，沈阳旅游装备的品牌效应初露端倪。沈阳市政府利用旅游装备制造产业的开放性与共享性，快速开展行业间技术辐射，整体提高相关领域的核心制造能力、旅游装备产品的社会生产率和旅游行业的产业水平，为推动沈阳产业结构调整，丰富产品种类、提升产品质量、扩大产品供给，满足市场需求，迈出了务实、精准的第一步，在国内同行业中起到引领、示范作用，更为沈阳旅游装备制造产业未来蓬勃发展打下了坚实的基础。

（刘亚欣）

【参选中国金牌旅游小吃】　旅游小吃是最具原真性的特色旅游及文化资源，也是旅游供给体系中的核心要素。市旅游委创新开发模式，从“吃”切入，通过梳理整合，将社会知名度高的老字号、特色美食、风味小吃等再次创意，转化打造出符合现代旅游者需求的旅游小吃食品进入市场，形成游客喜爱的地方特色旅游风味小吃食品。沈阳老边百年煸馅饺子在“首届中国金牌旅游小吃”评选中摘得中国金牌旅游小吃“金牌”，是参赛旅游小吃食品中最具代表性的产品。

（刘亚欣）

【2016全国旅游商品大赛】　“沈阳工业”系列旅游商品荣获“2016中国旅游商品大赛”银奖，标志着“盛京好贺儿”沈阳地方特色旅游商品开发取得了新成绩，实现了新突破。“沈阳工业”系列旅游商品创意取自沈阳工业发展历程中新中国的“六个第一”：第一台车床、摇臂钻床、卧式镗床、自动机床、数控车床和智能机床。选用其零部件设计创作而成，含12种原生态制造工艺，将沈阳乃至中国工业发展史浓缩在旅游商品上，是沈阳市旅游业和工业深度融合发展的典型代表。

（刘亚欣）

行业管理

【旅游诚信体系建设】　为提高沈阳市导游员诚信服务水平，提升游客满意度，打造诚信规范的旅游营商环境，市旅游委、市信用办联合制订《沈阳市导游员诚信服务评价工作方案》，启动了全市导游员诚信服务评价工作。内容包括：诚信素质情况（通过银行征信系统查询信用记录、与旅行社签订劳动合同、职业等级等），诚信服务情况（本年度参加国家、省市旅游主管部门以及旅行社组织的业务培训情况，带团天数，游客满意率，旅行社对导游员从知识水平、讲解水平、业务能力、服务质量、为旅游者提供服务与引导旅游者文明旅游等方面进行综合评价等），以及导游业务理论与实践研究、荣获荣誉称号、个人事迹被主要新闻媒体正面宣传报道等加分项和失信扣分。导游员诚信服务评价实行年度量化计分管理，依据评价得分，共分为五个等级，即从高到低依次为5星级至1星级，2016年共有427名导游员得分符合诚信服务星级要求。

（周建亚）

【旅游产品品牌建设】　国家旅游局发布《关于2015年度全国旅行社统计调查排强名单的公告》，全市7家旅行社进入“全国百强旅行社”，4家跻身“全国入境三十强旅行社”，2家入选“全国利税贡献三十强旅行社”，使沈阳市成为东北地区唯一有旅行社入选全国利税三十强的城市。全国旅行社统计调查排强名单是国家旅游局依据全国旅行社统计调查指标和经营情况，对旅行社多项主要经营指标综合考评，并对旅行社遵纪守法情况实行“一票否决”核准后，进行综合评比，每年评出的全国最具实力的旅行社。以上各项排名均实现了历史性突破，标志着沈阳市旅行社管理服务水平和经营业绩继续领跑东北三省，表明沈阳旅游业优化营商环境、强力推动旅游市场主体发展的工作已显现成效，为全市旅行社在转型发展、做强做优方面发挥了重要的示范引领和带动作用。

（周建亚）

【实施乡村旅游结对帮扶工程】　为深入贯彻全市旅游产业发展工作会议精神，积极落实《沈阳市旅游发展总体规划》和《沈阳市乡村旅游建设实施方案》的工作要求，加快促进全市乡村旅游全面提档升级，市旅游委实施沈阳乡村旅游结对帮扶工程。乡村旅游结对帮扶工程，是贯彻落实市委市政府民心工程的重要举措，是实现优势互补、旅游提质升级的迫切需要，是实现全域旅游的客观要求。首批结对帮扶单位为四星级以上的重点旅游饭店和9个涉农区、县（市）的重点乡村旅游项目，帮扶内容可以是技能培训和技术服务，也可以是关于乡村旅游市场推广、规划设计的智力支持，还可以是商品互换、人员互派等深度合作。

（周建亚）

【成立沈阳经济区旅游质监协作体】　2016年11月，沈阳市旅游委依据《旅游投诉处理办法》和《沈阳经济区旅游一体化工作实施方案》，协调沈阳经济区鞍山、抚顺、本溪、营口、阜新、辽阳、铁岭市等地区旅游行业管理部门，组建沈阳经济区旅游质监协作体。主要目标是整合沈阳经济区旅游行业质监资源、协调开展沈阳经济区跨区域旅游联合执法、推进沈阳经济区旅游投诉信息共享、协商沈阳经济区跨区域行政处罚案件、推进建立查阅沈阳经济区文明旅游信息采集机制等。沈阳经济区旅游质监协作体实行轮流负责制，执行主席和秘书长由轮值城市旅游部门领导担任，任期为两年，其他城市旅游部门领导任主席。沈阳经济区旅游质监协作体成立后，将加快区域旅游质监信息资源共享平台和应急事件处置平台建设；突出解决区域旅游质监标准不一、跨区维权难的问题；促进区域旅游质监联合执法、协作执法；共同开展旅游维权宣传推广，以良好的旅游环境为营造优良的城市营商环境做出贡献。

（郭艳凤）

【沈阳市旅游投诉电话并入全国旅游投诉电话 12301】 2016 年 9 月 1 日起，沈阳旅游投诉电话并入全国旅游投诉统一受理号码 12301。为宣传推广全国旅游投诉热线 12301，增强广大居民旅游维权意识，切实保障旅游者合法权益，沈阳市旅游委员会联合各区县举办了“2016 旅游维权进百个社区暨全国旅游服务热线 12301 宣传活动”。活动宣传期间，沈阳市旅游质监部门及沈北新区旅游工作人员为市民解答了如何选择旅游、如何正确参与旅游等问题，与百姓面对面地讲解旅游维权常识，让市民通过正规渠道参与旅游，在心中树立维权理念，遇到问题采取正确手段及时维权。

（郭艳凤）

【旅游市场联合执法检查】 深入开展《旅游法》和《辽宁省旅游条例》贯彻落实工作，完成《沈阳市旅游管理规定》的修订，为依法构建优质旅游营商环境奠定了坚实基础。持续推进旅游标准化和诚信体系建设，开展整治和规范旅行社服务网点专项行动。沈阳市制定的“旅行社产品品质等级”等三个行业标准，纳入了全省地方标准修订计划。加大执法力度，严格规范执法行为，联合工商、质监、公安等有关部门开展综合执法检查 35 次，检查相关企业 80 家，依法做出行政处罚 19 起，处罚金额共计 36 万元，无一起处罚案件被申请行政复议或提起行政诉讼。加强旅游安全管理，建立了全市旅游安全和市场监管工作运行机制。持续开展“旅游维权进社区”、“诚敬做产品”主题教育、文明旅游宣传活动。

（郭艳凤）

人才建设

【全国导游员资格考试】 2016 年，全国初、中、高级导游员资格考试，沈阳考区共有 4625 人报名，报名时间从 6 月开始至 8 月份结束，考试时间在 11 月进行。其中，沈阳市报考初级导游员考生共计 4493 人，比 2015 年增加了 1944 人，增长了 76.3%，初级导游员上机考试分别在沈阳大学、沈阳师范大学、沈阳广播电视大学继续教育学院、辽宁省信息技术教育中心等 6 个考点同时进行。经过资格审核、上机考试，有 1913 人参加面试考试，共有 822 人通过考试取得初级导游员资格证书。中、高级导游员资格考试在沈阳市旅游学校进行，报考中级导游员考生共计 115 人参加笔试，有 35 人通过考试；报考高级导游员考生共计 17 人，有 11 人通过考试。

（朱明海）

【旅游管理人才培训】 为了拓宽旅游从业人员的视野和提升专业素质，促进沈阳旅游产业进一步发展，沈阳市旅游委采取请进来、走出去等多种方法和途径对沈阳旅游从业人员进行专业知识和技能培训，并指导各区、县（市）开展旅游人才培训。2016 年，先后 3 次组织全市 10 个区、县（市）36 个乡镇的近 200 名“乡村旅游带头人”，赴大连香洲、北京密云等地区开展现场见学；为提高沈阳地区导游人员的专业素质，沈阳市旅游委分四批次对 861 名考取导游资格证书的人员进行岗前培训；陆续邀请国内 8 位旅游专家，为区、县（市）旅游局管理人员、旅行社、酒店、A 级旅游景区负责人、旅游院校老师等旅游从业人员 2000 余人，开展了新媒体与旅游目的地营销、新形势下旅游产品开发转型升级、区域旅游业空间协同发展、A 级旅游景区创建、导游服务质量提升等旅游专业知识培训。通过开展系列培训和教育，开阔了旅游从业人员视野，提高了他们专业素质，为全市旅游发展提供了人才支持和智力保证。

（朱明海）

【开展少年旅游志愿者活动】 2016 年，沈阳市旅游委组织部分景区面向社会招收 10—12 周岁的少年旅游志愿讲解员 110 名，并结合景区实际对他们进行讲解培训。通过培训的少年旅游志愿者，利用节假日和寒暑假时间，采取提前预约上岗的方式到各景区开展志愿讲解活动。少年旅游志愿者穿着沈阳故宫、张氏帅府和九·一八历史博物馆景区历史时代“阿哥、格格、少帅、赵四小姐、抗联战士”人物特点的服装，讲述皇宫过去的故事、少帅的传奇、抗联战士的事迹，情景再现式讲解活动，为中外游客留下深刻印象，赢得广泛赞誉。同时，实现了旅游产业与文化、教育的融合，进一步宣传沈阳“传奇盛京 福运沈阳”旅游城市形象。

（朱明海）

【旅游创客基地建设】 为深入开展“大众创业、万众创新”活动，推动沈阳市乡村旅游转型升级、提质增效，2016 年沈阳市旅游委在全市各区、县（市）、景区、酒店、旅行社和旅游院校等涉旅单位开展了“旅游人才培训基地”和“旅游人才创客基地”创建工作。经沈阳市旅游委指导和涉旅单位企业创建，通过组织专家评审，辽宁康辉国际旅行社有限公司、沈阳皇朝万豪酒店和沈阳市旅游学校 3 家单位，被评为首批旅游人才培训基地。沈阳壹玖零伍文化创意园有限公司、C 立方双创文化工场、辽宁省龙呈文化创意产业园有限公司、沈阳市棋盘山花果山旅游文化发展有限公司、沈阳锡伯龙地创意农业产业有限公司、蒲裕绿色农业旅游公司、沈阳亿启来文旅创想小镇和沈阳小城子大辽画家村艺术有限公司 8 家单位，被评为首批旅游人才创客基地。

（朱明海）

农 村 经 济

综 述

【土地流转及确权面积】 2016年，沈阳市鼓励引导新型农业经营主体规范有序流转农村土地，开展多种形式的土地适度规模经营。截至2016年底，全市土地流转面积达到20.78万公顷，占农民家庭承包耕地总面积的37.5%，流转率高于全省平均水平3个百分点。2016年，流出耕地农户数25.9万户，签订耕地流转合同22.8万份，规范流转合同的签订率达到88%。从流转方式看，以转包和出租为主，分别达到9.70万公顷、7.37万公顷，转让、互换及其他形式流转计3.70万公顷。从流转去向看，流入农户12.52万公顷，流入专业合作社2.06万公顷，流入企业3.51万公顷，流入其他主体2.7万公顷。

2016年，全市实测农民家庭承包耕地面积确权28.49万公顷，共涉及9个涉农区、县(市)的72个乡镇、752个村、31.4万农户。按照省确权办规定的时间节点，分别于6月30日前完成了内业调查工作，9月30日前完成了承包地块矢量化工作，12月30日前完成了公示审核工作。共填制发包方调查表1172份、承包方调查表37.6万份、承包地块调查表103.9万份，承包地块矢量化率及公示审核率均达到100%。全市已累计完成确权登记实测41.33万公顷，占全市家庭承包面积的74.6%，确权面积总数和比例均居全省首位。

(乔春林)

【新型经营主体发展】 2016年，新增合作社1478家，全市注册的农民合作社达到7363家，入社成员16万余人。全市农民合作社经营收入为19.6亿元，实现盈余4.2亿元，通过盈余分配向成员返还盈余3.6亿元，合作社成员可支配收入1.62万元。新增家庭农场542家，全市在工商部门注册家庭农场总计1093家。共有12家合作社被评为省级示范社，组织推荐2家农民合作社申报国家级示范社。评选出35家市级示范家庭农场、7家省级示范家庭农场，全市省示范家庭农场增加到24家，市级示范家庭农场达到118家。

(王 扬)

【农村"三资管理"】 2016年，出台并下发了《沈阳市2016年农村集体资金资产资源清理核实试点工作实施方案》，指导各区、县(市)全面开展工作。编制了《沈阳市农村集体"三资"清理核实试点工作手册》，在全市选取100个村，按照相关法规政策要求，在程序公开透明、操作严谨规范的基础上，开展清理核实试点，摸清村集体所有的"三资"存量、结构、分布和使用效益等情况，做到底数清、账目明、底帐相符，实现产权明晰、运行公开、监管到位的农村集体"三资"管理新机制。目前，此项工作已全面完成，并形成"三资"台账，三资清查档案资料交各乡镇代理服务中心保存。

(方朝明)

【发展外向型农业】 成功举办第十六届农博会，28个国家和地区1600多家企业参展，观展人数累计达32万人次，合同交易额23.6亿元，现场交易额达2.4亿元。积极发展农村电子商务。开展信息进村入户工程，建设益农信息社近900个，信息进村入户覆盖率达到75%。借助农博会搭建网上农博线上平台，引入省建设银行参与线下展会，推进平台搭建、供应链、金融服务等电子商务新模式，在沈阳注册的涉农电商企业已超过百家。加强农产品出口，全年农产品出口1.0亿美元。顺利开通"沈－满－俄"农产品铁路运输大通道，实现了辽沈地区农产品出口俄罗斯远东地区运输环节的"无缝对接"，拓展了农产品出口领域。

(常宝营)

【都市休闲农业】 2016年，全市开工建设的都市休闲农业项目76个，完成投资11.6亿元，实施面积1466.67公顷，其中35个都市休闲农业项目享受政策扶持，拨付财政补助资金2289万元。全市建有农家乐442家(三证齐全)、市级休闲采摘园52个、休闲农业专业村29个、休闲农庄77个、休闲农业园区61个，资产总额达31.9亿元，经营面积5733.33公顷，年营业收入8.1亿元，年利润总额2.1亿元，从业人员3.4万人，带动农户1.3万户，年接待游客386.8万人次。在国家、省休闲农业与乡村旅游创建活动中，新民蒲河新村被农业部评为"2016中国美丽休闲乡村"之"特色民俗村"，沈北锡伯龙地创意农业产业园、辽中花溪地温泉生态乐园被评为省休闲农业和乡村旅游四星级单位。

(卢学义)

【农业补贴】 2016年，国家全面推开农业"三项补贴"(种粮农民直接补贴、农资综合补贴和农作物良种补贴)改革，将"三项补贴"合并为农业支持保护补贴，政策目标调整为支持耕地地力保护和粮食适度规模经营。共拨付耕地地力保护补贴资金6.8亿元，补贴面积54.19万公顷，亩均补贴83.5元，覆盖了14个区、县(市)，158个乡镇(街道)，惠及农户约66万户。2016年沈阳市共完成中央财政农机购置补贴资金1.8亿元，在国家补贴基础上，另按国家补贴标准的40%给予市级补助，全市共安排资金7518万元。购置各种农机具5796台，受益农户(农机专业合作社)4813户。

(常宝营)

【农业保险】 2016年，全市完成农作物参保面积40.67万公顷，同比增长20.6%。其中：大田作物参保面积40.58万公顷，设施农业参保面积866.67公顷，参保面积创历史新高。实现保费总额1.8亿元，参保农户27.6万农户。养殖业承保牲畜46.7万头，保费3818万元，参保养殖户8623户。

（高 红）

【城乡互联】 "城乡互联、结对共建"活动开展以来，四城区共投入共建活动资金6350万元。共建康平县柳树屯乡糖坊村、法库县秀水河子镇八家子村等省级宜居示范村80个；金沙滩旅游大道、老旧小区改造等重大基础设施项目11个、辽河工业园等产业园区4个，转移福建傲农生物科技有限公司饲料加工项目等亿元以上项目25个，有力促进城乡经济社会一体化发展。

（郑 岩）

【扶贫开发】 2016年，全市上下紧紧围绕国标3330元（原标准3141元）以下建档立卡贫困人口1.16万人脱贫、60个重点贫困村销号的总目标，认真贯彻落实中央和省关于坚决打赢脱贫攻坚战的战略部署，落实各级专项扶贫资金5156.4万元，其中，市级专项扶贫资金2901.5万元，用于高效特色产业发展、基础设施建设等项目。安排113家党政机关、国有企业开展定点驻村帮扶工作，落实驻沈部队、130家民营企业帮扶贫困村，共投入帮扶资金及物品折款2800余万元，实施帮扶项目200余个；60个重点贫困村"第一书记"全覆盖，每个建档立卡贫困户都有党员干部帮扶。扎实开展"城乡互联""百企连百村"等活动，加速贫困村脱贫进程。

（郑 岩）

农业产业化

【重点项目建设】 全市开（复）工建设计划投资500万元（规模）以上涉农项目共计36个，包括新建项目16个、续建项目20个，其中农产品加工项目35个。农产品加工项目中，计划投资500万元至3000万元项目15个，3000万元至5000万元项目8个，5000万元至1亿元项目4个，亿元以上项目8个。在地区分布上，沈北新区项目为15个，新民、辽中和康平各4个，浑南、于洪、苏家屯和法库各2个。全年计划新增投资24.3亿元，已完成投资近12亿元。2个在建的10亿元大项目（沈北双汇、康平珠穆朗玛项目）年初以来共计完成投资2亿元，正在进行内部装修和生产线安装，2017年有望实现试生产。

（王晓宇）

【园区建设】 2016年，全市计划开工建设的园区共5个，计划投资9925万元进行水、电、路及园区绿化等基础设施建设，已完成投资5400万元，引进项目30个。其中康平县农副产品加工园区计划投资2259万元进行基础设施建设；浑南健康食品产业园计划投资1700万元进行两条道路及排水、路灯工程等基础设施建设，总长1000米，已完成道路水稳基层及路面铺设，完成投资1500万元；法库孟家绿色食品加工园区计划投资1876万元建设"四横四纵"道路排水工程，完成了"三横一纵"，全长2.4公里，累计完成投资909万元；辽中满都户精细农产品加工园区计划投资2130万元用于基础设施建设，已完成投资1200万元，道路排水工程已完工；新民大民屯农产品加工园区计划投资1960万元用于基础设施建设。

（王晓宇）

【龙头企业培育】 积极组织申报市级以上农业产业化重点龙头企业，新认定市级农业产业龙头企业15户，申报省级农业产业化龙头企业5户，递补国家级龙头企业2户，监测市级以上龙头企业144户。截至2016年底，市级以上农业产业化重点龙头企业达到167户（国家级8户、省级52户、市级107户）。积极为企业搭建各类平台，先后组织辉山集团、昊明禽业、鑫金肉业等50余户龙头企业参加农业部国家级龙头企业负责人培训班、农业部双创带头人专题培训班、内蒙古绿博会、第十三届沈阳科学学术年会、六安市沈阳招商推介会等活动。

（王晓宇）

农业科技

【科技培训】 依托国家和省级教育培训平台，大力实施一线农民素质提升工程。培育新型职业农民325人，围绕生产经营知识技能、创业孵化等内容培养现代青年农场主16名，培训新型农业经营主体带头人150人。对来自于康平、法库和苏家屯的150名家庭农场主、合作社负责人、农民技术骨干、农村产业带头人等具有较强带动作用的一线农民开展培训，全年组织各级农技部门发放各类农业科技资料12.5万份。

（周兆彤）

【农业科技成果转化】 2016年，围绕品种更新换代、病虫害综合防治、土壤连作障碍、农产品提质增效等关键技术环节，集中资金强化沈康现代农业示范带、沈阜现代农业示范带、环城都市农业产业带以及贫困地区技术支持，推动全市主要涉农地区与沈阳农业大学、辽宁省农业科学院、沈阳市农业科学院等农业教学和科研单位开展技术合作。首批落实农业科技共建项目17个，累计建设技术核心区600公顷，辐射带动8666.67公顷，扶持涉农企业6个、农民专业合作社18个、示范户303人。选派170名农业专家组成专家服务团开展技术服务，入户指导845人次，开展技术培训125场次，累计培训农民5693人次。全年引进优新品种60个，推广52个，推广先进适用技术71项次，新增经济效益4400万元。第二批落实7个项目，预计2017年7月结束。

（周兆彤）

【农业科技攻坚】 2016年，围绕玉米、水稻、杂粮、马铃薯、蔬菜、花卉、食用菌等作物研究及植物组培、分子技术等领域，在研科技项目36项。利用相应的杂交和选育技术，选育出玉米沈试522、沈试3131、沈试9189、沈试A305。初步筛选出适合早春番茄品种，抗TY病毒、TMV病毒、线虫和叶霉病新组合6个，鉴定抗TY病毒、TMV病毒、线虫和叶霉病组合耐低温、弱光组合2个，筛选出适合家庭菜园、采摘园种植风味浓郁的品种1个。继续进行月季扦插及嫁接、扩繁等栽培技术研究，完成并制定10个新品种的配套栽培技术。利用组培技术，开展了蛹虫草基质多样化栽培试验。完成杏鲍菇、平菇出菇试验，筛选高产、优质、广温型的优良菌株2个。收集、引进了草莓材料，取匍匐茎约进行茎尖脱毒，建立草莓离体快繁体系。引进龙牙楤木、蕨菜、刺五加等3个种类共8种山野菜品种资源进行人工驯化栽培，建立离体组培快繁无菌体系，初步研究建立人工繁殖和栽培技术。

（周兆彤）

农产品质量安全

【农产品监管平台建设】 按照互联网+农产品监管的思路，市农经委开发建设了“沈阳市农产品质量安全综合监管信息化服务平台”，探索建立质量追溯、检测数据监控、投入品监管、舆情信息分析、投诉举报处理、收贮运监管，以及视频监控、语音通话等信息系统，实现统一监管、远程执法、大数据分析等诸多功能，在监管工作中发挥了重要作用。2016年投入资金182万元用于平台建设。扩大试点范围，将部分粮食生产企业、水产养殖企业纳入平台监管。按照追溯技术便捷使用的原则，探索使用后赋码技术，改变以往需要实时上传信息的繁琐录入过程，提高工作效率，真正发挥追溯系统的实用性、方便性。研发农药经营条件审查系统，实现足不出户上报申报资料和开展审查工作，并颁发合格证书，节省行政成本，提高工作效率。利用该系统共审查和颁发合格证书935个。研发网格化监管系统，建立“分责全覆盖、知责全落实、履责全方位、问责全过程”的网格化责任体系，实现农产品质量安全监管工作由县级向乡、村两级拓展和延伸。

（张姝楠）

【三品一标认证】 2016年，下发了《市农经委办公室关于做好无公害农产品绿色食品认证及证后监管工作的通知》（沈农经办发〔2016〕63号）文件，对标准化生产指标进行分解，并提出具体要求。同时，出台扶持政策，对三品一标认证产品进行补助，引导企业发展无公害农产品和绿色食品。全年认证无公害农产品生产面积53.3万公顷，占全市耕地果园面积的75.4%，认证绿色食品生产面积5.12万公顷，占全市耕地果园面积的7.2%，两项合计认证58.42万公顷，占耕地果园面积的82.6%。引导督促做好无公害农产品复查，全市复查换证面积8.67万公顷，复查换证率达到96.3%，超过省农委规定的80%复查换证率的任务要求。加强对全市无公害农产品和绿色食品年检抽查工作，全年共接受国家抽检无公害农产品18个，合格率100%；抽检绿色食品30个，合格率100%。全市组织年检63家无公害蔬菜、水果生产企业以及83家绿色食品企业，年检覆盖率100%。与食药监局、质监局联合对流通环节的5家超市和批发市场开展了认证产品标志使用专项检查，对存在问题及时进行了情况通报和引导，共同维护认证产品和标志使用的权威性。2016年新认证地理标志3个（法库八虎山山楂、新民柳河沟香瓜、新民新农寒富苹果），全市总计认证农产品地理标志21个，完成推广工作12个。

（张姝楠）

【农畜渔产品质量监测】 全年共定量检测样品2364个，覆盖了蔬菜、食用菌、水果和水产品等多个品类，合格率98.6%，较上年提高1.6个百分点。定性检测样品4.01万批次，合格率达到99%以上。完成年度畜产品监测任务，配合农业部、省检测中心对全市畜产品抽检达30余次，畜产品合格率100%。2016年，全市共检测畜产品1.27万批次，其中：“瘦肉精”检测9077批次，合格率为100%；兽药残留检测1615批次，合格率为100%；生鲜乳1960批次，合格率为99.4%。全年水产品抽样340个，其中：部检50个（异地检40个，本地检10个）；省定量检80个，快检90个；省苗种检40个；市定量自检80个。

（葛　飞）

【兽药饲料监管】 2016年，继续将推进饲料企业实施《饲料质量安全管理规范》作为饲料工作的重点，强化培训和现场指导，并通过开展示范单位创建工作，带动全市范围内的饲料生产企业的《饲料质量安全管理规范》实施。截至2016年底，全市共有沈阳谷实饲料有限公司、沈阳禾丰牧业有限公司、正大预混料（沈阳）有限公司、沈阳成农饲料有限公司辽河分公司4家企业荣获农业部《饲料质量安全管理规范》示范单位称号（全省共5家）。开展了假劣兽药饲料宣传、查处和销毁等工作，发放了2000余份宣传资料，走访50余家兽药店，检查各类饲料生产经营企业500余家，共累计出动执法人员1000余人次，共查处各类饲料违法违规案件28起，处罚金额为3.8万元，当场处理销毁了各种假劣和过期兽药200余种500多件，货品价值6万余元。全年共完成兽药监测376批次，合格率92.3%；饲料监测473批次，合格率98.5%。

（焦　阳）

【动物卫生监督执法】 健全全市畜牧兽医检疫执法队伍建设，全市各区、县（市）均成立动物卫生监督机构。按照《畜禽屠宰兽医卫生检验制度配套规程（范）制定及验证项目实施方案》的要求全程参与农业部在辽宁省的项目验证工作。2016年6月22日，沈阳市协助辽宁省成功召开“全国动物卫生监督信息化建设现场会”，接待农业部及全国31个省、自治区、直辖市的参会代表参观了沈阳市市本级及沈北新区财落动监所的信息化建设成果。农业部兽医局王功民副局长参观后对辽宁省信息化建设工作作出了“四个第一，两个没想到，一个一流”的高度评价。全市共产地检疫畜禽2.2亿头（只）、屠宰检疫畜禽9533.9万头（只）、分销检疫畜禽产品2.7万吨。加大执法监督力度，严厉查处各类违法行为。全市各级动物卫生监督机构累计检查各类监管场所1086次，出动执法人员1657人次，出动执法车辆400台次，共查处违法案件117件，罚款22.1万元。全市累计无害化处理病死动物1.9万头（只），其中无害化猪1.0万头、牛

109头、羊112只、禽类9000余只。扎实开展执法痕迹化、电子化管理，为11个执法大队配备了22台高清现场执法记录仪，与之配套的智能指挥平台正式启用。积极开展法律咨询交流，提升执法工作水平。全年组织召开法律咨询研讨会议2次，承办沈阳、鞍山、辽阳三市区域交流会1次，组织县区人员赴鞍山市参加交流会1次，动物法律咨询交流工作成效显著。加强病死动物无害化处理基础设施建设，全市共建设55个病死动物无害化处理设施，其中，养殖场无害化处理设施建设项目34个，村级处理点建设项目21个。

（徐树华）

【屠宰监管】 2016年，认真贯彻落实国务院、省等相关法律法规要求，积极开展日常执法与专项整治，有效地维护了全市畜禽屠宰秩序的稳定，保障了出厂肉品质量和屠宰环节生产安全。全市全年共屠宰生猪190万头、牛6.3万头、羊11万只、鸡8607万只，定点屠宰企业出厂肉品质量合格率达到100%。全年共对检疫检验出的4787头病害猪进行无害化处理，病害生猪无害化处理率达到100%。全市共出动执法人员2429人次，检查屠宰厂（点）1006家次，查处各类肉品违法案件11件，取缔私屠滥宰黑窝点9家，罚款2.6万元，移送公安部门案件1起。

（杨振江）

绿色农业

【农村新能源建设】 2016年，沈阳市农村安装生物质节能炉2620户，新建新型节能炕2980户，补贴农村沼气全程服务网点2处，建设太阳能（路灯）亮化示范村15个，生物质成型燃料企业补助11处生产10万吨成型燃料，新建（扩建）秸秆利用企业1处。全市农村能源建设得到各级财政对农村能源项目补贴总额为1528万元。部分区县也对农村能源建设给予补贴支持。

（张留义）

【秸秆综合利用】 2016年，全市农作物秸秆产量为520万吨，其中：玉米秸秆372万吨、水稻秸秆80万吨、其他秸秆近68万吨。全市农作物秸秆综合利用470万吨，利用率90.9%，其中：肥料化利用105万吨、秸秆饲料化利用131万吨、秸秆基质化利用9万吨、能源化（燃料化）利用180万吨、秸秆原料化利用近45万吨。秸秆收储点建设54处，国家农作物秸秆综合利用试点4个县区，农作物秸秆综合利用奖励资金近2800万元。各级财政投入农作物秸秆综合利用项目资金9070万元，其中，国家、省级6000万元、市级财政3070万元，部分区县也投入了大量的资金。

（张留义）

【卧龙湖生态保护】 2012年至2016年，卧龙湖生态区保护项目建设累计投入资金16.2亿元，其中，国家、省、市三级给予卧龙湖扶持资金10.7亿元，相继实施了退耕还湿、东西马莲河河道整治、湖心岛湿地多样性建设等80个生态工程；完成了湖滨生态湿地缓冲带建设、入湖河道综合整治、湖心岛湿地生物多样性建设、卧龙湖保护区数字化管理平台建设、卧龙湖生态区景观提升工程等52个建设项目。卧龙湖的总蓄水量达到了1亿立方米，卧龙湖湿地面积增加近700公顷，生态系统及功能逐渐完善，生物多样性得到充实并不断丰富。卧龙湖生态区内野生动植物丰富到817种，其中国家一级重点保护野生动物6种、国家二级重点保护野生动物18种、其它鸟类140多种、鱼类36种，全世界的15种鹤中就有6种在生态区迁徙。2016年春季候鸟迁徙期，在卧龙湖栖息停留的候鸟达数十万只，其中，单日最高近5万只。卧龙湖生态区基础设施建设基本完成，城市段滨湖岸线空间和景观序列全部由规划变为现实。

（张敏慧）

【绿色防控】 2016年，推广应用面积为35.2万公顷，挽回产量损失1.4亿公斤。采取的主要措施：以释放赤眼蜂防治一代玉米螟为核心技术，以性信息素诱捕、杀虫灯诱杀、自走式高秆喷雾机防控为辅助技术，以组建专业化统防统治队伍为关键，物理、生物防治相结合，生化与机械防治相结合，集示范、培训、指导、督导为一体，实现了沈阳市玉米螟全域防控。建立了“政府主导、部门推动、企业配合、农民参与”的项目管理和技术推广机制，组建专业化统防统治队伍，形成了“以构建专业技术人员通畅服务网络为依托，以行政推动与技术推广有机结合为动力，以组建和培训乡、村级专业化统防统治队伍为切入点，以全程督导检查评估为监管手段”的玉米螟绿色防控技术推广模式。为提高水稻二化螟的绿色防控水平，引进示范昆虫性信息素防控水稻二化螟技术。该项技术的要点是：利用专用诱捕器具，引诱和杀灭靶标昆虫雄虫，从而降低雌雄交配机率，降低下代种群数量，达到防治目的。2016年示范应用8800公顷。

（赵 颖）

【畜牧业生态发展】 配合市环保局完成了沈阳市畜禽禁养区划定方案的制定并以市政府办公厅文件下发至区县。全市共划定禁养区范围783.5平方千米，约占全市总面积的5.9%。加强农作物秸秆综合利用。通过争取国家粮改饲项目，完成青贮任务71万吨。推进沈阳市青贮窖建设补贴工作，全市新建青贮窖24万立方米。在法库县开展奶牛种养结合整县推进项目，争取国家扶持资金1500万元。指导畜禽养殖污染治理，开展粪污治理项目。全年落实省生态建设项目18个，市生态建设项目8个。全年建设以畜禽粪便为原料的有机肥厂3家。

（钟 波）

种植业

【粮食生产】 制定了《沈阳市2016年粮食生产发展意见》，指导县区开展工作。全市落实中央、省级惠农支农扶持政策补助资金10.1亿元，其中：玉米生产者补贴7.9亿元，补贴面积41.61万公顷，补贴人数47.3万人；种植结构调整补贴7557万元；玉米大户补贴2774

万元,面积2.66万公顷;农业保险1.2亿元,承保面积40.67万公顷。市级财政资金投入逐年增加,对粮食生产补助资金由上年的400万元提高到897.3万元(市级粮食高产创建项目经费500万元,沈康现代农业示范带建设粮食作物园区397.3万元),资金投入提高124.3%。全市粮食播种面积达50.83万公顷,粮食产量360万吨,取得了"十三连丰"。

(梁　竑)

【蔬菜生产】 2016年,全市蔬菜播种面积、产量分别达到7.52万公顷、406万吨。全年示范推广蔬菜新品种31个,重点推广了熊蜂授粉技术、蔬菜工厂化育苗、生态型设施蔬菜生产集成、高效特色设施果蔬集成、炭基缓释肥应用等蔬菜生产新技术。利用土地流转平台,依托现有设施蔬菜生产基地,发挥项目带动作用,逐步完善配套设施,着力加强内部基础设施配套,做到旱能灌、涝能排,实现规模化种植、机械化生产。2016年,全市发展农业部蔬菜标准化创建基地2家,棚区设施内面积26.67公顷,新建高标准日光温室76栋、冷棚50栋,两家基地总产量、产值分别较创建前增长了816吨、200万元,经济效益增长率达到9.8%。全市有3家农事企业获得市级工厂化育苗项目政策扶持,蔬菜、蓝莓年育种量1500万株。

(朱雪冬)

【粮油作物高产示范区建设】 从2008年开始,沈阳市承担国家粮油高产创建项目,至2015年全市粮油高产创建示范区达118个,面积超过11万公顷,占粮油作物总面积的22%以上,项目补贴资金1888万元。2016年国家取消该项目,改为粮油绿色高产高效创建县项目,整建制推进,其中,辽中县为水稻绿色高产高效创建县,法库县为玉米高产高效创建县,补助资金总计1200万元。2016年确定25个综合示范区建设地点,分别落实在6个区、县(市)、25个乡镇(街道)、69个村,实施面积1.84万公顷(玉米1.03万公顷,水稻6800公顷),共计14个玉米示范区,9个水稻示范区,1个红薯示范区,1个花生示范区。经测产验收,玉米平均单产823.6公斤/亩,最高产量851.2公斤/亩(法库县大孤家子镇),最低产量800.5公斤/亩(康平县东关街道);水稻平均单产716.5公斤/亩,最高730.8公斤/亩(辽中区肖寨门镇),最低706.8公斤/亩(沈北新区兴隆台街道);花生单产302.5公斤/亩;红薯单产2174.2公斤/亩。单产水平均超过预期目标值,示范区建设顺利完成。

(梁　竑)

【高效特色作物】 全市发展高效特色作物面积10.47万公顷,形成以蔬菜、花生、"两瓜"为主导品种,花卉、食用菌、"三莓"、薯类、地膜鲜玉米、寒富苹果、饲料作物等高效特色品种一同发展的良好局面。通过出台"对以村为单位当年发展达到66.67公顷以上的,每亩给予补助50元"的扶持政策,对全市17个乡镇、44个村的西甜瓜、花生、线麻等经济作物品种进行补贴,补贴面积达8533公顷。

(朱雪冬)

【花卉生产】 2016年,全市花卉生产积极适应经济新常态,积极调整种植结构,提升技术水平,满足消费需求,以玫瑰、百合、菊花等鲜切花生产为重点,提升经济效益,有效增加农民收入。2016年,全市花卉种植面积为693公顷,其中:鲜切花类(百合、玫瑰、非洲菊、菊花等)360.66公顷,占52.0%;盆栽植物类(君子兰、蝴蝶兰、杜鹃等)113.46公顷,占16.4%;万寿菊133公顷,占19.2%;其它类86.2公顷(观赏苗木、草坪、种球等),占12.4%。全市花卉总产值14.7亿元,鲜切花生产量2.5亿枝,盆栽植物3.4亿盆。

(吴　锋)

畜牧业

【概况】 2016年,畜牧业规模化、标准化、产业化水平不断提高。全年生猪出栏484.9万头,生猪存栏216.5万头;家禽出栏7669.6万只,家禽存栏2688.3万只;肉牛出栏53.6万头,奶牛存栏10.1万头;羊出栏81.3万只,羊存栏76.1万只。肉类总产量达到64.5万吨,禽蛋产量19.3万吨,奶产量48.4万吨。畜牧业产值223.3亿元,畜牧业增加值105.5亿元。

(钟　波)

【畜牧业生产】 畜牧业规模化发展。通过实施国家及省市相关标准化养殖项目,提高标准化、规模化、环境友好型养殖畜禽所占的比例。全年新建规模养殖场13家,落实国家菜篮子升级项目4家,完成标准化养殖改造项目3家。同时评选省级示范场1家。畜牧业产业化发展。积极发展畜产品精深加工,加强畜产品品牌建设,引导大型加工企业形成优势产业集群。重点强化以千喜鹤、雨润、恒丰源为龙头的生猪屠宰加工链条,以辉山、蒙牛、伊利为龙头的乳品加工产业链条,以华美、昊明为龙头的肉禽加工产业链条,培养一批畜产品精深加工企业和国内外知名品牌,提高畜产品附加值,提升畜产品市场竞争力。评选省级名牌农(畜)产品2家,评选省级合作社示范社4家。

(钟　波)

【重大动物疫病防控】 扎实做好全市重大动物疫病防控工作,精心组织实施春季重大动物疫病集中免疫、秋季重大动物疫病集中免疫、防控牲畜炭疽病和布病等人畜共患病工作,深入开展重大动物疫病强制免疫、免疫抗体监测和流行病学调查工作,确保应免家畜家禽的免疫密度达到100%、免疫抗体合格率达到国家规定的70%标准以上,实现了全年重大动物疫情零发生的工作目标。全市累计免疫家畜家禽6866万头(只),完成血清学及病原学监测10.7万份。布氏杆菌病人畜共患病共免疫牛羊8.4万头,共检测净化牛羊12.9万头(只)。开展流行病学调查,全市共排查规模养殖场781个、散养户7333户,排查畜禽806.9万头(只)。加强应急反应能力建设,组织修订了《沈阳市重大动物疫情应急预案》,加强应急物资管理,投入17.9万元更新消毒药和应急物资。加强兽医实验室管理,做好全市兽医实验室微生物安全管理和备案工作,完成到期兽医实验室许可证换证工作。认真做好禽间 H7N9 防控工作,严格落实监测、流行病学调查等措施。全市共采集各类 H7N9 监测样品 4070 份,共排查饲养场户 4110 个,未发现禽 H7N9 疫情。

(钟 波)

【良种工程】 加强良种繁育体系建设,规范种畜禽场和核心育种场的建设与管理。强化种畜禽企业创新主体地位,提升种源质量和自主创新能力,推进"育引繁推"一体化,建设育繁产业化生产企业。支持华美畜禽从国外引进优良品种,支持华美畜禽成功申报国家级良种扩繁场。开展市本级良种示范场建设,同时开展了国家良种工程、辽白推广、肉牛扩群增量等项目。

(钟 波)

渔业生产

【概况】 2016 年,全市渔业渔政工作紧紧围绕"转方式、调结构、稳增长"工作任务,坚持以渔业增效、渔民增收为目标,大力发展现代渔业,以健康养殖为抓手,积极调整和优化养殖品种结构,不断提高产业化发展水平,较好地完成了全年发展目标。全市水产养殖面积 1.83 万公顷,其中池塘养殖面积 1.23 万公顷,与 2015 年持平。渔业经济总产值完成 118.4 亿元,同比增长 1.3%。水产品产量 24.1 万吨,同比增长 6.7%。

(毛世骏)

【渔业产业调整】 扩大名优新品种养殖面积。2016 年,全市名优新品种养殖面积 933 公顷,其中:德国镜鲤主养面积 3600 公顷,同比增长 4.3%;草鱼主养面积 2733.33 公顷,同比增长 6.1%;乌鳢主养面积 266.67 公顷,同比增长 7.7%;彭泽鲫套养面积 5800 公顷,同比增长 3.2%;河蟹养殖面积 1266.67 公顷,放养扣蟹 1.3 万公斤,放养量增长 1.5 倍;南美白对虾养殖面积 20 公顷。积极引进名优新品种。全市从外省市引进名优新品种 5 亿尾,同比增长 11%,其中,引进团头鲂 600 万尾、德国镜鲤 4200 万尾、津新鲤 1800 万尾、丁鱼岁 250 万尾。全市投放鲫、鲤、鲢、鳙、黄颡、武昌、鲶、鮰等各类鱼种数量 5.8 亿尾,同比增长 2.3%。

(毛世骏)

【渔政执法】 渔政工作人员采用水面和沿岸巡查等形式,不断加大浑河城区段禁捕活动打击力度,清理非法捕鱼工具皮筏子 8 个,销毁无主挂网 23 片、地笼网 100 余片,查获捕螺人员 38 人次,查获电捕人员 6 人次,没收电捕工具 1 套。新民市农村经济局到蒲河实施渔业资源保护执法 9 次,累计 100 余人次,在前当堡镇马家套村与捕鱼户开座谈会一次,共焚毁、清理出绝户网具地笼 400 多个、迷魂阵网 3000 多米,有效遏制了非法捕鱼行为。

(毛世骏)

农业机械化

【概况】 2016 年,全市共完成中央财政农机购置补贴资金 1.8 亿元。购置各种农机具 5796 台,其中拖拉机 2843 台,玉米收获机 1262 台,水稻插秧机 190 台,水稻的收获机 420 台。新增农机具以大中型、高性能的田间作业和配套农具为主。受益农户(农机专业合作社)4813 户,拉动农民资金投入约 3 亿元。并根据实际情况,制订了《沈阳市 2016 年市级农机购置补贴实施方案》,对购置秸秆处理与综合利用项目实施所需机具实行市级累加补贴,对购买与秸秆处理相关的的秸秆粉碎还田机、四行及以上指夹穴播式免耕播种机、深松机、捡拾压捆机、100 马力及以上四轮驱动轮式拖拉机五大类机具,在国家补贴基础上,另按国家补贴标准的 40% 给予市级补助,全市共安排资金 7518 万元。农机装备水平得到不断提高,结构进一步优化。

(李宏宇)

【农机生产】 农作物生产全程机械化综合水平达到 86.6%。全市完成机耕面积 54.87 万公顷,机耕水平达到 96.8%;完成机播面积51.22万公顷,机播水平达到90.4%;完成机收面积35.41万公顷,机收水平达到62.5%。其中,水稻机耕面积11.23万公顷,机耕水平达到98.0%;机插面积9.8万公顷,机插水平达到85.5%;机收面积10.19万公顷,机收水平达到 88.9%;综合水平达到 91.5%。玉米机耕面积40.4万公顷,机耕水平达到96.1%;机播面积40.4万公顷,机播水平达到 96.1%;机收面积 23.33万公顷,机收水平达到55.5%;综合水平达到83.9%。全年农机深松整地作业计划任务6.66万公顷,实际完成 7.33万公顷,为全年任务的 110%,其中春季完成农机深松整地面积2.4万公顷,秋季完成农机深松整地面积4.93万公顷,投入拖拉机 630 台,投入深松作业机具 586 台。

(张永刚)

【农机安全监理】 认真贯彻落实《农业机械维修管理规定》,规范农机维修市场秩序,提高农机维修质量水平。积极组织广大农机技术人员深入基层,进村入户,帮助和指导农民机手,特别是加紧抓好水稻插秧机保养、调试和检修,确保机具在插秧作业时的运行状态良好。全市现有农机维修网点 812 个,其中:一级 39 个,二级 21 个,三级 502 个,专项 233 个。从业人员 3022 人,持有农机维修从业资格证书 143 人,全年维修农机具 2.15万台套。

(张永刚)

【农机服务体系建设】 截至 2016 年底,全市农机化作业服务组织达到 809 个,年末人数 4987 人,其中拥有农机原值 20—50 万元的达到 274 个,拥有农机原值 50 万元以上的达到 361 个。农机专业合作社年末机构达到 744 个,年末人数为 4544 人。农机户年末机构达到 6.3 万个,年末人数 7.9 万人,其中拥有农机原值 20—50 万元的达到 1242 个,拥有农机原值 50 万元以上的达到 228 个。农机化作业服务专业户达到 3024 个。全市农机从业人员已达 8.7 万人。

(张永刚)

林 业

【造林绿化】 一、完成主要任务

1. 全市三年提升和北部地区森林化造林任务全面完成。2016年，各区、县(市)按照《沈阳市绿化提升三年行动计划》的要求，强化组织领导，积极宣传履职，克服今年春季干旱、低温等诸多困难，较好地完成了各项造林绿化任务。全年共完成造林面积1.42万公顷，超额完成1.34万公顷的计划任务。其中：国家和省以上工程人工造林总任务3667公顷，其中荒山荒地人工造林3000公顷，人工更新(采伐迹地更新)533公顷，退化林分修复133公顷。重点实施了以下造林工程：一是道路绿化提升工程，对52条道路实施了绿化，新建和改造绿化里程225.0公里，绿化面积333公顷。二是河流绿化提升工程，对27条河流进行了绿化景观建设，新建、改造景观绿化里程191.2公里，绿化面积1133公顷。三是沈西北防沙阻沙带绿化提升工程，完成造林面积7467公顷。四是东部山区水源涵养林绿化提升工程，完成造林面积600公顷。五是中部平原农田防护林网绿化提升工程，完成造林面积533公顷。六是“七山两湖”风景林绿化提升工程，完成造林面积133公顷。七是城乡结合部环境保护林绿化提升工程，完成造林面积66公顷。八是绿色机关、企业绿化提升工程，完成机关、企业绿化165个。九是绿色学校、军营绿化提升工程，完成学校、军营绿化106个。十是景观节点绿化提升工程，完成绿化面积20公顷。十一是立体景观绿化提升工程，完成绿化面积15.5万平方米。十二是绿化苗木产业示范工程，完成育苗600公顷。

2. 宜居乡村绿化工程稳步推进。2016年，市委、市政府加大了全市宜居乡村建设力度，首次把宜居乡村村屯绿化列入城建项目。计划完成295个村的乡村绿化工程，其中一般绿化达标村200个，高标准绿化示范村95个，计划总投资4852万元，其中市本级投资3100万元。为切实做好该项工作，一是制定印发了《沈阳市林业局关于印发沈阳市2016年宜居乡村建设绿化实施方案的通知》，对宜居乡村绿化提升建设的任务目标、内容标准、时间安排及项目资金管理等进行明确规范，指导全市宜居乡村绿化工作顺利开展。二是多次组织县区召开业务会、调度会、现场会，专题研究宜居乡村绿化推进工作，调度各地工作进展情况，部署下步工作。三是积极与市发改委、市建委、村镇办沟通协调宜居乡村建设相关事宜，对宜居乡村建设实施过程中的问题、困难进行研究和协调，全力推进宜居乡村绿化建设。全市宜居乡村绿化建设工作已全面进入施工建设阶段，工程建设正稳步推进。

3. 超坡地还林惠农金有效落实。按照省林业厅、财政厅《关于报送坡耕地造林绿化对农民退耕还林补助资金结余情况的通知》要求，配合相关部门，组织各区、县(市)对坡耕地造林绿化补助资金结余情况进行了认真自查，并对补助资金结余情况向省市有关部门进行了核实上报。同时，督促各区、县(市)及时向农民发放兑现补助资金，确保惠农资金有效落实。

4. 防沙治沙期末考核工作进展顺利。根据《辽宁省林业厅关于开展“十二五”省级政府防沙治沙目标责任期末考核自查工作的函》(辽林函字〔2015〕197号)的精神，2015年底和2016年初，全市对“十二五”期末防沙治沙工作开展情况进行了自查，并按要求向市政府、市人大、省防沙治沙中心报送了“十二五”防沙治沙开展情况。

5. 古树名木得到妥善保护。2015年，对全市乡村古树名木进行了初步调查登记，发现了一些古树在保护管理上存在的问题。为加强农村古树名木的保护与管理工作，2016年初，结合全市实际情况，制订印发了《2016年古树名木保护管理实施方案》，对全市乡村登记的447棵古树名木进行保护与管理。申请争取资金160余万元，按标准树立标牌，建立档案。对其中65棵古树强化保护，设置铁艺围栏，对240棵设置水泥围墙。

6. 全民义务植树活动蓬勃开展。制定下发了《推进国土绿化开展全民义务植树活动的实施方案》的通知(沈绿委办发〔2016〕1号)，对2016年全民义务植树活动进行总体部署和安排。组织开展了较大规模的义务植树活动。一是牵头组织了省市四大班子和驻军领导义务植树活动，活动当天全市各区、县(市)也同时组织本地区领导及驻区单位共2万余人参加义务植树活动，全市共植树4万余株，并完成挖坑、整地和清理绿地等工作。二是组织了夕阳红第二届“认建·认养—绿化祖国，低碳行动”大型公益植树活动，参加植树活动的中老年自愿者有2000余人，植树3万余株。三是组织全市党团员义务植树活动。据不完全统计，全民义务植树活动共种植各类树种、苗木500余万株，完成了年度义务植树活动任务。

7. 森林抚育和封山育林工作有效推进。按照省厅任务分配，全市森林抚育任务1000公顷，涉及康平和新民两个县市；封山育林任务66.67公顷，全部由康平县承担。这两项工作已完成并接受了省林业厅的检查验收。

二、工作特点

1. 打造碳汇造林新模式，聚小为大，为造林绿化提供新力量。2016年3月，沈阳市林业局与国家林业局、中国绿色碳汇基会共同组织了第六届“绿化祖国·低碳行动”大型植树节活动，通过中国绿色碳汇基会将社会各类零散的“小额”捐款统筹起来，集中用于当地碳汇造林。2016年6月，在康平县林业局的组织下，栽植了沈阳第一片碳汇林。同时，制订了沈阳市开展碳汇义务植树项目工作方案，成立了第12个中国绿色碳汇基金会志愿者工作站，有力推动了全市的造林绿化事业，打造碳汇造林新模式。

2. 创新造林模式，实施工程化造林，造林质量提升明显。2016年，在宜居乡村绿化工程建设中，全部实行招投标或者政府采购的方式，实行工程化造林。浑南区近几年来始终实行工程化造林模式，造林质量明显提升。

3. 加大投入，持续发力，造林业绩突

出。除了在国家、省政府投资建设的基础上，市政府也从“振兴东北老工业基地和林业富民”的高度，对生态林业和寒富苹果产业进行持续投入，2016年市财政拿出2亿多元，进行造林绿化建设。多年来经过持续加大投入，城乡人居环境得到了很大改善，生态环境建设形势喜人、发展良好。

4. 利用“互联网+”技术，梯次培养人才，为造林绿化事业培养中坚力量。应用“互联网+”技术在门户网站开展“网上课堂”，进行网上轮训，邀请专业技术人员和有实际造林工作经验的一线人员进行网上业务授课。2016年4月，利用年度春季造林动员大会的契机，在康平县组织了全市不同岗位的林业人员、因岗位变动而从事造林工作的人员进行短期造林技术培训。并把培训过的人员充实到一线乡镇林业工作岗位当中，有力支撑了造林绿化工作。同时，组织市县参加省厅组织有关造林、森林抚育、防沙治沙等各类培训10余次、50余人次，提高了干部的业务能力，为林业事业梯次培养了人才，壮大造林人才队伍。

（姜春雨）

【森林防火】 2016年，全市森林防火工作提前谋划、周密部署，积极创新工作模式，不断强化组织领导，层层落实森林防火责任，采取超常规工作举措，狠抓森林防火工作各个环节，全年无森林火灾和人员伤亡事故发生，实现了森林防火的“双无”目标，取得了森林防火工作历年来的最好成绩。全市上下做到了的“四落实”：一是明确了各级政府领导的森林防火责任，并落实了森林防火工作“党政同责”；二是明确了一线森林防火人员责任，重点落实乡村两级森林防火人员责任；三是进一步落实护林员的责任，对护林员提出了更规范的要求；四是明确并落实各级森防指成员单位的责任。继续强化“属地管理，条块结合，群防群治，综合促管”的原则，分层次建立市、县、乡、村四级“网格化”管理机制。启动森林防火护林员网格化公示牌建设项目，在全市重点林区建设300余个公示牌，内容包括：管护范围、管护面积、管护林种（生态公益林、商品林）、管护人员、公开电话、禁止事项等，既明确护林员的工作职责和管护责任，还发挥宣传森林防火的作用。修订《沈阳市森林火灾应急预案》，完善“七个小组、十项措施、五级预警、三级响应”，明确各市森防指成员单位的具体职责分工，确保一旦发生火情，按照应急响应级别，采取相应的扑救措施。森林防火紧要期，在沈阳广播电视台天气预报栏目中播发森林火险等级、滚动播出森林防火口号，制作森林防火专题动画、图册，印发《关于严禁野外用火、上坟烧纸、烧荒、烧秸秆的紧急通告》，宣传森林防火重要性。全市共设置防火检查站240处，对进山人员进行有效监管；东部山区重点林区三个区级（浑南、沈北、苏家屯）森林防火监控指挥中心全天24小时值班，全方位监控林区火情动态；除了866名市级护林员以外，各地新增加临时护林员共计2000名，提高了人员巡山护林的密度；各级森林公安加强防火执法，严厉打击野外用火行为。

（姜春雨）

【资源保护及林政管理】 1. 开展林地变更调查工作。制订下发了《沈阳市林地年度变更调查工作方案》，在全市林地“一张图”的基础上，对2011年林地落界完成后，到2015年底以前发生的林地范围和林地保护利用状况（地类）等变化情况进行调查更新，核实调整林地与国土界线，形成本期林地数据库。同时，结合本次林地变更调查工作，一并开展了森林资源补充调查，将城建区绿地纳入调查范围，真实掌握全市林木资源面积和林木绿化率，为下一步经济发展决策提供准确依据。

2. 积极开展重大项目使用林地审核审批工作，优化营商环境。一是优化征占用林地审核审批流程。二是提高征占用林地审核审批工作效率。三是加强全市征占用林地审核审批管理，提升组卷质量。四是规范征占用林地审核审批制度，严格实施受理、补正、退回等环节出具告知单据制度，做到每个项目报卷有证可查，责任明确。主动为建设方提供服务，积极沟通协调省林业厅，加强对区县林业部门组卷工作的政策和业务指导，高效推进了政府重点工程使用林地组卷报批工作。

3. 强化了林木采伐限额监督管理工作。一是加强了对区县林木采伐审批的管理，严格采伐审批程序。二是加强了对县区采伐限额使用的监督，实施了限额使用网上监管。三是对农垦、煤炭等非林系统采伐限额执行及许可发放情况开展了监督。

4. 深入推进林地权属争议的处理工作。积极收集双方证据，召开集体审议会议深入论证法律依据，多次征求市法制办和政府法律顾问的意见，依法依规、慎重、积极地深入推进了法库县与新民市相接林地权属争议的调处工作。

5. 起草采伐迹地更新管理办法，推进伐后更新工作。针对全市林地内开荒种地、毁林开垦，尤其是采伐迹地多年更新造林欠帐，造成森林资源严重破坏的情况，为切实加强林地采伐更新管理工作，起草制定了《沈阳市森林采伐迹地更新管理办法》（试行），明确具体工作措施、流程，完善检查考核办法，确保全市采伐迹地及时更新造林，维护森林资源安全。主要措施：一是核查采伐迹地，建立采伐迹地更新造林台帐；二是制定了采伐迹地更新造林工作时间表，明确迹地更新造林的质量；三是把采伐迹地更新造林台帐、完成时间、责任人、质量要求进行公示；四是按照“责任到人，任务到户”进行五年监管，完善检查监督管理机制，确保成活率达到国家、省、市造林标准。

6. 深入开展清理林地开荒工作。清理不在二轮土地承包册内的开荒林地、林网，实施植树造林。落实“五年监管制度”，开展“三项制度”检查，在浑南区取得重大进展，全面完成开荒地造林工作及幼苗保护工作。

7. 开展了樱桃山枯死树木采伐政协提案的办理工作。根据市政协关于樱桃山枯死树木采伐的提案，市林业局会同浑南区林业局对棋盘山风景区樱桃山枯死木进行了调查，根据调查结果，提出了办理意见：对于死亡的树木，按照采伐权限，可由浑南区林业局依据相关法律法规和文件规程规定予以清理，并依法处理好采伐相关事宜。

8. 开展了大唐国际阜新煤制天然气公司管道输送工程涉林工作。沈阳市林业局针对该管道输送工程拟使用沈阳市部分林地的情况,向省林业厅汇报,并与企业进行沟通,积极支持该项目拟使用林地的组卷审核审批工作。

9. 开展并完成了农村改革任务。一是强化了采伐限额管理工作,严格按照省林业厅文件要求下达了2016年度森林采伐限额。推进采伐限额使用改革,督导各地按林龄排序采伐,确保限额使用向普通林农倾斜,进一步解决林农采伐难问题,使全市林木采伐审批工作更加严格有序。二是严格落实林地保护利用规划,规范林地利用秩序,加强林地用途管制,严格控制征收占用林地规模,推进节约集约用地,尽量不占或少占林地,实现林地占补平衡。建立林地保护"红线"制度,禁止占用青山保护规划中确定的禁止开发区,严格控制占用青山保护规划中确定的限制开发区,科学合理占用青山保护规划中确定的合理利用区林地。同时,会同青山和森林公安部门,严厉打击小开荒、违占违建等行为,收回被侵占林地,恢复植被。

10. 开展了高尔夫球场清理整治核查工作。按照市政府会议精神和《沈阳市开展高尔夫球场清理整治全面核查工作方案》要求,沈阳市林业局对全市7家高尔夫球场使用林地情况进行了全面核查。经查,江南高尔夫球场、沈水湾高尔夫球场、盛京高尔夫球场、世纪高尔夫球场未占用林地;李相高尔夫球场、千湖高尔夫球场、陨石山高尔夫球场已由国土会同有关部门做出处理。核查结果已正式文件报省林业厅、市政府和市发改委。

(姜春雨)

【数字林业建设】 沈阳市林业局以林农需求为导向,林业发展为目标,打造网络市场,构建网上办公体系,以信息化的形式初步建成了林业发展的"高速路",实现了林农增收,政府提效。2016年按照《智慧沈阳建设总体规划(2016—2020年)》要求,围绕建设智慧沈阳,抓住"互联网+"的重大机遇,林业局与联通公司、北京竹筏科技、东网科技等单位编制了《沈阳市智慧林业建设实施方案》。方案以加快林业经济发展和提高为民服务能力为核心,以促进林业信息化应用和资源共享为重点,以政府购买服务为合作方式,着力构建水平先进的智慧林业基础设施体系、便捷高效的林业管理与民生服务体系、创新活跃的林业产业发展体系,推动现代林业发展,全面建设智慧林业。5月5日,沈阳市林业局与沈阳联通公司签署战略合作框架协议。国家林业局2016年下半年开始开展全国林业信息化率测评工作,沈阳市林业局在测评中被评为"全国林业信息化建设十佳市级单位"。

(姜春雨)

【林业科技】 科技培训方面。积极组织、参与科技"三下乡"及其宣传活动,全年组织科技下乡80余次,发放科技手册、技术书籍等材料3000余份,省、市多家媒体给予了报道。全市范围举办了2次科技培训班,即"优质葡萄栽培技术培训班"、"寒富苹果栽培技术培训班"。在其它相关宣传中,散发科技知识等宣传材料2000多份。

科技成果方面。全市林业科技部门、合作社及企业共计申报中央、省、市各类科技及推广计划项目18项,立项10项,争取项目资金550万元,带动企业投入科技项目资金500余万元,其中"新林一号杨推广"获中央财政林业科技推广示范资金项目。全年研发科技成果项目4项,完成目标任务;申请各类专利技术10件,同比增长10%;获得市科学技术奖二等奖1项,市农村科技推广奖二等奖1项。

科技宣传方面。沈阳市林业果树科学研究所编写《葡萄大棚高效栽培管理技术》光盘并出版发行,先后为果农发放500余份。

(姜春雨)

水　　利

【发展民生水利】 推进农村饮水安全建设。2016年计划解决7.3万人饮水安全问题,因省以上农村饮水安全不再安排资金,项目投资2.2亿元,全部由沈阳市自行解决。按照市政府要求,实施宜居乡村建设"给水设施改造行动",并明确7.3万人全部列入农发行贷款项目库,建设资金由贷款解决。

扎实做好防汛减灾工作。进一步完善了市、县、乡、村四级防汛抗旱责任体系;完成了防汛抗旱应急预案等10大类预案方案的修订。安排并实施度汛工程14项,组织区、县(市)开展了防汛抢险实兵演练并组织了全市防汛抢险演练视频观摩活动。面对两次强降雨过程,应对措施得力,派出6个工作组,分赴各区县具体指导防汛工作。全市共提前转移危房、低洼易涝区、山洪易发区人员1615人,施救因水被困车辆1700余台、人员2300余人,排除各类险情300余处。紧急下拔纺织袋22万条、铁线30吨以及水泵、无纺布等物资,132座排水站开车,全市农田没有因大面积积水而受灾。实现了无人员伤亡、无塘库跨坝、无重大财产损失的防汛目标。

加强移民后期扶持。对移民身份进行动态管理,使移民资金直补安全、规范。2016年直补移民3.48万人,发放直补资金2086万元,全年实施项目27个,完成投资2925万元。通过项目的实施,部分移民的生产生活条件得到改善,移民得到了实惠,也促进了库区和移民安置区社会稳定。

(项广飞)

【碧水工程】 实施河流整治和堤防养护。完成省管河流堤防120公里、蒲河堤防193公里和28座蒲河水工建筑物的维修养护,由浑河、辽河向蒲河补水2680万立方米;完成蒲河90公里河段水面保洁工作,清理垃圾达3000立方米;完成浑河城市段右岸岸坡整治工程二期和王家湾、砂山两座橡胶坝的坝袋更换;完成康平、法库、新民3个地区辽支河道退耕封育工作,退耕在册面积332公顷、非在册面积57公顷。开展河道内垃圾清理专项活动,涉及9个区、县(市)、117个乡镇、676个村屯,完成河道内垃圾清运量17万立方米。

完成水土流失治理任务。结合沈阳市水土流失重点治理区域特点,积极争取水土保持专项资金,开展水土流失综合治理。省水利厅下达沈阳市水土流失治理面积3333公顷,实际完成治理面积5467公顷,超额完成治理任务。加强水土流失监测,强化水土保持监督管理,严格落实水土保持"三同时"制度,积极组织开展开发建设项目水土保持监督管理专项执法检查。

(项广飞)

【水资源管理】 按照国家水资源监控能力建设二期项目部署,积极协助省水利厅组织开展了国家重点取用水监测点勘察设计工作。开展了沈阳市丰水期、枯水期水质监测工作,会同相关部门对200余家水源热泵用水户进行了专项检查,对全市水源热泵用水户进行跟踪服务,提升地下水取水管理,最大限度满足企事业生产需求。制订了沈阳市"十三五"期间压采地下计划水及实施方案。加大了对各区、县(市)政府的考核工作,实现了用水总量控制在30.3亿立方米以内、主要水功能区水质达标率50%的省政府考核指标。积极协调辽西北供水配套工程建设,征地、净水厂选址、项目立项、可研等进展顺利。

(项广飞)

【农田基本建设】 做好市人大《关于加大对农田水利基础设施建设和维护投入力度的议案》办理工作,积极开展农田排涝工程建设。安排资金1.4亿元,实施改造58座排水站、170条沟道清淤,改造排水建筑物250座,涝区生产条件明显改善。市人大常委会及部分人大代表对办理情况进行了视察,并通过了《议案办结报告》。积极争取投资4700余万元,实施了浑蒲灌区总干渠护坡改造、浑南灌区节水改造二期、于洪区沙岭水田节水改造、小型农田水利项目县等4项重点节水灌溉工程,改善灌溉面积3333公顷,新增高效节水灌溉面积667公顷。

水田灌溉供水工作顺利开展。根据市农业局、气象局、水文局等部门对农业春耕生产形势的预测分析,结合年度供水新特点,抓好水田灌溉供水的组织、调度。2016年,库灌区水田灌溉供水从5月中旬开始,引水量约2.1亿立方米,满足了库灌区水田用水需求。同时,争取浑河环境供水1230万立方米。

(项广飞)

【水利改革】 开展河道划界确权。2016年,对养息牧河新民段护堤地范围、边界重新测量界定,对河道管理范围内的土地权属、地类进行了调查。浑河沈河区段划界工作,已完成划界实施方案编制与省水利厅审核,待市政府审批后实施。制定了《沈阳市河道采砂恢复保证金实施细则(暂行)》,明确了采砂权出让价款收入分成比例及河道采砂权出让价款资金使用范围。

加强水利建设与管理。积极做好招投标监督工作,规模以上水利工程招投标活动全部进入市公共资源交易中心,实现透明化监督。全年共监督水利工程招标投标106项,累计中标额3.7亿元。加强对项目经理、总监等关键岗位人员监管,开展全市水利工程质量专项检查,有效促进了建设管理水平和工程质量提高。完成七孔闸除险加固等39项工程的竣工验收和主体工程投入使用验收。积极抓好信用体系建设,进一步规范水利行业市场体系。

(项广飞)

经 济 管 理

综 述

【沈阳振兴发展战略规划编制】 为全面贯彻落实党中央、国务院关于东北振兴发展的新要求，特别是落实好习近平总书记多次对东北振兴发展作出的重要指示精神以及党中央、国务院相继出台的中央7号文、国务院28号文和62号文、《东北振兴“十三五”规划》等一系列重大政策措施，切实解决沈阳振兴发展中的重大问题，沈阳市委、市政府于2016年9月启动了《沈阳振兴发展战略规划》(以下简称《战略规划》)编制工作。以此为统领，科学谋划了今后一个时期全市经济社会发展和空间布局，统筹推进城市规划、土地规划、环保规划与经济社会规划等“多规合一”，全面提高城市治理体系和治理能力现代化水平，推动沈阳实现全面振兴。

《战略规划》编制工作历时4个多月，经历了调查研究、征集意见、科学决策三个阶段。

一是深入调查研究，明确问题导向。市委、市政府在充分借鉴“十三五”规划调研成果的基础上，组织全市有关部门围绕经济社会发展中存在的主要问题开展深入调研，形成了一批重要调研成果，对振兴发展过程中取得的成就有了更为客观的评价，对存在的问题有了更为清醒的认识，对发展环境有了更为准确的研判，为科学合理确定振兴发展目标和发展战略奠定了坚实基础。

二是广泛征集意见，形成共同缔造。市委、市政府多次召开座谈会，邀请国内著名专家、企业家及各界代表共同为《战略规划》出谋献策。市委书记王蒙徽分别在北京、沈阳主持召开论证会，征求专家学者的意见和建议。同时，广泛征求了省、市级领导和部门的意见和建议，并通过印发入户手册、市政府官方网站、微信平台、新闻媒体等多种渠道同步面向全社会公开征求意见，切实让广大市民共同参与振兴发展，共同缔造幸福沈阳。全市共征集意见和建议2万余条，对《战略规划》进行了30多次修改完善。

三是坚持科学决策，保证规划质量。市委、市人大、市政府、市政协四大班子高度重视《战略规划》编制工作，认真研究，严格把关，科学决策，有效地保证了规划的高质量和高水平。市委多次召开会议，研究、指导规划编制工作。市人大、市政协分别对《战略规划》进行了预审和专题协商，提出了许多宝贵意见和建议。市委书记王蒙徽、市长姜有为分别主持召开市委常委会议和市政府常务会议，审议并原则通过了《战略规划》。2017年1月《战略规划》业经沈阳市第十五届人民代表大会第六次会议审议批准。

《战略规划》由七部分构成。第一部分，过去与现在。沈阳的过去，重点突出了悠久而厚重的城市历史和辉煌的工业历史。沈阳的现在，重点突出了从“负重前行”到“凤凰涅槃”取得的辉煌成就。第二部分，新任务新要求。具体列出习近平总书记对东北老工业基地振兴发展的具体要求以及党中央、国务院、各部委支持东北振兴发展的重大政策举措。第三部分，振兴发展目标。到2020年，成为引领实现东北振兴发展的中心城市。全面建成小康社会，基本实现沈阳老工业基地全面振兴，经济社会发展达到或接近国内先进城市水平。到2030年，成为东北亚地区重要的国际中心城市。第四部分，振兴发展战略。按照五大发展理念要求，围绕推动产业转型、城市转型、社会转型，提出了国际化战略、区域一体化战略、城市空间优化战略、产业多元化战略和人的现代化战略等五大发展战略。第五部分，发展策略。为了贯彻落实五大发展战略，提出了一系列具体发展策略，包括打造营商环境、全面创新改革、推进“多规合一”改革、对外开放、区域间合作、打造千亿产业链、国资国企改革、盛京人才计划、城市基础设施建设、生态保护、智慧城市建设、新型城镇化、提高居民收入、健康城市、依法治市、营造良好政治生态等16个方面。第六部分，幸福沈阳共同缔造。围绕推动社会转型，将社区作为基本单元，发动群众共谋、共建、共管、共评、共享，努力构建“纵向到底、横向到边、协商共治”的城市社会治理体系。第七部分，规划实施与评估。为切实保障《战略规划》可操作、可实施、能见效，提出了完善规划体系，建立规划评估修订机制和规划实施的监督与考核机制。

(*李沈红*)

【重点项目建设】 2016年，沈阳市以沈阳市政府办公厅名义下发了两批市重点项目计划，第一批项目285个，第二批项目50个，共计项目335个。围绕市重点项目建设，一是组织召开两次项目年大会，贯彻省项目年工作会议精神，布置全年项目工作；二是为落实省政府项目年各项任务，根据市领导意见，制订和印发了《沈阳市项目年实施方案》；三是为更好地为重点项目服务，按照市长潘利国要求，制定和印发了《关于推进全市重大项目建设若干政策措施(暂行)》，以市政府办公厅[2016]32号文件下达。该政策共19条，涉及审批、资金、配套、信用、服务、督查督办等方面；四是为确保全市项目年各项指标任务的全面实现，强化责任落实和监督考核，制定和印发了《沈阳市项目年约谈办法》，以市政府办公厅文件正式印发。该办法共11条，包含了约谈对象、内容、时间等；五是根据3月18日市长办公会议要求，制定了《沈阳市项目年固定资产投资和项目推进工作责任状》，完成了市长与13个地区和15个市直有关部门目标责任状的签订工作。截至12月底，335个市重点项目全部开复工建设，完成投资962.4亿元，投资完成率79.3%。汇锦金融中心、中海和平之门、北约客置业广场和盛京文化商城等32个项目实现竣工投产。

（张浩石）

【“十三五”规划编制】 按照国家和省的统一部署，以《中共沈阳市委关于制定全市国民经济和社会发展第十三个五年规划的建议》为指导，编制完成了《沈阳市国民经济和社会发展第十三个五年规划纲要》，并于2016年1月6日经沈阳市第十五届人民代表大会第四次会议审议批准。

“十三五”规划编制工作，在市直各有关部门、各地区的通力配合下，经历了调研起草、征求意见、科学决策三个阶段，总体进展顺利。在调研起草阶段，组织开展了48项重大课题研究，并充分借鉴市委“大调研”成果，形成了一批高水平、高质量的研究报告。在征求意见阶段，坚持开门编规划，通过网络媒体等多种方式面向社会开展了市民建议征集活动，共收到建议3000余条，并组织国家、省、市有关专家学者对《规划纲要》进行咨询论证。对于这些真知灼见，市政府高度重视，广为吸纳，已充分体现到《规划纲要》和各专项规划之中。在科学决策方面，市委、市人大、市政府、市政协四大班子高度重视，认真研究，严格把关，科学决策，有效地保证了规划的高质量和高水平。

（李沈红）

【战略性新兴产业发展】 一是进一步完善了制度体系。沈阳市政府印发了《沈阳市进一步壮大战略性新兴产业的实施意见》（沈政发〔2016〕28号），明确了培育发展九大新兴产业、实施新兴产业三年行动计划等二十条具体举措；出台了《沈阳市新兴产业发展专项资金管理实施细则（2016年本）》（沈发改发〔2016〕59号），将企业研发投入及新业态、双创领域的重点项目列入专项支持范畴。同时，提高了对新获批的国家级、省级创新平台项目的奖励补助额度。

二是新兴产业三年行动计划获国家资金支持。国家发改委印发《关于辽宁省培育和发展新兴产业三年行动计划实施方案的批复》（发改办高技〔2016〕759号），沈阳市航空、信息服务、机器人三大产业被列入政策支持范围。2016年，沈阳市东软医疗系统有限公司基于互联网+的高端医学影像设备智能化制造和服务平台等11个项目获得国家资金支持6130万元，占全省的42.3%。

三是创新平台建设取得突破。2016年，沈阳市新增沈阳铸造研究所先进铸造技术国家地方联合工程实验室等5个国家级和沈阳芯源微电子设备有限公司辽宁省集成电路单晶圆处理技术工程实验室等17个省级工程研究中心（工程实验室）。

四是成功获批全国首批双创示范基地。国务院办公厅印发《关于建设大众创业万众创新示范基地的实施意见》（国办发〔2016〕35号），沈阳市浑南区被确定为全国首批17个双创区域示范基地之一，成为东北地区唯一的双创区域示范基地。

五是成功召开2016年“创响中国”巡回接力沈阳站活动。8月24日至25日，在沈阳创新天地隆重召开2016年“创响中国”巡回接力沈阳站活动，国家发改委、中科协、沈阳市政府、浑南区政府相关领导出席了启动仪式并参观了系列活动分会场。中央、省、市近50家新闻媒体对该活动进行了宣传报道。

六是成功举办2016年辽宁·沈阳大众创业万众创新活动周。10月12日至18日，成功举办2016年辽宁·沈阳大众创业万众创新活动周，共举办成果展示、专业服务、会议论坛、文化传播、群众竞赛、项目路演等主题活动45场，直接参与人员近5万人次，辐射人群近20万；展出创新产品100余种，为2800余人提供了创业就业服务，达成合作投资意向5项。

（郑春辉　韩蕊繁）

【沈阳振兴发展推进概况】 为贯彻落实习近平总书记等国家领导对东北振兴工作的批示要求，推进东北地区等老工业基地全面振兴，党中央、国务院出台了《关于全面振兴东北地区等老工业基地的若干意见》（中发〔2016〕7号）、《关于深入推进实施新一轮东北振兴战略加快推动东北地区经济企稳向好若干重要举措的意见》（国发〔2016〕62号）、《东北振兴“十三五”规划》（发改振兴〔2016〕2397号）等系列振兴文件，为新常态下沈阳老工业基地振兴发展指明了方向。

深入贯彻落实振兴系列文件。深入学习领会文件精神和习近平总书记关于东北振兴系列讲话精神，全面分解落实各项文件重点工作任务，并以正式文件印发。建立市级部门跟踪推进落实制度，按月、按旬跟踪文件任务进展。建立督办考评制度，纳入市绩效考评体系。

协同推进中德园建设。中德（沈阳）高端装备制造产业园获国务院批复，建设方案由国家发改委印发，工信部授予我市中德装备园“中德智能制造合作试点示范项目”，是全国首批14个示范项目之一。园区招商引资、基础设施建设、资本运作等工作进展顺利。

城区老工业区搬迁。特变电工沈阳变压器集团有限公司、沈阳远大企业集团、东北制药集团股份有限公司、沈阳化工集团有限公司等企业又获得国家7623万元中央预算内资金和6.15亿元专项基金支持。

产业转型升级示范区。制订沈阳市产业转型升级示范区和示范园区建设方案并上报，通过国家发改委组织的专家评审，国家发改委已完成审签，并将方案报其他四部委会签后印发。

振兴新动能培育专项。2016年底国家发改委先后启动新动能专项3个子专项申报工作，全市各地区、各部门共上报项目85个，沈阳市有13个项目通过辽宁省发改委初审。

（李天娇）

【沈阳经济区发展概况】 2016年，沈阳市发挥中心城市作用，加强与经济区各兄弟城市合作，不断加快新城、新市镇建设步伐，着力推进沈阳经济区一体化和同城化进程。

新城新市镇和主导产业园区建设快速推进。2016年，全市19个新城新市镇地区生产总值、公共财政预算收入、固定资产投资三项主要指标对全市经济发展的贡献率分别达到了51%、32%和53%。主导产业园区总投资3000万以上新入驻企业达到了211户，主导产业园区实现销售收入2722.16亿元。

一体化建设取得新的进展。在金融方面，推进成立沈阳经济区城市商业银行联盟。在旅游方面，由八城市政府联合推出的沈阳经济区旅游智慧化服务平台正式上线，沈阳经济区八城市联合发行了2016年居游春夏套票和居游智惠旅游卡。在教育方面，东北育才学校、沈阳二中分别招收经济区合作城市户籍学生，开放中等职业学校面向合作城市招生。在文化方面，举行沈阳经济区文化产业一体化启动仪式，签署了《沈阳经济区文化产业一体化合作协议》。在智慧城市群建设方面，积极推动沈阳经济区智慧旅游、"智慧社保卡"、"智慧地铁"、"沈阳经济区·乘车易"等工程建设。在省内医保异地结算方面,沈阳市18家医院实现省内医保异地就医直接结算。在安全协同方面,沈阳市应急救援航空队暨沈阳市公安局警务航空支队正式成立并进行首航。

沈抚同城化建设扎实推进。2016年,成立了辽宁省沈抚新区管理委员会,出台了《关于加快沈抚新区建设发展的实施意见》和《关于支持沈抚新区加快产业发展若干政策》,编制了《沈抚新城总体规划》和《沈抚新城基础设施规划》。

(刘晓亮)

【社会信用体系建设】 2016年,沈阳市社会信用体系建设工作有序开展、扎实推进,在部分重点领域和关键环节取得积极进展。全面推进创建国家社会信用体系建设示范城市工作,较好地完成了国家发展改革委委托中国人民大学评估组对沈阳市创建示范城市中期评估。编制印发了《沈阳市社会信用体系建设"十三五"规划》,为沈阳市"十三五"期间信用建设指明方向。建立信息报送机制,依托市信用信息平台,整合共享全市30多个部门信息资源,累计入库70万户企业的4000万条信用信息。落实"双公示"制度,累计向"信用中国"网站报送行政许可和行政处罚信息255.2万条。组织推进统一社会信用代码赋码及旧码转换工作,累计完成新赋码3.96万个,完成存量代码转换16.09万个,新旧代码映射关系全部建立。建立完善失信联合惩戒机制,编制的《沈阳市严重失信企业联合惩戒办法》,业经2016年12月27日市政府第19届40次常务会议讨论通过,将对违法失信主体实施跨地区、跨部门、跨领域联合惩戒提供法制保障。突出做好国家对重点城市信用监测,沈阳市在36个省会、直辖市、副省级城市中排名由最初第32位上升为第8位,全市外部认知度得到极大提升。切实加强诚信文化建设,积极参与市诚信体系建设暨"3·15"国际消费者权益日系列活动新闻发布会。在全国第9个信用记录关爱日之际,参与举办2016年沈阳市征信宣传启动仪式活动,全年共编印《信用沈阳》杂志6期,全社会的信用意识普遍增强。

(张谛　矫利祖)

国有资产管理

【国企改革重组】 一是推进国有企业重组整合。相继组建了养老、体育、航空、城乡建设、交通建设等产业集团;产业投资集团与营口港合资组建了沈阳港集团有限公司;北方重工与央企战略重组正在积极推进中;沈阳燃气与央企开展全面合作,已签署合作框架协议并启动审计评估工作。二是重点支持副食集团探索发展混合所有制的具体模式和途径。三是在绿色环保产业集团开展员工持股试点。引进国惠环保等4家战略投资者进行混合所有制改革,同步实施了员工持股。

(王　朋)

【国企转型升级】 一是政府大力支持。市委市政府专门印发了《支持沈阳机床集团i5战略计划的实施意见》,支持创建东北智能制造创新产业基金,用于i5智能机床产业化、社会化智能工厂建设。二是建立健全现代企业制度。在机床集团开展规范董事会建设及选聘外部董事试点,规范董事会议事规则、决策程序和相关制度;完成向体育产业集团、城乡建设投资公司派驻监事会主席及监事。三是提高企业技术水平。沈鼓集团成功研制了120万吨乙烯装置裂解气压缩机组,北方重工并购了美国罗宾斯公司,掌握了最先进的硬岩掘进机技术。

(王　朋)

【国有资产监管】 一是市委、市政府制定下发《关于进一步深化国资国企改革的实施意见》,明确了进一步深化全市国资国企改革的指导思想和主要目标,确定了主要任务和保障措施。二是明确了组建沈阳金控集团、沈阳城投公司、沈阳产投集团3家国有资本投资运营公司及沈阳资产管理公司,搭建"3+1"国有资本运营架构的工作思路,形成了沈阳金控集团、沈阳城投公司组建方案。三是大力推进简政放权,在机床集团开展履行出资人职责试点。四是调整国有资产处置审批程序。国资委原则上只对一级企业及重要子企业产权变动进行审批,二级及以下企业由一级企业审批。五是推进委办局所属企业脱钩。拟定应脱钩企业41户,除市长办公会议确定的6户金融类企业暂不脱钩外,其余企业全部完成脱钩工作。

(王　朋)

统　计

【普查】 2016年,沈阳市统计局认真开展第三次全国农业普查工作,按要求组建了市、县、乡、村四级普查领导机构,完成普查经费预算的编制和申请。印发了沈阳市第三次全国农普领导小组办公室部门工作细则和工作规则,明确了各成员部门职责和任务。积极开展了省(新民市)、市(沈北新区、法库县)两级农普综合试点,积累了大量工作经验。开展"两员"选聘及培训工作,全市共选聘普查指导员和普查员1.03万人,划分普查小区8318个,完成82.4万户的清查摸底工作,并已于12月15日全面开展入户登记。

(赵　红)

【调查】 2016年,沈阳市统计局完成非公人才资源调查工作,完成"营改增"调查问卷工作,完成月度劳动力调查任务。完成1%人口抽样调查后续工作,继续深化1‰人口抽样调查工作,保证源头数据质量及数据上报进度。顺利开展并完成了首次"四众"企业专项统计调查任务,及时反映了沈阳市新经济发展特点和基本情况。

(赵　红)

【常规统计】 按照国家统计局、辽宁省统计局的工作部署,认真组织实施农业、工业、建筑业、批发和零售业、住宿和餐饮业、房地产业、重点服务业等行业,以及能源、投资、人口、劳动、文化、科技、资源、环境等领域各项统计工作,并圆满完成了月季年报等工作。编辑出版了《统计月报》、《宏观经济监测》等7种月度统计资料及《统计手册》、《沈阳统计年鉴》等4种年度统计资料。组织完成全市"十二五"系列分析和资料编印工作,其中《五年深耕·回望》系列分析报告11篇,《2010-2015沈阳国民经济统计资料》9个分册。

(赵　红)

【重点领域统计改革】 稳妥推进地区GDP统一核算改革。积极跟进国家统计局核算改革进程,完成了资产负债核算第二、第三阶段试点工作,取得了明显阶段性成果。同时加强对区、县（市）GDP核算工作的考核，开展了核算业务知识培训，有效提升了区、县（市）的核算工作水平。

扎实推进投资统计方法制度改革。细化工作举措，圆满完成两个月的试填试报工作；对全市2900个5000万元以上项目进行全面梳理，确保符合结转条件的项目不遗不漏；认真组织结转项目及新开工项目“双入库”，加强部门配合及项目现场调研，帮扶、督促缺少手续项目补齐手续尽早进库。从全年情况来看，新旧两种制度较好衔接，投资统计制度改革工作进展顺利。

积极开展“三新”专项统计改革。成立了“三新”统计工作领导小组，建立了区、县（市）“三新”工作联络员制度；印发《关于开展“新产业、新业态、新商业模式”专项统计工作的通知》，建立了专项统计报表制度；积极开展“三新”统计调查，编辑整理“三新”经济发展数据，开展统计分析，为下一步的工作打下良好基础。

（赵　红）

【统计服务】 继续深化主要经济指标一月三报制度。2016年，沈阳市统计局坚持做好事前预测、事中监测、事后统计相结合的经济运行预警监测服务制度及一月三报制度，还建立了包括财政收入、用电量等内容的经济先行指标旬报制度，提高了统计服务的时效性。

不断完善对过去进行统计、对现在进行分析、对未来进行预测的统计工作新模式。2016年，沈阳市统计局不断加强统计工作方式的转变，将以往注重事后统计单一工作模式转变为对过去、现在、未来的全过程统计监测，即：对过去统计，要求真实、可信；对现在进行分析，要求深刻、及时；对未来进行预测，要求趋势、合理。增强了统计工作对经济运行态势的研判能力。

积极开展经济形势分析研判。全年撰写并上报各类专报、简析、报告参考等189篇，其中有60篇获市领导批示，主要领导的肯定性批示4篇。仅8月15日当天，辽宁省委副书记、原沈阳市委书记曾维连续对市统计局3篇统计分析报告作出重要批示。

（赵　红）

【统计数据质量】 2016年，沈阳市统计局深入学习贯彻落实中央、省、市领导批示精神，积极构建防范统计数据弄虚作假责任体系，按照市委市政府整改方案要求，扎实开展统计数据质量核查工作，集中开展“四上”企业摸底清查工作，全面做实主要经济指标数据。

（赵　红）

【统计基层基础建设】 扎实推进“双基三化四解决”工程全面实施。2016年是“双基三化四解决”工程全面推广和实施验收年，市统计局组织开展多层次经验介绍，推广大东、浑南两区试点经验，两区经验在辽宁省统计局网站登载，浑南区经验在国家统计局网站登载。印发《关于科学组织沈阳市“双基三化四解决”工程全面实施年工作的通知》，建立领导包区县联系点工作制度及督导工作调度机制。在全市统一打基础工作上，建立了4种“统计规范化记载台帐”，撰写《沈阳市统计规范化建设手册》，建立全市乡级制度及流程并公示。开展综合型电子统计台帐推广工作，各地区2015年电子统计台帐已完成打印并装订，2016年的台帐按进度登录。同时，进一步完善统计基本单位名录库，积极推进宏观经济数据库建设。

（赵　红）

【部门统计工作】 2016年，沈阳市各部门认真贯彻落实市政府办公厅转发的《关于加强和完善部门统计工作的意见》，积极推进统计改革与发展。在相关部门的大力支持和配合下，市统计局初步与72个市直部门建立了工作联系，完成了部门统计报表的梳理工作，并搭建了涉及62个部门（单位）349张统计报表的部门统计指标框体系。

（赵　红）

审　计

【概况】 2016年，沈阳市审计局共完成审计项目55个，移送有关部门处理事项9件，被市领导批示77篇（次），出具审计报告和报送审计调查报告84篇，提出审计建议131条。以市委、市政府办公厅名义出台了《沈阳市关于进一步完善审计制度若干问题的实施意见》。审计工作在维护财经秩序、推进依法行政、促进廉政建设、保障沈阳经济社会健康发展等方面发挥了积极作用。市审计局获得2015年度全市绩效考评执法类第二名的好成绩。

（陈新平）

【预算执行审计】 2016年，沈阳市审计局组织实施了2015年度市本级预算执行情况审计。围绕市本级财政、21个部门预算执行以及专项资金管理使用等，重点关注新预算法落实、预算绩效管理、财政存量资金盘活等有关情况，揭示了年初部分专项资金预算未落实到具体项目等29个问题，在推进改革深化、服务发展大局、促进科学发展等方面发挥了积极作用。受市政府委托，在市第十五届人大常委会第三十一次会议上作了《关于2015年度沈阳市本级预算执行和其他财政收支的审计工作报告》，受到市人大的充分肯定。

加强预算执行审计整改工作。首次以市政府名义出台了《沈阳市人民政府关于进一步做好2015年度沈阳市本级预算执行和其他财政收支审计整改工作的通知》，对被审计单位整改责任、整改任务等提出要求，并实行整改销号制度。整改过程中，市审计局与市政府办公厅密切配合，及时协调解决整改工作中存在的具体问题，督促有关地区和部门做好审计整改工作。由于高度重视，措施得力，此次预算执行审计整改率达到98.7%。12月9日，市十五届人大常委会第三十七次会议审议通过了预算执行审计提出问题整改情况的报告，并对整改工作予以充分肯定。

（陈新平）

【重点资金和项目审计】 2016年，沈阳市审计局开展了治理黄标车情况专项审计调查，揭示了淘汰黄标车未实现预期目标等问题，提出了“尽早出台黄标车提前淘汰鼓励政策，相关责任部门应加强协调合作”等审计建议，为市政府决策提供了有力依据。市政府和相关部门根据审计建议，出台了《关于印发沈阳市淘汰“黄标车”补贴管理暂行办法的通知》等政策规定，对淘汰黄标车起到强大的推动作用。在对沈阳市2015年度“公交都市”创建情况的跟踪审计中，针对计划管理工作不到位、制度不健全、节能环保型公交车辆推广速度未达要求等问题，提出了完善城市公共交通管理体制、加快场站枢纽建设等切实可行的审计建议。在老旧社区基础设施改造提升项目专项审计调查中，揭示了部分项目手续不完备、部分资金未按时下拨等5方面问题。被审计单位高度重视,积极制定整改措施,强力推进项目建设。在市科技局2013年度科技计划项目资金管理使用情况审计调查中,根据审计机关提出的“应加强科技项目及科技资金的集中管理”等审计建议,沈阳市出台了《沈阳市科技计划管理改革方案》,将市级各类科技计划进行整合,实现了计划体系和资金使用方式的统筹安排使用,规范了科技资金管理模式。在全市机动车公共停车场管理使用情况的审计调查中,揭示了沈阳市公共停车场布局缺乏统一科学规划、停车场管理体制不顺等问题,提出了合理利用城市道路资源等建议。市长潘利国、副市长刘国秀先后批示,要求相关部门对审计建议认真研究,抓好整改落实。停车场管理部门已全部采纳审计建议,从5个方面提出了整改措施。

(陈新平)

【民生资金审计】 审计机关坚持把人民群众最关心、最直接、最现实的问题作为审计重点,加大了对扶贫、教育、养老、保险等民生资金和项目的审计力度,从政策要求、预算安排、资金拨付等方面追踪问效,确保惠民政策落地生根。在中小学校舍安全专项资金管理使用情况审计调查中,揭示了长效机制尚未有效落实等问题,审计结果受到市领导的高度关注,副市长姜军召开会议,部署整改工作。市教育局等12个部门联合印发了《关于进一步落实中小学校舍安全保障长效机制的通知》,下发了工程项目管理办法,为全市中小学校舍安全提供了政策和制度保障。为贯彻落实中央扶贫开发工作会议精神,开展了对康平县脱贫攻坚政策措施落实情况的跟踪审计,重点审查脱贫攻坚相关政策是否落实到位、专项资金使用是否取得应有成效、项目建设是否符合地区实际等情况,揭示问题并提出整改意见和政策建议,促进相关专项资金和项目取得实效。按照辽宁省审计厅的工作部署,开展了全市养老保险基金收支管理和缺口情况的专项审计调查,揭示了部分企业少缴或长期欠缴企业养老保险基金等问题,提出了加强相关部门联动、尽快实现信息共享等有针对性的审计建议,人社部门对此高度重视,积极进行整改。

(陈新平)

【企业审计】 以推动沈阳市营商环境健康发展为目标,市审计局开展了中小微企业经营环境审计调查,重点关注有关扶持政策落实情况和实际效果。揭示了个别项目推进缓慢、中小微企业宏观数据掌控及服务机制有待加强等问题,进一步激发了中小微企业活力。在对市国资委出资监管的29户国有及国有控股企业经营业绩情况审计调查中,摸清了企业总体情况,揭示了企业盈利能力较低、负债增长过快等问题。市长潘利国、市政府秘书长连茂君分别做出批示,认为报告分析的客观、全面、深入,要求国资委牵头,形成整改方案,明确整改分工、完成时限和要求,进行专项部署,提出改进完善措施。

(陈新平)

【投资项目审计】 围绕促进政府投资管理整体化和资金的有效利用,市审计局对2015年度部分城建项目建设和资金管理使用等情况开展了专项审计调查。反映了城建计划编制、执行以及项目建设程序和资金管理使用等方面存在的问题,组织召开市建委等6个部门及13个区、县(市)参加的审计整改工作会议,促进被审计单位规范管理。围绕促进惠民政策有效落实,组织实施了暖房工程专项审计调查。揭示了项目建设和管理模式存在弊端、政策落实不到位等4方面问题,提出了进一步加强组织管理等审计建议,市长潘利国、副市长庞洪波先后进行批示。围绕促进地铁建设项目有序规范运行,制定了《地铁建设项目审计实施方法》,提出严格地铁建设项目招投标制度等6条审计意见,为提高政府投资绩效奠定了基础。

(陈新平)

【经济责任审计】 全年,市审计局共对22个单位35名市管领导干部开展了经济责任审计。重点关注了领导干部履行法定职责情况,贯彻执行国家重大经济政策情况,以及是否依法科学决策、有无越权和滥用权力造成损失浪费等行为,在加强干部管理监督和党的执政能力建设、推动反腐倡廉、促进经济社会科学发展等方面发挥了积极作用。同时,以推进生态文明体制改革为重点,选取辽中区作为试点,围绕土地、森林、环境保护等内容,开展了区委区政府主要领导自然资源资产管理和生态环境保护责任履行情况审计,为探索领导干部自然资源资产审计工作奠定了良好基础。

(陈新平)

【交办事项审计】 一是配合上级审计机关开展审计工作。先后抽调投资一处、投资二处、社保处、法规处以及部分区县审计干部70余名,积极参与了审计署和省审计厅对沈阳市保障性安居工程跟踪审计、工伤保险审计等10余个项目。二是完成了市委、市政府交办的各项任务。根据市委、市政府的工作部署,先后开展了10余项交办任务的审计和调查,对多项交办事项在审计职责范围内提出审计意见和建议,为政府领导决策提供参考。三是配合纪检监察机关查办案件。先后派出20余人次,参与省、市纪检监察部门查办的案件10余起,为促进沈阳市反腐败斗争的深入和维护社会稳定发挥了重要作用。

(陈新平)

质量技术监督

【简政放权】 2016年,沈阳市质量技术监督局下放行政权力9项,累计下放、取消、调整各类行政权力50项,精简审批要件50.6%。将23项行政审批事项集中调整到审批大厅,初步实现“大厅之外无审批”;企业标准管理体制改革取得重大突破。率先全省,推进企业产品标准自我声明公开制。沈河、铁西、浑南、于洪、沈北、辽中等地区,积极落实改革要求,工作推进较为扎实,起到了很好的示范作用。全市通过平台公开1985项标准,覆盖全市13个区县(市);“双随机一公开”监管体制改革稳步推进。完成质监系统“一单、两库、一规则”建设,完善了随机抽查结果和后处理结果“双公开”机制;智慧质监建设取得阶段性成果。运用“互联网+”模式推进了电梯应急救援中心和沈阳市特种设备动态监管系统建设,两个项目已在全市推行;电梯安全责任险扎实推进。在浑南区启动了“电梯安全责任保险统保示范项目”,共有1300部电梯参加电梯安全责任保险;公务用车改革扎实有序推进。上交车辆35台,解聘司勤人员9人,率先完成了公务用车改革任务。

(傅兆晨)

【质量强市】 2016年,沈阳市政府常务会议和市长办公会议，先后3次例会研究质量技术监督相关工作。《标准化体系建设发展规划》、《住宅电梯维修更新改造行动计划》等5份文件，先后以政府办公厅名义印发，质量技术监督工作的统筹规划和宏观引导能力不断增强。高质量完成了质监系统“十三五”发展规划编制工作。推动建立市长质量奖评定委员会和标准化协调推进联席会议制度，组建了市长质量奖专家库和标准化专家库，召开了首届质量强市领导小组工作会议。和平区加快推进质量强区战略，沈北区把质量工作纳入政府绩效考核，使“质量强区”理念深入人心。积极做好省首次质量考核，浑南区、皇姑区超额完成了考核指标。联合市人社局等6部门，共同组织开展了以“提升供给质量，建设质量强市”为主题的“质量月”活动，沈阳市质量共治格局初步形成。

（傅兆晨）

【质量品牌提升】 2016年，沈阳市开展了首届市长质量奖评选，在沈阳市树立了一批质量标杆。和平、大东、新民3个“园区”获批筹建“辽宁省知名品牌创建示范区”，康平获批有机产品认证示范县，新民市3个产品申报国家地理标志产品保护，沈阳市承担的4个国家农业综合标准化示范项目顺利通过考核验收。大力实施名牌战略，全市共有44种产品荣获辽宁名牌产品，58种产品被认定为沈阳名牌产品。加大对质量品牌的宣传力度，通过省、市新闻媒体宣传报道各项工作198篇（次），“沈阳品牌”的美誉度和影响力显著提高。

（傅兆晨）

【质量信用体系建设】 2016年，沈阳市质量技术监督局把强化信用约束作为质监部门全新的监管领域和重要职能，积极组织质量信用数据录入工作，市、区两级累计录入产品质量监督抽查、行政处罚信息3320条。持续完善“三公示制度”信用信息的应用和公开工作显著提高。建立了企业产品质量承诺制度，全市291家气企业（单位）做出了质量自我承诺，全市企业质量主体责任进一步夯实。加强重点产品质量监督抽查，全年共抽查重点产品1285批次，对53家不合格生产企业进行了质量约谈。沈阳经济技术开发区对危险化学品生产企业进行了全覆盖监督检查。保持打假治劣高压态势，办理各类行政违法案件430件，有效震慑了质量违法犯罪行为。

（傅兆晨）

【特种设备安全监管】 2016年，全市未发生特种设备安全责任事故，全市万台特种设备死亡率为零。一是组织开展了特种设备安全隐患治理行动。开展了大排查、大抽查、大整治专项行动，检查企业5683家，检查特种设备4.49万台，排查治理安全隐患633个。对2317部电梯进行了安全监督抽查，合格率99%。二是启动老旧住宅电梯安全行动。完成维修更新老旧住宅电梯212部。和平、沈河、皇姑等地区，态度坚决，行动快，较好完成了年度工作任务。对全市160家电梯维保企业开展了质量考核及等级评定工作，市场退出机制初步建立。三是积极推进气瓶治理工作。全市共办理使用车用气瓶登记制证1.24万只，发放电子标识1.1万个，超额完成年初预期计划。重新注册登记民用气瓶33.5万只，工业气瓶12.4万只，和平、沈河、铁西、于洪、苏家屯等地区，充分利用整合优势，创新工作方式，较好地完成了市局赋予的工作任务。先后经受住了国务院和辽宁省两级安全生产巡视组的严格巡视检查。

（傅兆晨）

【计量工作】 2016年，沈阳市质量技术监督局主动服务抗霾减排工作，对135家重点耗能企业和公共机构进行了能源计量监督检查，完成了93家企业用能和排污计量数据采集上传工作。深入开展民生计量，对全市138个城区集贸市场在用计量器具实行免费检定，累计检定1.5万台（件）。累计抽查贸易结算、医疗卫生等计量器具3685批次。新建36项社会公用计量标准，全市量传溯源体系进一步完善。沈河、铁西、大东、于洪、法库等区（县）在落实计量工作中，反应迅速措施有力，有效服务了区域经济发展。

（傅兆晨）

【标准化工作】 沈阳市企业主导制定国际标准2项，国家和行业标准135项，批准发布18项市农业标准规范。先后培育4个社会团体和2个产业技术联盟，制定团体（联盟）标准15项。开展了“一带一路”沿线国家技术法规研究，建立“一带一路”沿线国家技术法规数据库。与31家中小微企业签订“沈阳市中小微企业标准化战略联盟”，标准引领作用显著增强。

（傅兆晨）

【认证工作】 按照“全覆盖、零容忍、严执法、重实效”的总要求，沈阳市质量技术监督局对全市227家机动车安检、检验检测和认证机构进行了全覆盖监督检查，随机抽查有机产品相关企业和食品安全管理体系及认证企业29家。各区、县（市）以强制性产品认证制度为抓手，加强对百姓健康安全的CCC认证产品的监管。全市累计暂停、注销、撤销证书592张，涉及185家企业，全市认证市场秩序进一步规范。

（傅兆晨）

【检验检测】 质检院获批筹建2个省级产品质量监督检验中心项目，筹建完成国家机器人质量监督检验中心项目。计量院筹建的液化天然气加气机（LNG）计量检测实验室项目顺利通过验收。标准院初步建立了装备制造业、节能减排和主要消费品三大国外专题标准数据库，与西部十家标准院建立了共享共建国外标准数据平台。特检院在大型石化装置及大型储油罐在线检测、基于风险检验项目上取得突破。根据开放、共享原则，筹建全市检验检测资源信息共享服务平台，检测资源得到有效整合。

（傅兆晨）

食品药品监督管理

【推进国家食品安全示范城市创建】 2016年，沈阳市成立以市长为组长的创城工作领导小组，各区、县（市）均成立相应领导机构，层层签订责任状，逐级落实工作责任。以市政府办公厅名义下发创建方案并细化形成包括733个具体创建项目的任务分工表，明确任务，严格时限。以“食品安全在行动”为切入点，深入开展创建宣传、科学普及、现场体验、诚信承诺、知识竞赛、专项整治等系列活动，不断提升人民群众对食品安全的满意度和放心度。

（周　云）

【突出食品安全风险防控】 2016年，沈阳市共摸底调查食品生产经营小作坊4919家（其中有形市场外3298家，商场超市内648家，集贸、批发市场内973家），100%录入辽宁省小作坊监管工作平台，建立了小作坊经营和监管情况的动态更新机制。创新性开展食品追溯体系建设工作。以节日食品、食用植物油、乳制品、酒类为重点，通过约谈、实地调研等形式，进一步掌握了企业在运输、储存、销售等环节的基本情况和运行模式。全面提升流通环节食用农产品质量安全水平，大力推进食用农产品批发市场"三设立"工作。以盛发蔬果批发市场、粮食批发市场、十二线农副产品批发市场等七个大型食用农产品批发市场为试点，推动设立了驻场监管所（室）、食用农产品质量检测室及专职食用农产品质量安全管理员，实现了对高风险环节的严格把控。

（周　云）

【规范保健食品和化妆品生产经营行为】 2016年，沈阳市食品药品监督管理局开展保健食品生产企业落实主体责任专项检查，完成全市32家保健食品生产企业检查任务，监督检查覆盖率达到100%。开展美容院化妆品安全风险整治工作。以宣称美白、祛斑、祛痘（抗粉刺）、染发和育发等5类化妆品为重点，持续加大非法添加禁限用物质、使用无批准文号的特殊用途化妆品、使用无备案文号的进口非特殊用途化妆品、使用自制化妆品等违法违规行为的排查力度，切实提升美容院化妆品经营管理水平。

（周　云）

【开展药品和医疗器械专项整治】 2016年，沈阳市食品药品监督管理局开展药品生产企业（含医疗机构制剂室）跟踪检查，组织对东药集团沈阳第一制药有限公司等12家药品生产企业和2家医疗机构制剂室开展飞行检查。以消肿止痛、镇静安神、止咳平喘、补肾壮阳、降糖消渴类为重点，开展"五大类"医疗机构制剂非法添加专项检查和抽检工作，检查25家医疗机构，并抽检制剂19批次。加强高风险药品经营企业监管。对全市29家经营高风险品种（麻醉药品、精神药品、医疗用毒性药品、罂粟壳、药品类易制毒化学品原料药及单方制剂）企业开展监督检查90次；对全市17家基本药物配送企业开展日常监督检查共计51次，确保了基本药物保质保量供应。加强医疗器械安全监管，完成全市34家三级以上医疗器械生产企业实施全项目检查。

（周　云）

【加强食品监管各环节监督抽检】 2016年，沈阳市食品药品监督管理局在食品生产监管环节，完成蜂产品、婴幼儿配方乳粉、食用油、酸菜、白酒、食品添加剂等45类食品监督抽样3193批次；在食品销售监管环节，共抽检288家企业生产的360批次食品；在食用农产品监管环节，完成食用农产品监督抽样任务240批次；在餐饮服务监管环节，以自制发酵面制品、生湿面制品、熟肉制品、火锅底料、鱼糜制品、凉拌菜等为重点品种，完成390批次抽检任务。全市完成保健食品和化妆品监督抽检任务518批次，其中保健食品260批次，化妆品258批次。加强药品监督抽检工作，制订《沈阳市食品药品监督管理局2016年药品监督抽验工作实施方案》，全市抽取药品1002批次。

（周　云）

【学校食堂管理规范化建设经验在全省推广】 2016年，沈阳市食品药品监督管理局以严格落实学校食堂食品安全主体责任，有效提升食品安全意识、管理素养、操作水平和应急能力为重点，全面开展学校食堂规范化建设工作。制定了《学校食堂专职食品安全管理员管理制度》，在关键岗位张贴了《食品安全主体责任公示卡》、《关键岗位食品安全操作指南及食品安全小贴士》。在此基础上，参照WHO（世界卫生组织）食品安全五要点，总结提炼出一套符合沈阳市学校食堂管理现状和监管工作实际的《学校食堂"1234"主体责任规范》，并在2016年上半年辽宁省食品药品监管工作会议上进行经验交流。

（周　云）

【收回高风险企业监管事权】 沈阳市食品药品监督管理局从2016年11月1日起，将原由区县（市）局负责的全市74家药品生产企业及12家药品和医疗器械经营企业的日常监管事权划转到市局，并增加4个人员编制。10月31日，召开由所有划转企业和相关区局参加的事权划转会议，对划转工作周密部署，确保监管工作无缝衔接。

（周　云）

【圆满完成42次重大活动食品安全保障工作】 2016年，沈阳市食品药品监督管理局修订完善《餐饮服务食品安全重大活动保障实施细则》，持续加大组织调度和监督指导力度，圆满完成了中央领导及外国政要来沈、世界杯亚洲区预选赛、"哥德杯"世界青少年足球赛、中国城市规划年会、中国（沈阳）国际金融高层峰会、中国（沈阳）东北振兴国际金融大会等42次大型活动及春节、中秋、国庆、中（高）考等重要节日、时段的食品安全保障工作。

（周　云）

安全生产监督管理

【概况】 2016年，沈阳市安监局认真履行安全生产工作职责，认真贯彻落实党中央、国务院，省委、省政府领导同志关于安全生产工作的指示批示要求和市委、市政府的决策部署，坚持红线意识、大局意识、担当意识和看齐意识，以安全生产制度化、标准化、网格化、信息化建设为载体，协调各地区、有关部门统筹推进安全生产责任体系建设、安全生产专项整治和安全生产基础保障工作，全力做好重点时段的安全保障和事故防范，全市非煤工矿商贸、生产经营性道路交通和农业机械三个行业领域共发生各类事故364起、死亡222人。其中，较大事故3起、死亡9人，未发生重大以上和有影响的安全生产事故，各类指标平稳可控，保持了全市安全生产形势的总体稳定。市安监局被国务院安委会办公室授予全国安全生产月活动先进单位称号，市安监局执法支队被评为全国安全生产监管监察系统先进集体。

（孙茂丽）

【法律法规贯彻落实】 2016年，沈阳市安监局制定印发了《沈阳市安监局关于印发沈阳市开展〈安全生产法〉等法律法规宣贯培训实施方案的通知》、《沈阳市安监局关于组织开展"强化依法治安"主题宣讲活动的通知》。组织市安监局理论中心组每季度开展法律法规专题学习，组织开展了"强化依法治安、推动安全发展"主题法制讲座，邀请省安监局总工程师刘建授课，并播放了警示教育片，市安委会成员单位、市直企业主管领导及安全人员300多人参加讲座。组织开展了"强化依法治安"主题宣讲活动，以安全生产月为契机，依托各类宣传载体，加大了安全生产法制宣传，广泛深入地开展了全民安全宣教行动。与市委宣传部、市交通局、地铁指挥部、中移动、联通、电信沟通，安全月期间发布安全宣传信息300多万条。在全市安监系统开展微信接力宣传活动，与沈阳晚报联合开展了“安全生产违规行为随手拍”活动。安全月期间，组织宣讲团，深入到各区、县（市），对企业主要负责人、分管负责人，以及各街道、乡镇分管安全生产工作的领导、安监人员进行宣讲，共组织宣讲17场次，授课人数3300余人。向市政府法制办报送法制工作信息40篇。对铁西、沈河、大东、康平等区县安监部门开展了执法文书及立卷标准培训。

（孙茂丽）

【危化品安全专项整治】　2016年，沈阳市安监局开展全市流动加油车、加气车专项治理。联合市交通、服务业委、发改、建委、公安、质监、工商等部门，组织开展联合执法行动307次，取缔流动加油车1辆，流动加气车10辆。开展危险化学品生产、经营储存企业安全大检查。共计检查危险化学品单位1892家，出动检查人员2357人次，发现并整改安全隐患1735处，下达执法文书1052份，各企业投入整改资金51.28万元。开展化工和危险化学品及医药企业即三类企业特殊作业安全专项治理工作。对227家相关企业组织培训84场，培训相关人员3391人，发现并督促整改隐患312项，下达行政执法文书136份。开展加油站安全专项整治。对8家中石油加油站在行政许可过期情况下违规经营情况，依法予以查封处理，现隐患已经消除。开展化工园区集中排查。组织10余名安全生产专家，在国庆节前对化工园区22家危险化学品企业开展全面排查，督促整改96处隐患。

（孙茂丽）

【烟花爆竹专项整治】　2016年，沈阳市安监局坚持严格审批、总量控制的原则，春节期间全市共审批烟花爆竹临时零售网点390个，同比减少110个。销售期满剩余烟花爆竹产品约22万件，已全部安全返库。各级安监部门春节期间共计组织专项检查700余次，联合检查86次，排查安全隐患62项，下达整改指令书57份，吊销零售许可证6户。

（孙茂丽）

【非煤矿山安全专项整治】　2016年，沈阳市安监局认真开展非煤矿山安全生产专项整治工作，对全市非煤矿山重点地区的新民市和法库县开展了联合执法检查巡视督查。抽查了新民市2家采石场、法库县3家矿山企业，排查出事故隐患22项，整改22项。严格非煤矿山企业复产安全生产检查工作。印发了《2016年沈阳市金属非金属矿山及尾矿库复产检查工作实施方案》，成立了工作领导小组，采用“四级验收”程序：企业（自查自改）—乡镇/街道级安监部门验收—辖区安监部门批准—市安监局（备案）。强化日常监管，加强非煤矿山行业汛期监管工作。市、区两级共抽查了7个非煤矿山企业防汛工作，出动检查人员43人次，聘请专家8人次，发现并消除隐患4处。继续推进相邻采石场矿界距离不足300米专项整治工作。新民市周坨子乡山场和新民市梁山采石场已经达成整合协议，并办理了新的营业执照，新的采矿证也正在办理之中，其余企业暂停开工审查。

（孙茂丽）

【职业危害专项整治】　沈阳市安监局自4月开始在全市范围内组织开展“两类”企业粉尘危害专项治理工作，印发了《沈阳市安监局关于印发陶瓷生产和耐火材料制造企业粉尘危害专项治理工作方案的通知》。通过排查摸底统计摸清了沈阳市“两类”企业总数，全市共有在产的两类企业共63家，其中法库县陶瓷生产企业59家，于洪区耐火材料制造企业2家，新民市耐火材料制造企业2家。接触粉尘人数9818人。组织法库、新民、于洪、辽中“两类”企业（含停产企业）主要负责人和职业卫生管理人员，在法库召开专项治理工作启动部署会。通过以会代训的方式，把国家职业卫生相关政策标准和此次专项治理的要求传达到各企业，使企业明确专项治理的重点任务、主要措施和时间要求，并与63家两类企业签订了承诺书。组织有关区、县（市）安监局对两类企业开展监督检查，监督检查覆盖率为100%，共计下达执法文书67份。

（孙茂丽）

【冶金、机械等行业的安全生产治理】　2016年，沈阳市安全生产标准化建设持续深化，全市现有工贸行业安全标准化一级企业19家，二级128家，三级1466家。以防范遏制较大事故为目标，粉尘涉爆专项整治工作取得阶段性成果。按照“一地一册”、“一企一档”要求，推动各区县认真排查，摸实企业底数，建立了监管台账。紧盯粉尘企业聚焦的相关区县和镁铝制品机加工相关行业领域，加大治理检查整改力度，实现了粉尘涉爆企业全年无事故的工作目标。

（孙茂丽）

【安全生产市场准入】　2016年沈阳市完成257个危险化学品经营许可证的审批（新办13个，到期换证223个，变更21个）。依托国家非药品类易制毒化学品综合管理信息系统，完成市级易制毒生产经营备案13项。完成高危行业建设项目安全设施“三同时”审批26项（安全条件审查12项、设计审查14项）。完成建设项目职业卫生“三同时”审批3项（预评价审核1项、预评价备案2项）。

（孙茂丽）

【应急管理和执法监察】　2016年，沈阳市安监局完成了对《沈阳市安全生产事故灾难应急预案》、《沈阳市危险化学品事故灾难应急预案》和《沈阳市非煤矿山事故灾难应急预案》三个专项预案的修订工作。开展了“沈阳市危险化学品生产安全事故应急预案演练”和“沈阳市非煤矿山生产安全事故应急预案演练”。在生产安全事故发生后，市安监局及时赶赴事故现场。积极协调各相关部门，充分发挥协调联动作用，开展应急处置工作，监督事故善后和事故调查处。

2016年共抽查全市建筑施工项目部20余家，下达各类执法文书50余份，发现各类隐患80余处。在打非领域，分别对沈阳某油漆有限公司、沈阳某石油公司加油站、奥体中心某加油站做出了罚款9万元、11万元、15万元人民币的行政处罚。在烟花爆竹执法检查中，对沈阳市苏家屯区某烟花爆竹经销处进行了查封，并处以罚款人民币1万元的行政处罚。在啤酒行业执法检查中，先后检查了华润雪花啤酒（辽宁）有限公司、沈阳燕京啤酒有限公司、百威英博（沈阳）啤酒有限公司三家啤酒企业，共发现17处安全隐患，均已得到整改。全年通过举报投诉及政务公开两部电话反映属于安全生产方面问题有16件，均已立案查处并反馈举报人处理结果，群众满意率达到100%。

（孙茂丽）

【安全生产基础管理】　2016年，沈阳市安监局推进安全生产信息化建设。完成了沈阳智慧城市大数据管理平台建设，实现了上线运行，安全生产监管现代化水平进一步提升。完善开通了纵向联动、横向互动的全市隐患排查治理信息系统，省市区实现互联互通。建设安全生产网格化监管系统及应急信息协作项目，系统已经开始试运行。实施生产经营单位安全生产条件普查，收集各类企业信息数量已超过8.4万家，1190家企业开展隐患自查自报，共查出隐患743处。

深入开展安全生产宣传教育。依托市、县两级电视、广播、报纸、网站、微信和微博等传统媒体和新平台，广泛宣传安全常识，播发安全生产工作动态。深入开展"安全生产月"、"安康杯"、新安法宣贯、职业病防治宣传周等主题宣传教育活动，市安监局被评为全国安全生产月活动先进单位。每逢重大节日和重点时段在沈阳晚报、华商晨报刊发安全常识小贴士，在沈阳电视台播报《消防新视界》专题节目，定期在辽宁交通、经济广播电台开辟专栏，讲解安全常识。在"沈阳发布"就安全生产月活动安排、市民安全体验馆和综合考试基地建设、智慧安监建设进行了新闻发布，社会影响很大。

进一步强化安全生产培训。建立了安全培考分离体系，完成各类人员考试279期，共计3.06万人次。其中：特种作业考试182期，考试人数1.92万人次；主要负责人和安全管理人员考试97期，考试人数1.14万人次；组织公益性宣贯培训10期，1200人参加。沈阳市市民安全体验馆和综合考试基地建设项目正式启动。

（孙茂丽）

工商行政管理

【各类市场主体登记情况】 截至2016年底，全市实有各类市场主体56.95万户，注册资本（金）1.50万亿元，同比分别增长13.40%和43.47%。市场主体总量和资金大幅度上升。在15个副省级（计划单列）市中排名第14位，比2015年下降一位，总数低于哈尔滨、长春和大连。

按三次产业划分，一、二、三产业分别为1.91万户、6.01万户和49.02万户，分别占市场主体总量的3.36%、10.56%和86.08%。

2016年全市新登记市场主体10.39万户，注册资本（金）2149.75亿元，同比分别增长15.67%和20.64%。新登记市场主体总量首次突破10万户。新增市场主体数量在全国15个副省级（计划单列）市中排名第13位，与上一年度持平。

新增市场主体超九成为第三产业。新登记一、二、三次产业市场主体占比分别为2.87%、6.67%和90.46%。户数前五位的行业为：批发和零售业、住宿和餐饮业、居民服务修理和其他服务业、租赁和商务服务业、科学研究和技术服务业，占比分别为总数的45.35%、13.60%、10.16%、8.26%和4.03%，五行业占比超过新登记市场主体总量的八成。

全年新登记个体私营市场主体（含私营企业和个体工商户）10.05万户，同比增长15.54%，占新登记市场主体总量的96.82%；注册资本（金）1747.76亿元，同比增长17.52%，占新登记市场主体总量的81.30%。个体私营经济已经成为沈阳市经济增长的主要力量。

（任　玲）

【职能服务】 一是积极搭建创业创新平台。开展小微企业名录建设，录入扶持政策等信息8000余条。扶持沈阳电商虚拟产业园发展，入驻企业达到2000多家。举办沈阳（中韩）经贸洽谈会，取得600多万美元的意向合作成果。新建就业安置、培训、见习基地和创业辅导站8个，开展创业培训47场次，安置就业5.5万人（次），选树创业创新典型70个。

二是拓宽助企融资渠道。沈阳市工商局成功入选全国注册商标专用权质权登记受理改革试点单位，总局副局长刘俊臣和市领导阎秉哲为受理点揭牌。从7月1日起到年底，累计为7家企业47件注册商标办理了质押登记，授信额9000万元。办理动产抵押登记333件、股权出质登记276件，被担保债权124.8亿元。开展了"文明诚信户"评选和银企对接活动，196家个体工商户和私营企业被评为"文明诚信户"并获得道德信贷金卡，其中56家文明诚信户获得4300万元银行贷款。

三是出台轻微违法行为免罚清单。制定并发布了37项免罚清单，对267户企业首次轻微违法行为免予处罚或者不予处罚，受到了企业和群众的广泛关注和好评。

四是加大对小微企业的扶持力度。制订小微企业创业创新跟踪服务方案，对1300多户小微企业实行了精准帮扶，解决实际问题90个。积极推进个转企工作，引导2343户个体工商户升级为企业。大力支持新模式新业态发展，登记各类众创空间企业86户，登记电子商务小微企业2900余户，登记以住宅为住所的市场主体1.39万户。推进"一址多照"，在671处住所登记市场主体1937户。

（任　玲）

【市场监管】 一是集中整治公用企业限制竞争和垄断行为。按照总局、省局统一部署，开展了水电气以及电信等行业滥收费用、强制交易专项执法行动，发出6份行政建议函，行政约谈4家企业，查办违法案件3件，罚没款36万元。

二是严厉打击传销、规范直销。积极开展打传宣传工作，制作了宣传板和宣传画1万余张，在各大高校发放倡议书2万多份，查办2起传销案件。加强直销企业监管，抽查直销企业48户，现场监听直销会议16次，查办违法案件3起，罚没90多万元。

三是加强广告监管。采取行政约谈、建立预警平台和记分排名等方式，加强了新闻媒体广告发布行为的监管，共监测广告19万条（次），下发整改通知书25份。集中清理了互联网金融广告、户外广告和印刷品广告，重点查处了医疗服务机构利用互联网发布虚假广告行为，查处广告案件44件，罚没290万元。

四是加强合同监管。引导企业依法签订和履行合同，公示合同示范文本26件。整治不公平合同格式条款，走访企业1177户，约谈企业91户，纠正违法违规格式条款59条，查处合同违法案件7件。

五是加强商标监管。积极开展了打击侵犯知识产权和制售假冒伪劣专项行动，全市系统开展执法行动433次，查处各类侵权假冒案件154件，案值316万元，罚没197万元。

六是加强网络监管。登记网络经营

主体2万户，办理工商电子标识3752个。开展“红盾网剑”专项行动，查处网络违法案件23件，罚没款86万元。运用网络交易监管平台，检查餐饮店铺1万余户，责令整改2573家。

七是加强运输物流和旅游市场监管。建立、完善运输物流和旅游市场经营主体数据库，共计录入2165户。开展了旅游市场和物流快递行业专项整治，检查旅游经营单位1352户、景区（景点）157个（次）、快递企业28户，取缔无照经营37户，查处案件12件，罚没款34.8万元。

八是加强农资、成品油等市场监管。开展了红盾护农行动和油品质量专项整治，开发了成品油市场信息监管系统，建立了汽车市场主体数据库，抽检农资商品305批次，抽检汽柴油477批次，对28件经营不合格油品和农资的违法案件进行了查处，罚没款54.6万元。

（任　玲）

【消费维权】 一是大力开展维权宣传活动。组织开展了“新消费、我做主”主题宣传活动、“3·15”大型纪念活动和《辽宁省消费者权益保护条例》宣传启动仪式。活动期间，接受服务咨询近万人，媒体访谈互动15次，发放消费维权资料2万多册，张贴主题宣传画3000余张，开展消费教育活动1000余场，营造了浓厚的维权氛围，提高了消费者维权意识。

二是进一步畅通维权渠道。积极开展“放心消费”创建活动，建立“放心消费”示范街区（村屯）7个、示范店119家、示范景区3家，建立“消费维权服务站”251个。与沈阳汽车流通协会建立了维权协作机制，组织180多家汽车4S店开展了消费者满意创建活动。建立消费维权微信公众号，推送维权服务信息133条。组建百名志愿者维权服务团，开展维权活动12次，有效地发挥了社会监督作用。

三是加强流通领域商品质量监管。标注16类重点商品经营户35万余户，抽检流通领域重点商品532批次，查处侵害消费者权益案件42件，罚没164.6万元。沈河区局在全省范围内依据新颁布的《辽宁省消费者权益保护条例》，率先查处了一起消费侵权案，得到省局充分肯定。

四是认真做好消费投诉受理工作。“12315”咨询服务热线受理消费诉求5.1万余件，其中投诉6232件、举报879件、咨询4.4万余件，为消费者挽回经济损失811万元。受理省网市线民生诉求279件，回复市长信箱信件20件，承办建议提案20件，办结率、回复率和满意率均为100%。

（任　玲）

【深化商事登记制度改革】 2016年进一步深化商事登记制度改革，持续激发市场活力。全年新登记各类市场主体10.39万户，同比增长15.68%；全市市场主体总量已达56.99万户，同比增长13.4%。市场主体增量和存量分别创五年来新高。

1.全面实施“五证合一”、“两证整合”改革。分别从2016年10月1日和12月1日起，实施了企业“五证合一”和个体工商户“两证整合”，发放“五证合一”营业执照4.15万户，个体“两证整合”营业执照6382件。

2.推行企业名称登记制度改革。公开企业名称库，开放企业名称网上查询比对，最大限度释放企业名称资源，初步实现了企业名称自主选择。

3.积极开展“双告知”工作。与市场主体签订“告知承诺书”5万多份，向44个市直部门发送了告知函，推送后置审批信息10万多条，涉及市场主体5万多户。

4.继续实施企业简易注销改革。2016年6月1日前，沈阳市工商局根据《沈阳市工商局关于印发企业简易注销登记管理（试行）办法的通知》落实简易注销工作。从6月1日起，按照辽宁省工商局部署，执行《辽宁省工商局关于全面试行企业简易注销改革工作的通知》。截至2016年底，共为374户未开业、无债权债务企业办理了简易注销手续，进一步畅通了企业退出渠道。

（任　玲）

【企业“五证合一”登记】 根据《国务院办公厅关于加快推进“五证合一、一照一码”登记制度改革的通知》（国办发〔2016〕53号），辽宁省工商局《关于将统计登记证纳入“三证合一、一照一码”登记制度改革的意见》（辽工商发〔2016〕34号）和《关于将社会保险登记证纳入“三证合一、一照一码”登记制度改革的意见》（辽工商发〔2016〕31号）的相关要求，沈阳市从2016年10月1日起正式实施“五证合一、一照一码”。

截至2016年10月31日，全市14个登记单位共受理办结业务3.12万件，占全省总量的28.12%，其中：名称预先核准9718件，预核名称调整140件，名称变更核准449件，设立登记8310件，变更登记4860件，企业改制1件，迁移登记197件，个转企433件，注销登记2205件，简易注销登记100件，备案761件，证照管理3780件，经营场所备案6件，股权出质188件。

“五证合一”通过“一窗受理、互联互通、信息共享”，原本依次分别由工商行政管理部门核发工商营业执照、质量技术监督部门核发组织机构代码证、税务部门核发税务登记证、社会保险部门核发的社会保险登记证和统计局核发的统计证五证改为一次申请、由工商行政管理部门核发加载统一社会信用代码的营业执照的登记制度。企业注册从跑5个部门、交5次材料，变为一个窗口受理、一次提交材料，企业办照时间由原来的30天普遍缩短到3天。实行“五证合一、一照一码”登记制度改革后，企业的组织机构代码证、税务登记证、社会保险证和统计证均不再发放。“五证合一、一照一码”登记，简化了注册程序，方便了投资者和企业。实现了企业一套表格申请，一套材料申报，一个窗口受理，一个号码通行，一次办结五证。打破了信息孤岛，实现了信息共享，实现了资料变薄、表格从简、流转加速的直观效果。

（任　玲）

【个转企工作】 2016年，沈阳市认真落实《2016年全省个体工商户转型升级工作意见》和《2016年度个体工商户转型升级工作绩效评议考核实施方案》的有关要求，围绕市政府发展经济的重大战略部署，围绕个体户发展壮大的迫切需求，围绕经营者关心的切身利益问题，始终把“个转企”工作作为优化市场结构、促进经济发展的重要战略性任务来抓，积极行动、多措并举、强力推进。

市工商局结合各地产业特点和区位优势，根据个体工商户实际生产规模和经营状况，指导各单位合理确定本地区“个转企”的重点行业、重点对象，对有一定规模发展前景好的个体工商户，进行系统整理分类，建立“个转企”培育台帐，列入转企升级工作后备库，切实解决方向不清、标准不明，以及制定的目标、标准与实际工作落实情况“两张皮”的问题，推动“转型升级”工作。并按照“储备一批、培育一批、帮扶一批”的梯队，对个体工商户转型前、转型中和转型后进行全程帮扶。带领全市工商、市场监管部门深入辖区、深入商户，积极引导、主动帮扶条件成熟的个体工商户升级为企业，超额完成了全年工作任务。截至11月30日，全市共办理“转型升级”2343户，引导办照2589户，跟踪回访400余户。

（任 玲）

【监管手段创新】 一是深入开展市场主体年报工作。经市区两级工商和市场监管部门共同推进，2015年度市场主体年报率创历史最好水平。全市企业、个体工商户、农民专业合作社年报率分别达到87.34%、59.84%和58.86%。其中，企业年报率较上年增长5.02个百分点，超出全省年报率0.39个百分点。

二是全面推行“双随机、一公开”抽查机制。制定了抽查实施细则和事项清单，建立了市场主体名录库和检查人员名录库。全年共抽查企业6691户，占全市企业4.5%，列入异常名录888户。在“双随机”抽查过程中，为执法人员配备了智能检查设备，检查效果明显。

三是积极开展信息归集和联合惩戒工作。认真履行牵头部门职责，报请市政府下发了实施方案，召开专题会议，共归集涉企信息10万多条。全市公示信息总量达到223万条，系统访问量460余万人（次），累计查询企业1800万户次。沈阳市政府涉企信息归集总量全省领先，得到省政府商事制度改革组先后两次通报表扬。同时，认真落实《沈阳市严重违法失信企业联合惩戒实施办法》，对法定代表人任职限制804户（次），对列入异常名录企业变更登记限制673户（次），对“守合同重信用”单位评选、申请驰名商标限制19户次，有力地营造了“一处违法、处处受限”的氛围。

四是深入开展大数据监管服务工作。积极为政府决策服务，先后对2015年全市市场主体发展状况、企业运行状况和产业转型升级情况进行了大数据分析，得到市长潘利国和副市长王翔坤的表扬性批示。同时，利用大数据对外卖餐饮平台、供水供气企业、网店和随机抽查企业进行分析研判，提高了监管的精准度。沈阳市局被工商总局确定为运用大数据加强市场监管试点单位。

（任 玲）

【队伍建设】 一是加强党建工作。认真学习贯彻党的十八大、十八届六中全会和习近平总书记系列重要讲话、重要批示精神，教育引导干部进一步增强“四个意识”，始终与党中央保持高度一致。深入开展“两学一做”学习教育活动，组织机关各党支部召开民主生活会，认真解决党员队伍在思想、组织、作风、纪律等方面存在的问题，推动党员学习教育常态化长效化。顺利完成了机关党委、纪委和工会换届以及机关各党支部改选工作，机关党组织的健全率达到了100%。

二是加强党风廉政建设。加强反腐倡廉教育，开展了“集中谈”活动，制定了市局党组和纪检组落实“两个责任”《工作要点》和《工作计划》，组织机关处室签订党风廉政建设责任状，推动了“两个责任”落实。坚持正确的用人导向，选拔、调整副处级以上领导干部26人，晋升非领导职务14人，实行了一般干部“双向选择”98人次，顺利平稳完成了新“三定”工作，未收到相关举报信件。开展“小金库”和损害群众利益问题专项整治，加大执纪力度，给予7人党纪政纪处分。

三是加强作风纪律建设。认真落实中央八项规定，制定了加强机关作风建设的实施意见，市局机关实行上下班“刷脸”考勤制度，从根本上解决了机关干部迟到早退缺勤等问题；完成了国有资产清查工作，解决了历年来资产核查不清的问题；清理了办公用房，调整办公用房126间；提前完成了公车改革，规范公务用车管理和使用，大幅降低了经费支出。

（任 玲）

【新增著名商标】 2016年，沈阳市工商局组成考核组到全市10区3县对申请认定著名商标的近70家企业进行了实地走访，深入企业生产一线，着重对企业规模、从业人数以及能够反映企业自身特点的情况一一进行核实，力求了解企业经营实貌。经全面考核，最终推荐新认定省著名商标企业13家，同比增长18%；市著名商标新认定39件，同比增长95%，2016年认定的39件市著名商标，无论在产业覆盖面还是经营水平等方面均为近年来之最。其中第一产业7家，第二产业17家，第三产业15家；主板上市公司1家，新三板上市公司2家，省市农业产业化龙头企业3家，专业合作社2家。2015年营业收入达95.8亿元，上缴各项税收5.8亿元，直接间接提供就业岗位2.6万个。

（任 玲）

物价管理

【价格改革】 2016年沈阳市发展改革委重点完成了水价、气价改革工作，同时指导两县一市完成了居民阶梯水价、阶梯气价制度的建立，启动了公立医院医疗价格改革的前期准备工作。具体情况如下：

1. 完成了供水、燃气等主要公用事业的价格改革工作。从2016年初开始，启动了气价、水价改革的各项准备工作。一是对水价改革方案做了进一步完善。二是针对燃气调价工作，开展大量调研，召开联席会议，就调整燃气价格方案征求相关部门意见，召开调整民用管道燃气价格听证会。经市政府批准，印发了调整自来水价格和管道燃气价格的通知，自4月1日起实行。水价、气价的调整连同上年进行的供热价格调整以及阶梯水价、阶梯气价制度的建立，阶段性地完成了沈阳市重点公用事业价格改革工作。

2. 帮助和指导县（市）建立阶梯水价、阶梯气价制度工作。按照国家发改委和辽宁省物价局要求，自2016年二季度开始，市发展改革委就建立和出台居民阶梯水价、阶梯气价制度，主动到县（市），从基础数据调研测算，到实施方案的形成，帮助和指导县（市）物价部门开展工作。截至年底，新民、法库、康平两县一市已全部建立了居民阶梯水价和阶梯气价制度。

3. 开展了公立医院价格改革试点情况调研。在年初进行的县级公立医院价格改革调研基础上，二季度，价格处又对国内第一批启动城市公立医院价格改革工作的浙江、福建等省市进行了学习和调研，并形成了调研报告，为全市城市公立医院价格改革的启动做好准备工作。

（崔崇山）

【稳定价格总水平】 2016年,按照市委市政府的要求,全市价格主管部门把保持物价总水平基本稳定放在首要位置,认真落实市场价格调控联席会议制度要求,印发《关于落实2016年省政府价格调控预期目标及做好沈阳市价格调控工作的通知》,从发展生产、保障供应、增加储备、建立机制、加强监管等方面,确保各项稳价措施落实到位。同时为有效应对当前价格运行的新特点,缓解物价上涨给低收入群体生活带来的影响,积极与市财政局、市民政局、市人力资源和社会保障局、国家统计局沈阳调查队等部门制定了《关于进一步完善沈阳市社会救助和保障标准与物价上涨挂钩联动机制的通知》,为保障困难群众基本生活不因物价上涨而降低提供了制度保障。

在市场机制和各项调控措施综合作用下,2016年全市居民消费价格平稳运行。全年涨幅1.7%,低于省政府确定的3%的预期调控目标,为促发展、推改革、惠民生创造了有利条件。

(柴云菲)

【法制建设】 2016年,沈阳市发展和改革委员会制定《沈阳市发展和改革委员会规范行政执法配套制度》和《沈阳市发展和改革委员会行政自由裁量权适用规则及评估机制指导标准(试行)》。按照市政府法制办优化经济发展法治环境重点工作安排,发展改革委将相关13项制度统一进行了规范和修订,制定印发了《沈阳市发展和改革委员会规范行政执法配套制度》和《沈阳市发展和改革委员会行政自由裁量权适用规则及评估机制指导标准(试行)》。这一制度的印发,是贯彻落实国务院《法治政府建设实施纲要》和市政府优化经济发展法治环境要求的充分体现,进一步完善了发展改革委行政执法制度建设工作。

(刘惠生)

【主要农副产品价格运行情况】 2016年,在构成沈阳市CPI的八大类商品和服务价格指数中,食品烟酒价格同比累计上涨2.8%,涨幅居首位(其中食品上涨3.1%),是拉动CPI上涨的主要因素。具体表现为:

1.粮油价格稳中微涨。成品粮:全年大米平均价格为5.35元/公斤,比上年上涨1.13%;精粉平均价格为4.98元/公斤,与上年相比基本持平。食用油:全年桶装豆油平均价格为51.03元/桶(5升),与上年相比基本持平;桶装花生油平均价格为136.83元/桶(5升),比上年上涨0.63%。

2.肉类价格有涨有跌。猪肉价格先涨后降6月份创新高。全年猪肉平均价格为29.89元/公斤,比上年上涨15.85%。牛羊肉价格明显回落。全年牛肉平均价格为59.15元/公斤,比上年下降2.39%;羊肉平均价格为48.11元/公斤,比上年下降11.07%。

3.鸡蛋价格行情低迷。全年鸡蛋平均价格为7.78元/公斤,比上年下降5.7%。

4.蔬菜价格上涨。全年20种蔬菜平均价格为5.31元/公斤,比上年上涨6.2%。

(李 翠)

【价格监管情况】 2016年,沈阳市发展和改革委员会紧紧围绕宏观调控和改善民生,大力开展市场价格监管,规范价格收费秩序,维护群众合法权益,在促进全市经济持续健康发展和社会和谐稳定中做出了积极贡献。全年共处理各类价格违法案件167件。其中,简易程序处理113件,一般程序处理54件。退还消费者31.01万元,经济制裁总额374.60万元。其中,没收金额143.02万元,罚款231.58万元。

按照热情受理、快速办理、妥善处理的原则,充分利用"12358"价格举报系统、省"民心网"、"96123"市民服务热线、市长热线等价格诉求平台,全力做好诉求办理工作。严格按照《信访条例》、《价格违法行为举报处理规定》的要求,认真耐心地解答群众价格政策咨询,及时受理和查处价格举报案件,有力维护了群众合法价格权益。全年共受理各类价格咨询、举报投诉8490件。其中,价格咨询7684件,价格举报投诉806件,有力维护了群众合法权益。

(黄彦伟)

【价格认证】 2016年,沈阳市价格认证中心以开展"价格认定法治建设年"活动为主题,以打造法治化、规范化、制度化认证中心为目标,依法履职,踏实工作,较好地完成了全市涉案、涉纪检监察、涉税财物价格认定工作。全市价格认证中心共承办涉案、涉纪检监察、涉税财物等各类价格认定案件3225件,认定总金额2.81亿元。其中,刑事案件2977件,认定金额9071.13万元;涉纪检监察案件2件,认定金额81.2万元;行政案件120件,认定金额78.11万元;民事案件68件,认定金额354万元;海关涉税案件31件,认定金额635.24万元;认证案件27件,认定金额1.78亿元。案件数量与上年基本持平,全年全市无一例省、国家复核案件发生。全年组织政策法规、典型案例、奢侈品、观赏石等特殊涉案标的专门性业务学习26学时,培训377余人次。下发《全市涉案财物价格认定数额标准指导意见》、《全市价格认定人员出庭质证指导意见》、《价格认定案卷评审标准》等技术规范,不断夯实价格认定依法行政良好基础。

(唐 婷)

【收费清理情况】 2016年,按照市政府统一安排,在市创改办统一协调下,会同财政局、经信委、法制办、编办等部门对全市78家党政群机关事业单位的收费事项和行政审批前置中介服务事项进行了起底调查。重点对涉及37个部门的496项收费项目进行了逐项梳理,编制并公布了《沈阳市政府定价涉企经营服务性收费目录清单》(2016年版),会同市财政局编制并印发了《2016年沈阳市本级部门和单位非税收入项目目录清单》、《2016年沈阳市本级行政事业性收费和政府性基金目录清单》、《2016年沈阳市本级涉企行政事业性收费和政府性基金目录清单》,并实行了动态调整。

(张 强)

财 政 · 税 收

财 政

【财政收支情况】 2016年,全市一般公共预算收入620.9亿元,比上年增长2.4%。按年初预算口径,加上营改增体制调整净上划中央收入12.7亿元,全市一般公共预算收入可比口径完成633.6亿元,可比增长4.5%,完成年初预算的101.5%。税收收入完成524.3亿元,增长6.5%。全市一般公共预算支出829.4亿元,增长2.6%。财政支出结构得到进一步优化,实现了财政收支当年平衡。

1.一般公共预算收入情况。2016年,全市一般公共预算收入完成620.9亿元,比上年增长2.4%。

(1)增值税154.9亿元,增长95%。

(2)营业税74亿元,下降49.5%。

(3)企业所得税80.5亿元,增长4.3%。

(4)个人所得税26.2亿元,增长12.8%。

(5)城市维护建设税36.1亿元,增长8.1%。

(6)房产税28.8亿元,增长1.9%。

(7)城镇土地使用税27.1亿元,下降6.4%。

(8)契税34.2亿元,增长15.9%。

(9)印花税8.5亿元,增长4.1%。

(10)国有资本经营收入、国有资源有偿使用收入23.7亿元,下降44.3%。

(11)行政性收费、罚没等收入42.9亿元,下降12%。

(12)排污费、水资源费、教育费附加等专项收入36.2亿元,增长12.5%。

另外,2016年全市基金收入完成196.6亿元,增长27.6%。

2.一般公共预算支出情况。2016年,全市一般公共预算支出829.4亿元,比上年增长2.6%,其中重点民生支出占一般公共预算支出比重达84.5%。

(1)一般公共服务支出82亿元,增长7.9%。

(2)国防支出1.1亿元,增长41.4%。

(3)公共安全支出61.1亿元,增长26.7%。

(4)教育支出115.1亿元,增长7%。

(5)科技支出22.9亿元,下降2.2%。

(6)文化体育与传媒支出12.9亿元,下降27.7%。

(7)社会保障和就业支出185.9亿元,增长9.8%。

(8)医疗卫生支出55.4亿元,增长12.2%。

(9)节能环保支出34亿元,增长18.6%。

(10)城乡社区事务支出97.8亿元,下降25.4%。

(11)农林水事务支出53.2亿元,增长11.1%。

(12)交通运输支出23.6亿元,下降36.4%。

(13)资源勘探电力信息等事务支出21.4亿元,下降34.3%。

(14)商业服务业等事务支出7.2亿元,下降21.7%。

(15)金融监管等事务支出1.6亿元,增长185.1%。

(16)国土资源气象等事务支出4.3亿元,增长12%。

(17)住房保障支出29.9亿元,增长65.8%。

另外,2016年全市基金支出完成191亿元,下降7.7%。

(赵秋艳)

【助推全市经济发展】 优化营商环境。认真贯彻落实市第十三次党代会精神,召开动员大会,制订包括38项工作任务、88项工作内容的实施方案,并细化制订7个分方案,首批出台了10条措施,打造营商环境新生态。推进解决打造国际化营商环境重点问题,偿还政府拖欠企业工程款和物资采购款工作初显成效,受到省政府表扬。

推动产业结构调整优化。积极筹集产业发展及重大项目建设资金77亿元,支持先进装备制造业、战略性新兴产业、现代服务业等重点产业发展。继续以股权投资、PPP、政府购买服务等方式,吸引社会资本投入。发挥沈阳振兴发展基金等政府投资基金的引导作用,推动东北智能制造、中德园产业发展等基金的设立。

支持企业加速发展。支持做强融资担保、融资租赁,缓解企业资金瓶颈。累计投入资金24.4亿元,推动"小微双创"示范工作超额完成预定目标。全面落实营改增等税收减免政策,落实为企业降本减负20条等一揽子政策,减免55项行政事业性和经营服务性收费,全年减负约55亿元。

促进房地产市场健康发展。拨付资金9.3亿元,落实促进房地产市场健康发展各项补贴政策。通过调度资金等方式支持土地储备。截至2016年末,使用财政资金余额达到178亿元,有效控制土地储备债务规模,当年压缩36亿元,节约土地储备成本。

支持各区、县(市)协调发展。充分考虑各地区收支压力,在均衡性转移支付补助、债券资金等分配上,加大力度向区、县(市)倾斜。全年共下达各地区转移支付等补助资金223.5亿元,为各地区调度资金640亿元,推动各地区加速发展。

（赵秋艳）

【保障民生和事业运转】 沈阳市财政局千方百计统筹资金，确保中央、省、市出台的各项民生政策全部及时足额落实到位。全市民生投入占一般公共预算支出的84.5%。

1.保运转。牢固树立过紧日子思想，贯彻落实厉行节约要求，优先保证人员工资和公用经费支出，市本级部门公用经费定额平均每人每年提高145元。足额落实村级组织运转保障和村级党建经费，支持基层党组织运行。国家统调工资、津补贴改革、人民警察警衔津贴增资等一系列人员增资政策也全部落实到位。

2.保民生。全市投入241.3亿元保障养老、医疗、就业、低保等各项社会保障资金需求，确保企业退休人员养老金及时足额发放，保障居民医保、基本公共卫生服务、城乡低保等提标政策落实。筹集资金6.8亿元，落实农业“三项补贴”政策改革。拨付资金7.9亿元，确保玉米生产者补贴发放到位。投入资金14.9亿元，保障公共租赁住房、农村危房改造等重点民生工程建设。多渠道筹集资金181.4亿元，推进各地区实施棚户区改造。

3.继续改善城乡环境。抓住建材等原材料价格尚在低位的有利时机，全年投入128.3亿元，推动地铁、南北二干线、五爱街及南二环互通立交等重点基础设施建设。全市投入资金34亿元，用于抗霾攻坚、污水及垃圾处理等环境保护项目。

4.支持各项公共事业发展。全市投入资金115.1亿元，完善各级各类教育财政保障政策，大幅提高城乡义务教育经费保障水平。全市投入资金12.9亿元，推动文化、体育等社会事业发展。

（赵秋艳）

【深化财税体制改革】 深化财税体制改革。健全政府预算体系，同步编制政府债务偿还、政府采购、财政支出绩效等6项辅助预算和财政三年滚动规划，完善跨年度预算平衡机制，全市统筹财力约42亿元转入预算稳定调节基金。全面推进预算绩效评价。继续规范财政专户管理，全市累计撤并财政专户711个，占原有专户存量的73%。预决算信息公开工作在时限、方式及内容上实现新突破。

加强资金统筹使用。对各部门的结余资金和连续两年未用完的结转资金收回统筹使用，并与年初预算安排相衔接。深入推进国库集中支付改革，加强财政存款资金管理，尽可能采取协定存款、定期存款等方式存储社保等专户资金，每年形成利息收入约7亿元。

加快预算执行进度。提早预拨项目前期费用，协调、支持各地区及各部门加快推进项目建设，尽早形成实际支出。及时分解下达上级专项资金，推动项目尽早实施。

强化政府性债务管控。编制和落实好政府债务收支预算，通过提前偿还、置换财务成本高的债务等方式，优化债务结构。全年协调发行地方政府债券525亿元，实现了对当年到期债务的全覆盖，将存量债务利率水平从平均约7%降至3%左右，化解债务风险。

强化财政财务监管。完善差旅费管理办法。提高政府采购效率，完成公务机票购买管理改革工作。公务卡改革取得显著成效，全市公务消费现金使用量下降21%。推进政府购买服务在养老领域先行试点。加强行政事业资产管理，稳步推进市本级公物仓建设，开展行政事业单位国有资产清查。强化政府投资建设项目审核，市本级全年审核预结算项目811项，审减11.4亿元，其中结算审减3.4亿元。开展预算执行、会计监督、非税收入等监督检查，推进财政“双随机、一公开”工作。完善财政检审反馈应用机制和财政监督检查备案机制，主动接受各方面监督。

（赵秋艳）

【第八届会计活动日】 开展第五届会计人才就业招聘会。4月17日，成功举办沈阳市第五届会计人才就业招聘会。招聘会期间，推出了“线上预约+线下面试”的“O2O”招聘新模式。共有99家单位参与招聘，提供适合各层次会计人员的工作岗位300多个，入场求职者达6500余人次，收到求职简历2000份，达成意向367人。

开展“政府会计改革”专题讲座。4月27日，全市200余人参加了“政府会计改革”专题讲座，开阔了会计人员的眼界，增长了知识，增强了管理会计工作的主动性。

强化培训，开展《会计档案管理办法》专题培训会。4月25日，全市260余人参加《会计档案管理办法》培训会，重点介绍了新《办法》出台的背景、意义、过程和新旧衔接规定，对会计档案的种类及相关业务知识进行了针对性培训，对提高会计档案人员业务水平、进一步规范会计基础工作、提升会计管理水平发挥了积极作用。

（赵秋艳）

国　税

【概况】 2016年，面对经济下行压力大、挖潜增收难度大、结构性减税政策任务重等复杂形势，市国税局坚持向政策要收入、向管理要收入、向改革要收入，深入分析税源状况，找准组织收入工作着力点。全年共实现全口径收入634.5亿元，同比增长18.6%，增收99.5亿元。地方级收入实现219.4亿元，同比增长54.9%，增收77.8亿元。与此同时，各项税收优惠政策不折不扣得到贯彻落实，全年办理各项税收优惠162亿元，促进了企业长远健康发展。省局和市委市政府对市国税局工作均给予充分肯定，2名同志被授予“市长特别奖”，42名同志被授予“市长奖”。

（徐希竹）

【党的建设】 按照党中央全面从严治党新要求，层层抓牢压实主体责任，深入开展“两学一做”学习教育，全系统党的建设取得新成效。组织召开系统党建暨思想政治工作会议，制定工作要点，成立系统党建和党风廉政建设工作领导小组，制发《关于构建全面从严治党新格局的实施意见》，实现横向党建与廉政、人事、教育、绩效、老干部等有关工作有机融合,纵向机关党建与系统党建齐头并进的工作局面。大力加强干部思想教育,深入学习党的十八届六中全会精神,注重融入工作、服务大局,"两学一做"学习教育高起点开局、高质量推进、高成效开展。各单位主动融入系统和地方党建两个大局,聚精会神抓党建的意识更强、措施更实、效果更优。市国税局机关荣获"沈阳市先进单位"荣誉称号,纳税服务处党支部荣获"辽宁省先进基层党组织"荣誉称号。市直机关工委还在沈河区局召开党建工作现场会,市国税局做了经验介绍。

(徐希竹)

【税制转换】 营改增扩围是国务院从深化改革总体部署出发作出的重大决策,事关大局。沈阳市涉及营改增纳税人7万户,数量众多,类型复杂。在时间紧、任务重的情况下,市国税局打赢了"开好票"、"报好税"、"分析好"、"改进好"四场战役。在营改增工作中,各单位针对征纳双方的痛点堵点,针对总局省局关注的重点难点,不等不靠,主动作为,全市营改增税制转换平稳过渡,社会反响正面积极。市国税局相关工作得到张高丽副总理及总局主要领导的认可。

(徐希竹)

【国地税合作】 国地税合作是深化征管体制改革的核心工作之一,内容复杂,意义重大。市国税局按照总局有关要求,紧紧围绕省局确定的10项重点改革任务,精心组织,统筹推进,国地税征、管、查领域合作全面展开,初步实现服务融合、信息聚合、执法整合。还与地税局各选派19名干部,在市区局两个层面进行对口交流,国地税双方资源互通、业务互促、人才互动的合作局面进一步形成。

(徐希竹)

【信息化建设】 按照"互联网+税务"行动工作部署,以金税三期上线为契机,以"纳税人家园"建设为重点,加快信息化建设步伐,信息管税水平明显提高。金三上线,涉及纳税人24万户、业务数据70万条,技术难度大、质量要求高、时间进度紧。市区两级国税机关科学部署、精心准备、多措并举,经过8个月连续奋战,圆满完成了上线任务。在确保金税三期顺利上线的同时,全力推进"互联网+税务"建设任务。开发建设了"@沈阳国税"首期项目,即"纳税人家园"APP,实现了移动申报缴税方便快捷、政策信息推送及时准确、财税知识培训专业权威、征纳互动交流灵活高效,促进了管理服务效能同步提升,在总局"互联网+税务"建设和沈阳市"智慧沈阳"建设评选中获得双丰收。

(徐希竹)

【征管服务】 深入贯彻落实"放管服"改革精神,促进税收管理和纳税服务水平同步提高。在税收管理方面,构建"大风控"工作格局,树立精准思维,有效整合资源,风险管理的靶向性和实效性切实增强。创新工作机制,完善管理模式,构建大企业税收协同管理工作格局,得到总局省局充分肯定。以问题为导向,开发新"所得税季报系统"并嵌入纳税人家园项目,切实提升所得税后续管理质效。与此同时,认真落实税收征管工作规范,强化税种管理,取得良好成效。在税收服务方面,以问题为导向,面对营改增后、金三上线初期办税服务厅工作压力,开展"减量减负减压"专项行动。市国税局从制度层面找对策,各单位因地制宜想办法,大厅办税压力有效缓解,纳税人排队等候时间长等突出问题逐步解决。以高效便捷为目标,打破区域界线和属地限制,在全市范围内实现了税务登记、税务认定、发票办理、申报纳税等7方面66项涉税事项的同城通办,极大方便了纳税人。建立大企业"高端对话"微信群,为大企业提供精准服务。实现出口退税"无纸化"办理,减轻企业办税成本。车购税分局在多家4S店布设自助办税设备,实现纳税人购车、办税、上牌、保险"一条龙"。以促进地方经济发展为目标,从税收视角为地方党委政府建言献策,得到相关部门和领导认可。积极主动做好离境退税有关工作,促成沈阳成为东北首家离境退税城市。以打造国际化营商环境为目标,召开全员大会,制订工作方案,出台"十条禁令",开展"吃拿卡要"专项整治,举全局之力优服务、正行风、促发展。

(徐希竹)

【依法治税】 牢牢把握依法治税的生命线,将其贯穿税收工作的各个方面。开展税务行政审批制度改革督查"回头看",发现并纠正了一批行政执法中的突出问题。强化执法督察,创建高风险纳税人预警系统,进一步规范执法行为。加强内控机制建设,建立相关制度,细化基础性评价指标,努力实现两权规范化运行。改进重大税务案件审理方式,进一步提高审理效率和质量。制订《规范进户执法工作办法》,统筹稽查、评估、督察等执法项目,全年进户执法数量同比下降四分之一。大力加强法治队伍人才建设,11名同志成为首批税务公职律师。继续拓展法治税务示范基地建设,大东区局创建工作通过省法制办、省国地税局联合验收。

(徐希竹)

地　税

【概况】 2016年,面对经济下行和"营改增"等因素给组织收入工作带来的不利影响,市地税局突出抓好"组织收入、深化改革、优化服务、从严治队"等重点工作,税费收入实现了稳定增长,收入规模和增量位列全省第一,绩效考评名列全省地税系统第一名,全市地方税收工作迈上了新台阶。

(张　威)

【组织收入】 2016年,市地税局共征收各项税费721.4亿元。征收全口径税收389亿元,可比增收44亿元,增长12.8%,其中市级公共财政预算收入298.8亿元。地税收入占全市财税收入的51.1%。另外,征收社会保险费305.6亿元,征收工会经费10.8亿元,残疾人就业保障金5.9亿元,河道维护建设费10.1亿元。组织收入工作中,全系统积极开展税费排查,入库税费16亿元。大力清缴欠税,共对1.9万户纳税人采取措施,压欠税款5亿元。加大稽查打击力度,检查纳税人1386户,查补入库税费合计3.1亿元。对2.2万户企业开展社保费排查,补缴社保费6044万元,清理入库欠费5.75亿元。

（张 威）

【征管改革】 积极推进国税地税征管体制改革和国地税合作，与市国税局联合召开2次联席会议，部署了7项深度合作事项，全系统共有7个基层局实现了国地税共建办税服务厅。圆满完成了“营改增”税制改革任务，共比对、移交8万多户纳税人信息。认真做好“营改增”后增值税委托代征工作，开具增值税发票9.7万张，代征增值税1亿元。完成省局推送任务46次，清理信息13万条，培训纳税人15万人，圆满完成了双轨运行和人海压力测试，实现了“金税三期”优化版顺利上线。

（张 威）

【法制建设】 开展了行政职权梳理和清理工作，列出84项权责事项目录和行政职权运行流程图。认真做好案件审理工作，全年审理案件8件，涉税金额1.85亿元，审理行政复议案件6件。认真落实国家“放管服”改革要求，加强了对取消和下放审批事项的后续管理。积极落实税收优惠政策，对符合条件的582户小微企业减半征收房土两税1亿元。为企业减免失业保险费10.9亿元，工伤保险费1.7亿元。

（张 威）

【纳税服务】 全面推行“一窗式”改革，全系统18个办税服务厅均实现了涉税事项“一窗受理、内部流转、限时办结”，有效减少了纳税人重复排队，提高了办税效率。围绕全市打造国际化营商环境工作部署，制订实施方案，确定了10项重点工作任务，推动了税收环境不断改善。积极推进“便民办税春风行动”，12366全年接听咨询电话27万个，举办纳税人学堂106次，培训纳税人7.8万人。全年共办理“三证合一、一照一码”企业类登记纳税人3.1万户。推行了46项“免填单”服务。积极推进“银税互动”工作，共为中小企业发放贷款1899万元。

（张 威）

【队伍建设】 认真落实“两个责任”，制定了主体责任和监督责任落实情况纪实办法、市局党组成员党风廉政建设和反腐败工作责任清单，明确主体责任206项。开展了挺纪在前、严守底线“集中谈”、基层局“一把手”、纪检组长廉政谈话，推进了从严治党向基层延伸。深入开展“三难”、“吃拿卡要”专项整治，政风行风建设取得新成效。加大执纪问责力度，扎实推进行政监察和“一案双查”。加强干部队伍建设，完成了领导干部个人事项报告工作。实行了职务与职级并行工作。加大业务培训力度，干部业务素质不断提升。

（张 威）

金　　融

综　述

【金融业发展情况】　2016年,沈阳市金融业保持了平稳健康发展,为实体经济提供了坚强有力的资金保障。2016年,沈阳市政府陆续制订出台了《沈阳市促进产业金融发展实施方案(2016—2020年)》(沈政发〔2016〕33号)、《发展产业金融加快东北区域金融中心建设若干政策措施》(沈政办发〔2016〕90号)、《沈阳市进一步加快现代保险服务业改革发展的实施方案》(沈政发〔2016〕39号)、《沈阳市促进融资担保行业加快发展的实施意见》(沈政发〔2016〕19号)等一系列产业金融政策,推动产业转型发展。2016年末,全市金融业地税收入58.5亿元,占全市地税收入15%,占服务业21.4%。金融和金融服务机构累计达到814家,新增韩国友利银行、中意财险、长江证券等分行(分公司)等金融机构9家、外资融资租赁公司4家、基金及创投机构26家、资产管理公司1家。德勤沈阳办事处于2016年12月正式开业,国际四大会计师事务所已经全部入驻。全市全金融机构本外币存款余额1.45万亿元,同比增长2.9%,比年初增加411亿元。全金融机构本外币贷款余额1.28万亿元,同比增长10.5%,比年初增加1217亿元。截至2016年末,盛京银行总资产规模达9062.4亿元,资产规模位列全国城商行第六位。全市保险业共实现原保险保费收入332亿元,同比增长21.1%;保险业共发生赔付支出98.3亿元,同比下降2.8%。

(崔　增)

【多层次资本市场】　兴齐眼药等20家企业在深交所及"新三板"上市挂牌,遍布节能环保、软件信息、建筑装饰等行业。全市境内外上市企业已达51户,"新三板"挂牌企业47户。截至2016年末,沈阳市在辽宁股权交易中心挂牌的中小企业达到605户,其中,科技板挂牌企业324户,有50户企业通过股权质押融资、私募债券融资27.83亿元,82家企业进行了股权转让,股权交易额13.18亿元。截至2016年末,沈阳市在辽宁金融资产交易中心累计挂牌不良金融债权资产等各类金融资产830亿元,成交24.51亿元。沈阳联合产权交易所已形成国有资产交易、金融资产交易、股权托管及私募交易、权益性资产交易、投融资服务等5大业务平台,下设辽宁沈阳文化知识产权交易所、沈阳环境资源交易所等专业市场。瀚华金控、沈阳恒信资产托管有限公司等申请设立沈阳票据资产交易中心,经省政府授权、市政府批准筹建,将解决企业流动性资金需求和融资难问题。2016年末,沈阳有法人证券期货公司3家,证券期货分公司23家,证券、期货营业部127家。网信证券有限责任公司是经中国证监会批准总部设在沈阳的证券公司,公司下设2家分公司和41家证券交易营业部,注册资本金5亿元,2016年公司实现营业收入2.7亿元。

(崔　增)

【金融改革创新】　2016年,沈阳市政府与中国银行总行、工商银行辽宁省分行签署了战略合作协议,优先满足装备制造等重点行业发展的资金需求,综合运用跨境并购贷款、出口买方信贷等工具为外向型企业提供低成本跨境资金,银政企对接的长效机制进一步深化。国家宏观审慎管理试点政策在沈阳市实现业务突破,3家装备制造企业成功获得韩亚银行总额4400万美元的境外贷款,融资年化利率3.4%,这是东北地区的首批跨境贷款。争取在铁西区中德产业园率先开展跨境人民币创新业务试点方案获得人民银行总行批复,帮助企业利用境外人民币市场资源,开展跨境人民币贷款、境外发债、人民币双向资金池等业务,畅通企业境外融资渠道,降低企业对外贸易汇兑成本,提高企业跨境贸易便利性。市政府首次对在全国银行间债券市场融资的企业给予补助,惠天热电、城市公用集团等企业实现债券融资70亿元。浑南区政府积极开展省级科技金融试点工作,陆续设立了科技企业贷款风险补偿基金、小微企业创业投资基金和流动性债权基金,解决企业融资难问题。全省首家民间借贷登记服务中心在沈阳金融商贸开发区启动,累计借贷登记总额6.7亿元,成交金额4900万元,为沈阳市民间借贷的阳光化、正规化提供了重要载体。中兴通讯2015年在沈阳市成立了中兴金融研究院(中兴金融科技有限公司),全面启动中兴金融云项目。2016年,中兴金融科技公司已组建百余人的研发团队,从事金融云核心产品的研发设计,已经完成银行核心业务系统为代表的金融云核心组件的首个版本的研发工作。

(崔　增)

【普惠金融】　截至2016年末,沈阳市共有79家小贷公司,实缴注册资本金62.27亿元;平均注册资本金7882万元。贷款余额为53.41亿元,其中,信用贷款33.92亿元,占比63.51%。全年累计贷款49.61亿元。按贷款对象分,农户贷款5.44亿元,个人及个体工商户贷款25.48亿元,企业贷款18.68亿元。全年利息收入1.63亿元,缴纳税款4600万元。2016年末,全市共有融资担保机构49家,注册资本金总额70.94亿元,其中,国有控股担保机构19家,民营担保机构30家。注册资本金超过2亿元的15家。全市融资担保机构在保责任余额163.95亿元,在保企业户数1039户,在保人数5520人。全市累计担保收入为2.25亿元,纳税4599万元。全市担保平均放大倍数为2.31倍。沈阳现有沈阳农商银行、新民农商银行、邮储银行、沈阳农信社、沈北富民村镇银行、于洪永安村镇银行、新民富民村镇银行、法库富民村镇银行、辽中富民村镇银行、康平抚银村镇银行等农村金融机构。沈阳市农村土地承包经营权抵押贷款试点工作取得新进展，截至2016年末，试点地区于洪区新发放土地承包经营权抵押贷款1315万元，累计发放4844多万元。沈阳市农险获得较大发展，实现原保险保费收入2.4亿元，增速27%。

（崔 增）

【优化金融发展环境】 全年在沈组织召开了中国（沈阳）东北振兴国际金融大会、第三届辽宁金融交易博览会等大型金融展会。2016年9月21日，辽宁省基金业协会成立大会在沈阳召开。全市进一步强化了防范和打击非法集资的常态化机制。按照全国和辽宁省统一部署，开展了全市防范和打击非法集资宣传月活动，通过加大宣传和打击非法集资的力度，使非法集资案件的发案率大大降低。4月份，市政府与中国金融博物馆在沈阳率先启动了“社会集资那些事：风险与法治”全国巡展。联合人民银行沈阳分行、辽宁银监局、城市建设学院等单位研究制定金融知识和防范风险的宣传规划。全面开展联网金融风险专项整治工作。按照国家和省政府的统一部署，沈阳市成立了市级工作领导小组，市政府办公厅印制了《沈阳市互联网金融风险专项整治工作实施方案》。6月21日，召开了全市互联网金融风险专项整治工作会议，集中开展互联网金融风险专项整治工作，促进沈阳市互联网金融规范健康发展。

（崔 增）

【辽宁振兴银行获批在沈筹建】 2016年12月，由沈阳荣盛中天实业有限公司等5家企业共同发起设立的辽宁振兴银行获得中国银监会批准筹建，落户沈阳，这是东北地区第一家民营银行。首期注册资本20亿元。辽宁振兴银行以“产业金融服务东北振兴”为宗旨，以面向中小微实体企业的产业融资特色服务银行为定位，积极发展直销银行等电子银行业态，将为辽沈乃至东北地区的中小微实体企业、生产服务性企业、科技型企业提供综合金融服务。

（崔 增）

【中国（沈阳）东北振兴国际金融大会】

为进一步推进全面创新改革，打造东北开放创新高地，建设东北区域金融中心，助力东北老工业基地振兴，5月5日至6日，沈阳市举办了2016中国（沈阳）东北振兴国际金融大会。本次会议由沈阳市人民政府和欧洲货币机构投资者公司共同主办，来自芝加哥商业交易所、中国欧盟商会、法国巴黎投资、德国商业银行、摩根大通等30个国家（地区）的中外行业领军企业、知名中介机构代表及中国政府、企业代表近300人参加了本次金融大会。本次峰会以“沈阳：通往中国东北之大门”为主题，通过主题演讲、专题讨论和实地考察，全面展示沈阳经济最新发展动态，推介沈阳金融发展优势，提高沈阳招商引资的竞争力和吸引力。辽宁省副省长刘强，沈阳市市长潘利国，欧洲货币集团执行总裁尼尔·奥斯本，以及麦格里集团亚洲区首席执行官魏平分别在开幕式上致辞。

（崔 增）

银 行

·人民银行·

【信贷运行】 一、人民币各项存款少增

2016年12月末，全市金融机构本外币各项存款余额1.44万亿元，同比增长2.93%，比年初增加410.9亿元，同比少增985.4亿元；人民币各项存款余额1.42万亿元，同比增长2.7%，比年初增加374.9亿元，同比少增1002.5亿元；外币存款余额29.34亿美元，比年初增加3.54亿美元。分机构看，建设银行、盛京银行、中国银行、工商银行人民币存款余额比年初增加较多，人民币存款余额比年初分别增加195.2亿元、168.3亿元、154亿元和100.1亿元，国有大型银行和盛京银行在存款业务竞争中处于优势地位。人民币贬值推动外币存款稳步增加。

1.住户存款少增。全市金融机构人民币住户存款余额6145.5亿元，比年初增加376.3亿元，同比少增89.9亿元。其中，活期存款余额1883.1亿元，比年初增加149.6亿元，同比少增49.6亿元；定期及其他存款余额4262.5亿元，比年初增加226.7亿元，同比少增40.3亿元。2016年，证券市场横向震荡，银行间货币市场利率低位平稳运行，证券市场和各类金融产品对住户存款的分流作用减弱，住户存款虽然同比少增，但总体上呈现稳定增长态势。

2.非金融企业存款少增明显。全市金融机构人民币非金融企业存款余额4202.1亿元，比年初增加19.1亿元，同比少增550.7亿元。其中，活期存款余额1583.6亿元，比年初减少151.8亿元，同比少增377.8亿元；定期及其他存款余额2618.5亿元，比年初增加171亿元，同比少增173亿元。2016年，受经济增速逐步下滑和企业经营活动减少影响，企业资金周转速度下降，企业存款少增明显。

3.非银行业金融机构存款减少。全市金融机构人民币非银行业金融机构存款余额939.2亿元，比年初减少165.9亿元，同比少增669.8亿元。2016年，沈阳地区银行机构非银行金融机构存款利率报价水平逐步降低，价格竞争能力削弱，存款流失较多。

二、人民币各项贷款增势平稳

2016年12月末，全市金融机构本外币各项贷款余额1.28万亿元，同比增长10.51%，比年初增加1217.2亿元，同比少增92.7亿元；人民币各项贷款余额1.26万亿元，同比增长10.81%，比年初增加1225.8亿元，同比少增87.2亿元；外币各项贷款余额32.95亿美元，比年初减少3.57亿美元。本外币贷款余额占全国贷款余额的1.14%，贷款增量占全国贷款增量的0.96%，贷款增幅低于全国2.28个百分点；贷款余额和贷款增量都位居全省第一，分别占全省贷款余额和贷款增量的33.1%和50.7%；贷款余额比大连多994.7亿元，贷款增量比大连多1093.9亿元。受人民币贬值影响，外币贷款持续减少；人民币贷款余额增势平稳，继续有效发挥金融支撑经济发展的作用。

1.住户贷款多增。全市金融机构人民币住户贷款余额2562.5亿元，比年初增加417.6亿元，同比多增169.7亿元。其中，短期消费贷款余额164.3亿元，比年初增加12.2亿元，同比少增19亿元；短期经营贷款余额245.8亿元，比年初减少38.8亿元，同比少增58.3亿元；中长期消费贷款余额1941.4亿元，比年初增加429.9亿元，同比多增239.9亿元；中长期经营贷款余额211.1亿元，比年初增加14.3亿元，同比多增7.1亿元。2016年，住户消费贷款增长较多，2016

年初房地产市场销量逐渐提高拉动了个人按揭贷款需求回升。各银行认真贯彻落实差别化住房信贷政策，继续积极支持居民合理的住房消费；住户经营贷款继续保持平稳，支持个体经营户和小微企业的经营发展。

2. 非金融企业及机关团体贷款少增。全市金融机构人民币非金融企业及机关团体贷款余额1.0万亿元，比年初增加801.1亿元，同比少增256.2亿元。其中，短期贷款余额3028亿元，比年初增加312.6亿元，同比多增57.9亿元；中长期贷款余额6145.5亿元，比年初增加337.4亿元，同比少增179.5亿元；票据融资余额801.5亿元，比年初增加165.6亿元，同比少增128.3亿元。2016年，沈阳市基础设施建设继续推进，高速铁路、高速公路、地铁、城市快速路和立交桥等重点领域和重点建设项目的贷款需求平稳。各银行贷款投放积极性较高，积极投放中长期贷款支持重点领域和重大项目建设，支持企业转型升级和创新发展，为沈阳市的城市建设和经济发展提供了充足的资金支持；受地方政府债券置换中长期贷款因素影响，中长期贷款余额同比少增明显。2016年，银行间市场利率低位运行，票据融资方式较短期贷款方式继续保持低成本优势，票据融资需求稳步提高；同时，面临实体经济需求减弱的状况，票据融资继续发挥信贷总量蓄水池的作用。以上两因素促使票据融资余额增长。

3. 人民银行再贴现、再贷款资金支持沈阳经济发展。2016年12月末，人民银行再贴现余额11.5亿元，支小再贷款余额1.8亿元，支农再贷款余额0.5亿元。对商业银行支持中小企业和涉农单位的信贷和贴现业务给予中央银行资金支持，引导金融机构加强对中小微企业和涉农的信贷支持。

（王　赞）

【居民储蓄】　截至2016年末，沈阳市金融机构（含外资）本外币住户存款余额6260亿元，较年初增长397.9亿元，同比增长6.9%。其中，住户活期存款1942.2亿元，较年初增长196.2亿元，同比增长9.3%。住户存款全年呈现前低后高、季末回流、季初分流、波浪式上升的特点。月均增加额四个季度依次为75.3亿元、3.4亿元、27.5亿元、28.8亿元，全年月均增加33.8亿元。从影响因素看，可支配收入及储蓄意愿的双增长是主要因素。

1. 城镇居民可支配收入及储蓄占收入比例的增长促进了居民储蓄存款增长。2016年，沈阳市城镇居民人均可支配收入为3.91万元，较上年上涨6.7%。居民可支配收入增长直接促进了储蓄存款的增长。同时，2016年4季度沈阳市城镇储蓄调查问卷分析显示居民储蓄占收入比例较上年有所上涨。调查显示，储蓄占收入在20%以下的居民储户占比为53%，同比下降10.5个百分比；储蓄占收入40%以上的居民储户占比为20%，同比上升6.25个百分比。在收入增加的基础上，储蓄占收入比例的增长进一步促进了储蓄存款的增长。

2. 居民储蓄意愿增加，理财安全性受到关注，养老及预防性储蓄仍占首位。居民储蓄意愿小幅上升。4季度城镇储蓄调查显示，在消费、储蓄及投资倾向的调查中，选择"更多的储蓄存款"的居民占比为52%，较上年同期小幅上升3.75%；本季度认为存款利率低的居民占比52%，较上年同期下降16.25%，可见居民对储蓄利率的直观感受在一定程度上影响了储蓄意愿。出于对当前经济形势的总体状况及对未来形势的不确定，居民对理财的安全性更加看重，储蓄存款越加受到欢迎。在关于居民储蓄目的及用途的调查中，"存在银行安全"受到了26.25%的储户认可，这一比例较同期大幅上涨12个百分点。排在前两位的分别是"养老、防病、防失业或意外急需"，占比48.5%；"教育费"，占比37.75%。

3. 人均可支配收入的增加提高了居民的消费意愿，对未来经济形势预期的不确定性降低了居民的投资热情。2016年沈阳市消费品价格基本维持稳定，这从另一方面降低了居民的消费成本。4季度城镇储蓄调查显示，居民消费意愿与上年同期相比上升1.25个百分点，有18.75%的居民选择"更多消费"。以"买（建）房或装修"为目的的储蓄居民占比自2016年一季度大幅下跌后稳步上升，本季度占比为16.5%，但较上年同期22%的占比还有一定差距。以"买汽车"及"大额消费"为目的用途的储蓄比例均高于上年同期，可见更多居民储蓄是为了投向大额消费市场。投资方面，众多投资产品中仍以基金理财产品最受欢迎，有41.25%的居民选择主要投资基金理财产品，较上年同期下降4.25个百分比。值得注意的是，尽管总体投资意愿下降，居民中倾向于高风险投资的比例却有所提高，4季度有22%的居民倾向于投资股票，同比上涨3.75个百分点。此外，家庭主要金融资产的品种里，储蓄存款、理财产品和国债位列前三。

（张一阳）

【征信管理】　2016年，征信管理处在夯实发展的基础上，不断推动业务创新，提升征信服务水平。

1. 全面提升征信服务水平，为优化沈阳市金融生态环境提供有力支持。2016年全年，全市个人信用报告查询网点数量达到33家，其中：人民银行查询网点6家，商业银行人工代理查询网点2家，商业银行自助查询网点29家。个人信用报告查询31.63万笔；受理异议处理186笔；发放机构信用代码3.82万个；变更业务3.03万笔；挂失业务838笔；作废1935笔；完成个人信用报告查询查询收费4.45万笔；资金全部划转征信中心账户；为沈阳市人大代表补选的联审工作提供信用报告查询145笔；为司法部门提供397人次查询服务，为多个案件提供重要线索。

指导沈阳市民间借贷登记服务中心开展个人信用报告自助查询业务，为促进民间借贷阳光化，支持沈阳市金融改革，提供了更全面的征信服务。

2. 强化征信日常监管，稳步推进沈阳市征信市场规范健康发展。截止2016年末，已经备案的沈阳辖内企业征信机构3家，其中，法人机构2家、非法人分支机构1家，注册资本合计600万元，从业人员63人；已经备案的沈阳辖内评级机构6家，其中，1家为全国性机构的辽宁分公司，其他为地方性评级机构。注册资本合计3400万元，专职从业人员合计124人。2016年沈阳市信用评级业务84笔，其中，企业借款评级38笔，担保机构评级41笔。这些征信机构在人民银行的征信指导和监督下，积极拓展业务，规范业务操作，处于稳步健康发展阶段。

3. 加强征信业务检查监督，规范征信业务行为。2016年，对工商银行辽宁省分行营业部等6家单位的《征信业管理办法》执行情况进行了现场检查。调阅辖内金融机构信贷档案1200户，信用报告查询登记簿20余本，内控管理等相关制度文件80余份，要求被检查单位针对检查中出现的问题完成整改并上报整改报告。同时，派处内业务骨干参加分行征信业务现场检查和“两管理两综合”专项检查。进一步加强对辖区内查询用户进行排查，有效防止内部人员非法查询“灯下黑”的现象，从而有效提升征信查询的风险意识、合规意识。

4.扩大征信宣传影响力，全面提升沈阳市民诚信意识。抓住机遇，加强与政府相关部门的联动与合作，多角度、多层次的开展征信宣传活动，在全社会营造了知诚信、讲诚信的良好氛围，受到金融时报、沈阳晚报等多家媒体的关注和报道，为优化地方经济发展环境和信用环境发挥了良好的宣传作用。诚信文化教育工作取得突破性进展，与辽宁金融职业学院就诚信文化教育工作达成多项共识，将《现代征信学》纳入2017年度经济、金融等专业选修课中的必修课；开展征信教育专题讲座，为沈阳市诚信文化教育工作的开展和金融业的发展提供强有力的人才支撑和强大的教育支持。

5.加强政府沟通协作，深入推动沈阳市地方信用体系建设。加强与发改委、金融办等地方政府部门的沟通协调，以征信系统为依托推动政务协同工作。按照《社会信用体系建设规划纲要2014—2020年》要求，积极利用征信系统协助政府部门开展与信用相关的评比、创建活动，推动“信用沈阳”建设，扩大征信产品的应用范围，进一步提升征信系统社会影响力。参与沈阳市工商局培育评定“沈阳市诚信示范企业”、申报“守合同重信用企业”等工作；与沈阳市社会信用体系建设领导小组办公室签署《落实〈关于对重大税收违法案件当事人实施联合惩戒措施的合作备忘录〉》；与沈阳市发展与改革委员会开展地方信用体系建设工作碰头会，就建立中小微企业数据库等问题达成共识，双方建立工作互通机制，定期通报工作内容和重点，继续扩大征信产品的应用范围，进一步提升信用体系建设水平及社会影响力。与沈阳市政府多个部门合作，为建设沈阳市诚信规范的市场环境，进而打造国际化营商环境等做出了积极贡献。

（李　丹）

·中国银行·

【概况】 2016年，中国银行沈阳分行紧紧围绕总行“担当社会责任，做最好的银行”的战略目标，以“守正融合，担当振兴”为文化引领，紧跟“七曲乐章”重塑考核机制，围绕“增收入、拓客户、防风险、强管理、抓文化”五个方面，稳步推进各项经营管理工作，取得了阶段性成效。截至2016年末，本外币各项存款余额842亿元，本外币各项贷款余额570亿元。

（石航赫）

【资产业务】 针对低利率、低收益、低需求的市场形势，坚持以节约资本为前提，将贷款资源投向综合收益高、资本占用低、符合国家政策导向的重点领域、重大项目和重点客户，通过扩大贷款规模确保收入稳步增长。截至12月末，人民币各项贷款增幅11.54%。

重点围绕部队、学校、医院和其他行政事业单位等特定客户群体，开展“直客式”拓展服务，持续推进和升级金融服务大篷车活动。6月，从合作商户、活动展示场所、活动品牌三个方面，升级推出“大篷车”活动2.0版本。全年累计开展“大篷车”活动45场，为客户提供了丰富的金融产品，得到了社会各界的广泛认可。

积极拓展多渠道融资业务和“走出去”业务，拓宽参与辽沈经济社会建设的领域和渠道。跟进在东北振兴、自贸区建设、高端装备制造业中的龙头企业及走出去企业等重点项目和大交通、大健康、大教育、大政府、大物流、大民生等重点领域。

（石航赫）

【负债业务】 深入服务部队、财政、公积金、社保、卫生、教育等重点客户，持续强化新客户拓展，积极拓展县区财政存款。首次获得沈阳住房公积金贴息贷款承办银行资格。

依托重点项目和专属产品，全力服务重点客户群，夯实个人客户发展基础。在所有管辖支行设立银行卡团队。成立6家银行卡消费金融中心，专业从事汽车专向分期业务。全年实现消费金融交易额11.29亿元，同比增速83.15%，其中汽车专向分期交易额同比增速168.5%。

顺应存款同业化的发展趋势，紧跟监管政策变化，降成本、扩规模，全力拓展金融同业业务。坚持“走出去、跑起来”，重点突出高收益的同业理财和存放同业等业务，业务范围覆盖至华北、东北、华东地区主要城市。拓展埠内外合作空间，金融机构人民币活期低成本存款屡创新高，全年金融机构条线实现净收入1.09亿元，同比增长52.5%。

（石航赫）

【内控管理】 大力倡导合规文化建设，倡导合规文化建设，强调坚持契约精神，坚持组织的共同准绳。进一步加强员工合规培训和操守教育，持续打造以“诚实守信、依法合规、程序第一、失职问责”为主要内容的合规文化氛围。

强化内控管理。加强基层机构日常内控管理，将总行运营内控50条检查内容表格化，推广内控检查APP系统。提高检查效率。加强对运营内控副职的管理，建立常态化、制度化的考核和后评价体系，提高履职能力。

加强监督检查和问责。继续完善飞行检查制度，整合内控资源，实施内控飞行检查实施办法。认真落实“两个遏制”、“两个加强”的要求，做好专项检查和整改工作，排除案件风险隐患。发挥G-MAP监控系统应用，查找风险隐患。实施二道防线检查，制定和落实年度常规检查计划。扎实开展风险排查工作，有效提升案防水平。严格责任追究，对违规行为坚决“零容忍”，加大违规问责力度。

（石航赫）

【基础建设】 加强干部考核评价，陆续完善了提职考察、聘期考核和履职评价相结合的综合干部考核评价体系，以提升内生动力为目标，加大对中层管理人员、网点负责人队伍激励约束力度。建立双向交流机制。选派业务能力较强的各层级员工到省分行、先进兄弟行及监管部门挂职学习。推出“新兵训练营”制度，试水在线培训的新方法，参照运控飞行检查APP的后台数据呈现，推动因人施训。结合省行“领航”、“启航”计划，制定针对中层副职、基层关键职位及专业技术骨干人才的系列培养项目，通过集中培训、导师辅导、动态调整等方式，进一步培养和强化中层骨干力量，培养开发青年人才，搭建后备人才梯队。优化网点人员结构。适应基层一线发展，建立完善人员配置和人员结构调整机制。加强专业队伍建设，积极推进公司、理财、消贷及卡分期客户经理的RPC流程改造，明确岗位职责、绩效考核及激励机制，释放营销资源，配合网点业务转型，加大各条线客户经理选拔、培养力度。加大培训工作力度，坚持分级分类培训，按照经营管理、专业技术、技能操作三个层级岗位要求的不同，分别实施了各有侧重的培训。

（石航赫）

【党风廉政建设】　按照中央及总省行工作要求，全面落实"两个主体"责任，制定具体工作措施。紧密联系实际，细化"两个责任"，制定明确的落实措施及评价标准，划定"责任田"，并逐步建立日常检查和年度考核的长效机制，切实保证"两个责任"落实效果。强化第一责任人"一岗双责"意识，分行与各单位一把手层层签订了党风廉政建设责任书。认真贯彻落实"三重一大"决策制度，对干部任免、集中采购招投标和大额资金管理使用情况开展效能监察。以警示教育、座谈会、典型案例宣讲等形式，组织开展"合规操作、杜绝案件"主题教育活动。

（石航赫）

·工商银行·

【存款业务】　2016年，中国工商银行股份有限公司辽宁省分行营业部全方位发挥支付、结算、代理、理财、托管等产品和服务优势，在为客户提供保值增值服务的同时实现存款总量的稳步增长和存款结构的持续优化。截至2016年末，人民币全部存款余额达到1441亿元，比年初净增88亿元，增长6.5%。把商友客户、年轻客户、代发工资客户、民生领域客户、互联网金融客户和第三方存管客户作为主要服务对象，强化直营团队、支行、网点二级联动服务，强化网点、远程运维团队分层管户维护。借助创新型产品发布契机，积极向客户普及理财知识和技能。利用规模、平台、资金优势，为客户提供特色产品的增值服务。组织灵通卡刷卡消费促销，元旦、春节、"三八"、"五一"、"十一"、圣诞节等重要节日，与新玛特、兴隆等商家合作刷卡消费达额现场抽奖，按月消费达额换礼活动；与留学中介鑫泉、启德联合开展出国留学主题宣传；与高校联合举办"工行杯·凤凰辽宁校园主持人大赛"、"大学生金融创意大赛"等活动，深受大学生喜爱。实施对公客户分层维护服务，采取客户名单制管理，分层落实主维护人。积极开展第一层次的客户和服务对接，为全市公司、机构、同业客户提供理财、托管、结算等业务，为客户理财和资产增值提供源头解决方案。在全省金融系统首家开办了"工商企业通"项目，使注册企业在办理业务时由传统的物理窗口专项线上的虚拟窗口转移，免去注册企业多次往返奔波于工商注册、税务登记、银行等部门的繁琐流程，具有"突破时间空间限制、足不出户、身在异地"可以办理的"方便、快捷、轻松、省心"的特点，并能够借助新平台，为客户提供现金收付款管理、企业人民币外币理财等延伸式服务，实现银政企多方共赢的美好愿景。

（刘琳娜）

【贷款业务】　2016年，中国工商银行股份有限公司辽宁省分行营业部聚焦沈阳市实体经济提质增效改进金融服务，完善信贷增量与存量、信贷与非信贷融资的全流量管理和一体化服务，在促进实体经济转型升级中优化了自身经营质态，在支持新产业、新业态发展中培育了新的业务增长点。2016年末，各项贷款余额930亿元，比年初净增129亿元，增长16.1%。在公司客户融资服务上，集中更多资金支持沈阳实体经济补短板、上水平的领域。适应产业结构优化升级需要，大力支持了"中国制造2025"、东北二次振兴、互联网+、节能环保等领域的发展，重点满足铁路、高速公路、城市轨道交通、城市公共事业、城市基础设施、产业聚集区等基础设施和公共设施建设项目融资需求。全年累计投放大中型公司客户贷款262亿元。在小微企业客户融资服务上，积极推进小微企业信贷业务的专业化发展，创新推广线下专营和线上标准化相结合的小微金融服务模式，实现专营机构的小企业业务调查、审查、审批到放款的全流程最优化"一站式"操作，全年累计投放小微企业贷款4.7亿元。在个人客户融资服务上，积极配合沈阳房地产市场健康发展多项新政策的落地实施，全力支持居民合理住房需求和消费升级，为客户提供住房按揭贷款和个人消费贷款。全年累计投放个人贷款85亿元。积极与沈阳市住房公积金中心配合，开办公积金贴息贷款业务，全年受理公积金贴息贷款业务4652笔，金额18亿元。大力支持企业"走出去"，积极为客户提供工程类保函、融资类保函等产品和服务，为客户实现"走出去"目标提供本外币业务及国际业务支持，国际结算量同比净增1.1亿美元。

（刘琳娜）

【金融服务】　2016年，中国工商银行股份有限公司辽宁省分行营业部立足于满足客户金融消费多样化和消费升级的需求，提供高效的创新金融服务。坚持不懈地推进经营转型，加快培育发展新动能，改造提升传统动能，根植与规范基础、服务于实体经济和客户需求，大力推动大零售、大资管、大投行、互联网金融、渠道优化五大领域的转型创新。为客户精心打造了迪斯尼贵金属、"长城系列"军人专属理财产品等特色业务，打造了"观剧"、"品茶"等系列活动品牌。开展了高端客户"健康管理"维护，以特色服务推动增值维护，以关爱客户赢得长久信赖。积极代理沈阳市机关事业养老金发放业务，实现了养老金理财业务服务在14家支行的全覆盖。以债券承销、资产交易、并购、股权融资、结构化融资、金融租赁等手段满足公司业务脱媒趋势下大企业、大客户"去贷款"融资需求，组建直营团队，通过提供一揽子公司金融服务，帮助企业降杠杆和降成本。工银e缴费这一新产品成功应用于学费、党费缴纳等领域。在服务个人客户和企业客户的同时，大力服务金融同业客户，为客户提供资金托管、隔夜资金存放、资金存入存出的业务。加强零售业务与互联网金融对接，以产品创新与场景创造为重点，大力改善客户体验。积极推进支行互联网金融业务服务团队建设，在每个网点培养一名年轻的业务骨干，构建互联网金融业务“团队主营＋全网点服务”的新服务格局。着眼于“轻型化、智能化、一体化、社区化和营销团队化”推动渠道转型，打造线上线下一体化发展格局和服务优势，推进网点布局优化和功能改造，持续提升智能化网点占比。在全行网点推广应用了更加精简高效的服务流程和新模式，进一步改善了客户体验。

（刘琳娜）

【经营管理】 2016年，中国工商银行股份有限公司辽宁省分行营业部坚持从严治行，坚持向管理要效益，坚持向管理保安全，强化了多领域、多环节、多部位的内部控制。针对经济下行压力下融资风险多点多发态势，将保全国家金融资产安全、稳定信贷资产质量作为重中之重，逐级落实质量管理责任机制，改革信贷体制机制，实施专家治贷，积极运用多种手段加大不良贷款处置力度和强化潜在风险贷款的全过程风险管控。针对各类社会金融风险高发提示，把2016年作为内控合规“基础强化年”，深化了“十大领域和关键环节”的风险治理，坚决预防和遏制各类案件和风险事件的发生。全面加强安全保卫工作，积极做好外部欺诈风险系统及监督检查管理系统的推广应用工作，全年共堵截电信诈骗16起，为客户挽回经济损失30余万元。持续推进服务整治不动摇，以重点区域网点为主要切入点，通过开展服务创新、提供良好的客户体验、完善的售后服务，率先在全省的服务工作上做出表率。各个派出机构，按照整体方案逐项分解任务和落实责任，围绕网点靓化达标率100%，实现无服务态度类投诉和恶性服务事件。在全行实行投诉首问负责制和投诉处理支行行长最终负责制，坚持就地解决原则。加强对超时严重网点的监督，通过晨会、夕会加强对公业务培训，加强对重点时段窗口服务人员的配备。对重点区域网点、20个重点整治网点、五星级网点、13家支行营业室，实行支行领导包干负责制，统筹调剂网点劳动组合，实行弹性排班制。建立大堂经理考核机制和大堂补位机制。实施网点动态管理，每季度对所有网点评比一次，对优质服务的先进网点予以表彰奖励。创新开展“媒体开放日”和媒体监督员进工行活动，邀请了沈阳日报、沈阳晚报、沈阳地铁报、新浪网、凤凰网在内的多家媒体的金融记者对营业部服务工作进行监督，以市民、媒体、第三方等多重角度对营业部服务工作进行检验，用他们的真实体验，反馈服务中存在的问题，作为下一步服务工作改进的动力和依据。在沈阳市2016年各类评比中，荣获沈阳晚报“最具品牌价值银行”及“最具影响力银行”、“最佳服务银行”，沈阳日报“2016沈阳市民信赖银行最具社会责任感银行”等荣誉。全年共创建中银协五星网点4家，总行级五星网点4家。持续推进从严治党，以党建带动行建，持续加强党的政治建设、组织建设、制度建设、廉政建设和作风建设。扎实开展“两学一做”学习教育活动，树新风、扬正气。在160个网点设置了共产党员示范岗，在营业部班子成员、支行党委书记办公室摆放国旗、党旗，全体党员佩戴党徽。

（刘琳娜）

·农业银行·

【概况】 中国农业银行股份有限公司辽宁省分行营业部（以下简称省农行营业部）全辖共设一级支行17个，营业中心1个；共有营业网点164个，其中，支行营业部18个（含营业中心），二级支行113个，分理处33个；本级机关现有内设机构26个，在册人员4089人。

2016年，省农行营业部一系列改革和管理举措相继落地，业务经营取得较好成绩，基础管理逐步夯实，风控水平有效提升，社会良好形象进一步树立。

（尹　晗）

【存款业务】 中国农业银行股份有限公司辽宁省分行营业部始终将存款工作作为立行之本，发展之基，切实加强主动负债管理，稳增量、提份额、优结构，全力推动负债业务再上新台阶。储蓄存款方面，一是重点做好代发工资业务营销。以代发工资为核心，围绕收入分配市场、支付结算市场、城镇化市场、老龄化市场，继续抓好资金流营销。二是强化个人重点负债产品营销。全力推广活利丰、定利丰和个人大额存单业务，以丰富的产品优势、各具特色的适应对象吸引客户，以产品高计价政策激励网点员工主动开展新产品营销，以及时督导、定期通报、业务清零活动促进网点业务提升。网点营销积极性、主动性不断提高，收效明显。三是强化个人客户价值管理。以“五率”为核心的各项重点指标列入考核体系，由财富中心、理财中心、网点等不同层面组织开展丰富多样的贵宾客户活动，不断加强客户维护力度，切实增加贵宾客户的黏合度。对公存款方面，一是稳定大客户核心存款。加强对重大项目建设单位等源头性客户及其下游客户营销，实现资金体内循环。二是做好机构客户发掘维护。按照省分行机构业务“567”营销战略部署，加大对省、市两级行名单客户的综合营销力度，按地域落实营销责任和主责任人，在资源上加大对名单客户的支持力度。三是以结算账户夯实基础存款。鼓励网点走进周边商圈、园区等客户密集区加强新注册客户营销，配合研发新注册客户按区域自动分配程序，保证了时效性和准确性，切实提高了营销成功率。2016年，省农行营业部本外币各项存款时点余额1093.25亿元，增加47.22亿元。

（尹　晗）

【贷款业务】 法人贷款方面，一是以东北振兴为契机狠抓重大项目营销。成立了支持东北振兴金融服务领导小组，制订了营销及奖励方案，按照谁负责谁跟踪的工作原则，主动对接政府及项目，并对客户（项目）实施分类管理，确保营销工作的有序开展。二是重点加大园区营销力度。对沈阳市重点区域、重点园区、重点客户等积极开展摸排和走访。个人贷款方面，一是贴息业务抢抓同业份额。积极参与市公积金贴息贷款竞标，中标后对贷款流程进行了梳理，缩短了放款时间。二是专项营销推进二手房贷。持续深入推进“二手房·找农行”活动，进一步扩大优质中介的合作广度与深度，继续提升二手房业务市场份额和贡献度。三是消费贷款营销初见成效。针对新开发上线的网捷贷、保捷贷、自助质押贷款等便捷高效的线上产品，消费贷款突破原有的营销模式，成功开启了网点营销的新理念，取得了良好的效果。截至2016年末，全行本外币各项贷款余额741.01亿元，比年初增加122.4亿元。

（尹　晗）

【中间业务】　2016年初，省农行营业部对全行中间业务产品进行全面梳理，明确了发展重点与任务计划，定期分析、实时督导，始终将提高中间业务收入作为重点工作贯彻落实。一是加强督导与考核，个人理财业务发展良好。将个人理财重点内容设定成考核指标，与各行收入挂钩，强化督导，按日通报，督促支行加快营销进度，下发工作提示函对业务发展中的重点工作进行提示，及时解决工作中出现的问题，促使个人理财业务长期处于正向发展。二是以“e商管家”为抓手，推动电子商务业务实现新跨跃。切实落实产品带动策略，突出电子商务、e商管家、掌上银行、e购天街等重点产品的营销；持续提升电子银行客户质量，重点营销有互联网金融服务需求的中青年群体、大学生及资金交易旺盛客户；提升多渠道协同营销效力，通过选取线上线下的网站及媒体，结合网点、六走进等营销方式，提升整体宣传效果。三是狠抓信用卡品牌建设，提高了农行信用卡的美誉度和吸引力。全年常态化开展“乐享周六、美食半价、9元观影”系列优惠活动，形成农行品牌；推出辽通卡“中石化加油88折、高速通行费9折、1元洗车”优惠套餐，打造车主生态圈；与80余家特惠商户签约开展特惠活动，多渠道宣传，吸引客户办卡用卡。四是加强考核、强化合作，加大基金销售力度。强化与基金公司合作，积极推广宣传货币基金快速赎回业务，关注重点首发基金及基金定投销售，制定考核办法，分阶段推进营销目标，调增部分基金计价标准，借助计价政策调整，加大基金销售工作力度。五是保险代理实现跨越式发展。通过对产品策略、营销理念、销售渠道、督导模式等多方面创新，代理保险业务取得了快速发展。

（尹　晗）

【国际业务】　一是坚持不懈，推进自营客户营销。年初下发《2016年营业部国际业务重点客户维护拓展方案》，锁定上年度结算量1000万美元以上重点客户。与支行联动维护走访重点客户。坚持每日向重点客户发送境内外汇率走势分析、利率情况、重点产品推荐等市场资讯。二是拓宽营销渠道，大力拓展增量客户。与相关机构建立联系，从源头锁定客户。三是抢抓机遇，促进国际业务持续发展。密切关注自贸区进展情况，紧密对接相关部门，了解第一手政策和客户信息，及时开展营销。充分利用政策机遇，扩充国际业务客户群体，促进国际业务持续发展。发挥国际业务产品带动作用，持续普及自营客户的贸易融资、外汇交易等传统业务。紧盯总行、省行指导政策和市场行情，积极营销福费廷二级市场买入、受托代付等低风险同业业务。四是多措并举，持续强化队伍建设。多次组织开展全行性国际业务集中培训，参训对象有主管行长和国际业务产品经理、对公客户经理，授课老师包括外汇局专家和省行骨干。到多家支行调研指导，为支行提供具体发展思路。组织专家组成员学习重点产品，开展专项检查，协同支行走访客户10余户。为推动全行学习国际业务，业务管理部门及时更新经营数据及最新市场资讯、内外部政策制度；第一时间发布工作动态，发布国际业务客户营销进展情况；督导支行在支行网站上发布外汇政策、产品及营销动态；加强支行微信公众号推广。五是对接市场需求，积极创新产品。紧盯市场行情，关注总行政策，对接市场与客户，创新办理全省首笔产品4种。新产品办理成功后，快速复制推广，强化新产品整体贡献度。

（尹　晗）

【风险控制】　2016年，面对风险因素不断增多的复杂形势，省农行营业部始终坚持“稳”字当头，强化“大风险”理念，多管齐下，分类施策，风控能力有效提升，实现了“三无”目标。一是信贷风险有效控制。持续推进了个贷中心、法人放款中心、信贷业务审查审批中心“三大中心”建设，建立起一整套法人及个人信贷业务集中作业和集约化经营模式，切实将风险控制关口前移，还在全辖组织开展了个贷和信用卡不良清收攻坚战。二是案防工作持续加强。对保证金业务、异地企业开户及大额资金交易业务、票据业务风险、员工参与非法集资类异常交易等进行了排查；重点对内外勾结、涉嫌“飞单”等8种行为进行了排查、整治；组织召开了“遵章守纪依法合规警示教育大会”，分析了2015年以来内外部检查发现问题情况，对近年来典型违规案例进行了合规宣讲，引导广大干部员工增强法治观念和规矩意识，提升全行内控管理和案件防控水平。三是基础管理不断夯实。深化“大保卫”理念，扎实推进“三化三达标”工作，确保营业网点、金库、支行、视频监控中心优秀达标；全面开展安全检查，全年无重大案件和责任性事故发生；持续抓好“运营一号任务”，大力推进“三化三铁”创建工作；高度重视舆情和声誉风险防控工作。

（尹　晗）

【党建工作】　一是抓实组织思想建设。在辖属162家营业机构全部成立独立党支部。组织两期培训班，对全行基层党支部书记进行培训，全面提升基层党支部做好党建工作的能力和水平；每周下发《“两学一做”学习教育工作日程表》，实现全行学习同步调、同内容，组织各基层支部开展专题学习研讨908次；特邀辽宁省委党校教授讲授专题党课，组织营业部党委成员、支行党委成员在分管条线和所在支行讲授党课，各基层党支部书记也在营业机构讲授党课达303次。二是夯实党建基础管理。对营业部本级的党建活动室进行重新规划升级，作为全行党建活动室样板，并指导各支行，实现所有营业机构党支部均有党员活动室；印制下发《党建工作常用文件、规定汇编》和《党支部日常管理工作手册》，提升基层支部管理的精细化、规范化水平。三是丰富党建工作活动。组织编写下发了400道党建工作知识题库，每周开展一次基层党支部委员党建工作知识测试；在全行组织开展了党建知识竞赛，掀起学党建、抓党建、比党建的风尚；打造3家党建工作标杆支行，建立全行党建工作模板。

（尹　晗）

·盛京银行·

【概况】　2016年，盛京银行积极实施改革创新战略，加快集团化、综合化发展步伐，经营工作继续保持稳中向好的发展态势，业务结构和盈利模式不断优化。截至2016年末，总资产9054.83亿元，存款余额4152.46亿元，贷款余额2354.17亿元，实现净利润68.78亿元；纳税总额43.28亿元，其中，沈阳地区纳税总额33.27亿元，位居沈阳市第三名、沈阳市金融服务业首位；坚持将自身经营发展与服务实体经济、支持地方建设深度融合，2016年累计向沈阳地区投放贷款达660亿元，位居沈阳市金融机构前列。在英国《银行家》杂志“2016年全球银行1000强”中位列第186位，在中国入榜银行中位列第24位；在《财富》杂志发布的“2016年中国500强”中位列第364位；在香港财经杂志《中国融资》主办的“2016中国融资上市公司大奖”评选中，连续两年荣获“最佳上市公司大奖”；被联合资信评估有限公司评为最高评级等级AAA级。

（李　阳）

【金融创新步伐不断加快】 2016年，盛京银行不断加快转型创新发展与综合化经营步伐，统筹规划创新发展战略，集团化发展空间进一步拓展。一是加快推进专业化经营发展步伐。协同推进资金运营中心、小企业金融服务中心、信用卡中心等专营机构建设，业务互补和推动作用明显增强。二是盛银消费金融有限公司开业运营。盛京银行控股子公司—盛银消费金融有限公司，于2016年2月正式开业运营，这是东北地区首家持牌消费金融公司，填补了东北地区消费金融机构的空白。三是业务资格牌照日益丰富。成功取得金融衍生品、国库现金参与行、公开市场一级交易商、黄金交易专户等业务资格。加快推动投贷联动、不良资产证券化等试点资格申请，促进综合化经营、多元化发展战略的落地实施。四是持续加大理财产品研发力度。强化优质资产配置和特色化、定制化产品研发，拓展线上线下销售渠道，推进销售专区与“双录”系统建设，满足客户多样化的投资需求。五是联合沈阳市国税局、地税局联合开展“银税互动”战略合作，并在全市首推“税贷通”融资产品，重点服务沈阳地区优质纳税小微企业，为其提供更加快捷、完善的金融服务。六是外汇业务服务功能与产品种类日益丰富。成功开发代客外汇衍生交易系统、出国金融增值服务平台及跨平台网银系统，完成上海自贸区业务准入，推出自由贸易账户、跨境投融资、支付结算、资金交易等金融服务，创新推出签证代传递、离境退税、个人电子银行结售汇业务，进一步拓展国际业务范围，为客户提供多样化的本外币综合服务。

（李　阳）

【服务渠道建设持续优化】 2016年，盛京银行坚持以建设全功能、全覆盖的金融服务平台为目标，积极探索和创新全方位的服务渠道。一是机构网点布局持续优化。深耕细作区域市场，加强重点分行环境改造，加快重要地区网点建设，实现13家传统支行、3家小微支行开业运营。截至2016年末，盛京银行已在北京、上海、天津、长春等4个中心城市及辽宁省内14个城市设立了18家分行，实现省内城市机构网点全覆盖，机构网点总数达190家。二是社区金融建设持续完善。全年新建社区金融便民服务场所877家，总数达2141家；累计布放智能终端1518台，受理业务22万笔，为社区居民提供全方位“零距离”金融服务。三是电子化渠道建设与服务功能日益丰富。不断优化网上银行、手机银行、电视银行、微信银行等电子化服务功能，大力开展远程视频银行和直销银行建设，加快沈阳易行手机应用项目合作，强化新系统、新功能的上线运行与营销推广，电子银行普及率与业务替代率明显增强。四是积极参与“沈阳新社区”微信平台建设工作，为全力保障和改善民生、不断提升群众生活质量，提供金融支撑，逐步树立起百姓日常生活离不开的银行品牌形象。五是消保服务水平进一步提升。实施消保深化年和优服创建工程，开通“95337”全国客服专线，完善客户投诉统计分析机制。连续两年被辽宁银监局评为消费者权益保护一级单位，获得“2016年度中国银行业普及金融知识万里行活动”最佳成效奖，全国仅有两家城商行获此殊荣。

（李　阳）

【内控体系建设日趋完善】 2016年，盛京银行进一步完善内控体系建设。根据监管政策、法律法规动态调整内控制度，强化对新建机构及新业务的合规审核，实现制度覆盖业务及风险点，有力地促进了全行内部控制管理水平的提升，内部控制的健全性和有效性不断提高。一是持续加强全面风险管理，坚持审慎稳健的风控战略，继续推进与本行发展战略、经营规模、业务范围和风险特点相适应的风控体系建设，持续提升风险管理的前瞻性、针对性和有效性；深化全面、全员、全流程的风险管理，将信用风险、流动性风险、市场风险、操作风险等各类风险纳入到统一的风险管理体系中；加强风险评估和预警管理，强化审慎风险偏好管理，建立覆盖全部业务和操作环节的风险管理制度和管控流程。超前制定风险处置预案，严格防范客户履约风险，通过风险识别、计量、监测和控制等一系列风险管控措施，强化事前防范、事中控制、事后跟踪管理和监督纠正，持续提升风险管控能力，保证经营工作的稳健运行。二是持续完善合规管理组织架构，建立健全了合规管理机制，不断提升合规管理的精细化管理水平，为全行经营转型、体制改革、创新经营提供合规支持；不断加强合规信息交流与共享，进一步健全合规信息监测管理体系。强化合规风险审查、识别和评估各项业务的合规风险，推动创新业务合规开展。三是继续强化内控体系建设，创新审计管理模式。在总行直审的基础上，继续完善分行内审体系建设，优化制度体系建设，规范内审监督流程及标准，不断提升分行内审人员业务能力，稳步推进分行内审部门的设立。根据业务发展、监管政策和风险管理的变化，不断补充、完善相关业务审计制度，跟进全行业务种类的创新及监管制度的变化，序时修订审计方案，明确审计标准，完善工作流程，指导内部审计人员规范开展各项审计工作。

（李　阳）

·交通银行·

【概况】 2016年，交通银行辽宁省分行紧紧围绕总行“三大任务、三大重点、三大目标”，继续以“三大”、“四新”发展理念和“五增”工作目标为指引，大力推进“七篇文章”重点工作，拼搏进取、责任立业、创新超越，保持了各项经营管理工作的持续健康发展，实现了“十三五”时期的良好开局。绩效考核排名总行第12，消保评级连续两年被辽宁银监局评为一级水平。幸福指数排名总行第5。利润计划超额完成，创收能力全面提升。完成率排名总行第1，人民币存、贷款业务完成全年计划，市场占比提升。资产质量管控有力，保持基本稳定。

（王　健）

【业务经营】　一是着力深化体制机制改革，持续释放经营管理新活力。千方百计释放网点改革活力，全面推行网点责任人的风险抵押金制承包考核，增强了竞争意识。全辖低产低效网点数已减少至1家；千方百计调动领导干部能动性，打破长期不变的干部管理模式以及大家的思维惯性；千方百计推进重点难点工作。二是着力加快转型发展步伐，持续推动主要业务取得新进展。全力以赴推动负债业务量增质优；全力以赴支持地区经济发展。继续坚持“两个贴近”、“一大一小”、“十大领域”投向，融资规模保持增势不减；全力以赴完成创利增收任务，公司优质客户、同业机构业务优质客户、个金私银客户、达标沃德客户、交银理财客户均超额完成全年净增任务。

（王　健）

【资产管理】　全力以赴稳定资产质量。继续落实风险化解责任，省行班子成员带头承包并督促重点户的风险化解及收息工作，风险化解团队及各行负责人均签订了《资产质量风险防控目标责任状》。建立定期联席会议制度。加强贷后管理力度，建立了量化考核、奖惩通报、检查报告和创新培训“四项制度”。持续加大减退加固力度，继续实行责任制、名单制管理。对名单内客户，坚持能退则退，不能退就加固。对短期难以退出或不宜退出的企业，灵活运用强化抵质押或担保、信贷重组、方案重整、更换借款主体等手段，有效降低了预期损失。

（王　健）

【内控管理】　扎实开展“两学一做”学习教育。省行党委班子成员带好头，主动学习习近平总书记的系列重要讲话和党章党纪党规，认真贯彻落实牛锡明党委书记在总行党建工作会议、党风廉政建设会议、党委扩大会议、党委中心组学习会议上的重要讲话精神。在抓经营管理工作的同时，一起研究、部署和落实党建与党风廉政建设工作。各级党组织积极开展党内活动，见人见事见变化，争做“四讲四有”合格党员。党员干部们参观了辽沈战役纪念馆，学党史、感党恩、跟党走；重走了赶考路，重温“两个务必”精神。举办了“歌颂祖国跟党走 强行圆梦迎十一”大合唱、“一起走过一庆祝交行重组三十周年”迎新春客户联谊会。扎实推进巡视整改、纪检派驻、党风廉政建设等。在保持快速良好发展的同时，接受了总行巡视、审计、“五大领域”检查、“长剑”行动、“两个加强、两个遏制”回头看、党风廉政建设责任制考核和人民银行的“两管理、两综合”检查等全方位的“政治体检”。扎实营造内控合规氛围和案防安防高压态势。扎实做好客户信息补录专项行动和离岸业务风险排查工作。不断强化反洗钱风险管控，严守监管底线。坚持内控合规工作“从基础做起、向基层延伸”。建立健全内控管理架构，成立省行内控管理委员会，建立内控管理员队伍，系统性推进内控评价、考核、监督工作。

（王　健）

·招商银行·

【概况】　2016年，招商银行沈阳分行固本培元、整合聚焦，坚定执行“轻型银行”、“一体两翼”战略，深化资产组织和风险管理“双核”动能，总、分行“六大战役”初战告捷，二等行地位得以巩固。

2016年，招商银行沈阳分行巩固“一体两翼”格局，形成了零售稳健、公司加速、投资发力的健康、良性的发展态势。零售金融方面，继续保持分行利润主体地位，经营利润、税前利润、考核利润占比分别达到60.1%、64.9%和86.7%，考核利润占比首年突破80%。公司金融方面，从名单制出发，以铁三角、项目制、方案制为抓手，稳步推动资产组织工作，并围绕资产组织做好核心客户的深度经营。投资银行方面，经过一段时间的探索，已经形成了定位准确、方向明确，以产品为导向的专业化管理团队。

2016年，招商银行沈阳分行坚持“轻型银行”道路，打开了持续转型升级的发展空间。实现盈利更稳定，全年营业净收入29.25亿元，经营利润17.03亿元，考核利润9.92亿元，其中，非息收入占比同比提升2.32个百分点，对利润增长的支撑作用日益明显。资产更丰富，公司条线通过密切与政府、财务等部门合作，开展机构客群的综合化经营；稳中有进，重点扶持医疗产业；积极探索，发力教育客群；重点营销，锁定境内最大城商等举措，实现了资产的多元化。向农信社转出地方政府债券6亿元，完成全总行首单地方债分销业务；实现政府引导基金托管项目重大突破，获得第一批项目基金托管业务；医疗客群日均存款增幅55%；教育客群日均存款增幅215%；智慧校园项目被总行评选为经典案例；成功营销北京银行多家分行同业协存业务，业务规模34.91亿元。特色更鲜明，实现零售财富中收6.7亿元，创利水平排名总行第7，期缴保险收入首年完成全年目标，较上年同期提升18个百分点；全年股权类产品销售2.63亿元，较上年同期提升17%；对冲基金销售3.15亿元，较上年同期提升10%。构建资产管理“朋友圈”，创立“大资管业务联络群”，成功为海思科、桃李面包放款3.5亿元；营销远洋地产下属公司融资项目12亿元。现金管理业务发展进入新纪元，通过跨境资本通、国内证福费廷、付款代理、票据池等新型融资产品组合运用，成功突破并锁定了鞍钢、中建五局、铁路局、特变电工、星摩尔等战略客户，出版传媒、中航发606所等一系列客户CBS项目成功上线。人才更全面，2016年新任职干部15人，29人进入后备干部库；设立17个专业岗位后备人才库，1700余人次入库；完成第一批后备人才出库，向公司、零售条线核心岗位输送人才57人；1061名员工参加专业序列评审，晋级780人，晋级率73.5%。

（姜海泉）

【深入开展体制改革】　2017年，招商银行沈阳分行加快体制改革步伐，主动走向深水区，将一切资源向战略客户集中，由4个战略客户团队增设至7个团队，深入到电力、铁路、制药行业，军工行业,烟草、远大系列、汽车行业、房地产行业,制造、通讯行业以及医药流通、公用事业、出版报业。将公司客户部按照区域由7个客户部合并为5个客户部,小企业客户部合并为4个团队,并成立资产质量管控团队。

(姜海泉)

【信贷结构调整】 招商银行沈阳分行全年累计退出资产45.66亿元,其中,退出对公资产33.05亿元。行业结构调整、低价值和九宫格风险客户、大额预警客户、单一预警客户、小企业风险客户、民间融资客户退出资产均超额完成年度计划,最高完成率达到466.67%;零售小微企业贷款退出12.61亿元,完成率308.31%。批发条线实现了表内贷款新投35.06亿元,新兴资产业务新投20.29亿元,累计FPA新投55.51亿元;新投放住房贷款25.66亿元,同比多投8.59亿,贷款余额较年初增加17.2亿元,住房贷款余额占比较年初提升12.16个百分点。公司、零售贷款结构都得到进一步优化。

(姜海泉)

【资产作业中心二期集中项目顺利上线】 招商银行沈阳分行在资产业务会计集中处理流程已顺利、平稳实施4个月后,资产业务后台集中模式收效显著。为进一步配合分行公司体制改革发展需要,减少客户经理往返分支行的次数,缩短银行承兑汇票出票业务时间,提升客户满意度,资产作业中心于3月9日正式上线第二期资产集中项目—开展银行承兑汇票“集中出票”模式。

(姜海泉)

【摩羯智投启动会】 2016年12月13日,招商银行沈阳分行在香格里拉酒店举办了“摩羯智投启动会”,宣布招商银行摩羯智投在沈阳地区起航。本次启动会是摩羯智投在地区进行的第一场启动仪式,也是第一次媒体发布会。该启动会标志着招商银行融合服务新模式的诞生,辽宁电视台、沈阳电视台、辽沈晚报、沈阳日报、华商晨报等沈城一线媒体报道此次活动。作为国内银行业首个推出智能投顾服务的银行,招商银行不但在运用Fintech(金融科技)技术上取得重大创新,而且从工具到平台、从交易到咨询、从单向到互动、从封闭到开放策略也实现了一次重大突破。

(姜海泉)

·中信银行·

【概况】 中信银行沈阳分行于1995年成立,下辖抚顺、葫芦岛2家异地分行、1家营业部和25家同城支行。2016年,中信银行沈阳分行认真贯彻中国银行业监督管理委员会辽宁监管局、中国人民银行沈阳分行和营业管理部的各项监管要求和政策,执行落实中信集团、总行的各项决策部署,以战略规划为指引,以重点产品推动为突破,以经营模式创新为驱动,积极应对经济下行、同业竞争和自身发展面临的严峻挑战,经营总体趋势平稳向好。对公、储蓄存款分列地区中小股份制银行第1位和第3位,进出口收付汇量位列中小股份制银行第1位。全行总体运行平稳,无重大差错和案件发生。

(陶毅男)

【业务发展】 战略执行扎实推进。中信银行沈阳分行深刻认识和分析经济新常态下辽沈地区经济社会变化发展的事实与趋势,深入研究影响分行未来发展的各种因素,抓住“新常态”下服务业跨越性发展、城镇化稳步推进和社会经济技术变革等带来的新机遇,紧跟国家全面振兴东北老工业基地的政策措施,做好中信集团和总行战略在辽沈地区的落地工作。结合自身发展环境、经营战略和市场定位,分行提出了战略发展的方针目标、营销策略以及保障战略实施的主要措施,全面指导和促进经营管理稳健持续发展。

客户营销推动到位。公司客户营销坚持提质扩容,深化分层经营管理,通过专业化、特色化的综合融资服务方案,有效对接客户需求,全年对公基础客户数、养老金个人账户数和年金客户数实现有效增长。成功中标“辽宁省产业投资引导基金”托管银行资格,文化产业基金实现落地。零售客户营销坚持“外拓拉新、内挖提升、流失唤醒”三管齐下,牢固树立“以客户为中心”的理念,切实做好消费者权益保护及宣传教育工作,前中后台“三位一体”支撑一线服务客户,客户基础不断夯实。加强电子银行获客能力,电子银行客户活跃度持续提升,户均加权交易笔数明显增加。

重点业务稳步发展。“烟商贷”项目推动效果显著,通过创新融资方式有效对接烟草商户需求,积极带动营销优质烟草商户以及储蓄存款、管理资产增长,公私联动收益可观。托管业务持续发力,依托“投行+商行+托管”的营销模式,积极发挥产品优势,规模和收入均创分行历史新高。交易银行业务依托中信集团全牌照金融平台和跨领域混业经营优势,率先在辽沈地区推出“交易+”品牌,为企业交易行为和贸易活动提供全流程服务。国际业务保持市场领先地位,跨境人民币规模大幅增长,跃居沈阳市第二位;连续八年蝉联外汇管理局A类评级;成功落地外保内贷、跨境人民币资金池和出口订单融资业务。金融同业业务成功突破同业资金对接行内授信资产、电票代理接入和同业约期存款业务。个贷业务优化放款模式,开通存量房网上抵押延伸柜台办理业务,提高放款效率。网络银行业务实现创新发展,成功上线公积金网贷及员工代发工资网贷项目,积极推广微信及支付宝收单业务。网点服务水平不断提升,连续四年荣获省银行业“优质文明规范服务示范单位”,并荣获十周年创优评比“优服创建最佳组织奖”;营业部、浑南和北站支行三家网点获得“千佳示范单位”。

(陶毅男)

【内部管理】 风险管控持续加强。组织召开风险文化建设启动会,积极推动中信银行总行风险文化建设指导意见和实施纲要落地。通过开展风险案例现场培训和典型风险事件专题讨论反思会、参观反腐倡廉警示教育基地、讲授每日“风险微课”,加强宣贯。信审工作在把好审批关口的同时,不断提高专业水平,积极支持业务发展。授信管理工作加强重点领域风险监控,全年开展15项专项检查。通过审批风险前置、加大贷后排查力度、落地平行作业、加强系统运用等措施,积极调整信贷结构。落实“一户一策”化解方案,加大问题贷款化解力度;通过委外催收等措施,深化零售业务贷后管理;多措并举,强力执行,不良资产现金清收取得突破。

内控管理不断提升。以内外部检查为契机,深入开展自查自纠和整改问责工作,全行的合规操作意识进一步增强。通过召开内控合规专题会议、签订案防责任状、开展重点业务排查和自查等措施,内控合规管理模式逐步向主动、全流程管理转变。严格落实反洗钱监管的各项新要求,通过完善制度建设、加强宣传培训,不断提高反洗钱管理水平。违规问责力度不断加大,坚持有错必究、有责必问,对各类内外部检查发现的问题以及不良贷款责任人,严肃问责,扎牢“合规经营、守住底线、不越红线、不碰高压线”的制度笼子。

基础管理巩固夯实。人力资源工作坚持激励约束考核结果落地,实行刚性兑现,强化干部队伍管理;按照“强培养、勤考核、严管理、重使用”的管理模式,抓好后备干部选拔、管理及梯次培养,开展干部公开竞聘、虚拟竞聘,改进人才选拔方式;扎实推进中信银行总行人力资源改革项目落地,厘清岗位职责,核定人员编制,构建完整清晰的职业体系,提高人力管理效能。财务会计工作在考核上精简指标,强化计划考评和资源配置对经营的引导,同时顺利完成“营改增”工作,较好地发挥了职能作用。运营管理工作以防范操作风险为重点,深入开展会计大检查,定期开展技能培训和考试比武,运营条线人员的业务能力不断提高,确保会计部位案件和会计重大事故零发生。信息技术工作有效对接业务系统开发需求,坚持做好运行维护工作,较好地发挥了科技支撑作用。

(陶毅男)

【企业文化】　中信银行沈阳分行切实加强党建工作,将党建工作不断推向深入。召开全行党建和纪检监察工作会议,严格落实“一岗双责”。深入开展“两学一做”学习教育,通过党委书记讲党课、开展警示教育,强化党员责任意识。制定落实分行党委理论中心组学习制度,切实强化政治理论学习,提升班子政治素养。持续开展“三严三实”专题教育活动,扎实落实群众意见建议。开展党费收缴专项检查,严格按照中信银行总行党委要求,扎实做好党费补缴工作。认真开展反腐倡廉学习教育,全行签订《党风廉政建设责任承诺书》,深入推进党风廉政建设责任制。妥善处理来信来访,市民服务热线网投诉案件办结工作排名地区同业最前列。坚持把铸造员工幸福作为推动分行发展的重要抓手,开展新春游艺会、女职工厨艺大赛、健步走等文体活动,丰富了员工的日常生活;组织慰问生病、困难员工,体现了分行的人文关怀。在沈阳市扶贫办的协调下,为康平县罗家屯村投资修建蔬菜配送中转站,开展“温暖驿站”爱心公益活动、“清理白色垃圾、共筑美好家园”青年志愿者服务活动,积极服务经济社会发展,履行社会责任,树立良好的社会形象。

(陶毅男)

保　　险

·人保财险·

【概况】　中国人民保险集团股份有限公司(简称中国人民保险)的前身中国人民保险公司,经中华人民共和国政务院批准,于1949年10月20日在北京西郊民巷108号挂牌成立。自2010年入榜世界《财富》500强以来,中国人民保险排位不断提升,2016年以年营业收入646.1亿美元位列“世界500强”第119位,在上榜的中国公司中排名第25位。

中国人民财产保险股份有限公司(简称:中国人保财险)是中国人民保险集团旗下的标志性主业子公司,2003年在香港联交所成功挂牌上市,成为中国内地大型国有金融企业海外上市“第一股”,是亚洲第一大非寿险公众公司。在亚洲保险竞争力排名中,连续6次排名财险公司第一;在穆迪评级中,连续7年获穆迪A1评级,为国内非政策金融机构最高评级。《2016保险竞争力排名研究报告》公司再度排名第一,并获“2016年度压轴最佳财险公司”大奖。“亚洲保险竞争力排名”研究项目自2008年启动以来,公司已连续8次在财险公司排名中位居第一。

中国人保财险沈阳市分公司于1980年恢复经营,下辖24个支公司,拥有1120名员工,保险服务网络覆盖所有县区和大部分乡镇,是沈阳市成立最早、规模最大、网点最多的财险公司。公司经营机动车辆保险、财产保险、工程保险、船舶保险、货运保险、责任保险、信用保险、意外伤害保险、健康保险、农业保险等业务,为全市40万辆机动车提供车险服务,为120万工会会员提供组合保险服务,为20余万公顷农田提供农险服务,为600余万城镇职工提供补充医疗保险服务。2016年公司保费收入达27.3亿,为各类企事业单位和个人提供风险保障金额近1.75万亿元,是沈阳市同期GDP的2.58倍,签单185万件;累计处理各类保险案件28万件,累计支付赔款16亿元,缴纳各类税费4.4亿元,有力地支持了沈阳地区经济建设。

3月15日,沈阳市消费者协会和沈阳市保险行业协会联合举办的2015年消费者满意单位表彰大会上,沈阳市分公司被市工商局、市消协评为“2015年度消费者满意单位”。3月25日,市公司为正在上映的电影《回乡逗儿》提供独家保险赞助。4月27日,市公司党委书记、总经理郭明东同志被授予“沈阳市特等劳动模范”称号,理赔中心主任石金彪同志被授予“沈阳市劳动模范”称号。6月3日,市公司成功签出辽宁地区商车费改第一单,标志着商车费改正式到来。6月7日,中华全国总工会崔志民局长一行赴市公司参观访问,并签订《2016年全国职工围棋大赛广告冠名宣传协议》。协议的签订标志着市公司成功获得该项赛事的独家冠名权,确定本次冠名为“中国梦·劳动美”沈阳市工会会员组合保险杯全国职工围棋大赛。7月1日,市公司成功签出首份中国城乡居民住宅地震巨灾保险,标志着城乡居民住宅地震巨灾保险制度在沈阳市正式落地。8月10日,康平支公司作为辽宁省玉米价格“保险+期货”试点单位,承保康平县玉米价格保险。“保险+期货”作为辽宁省玉米价格保险创新形式,受到了社会各界的广泛关注。10月27日,在首届“辽宁保险业理赔岗位技能大赛”中,市公司高路、李杨分别荣获车险理算核赔第一名、人伤审核第一名。12月,市公司获得2016年度辽宁省金融五一劳动奖状。

(王见希)

【主要经营险种】 2016年,公司开设的险种覆盖经济和社会发展的各个领域,主要险种有机动车辆保险、企业财产险、家庭财产保险、责任保险、货物运输保险、建筑工程保险、信用保证保险、农业保险、意外健康保险等300余种。其中,车险是大众化、普及率最高的主体业务,全年全市车险保费收入67亿元,同比增长9.88%。商业非车险主要包括企财险、家财险、工程险、责任险、货运险等,全年商业非车险保费10.58亿元,同比增长-15.58%。农业保险自2008年恢复开办,2016年全年累计保费收入1.46亿元,共承保种植业(玉米、水稻、花生、大豆)28.49万公顷,全市公益林基本实现全覆盖;设施农业911.44公顷,参保农户5195户;试点承保奶牛1.52万头、生猪18.01万头、能繁母猪1.41万头,养殖业承当风险总额2.06亿元。

(王见希)

【防灾理赔】 2016年,沈阳市分公司累计处理各类保险案件28万件,累计支付赔款16亿元,同比增加10%;开展人伤绿色直赔,平均减少患者治疗周期25天;开展在线理赔服务,2016年,共计处理案件2607件。

(王见希)

【经营管理】 升级大车险格局,凝聚车险发展合力。打造"3+2"大车险作战格局;积极推动新兴险种快速发展;强化风险管控,提升经营效益;深化与市总工会互动机制,持续对接各县区及产业工会,宣传保险服务平台,为全市120万工会会员提供保障;搭建三农服务网点686个,覆盖沈阳县域全部地区,助推沈阳地区农村经济发展。

(王见希)

·人保寿险·

【概况】 2016年,沈阳市分公司实现保费收入19.13亿元,同比增长1.53%;续期保费9.99亿元,同比增长5.6%,新单保费9.14亿元,完成率93.94%,其中,首年期交保费4.24亿元,完成率97.48%,同比增长45.74%;10年期及以上保费2.25亿元,完成率91.74%,同比增长297.34%。短期险保费1.32亿元,完成率71.32%,同比下降6.6%;长期险首年标准保费1.81亿元,完成率112.15%,同比增长55.58%。

2016年,各销售渠道以发展为第一要务,抢抓机遇,高目标引领,业务得到较快发展。在全国县域成长百强竞赛评比中,单从业务上看,新民、苏家屯、于洪三家支公司分别为第八、十三、六十五名,首次期交占比高于趸交。个险渠道在2016年开门红期间,提前9天累计实现预约新单期交保费1.01亿元。险渠道在巩固传统渠道业务的同时,积极发展法人客户业务,加大对续保老业务的有效沟通力度,巩固合作基础,确保老业务稳定发展。实现学生险保费5973万元。银保渠道不断完善自主运作的销售平台和客养平台,大力发展三年、五年期交业务,逐步深入转型。创新管理模式,合理布局,将银保2个公司裂变成4个单位,在调动了干部积极性的同时,更提升了经营单位核心竞争力。健康险渠道与市卫生局成功签署为期5年的沈阳市新型农村合作医疗大病保险承办协议,实现新农合大病保险保费5047.27万元;与市医保局成功签署了2016年沈阳市城镇职工大额补充医疗保险协议,实现保费1193万元。农合系统、大病系统成功升级,并与多家软件公司合作,从技术上保障系统运行,加强了与农合办理赔系统的衔接,进一步提升了公司服务能力。

2016年,沈阳市分公司坚持转变工作作风,以"市对县服务,干部对员工服务,后援对销售一线服务,全员对客户服务"的价值导向,形成真心服务、主动服务的全新局面。对客服柜面及机关人员重新配置,提升了客户满意度;持续推进E宝帐、E家实际运用,借助互联网科技,提升服务能力。公司开展"两两回头看"自查与检查工作,督导检查全覆盖全辖26家销售单位。配合完成人民银行反洗钱现场检查,针对发现的问题立查立改,确保检查效果。2016年5月1日起,按照财政、税务相关部门要求,由缴纳营业税改为缴纳增值税,平稳实现"营改增"。公司风险管控能力持续提升。

2016年,公司党委认真贯彻党的十八届六中全会精神,学习领悟总书记关于全面从严治党、加强国有企业党建工作的一系列新思想新论述,不断加强党建工作。公司把党建工作考核纳入基层单位主要负责人年度考核指标中,并开展支部书记抓党建述职评议工作。扎实开展"两学一做"学习教育与"三会一课"项目运作。通过自学、集中学习、专家授课等形式开展"两学一做"学习教育,全系统共撰写学习体会110余篇,每名党员手抄《党章》一次,确保了学习教育效果。在全省"抄写党章"评比活动中,有两名党员分别荣获二、三等奖。

(周天球)

科 学 技 术

科学研究与发展

【综述】 2016年,沈阳市科技创新工作以实施创新驱动发展战略为主线,以打造国际化营商环境和良好创新生态为目标,较好地完成了各项工作任务,为助推全市产业转型升级、培育壮大发展新动能提供科技支撑。全市共争取国家、省级各类科技计划资金8.5亿元,其中,603个项目获国家自然科学基金的直接资助,支持额度2.9亿元;14个项目获2016年国家重点研发计划支持,支持额度3.1亿元。9个项目获国家科技进步奖,10个项目获中国专利奖。年度发明专利申请首次突破万件大关,达12289件,同比增长24%。有效发明专利达到11108件,每万人发明专利拥有量达13.3件,高于全省6.4件。全市技术合同成交额达186.9亿元,同比增长22%。

1.围绕打造国际化营商环境,营造良好创新生态。推进科技计划管理改革。出台《沈阳市科技计划项目管理办法》,在科技计划体系设置、经费配置方式、项目形成机制、项目管理制度等方面进行了较大力度的改革,使科技计划管理更加公开透明、便捷高效、规范有序,增强科技对经济社会发展的支撑引领作用。

制定科技成果转化政策。围绕全市科技成果转移转化的关键问题和薄弱环节,赴南京、杭州等先进城市开展专题调研,形成了《关于促进科技成果转化补齐沈阳发展短板的对策研究》调研报告。同时,积极指导企业落实研发费用加计扣除政策,简化办事流程,减轻企业负担。

2.强化创新顶层设计,打造区域创新高地。系统推进全面创新改革试验工作。市科技局成立了全面创新改革试验工作领导小组,加强局内改革试验工作的组织领导和统筹协调。出台年度工作推进方案,明确建立企业创新政策扶持机制等13项重点改革任务,逐项制订具体实施方案,各项任务均按照计划及时间节点顺利完成。

全面推进国家自主创新示范区建设。制订出台了《建设实施方案》、《三年行动计划》和《若干政策措施》等,先行先试政策体系建设初见成效。双臂协作机器人等填补国内空白,拓荆科技项目获批国家"十三五"科技重大专项,沈飞民机庞巴迪公司Q400等项目建成投产,建设中科院沈阳机器人与智能制造创新研究院等10个创新平台,区域创新能力持续提升。组建创新服务平台28个,新增众创空间、孵化器25.5万平方米,良好创新生态逐渐形成。

3.加强科技创新供给,助推产业转型升级。创新平台建设扎实推进。IC装备创新中心、眼科创新研究院等一批高水平创新平台项目进展顺利。新增精密清洁铸造等11个省级产业专业技术创新平台和化工水污染防治等5家省级工程技术研究中心。认定清洁能源供热等7个市级工程技术研究中心和3个市级重点实验室。现代生物兽药、无机非金属新材料、精细化工3个产业技术创新战略联盟获批省级产业技术创新战略联盟。

科技开放合作进一步深化。深入开展对口城市合作交流,多次赴北京、南京、厦门等地开展调研对接。支持和鼓励沈阳市企业与"一带一路"沿线国家开展交流合作,新松医疗、成大生物技术公司拓展了印度、缅甸、尼泊尔等国外市场。组织举办了对俄科技合作基地联盟第九次年会、中日韩机器人产业技术交流会、中韩企业项目对接会等一系列大型国际科技交流活动,搭建国际科技合作平台。

4.着力鼓励创新创业,不断优化创业环境。支持企业创新发展。围绕小微企业创业创新基地示范工作出台若干政策措施,兑现政策资金5300多万元。首批认定市级众创空间36家,米库创服、锦联创业邦等15家众创空间纳入国家级。新增高新技术企业139家,是2015年新增数量的3.2倍,全市高新技术企业数量达555家,高企数量和质量有了显著提升。

发挥科技奖励激励作用。完成2016年度沈阳市科学技术奖励评审工作,评出科技振兴奖6项、科技进步奖120项、农村科技推广奖33项、专利奖30项。为进一步激发广大科技工作者的创新热情和创造活力,启动沈阳市科技创新奖,王国栋院士等2人获"科技创新功勋科学家奖",徐方等10人获"十佳科技创新带头人奖",沈阳农业大学设施蔬菜创新团队等10个团队获"十佳科技创新团队奖"。

5.大力发展民生科技,推动科技强农惠民。提高农业科技创新水平。辽宁东亚种业有限公司"玉米生物育种国家重点实验室"选育出两个玉米新品种获得省和国家品种审定。辉山乳业、禾丰牧业等龙头企业在全产业链发展方面发挥示范和带动作用。沈北新区、新民市承担的国家富民强县项目通过科技部验收。"青年农民上大学"359名学员取得证书。农村讲师团组织科技培训102场。

浓厚科技创新氛围。成功举办科技

活动周、知识产权宣传周、双创周等活动，新认定市级科普基地3个，晋升省级科普基地3个。出台《沈阳市技术先进型服务企业认定管理办法》等政策法规，对文件进行集中清理，优化政策环境。强化知识产权工作，推动中德产业园成立"三合一"知识产权局，东软集团成为沈阳市首家国家知识产权示范企业，专利保险参保企业达87家。

（邱雅多）

【科技计划】 按照国家关于开展科技计划管理改革的总体要求，为满足沈阳市创新发展的实际需求，沈阳市印发实施了《沈阳市科技计划管理改革方案》，提出了"改革科技计划体系、改革项目形成机制、改革资金配置方式、改革项目管理制度、搭建统一的科技创新管理平台"的"四改一统一"的总体改革思路，确立了以目标、市场、绩效、服务四个导向为核心的改革原则，实现了全市各类科研计划的统筹安排，聚焦经济和社会发展的重大创新需求，实行了自上而下顶层设计与自下而上申报相结合的科技项目形成机制；修订印发了《沈阳市科技计划项目管理办法》，针对计划项目的申报、评审、立项到验收进行全链条、规范化管理；按照"智慧城市"建设的总体要求，搭建科技计划网络管理平台；安排2016年市科技计划项目239项，安排资金3.25亿元。

（滕强保）

【重点实验室】 2016年，沈阳市推动各级重点实验室服务于科技创新和经济社会发展，取得了显著的创新成效。全年新增各级重点实验室16家，其中，省级重点实验室13家，市级重点实验室3家。14家市级重点实验室通过市科技局组织的验收，正式挂牌运行；截至2016年12月末，沈阳市共有各级重点实验室324家，其中，国家级14家，省级285家，市级25家，覆盖了先进装备制造与自动化、电子信息、新材料、生物与制药、新能源、节能环保和人口与健康等多个领域；修订并印发了《沈阳市重点实验室管理办法》，确定了市级重点实验室单位申报、现场调研、专家评审、批准组建、验收挂牌的认定流程，促进了市级重点实验室管理的规范化、制度化；2016年市科技计划安排重点实验室建设项目12项，安排资金1553万元。

（滕强保）

【争取国家项目支持】 争取国家政策及项目取得重大突破。沈阳市成为东北地区唯一的国家全面创新改革试验区，获批国家自主创新示范区，科技和金融结合试点城市。沈阳新园开发建设有限公司等3家单位被评为国家级科技企业孵化器；沈阳禾农农业科技开发有限公司等9家单位的"星创天地"通过科技部备案；沈阳扬谷创业孵化器基地有限公司等15家单位被列为国家备案的众创空间；沈阳市专利保险服务及促进工作列入国家知识产权资产评估促进创新工程专项。中德（沈阳）高端装备制造业产业园知识产权环境建设项目获国家知识产权局批准立项；获批国家自然科学基金603项，获得资金2.89亿元，占全省的46.98%；获批国家重点研发计划14项，获得资金3.10亿元；沈阳富创精密设备有限公司等25家单位获得国家各类专项资金6371.22万元。拓荆科技有限公司获国家集成电路产业投资资金增资8500万元。

（滕强保）

【自主创新示范区建设】 2016年4月，国务院批准设立沈大自主创新示范区。沈阳自主创新示范区依托浑南高新区和拓展区域进行创建。自创区发展目标概括为"四区一中心"，即高端装备研发制造集聚区、转型升级引领区、创新创业生态区、开放创新先导区、东北亚地区科技创新创业中心。沈阳市出台并实施沈阳市建设自创区实施方案和三年行动计划（2016－2018年），自创区建设开局良好。2016年自创区智能制造业实现销售收入49.8亿元，占装备制造业比例25.2%；高新技术产品产值达到276.7亿元，高新技术产品产值占规模以上工业总产值68.1%；R&D投入9.4亿元，占GDP的2.3%；万人发明专利拥有量达15件；15项关键核心技术取得突破，新认定高新技术企业59家，高企总量达到207家，为全市的37%；组建了28个公共服务平台，获批国家级众创空间10家。

（孙　超）

【大众创业万众创新】 2016年，市科技局落实市委市政府相关工作部署，结合沈阳市开展小微企业创业创新基地城市示范，采取有力措施，推进大众创业、万众创新取得重要进展。

一是优化创新创业政策。牵头制定了8个政策实施细则，在高新技术企业培育、创业创新空间建设、知识产权创造、技术交易、鼓励科技人才等方面落实政策资金5400多万元，切实优化了"双创"生态环境。

二是实施科技创新券制度。对小微企业到指定科技服务机构开展科技创新活动，给予后补助支持，有力促进了科技创新供给侧和需求侧的对接。

三是营造创新创业氛围。据统计，众创空间开展一定规模的双创活动达700场以上，在"创响中国·沈阳站"和"双创周"期间，承办的创意设计、投融资对接会等主题活动，市长潘利国亲临参观指导，成为活动亮点。利用各种媒体宣传报导"双创"相关活动1000余条次，营造了良好的"双创"氛围和舆论环境。

"双创"工作成效显著。沈阳市国家级科技企业孵化器和众创空间分别达到12家和15家，居东北地区前列；全市专利申请达2.22万件，同比增长22.37%；技术合同成交额实现186.91亿元，同比增长22.63%；全年新增高新技术企业139家，增量是上年的3倍。沈阳市参加第五届中国创新创业大赛（辽宁赛区）取得了优异成绩，以大幅领先的优势居全省第一。

（宋　伟）

【编制《沈阳市重点节能减排技术目录》】 为贯彻落实《中华人民共和国节约能源法》，根据《沈阳市2016年节能减排工作要点》安排，市科技局会同市发改委、市经信委、市环保局组织编制《沈阳市重点节能减排技术目录（第六批）》。经全市征集、专家评审，共有44

项技术入选《沈阳市重点节能减排技术目录(第六批)》,其中节能技术27项,减排技术17项,内容涉及电力、建筑、能源、化工、环保等行业。《技术目录》主要介绍了各项技术原理、技术指标、适用条件、节能减排效果等,为沈阳市加快节能减排技术推广普及应用,引导用能单位采用先进的节能减排新工艺、新技术和新设备提供了重要依据。节能减排技术目录的编制,对沈阳市提高能源利用效率,减少污染物排放起到积极促进作用。

(彭美媛)

【科技特派员示范工程】 为认真落实沈阳市科技局关于加强全市科技特派员行动,深化高层次新型农民特派员队伍建设的指示精神,本着"因地制宜、项目带动、典型示范、机制创新、利益驱动"的原则,继续深入开展科技特派员示范工程,鼓励科技特派团、特派组、特派员坚持深入农村生产一线,为发展农业特色产业和提供多形式的技术服务提供技术支撑。2016年,科技特派员深入农村全年开展农业科技培训273场,培训农民1.47万人,服务覆盖乡镇、街道104个,覆盖村屯786个,实施特派员项目60个。截至年底,全市选派科技特派员304人,特派团40个,累计引进动植物新品种333个,引进先进适用农业新技术112项,建利益共同体79个,形成龙头企业14家,建立科技示范基地61个,举办各种形式培训班273余场,培训农民1.47万人次,发放科技资料6.2万份,辐射带动农民3376户,新增经济效益4.8亿元,在支持地方特色产业发展、解决产业发展中的技术关键等方面取得了明显成效。

(范国柱)

【高新技术企业认定】 2016年,沈阳市在加强高新技术企业认定工作迈出重要步伐。建立了高新技术企业认定工作新体系。在辽宁省高新技术企业认定工作领导小组监督指导下,参与了沈阳市高新技术企业认定评审工作。将高新技术企业认定的申报组织工作权限下放给各区、县(市)科技行政部门,有效发挥了其组织申报的积极性。同时,加大高新技术企业政策和认定工作的宣传、培训、服务力度,取得较好效果。2016年,全市共有233家企业获得高新技术企业资格,净增139家,增量是上年的3.2倍。全市高新技术企业数量达到555家,占全省(不含大连市)46.6%。据统计,全市高新技术企业2016年享受高新技术企业所得税优惠5.9亿元,有力调动了高新技术企业的研发积极性。

(彭美媛)

【实施国家科技惠民计划】 在沈阳地区开展糖尿病眼病的筛查、培训及公共教育、远程会诊等活动,建立糖尿病、眼病患者的数据库,研究和制订糖尿病、眼病的筛查方案及临床防治路径,形成符合沈阳市社区医疗的、临床实际的、完善的糖尿病、眼病的医疗干预技术规范体系(一级干预、二级干预、三级干预),有效地提高糖尿病、眼病的筛出率、临床早期干预比例。为沈阳市近4000名社区和乡村医生提供防盲治盲知识培训,进行糖尿病眼病的知识普及,从而在基层实现糖尿病、眼病的早期发现、早期预防、早期治疗的目的,做到筛查、公共教育宣传和转诊相结合的一体化治疗模式。项目已在沈阳何氏眼科医院建立了糖尿病眼病远程会诊平台,该会诊平台现已能够实现基本的远程诊断、专家会诊等功能,并可进行移动终端(如手机、平板电脑等)的时时查询功能。已为沈阳市的20余万名百姓进行了免费的常见眼病筛查,约9万余名糖尿病及疑似糖尿病患者建立了眼健康电子档案,档案保存在项目的远程会诊平台。组织多次大型公共教育活动,受众超过5000人次。项目执行单位沈阳何氏眼科医院已组织80余次培训,累计培训来自沈阳市各区县的基层医生近4000人次。为50家"糖尿病、眼病筛查点"的100名医务工作者(平均每家筛查点2人)提供了糖尿病眼病筛查技术培训。接受培训人员均能独立使用免散瞳眼底照相机为患者拍摄眼底照片,并跟踪眼底照片在远程会诊平台的上传、阅片、反馈情况。

(邢克明)

【工程技术研究中心建设】 2016年,沈阳市围绕重点行业发展,积极推进工程技术研究中心建设,取得了较好成绩。

辽宁省科技厅批准了沈阳市科技局推荐沈阳工业大学承建的"辽宁省水处理与资源化工程技术研究中心"等8家中心为省级工程技术研究中心,使沈阳市省级以上工程技术研究中心达到245家。

按照《沈阳市工程技术研究中心管理办法》要求,沈阳市科技局在广泛宣传、深入调研和重点培养的基础上,2016年认定了"沈阳市清洁能源供热工程技术研究中心"等7家中心为沈阳市工程技术研究中心,使沈阳市市级工程技术研究中心达到12家。

制订《沈阳市科技创新平台建设计划工程技术研究中心项目实施细则》和《沈阳市科技创新平台建设计划工程技术研究中心专项实施方案》。2016年沈阳市科技计划共支持"沈阳市民用钢结构建筑产业化工程技术研究中心建设"等8个项目,投入资金641万元。

(刘 斌)

【实施国家重大科技专项】 2016年1月,国家三部委和财政部对沈阳拓荆科技有限公司项目任务"1xnm3DNANDPECVD研发及产业化"(项目编号:2016ZX02103)提出初审意见。2016年2月16日,该项目通过国家三部委立项,财政部提出终审意见,终审核定项目总预算5.23亿元。2016年7月20日,02专项立项批文下发。2016年9月30日,2016年度中央财政资金5640.91万元下拨,分拨其他子课题后拓荆课题获得国拨资金4948万元。NANDFlash(闪存技术)是现代电子产品中应用最广泛的微电子记忆存储器,随着云端计算和大数据技术的迅猛发展,数据储存的重要性变得更为突出。3DNAND是国际上最先进的闪存制造技术,应用于3DNAND技术领域PECVD设备无疑成为其关键技术装备。该技术设备在国内尚属空白,完全依赖进口。拓荆公司该项目的实施成功将形成自主知识产权的应用3DNAND技术领域

PECVD 设备，实现薄膜装备的国产化，提升我国集成电路产业整体竞争力。

（任 恺）

【产业技术创新战略联盟】 紧紧围绕沈阳市重点产业、产业链、重大科技项目、产业集群构建产业技术创新战略联盟，2016 年新组建了现代生物兽药和新型环保涂料 2 家市级产业技术创新战略联盟，推荐现代生物兽药、无机非金属 2 家产业技术创新战略联盟成为 2016 年度省级产业技术创新战略联盟试点。围绕市重点产业领域组建各级产业技术创新战略联盟 41 个，其中，国家级联盟 2 个、省级联盟 17 个、市级联盟 22 个。现有 22 个市级联盟吸引了省内外 500 多家企业、科研院所和大专院校加盟。

（鞠 楠）

【沈阳市知识产权宣传周】 为深入贯彻落实国家、省、市知识产权战略，实施创新驱动发展，根据《关于开展 2016 全国知识产权宣传周活动的通知》要求和沈阳市委、市政府关于建设国家创新型城市，推动老工业基地全面振兴的总体部署，市科技局（知识产权局）于 4 月 20 日至 26 日开展了以"加强知识产权保护 运用加快知识产权强国建设"为主题的 2016 沈阳市知识产权宣传周活动。

国家知识产权局保护协调司巡视员毛金生、辽宁省人民政府副秘书长上官炜星、辽宁省知识产权局局长李长春、副局长薛军、沈阳市人民政府副秘书长王晓林、沈阳市知识产权局副局长郭玉福出席了启动仪式。沈阳市知识产权局、市科技局、市委宣传部、市工商局、市文广局、市财政局、市法院、团市委等部门相关领导和各区、县（市）知识产权局主要负责同志以及来自企业代表、新华社、科技日报、中国知识产权报以及辽沈地区主要新闻媒体记者约 300 人参加了启动仪式。

（于文冰）

【国际科技交流】 2016 年 5 月，市科技局与市外经贸局、市外办、沈阳市机器人产业联盟等单位共同举办了"2016 中日韩机器人科普秀暨 2016 中日韩机器人产业技术交流会"。6 月底，市科技局组织浑南新区科技局及沈阳远大集团、沈阳创客空间、博众青年创业工场等 13 家单位和企业参加了 2016 年海外学子创业周活动，与来自美、英、德、日等 24 个国家和地区的近 400 名海外人才开展了项目对接与智力服务洽谈。下半年，市科技局先后举办了三次"中韩企业项目对接会"。邀请韩国 NJY 生命工学、MS&T 株式会社、韩国国际多元才能研究院等近 30 家韩国企业与沈阳市 60 余家相关单位就抗过敏、抗脱发产品、虚拟现实教育服务等 40 余个项目进行了推介和洽谈，双方达成了 9 项合作意向。12 月，市科技局成功承办了科技部对俄科技合作基地联盟第九次年会。

（李华莹）

科学普及

【科普基地建设】 2016 年，新审批了沈阳园林植物科普馆、沈阳新大地现代农业树莓、蓝莓科普基地、沈阳水木田园有机农产品科普基地，全市科普基地总数已经达到 60 家。初步构建了一个类型较为齐全、种类繁多的科普教育阵地。2016 年市科技局获评全国科技周优秀组织单位，获评国家科普先进集体。

（李 新）

【青年农民上大学】 2016 年"青年农民上大学"第十五期、十六期培训班圆满结业。两期培训班共录取 458 人，共有 308 名学员取得了结业证书，246 名学员获得国家职业技能鉴定证书和省农民科技经纪人证书。

为贯彻落实中共中央 1 号文件精神和省科技特派员工作的有关要求，市科技局决定，从第十七期培训班开始，将"青年农民上大学"培训班由从第九期开始实行的半年制恢复为一年制，每年招生一期，每期培训班（含提高班）计划招生 300 人。对已参加过"青年农民上大学"培训班的优秀学员、科技示范户开设科技示范户高级培训班（也称提高班）。培训时限为一年，培训计划分五至八次授课，每次时间为 3 至 5 天不等。同时，根据农民学员的实际需求，第十七期培训班对专业设置进行了微调，增加了水产养殖、场所管理、绿化苗木、林业经济等内容。专业设置微调后，不但丰富了培训内容，也满足了全市范围内不同地区学员特色产业的不同需要。

（范国柱）

【科技活动周】 5 月 13 日，沈阳市科技周启动仪式暨 2016 中日韩机器人科普秀开幕式在沈阳科学宫会展中心拉开帷幕，科技部交流中心副主任赵新力、市政府、市科技局、市委宣传部和市科协等领导以及来自全市大学生创客代表、沈阳机器人产业联盟代表共 300 余人参加了启动仪式。主会场 5000 多平方米的展厅里，中日韩生产的各类型机器人让前来参观的市民大饱眼福，图片、文字、模型、影像、实物等形象地展示出日本、韩国机器人发展史和最新的机器人技术及核心零部件设计与制造技术。沈阳体育学院的专家们使用国家运动员的体测设备给市民做全健康评估与科学运动指导。科技周主会场人气爆棚，很多展项前都排起了长龙。科技周期间累计 10 万余市民走进科普基地，近距离感受科技魅力。

（李 新）

【沈阳科学宫建设】 沈阳科学宫于 2015 年初正式启动了升级改造工作。项目总工期三年，预计于 2018 年 6 月 30 日完成建设，对外开馆。项目主要内容如下：

1. 南楼科普展馆内容建设。

2. 基础设施和设备维修改造。

截至 2016 年底，基础设施及设备维修改造工程已完成 16 项，1 项列入了市政项目，剩余 10 项需与场馆内容建设配套进行，预计 2017 年全部完成。展馆内容建设完成了前期调研论证、概念设计，正在进行初步设计招标工作，预计 2017 上半年完成初步设计，下半年进入深化设计施工阶段。

（刘 曦）

【社区科普大学】 2016 年，沈阳市新增社区科普大学分校 66 所，总量已达到

502所，在册学员超过3万人，覆盖率达到57%以上。市级讲师团发展到151人，开设了科学健身、家庭烹饪等30余个专业，累计授课5.4万课时。市科协与东北新闻网合作开辟了“社区大学堂”，全年播放《科普大学精品课》视频20期；在东北新闻网开设的社区教育专栏，全体教师和部分学员全年发稿量达到96篇；与辽宁电视台合作开办的《不试不知道》栏目，全年播出32期；与沈阳电视台新闻频道合作推出《新闻早报》栏目，已播出节目18期。科普示范社区建设势头强劲，第二课活动堂丰富多彩；科普大学报全年发行6期3.6万份。

（宋　丹）

【全国科普日活动】 9月20日，在沈阳大学举办了全国科普日主场活动暨“科技梦中国梦——中国现代科学家主题展”启动仪式。本次全国科普日活动以“创新放飞梦想，科技引领未来”和“蓝天碧水，绿色辽宁”为主题，以举办“科技梦中国梦——中国现代科学家主题展”为重点，以校园科普联合行动、社区科普联合行动、科普惠农兴村联合行动等为支撑，共开展各类科普报告、科技竞赛、科技培训、科普场馆开放、科普大篷车进校园等特色科普活动100余项。

市政协副主席、沈阳大学校长李峰等领导，主要成员单位领导和联络员、各区、县（市）代表和大中小学生、社区群众代表等300余人参加启动仪式并参观展览。现场还举办了青少年科技创新成果展、青少年机器人展示、VR虚拟现实等体验参与活动。展览期间，大中小学校师生、社区群众、企业科技人员代表等3000余人，陆续参观了主题展览。市科协邀请中科院老科学家科普演讲团5位专家，在10所大中小学举办了专题科普报告，3000余名大中小学师生听取了系列报告。活动期间，市科协还举办了沈阳市大学生科普创意大赛、青少年航天科普知识竞赛、青少年航模竞赛等活动，万余名中小学生参与各项活动。校园科技开放周、科普大篷车进校园等活动在各区、县（市）广泛开展。开展“创新智慧路、科普纵深行”系列科普活动、“金色田野”科技信息服务下乡特色活动、现代农业物联网技术展览等专题科普活动10余场，开展肉蛋鸡养殖、葡萄生产培训等科技培训40余场，受益群众5000余人次。推广优质肉牛和辽育白牛繁育技术、父母代肉种鸡粪污环保处理、生物植保技术等新型农业实用技术20余种。围绕节能环保、疾病防治、保障食品安全、科学健身等主题，广泛开展了院士专家讲座、社区科普讲座、科普场馆一日游、义务诊疗、广场科普宣传、科普知识竞赛、科技咨询解答、科普展览、发放科普宣传资料等科普活动30余场，2万余市民群众参与活动。

（刘　涛）

【科普惠农兴村计划】 组织发动专家送技下乡，科普惠农服务工作取得新成效。以“科普之冬”、“春耕备耕”为载体，利用农村冬闲季节和备耕生产关键时期，针对农民所需，组织科技服务团队，开展技术讲座、田间指导。全年组织科技下乡活动526次，直接受益农民超过2万人次。推广农业实用技术百余项，活动覆盖全市105个乡镇街道、386个村。

围绕现代高效农业发展，建立农业推广新机制。积极推动农业科技创新团队与农技协对接，农业大学寒富苹果研发团队、省风沙研究所等五个农业科技创新团队与康平县寒富苹果产业协会建立了长效合作。浑南区兴盈果木协会被沈阳农业大学寒富苹果课题组列为示范基地。法库县葡萄协会深化与郭印山副教授的合作，承接试验示范项目。

围绕现代农业产业发展的重点，开展规划咨询论证。邀请沈阳农业大学纪明山教授、东北农业大学吴凤芝教授、中国农业科学院孙日飞研究员等专家，围绕沈阜现代农业开发带、沈西现代农业示范区建设，以技术标准、设施果蔬产业转型升级、现代生态农业、智慧农业等作为工作重点，为农业转型升级献计献策，提供高端科技支撑。

继续巩固和发展科普服务站点。通过科技帮扶、项目申报、银会协作、农超对接等形式，继续加强对农村科普组织建设的指导帮扶，新建农技协27家、科普惠农服务站34个。为提升这些新建站点的服务能力，协调农业科研院所、农技推广部门，对基层农技协进行技术帮扶，分别为每个服务站特邀了科技咨询专家，配发专业科普图书等科普资源。全市农技协达到499家，服务站达到260家。全市1个农村科普示范基地、1名农村科普带头人成功入选国家奖励；2家农技协、1家农村科普示范基地、2名农村科普带头人获得沈阳市基层科普行动计划奖励。

为提高农民科学素质，努力提供优质科普资源。发放各类科普挂图2万余张，农村科普图书3万余册，引进推广农业实用技术百余项。

推动科普惠农信息化建设，促进农民科学素质提升。开展科普惠农服务站信息化建设试点暨科普中国乡村e站建设，按照“五有五统一”的标准，投入资金支持13家试点单位开展工作，将实现科技信息查询、远程视频指导、市场信息发布、网上销售等线上线下结合的科普活动。同时，以项目拉动的形式，要求5家基层科普行动计划入选单位实施科普中国乡村e站建设。科普之冬期间，要求各区、县（市）结合实际，多平台开展科普V视落地工作，苏家屯区等区县已经与有线电视台联系，开展科普V视落地工作。苏家屯、康平、新民、法库、辽中利用有线电视台开展科普宣传。康平县科协与电视台联办“科普大篷车”二、三、四，三次播出，每次15分钟；自主编制的《科普与我们同行》系列手册，《农业篇》、《生活篇》、《安全篇》三本手册都已发放到广大居民手中；协助方家屯镇寒富苹果种植协会和海洲窝堡乡花生科技协会印制了《寒富苹果生产管理手册》、《康平县花生高产优质栽培技术手册》，深受广大果户和种植户的喜爱；“康平科普”微信平台，及时传递实用技术、科普信息，为科技致富助力，发布各类信息百余条。新民市邀请知名农业科技专家，先后举办了智慧农业暨互联网+农业、农业电商平台建设等多次培训，有效促进了全市农业的转型升级，提高了乡镇街和有关部门对农业科普认知度,为全市农村经济发展提供了新增长点。辽中区、浑南区以各农技协和服务站为主线设立各村屯农业科技信息服务站。辽中区大光绿色农业科技协会的科普信息化建设成效显著,建设科普信息网点遍布省内外,为了让不同的农户及时了解科技信息,建立了苹果、葡萄、水稻、玉米、棚菜等种植微信群和大光科技微信平台。

大力开发科普资源,加强科普设施的管理维护和使用。2016年,市科协在深入调研,了解基层农民科技需求的基础上,会同沈阳农业大学近20位专家教授,编辑了科普惠农实用技术问答丛书。全书涉及全市近20种重点、特色、高效产业的600余个生产技术难题,由专家给予科学、精炼且通俗易懂的解答,具有较强的针对性和指导性。该套书由沈阳出版社正式出版,印刷近4万册,免费发放到广大基层科普组织和农户受众。同时,围绕提高广大市民科学意识,弘扬科学精神,指导市民科学生活,市科协编辑了以《国家十二五重大科技成果展》、《科技创新创业之道》、《十大科学传播事件》、《十大科学传播人》、《十大科学留言终结榜》等为主题的4期公园式科普挂图和6期公园式科普挂图,张贴到全市千余处科普画廊。

(刘　涛)

【青少年科技创新活动】 紧紧围绕提高青少年科学素质的工作目标和任务,以培养青少年科学兴趣,增强青少年创新意识和实践能力为重点,大力实施校园科普全覆盖工程,广泛深入地开展形式多样的科普教育活动。成功举办第三十一届沈阳市青少年科技创新大赛。适时举办了面向中小学科技辅导员的业务培训。举办"沈阳市青少年科技创新骨干教师培训会",全市重点学校60余名骨干教师参加培训。为配合大赛的深入开展,下发了"沈阳市青少年科普活动手册"。本次大赛全市共接收创新作品600余件,经大赛组委会筛选共推荐优秀创新作品206项,其中学生创新项目120项,教师项目86项;科技实践活动63项,学生创意竞赛项目142项,科学DV作品30项参加本届大赛的终评。经过省、全国两级评选,最终沈阳市青少年创新作品在"第三十一届中国青少年科技创新大赛"中获得一等奖1项、二等奖5项、三等奖12项、优秀创意奖4项。沈阳市科协被评为全国"基层赛事优秀组织单位",沈阳市第五中学被评为"科技教育创新优秀组织学校"。成功举办第九届沈阳市青少年机器人竞赛。沈阳市共有100余所学校,215支代表队近900名参赛选手参加了比赛。最终根据竞赛成绩推选出了58支参赛队伍代表沈阳参加第十三届辽宁省青少年机器人竞赛,共获得省赛18个项目中的13项冠军。沈河区文化路小学等10所学校11个冠军项目,代表辽宁省参加在北京举办的"第十三届全国青少年机器人竞赛",获得全国一等奖2项、二等奖7项、三等奖2项。

(谢俊明)

【科普设施和资源建设】 积极打造科普传播新平台,启动了科普惠农服务站信息化建设试点,建立科普中国乡村e站13个;依托科普大学平台,建立社区科普e站33个。进一步完善《沈阳科普最前线》微信公众号、《科学会》手机APP、沈阳科协网站科学传播功能,共计编发科普信息5600余条,点击量超过20万次;与东北新闻网、沈阳网、辽宁电视台、沈阳电视台等多家媒体合作,共同开办的《社区大学堂》、《不试不知道》等科普栏目已播出54期。重点实施的科普屏媒项目完成了设备招标采购工作,并在部分社区投入使用。支持基层科协开展科普信息化专项建设,苏家屯、康平、新民、法库、辽中等区县(市)科协积极利用有线电视、微信等媒体开展科普宣传,全市科普供给能力得到显著增强。

(宋　丹)

科技奖励

【综述】 2016年,沈阳市共9个项目获得国家科技奖励,140个项目获得辽宁省科技奖励,183个项目、10个团队、12名个人获得市科技奖励。经市科学技术奖励评审委员会和市科技创新奖评审委员会评审,市政府决定,授予东软集团股份有限公司的"基于机器视觉技术的高级驾驶辅助系统"等6个项目"2016年度沈阳市科技振兴奖项目奖";沈阳鼓风机集团股份有限公司的"320万吨/年连续重整装置用循环氢离心压缩机组"等120个项目"2016年度沈阳市科技进步奖";沈阳农业大学的"瘦肉型猪绿色饲料添加剂研制与推广"等33个项目"2016年度沈阳市农村科技推广奖";特变电工沈阳变压器集团有限公司的"超高压大容量分裂变压器"等30个项目"2016年度沈阳市专利奖"。授予东北大学王国栋院士等2人"沈阳市科技创新功勋科学家奖";授予沈阳新松机器人自动化股份有限公司徐方等10人"沈阳市十佳科技创新带头人奖";授予沈阳农业大学设施蔬菜创新团队等10个团队"沈阳市十佳科技创新团队奖"。

一是加大了奖励力度。组织了"沈阳市科技创新奖"评审,对"十二五"期间为沈阳市科技创新工作作出突出贡献的个人和团队进行了表彰,进一步激发了全市科技工作者的创新热情。二是表现出较强的科技创新综合实力。140个项目获得省科技奖励,占全省总奖励项目的53.8%。三是奖励项目呈现出创新点多、技术含量高、社会效益和经济效益显著等特点。技术开发类项目获奖比例大,产学研合作效果显著,较好地解决了沈阳市重点产业和经济社会发展中的重点、难点问题。

(李永成)

2016 年度沈阳市科技振兴奖获奖项目名单

项目名称	项目单位
基于机器视觉技术的高级驾驶辅助系统	东软集团股份有限公司
凸点封装工艺涂胶显影、单片湿法刻蚀设备国产化研发与产业化	沈阳芯源微电子设备有限公司
智能型搬运与加工机器人	沈阳新松机器人自动化股份有限公司
航空航天发动机钛合金关键部件精密铸造技术与产品	沈阳铸造研究所
特高压交流工程用 1000kV 单相自耦变压器	特变电工沈阳变压器集团有限公司
我国艾滋病新流行形势下的综合防控策略及应用研究	中国医科大学附属第一医院

2016 年度沈阳市科技进步奖获奖项目名单

一等奖(20 项)

项目名称	第一完成单位
320 万吨/年连续重整装置用循环氢离心压缩机组	沈阳鼓风机集团股份有限公司
4M150 人型往复式新氢压缩机研制	沈阳透平机械股份有限公司
南帕斯天然气田用离心压缩机组研制	沈阳透平机械股份有限公司
波音商用飞机铝合金舱门铸造技术开发	沈阳铸造研究所
特高压直流接入 750kV 交流变压器关键技术及应用	特变电工沈阳变压器集团有限公司
12 英寸 40nm 生产型薄膜沉积设备	沈阳拓荆科技有限公司
300mmIC 生产线自动物料搬运系统	沈阳新松机器人自动化股份有限公司
区域性危险废物集中处置设施环境风险控制技术研究	沈阳环境科学研究院
分子标记技术在水稻抗稻瘟病育种及品种推广中的应用研究	辽宁省农业科学院
郁金香新品种选育及配套生产技术研究与应用	辽宁省农业科学院
蓝莓深加工关键技术研究与应用	沈阳农业大学
免疫性肾炎的中药新药研究	辽宁中医药大学
藏药余甘子抗癌活性部位的研究与应用	辽宁中医药大学
介导乳腺癌药物敏感性特异标志物与调控网络的基础与临床研究	中国医科大学
白血病预警与早期诊断的生物标志物筛选和高灵敏检测新技术研究	沈阳医学院
肾结石形成机制及其个体化医学研究	沈阳医学院
提高大血管疾病外科疗效的关键技术体系创新与推广应用	中国医科大学附属第一医院
肿瘤微环境在恶性肿瘤治疗中的作用机制研究	中国医科大学附属第一医院
女性盆底功能障碍性疾病的临床诊治研究	中国医科大学附属盛京医院
子宫内膜异位症及其恶变的在位内膜生物学特征及临床研究	中国医科大学附属盛京医院

二等奖(40 项)

项目名称	第一完成单位
MG500/1202 - WD 型电牵引采煤机	三一重型装备有限公司
2500kW 级可变额定工况输油泵	沈阳鼓风机集团股份有限公司
高速/复合数控机床及关键技术创新能力平台	沈阳机床(集团)有限责任公司
一次法自动智能轮胎成型机及控制系统	沈阳蓝英工业自动化装备股份有限公司
CAP1400 核电站主冷却剂泵变频调速装置	沈阳远大电力电子科技有限公司
特高压油纸电容式套管研制	特变电工沈阳变压器集团有限公司
民用飞机复合材料整体油箱安全性技术研究	中航沈飞民用飞机有限责任公司
面向行业解决方案的传感器网络中间件系统及应用	东软集团股份有限公司
分布式智能养老看护系统	沈阳大学
半导体装备腔室类部件制造工艺研究	沈阳富创精密设备有限公司
基于物联网技术的 COPD 远程医疗监护系统	沈阳新松医疗科技股份有限公司

辽宁省普通公路桥梁管理系统推广应用	辽宁省交通规划设计院有限责任公司
老工业搬迁区宜居环境建设规划设计技术研究与示范	沈阳大学
北方农村住宅火炕应用技术研究与应用	沈阳建筑大学
装配式混凝土结构预制构件制作关键技术	沈阳建筑大学
严寒地区民用钢结构建筑成套技术开发及工程应用	沈阳建筑大学
大跨度钢结构灾害分析与设计方法研究	沈阳建筑大学
含盐工业废水蒸发处理设备	沈阳东方钛业股份有限公司
卧龙湖水体健康评估与保障技术体系研究	沈阳环境科学研究院
基于声学仿真技术的声环境预测预警系统开发及应用研究	沈阳市环境监测中心站
葡萄主要病害病原学和防控技术研究与应用	辽宁省农业科学院
农村户用型光热互补节能技术及应用	沈阳农业大学
葡萄育种理论与技术创新及应用研究	沈阳农业大学
农药废水处理及资源回收关键技术、装备研发及产业化应用	沈阳化工研究院有限公司
农药毒理学与生态毒理学评价方法的建立与创制农药安全评价	沈阳化工研究院有限公司
新型双控缓释给药系统的开发及其工业化关键技术的研究	沈阳药科大学
牙周病与心脑血管疾病关系的临床及免疫学机制的相关性系列研究	辽宁省人民医院
几种遗传性皮肤病相关致病基因突变研究	沈阳市第七人民医院
基于气-液交界培养的人角膜表层组织重建工程	沈阳市第四人民医院
沈阳市城区儿童营养与健康状况调查及相关因素研究	沈阳市妇女儿童保健中心
中国辽宁人群多个血型系统相关遗传学研究及血型资料库的建立	沈阳中心血站(辽宁省血液中心)
几种炎症性皮肤病的临床诊治研究	中国医科大学附属第一医院
肺小结节的活检诊断与微创手术治疗	中国医科大学附属第一医院
补肾活血中药调控糖尿病性骨质疏松症关键技术及作用机制研究	中国医科大学附属第一医院
脑胶质瘤的诊断新技术及超声相关治疗基础与临床研究	中国医科大学附属第一医院
多发性硬化症的免疫学发病机制和靶向治疗的研究	中国医科大学附属第一医院
SULTs 等在激素依赖性妇科肿瘤的生物学意义及其临床应用	中国医科大学附属盛京医院
轨道交通投融资模式研究	沈阳工业大学
产业金融的理论及科技金融基础性工作研究	沈阳工业大学
辽宁省工业遗产全息价值评估和最优化开发利用研究	沈阳建筑大学

2016 年度沈阳市农村科技推广奖获奖项目名单

一等奖(3 项)

项目名称	第一完成单位
瘦肉型猪绿色饲料添加剂研制与推广	沈阳农业大学
大白菜根肿病综合防控技术示范与推广	沈阳农业大学
优质粳型水稻新品种辽粳 212 选育与示范推广	辽宁省水稻研究所

二等奖(10 项)

项目名称	第一完成单位
爆裂玉米品质优化技术研究与应用	沈阳农业大学
月季新品种的选育与综合技术推广	沈阳市农业科学院
微生态发酵饲料在蛋鸡生产中的研究与应用	沈阳市畜牧兽医科学研究所
无公害高效防治美国白蛾新技术研究与示范	辽宁省林业科学研究院
小反刍兽疫综合防控关键技术集成示范推广	沈阳市动物疫病预防控制中心
设施农业病虫害绿色防控技术示范与推广	新民市人民政府

新民市水稻秸秆还田技术示范与推广	新民市农业技术推广中心	农村科技服务站建设示范与推广	法库县科学技术局
密植宜机收玉米新品种辽单506示范与推广	辽宁省农业科学院	辽北寒地大苹果生产关键技术集成与示范	辽宁省果树科学研究所

2016年度沈阳市专利奖获奖项目名单

一等奖(2项)

专利名称	专利号	专利权人
超高压大容量分裂变压器	ZL201010605513.7	特变电工沈阳变压器集团有限公司
一种PCL压缩机模型级及其设计方法	ZL201110314914.1	沈阳透平机械股份有限公司

二等奖(8项)

专利名称	专利号	专利权人
一种圆筒混料机现场制造安装一体化的方法	ZL201110221818.2	中国有色(沈阳)冶金机械有限公司
一种多网融合接入的室内信号覆盖系统	ZL201310016088.1	奥维通信股份有限公司
等离子一步氧化法合成橡胶促进剂NS	ZL201110309221.3	陈尔凡、陈雷
一种防拔缸控制装置及矿用自卸车	ZL201310088584.8	三一重型装备有限公司
一种培育功能性蛹虫草的方法	ZL201310728874.4	沈阳师范大学、沈阳聚鑫北虫草菌业有限公司、沈阳虫林密宝北虫草食品科技有限公司
一种双套管预热免搅拌停留保温的氧化铝溶出方法	ZL201110434067.2	东北大学设计研究院(有限公司)
微生态制剂及其在提高肉鸡生产性能、免疫性能和鸡肉品质中的应用	ZL201310361891.9	沈阳金科丰牧业科技有限公司
一种小麦型日粮促进蛋鸡蛋黄着色的饲料	ZL201310058800.4	辽宁禾丰牧业股份有限公司

气　　象

【概况】 2016年,沈阳市绩效考核办将“突发事件预警信息覆盖率”纳入2016年度区、县(市)领导班子和领导干部工作实绩考核指标体系。各行政村(社区)设立气象信息员1353人,城市社区设立气象灾害防御责任人581人。汛期,沈阳市经历3次区域性暴雨和3次强对流天气过程,均做出准确预报。向市领导汇报汛期天气17次,报送《沈阳气象信息》110期。6月28日,组织开展了2016年沈阳市防御暴雨灾害应急演练。组织大规模增雨作业11次,共发射人工增雨火箭弹388枚,燃烧地面增雨焰条364支,累计增加降水2.95亿立方米。发布预警信号360个,气象灾害预警信号准确率达94.3%,提前时间101分钟。制定《沈阳市学校重大气象灾害预警制作发布规定》。开展CIMISS系统与市级核心业务的对接工作。实现了气象与水文降水量观测数据交换与共享。完成“智慧城市”气象数据前端系统建设。进一步完善了与环保部门实时信息共享平台,建成视频会商系统。与市发改委联合印发《沈阳气象事业发展“十三五”规划》(沈发改发〔2016〕94号),确定了气象防灾减灾体系建设等4项重点任务及智慧气象建设工程等4项重点工程。与市房产局联合印发《沈阳市房产局气象局关于加强应对雾霾天气做好科学供热工作的通知》,为供暖部门提供未来一周天气预报、供暖指数预报、空气污染气象条件等级预报等服务信息,指导供暖企业科学供暖,以减少城市供暖期雾、霾天气发生。制作《天气和空气质量预报》节目340期、《沈阳经济区天气预报》节目328期、《农业气象》节目14期。开展电视节目主持人招聘工作,新招聘7名新主持人。《老夏聊天气》电台直播节目新开设周六固定连线和重要天气过程、重大活动不定时连线,进一步得到电台方面认可。市气象科普基地接待前来参观市民7500人，其中学生4300人。与沈阳科学宫联合开展气象科普大讲堂活动。为两会、春运、沈阳马拉松比赛、哥德杯(中国)世界青少年足球赛、2018世界杯预选赛亚洲区12强比赛、森林防火、法库飞行大会、国际农博会、航空应急救援演练等活动提供专项气象服务方案。与市建委联合向社会公告，自2017年1月1日起，沈阳市气象部门不再负责房屋建筑工程和市政基础设施工程防雷装置设计审核和竣工验收许可及行政监管，改由城乡建设部门负责。与沈阳市城市管理行政执法局联合修订了《沈阳市施放气球管理办法》，依法开展施放气球活动审批、防雷装置设计审核和竣工验收审批。全年共办理施放气球活动审批179件、防雷装置设计审核305件、防雷装置竣工验收行政许可296件，结案率100%。应用智能化网格系统监管全市易燃易爆场所的防雷安全。

(王莹莹)

【2016年沈阳市农作物生长季气候评价】　一、作物生长季农业气象条件综述

2016年沈阳作物生长季总的天气气候特点：气温偏高，热量条件好；降水偏多，时空分布不均；日照时数略少，满足作物生长需要。

1. 气温。作物生长季(4~9月)温度变化趋势：气温总体偏高，高温日数较历年偏多。

4~9月沈阳市平均气温为19.9℃，较历年同期偏高0.8℃，和上年同期持平。各月温度分别高于历年同期0.4~1.0℃(见下表)，4月中旬、6月中旬、8月下旬分别出现阶段性低温时段，其他各旬气温高于历年同期。

2016年4~9月份平均气温　℃

	4月	5月	6月	7月	8月	9月	平均
2016年	11.2	18.0	22.4	25.0	24.3	18.6	19.9
历年	10.2	17.3	22.0	24.3	23.4	17.6	19.1

气温稳定通过10℃日期为4月15日，较历年平均日期早6天；稳定通过20℃的日期为6月16日，比历年平均日期晚3天。

4~9月10℃以上活动积温为3514.6℃，比历年同期多179.6℃；20℃以上活动积温为1839.2℃，比历年同期少158.1℃。

日最高气温≥30℃首日出现在6月2日，日最高气温≥30℃的日数为41天，比历年平均多11天；日最高气温≥33℃的高温日数为9天，极端最高温度35.2℃，出现在8月5日。

2. 降水。作物生长季(4~9月)降水总趋势：总体偏多，4~7月降水持续偏多，8~9月降水偏少。

4~9月全市平均总降水量为732.4毫米，比历年同期多188.6毫米，为历年同期的1.3倍。其中浑南、沈北两地降水量分别达到866.6毫米和855.9毫米，为历年同期的1.5倍；其它地区降水量为历年同期的1.2~1.4倍。

降水时空分布不均。4~7月降水偏多，其中5月份降水量达到历年同期的3.2倍，4月、6月、7月降水量分别为历年同期的1.1、1.3和1.7倍；8月、9月降水偏少，月降水量分别为历年同期的6成和7成。

4~9月日最大降水量为102.1毫米，7月26日出现在浑南地区；4~9月≥50毫米区域性暴雨日数为4天，各地≥50毫米暴雨日数分别为3~7天，其中沈北地区暴雨日数最多。

3. 日照。作物生长季(4~9月)日照时数合计为1334.5小时，比历年同期少37.1小时。其中4月、6月、7月、9月日照时数分别比历年同期少4.4、10.5、1.8和47.8小时，5月、8月分别比历年同期多1.2、26.2小时。

二、气候条件对粮食作物生产的影响

1. 有利气候条件及影响。作物生长季总体气温偏高，10℃积温条件较好，为作物营养和生殖生长提供充足热量，满足作物生长需要。春季回暖早，解冻快，土壤化通日期提前，有利于春播春种工作的开展，春季适播期长，各类作物播种期普遍提早。春季土壤墒情良好，对大田作物出苗和幼苗生长及水稻移栽、返青有利。春季及夏季前期降水充足，对各类作物生长有利，抽雄灌浆期温、光、水适宜，作物长势良好。9月作物进入生长后期，气温持续偏高，有利于作物籽粒成熟。

2. 不利气候条件及农业气象灾害影响。6月中下旬气温偏低，加之阴雨寡照日数较多，光照偏少，影响水稻分蘖和玉米的拔节，作物生长发育放缓。随着7月气温的攀升，阶段性低温的不利影响基本得到补偿，总体影响不大。春夏季强降水日数较多，局部降水集中，部分低洼地段发生了农田积水和渍涝灾害，对作物生长产生不利影响。

综上所述，2016年农作物生长季天气气候特点：气温偏高，有阶段性低温时段；降水量充足，时空分布不均，总趋势前多后少；日照时数略少。总体来看，作物生长季热量条件较好，各类农业气象灾害发生较少，作物生长关键期降水充足，温、光、水匹配较好。

(张　菁)

【天气监测预报】　预报准确率稳步提高。2016年沈阳市气象台晴雨预报准确率92.7%，最高温度预报TS评分为88.9%，最低温度预报TS评分为82.9%。在全省排名中，晴雨排名第一，温度排名第三。

重大过程预报准确无误。2016年沈阳市共出现中雨(雪)以上天气过程19次，均做出准确预报。提前24小时准确预报2016年7月25日暴雨到大暴雨天气过程。

精细化预报业务取得实质进展。继续完善发展大城市精细化预报业务，实现沈阳市短时临近预警业务集成平台的本地化应用和升级。每天六次发布沈阳市11个站点逐6小时精细化要素预报，并通过电台、手机短信等对外发布。积极开展沈阳市智慧气象平台建设，逐步实现集实况监测、预警信号、天气预报、环境气象预报、精细化格点预报制作一键式发布一体化的智慧气象平台功能。

短时临近天气监测预警准确及时。

2016年气象台共发布预警信号401个，灾害性天气预警无漏报漏发，灾害性天气预警信号发布时间平均提前101分钟以上，预警准确率94.3%。开展专业专项预报预警，发布霾预警信号35个，预警准确率100%。

（李 崇）

【重大社会活动气象服务保障】 2016年，沈阳市气象台决策气象服务中心共发布《沈阳气象信息》347期，其中包括春运、中高考、森林防火等提供专项气象服务210余期，其它转折、灾害性天气及雨(雪)情报告等140余期。专项服务包括重污染天气期间发布的《天气气象条件分析预报》12期、《2016年春运气象服务专报》39期、《两会气象服务》8期、《2016沈阳法库国际飞行人会专题气象服务》9期、《2016年沈阳中考专题气象服务》5期、《森林防火气象服务专报》61期、《2016中国沈阳国际农业博览会气象服务》12期、《中国(沈阳)航空应急救援演练专题气象服务》8期、《2016年沈阳马拉松比赛专题气象服务》16期、《"哥德杯"气象服务》15期、《2016年沈阳高考专题气象服务》5期，另外还有临时专项服务10余期。为市政府提供《市政府气象服务专报》730余期，通过飞信向相关部门及人员共发布预警信息、天气预报、天气通报、雨情、雨情报告40余万条次。继续与环保局、国土局以及地质监测总站合作，每日提供天气分析资料和预报，为市防、城防、农业、水利、环保、国土、消防、交通、建委等部门提供即时气象服务。

2016年，气象台继续开展重大天气过程和专项预报服务满意度调查制度。每项专项服务结束后，以调查问卷的形式通过邮件或传真及时向服务对象相关部门开展决策服务满意度调查，及时了解服务对象的愿望和需求。针对各类服务专报共发出《沈阳市气象台气象服务意见征求表》10余份，均得到相关部门的反馈，并提出了有针对性的意见和建议。

（李 崇）

2016年沈阳市主要气象资料表

月份	平均气温(度)	降水量(毫米)	有效降水日数(天)	日照时数(小时)
1	-12.6	0.2	1	202.2
2	-5.7	7.3	5	211.3
3	3.9	7.4	3	260.2
4	11.2	37.7	9	227.2
5	18.0	154.0	8	253.1
6	22.4	116.1	13	226.0
7	25.0	287.7	9	199.6
8	24.3	92.5	7	245.5
9	18.6	44.4	10	183.1
10	8.9	43.4	11	166.4
11	-1.2	14.9	5	135.4
12	-6.4	12.1	6	110.3

（张 菁）

地 震

【地震监测预报】 加强地震监测台网建设，沈阳市现已建成虚拟数字地震台网、数字地震前兆台网和地震烈度速报台网三大地震监测网络。数字地震前兆台网由6个地方台、2个无人值守台和1个跨断层形变观测场组成，涵盖前兆三大学科39余台套设备运行。地震观测信息通过数字网络平台实现了省、市、县共享，全年地震台网运行连续稳定。为了解决沈北地震台监测环境受干扰问题，进一步提升观测项目的效能，对沈北地电观测进行技术改造，布设了井下地电观测系统，供电和测量极深埋100米深井中。通过试观测资料分析，井下地电观测有效地避免了地表干扰，观测资料内在质量有所提高。完成了沈北深井地下流体地震观测项目，已投入试验观测。观测测项有地温水位、温度梯度、气象三要素等。沈北深井观测填补了沈阳市深井观测的空白，提高了全市地震监测能力，为"十三五"期间沈阳市开展深井观测网的建设积累了丰富经验，具有重要的指导意义。

（冯 雪）

【抗震设防监管】 根据《国务院关于第一批清理89项国务院部门行政审批中介服务事项的决定》文件精神，以及中国地震局有关调整地震审批职责的具体要求，市地震局与市编办、市法制办和市政务办等部门协调，重新梳理沈阳市地震审批事项，明确责权。上半年完成取消了重大建设工程抗震设防要求审批事项工作，撤销市级地震审批事项和窗口。做好重大建设工程抗震设防要求监管，指导区县地震局开展一般工程抗震设防审批工作，依法提高了新建或改建的31所学校和医院的抗震设防标准，完成226项一般工程抗震设防要求备案，确保全市建设工程抗震能力和地震安全。

（冯 雪）

【地震应急处置】 沈阳市被确定为全国地震重点危险区，震情形势较为严峻。3月7日，副市长庞洪波专门听取市地震局工作汇报，并就落实抗震救灾应急准备工作提出要求。3月10日，全市防震减灾工作联席会议召开，通报震情形势，全面安排2016年工作任务，重点部署地震应急应对工作，市发改委等37个市防震抗震领导小组成员单位及和平区等14个区县(市)的主管领导参加会议。3月15日，会同相关成员单位完成地震应急准备工作报告，按照应急准备能力评价指标体系，收集整理了包括地震风险评估能力、监测预警能力、指挥协调能力、次生灾害处置能力等十二项全市地震应急数据并汇总成册，上报省地震局。

（冯 雪）

【防震减灾十三五规划】 根据沈阳市政府和辽宁省地震局的有关要求，经过明确思路、编制草案、广泛调研、征求意见等过程，历时近两年完成了《沈阳市防震减灾"十三五"规划》，并于7月18日正式印发。规划确定了"十三五"期间全市防震减灾事业发展的总体思路、奋斗目标、发展战略和主要任务，规划总体目标为"到2020年全市城乡具备抗御

6级地震能力，防震减灾总体能力达到国内先进城市水平”，确定了9个重点建设工程并制定了保障措施，为未来5年沈阳市防震减灾工作可持续发展提供了保证。

（冯　雪）

【防震减灾科普宣教】　在“5·12防灾减灾日”重点时段，与沈阳地铁集团有限公司合作，开展现场宣传和移动媒体宣传。在“7·28”唐山地震纪念日重点时段，联合《沈阳晚报》开展“读者开放日”宣传活动，邀请多名热心读者来市地震局参观学习。编印《农村民居抗震宣传挂图》、《大型抗震安居工程》光盘等宣传材料，并发给各区县。防灾减灾日期间，沈阳市地震局与市教育局、市减灾办共同组织开展了全市中小学幼儿园防灾减灾知识主题宣传教育活动周，深入校园开展防灾减灾和应急避险知识专题教育讲座，集中组织全市600所中小学、60余万名中小学生开展防震减灾疏散演练。演练之前，通过《沈阳日报》等渠道发布演练通知公告，避免谣言误传产生。全年开展地震科普讲座56次、广场宣传70余次，发布公益广告48块，防震减灾知识竞赛12次，宣传资料和宣传产品发放20万份，微信微博等新媒体平台推送信息74次。

（冯　雪）

2016年沈阳市地震活动

日　期	时　间	纬度(°)	经度(°)	深度(km)	震级(ML)
2016年07月23日	02:02:24.8	41.765	123.550	1	0.9
2016年09月17日	08:52:21.3	41.970	123.613	5	1.0
2016年10月05日	15:12:26.4	41.919	123.606	1	0.7
2016年12月11日	16:08:52.9	41.757	123.535	1	0.6
2016年12月11日	18:33:56.0	41.756	123.539	1	0.7

教　育

综合管理

【综述】　2016年,沈阳市有各级各类学校2054所,在校生151万人,在职专任教师9.5万人。其中:高等教育机构84所,幼儿园1305所,义务教育阶段学校499所,普通高中85所,中等职业学校81所。2016年,全市教育系统围绕实现教育现代化目标,以督导、教育视导和教育信息化建设为抓手,着力深化教育改革、提升教育质量、促进教育公平,教育事业继续保持健康快速发展的良好势头。

1.教育综合改革扎实深入推进。国家管办评分离改革试点全面铺开,建立责任清单、权力清单和负面清单,完善监督制约机制,强化事中和事后监管。以扩大学校办学自主权为前提,以学校章程实施为重点,加快推进现代学校管理制度建设。推进数字化课程环境建设和学习方式变革试验、信息技术与教育教学深度融合。按照国家和省统一部署,借鉴试点城市经验,全面推进教师职称改革。建立市级教育领军团队动态管理机制,出台《教育领军团队管理办法》,明确校长岗位职责和任职条件,规范培养、选拔、任免程序,建立校长队伍建设长效机制;深入推进教师交流轮岗,建立中小学校长任职资格制度。推行督导信息化管理方式,创新督导方式。全面实行教育行风首问负责制、约谈制、限期办结制和责任追究制。中考制度改革全面平稳落地。

2.各级各类教育协调有序发展。学前教育普惠发展。新增民办学位2400余个、公办学位4900余个,学前三年毛入园达到99%;提高幼儿园奖补标准,扩大奖补覆盖面,惠及儿童近10万人;沈阳市被教育部确定为国家学前教育改革发展实验区,市政府出台《关于做好国家学前教育改革发展实验区工作的实施意见》,全面推进实验区建设。义务教育高水平均衡发展。开展义务教育视导工作,围绕质量、管理和均衡,视导学校125所,形成定性定量相结合的评价制度,提高学校综合办学水平;开展专项治理大班额工作,推进薄弱学校帮扶,加强留守儿童关爱服务体系建设;建立特殊教育学校"医教结合"实验,在18所学校建设随班就读资源教室。推进普通高中优质特色发展。制定《沈阳市全面提升普通高中教育质量的若干措施》、《普通高中学科研修基地工作"十三五"实施意见》等指导性文件,启动普通高中优质达标建设;完成3所民办学校标准化建设,开展民办学校教学管理专项视导;高考质量继续提升,高考平均分、录取率继续位居全省前列。现代职教体系日趋完善。推进"产业转型技术技能人才双元培育改革试点",出台配套政策;与华晨宝马续签"职业教育全面合作框架协议",成功举办沈阳职业技能大赛,在国家职业技能大赛中取得较好成绩。市属高校向应用型转型发展。支持学科专业建设和人才队伍建设,推动市级优秀教学团队建设。终身教育体系深入推进。围绕学校、社会、家庭教育"三位一体"思路,整合资源,抓实沈阳社区大学、区县(市)社区学院、社区学习点"三级"教学体系建设;发挥沈阳数字化学习港作用,推进终身教育信息化建设;开展向社区送课和中小学资源向社区开放试点工作,开展2016年终身学习活动周系列活动和"学校放假,社区开学"等活动;支持农村成人职业技能培训,促进城乡终身教育协调发展。

3.教育综合实力进一步提高。加快推进教育现代化建设。13个区、县(市)通过教育现代化资格准入评估审核,3个地区完成教育信息化建设。全市中小学校全部达到数字校园一星级标准,义务教育二星级标准学校达到50%。启动100所智慧教室建设试点,录制1000节网络课程资源。推进教育信息化手段在资源共享、教学互动上的有效应用,2.4万名教师在网上"晒课",16.5万名学生注册网络学习空间。全面提升教师队伍专业化水平。通过特岗计划、到高校招聘等办法补充教师1320人,利用正面典型引领、违规查处通报等方式强化师德建设。素质教育深入推进。围绕社会主义核心价值观,组织开展中小学生走进博物馆、读书季、孝亲尊师评比等系列主题活动,提升德育实效性;围绕学生体质健康,开展校园足球比赛、中学生田径运动会、篮球比赛等;利用智能化设备开展健康体检,研制中小学生营养膳食食谱,开展学校食品安全检查等;强化艺术教育,组织初三、高二年级艺术素质测评,参加全国第五届中小学生艺术展演,调整中小学生艺术素质测评方案,通过检查学校体育艺术课开课情况、阳光体育活动与大课间开展情况,进一步提升体育艺术课教学质量和管理水平。开展与美国、加拿大、澳大利亚等国家学校友好合作,完成405名初中英语教师"英语专项"封闭培训。

4.群众对教育满意度进一步提升。教育行风治理工作形成高压态势,制定区、县(市)教育行政部门不履职行为处理办法,寒暑假期间开展治理违规补课专项行动,重点治理乱择校、学生负担过重等违规办学行为。完善教育行风长效机制,建立学校与家长有效沟通机制、联席会议制度、教育纠风社会满意度评价机制、网络动态监测体系等。学校安全工作形成良性机制,定期组织安全教育培训和应急疏散演练,建立安全检查信息反馈制度,形成校园及周边治安综合整治相结合的学校安全防范体系;实行校车和住宿生补贴政策,有效解决校车管理难题。2016年,全市没发生一起重大学生安全事故。

5.加强机关党建工作。扎实推进"两学一做"。召开党组会专题研究、制订实施方案,召开"两学一做"学习教育活动启动会议;成立调研督导组,制定工作手册,对基层党组开展活动情况进行指导和督查;邀请专家举办专题讲座,组织党员实地参观大梨树村、"九一八"纪念馆、在职党员进社区等活动。开展党费收缴使用管理自查工作,对2008年4

月至2016年4月间党费缴纳情况进行自查、清查,及时补缴缺额党费,明确党费收缴标准,规范收缴管理。做好党组织换届工作。召开机关党委代表大会,选举产生新一届委员会和委员;加强对各基层党组织换届选举工作指导、监督和管理。召开“学习毛丰美,实干促振兴”主题组织生活会,并于7月和8月分别开展主题党日活动。强化党支部规范化建设,转发《关于开展“六好”党支部创建活动的通知》、《关于在全市基层党组织中开展党员星级考评管理工作的通知》。向市直机关工委推荐2个党支部规范化建设示范点。做好党员队伍建设,组织34名发展对象参加市直机关工委举办的培训班,全年发展党员27人;向市委推荐先进基层党组织1个、优秀党员和优秀党务工作者2名;开展“一先两优”评选活动,评选优秀共产党员48名、优秀党务工作者19名、先进党委3个、先进党总支部1个、先进党支部15个。

(裴德利)

【依法治教】 推进依法行政和依法治教。严格行政执法资格管理,网上动态公示行政执法主体及行政执法人员信息。截至2016年底,市教育局共有4家受委托执法单位,分别是市招生考试委员会办公室、市青少年教育保护办公室、市教师培训交流中心和市学生资助管理中心,全局(含受委托执法单位)共52人持有效行政执法证。规范行政执法程序,制发《沈阳市教育局重大行政执法决定法制审核制度》(沈教发〔2016〕50号)。督促全市教育系统加快建立法律顾问制度,13个区、县(市)教育局及辖区中小学校完成法律顾问聘任工作。全年收到并依法依规处理行政复议申请1件。

深化教育改革。做好教育改革和全面创新改革统筹协调工作,印发《沈阳市教育局关于调整全面深化改革及全面创新改革领导小组的通知》(沈教发〔2016〕80号)、《沈阳市2016年教育改革重点任务分解表》(沈教发〔2016〕68号),确立改革项目11项,涉及办学体制、育人模式、督导评估、招生考试制度、教师队伍建设、教育现代化建设等多方面,并顺利通过市委改革办年度考核。全面推进全国教育管办评分离改革单项试点工作,出台《沈阳市推进教育管办评分离改革实施方案》(沈政办发〔2016〕63号),完成改革顶层设计,召开沈阳市教育管办评分离改革交流研讨会。各试点区、县(市)完成年度试点工作任务。

强化政策研究。完成2015年度调研报告征集、评选及编印工作。2015年全局(含直属单位)共征集调研报告33篇,经专家评审,评选出特等奖4篇、一等奖10篇、二等奖10篇、三等奖9篇。印发《沈阳市教育局关于公布2015年度优秀调研成果评审结果的通知》(沈教发〔2016〕22号),编印《调研求实情教育促振兴—2015年沈阳教育发展研究报告》,包括“教育改革与发展”、“综合素质培育”、“教师队伍建设”、“党建工作”、“教育督导与评估”、“教育服务与保障”6个篇章。

编制教育事业“十三五”规划。市教育局与市发改委、市人社局等11家单位就《沈阳市教育事业发展“十三五”规划(2016-2020)(征求意见稿)》进行会签,经进一步修改、完善,报市发改委审核。2016年,市政府办公厅印发《沈阳市“十三五”重点领域专项规划的通知》(沈政办发〔2016〕158号)。

加强青少年法治教育。“七五”普法开局良好,在教育部首届青少年学生法治知识网络大赛中,市教育局被授予“杰出组织奖”,全市118所中小学校被授予各类组织奖,获奖总数全省第一。与教育部同步开展第二届青少年法治教育优秀多媒体课件征集活动,征集课件作品近300个,82个作品获教育部奖项,市教育局被授予“杰出组织奖”。受省教育厅、省司法厅委托,承办全省中小学生法治知识竞赛,沈河区代表沈阳市参加省级比赛。2016年,市教育局被授予“沈阳市‘六五’普法工作先进单位”称号。

(梁春秋)

【财务审计】 全市教育经费管理。按国家和省要求完成2016年全市教育经费统计工作。2016年,全市教育经费156亿元,比2015年增长10.65%。其中国家财政性教育经费134亿元,增长10.43%。进一步落实义务教育经费保障机制,市政府印发《关于进一步完善城乡义务教育经费保障机制实施方案的通知》,统一提高城乡义务教育学校生均公用经费基准定额标准,高出省定标准300元。与财政部门联合督促区、县(市)落实资金。对普通高中日常公用经费现状和需求进行调研,研究制定沈阳市普通高中生均公用经费基准定额,调研结果得到财政部门认可。

市本级财务管理。加强过程监督,提高教育资金使用效益。坚持顶层设计、总体规划、政策先行、机制创新原则,在保工资、保运转基础上,着力解决教育发展关键领域和薄弱环节。合理编制预算,细化预算内容,严格执行预算,严控支出标准,坚持无预算不支出、非经法定程序不调整,公开部门决算、预算及三公经费。2016年,市本级教育经费投入30.6亿元,有力地推动各级各类教育事业发展。印发《财务管理制度及工作流程模板》、《财务管理工作规范化考核评价标准》,明确内部控制流程,加强规范考核。通过压缩存量资金、全面推行公务卡使用、坚持编制采购计划、启动存货管理、严肃财经纪律、保障中央八项规定贯彻执行、“小金库”专项治理等一系列工作,进一步完善市直单位财务管理。

财务审计。落实专项资金管理相关规定,巩固教育专项资金监管长效机制。督促区、县(市)财政部门及时拨付资金和教育部门合理合规使用资金。2016年,市教育专项资金年末到位率87.23%,比上年提高13.97个百分点;2016年资金使用率为77.83%,提高46.2个百分点。配合市审计和财政部门对教育资金进行审计,协调相关部门积极做好整改工作。按照“审计结果真实准确、审计评价客观公正”要求,完成市直单位离任领导干部经济责任审计工作。

收费管理工作。对全市中小学收费进行清理和调整。按省政策调整普通高中收费标准,通过大量调研,清理一批不经常发生和与国家政策相矛盾的收费项目,规范教辅材料和中小学活动材料费。印发《沈阳市教育局市物价局关于进一步做好收费工作的通知》。

政府采购及资产管理。规范采购方式,强化资产管理。在完成市政府国有资产调查、财政部国有资产清查工作基础上,进一步规范资产配置、日常管理和处置工作。2016年,重点推动采购计划审核批复、验收和流动资产管理等工作,促使学校规范采购、合理配置资产、有效利用资产、防止资产流失,提高教育资金使用效率。

(王朝伟)

【基本建设与发展规划】 扩增公办幼儿园学位。2016年,全市计划新增公办幼儿园学位3500个。市教育局结合实际,采取调度、通报、检查等措施,加快项目建设。共安排扩增公办幼儿园学位项目园43所，其中：新建17所，扩建9所，改建6所，接收小区配套园10所，累计扩增学位4900个。

农村改薄工作。继续落实《沈阳市全面改善农村地区义务教育薄弱学校基本办学条件项目规划（2014－2018）》。截至2016年底，辽宁省累计下达沈阳市省以上资金9899万元，市本级投入资金4509万元。全市校舍建设类项目44个，完成32个；设备采购类项目101个，完成40个。

食堂旱厕改造等工作。2016年，全市安排旱厕改造项目130个，当年完成76个，市补助资金2920万元。新建、改造、扩建食堂51个，投入资金2962万元。校园环境提升项目校18所，投入资金700万元。

高中阶段招生计划。2016年，高中招生计划分三批次，即提前录取批次、省示范（重点）批次、一般批次。省示范（重点）批次计划增加12所新通过市高中标准化验收学校。2016年，初中毕业生5.38万人，比2015年减少1318人；中考报名人数5.33万人，增加1356人。全市普通高中招生计划3.45万人。支持东北育才悲鸿美术学校打造美术品牌，扶持市第二十四中学、市第十五中学等发展零起点美术特色。做好计划执行，确保高中阶段各级各类学校稳步、健康、可持续发展。

学校审批。逐步理顺中等教育学校（公办、民办）设立、撤并有关审批办理环节。结合实际，认真研究新形势下审批政策，完善工作机制。设立“绿色审批通道”，为学校及时办理变更手续。全年受理办结民办学校变更举办者、法人、校长、名称、地址等审批申请14件次。

（吴家宁）

【教师队伍建设】 干部教师队伍培训。2016年，沈阳市共计安排市级教师培训项目46个，其中：落实“十三五”规划项目11个，各级各类队伍培训项目15个，扶持农村教育发展项目7个，服务教育发展保障项目13个。全年培训经费2100余万元，总计培训近15万人次。

援疆援藏。按照《2016年沈阳市教育援疆工作方案》，4月，组织优秀教师赴新疆塔城开展中高考指导工作；10月，完成30名塔城市初（高）中主任和优秀骨干教师为期一周的在沈培训工作。援疆活动得到塔城地区、塔城市委市政府高度重视和广大教师一致好评，当地多家媒体进行报道。2016年，按照省组团式援藏工作安排和市委组织部人才援藏工作要求，选派5名优秀干部和教师赴西藏那曲第二高级中学进行援藏，选派3名优秀教师赴西藏安多县进行援藏。

先进典型教师宣传。为加大优秀师德典型宣传力度，充分发挥榜样示范引领作用，市教育局开展先进典型教师推荐宣传活动。全市共报送先进教师事迹60余份，经座谈、审查与审核，在教师节期间通过沈阳教育微信平台、沈阳教育网及相关媒体对典型教师先进事迹进行广泛宣传，营造良好的尊师重教氛围。

领军团队建设。2016年，历经后续培训与评审，遴选出沈阳市教育专家11名。通过“以训代评”遴选沈阳市名师202名。教师节期间，市政府对11名沈阳市教育专家进行命名及表彰，市教育局对202名市名师及200名市师德先进个人进行命名及表彰。

教师招聘。2016年，全市共招聘教师1320人，招聘人数为历年之最。其中：东北师范大学专场招聘会签约196人，辽宁师范大学和沈阳师范大学专场招聘会签约706人，沈阳大学专场招聘99人，三县（市）农村特岗计划招聘教师319人。

（赵　贺）

【德育工作】 中小学生走进博物馆。2016年1月，印制《沈阳“中小学生走进博物馆”活动参观指南》10万份，免费发放给全市中小学生。全年举办流动博物馆进校园活动40场，5000余名师生接受爱国主义教育。5月18日，市文广局和市教育局在沈阳帅府举办2015—2016年度沈阳“中小学生走进博物馆”活动总结表彰会。9月27日，在市虹桥中学召开2016年沈阳市中小学生走进博物馆活动阶段总结会。

文明礼仪教育主题活动。3月2日，举行沈阳市中小学“学守则、讲规范、见行动”主题教育活动启动仪式。活动由沈河区教育局承办，沈河区文艺二校教育集团等学校以文明礼仪教育为核心，以名师讲《守则》、上微课等形式，全面落实《中小学生守则》，取得显著成效。2016年，沈河区在省德育工作会议上作经验交流，《中国德育》对该区德育工作进行专题报道。

心理健康教育。4月14日，市教育研究院举办班主任心理健康教育培训，小学和初中共200名班主任参加。在辽宁省第二届中小学校园心理健康剧展评活动中，市第九十一中学作品获一等奖，沈阳市盛京小学、岸英小学、敬业初级中学和市第一六五中学获辽宁省中小学心理健康特色学校称号。

骨干班主任能力提升培训。4月15—17日，在皇姑区岐山路第一小学、市虹桥中学、市第十一中学分别启动沈阳市骨干班主任培训。邀请李荣华、雷斌、曾灵芝、何兰4位德育专家，围绕班级管理、班级团队打造、多元化班级活动设计等内容作专题讲座，全市近300名骨干班主任参加。

中小学第八届读书季活动。4月25日，在沈北新区新城子街第二小学启动沈阳市中小学读书季活动。全市中小学校结合实际开展丰富多彩的读书活动，推进书香校园建设，激发师生读书热情。11月1日，在大东区素质教育学校举办“阅读与成长”曹文轩读书报告会。

诚信教育。6月20日，市征信管理办公室、市教育局等五家单位联合开展诚信宣传教育活动，并以此为契机，树立一批学生诚信典型。皇姑区航空实验小学学生刘文婷作为诚信典型学生代表在活动中发言。《中国教育报》头版以“诚信水站浇活德育”为题报道沈河区诚信教育工作经验。

参加向烈士纪念碑敬献花篮仪式。9月30日，辽宁省暨沈阳市向烈士纪念碑敬献花篮仪式在市抗美援朝烈士陵园举行。省委书记李希、省长陈求发等省市领导、老战士代表参加仪式。市教育局组织市光明中学和皇姑区陵西小学264名学生代表参加仪式并献唱《我们是共产主义接班人》。

培育和践行社会主义核心价值观。9月29日，在和平区南京九校举行沈阳市中小学“向国旗敬礼活动”启动仪式。活动包括网上签名寄语、网下教育实践和“学长征精神，做红色传人”三部分。组织参加辽宁省第二届社会主义核心价值观优秀案例评选活动，铁西区教育局《弘扬校训精神践行核心价值观》、浑南区第一小学《德育和着生命成长的灵光前进》获省二等奖；皇姑区教育局《践行核心价值观打造德育特色品牌》获省三等奖。

举办班主任专业技能大赛。11月18日，在市第一二六中学长白校区举办沈阳市班主任专业技能大赛。经过各区、县（市）预赛选拔，177名班主任参加市级比赛。和平一校齐跃等25名教师获大赛一等奖，沈河区文艺二校于欢等51名教师获二等奖，辽中区第一小学刘彬等100名教师获三等奖。

“孝亲尊师”主题教育活动。2016年，在全市中小学校开展“孝亲尊师”主题教育活动，引导广大学生不断增强“孝亲尊师”意识。全市小学开展“孝亲尊师”小天使评选活动，每个班级评选出一名“孝亲尊师”小天使；在全市8049名“孝亲尊师”小天使基础上，评选100名“孝亲尊师”之星进行表彰。

（孔庆琳）

【体卫艺和国防教育】 2016年，全市中小学体卫艺及国防教育工作以落实教育部学校体育、艺术教育工作“三个办法”为指导，发挥课堂教学主渠道作用，积极组织开展教科研、阳光体育、艺术和国防教育等工作，全面提升学生身体素质和核心素养。

参加全国第五届中小学生艺术展演。4月11—16日，由教育部主办的全国第五届中小学生艺术展演活动现场集中展演在青岛举行。沈阳市共12个艺术表演类节目、5件艺术作品、1个学生艺术实践工作坊、2篇艺术教育科研论文代表辽宁省参加展演活动，共获4个一等奖、1个优秀展示奖、11个二等奖、4个三等奖、3个优秀创作奖、4个优秀组织奖。全市共19所学校297名学生参加全国展演。

学校食品安全工作。4月27日，市教育局、市食药监局、市委教科工委联合召开沈阳市学校食品安全工作会议，对《沈阳市学校食堂管理规范化建设工程实施方案》及相关工作进行说明和部署。6月15日，市教育局、市食安办和市食药监局联合召开2016年沈阳市食品安全宣传月—食品安全进校园活动启动仪式。

第二届“十百千万”强身健体活动。6月，举办沈阳市第二届“十百千万”强身健体活动市级总决赛。共打破市级记录32项，浑南区蝉联团体总分第一名。

召开乐器进课堂区域成果展示会。11月16日，在沈河区热闹路第二小学及文萃小学组织召开沈阳市小乐器进课堂区域成果展示会。全市音乐教研员及小学校长、教师代表400余人参加会议。沈河区热闹二校、育鹏小学、文化路小学、文萃小学分别从基础普及、专业提升、特色引领三方面作展示和经验介绍。

开展中小学生艺术素质测评。按照《教育部关于印发〈中小学生艺术素质测评办法〉等三个文件的通知》精神，制发《2016年沈阳市开展中小学生艺术素质测评的实施方案》，结合学业水平测试，完成全市中小学生艺术素质测评工作。10月19日—11月11日，开展中小学生艺术素质测评视导，实地检查39所中小学艺术素质测评工作。组织全市中小学校开展艺术教育自评公示，形成《2016年度沈阳市学校艺术教育发展年度报告》。

参加省市合唱团星级评选和比赛。10月，沈阳市委宣传部开展星级优秀合唱团评选活动。市教育局选拔确定11支合唱团参加星级评选，2所学校被评为沈阳市五星合唱团，9所学校被评为四星合唱团。在辽宁省中小学生管乐团合唱团比赛活动中，沈阳市获省合唱比赛一等奖8个、二等奖2个、三等奖1个；获省管乐比赛一等奖1个、二等奖2个、三等奖3个；19所学校被评为辽宁省中小学美育特色学校。

参加十城市全国学校体育教学观摩研讨会。12月，“十城市”全国学校体育教学观摩研讨会在四川西昌举行。沈阳市第三十八中学教师薛宁获现场课一等奖和个人综合奖。全市11篇论文、10节录像课和12篇教学案例获奖。

推进校园足球运动。召开沈阳市青少年校园足球现场推进会。与会人员观摩12节市级优质足球教学课，法库县教育局、和平区教育局、市第二十七中学、市第六十一中学作校园足球工作经验交流。2016年，全市共50人次参加教育部校园足球专项培训。市朝鲜族第一中学等19所学校被评为第二批全国校园足球特色学校。89支校园足球代表队参加2016年“歌德杯中国”世界青少年足球赛。市朝鲜族第一中学男足获2016年辽宁省校园足球联赛总决赛亚军，东北育才学校男足获2016年辽宁省校园足球联赛总决赛季军，市第二十七中学女足获2016年辽宁省校园足球联赛总决赛季军。举办2016年沈阳市校园足球联赛，全市中小学191支队伍2673名学生参加。

学校体育特色项目建设。2016年，积极推进“三大球一小球”项目，增加重点学校数量，并组织开展校际间交流比赛和裁判员、教练员培训，促进基层学校“三大球一小球”项目发展和师资水平提高。市体育局为300所中小学校配备训练装备，市第一七六中学等16所学校获“新周期（2017—2020）辽宁省体育传统项目学校”称号。

健康教育示范基地建设。2016年，确定和平区南京九校、市实验学校、凌空一校、杏坛教育集团、宁山路小学、浑南区深井子小学、新城子区第二小学、辽中区职业教育中心8所学校为沈阳市中小学健康教育示范基地。市第一六五中学、岸英小学、盛京小学、敬业中学成为辽宁省心理教育特色示范校。全市发放《中小学生体质与健康指南》16万册、《体质健康证》15万个，编印《沈阳市中小学生营养膳食指南》。

学生体检与体质健康监测。利用信息化平台实时监测学生体质健康，建立健全学生健康档案。2016年，全市健康体检学生50.27万人，体检率为98.30%，比2015年提升0.89%，超过国家体检率（95%）要求；中招体检学生4.90万人，体检合格率99.53%，合格不受限率18.83%。开展2016年全国学生体质健康及其影响因素监测工作，覆盖13个区、县（市）58所中小学1.85万名6—18岁学生。新民市代表沈阳市农村样本向省和国家上报体质监测数据。开展《光环境（单一因素）对学生视力低下的影响》市级科研课题研究工作。市教育局撰写的《2014年沈阳地区学生超重肥胖与日常生活作息行为关系的调查分析》获全国学生体质与健康调研论文一等奖。

完善教育系统应急工作预案。修订并印发《沈阳市教育局重污染天气应急专项预案（修订）》、《沈阳市学校食品安全事故应急预案（修订）》、《沈阳市教育系统突发公共卫生事件预案》，有效应对校园突发公共卫生事件，推进学校卫生应急处置能力提升。

推进双城双创。印发《沈阳市教育局创建国家卫生城市暨建设国家健康城市工作方案的通知》。组织召开区、县（市）教育局，直属学校、直属单位、市属高校“双城双创”工作部署会，召开全市中小学双城双创工作推进会。制订《沈阳市教育局创建国家食品安全城市暨“2016年食品安全在行动”系列活动工作方案》，全面开展沈阳市国家食品安全城市创建宣传工作。

国防教育。全市中小学开展新生军训工作，高中参训学生3.25万人，参训教官1075人；义务教育阶段学校参训学生2.80万人，参训教官783人。军训期间，组织开展军事训练、国防知识讲座、爱国主义歌曲传唱、军训闭营式、军训成果汇报等活动。联合市国防教育办公室开展国防教育渗透课优秀案例评选活动,11名教师获市国防教育渗透课一等奖,15名教师获二等奖;召开2016年沈阳市国防教育渗透工作现场会。开展国防教育专题培训,各区、县(市)教育行政部门和部分学校国防教育管理干部60人参加,培训内容包括学校国防教育文件政策解读、拓展训练和专家报告等。

(乔恒君)

【安全工作】 2016年,全市教育系统认真贯彻国家、省市关于加强校园及周边治安综合治理工作要求,按照市政府《安全生产工作目标管理责任书》内容,以校园安全管理为重点,以制度建设为保障,以隐患排查整治为突破口,扎实开展各项安全教育活动,中小学安全教育管理工作水平不断提高。

重要节点安全工作。春季开学前,会同市公安局以消防安全教育为主,组织全市中小学(幼儿园)开展安全教育活动。3月27日,利用全国中小学安全教育日契机,组织全市中小学校开展以"强化安全意识、提升安全素养"为主题的"六个一"活动。4月4日,针对清明烧纸祭祀易引发火灾和交通事故,组织全市中小学开展以防火为主题宣传教育。5月12日,全国"防灾减灾"日,联合市地震局印发《关于开展"防灾减灾"宣传活动周的通知》;在和平区青年大街小学设立活动主会场,开展疏散演练和赠书活动。5月16日,全市中小学校以"防灾减灾"为主题,组织应急疏散演练。通过沈阳教育网组织观看"防灾减灾"知识宣传片,全市集中开展应急疏散演练3次。利用虎门销烟日、国际禁毒日等时机,组织全市中小学普遍开展"全民禁毒宣传月"活动,师生受教育面、学校开展活动面、师生无毒面达到3个100%;印发《推进"6.27"工程、创建十百千毒品预防教育示范学校实施方案》,推荐评选省级禁毒示范学校1所、市级禁毒示范学校14所、县级禁毒示范学校132所。

专题教育活动。6月,组织开展预防学生溺水系列宣传教育活动。印发《关于开展预防中小学生(幼儿)溺水工作的通知》,通过召开家长会、致中小学生家长一封信、签订预防学生溺水安全工作保证书、建立特殊家庭孩子管理档案、联合街道(社区)、村镇举办学生假期阳光学校,对部分特殊群体学生进行群防群治等形式,有效预防溺水事故。9月,联合市防范办、市公安局开展为期25天的第三届沈阳市少年法制互动节大型体验式实践活动,设置交通、消防、食品、应急避险、远离邪教、法制微电影等"互动训练"营地,近2万余名学生和1万余名家长参与。10月,与市检察院共同开展以预防未成年人犯罪警示教育为主题的安全教育月活动。开展未成年人法律法规普及宣传活动,组织学生参观看守所接受法制教育,开展反邪教、反恐训练、交通安全等教育。

安全管理工作。启动安全管理台账制度。召开专题工作会议,解读和阐释安全台账内容、建立、使用等;要求各区、县(市)和学校建立安全台账。全市中小学校全面实施安全管理台账。完善市、区、校三级安全工作培训机制。加大区、县(市)和中小学校指导、检查力度;围绕消防、交通、食品、防震、防溺水、防自然灾害等主题开展岗位安全培训。依据《沈阳市教育系统突发公共事件应急预案汇编》,全面加强应急救援体系建设。利用关键时段、关键节点,组织全市中小学开展应急逃生疏散演练活动。按照国家和省校园保安队伍、设施设备配备标准,要求区、县(市)将人防、物防、技防纳入学校标准化建设,加大经费投入,按规定标准配齐专业保安人员(1456人)及防范装备,校园视频监控无死角全覆盖。

开展特色教育活动。落实国家《关于防治中小学生欺凌和暴力的指导意见》,及时做好全市中小学校园欺凌现象摸排和研析。主动与有关部门沟通并开展预防欺凌和防暴力专题教育,按时上报工作进展情况。强化教育惩戒威慑作用,坚决遏制漠视人的尊严与生命行为。强化预防未成年人犯罪警示教育,加强与公安、法院、防范等部门沟通,探索开展法制教育新模式和新途径。发挥法制副校长(741人)和法制辅导员(457人)作用,开展"法官进校园"、"法制知识竞赛"、"少年模拟法庭"、"参观法制教育基地"、"以案说法"等教育和实践活动。

校园及周边环境整治。2016年,先后6次召开校园及周边治安综合治理工作会议,印发(转发)工作文件23份。2月,印发《关于开展校园周边治安乱点、难点问题集中排查整治行动的通知》,开展校园周边治安乱点、难点问题集中排查整治行动。3月、9月,集中开展全市中小学校园周边治安秩序专项整治行动。各区、县(市)教育局会同文体、公安、工商、卫生、食药监、行政执法等部门对辖区内所属学校周边饭店、超市、流动商贩乱摆摊现象及200米以内网吧和"三厅一社"进行摸底排查和综合治理。10月、11月,各地区结合创建文明城市迎检工作,狠抓校园周边治安综合治理,协调当地有关职能部门集中进行专项整治,共清理网吧9个、游戏厅4个、娱乐场所2个、彩票投注站1个、流动摊点1316个、派发广告1881个,处理涉校矛盾28个,管控矫正人员18人。全市中小学坚持日排查、月排查制度,区、县(市)教育局组织6次安全大检查,消除各类隐患4311处,坚持重大隐患登记、上报制度,对安全隐患建立台账,落实整改责任人。

校车安全管理。组织区、县(市)校车管理部门制订完善校车服务方案,明确校车公司和所属学校管理责任,签订安全管理责任书,并按照"一车一档"方式,建立学生"实名制"乘车工作档案。2月,组织各区、县(市)教育部门对全市幼儿园接送幼儿车辆和城区中小学接送学生车辆进行调研,形成《关于校车安全管理有关问题的调研报告》并报市政府。组织各地区对校车行驶线路、乘降站点、新学期乘车人员等情况进行调研,形成《关于校车安全有关问题的调研报告》。围绕校车运营模式、长效机制和市场运营,组织各地区研究制定校车管理工作方案。11月26日—12月10日,市教育局、市公安局、市交通局组成联合检查组,对拥有校车的9个区、县(市)校车安全管理情况进行检查,共抽查21所学校、11所幼儿园共79台校车。召开3次校车更新补贴工作会议,调度校车更新工作,指导各地区做好校车更新补贴工作。印发《关于组织校车安全管理工作检查的通知》、《关于组织校车更新补贴核定审查的通知》,对符合标准的地区进行审核并下发补贴资金。

(郭晓峰)

【教育督导】 2016年,市政府教育督导室以推进教育现代化建设为主线,以责任督学挂牌督导和专项督导为抓手,全面推进教育督导工作。

春季开学专项督导。春季开学前,教育督导室抽查皇姑区、沈河区开学工作,包括开学条件保障、规范办学行为、学校安全工作等25项内容。和平区、铁西区、苏家屯区代表沈阳市接受国家督导组春季开学工作督导检查并受到好评。

薄弱学校改造专项督导。3 月,印发《关于开展薄弱学校改造专项督导的通知》,起草《沈阳市薄弱学校改造专项督导方案》。4 月,组织人员深入相关区、县(市)开展薄改专项调研和指导。11 月,召开迎接国家薄改专项督导协调会,市教育局就存在问题分别约谈区、县(市)政府主管领导。

督导队伍培训。5 月,组织全市 38 名督学参加在国家教育行政学院分院云南师范大学举办的沈阳教育督导专题研修班。6 月,对首批 21 名信息化督导专家进行沈阳市教育信息化指标体系和督导方法培训。

责任督学挂牌督导工作。6 月,组织和平区、沈河区、大东区、皇姑区做好迎接国务院教育督导委员会"全国中小学校责任督学挂牌督导创新县的实地核查"工作。沈河区成为首批全国中小学校责任督学挂牌督导创新区。

完成教育现代化立项申报工作。按相关文件要求,市政府教育督导室完成对沈北新区、浑南区、辽中区、法库县、康平县、新民市 6 个区、县(市)申报资格审核。截至 2016 年底,全市 13 个区、县(市)全部获沈阳市教育现代化建设立项资格,市政府奖励各地区 1000 万元资金用于启动教育现代化建设。

启动教育信息化评估验收工作。依据《沈阳市教育信息化建设督导评估方案》(沈教督发〔2015〕5 号)文件要求,对沈河区、和平区、大东区、于洪区、苏家屯区 5 个区进行教育信息化建设评估验收。督导评估首次聘请信息技术方面专家,并首次使用"沈阳教育智慧督导管理与应用平台"现代化评估工具,实现网上督导和实地查验相结合,体现出"督导人员专业化、督导手段现代化、督导材料无纸化、督导汇总智能化、督导方式多样化、督导程序规范化"六大特色。

校园欺凌专项督导。按照《国务院教育督导委员会办公室关于开展校园欺凌专项治理的通知》(国教督办函〔2016〕22 号)要求,开展校园欺凌治理工作专项督导。印发《关于开展校园欺凌专项治理的通知》(沈教发〔2016〕56 号),组建督导组,通过实地检查、问卷调查等方式抽查 5 个区、县(市)31 所中小学校,形成督导报告并报省政府教育督导室。

(高　翔)

【国际交流与合作】 2016 年,沈阳市进一步夯实教育开放基础,推进教育对外开放,努力打造国际化营商环境。完成沈阳市英语教师课改技能提升专项培训、教育团组出访手续办理等工作;积极拓展教育国际交流合作渠道,向沈阳学生推荐海外优秀院校;做好外籍人员子女在沈就读等工作。

初中英语教师口语教学能力培训。1 月 14 日—2 月 2 日,开展沈阳市初中英语教师口语教学能力第三期培训。新民市、法库县、康平县、辽中区公办学校 405 名初中英语教师参加培训。此项培训是根据新课改要求,以全面提升全市初中英语教师口语教学能力为目标的专项培训。截至 2016 年底,全市共培训初中英语教师 1321 人,受到参训教师欢迎。

学生国际教育交流服务。3 月,与国外教育机构合作,陆续开展英国中学奖学金项目、美国内布拉斯加科尼州立大学奖学金项目、中学生赴美交流项目等工作,为沈阳中学生提供更多考取外国院校奖学金及赴海外学习交流机会。

做好行政审批工作。8 月,省教育厅"自费出国留学中介服务机构资格认定"和"开办外籍人员子女学校审批"审批权下放到沈阳市。市教育局完成与教育厅工作对接,并制定相关政策,确定审批流程和审批要件,派出人员进驻沈阳市审批大厅,做好相关审批工作。

外籍人员子女在沈就读工作。2016 年,做好华晨宝马汽车有限公司外籍员工子女在沈就读工作,改善东北育才学校国际部办学条件;受理沈阳远见国际学校变更事项;受理沈阳太平洋外籍人员子女学校人事、地址名称、章程变更申请。做好到沈就读中小学外国及港澳台侨留学生政策咨询、入学资格审批办理等服务工作,加强中小学接受外籍学生管理,全年接受在沈就读中小学外籍、港澳台学生和华侨子女 667 人。

教育团组出访和培训。2016 年,沈阳市共选派 38 名英语骨干教师赴英国、加拿大等国参加英语教师课改技能提升专项培训。项目实施过程中,认真执行国家因公出国(境)工作各项规定,组织参训教师参加英语语言水平能力测试;严格审核手续,组织行前境内培训,帮助参训教师提前适应培训课程并规范行为纪律,确保顺利完成境外培训。培训回国后,组织全体参训教师座谈,了解教师国外期间学习生活及回国后教学情况。协助相关部门完成教育团组赴英国、爱尔兰、俄罗斯、加拿大、美国教育合作洽谈团等出访手续办理工作。

拓展国际教育交流合作渠道。2016 年,通过参加在沈阳美国领事馆举办的美国大学留学教育展及院校推介会,新增与美国威斯康星大学等高校交流途径。通过参加北京 ICEF 国际教育展,新增与美国、英国、加拿大、澳大利亚等国 30 余所教育机构沟通渠道;通过参加英国教育中介机构年度交流研讨会,了解英国教育最新发展趋势,与英国学校洽谈合作。共接待英国、美国等国家院校代表来沈访问 10 余次。

(夏光　蔡瑞琪)

【招生考试】 普通高中学生学业水平考试。3 月 26—28 日,沈阳市 2016 年普通高中学生学业水平考试举行。全市共 4.08 万名考生报名参加考试,设置 13 个考区、59 个考点、1230 个考场。

高等教育自学考试。4 月 16—17 日,2016 年上半年国家高等教育自学考试举行。全市共 4.5 万人参加,报考科目 489 个,共设置考点 65 个、考场 5012 个。10 月 22—23 日,2016 年下半年国家高等教育自学考试举行。全市 3.4 万人参加考试,报考科目 476 个,共设置考点 50 个、考场 3952 个。

普通高等学校招生考试。6 月 7—9 日,全省普通高等学校招生考试举行。沈阳市共有考生 3.95 万人,全市共设置考点 61 个、考场 1270 个。

中等学校招生考试。6 月 25—28 日,沈阳市中等学校招生考试举行。全市共计 11.23 万名考生参加,其中:初三考生 5.34 万人,初二考生(参加生物地理考试)5.88 万人,中考考生总人数是高考 2.84 倍。全市设考区 13 个、考点 91 个、考场 1968 个。市教育、招考、宣传、保密、公安、财政、交通、工商、环保、行政执法、卫生、食药监、文广、服务业、经信委、供电等 16 个职能部门组成中考联合指挥部,确保考试平安顺利。

成人高等学校招生考试。10 月 29—30 日,2016 年全国成人高等学校招生统一考试举行。全市考生 1.78 万人。其中:专科起点升本科考生 8169 人,高中起点升本科考生 775 人,高中起点升专科考生 8818 人。各类免试生 225 人。全市共设置考点 37 个、考场 664 个。

硕士研究生招生考试。12 月 24—26 日,全国硕士研究生招生考试举行。全市共有 3.39 万名考生参加考试。

全市设考区9个、考点58个、考场1155个。

其它考试。2016年，配合省、市教育、组织、人事等有关部门，完成国家公务员统一录用考试、国家会计资格考试、国家执业医师资格考试、国家司法考试、国家护士执业资格考试、省公安执法资格考试、沈阳市公务员统一录用考试、国家中小学教师资格认定理论考试、辽宁省中小学教师资格考试补考、农村特岗教师招聘笔试、农村特岗教师招聘面试等社会考试，服务考生11.08万人次

（王文琦）

【学生资助管理】 学前教育资助。2016年，继续对学前三年在园城乡低保、低保边缘家庭儿童，农村五保供养家庭儿童、孤儿、烈士子女和残疾儿童，以及符合上述条件外来务工人员子女减免保育教育费，标准为城市在园儿童每生每月200元、农村在园儿童每生每月100元。其中：沈河区、铁西区、大东区将资助标准提高至每生每月500元，和平区提高至800元。全年共资助困难幼儿614人次，总资金84.41万元。其中：春季学期资助340人，资金48.54万元；秋季学期资助274人，资金35.87万元。

义务教育阶段"两免一补"工作。2016年，继续实施义务教育"两免一补"政策。对农村全体学生和城市家庭经济困难学生免收学杂费、课本费，对城乡家庭经济困难住宿生给予生活补助（小学每生每年750元，初中每生每年1000元）。春季学期统计481所学校"两免一补"情况，免除学杂费4208万元（惠及学生47.58万人）、课本费2167万元（惠及学生23.54万人）；864人享受住宿补助，金额39万元。秋季学期统计学校480所，免除学杂费4288万元（惠及学生48.46万人）、课本费2140万元（惠及学生23.20万人）；660人享受住宿补助，资金30万元。全年"两免一补"资金共计1.29亿元。开展区、县（市）义务教育学生资助工作调研，完善义务教育学生资助系统（沈阳市自行开发），加强相关培训工作。

普通高中学生资助。2016年，继续面向普通高中家庭经济困难学生发放助学金，标准为每生每年2000元。发放普通高中助学金1235.6万元，其中：春季学期612.7万元（享受助学金6127人），全市受助比例8.25%（四县（市）达到19.99%）；秋季学期622.9万元（享受助学金6229人）。秋季学期，国家启动普通高中建档立卡学生（含农村低保家庭学生）免学费工作，方式为"入学直免"。沈阳市出台普通高中家庭经济困难免学费政策，把城乡具有各类特困证件贫困学生全部纳入资助范围。全市普通高中各类特困学生1646人（其中674人符合国家、省免学费条件），免学费补助资金77.88万元。按照省教厅、省教育基金会要求，面向普通高中品学兼优家庭贫困学生开展"滋蕙计划"，每生一次性资助2000元，符合条件学生1328人，资助资金265.6万元。启用全国学生资助管理信息系统，召开全面启用全国学生资助管理系统义务教育和普通高中子系统培训会。正式将民办普通高中纳入助学金资助范围。

大学家庭经济困难学生资助。截至2016年底，全市共资助当年考入大学的家庭经济困难学生612人，资金174.36万元。其中：各团体资助516人，资金150.72万元；财政保底资助96人，资金23.64万元。

中等职业学校助学金和免学费工作。继续对中等职业学校一、二年级家庭经济困难和涉农专业学生发放助学金，标准为每生每年2000元。全年共计发放中职助学金647.58万元，其中：春季学期310.78万元（3116人），秋季学期336.8万元（3368人）。全年中职免学费1.02亿元（7.66万人次，不含技校），其中：春季学期4840.91万元（农村学生3.59万人，城市学生621人）、秋季学期5323.85万元（农村学生3.96万人，城市学生470人）。2016年春季起，沈阳市全面启用新全国学生资助管理信息系统。市学生资助管理中心、市教育局职业教育处、会计核算中心联合对部分中职学校进行抽查。委托审计机构对各区、县（市）职教中心、民办中职学校及部分市属公办学校资助资金进行专项检查审计。与市邮政储蓄银行重新签订沈阳市中职助学金银行代发业务协议。

市属高校奖、助学金工作。春季学期，沈阳市属高校享受国家助学金6090人，金额913.5万元。秋季学期，享受国家奖学金40人，金额32万元；省政府奖学金60人，金额48万元；国家励志奖学金1150人，金额575万元；国家助学金5900人，金额884.95万元。全年共拨付资金1539.95万元。

大学生生源地信用助学贷款工作。2016年，大学生办理助学贷款1833人（应届大学生532人，在校大学生1301人），金额1084.12万元，比2015年增长4.73%。

（李　强）

学前教育

【概况】 2016年，沈阳市有各级各类幼儿园1305所，在园儿童17.48万人，教职工2.60万人，专任教师1.39万人。其中公办园356所，在园儿童占38.2%。学前教育三年毛入园率99.12%。

（董素靖　段志慧）

【创建国家学前教育改革发展实验区】 2016年2月2日，教育部印发《关于公布国家学前教育改革发展实验区名单的通知》，沈阳市被确定为国家学前教育改革发展实验区。市政府成立由分管副市长任组长，市教育局、发改委、财政局、人社局、规划国土局、建委、编委办等部门为成员的落实国家学前教育改革发展实验区工作领导小组，统筹领导和推进实验区工作。9月19—20日，教育部专家组对沈阳实验区进行专题调研，听取沈阳市、和平区、法库县学前教育发展以及实验区工作情况汇报。11月21日，市政府召开国家学前教育改革发展实验区工作推进会，授予和平区等6个区为"沈阳市学前教育改革发展先行区"，印发《沈阳市人民政府办公厅关于做好国家学前教育改革发展实验区工作的实施意见》。

（董素靖　段志慧）

【学前教育顶层设计】 出台《沈阳市人民政府办公厅关于做好国家学前教育改革发展实验区工作的实施意见》（沈政办发〔2016〕141号），从加大投入、扩增公办学位、扶持普惠民办、强化师资建设等方面提出17条具体措施。制发《沈阳市学前教育三年行动计划（2015－2017年）督导评估方案》、《沈阳市教育局关于申报学前教育改革发展先行区的通知》、《关于进一步防止和纠正学前教育"小学化"现象的意见》，从规范学前教育管理、提升保育教育质量等方面做出制度性安排。

（董素靖　段志慧）

【保障适龄儿童入园需求】 通过新建改扩建幼儿园、接收小区配套幼儿园、利用空闲资源改建幼儿园、推进民办幼儿园审批、大村独立办园和小村联合办园等途径继续增加幼儿园存量。全年新增

幼儿园69所,公办幼儿园在园儿童6.67万名,比2015年增加6094名;投入1200余万元,为25所新建公办幼儿园配备玩教具、保教、生活、专用教室等设备设施。

(董素靖 段志慧)

【提升普惠水平】 继续深入落实学前教育奖补政策,通过加强指导、监督、审计等举措,推进学前教育奖补政策落实。2016年,市本级投入奖补资金1.2亿元。普惠性幼儿园在园儿童占全市在园儿童总数76.3%,比2015年增加17个百分点。

(董素靖 段志慧)

【提高保教质量】 严格幼儿园准入制度,实行依法审批、动态监管。继续开展幼儿园评估定级工作,认定五星级幼儿园24所,四星级幼儿园19所。截至2016年底,全市五星级幼儿园107所,居全省首位,三星级以上幼儿园在园儿童占总数60%。

(董素靖 段志慧)

【提升教师队伍整体素质】 推进落实《3-6岁儿童学习与发展指南》,总结第一批25所试点园经验成果,并确定第二批试点园。继续开展园长工作站项目,遴选16位园长工作站主持人。通过"互助成长"、"点对点培训"方式,对全市85所相对薄弱幼儿园园长和教师进行全方位培训。开展骨干幼儿园园长和教师培训,举办幼儿教师教学基本功大赛。2016年,遴选推荐学前教育名师10名、师德先进个人5名、骨干园长6名、骨干教师40名、先进典型教师2名。

(董素靖 段志慧)

【加强宣传】 继续开展学前教育宣传月活动,采取全市性和区域性活动相结合方式,为学前儿童及家长送知识、送爱心。与《辽沈晚报(亲子周刊)》合作,编辑出版两期科学保教专刊,介绍学前教育发展情况、幼儿园办园特色、科学育儿常识、儿童绘画作品等。向全市在园儿童发放节日爱心卡,制作《用心做好孩子的教育》宣传图册,展示星级幼儿园办园特色。策划《托起太阳的力量》宣传片,展示学前教育发展成果,引导社会各界关心支持学前教育事业。

(董素靖 段志慧)

义务教育

【概况】 2016年,全市共有义务教育阶段学校499所,其中:普通初中211所(含112所九年一贯制学校),普通小学272所,工读学校1所,特殊教育学校15所。在校学生53.6万人(普通初中16.2万人,普通小学37.4万人)。教职工4.47万人(普通初中1.92万人,普通小学2.55万人),其中专任教师3.8万人(普通初中1.5万人,普通小学2.3万人)。小学学龄人口毛入学率115.2%,初中学龄人口毛入学率108.2%,初中在校生年度保留率99.5%。

(葛 超)

【中考改革】 出台全市中小学招生工作方案,协调推进外语听力考试、政治与历史开卷合考等重大改革项目,统筹完成初中毕业生信息技术学科考查等工作。沈阳市中考改革平稳落地。

(葛 超)

【义务教育视导】 印发《关于进一步做好义务教育视导工作的通知》,组织视导培训会2次,18个视导组140名视导员参加。全年共完成170所学校(小学92所、初中68所)视导工作,回收有效学生问卷小学7.68万份、初中2.76万份,电话询访家长3115人。召开沈阳市2016年小学视导总结会。

(葛 超)

【课程改革】 印发《2016—2017学年度义务教育课程教学安排的通知》,规范课程教学组织。以辽宁省义务教育课程示范校建设为抓手,助推6所小学、3所初中申报并获批省级课程改革示范校。"十二五"期间,全市共63所学校被命名为省级课改示范校。支持和扶持典型学校开展教育联盟等改革探索。

(葛 超)

【招生入学】 印发《2016年中小学招生工作方案的通知》(沈教发〔2016〕38号),组织区、县(市)完成普查、跨区登记、换挡等工作。公布学区划分方案。有序组织"阳光分班",涉及小学新生6.38万人、初中新生5.81万人。2016年,办理转学2.39万人,补建学籍938人。

(葛 超)

【启动"减负提质"工作】 制发《沈阳市教育局关于做好义务教育学校"减负提质"工作的通知》(沈教发〔2016〕54号)。召开全市"减负提质"现场会,观摩交流和平区教育局及铁路五小等工作经验。国家及省市政府网站、辽宁日报等主流媒体纷纷报道。省教育厅印发《辽宁省教育厅办公室转发沈阳市教育局关于做好义务教育学校"减负提质"工作的通知》(辽教办[2016]106号),向全省推介沈阳经验。

(葛 超)

【教育信息化建设与应用】 组织召开沈阳市数字校园建设与应用现场会,观摩推介大东区数字校园建设及应用经验,总结推进全市数字校园建设。制发《沈阳市教育局2015—2016年度"一师一优课、一课一名师"活动方案》,召开"一师一优课、一课一名师"推进会议,全市共3.40万名教师报名,晒课2.45万节,获省优课836节,获部优课543节。举办首届中小学生机器人竞赛,全市123所学校381名学生参赛。

(葛 超)

【教材教辅审定】 组织完成2016年秋季及2017年春季教材教辅材料选用等工作。通过制发文件、《致家长的一封信》、召开电视电话会议等措施,强化教辅教材管理。组织开展2016年秋季农村义务教育免费教科书征订核查。完成《沈阳市中小学教材教辅材料管理办法》(讨论稿)起草工作。

(葛 超)

【精准帮扶】 认真落实留守儿童关爱保护"三个一"要求,完成留守儿童第一轮普查。截至2016年底,全市小学留守儿童5491人,初中1894人。推动落实随迁人员子女同城待遇,保障随迁子女平等入学权利。2016年,共接收随迁子女6.65万人,其中:小学4.91万人、初中1.74万人。

(葛 超)

普通高中教育

【概况】 2016年,沈阳市有普通高中85所,在校生10.57万人,招生3.63万人,毕业生3.44万人,教职工1.13万人,其中专任教师9553人。2016年,普通高中教育以质量提升为核心,以优质化高中建设和普通高中课程改革为抓手,积极推进普通高中优质、多样、特色发展;严把出口关,改进评价方式,创设良性竞争氛围,引导不同层次普通高中提升整体办学水平。

(王 军)

【普通高中优质化建设】 制定《沈阳市优质化普通高中评估验收细则》,并开展优质化普通高中评估验收。2016年,东北育才学校、市第二中学、市第二十中学、铁路实验中学、市第二十七中学、同泽高中、市第一中学、市第五中学、市第一二〇中学、市第十一中学、市第四中学、市第三十一中学、市第三十中学、市第五十一中学14所学校通过沈阳市优质化普通高中验收。

（王　军）

【教育教学改革实验校建设】　开展教育教学改革实验项目评审工作，市第二十中学、市第一二〇中学、市第五中学、市第二十四中学、市第一中学、市第一七六中学、市第四中学被确定为沈阳市教学模式改革实验学校；东北育才学校、市第二十七中学、同泽高中、市第八十三中学被确定为沈阳市课程建设改革实验学校；市第十一中学、铁路实验中学被确定为沈阳市信息技术与教育教学融合改革实验学校；市外国语学校被确定为沈阳市学生发展与评价改革实验学校。其中市第一二〇中学、市第五中学、同泽高中经市教育局推荐，被省教育厅评估命名为辽宁省教育教学改革典型校。截至2016年底，沈阳市共5所普通高中晋升为辽宁省教育教学改革典型校，占全省总数25%。

（王　军）

【教学常规管理视导和学科研修基地建设】　制定《沈阳市普通高中教学常规管理专项视导细则》，并组建由教研员、学校业务骨干和教育专家组成的视导团队，围绕学校教学进度安排、学生学习过程、教师教案、课堂教学、实验教学、作业布置与批改、考试（测验）、学校领导干部听课等，对全市普通高中进行专项视导。2016年，以普通高中为依托，成立23个学科研修基地，在走班制教学改革、在线选修课程认证、教学质量检测、学生作业和考试题库研发等方面取得可喜成效。

（王　军）

【创办综合高中】　确定沈阳市奉天高中、康平县第一高中和法库县第二高中3所综合高中试点。试点校分别同当地职业教育中心合作办学。按普通高中招生入口，并根据实际情况单独划定录取控制分数线。学生入学后统一学习普通高中课程，于高二新学年至学业水平考试结束期间，在原有普通高中班基础上，增设普职融通班。普职融通班学生可保留普通高中学生身份也可分流到职业高中。综合高中学生毕业后可获得普通高中毕业证书或同等学历证书，并以普通高中学生身份参加高等院校招生考试。分流到职业学校就读的学生可获得职业学校毕业证书，并以职业学校学生身份参加高等院校招生考试。

（王　军）

【普通高中校长大会】　2016年1月18日，沈阳市普通高中校长大会召开。会议分析和总结2016年高考情况及入出口增值评估情况，表彰市第三十一中学、市第一二〇中学等年度综合评估奖学校。市教育局局长苏文捷出席会议并就2018年高考改革及打造沈阳市国际化营商环境等重要工作进行部署。

（王　军）

【环境和科技教育】　全面落实《沈阳市2016年政府工作报告》“实施‘全民节能行动计划’倡导节俭、绿色、文明消费”要求，把生态文明教育作为素质教育重要内容，组织全市中小学校开展“地球一小时”、“绿色出行”、“科普课堂—生命之水”节能宣传周和“低碳日”等环境教育活动，宣传落实《沈阳市中小学“低碳生活”行为规范》，提高广大师生环保意识。组织完成首届全市中小学生机器人比赛，推荐39支优秀队伍参加全国总决赛并获9金12银9铜成绩。联合市科技局评审认定市第四中学、市实验学校和沈师大附属学校为“沈阳市青少年科技创新实验室”。

（王　军）

职业教育

【概况】　2016年，沈阳市有中等职业学校81所，在校生7.17万人，毕业生2.34万人，招生2.59万人，教职工7580人，其中专任教师5155人。其中：普通中专学校33所，在校生5.25万人；职业高中学校48所，在校生1.91万人。

（汤　镇）

【标准化建设】　2016年，职业学校标准化建设项目进入建设阶段。全市共遴选29所标志性、示范性和规范性标准化职业学校（包括人社局所属技工学校8所）。确定重点支持建设的48个专业和75个专业示范点。

（汤　镇）

【数字校园建设】　2016年，出台《沈阳市中等职业学校数字校园建设标准（试行）》，在市直属中职学校和区、县（市）职业教育中心范围内实施数字校园建设项目。共17所学校进行申报。

（汤　镇）

【职业技能大赛】　全年共举办沈阳职业院校技能大赛、中等职业学校信息化教学大赛、文明风采大赛、中等职业学校班主任基本功大赛和直属中等职业学校德育风采展示等五项赛事。大赛优秀选手分别参加省级和国家级相应赛事。在国家大赛中，师生共获一等奖7个、二等奖22个、三等奖33个。在2016年沈阳职业院校技能大赛中，沈阳市共有694名选手获奖，其中，教师组一等奖31名、二等奖47名、三等奖72名。31名一等奖获得者中，“沈阳市‘五一’劳动奖章”3人，“沈阳市技术标兵”5人，“沈阳市技术能手”荣誉称号5人，“沈阳市名师”荣誉称号12人，“沈阳市骨干教师”等荣誉称号19人。

（汤　镇）

【职业教育体系建设】　继续推进沈阳联合职业技术学院筹建工作，提高办学层次。全力配合发改委做好中德学院和跨企业培训中心建设筹划工作；研究并草拟“沈阳高端装备制造业职业教育联盟”章程、组建方案和《我市职业教育工厂化办学、双元制教学若干意见》等相关配套政策文件。完善中高职衔接体系，扩大“3+2”招生规模，共计2066人，比2015年增加500人。配合相关部门设立4所综合中学试点，尝试职普流动新通道。与人社局共同尝试开展“双证融通”试点，提升学生就业创业起点。

（汤　镇）

【职业学校管理】　开展直属中职学校年度综合考核，制发《市直属中等职业学校年度综合考核方案》。印发《沈阳市民办中等职业学校年度检查指标体系》，对31家民办中职学校进行年检并向社会公示。完善省属中专校、行业办学校、直属学校、区县（市）职教中心校和民办学校业务归口管理，高质量完成招生计划、专业设置、学籍管理检查、毕业证验印等常规业务。2016年，22所学校新增设、调整专业或专业方向38个。规范招生行为，严格专业设置和招生管理，严格审查招生简章，避免虚假宣传。继续开展“大篷车”招生宣传，借助沈阳教育发布、沈阳招考、沈阳招生考试网、沈阳招生考试通讯等媒体加强招生宣传。建立“沈阳职业教育”微信公众号，广泛宣传职业教育利好政策，扩大职业教育影响。

（汤　镇）

【提升教育质量】 建立市级培训平台，全年开展管理干部、德育和专业教师赴德国培训等5个项目，参训人数达1500人次。加强科研课题评选和管理，26个课题通过市级“十三五”规划课题立项；设立专项支持学校开展校本课题研究，29项课题被评为2015年优秀校本课题成果，26个课题获市级支持。创建沈阳市中等职业学校德育示范基地，遴选15所学校作为全市职业教育德育示范基地。

（汤　镇）

高等教育

【概况】 2016年，沈阳市有高等教育机构84所，在校生62.08万人，毕业生17.81万人，招生18.88万人，教职工4.36万人，专任教师2.78万人。其中：普通高校47所，在校生40.36万人，毕业生10.39万人，招生10.68万人，教职工4.26万人，专任教师2.71万人。有两院院士12人，长江学者37人，国家杰出人才基金获得者27人，国家“百千万”工程人才50人；博士后流动站50个，博士点（学术型）282个，硕士点（学术型）667个，专业学位博士点3个，专业学位硕士点185个；本科专业739个，专科专业397个；国家一级重点学科3个，二级重点学科29个，重点培育学科2个，国家级特色专业47个；辽宁省第一、二层次一流特色学科30个，省部级一级重点学科48个，二级重点学科210个；省级示范专业133个，国家重点实验室、工程研究中心7个，省部级重点实验室414个，省高校重大科技平台重点实验室42个。

沈阳市市属高校4所（沈阳大学、沈阳医学院、沈阳职业技术学院、沈阳广播电视大学），学校总占地面积140.22万平方米，建筑面积105万平方米；在职教职工4491人，专任教师2753人，长江学者1人，享受国务院政府特殊津贴7人，省百千人才18人，博士后59人；在校生9.29万人，其中：博士研究生12人，硕士研究生817人，本科生2.24万人，专科生1.95万人，留学生1685人，成人教育4.85万人。

（张蔚里　齐震）

【科研成果】 2016年，在沈高校国外学术刊物发表论文4779篇，中文核心期刊发表论文7259篇，收录三大检索（SCI、EI、ISTP）系统论文7690篇，出版著作（含译著、编著）781篇。获发明专利872个，知识产权出售收入5451.92万元。承担“973”计划课题1个、国家科技攻关计划课题45个、“863”计划课题23个、国家自然科学基金重点项目46个、军工项目44个、省部级项目2125个、市级项目687个、其它项目754个。获国家省市科技奖励91个。在基础研究和应用基础研究领域累计获524项国家自然科学基金、社科基金项目资助，总经费超过3亿元。科研成果转化455个，转化收入1.9亿元。东北大学成功研制全球首条600千安铝电解槽，破解世界性难题；沈阳师范大学“东北亚古生物演化重点实验室”成为辽宁首个国土资源部重点实验室。

（张蔚里　齐震）

【师资队伍】 截至2016年底，在沈高校研究生导师总数7892人。具有企业项目合作研发经历教师比例达62.8%。有国家级教学名师15人，省级教学名师221人；国家级精品课101项，省级精品课505项；国家级教学成果奖68项，省级教学成果奖600项；国家普通高校本科优秀教学团队17个，省普通高校本科优秀教学团队105个。2016年，沈阳农业大学李天来院士当选2016年全国教书育人楷模；中国医科大学孙思予荣获“全国五一劳动奖章”荣誉称号；王振宁、高兴华入选“万人计划”领军人才（两人皆为长江学者特聘教授）；沈阳师范大学姚建宗等7人获批“长江学者特聘教授”。

（张蔚里　齐震）

【制度建设】 2016年，在沈高校进一步完善内部治理，研制中长期战略规划，加强目标管理、过程管理，深化内部治理改革，推进学校管理法治化、规范化。辽宁大学、沈阳工业大学、沈阳师范大学、辽宁中医药大学等高校，在内部治理结构、现代大学制度建设、学校民主管理等方面进行持续探索。29所高校《大学章程》通过核准。

（张蔚里　齐震）

【创新创业带动就业】 2016年，在沈高校面对就业压力，以制度建设为抓手，落实就业工作“一把手”工程，多措施促进学生就业。博士研究生就业率为81.77%，硕士生就业率为92.02%，本科生就业率为92.44%，专科生就业率为91.50%。中国医科大学荣获第二届辽宁省“互联网＋”大学生创新创业大赛金奖，沈阳工业大学荣获首批“全国创新创业50强高校”称号。

（张蔚里　齐震）

【服务社会】 2016年，“服务沈阳新一轮全面振兴，服务沈阳高校内涵发展”工作得到高校教科研人员认同和践行，对该项政策认同比例达89.9%。2016年，评定67项与沈阳经济社会发展关联密切的重要科研项目。东北大学打造数字、创新和共享平台，助推沈阳两化深度融合；沈阳建筑大学与锦州北镇市、葫芦岛市、本溪市以及沈阳市旅游集团签署战略合作协议，牵头成立辽宁省“现代建筑工程装备与技术”校企协同创新联盟；中国刑警学院圆满完成G20峰会安全保卫增援任务并荣立集体一等功；辽宁省交通高等专科学校被评为“高等职业院校服务贡献50强”。

（张蔚里　齐震）

【国际交流】 2016年，在沈高校留学生人数9214人，外籍教师249人，参加国际学术交流1782人次，具有国外学习经历教师占77.8%。截至2016年底，在沈高校与240多个国家和地区的550所大学建立友好合作关系。辽宁大学、沈阳师范大学、沈阳理工大学等在海外举办孔子学院，促进中华文化传播；沈阳农业大学启动“一带一路”教育行动，与保加利亚、俄罗斯、乌克兰、蒙古国、波兰等7个国家8所农业高校达成合作协议。2016年，第六届沈阳中外音乐文化交流展在沈阳音乐学院举行，来自10多个国家及地区艺术家进行两个多月交流展示，创历届交流展之最。

（张蔚里　齐震）

【内涵建设】 沈阳大学持续推进“3351”教育质量工程（打造30个优势特色专业，建设30门精品课程，支持50个教学改革项目，遴选100个大学生创新创业项目），提升教育教学质量；在全国率先编写转型发展教材43部；启动“双师双能型”教师培养计划，开展“我最喜爱的教师评选”活动；建设改造实验（实训）教学平台42个、多媒体教室65个，更新主要仪器设备近万台（件）；沈阳寰宇等3家公司入驻学校创新创业实训基地，学生注册创办公司8家，20余个创新创业项目在基地孵化。沈阳医学院坚持培养应用型人才办学定位，成为辽宁省第二批转型发展试点学校；荣获第七届全国大学生临床技能竞赛东北赛区二等奖、辽宁省本科学生护理技能大赛二等奖、全国大学生基础医学创新论坛暨实验设计大赛三等奖等10余项荣誉;12个项目获批国家级大学生创新创业训练计划项目。沈阳职业技术学院按照市场需求,组建"机床班"、"燃气班"、"含能班"、"上井班"。沈阳广播电视大学建立开放教育办学体系,包括10家直属办学单位、8家区县(市)分校、46家合作办学单位、4家助力计划企业学院和行业学院。

(张蔚里　齐震)

终身教育

【概况】 2016年,沈阳市有社区大学1所,社区学院13个(社区学院实现场地独立办学的6所),市级社区教育实验点80个。有国家级社区教育示范区4个、实验区1个、示范街道11个;有省级社区教育示范区6个、实验区3个、示范街道7个。全年为市民提供教育培训活动17.8万次,惠及市民1927万人次。2016年,沈阳市被教育部确定为全国家庭教育实验基地,大东区、苏家屯区分别被教育部确定为全国社区教育示范区和实验区,辽中区通过国家级农村职业教育与成人教育示范县(区)验收,和平区沈水湾等7个街道被命名为全国社区教育示范街道(乡镇)。沈河区15个街道办事处成立社区教育分院。

(李景晓)

【社区教育服务指导中心正式运行】 2016年1月12日,全市社区教育教学工作对接会召开,正式启动沈阳市社区教育服务指导中心与区、县(市)社区学院对接工作。2015年11月,经市编办批准,正式成立沈阳市社区教育服务指导中心,其主要职能:对全市社区教育机构业务工作进行指导与服务;承担信息收集、汇总、分析等工作;开展构建终身教育体系和学习型城市建设调研和理论研究等。

(李景晓)

【建设老年大学教学基地】 2016年上半年,沈阳社区大学将原图书馆改造为老年大学教学基地,改造后面积为5600平方米,新设养老护理、运动康复、书画、摄影及后期制作、舞蹈、数码钢琴、多媒体应用、运动健身、民乐、声乐、国学等多个体验中心,并开发配套微课程30门,500余人参加学习。

(李景晓)

【社区居民系列大赛】 6月—9月,由市教育局主办、相关区县(市)社区学院承办,面向13个区、县(市)居民举办摄影、绘画、剪纸、好文章、围棋、舞蹈、合唱等8项比赛活动。大赛历时3个多月,参与市民1万余人,380名居民获个人奖,140个社区团队获集体奖。

(李景晓)

【"学校放假社区开学"社区实践活动】 2016年7月22日,沈阳市中小学生"学校放假社区开学"社区实践活动在沈河区文化宫启动。活动期间,全市108个街道、726个社区共举办主题教育参观展567场、学生教育报告会1355场、社区课堂培训1889场,11.6万余名中小学生参与,社区志愿者服务超过2.5万小时,相关媒体持续关注并报道36次。

(李景晓)

【全民终身学习活动周】 2016年10月31日,2016年沈阳市全民终身学习活动周启动仪式暨社区社团文艺展演在八一剧场举行。市学习型城市建设指导委员会办公室副主任、市教育局副局长孙勇讲话并宣布活动周启动。和平区社区学院、各区县(市)基层社区社团老年学员,用舞蹈、大合唱、器乐合奏等形式汇报和展示社区教育成果。活动周期间,41余万市民参加各类培训(讲座)、演出等3530场。

(李景晓)

【队伍建设】 2016年6月,全市农村成人教育专职教师第三期培训在沈阳农业大学举行,全市8个涉农区、县(市)教育局职成科科长、乡镇(街道)成校校长及专职教师共74人参加。培训内容包括农业政策解读、农业互联网+、设施农业栽培技术等六方面专题报告,参观农大教学科研基地,农业专家现场教学等。10月末至11月初,举办社区教育工作者培训活动,市社区教育服务指导中心、各区县(市)教育局、社区学院、社区教育实验点120余人参加培训。培训期间,省教育研究院终身教育研究所所长解读教育部有关终身教育文件政策,苏家屯区教育局等5家单位作典型经验交流,组织人员实地考察大连市金普新区社区学院及友谊街道爱民社区等3个社区教育工作。

(李景晓)

民办教育

【概况】 2016年,沈阳市有民办普通中小学41所,其中:普通小学4所,初中4所,九年一贯制6所,十二年一贯制学校4所,完全中学13所,普通高中10所;民办普通中小学在校生5.71万人,其中:小学1.35万人,初中3.09万人,普通高中1.28万人;民办普通中小学在职教职工3987人,专任教师3545人。全市民办中等职业学校37所,在校生1.12万人,在职教职工1509人,专任教师863人。全市民办教育机构1309所,包括外语类、文化课补习类、自考助学类、艺术体育类、职业教育5个类别;有教职工1.12万人,其中专任教师6823人;年培训65万人次,主要培训对象是中小学生;固定资产总值4.8亿元。

(徐刚　贺立路)

【民办机构信用考评】 2016年,共评出信用办学5A级单位278家、4A级单位610家、3A级单位145家。市志成中学、市绿岛学校2所民办高中通过沈阳市普通高中标准化评估验收,全市共8所民办高中步入标准化行列。各地区积极落实民办教育属地化管理要求,将民办教育纳入公办教育管理范畴,推进民办教育健康发展。

(徐刚　贺立路)

特殊教育

【概况】 2016年,沈阳市有特殊教育学校15所,学校分布在11个区、县(市),其中:培智类学校5所,聋学3所,盲校1所,综合类特教学校5所,儿童福利院1所。特教学校教职工总数629人,专任教师441人;在校生1447人,其中:智障519人,自闭症359人,听障264人,视障165人,其他111人。全市随班就读学校251所,随班就读学生673人;承担送教上门学校91所,送教上门学生356人,承担送教上门工作教师387人。

(葛　超)

【建设资源教室】 2015年,沈阳市确定

57所随班就读中心学校。2016年，在部分地区启动资源教室建设，共建设19个资源教室，其中：铁西区11个，和平区3个，皇姑区3个，大东区1个，浑南区1个。

（葛　超）

【探索医教结合】　2016年1月，市教育局与市卫计委联合印发《沈阳市特教学校与医疗机构开展医教结合工作的实施方案》（沈教发〔2016〕7号）。4月，在和平区睿智学校召开医教结合工作启动仪式。14所特教学校和9个医疗机构开展医教结合探索，确立特教学校与医疗机构合作机制，建立指导医生制度，加强医教结合队伍建设。

（葛　超）

【送教上门】　2016年8月，市教育局、财政局、人力资源社会保障局、残疾人联合会联合印发《关于开展义务教育阶段重度残疾儿童少年送教上门服务工作的通知》（沈教发〔2016〕93号）。对持有《中华人民共和国残疾人证》，因各种原因确实不能到学校接受教育、具有一定接受教育能力的义务教育阶段6—15周岁重度残疾儿童少年开展送教上门。送教上门服务遵循家庭自愿、协商一致、定期入户、量身定制、免费教育为原则，以上门送教服务为主，以社区教育和远程教育为辅。确定康复训练、认知、语言交流、生活自理等具体课程内容，送教活动不收取任何费用。

（葛　超）

【普及高中（职业）教育】　2016年8月，市教育局印发《关于在我市特殊教育学校普及高中阶段教育（职业教育）的通知》，从2016年秋季学期起，在全市特教学校普及高中阶段教育（职业教育）。特教学校普及高中阶段教育（职业教育）实施免费教育，免收残疾学生学杂费、课本费、住宿费，并补助生活费。特教学校所办高中阶段教育（职业教育）计划纳入全市职业教育招生计划，统筹管理。全市每所特教学校开设高中部（班），大力发展以职业教育为主的残疾人高中阶段教育。

（葛　超）

【促进教师专业成长】　2016年5月9—17日，市教育局与同期举办的"国培计划"教育部示范项目培智教育骨干教师培训平行编排，在重庆师范大学单独为沈阳特教培训设立班级，全市培智类学校校长、骨干教师50人参加培训。针对特教教师专业化程度不足问题，依托市盲、聋、培智3个市级教研中心开展教学实践式培训，其中：盲教研中心培训教师50人，培智教研中心培训教师141人。

（葛　超）

民族教育

【概况】　2016年，沈阳市有民族中小学23所。按民族分，朝鲜族学校11所、回族学校3所、满族学校3所、蒙古族学校1所、蒙满两族4所、锡伯族学校1所；按办学阶段分，小学8所、初中4所、九年一贯制8所、高中2所、完全中学1所。在校生1.44万人，教职工1926人，其中双语教师797人。

（陈维忠）

【新疆班和西藏班】　2016年，东北育才学校新疆班有在校学生256人，内派教师4人，任课教师27人；沈阳市第十一中学有西藏班在校学生161人。沈阳市中等职业学校设有新疆班和西藏班，在校生556人，其中：沈阳现代制造服务学校273人，内派教师4人；沈阳市汽车工程学校147人，内派教师7人；沈阳市艺术幼儿师范学校122人，内派教师2人。2016年，市教育局分别组织开展民族体育进校园、民族学校文艺汇演等活动，内地民族班学生积极参加，促进各民族学生交流了解和融合。市教育局定期到内地民族班进行走访调研，及时发现并解决存在问题和困难。春节期间，市委、市政府，市教育局、市民委相关领导看望内地民族班学生。各学校分别开展有针对性教育活动。东北育才学校新疆部开展"中国梦"、"梦想与责任"、"感恩伟大的祖国"、"我们在祖国的怀抱中成长"、"我为新疆代言"、"纪念'五四'青年节"等主题活动，打造足球社团、舞蹈社团等精品社团，新疆部足球队获2016年辽宁省高中校园足球联赛（沈阳赛区）冠军。市第十一中学围绕"爱国主义教育和民族团结教育"主旋律，开展"热爱伟大祖国建设美好西藏"、"民族团结教育月"等系列主题活动；学校被西藏自治区教育厅、西藏自治区民宗委授予民族团结优秀学校称号，高二西藏班被授予民族团结优秀班级，校长宋申利被评为民族团结模范个人。

（陈维忠）

【民族体育艺术】　2016年9月28日，市教育局、市民委在市朝鲜族第六中学举行民族学校传统体育进校园活动启动仪式。23所民族学校、5所内地新疆班和西藏班学校共计600余名学生作为全市少数民族学生代表，展示各民族传统体育项目。活动期间，各学校以民族传统体育项目为主，以阳光体育大课间、体育课、活动课为实施阵地，展示和交流民族体育文化，提升校园文化内涵。12月23日，2016年沈阳市民族学校文艺汇演在市第十一中学举行，全市朝鲜族、满族、回族、锡伯族、蒙古族等23所民族学校，以及东北育才学校新疆部、市第十一中学西藏班学生展示民族艺术节目。

（陈维忠）

【教师队伍建设】　2016年1月13—16日，举办朝鲜族中小学教师信息化培训，韩国信息技术教育团专家为沈阳60名朝鲜族中小学教师作信息技术与课程整合专题讲座。4月22—24日，组织开展朝鲜族学校理科双语教师培训，打破以往单一培训模式，在培训对象上由过去单科教师逐步向综合学科专职专任教师过渡。组织民族教育教研员参加2016沈阳市普通高中"十三五"学科研修推进者高级研修班、辽宁省朝汉双语教师培训、辽宁省少数民族学校教育管理者培训等。组织7名教师参加在韩国光州举办的心理课程培训。

（陈维忠）

【朝鲜族中小学教学质量监测】　2015—2016学年度第一学期，对朝鲜族学校高一、高三、七年、八年及小学四年级进行全市统一质量监测，共命制试题26套，翻译18套，并召开教学质量分析会，通过数据分析查找问题、总结经验。

（陈维忠）

【承办省民族教育活动】　承办第四届辽宁省朝鲜族中小学生科普知识竞赛，苏家屯朝小获小学组第一名，西塔朝小、浑南朝小获第二名，吴家荒朝小获第三名，市朝鲜族第六中学、朝鲜族第二中学获中学组第二名。承办辽宁省朝鲜族学校初中足球比赛，浑南区朝鲜族学校获第一名，市朝鲜族第六中学获第二名。

（陈维忠）

文　化

综　述

【概况】 2016年，沈阳市文化工作紧紧围绕文化强市建设，文化事业和产业各项工作有力推进，取得了实效，实现了“十三五”文化工作良好开局。

1. 现代公共文化服务体系建设获得新成果。沈河区成为国家级公共文化服务体系示范区。成立了沈阳市公共文化服务体系建设协调组。市少年儿童图书馆一期工程建设完成，市艺术学校迁建工程主体完工。出台了《政府向社会力量购买公共文化服务实施方案》。成功举办了2016中国·沈阳国际合唱节、第四届社区文化艺术节等活动。

2. 舞台艺术创作生产持续繁荣发展。创排了评剧《宝玉与黛玉》、话剧《奉天北市场》、杂技儿童剧《熊猫—寻梦之旅》等艺术精品。出台了《关于振兴沈阳地方戏曲的实施意见》，成立了“盛京戏曲论坛”。盛京大剧院引进中外优秀剧目，全年演出300余场，影响力辐射周边，成为高雅艺术新品牌。

3. 文化遗产保护与利用取得新突破。汗王宫遗址和豫亲王府遗址、郑家洼子青铜短剑墓陈列馆建设完成并对外开放。沈阳故宫师善斋和文溯阁修缮工程等14个项目获得国家文物局立项。沈阳故宫博物院获批第三批国家一级博物馆，张氏帅府博物馆获批东北首家海峡两岸交流基地。全面完成了第一次全国可移动文物普查工作。组织开展了市级非遗项目代表性传承人和传习基地评选工作。

4. 文化产业实现快速发展。完成了《沈阳市文化创意产业“十三五”发展规划》编制工作。沈阳市入选首批国家文化消费试点城市。5家文化企业申报并获得1950万元国家文化产业专项资金，评选并命名4家单位为沈阳市第二批文化产业示范园区，7家单位为第三批文化产业示范基地。启动了文创产业行业统计监测平台建设工作。

5. 现代文化市场体系建设实现新提升。加快职能转变，推进简政放权，建立了文化市场违法违规“黑名单”制度。积极推进互联网上网服务营业场所转型升级。继续实施平安文化市场建设，全年共检查文化经营单位3.22万家次，查办案件686起，破获的皇城年华餐饮娱乐中心播放违禁曲目案被评为全国文化市场重大案件。

6. 党建工作实现新常态。深入开展“两学一做”活动，重点加强基层党组织建设，落实党风廉政建设主体责任，创新廉政教育形式，持续深化干部人才队伍建设，全体党员干部的政治意识、大局意识、核心意识、看齐意识得到全面增强。

（文广局）

【沈阳市获批国家文化消费试点城市】 2016年6月，经市政府申报和省政府推荐，文化部和财政部研究确定，沈阳市获批成为第一批国家文化消费试点城市。第一批国家文化消费试点城市全国共26个城市，沈阳是辽宁省惟一入选城市。

国家文化消费试点城市是由文化部、财政部按照“中央引导、地方为主、社会参与、互利共赢”的原则确定，旨在充分发挥典型示范和辐射作用，以点带面，形成若干行之有效、可持续和可复制推广的促进文化消费模式，推动我国文化消费总体规模持续增长，带动旅游、住宿、餐饮、交通、电子商务等相关领域消费，不断增强文化消费拉动经济增长的积极作用。

（文广局）

【文化产业示范园区和文化产业示范基地评选命名】 2016年9月14日，沈阳市文化广电新闻出版局出台《关于命名沈阳市第二批文化产业示范园区第三批文化产业示范基地的决定》，沈阳市第二批文化产业示范园区和第三批文化产业示范基地评选命名活动结果正式揭晓。沈阳1905文化创意园等4家单位为沈阳市第二批文化产业示范园区，沈阳创奇游乐设备有限公司等7家单位为沈阳市第三批文化产业示范基地。至此，沈阳市累计创建国家级文化产业示范园区1个，国家级文化产业示范基地4个，省级文化产业示范园区3个，省级文化产业示范基地6个，市级文化产业示范园区7个，市级文化产业示范基地27个。

（文广局）

【第四次全国文化馆评估定级】 根据文化部、省文化厅有关要求，市文广局成立了专家评审组，于2016年6月15日至25日，对全市10个区（县）文化馆开展了评估定级工作。经过评估组认真评定，有9个文化馆（沈河、铁西、大东、浑南、于洪、沈北、辽中、法库、康平）被评为国家一级馆，1个文化馆（苏家屯）被评为国家二级馆。还有三个文化馆没有参加此次评估：和平区文化馆、皇姑区文化馆新馆正在建设中，新民市文化馆因地方财政经费及业务人员短缺的原因，没有参评。

（文广局）

群众文化

【2016中国·沈阳国际合唱节】 2016中国·沈阳国际合唱节由中国对外文化集团公司、中国合唱协会、沈阳市人民政府主办，沈阳市文化广电新闻出版局承办，沈阳市群众艺术馆、沈阳市演出公司、盛京大剧院执行承办。沈阳国际合唱节以“欢聚沈阳，唱响幸福”为主题，从7月初揭幕到8月4日闭幕，时间持续一个多月的时间。组委会经过精心策划，成功举办了合唱节开幕式、世界优秀合唱团专场音乐会、匈牙利佩奇男音合唱团示范讲座、外国优秀合唱团深入沈阳大学、沈河区、铁西区举办互动交流、

合唱比赛展演、合唱培训、魅力童声合唱展演暨专场音乐会、国际合唱高峰论坛、合唱俱乐部暨合唱嘉年华、合唱快闪、闭幕式等14项近百场活动。沈阳合唱节汇聚了亚洲、欧洲、北美洲以及来自全国各地的近50支优秀合唱团，让沈城百姓在家门口就能看到世界顶级合唱团的演出，享受到最美的音乐艺术。此次合唱节是沈阳市近年来举办的规模最大、国际化程度最高的一次国际合唱盛会，进一步扩大了沈阳"中国合唱基地"、"北方合唱之都"的品牌影响。

（文广局）

【第四届沈阳市社区文化艺术节】 第四届沈阳市社区文化艺术节历时五个月，突出"最炫沈阳风"这一主题，立足群众需求，载体策划独具匠心，活动内容丰富多彩，人民群众积极参与，持续时间长，社会认可高，开展效果好，达到了展示成果、活跃生活、促进和谐的目的。从2016年7月中旬到11月底，在全市各地区、各行业中先后组织开展群众性文化活动6630场次，其中：社区文化艺术节中举办的市级文化活动86场次，区、县（市）级965场次，基层5579场次；参与活动的群众超过309万人次。特色鲜明的文化活动丰富和活跃了城乡群众的业余文化生活，受到了全市社区广大群众的普遍欢迎，在社会上引起强烈反响。省、市的新闻媒体做了广泛报道。

（文广局）

【盛京大剧院太阳文化广场演出活动】 2016年，由市委宣传部、市文广局主办，市群众艺术馆、盛京大剧院承办的沈阳市艺术惠民"双百万"工程盛京大剧院文化广场演出活动蓬勃开展。在全年的演出中，市群众艺术馆通过整合资源，邀请市演艺集团的专业演员开展近30场次的演出活动，饱含深情的歌曲、魔力四射的魔术、幽默风趣的小品、富有青春活力的现代舞等高水平的文艺节目受到了观众的热烈欢迎。

（文广局）

【"美丽沈阳我的家"摄影展】 2016年12月1日，由沈阳市文广局主办，沈阳市图书馆承办，北京万方数据股份有限公司协办，"美丽沈阳我的家"优秀摄影作品展在沈阳市图书馆展览大厅拉开了帷幕。

展出的100余幅作品，全部取材于沈阳市所辖区域，并都是首次展出的新作。摄影展丰富了全民阅读活动内容，扩大了图书馆的社会影响力。广大市民读者以赞美家乡、讴歌沈阳为主旋律，从多层面、多视角反映沈阳市近年来的发展变化，利用手中的拍摄工具衬托出城市和城市人积极向上的精彩瞬间。

（文广局）

【市少儿图书馆实施数字化建设工程】 沈阳市少儿图书馆以公众文化需求为导向，以数字化提升服务效能，积极打造集智能化、数字化、信息化、网络化为一体的公共智慧服务图书馆。采用RFID系统等智能服务手段，实施了24小时自助图书馆、创客数字阅读体验区等项目，增设了志愿者信息管理系统等多元化数字信息管理系统，整合微信、网站等多媒体服务平台，初步构建了覆盖全市的"一卡通"通借通还总分馆服务网络。同时，加强数字资源建设，搭建了包括电子图书、数字期刊、视频音频等优秀数字资源的服务平台，总量达2.1TB，为开展数字资源远程服务，实现馆际共建共享奠定了良好基础。

（文广局）

文艺创作与表演

【艺术惠民演出】 艺术惠民服务水平显著提升。各院团扎根基层，以高雅艺术服务百姓，丰富市民的文化生活。2016年，市属院团实现惠民演出651场。沈阳演艺集团每周六、周日及"春节"、"十一"等假日在市文化宫开展艺术惠民演出活动，国家一级演员悉数登场，受到沈城百姓热烈欢迎。沈阳话剧团周六、周日及节假日在张氏帅府博物馆广场进行公益演出。沈阳交响乐团每周向市民展示开放式排练。剧目室创作的《孔子维权》剧本朗读会深入校园，走进大剧院深受青年学生和文艺爱好者的喜欢。

（文广局）

【《熊猫——寻梦之旅》顺利通过审核】 沈阳杂技集团创作的大型杂技剧《熊猫——寻梦之旅》入选了"国家艺术基金2015年度舞台艺术创作资助项目"，在2016年5月末顺利通过了国家艺术基金的审核，并于6月1日在盛京大剧院完成了首演，受到沈城百姓的热烈欢迎。该剧还在沈阳杂技团剧场完成了50场的惠民演出，让艺术真正惠及普通百姓。

（文广局）

【将盛京大剧院打造成沈阳文化名片】 2016年，市文广局严格按照合同对盛京大剧院在演出的剧目质量上、服务安全管理上、公益惠民活动上给予积极指导与支持。盛京大剧院全年共演出354场，接待观众30万人次，平均上座率达74%以上。大剧院不仅有能力承接如音乐剧《人鬼情未了》、柴可夫斯基音乐会等世界顶级经典剧目，而且竭尽义务承担市民艺术讲座、普及艺术知识的责任。并不断推出惠民观赏演出和社会公益活动，树立了良好的文化形象。盛京大剧院已经成为沈阳市民感受中外文化艺术的高雅殿堂，已经成为沈阳重要活动的文化场所。

（文广局）

【"群星绽放闹元宵"专场文艺演出】 2016年2月19日，由沈阳市群众艺术馆、长春市群众艺术馆、哈尔滨市群众艺术馆联合举办的东北三省省会城市"群星绽放展新春"专场文艺演出在盛京大剧院歌剧厅举办，这是三个城市群众文化工作者在春节期间为沈阳市城乡群众奉献的一场文化大餐。本场演出汇集了沈阳、长春、哈尔滨三市的优秀文化工作者和文化志愿者，展演了三个城市群众文化的优秀文艺节目。大型舞蹈《关东情韵》、民乐《草原情韵》、萨克斯《海之梦》、情景舞蹈《醉夕阳》、女声独唱《天耀中华》、舞蹈《千手观音》等节目给观众留下了深刻的印象。

（文广局）

【对外文化艺术】 2016年，对外文化交流形成了内容丰富、形式多样、反响良好的新局面。成功完成了接待德国总理默克尔演出任务。在盛京红磨坊举办了与韩国友好城市群山市及美国兰草乐队的文化交流活动。全年共办理了8个文化交流团组出国、赴香港、澳门进行文化交流活动，充分体现了"引进来，走出去"的对外文化交流方针。

（文广局）

【沈阳市新年音乐会】 2016年12月28日，沈阳交响乐团在盛京大剧院举办"2017沈阳新年音乐会"。本场音乐会的中、外作品各占50%，并安排部分声乐作品。音乐会聘请著名指挥家郑小瑛担任指挥，聘请中央歌剧院著名歌唱家李爽、阮育群、刘峰等4人担任独唱。整场音乐会采取边讲析边演奏的方式，将观众带入奇妙的音乐世界。市领导与1200余名社会各界群众齐聚一堂，共同观看演出，喜迎新年到来。

（文广局）

【沈阳交响乐团登上国家大剧院舞台】 2016年4月21日，沈阳交响乐团登上国家大剧院舞台，由著名指挥家郑小瑛执棒的“北国之声”沈阳交响乐团音乐会亮相第五届“中国交响乐之春”，沈阳艺术家的精彩演出征服了首都观众。音乐会上，艺术家们演奏了指定中国作品交响诗《嘎达梅林》（辛沪光）、本土作品交响诗《二小放牛郎》（秦咏诚），以及中国作品《雪里梅园》（徐振民）、《赛乃姆狂想曲》（陈乐昌）等经典作品，并且与青年钢琴演奏家张浩天合作演出了普罗科菲耶夫《第二钢琴协奏曲》。

（文广局）

文物保护

【沈阳故宫博物院建院90周年】 2016年是沈阳故宫博物院建院90周年。本着“热烈、简朴”的原则，沈阳故宫博物院策划举办了“沈阳故宫国宝大展”、“乾隆文物精品展”、“沈阳故宫南迁文物特展”等18个特色珍品展，与游客共庆90周年。同时，还组织召开“纪念沈阳故宫博物院建院90周年暨沈阳故宫南迁文物特展”等学术研讨会。90年前，沈阳故宫作为东北三省首家公立博物馆在清前期宫廷遗址——清沈阳故宫的基础上建立。90年来，共有7000多万名观众走进沈阳故宫博物院参观游览。沈阳故宫又称盛京皇宫，是清朝创立之初的皇宫。天命十年（1625），清太祖努尔哈赤由辽阳迁都沈阳后开始修建，天聪十年（1636）由继任者皇太极建成。1644年清政府迁都北京后，盛京皇宫作为陪都宫殿。后经乾隆时期的改建、增建，宫殿格局得以完善，形成了今天的规模。1961年，国务院将沈阳故宫确定为第一批全国重点文物保护单位；2004年，沈阳故宫作为明清故宫的扩展项目列入《世界遗产名录》。1948年沈阳解放后，东北人民政府在故宫旧址成立了“故宫陈列所”；1955年，“沈阳故宫陈列所”更名为“沈阳故宫博物馆”；1986年8月，改称“沈阳故宫博物院”。

（文广局）

【东北抗战遗迹联盟论坛】 2016年9月19日，为纪念“九一八”事变85周年，由辽宁省、吉林省、黑龙江省三省文化厅主办，沈阳“九一八”历史博物馆承办的东北抗战遗迹联盟2016年主题日暨“东北抗战遗迹保护与利用”专题论坛会在沈阳召开。东北抗战遗迹联盟成立于1995年6月，由沈阳“九一八”历史博物馆、长春伪满皇宫博物院、哈尔滨东北烈士纪念馆、侵华日军第七三一部队罪证陈列馆等15家抗战类博物馆发起，宗旨就是“回望历史国难，凝聚民族共识；铭记历史荣辱，再铸民族辉煌；留住历史根脉，弘扬爱国精神”。20多年来，东北抗战遗迹联盟在广泛收集整理相关史料和实物，加强抢救性寻访工作，加强学术研究及交流合作，发挥联盟成员之间的协同研究效应，组织开展相关专项课题研究等方面作出了重要贡献。

（文广局）

【“沈阳于氏面人制作技艺”荣获非遗博览会三等奖】 为促进非遗传统工艺走进现代生活，鼓励参赛者立足传统、创新设计，弘扬中华民族优秀传统文化，2016年9月，第四届中国非物质文化遗产博览会首次组织全国性的“传统工艺大赛”。市文广局积极组织非遗项目参加比赛，做好参赛作品的推荐、选拔等工作。经过初赛和决赛阶段的紧张比拼，沈阳市非遗项目“沈阳于氏面人制作技艺”代表性传承人于启全现场制作的作品，通过专家评委打分、市民现场和网络投票等方式取得较好名次，荣获“传统工艺项目（泥面塑）比赛”三等奖。

（文广局）

【沈阳“九一八”历史博物馆儿童体验馆正式开馆】 2016年11月24日，沈阳“九一八”历史博物馆儿童体验馆正式开馆。该儿童体验馆是国内第一家以抗战历史为主题的、全面反映抗战史的“儿童体验馆”。其主旨是向少年儿童进行爱国主义教育、国防教育、中国传统文化教育。儿童体验馆面积约210平方米，主要包括：入场仪式、时光隧道、打响抗战第一枪、抗战时钟、血腥统治、冲出封锁线、AR动态绘画、英雄配音吧、3D墙画、互动问答、影音视听、观影区、我是英雄、英雄谱、留言区”等15个别具特色的体验版块。体验馆内以多媒体互动游戏为主，依托先进的AR虚拟成像技术、数字互动触摸技术与中央智能管理系统，凭借少儿化的媒体交互手段及卡通、影视、音乐等元素，实现互动、参与、体验、教育的目的，将历史文化传承和教育融于游乐体验之中，积极调动儿童的兴趣与参与度，在游乐中学习历史、体验抗战精神。

（文广局）

【第三届沈阳非物质文化遗产博览会】 为纪念国家第十一个文化遗产日，集中展示非遗保护成果，2016年6月17至19日，市文广局与和平区政府成功举办了“第三届沈阳非物质文化遗产博览会”。通过认真组织、部署和与有关部门沟通、协调，本届展会在展场环境、活动形式等方面都有所创新与突破。全市共有120多个非遗项目参展，100多位传承人现场展演、展示，共吸引10余万观众和游客参观、体验。不同类别非遗项目通过舞台展演、专题讲座等形式得到全面展示。人民网等数十家媒体对展会进行了广泛报道。

（文广局）

【公布第四批市级非遗项目代表性传承人名单】 为加强非遗传承人队伍建设，按照《非物质文化遗产法》和《辽宁省非物质文化遗产条例》的有关规定，于3月份组织开展了沈阳市第四批非遗代表性项目传承人申报评审工作。经各区、县（市）及有关单位推荐和评审委员会评审、社会公示等程序，市文广局公布了第四批沈阳市市级非遗项目代表性传承人名单，共计50名。沈阳市初步形成了涉及种类齐全、技艺水平较高的非遗传承人队伍。

（文广局）

【公布第二批市非遗传习基地名单】 为使非遗走进校园、走进社区，广泛传承，2016年4月，市文广局与市教育局首次在全市中小学和社区（行政村）中组织开展了非遗传习基地创建活动。经各区、县（市）及有关单位推荐，授予“东北育才学校”等61个单位和场所为“沈阳市第二批非物质文化遗产传习基地”。通过开展非遗传习基地创建活动，使沈阳市非遗保护和传承工作得到进一步开展。全年全市非遗传习基地共开展传习活动230场（次），培训人员

5000多人次。

（文广局）

【法库县白鹤楼对外开放】 2016年3月27日，白鹤楼开馆仪式在法库县举行，重新兴建的千年白鹤楼正式对外开放。白鹤楼始建于辽代圣宗时期，萧太后曾命韩德让等重臣在昌平堡——今法库县法库镇，选址修建白鹤楼，以此纪念大辽先祖的福荫恩德，铭感白鹤救主的恩情。后因战乱未曾竣工，白鹤楼千年未曾重建。2012年4月，法库县重新兴建白鹤楼，其楼体形状为四面八角，寓意辽代契丹民族早期八部落。白鹤楼主要功能为辽文化博物馆，重点展示辽文化和白鹤文化，这也成为中国北方最具辽代建筑风格的标志性文化景观。开馆仪式上，法库县白鹤楼管委会与湖北省武汉市黄鹤楼管委会联合签署"黄鹤楼与白鹤楼缔结'姊妹楼'交流合作意向书"，双方将联袂打造"南有黄鹤楼、北有白鹤楼"的大文化格局。

（文广局）

【汗王宫遗址保护展示项目全面完成】

2012年5月至8月，沈阳市考古所在沈阳中街"豫珑城"项目用地范围内发掘出一组明末清初建筑遗址。经专家论证，并结合《盛京城阙图》等文献确认，该遗址为努尔哈赤迁都盛京城后所建的汗王宫遗址。同年，汗王宫遗址入选"2012年度全国十大考古新发现"终评名单。2014年，汗王宫遗址被列入辽宁省第九批省级文物保护单位名单。为做好遗址的保护展示工作，2014年汗王宫遗址保护展示项目正式立项，2016年开始施工。2016年4月开始，先后完成了汗王宫遗址本体内墙体恢复、地面夯实作业、汗王宫环廊石材安装、甬路恢复、遗址防风化处理等分项工程，展示了汗王宫遗址本体及部分出土文物，并通过石雕壁画、AR技术等手段系统地向大众展现汗王宫遗址的全貌。12月19日，沈阳汗王宫遗址陈列馆正式向公众开放。

（文广局）

【"百万市民走进博物馆"活动】 为大力推进文化惠民工程，市文广局推出"百万市民走进博物馆"文化惠民活动平台，2016年活动得到进一步拓展和延伸。相继组织开展了"中小学生走进博物馆"、"百万市民走进博物馆"、"百万游客走进博物馆"、"大学生走进博物馆"、"社区居民走进博物馆"等系列子活动。全年市民、学生、游客走进博物馆615万人次，比"十一五"末期增长100.34%；免费参观人数达315万人，比"十一五"末期增长120.21%。流动博物馆送展453场，常态化志愿者服务规模近1500人。

（文广局）

【产业金融博物馆开馆】 产业金融博物馆于2016年4月23日正式开馆。该馆位于沈阳市和平区中山路83号，展示面积达3800平方米，是中国金融博物馆集团开设的第六家博物馆。馆内推出的东北经济历史沿革、现代东北金融与工业产业的深度融合以及产业互联网等相关展览，内容覆盖产业金融尤其东北地区的历史背景、发展现状和未来前景。从奉天到伪满，从国企发展史到工业4.0，参观者可以通过声、光、电、影、物等多种途径来学习和体验产业金融的发展历程，回首那段光辉岁月。

（文广局）

文化市场管理

【简政放权】 为方便业户，促进沈阳市经济增长，为大众创业、万众创新提供机遇平台，将简政放权向纵深推进，市文广局迅速调整思路，加大对基层各业户的服务力度和服务深度。分别于3月23日、5月13日将游艺娱乐场所、互联网上网服务场所设立、变更等行政审批职权下放至各区、县（市）。

（文广局）

【"扫黄打非"工作】 2016年，沈阳市"扫黄打非"办公室根据沈阳市"扫黄打非"斗争的新形势、新情况和成员单位的新变化，完成了市"扫黄打非"工作小组的强化调整工作，并对全市"扫黄打非"重点地区、重点部位和场所进行重新明确，增强了"扫黄打非"工作的精准性。按照国家和省"扫黄打非"工作小组的统一部署，组织开展了2016年"扫黄打非"、"净网"、"清源"、"秋风"、"固边"、"护苗"五大专项整治行动，对制售政治性非法出版物、各类非法报刊、网络淫秽色情信息和境外宗教思想渗透等实施有效打击，净化了社会文化环境。坚持以查办大案要案为抓手，先后查办了"6.29"白某亮传播淫秽出版物案、新民市育才新书店非法发行及侵权案等一批违法违规案件，有力推动了"扫黄打非"工作深入开展。2016年，全市累计出动执法检查人员1.37万人次，出动警力3730人次，收缴各类非法出版物12万件，侦办刑事案件22起，处理34人；侦办治安行政案件41起，处理87人。组织开展了辽宁省暨沈阳市侵权盗版出版物集中销毁行动、世界知识产权日宣传咨询活动等宣教活动，在全社会营造了保护知识产权的良好氛围。认真贯彻落实中宣部等10部门《关于深入推进"扫黄打非"进基层的指导意见》和《辽宁省"扫黄打非"进基层工作实施方案》，在沈河区、苏家屯区和新民市启动实施了"扫黄打非"进基层建设试点工作，并取得了初步成效。沈阳市文化市场行政执法总队任东晖同志被评为2015年度全国"扫黄打非"先进个人。

（执法总队）

【出版物市场监管】 2016年，沈阳市文化市场行政执法总队进一步加强对全市出版物市场68个重点地区的监管，特别是强化对繁华街区、早夜市、机场车站等出版物集中经营场所和印刷复制企业的执法力度，全市出版物市场经营秩序明显好转。全年共取缔无证店档摊点及游商走贩300余个（次），收缴各类非法出版物6万余件。

部署开展了校园周边中小学教辅材料专项检查行动，对校园周边书店、出版物零售摊点等进行了集中整治和清理。重点查缴非法色情"口袋书"、盗版教材、非法教辅读物、盗版音像制品和电子出版物等非法出版物，严厉查处宣扬淫秽、色情、暴力等有害青少年身心健康内容的出版物经销活动，为广大青少年创造了一个绿色、文明、健康、洁净的学习和成长环境。

（执法总队）

【网吧场所和网络文化市场监管】 沈阳市文化市场行政执法总队不断加强对网吧场所的日常监管，切实维护互联网上网服务营业场所良好经营秩序。结合元旦、春节、国庆、寒暑假等时间节点，开展集中整治行动，从严查处了一批存在接纳未成年人进入等违规经营行为的网吧场所，全年共查处网吧场所违规案件74起。同时，积极开展网络文化执法工作，相继查处了沈阳某商贸有限公司违规从事网络出版物发行案等5起网络文化案件，使沈阳市网络文化市场得到有效规范。

（执法总队）

【娱乐和演出市场监管】 沈阳市文化市场行政执法总队不断加强对全市电子游戏厅、歌厅、舞厅等娱乐场所的日常监管，全面排查歌舞娱乐场所违法违规经营行为，依法严厉查处接纳未成年人等违法违规经营行为；加强对演出市场的日常监管力度，全面排查演出市场的各类问题，严厉查处未经批准擅自演出、非法组台演出等违法违规行为。2016年，市总队共查处娱乐演出市场违规案件30起，全程监控在沈举办的大型商演8次，有力地维护了娱乐演出市场正常经营秩序。

（执法总队）

【广电市场监管】 2016年，全市两级文化执法机构重点对设立非法电台的违法行为进行持续打击，共打掉非法电台117个。开展非法安装使用卫星电视地面接收设施专项整治行动。11月底，市文化执法总队联合大东区相关部门对大东区万城小区居民大面积安装使用卫星电视地面接收设施行为进行了集中整治，拆除非法安装的接收设施347个，整治行动得到了省新闻出版广电局的高度赞扬。

（执法总队）

【文物美术品市场监管】 2016年，沈阳市文化市场行政执法总队对全市196项261处市级以上文物保护单位进行定期执法巡查，印制了文物保护法律法规宣传单，进行普法宣传和防火防盗宣传，确保文物安全。加强对艺术品市场执法检查，查办了4起艺术品市场违规案件，有力维护了沈阳市文物美术品市场经营秩序。

（执法总队）

【体育市场监管】 沈阳市文化市场行政执法总队对全市滑雪场、游泳场馆等高危险性体育项目经营场所进行了全面巡查走访，对涉嫌不合格场所下达了责令整改通知书，并依据《经营高危险性体育项目许可管理办法》对5家违规场所进行了行政处罚，确保了全市高危险性体育项目经营场所的安全与稳定。

（执法总队）

【社会艺术考级市场监管】 按照文化部和省文化厅均衡开展文化市场综合执法工作，实现文化市场各领域执法全覆盖的工作要求，市文化市场行政执法总队主动作为，查办了铁西区某形象设计工作室未经批准开展艺术考级案，这起案件是沈阳市对社会艺术考级市场违法违规行为的首例行政处罚案件。此后，文化执法部门又接连查办了另两起社会艺术考级违规案件，对于规范社会艺术考级市场秩序、震慑违法违规行为起到了积极作用。

（执法总队）

【信用体系建设】 认真落实中央和省市关于积极构建现代文化市场监管体系的部署，切实加强文化市场诚信体系建设工作。在市和区县两级文化执法机构普遍建立了文化市场经营主体基本信息台账和文化市场经营主体违法违规处罚台账，初步建立起文化市场违法违规经营主体"黑名单"制度，并向信用沈阳平台录入文化市场经营主体接受行政处罚信息180余条。市文化市场行政执法总队以信用体系建设为目标，积极推动文化市场分级分类管理工作。出台了《沈阳市文化市场经营单位分级分类管理办法》和《沈阳市文化市场黑名单管理办法》，并在浑南和铁西两区开展了文化市场分级分类管理试点工作。

（执法总队）

【优化营商环境】 大力开展优化文化市场营商环境建设工作，明确了文化执法权力清单，严格坚持教育与处罚并重、教育为先的原则。同时，加大对文化企业和个体业户的引导和服务工作力度，通过开展法律法规宣教活动和召开经营者座谈会等方式，切实解决广大文化企业和个体经营者遇到的困难。施行"双随机一公开"工作机制，保障了文化执法工作的公平性和透明性，同时也为广大文化市场经营者营造了较为宽松的营商环境。

（执法总队）

档　　案

【档案科研】 2016年，市档案局获得省档案局科技项目立项7项，国家档案局项目立项2项。在申报的国家、省档案局科技成果奖中，获得国家科技成果奖三等奖两项，省档案局科技成果奖一等奖1项、二等奖3项、三等奖4项，获奖项目位居全省首位。其中："机械修复档案专用胶膜的研制与应用"、"档案信息智能分析推送的研究与应用"项目获得国家档案局2016年优秀科技成果三等奖，"基于移动互联网环境下的档案服务与管理研究"获辽宁省档案局优秀科技成果二等奖。此外，"近代以来日本在奉天的情报收集研究"荣获市第二十二届社会科学优秀学术成果三等奖。

（张　琪）

【档案教育培训】 市档案局与市委组织部联合在市委党校举办区、县（市）档案局馆长及业务科长培训班，培训班被列入市委组织部2016年领导干部专题培训计划，在历年档案教育培训中尚属首次；邀请市政府法制办、市政府办公厅有关人员开展档案行政执法工作、公文处理工作等业务培训；召开档案工作培训会议，就《归档文件整理规则》、《文书档案电子版数据接收规范》进行了解读；与市财政局联合举办培训班，贯彻《会计档案管理办法》；采取以会代训的形式，召开金融企业业务档案管理工作会议，对《金融企业业务档案管理规定》进行详细解读；举办岗位培训班、继续教育培训班共4期。2016年，累计培训档案干部达1000余人次。

（张　琪）

【智慧沈阳智慧档案专题对话会】 2016年3月31日，市档案馆、市档案学会、上海中信信息股份有限公司联合举办智慧沈阳智慧档案专题对话会暨沈阳市档案馆档案业务服务平台启动仪式。对话会上，与会专家学者通过对话的方式，从各自的领域、不同的角度对为什么搞智慧沈阳建设、什么是智慧档案、大数据与档案之间的关系、怎样把档案大数据应用于智慧城市建设、智慧档案体现的社会价值和经济价值、市档案馆在开展智慧档案建设过程中的做法和体会等问题进行了深入探讨和交流。智慧档案作为智慧沈阳的组成部分，已被市政府列入沈阳市智慧城市总体规划。市财政投入222.5万元用于开发建设市档案馆档案业务服务平台。该平台是市档案馆档案业务服务工作的基础平台，是馆藏档案数字化最基本的承载工具，它的投入使用将实现对市档案馆馆藏档案的管理、利用以及数字化加工工作的智能管理，同时对全市档案数字化工作起到巨大的促进作用。

（杨 婧）

【《御制盛京赋》出版座谈会】 2016年4月26日，市档案馆与沈阳出版发行集团联合召开《御制盛京赋（法汉对照本）》出版座谈会暨赠书仪式。该座谈会是沈阳市第八届全民读书节重要活动之一。本书总策划、副市级领导佟晶石，散文大家、著名学者王充闾，辽宁社科院原副院长彭定安等近40位领导和辽沈地区著名专家学者参加活动。座谈会上，市档案馆馆长荆绍福、外研社综合语种分社社长彭冬林分别介绍了征集法文版《盛京赋》以及翻译出版本书的过程，众多专家学者就《御制盛京赋》的文学价值、对沈阳与法国文化交流的的重要作用、西传与东归的历史意义、该书出版对沈阳的影响等进行了座谈发言，对其出版给予了充分肯定。

（马 鹰）

【档案宣传】 2016年，市档案局制发《沈阳市档案"七五"法治宣传教育规划（2016－2020年）》；围绕"档案与民生"主题开展第四届"国际档案日"系列宣传活动，组织全市档案工作者参加国家档案局举办的"档案与民生"征文比赛，报送征文65篇，被国家档案局评选为2016年"档案与民生"全国征文活动优秀组织奖；国庆期间，与沈阳广播电台联合推出《档案里的沈阳老故事》国庆系列专题节目；与《辽沈晚报》合作推出《用史实说话让档案发言》系列报道，连续三天以三个整版篇幅详细报道"九一八"事变前日本的侵华活动；沈阳档案信息网全年发布信息、图片624条（幅），家庭档案网站点击量达1221万次。《中国档案报》用一个整版图文并茂刊载了"九一八"事变前日本侵华档案；全年编发档案信息67期265条，在中国档案报上刊发文章9篇，在中国档案资讯网刊发22篇，人民日报、光明日报、辽宁日报、沈阳电视台、新华网等主流媒体对沈阳档案局馆工作报道100余次。

（张 琪）

【全市社区家庭建档工作现场会】 2016年4月28日，沈阳市社区家庭建档工作现场会在市档案局召开。各区、县（市）档案局局长和业务指导科科长，部分街道办事处、社区分管档案工作的领导，铁西区贵和街道广场社区家庭档案理论小组部分成员以及市档案局全体职工共计160余人参加会议。会议由市档案局副局长马凤云主持。会上，铁西区档案局局长李铁铮，贵和街道广场社区书记李爱军，广场社区家庭档案理论小组成员代表印连举、单明恩、乔树源、周振华等，分别介绍了开展家庭建档工作的经验。市档案局局长荆绍福参加会议并讲话。他在讲话中充分肯定了铁西区档案局、广场社区、家庭档案理论研究小组的经验，并对进一步深化全市社区家庭建档工作提出要求。

（李月惠）

【档案征集】 开展专题档案征集工作，征集"九一八"事变、皇姑屯事件、东北西医的传播者司督阁、毛泽东主席视察沈阳等档案资料7卷140件（册）、照片1632幅、相关报道和期刊文章703篇，扫描图片6883张。征集"九一八"事变"真相"珍贵档案资料入馆。对沈阳名人档案进行抢救和发掘，征集沈阳市老市长、百岁老人焦若愚文书档案资料106件、工作照片46张、相关报道391条，形成焦若愚口述档案视频5部，并建立专题档案资料数据库。继续开展有关沈阳历史的老影视片征集工作，赴中央新闻纪录电影制片厂等征集到20世纪50年代《中苏友好月》等有关沈阳历史的老影视片21部，时长130余分钟。继续开展海外征集，成果丰硕，赴日本征集有关沈阳历史档案资料包括书籍52册、资料276页、地图10张、明信片14套150张，其中1905年《奉天市街并附近图》是市档案馆馆藏最早的奉天市街图。

（张 琪）

【公布馆藏历史档案】 围绕全市纪念"九一八"事变八十五周年活动，为铭记历史，教育后人，市档案馆从馆藏沈阳县公署历史档案中对"九一八"事变前日本侵华档案进行了挖掘整理，并在市政府新闻办召开新闻发布会面向社会公布。此次公布的馆藏历史档案共14卷，这些档案充分揭露了"九一八"事变前日本在奉天地区非法设置警察机构、开展情报收集、掠夺土地资源以及非法移民扩张等侵略行径。中央电视台、辽宁日报、辽宁广播电视台、沈阳日报、沈阳电视台、人民网等20余家新闻媒体参加发布会。

（张 琪）

【公布北陵辟为北陵公园时间的原始档案】 市档案馆在沈阳档案信息网公布了两份馆藏档案，证实了北陵辟为北陵公园的确切时间是1927年5月22日，勘正了互联网及有关资料、书籍的模糊记载或不实之词。据馆藏档案记载，1927年初，奉天市政公所（1929年4月12日改称沈阳市政公所）向奉天省长公署提出申请拟筹建北陵公园，获批准后即"筹画借陵寝地址将北陵地带开辟公园事宜"，经运作之后于当年5月17日发布告宣布："游北陵公园凡入陵内参观古迹者，均须依照规章分别购票方准入内参观，即于本月二十二日起实行"。关于北陵公园于此日开办除布告外，还有另一份档案可以佐证，即1927年7月6日，沈阳市北陵公园管理员在上缴折毁花木罚金的一份呈文中，也提到了北陵公园开办时间为5月22日，该文称："由五月二十二日公园开办之日起至上月底止，共收罚金奉小洋二百四十一元二角整"。

（邓晓帆）

【市档案馆档案文件查阅大厅青年集体荣获"沈阳市五四奖状"荣誉称号】 2016年，市档案馆全年共接待利用2566人次，利用档案资料5831卷（册），市档案馆档案文件查阅大厅青年集体荣获由沈阳市杰出青年和青年群体评选表彰工作组委会授予的"沈阳市五四奖状"荣誉称号。市档案馆档案文件查阅大厅青年集体以服务民生、服务百姓为宗旨，以创一流服务为目标，通过优化软、硬环境，推行"一站式"服务、延时服务、标准化服务等便民利民举措，全面提升档案接待利用工作服务水平，使档案在为百姓解决工龄认定、办理养老保险、学历认证、房产继承等方面发挥了重要作用，维护了群众切身利益，受到了有关部门的肯定和百姓的赞誉。近年来，市档案馆档案文件查阅大厅先后荣获"沈阳市青年文明号"、"沈阳市人民满意窗口最佳单位"、"辽宁省青年文明号"等称号，更被广大利用者誉为百姓的"贴心人"，多次收到利用者赠送的锦旗、表扬信等。

（张 熠）

【区、县（市）综合档案馆馆房建设】 结合"三争取"工作，推进区、县（市）档案馆馆房建设。获得国家、省、市补助资金350万元的康平县档案馆新馆建成开馆，新馆建筑面积3238平方米，是沈阳市首个获得中央、省、市三级财政支持的档案馆建设项目；新民市档案馆建设项目获中央预算内资助412万元，省、市各100万元，共计612万元的补助资金已经到位；建筑面积5400平方米的皇姑区档案馆新馆主体封顶；纳入沈河区一场四馆建设的5000平方米区档案馆完成主体建设；辽中区档案馆联建项目完成设计、勘查投标；浑南区档案馆完成档案馆库建设改造工程。

（张　琪）

新闻出版

【概况】　截至2016年底，沈阳市属公开出版报纸18种，期刊38种，出版社3家。年内共出版图书2224种，其中：新版图书1561种，再版图书663种，再版率为29.8%。连续性内部资料出版物共74种，其中：报型20种，刊型54种，全年总印数为470万份（册）。全市共有各类印刷企业1336家，其中：印刷厂816家，打字复印单位520家，印刷企业总产值39亿元。全市共有出版物发行单位871家，其中：出版物批发单位121家，零售单位750家，年销售总额10.77亿元。市区有发行网点635个，城乡有236个。特色书店20余家，从业人员达4000余人，年产值5000万元以上印刷企业有14家。

2016年，沈阳市有13种期刊被省新闻出版广电局评为一级期刊，有26种期刊被国家新闻出版广电总局认定为A类学术期刊，全年发行量超百万份（册）的报刊达7种。《沈阳日报》积极向智库型媒体转型，“盛京汇”项目稳步推进。《沈阳晚报》努力开拓生存发展之路，其微信订阅号荣膺“全国报刊新媒体30强”。特别是“地铁传媒”挂牌新三板，实现了全国报业第一家带刊号整体挂牌新三板、全国地铁报第一家挂牌新三板、沈阳市属文化企业第一家挂牌新三板“三个第一”的重大突破。

2016年是沈阳市出版物发行行业实体书店店堂风格、经营模式、服务方式实现多元化发展的开端之年，实体书店从“大而全”的卖场式书店向“小而美”有地域特色的个性书店转变；绘本馆、儿童书店向更精确的读者细分以及卖场阅读与娱乐化发展。实体书店对多元业态进行升级与调整，跨界与融合已成为多元化业态升级的创新主题，确保了书店的可持续发展。

在版权保护方面，版权执法监管力度不断加大，在加强日常监管的基础上，协调文化执法总队开展打击网络侵权盗版专项治理行动。继续深化巩固软件正版化工作成果和启动国有企业软件正版化工作，版权公共服务和社会参与体系基本建立。在完成政府机关软件正版化工作的基础上，不断完善软件正版化长效机制，推动软件资产管理、经费预算、审计监督、年度检查报告、考核和责任追究等制度落到实处，确保软件正版化工作常态化、规范化。

（文广局）

【编校质量检查】　全年共组织三次编校质量检查。6月初，抽检18种企业报，有14种合格，合格率为78%，比上年提升了三个百分点。6月中旬，抽查了11家新闻时政类和综合文化类报刊的编校质量，合格率为100%，实现新闻时政类、综合文化类报刊连续三年抽检“零超标”。9月下旬，对13家高校报进行编校质量抽检，有12家合格，合格率为92.3%，比上年提升了9.3%。通过此次编校质量抽查，发现的问题主要有词语搭配不当、句子成分残缺、字句重复赘余、语义阐述不明、错别字等。

（文广局）

2016年新闻时政、综合文化类报刊编校质量抽检结果

类别	报刊名称	差错率（万分之）	结果	国家标准
报纸	沈阳日报	1.5	合格	不得高于万分之二
	沈阳晚报	1.25	合格	
	晚晴报	1.65	合格	
	沈阳铁道报	0.7	合格	
	地铁第一时间	1	合格	
期刊	芒种	0.25	合格	科普类期刊不得高于万分之三 社科类期刊不得高于万分之一
	诗潮	1	合格	
	招生考试通讯	0.2	合格	
	人生十六七	0.7	合格	
	接待与交际	1	合格	
	乐活老年	0.88	合格	

2016 年企业报编校质量抽检结果

名次	企业报名称	差错率(万分之)	结果	国家标准
1	六 0 一所	0.5	合格	差错率高于万分之三为不合格
2	邮政业务学习	0.6	合格	
3	红辽烟草	1.2	合格	
4	九局建设	1.53	合格	
5	东北制药	1.59	合格	
6	黎明	1.6	合格	
7	今日沈飞	1.8	合格	
8	沈车新闻	1.9	合格	
9	沈阳机床	2	合格	
10	沈阳烟草	2.1	合格	
11	沈阳公用	2.3	合格	
12	辽海装备	2.8	合格	
13	六 0 六所	2.9	合格	
14	航天新乐	3	合格	
15	航天新光	3.3	不合格	
16	华晨汽车	3.7	不合格	
17	北方重工	3.8	不合格	
18	兴华	3.9	不合格	

2016 年高校报编校质量抽检结果

名次	高校报名称	差错率(万分之)	结果	国家标准
1	中国医科大学报	0.69	合格	差错率高于万分之三为不合格
2	沈阳建筑大学报	0.76	合格	
3	沈阳工程学院报	1.46	合格	
4	中国刑警学院报	1.47	合格	
5	沈阳化工大学报	1.57	合格	
6	沈阳大学报	1.6	合格	
7	沈阳农业大学报	1.68	合格	
8	沈阳工业大学报	1.68	合格	
9	东北大学报	1.8	合格	
10	沈阳医学院报	2.1	合格	
11	沈阳理工大学报	2.2	合格	
12	沈阳药科大学报	3	合格	
13	沈阳航空航天大学报	3.7	不合格	

【强化审读工作】 2016 年,市文广局全年始终坚持抓好日常审读和面对面审读,确保舆论导向正确与安全,促进报刊质量全面提升。日常审读由 8 名审读员实施全天候读报,遇有情况及时沟通报告,实现对主流媒体全天候监管。2016 年分别对《沈阳晚报》、《沈阳铁道报》、《芒种》、《诗潮》进行了面对面审读。通过深入了解了报刊杂志出版、经营状况,帮助出版单位把握导向、找准定位、提高质量,及时分析报纸、期刊的优长和问题,提出改进建议,收到很好效果。

(*文广局*)

【优秀图书评选】 为充分发挥优秀图书的示范引导作用,促进全市图书整体质量快速提升,2016 年,市文广局组织开展了“沈阳市第十二届优秀图书单项评选”工作。此次评选活动历时 4 个月,上报参评图书 6 类 36 种 58 册,经评选委员会客观公正地评选,评出优秀选题一等奖 10 个,二等奖 10 个;优秀校对一等奖 5 个,二等奖 5 个;优秀装帧设计一等奖 4 个,二等奖 4 个。

(*文广局*)

沈阳市第十二届优秀图书评选获奖书目

奖　项	等　级	书　　名	出　版　社
优秀选题	一等奖	皮蒂日记:奉天战俘营(1942—1945)	沈阳出版社
		家庭教育日记——二姨和她的五个孩子	沈阳出版社
		精神财富力量	沈阳出版社
		沈阳三字经	沈阳出版社
		库拉噜噜魔法书——昆虫篇	沈阳出版社
		中国当代名家学术精品文库(汉语言文学类)	东北大学出版社
		江山高隐——中国绘画史“渔隐”“舟渔”“垂钓”图像考释	东北大学出版社
		方法论系列参考读物(《方法论细读》《方法论详析》《方法论导引》)	东北大学出版社
		农业生产力与自然力——生态农业是发展农业生产力的必由之路	东北大学出版社
		新编满族大辞典	辽宁大学出版社
	二等奖	丹东有个励志会	沈阳出版社
		沈阳市民应急知识读本	沈阳出版社
		鞍山岩画	沈阳出版社
		透亮人生	沈阳出版社
		动力系统基础及其稳定特性分析	东北大学出版社
		社会主义生态文明建设研究	东北大学出版社
		稀土上转换发光纳米材料的合成与应用	东北大学出版社
		室内环境下无线传感器网络定位和路由算法研究	东北大学出版社
		人性的泯灭与复苏——日本战犯在沈阳特别军事法庭的审判	辽宁大学出版社
		多情鸭绿江	辽宁大学出版社
优秀校对	一等奖	精神　财富　力量	沈阳出版社
		室内环境下无线传感器网络定位和路由算法研究	东北大学出版社
		弹性力学及有限元	东北大学出版社
		英语修辞格简明教程	东北大学出版社
		材料力学	东北大学出版社
	二等奖	模糊时空数据 XML 建模与查询——概念与技术	东北大学出版社
		材料的力学性能(第 3 版)	东北大学出版社
		传感器与测试技术	东北大学出版社
		金属材料学	东北大学出版社
		控制测量实训教程	东北大学出版社
优秀装帧设计	一等奖	桓仁版画之美	沈阳出版社
		考古鞍山	沈阳出版社
		大连市非物质文化遗产图典	辽宁大学出版社
		中国当代名家学术精品文库(汉语言文学类)	东北大学出版社
	二等奖	李仲元选书东坡题跋漫叟缀语	沈阳出版社
		静悟记	辽宁大学出版社
		摄影艺术与表现方法	辽宁大学出版社
		丹东抗日历史文化丛书	东北大学出版社

(文广局)

【《地铁第一时间》报荣膺全国第一家带刊号整体挂牌新三板媒体】 2016年12月19日，沈阳《地铁第一时间》报出版单位——沈阳地铁报业传媒股份有限公司正式在全国中小企业股份转让系统（新三板）挂牌（证券简称：地铁传媒，股票代码：870252）。这意味着地铁传媒创造了全国报纸系统带刊号整体挂牌新三板第一家、全国地铁报系统挂牌新三板第一家、沈阳市属文化企业挂牌新三板第一家的“三连冠”佳绩。

“地铁传媒”由沈阳日报传媒集团有限公司与沈阳地铁集团有限公司共同出资设立（股比为90%和10%），主要从事《地铁第一时间》报的编辑、出版、发行、广告业务，以及沈阳地铁一、二号线车贴广告业务。“地铁传媒”将以此次挂牌为契机，利用“新三板”资本市场，拓宽融资渠道和融资规模，以现有主营业务为基础，通过细分读者群体、拓宽媒体资源、吸引优秀人才等措施，逐步将业务拓展至沈阳地铁的其他渠道媒体资源及其他城市地铁的渠道媒体资源，拓展新的收入增长点，从而实现企业健康可持续发展，不断提升地铁传媒的竞争力和影响力。

在沈阳市优化营商环境、助推振兴发展的大背景下，“地铁传媒”成功挂牌为进一步深化文化体制改革、推进媒体融合发展和报业转型升级树立了新的范本。

（文广局）

【社区书屋建设】 沈阳市共有社区书屋856个，达到了城市社区书屋的全覆盖。2016年，沈阳市依托社区书屋开展了丰富多彩的读书活动。组织参加了省新闻出版广电局举办的“书香沁润人生，阅读伴我成长”农家书屋社区书屋读书征文活动，收到作品150余篇，评选出优秀作品50余篇上报省新闻出版广电局，并取得了优异的成绩。组织开展了沈阳市第三届“中国梦·我的梦”社区书屋读书征文活动，收到作品100余篇，评选出优秀作品30余篇。

（文广局）

【沈阳故宫博物院版权工作站成立】 2016年4月27日，全省文博系统首家版权工作站在沈阳故宫博物院成立。

沈阳故宫博物院版权工作站是全省文博系统设立的第一家版权工作站。近年来，沈阳故宫博物院不断强化文物保护和版权保护工作水平，依托沈阳故宫丰富的文史资源，出版了一批独具影响的学术专著。以“让深藏在禁宫中的文物活起来”为理念，将沈阳故宫品牌、历史文化元素与现代科技相融合，研发了以“永福文化”为主题的一系列寓意美好、做工精良的文创产品500余种，深受中外游客的喜爱，让文物资源真正“活”了起来，实现了文物保护与版权保护、艺术演出、旅游、文化产业的融合发展。

该工作站的成立，将有力提升沈阳故宫版权保护工作水平和文创产品研发的能力，进一步推进全省全市文博单位版权保护工作和文创产业发展，扩大版权保护在全省文博系统的社会影响，对深入挖掘、激活辽宁省沈阳市丰富馆藏文物的版权价值具有积极的推动意义。

（文广局）

广播·影视

【安全播出管理】 加大对系统安全播出管理力度，在春节、“两会”、“四二五”、“五一”、“六四”、“十一”等重要保障期（敏感期），特别是“G20峰会”和“第三届世界互联网大会”重要保障期，转发上级文件，合理安排值班，提出具体要求和工作措施。按照属地管辖的原则对所属的播出或传输机构进行监管和检查，确保重要保障期全市系统安全播出无责任事故。同时，做好中高考保障工作，加强与区、县（市）招考部门联络，深入备考学校检查设备运行情况，做好应急保障。

（文广局）

【村村通基础设施建设】 全面完成康平、法库两县高山台站基础设施一期工程建设。共投入资金252万元，施工项目涵盖采暖工程、给排水工程、电气工程、铁塔维护、防雷接地、技术机房改造、智能化监控系统、办公楼装修、院内围墙大门改建等。全面实施中央广播电视节目无线数字化覆盖一期工程项目。将其与基础设施建设相衔接，核实上报各台站发射机更换时间、电力配备情况、调频电视天馈线系统等，完成铁塔维护、空调设施、防雷接地等基础，更换天馈线、卫星接收天线、发射机设备等，为全面实现新民、辽中、康平和法库中央广播电视节目无线数字化覆盖做好准备。

（文广局）

【中高考期间英语听力测试保障】 按照市招考委的要求，市文广局采取得力措施做好中高考期间英语听力测试保障工作。一是落实责任，出台预案。制订下发了《应急预案》、《保障工作方案》。二是专门部署，以会代训。市文广局专门召开了工作部署会议，进一步明确高考听力考试工作的规范标准及相关要求。三是开展三级检测工作。在考点学校进行自查自测的基础上，与区、县（市）招考办一起进行了外语听力考试系统考前专项检查工作。组织检查组到7中、134中学、4中、省实验中学等考点，进行了外语听力考试设备运行状况的抽检工作。四是提供技术保障，强化督导职能。市局要求各区、县（市）局向所在地区招考办派驻工作人员和专门技术人员，并于考前对各考点听力设备进行维护和检修，确保技术保障工作无差错，并能及时处理各种突发状况。同时，组织抽调广电部门得力人员，向市内五区加派了督导员，强化工作的督导，保证重点区域的工作落实。

（文广局）

【公益电影放映】 2016年，市文广局通过采取统一部署、分级推动、定期反馈、绩效考核等措施，使公益电影管理工作步入制度化管理、数据化监控、标准化操作、系统化运行的规范化轨道。全年完成公益电影放映合计2.32万场（农村2.0万场，城市3152场），其中冬季电影3000场，实现了放映贯穿全年、四季不间断的新常态。沈阳市将乡村邮政网点作为冬季放映的室内场所的做法，作为全省试点进行推广。同时,冬季电影放映的开展作为全省乃至东北三省先行经验,被《中国电影报》以“沈阳市探索冬季公益放映常态化”为题予以报道。

（文广局）

·沈阳广播电视台·

【概况】 2016年是沈阳广播电视台面临风险和挑战最多的一年。在国际经济持续低迷、国内“三期叠加”调整换挡以及媒体行业竞争加剧的重围重压下,全台上下迎难而上,不等不靠,奋力拼搏,圆满完成了年初制定的各项目标任务。按照市委、市政府的要求,实现了领导时政报道和主题报道的“零差错、无纰漏、高质量、有创新”;开展了节目创意大赛第三季——“一路翻”,加速推进媒体融合,全台创新氛围进一步浓厚;大力发展以“奥体冰雪嘉年华”等重点项目为支撑的“广电+”产业新模式。在全国大多数副省级城市台经营收入持续整体下滑的情况下,经营收入基本保持2015年收入水平。

（陈　萍）

【新闻报道】 2016年,沈阳广播电视台完成了省、市主要领导时政活动报道3708篇,实现了“零差错、无纰漏”。新闻广播、新闻综合频道围绕协调推进“四个全面”战略布局、新一轮东北振兴、纪念建党95周年等主题主线,推出《“十三五”开局看东北》、《新理念·新开局》、《红色之旅》等系列报道60余个,积极弘扬主旋律。立足“双创”宣传,经济广播引入创业者、企业家为创业导师,为创业人员搭建项目对接平台。围绕“感动沈阳”评选,都市广播原创“感动沈阳”人物广播微剧,传递社会正能量。在政策发布方面,《沈阳新政》把关注重点放在民生服务上,全年共播发320期,集中解答了百姓关心的一系列政策法规问题,其经验做法得到新华社的关注和报道推广。

（陈　萍）

【拍摄播出宣传片《德国与沈阳》】 6月14日,德国总理默克尔来华访问率团抵达沈阳,沈阳广播电视台推出了全景展示德国与沈阳间交流合作成果的高清宣传片《德国与沈阳》,在默克尔总理访问沈阳期间播放,得到了中外嘉宾的一致关注与高度赞扬。该宣传片还被收录于官方礼品中,作为沈阳的城市名片赠送给德国嘉宾。宣传片《德国与沈阳》共分三个篇章,从“制造沈阳”、“古都沈阳”和“宜居沈阳”三个方面彰显沈阳魅力,画面唯美,制作精良。片中采访了多位重量级德国人士与中方代表,多角度、多层面地将德国与沈阳的经贸往来、文化交流情况进行了展现。

（陈　萍）

【举办“诗与远方”知名主播经典名篇朗诵会】 6月18日,“诗与远方”沈阳广播电视台知名主播经典名篇朗诵会作为第八届沈阳全民读书季的闭幕式在辽宁大剧院举行。作为第八届沈阳全民读书季的收官之作,朗诵会以弘扬中华优秀传统文化为主旨,本着为民族立心、为党为国讴歌的情怀,通过诗歌组合、经典朗诵、情景互动等表现形式,精选了23首古今中外经典诗词,为现场观众奉献了一场荡气回肠的视听盛宴。历时60天的系列活动不仅与沈城市民一起品味书香,共襄文化盛举,同时也为广电事业发展做出有益尝试,获得了社会的巨大反响、市场的良好回报。

（陈　萍）

【沈阳广播电视台童声合唱团荣获世界合唱赛冠军赛金奖】 7月16日,沈阳广播电视台童声合唱团在俄罗斯索契第九届世界合唱赛冠军赛中荣获金奖,登顶世界合唱赛最高峰。第九届世界合唱赛主办方国际文化交流基金会主席刚特·铁驰主席专程前来祝贺。由于合唱团在俄罗斯的出色表现,引起了国际组委会的关注,受邀并代表亚洲参加闭幕式盛大音乐会的演出。沈阳广播电视台童声合唱团的专业水平和精神风貌赢得了国际指挥家、音乐家和世界各国参赛者的赞誉,为中国争了光,为沈阳市争得了荣誉。

（陈　萍）

【“应急广播”正式挂牌】 9日3月,交通广播FM98.6正式被沈阳市政府应急办授予“沈阳应急广播”,也成为辽沈第一家应急广播。主要职责是当发生重大自然灾害、突发事件、公共卫生与社会安全等突发公共危机时,造成或者可能造成重大人员伤亡、财产损失、生态环境破坏与严重社会危害危及公共安全时,交通广播——应急广播立即提供迅速快捷的讯息传输通道,在第一时间把灾害消息或灾害可能造成的危害信息传递到民众手中,让人民群众在第一时间知道发生了什么事情,应该怎么撤离、避险,将生命财产损失降到最低。

（陈　萍）

【“但愿人长久”——诗乐中秋晚会】 2016年中秋节期间,沈阳广播电视台联袂辽宁演艺集团共同举办的《“但愿人长久”——诗乐中秋晚会》为沈城市民奉献了一场集音、舞、诗、画等艺术形式为一体的诗歌朗诵晚会。演出中,沈阳广播电视台众多知名主播朗诵以“月”为主题的古今佳作,辽宁演艺集团旗下辽宁歌舞团、辽宁民族乐团的艺术家们也配合朗诵献上唯美的视听享受,给观众带来了一个难忘的中秋佳节。这台晚会由沈阳广播电视台与辽宁演艺集团首度合作打造,在中秋节期间于辽宁大剧院连续演出两天,场场爆满,观众反响强烈;开创了晚会式节目产业化的经营模式,为今后的广电改革探索了一条可行之路。

（陈　萍）

【广播剧《西疆缘》获全国广播剧大奖】 沈阳广播电视台原创生产的援疆题材广播剧《西疆缘》获全国广播剧大奖。2016年是新疆“民族团结进步年”,为准确展现浓郁的新疆语言特色,特邀了哈勒木拉提(维吾尔族)等多民族同胞专程来沈录制演播。该剧用新文艺切实凝聚起习近平总书记倡导的“各民族要相互了解、相互尊重、相互包容、相互欣赏、相互学习、相互帮助,像石榴籽那样紧紧抱在一起”的主旋律,创作演播本身就是实实在在的文化援疆,增进了新疆和东北的文化交融、团结进步。

（陈　萍）

【节目创意大赛第三季——“一路翻”】 2016年，沈阳广播电视台推出节目创意大赛第三季——“一路翻”。“一路翻”活动在品牌提升、活动组织、赛制设计、评审方式、启动仪式和颁奖晚会的创意制作、创意学院课程设计、多媒体互动呈现等方面都开创了全台业务先河，这一季翻墙对比前两季，在持续性、创新性、专业化、影响力、美誉度等各个方面都有较大提升。从2016年开始，节目创意大赛以年度创新计划的形式成为全台业务管理的一项创新性制度，并列入台里对业务部门进行绩效考评的内容之一。同时，“创意学院”不再受大赛的限制，成为全台针对编采人员的一个常设培训项目，节目创意大赛和创意学院两大品牌作为创新管理制度平台在台内生根。本季大赛共有9件提案从全部的109件提案中脱颖而出，获得优秀创意奖。

（陈　萍）

【建立“迷视”服务平台】 沈阳广播电视台坚持技术领先战略，自主创新建成了以“迷视”为独立品牌、拥有自主知识产权、基于移动互联网的新媒体内容服务平台。“迷视”通过聚合图文、音视频信息，对国内外重大新闻热点事件进行移动互联网发布，并可方便地与微博、微信等应用进行链接，满足了移动化、社交化的传播需求。截至2016年底，平台互动用户已达70余万人，产生交互近千万次。

（陈　萍）

【调整经营结构】 沈阳广播电视台在做实广电传媒集团方面已经迈出了实质性步伐，初步形成了广告营销、内容生产、科技服务和关联产业四个产业门类。树果传媒的《天生吃货》、嘉娱影视的《超级技工》、德美教育的教育培训、中北健康的医疗服务等一批优质项目，取得了经济效益和社会效益的双丰收。与此同时，积极主动适应市场，继续探索“广电+”的产业发展模式，成功开发并实施了“奥体冰雪嘉年华”、“带你去旅行”游轮之旅、“紫气东来”传世经典之旅、“爱尔兰大河之舞”等活动项目，使广电与休闲体育、旅游、演艺深度融合，不仅丰富了沈城百姓文化生活，还培育了新的经济增长点。

（陈　萍）

卫 生 · 体 育

卫 生

·综 述·

【医药卫生体制改革】 1.县级公立医院综合改革平稳有序。2016年,按照国家和省医改工作总体要求,稳步推进新民、辽中、康平、法库四县(市)县级公立医院(中医院)综合改革,以创建县级公立医院综合改革示范县工作为抓手,完善考评标准,强化跟踪督导,县级公立医院综合改革取得显著成效。具体实现"三增三降","三降"即药品价格下降、门诊和住院患者药费负担下降、外转诊率下降,"三增"即就诊量持续增长、医疗业务收入逐年增长、职工收入逐年增长。四县(市)全年取消药品加成后,累计让利患者4910.3万元,外转率下降到10%。

2.做好启动城市公立医院综合改革准备工作。城市公立医院综合改革是"十三五"医改的重要任务,为平稳有效推进全市城市公立医院综合改革,2016年,市卫计委两次组织市物价、人社、市属医疗机构负责人赴三明市、成都市、济南市等城市公立医院综合改革先行先试地区学习改革经验。对市属医院药品收入、医疗收入、负债情况进行了全面摸底、测算,为实行药品零差率和调整医疗服务价格做好准备。组织开展市医改领导小组成员单位和各地区卫计局领导参加的医改政策培训,传达国家、省市关于医改工作特别是城市公立医院综合改革工作的政策要求,为全面启动城市公立医院综合改革奠定政策理论基础和营造良好氛围。

3.分级诊疗制度建设迈出坚实一步。明确各级各类医疗机构功能定位,突出做强基层医疗机构,制定实施《沈阳市加强基层医疗卫生服务体系建设与发展行动计划(2016-2018年)》,基层医疗卫生服务能力全面提升;出台《沈阳市推进分级诊疗制度建设的实施意见》,以高血压、糖尿病为切入点,组建20家示范医联体,探索推行家庭医生签约服务,积极推进基层首诊、双向转诊、急慢分治、上下联动的分级诊疗模式。

4.城乡居民基本医保财政补助标准提高到人均420元,进一步扩大参保覆盖范围,确保应保尽保。深入实施城乡居民大病保险,有效推进异地就医费用核查和即时结报工作的落实。

5.严格控制医疗费用不合理增长。对全市18家市属公立医院2016年上半年医疗费用增长、门诊住院次均费用、医疗收入构成、药占比等重点监测指标进行公示。18家市属医疗机构医疗费用增长幅度平均为12.29%,门诊病人和住院病人次均医药费用分别为325.30元和1.24万元,增幅分别为4.54%和4.91%;百元医疗收入消耗的卫生材料费用平均为17.14元;药品收入占医疗收入比重为41.15%;平均住院日为14.82天。同时,落实医院成本核算与控制、规范诊疗行为、严格处方点评制度、促进合理用药等综合性措施,使医疗费用增长保持在合理水平。

(卫计委)

【"智慧医院"工作】 市卫计委把打造"智慧医院"作为推进"智慧医疗"工作的重要抓手和切入点,在副省级城市中率先制定《沈阳市智慧医院一、二、三级医院评审标准》,以问题为导向,推动智慧医院建设。截至2016年底,市胸科、妇婴、四院等医院通过手机APP、网站多路径实现预约诊疗;实现手机智能导诊、诊间彩超预约、诊间支付、化验报告推送、出生证明预约,优化了就医流程。开通一年来,市妇婴APP挂号6.9万余次,查询报告33.6万人次,诊间缴费6.5万人次、合计1543余万元。四院掌上医院关注人数已达6.8万人,使用掌上医院就医的患者已达5.5万人次。市一院、市胸科、四院均建立自助影像、报告和化验单打印系统,特别是胸科和四院的门诊自动发药机,减少了排队环节,改善了就医体验,市七院在健康卡应用方面取得了显著成效,极大改善了门诊拥堵的状况。

1."信息化"促进分级诊疗模式形成。四院眼科、七院皮肤科、三院泌尿外科和老年病科、骨科医院脊柱外科等重点科系,逐级建立"远程会诊中心"。市三院暨市老年病医院打造"互联网+医疗+养老"医养结合的新模式。市四院实现对辽中、沈北、皇姑等基层医院的远程影像会诊1.2万例。骨科医院利用信息化手段成立国家中医药管理局骨伤科远程会诊中心北部分中心,通过微信平台答疑2万余次,进行疑难远程会诊450次。胸科医院和大东万泉社区卫生服务中心形成了全面的信息化支撑的医联体模式。和平区区域检验中心每天的检验标本量平均400人份,高峰期可达1000人份,检验报告下传到社区卫生服务中心。

2.推动医疗健康产业发展。依托于市政府与东软集团签订的战略合作框架协议,积极发挥东软数字化医疗设备的资源优势和本土企业优势,促使东软墙里开花墙内红,数字化医疗设备合作总价值近2亿元。中心医院与新松医疗及东软影像云合作,利用呼吸疾病重点专科优势以及新松医疗氧气机优势,探索搭建物联网远程慢性呼吸系统呼病治疗管理平台。推动骨科医院与新松机器人合作研发导诊机器人和康复机器人。智慧医疗办公室在发药机和售药机领域获得国家实用新型专利2项。

3. 统筹推进健康精准扶贫工作。开展健康精准扶贫工作,以康平县为主体,重点加强康平县医疗机构"龙头"和"网底"建设,协调社会力量向康平县医院捐赠数字化医疗设备(CT、数字胃肠、钼靶等,折合人民币1730万元),白内障免费筛查6000余人,免费手术300余例,减免费用50多万元。拟定《沈阳市卫计委支持康平县卫生事业发展实施方案》,着力推进结对帮扶、远程会诊中心的建设。

沈阳市"智慧医院"建设成效显著,贺旻副省长专门作出"请省卫计委作为民生实事,认真总结推广沈阳做法"的重要批示。多家重要媒体宣传报道"智慧医疗"30余篇,专题新闻发布会2次。迎接20余批次的领导和兄弟城市的参观调研。

(卫计委)

【卫生应急】 2016年,市卫计委贯彻落实"两个规范"工作要求,加强沈医附属中心医院、沈阳市疾病预防控制中心卫生应急规范化建设。开展县区级疾控人员现场流调能力培训班。启动全民卫生应急自救互救工程,加强卫生应急知识宣传,开展进机关、进学校、进企业、进社区、进农村、进公共场所等"六进"活动,提高公众自救互救能力,普及卫生应急知识。在完成省对市级拉动演习的基础上,开展了市级拉动,对区县的应急机动队进行拉动大比武,全面提升各级卫生应急机动队突发公共卫生事件应急处置能力。妥善处置了全省首例人感染H7N9禽流感疫情。强化联防联控机制,加强寨卡病毒病、中东呼吸综合征、埃博拉及不明原因肺炎等突发公共卫生事件的监测预警,落实各项防控措施,确保沈城一方平安。全年共处置突发公共卫生事件10起,其中:较大级1起,一般级7起,未分级2起。

(卫计委)

·医政管理·

【医改重点工作】 加快推进分级诊疗制度建设。出台了《沈阳市人民政府办公厅关于推进分级诊疗制度建设的实施意见》和《2016年沈阳区域示范医疗联合体建设工作实施方案》、《沈阳区域示范医联体建设实施方案》。按托管型、网格型、智囊型、互联网+型4种组建思路,组建了20个示范医联体,双向转诊患者2000余人次,上级医师到基层出诊1.8万人次。其中医大一院和大东区人民医院的"同城托管"模式,得到了国家卫计委副主任马晓伟、全国人大教科文卫委副主任王陇德、省政协副主席滕卫平的高度赞誉。市四院与辽中县中心医院、沈北新区中心医院,市胸科医院与大东万泉社区卫生服务中心开展紧密型医联体合作,方便百姓看病就医,为建立分级诊疗制度奠定基础。

加强县级医院对口支援工作。加强以人才、技术、重点专科为核心的能力建设,加强县级医院临床专科服务能力;全面加强乡镇中心卫生院对口支援工作,推进乡镇一般卫生院对口支援工作,将医联体建设工作纳入医疗机构对口支援体系,落实城市医生晋升职称前到农村服务要求。组成援疆、援青医疗队与新疆塔城、青海省贫困县县级医院结成对口支援帮扶关系。

(卫计委)

【医院管理及医疗服务】 1. 深入开展医疗机构综合管理评价评测工作。按照《沈阳市医疗机构综合管理评价评测实施方案(2015－2016)》,市卫计委对沈阳市二级以上医疗机构进行综合管理评价评测工作。评价结果和排名将适时公示,并与医疗机构暂缓校验、行政处罚等结合。在完成市直医疗机构、市管厂企、民营医疗机构的综合管理评价评测工作基础上,继续探索对全地区医疗机构综合管理的评价评测工作。

2. 开展大型医院督查工作。根据《沈阳市大型医院巡查工作方案(2015年度－2017年度)》要求,对2016年度大型医院巡查工作中发现问题的整改落实情况进行督查,并对区、县(市)大型医院巡查工作开展情况进行抽查。

3. 积极推进医师多点执业。全面放宽医师执业注册地点的限制,简化医师执业注册申请和多点执业备案管理方式,促进医师依法执业、诚信执业,持续提升技术水平,推动建立规范、有序的医疗市场秩序。全年完成医师多点执业注册1250人。

4. 完成医师资格考试工作。2016年完成了2854名考生实践技能考试工作,以及3155名考生的综合医学笔试任务,其中省内外市考生767人,得到了国家、省巡视组的一致好评和肯定。

5. 继续深入推进改善医疗服务行动计划。在巩固前一年活动成果的基础上,落实计划中40项具体措施,通过创新思路方法举措,改善医疗服务环境,优化服务流程,保障医疗服务质量安全,加强医患沟通协调,为人民群众提供安全、有效、方便、价廉的基本医疗服务。

6. "服务百姓健康行动"全国大型义诊活动周活动。全市二级以上(含二级)共97家医院参加了义诊活动,参加义诊医师610人,义诊药师79人,义诊护士469人,义诊1.54万人次,参加大讲堂百姓1.06万人次,发放宣传材料数4.59万份,义诊患者收住院400人,住院患者义诊手术235台次,减免患者费用80.80万元。

(卫计委)

【医疗质量控制】 1. 制定2016年度沈阳市医疗质量控制评价考核细则。细则涵盖了医疗管理、医疗服务与患者安全、护理管理、院感管理、药事管理和临床用血管理6个管理质控中心工作重点内容共32项重点要求,近400个考核点。集中开展覆盖市登记管理医疗机构和各区、县(市)中心(人民)医院的医疗质量管理与控制检查工作。累计派出专家500余人次,分别制发各专业质控通报。

2. 加强基层医疗机构医院感染控制。为贯彻落实国家、省关于《开展县医院和基层医疗机构医院感染管理专项督导工作方案的通知精神》,进一步加强和规范医院感染管理,提高基层医疗机构医院感染预防与控制水平,召开沈阳市医院感染管理专项督导推进工作会议。对沈阳市13个区县74家基层医疗机构开展医院感染管理专项督导检查,开展全市的血液透析院感督导检查。其中:55 家医疗机构的 33 个科室被责令立即暂停执业活动进行整改,69 个科室给予通报批评。

3. 持续开展优质护理服务。巩固优质护理服务工作成效,进一步落实责任制整体护理。开展全市护士人文关怀知识大赛及护士长临床查房评比活动,全市共 50 多家医疗机构、1100 名医护人员、198 名护士长参加比赛。为中断护士办理实习证明 81 人次,办理护士延续注册 832 人,办理护士首次注册 628 人。

4. 严格麻醉和第一类精神药品管理工作。对全市持有印鉴卡的医疗机构,分期分批完成了 2016 年申购计划的审批工作。对全市各级各类医疗机构开展合理用药督导检查,检查结果全市通报。组织开展全市医疗机构合理用药培训工作,增强医师合理用药意识,为临床科室合理用药提供指导。督促全国抗菌药物监测网和细菌耐药网监测成员单位及时上报监测数据。

(卫计委)

【医疗安全管理】 截至 2016 年底,全市共 80 家公立医疗机构参加医责险,其中:三级 25 家,二级 42 家,其他 13 家。市登记管理二级以上公立医疗机构参保率达到 100%。2016 年,市医调委共受理医疗纠纷 72 例,调解成功 55 例,转其他途径 5 例,调解成功率 92%。推进全市医疗责任保险和医疗纠纷人民调解工作,对市医调委、人保公司和中汇国际进行调研。召开驻沈医疗机构医责险座谈会。对重大疑难医疗纠纷案件集中处理。

(卫计委)

【临床重点专科建设】 按照《关于进一步加强市级临床(公共卫生)重点专科建设与管理工作的通知》文件要求,根据《沈阳市卫计委关于印发 2016 年委属单位特色专科绩效考核办法的通知》,市卫计委按照全市临床重点专科考核机制,对各项目建设任务完成情况、医疗和科研能力、专科人才队伍建设等情况进行了 2016 年沈阳市临床(公共卫生)重点专科年度考核评审。

(卫计委)

【政风行风建设】 一是制发《2016 年沈阳市卫生计生系统行业作风建设实施方案》,明确了 2016 年行业作风建设工作任务,并与区、县(市)卫生局(卫计局)、市直属医疗机构、厂企医疗机构签订行业作风建设责任状。成立了沈阳市行业作风建设领导小组。做到指标到岗,责任到人,上下联动,部门协调,全方位监管,形成一级抓一级、层层抓落实的工作格局。二是积极开展群众满意度第三方评测工作。完成了《群众满意度第三方测评项目工作方案》并遴选了第三方测评机构,对市直属 19 家医疗机构的就医流程、就医环境,医院整体服务、医德医风等进行第三方测评,并将测评结果作为对市直属医院综合管理评价评测的依据。三是开展优化营商环境行风专项整治工作。大力加强行业作风建设,强化服务意识,提高服务质量,为营造国际化营商环境提供社会保障。

(卫计委)

【社会医疗】 组织举办庆祝第十三个"世界献血日"大型宣传纪念活动。邀请省、市有关领导、市直机关代表、各高校代表等人参加,对沈阳市无偿献血优秀组织及个人予以通报表彰。积极推进各区、县(市)无偿献血应急队伍及采血点的建设工作。举办专业技术讲座 31 次,不断加强临床用血单位科学合理用血的培训。保证了临床用血的充足、合理、有效。各种血液 100% 满足临床需求,临床用血 100% 来自于自愿无偿献血;全年无偿献血总人次 11.28 万人,比 2015 年增长 12.71%。采血总量 38.17 吨,比 2015 年增长 13.2%;供血 37.05 吨,比 2015 年增长 7.88%,红细胞分离率 99.65% 以上;无偿捐献机采血小板 1.16 万人次;预约送血 4963 车次,行程 58.13 万公里,送血量 28.8 吨;急诊送血 115 车次(2016 年 1 月至 3 月,之后取消急诊送血),送血量 0.7 吨;送血总量占用血量的 79.63%,预约送血率 100%。

完成全市各类突发事件的紧急医疗救援 38 次,派出急救车 61 台次,出动急救人员 305 人次,转运伤员 231 人;执行重要会议、赛事、活动现场急救医疗保障 114 项 232 次,累计调派急救车 576 台次,出动急救人员 5756 人次,现场诊治伤病员 967 人次,其中 2016 年沈阳国际马拉松赛调用急救车辆 29 台,出动急救人员 90 人,现场救治伤病员 825 人,转送危重患者去医院 15 人,所有保障工作均准备充分、现场处置合理,确保了每名伤病员生命安全;参与反恐备勤工作 6 项 68 次,安排急救车备勤 267 台次,急救人员备勤 799 人次;开展各级各类应急演练共 7 次;救治流浪乞讨、身份不明、无支付能力患者 1.84 万人。

(卫计委)

·卫生监督·

【综合监督执法】 1. 认真贯彻《关于进一步加强卫生计生综合监督行政执法工作的意见》。紧密围绕全市卫生计生中心工作,积极协调机构编制、财政、人社、公务员管理等部门,制定《关于进一步加强卫生计生综合监督行政执法工作的实施意见》并组织实施。结合落实监督工作任务,针对综合监督基本状况向同级政府提交工作报告,展示成果、明确问题、提出建议,争取了解和支持。充分整合卫生计生行政执法机构,明确职责,落实任务,保障工作顺利实施。全市各级综合监督机构积极协调相关部门,力争在机构命名、人员配置、机构建设、监督职责、执法模式上实现"五统一"。规范各级综合监督机构科室设置,设立综合办公室、医疗机构卫生监督科、公共场所卫生监督科、学校卫生监督科、饮用水卫生监督科,规范推进综合执法。进一步发挥全市 422 名综合监督协管员作用,加大管理和培训力度,巡查覆盖率达 100%。

2. 加强监督人员能力建设。建立沈阳市综合监督专家库,开展多种形式竞赛培训活动,强化基层指导,举办全市监督员集中式业务培训 9 次,培训人员 1000 余人次。选送的医政和学校监督专业微课程被评为辽宁省微课大赛一等奖和国家二等奖,计划生育监督专业微课程被评为辽宁省微课大赛三等奖。开展廉政勤政教育,落实《沈阳市卫生计生综合监督执法十大禁令》,坚持"一岗双责”，全面规范监督员的执法行为，实现执法人员零投诉。开展案件查处、省市重点工作进展等情况的专项稽查，评查卫生行政处罚案卷50余卷，均下达了稽查意见。

3. 建立完善相关制度、标准。推行医疗机构综合评分监管模式。建立执法责任制及考评体系，编制《沈阳市综合监督执法责任制工作手册》。建立卫生计生行政执法“双随机一公开”制度，推进政务公开。建立行政处罚与投诉举报案件分析报告制度，指导执法实践。完善服务社会机制，继续推行提示在先、教育在先、普法在先、处罚在后的人性化执法模式，健全一次性告知、行政执法约谈、管理相对人承诺等服务机制。

（卫计委）

【事中事后监管】 按照国家卫计委《关于开展随机抽查规范事中事后监管的实施方案的通知》要求，严格执行卫生计生有关法律法规，规范事中事后监管，落实监管责任，确保事中事后监管依法有序进行。结合工作实际，逐步推广随机抽查机制，确定随机抽查事项清单，对卫生计生领域检查对象进行分类，建立完善检查对象名录库和执法检查人员名录库，合理确定随机抽查比例和频次，加强抽查结果运用。抽查涉及公共场所、学校、饮水（含涉水产品）和传染病（含消毒产品）4个专业共计1600余户次，抽检7800余项次数，抽查完成率100%。

（卫计委）

【医疗卫生监督检查】 1. 加强医疗机构依法执业。开展医疗机构依法执业专项整治行动。开展“民营医疗，蓝盾伴航”专项行动，检查机构2412家，立案44起，警告22户次，罚款44户次。开展《执业医师法》、《献血法》、《母婴保健法》、《精神卫生法》以及《医疗机构管理条例》、《护士条例》等法律、法规落实情况监督检查“回头看”活动，落实整改要求。开展血液安全专项行动，检查采供血、临床用血医疗机构70家。落实《关于加强中医药监督管理工作的意见》，加强对开展中医医疗服务的机构、人员、执业活动和技术的监督管理，严厉打击非法行医和涉医违法行为。配合工商部门加大对发布虚假违法医疗广告机构监管力度。开展非法行医案件移送，沈河区案例被列入全国执法案例汇编。

2. 强化传染病监督检查。开展“医用织物，蓝盾伴行”专项行动，在检查中现场使用ATP荧光测试仪对织物表面洁净度进行检测，出动监督人员1600余人次，限期整改155家。开展二类疫苗预防接种专项监督检查，对13个区级疾控中心、424家接种点进行监督检查。推进医疗卫生机构传染病防治分类监督综合评价工作，纳入医疗卫生机构综合评分管理，设置363家试点单位，建立医疗机构织物清洗监管档案。开展沈阳市传染病防治专项监督检查工作，对2600余家各级各类医疗机构，针对内镜诊疗检查、消毒供应室（中心）、基层医疗机构注射室、病原微生物实验室生物安全管理等情况进行了监督检查。

3. 加强职业放射卫生监管。对全市755家职业放射机构《职业病防治法》、《放射性同位素与射线装置安全和防护条例》落实情况开展监督检查。开展职业健康检查文书评查活动，实现委托协议、登记、告知、报告、档案“五统一”。运用快检手段完善放射诊疗设备监管工作，对2015年竣工验收项目进行快检复核，验证防护效果，合格设备进行编号贴标管理。全市统一“放射诊疗告知事项”，各机构均在明确位置公示放射性危害、防护原则和措施、卫生监督机构投诉举报电话。

4. 开展计划生育监督。组织计划生育蓝盾专项行动。开展《人口与计划生育法》、《社会抚养费征收管理办法》落实情况监督检查。开展母婴保健机构、计生科室医疗机构、计生服务站、辅助生殖机构4类机构摸底调查，完成了全部111家机构的建档和平台录入工作。开展“两非”以及“辅助生殖”专项整治，重点整治非法代孕、无证经营、虚假宣传等违法违规行为，出动监督人员528人次，监督覆盖率100%，立案23起。探索计划生育监管模式，以1至2个区、县（市）为试点，探索乡、镇落实计划生育法律法规情况的监管工作。

（卫计委）

【公共卫生监督检查】 1. 加大公共场所综合监管力度。开展场所卫生蓝盾行动，对住宿业、沐浴业公共用品用具清洗消毒进行监督检查。开展《公共场所卫生管理条例》落实情况监督检查“回头看”活动，落实整改要求。开展公共场所消毒管理和集中空调通风系统专项整治，控制传染病流行。开展为期1年的以公共浴室、生活美容院、美发店、宾馆和旅店为重点的打击公共场所非法行医专项行动。推行行业检查员制度，强化行业自律性。开展住宿业、沐浴业、游泳场馆、美容美发场所及商场量化分级管理工作。开展公共场所卫生抽检工作。各类场所监督覆盖率达到100%。

2. 强化生活饮用水监管。开展“居民饮水，蓝盾护航”专项行动，开展集中式供水、二次供水设施监督检查，全市共检查供水单位2100余户次、水源井600余眼，抽检水质50份，下达监督意见书2200余份，责令整改260户次，现场快检水质2000余份。完善集中式供水单位、二次供水设施及涉水产品生产企业档案。开展弃管小区和农村供水单位卫生现状调查，对全市饮用水卫生状况进行评估，及时排除隐患。探索饮用水卫生综合管理模式，加强对供水单位水质检测管理。

3. 推进学校监督工作。开展“宝宝健康，蓝盾护航”专项行动，对取得办园许可的托幼机构进行监督检查，下达整改意见书294份。开展2016年高等院校量化管理工作，结合量化评分强化日常监督，增加A级高校数量。制定《沈阳市中小学校卫生综合评价实施指南（试行）》，开展1200余所中小学校、托幼机构监督综合评分，选取部分区、县（市）进行量化分级管理试点。落实好学校监督信息公开试点工作。编写《沈阳市学校综合监督工作手册》、《沈阳市托幼机构综合监督工作手册》，梳理学校和托幼机构监督相关法律、法规、标准，起草制定技术指南、指引等。

（卫计委）

【健康相关产品监管】 开展“居民饮水，蓝盾护航”专项行动，对涉水产品安全进行监督检查，监督抽检现制现售饮用水自动售水机的应用现场，抽检产品卫生质量。对90家涉水产品、消毒产品生产企业进行监督检查，下达监督意见书99份，实行量化分级管理。开展涉水产品和消毒产品经营单位集中整治行动，立案查处2起。开展餐具、饮具集中消毒服务单位监督检查，全年开展1次覆盖全项目的检查，对违法单位依照《食品安全法》进行行政处罚，向餐饮服务监管部门通报并向社会公布。

（卫计委）

【第三方服务机构监督】 加强中央空调、蓄水池清洗单位监管，实行能力考核制度，严把清洗消毒后验收关。加大对职业病鉴定机构监管力度，制定监管项目、程序、标准，规范监督行为。开展职业健康检查机构监督量化评分工作。规范放射卫生技术服务机构监督检查。

（卫计委）

【信息化建设】 1. 实行执法过程全记录。建立执法全过程记录制度，实现具体工作制度、执法文书、信息系统、手持执法终端、视频监控设施、执法记录仪等全程留痕。加强与同级政府相关部门沟通协调，加大对执法全过程记录设施、设备经费投入，统筹安排资金，全市配备执法记录仪100余台。开展执法全过程记录培训，重点加强执法记录仪操作实践培训，鼓励督促执法人员落实全过程记录要求。

2. 开展综合监督执法处罚信息公示。落实《辽宁省行政许可和行政处罚等信用信息公示工作实施方案》，2016年3月起，自作出行政处罚决定起7个工作日内，行政处罚相关信息进行上网公示。市级在市卫计委门户网站进行公示，并同步推送至市级信用网站。各区、县（市）均参照省、市工作做法，选择公示网站，并同步报送至市级信用网站。全年公示行政处罚信息90余条。

3. 加强信息化网络建设。加强全市各级综合监督网站建设，开通官方微信公众号，定期向公众发布卫生计生法律法规及相关卫生防护、卫生保健等宣教知识及常识，实现宣传、自助查询、正负面清单、网上培训、互动、监督信息整合及资源共享等7项功能。加强审批与监管网络资源共享，市、区（县、市）网络资源共享和监督联动建设。在全市一线监督员配备233台手持执法终端基础上，进一步提高现场执法规范化、标准化，全部使用执法终端进行现场执法，手持执法终端在现场执法中规范应用率达100%。

（卫计委）

【加大社会监督力度】 积极加强与新闻媒体的联系与沟通，通过主流媒体报道综合监督执法成果、曝光典型案例，重点曝光群众反映强烈、问题比较突出、性质比较恶劣的典型案件。采取多种形式开展卫生计生相关法律法规和健康知识宣传，提高群众防范意识和自我保护意识，全年累计新闻宣传报道133篇次。向社会公布市区两级投诉举报电话，依托12320卫生热线、民心网等百姓诉求平台收集线索，依靠社会力量加大监管力度，提高综合监督执法震慑力，全市共受理投诉举报案件444件，办结率、反馈率、群众满意率均达100%。

（卫计委）

·疾病预防控制·

【基层疾控工作】 体系建设全面加强，以市级疾病预防控制机构为龙头，以区县疾病预防控制中心为骨干，以社区卫生服务中心、社区卫生服务站和乡镇防保站、村卫生室为网底的三级疾病预防控制服务体系日趋完善；继续推进重点领域"医防合作"，强化了传染病防治、慢病防治、精神疾病预防控制等重点领域医防合作，建立了疾控机构与医疗机构相互协作、相互补充、相互促进的工作机制和模式，医疗机构疾控工作迈上新台阶；公共卫生保障力度不断加大，以中央转移支付项目和市财政重点项目为牵引，加大了基层扶持力度，落实艾滋病、结核病、精神病、免疫规划等项目资金近200万元，强化了基层网底建设和能力建设。

（卫计委）

【传染病防控】 加强传染病分级分类管理。有效落实传染病网络直报、监测预警和分析评估等综合防控措施，377家传染病诊疗机构网络直报正常运行率达到100%，乙类传染病报告发病率同比下降6%；强化联防联控工作机制，会同教育、动监、检验检疫等部门，超前部署和落实重点传染病综合防控工作，构建了人感染H7N9禽流感、中东呼吸综合征、埃博拉等新发传染病的监测和防控体系，有效降低了新发传染病传播风险。为3999例活动性肺结核患者免费提供了一线抗结核药品及相关检查，符合治疗条件的艾滋病病人及感染者100%提供抗病毒药品。

（卫计委）

【扩大免疫规划】 继续强化常规免疫接种工作。完成适龄儿童常规免疫接种144万针次，单苗接种率达到95%以上，全市237家乡级信息化管理单位100%实现0－6岁儿童预防接种信息个案管理。针对年初"山东非法经营疫苗案件"，全面启动县级地毯式排查和督查，累计排查接种单位625家，未发现违规使用非法疫苗的情况。投入奖补资金200万元，新建数字化预防接种门诊20家，全市98%以上的乡镇实现集中安全接种。以"互联网＋免疫规划"为突破口，推出了面对儿童家长的微信公众平台及手机APP软件，3000余名儿童家长微信关注，免疫规划信息化管理水平实现新突破。

（卫计委）

【精神疾病防治】 继续推进国家精神卫生综合管理试点城市建设工作。按照国家"八个必须"工作要求，组织开展多部门联合培训和督导，通过与综治、公安、民政、残联、人社等多部门密切配合，在严重精神疾病患者管控、救治救助、管理服务等多个方面实现了政策突破。全面实施严重精神障碍患者管理救治工作。累计投入资金1800余万元，为5900人次患者提供了免费药品救助和农村困难家庭救助救治，切实减轻了农村困难家庭的经济负担。规范精防社区康复体系建设。截至2016年底，已建成覆盖13个区、县（市）并有专人管理、康复设施完善的精神疾病患者社区康复站222家，累计投入专项资金78万元，建成社区示范康复站39家，为广大患者提供集预防、康复、危机干预、救助四位一体的全方位服务。

（卫计委）

【慢性病、地方病、职业病防治】 提升慢性病综合防治能力。扎实做好高血压、Ⅱ型糖尿病患者规范化管理，截至2016年底，全市规范化管理高血压患者40余万人、Ⅱ型糖尿病患者17.7万人。在推广市内五区慢性病综合防控示范区的成功经验基础上，皇姑、铁西、大东区申报了国家慢病示范区的创建。经市政府同意，积极开展全省慢性病综合防控示范市申报和创建工作。巩固地方病工作成果。开展2016年防治碘缺乏病日宣传活动，全面完成碘缺乏病、饮水型氟中毒各项监测任务；深入贯彻《职业病防治法》。会同人社、安监、工会等相关部门开展《职业病防治法》宣传周活动，社会效益显著。完善职业病报告制度，累计培训专业人员50余人次，组织市职业病院对全市20家职业病报告及重点职业病监测机构督导检查。

（卫计委）

【预防接种】 以辽中、于洪为重点的农村集中安全接种工作取得突破。2016年，市卫计委将“稳步推进乡镇集中安全接种”工作纳入年度疾控工作要点，同时列入市区政府绩效考评及卫生目标责任书指标重点考核。市卫计委制发了《关于加快推进乡镇集中安全接种的通知》，各区、县（市）充分认识此项工作的重要性，积极争取当地政府和财政部门支持，切实加强领导，周密部署，制订方案，落实责任，确保按进度完成乡镇集中安全接种工作任务。截至2016年底，全市涉农地区126个乡镇中124家实现了集中安全接种，占全部乡镇的98%。数字化预防接种门诊创建走在全省前列。2012年起，按照“全面规划、示范带动、分步推进”的原则，沈阳市在全省率先开展了数字化预防接种门诊建设试点。2016年，市卫计委会同市财政局制发了《2016年沈阳市数字化预防接种门诊建设方案》，投入奖补资金200万元，新建门诊20家，全市数字化门诊数量累计达到92家。

（卫计委）

【精神卫生综合管理试点城市建设】 制发了《沈阳市精神卫生综合管理试点工作任务分解表》，会同综治、公安、民政、人社、残联等部门建立并完善了横向到边、纵向到底的4级精神卫生综合管理组织体系。建立了政府定期协调会议制度、定向沟通联络机制、应急联动管控机制以及联合培训和督导等一系列部门联动的综合管理机制，并在严重精神障碍患者监管与管理、贫困患者救助、救治与康复等方面出台了一系列政策与措施。2016年组织召开市级政府部门协调会1次，部门联络员协调会议12次，市级部门联合督导2次，联合培训6次，建成精神疾病患者社区示范康复站39家，累计投入资金3500余万元，救治救助患者3.2万余人次。

（卫计委）

·基层卫生·

【新农合及大病保险】 新农合保障水平进一步提高。2016年，全市参合人口209万人，参合率继续保持在99%以上。新农合政府补助标准提高到人均420元，较2015年增加40元。农村居民大病保险人均筹资标准达到25元。

新农合管理进一步加强。组织开展了新农合同级审计，配合国家审计署辽宁特派办完成新农合资金专项审计。搭建新农合信息平台，建立了新农合网上转诊系统。组织开展新农合专项检查。在辽中区、新民市、康平县、法库县开展按疾病分组付费的支付方式改革。

（卫计委）

【基层医疗卫生服务体系建设】 一是加强基层医疗机构标准化建设。以市政府名义出台《沈阳市加强基层医疗卫生服务体系建设与发展行动计划（2016－2018年）》。市财政投入8900万元配套资金支持各区、县（市）为基层医疗机构采购设备；市人事局面向社会招聘350名事业编医生充实到基层医疗机构。二是大力提升基层医疗机构服务质量。开展“基层卫生服务能力提升年”活动，在铁西、浑南、于洪、苏家屯及沈北新区开展县、乡、村一体化管理试点。推进“群众满意乡镇卫生院”建设。组织开展全市基层卫生岗位练兵和技能竞赛活动。沈河区大南社区卫生服务中心、和平区长白社区卫生服务中心获得首届全国百强社区卫生服务中心称号。浑南区祝家卫生院等11个单位被推荐为2014—2015年国家卫计委群众满意乡镇卫生院。沈阳市获得省基层卫生岗位练兵和技能竞赛农村医疗组、社区护理组一等奖。三是推进家庭医生签约服务试点。以市老年人、残疾人、慢性病患者等重点人群为签约服务对象，开展试点工作。截至2016年底，全市签约家庭达到40.4万户，累计签约114.4万人。和平区长白社区卫生服务中心开展的团队签约服务工作受到各级领导的关注。

（卫计委）

【基本公共卫生服务项目】 2016年，全市基本公共卫生服务项目人均补助经费达到45元，沈阳市卫生计生委统一组织开展了专项培训和2次业务督导。筹备建立基本公共卫生服务项目技术指导组。发挥市疾控中心、市健教中心、市妇儿中心等专业公共卫生单位作用，强化基本公共卫生服务项目管理。

（卫计委）

【精准健康扶贫】 组织开展了建档立卡贫困人口的基线调查并纳入新农合系统管理。在巩固22种重大疾病保障的基础上，将肝癌、膀胱癌、甲状腺癌、再障、儿童脑瘫纳入重大疾病保障范围。贫困农民患上述疾病，在限额内的医疗费用，新农合报销比例从70%提高到80%。将0－7周岁儿童人工耳蜗植入手术纳入农村贫困居民新农合医疗保障和医疗救助支付范围。贫困人口大病保险起付线降低1000元，报销比例提高5个百分点。全面实施贫困人口住院先诊疗后付费。

（卫计委）

·妇幼卫生·

【推进国家重大妇幼公共卫生项目】 全年农村孕产妇住院分娩补助项目受益人数为1.13万人，补助受益率为97.14%；农村孕妇增补叶酸预防神经管缺陷项目新增人数为1.75万人;新增康平县为两癌免费检查项目县,同时积极开展新增项目地区的人员培训和进修工作,并为其协调解决相关设备。全年两个项目地区共开展免费宫颈癌检查1.11万人,开展免费乳腺癌检查3310人,全面完成项目方案要求。

(卫计委)

【提升产科人员技术水平】 组织全市的产科和节育人员参加培训和考核。共有60余家产科单位及15家妇幼保健机构的2700余人参加,产科人员水平得到提升。派出多名技术骨干参加全省新生儿复苏项目省级师资认证考核和全国危重孕产妇监测国家级培训班,提高了技术水平和管理水平;建立各级危重孕产妇和新生儿抢救网络,理顺转诊渠道,发挥市妇婴医院和市儿童医院作为沈阳市孕产妇和儿童急救的"绿色通道"的作用,全年市妇婴医院共抢救危重孕产妇111人,抢救成功率100%;市儿童医院共抢救重危儿童360余人,抢救成功率98%以上;印发了《沈阳市高危妊娠筛查与管理实施方案》,规定沈阳市常住人口和流动人口,从确定怀孕开始至产后42天,在妊娠早期、中期、晚期和产后均属于筛查和管理范围。建立了围产期急救领导小组和围产期急救专家组,规范了高危妊娠的管理流程,细化了高危妊娠分级标准,确定了8个高危妊娠诊治中心和1个高危妊娠管理中心。

(卫计委)

【预防艾滋病、梅毒、乙肝母婴传播】 印发了《辽宁省预防艾滋病、梅毒和乙肝母婴传播信息工作规范(试行)》和《关于进一步做好预防艾滋病、梅毒和乙肝母婴传播信息管理工作的通知》,规范了预防艾滋病、梅毒和乙肝母婴传播信息工作。组织技术人员参加全省预防艾滋病、梅毒和乙肝母婴传播临床治疗与检验技术培训班,提高全市相关工作技术水平。

(卫计委)

【成立孕产妇和儿童死亡评审组】 邀请省内知名妇产科专家和儿科专家组成沈阳市孕产妇和儿童死亡评审组,召开市级评审会,通过对死亡病例进行讲评和分组讨论,找出了致死因素,及时总结经验和教训,促进妇幼卫生服务技术水平不断提高。2016年,妇幼健康服务各项指标全面达标,全市孕产妇死亡率为10.43/10万,婴儿死亡率为2.92‰,高危孕产妇管理率为100%,高危住院分娩率为100%。孕产妇系统管理率为92.83%,产后访视率为93.28%,儿童系统管理率为95.41%。

(卫计委)

【实施降低出生缺陷干预工程】 市卫计委通过加大宣传力度,积极营造社会舆论氛围;通过规范开展孕前保健工作,保障服务质量;在全市范围内实行免费婚前医学检查,推行婚育综合服务平台建设;充分利用市妇女儿童保健中心的技术优势,积极引导群众进行科学孕检,不断拓展服务功能,减少出生缺陷的发生。组织技术人员参加全国出生缺陷监测管理培训班,提高沈阳市出生缺陷监测管理水平。

(卫计委)

【创建妇幼健康优质服务示范工程】 2016年,市卫计委在全市范围内继续开展创建妇幼健康优质服务示范工程。和平区、浑南区先后被评为国家级妇幼健康优质服务示范区,沈河区、铁西区、大东区、沈北新区被评为省级妇幼健康优质服务示范区。

(卫计委)

【妇幼健康服务信息化】 2016年,沈阳市助产技术服务机构和妇幼保健机构全部实现妇幼健康服务信息化,所有信息即时录入。经过半年、三季度、全年等三个时间节点的考核,全市的妇幼健康服务信息化平均符合率均达到省考指标要求。

(卫计委)

·中医工作·

【召开中医药暨卫生健康大会】 2016年9月23日,沈阳市中医药暨卫生健康大会召开。副市长王翔坤主持会议,市委副书记、宣传部部长韩东太宣读表彰通报,副市长姜军作全市中医药暨卫生健康事业发展工作报告。国家卫计委副主任、国家中医药管理局局长王国强,市长潘利国分别在会上讲话。王国强对沈阳市卫生健康和中医药事业取得的成绩给予充分肯定,他表示,国家中医药管理局将进一步加强对沈阳市中医药工作的支持和帮助,推进沈阳市中医药振兴发展,努力建设健康沈阳。

为配合沈阳市中医药暨卫生健康大会的召开,沈阳市先后起草并出台了《沈阳市人民政府关于进一步加快中医药事业发展的意见》和《沈阳市中医药事业发展"十三五"规划》等扶持中医药事业发展的一系列政策措施,为沈阳市中医药事业快速发展提供了强有力的政策保障。

(卫计委)

【中医院建设】 为解决市中医院规模空间不足的问题,市政府决定投资6亿元、建设床位规模至少达到1000张、服务能力达到国内一流水平的中医院。2016年年底拿出了原址改扩建和异地迁建两套方案,异地迁建方案正在论证中。

(卫计委)

【基层医疗卫生服务机构建设】 2016年,全市基层医疗机构购置了1000套中医服务箱和TDP神灯。自此,全市基层医疗卫生服务机构(含社区卫生服务中心、站和乡镇卫生院、村卫生室)全部配置了基本的中医药诊疗设备,大大提升了基层中医药服务能力,基层卫生机构已全部能够提供中医药服务。

(卫计委)

【中医药文化宣传】 在南湖公园、中街豫珑城分别举办了全市性中医药文化"进乡村·进社区·进家庭"大型义诊活动,累计组织市内33家中医医疗机构,出动300余名医护人员,义诊1.3万余人次,发放宣传资料2万余份。组织20名中医专家进入兴顺、保工等16个社区为1.3万名群众开展中医义诊咨询服务。

(卫计委)

·卫生科教·

【开展卫生人员培训】 2016年开展了

社区卫生管理、基层人员心电图与X光培训、县医院科主任导师培养和人员进修、骨干医师和骨干护士培训及基层适宜技术等系统性培训和专项培训共17项,开展全员培训2项,累计培训5.84万人次。组织理论和实践技能考试9场次,基层卫生人员培训参与率及合格率均达到100%。

(卫计委)

【推进住培工作】 按照省卫计委的要求,全年组织两轮共计364名符合条件人员参加住院医师规范化培训招录考试,考取254人,其中全科医师46人,为全省之最。组织完成5000余名规培学员公共科目报名及考试工作。适应国家住院医师规范化培训新要求,组织2017年省、市基地毕业学员参加人机对话模拟结业考试,取得圆满成功。2016年完成553名住培学员转注册工作,转注册率达到100%。参加辽宁省首届住院医师大赛,获得内科组三等奖。成功举办“2016年沈阳市住院医师规范化培训管理与实施培训班”。为进一步加强对住院医师规范化培训工作的过程管理,市卫计委每季度进行网上出科审核和不定期现场抽查,全面跟踪住培资金使用情况,2016年规培学员结业考试合格率达到98%,较2015年提高10%。

(卫计委)

【规范继续教育】 2016年,在全市13个区、县(市)、22家委属单位及厂企和民营医院范围,结合继续医学教育日常工作考核,通过自评、现场互检、交流会等形式,对近三年继续医学教育工作进行了全面评估。全市1665名卫生专业技术人员继教合格证接受省级审验,合格率达到100%。

(卫计委)

【严格生物安全监管】 根据《沈阳市卫生和计划生育委员会关于进一步做好一二级病原微生物实验室备案工作的通知》精神,市卫计委对备案满5年无变动的实验室进行抽检。对备案周期内发生项目变动的实验室,市卫计委组织专家现场查验合格后予以再次备案。

(卫计委)

【创新人才管理模式】 沈阳市卫计委通过四个途径强化全科医生培养,一是组织基层医生到转岗培训基地进行专业技能、临床和理论等项目全科医生转岗培训,共计119人。二是启动2016年沈阳市全科医生特设岗位招聘工作,并强化对2015年已招录特岗全科医生的培训和日常考核,共招录10人。三是实施订单定向医学生免费培养,为乡镇卫生院全科医生队伍提供人才储备,共有70余名考生与当地卫计和人社部门签订协议。四是鼓励临床青年医生参加全科专业规培,共有42名基层医生通过考试进入全科专业基地,沈阳市全科规培学员的数量和比例均位列省内第一。

(卫计委)

【争取科研经费】 全年共获得国际合作课题1项,国家级独立课题2项,协作课题18项,省级独立课题21项,协作2项,市级课题24项,获得科研经费1550余万元。课题获市科技进步二等奖4项、三等奖5项。新增省级重点实验室2家,省级重点实验室达到6家。新增市级重点实验室1家,总数达到13家。对于35岁以下的青年医师的36项课题,给予30万元的经费支持。

(卫计委)

·药械管理·

【贯彻落实国家基本药物制度】 1.实施国家基本药物制度。按照省、市卫生工作要求,年初完成了《2016年实施国家基本药物制度工作要点》,作为2016年对各区、县(市)落实国家基本药物制度工作考评依据。《要点》中制定的工作安排即为市卫计委落实国家基本药物制度工作进程。《要点》对2016年贯彻落实国家基本药物制度工作的各项指标进行了细化、明确了责任分工。

2.制定并下发了《关于印发2016年度沈阳市国家基本药物临床应用指南及处方集培训工作方案的通知》,邀请中国医科大学教授于9月14日,对各区、县(市)卫计局主管领导、实施国家基本药物制度的负责人及培训师资各1人、县级以上医疗机构主管领导及药剂科主任进行培训,发放学习资料26套,光盘3000张。

3.实施国家基本药物制度年度督导、监测评价工作。2016年,沈阳市卫计委联合沈阳市财政局制定《关于印发沈阳市基层医疗卫生机构实施国家基本药物制度绩效考核办法(试行)的通知》。采取第三方参与检查督导的方式,对全市13个区、县(市)进行督导,从监测情况看,全年基层医疗卫生机构网上采购基本药物1.15亿元,基层医疗卫生机构用药行为逐步规范。

(卫计委)

【以省为单位药品、高值耗材集中采购】 按照《关于执行首次以省为单位药品集中采购中标结果的通知》文件要求,县级及县级以上人民政府、国有企业(含国有控股企业)举办的非营利性医疗机构采购药品,必须全部参加以省为单位的网上药品集中采购。年初,对全市公立医疗机构重新核实,全市有57家县级以上公立医疗机构参加以省为单位药品集中采购。全市县级以上公立医疗机构药品备案采购行为逐步规范,每月按照《沈阳市医疗机构药品备案采购审批流程》,对备案药品组织召开专家论证。全年向省卫生计生委申请备案药品88个品规,满足了临床用药需求。认真落实反商业贿赂,组织各单位签订反商业贿赂合同。

(卫计委)

【规范医用设备采购管理】 为规范沈阳市属医疗卫生机构医用设备采购管理工作,依据《沈阳市市属医疗卫生机构医学装备管理实施办法》及《沈阳市市属医疗机构医疗设备购置论证审批程序》的要求,对市属医疗机构自筹资金购置医用设备需求严格按预算进行批复。同时按照沈阳市公共资源交易中心要求,市属医疗卫生机构医用设备采购项目全部进入公共资源交易中心进行招标并实行进厅监管。

(卫计委)

【药械监管】 为确保完成全年药械工作目标,履行好监管职责,按照《2016年沈阳市卫生计生委药械工作要点》工作安排,对全市各地基本药物制度落实情况、县级以上医疗机构药品、高值医用耗材集中采购情况和医用设备采购管理工作进行了专项督导检查。检查结果形成《沈阳市2016年1－9月份县及县以上医疗卫生机构药品和医用耗材网上集中采购情况通报》、《沈阳市2016年1－9月份基层医疗机构药品网上集中采购情况通报》,并向各地及所有县级以上公立医疗机构进行了通报并纳入年终考核成绩。

根据以省为单位药品集中采购网上监测统计,2016年沈阳市基层医疗卫生机构网上采购基本药物总金额为1.15亿元,县级以上公立医院网上药品采购总金额43.2亿元,涉及4149个品规。

(卫计委)

·爱国卫生·

【城乡环境卫生整洁行动】 扎实开展第28个爱国卫生月活动。按照省爱卫委总体部署,市爱卫办组织协调全市各地区、各部门从2016年3月28日至5月15日,在全市城乡开展了以“灭蚊防病,健康你我”为主题的第28个爱国卫生月活动。

(卫计委)

【病媒生物防制】 病媒生物防制工作通过了省级病媒生物达标验收考核;邀请省专家在全市开展了病媒生物防制现场培训。在全市范围内组织病媒生物统一消杀活动,有效降低病媒生物密度。

(卫计委)

【农村改厕】 召开全市改厕工作启动会议,下发沈阳市农村改厕实施方案,成立沈阳市农村改厕项目领导小组,指导各涉农地区开展立项、环评、可研等前期相关工作。组织各涉农地区开展改厕项目技术培训,做好户内型改厕示范村技术方案专家论证工作,开展农村改厕现场督导检查和技术指导工作,推动各地区开展农村改厕工程建设。

(卫计委)

【卫生创建】 国家卫生乡镇(街道)创建深入推进。市爱卫办针对创建材料的申报和迎检等工作,对8个申报乡镇(街道)进行了专项培训和逐一指导,查漏补缺。省级卫生创建工作全面开展。组织指导3个城区开展省级卫生城区创建工作,同时,针对申报和复审的城区以下省级卫生先进的地区和单位,组织专家开展了材料评审、暗访和现场评估等工作。开展市级各类卫生创建工作和复审工作。

(卫计委)

【公共场所控烟】 组织全市开展卫生计生系统控烟履约自查和督导检查,推进无烟卫生计生系统创建工作。以大型超市、学校、星级宾馆、医院、小餐饮店、农贸市场等为重点,采取以“查”代“训”的方式,组织专家在全市开展公共场所控烟工作督导检查,针对公共场所禁烟标识设置、控烟劝阻设施等进行了现场讲解,提高公共场所管理人员及各地区爱卫工作人员控烟管理水平。按照国家卫生城市相关指标要求,组织各地区开展控烟排查工作,进一步完善室内公共场所、工作场所的禁烟标识和吸烟劝阻措施设置。

(卫计委)

·财务保障·

【预算管理】 一是对省以上补助资金配套,特别是针对“基本公共卫生服务经费财政补助从人均40元提高到45元”目标责任状工作,下大力气确保落实到位。按照省卫计委本项目经费时序进度的要求,积极建议委领导争取市政府领导的关注和重视,协调市、区县(市)财政和区、县(市)卫计局财务科,加大财政配套资金进度的督导。先后通过采取资金进度情况通报、建议召开协调会和与市督导办联合督导等形式,超额完成了全年度需要配套的3.29亿元资金。二是为确保全年度预算执行,结合预算执行情况实际,定期跟踪各单位结余,组织预算单位领导和财务人员进行座谈,探讨化解结余。及时指导预算单位加快政府采购工作。对委直属单位和区、县(市)卫计局专项资金,通过召集相关人员的财务工作座谈会,强化专项资金管理和各项目标考核工作等,基本保证了各项预算资金零节余。三是按照人大批准的年度预算安排,积极协调各级财政筹措资金,本年度33个纳入部门预算编报范围的基层单位总预算为9.52亿元,其中:基本支出预算8088万元,项目支出预算8.71亿元,各项资金全部到位,保障了医疗卫生、民生等各项资金的需求。四是针对六院传染病应急救治设备的购置、疾病预防控制中心等单位搬迁、洪涝灾害损失情况等资金需求,及时向省卫计委和市政府争取财政补助资金共计453万元。五是精心编制了2017年本级财务预算工作,特别对委属单位进行全额预算编制工作。

(卫计委)

【审计监督】 一是协助国家审计署沈阳办事处对全市医保基金、新农合、紧急救助资金和直属医疗机构政府性债务等开展审计工作。二是配合市审计局对委所属10家医疗单位服务项目多收费问题开展审计工作,并对多收费问题进行了认真整改,在规定的时间内,完成了整改工作任务。三是按照有关要求,先后组织了会计师事务所对5家单位的5名离任领导干部进行了任期经济责任审计,审计报告按时上报机关党委和纪检组备案。并依据有关要求对审计单位开展了整改。四是召开了市直医疗机构内审工作现场会,对内审档案工作进行了规范。先后在4月和7月对有审计职能的单位进行了两次抽查并及时通报。累计建立规范的内审档案129件。五是聘请了会计师事务所对委属10家医疗单位开展了2015年预算执行情况、2014-2015年重点学科建设资金管理使用情况等4项审计。六是对委属单位的专项资金进行督查和对郊区县专项资金进行了“回头看”审计的准备工作。

2016年,全市卫计系统共开展各类专项审计284项,审计总金额达164.02亿元,查出管理不规范资金5.44万元,提出合理化建议51条,发现重大线索300条,规范资金5.44万元,上缴5.44万元,根据审计意见建立健全制度21条;基建和修缮项目审计249项,其中:自审21项,委托228项,送审资金6360.8万元,核减资金1012.99万元,达到预期的审计监督服务的效果。

(卫计委)

【医药价格管理】 一是与市发改委召开了医疗服务价格工作会议，对服务价格进行报备申报并报价格主管部门备案，对全市民营医疗机构进行了服务价格的检查备案。二是经过与省市发改部门多次沟通与论证，组织所属医疗机构向省发改委上报了300余项新增医疗服务价格项目，解决近年来困扰全市公立医院新增医疗服务项目开展的问题。三是召开委属医疗机构物价专题工作会议，对市物价检查发现的问题督促整改；开展了医疗服务价格检查工作，并进行了有关公立医院价格测算工作。四是结合开展大型巡查工作，在委财务处组建了由物价等人员参加的检查组，先后对242医院、201医院、铁西区中心医院、四院、六院等厂企开展了检查，对发现的问题进行了上报。同时，及时处理了涉及医疗服务收费等投诉39件，满意率100%。

（卫计委）

【资产动态管理】 按照全市《行政事业单位资产清查核实管理办法》的要求，对委机关、直属单位资产清查工作进行部署，先后召开了资产清查工作培训会和工作会议，结合上报的数据进行了整改。加强了委属单位资产的日常管理工作，结合“两个责任”专题调研工作，把资产管理工作纳入重要内容，强化了责任。

（卫计委）

人口与计划生育

【实施全面两孩政策】 认真贯彻落实新修正的《辽宁省人口与计划生育条例》，积极组织实施全面两孩政策，强化宣传倡导，主动回应社会关切。实行二孩生育登记制度，自主安排生育时间，将再生育审批下放到乡（镇）街。截至2016年12月31日，共办理二孩生育登记1.72万例（其中新增“全面两孩”目标人群8360例），全面两孩政策依法、扎实、平稳、有序实施。

（卫计委）

【落实计划生育家庭扶助政策】 1. 做好计划生育两项制度实施工作。一是制发了《关于认真做好2016年两项制度扶助对象资格确认及目标人数申报工作的通知》。二是完成了《沈阳市卫生计生委关于上报2016年度两项制度扶助目标人数汇总情况的汇告》，并报送省卫计委。三是完成了《沈阳市卫生计生委申请2016年计划生育两项制度资金的函》，并报送至市财政局。2016年计划生育两项制度共计发放资金1.59亿元。

2. 落实市区属独生子女父母退休补助费政策。一是向市政府提交《关于沈阳市独生子女父母退休补助费发放情况的汇报》。二是开展了全市无工作单位退休独生子女父母摸底调查。三是组织各区、县（市）上报2015年度市区属独生子女父母退休补助费名单，并会同市社保局、财政局完成了人员和资金的审核、发放工作。

3. 建立计划生育特殊家庭档案。按照国家、省要求，做好全市计划生育特殊家庭档案信息建立和录入工作，准确掌握计划生育特殊家庭信息。

（卫计委）

【出生人口性别比综合治理】 宣传倡导社会性别平等。制发了《沈阳市“圆梦女孩志愿行动”活动方案》，组织区县秉承“发扬志愿服务精神，关爱女孩成长成才，助力女孩实现梦想，促进社会性别平等”的宗旨，招募志愿者开展针对贫困女孩的公益性帮扶活动，开展一对一长期帮扶和短期团队帮扶等丰富多彩的活动。

开展整治“两非”专项行动。密切关注实施全面两孩政策给出生人口性别比工作带来的影响，组织各区县开展了整治“两非”专项行动。市区两级按时登陆国家“两非”案件信息管理系统，无系统被锁记录，无“两非”案件发生。2016年全市出生人口性别比数据保持在107以内。

（卫计委）

【促进家庭发展】 1. 开展幸福家庭创建活动。以“5.15国际家庭日”为契机，以“健康家庭，幸福家庭”为主题，以“健康家庭行动”、“营养科学进万家”、“创建幸福家庭”为内容，组织开展了一系列宣传纪念活动。

2. 实施“新家庭计划——家庭发展能力建设”项目。指导沈河区、大东区做好省级家庭发展能力建设试点和国家级科学育儿试点工作，有针对性地开展“计划生育家庭科学育儿”活动。

3. 落实2016年中国家庭发展追踪调查工作。按照《关于做好2016年中国家庭发展追踪调查的通知》要求，组织区、县（市）开展调查前期的调查员确认和系统更新工作。

4. 完成城市家庭3岁以下婴幼儿托育服务需求调查工作。按照国家、省要求，在全市5个地区25个样本点开展城市家庭3岁以下婴幼儿托育服务需求调查工作，共完成500份问卷调查。

（卫计委）

【推进健康老龄化】 申报国家医养结合试点。按照省卫生计生委《关于报送国家级医养结合试点市材料的函》要求，沈阳市积极申报国家级医养结合试点单位。2016年6月，根据《关于确定第一批国家级医养结合试点单位的通知》，沈阳市被确定为国家级医养结合试点单位。

开展“敬老文明号”创建活动。与市老龄办联合下发《关于在全市卫生计生系统开展“敬老文明号”创建活动的通知》（沈卫办〔2016〕139号），开展“敬老文明号”创建活动。经申报评选，沈河区新北站社区卫生服务中心等26家单位被评为沈阳市“敬老文明号”单位。市红十字会医院、市肛肠医院被评为辽宁省第二届“敬老文明号”单位。市红十字会医院、市五院被推荐为国家卫生计生系统“敬老文明号”单位。

（卫计委）

【开展关怀关爱流动人口专项行动】 开展以“服务均等便民维权”为主题，以推进基本公共服务均等化为主要内容的流动人口计划生育维权服务月活动。并于2016年4月21日，在大东区黎明广场举行了沈阳市暨大东区第十二次流动人口计划生育维权服务月集中宣传日活动的开幕仪式。

在全市开展主题为“人口流动健康

同行”的2016年流动人口关怀关爱活动，采取多种方式广泛开展关爱流动人口和留守人群。在专项活动期间，发放宣传品近万份，走访慰问流动人口困难家庭1000余人次，送去米、面、油等生活用品，投入经费约6万余元。

（卫计委）

【关爱农村留守儿童】 对全市1425名农村留守儿童健康情况进行摸底调查，建立健康档案，为下一步实施精准扶贫奠定坚实基础。2016年9月28日，沈阳市卫计委与市民政局、市妇联联合在康平县小城子镇举行主题为“关爱农村留守儿童健康成长”—2016年沈阳市卫生计生委关怀关爱农村留守儿童活动启动仪式，慰问8名留守儿童，走访慰问4名留守儿童，并对患病留守儿童进行义诊和帮扶救助。

（卫计委）

【流动人口全员信息采集】 2016年7-10月，市卫计委在全市范围内开展流动人口信息核实采集工作。采集对象为离开户籍所在地的区、县（市）从事务工经商等活动或者以生育为目的异地居住的流动人口，将流动人口信息填入信息采集表并录入到辽宁省流动人口信息管理系统内。共采集流动人口信息15.8万人。至此，沈阳市流动人口数据信息总量达48万余人。

（卫计委）

体　育

【出台沈阳市人民政府关于加快发展体育产业促进体育消费的实施意见】 2016年6月24日，沈阳市人民政府印发了《沈阳市人民政府关于加快发展体育产业促进体育消费的实施意见》（沈政发〔2016〕22号）。确立了沈阳体育产业发展的指导思想目标，明确了“打基础、调结构、强市场、促消费”四个方面的工作任务，提出了体育产业的“投融资政策、财税政策、土地政策、人才政策”等政策措施。《意见》主要有6个方面内容：一是在夯实产业基础的任务中提出，“十三五”期间实现每个街道建设1个笼式足球场地、1个篮球场地、1个乒乓球场地，打造10分钟健身圈。二是在发展市场主体的任务中提出，体育产业孵化器及进入孵化器的企业享受同地区产业孵化优惠政策。三是在丰富市场供给的措施中提出，市区两级政府每年制定体育产业项目计划，重点落实群众健身项目，优化体育项目审批程序，体育设施建设项目给予相应政策扶持。四是在完善落实用地政策中提出，新征土地用于体育产业经营的按照工业用地标准执行。五是在落实财税价格政策中提出，小微体育用品零售企业所得税可由税务机关核定其应纳税额；居民区的体育场所水、电、气、热价格按照民用价格执行。六是在扩大场馆开放的措施中提出，对于学校、机关、企事业单位拟向社会开放的体育设施，可参考全市及该设施周边的同类设施服务价格确定收费标准向社会开放。

（顾广新）

【举办世界青少年足球峰会】 2016年8月12日，世界青少年足球峰会在沈阳足球大厦举行。时任市长潘利国，中国足协副主席李毓毅，“哥德杯”秘书长丹尼斯，国家发改委、教育部、财政部、体育总局等20个成员单位出席峰会。国务院足球改革部际联席会议成员单位参观沈阳市足球公园和李铁足球公园。会上，市长潘利国与丹尼斯共同为世界青少年足球联合会足球之都基地揭牌。来自国内外的青少年足球运动员走上主席台，共同启动“世界手拉手、共筑足球梦”活动。

（顾广新）

【2016“哥德杯”（中国）世界青少年足球赛】 2016年8月13-19日，“哥德杯”（中国）世界青少年足球赛在沈阳举行。国家教育部，中国足协，省教育厅、省体育局、省文化厅，市委、市人大、市政府、市政协领导出席开幕仪式。本赛事由沈阳市人民政府、世界青少年足球联合会主办，市体育局、和平区人民政府、浑南区人民政府、“哥德杯”沈阳公司承办。比赛分为16个组别，来自世界28个国家和地区的260支球队参与，其中：国外球队63支，国内球队197支（沈阳球队101支），共5000余人参赛，比赛场次达670场次。

（顾广新）

【国务院足球改革发展部际联席会议】 国务院足球改革发展部际联席会议于2016年9月6日，在沈阳香格里拉酒店召开座谈会。市体育局代表市政府做了关于沈阳市足球改革发展工作的经验介绍。9月7日，国务院足球改革部际联席会议办公室组织国家发改委、教育部、财政部、国土部、住建部五部委的同志，参观皇姑气膜馆、东谟足球公园、李铁足球公园、“哥德杯”世界足球公园，对沈阳足球改革发展给予很高评价。

（顾广新）

【举办“十二强”赛】 经亚足联和中国足协批准，2018年国际足联俄罗斯世界杯亚洲区预选赛决赛阶段的中国国家队对伊朗国家队的比赛于2016年9月6日在沈阳奥体中心举行。时任市长潘利国，副市长姜军，副市长、市公安局局长刘国秀，时任市体育改革发展领导小组常务副组长佟晶石等领导观赛。本次比赛是继2001年韩日世界杯预选赛十强赛之后，世界杯亚洲区预选赛决赛阶段的比赛，再次花落沈阳。赛事组织得到国家体育总局和中国足协的充分肯定，中国足协专致感谢信，向参与赛事组织和保障工作的沈阳市委、市政府和市体育局以及相关部门和机构致以谢意。

（顾广新）

【举办沈阳“城市足球联赛”】 2016年沈阳城市足球联赛于4月初开始，至11月初结束。设超级、甲级、乙级、丙级和丁级9个级（组）别，参赛队伍102支，参赛人员4000余人，比赛总场次2000余场。沈阳城市足球联赛已经连续成功举办9届，从成立之初的10余支队伍到现今的100多支足球队伍参加比赛，其规模和影响力逐年扩大，已发展成为辽宁乃至全国规模最大的业余足球赛事。

（顾广新）

【“哥德杯”世界足球公园】 “哥德杯”足球公园于2016年4月15日开始施工，2016年8月5日工程完工。位于长白岛经济区满融地区浑河南侧，东起长大铁路，西至老背河，北接浑河，南临新建大坝，全长3.3公里，占地面积约84公顷，主要分为足球场（面积23公顷）、景观绿化及人工湖（面积53公顷）、道路广场（面积8公顷）三大部分。有40块连片足球场（人工草34片、天然草6片），其中：7人制17片，11人制23片。12片球场配有先进的高标准照明设备，2号球场灯源可以满足电视高清转播，项目总投资约3亿元。截至2016年底，已承接了“和平杯”青少年足球邀请赛、“哥德杯”世界青少年足球赛两大国际赛事以及和平区“社区杯”足球赛、省体协“体彩杯”足球赛、万人健步走等活动。

（顾广新）

【足球之都博物馆】 2016年8月，全国首座以足球为主题的公益性博物馆—沈阳足球之都博物馆在沈阳开馆。博物馆位于长白岛森林公园内，建筑面积1500平方米，由序厅、5个常规展厅和观景台足球文化雕塑区组成，共有馆藏200余件。第一展厅的主题为“世界足球起源于中国”，总面积156平方米，讲述了现代足球运动是由中国的蹴鞠发展演变而来。第二展厅的主题为“中国足球从这里走向世界”，总面积156平方米，该展厅主线为中国队2001年冲击日韩世界杯。第三展厅的主题为“辽沈足球名人”，总面积55平方米，全方位展示辽沈地区的知名人物、场馆等。第四展厅的主题为“中国足球、沈阳福地”，总面积55平方米，展现足球运动在沈阳所获得的荣誉。第五展厅的主题为“‘和平杯’、‘哥德杯’为足球之都添彩”，总面积600平方米，详细展示了“哥德杯”、“和平杯”两大赛事的具体内容。观景平台展厅为“足球文化雕塑区”，总面积312平方米，该展厅以足球明星雕塑为主线，利用浑河两岸景观，突出博物馆与自然景观交相辉映的主题。

（顾广新）

【举办2016沈阳马拉松赛】 2016年9月10日晚17时，沈阳马拉松赛在奥体中心南广场（浑南大道）举行。本赛事由沈阳市人民政府和中国田径协会主办，市体育局，和平区、沈河区、皇姑区、浑南区人民政府，智美体育集团和沈阳体育产业集团共同承办。“沈马”创造性地采取“夜跑形式”，比赛设置了全程马拉松、半程马拉松、10公里跑和迷你跑4个项目，1.5万名来自全国各地以及加拿大、俄罗斯、日本、瑞士、澳大利亚、德国、美国、新加坡等28个国家和地区的选手参加了比赛。肯尼亚的选手丹尼斯·策普通权·马赛以2小时16分钟37秒的成绩夺得了2016沈阳马拉松的男子组冠军，肯尼亚女将派里斯以2小时43分06秒获得女子组全程冠军。

（顾广新）

【中国法库环财湖国际自行车邀请赛】

2016年8月14日，中国法库环财湖国际自行车邀请赛暨第二届中英公路自行车邀请赛在法库县财湖风景区举行。本赛事由共青团法库县委员会、法库文体局主办，英国东北同乡会承办。本次比赛共设男子组、女子组、老年组、青少组四个组别。

（顾广新）

社　会　民　生

百姓关注

【事业编人员可申请离岗创业3年】 沈阳市符合要求的事业单位在编人员可以申请离岗创业三年，这期间原单位保留人事关系，仍旧缴纳社保和公积金。

《沈阳市事业单位工作人员离岗创业实施办法》中明确规定，列入沈阳市各级机构编制部门管理范围的试用期满、且距规定退休年龄在三年以上的各类事业单位在编人员，可以申请离岗创业，期限为三年。

离岗创业期间，原单位应停发离岗创业人员工资，保留其人事关系，单位和个人应继续按在岗同类人员政策规定和标准缴纳养老、失业、医疗等社会保险费和公积金（个人部分自行承担），正常晋升其档案工资，保留其享有参加专家评选、职称评聘、岗位晋升的权利。

离岗创业人员所在创业单位应当为其缴纳工伤保险费并承担相应的工伤保险责任。

离岗创业人员由原单位和所在创业单位共同管理、考核，且以所在创业单位管理、考核为主。离岗创业人员应当按年度向原单位提交书面工作总结和所在创业单位的书面评价材料，原单位应当将其在创业单位的表现作为年度考核和创业期满考核的重要依据。

相关办理程序为本人提供离岗创业项目书等材料向单位提出申请；所在单位按照有关政策规定对申请人提交的材料进行审核，并出具意见；所在单位主管部门对相关材料进行复核并出具意见；审核（备案）机关出具意见；变更聘用合同，明确权利义务。

（*鉴　闻*）

【实施不动产统一登记】 按照国家推进不动产统一登记工作总体部署，沈阳市政府决定，自2016年12月26日起，在全市范围内实施不动产统一登记，颁发《不动产权证书》、《不动产登记证明》，同时停止原房屋登记和土地登记。

实行不动产统一登记后，对权利人持有的旧证书坚持“权利不变动，证书不更换”的便民利企原则，只要权利不发生变化，就不需要换领新证，原《房屋所有权证》和《土地使用证》等证书效力不变、可以长期使用。在依法办理变更登记、转移登记等登记时，逐步更换为新的不动产权证书。

全市原房屋交易登记办事大厅变更为不动产登记办事大厅。为方便办事群众，沈阳市最大限度地优化了不动产登记与房屋交易机构，利用现有资源将房屋的不动产登记与房屋交易流程合并，百姓办事实现了“一个窗口进，一个窗口出”。

在12月26日前受理的且未办理完成的登记业务继续沿用原系统，执行原规范、原程序进行办理，并颁发原权属登记证书，加盖原登记专用章。

（*鉴　闻*）

【智慧医保APP实现26家医院网约挂号】 沈阳智慧医保APP实现了26家医院网上预约挂号。预约挂号功能中，医院按科室精细划分，参保人可以按照医生出诊时间或出诊专家两种模式进行预约，预约成功后，就诊当日凭预约信息在导诊台取号即可就医。还提供了快约复诊功能。在智慧医保APP中的众多功能中，最大的亮点除了可实现定点医院的预约挂号，还可用医保卡缴纳挂号费。一般来说，之前多家医院推出的APP预约挂号都针对自费患者，无法与医保卡关联，而智慧医保APP在全国率先实现医保个人账户线上支付。此外，APP还可以实现定点医院的检验结果推送和查询，可随时随地查看，无需在医院等候。

附：“智慧医保”APP定点医院名单

1. 中国人民解放军沈阳军区总医院
2. 中国人民解放军沈阳军区总医院（浑南分院）
3. 辽宁中医药大学附属医院
4. 中国医科大学附属盛京医院（南湖院区）
5. 中国医科大学附属盛京医院（滑翔院区）
6. 中国医科大学附属盛京医院（沈北院区）
7. 沈阳市第四人民医院
8. 沈阳医学院附属中心医院
9. 中国人民解放军第四六三医院
10. 辽宁中医药大学附属第二医院
11. 沈阳市红十字会医院
12. 沈阳市第一人民医院
13. 沈阳市第九人民医院
14. 沈阳市第七人民医院
15. 辽宁省肿瘤医院
16. 沈阳市第六人民医院（沈阳市传染病院）
17. 沈阳市第十人民医院（沈阳市胸科医院）
18. 中国医科大学附属第一医院
19. 沈阳市妇婴医院
20. 辽宁省金秋医院
21. 辽宁中医药大学附属第三医院
22. 中国医科大学附属口腔医院
23. 中国医科大学附属第四医院
24. 沈阳东城皮肤病医院
25. 中国人民解放军202医院
26. 中国医科大学附属第一医院大东医院

（*鉴　闻*）

【南北快速干道北二环至北三环高架桥通车】 南北快速干道改造工程北段于9月26日通车试运行，市民从二环望花立交桥只需要5分钟车程就可到达三环朱尔屯高速路口。

南北快速干道北二环至北三环高架桥工程，南起二环望花立交桥北侧，与南北快速干道城区段相连接，北至北三环朱尔屯立交。工程建成后将形成桥上双向6车道，桥下双向6车道的立体交通，桥上设信号灯，行车速度将提升至60公里/小时。北二环至北三环段高架桥在文大路落地,并分成两段,以便更多的车辆上桥或下桥。

新建的朱尔屯立交桥,在三环高速朱尔屯出入口道路与虎石台大街相交处。从北部虎石台方向进入朱尔屯高速路口,由新建的匝道,直接右拐就可以了,不必再受信号灯控制可以快速进入高速路;从南部望花立交桥方向过来的车辆,到朱尔屯高速路口这里,也不必再等信号灯了,直接通过立交桥进入高速。

(鉴 闻)

【网上审批服务平台正式上线运行】 9月14日,随着沈阳市网上审批服务平台正式上线运行,只要拿起手机,就可以随时上网办理行政审批事项,简便易行。

与以往开展的网上审批业务不同,沈阳市网上审批服务平台建立后,彻底打破了过去的部门限制,将沈阳市的行政审批业务划分为投资建设、市场准入、社会事业、城市管理四大业务领域,将审批业务处室由原来的26个减少至14个,精简比例达46.2%。

同时,通过一个数据平台,把102个勘验环节归集至一个部门实施,317种许可文本、84种文件批复、156种许可证照由一个部门负责打印,290项审批事项的档案由一个部门负责管理,构建起方便快捷、优质高效的政务服务信息体系。

随着沈阳市网上审批服务平台上线运行,沈阳市将把政务服务的工作重心由线下办理转移到线上服务,让申报人足不出户就可以在线办理政务服务事项。沈阳市将把行政许可、行政服务等政务服务项目逐步纳入网上审批服务中心,申报人使用手机就可以实现在线预审、在线咨询、在线预约、在线进度查询等功能,最大限度地减少申报人往来审批大厅的跑动次数,政务服务更具主动性、精准性、便捷性。

同时,通过中介服务网上超市,申请人可以在线比选优质的中介服务,并对中介服务进行评价。中介服务的环节、时限、收费、结论都将接入网上审批服务流程,全程接受申请人监督。申请人只要下载安装APP应用、关注微信公众号,使用手机就可实现网上预约、办件查询、满意度评价。

平台还将集成线上缴费和政务专递功能,申请人不必到银行窗口缴费、不必到窗口现场领取审批结果,坐在家里就可以让信息全程实现"网上跑腿"。

应用数字认证技术,实现基于电子存档、电子签批、电子证照的全程电子化审批。通过全市统一的身份认证平台,申请人使用电子商务认证、电子签名工具,在办理年检、备案等简易事项时,不到现场就可以实现全程网上办理。

(鉴 闻)

【建立"盛京大工匠"评选制度】 2016年8月24日,在市政府常务会议上,讨论并原则同意在沈阳市建立"盛京大工匠"评选制度,通过进一步弘扬"工匠精神",推动沈阳加快建设制造业强市。

"盛京大工匠"评选计划每年组织一次,评选"盛京大工匠"25名、金牌工匠60名、优秀工匠200名。评选主要面向全市在职职工,重点聚焦装备制造业、现代服务业和战略性新兴产业等,突出基层一线、操作岗位的职工群体。

获得"盛京大工匠"称号的技能人才,由市政府颁发证书并一次性发放奖金2万元,同时作为市劳动模范、优秀共产党员的推荐对象和推选市级党代表、人大代表、政协委员的优先考虑人选;"金牌工匠"作为市"五一"劳动奖章的推荐对象;"优秀工匠"作为企事业单位评选先进个人的推荐对象。金牌工匠和优秀工匠,由"盛京大工匠"评选工作领导小组颁发证书,并分别给予每人一次性奖励1万元和5000元。同时,三个等级的工匠分别享受每人每月900元、600元、300元的工匠津贴。

评选出的"盛京大工匠"及金牌工匠、优秀工匠原则上不设时效期限,建立年度认证、晋升和退出机制。从开展评选工作的第二年开始,由市评选工作领导小组每年进行一次注册认证。经认证考核,符合现工匠等级标准的,继续保留原等级,符合高一等级标准的,可按规定程序参加晋级评选。

(鉴 闻)

【出台乡村教师支持计划提高教师待遇】 沈阳市政府制订出台《沈阳市乡村教师支持计划(2016－2020年)实施方案》,提出以保障和提高乡村教师合理待遇为重点,增强乡村教师职业吸引力,促使乡村优秀教师长期从教。

方案旨在着力解决当前乡村教师建设领域存在的突出问题,吸引优秀人才到乡村学校长期任教、终身从教,带动和促进教师队伍整体水平提高,促进教育公平。方案从提高乡村教师待遇、拓宽乡村教师补充渠道和发展空间等多方面制定了保障措施。

该方案要求各地区要依法为教师缴纳住房公积金和各项社会保险费,保障乡村教师平均工资水平不低于当地国家公务员的平均工资水平并逐步提高。同时要建立乡村教师生活补助政策,依据学校艰苦边远程度确定补助标准并组织发放。

保障教师待遇方面,要求加快实施乡村学校教师周转宿舍建设。按照规定将符合条件的乡村教师住房纳入当地住房保障范围,统筹解决。在现行制度架构内,做好乡村教师重大疾病救助工作。

教师招聘方面,除继续实施"特岗计划"外,要加强乡村教师地域化培养,通过定向培养乡村教师的办法,培养一专多能的本地教师回乡从教。

(鉴 闻)

【调整居民用水、用气价格】 从2016年4月1日起,沈阳市居民用水价格由1.80元/吨调整到2.35元/吨,提高0.55元/吨。

2009年以来,受源水结构变化及人工成本、维修费增加等因素的影响,现行供水价格难以补偿供水企业生产经营成本,制约了供水行业健康稳定发展。同时,沈阳市的自来水价格与水资源严重缺乏,与经济社会发展实际不相适应。为保证城市供水安全和供水服务质量,促进水资源节约与合理利用,市政府决定适当调整自来水价格。

实施范围为沈阳市行政区域内(不包括新民市、辽中县、康平县、法库县)的城市居民、非居民、特业用水。

配套政策一是执行居民水价的相关行业用水价格。学校教学和生活用水、托幼园所用水、养老机构用水、居民社区办公用房用水价格,按沈价发〔2015〕34号文件规定执行。二是特业用水中的大众浴池用水价格。特业中洗浴票价在5.00元/人次以下的大众浴池实行优惠政策,其自来水价格为6.60元/吨。且此类洗浴的票价不能与其他收费项目捆绑收费,否则不享受优惠水价。

从2016年4月1日起,居民用气价格由现行3.30元/立方米下调到2.95元/立方米。非居民用气价格由现行3.90元/立方米下调到3.60元/立方米,下调0.30元/立方米。

煤改气供热用气价格。对已实施煤改气供热的项目实行政策支持，用气价格为3.30元/立方米，其中对居民供热用气价格按3.00元/立方米执行。

实施范围为沈阳市行政区域内（不包括新民市、辽中县、康平县、法库县）的城市居民、非居民、煤改气供热用气。

配套政策学校教学和生活用气、托幼园所用气、养老机构用气、居民社区办公用房用气价格，按沈价发〔2015〕35号文件规定执行。

（鉴　闻）

人力资源管理

【人力资源管理】 2016年，沈阳市人力资源管理科学规范，各项改革不断深化，公务员管理工作更加科学规范，平时考核试点工作稳步推进。

1. 人才工作。人才政策体系进一步完善，出台了市政府特殊津贴制度、高层次人才认定办法、高层次人才创新创业资助办法以及海外高层次人才服务工作办法，省百千万人才工程遴选出百层次人才12名、千层次20名、万层次45名，新增享受国务院政府特殊津贴人员11名、享受市政府特殊津贴人员25名，通过开展博士"沈阳行"活动引进博士47人，聘任3位专家担任市政府工作顾问。人才作用充分发挥，开展"专家助力沈阳工业企业转型升级服务活动"，被列为人社部"万名专家服务基层行动计划"重点项目。技能人才队伍不断加强，建立了10个市级技能大师工作室，首次实施企业职工政府培训补贴政策，圆满完成了劳动预备制培训、新型学徒制培训试点任务，评选出10名"优秀技术能手"，1人获选"中华技能大奖"，1人获选"全国技术能手"。人才评价科学规范，严格规范职称评审流程，完成事业单位专业技术岗位首聘工作，稳步推进中小学教师职称制度改革。稳步推进职业能力鉴定和劳动能力鉴定工作，全年分别完成鉴定5.10万人和7386人。完成公务员录用考试、专业技术人员资格考试、事业单位招聘工作人员考试及计算机应用能力考试11.79万人次，发放各类资格（职称）证书2.79万本。国际人才交流深入实施，聘请美国、日本、俄罗斯等国专家近50人；加大因公出国（境）培训工作力度，全年完成5个团组67人培训任务；加大外国专家服务力度，坚持重点专家联系制度。

2. 公务员管理。与市委组织部共同印发《关于市直单位（部门）局级领导干部和关键岗位正处级领导干部交流轮岗的暂行办法》，指导各相关部门按照文件规定的交流轮岗对象、范围、方式、程序、纪律等组织实施交流轮岗工作。全年完成市直政府系统关键岗位正处级领导干部交流轮岗交流93人次，创新了干部交流管理机制，培养锻炼干部，增强了干部活力。加强公务员遴选工作。在摸清各部门的遴选公务员意向的基础上，确定了全市公开遴选的范围和规模。会同市委组织部对全市43个市直机关（参照管理单位）计划遴选的95个职位、计划遴选的107人进行了认真严格的资格审查、面试考察和遴选录用，改善了机关公务员队伍层次结构，形成了从基层选用人才的良好机制。组织开展"人民满意公务员示范单位"和"人民满意公务员示范岗"创建活动。在全市各级机关开展了创建"人民满意公务员示范单位"和"人民满意公务员示范岗"活动，涌现出一批为民服务的先进典型。在层层推荐选拔的基础上，有6个单位被省评为"人民满意公务员示范单位"、15个单位被评为"人民满意公务员示范岗"。扎实推进公务员在线培训。对公务员在线学习提出了课程、学时和质量等指标要求，就突出业务知识更新、能力提升、网络安全等举办14期管理员培训班，对1280名在线学习管理员完成了实名备案，并授予相应的网站后台管理权限。在线学习管理步入规范化轨道，不断优化在线学习功能作用，提高了在线学习效率，全年有3.09万人在线学习，学时达标率为98%。

3. 事业单位人事管理。积极探索事业单位人事管理新模式，打破身份终身制。通过签合同、同工同酬和选聘进编等措施，形成人员能进能出，待遇能升能降的人事管理制度。鼓励事业单位工作人员离岗创业，建立人才激励机制，探索形成可复制、可推广的创业创新经验。将国家、省文件中"高校、科研院所等单位专业技术人员"扩展为"沈阳市各类事业单位在编人员"，鼓励事业单位工作人员利用自身优势创办企业，进一步释放人才活力，为各类人才提供更加广阔的创业创新平台。

（何　灵）

【维护和谐劳动关系】 2016年，沈阳市人社局维权执法不断加强，劳动关系稳定和谐。开展农民工工资支付、清理整顿人力资源市场秩序、用人单位遵守劳动保障法律法规三个专项检查活动，打击企业的违法行为。清理拖欠农民工工资9065.9万元，当期农民工工资拖欠偿还率100%。印发《全面治理拖欠农民工工资问题的意见》，建立健全源头预防、动态监管、失信惩戒相结合的制度体系。构建和谐劳动关系取得新进展，出台《关于构建和谐劳动关系的实施意见》，建立协调劳动关系三方委员会和组织体系；推进实施集体合同制度攻坚计划，累计审查备案有效集体合同1.3万份，覆盖企业到5.69万户，全年办理劳动用工备案32万人次；严格规范劳务派遣管理，向334家劳务派遣单位发放了劳务派遣经营许可证。信访工作取得成效，全年共接待来信来访700余案，涉及5700余人。"12333"电话咨询工作稳步推进，以受理举报投诉案件为切入点，以日常监察和专项检查为手段，加大劳动保障监察执法力度，全年主动监察用人单位1.51万户。加强刑事司法衔接，加大查处力度，严厉打击拒不支付劳动者劳动报酬的犯罪案件。创新仲裁调解工作机制，率先实行立案登记制。开展"千街万企行"劳动法律公益服务活动，扩大终局裁决适用范围，受理劳动人事争议案件9141件，结案率为96.6%。

1. 加强劳务派遣管理。依据《劳务派遣行政许可实施办法》要求，严把受理和审批关口，不断细化梳理申请材料和办理流程，依据行政许可自由裁量权基准，坚持做到成熟一家，许可一家。向334家劳务派遣单位发放了劳务派遣经营许可证，对36家劳务派遣分支机构予以备案，全部按规定时限完成审批，无行政复议和行政诉讼。

2. 加强工资基金管理。调整了最低工资标准，市内9区由1300元/月调整为1530元/月；三县一市由1050元/月调整为1230元/月。为全市企业共核发2016年度企业工资总额使用手册3.97万本，对883户企业、187个职位（工种）、13.35万名职工进行了薪酬调查。

3. 规范企业裁员工作。共计有10

户企业办理了经济裁员备案手续，其中国有企业5户，其他内资3户，中外合资企业2户。10户企业共裁减职工694人，裁员比例为60%。通过对裁员企业进行深入细致的指导，全年企业经济裁员工作运行平稳，没有出现企业大规模裁员情况。

4. 规范农民工工资支付行为。针对建筑、市政、交通、水利等工程建设领域和劳动密集型加工制造、餐饮服务等易发生拖欠工资问题的特点，为了健全预防和解决拖欠农民工工资问题的长效机制，切实保障农民工劳动报酬权益，维护社会公平正义，促进社会和谐稳定，制定了《沈阳市人民政府办公厅关于全面治理拖欠农民工工资问题的意见》着力规范农民工工资支付行为，建立健全源头预防、动态监管、失信惩戒相结合的制度保障体系，完善市场主体自律、政府依法监管、社会协同监督、司法联动惩处的长效机制。

5. 实行劳动仲裁立案登记制。从3月1日起，率先在全国人社系统内实行立案登记制。增加了立案办公设备，升级了仲裁信息系统中立案模块，简化了立案条件，放宽了受理范围，缩短了审核时限，减少了登记要件，将法定的5日立案时间改变为当即立案，极大提高了立案效率，降低了当事人的时间成本。

（何　灵）

社会保障

【社会保险】 2016年，沈阳市社保制度运行平稳，制度体系不断完善，五大险种覆盖面不断扩大，稳步推进机关事业单位养老保险制度改革以及城乡居民基本医疗保险制度整合，调整职工门诊统筹结算办法和补充工伤保险政策，加强被征地农民的社会保障。全市参加基本养老、城镇基本医疗、失业、工伤、生育保险人数分别达到368.1万人、497.8万人、140万人、178.9万人和296.2万人。企业养老保险基金收入223.4亿元。企业和机关事业单位退休人员养老金进一步提高，经办服务实现提质增效，研发创建沈阳智慧医保惠民服务平台，搭建了医保医药机构网上申报互动平台，积极推进居民及灵活就业人员POS机缴费的银行联网工作；优化办事流程，积极落实“五证合一、一照一码”制度改革，正式开通省内12市异地就医结算。全市社会保障卡持卡人数达到394.11万张，基本形成养老保险和医疗保险领域普遍用卡的格局。

1. 研发创建了沈阳智慧医保惠民服务平台，开创了医保移动服务新途径。在技术上实现了医保个人账户手机支付功能。用户通过绑定社保卡，可享受权益信息查询、线上约诊、送药上门等多项服务；提供账户明细、政策法规查询及即时消息提醒等服务；推出药店购药微信公众号推送电子小票功能。在中小型医院的HIS系统中，增加“辅助预约挂号功能”，方便老年人及行动不便的参保人员在社区医院就诊时，预约高等级医院号源。智慧医保APP注册用户已达5万余人，可预约三甲医院30余家，平台可预约挂号专家医生近4000人；接入5家大型连锁药店，涵盖602家实体门店，网上购药日购药订单达到300多笔，提供10余万次查询/交易服务。

2. 协助地税做好养老保险费扩面征缴工作。从7月1日起，灵活就业人员养老保险费调整为地税部门征收，围绕单位和参保人员数据移交、征收计划制定下发、个体人员缴费申报选档、参保人员缴费银行代扣以及欠费补缴核定等环节，做好移交和征缴工作。继续侧重挖掘扩面资源和规范参保缴费。依据入户调查结果，确定未参保人员，扩大养老保险覆盖范围，动员并督促适龄人员参保、续保并缴费，调动群众参保缴费积极性。

3. 确保各项待遇调整发放到位。做到企业离退休人员养老金按时足额发放；完成企业和机关事业单位退休人员养老金调整，企业退休人员参与调待114.8万人，人均增资147.2元，补发13.52亿元；机关事业单位参与调待5.8万人，人均增资220元；及时准确调整了参战参试退休人员生活补助金、非民政企业盲残退休人员养老金、遗属生活费标准、离休人员防暑降温费等各类待遇。

4. 为更好地发挥失业保险预防失业、促进就业作用，稳定沈阳市就业局势，2月19日，正式启动了援企稳岗工作。对采取有效措施不裁员、少裁员，稳定就业岗位的企业，由失业保险基金支付稳定岗位补贴。通过开发系统、组织培训、加强宣传，确保此项工作平稳有序推进。完成2014、2015两个年度的稳岗补贴的审批工作，共为5214户企业发放稳岗补贴，拨付补贴资金4.1亿元。

5. 为适应新时期发展的新需求，研究制定《沈阳市人力资源和社会保障局关于调整沈阳市职工补充工伤保险的通知》，调整补充工伤保险政策，敞开政策窗口、拆除政策藩篱。以市场为导向，充分利用竞争机制，把保费与待遇标准的制定权交由市场，由企业根据市场需求制定，激活商业保险公司热情，增加补充工伤保险。通过市场这个无形的手，自由竞争优胜劣汰，为用人单位和工伤职工提供更多、更好、可持续发展的公共产品和公共服务供给。

6. 加强被征地农民社会保障，审查涉及国家、市属各区、县（市）被征地农民社会保障措施落实情况333批次。落实被征地农民为28.30万人，参保人数为24.13万人，其中参加城镇个体从业人员养老保险13.04万人，参加养老保障11.09万人，有5.83万人享受了养老保障待遇。调整养老保障待遇标准，最高标准为732元，最低标准为535元。被征地农民参保时间，由18周岁调整为16周岁，使被征地农民500余人参加城镇个体从业人员养老保险。

（何　灵）

【创业就业服务】 2016年，沈阳市就业格局总体稳定，创业势头发展良好，实现城镇新增就业8.38万人，完成省指标的107.5%。城镇登记失业率为3.12%，扶持创业带头人4336人，带动就业2.61万人，发放小额担保贷款2.82亿元，离校未就业高校毕业生实现就业3553人，就业率为96.1%，就业失业登记和就业监测连续四年列全省第一。出台了《关于落实就业优先战略的工作方案》等，政策体系进一步完善。创业环境不断优化，完善了创业孵化基地补贴政策。开展援企稳岗政策，发放稳定岗位补贴4.1亿元。开展创业文化周、创业大赛活动，给予评选出20个优秀创业项目和10家优秀创业导师团队209万元补贴资金。开展创业租房补贴工作，全年发放补贴268.74万元。重点群体就业统筹推进，为搭建农村进城务工人员、高校毕业生和用人单位的供需对接平台。实行困难群体和大龄灵活就业人员社保补贴政策，全年发放补贴1.2亿元。简化办理就业失业登记证的手续和流程，建立失业、就业、裁员“三位一体”的监测体系，举办各类招聘会571场，提供岗位9.26万个。

1.促进高校毕业生就业。落实大学生创业引领计划，通过落实高校毕业生创业补贴相关政策，全市引领大学生创业1439人，发放大学生创业场地补贴22.8万元；建立高校毕业生创业资源库1783人，落实高校毕业生创业孵化基地21所，发放大学生创业贷款76万元；为全市符合条件的3424名困难家庭高校毕业生在离校前发放了求职补贴，共计171.2万元；为168名灵活就业高校毕业生发放养老保险补贴39.6万元，321名灵活就业高校毕业生发放养老医疗险补贴40.9万元；扩大高校毕业生就业见习规模，全市新增见习单位75个，征集见习岗位4630个，共有1584名高校毕业生参加了就业见习；为全市公共就业服务岗位大学生发放岗位补贴390多万元。

2.提升创业服务水平。完善创业孵化基地补贴政策，出台了《关于沈阳市创业孵化基地管理暂行办法的补充通知》，扩大了创业孵化基地运营经费补贴扶持政策的覆盖面，同时调整扶持资金的额度和拨付程序。截至11月底，全市上报创业孵化基地119个，建筑面积共计137.56万平方米；入驻孵化基地的企业数量共计2569户，带动就业人数达到9285人。

3.积极开展创业担保贷款。取消了贷款对象30个微利项目的限制，取消贷款对象的本市户籍限制，取消社区及街道推荐环节，将个人贷款最高额度由8万元调整为10万元，小微企业贷款最高额度由200万元调整为300万元。开展优秀创业项目、优秀创业导师团队评选工作。评选出20个优秀创业项目和10家优秀创业导师团队，根据文件补贴标准给予209万元补贴资金。

4.困难群体兜底安置工作。下发了《2016年沈阳市基层就业服务工作人员业务培训方案》，组织全市街道、社区从事就业工作的相关人员对就业、创业各项政策、服务内容等进行了培训指导，并通过网上答题的形式，对参加培训的人员进行了考核。开展了就业援助月活动，走访就业困难人员和零就业家庭5069户，登记认定未就业困难人员1888人，帮助就业困难人员实现就业1600人；安置零就业家庭143人，实现了零就业家庭动态清零。招聘419名居家养残公益性岗位服务人员，兜底安置困难家庭大学生和零就业家庭成员在公益性岗位就业128人。

5.加大对农村富余劳动力的扶持。3月10日，举办了2016年沈阳市春风行动宣传日暨大东区农民工专场招聘洽谈会，提供近2000个适合农民工的就业岗位，全市新增农村劳动力转移就业5.13万人。

6.普惠制培训全面覆盖。将进城务工人员培训补贴标准下放到各区、县（市）人社部门和财政部门自行制定，加大各区、县（市）自主权。严格执行开班注册制和督导检查制度，加强培训学员档案管理和考核管理，加强补贴申报资料审核和数据比对。全年申报普惠制就业培训补贴1225万元，职业技能鉴定补贴73万元，农村转移劳动力培训补贴55万元，为困难家庭子女参加中高职院校学习减免学费147万元。搭建了市职校专属微信宣传平台，实现了学校从课程设置、在线报名、问题解答、习题下载、成绩查询等一系列全方位、立体即时的宣传报导及信息传递。

（何　灵）

民　政

【养老服务】 2016年，沈阳市户籍老年人口为170万人，占户籍总人口比例23.26%；全市有各类养老机构174个；建成区域性居家养老服务中心37个，日均服务4000余人次，为居家老人提供助餐、助浴、助洁、助急、助医等规范化服务；社区老年人日间照料站720个，全市社区老年人日间照料站平均日接待老年人3万人次，社区覆盖率达到81%；农村互助幸福院216个，农村困难家庭常年病人托管中心6个，各类养老床位4.3万张，每千名老年人拥有床位25张。加强养老机构安全管理，年内列支近3000万元，对全市公办养老机构实施消防改造工程，民办养老机构消防改造资金的50%采取以奖代补的形式给予支持。完善政策体系，沈阳市加快推进养老服务工作领导小组出台《沈阳市社会化养老服务体系建设三年实施方案（2016—2018年）》，明确未来三年将从完善居家养老服务基础、强化政策支持、加大资金投入等方面支持养老服务业发展。从二季度开始，养老机构星级评定从每年度一次变为每季度一次，以此鞭策养老机构提高服务质量。2016年市养老服务机构星级评定领导小组对申报的31家机构进行评定，最终评定20家星级养老服务机构。培育优质养老服务项目，沈河区惠工街都市养老综合体、浑南新华养护中心等项目稳步推进。与东软熙康就老年人慢性病管理、智能化运营模式等方面探讨合作，加快智能化养老技术的提升和产业化，让老年人不断享受到先进的养老科技成果。成立沈阳养老产业集团，此项工作被沈阳市政府授予嘉奖。

（闫　岩）

【福利企业】 全市共有福利企业278户，职工总数1.07万人，其中，集中安置就业残疾人职工4645人；全市新办福利企业10户，安置170名残疾人集中就业。依据《关于开展福利企业资格认定及换发证书工作的通知》完成省民政厅下放行政职权后的首次福利企业资格认定及换发证书工作。下发《关于开展假肢和矫形器（辅助器具）生产装配企业资格认定工作的通知》，对全市10户假肢和矫形器（辅助器具）生产装配企业资格进行认定。经认定，合格企业9户，退出企业1户。依据《关于进一步做好残疾人专用品进口免税审批工作的通知》和省民政厅有关工作要求，深入福利企业对引进残疾人专用设备安装使用情况进行监管审核，有效规范福利企业享受残疾人专用品税收优惠政策行为。对假肢和矫形器（辅助器具）生产装配企业及福利企业资格认定要件进行优化，申请假肢和矫形器（辅助器具）生产装配企业资格认定要件由5项合并缩减为3项，资格认定时限由20个工作日缩减为5个工作日；申请福利企业资格认定要件由10项合并缩减为4项，资格认定工作时限由20个工作日缩减为7个工作日。组织沈阳安达康假肢矫形器有限公司、沈阳佳奥假肢矫形器康复中心等5户假肢和矫形器（辅助器具）生产装配企业，参加“2016中国（上海）国际康复辅助器具博览会和产业大会”。为企业了解行业发展，交流新技术、新产品和新信息，促进残疾人康复辅助器具行业的健康发展，提供重要的交流平台。

（刘元春）

【儿童福利】 全市有1所儿童福利院，即沈阳市儿童福利院，共有床位数400张。全市孤儿人数848人，其中市儿童福利院孤儿（含家庭寄养）385人，散居孤儿463人。1月12日，市民政局、市财政局下发《关于提高孤儿基本生活养育标准的通知》，将市福利机构集中养育（含家庭寄养）的孤儿基本生活养育标准从每人每月1400元调整为每人每月1600元；将散居孤儿基本生活最低养育标准从每人每月1000元调整为每人每月1200元。

（李　丽）

【福利彩票】 全年福利彩票销售总量24.57亿元，在全国省会城市排名第六，增长3.17%，占全省比重22.44%，较上年同期提升0.7个百分点。其中，中福在线彩票增长4%，全省占比30%，销售厅布局增至16个；电话投注增长1.8%，全省占比37%；“快乐12”增长10%，全省占比20%。全年中奖人数1145人，筹集福彩公益金6.56亿元，市本级留成公益金1.97亿元，发行费4252万元，代扣代缴个人所得税1035.48万元。全年福利彩票销量列全省第一。日平均销量呈递增态势，单月销量中三月份较历史最好成绩增长900余万元，季度销量中一季度增长5100余万元。福利彩票市场占有率达61.5%。

（林芳竹　敦阳）

【沈阳养老产业集团成立】 5月4日，沈阳养老产业集团成立，这是由政府出资设立的市属国有企业，它的成立标志着沈阳养老服务产业化进程迈入新的阶段。养老产业集团注册资本5亿元，其中现金出资1亿元，资产4亿元。集团执行现代企业治理结构、用人和分配机制，采取完全市场化方式运营管理，具有投资和运营两大功能，集经营性和公益性于一体。此项工作被沈阳市政府授予嘉奖。

（志　闻）

【新增星级养老服务机构】 2016年，沈阳市新增星级养老服务机构20家。其中，五星级（1家）：于洪区五彩阳光城养老服务中心；三星级（7家）：和平区新松蒲护养中心，大东区黎明新东养老院，于洪区夕阳美养护服务中心，于洪区乐万家养老院，于洪区博爱之家老年养护中心，于洪区夕阳红老年公寓，苏家屯区康居静养中心；二星级（6家）：沈河区一家亲养老院，大东区圣爱托老养护中心，皇姑区稼轩居老年休养院，皇姑区赐福老年公寓，沈北新区宏城老年公寓，苏家屯区圣贤都老年公寓；一星级（6家）：和平区和爱老年公寓，苏家屯区爱家老年公寓，于洪区黄海养老院，于洪区金沙爱馨养老服务中心，辽中区年家屯康利托老养护院，康平县经济开发区朝阳堡（晚馨）养老院。

（市民政局）

【社会救助】 城乡低保救助。截至2016年底，全市保障城乡低保7.43万户11.72万人，其中城市低保4.44万户6.44万人，农村低保户2.99万户5.28万人；城乡低保边缘4458户9314人，其中城市低保边缘1512户2912人，农村低保边缘2522户5353人。全年城乡低保救助4.97亿元，其中城市低保资金3.87亿元，农村低保资金1.09亿元。城乡月人均救助额362.27元，保障面1.62%。

城乡医疗救助。年内沈阳城乡医疗救助8.49万人次，救助资金支出8071.2万元。其中城市医疗救助4.77万人次，3458.4万元；农村医疗救助3.72万人次，4612.8万元。

临时救助。年内全市投入临时救急难资金2885万元，对全市共计1.26万户因重病、意外事故、就学等急难问题遇到困难的群众进行临时救助。

两节救助。新年、春节期间，按照城乡低保户、五保户等困难群体每户600元标准，低保边缘户每户360元标准，组织全市发放困难群体“两节”救助资金6270.51万元。

灾民生活救助。年内全市农作物受灾面积1687.04公顷，绝收面积132.49公顷，受灾人口2.2万人。根据受灾情况，及时下拨100万元中央自然灾害生活补助资金，解决受灾群众的住房、口粮、衣被等方面的生活困难，保障受灾地区群众的基本生活。

（车　莹）

【农村五保供养】 2016年，全市共有农村五保供养对象1.32万户1.37万人，其中分散供养对象1.04万人、集中供养对象3228人，年供养保障金8023.36万元。中心敬老院37所，床位数达到7452张。提高农村五保对象标准。农村分散五保供养对象标准为：九城区从每人每月420元调整为每人每月490元；四县（市）从每人每月360元调整为每人每月390元。农村集中五保供养对象标准为：九城区从每人每月695元调整为每人每月745元；四县（市）从每人每月635元调整为每人每月680元。

（林芳竹）

【居民家庭经济状况核对】 2016年，沈阳市共核对7.91万户14.67万人，出具核对报告7.91万份。其中，出具低保核对报告2.92万份、出具困难家庭核对报告4713份、出具保障性核对报告4.14万份、出具农村五保对象核对报告3741份。归档全市核对档案7.91万份。对沈阳市451户家庭830人进行低保工商复查。受理对核对报告提出异议的复议申请53份，根据复议程序，按时回复异议，确保核对工作公平公正。成立沈阳市居民信息中心，搭建沈阳市居民信息平台，与市公安局等11个政府部门19家银行实现34类数据信息共享。居民信息平台建设被纳入《沈阳市2016年智慧城市建设工作要点》。协调全市12个部门，梳理33类工作所需数据信息，并根据中心业务职能明确信息平台功能，确定业务工作流程。对470名基层工作人员进行业务培训，提高业务理论水平和操作能力。

（张盼盼）

【流浪救助】 截至2016年末，全市共救助各类流浪人员5811人次（含街头救助2146人次）。其中未成年人182人次，老年人1342人次，残疾人181人次，危重病人和精神病人597人次（含街头救助416人次），安置无家可归人员22人，妥善安葬救治无效死亡人员86人，为无能力返乡提供乘车凭证2098人次（含街头救助653人次）。全年未发生一例非正常死亡和不安全事故。市救助管理站全年救助各类受助人员4523人次，其中未成年人122人次，青壮年3424人次，老年人977人次。救助救治危重病人和精神病人843人次，健全人4680人次。在全部受助人员中按离站方式分，由救助管理机构护送老年人、未成年人、精神病人和救治康复人员返乡630人次，受助人员亲属接回、亲人汇款返乡482人次，受助后自愿离开1101人次，为无能力返乡的受助人员提供乘车凭证2016人次，安置无家可归人员15

人。

（董天宇）

【防灾减灾】 沈阳市民政局认真组织开展“5·12”防灾减灾日活动，围绕“减少灾害风险，建设安全城市”主题，抓好灾害应急知识的宣传普及。开展灾害应急知识的宣传普及工作，提高全社会的防灾减灾意识和自救互救能力。开展全市中小学生防灾减灾知识竞赛活动，共有26支中小学生代表队参加决赛。浑南区减灾办与区教育局在小学统一组织开展地震逃生演练活动，大东区减灾委举办“抗震救护”为主题的演练活动，提升防灾意识，普及应急救护知识。

（车　莹）

【成立沈阳市居民信息中心】 沈阳市居民信息中心位于沈河区市府大路199号。2月经市编办批复正式成立，与沈阳市居民家庭经济状况核对中心（2013年10月成立）一套机构两块牌子，为市民政局的全额拨款正处级事业单位。中心以“沈阳市居民家庭经济状况核对系统”开发平台为基础，进行规模化拓展功能，整合全市各部门相关信息资源，建立覆盖到社会公共服务窗口的综合性居民信息平台，搭建社会救助及居民相关信息核对、验证查询的工作体系。

（车　莹）

【印发《沈阳市城乡居民最低生活保障制度实施细则》】 《沈阳市城乡居民最低生活保障制度实施细则》由沈阳市民政局办公室于2016年8月31日印发，包括总则，保障对象及其权利义务，家庭收入范围及计算方法，保障金的计算，保障金申请、审批和发放，监督与管理，法律责任、附则等八章共42条内容。《细则》规定困难家庭中重病重残人员可单独申请低保；家庭收入计算方法调整允许申请低保家庭有高于5000元货币存款等内容。《细则》于2016年10月1日起实施。

（车　莹）

【社会优抚】 2016年，全市有优抚对象2.54万人，其中各类伤残人员4798人，三属477人，在乡老复员军人1388人。沈阳市加大各级财政投入，义务兵家庭优待金大幅度提高，为6595名义务兵家庭发放优待金1.3亿元。负责申报各类评残人员441人，接收部队伤残退役人员161人，审批各类优抚对象375人。开展“情系老优抚，爱心献功臣”医疗巡诊活动，为101位在乡复员军人上门体检，免费送药品价值近7万元。组织79位优抚对象进行健康疗养。为5075户优抚对象发放两节救助304.5万元。全市有区、县级烈士纪念建筑物保护单位14家，安葬烈士5137名；国家级烈士建筑物保护单位1家（沈阳市抗美援朝烈士陵园），安葬抗美援朝志愿军烈士123名、在韩志愿军烈士遗骸541具、苏军烈士179名。3月31日，第三批36具在韩志愿军烈士遗骸回国迎接仪式在沈阳桃仙机场举行。4月1日，第三批在韩志愿军烈士遗骸安葬仪式在沈阳抗美援朝烈士陵园举行。

（李陶颖　吕晓琳　王姝群）

【双拥工作】 7月29日，国家召开全国双拥模范城（县）命名暨双拥模范单位和个人表彰大会，沈阳市被全国双拥工作领导小组、民政部、中央军委政治工作部命名为“全国双拥模范城”。驻沈“65112”部队被授予“全国拥政爱民模范单位”称号；辽宁新福康农业科技发展有限公司总经理张洪杰被授予“全国爱国拥军模范”称号；“65014”部队副部队长刘双龙被授予“全国拥政爱民模范”称号。8月16日，辽宁省召开双拥模范城（县、区）命名暨双拥模范单位和个人表彰大会。沈阳市被辽宁省委、辽宁省政府、辽宁省军区命名为“省双拥模范城”；和平区、沈河区、铁西区、苏家屯区、大东区、浑南区、于洪区、沈北新区、皇姑区被命名为“省双拥模范区”；市教育局、市民政局、市财政局、市人力资源社会保障局、沈阳铁路局、沈阳住房公积金管理中心、市水务集团有限公司、市国教办、沈阳飞机工业（集团）有限公司、沈阳黎明航空发动机（集团）有限责任公司、沈河区马官桥街道、大东区北海街道锦园社区、皇姑区辽河街道军区社区、铁西区凌空街道七小区社区、和平区太原街道“八一”社区、辽中区民政局、苏家屯区军用饮食供应站被授予“省爱国拥军模范单位”称号；“65014”部队、原沈阳军区政治部沈阳第一干部休养所、“65112”部队、中国人民解放军202医院、“65066”部队二大队、“93303”部队、“93307”部队、“96126”部队、辽宁陆军预备役高射炮兵第一师第二团、武警沈阳市支队、武警辽宁省总队第二支队、大东区人民武装部、武警沈阳指挥学院被授予“省拥政爱民模范单位”称号；沈阳市双拥办被授予“省先进双拥办”；沈阳市民政局双拥办主任胡有升被授予“省爱国拥军模范”称号。

（李陶颖　吕晓琳　王姝群）

【退役士兵安置】 对全市200余家单位进行安置退役士兵需求调研和安置能力综合评估，走访协调重点接收单位。8月1日，印发《沈阳市人民政府关于做好2016年度退役士兵接收安置工作的通知》，对完成年度退役士兵安置任务提出具体要求。8月5日，沈阳市426名符合安排工作条件退役士兵参加文化考试。8月24日，沈阳市复员退伍军人安置办公室下发《关于做好2016年度符合安排工作条件退役士兵安置工作的通知》。8月26日，召开符合政府安排工作条件退役士兵安置计划下达会议，对全市安置就业工作进行总体部署，提出落实意见和要求。10月9日后，全市各区县（市）分别组织召开退役士兵选岗说明会，就档案考核评分、文化考试得分、综合排名选岗排序、安置岗位计划等事项逐一向退役士兵进行讲解、公示和确认。组织召开2016年度符合政府安排工作条件退役士兵公开选岗安置会，10月31日，全市符合政府安排工作条件退役士兵安置工作顺利结束。5月10—12日，分别在沈阳技师学院、沈阳市交通驾驶人培训有限公司、沈阳市装备制造工程学校开办一期订单式技能培训，339名退役士兵参加直达就业的订单式就业培训。联合区县（市）共同开展培训机构、培训项目、就业需求对接调研，为退役士兵预定培训就业岗位3000余个，有2617名退役士兵参加短期教育培训。4月21日、12月1日，分别召开两次大型退役士兵培训就业专场招聘洽谈会，提供就业岗位6463个，参会退役士兵5027人，现场达成就业意向2169人。建立推荐就业常态机制，定期发布就业信息，随时受理退役士兵求职需求登记。推荐退役士兵就业500余人。全市426名符合安排工作条件的退役士兵享受待安置生活补助，发放待安置生活补助金109.99万元；有118名退役士兵选择自谋职业，发放一次性经济补助金744.02万元；有1197名大学生退役士兵享受在校入伍大学生经济补助，发放经济补助金4995.67万元；有4350名退役士兵选择自主就业，发放经济补助金1.41亿元。复员干部退休后生活补贴、采暖费报销、困难生活补助、养老保险等政策得到有效落实。

（李陶颖 吕晓琳 王姝群）

【军休干部管理与服务】 全市接收安置部队休干（士官）215人，其中：师职干部104人，团职干部91人，营以下8人，士官12人；接收安置军队无军籍职工293人。对8854名军休干部和318名遗属的相关待遇进行审核、调整、补发；为35名因病因残军休干部申办享受护理费待遇；新增加享受国务院特殊津贴军休干部2人、享受遗属补助233人；走访慰问老党员、二等乙以上伤残、重病住院、空巢军休干部578人。组织军休干部健康体检9820人次；完善医保审核结算和报送机制，核拨报销休干各类医疗费9231.87万元；对2852名干诊人员个人信息采集，办理干诊卡更换；协调申报享受三方面休干692人医疗补助；协调相关部门，简化就医程序，减少结算环节，缩短医药费报销时间，实现干诊人员当月发生的医疗费用于次月进行审核报销的要求。举办沈阳市军休系统纪念世界反法西斯战争暨抗战胜利70周年文艺演出；与辽宁省民政厅共同承办民政部主办的“全国军休干部纪念长征胜利80周年北部片区歌咏大赛”活动，内蒙古、辽宁、吉林、黑龙江、山东、大连、青岛7个省（区、市）的8个代表队500多名军休干部参赛；由68名沈阳军休干部组成的沈阳军休合唱团代表辽宁军休干部参加北部片区歌咏比赛，并以优秀的表现荣获北部片区二等奖和进京参演资格。

（李陶颖 吕晓琳 王姝群）

【沈阳军休合唱队获全国歌咏汇演二等奖】 10月30日，民政部在北京中国剧院举行全国移交政府安置军队离退休干部纪念红军长征胜利80周年歌咏汇演《红色记忆》。辽宁、河北、山东等12个省（区、市）优秀军休干部合唱队参加演出。沈阳军休代表队以一曲《七律·长征》获得全国二等奖。

（志 闻）

【社区建设】 2016年，沈阳市有城市社区893个，社区工作者1.11万人；农村社区1557个，村民委员会成员6061人。

截至2016年末，沈阳市完成第十二届村委会换届选举工作任务。以换届选举为契机，举办第十二届新任村委会主任示范培训班，对新任村干部进行廉洁从政、领导艺术、村务公开民主管理、农村基层自治和农村社区建设、新农村建设、抓住新机遇全面奔小康经验介绍等方面的教育和培训。推动智慧社区建设。印发《沈阳市智慧社区建设实施方案（2016—2017年）》，成立由市长潘立国担任组长的沈阳市智慧社区建设工作领导小组，召开全市智慧社区建设和养老服务工作会议，确定54个智慧社区试点社区，初步完成社区事务一口式办理平台、社区网格管理服务平台和居家养老智能电视平台系统的测试版软件开发。沈阳市政府与中信通信项目管理有限责任公司和辽宁慧家文化传媒有限公司签订战略合作意向书。推动“O2O”服务模式与智慧社区建设的有机融合，“智慧屋”、“蓝卡医疗”、“东软熙康”等项智慧社区商业服务项目在社区进行应用。沈阳首家“国安社区”体验中心对外正式提供服务。居家（养老）智能电视平台应用端对社区居民免费发放2.99万余部。推进社区开展“一口式受理、全科式服务、开放式办公”服务模式创新，逐步推行全科社工服务模式。引入“365易”、“居家无忧”、“世圣心源”、“德沃”、“麻溜送”、“牛牛好管家”、“双瑞”等企业参与社区服务，涉及居民缴费、就医、家政等服务项目，受到群众欢迎。对社区工作事项进行调研，进一步落实准入制度。市民政局梳理确认社区工作事项159项，其中即办105项、待办54项；政务服务69项、公共服务90项。制订印发《沈阳市首批全科社区工作者选聘实施方案》，探索补贴待遇与绩效联动的收入激励机制，下发《市民政局关于实施社区工作者绩效补贴的指导意见》。两次提高社区工作者生活补贴标准，分别提高月人均713元、月人均854元，两次增加部分全部列入绩效补贴。增加的补贴资金由市区两级财政按照4∶6的比例承担。面向全市退役士兵公开招聘社区工作者100名，面向全市退役士兵和享受城乡低保及低保边缘救助人员公开招聘社区工作者300名（其中退役士兵200名、享受城乡低保及低保边缘救助人员100名）。全市选聘全科社工2619名上岗，对300名骨干社区工作者进行业务能力培训。

（王 宏）

【完成第十二届村委会换届选举】 2016年，沈阳市有选举任务的1229个村全部完成换届选举任务，完成率100%。全市登记的选民158.8万人，参加正式投票的选民134.5万人，参选率84.7%。全市共依法选举产生村委会成员5106人，其中：主任1210人，副主任和委员3896人（含代理主任17人）；党员3232名，占总数的63.3%；妇女1505人，占29.5%；60岁以下的4580人，占90%；连选连任的有3604人，占70.6%。全市共依法推选村民代表5.11万人，重新划分村民小组7048个，进一步建立健全村民委员会各项规章制度。

（王 宏）

【社会工作】 2016年，全市共有注册社会组织17个，注册志愿者组织2214个；注册社会工作师2885名，注册志愿者102.08万名。共有6407人报名参加社会工作者职业水平考试，比上年增加1000多人。对2015年通过考试的社会工作者开展注册登记工作，共登记2301人。

（王 宏）

【婚姻登记管理】 2016年，全市13个婚姻登记处办理国内结婚登记6.83万对，离婚登记3.26万对，补领结婚登记3.53万份，补领离婚登记3845份。在2月14日、5月20日、“七夕节”等特殊日子，市民政局组织各区县（市）婚姻登记机关制订应急方案，启用预约登记、延时工作等措施应对婚姻登记高峰。年初对全市婚姻登记机关开展为期一个月的执法检查，规范全市婚姻登记管理工作。8月，举办全市婚姻登记业务培训班，对全市13个区县（市）婚姻登记处主任及婚姻登记员进行培训，并对通过业务考试的婚姻登记员颁发沈阳市婚姻登记员资格证书。继续推动沈阳市“互联网＋”婚姻登记档案信息化建设。和平区、沈河区婚姻登实现全部历史婚姻档案信息化管理，大东区、皇姑区、苏家屯区等婚姻登记处录入部分历史档案。

（林丽妍）

【收养工作】 2016年，沈阳市办理收养登记14件，补领收养登记1件，解除收养登记1件。对全市自1999年4月1日以后居民事实收养儿童的有关情况进行摸底调查。

（林丽妍）

【老龄工作】 截至2016年末，全市老年人口170.61万人，占户籍总人口的23.26%。其中：60—69岁老年人口

103.86万人,70—79岁老年人口42.15万人,80—89岁老年人口21.48万人,90—99岁老年人口3.09万人,百岁及以上老年人口315人。年内,市老龄办推动新修订的《老年人权益保障法》的实施,全面落实老年人优待政策,推动老龄事业持续健康发展。老龄政策法规体系建设成果显著,出台《沈阳市老年人权益保障办法》,老龄工作迈上法治轨道。《沈阳市老龄事业发展"十三五"规划》编制工作全面完成。老年人优待维权工作成效显著,高质量完成全市老年人高龄津贴发放工作,市法律援助中心办理涉老案件102件。市老龄办积极开展"关爱老年人健康工程"活动,为全市8413名城乡困难老年人(分散供养的城市"三无"和农村"五保"老年人)全部办理意外伤害保险,市、区县(市)两级财政拨付资金16.83万元。敬老爱老助老活动广泛开展,10月市老龄办组织开展以"敬老爱老,全民行动"为主题的"敬老月"活动。按时准确完成老年人高龄补贴发放工作。按照百岁及以上老年人每人每月800元、90—99周岁老年人每人每月200元、80—89周岁城乡低收入老年人每人每月100元的标准,做好补贴发放的安排部署工作。

(任　杉)

【出台《沈阳市老年人权益保障办法》】 2月29日,市政府发布《沈阳市老年人权益保障办法》。《办法》自5月1日起施行,是沈阳市首部以保障老年人权益为主体内容的政府规章,共九章51条,主要规定家庭赡养与扶养、社会保障、社会服务、社会优待、宜居环境、参与社会发展、法律责任等内容,填补沈阳市老年人权益保障上的空白。

(任　杉)

【编制《沈阳市老龄事业发展"十三五"规划》】 2016年,市老龄办开展《沈阳市老龄事业发展"十三五"规划》的编制工作。市老龄办广泛征集各涉老部门及专家学者的意见和建议,认真结合沈阳市老龄事业发展现状,按照全国老龄办对老龄事业发展"十二五"规划编制工作要求,从"十二五"规划执行情况,"十三五"时期面临的形势与挑战,指导思想、基本原则和总体目标、主要任务及保障措施5个部分,围绕养老保障体系、医疗保障体系、老年人权益保障体系、养老服务体系、老年人社会管理、老年精神文化生活、老龄产业发展7方面内容,完成《规划》的起草编报工作。

(任　杉)

【开展第二届"敬老文明号"创建活动】 2015年3月至2016年10月,沈阳市开展第二届"敬老文明号"创建活动,市老龄办、市文明办联合印发《关于印发沈阳市第二届"敬老文明号"创建活动实施方案的通知》。按照通知要求,第二届"敬老文明号"创建活动范围为全市各级涉老部门、为老服务组织、公共服务窗口单位。全市有7家单位被推荐为全国"敬老文明号"(全国老龄办已公示),22家单位被评为辽宁省"敬老文明号",70家单位被评为市级"敬老文明号"。

附1:沈阳市推荐全国第二届"敬老文明号"单位

1. 沈阳市养老服务中心
2. 沈阳市社会养老和工伤保险管理局养老金拨付处
3. 沈阳市社会养老和工伤保险管理局大东分局退管科
4. 辽宁申扬律师事务所
5. 沈阳援通勇锋科技有限公司
6. 沈河区丰乐街道溪林社区
7. 沈阳市公安局于洪分局造化公安派出所

附2:沈阳市获得辽宁省第二届"敬老文明号"称号单位

1. 沈阳市和平区北市场社区卫生服务中心
2. 沈阳市和平区老干部大学
3. 沈阳市沈河区大南街道慈恩社区
4. 沈阳市沈河区丰乐街道溪林社区
5. 沈阳市沈河区大西街道康壮社区
6. 沈阳市沈河区人民医院
7. 沈阳市铁西区兴工九委连霞居家养老服务中心
8. 沈阳市铁西区民政局婚姻登记处
9. 沈阳市于洪区南阳湖街道恒大社区
10. 辽宁德沃居家养老服务有限责任公司
11. 国网辽宁省电力有限公司沈阳市苏家屯区供电分公司
12. 沈阳老年人大学
13. 沈阳市和平区大都市居家养老服务中心
14. 辽宁申扬律师事务所
15. 沈阳市财政局离退休干部处
16. 沈阳市社会养老和工伤保险管理局养老金拨付处
17. 沈阳市社会养老和工伤保险管理局大东分局退管科
18. 沈阳市社会养老和工伤保险管理局铁西分局退管科
19. 沈阳铁道国际旅行社(集团)有限公司沈阳分公司
20. 沈阳市红十字会医院
21. 沈阳市肛肠医院
22. 沈阳市公安局于洪分局造化公安派出所

(任　杉)

【老年人、残疾人用品展览会】 2016年8月20—22日,第七届中国(沈阳)老年人、残疾人用品展览会在辽宁工业展览馆举办。展会共有165家参展商参会,展会面积1.2万平方米,展位537个,其中特装占50.9%,展会展览面积和展位数量均达到规模以上,首次跻身全国同类展会前五行列。展览范围包括:精品展区,助残、康复、护理用具展区,智能养老及养老服务展区,健康养生展区共四大板块。展会接待参观者10万余人,现场交易额约5000万元。

(任　杉)

【举办老年法知识竞赛】 2016年11月3—4日,市老龄办、沈阳广播电视台新闻广播、辽宁申扬律师事务所在沈阳广播电台多功能厅联合举办沈阳市老年法知识竞赛。竞赛以《宪法》、《老年法》为核心内容,范围涉及相关法律、行政法规涉老条款,传统孝道文化知识,老龄工作常识,沈阳市老龄事业文化理念及《老年法律和法律思想知识竞赛500题》等内容。各区县(市)共组织20支参赛队参加竞赛,参赛人员包括各级老龄工作者和普通老年人。通过小组赛和总决赛,最后皇姑区二队等6支队伍分别获得一、二、三等奖。

(任　杉)

【开展示范性老年协会创建活动】 2016年4—9月,在各区县(市)社区(村)基层老年协会范围内广泛开展示范性老年协会创建工作。9月23日,市老龄办在和平区八经街道宝环社区召开创建示范性老年协会现场会，对86个示范性老年协会和82个示范性老年协会优秀会长进行表彰。

（任 杉）

【首届老年文化艺术节"】 2016年6—8月，市老龄办和中国人寿保险股份有限公司沈阳市分公司共同举办沈阳市首届"沈彩乐龄中国人寿杯"老年文化艺术节。艺术节以"孝行天下，情暖沈阳"为主题，主要内容包括选拔、评选和展演声乐、舞蹈、戏曲、模特表演类老年文化艺术优秀节目。8月26日，艺术节总决赛在豫珑剧场举行，《最美的歌献给妈妈》、《美丽中国》和《醉夕阳》获艺术节金奖。

（任 杉）

【首届老年广场舞大赛】 2016年6—9月，市老龄办与中国邮政集团公司沈阳市分公司共同举办以"邮爱夕阳和谐沈阳"为主题的沈阳市"沈彩乐龄杯"中老年广场舞大赛。大赛共吸引全市1279个团队，总计约3万人参与报名。经过预赛、初赛及决赛等环节，于洪区"沈阳市群英艺术团"、康平县"松竹梅舞蹈队"及法库县"余梁吉特巴中秋舞蹈队"分别获得金银铜奖。同时，前两名优胜舞蹈队代表沈阳参加辽宁省首届"银龄杯"广场舞大赛决赛，并分获银奖和铜奖。

（任 杉）

【举办沈阳市老龄工作干部孝道讲堂报告会】 10月14日，市老龄办与市文明办在金华园宾馆联合举办沈阳市老龄工作干部孝道讲堂报告会。聘请辽宁大学教授任际、沈阳师范大学教授王海燕及沈阳硕华教育学校校长袁满秋为全市各区县（市）及街道的老龄工作人员200余人进行培训，培训主要包括中国老年服务的现状、问题和发展前景，老龄政策与法律及孝道文化等内容。

（任 杉）

【殡葬管理和服务】 2016年，全市有殡仪馆10家，经营性公墓19家，殡仪车辆管理调度中心1家，骨灰撒海机构1家。火化遗体5.92万具，死亡人口火化率98.2%。市殡仪车辆管理调度中心外运离开沈阳遗体294具。经营性公墓销售墓穴1.33万个，销售骨灰壁葬格位17个，骨灰落葬2.13万盒。各殡葬单位平安、有序接待办理丧事和祭祀群众，无安全责任事故发生。清明期间全市接待祭祀群众约442.2万人次，实现平安、文明、有序目标。

殡葬改革。印发《沈阳市民政局关于进一步落实民政部等9部委节地生态安葬指导意见的通知》。7月，组织召开全市节地生态安葬现场经验交流会。8月，在龙泉古园举行草坪免费安葬仪式，省、市12家媒体予以报道。市骨灰入土植树纪念林提供生态树葬服务，年安葬骨灰3500余盒。草坪葬、树葬、海葬等生态安葬方式全年节约土地约3800平方米。

殡葬惠民政策。减免低保人员基本殡葬服务费约417.6万元。落实海葬补贴新政策，为海葬家属发放补贴款107万元。3月启动第一批骨灰撒海活动，共组织海葬活动45期，撒海骨灰2692盒，与上年海葬数量相比增长33.5%，占全省海葬总量近一半，7600余名家属参加活动。

殡葬行业监管。印发全市经营性公墓的《公墓指南》，对全市所有公墓进行专项检查，对全市县（区）级及以上公益性公墓进行检查。会同市执法局对全市殡葬市场检查34次，查没销毁烧纸等纸扎制品1万余件。对全市殡仪车辆进行规范管理，查处非法殡葬车辆45台。开展迁（平）坟宣传工作，统一为各区县（市）制作标牌32个、条幅210条、手册5万份等宣传物品。

殡葬设施建设改造。协助大东区政府完成骨灰祭祀堂建设项目土地征收和调规工作。协调市建委开展交通事故尸体检验中心建设前期工作。有序推进市回龙岗革命公墓完成油改气工程及殡仪综合楼前绿化改造工程招标及施工工作。协助市回龙岗墓园服务管理中心完成焚烧区改造、园区绿化等前期准备工作。

文明祭祀宣传。邀请18家主要媒体参加清明新闻通气会，与《沈阳晚报》、《辽沈晚报》、《华商晨报》等5家媒体开展"文明祭祀"宣传活动。向全市各社区发放1万本《文明祭祀宣传手册》。通过"民生热线"、沈阳网的"微访谈"等栏目倡导市民文明祭扫。沈阳殡葬网累计点击量452万次，建立纪念堂5750个，祭祀留言6.9万条。

（李 敏）

【首次海上公祭活动】 2016年3月23日，沈阳市民政局组织海上公祭活动。176位海葬家属为缅怀追思故人，返回当年骨灰撒海的海域祭奠亲人。这是沈阳市第一次举行海上公祭活动。活动受到海葬家属的欢迎和社会各界的关注，东方卫视、中新网等18家媒体进行专题报道。

（李 敏）

【抗霾攻坚行动】 清明前夕，在全市开展"鲜花换烧纸"活动，累计换出鲜花2.78万份，回收烧纸约3万捆。开展墓园全面"禁烧"风险评估工作。8月，组织召开全市公墓祭祀焚烧设施环保达标改造交流会，推进焚烧设施环保达标改造工作。

（李 敏）

【开展殡仪单位优质特色告别礼巡展活动】 9月19日至27日，市民政局、《沈阳晚报》联合举办"温馨人生谢幕礼，智慧深情殡葬人——2016年沈阳殡葬行业优质特色告别礼巡展"活动。活动启动于沈阳市回龙岗革命公墓，在全市10家殡仪馆巡回展开，历时7个工作日，结束于沈北新区殡仪馆。活动邀请社会学专家、学者以及各行业市民代表等组成观摩评审团，通过展示和综合评比，评选出10家优质特色殡仪文化单位，向社会展现沈阳殡葬行业良好形象。其中：浑南区殡仪馆获最佳创意金奖，沈北殡仪馆获最佳追思词金奖，于洪区殡仪馆获最佳生命礼仪师金奖，新民市殡仪馆获最佳配乐金奖，康平殡仪馆获最佳场景设计金奖，苏家屯区天台山殡仪馆获情感传达金奖，沈阳市殡仪馆获民俗呈现金奖，沈阳市回龙岗革命公墓获最具仪式感金奖，法库殡仪馆获最佳团队配合金奖，辽中殡仪馆获最具人文关怀金奖。

（李 敏）

【慈善】 2016年，沈阳市确立"中华慈善日"专题宣传工作主题，全市各公益慈善组织累计接收善款达4600万元，接收捐赠物资折合人民币1.07亿元，接收捐款、款物折合人民币合计1.54亿元。沈阳市慈善总会办公室更名为沈阳市慈善事业发展中心，履行全市慈善人才培养、慈善理论与发展战略研究、普及慈善捐赠知识、开展慈善宣传及对外交流、为政府制定慈善事业发展规划提供咨询性意见等职能。

(刘 雁)

【出台《沈阳市人民政府关于促进慈善事业健康发展的实施意见》】 9月16日,市政府印发《关于促进慈善事业健康发展的实施意见》。《意见》分发展目标、重点工作、保障措施、监督管理、工作要求5部分。《意见》提出到2020年慈善工作目标,即慈善体系健全有效、扶持政策基本完善等。《意见》对重点工作提出加快慈善组织建设、鼓励支持各类慈善活动、推进慈善信息服务网络建设、引导规范慈善募捐行为、加大慈善宣传力度、建立健全志愿服务体系6方面18条具体措施。

(志 闻)

【慈善获奖】 2016年10月,沈阳市获第二届辽宁慈善8个奖项:李锡惠、付明珠二人获"最具爱心慈善楷模";"四海一家亲,成长心连心"为农民工子弟服务项目、沈阳青年创业扶持贷款项目和青少年重特大疾病关爱援助项目3个项目获"最具影响力慈善项目";姜成、郑荣生二人获"最具爱心捐赠个人";马庆良获"优秀慈善工作者"。

(志 闻)

【社会组织管理】 截至2016年末,沈阳市有社会组织1.32万个,其中注册登记的社会组织4658个(社会团体1291个,其中市级社会团体591个、区县级社会团体700个,基金会2个,民办非企业单位3365个,其中市级民办非企业单位524个、区县级非民办企业单位2841个),实行备案制管理的城乡基层社会组织8498个。年内新增社会组织登记419个(社会团体54个、民办非企业单位365个),注销登记社会组织100个(社会团体67个、民办非企业单位33个)。新设立行业协会商会16个,累计258个,行业协会商会非公企业会员1.29万个。建立社会组织诚信体系制度统一社会信用代码,市、区县(市)两级民政部门同步实现统一社会信用代码发放的系统操作,至年末,全市有4638个社会组织取得统一社会信用代码。推进《市民政局关于试行行业协会商会等四类社会组织直接登记的方案》社会组织直接登记试点,直接登记的社会组织29个,其中社会团体11个,民办非企业单位17个,基金会1个。大力培育社区社会组织,纳入重点工作年度绩效考核,实现社区社会组织备案工作的标准化、规范化、普及化。社区社会组织数量由年初的5026个增加至8498个,增长69%。积极组织开展《慈善法》宣传学习活动,编制《沈阳慈善组织政策法规文件汇编》,举办两次社会组织《慈善法》政策法规业务培训,共300多人次参加。为提升社会组织公共服务管理平台建设,申请专项升级改造资金69.8万元,重点开发基金会信息化管理系统、"三证合一"系统改造、社会组织电子信息档案管理平台、社会组织信用平台、社会组织年度工作报告平台、社会组织党建信息平台、移动客户端基本功能等。沈阳市民政局获民政部《中国社会报》2016年度社会组织新闻宣传工作"先进单位"称号。开展2016年社会组织规范化建设评估,14个社会组织获评估等级。

2016年沈阳市社会组织评估等级情况表

星级	社会组织名称
5A (2个)	沈阳市教育专家协会
	沈阳市中小企业协会
4A (9个)	沈阳市生命健康研究会
	沈阳市医药行业协会
	沈阳市家庭服务业协会
	沈阳市皇姑区利州社会工作服务中心
	沈阳市外商投资企业协会
	沈阳沈信心理学校
	沈阳市农产品进出口协会
	沈阳智虹职业培训学校
	沈阳市爱能达助残职业技能培训学校
3A (3个)	沈阳市工装模具行业协会
	沈阳弘博职业培训学校
	沈阳市华龙职业技术学校

(王瑞杰 刘翠俐)

【社会组织执法监察】 全市社会组织年检2235家,其中社会团体619家,民办非企业单位1616家。市级性社会组织参加年检共588家,参检率与合格率同比上年有较大提高。对483家年检合格、105家年检基本合格的社会组织在媒体上进行公告,对58家社会团体和52家民办非企业单位的违规行为依法给予行政处罚,制发《市民政局关于对部分社会组织实施行政处罚的通告》,并在媒体上进行公告。按照《民间非营利组织会计制度》的要求规范社会组织财务制度,对发现问题的社会组织,采取约谈负责人等形式沟通,约谈社团63家,民非42家,提出整改要求。受理各类咨询700余人次,受理投诉、举报、信访10余件,群众满意率100%。落实中央巡视组反馈意见,为市委市政府提报社会组织清理整顿、行业协会商会脱钩整改工作报告;按照市深改办要求,对社会组织收费、会费及涉企收费等问题进行调研,形成专题报告;成立市工作检查组,对区县收费重点单位进行调研检查,同时,配合市财政、发改委、经信委等部门,完成国家检查组对沈阳的检查工作。

(王瑞杰 刘翠俐)

【地名管理】 2016年,沈阳市下发《沈阳市第二次全国地名普查督查工作实施方案》、《沈阳市加强地名文化保护清理整治不规范地名工作实施方案》、《市民政局关于印发沈阳市2016年地名标志精细化管理实施方案的通知》。命名和平区澳门路、香港路、香港南路、香港北路、博览路、澳门路31巷、九龙街、金阳北大街、广兴寺路、砂河街10条道路,于洪区五台山路、五台山南路、五台山北路、东江街、吉力湖一街、吉力湖二街、吉力湖三街、城东湖一街、南阳湖一街、南阳湖二街、千岛湖街、汪河北路、汪河南路、富尔江街、莲台山路15条道路。7月21日,召开沈阳市第二次全国地名普查现场经验交流会。学习交流沈北新区地名普查工作的先进经验,实地观摩学习沈北新区地名普查信息采集填报情况。

(周珈如)

【沈阳地名记忆征文】 2016年11月10日,为弘扬沈阳地名文化,延伸历史文脉、抒发乡情乡愁、普及地名知识,市民政局与《沈阳晚报》联合举办"沈阳地名记忆"有奖征文活动。收到200余篇稿件,共选出特别奖1名、一等奖2名、二等奖5名、三等奖8名、优秀奖40名,并在沈阳日报美术馆举行颁奖仪式。

(周珈如)

2016 年沈阳市新建道路一览表

序号	道路名称	起点	止点	长度(米)	宽度(米)
1	澳门路	西起沈水路	东止香港北路	1200	18
2	香港路	西起澳门路 31 巷	东止九龙街	1700	30
3	香港南路	西起文体西路	东止九龙街	2700	18
4	香港北路	西起三好街	东止九龙街	1200	16
5	博览路	西起沈水路	东止青年大街	3000	30
6	澳门路 31 巷	北起澳门路	南止香港南路	380	12
7	九龙街	北起香港北路	南止博览路	550	30
8	金阳北大街	北起香港北路	南止博览路	650	50
9	广兴寺街	北起澳门路	南止香港南路	577	12
10	砂和街	东北起玉屏路	西南止砂山街	1200	10
11	汾河南街	南起明廉东路	北止昆山西路	765	22
12	碧流河街	南起明廉东路	北止昆山西路	765	22
13	玉山路	东起天山路	西止塔湾街	964	18
14	明廉东路	东起天山路	西止塔湾街	1100	30
15	凌河街	南起文大路	北止正良一路	700	12
16	呼兰河街	南起文大路	北止正良一路	700	12
17	滦河街	南起文大路	北止正良一路	700	12
18	文溪路	东起黄河北大街	西止公安部沈阳消防研究所	1300	14
19	海河街	南起青城山路	北止文大路	1000	10
20	甘河街	南起青城山路	北止文大路	1000	10
21	闾山东路	东起梅江街	西止黄河北大街	1000	12
22	淮河街 17 巷	东起淮河街	西止崇山西路 16 巷	400	8
23	淮河街 70 巷	东起延河街	西止淮河街	350	8

民　　族

【概况】 2016 年,沈阳市民委牢牢把握稳中求进总基调,紧紧围绕沈阳市中心工作,全面贯彻执行党的民族政策,有力维护了全市民族团结和谐大局。

1. 深入贯彻落实中央、辽宁省民族工作会议精神。召开全市城市民族工作会议,以市委、市政府名义印发《关于加强和改进新形势下全市民族工作的实施意见》及任务分解方案。举办贯彻落实中央民族工作会议精神培训班,培训全市民委委员单位 40 多人。

2. 着力推动民族乡村经济加快发展。开展少数民族乡村经济发展专题调研。推进"少数民族百乡万户惠民工程",涉财政资金 1750 万元,整合资金 6000 余万元,支持重点项目 82 个。申报扶持人口较少民族发展项目 83 个,资金 4.67 亿元。

3. 着力巩固和深化民族团结进步事业。举办第 11 个民族团结进步宣传月活动、第二届拉面大赛、民族团结宣传漫画大赛等。评选命名市级民族团结进步创建活动示范单位 5 个。指导少数民族联谊会开展民族团结进步宣传教育。

4. 着力促进民族社会事业不断繁荣发展。推进少数民族文体活动中心项目选址工作。举办沈阳市少数民族文艺调演,参加辽宁省第九届少数民族文艺调演,获金奖 4 个、银奖 6 个、铜奖 2 个。举办第三届民族文化节、第八届"神州一繖"锡伯族嘎拉哈节,在民族学校及内地民族班举办中小学文艺汇演等系列活动 20 余场次。

5. 着力推进和完善民族事务服务体系建设。与青海省海东市签订《少数民族流动人口服务管理工作合作协议书》,被国家民委确定为全国少数民族流动人口服务管理示范市。推进涉清真企业、个体工商户信息共享、安全共管,完成"歌德杯"等清真餐饮服务保障。加强二期回族公墓建设,妥善安葬 463 人。

6. 着力推进全面从严治党和法治政府建设落到实处。开展"两学一做"学习教育"五个一"系列活动。建立健全各项党建制度和组织制度。建立绩效考核工作机制,修订完善机关公文处理等 16 项规章制度。制定实施"七五"普法规划,举办依法行政培训班。在市政务服务中心集中办理民族宗教事务行政审批事项。

(吴国峰)

【民族宗教工作会议】 2 月 2 日上午,沈阳市民族宗教工作会议在沈阳宾馆召开。副市长张景辉参加会议并讲话,市政府副秘书长张国祥主持会议。各民委委员单位兼职委员,各宗教工作领导小组成员单位主管领导,各区县(市)政府主管领导,各区县(市)民宗委主任,市少数民族联谊会负责人，机关全体人员共130余人参加会议。市民委主任张昕光同志做工作报告。会议还对2015年度全市民族宗教信息工作进行了总结表彰。

(周旭生)

【法库县四家子乡蒙古族小学荣获“辽宁省学习使用蒙古语模范集体”称号】 2月21日，省蒙古语文学会、省民族科普协会、沈阳市蒙古族联谊会在阜蒙县主办了“辽宁省蒙古族纪念第十七届国际母语日”活动，沈阳市法库县四家子乡蒙古族中心小学荣获学习使用蒙古语模范集体荣誉。

(曲士正)

【辽宁省民族团结进步示范校授牌仪式在沈阳市回族小学举行】 3月10日上午，全省民族团结进步示范校授牌仪式在沈阳市回族小学举行。省民委副主任张智光，市民委主任张昕光、副主任关艳萍，市教育局副局长韩铁军等出席仪式。仪式结束后，对沈阳市回族小学、朝鲜族第六中学民族团结进步创建工作进行视察，和平区、沈河区政府相关领导分别陪同视察。

(梁 爽)

【锡伯族文化产业发展交流会】 3月15日上午，市民委副主任关艳萍在锡伯族家庙主持召开锡伯族文化产业发展交流会。市民委、和平区民委、沈北新区民委相关负责同志及和平区文旅公司、沈北新区锡伯族研究会相关负责人出席了会议。

(李 爽)

【少数民族联谊会工作座谈会】 3月30日，市民委召开少数民族联谊会工作座谈会，满族、蒙古族、朝鲜族、回族、锡伯族五个联谊会的班子成员代表近30人到会，市民委主任张昕光、副主任关艳萍参加会议。会上，市民委向联谊会传达了2015年中央民族工作会议、全国城市民族工作会议及省民委主任会议等一系列会议精神，并结合重点工作任务，安排部署联谊会与贫困民族村的对口帮扶工作。

(付 聪)

【参加全国第五届中小学生艺术展演活动】 由教育部和青岛市政府共同主办的全国第五届中小学生艺术展演活动于4月16日在青岛闭幕，沈阳市沈北新区满族学校皮影工作坊作为辽宁省代表队、沈阳市唯一代表队参加展演，该校被教育部评为艺术教育优秀学校，关维颖和孙永满老师被评为优秀教师，参加展演的6名学生被评为优秀学生。教育部副部长郝平到皮影戏工作坊参观并听取了皮影戏传承人关维颖老师的汇报，青岛电视台对皮影戏工作坊进行了专访。

(刘 赟)

【“走进辽宁最美少数民族特色村寨”活动】 2016年4月30日，由辽宁省民族事务委员会与辽宁日报新媒体集团主办，北国网承办的“走进辽宁最美少数民族特色村寨”大型主题系列活动在沈阳市闫家满族特色村寨正式启动。活动历时3个月，涉及辽宁4个地市。

(姚兴伟)

【与青海海东市民宗局签署合作协议】 5月10日，沈阳市民委副主任关艳萍带队赴青海省，与海东市民宗局签署《共同做好少数民族流动人口服务管理工作合作协议书》。协议明确，双方围绕少数流动人口服务管理工作，建立起重要信息通报、重大问题合作等6项机制。

(马云松)

【慕可登锡伯民间艺术团赴新疆参加西迁252周年活动】 5月24日，新疆察布查尔锡伯自治县举办纪念锡伯族西迁252周年暨第六届经贸文化旅游节，沈北新区区委常委、区委组织部长陈亮，副区长侯巍及区民委负责同志等率沈北新区慕可登锡伯民间艺术团应邀参加纪念活动。

(刘 赟)

【第五届沈阳法库巴尔虎山登山节启幕】 6月2日，中国沈阳国际旅游节春季游暨第五届沈阳法库巴尔虎山登山节启动仪式在法库县四家子蒙古族乡公主陵蒙古族村文化广场举行。启动仪式上，当地居民身着蒙古族特色服饰，在有着“沈阳之巅、满蒙圣地”的巴尔虎山沿路展示蒙古族饰品，充分体现了蒙古族热情好客的特点，为登山节增添了民族特色。

(艾语菲)

【央视直播稻梦空间端午开园】 6月9日端午节，沈北新区“稻梦空间”举行开园仪式，中央电视台中文国际频道进行了现场直播，总占地面积13.33公顷的锡伯族稻田画再放异彩。开园仪式上，锡伯族萨满舞祈福、锡伯族特色舞蹈、千人插秧、泥地足球、包粽子比赛等系列活动拉开了欣赏稻田画的序幕。

(刘 赟)

【参加全省蒙古族中小学生蒙古语诵读比赛】 6月18日，省民委、省基础教育教研培训中心在朝阳市喀喇沁左翼蒙古族自治县联合举办第三届辽宁省蒙古族中小学生蒙古语诵读比赛，来自沈阳、大连、阜新等5个城市的18个代表队、共123名选手参加了比赛。沈阳市代表荣获小学组一等奖，市民委被大会组委会授予最佳组织奖。

(曲士正)

【非物质文化遗产博览会亮相老北市】 2016年6月17—20日，以“加强文化遗产保护振兴民族传统工艺”为主题的“第三届沈阳非物质文化遗产博览会”在和平区皇寺文化广场及老北市文化园举行。安氏龙灯、郑氏传统风筝制作技艺、东北古建筑传统彩画、地仗（油饰）技艺、钟氏刻瓷技艺、辽菜传统饪技艺、鹿鸣春香鸡、御点澄沙包制作技艺、脱家清真饺子传统手工技艺、锡伯贡酒酿造技艺等非遗项目传承人进行了现场技艺展示。

(李 爽)

【第五届辽宁省朝鲜族中小学生朝鲜语诵讲比赛】 2016年7月13日，由辽宁省民委、省基础教育教研中心主办，盘锦市民委承办的第五届辽宁省朝鲜族中小学生朝鲜语诵讲比赛在盘锦市落下帷幕，共有来自沈阳、大连、鞍山、抚顺等10个城市的59名选手参加了比赛。在市民委精心组织下，由和平、皇姑、沈北、于洪、浑南、苏家屯等区的朝鲜族学校师生组成的34人代表团，代表沈阳市参加了此次比赛，共获得一等奖2名、二等奖7名、三等奖8名。

(曲士正 张东浩)

【调研少数民族文化事业发展情况】 2016年7—8月份，市民委结合全市民族工作实际，组织专人赴相关民族乡（街道）、村（社区）文化站（室）等单位，就少数民族文化事业情况进行了实地调研。挖掘整理了59个市级以上少数民族非物质文化遗产项目（含国家级1项，省级6项），其中：锡伯族41项、朝鲜族4项、回族5项、满族8项、蒙古族1项，占据了民间文学、传统音乐、传统舞蹈、传统戏剧、曲艺、杂技与竞技、传统美术、手工技艺、民俗、传统医药等10大类别。

(曲士正)

【调研民族乡村医疗卫生体系建设情况】 2016年7—8月份，市民委对全市民族乡村医疗卫生建设情况开展了实地调研。全市各民族乡村新农合补缴标准为每人每年140元,参保率达到95%左右,参加新农合的村民可享有区域内住院费用75%报销、药品费用85%报销。5个民族乡各设有1个乡卫生院,每个民族村至少设有1个村卫生室。

(曲士正 王宏)

【华夏饮食文化博物馆举行揭牌仪式】 2016年8月10日,市民委为华夏饮食文化博物馆举行民族团结进步教育基地揭牌仪式。市民委副主任关艳萍、沈阳华夏饮食文化博物馆馆长李春祥共同为教育基地揭牌。该馆是以第四展馆为主体,以民族特色饮食文化长廊为衔接,以宣传册、标语、展板等宣传手段为辅助的全方位立体式的宣传教育综合体。

(薛 宁)

【城市民族工作会议】 2016年8月16日,沈阳市城市民族工作会议在沈阳迎宾馆召开。会议由市政府副秘书长张国祥主持,市民委主任张昕光宣读《关于确定第二批"沈阳市民族团结进步创建活动示范单位"的决定》,和平区、沈河区、铁西区政府以及市司法局、食药监局分别交流工作经验,副市长张景辉作重要讲话。各区县(市)政府分管领导、民委主任,市民委委员单位负责同志等90余人参加会议。

(薛 宁)

【举行第二届清真兰州拉面大赛】 2016年9月5日,由市民委、和平区政府主办,和平区民委、沈阳市西北清真兰州拉面协会承办的沈阳市第二届清真兰州拉面大赛在和平区太原街步行街隆重举行。和平区委常委、政法委书记吴开华,和平区委常委、区委统战部部长张德出席活动,市民委副主任关艳萍代表主办单位致辞。比赛过程中,穿插了民族知识问答、现场品尝、现场制作等互动环节,另外还安排了纽扣穿面、点燃面条、花式拉面等表演项目。

(薛宁 李爽)

【首批省级少数民族特色项目挂牌活动】 9月7日,沈阳市民委启动首批省级少数民族特色项目挂牌活动。市民委副主任程心专门为首批获得省级少数民族特色项目单位——沈北新区兴隆台街道"稻梦空间"项目授牌,沈北新区统战部部长丁一楠及项目单位负责同志参加授牌仪式。

(彭福昌)

【举办"中华民族一家亲同心共筑中国梦"团结颂文艺展演】 9月22日晚,由沈阳市民委、和平区政府主办,和平区民委、和平区文广新局承办的"中华民族一家亲同心共筑中国梦"团结颂文艺展演在和平区沈水湾公园内浑河之夏文化广场举行。市民委主任张昕光,市民委副主任关艳萍,和平区委常委、常务副区长董德高,和平区委常委、区委统战部长张德等观看演出。

(马云松 李爽)

【举办民族团结电影展映周活动】 9月12—18日,沈阳市民族团结进步宣传月系列主题活动——2016"民族团结电影展映周"在市区14个大型广场隆重上映。展映周期间,先后播放了《阿诗玛》、《爱无疆》、《狼图腾》、《红河谷》、《五朵金花》、《冰山上的来客》、《牧马人》、《刘三姐》、《冰山雪莲》、《剑河》、《帕米尔新娘》、《伊犁河》、《马背歌王》、《草原上升起不落的太阳》等14部反映民族团结题材的影片,累计放映98场次,观众达上万人次。

(马云松 李宏强)

【回民中学举行建校80周年庆典活动】 9月28日,沈阳市回民中学建校80周年庆典活动在学校操场隆重举行。全国民族中学教育协会秘书长王静、辽宁省民委副主任张智光、市民委副主任关艳萍等领导应邀出席。海内外校友代表、部分退休老教师等近千人参加了当天的庆典活动。

(曲士正)

【华夏饮食文化博物馆被评为辽宁省民族团结进步教育基地】 9月30日,辽宁省民委副主任张智光为省民族团结进步教育基地华夏饮食文化博物馆揭牌,并实地检查民族团结进步展室建设情况,就进一步完善宣传设施、丰富宣传形式、增强宣传效果,更好地发挥教育基地功能作用,与博物馆负责人李春祥做了具体交流。市民委副主任关艳萍陪同。

(曲士正)

【朝鲜族民俗文化产业园正式建成对外开放】 9月底,沈阳朝鲜族民俗文化产业园项目正式建成对外开放。该项目位于铁西区路官一街,是在原沈阳铝材厂原址上改造装修而成。该项目投资总额5亿元,占地面积约2.7万平方米,产业园以民族特色和民族风情为发展定位,在保留原厂部分墙体的基础上融入了鲜明的朝鲜族特点,实现了历史与现代的完美结合。

(王翠红)

【举办民族团结进步宣传漫画大赛】 10月14日,市民委举办沈阳市民族团结进步宣传漫画大赛,先后征集到各类作品537幅。经过评审,共有84幅优秀作品获奖,其中特别奖7名、一等奖3名、二等奖6名、三等奖10名、优秀奖58名。大东区民委获最佳组织奖,沈河区民委、和平区民委、铁西区民委和沈飞集团公司获优秀组织奖。

(马云松 李宏强)

【图们社区通过"全国双语和谐社区试点单位"检查验收】 10月21日,国家民委教科司司长田联刚率检查组,对沈阳市图们社区"全国双语和谐社区试点单位"建设进行检查验收。辽宁省民委副主任张智光,市民委主任张昕光、副主任关艳萍陪同。图们社区位于和平区西塔地区中心地带,是一个民族特色鲜明的朝鲜族聚居社区。2015年底,图们社区被国家民委列为"全国双语和谐社区试点单位"。

(曲士正)

【西关美食街举行盛大开街仪式】 沈河区西关美食街历时7个月维修改造,于10月21日下午举行盛大开街仪式。省民委副主任张智光,市民委主任张昕光、副主任关艳萍,沈河区委书记王健、区人大主任吴晓冰、区委副书记杨文凯、区委办公室主任王林、宣传部部长骆颖、统战部部长徐强、副区长董雪峰及朱剪炉街道、区直相关部门领导出席了活动。

(梁 爽)

宗 教

【概况】 2016年,沈阳市宗教局牢牢把握稳中求进的总基调,紧紧围绕沈阳市中心工作,不断提高宗教工作法治化水平,充分发挥宗教界人士和信教群众在促进经济发展、社会和谐和文化繁荣中的积极作用,维护了全市宗教和谐稳定大局。

1.深入贯彻落实全国、全省宗教工作会议精神。筹备召开全市宗教工作会议,以市委、市政府名义印发《关于加强和改进新形势下宗教工作的实施意见》及任务分解方案。以学习贯彻全国、全省宗教工作会议精神为主题,举办全市宗教工作干部专题培训班,指导各全市性宗教团体召开座谈会、培训班,指导宗教界开展"宗教政策法规学习月"活动,培训各级各类人员8000余人次。

2.着力维护全市宗教领域和谐稳

定。开展民族宗教领域安全隐患排查百日专项行动。召开全市宗教活动场所安全工作现场会，做好全国“两会”、“G20峰会”等重要时间节点全市民族宗教领域维稳工作。举办“反恐怖防范宣传周”活动，配合有关部门处置非法宗教活动，取缔境外宗教渗透活动3起。

3. 着力解决宗教领域突出矛盾和问题。开展全市佛教、道教“两乱”治理工作，做好朝觐组织服务管理工作，加强天主教地下势力转化，取缔基督教私设聚会点51处，妥善应对影响民族团结宗教稳定网络热点事件。

4. 着力发挥宗教界积极作用。举办“宗教慈善周”活动，支持宗教界参与公益慈善事业，全市宗教界共捐助善款1149万元。指导宗教界广泛开展培养和践行社会主义核心价值观活动。

5. 着力促进和推动宗教界加强自身建设。组织召开爱国宗教团体负责人年度述职评议工作会议。指导宗教界开展佛教讲经说法、道教玄门讲经、伊斯兰教卧尔兹主题演讲及天主教界、基督教界神学思想建设。推进东塔永光寺、天后宫复建工程顺利落地，归还西塔延寿寺宗教用地1200余平方米，投入寺庙维修资金200万元，争取国家宗教寺观教堂维修补助项目资金15万元。

（吴国峰）

【“玛哈噶喇”金佛为沈城文化强市添彩】 1月10日，“玛哈噶喇”金佛落座法会在沈阳市实胜寺隆重举行，市委常委、和平区委书记冯守权，副市长张景辉，市宗教局长张昕光、副局长金翔，和平区区长田家、副区长吴开华等领导，市佛教协会会长照元法师及市佛教协会部分班子成员、居士代表及信众共1000余人参加了法会。

（吴长权）

【召开宗教活动场所规范化管理经验交流座谈会】 3月30日，市宗教局召集各区县（市）宗教局召开了宗教活动场所规范化管理经验交流座谈会，总结近年来宗教活动场所规范化管理的好经验、好做法，推进新形势下宗教活动场所管理工作。

（张云国）

【实胜寺举办藏经楼开工奠基仪式】 4月7日，沈阳市佛教协会在实胜寺原藏经楼遗址举办恢复重建藏经楼开工奠基仪式。市政府副秘书长张国祥，市宗教局局长张昕光、副局长金翔，和平区区长田家、副区长吴开华，市佛教界人士及信众代表200余人出席仪式。

（吴长权）

【召开和谐寺观教堂创建活动动员大会】 4月20日下午，市宗教局召开以“规范”为主题的和谐教堂创建活动动员大会，对近年来全市宗教活动场所管理工作中好的经验和做法进行总结交流。市宗教局局长张昕光出席会议并作动员讲话，副局长金翔主持会议。各区县（市）宗教局长、科长，部分街道（乡镇）宗教工作分管领导，全市性宗教团体、市直管宗教活动场所及全市甲类宗教活动场所负责人共计180余人参加。会议出台了《沈阳市宗教局关于加强宗教活动场所规范化管理工作的指导意见》。

（张　健）

【皇寺恢复“抬佛节”系列活动】 5月19—21日，沈阳皇寺隆重举行“抬佛节”系列活动，“玛哈噶喇”金佛诵经仪轨、玛哈噶喇金刚舞表演、皇寺鸣钟和“抬佛节”等昔日皇寺庙会传统活动得以恢复。5月22日起，中断了半个多世纪的盛京八景之一“皇寺鸣钟”于每天早晨6时许在皇寺鸣响。

（王继业　吴长权）

【佛教界举办法律法规培训班】 5月24—26日，市佛教协会在苏家屯王纲慈云寺举办全市佛教界2016年法律法规学习月培训班，并就学习全国宗教工作会议精神、发挥宗教界文化积极作用、践行社会主义核心价值观及如何加强自身建设工作进行座谈交流。市宗教局局长张昕光出席培训班，并以“坚持宗教中国化方向与我国的宗教政策法规”为题目授课。

（吴长权　高爽）

【召开恢复重建东塔永光寺论证会】 6月7日上午，市宗教局局长张昕光在沈阳市实胜寺会议室主持召开恢复重建东塔永光寺论证会。辽宁省宗教局副局长赵佐贤、市文物局副局长孟繁涛、省文物保护专家库专家井晓光、市城建局运河管理处负责同志及市佛协副会长觉海法师、满都拉法师参加会议。会议原则同意了东塔永光寺的恢复重建工作，东塔永光寺恢复重建后，将使三百年前的盛京八景之一——“东塔春耕”从历史记忆里重新回到沈城人民的现实生活中。

（安　培）

【召开民族宗教领域安全工作会议】 6月14日，市民委（宗教局）组织召开全市民族宗教领域安全工作会议，通报全市安全生产工作情况，传达了市政府关于安全生产工作的相关要求，并从即日起至9月底，在全市范围内开展夏季安全生产大检查工作。会上宣读了《关于切实做好全市宗教领域安全大检查的通知》、《斋月期间安全稳定工作和反恐工作的通知》，部署了当前民族宗教领域开展安全工作的重点。各区县（市）民宗委及市直宗教活动场所负责人参加了会议。

（安　培）

【穆斯林群众欢度开斋节】 7月6日，沈阳市清真南寺管委会隆重举办开斋节庆祝活动。辽宁省委统战部副部长张兴奎，辽宁省宗教局副局长张智光，副市长张景辉、市政府副秘书长张国祥，市宗教局局长张昕光，市委统战部副部长李书鲤，市人大民侨外委副主任委员郑继俊，市宗教局副局长金翔、关艳萍及沈河区有关领导出席庆祝活动，向全市穆斯林群众祝贺节日。市伊协会长白月先、市伊协名誉会长李鸿宾、市回族联谊会会长金厚家及各界穆斯林代表出席座谈会。

（韩　梅）

【召开宗教活动场所安全工作现场会】 7月22日，市宗教局在铁西区基督教堂组织召开“全市宗教活动场所安全工作现场会”，通报市政府和辽宁省宗教局关于安全工作的指示精神，指出了沈阳市宗教领域存在安全隐患的几种情况，就宗教活动场所安全工作提出十项安全标准。会上，市宗教局铁西区基督教堂、清真寺、兴工基督教活动点做了经验交流，铁西区宗教局就如何做好宗教活动场所安全工作做了经验介绍。会后，与会人员到铁西区清真寺等3家宗教活动场所进行了实地观摩。

（安培　王翠红）

【举办道教界践行“社会主义核心价值观”座谈会】 7月13日，市道教协会在太清宫举办“道教义理与社会主义核心价值观合德践行座谈会”，市道协秘书长郭化庸主持座谈会，市道协全体成员及全市各宫观道长、信众共40余人参加座谈会。座谈期间，与会人员围绕道教在中华传统文化中发挥的积极作用、如何在弘扬践行社会主义核心价值观方面深入挖掘道教教义等话题进行了踊跃发言。

（王正方）

【召开朝觐工作教育培训会】 8月12日，市宗教局召开2016年朝觐工作教育培训会。按照中国伊协和辽宁省宗教局的有关要求，最终确定9人赴沙特朝觐。培训会上，国家安全局专业人员对朝觐群众提出具体要求。培训会后，市宗教局工作人员对朝觐穆斯林群众相关情况做了详细登记，认真为穆斯林群众提供优质服务。相关朝觐人员8月19日在北京进行集训，22日启程赴沙特参加朝觐活动。

（韩　梅）

【学习贯彻全国宗教工作会议精神座谈会】　8月25日，市委统战部、市宗教局召开全市宗教界学习贯彻全国宗教工作会议精神座谈会，研究部署新形势下沈阳市宗教工作，动员宗教界人士、信教群众投身沈阳市振兴发展。来自佛教、道教、伊斯兰教、天主教、基督教界代表人士50余人参加座谈会。市宗教事务局局长张昕光、市委统战部副部长李书鲤出席座谈会。市宗教局副局长金翔主持会议，并传达全国宗教工作会议精神。

（於泽亮）

【地藏王菩萨圣诞活动在延寿寺举行】　8月，西塔文化庙会暨地藏王菩萨圣诞活动在西塔护国延寿寺举行。市宗教局及和平区有关领导出席活动，市佛教界代表人士及信众代表参加活动。此次活动主要由西塔护国延寿寺钟鼓楼开光仪式、《大愿地藏菩萨像》等禅画作品开光仪式、佛教艺术作品展等三部分组成。

（李　爽）

【举办培育和践行社会主义核心价值观学习交流活动】　9月26日，市宗教局举办“宗教界培育和践行社会主义核心价值观”学习交流活动。市宗教局副局长金翔主持会议，市宗教局局长张昕光出席会议并做动员讲话。本次学习交流活动，共收集整理了五大宗教团体的23份学习交流材料，并汇编成册，各宗教团体代表进行了大会交流发言。会上，下发了《关于在宗教界深入开展培育和践行社会主义核心价值观活动的实施意见》，定于每年9月组织全市宗教界开展学习交流活动。

（吴长权）

【回龙寺大雄殿落成开光庆典活动】　10月5日上午，回龙寺大雄殿落成开光庆典活动在沈阳市皇姑区顺利举行。参加当日活动的信众共2万余人，活动现场秩序井然、热烈有序。副省长江瑞，省宗教局副局长赵佐贤，副市长刘国秀，市宗教局局长张昕光，皇姑区委书记李鹏宇、区长王新北、常务副区长谷军营等领导出席活动。

（诸　敏）

【天主教举办学习贯彻全国宗教工作会议精神培训班】　10月，市宗教局指导市天主教“两会”举办了学习贯彻全国宗教工作会议精神推进民主办教专题培训班。来自全市天主教各堂区的神甫、修女及信徒骨干代表近80人参加了此次培训。市宗教局金翔副局长应邀参加了培训活动并对全国宗教工作会议精神进行了解读。

（安继宁）

【举办恢复重建东塔永光寺祈福法会】　10月13日，沈阳市佛教协会在东塔公园举行恢复重建东塔永光寺祈福法会仪式。市政协副主席李丰、副秘书长李宏吉，市宗教局局长张昕光、副局长金翔，市人大民侨外委副主任金光爱，市政协民宗委主任刘仁刚，市文物局局长宋振虹，大东区区委副书记刘智环、统战部长齐海涛，大东区副区长牟丽博，大东区人大副主任赵宪波，大东区政协副主席康长安，市佛教协会会长照元法师，市佛教协会部分成员及信众代表1500余人出席仪式。

（安　培）

【举办宗教工作干部学习贯彻全国、全省宗教工作会议精神培训班】　10月27—29日，沈阳宗教局在棋盘山国际会议培训中心举办了全市宗教工作干部学习贯彻全国、全省宗教工作会议精神培训班。全市各区县（市）民宗委主任、部分乡镇（街道）分管宗教工作干部共140余人参加培训。市宗教局局长张昕光、副局长金翔分别以《深入学习习近平总书记在全国宗教工作会议上的重要讲话精神，把握沈阳市宗教工作方向》、《学习运用习近平总书记的科学思维方法，深刻领会全国宗教工作会议精神》做专题讲座。

（张　健）

【举办宗教界宗教政策法规培训班】　11月30日，市宗教局在沈阳宾馆举办2016全市宗教界宗教政策法规培训班。培训班特邀请大连民族学院何长文教授进行专题授课。市宗教局副局长、宗教业务处工作人员、各区县（市）宗教局长、科长、全市性爱国宗教团体班子成员代表、全市寺观教堂负责人共130余人参加培训。

（张　健）

【举行宗教界公益慈善活动启动仪式】　11月25日，市宗教局在沈阳市实胜寺组织开展以“慈爱人间，五教同行”为主题的“全市宗教界公益慈善启动仪式”。全市各区县（市）宗教局局长、全市性爱国宗教团体部分副会长以上成员、市直管宗教活动场所负责人40多人参加了启动仪式。市宗教局副局长金翔主持仪式，局长张昕光出席活动并讲话。

（吴长权）

【慈恩寺举行“云水情深，爱满人间”公益慈善捐赠法会】　12月10日，沈阳市慈恩寺隆重举行了“云水情深，爱满人间”公益慈善捐赠法会。省宗教局副局长赵佐贤，市民政局副局长徐阳，市宗教局工作人员，市佛教协会会长照元法师、市佛教协会副秘书长以上人员，受助单位沈河老年修养中心、大东区社会福利院、沈河博爱老年休养院、大东博远老年休养院、皇姑区社会福利院负责人，以及来自社会各界信教群众150多人参加了法会活动。

（吴长权）

【召开全市宗教工作会议】　12月26日，沈阳市召开全市宗教工作会议，传达学习全国、全省宗教工作会议精神，研究部署沈阳市宗教工作。省委副书记、市委书记王蒙徽出席会议并作重要讲话，市委副书记、副市长、代市长姜有为主持会议，市人大常委会党组书记潘利国、市人大常委会主任赵长义、市政协主席姜宏出席会议。市领导张景辉传达全国、全省宗教工作会议精神。市领导冯守权、连茂君、王镇、周维远、赵东岩出席会议。

（张　健）

【实胜寺举行“皇寺鸣钟”迎新年仪式】　12月31日晚，“皇寺鸣钟”迎新年仪式在沈阳市实胜寺举行。市宗教局局长张昕光，市委统战部副部长李书鲤，市宗教局副局长金翔，和平区区长田家、区委统战部长张德，市佛教协会会长照元法师、市佛协的部分班子成员，以及广大市民1500多人参加活动。2016年，沈阳皇寺相继恢复了著名的盛京八景之一“皇寺鸣钟”、中国四大庙会之一“皇寺庙会”、失传70年的“金刚舞”、抬佛节等民间活动。

（吴长权）

区、县(市)

和平区

【概况】 2016年,和平区经济运行总体平稳,产业结构更加优化。地区生产总值完成866亿元,增长5.1%;服务业增加值在地区生产总值中的比重上升到85.7%,现代服务业占服务业比重达到71%;社会消费品零售总额完成810亿元,增长2%。一般公共预算收入完成85.4亿元,增长5%;税收收入完成83.5亿元,增长5.8%,税收占比98%,收入结构全市最优。人民生活持续改善,群众幸福指数不断提升。城镇居民人均可支配收入达到4.40万元,增长6.8%。固定资产投资完成263亿元,下降53.4%;总量依然位列全市第一,对全市贡献率达到17%,同比提高6.4个百分点。

(和平区)

【区域经济】 2016年,面对经济下行压力,和平区保持发展定力,抓住发展中的主要矛盾,大力实施项目带动战略,投资拉动经济增长的关键作用得到有效发挥。

项目建设加快推进。全区投资3000万元以上在建项目达到186个,完成投资205.5亿元。其中,新开工项目83个,累计完成投资87.1亿元;全区28个市重点建设项目全部开复工,完成投资113.2亿元。新世界会展中心、盛京金融广场等一大批在建项目的加速推进,为稳增长提供了有力保证。

招商引资成效显著。全年签约落地项目54个,辽宁省交通投资集团、水资源管理集团、建设投资集团、粮食集团等一批总部型企业落户和平,新增税收超过1.9亿元。华信能源贸易额超过100亿元。中国工程院双创中心、星河互联集团、瑞士银行等63个境内外项目加速推进。

征收工作进展顺利。圆满完成足球公园、领事馆区、中航两河流域、中海和平之门等17个地块征收,实现净地86.7公顷,为全市重点项目、重大基础设施建设奠定了坚实基础。

(和平区)

【创新改革】 "双创"示范区建设成效显著。出台大学生"一证、一桌、一卡、一床"服务承诺等扶持政策措施。设立6000万元青年创业基金,为大学生及青年创业者提供了有力的资金保障。组建"三好众创联盟",全区众创空间及创业孵化基地达到14个,其中国家级7个,总面积超过12万平方米,众创空间内新增创新企业超过700家,创客数量突破2500人。浪潮大数据创新应用有限公司正式组建,清华启迪科技园高效运营。三好街"两岸青年创业园"被中台办、国台办批准为"海峡两岸青年创业基地"。

行政审批制度改革取得重大突破。实行全科办理模式,161项审批事项进厅集中办理,封存原有108枚审批用章,真正实现"一个窗口受理,一颗印章审批",平均审批时限提高了62%,新增各类企业4575家,同比增长43.5%。中央政治局常委、国务院副总理张高丽对和平区改革成果给予高度肯定,省长陈求发也做出了"沈阳市和平区的做法可推广到各市"的批示。积极落实第五批简政放权工作,承接行政职权455项,取消区级行政职权22项,下放行政职权到街道49项,进一步激发了市场主体的发展活力。统一归口管理64户国有企业,加强了国有资产有效监管。

全面搭建国际化营商环境服务平台。率先出台《和平区关于打造国际化营商环境示范区的意见》,创新搭建了96127国际化营商环境受理服务、驻沈商会、社会组织、新媒体"四大服务平台",针对各类诉求,明察暗访、督查督办、通报曝光的频次和力度逐渐加大,全党动员、全民参与、全方位整治的浓厚氛围进一步形成,"马上就办、办就办好"的服务理念进一步深化。96127国际化营商环境受理服务平台已累计受理民生诉求案件1.6万件,办结率95.6%;受理城管案件7.3万件,办结率100%。开展《沈阳振兴发展战略规划》建言献策活动,收集建议3132条。全面推进"双随机、一公开"监管工作模式,进一步保护和激发了全社会的创业活力,示范区建设正在深入开展。

(和平区)

【"四大中心"建设】 不断深化"四区一带"空间和产业融合发展,科技、文化、商业、金融等主导产业均实现升级扩容,"四大中心"建设取得初步成果。

科技优势进一步彰显。大三好街地区获批沈大国家自主创新示范区的核心区,制定实施了《和平区建设沈大国家自主创新示范区三年行动计划》。沈阳浪潮大数据创新应用中心等双创服务平台投入运营,在省内率先建设了基于"双创"的云计算中心,与清华启迪合作推进三好街整体运营管理。"创业苗圃+孵化器+加速器+产业创新基地"全产业链的创新创业服务体系加速构建。全区科技企业总量达到3849家,省级以上重点实验室13个,工程与技术中心29个,高新技术企业45家。中俄技术转化创新基地顺利落地。全年专利申请总量达到3265件,其中发明专利3051件。

文化产业更加繁荣。以皇寺庙会、非遗博览会等系列民族民俗活动为代表的北市场地区文化旅游产业加速发展。以荣宝斋沈阳分店、中国鲁艺画院、清文化瓷器展、古博会、东北亚书画交易市场等为载体的文化产品交易日益繁荣。老北市被评为全区第一个国家3A级旅游景区,北方国家版权交易中心项目启动建设。以辽宁出版集团北方文化新谷、盛京保利国际文化中心、盛京文化智慧城为代表的现代创意文化项目加速发展。东北首家欧式风格24小时歌德书店正式运营。全区文化企业达到683家,文化产业增加值占GDP比重提高了

3个百分点,成为区域经济新的增长点。

商业发展持续升级。以太原街地区为引领的街区商业资源加速整合,新华美食街、五环文创广场、八经咖啡小巷等街区向特色化、专业化、高端化加速推进,多点支撑的商业发展格局全面形成。成功举办中国城市特色街创新发展论坛和第二届中国(沈阳)商旅文产业年会,获评中国商旅文产业发展创新区。华润万象城、周大福珠宝等企业销售额均大幅提升,全区运营商务楼宇达到118座,建筑面积超过600万平方米,入驻率达到85%以上。尤其是房地产业实现逆势发展,去化周期缩短到10个月,完成商品房销售面积190万平方米,增长35.1%;销售金额170.6亿元,增长54.5%,两项增速均为全市第一。举办太原街国际时尚节、中德国际啤酒节等50余个重大节会,文化旅游、酒店餐饮等消费稳步增长,消费在拉动经济增长中的基础作用有效发挥。

平台经济蓬勃发展。实体和虚拟平台体系进一步完善,诚大进出口跨境电商平台项目进展顺利,大地中天等交易平台不断壮大。新世界国际会展中心投入使用并成功承办全国城市规划年会。中国(沈阳)东北振兴国际金融大会、三好街互联网金融节均取得显著成果。金融博物馆正式开馆并成功举办东北并购年会,沈阳卓利、东北证券等24家金融机构集体进驻,银企对接交流平台全面搭建。中东贸易平台、商会集中办公平台、香港特区政府驻辽宁联络处等招商平台作用得到有效发挥。

(和平区)

【民生事业】 就业和社会保障成效显著。结合"大众创业、万众创新",开发就业岗位2.8万个,实名制就业3.1万人,城镇登记失业率2.8%。建成8家社区日间照料站,升级改造区残疾人辅具中心,残疾人的康复保障能力全面提升。投入资金9.9亿元,共改造20个地块5.6万平方米的棚户区,受益居民1933户。集中安置长白岛回迁居民4813户,有效解决了多年的历史遗留问题。

教育品牌优势更加明显。优质教育资源的惠及范围进一步拓展。南京一校长白二分校、望湖路小学长白岛分校正式启用。开创"品牌加地产"等发展模式,开创了南宁幼教集团一园八址的办学先河,并全部被评为辽宁省首批五星级幼儿园。慧学网获评全市"智慧沈阳"优秀项目。与鲁迅美术学院、音乐学院、体育学院等3所高校建立合作伙伴关系,实现教育资源共享。在全市首创高中合作办学模式,三十八中学挂牌"二十中学三好分校",一二四中学挂牌"铁路实验中学太原分校"。

健康事业实现全面发展。广泛开展家庭责任医生签约服务,以万人为单位配备"医生+护士+公共卫生人员"三位一体家庭医生服务团队,累计签约家庭达到2.2万户。大力推进健康"信息惠民工程",免费发放20万张居民健康卡。12家妇儿预防保健门诊建成使用,建设标准和覆盖率位列全省首位。和平区被评为国家妇幼健康优质服务示范区,并成为全国"青春健康、沟通之道"家长培训项目中标单位。

文化品牌优势更加突出。"浑河之夏"文化艺术季举办各类文艺演出、特色文化展示等活动400余场,惠及群众百万人次。组织开展"盛世梨园"戏曲晚会等30余项大型文艺活动。区全民健身中心2016年8月正式投入使用,区文化艺术中心建设进展顺利,建成东北首家以足球为主题的沈阳足球之都博物馆。成功举办第二届"和平杯"国际青少年足球邀请赛和"哥德杯"世界青少年足球赛,和平区成为全省惟一的足球改革发展示范区。成功举办社区足球联赛、"健康万人快乐走"等大型活动,极大地丰富了群众的文化生活。

公共安全体系进一步健全。整合巡逻防控力量,实施警务流动服务车巡逻,刑事立案同比下降29.2%。安全生产形势持续稳定,各类事故同比下降28.6%。持续加大食品、药品监管力度,扎实开展国家食品安全城市创建工作,不断强化对电梯等特种设备的安全监管和隐患排查,建成全市首家安全生产教育基地。

(和平区)

【城区建设】 以解决环境突出问题为重点,实施常态化市容整治、精细化景观提升,城区建设和管理水平进一步提高。

生态环境持续优化。深入实施"抗霾攻坚"战役,全面开展以大气综合治理为重点的环境整治行动。拆除改造和联网20吨以下燃煤锅炉226台,联网面积达到510万平方米,为全市做出了突出贡献。10吨以下燃煤锅炉清洁能源替代51台,20吨以上燃煤锅炉脱硫除尘升级改造30台。削减二氧化硫1056吨、氮氧化物152吨,实现非电燃煤总量连续9年负增长。建成白塔堡河河口湿地,投入2700万元在长白、满融地区铺设污水管网,全力推进"碧水工程"。

生活环境持续改善。春季樱花节,夏季油菜花、百合花、荷花展,秋季向日葵、菊花展,冬季室内君子兰展,成为东北地区的"全季花城"。投入5000万元,实施60个老旧小区环境提升工程。强化弃管小区管理,实施楼道统一亮化工程。栽植树木32万株,播种草坪75万平方米,全区绿化面积持续增加。实施简约亮化工程,实现文化与亮化的完美结合。全年改造各类公厕70座,百姓生活环境进一步提升。

基础设施建设稳步推进。长白岛地区的城市配套功能进一步完善,拥有40片足球场、面积达84万平方米、可承办世界大型足球赛事的沈阳"哥德杯"世界足球公园全面建成。达到百年一遇防洪标准的浑河左岸防洪大堤基础工程全面完成。新建领事馆接线路等6条道路,三好街至南二环、砂山街至大堤路互通工程竣工通车。按照海绵城市标准改造升级了罗士圈公园,八一公园提升为东北首个军事主题公园。高标准整修集贤街、南三好街等25条街路及5座桥梁,改造天津南街等9处积水点,百姓出行更加方便。

(和平区)

【政府自身建设】 法治政府建设更加深入。完善内部议事和决策制度,以公众参与、风险评估、合法性审查、集体讨论决定为法定程序的重大行政决策机制全面建立。自觉接受区人大依法监督和区政协民主监督,承办人大代表建议和政协提案454件,办复率达到100%,办结率达到95.8%。政务公开工作不断深化,公开信息7000余条,政府工作更加阳光透明。

效能政府建设不断强化。积极开展机关作风问题专项整治,对14家问题单位进行问责。建立政府工作专项督查台账,强化对市委、市政府及区委决策部署、人大决议、政协建议落实情况的监督检查。深入清理长期在编不在岗、混岗借调人员。持续扩大绩效覆盖面,绩效考核体系更加完善。

廉洁政府建设持续加强。深入开展“两学一做”学习教育,对政府组成部门逐一进行党建工作分析,落实主体责任,强化看齐意识,把党建各项任务牢牢抓在手上、落到实处。认真落实省巡视组反馈意见整改任务,集中清理往来账款,进一步完善征收程序,对征地拆迁、招投标、公共采购、重大项目建设、财务管理等重点领域开展了专项警示教育。深入贯彻中央“八项规定”,持之以恒纠正“四风”。大力推进无纸化办公,全面完成公务用车改革,收回各类车辆246台。因公出国(境)费、车辆购置及运行费、公务接待费分别下降54.1%、25.9%、49.6%。

(和平区)

沈河区

【概况】 2016年,沈河区地区生产总值完成941亿元,同比增长0.4%。服务业增加值完成818亿元,增长0.6%。公共财政预算收入完成84亿元,增长10.5%。其中地方税收收入完成80.8亿元,增长8.8%。固定资产投资完成211亿元,下降70.3%。城市居民人均可支配收入达4.39万元,增长7%。社会消费品零售总额完成1073亿元,增长3%。

(齐建军)

【经济发展】 面对持续加大的经济下行压力,全区上下坚持稳增长总基调不动摇,调结构、转方式、换动力,综合施策,主动作为,城区竞争力和群众满足感不断增强。围绕做强优势产业,做优传统产业,培育新兴产业,抓住招商关键环节,健全招商考评机制,完善招商扶持政策。围绕重点产业,引进一批投资规模大、增长潜力强、示范效应好的重大项目。德勤会计师事务所入驻金融商贸开发区,世界四大会计师事务所齐聚沈河;首批跨境融资落地,实现东北地区跨境融资零的突破;辽宁股权交易中心挂牌企业达1283家,融资交易额达293亿元;沈阳民间借贷登记服务中心正式营业;沈阳票据资产交易中心获批筹建。

(齐建军)

【金融中心建设】 金融产业支撑优势明显。开发区申请加入《全国开发区审核公告目录》组卷报卷和晋级工作稳步推进。开发区被确定为沈阳全面创新改革试验区中金融创新改革任务惟一承载区。中兴金融云项目取得积极进展。引进中国银行辽宁分行等金融类机构72家。金融机构存贷款余额分别占全市的36%和52%,金融业增加值占全区地区生产总值近1/4,占全市金融业增加值超过1/3,金融业税收贡献率达44.1%,单位面积金融企业聚集度和金融业贡献率稳居东北首位。

(齐建军)

【现代服务业发展】 始终坚持现代服务业立区方针,加快转变经济发展方式,不断调整优化产业结构,新兴业态逐步培育壮大。全国文化金融合作试验区申报纳入省文化产业工作要点。中辰电影文化产业园一期竣工,沈阳11号院被评选为市文化产业示范园区,沈阳保利大剧院管理有限公司等3家企业被评为市文化产业示范基地。引进文化企业110家,文化产业产值占地区生产总值比重达7.6%。完成区创业孵化基地二期工程建设。华府青创空间被评为国家级众创空间,在辽宁省参评创业空间中排名第一。风雨坛等7家创业基地被评为市小微企业创业基地。

(齐建军)

【项目建设】 项目建设进展顺利。突出项目核心地位,强化项目拉动作用,依托“双进双解”、“两包四联系”载体和项目运行管理平台,完善调度机制,加强跟踪服务。16个市级重点项目全部开复工,总建筑面积643万平方米,总投资637亿元。盘活丽景明珠酒店等71处44万平方米存量资源。出让力寿寺街东-1等4个地块。开展“三争取”工作,争取各类扶持资金2.4亿元。

(齐建军)

【重点商贸区发展】 重点功能区域加快建设。东部功能区,调整浑河沈河段防洪线,为东部地区释放1.5平方公里发展空间。调整土地利用总体规划方案,新增近4平方公里建设空间。沈河区获评全国国土资源节约集约模范县(市)称号,东部地区被确定为全市建设海绵城市示范区。完成文化路北和高官台西2个地块19万平方米棚户区改造。启动八里堡等地块总计5800余户产权调换房回迁。皇城功能区,《盛京皇城历史文化街区保护规划》通过市规委会审议。启动盛京皇城创建国家5A级旅游景区申报。制定《沈河区旅游发展总体规划》,举办第七届中街文化旅游购物节。推动“老字号”引进、保护和开发。五爱和南塔功能区,引导电子商务与商贸、物流等传统产业融合发展。阿里巴巴南塔产业带商品平台运行良好。五爱智汇海购体验店运营。五爱金融、五爱物流、辽宁筋斗云科技公司航空货运电商平台试运行。跨境电商综合交易平台建设取得初步进展。沈河区作为东北首个城区荣获中国服装商贸名城称号。“四名联创”工作稳步实施,营造了支持服装商贸企业发展的良好氛围。

(齐建军)

【城市建设管理】 城区环境品质稳步提升。坚持“绿色强区、绿色惠民”理念,累计投入3.6亿元,推进绿化美化亮化净化工作,城区宜居度和群众舒适感不断增强。智慧沈河建设深入推进,强化政务服务中心内涵建设,构建区、街道、社区三级网上并联审批体系,推行联审联办和限时办结制度,企业“三证合一”注册时间提速50%以上。推进个体工商户登记制度改革,核发全省首张“两证整合”营业执照。城区规划建设再上台阶,17个供水、供气、供暖“三网”配套改造项目基本完成,改造面积56万平方米,涉及居民楼145栋、居民8514户。完成满堂河两侧景观改造及廊道建设,辉山明渠等截污、清淤、护坡改造进展顺利。完成长青公园和万柳塘公园三期改造、南塔街等11条18万平方米道路整修、清真路等12处积水点改造。维修养护820条街路面及排水设施,修补坑槽8.7万平方米。城区环境面貌有效改观,全面开展“楼院整治行动、打造美丽家园”为民主题实践活动,有效治理楼院“十乱”问题。推进多部门联合执法,开展对违章建筑、占道经营、露天烧烤、流动食品大篷车等专项整治,全区529个小区、426个网格面貌焕然一新。开展“蓝天行动”,完成57处“淘汰和改造燃煤小锅炉房”项目,对区房产热力公司等6家供热企业实施热源环保脱硫改造,淘汰黄标车工作有序推进。

(齐建军)

【民生工程】 百姓民生福祉持续改善。坚持“东北领先、全国一流”目标,累计投入23.8亿元,实施为民办实事等工程,城区共建共享能力和群众认同感不断增强。服务供给能力不断提高，通过国家中小学校责任督学挂牌督导创新区核查。代表辽宁省通过国家教育信息化专项督导。中国教科院沈河教育综合改革实验区项目成效明显。加快育源中学教学综合楼建设，完成市一四五中学、文化路幼儿园等17所学校（幼儿园）改造，实验学校东部校区小学部投入使用。教育局幼儿园等3家幼儿园晋升为省五星级品牌幼儿园，沈河区被确定为市学前教育改革发展先行区。大南社区卫生服务中心被授予“全国百强社区卫生服务中心”称号。凯旋社区等2家单位被评为省健康教育示范基地。幸福社区建设深入推进，加快社区标准化、精品化建设，打造菜行等10个精品社区，改造桃源等5处社区用房。对219个老旧庭院实施绿化、道路、排水等综合环境改造。对270栋共150万平方米住宅楼实施“节能暖房”工程，受益居民达2.4万户。市妇女会馆祥颐园老年公寓等3处养老院项目竣工，新增床位339张。新建泉园和丰乐2个区域性居家养老服务中心。打造15个示范型日间照料站，新建5个社区日间照料站，日间照料站社会化运营率超过70%。选拔304名全科社工，开展职业化技能培训，健全社区工作者绩效考核机制，社工队伍专业服务水平不断提升。社会保障体系日益完善，强化市民公共服务平台建设，完善“先予处置”机制，解决各类民生诉求案件9.6万件。沈河区在2016中国城市建设科学发展论坛上交流经验，央视和人民日报对沈河区民生诉求办理进行宣传报道。“救急难”工作在全国试点培训会议上交流经验。城镇实名制就业5.05万人，全区零就业家庭动态为零。扶持创业带头人808人，发放小额担保贷款2540万元。完成城镇灵活就业人员养老保险基金收入5亿元，发放失业保险金5016万元。农民工工资清欠率和结案率均为100%。完成200户贫困家庭无障碍改造和100名贫困听力残疾人助听器适配项目。为8.23万名困难群体发放救助资金4658万元，与法库“城乡互联、结对共建”工作有效开展。

（齐建军）

【平安城区建设】 平安沈河建设深入推进。深化“全社会调解”模式内涵，加强信访积案化解，息访积案120件，息访率46%，省市交办案按期办结率100%。坚持“诉访分离”，推进信访诉求分类处理，移交终结涉法涉诉信访事项73件。完成重点时段信访维稳任务。社会局面更加平安稳定，公安信息化建设、视频“天网”工程、“大情报”系统建设在全省介绍经验。改造升级视频监控系统，新建1000个视频点位，高清视频监控点位占比达76.6%。“破现案、攻积案、清逃犯”等工作成果显著，命案现案破案率100%。开展“招手就站、马上就办”流动警务服务，刑事警情总量下降67.5%，“零发案”小区占比达95.6%以上，平安沈河建设连续五年位于全省前列。安全生产形势平稳向好，针对重点行业领域和重要时段，开展安全生产隐患排查整治，检查生产经营单位2.04万家次，发现各类隐患5456处，整改隐患5296处，整改率97.1%。开展各类应急演练143场，参加单位180家次。五次代表沈阳市迎接国家和省级安全生产督查调研，继续保持全省安全生产工作先进城区称号。

（齐建军）

【政府自身建设】 政府自身建设不断加强。开展“两学一做”学习教育，落实政府党组廉政建设主体责任，加强机关作风和行政效能建设。自觉接受区人大依法监督和区政协民主监督，承办省市区人大代表建议和政协提案354件，其中：区人大代表建议201件，区政协提案114件，省市建议提案39件，办复率100%。向人大专题报告工作11次，接受代表委员视察检查8次。深入开展简政放权，承接市级下放职权21项，向街道社区下放为民审批服务事项57项。实施“双随机、一公开”监管，规范涉企行政执法行为。推进国有企业改革，完善国企负责人薪酬管理办法。执行中央“八项规定”，规范政府采购行为，节约资金9170万元，节支率21%。

（齐建军）

铁西区

【概况】 2016年，铁西区完成地区生产总值932亿元，同比下降3%；一般公共预算收入91.2亿元，同比增长0.6%，其中税收收入85.25亿元，同比增长11%，高于全市7个百分点；固定资产投资185亿元；社会消费品零售总额594亿元；城市居民人均可支配收入3.96万元。

着力扭转经济下滑趋势，区域经济运行进一步企稳。面对东北地区从未有过的经济负增长局面，按照区委对经济工作的总体部署，积极适应经济新常态，以体制机制创新为突破，以稳增长、调结构、促转型为重点，以做优存量、壮大增量为抓手，全面落实供给侧结构性改革，主要经济指标降幅不断收窄，经济运行逐步企稳。

（张　曌）

【创新改革试验】 坚持改革统领，先行先试，大胆创新，经济社会重点领域改革取得新进展。实施功能区设置和绩效管理，赋予城区功能区经济职能，突出开发区功能区产业特色。在中德园和招商系统管理体制机制创新上率先突破，政府管理体制创新迈出了重要一步。推进行政审批制度改革。率先实行“无费区”政策，实施“五证合一”和“一照一码”，成立了全省首家区级“联合评审中心”，“放管服”能力进一步提升。深化国资国企改革。实现国资运营收益6.1亿元。投入3.8亿元解决国有及集体企业历史遗留问题。北方重工与中建材重组工作稳步推进，北方重工成功并购美国罗宾斯公司，所属13户壳企业、20户大集体企业移交区属管理工作有序推进。加强金融创新。与中国银行法兰克福分行、辽宁分行和建设银行辽宁分行分别签署了战略合作协议。与上海东方汇富合作制订市场化取向的金融设计方案。铁西产业金融发展规划初步完成。设立了10亿元铁西振兴产业（创业）投资引导基金。中德园跨境人民币创新业务试点正式启动。支持企业自主创新。与国家信息中心共同启动国家装备制造业大数据中心等平台建设。全年新增省级重点实验室1个、省级工程技术研究中心2个，新研制重大技术装备首台（套）17项。沈鼓集团具有国际水平的国内首台10万/小时空分压缩机组试车成功，国内首台年产120万吨乙烯压缩机组实现产业化运行。远大集团自主研发的智能感知工业机器人填补国内多项技术空白。沈阳机床集团“i5战略”走在国内行业前沿。

（张　曌）

【对外开放和项目建设】 深入实施“走

出去”、“引进来”战略,创新招商引资方式,优化利用外资结构,重大项目拉动作用明显增强。全年实际利用外资3.2亿美元,位居全市第一。新开工3000万元以上项目107个,总投资4.5亿元的远大集团与日本IHI合资农机生产基地等47个市重点项目全部开复工。竣工项目92个,总产能40万辆的华晨宝马整车三期、总产能40万台的华晨宝马发动机一期等重大项目竣工投产。宝马在德国本土以外惟一的研发中心进入设备调试阶段。沈化搬迁改造、东药搬迁改造一期项目基本完成。沈化、东药的生产订单实现逆势上扬。远大压缩机与全球行业领导者瑞士布克哈德战略重组、投资2.8亿元的新加坡丰树等32个亿元以上项目落地。远大铝业海外工程承包带动出口1.7亿美元,和平轮胎出口创汇超5400万美元。推动海关监管工作前移,在北方重工设立了综合保税仓库,提高服务企业效率。服务业发展势头良好。引进了国大药业、成大方圆等一批总部企业,全国最大的电子竞技综合基地百万星光正式上线运营,位于开发区的万丽、东方银座铂尔曼2家五星级酒店即将试营业。全面体验宝马品牌文化的宝马世界竣工营业。服务业占地区生产总值比重达到36.6%,同比提高3个百分点。中国工业博物馆被评为国家AAAA级景区,盛京驿站、华圣寺、沈阳机床等景点被评为国家AAA级景区。万科、美的等知名房企首次进驻开发区,龙湖、旭辉、华润等企业竞相投资。全年收储土地68万平方米,出让土地153万平方米,土地成交金额全市第一,商品房销售面积和增幅市内五区第二。

(张　婴)

【“一园一城一谷”建设】 中德园建设加速推进。园区项目总数达到228个,竣工投产、开工建设、注册购地项目达45.6%,非汽车类项目占70%。其中:世界顶级的瑞士服务型机器人项目签约,德国“隐形冠军”企业代表——七福模具注册,德国西门子智能交通创新中心挂牌,中德汽车轻量化技术工程中心和中德创新研究院相继成立,德国铁路集团全球物流中心一期、深圳大族激光机器人竣工,纽卡特工业机器人行星减速机制造项目即将投产。中央商务区全面启动,德中企业服务管理公司完成合资组建并开始运营。《中德装备园知识产权保护白皮书》正式发布。中德大街二标段工程开工建设。在德国法兰克福、杜塞尔多夫、斯图加特等城市设立3处招商联络处。德国总理成功访问中德园,扩大了园区在德国乃至欧洲的影响力。中德园成为全国“中德智能制造合作试点示范园区”。中法生态城建设加快推进。与央企签署了战略合作框架协议,园区总体规划正在修改完善,贯穿园区南北的浑河4街全线竣工通车,横跨三环连接城区的中法大道土地征收工作已经完成。北京积水潭(沈阳)国际医院主体完工。全年征收及整理土地30万平方米,为项目建设提供了土地要素保障。铁西金谷功能不断完善。金谷科技园内总部型、平台型项目达到220个,入住率达70%以上。第三方通正检测检验中心全面投入使用,谷歌电商展示中心正式运营,光大环保在新三板上市工作稳步推进,度维3D打印平台等30个项目签约落地。建筑面积7万平方米的“2025创新大厦”即将竣工。

先进装备制造产业园成功组建并进入实质运行。化工医药产业园完成了总体规划及规划环评修订工作,有效解决项目用地、验收等环保标准限制问题,为开发区节约大量动迁资金。沈化PVC糊树脂、三聚凯特工业催化剂生产规模跻身亚洲首位。现代建筑产业园建设稳步推进,中南世纪城装配式住宅示范项目竣工。西部新城都市观光农业蓬勃发展,八三堡和蔡家台村荣获省级生态村称号。

(张　婴)

【城市建设与管理】 面对经济下行压力,投入资金50.9亿元,保障了659个重点城建项目顺利建设。实施一批重点道桥建设工程。沈阳东西快速路、北一路一期、沈西七东路加快推进,连通出海铁路通道的沈西工业走廊铁路二期工程建成通车,沈辽路高架桥二环至三环并跨三环段建设前期工作基本完成,中央大街跨浑河桥主体工程开工。疏通交通微循环。打通卫工南街等11条街路“断头路”,沈辽路过街天桥投入使用。完善配套基础设施。开发区综合管廊一期工程进展顺利,220千伏高花变电站投入使用,25万吨污水处理厂配套管线工程全面推进。强化城市精细化管理。创新城市管理执法体制,在城区分设东西执法部门。“双城双创”工作扎实推进。提升城市管理效能,实施市容环境专项整治,占道经营、流动售卖、私搭乱建等城市顽疾得到有效管控。深入实施蓝天工程。开发区国家低碳工业园区试点工作稳步推进。启动了国家环保部通报超标排放的炼焦煤气公司关停工作。淘汰黄标车6200余辆。实施“拆小并大”工程,全区144台10吨以下燃煤锅炉全部拆除,集中供热面积新增151万平方米。二氧化硫、氮氧化物排放均减少1.5%。金谷热源投入使用。全年植树23.7万株,新增绿地9.5万平方米。

(张　婴)

【保障和改善民生】 坚持把更多的财力、物力投向民生领域,民生投入47.9亿元,占一般公共预算支出的79.7%。坚持教育优先发展。投入11亿元,创历史最高水平。移址新建36中学等10个项目建成并投入使用,光明二校等11所学校新改扩建项目快速推进。高考高分段考生数量位居市内五区第一。提升卫生计生服务水平。智慧医疗工作进展顺利,卫生信息化平台上线运行。新建长滩、新民屯卫生院即将投入使用,乡镇公办卫生院实现全覆盖。与三甲医院共建“医联体”,提升了基层医疗机构的诊疗水平。铁西区被评为“新一轮全国计划生育优质服务先进单位”。加快发展文化体育事业。首创中德园文化之旅行动,成功举办“中德友谊之夜”交响音乐会。圆满承办一批国家级赛事及大型文娱演出,场馆市场化运营水平明显提升。开展各类群众性文体活动3300余场,工人村街道和保工街道繁荣社区被评为省文化先进街道和先进社区。加强就业创业服务。实名制就业3.43万人,政府直接扶持创业带动就业4522人,城镇登记失业率控制在4%以内。完善养老服务体系。新建区域性居家养老服务中心2个、示范性日间照料站11个。改善居民居住条件。投入31.2亿元,完成5269户棚户区改造。投资4020万元,对80个老旧小区进行环境改造。完成节能暖房工程40万平方米。市政府下达的“三网改造”任务全面落实。

(张　婴)

【政府自身建设】 全面履行政府党组党风廉政建设主体责任,落实“一岗双责”,扎实推进政府勤政廉洁建设。深入开展“两学一做”学习教育,政府组成人员思想和工作作风进一步转变。坚持定期向区人大报告工作和向区政协通报工作,自觉接受人大依法监督和政协民主监督,受理区人大代表建议204件、区政协委员提案167件,办复率和满意率均为100%。推行行政审批"一站式"服务和"全天候"服务,"智慧铁西"建设全面提速。受理民心网、市长信箱、96123热线等民意投诉2.70万件。实行首办负责制、限时办结制、责任追究制等制度,推动了行政效能提升。信访稳定工作持续加强,一批重点疑难案件实现"销号",历史遗留的1583户居民燃气未开栓问题和1.03万户居民房产证未办理问题得到解决。扎实推进平安铁西建设,增设社会治安防控探头2798个,开发区公安指挥中心和交通指挥平台投入运行。开展百日安全生产隐患大排查大治理及各种专项安全检查行动,启动国家食品安全城市创建工作,全区安全形势保持了总体平稳态势。

(张　翌)

皇　姑　区

【概况】 2016年,皇姑区实现地区生产总值438.9亿元,增长3.5%;服务业增加值360.1亿元,增长2.9%;一般公共预算收入36.07亿元,增长1.7%;固定资产投资163.1亿元;社会消费品零售总额309亿元,增长1.8%。城市居民人均可支配收入3.92万元,增长6.6%。皇姑区被国土资源部评为"国土资源节约集约模范县(市)"。

(王　茁)

【经济发展】 开复工3000万元以上重点项目79个,其中新开工8个、竣工18个。储备在谈项目793个,160户企业成功落户。新设立登记企业2635户,增长11.2%;迁入企业123户;新设立个体工商户5009户,增长8%。全区工商企业已发展到1.76万户,个体工商户已发展到2.87万户。成功举办"中国文化金融创新与发展高峰论坛暨国家级文化金融合作试验区落户沈阳市皇姑区研讨会"。与辽宁出版集团签订文化金融产业合作协议,引进中新青年电影院线等近30家文化金融产业项目。成功引进省社保基金、省农业信贷担保公司、拓源投资集团等10家类金融机构。阳光财险、富德财险相继落户皇姑区。金融业及服务机构发展到339家,金融业对经济增长贡献率提高到20%,金融业税收在全区税收总量中的占比达到15%。制定沈阳"中关村"科技文化园整体规划,完成辽大"崇山创谷"项目前期规划和注册工作。成功洽商并与首都航空公司签署战略合作协议。沈阳电商产业园一期入驻企业41家,年交易额突破50亿元;中国装备制造工业设计中心、君威军民融合智慧产业园实现满园运营;智慧环保产业园、轻科小微企业双创园、沈阳软件园等智慧产业平台运营良好,入驻企业达到130户;奇虎360东北公司等一批智慧产业企业相继落户皇姑区。成立皇姑区旅游文化产业发展协会,设立旅游文化发展基金,成功举办首届旅游博览会,推出智慧旅游云平台。舍利塔回龙寺正式开放,初步形成北运河"四点一线"文化旅游观光带。全年接待游客268万人次。总投资1600万元的盛京·鲤鱼门特色街,经营业户达到400户,成为沈阳市夜经济新品牌。东北篮街、星吧街、户外运动休闲街、彩虹街、北塔U街等特色街经营业户达到800户。扎实推进首府新区晋升省级经济技术开发区申报工作,全面推行创新示范管理试验。加快推进26.8万平方米有条件建设区规划调整工作,完成41万平方米农用地占补平衡工作。

(王　茁)

【城区环境】 投入4.1亿元,将全区435台10吨以下燃煤锅炉全部拆除,拆除量占全市拆除总量的29.8%。拆除联网55座锅炉房、113台锅炉,联网改造供热面积578.4万平方米。41.8公顷秸秆无害化清理工作全部完成。万元地区生产总值能耗下降3.5%,万元地区生产总值二氧化碳排放量下降3.6%,万元工业增加值能耗下降2%,减排二氧化硫1.5%以上。智慧政务服务平台—网上在线审批和预核名审核系统正式上线运行。完成"智慧安监"网络信息化平台系统建设,"平安皇姑"视频监控平台项目全面启动。加快65项市、区城建计划实施进度,完成北塔公园、克俭公园、碧塘公园改造和景观提升工程,实施泰山路等4条重点街路绿地绿带建设;整修长江街等道路17.5万平方米,完成7处积水点位改造。实施首府街、青城山路等20个市政道路、绿化景观等基础设施建设项目。融入海绵城市理念的"七二四休闲健身长廊"、"槐园"建成并对市民开放。组织实施城市街头标志性景观雕塑建设和灯饰亮化工程。利用闲置土地修建6处临时停车场,新增停车泊位1458个。以全面实施"双城双创"活动为载体,累计清理占道经营、违规广告、露天烧烤等1.27万处,整治辖区内废旧物收购站157家,累计拆除违章建筑4万平方米;组织修复"背街小巷"破损道路1万平方米,清扫排水管线1.7万米;实行"深度清洁"作业模式,二级以上街路全部实现机械化清扫。

(王　茁)

【民生工程】 深入实施"双创"工程,47个社区成为省、市充分就业示范社区。实现城镇"双创"实名制就业3.13万人,城镇人口登记失业人员总量控制在1.14万人,零就业家庭动态为"零";扶持创业带头人520人,发放创业担保贷款2760万元。城镇职工养老保险统筹征缴4.3亿元,参保人数达到35.8万人。发放稳定岗位补贴2299万元,惠及企业333户、职工5万人。累计发放救助金6614万元。完成115个点位的老旧住宅区改造工程,惠及居民20万人。在29个社区施行居民业主自治管理模式,老旧住宅区管理逐步迈向规范化。推进北京中城老旧住宅区智慧化改造项目,完成泰山小区、漓江园等智慧化改造项目前期调研和规划工作。实施7处老旧住宅区"三网"配套改造,惠及居民2662户。完成公共租赁住房2140户,廉租房租赁补贴188户,经济适用房购房105户。实施3个棚户区改造工程,惠及居民2716户,开工率达到100%。推进回迁安置房建设,3221户回迁居民喜迁新居。在长江北社区、梅江东社区开展"幸福沈阳共同缔造"行动试点工作。扎实推进中海西社区"智慧屋"试点成果,在全区124个社区完成195个社区"智慧屋"的规划选址工作。以牡丹社区区域性居家养老中心为代表的一批居家养老服务平台运转良好。全面施行"一口式受理、全科式服务、开放式办公"工作模式,推进服务型社区建设。完成3个行政村居民委员会换届选举工作。开展安全生产重点领域整治行动,全年未发生重特大安全事故。皇姑区成为全市惟一的省级食品安全放心城区,食品安全满意度达到84%。皇姑区连续十年被评为省级平安区。强化应急管理,突发事件处置能力有效提高。落实信访工作责任制,群众合理合法诉求得到妥善解决。精心开展“七五”普法,履行人民调解职能,调处各类纠纷771件。

(王　苗)

【社会事业】 皇姑区成为全市首批全国责任督学挂牌督导创新区,成功举办“全国新教育皇姑实验区开放周”活动。7所学校被评为省级课程改革示范校,3所学校成为全国青少年校园足球特色学校,46所中小学二星级数字校园建设进展顺利。在全市率先实施中小学校校服统一招标采购。开展群众文化活动315场次。皇姑区民间艺术基地被评为省级特色文化基地,皇姑屯事件博物馆被命名为市爱国主义教育基地。气膜足球馆、青城山体育公园投入使用。完成“2016年沈阳马拉松赛”终点及皇姑区赛段的组织保障工作。成功举办皇姑区第六届职工运动会。成立14个“医联体”,解决群众就近就医、分级诊疗问题。建成全市首家集中消毒供应中心;覆盖全区的卫生信息化管理系统正式运行,公共卫生应急处置能力全面加强。残疾人综合服务中心项目投入使用。实现省、市“双拥模范区”“八连冠”。

(王　苗)

【政府自身建设】 自觉接受区人大及其常委会的依法监督、区政协的民主监督和社会各方面监督。坚持并完善向区人大及其常委会报告工作、向区政协通报工作制度。全面落实区人大常委会审议意见和区人大、区政协视察意见,及时反馈落实情况,报告率和通报率均为100%。高度重视人大代表建议、政协委员提案办理工作,办理人大代表建议185件、政协委员提案180件,办复率100%、办理过程满意率100%、办结率91.7%。深入开展“两学一做”学习教育,认真落实中央巡视“回头看”整改任务,严格落实全面从严治党主体责任,加大行政监察和审计监督力度,干部队伍廉洁从政意识不断增强。坚持依法行政,制定出台区政府《重大行政决策程序规定》、《重大行政决策事项听证制度》、《法律顾问工作规则》等16项工作制度,法治政府建设步伐加快。落实中央“八项规定”精神,持续纠正“四风”,“三公”经费同比下降40%。实施公务用车改革,规范公务用车运行管理。完成公共资源交易项目306个,节约资金1.07亿元。清理和规范临时用工,节约支出3000万元。强化绩效考评,行政效能得到提升。

(王　苗)

大　东　区

【概况】 大东区是沈阳城区之一,位于沈阳城东北部,西南、南、东南与沈河区比邻,西北与皇姑区相连,东北与浑南区(棋盘山开发区)相接,北与沈北新区接壤。大东区因位于大东边门外而得名。辖区面积101平方公里,下辖14个街道办事处、122个社区(108个城市社区,14个村改社区),常住人口80余万人。大东区是沈阳民族工业的发祥地。清末,奉天银元局、大亨铁工厂等沈阳最早的民族工业在大东兴起。民国时期,全国最大的东三省兵工厂在大东建立。1929年,自行设计、生产出第一台“民生牌”载重汽车。建国后,黎明公司、新光公司、矿山机器厂、中捷友谊厂、东基集团等著名的国有大中型企业成为沈阳工业的重要支柱。大东区历史文化积淀深厚,有建于明永乐13年的“大法寺”、清崇德8年的“东塔”,有赵尔巽、杨宇霆、王明宇、吴俊升、常荫槐、孙烈臣等民国名人故居,以及被列入“盛京八景”的星阁晴霞、万泉垂钓、东塔春耕等文化遗产。大东区地灵人杰,周恩来曾在大东读书,辛亥革命喋血奉天第一人张榕、东北抗日义勇军最早倡导者黄显声、著名文化人士杜重远、金毓黻等曾在大东驻足。2016年,大东区获教育部授予的“全国社区教育示范区”、国家卫计委授予的“全国计划生育优质服务先进区”、中宣部和司法部授予的全国法治宣传教育先进区,并被辽宁省政府授予省双拥模范区称号,第十次蝉联省双拥模范区。

(马　欣)

【区域经济】 2016年,大东区实现地区生产总值654.9亿元,增长0.4%;规模以上工业总产值1399.9亿元,增长1.9%;一般公共预算收入69.9亿元,增长0.7%,其中税收收入68.1亿元,增长6.3%;社会消费品零售总额287.2亿元,与上年持平;城市居民人均可支配收入3.96万元,增长6.8%。以项目建设夯实发展基础,雪佛兰新科鲁兹等新车型上市;华晨宝马新工厂试生产,金杯F30、中华M8X等项目设备调试;奇昊二期等项目投产,普洛斯物流园等项目开工;萃华黄金珠宝大厦等项目投入运营,南华中环广场一期裙楼主体竣工,农产品交易中心等项目启动建设;东湖改造PPP项目(政府与社会资本合作经营的项目)完成基础工作。持续加大产业发展要素供给,推进“三争取”(争取政策、争取资金、争取项目)。争取资金2.2亿元,完成征地103万平方米,供地50万平方米,榆林一街等8条新建道路投入使用,宝马配套路、南边坡改造及给排水、供气、供热、供电等工程完工。制定创新政策支持,落实市降本减负政策、人才引进政策,制定实施创业创新18条政策,为上海通用(沈阳)北盛汽车有限公司等企业减免税费、争取资金或补贴3.4亿元,区重点企业发展专项补贴1亿元。完成出口总额4.5亿美元。着力改善营商环境,全面启动七大环境建设(廉洁高效的政务环境、诚信规范的市场环境、互利共赢的开放环境、完备优质的要素环境、功能完善的设施环境、温馨包容的社会环境、公平公正的法治环境)、五大专项整治行动(政务服务窗口质量专项整治、乱收费乱罚款乱检查专项整治、垄断性服务行业涉企服务专项整治、政府和企业失信专项整治、企业正常跨区迁移难专项整治)。统筹资金,解决历史欠款4.96亿元。承接省市职权28项。全面推行并联审批,推行“五证合一,一照一码”(指将法人和其他组织的工商营业执照、组织机构代码证、税务登记证、社会保险登记证、统计登记证合并为一个证照。工商注册号、税务登记号、组织机构代码三个编号合并为全国统一的一个编号),开展金融机构代办工商注册试点。推进商事制度改革,建立权责清单动态调整机制和“双随机、一公开”制度(在监管过程中,随机抽取检查对象、随机选派执法检查人员,抽查情况及查处结果及时向社会公开)。开发区免除企业环评、除雪等收费。国地税联合办税服务厅正式运行。新注册市场主体7332户,增长28.3%。坚持用增量做实存量,新增17户规模以上工业企业,拉动规模以上工业产值增长0.8个百分点;新增129户限额以上贸易业单位,拉动限额以上零售额增长0.6个百分点;

规模以上服务业新纳入29户企业,拉动其他营利性服务业营业收入增长13.5个百分点。工业规模和质量双增长,工业增速和增加值均为全市第一位。整车产量87.3万辆,产值1160.3亿元,增长3.2%;规模以上零部件产值115.7亿元,增长10.3%。格拉默等20个零部件项目签约。实施黎明、江森等一批智能化改造项目。三产结构更加优化,苏宁云商、新玛特天狗网实现传统商业线上运营,牛牛好管家、农惠万家电子商务平台等项目落地,全区电商交易额增长10%。爱邦保险辽宁总部、鑫云金融科技等项目完成注册,奥通二手车等项目签约。沈纺文化产业园、沈阳图书批发市场正式运营,铁锚文创园一期完工。旭辉花园、颐盛壹号公馆等房地产项目开工。创业创新有新进展,区科技企业孵化中心获批“国家级小微企业创业创新示范基地”,引入嘉志无人机、思彼科技等51个项目。沈阳航新科技小微企业产业园不断扩大规模。居易·青创梦想家园、大悦城“众创街区”、龙之梦互联网众包众创基地等项目启动运营。

（马　欣）

【城市建设与管理】　城市配套功能持续完善,新增电子监控1000余处;东中街智能交通二、三期投入使用;金地等5个小区配套道路、北顺城路等9条翻建道路完工;铺设及更新排污管线13.9公里;解决小河沿路、八王寺街等重点街路积水问题,完成9个小区配套道路排水工程;新建公共地上停车场8处,市第一医院、骨科医院停车场启用,大悦城等2处立体停车场启动建设。城市综合管理着力加强,开展“优环境、转作风、抓落实”专项整治,依法拆除街路及小区私搭乱建4.2万平方米,完成卫片图斑执法(利用卫星遥感技术,对某一区域某一时段的土地利用情况进行监测,通过对比监测前后的用地情况,确定变化图斑,再对变化图斑进行核实,确定土地合法性的一种土地执法监管手段)22.8万平方米;保持津桥路等49条道路每天机扫;完成黎明、大北等垃圾压缩运转站改造;推进45个小区生活垃圾分类收集;拆除旱厕及旱厕改水冲厕所27座;开通96115市民诉求服务热线;办理民生诉求1.3万件。生态大东建设推向纵深,深入推进“蓝天行动”,完成264台10吨以下燃煤锅炉拆除,35台锅炉脱硫除尘升级改造,实现40吨以上锅炉在线监控全覆盖;实施大东公园整体改造,东顺城街沿线绿化改造,完善万泉公园、沈海园等点位绿化设施;新建立体花坛7处,栽植花卉26万株;完成大北关街等街路高标准亮化。

（马　欣）

【社会民生】　推动惠民工程,推进“三网”改造(老旧住宅供水、供气、供热管网配套改造工作),实施福居社区等14个小区、45栋楼、3346户供气改造;完成中捷宿舍等2个小区、21栋楼、948户居民供水改造,启动黎明地区供水管网建设。完成万年西等27个老旧住宅区改造、老瓜堡等25个小区暖房工程。推进沈大小区等14个老旧住宅区物业化运行。全面实现光纤进小区。加强民生保障,完成实名制就业2.2万人。零就业家庭动态为零;困难家庭高校毕业生和残疾毕业生就业率100%;新增个体创业贷款1157万元,扶持创业带头人588人,带动就业3530人。推进养老、医疗、失业、工伤等保险扩面,征缴养老保险基金4.36亿元。发放低保救助、“两节”(国庆节和春节)救助、知青补贴等7940万元,残疾人补贴2300万元。富强等3处居家养老服务中心投入使用。群众居住条件不断改善,推进沈铁路39号等9个棚户区改造项目,惠及居民3600余户;榆林大街安置房2800余户居民完成入住,城建和谐城南区启动回迁,全区2300余户居民得到住房货币保障;三家子安居房主体竣工;凌云回迁房开工建设。推进教育现代化,通过“国家责任督学挂牌督导创新区”实地核查和市教育信息化评估。26中学和109中学整合为达到市重点标准的26中学,新教学楼1.8万平方米正式启用,高中标准化建设任务全面完成。205小学教学楼主体封顶。望花一小学等12项维修改造项目完工。增加学前教育公办学位300个。进一步提升文体事业,完善体育健身十分钟活动圈,区文化馆、社区乒乓球馆、社区健身中心投入使用;举办万泉之声合唱节、社区体育节及全民健身日等活动1100余场,各类惠民演出122场,文化惠民培训155场,基层文化活动1164场。天后宫复建主体封顶。永光寺启动建设。开展人口卫生服务,大东医联体改革模式在全市推广,市第十人民医院托管万泉卫生服务中心实现医疗、社会效益双丰收。辽宁省肿瘤中西医结合大东医院开诊。以“双城双创”(创建“国家卫生城市”和“国家健康城市”)工作为引领,爱国卫生运动广泛深入推进。中国医科大学附属第一医院大东医院被评为省群众满意卫生计生机构。推进社区建设,购置房产2900平方米,改善5个社区服务条件;实施社区“错时服务”;蓝山社区、绿苑社区成为全市首批试点社区协商;创建高教等28个特色社区;上园街道愿景社区被国家减灾委员会评为国家级防灾减灾示范社区。和谐局面更加巩固,加大信访积案化解力度,办结积案248件,集体访案件减少12.5%;完善立体化社会治安防控体系,科技手段作用凸显,全区刑事案件发案下降35%,命案现案破案率100%;健全安全生产责任体系,实现工矿商贸领域安全生产伤亡责任为零;落实“四个最严”(用最严谨的标准、最严格的监管、最严厉的处罚、最严肃的问责)要求,食品药品领域全年无事故;扎实开展电梯等特种设备专项整治。

（马　欣）

【政府建设】　强化政府系统党的建设。扎实开展“两学一做”学习教育,加强“准则”、“条例”学习贯彻,健全党组工作制度,强化党内监督,促进了“两个责任”全面落实。规范政府权力运行。出台政府工作规则和重大行政决策程序规定。开展“一足一篮一乒乓”等专项审计,强化领导干部任中经济责任审计。推进建设工程施工、监理“暗标评审”。厉行勤俭节约,“三公”经费持续压缩。推进政府改革创新。制定实施政府投资项目、政府性债务等管理办法。稳步推进事业单位改革。启动环卫、供暖等社会化改革试点。完成第二轮公车改革。成立国有资产运营公司,组建文化产业集团,促进国有资产良性运营。主动接受各界监督。坚持向人大、政协报告和通报工作。认真办理市、区人大代表建议201件、政协委员提案141件,代表、委员满意率99%。接受社会监督,财政预算决算、预算执行审计结果向社会公开。

（马　欣）

浑南区

【经济总量】 2016年,浑南区实现地区生产总值380.1亿元,比上年下降0.8%。其中:第一产业实现增加值5.3亿元,下降17.4%;第二产业实现增加值173.3亿元,下降3.4%;第三产业实现增加值201.5亿元,增长2.2%。

2016年,公共财政预算收入67.3亿元,其中:税收收入63.4亿元,非税收入3.9亿元。基金收入18.7亿元。

2016年,农业总产值实现10.5亿元,比上年减少22.5%;粮食总产量15.7万吨;水果产量2.5万吨;蔬菜产量4.2万吨,减少43%;肉类总产量6925.5吨,减少38%,其中:猪肉3703.6吨,牛肉246.5吨,羊肉247.6吨;禽蛋产量3799.2吨,其中:鸡蛋产量3670.6吨;牛奶产量2726.8吨,减少65%。

2016年,浑南区规模以上工业企业168户,产值亿元以上企业63家,形成了以电子信息、先进制造、生物与医药、新能源产业为重点的工业体系。全区规模以上工业企业实现总产值429.25亿元,比上年下降27.7%;实现销售产值429.4亿元,下降27.5%;工业品产销率达到100.03%。全区规模以上工业企业全年收入442.36亿元,下降23.7%;利润总额54.8亿元,增长6.4%;利税总额69.82亿元,增长6.1%。

2016年,浑南区建筑业产值122.3亿元,比上年下降3.7%;实现增加值34.5亿元;上缴税金6.06亿元,减少11.9%。具有资质等级的总承包和专业承包建筑业企业191家。

全年实现社会消费品零售额220.9亿元,比上年增长12.7%。

2016年,浑南区完成固定资产投资163.1亿元,比上年下降54.9%。全年完成亿元以上项目投资61.2亿元(不含房地产开发投资),亿元以上项目投资比重达92.5%。

2016年,房地产开发投资完成97.0亿元,比上年下降57.2%;施工面积1396.7万平方米,下降25%;新开工面积171.2万平方米,下降41.5%;商品房销售面积260.2万平方米,增长60.9%;商品房销售额170.8亿元,增长57.0%。

2016年,浑南区完成出口创汇8.38亿美元,比上年下降34.3%。全年新批外商投资企业15家,变更96家,实际利用外资1.31亿美元,增长118.1%。

(金希赞)

【招商引资】 2016年,恒大滨江左岸项目、沈阳锦联新经济工业园项目、辽宁大唐国际沈东热电厂项目、东北工贸中心、招商钻石山广场项目、菜鸟中国智能骨干网项目一期等23个项目引进了到位内资40.59亿元。

积水好施、凯润捷航空材料和熙康阿尔卑斯、东软医疗系统有限公司等8家企业引进到位外资1.24亿美元。

圆通速递东北管理区总部、辽宁美吉医学检验所、生物质碳电联产、哈工大特种机器人等10个内资项目完成签约,中德产业互联网创新基地项目、捷维洁脱硫除尘设备制造(沈阳)有限公司、台湾生活实验股份有限公司等3个外资项目完成签约。

引进入驻楼宇税源项目309个。2015年引进的楼宇税源项目中194个项目在2016年形成税收1827.05万元。

(金希赞)

【社会事业】 2016年实名制就业9080人,户零就业家庭成员至少1人实现稳定就业,新增就业4304人,扶持创业带头人178人,创业带动就业1068人,城乡劳动力培训1882人,小额担保贷款发放1108万元。

城镇职工基本养老保险统筹基金收入1.3亿元,城镇企业职工基本养老保险参保34.1人,工伤保险参保13.4万人,失业保险参保人数10.75万人。

发放各类保障金、救助金2580万元。完成低保、五保提标工作,全区城乡低保、农村五保保障金全部执行新的标准,城市低保提高到每月610元,农村低保提高到每月395元,集中五保提高到每月745元,分散五保提高到每月450元。

教育基础设施投入加大。9所新建学校中,7所学校完成主体工程及砌筑工程。沈抚新城教育园区投入使用,汪家地区1070名学生正式搬入现代化教育园区。完成2015—2016年数字化校园建设及区域性信息化应用工作。

与北师大继续合办附属初中、高中,与省实验中学、市教育研究院、和平区教育局开展战略合作。

开展了公共文化设施提升工程和全民健身工程,重点提升了27个社区文体活动中心,普惠制提升了122个社区。举办了"群星璀璨"艺术惠民展演、建党九十五周年文艺汇演和"迎国庆,聚中秋"文艺演出等活动80余场。开设了艺术惠民公益培训班27个,培训人次2万余人次。为社区、村屯免费放映电影1921场,吸引了10万余人次参与了活动。完成了气膜式足球馆和羽毛球气膜馆、综合气膜馆以及7块室外足球场建设,承接了"哥德杯中国"世界青少年足球赛10余场赛事任务。

改善医疗服务、精准健康扶贫,卫生惠民力度进一步加大。开展"服务百姓健康行动"大型义诊周活动及红十字会精神宣传活动。全面落实国家基本公共卫生服务项目,召开了17次基本公共卫生知识培训会,受益预防科工作人员及门诊医生达到680余人次。新农合报销比例从70%提高到75%,新农合筹资标准达570元,参合率达99.91%。

(金希赞)

【依法治区】 2016年,浑南区法治政府建设不断加强。全年办理区人大代表建议106件、政协提案138件。扎实推进"七五"普法工作,全社会学法、尊法、守法、用法意识进一步增强。落实"双随机、一公开"监管制度,建立31个行政执法监督企业联系点,执法行为更加文明规范。积极采取多种方式化解政府债务,努力降低债务成本,防范债务风险。深入推进政务公开,主动公开重点领域政府信息500余条。制定出台政府工作规则,优化政府工作流程,取消影响工作效率的环节设置,政府运行体系更加规范高效。

学习型政府建设不断深入。扎实开展"两学一做"学习教育,全面加强政府系统党的思想政治建设。强化政府系统学习培训,围绕改革创新、产业发展、城市管理、差别化供地等重点工作,聘请专家学者专题授课,组织人员赴先进地区调研学习,公务员在线学习参训率达到100%,区政府推动科学发展、驾驭复杂局面的能力得到有效提升。

廉洁政府建设扎实推进。严格落实中央八项规定精神和"讲诚信、懂规矩、守纪律"要求,切实履行党风廉政建设主体责任和监督责任,严抓"四风"问题,机关作风和社会风气明显好转。围绕土地房屋征收、农村"三资"管理、政府投资项目建设等重点领域开展专项治理，权力运行和监督进一步规范。严格预算管理，严控预算外支出，“三公经费”持续缩减。

（金希赞）

于洪区

【概况】 于洪区位于沈阳市西部和北部，半环沈阳母城，1964年建区，辖区总面积499平方公里，三环内建成区面积96平方公里，城市化率超过80%，常住人口71.8万人，下辖12个街道，共有80个行政村、96个社区。按照产业发展定位划分为主城行政商务经济区、于洪新城经济区、于洪装备制造经济区、永安现代商贸经济区、沈阳国际物流港经济区、平罗湾新兴产业经济区、北部现代农业经济区。

于洪区交通便捷，沈大、京沈、沈彰高速公路、101、102、304国道等沈阳半数以上的城市出入口均位于区内，城市二环、三环、四环贯穿全境，是沈阳北部、西部和南部的重要交通门户，拥有沈阳最大的铁路编组站沈西编组站。区位优越，地处沈阳经济区核心区域，毗邻铁西装备制造区，三环以内规划面积96平方公里，三环到四环之间141平方公里，是沈阳重要的城市扩展和产业拓展的承载区。生态良好，具有以丁香湖、蒲河、浑河、九龙河、细河、小浑河为主体的丰沛水系。蒲河流经全区30.8公里，丁香湖水域面积3.1平方公里，是北方最大的城市人工湖，获批国家3A级旅游景区。拥有不可移动文物21处，包括省级文物永安桥、郑家洼子青铜短剑墓等古迹。

2016年，全区实现地区生产总值298.96亿元，固定资产投资117.00亿元，规模以上工业总产值109.37亿元，服务业增加值170.22亿元，公共财政预算收入36.81亿元，税收收入32.90亿元，社会消费品零售总额104.04亿元，出口总额1.70亿美元，城镇居民人均可支配收入4.11万元，农村居民人均可支配收入1.82万元。

近年来，于洪区先后获批成为沈阳经济区统筹城乡发展综合配套改革示范区、国家中小城市综合改革试点、国家电子商务示范基地、国家现代农业示范区和国家首批示范物流园区。全区确立了“一区、两城、三市镇”的总体发展规划，即三环以内主城区、永安新城和平罗湾新城、九龙河新市镇和蒲河温泉新市镇及光辉新市镇。发展战略是“统筹城乡发展，推进全域城市化”，加快建设富裕幸福生态和谐新于洪。“十三五”发展目标是加快建设国家电子商务示范基地、智能制造及节能环保产业示范基地、现代物流示范基地、都市现代农业示范基地，打造沈阳市高端产业发展聚集区、辽宁省改善民生首善区、国家新型城镇化示范区，率先全面建成小康社会。

（陈可新）

【产业结构】 近年来，于洪区加快转方式调结构步伐，统筹推动产业、城市、社会转型，区域综合实力全面提升，形成了比较完备的产业结构，2016年三次产业结构比为3.64∶39.42∶56.94。现代农业发展水平不断提升，蔬菜、食用菌等特色生产基地达到10个，高端精品农作物种植面积533公顷，形成了青堆子、高台子寒富苹果特色种植村，“三品”认证面积达1.49万公顷，农产品出口俄罗斯、韩国、德国等20余个国家，出口额占全市农产品出口额1/3以上。工业创新转型步伐不断加快，中德沈阳节能环保产业园列入全市振兴发展战略规划，德国绿城环保一期主体竣工，签约引进德国扎克等7户企业。平罗湾智慧产业园扎实起步，君盾物联产业园一期竣工即将运营，全区产业园区新建面积超过20万平方米。现代服务业发展规模不断壮大，国家电商基地建设实现突破，规划建设跨境电子商务产业基地，国美电商运营中心、虹迪等重点电商项目开工建设，安必信、意大利维宜等项目投入运营。物流产业持续发展。沈阳铁路综合货场全面开工建设，特货场年底前开通；鼎上物流园进场施工，安吉东北物流中心主体封顶，沈阳国际物流港成功获批全国首批示范物流园区。

（陈可新）

【项目建设】 2016年，全区有126个区级重点项目实现开复工；88个投资3000万元以上新开工项目，完成年度计划的100%；80个竣工项目，完成年度计划的114.3%；41个亿元以上新开工项目，完成年度计划的107.9%；30个市级重点项目全部开（复）工，当年完成投资108.6亿元，完成年度计划的102.5%。元易生物科技产业园项目，总投资1.2亿元，占地面积10公顷，从事生物天然气产业的研发、投资、建设与运营管理等。地峰产业综合体项目，占地面积35.6公顷，总投资22亿元，建设以研发、工业IC设计、创意、跨境电商、环保等产业为主，智能制造生产及配套商业为辅的产业综合体。佳怡现代物流园项目，占地13.33公顷，总投资5亿元，建设集仓储分拨、分拣加工、供应链管理于一体的现代物流园项目。软通动力电子商务产业园项目，占地面积10.4公顷，总投资6亿元，建设国际商品展示中心、对外出口贸易中心、跨境电商“双创”基地、人才培训基地等四大功能区。酒仙网项目，占地19.07公顷，投资5亿元，建设酒仙网沈阳电商产业园项目。中科曙光大数据中心项目，项目总投资1亿元，主要建设“东北云计算中心”，构建“东北城市大数据平台”，打造东北智慧城市建设和运营的重要载体。此外，安能电商产业园等项目开工建设，敦豪汽配仓储物流等项目主体竣工，深国际、五洲国际工业博览城一期、红星欧丽洛雅家居生活广场、家乐福东北物流中心等项目投入运营。

（陈可新）

【城乡建设】 2016年，全区城乡建设和管理水平取得新成绩。元江街改造一期工程竣工，陆港大道、云龙湖南街等6条主干道路实现贯通，浑河北堤南移工程有序推进，广业路与昆山西路贯通工程启动。西江街公交枢纽场站主体竣工，新增4条公交线路。物流港配水厂、汪河变电站开工建设，永安新城给水燃气主干工程竣工，铺设各类市政管线70余公里。开展12项专项行动，残土违排乱倒等环境问题得到有效治理。出台11项管理办法，推动户外牌匾、街路市场等监管重点标准化管理。启动12处停车场建设，新增停车泊位3600余个。大力整治私占乱建，清理123个卫片违法图斑。推进宜居乡村建设，开展道路改造、绿化提升等12项工程，永安村、南台村成为宜居样板村。投资2000余万元，完成丁香大道和丁香广场改造。实施绿化提升三年行动计划，完成蒲河生态廊道、和谐广场及永安大道等主干道路景观绿化提升改造工程。拆除并网小型燃煤锅炉355台，完成率全市第一。20吨及以上燃煤锅炉全部在线监控，实现达标排放。严防严控秸秆焚烧,制定专项奖补政策,秸秆综合利用率达到90%以上。

(陈可新)

【社会事业】 2016年,全区社会事业统筹发展。完善二星数字校园建设,在全市率先通过教育现代化第二阶段验收。东北育才丁香湖小学二期等3所学校及3所幼儿园开工建设,投资4亿元的省实验学校于洪校区动工。设立3000万元校长激励基金,投入2300万元使雇员教师与在编教师实现同工同酬。区医院门诊及病房楼扩建工程主体竣工,盛京医院集团雍森医院正式启动,沈阳中荷医院签约入驻。"新农合"参合率达99.3%,人均筹资标准提高到570元,累计为27.6万居民建立规范化电子健康档案,落实家庭医生签约式服务2.2万户。于洪北部文化艺术中心建成,完成丁香湖帆板、冬泳两个基地建设,丁香湖微旅行、蒲河欢乐行等群众性文体活动蓬勃开展。多渠道开发就业岗位,新增城镇实名制就业1.58万人。发放各类救助保障资金3000余万元,城乡低保实现应保尽保。新建4个社区日间照料站,实现城区社区全覆盖。新增养老床位1180张,提前实现沈阳市养老床位配比"十三五"规划目标。五彩阳光城"四位一体"养老服务模式成为全省先进典型。

(陈可新)

【启点创客基地和优创空间电子商务孵化基地投入使用】 2016年1月22日,于洪区启点创客基地和优创空间电子商务孵化基地举行揭牌仪式,标志这两个创客基地正式投入使用。启点创客基地位于沈阳市于洪区西江街,包括办公区、创客咖啡、路演大厅等区域,还专门设置创业公寓、创意集装箱、运动休闲等空间,年内入驻企业30户。优创空间电子商务孵化基地位于黄河北大街,为国家级产业孵化基地,有孵化企业40余户,可为创业人员免费提供创业培训、开业指导、项目推介、经营咨询、法律援助、创业社会补贴、创业服务补贴等一站式公益性服务。这两个创客基地可以为创业者提供近5万平方米的创业空间。

(田洪伟)

【于洪区第六届文化节】 于洪区第六届文化节于2016年8月2日至10月19日举行。期间举办"腾飞于洪"文化节开幕式、"于洪赞歌"暨沈阳国际合唱节老年合唱展演、"你方唱罢我登场"老年戏曲展演、"跃动的旋律"器乐展演、"家乡美"各街道精品文艺展演、"于洪古韵"非物质文化遗产展示、"重温经典·书香于洪"诗文朗诵比赛、于洪区第四届丁香湖诗会、写生于洪·美术优秀作品展、"金秋颂歌"文化节闭幕式等10项主题活动。参加文化节活动文艺团队200余支、文艺骨干1万余人次,惠及群众10万余人。

(田洪伟)

【2016中国沈阳·丁香湖第三季系列活动】 2016中国沈阳·丁香湖第三季系列活动共6项:7月23日,举办2016丁香湖全国帆板表演赛,北京、上海、哈尔滨等地及省内的80余名帆板高手参赛;8月7日,举办丁香湖第三届相亲大会,来自全市部分机关、企事业单位、中小学校、驻区部队、金融系统和社区的100多名青年欢聚丁香湖畔,寻觅自己心仪的"另一半";8月13日,举行"中铁香湖杯"沈阳半程马拉松赛,近1500人分别参加了半程马拉松和环湖跑两个组别赛事;9月11日,举办"双创健步走、健康丁香湖"活动,于洪区机关、企事业单位和重点项目单位的3000余人参加活动;12月24日,丁香湖第三届国际冰雪节开幕,活动持续到2017年3月;2017年初举办中国·沈阳丁香湖第三届国际冬泳邀请赛。

(田洪伟)

苏家屯区

【农村经济】 2016年,苏家屯区实现农业总产值30.97亿元,比上年下降18%。其中:农业产值19.03亿元,下降22%;林业产值1.41亿元,上涨7%;牧业产值8.37亿元,下降79%;渔业产值1.48亿元,与上年基本持平;农林牧渔服务业产值6700万元,下降50%。2016年,全区粮食产量21.88万吨,粮食作物产值6.20亿元;蔬菜产量25.23万吨,产值5.74亿元;水果产量3.94万吨,产值4.01亿元。畜禽方面,全年生猪出栏11.93万头,产值3.58亿元;牛出栏4752头,羊出栏8683只;家禽出栏280.09万只,产值1.41亿元。淡水养殖方面,全区淡水养殖面积831公顷,淡水鱼产量1.4万吨,产值1.48亿元,淡水养殖情况呈现出逐年利好的趋势。2016年,苏家屯区农业生产总体平稳,但受收购价格一路偏低等因素影响,玉米、个别畜禽品种及连带产品与往年相比有较大波动。

2016年,苏家屯区投入1.8亿元实施农业综合开发、农电并国网、防洪治涝、灌区改造等农建工程。流转土地1.23万公顷,同比增长41.5%。新增设施农业480公顷、农事龙头企业10家。杨城寨网上商城投入运行,鑫隆科技观光园等休闲农业项目建成运营。农产品质量安全体系不断完善。农村土地承包经营权确权工作基本完成。

2016年,苏家屯区以农业增效、农民增收为目标,农业和农村经济发展态势良好。全区农民人均纯收入1.65万元,同比增长7%,农民收入稳步增加。农业全面健康发展,农林牧渔业增加值完成17.04亿元。

(金　珊)

【工业】 2016年,苏家屯区规模以上工业完成产值177.1亿元,下降67%。雪花啤酒、金山热电生产经营稳健,桃李面包、新生活化妆品完成扩建选址,奥钢联、中意家居达产增效,10家制造企业智能升级,新增7家高新技术企业,16家高端制造、研发企业入驻华夏智能装备产业港。传统支柱产业不断壮大,战略性新兴产业加速集聚。全区工业用电量同比增长3.4%,规上工业总产值200亿元;工业全口径税收35亿元,位居全市前列。以红塔烟厂、雪花啤酒、桃李面包等项目为龙头,烟酒食品产业扩产增效。以金山热电、华润热电等项目为龙头,能源热电产业壮大升级。以中意科技、鲁博橱业等项目为龙头,智能家居产业强势崛起。以奥钢联、中铝沈加等项目为龙头,高端汽车部件和金属新材料产业加速集聚。以津通智慧产业港、华夏智能装备产业港等项目为龙头,现代都市工业异军突起。

(金　珊)

【第三产业】 会展中心、苏宁易购、国药控股、大润发购物、二手车交易市场等重点优势企业稳健发展。盛京银行全国中小贷中心总部筹备运营,光大银行、华夏银行落户,全区金融保险类企业已达20家,税收同比增长21%。商务商贸、都市工业地产出租、出售59万平方米。商品房销售61万平方米,同比增长

32%,孔雀城别墅连续四年全市销冠。“五洲E城”上线运行,“好车商城”销售超3亿元。白清寨漂流乐园获批国家3A级景区。全区服务业增加值91.5亿元,同比增长7%;服务业区库税收6.8亿元,同比增长4.4%。

(金 珊)

【对外贸易】 重组招商机构,实现全域招商。为实现全域化招商,根据区政府要求,将原招商中心重新整合,招商人员分划管理、驻地办公,规划为浑河新城、国际会展商务城、沈水科技创新城、临空旅游经济区、永乐农业区及招商中心六大区域,针对总部基地、沈阳国际会展商贸综合体、雪松配套服务区及华夏智能装备港等产业特色,全力引进龙头型项目。

加大走出去步伐,推动项目签约落地。推进新生活集团总部基地、智富智慧物流港、上海同捷(沈阳)新能源汽车生产基地、上海巧克发展有限公司巧克力城、圆通物流园、上海仕泰隆机床合作项目、成都圣西朗观点照明 led 灯生产、海特集团、红相电力、信达集团、天津海滨汽车城等29个重点项目;组织境外团组5次,分别赴美国、新加坡、俄罗斯、英国、俄罗斯、芬兰、德国、奥地利,重点推进犹他州世贸集团金融平台、纽斯塔生物工程、力维登汽车零部件、派勃莱雅夫法律服务平台、沃尔特巴斯经济金融加工中心、奥钢联二期、欧登华汽车零部件生产基地、芬瑟食品加工基地等26个重点项目及参加远东农业技术博览会。

加强项目管理,加大招商力度。为招商项目提供招商前期指导服务,参与企业来访接待,对企业方对投资项目提出的关于土地和规划情况等问题给予专业性解答;建立招商动态项目库,每周对全区产业类项目进行调度和汇总,对新增重点项目进行信息搜集,建立项目企业档案库。招商中心共派出32人次,拜访企业177家,接待来访企业78家,储备项目259个,重点在谈项目100个,拟签约项目16个,已签约项目10个。

(金 珊)

【城乡建设】 城乡基础设施建设。实施了迎春北街道路改造工程,完成区界内全长3.14公里的道路、排水、照明以及道路标线、标志和信号灯等相关配套工程,翻建道路6.8万平方米,铺设边石6777米,铺设排水管道6100米,安装路灯200盏;对城区50余条道路破损进行零星维护,修补坑槽2500余平方米,对全区交通标线、信号灯、护栏及停车泊位全年进行常态化维护,并在汛期前完成城区雨水井、窨井清掏工作,为市民出行创造良好的交通环境。主要完成20余条街路行道树补植及劳动公园、金宝公园、河畔公园、迎春公园等城区4处公园设施提升。平整公园路面1500平方米,铺设草坪1000平方米。村镇建设。继续开展了村屯的环境整治工作,组织督促各涉农街道开展农村生活垃圾清理工作,先后完成了市环境卫生管理处对区6个街道18个行政村日常保洁和垃圾清运情况的考核检查工作。按照市宜居乡村建设项目工作部署,完成了全区宜居乡村建设方案和计划制定工作,并与农发行完成贷款项目对接。实施了村内道路改造、村屯亮化、村屯绿化、危房改造、垃圾池改造及安全饮用水改造等。

市容环境卫生管理。加强标准景观路管理,做好全区主要街路延时保洁,对南京南街、雪莲街、迎春北街、雪松路、山榆路建筑垃圾、残土进行集中清理。加强住宅小区环境卫生保洁。巩固环境卫生成果,对乱贴乱画、乱堆乱放、街路散流体开展专项整治工作;加强对各建筑工地施工现场管理;整治“窗口”地区环境,保证市政设施状态的完好;开展了城区边缘平房区、城乡结合部、城市出入口、铁路沿线及乡镇主要公路等城乡薄弱环节和重点部位的环境卫生整治活动。严格审批,规范春节期间鞭炮占道管理。规范审批城区临街户外广告及店面牌匾设置。全力落实除运雪工作。

建筑行业管理。做好建设项目开、复工现场安全检查,加强施工现场春秋季防燥防火安全生产工作,实现了在建项目质量安全生产全覆盖管理,主体工程合格率和项目受检率均达到了100%,项目监管无盲区。施工现场扬尘污染防治措施管理。在建施工现场围挡合格率87%,硬覆盖合格率80%,出入口车辆冲洗设施合格率85%,土方和建筑垃圾运输覆盖合格率80%,施工现场污水排放合格率85%,施工现场垃圾处理合格率85%,无高空抛掷建筑垃圾现象,做到生活垃圾日产日清。停缓建建筑工地环境卫生合格率84%。加大协调力度,加强项目跟进服务,及时掌握项目建设进程和开发投资情况,帮助协调解决好存在的施工手续办理问题,为房地产开发项目建设营造良好的建设环境和氛围。

(金 珊)

【社会事业】 社会事业协调发展。完成数字化校园建设,沈阳七中、朝阳一校沈水分校如期开学,三十中学通过市优质化高中验收,获批国家级社区教育试验区。文化艺术中心主体建设进程过半,文化馆、图书馆完成维修改造并投入使用,成功举办第三届全民健身体育大会。妇婴医院改扩建工程主体完工,血栓医院获批省健康教育示范基地,居民健康“一卡通”信息平台加快建设。投入4200万元扶贫救困,投入5000万元保障养老统筹。城乡低保标准分别提高5.1%和11.2%。

人居环境日益提升。投入2600万元,完成22个老旧小区、135户农村危房、5000户居民燃气管线等改造工程。投入5500万元,完成沈水体育休闲公园建设、城区50条街路整修和广场公园品质提升等工程。投入4200万元,完成惠及1.7万人的农村饮水安全工程。投入2.7亿元,完成亮化绿化净化提升、村路公路维修改造等美丽宜居乡村建设工程。拆除10吨以下燃煤锅炉244台,全面完成节能减排任务。沈铁达观等棚改区3500余户居民顺利回迁。

社会治理全面加强。顺利完成村委会换届选举。安全生产网格化监管防控体系全面完善,事故发生率持续下降。区域安监分局作用充分显现,经验做法被《中国安全生产报》专题报道;三级森林防火、扑火体系建设全市领先。信访联席会议决策机制、“四位一体”责任包保制度有效落实,顶盛国际花园供暖等历史遗留信访难题得到根本解决。社会治安综合治理水平进一步提升,平安苏家屯建设扎实推进。

(金 珊)

沈北新区

【概况】 沈北新区位于沈阳北部,与母城紧密相连。考古发现约7000年前就有人类在这里劳作、生息,清末辖于奉天府,新中国成立初期设新城子中心区,1959年成立新城子区。2006年3月1

日，沈阳市委、市政府将新城子区与辉山农高区合署办公，组建沈北新区；同年10月8日，新区经国家民政部正式批准成立。新区区域面积819平方公里，辖区共有11个街道办事处。2016年底常住人口58万人，其中：住校大中专学生14万人，城市居民34万人，农村居民10万人。居民人口中有满、蒙、朝鲜、锡伯等40个少数民族，其中锡伯族2.2万人，是锡伯族故里。区政府位于沈阳市辉山农业高新区明珠路1号。沈北新区有着丰富的自然资源。拥有4.67万公顷良田，是名副其实的"鱼米之乡"。境内蕴藏着丰富的煤炭和优质矿泉水资源，东部山区有大量的石灰石、大理石、滑石和硅石等矿产。东部的石人山自然生态区森林茂密，动植物资源丰富，是省内罕见的野生动植物宝库。区内有辽河、蒲河等7条河流蜿蜒流过。有辽河石佛寺水库等大、中、小型水库4座，灌溉和防洪条件优越。新区还有丰富的地热资源，已探明地热田364平方公里，储水量高达30亿吨以上。同时，新区具有浓厚的历史文化底蕴和现代人文基础，现有中国医科大学、辽宁大学、沈阳航空航天大学、辽宁装备制造职业学院等25所大学和职业学校，是名副其实的大学城和职教城。

（贺　亮）

【经济发展】　坚持把"稳增长"作为经济工作的重中之重，综合施策，主动作为，经济保持回升向好态势。

不断壮大经济总量。坚持以项目建设为中心，以招商提总量，以开工促增量，围绕食品医药、智慧产业、汽车及轨道交通、航空等主导产业，积极"走出去、请进来"，全年新引进项目150个，计划总投资480亿元；狠抓重大项目建设，全年开工项目131个，其中47个市重点项目全部开工。发展要素积极活跃，新增市场主体5440个，同比增长27%；全社会用电量16.7亿度，同比增长3.9%；全年新增规上企业46家，限上企业99家；积极争取建设用地规模指标50平方公里，为经济发展预留了空间。

深入挖掘存量资源。全面抓实综合治税、工商业地产清理整顿、房地产去库存等工作，用发展的思维、发展的方法、发展的成果消化解决了一批历史遗留问题，有效盘活存量。强化税收征管，清查出异地纳税企业305户，新增税收近7000万元，税收收入占一般公共预算收入比重达到91.3%；规范工商业地产，对全区工商业地产进行全面调查，依法依规清理整顿，促进了工商业地产健康发展；大力推进房地产去库存，全年商品房成交1.51万件，销售面积140万平方米，销售金额66.8亿元。

积极培育发展新动力。出台了促进战略性新兴产业、总部经济、创新驱动发展等产业扶持政策，设立了政府投资引导基金，战略性新兴产业加快布局，新型服务业态蓬勃发展；组建了沈北国际（中韩）创新产业园，在贸易、投资、服务、产业合作等领域开展先行先试，打造了对外开放新平台；沈师团创空间、格微青春号、工程学院科技园获批国家级众创空间，创意创业博览会被评为全国重点品牌展会，东亚种业获得省科技进步一等奖。全年新增高新技术企业21家、申请专利1021件，科技创新对经济发展的支撑作用进一步增强。

（贺　亮）

【产业发展】　坚持把提质增效放在突出位置，着力促进产业结构调整，三次产业结构进一步优化，比重达到7∶68∶25。

战略性新兴产业加速集聚。坚持高端化取向，突出龙头企业引领作用，推动了产业转型升级。投资126亿元的北方电商、40亿元的大墨机器人、12亿元的明日宇航、10亿元的伊利酸奶等一批项目落户新区；平安汽车、妙盛新能源电池等一批项目加快建设；利源轨道车辆、卡斯马汽车零部件、华润怡宝等一批项目竣工投产。利源集团同中国轨道车协会实现战略合作，禾丰牧业总部迁入新区，2016智慧城市与大数据发展（沈阳）博览会成功举办。食品医药、智慧产业、汽车及轨道交通、航空等战略性新兴产业渐成规模。

现代服务业发展步伐加快。深入实施沈北新区服务业发展规划，积极推动金融商贸、电子商务、文化旅游与"互联网+"相结合，促进了现代服务业向专业化、精细化转变，现代服务业占服务业总量的70%。加大金融机构引进力度，辽宁央飞尼迪股权投资、辽宁农信融资担保公司等一批金融项目入区发展。电子商务及现代物流产业集聚区运行良好，被商务部评为智慧物流配送示范基地。投资60亿元的盛京古城项目签约落地，清河半岛温泉度假村、七星海世界、腰长河特色村寨等项目加快建设；"百万市民看沈北"实现品牌升级，全年吸引游客925万人次，旅游总收入29.6亿元，分别比上年增长148%和44%；新区成为辽宁省旅游产业发展示范区，并被确定为首批国家全域旅游示范区创建单位。

农业现代化水平逐步提升。沈康现代农业示范带和休闲农业观光带作用有效发挥，休闲观光农业持续健康发展；农事龙头项目加快建设，锡伯龙地示范园运行良好，华美畜禽与德国EW集团投资的蛋种鸡项目已经开工；各类农民增收平台相继建成，水稻种植合作总社正式组建，辽宁新益农公司等"三农"信息化综合服务网络基本建成，农村电商模式初见规模；土地流转和确权工作加快推进，流转面积达3.37万公顷，流转率81%，确权面积1.51万公顷。新区现代农业发展保持全省领先。

（贺　亮）

【城乡建设】　坚持规划、建设、管理"三位一体"，不断完善城市功能，大力实施精细管理，城市品质显著提升。

基础配套建设稳步推进。电力建设取得重大突破，与国网沈阳供电公司签订战略合作协议，"十三五"期间，沈阳供电公司计划投资17亿元，实施变电站新建、改扩建及线路改造工程，新区供电能力不足问题将得到彻底解决；畅通工程加快建设，30公里城市道路和41公里农村公路维修改造工程全面完成，沈四高速公路改扩建工程竣工通车，沈闫线改扩建工程已经启动；城乡供水全覆盖积极推进，农村用水安全问题得到有效解决；宜居乡村建设任务及1885户棚户区改造工程全面完成。

生态环境质量持续提升。深入实施蓝天工程，完成151台燃煤锅炉拆小并大和清洁能源改造任务，秸秆禁烧和综合利用工作全面展开，综合利用率达到91%；积极推进碧水工程，加强蒲河、长河等流域环境综合整治，道义污水厂深度处理设施投入运行；绿化提升行动稳步实施，辽河国家湿地公园项目加快推进，全年新增绿地100万平方米，生态环境进一步改善。

城市管理水平不断加强。认真落实中央、省、市城市工作会议精神，全力开展"双城双创"工作。推行区、功能区、街道、社区四级联动的精细化管理体系，建立了341个基础网格和城管数字化二级指挥平台，开展了市政设施、交通运行、小区环境等15项专项治理，城市面貌持续改善。引入一级资质的绿化养护公司，园林绿化养护水平全面提升。积极推进环卫扫保机械化，农村实现垃圾处理常态化，城乡环境整洁有序。

（贺　亮）

【营商环境】 丰富“服务企业、尊重企业家”文化内涵，保护企业家精神，开展营商环境建设，发展环境进一步改善。

行政体制改革深入推进。把行政管理体制改革作为优化营商环境的动力源，深入推进行政审批制度改革，将249项行政审批事项压缩至191项，削减、简化审批要件79个，减少49%；再造运行机制，推行规范审批、智能审批和“实体大厅+网上大厅”并行审批，全程审批时限压缩至40个工作日。系统推进大部制、功能区、社会治理等行政体制改革，构建了较为完善的服务企业、服务百姓的体制机制。

营商环境建设率先启动。按照中央和省、市、区委部署，迅速行动，狠抓落实，制订全面优化营商环境实施方案，创新启动“7+1”专项整治行动，积极引导人人参与营商环境建设的思想共识和行动自觉；对标国际化营商环境标准，聘请厦门大学对营商环境和创新环境开展第三方评估，以评促改，积极与国际标准接轨。

降本减负严格执行。把落实降低企业成本、减轻企业负担各项政策作为优化营商环境的直接抓手，制订实施方案，启动零收费试点。全年清理规范各项涉企收费555万元，减免小微企业税收939万元，营改增减免企业税收7800万元，切实降低了企业成本。

（贺　亮）

【社会事业】 按照全面建成小康社会的部署和民生工作“提升年”要求，优先安排资金改善民生，公共服务能力进一步提升。

就业保障成果显著。整合各类就业资源，全年培训城乡劳动力3363人，实现城乡实名制就业1.41万人，新增创业761人，零就业家庭动态为零；建立区社会保险办事大厅，实现五险合属办公，养老、失业等保险待遇显著提高；大力开展精准扶贫，全年发放各类优抚、救助资金5100余万元。

教育事业加快发展。道义小学及幼儿园建设工程、二井小学等8所学校设施改造工程完成，辉山小学及幼儿园、矿务局中学二期工程主体完工，雨田实验学校开工建设；与沈阳大学合作，组建了沈阳大学虎石台附属实验学校；与沈河区成功签约，沈阳市第七中学等三所优质学校将在沈北新区开设分校；新区获批沈阳市首批教育现代化试点区。

卫生事业不断进步。医药卫生体制改革不断深入，国家基本药物制度全覆盖，新农合参合率100%；医疗卫生服务体系不断完善，沈北中医院“中医1.2.6医养结合”项目、道义社区卫生服务中心等加快建设，盛京医院沈北院区及沈阳急救中心沈北分中心投入使用，“看病难、看病贵”问题得到有效缓解。

文体事业繁荣发展。省级公共文化服务体系示范区创建工作全面推进，道义街道、虎石台街道综合文化站提升工程全部完成；锡伯族博物馆主体完工，文物征集工作全面展开；全年举办各类文体活动1100余场次，丰富了百姓生活。

（贺　亮）

【社会管理】 社区服务方便快捷。深化社区改革，建立“大社区”体制，对社区定责、还权、赋能，科学划分基础网格，实施规范化管理；全面推进智慧社区建设，民政、就业创业等30项社区事务“一口式”办理，实现了工作重心下移、贴近百姓服务。

社会更加和谐稳定。进一步畅通群众诉求渠道，受理案件1.7万件，办结率达96%；全面落实“四位一体”包保责任，深入开展风险评估，实现信访稳定关口前移；打造维权标准化样板，农民工合法权益得到保障；加大安全生产和市场监管力度，数据化综合监管、食品安全智能溯源、信用体系和社会共治体系建设积极推进；全面加强立体化防控体系建设，保持打击各类违法犯罪高压态势，“平安沈北”建设取得实效。

（贺　亮）

【政府自身建设】 扎实开展“两学一做”学习教育，认真落实中央巡视“回头看”整改任务，深刻汲取辽宁拉票贿选案教训。坚决贯彻中央八项规定，严格执行办公用房、公务用车等规定，全年“三公”经费实现只减不增目标。自觉接受人大法律监督和政协民主监督，认真办理人大建议和政协提案，满意率达100%。强化执法监督，规范涉企行政执法检查，认真办理行政复议、行政诉讼案件，法治环境得到优化。深入推进人事制度改革，启动科级及以下人员聘任上岗工作，激发了干事创业活力。加强重大事项政务公开，全年主动公开政府信息1700余条，依申请公开27件。深入学习贯彻《中国共产党廉洁自律准则》、《中国共产党纪律处分条例》，政府系统党风廉政建设和反腐败斗争取得新进展。

（贺　亮）

新　民　市

【经济总量】 2016年，新民市实现地区生产总值234.7亿元，其中：第一产业增加值68.59亿元，第二产业增加值81.45亿元，第三产业增加值84.66亿元。公共财政预算收入实现9.70亿元，比上年下降3%；公共财政一般预算收入占地区生产总值比重为4.13%，比上年增长1.94个百分点。在公共财政一般预算收入中，税收收入实现7.59亿元，比上年下降5.6%。税收收入占公共财政预算收入78.22%，比上年减少2.14个百分点。农业总产值126.46亿元；规模以上工业总产值167.74亿元；社会消费品零售总额134.29亿元；固定资产投资实现72.13亿元；外商直接投资2432万美元；出口总额8522万美元；城镇从业人员年人均收入4.93万元，其中在岗职工年平均工资4.41万元；农村居民人均可支配收入达到1.44万元。

（张　强）

【农业】 2016年，新民市实现农业总产值126.46亿元。其中：种植业产值66.05亿元，林业产值1.4亿元，畜牧业产值48.88亿元，渔业产值6.6亿元，农、林、牧、渔服务业产值3.53亿元。农作物总播种面积19.97万公顷。粮食总产量105.4万吨，其中：水稻35.53万吨，玉米65.65万吨，马铃薯3.03万吨。肉类总产量13.56万吨，禽蛋总产量4.95万吨，牛奶产量4.46万吨，水产品产量6.82万吨。

设施农业。高标准温室面积519.3公顷，高标准冷棚面积688.7公顷，旧棚区改造面积365.2公顷。新建高标准温室小区312个,新建精品温室小区132个,新建高标准冷棚小区1023个,改造旧棚区小区509个。

农业机械。农机总动力125万千瓦,大中小型拖拉机2.39万台,各类农机配套机具3.73万台,基本实现机械化,机械化播种面积占应播面积的95%。

农民合作社累计达1790家,农民合作社联合社累计达13家,家庭农场累计达289家。新民市有沈阳市A级示范社62家、辽宁省级示范社4家、国家级示范社2家;有沈阳市示范家庭农场17家、辽宁省级示范家庭农场1家。

水利投资1.6亿元。解决高台子、新农2个乡镇、5个行政村共2090户、6850人饮水安全问题。

(张　强)

【工业】 2016年,新民市实现规模以上工业总产值167.74亿元,产销率为99.1%,比上年提高0.2个百分点;规模以上工业增加值38.59亿元;利税总额8.11亿元,利税率4.88%;工业用电量4.51亿千瓦时。

加大工业园区建设,拓展基础设施投入。包装印刷、医药产业集群基础设施投入299万元,续建项目5个,新开工项目2个,当年累计投资13亿元,从业人员4600人。新签约鑫隆威塑料彩印及中科佑铭小型自动化设备研发两个项目,总占地面积1.53公顷,总投资6000万元。福来二期豆制品深加工、福来三期豆芽种植、格瑞德三期生产车间、沈阳啤酒厂(新华恒东厂区)、德艺凯麒铝覆膜、顺屹包装、玖龙综合热电厂、玖龙原纸仓库等重点项目8个已开工建设。德宝食品产业园、外研文化产业园、豪康物流园、宏锐汽配城、唐轩英郡五期、国投源康、凯佩斯新型建筑材料、东新药业地下乙醇储罐、修正药业保健酒、盼盼房地产等10个项目复工。

(张　强)

【社会事业】 开展科普活动,全面提升农村创新发展能力,扩大科技覆盖面。加强和完善了科协基层组织建设,培养了农民科技队伍。共举办科普讲座、技术培训、农业新技术新品种推介、订单农业签约等活动60余次,受益农民5000余人。现场技术指导、科技咨询、农业病虫害和养殖业疫病诊断防控等45次,受益农民750余人。举办科普展览、科普大集等活动4次,受益农民300余人。推广农业新技术15项、新品种13个。读书季期间开展导读和培训33期,受益农民1650余人次。科技对农业的贡献率提升5%以上。

启动了教育现代化建设工作。完善基础设施建设,各类教育资源持续优化。新建法哈牛学校等6所幼儿园;城南小学建设有序推进;新建第一高中实验楼和体育馆,高中标准化建设水平进一步提升;占地3.47公顷的职教中心实训基地项目落实。师资水平进一步加强,招聘特岗教师80人,202名教师评聘职称。继续以公办学校为接受主渠道,1100多名进城务工人员子女全部正常入学分班,确保学生入学机会公平。出台了《新民市校车安全运行管理实施方案》,对符合条件的2.1万多名学生落实校车补贴。

丰富地方文化。完成整理"谭振山民间故事全集"、"杨久清民间故事精选";小说《契丹王子》已交给东北大学出版社刊印;举办的"新民故事会"优秀作品在《新民文化》刊发;成功举办第24届诗歌朗诵会;艺术展览举办5次;公益培训、文化讲堂举办50期;广场惠民演出已举办10场;编印发行《新民文化》4期;完成了可移动文物普查验收工作。相继组织举办了"惠民巡演"、庆新春社区文艺调演、戏曲演唱会、广场秧歌展示、广场健身操、健身舞展示、广场音乐会、书画摄影展、象棋、围棋比赛等100多场文化体育活动。全市农村392个电影放映点结合生产生活实际,积极推广农村致富的电影,全年共放映农村公益电影5132场,覆盖率100%。

成功举办了新民市第五届运动会。67支代表队共1462人参加了比赛。女子足球队在2016年"哥德杯"(中国)世界青少年足球赛中,荣获U16女子年龄组的亚军;成功协助举办了第五届辽宁民间武术节,活动共有全省各武术门派代表600余人参加;在沈阳市少儿15项体育比赛中,摔跤、柔道、射击获得第一名,武术及武术散打、羽毛球获得第三名,田径比赛获得第四名,乒乓球团体获得第五名,共获12块奖牌。

深入开展"群众满意乡镇卫生院"和省级示范乡镇卫生院创建,全市50%以上的乡镇卫生院达到创建标准。新民市大柳屯卫生院正式申报创建省级示范乡镇卫生院。2016年,新农合筹资水平由2015年的每人每年480元提高到540元,全市参合人口48.28万人,参合率99.5%以上,基金总额2.6亿元。参合人口受益率75.46%。

(张　强)

【城市建设与管理】 投资1.04亿元完成了新区南路管道铺设670米、检查井13座;完成西环街南段、新生街道路排水工程;完成经济开发区东营路、北一路改造、铁北排水及路面恢复、工人街公铁立交桥建设。

投资1500万元对20万平方米楼房进行节能暖房改造,投资300万元对66栋老旧楼房房顶防水维修改造,项目惠及66栋楼房的3256户居民。

投资990万元新植补植白腊、五角枫、金丝柳、国槐等乔木2.84万余株,新植补植枫树球、小桃红、锦带、丁香等灌木共计45.93万余株,新栽草本花卉24.36万余棵;新铺草坪3.64万平方米,对城市出入口进行改造。

投资1700万元对老旧小区进行给、排水工程改造;投资1.6亿元(PPP项目)扩建污水处理厂,新增污水处理能力3万吨/日,铺设污水收集管网10.84公里。

(张　强)

【民生工程】 扶持创业带头人92人,带动就业552人。再就业培训1584人,其中:普惠制培训594人,农村劳动力转移培训279人,进城农民工培训711人。

全市收缴养老保险费5689.3万元;城镇职工基本医疗保险参保5.85万人,城镇居民基本医疗保险3.05万人,工伤保险参保2.81万人,全市失业保险参保3.53万人,个人缴费账户做实率达到100%。

城市低保3525户、5350人,发放低保金2530万元。农村低保6435户、1.18万人,发放保障金3110万元。五保对象3631人,发放全年生活费2720万元。为1.43万户低保户、低保边缘户、五保户等困难家庭发放"两节"临时救助847万元。共发放农村医疗救助539.17万元,救助4357人次。

对0－13岁各类残疾儿童进行了全面调查,为有康复需求的30名贫困残疾儿童办理了康复训练手续,输送到省、市康复基地进行康复训练,为249名白内障患者免费做复明手术，为215名贫困精神病患者发放免费服药救助卡，为4名贫困精神病患者办理了免费住院。

出台了服务新民经济发展的36条举措，对企业实行片区民警逐层包保制度，帮助企业解决纠纷287起，排除安全隐患186处，帮助企业员工办理身份证、护照、暂住证等各类证件900余件。对于涉企违法犯罪专案专办、紧盯不放、不破不休，打掉一个长期侵蚀企业、偷盗销售原油的团伙，抓获犯罪嫌疑人9人。

（张　强）

辽中区

【概况】 辽中区位于辽宁省中部，因在古代辽郡以西、辽水以东，宛在中央而得名。区域面积1460平方公里，耕地面积8.67万公顷。全区辖2个街道办事处、15个镇、18个城镇社区、23个涉农社区、163个行政村，拥有1个省级经济技术开发区——近海经济区。总人口46.14万人，有汉族、满族、回族、蒙古族、锡伯族、朝鲜族等20个民族。辽中自然条件优越，辽河、浑河、蒲河、绕阳河等4河过境。辽中区位优势明显，距离母城沈阳52公里，南接台安，东邻辽阳，西连黑山，北界新民，在1个半小时经济圈内有钢都鞍山、煤都抚顺、化纤城辽阳、石化城盘锦等8大工业原料资源主产城市。境内各级公路总长1200多公里，京沈、灯辽、本辽、辽新高速公路与辽宁中部城市群、东北腹地联通，秦沈铁路穿境而过，交通网格局日臻完善。2016年1月7日经国务院批复，同意撤销辽中县，设立沈阳市辽中区，区政府位于蒲东街道滨水新区滨水路26号。

（陈启良）

【现代农业】 农业综合生产力持续增强。2016年，粮食生产喜获丰收，总产量达63.6万吨，比上年增长7.8%，辽中区获批国家级水稻绿色高产高效创建示范区。发展高效经济作物5533公顷、名优新品种水产养殖3600公顷，完成无公害及绿色食品认证7.2万公顷。市政府与辽中区在俄罗斯伊尔库茨克市成功举办第二届中俄农产品展销会，签订购销协议4000万美元。

农业发展方式加快转变。农产品精深加工产业园“一横一纵”道路等基础设施全面完工。省、市级土地确权登记颁证试点工作扎实推进，累计流转土地3.26万公顷。专业合作社、家庭农场等农村新型合作经济组织已发展到991家，注册资金23.5亿元。建设覆盖全区的益农信息社180家，开通“云农会”电子商城，两大线上商务平台年交易额突破千万元。

农业生产条件不断改善。全省惟一水稻试验院士工作站挂牌运行，辽中区被农业部确立为“主要农作物生产全程机械化示范区”。投入2.8亿元，实施了辽浑蒲泵站改造、团结大闸除险加固、农田治涝等水利基础设施建设。争取专项资金1680万元，投保种植业保险。投入资金450万元，投保养殖业保险15万头。

（陈启良）

【工业结构优化提升】 新兴产业加速集聚。备受关注的金杯卡车、忠旺特种车项目总装车间及厂区市政工程建设纵深推进，吉林前沅、山东久久星等7个特种车及新能源汽车项目落户近海经济区，产业发展重点由零部件配套向整车制造方向转移。中科煜宸3D打印和瀚星通用航空基地项目引进落户，促进了装备制造产业向高端化、智能化方向升级。沈阳再生资源产业园、表面精饰产业园两大省级示范类园区规划建设加速推进。

传统产业转型升级。围绕重塑铸锻产业增长动力，全面实施“重点企业智能升级三年行动计划”和“优势企业倍增培育计划”，创立了辽中区铸锻造及深加工等3个创业孵化基地，世润重工五轴联动加工中心等一批智能升级项目列入全市计划，盛纳机械建成省级技术中心，步入全国中小企业创新百强行列，工业转型升级再添新动力。

（陈启良）

【现代服务业】 服务业集聚区加快建设。综合保税区产业集聚效应逐步显现，新引进北方重工盾构机外销平台等13个国际贸易项目，德国凯佩斯型材、都市海鲜物流、博海物流三大实体项目投入运营。茨榆坨商贸区商业氛围日益浓厚，投资4亿元的兴隆大家庭商业广场项目开工建设。

新兴服务业蓬勃发展。美团、糯米、淘实惠三大知名电商落户运营，510户本地企业加盟电商平台。亿启来乡村旅游创客基地投入运行，香港新恒基飞行小镇等10个旅游特色小镇项目全面规划建设。成功举办城市湿地旅游文化节、第二届珍珠湖荷花节和台湾美食嘉年华等活动。两季房交会成交额实现6.88亿元，惠民车展成交额实现2800万元。

（陈启良）

【民生和社会事业】 民生保障持续增强。全面提高各项社会保障标准，全年累计为困难群体发放救助金9863万元。大力实施精准脱贫，全区640户、1255人国标建档立卡贫困人口脱贫销号，4个省定贫困村脱贫摘帽。千方百计扩大就业创业，建成辽中区创业孵化基地，实现公共就业服务网络全覆盖，全年实现双创实名制就业7488人。切实改善人居环境，全面完成2064户农村危房改造、437户城区棚户区改造、10万平方米节能暖房和牛心坨增减挂钩项目回迁安置工程。修建农村无害化卫生户厕3600座，改造提升老旧弃管小区30个。加快智慧社区信息化建设，城区社区办公用房全部达标，完成首批100个社区（村）便民服务系统配套。

社会事业全面发展。投入1.02亿元实施了星级数字化校园创建和薄弱学校改造等重点工程，通过教育现代化资格准入验收，中高考成绩创历史新高。扎实推进医药卫生体制改革，区医院信息化服务系统正式运行，心脏介入手术治疗投入临床应用。全省农村地区首个网络远程会诊服务平台蓝卡医疗试点正式运营。计划生育各项奖扶政策落实到位。多元化发展文体事业，成功举办第七届全国越野摩托车场地竞技赛、辽宁省书画展等赛会活动，全年组织送精品文艺下乡等大型文体活动209场。

（陈启良）

【辽中撤县设区】 近年来，辽中县经济社会发展迅速，一、二、三产业均衡发展，城镇化建设水平不断提高，其国内生产总值、财政收入、非农人口、基础设施，以及二、三产业比重等主要指标上，均已达到了新型城镇化主要指标，撤县设区的条件具备。结合国家民政部对区划调整的相关要求，撤销辽中县设立辽中区，具有可行性。

同时，东北老工业基地振兴、辽宁沿海经济带和沈阳经济区“三大”战略实施以来,辽中经济社会取得长足发展,工业化、农业化、城镇化步伐不断加快,县域综合实力、辐射能力明显提升。特别是,省级经济开发区——近海经济区和国家级综保区——沈阳综合保税区的开发建设,使辽中成为兼有老工业基地振兴和沿海开放双重优势的"机遇叠加之地",连接腹地与沿海经济优势互补、良性互动的"钻石节点",已经成为沈阳重要发展空间、对外开放前沿和建设国家中心城市有力支撑。辽中于2006年3月、2008年5月两次向省政府、国务院呈报了《关于撤销辽中县设立辽中区的请示》。2007年、2008年全国人大代表先后在两会期间,提出关于撤销辽中县设立辽中区的建议,以此进一步拓展沈阳发展空间,加快沈阳乃至辽宁老工业基地全面振兴。立足沈阳新一轮老工业基地振兴、建设国家中心城市的背景下,加快实施辽中撤县设区意义更加重大,条件更加完备,时机已经成熟,辽中已经达到撤县设区的要求和标准。

2016年1月7日,国务院以国函〔2016〕6号文件批复同意辽宁省沈阳市撤销辽中县设立沈阳市辽中区,2016年4月11日,辽中区正式挂牌。

(陈启良)

【国家现代农业示范区建设】 辽中于2010年9月被农业部认定为首批"国家现代农业示范区"。近年来,示范区根据地域分布和地理空间结构特点,以建设都市现代农业为主线,形成了三纵一横、六大产业功能区、十大基地发展格局。

"三纵一横"为沈西产业大道精品水稻产业带、十太线设施农业产业带、乌杨线休闲农业产业带以及小小线特色经济林果产业带;"六大区域"为绿色水稻生产示范区、高效设施农业示范区、生态经济林果示范区、淡水鱼健康养殖示范区、休闲农业示范区和农产品加工区等六大产业功能区;"十大基地"为水稻科技示范展示基地、绿色水稻多功能开发示范基地、高效设施园艺产业示范基地、出口蔬菜产业示范基地、沈阳农产品加工物流基地、畜禽养殖生态循环农业产业示范基地、精品林果综合开发示范基地、淡水养殖产业示范基地、珍珠湖湿地生态旅游产业基地、观光休闲农业产业示范基地。

通过几年的发展,国家现代农业示范区为辽中的农业发展创造了新活力和强劲动力。水稻核心区通过新建、改造水利排灌设施、完成路面硬化、建防护林和改造电力等基础设施,形成田成方、林成网、渠相通、路相连的格局,实现水稻经营规模化、水利设施标准化、稻田管理智能化、水稻生产全程机械化的生产格局。高标准设施农业核心区形成集农产品研发、种植、销售、深加工于一体,结合旅游观光、休闲度假、科普教育,建设成为东北最大的、最新的、综合性、高产能的现代农业示范基地。林果核心区重点加强寒富苹果等优势品种发展,打造地理标志名优品牌,增强市场竞争力。加强标准化、景观化果园建设,加大采摘观光寒富苹果园等规模化园区开发力度,围绕城市高端需求和农业旅游,加快水果加工产品开发,延伸产业链条。强化基础设施和物流市场建设,建设出口创汇基地。淡水鱼健康养殖示范区围绕提高鱼的质量和市场竞争力,引进推广优良品种,注重推进传统渔业向现代渔业转变,加强科技服务,延伸产业链条,着力打造精品鱼养殖基地、淡水鱼出口基地、良种鱼繁育基地和渔业观光旅游基地。实施渔业养殖产业化、渔业生产现代化和渔业服务市场化。为城市居民提供优质安全农产品,巩固扩大辽中淡水鱼养殖在全省的主导和优势产业地位。

(陈启良)

【城乡面貌】 基础设施配套日臻完善。以"三城联创"为引领,优化提升重点区域设施配套。沈环绕城线一期工程全线贯通,新建、整修沈海线、辽小线等城乡道路557公里。新客运站开启运营,更新公交站点112处。出海铁路辽中段建设高效推进,沈辽城际轻轨规划踏勘全面完成。投入3867万元,完成北一路等景观绿化亮化、文华路等巷路新建、中心街等主路整修工程。引进沈阳绿环集团规划建设两大热源厂。

生态环境质量有效提升。城乡绿化、湿地保护、水源地安全、秸秆禁燃与综合利用等重点工作成效明显,辽中区正式获批"国家生态区"。近海经济区污水处理厂竣工投入试运行,城区污水处理厂扩容工程主体完工,15个镇级污水处理厂年处理量达90万吨。投资4.6亿元、覆盖全域的宜居乡村建设项目全面实施。

城市管理水平逐步提高。深入实施"市容市貌升级工程",加强网格化管理和数字化监管,集中开展了城区交通秩序整治、拆违控违、打击非法营运等专项行动。大力实施了公共地段"三堆"、"七小"、"十乱"专项治理,城区卫生环境有效提升。

(陈启良)

法 库 县

【概况】 2016年,法库县全年实现地区生产总值180亿元,比上年下降42.4%;固定资产投资85.8亿元,下降61.4%;一般公共预算收入8.67亿元,下降2.5%;社会消费品零售总额58亿元,下降10%;农村居民人均可支配收入1.35万元,增长6.7%;规模以上工业总产值243亿元,下降64.7%;外贸自营出口2647万美元,增长6%,非自营出口6000万美元;新注册企业814家,增长21%;工业用电量增长6.3%;货运量增长5.3%;存、贷款余额分别比年初增长12%和10%。

(周广东 高丽娟)

【创新改革】 品牌法库创新区建设取得新进展。中国瓷谷新材料科技企业孵化器入孵企业10家、项目10个,获批为全市特色产业集群小微企业创业创新示范基地。成功举办了中国硅酸盐学会陶瓷分会2016学术年会,开通了中国瓷谷技术转移平台,全国最新陶瓷技术成果优先在法库实现转化,透水砖、呼吸砖等新产品层出不穷。以新能源飞机研发制造平台为代表的新兴产业品牌、以辽育白牛为代表的现代农业品牌、以白鹤楼为代表的地域文化品牌、以叶茂台牲畜市场为代表的区域市场品牌、以国际陶博会和飞行大会等为代表的节庆会展品牌影响力进一步扩大。

国资市场化运营取得新进展。创新体制机制,成立了金融国资局,整合全县国资成立鱼梁集团及7家子公司,统筹运营管理。推进市场化运营,盘活闲置国有土地参与国家级农业重点项目建设,利用民安佳园闲置房产和未开发土地开展服务业项目招商,拉动辽代风情小镇区域全面建设,参与实施棚改土地综合整理、白鹤楼景区规划、多元化经营白鹤大剧院，以及文体场馆创收等，实现收益1.3亿元，化解政府债务1500万元。

“放管服”改革取得新进展。市级下放审批权限全部承接到位。减免行政事业性和经营服务性收费55项，取消行政审批中介服务50项，优化精简审批驻厅窗口4个。受理审批事项4780件，办结率、满意率均为100%，进一步释放了企业、社会创新创业活力。公安机关深入开展“人民在我心中”三大载体活动，进企业送服务、走基层联万家、招手就站马上就办，为经济运行和大众创业提供了良好的环境保障。

重点领域创新改革取得新进展。出台了《飞地招商、存量招商、产业招商实施方案》，引导项目向园区集聚。完成了公务用车改革，综合节支率达7.1%。推动农信社改革，确权房产49处、土地23宗。谋划林场改革、供销社改革，改革方案待上级批复后启动实施。推进不动产登记改革，成立了不动产登记机构，相关工作有序开展。

（周广东　高丽娟）

【工业】 县域工业支撑作用显著。陶瓷产业不断壮大，红运高档仿古砖、金利达原料深加工等一批项目投产运营；品牌建设稳步推进，新增市级以上著名商标8个，亿友陶瓷成为中国驰名商标；春秋两季陶博会成果丰硕，交易总额超25亿元；陶瓷贸易成绩喜人，出口实现5400万美元。通航产业加快发展，锐翔、通飞、天鹅、亿家等核心产业项目运行良好，联航神燕公司获得52架通航飞机订单，总价达到2亿元；辽宁省通用航空协会在法库县正式成立，首批会员单位38家，占省内通航单位的80%。辽河经济区稳步发展，开工重点项目7个，东盛金属等项目竣工投产。

（周广东　高丽娟）

【农业】 农业发展特色突出。辉山乳业、鑫金肉牛深加工等项目运行良好，“辽育白牛”荣获第十四届中国国际农产品交易会金奖，成为全省惟一获此殊荣的地标产品。成功举办了2016全国驴产业发展年会，与东阿阿胶集团合作引进了中转市场、繁育中心等项目，叶茂台牲畜市场成为东北最大的驴马骡交易中心。孟家、拉马河等农业园区稳步发展，依托农事龙头企业，正在成为优质粮油、休闲农业、有机蔬菜生产加工基地。粮食播种面积保持稳定，粮食产量实现66万吨。法库县获批为国家级产粮大县、国家级玉米绿色高产高效创建示范县和国家东北黑土地保护试点，孟家园区被国家农业部命名为绿色食品加工农业产业化示范基地。

（周广东　高丽娟）

【服务业】 现代服务业蓬勃发展。区域中心市场建设有序推进，年交易额超亿元市场达到14个。农村电子商务稳步发展，与阿里巴巴签订了农村淘宝项目协议，法库名优特农产品交易平台、中国牲畜交易平台正式上线。金融产业不断壮大，新增4家金融保险服务机构，“助企贷”为小微企业放贷8450万元。会展业影响力不断增强，成功举办了国际陶博会、飞行大会、东北商交会、辽文化年会、白鹤节、古枫节、葡萄节、树莓节、菩提节等活动，交易额增长3.9%。旅游发展环境持续优化，白鹤楼被评为3A级景区，与黄鹤楼缔结为“姊妹楼”，巴尔虎山、秀水河子战役纪念馆、陶瓷创意中心被评为2A级景区。

（周广东　高丽娟）

【绿色发展】 绿色产业取得新进展。推进陶瓷园区循环化改造，企业窑炉尾气等设备升级改造全部完成，取缔燃煤小锅炉85台，25家企业启用清洁能源。发展新能源产业，磨盘山风电场建设稳步推进，金山能源、特瓦特、福春等光伏发电项目进入实施阶段。

绿色惠民工程深入实施。聘请专业团队运营县污水处理厂。完成了卫校桥至污水处理厂7.3公里污水管网维修改造工程，引入专业团队，使用机器人对污水管网进行检测。城区480个垃圾站点全部实现日产日清无积存，村屯全部实现保洁常态化。

生态环境持续改善。建立健全区域执法联动机制，环境监管实现“网格化”。抗霾攻坚成效显著，开展秸秆综合利用，晟燃特、康拜环保等企业运行良好；实施秸秆禁烧，组建了200余支队伍，开展巡防检查10万余人次，野外焚烧秸秆行为得到有效控制。加强水域保护，獾子洞湿地植被恢复等5项工程顺利实施，辽河水质达到四类标准，饮用水源水质100%达标。实施青山工程，加强矿山生态恢复治理，实施荒山绿化，完成造林3400公顷，其中新增寒富苹果、榛子等经济林733公顷。

（周广东　高丽娟）

【对外开发】 出口贸易向纵深拓展。陶瓷产业“走出去”大格局基本建立，与中建材合作组建了“迪拜海外仓”，与中铁、中外运及中海运结成“海铁”联运，共同开拓中东、非洲市场，出口阿联酋、尼日利亚等10余个国家，发柜量突破2000个。依托“沈满俄”铁路运输通道，带动发展辣椒、花生、树莓、万寿菊等高效农业2万公顷，农产品出口规模效益同步提升。

“项目年”工作取得新进展。实施项目带动战略，设立陶瓷、旅游、会展等产业基金，开展“三杯”评选，全县开工投资千万元以上项目85个，向社会公示的生态廊道PPP项目进入实施阶段。“三争取”工作成效显著，争取到市级以上政策17项、项目23个、各类资金30.7亿元，联航神燕获专项建设基金4500万元。实施精准招商，实际利用外资1548万美元，实际到位内资7亿元；签约项目47个、储备在谈99个。联航神燕成功收购了意大利泰克南三款机型整机制造产权和中国独家销售权。

国内外交流交往不断深化。“走出去”，发挥商协会等渠道作用，先后赴中东、非洲、东南亚及北京、长三角、珠三角开展招商活动20余次。“请进来”，依托国际陶博会、飞行大会等重大活动，邀请域外客商考察洽谈350多次，艾里康等多家国际建材贸易商与法库县达成合作意向，有力推动了法库陶瓷走向世界。

（周广东　高丽娟）

【民生工程】 社会保障更加有力。全面落实免费培训、就业救助等政策，培训城乡劳动力1435人，新增城镇就业4124人，转移就业6850人。发放援企稳岗补贴151万元，稳定就业3523人。强化社会保障，低保、五保、医保及残疾人、孤儿等各项保障标准全面提高，城乡居民养老保险参保达22万人。建成标准化农村幸福院63个、日间照料站14个，“敬老文明号”活动广泛开展。实施精准扶贫，1066名国标贫困人口全部脱贫，省定6个贫困村全部销号。

社会事业不断进步。推动教育均衡优质化，成功举办了第三届东湖中学城校长论坛，东湖中学办学特色鲜明，成果显著，二高中获批市级综合高中，爱心学校喜迁新址，第二幼儿园、白鹤幼儿园分别晋升为四星级、五星级,内涵建设不断加强,中高考成绩再创新高。积极开展卫生城市、健康城市"双城双创",县乡村三级卫生服务及监督体系不断完善,公共卫生服务均等化工作全面铺开,医疗卫生服务水平显著提升。新农合支付改革启动实施,中心医院实现农合即时结算。大力发展文体事业,"书香法库"建设带动全民读书热潮,白鹤大剧院等公共文体设施运行良好,由法库籍著名导演张惠中执导,在法库县拍摄的反映新农村发展的电视剧《九九》在央视黄金时段播出。全民运动会、各级足球联赛、篮球联赛、小提琴音乐节等60余项文体活动丰富多彩。校园足球水平大幅提升,在省市中小学足球联赛和"哥德杯"世界青少年足球赛中,法库县参赛队伍均取得了优异成绩,东湖三中等5所学校被教育部批准为校园足球特色校。

城乡建设管理取得新进展。制定了棚改风险评估、棚改入围企业管理办法等规范性文件,利用16亿元开发银行贷款,分三批次完成了5855户棚户区改造任务。以辽风建设有限公司为主体,2016、2017两年共投入9.6亿元开展宜居乡村建设。与沈河区城乡互联共建扎实开展。投入3000万元,实施金沙河下游综合整治工程,双合广场投入使用。投入5.3亿元,实施554公里农村公路维修改造,国道开奈线和102公里一事一议村内道路竣工通车。投入8600万元,实施35个农村饮水安全工程。投入650万元,实施2700座农村改厕工程。危房改造开工1921户,竣工946户。严格坚守土地管理红线,开展土地执法动态巡查132次,土地卫片执法检查立案违法用地94宗,全部依法查处。智慧产业、数字化校园等智慧工程启动实施,光纤进小区、光纤村村通目标全面实现,农产品质量安全服务等智慧平台投入使用。

社会治理现代化水平全面提升。有序推进社区治理,城市社区服务信息化、智慧化、便利化水平不断提高,农村社区基础设施、公共服务体系不断完善。推进信访制度改革,信访矛盾得到及时发现、有效解决。深入开展安全生产、道路交通、消防安全、食品药品等重点领域整治行动,安全生产形势稳定,治安案件、刑事案件分别下降6.7%、9.6%,法库县被评为省防震减灾示范县、省食品安全放心县、国家农产品质量安全县。

(周广东　高丽娟)

康　平　县

【概况】　2016年,康平县一般公共预算收入实现5.8亿元,比上年下降0.7%;其中:税收收入实现5.01亿元,增长13.7%。固定资产投资实现28.9亿元,下降84.1%。农村居民人均可支配收入实现1.31万元,增长6.8%。全县主导产业加快发展,工业经济企稳回升;产业结构继续优化,农业产业化水平提高;消费需求持续增长,新兴服务业发展加快;拓宽建设资金渠道,城乡建设步伐加快;税收收入保持增长,金融市场稳健运行;社会事业加快发展,民生保障能力增强。

(史洪蕊)

【体制改革】　行政体制改革扎实推进。加大简政放权力度,有效释放发展活力、优化投资环境。承接省市取消和下放行政职权947项,优化县级政务服务事项293项。不断完善三级政务服务体系,2822平方米的新政务服务中心投入使用,21家单位进厅办公,266个政务服务事项实现网上审批。工商登记前置审批目录精简228项,全面实施"五证合一"和"一照一码"。有效整合规土、房产等部门职能,成立不动产登记中心,12月1日发放第一本不动产登记证书。

深化县城基础设施投融资体制改革试点。一是基础设施项目资金争取工作取得显著成效。紧紧抓住国家发行专项建设基金的机遇,积极争取专项建设资金支持。马莲河畔满蒙风情小镇、卧龙湖交通基础设施等5个项目获得专项建设资金支持2.61亿元。宜居乡村、农村公路维修改造、老城区道路改造3个项目分别获得农发行5.6亿元、4.6亿元、3.46亿元政策性贷款支持,为补齐县域基础设施短板提供有力支撑。二是政府和社会资本合作(PPP)工作全面推进。东关(孔家)污水处理厂PPP项目运作成功,于11月22日签订了特许经营协议。城区中心街护栏PPP项目合作模式操作完成。集中供热热力网项目完成竞争性磋商谈判。城南污水处理厂建设一期工程编制完成财政承受能力论证、物有所值评价。城北热源厂及供暖供气管网项目已编制完成可行性研究报告。

(史洪蕊)

【县域产业】　工业转型升级加速。做大做强清洁能源产业,风电、光电并网发电装机容量分别新增5万千瓦、3万千瓦。巩固传统产业优势地位,以华今塑业为代表的塑编企业技改升级工作取得新突破,恒生生物、惠康豆制品等企业扩产增能,珠穆朗玛食品加工项目即将投产。加快发展新兴产业,英之豪、圣兴生物科技等项目建设完成,通航机场项目正式启动。

农业结构调整持续推进。粮食总产量达到57.5万吨。调减玉米面积1万公顷,新增高效特色作物面积1.17万公顷,新建标准化规模养殖场10个。农民合作社、家庭农场、龙头企业等新型农业经营主体规模不断扩大。获批创建国家有机产品认证示范县,标准化生产面积达到8万公顷,"三品"认证达到140个,与五粮液集团就建立优质糯高粱供应基地签署战略合作协议。农机总动力达到39万千瓦,秸秆综合利用工作被列为省级试点,高标准基本农田、抗旱治涝等农田水利工程建设完成。

旅游产业加快发展。辽河、巴尔虎山、金沙滩等12条旅游道路建成通车,21个旅游环保公厕建设完成。卧龙湖旅游招商工作取得重大突破,天沐温泉旅游度假区、格轩国际马术休闲俱乐部开工建设。启动辽河国家湿地公园、金沙滩国家沙漠公园建设,高质量举办卧龙湖冬捕节、浪漫金秋文化节等29个系列节庆活动,全年累计接待游客60万人次,旅游收入过亿元。

(康平县)

【城乡环境】　生态建设持续加强。第三届中国绿色碳汇节在康平举行。新一轮卧龙湖保护与利用工程全面实施,29项工程有序推进,城南污水处理厂建设完成,北岸护岸等工程全部完工,卧龙湖周边面源污染得到有效治理。康湖基础设施建设初步完成,平湖规划启动。新增造林面积3733公顷,新万亩松初具规模,彰桓线南段绿色通道建设启动实施。新增城区集中供热面积15万平方米,加快推进燃煤锅炉改造,强力推进秸秆禁烧与综合利用。

城乡基础建设强力推进。朝阳路北、向中路、文化路北棚户区征收改造工作基本完成，全面启动2017年棚户区改造工作。档案馆建成并投入使用。城区11条巷道、13个老旧小区改造全部竣工。累计铺设燃气管线62.9公里，4106户居民实现开栓供气。41.6公里卧龙湖环湖路全线贯通，85.5公里一事一议村内道路、4.2公里迎宾路、11公里辽河堤顶路等新建维修改造工程竣工。

宜居乡村建设取得阶段性成果。实施“农村环境整治”、“设施完善提质”、“宜居示范创建”三大系统工程，完成张强镇宜居示范乡镇建设和3个宜居示范村、20个宜居达标村前期工作，维修改造农村公路618公里，改造农村危房1965座，建设绿色村庄32个。有序推进农村饮水安全、乡镇生活污水处理设施及配套管网、农村改厕等工程，落实农村生活垃圾污水处理运行补贴，农村基础设施短板加速补齐。

城乡管理全面加强。开展专项整治，以零容忍态度严厉打击违建行为。规范街面经营秩序，流动摊点实现集中经营。构建县乡两级综合行政执法体系，乡村执法逐步加强。设置中心街隔离护栏2670米，交通秩序更加规范。强化园林绿化管理，城区绿化景观格局正在拉开。成立乡镇规划管理委员会，科学指导、监管乡村建设。

（康平县）

【民生保障】 全面打响脱贫攻坚战。将脱贫攻坚工作作为全县最大的政治任务、最大的民生工程和最大的发展机遇，举全县之力加以推进。强化顶层设计，制订行动方案、惠农政策汇编，派驻73支工作队，出台问责考核办法，挂图推进“百日会战”，为打赢打胜脱贫攻坚战提供强有力保障。综合运用产业发展、金融支持、政策兜底、环境建设等13项措施，引导2741户贫困户发展高效种植业和畜养业；1543人纳入低保兜底保障；389人享受特殊慢性病医疗补助；195人进入医养结合医院；“先诊疗、后付费”政策惠及1366人次；所有贫困家庭学生均享受校车、住宿、伙食、助学金补助政策；累计发放上级专项扶贫资金2888.4万元，重点贫困村实现互助金全覆盖；和平区及社会各界捐资捐物近7000万元；推广东升村龙旭种植专业合作社“土地入股、保底分红”模式，鼓励扶持郝官镇刘屯村手工艺品厂、张强镇七家子村良种羊场、方家镇东小陵榛子园等集体经营项目，积极推进村级光伏发电项目，不断壮大村级集体经济。

民生工程强力推进。总投入近13亿元，实施7大类20件为民办实事工程。公共体育场投入使用，那尔苏陵园修缮完工，县中医院门诊病房楼、县人民医院综合门诊楼、就业和社会保障服务中心、疾控中心、开发区幼儿园主体完工，滨湖小学、柳树九年一贯制学校综合楼开工建设。

社会事业加快发展。通过市教育现代化准入阶段验收，康平一中和职业教育中心采取集团化模式合作办学。组建成立校车公司。全面推进卫生信息化建设，辽宁省基层卫生信息系统和远程会诊平台搭建完成，10家乡镇卫生院开展医养结合试点。举办文化艺术惠民演出等活动，文物、遗产保护工作扎实开展。辽宁省首届徒步大会在康平举行。开发区塑编彩色包装产业园被命名为市级重点文化产业园区。

社会保障不断加强。继续扩大医疗、养老等社会保险覆盖面，新农合参合率达到99.8%，城乡居民社会养老保险参保率达到98%。新农合、低保、五保、孤儿等提标工作全面落实。新增城镇实名制就业3354人，农村劳动力转移输出7802人次。健全城乡社会救助体系，确保困难群众遇急有助、遇困有帮。

社会管理扎实推进。社区治理工作不断深化，积极推行“一口式受理、全科式服务”社区管理模式。严格落实安全生产责任制，推进安全管理制度化、标准化、网络化、信息化建设。信访稳定、食品安全形势平稳。社会治安综合治理成效显著，连续12年获得“省平安县”称号。

（康平县）

【政府自身建设】 法治建设不断强化。启动“七五”普法工作。坚持向人大、政协通报工作制度，办复人大代表建议90件、政协委员提案97件。建立健全重大行政决策机制，政府决策实现民主化、科学化、法治化。全面厘清政府权力底数，并向社会公示。畅通民心网、96123热线、县长信箱等监督渠道，推动政务监督规范化。

行政效能不断提升。抢抓政策红利，“三争取”工作成效显著，位居全市区县前列。完善绩效考评工作体系，建立重点工作督查督办工作机制，压实政府部门责任，保障各项工作高效运行。实行奖惩机制，政府部门和干部队伍抓落实的自觉性和主动性不断增强。

作风建设持续深入。贯彻十八届六中全会精神，围绕从严治党主线，大力开展“两学一做”学习教育，严格落实中央“八项规定”精神和省委巡视反馈意见。全面开展警示教育，深刻汲取辽宁拉票贿选案沉痛教训。严格落实“一岗双责”责任制，党风廉政建设不断加强，有效防止“四风”问题反弹。完成公务用车制度改革，“三公经费”进一步压缩。不断加强行政监察和审计监督，政风行风不断优化。

（康平县）

人　　物

新任副市级以上领导

【王蒙徽】 1978年1月至1983年7月清华大学建筑系建筑学专业学习；1983年7月至1989年1月清华大学建筑系学生工作组副组长、组长（其间：1987年10月—1988年6月波兰华沙工业大学建筑系进修）；1989年1月至1993年3月清华大学建筑学院院长助理、党委副书记（1984年9月—1989年12月清华大学建筑学院建筑学专业在职研究生学习，获工学硕士学位）；1993年3月至1995年8月清华大学建筑学院院长助理、党委副书记，广东省番禺市副市长（挂职）；1995年8月至1998年2月广东省增城市副市长；1998年2月至1998年9月广东省广州市建设委员会村镇建设处处长；1998年9月至2000年11月广东省广州市城市规划局副局长（1996年12月至1998年11月中国社会科学院研究生院投资管理专业在职硕士研究生课程班学习）；2000年11月至2001年6月广东省广州市城市规划局副局长兼广州市城市规划编制研究中心主任；2001年6月至2002年7月广东省广州市城市规划局局长兼广州市城市规划编制研究中心主任；2002年7月至2003年1月广东省广州市城市规划局局长；2003年1月至2003年5月广东省广州市番禺区委副书记、代区长、区长，广州市城市规划局局长；2003年5月至2004年5月广东省广州市番禺区委副书记、区长；2004年5月至2008年8月广东省汕尾市委副书记、代市长、市长（2002年9月至2007年1月清华大学建筑学院城市规划与设计专业在职研究生学习，获工学博士学位）；2008年8月至2008年10月广东省云浮市委书记；2008年10月至2011年10月广东省云浮市委书记、市人大常委会主任（其间：2010年7月—2010年7月在延安干部学院参加中组部“第一期中青年干部党性教育专题培训班”学习）；2011年10月至2011年11月福建省副省长提名人选，广东省云浮市委书记、市人大常委会主任；2011年11月至2011年12月福建省副省长提名人选；2011年12月至2013年5月福建省副省长；2013年5月至2016年8月福建省委常委、厦门市委书记（其间：2016年5月—2016年7月在国防大学参加中组部“第48期国家安全研究班”学习）；2016年8月至2016年12月辽宁省委常委、沈阳市委书记；2016年12月至今辽宁省委副书记、沈阳市委书记。

（组织部）

【姜有为】 1985年9月至1989年7月吉林大学化学系高分子材料专业学习；1989年7月至1994年10月吉化公司有机合成厂橡胶车间技术员；1994年10月至1995年4月吉化公司有机合成厂厂长办公室生产秘书；1995年4月至1996年4月吉化公司有机合成厂调度处副处长；1996年4月至1997年2月吉化公司有机合成厂苯乙烯车间副主任；1997年2月至1999年2月吉化公司有机合成厂副厂长；1999年2月至1999年5月吉化集团生产安全技术部副部长；1999年5月至2000年12月吉林省吉林市经济贸易委员会副主任；2000年12月至2004年4月吉林省经济贸易委员会副主任（公选）；2004年4月至2005年7月吉林省经济委员会副主任（2003年7月至2004年6月新加坡南洋理工大学管理经济学专业在职学习，获管理经济学硕士学位）；2005年7月至2006年7月吉林省白山市副市长；2006年7月至2008年1月吉林省白山市委常委、副市长；2008年1月至2009年1月吉林省政府副秘书长，省经济委员会主任、党组书记；2009年1月至2009年2月吉林省政府副秘书长，省工业和信息化厅厅长、党组书记；2009年2月至2010年7月吉林省工业和信息化厅厅长、党组书记；2010年7月至2011年1月吉林省辽源市委副书记、副市长、代市长；2011年1月至2011年5月吉林省辽源市委副书记、市长；2011年5月至2013年3月吉林省辽源市委书记；2013年3月至2015年11月吉林省发展和改革委员会主任、党组书记；2015年11月至2016年12月吉林省副省长；2016年12月至今辽宁省沈阳市委副书记，市政府副市长、代市长、党组书记，提名为沈阳市市长候选人。

（组织部）

【韩东太】 1978年10月至1982年8月辽宁大学哲学系辩证唯物主义历史唯物主义专业学习；1982年8月至1986年12月辽宁省鞍山市委政策研究室干事；1986年12月至1988年5月辽宁省鞍山市委政策研究室副处级调研员；1988年5月至1989年3月辽宁省鞍山市委政策研究室科教文卫处副处长；1989年3月至1990年7月辽宁省鞍山市委政策研究室科教文卫处处长；1990年7月至1991年7月辽宁省鞍山市委政策研究室工交基建处处长；1991年7月至1993年2月辽宁省鞍山市委政策研究室副局级调研员（1990年12月至1992年12月挂任辽宁省鞍山市高压容器厂副厂长）；1993年2月至1996年4月辽宁省鞍山市委办公厅副主任；1996年4月至1999年8月辽宁省鞍山市石油化学工业局党委书记；1999年8月至2000年1月辽宁省鞍山市委副秘书长、政策研究室主任；2000年1月至2003年6月辽宁省政府研究室（省体改办）党组成员、副主任；2003年6月至2004年2月辽宁省政府研究室（省体改办）党组副书记、副主任（2002年5月至2003年9月北京交通大学工商管理专业在职研究生班学习）；2004年2月至2008年1月辽宁省政府研究室党组书记、主任；2008年1月至2010年8月辽宁省政府研究室党组书记、主任，省政府副秘书长（正厅级，兼）（其间：2009 年 3 月至 2009 年 4 月中央党校厅局级干部进修班学习）；2010 年 8 月至 2010 年 9 月辽宁省服务业委员会党组书记；2010 年 9 月至 2016 年 2 月辽宁省服务业委员会党组书记、主任；2016 年 2 月至 2016 年 3 月辽宁省沈阳市委常委；2016 年 3 月至 2016 年 9 月辽宁省沈阳市委常委、宣传部部长，市互联网信息办公室主任（兼），市委教科工委书记（兼）；2016 年 9 月至 2016 年 10 月辽宁省沈阳市委副书记、宣传部部长，市互联网信息办公室主任（兼），市委教科工委书记（兼）；2016 年 10 月至今辽宁省沈阳市委副书记、宣传部部长，市互联网信息办公室主任（兼），市委教科工委书记（兼），市委党校（沈阳行政学院、沈阳市社会主义学院）校（院）长（兼）。

（组织部）

【刘晓东】 1983 年 9 月至 1987 年 9 月大连海运学院电子系无线电导航技术专业学习；1987 年 9 月至 1990 年 7 月大连海运学院电子系无线电导航技术专业研究生学习；1990 年 7 月至 1993 年 4 月辽宁省大连高新技术产业办公室、高新技术产业园区管委会科员；1993 年 4 月至 1996 年 8 月辽宁省大连高新技术产业园区管委会计划处、产业发展处副处长、经济发展局副局长；1996 年 8 月至 2000 年 10 月辽宁省大连市科学技术委员会副主任；2000 年 10 月至 2001 年 3 月辽宁省大连开发区管委会、党工委办公室主任；2001 年 3 月至 2011 年 3 月辽宁省科技厅党组副书记、副厅长（其间：2006 年 3 月至 2006 年 5 月中共辽宁省委党校第 29 期市厅级干部进修班学习；2009 年 10 月至 2010 年 11 月上海世博会挂职锻炼领队）；2011 年 3 月至 2013 年 3 月辽宁省科技厅党组副书记、副厅长，辽宁省科技创新工作领导小组办公室副主任（正厅级）（2006 年 3 月至 2011 年 7 月大连海事大学交通运输规划与管理专业在职研究生学习，获工学博士学位）；2013 年 3 月至 2013 年 6 月辽宁省科技厅党组书记、厅长，辽宁省科技创新工作领导小组办公室副主任（正厅级）；2013 年 6 月至 2016 年 10 月辽宁省科技厅党组书记、厅长；2016 年 10 月至 2016 年 11 月辽宁省沈阳市委常委，市政府党组成员；2016 年 11 月至今辽宁省沈阳市委常委，市政府副市长、党组成员。

（组织部）

【连茂君】 1990 年 9 月至 1993 年 8 月辽宁商业高等专科学校计算机应用专业学习；1993 年 8 月至 2002 年 2 月北方航空公司飞行大队组织干事、客舱服务部办公室主任、客舱服务部政治处副主任、团委副书记（其间：1998 年 8 月—2000 年 12 月在中央党校法律专业在职大学学习）；2002 年 2 月至 2003 年 10 月沈阳农业高新技术开发区管委会办公室主任；2003 年 10 月至 2004 年 3 月沈阳农业高新技术开发区管委会办公室主任、纪工委副书记；2004 年 3 月至 2004 年 7 月沈阳农业高新技术开发区管委会办公室主任、纪工委副书记，管委会主任助理；2004 年 7 月至 2004 年 11 月沈阳农业高新技术开发区管委会办公室主任、纪工委副书记，管委会主任助理，沈阳农业高新区房产局局长、沈阳市城市管理行政执法局农业高新区分局局长（兼）；2004 年 11 月至 2005 年 6 月沈阳农业高新技术开发区管委会办公室主任、纪工委副书记；2005 年 6 月至 2006 年 6 月沈阳农业高新技术开发区管理委员会副主任；2006 年 6 月至 2007 年 3 月沈阳蒲河新城管委会副主任（2004 年 9 月至 2006 年 12 月在辽宁省委党校公共管理专业在职研究生学习）；2007 年 3 月至 2007 年 10 月辽宁省沈阳市沈北新区副区长，沈阳蒲河新城管委会副主任、沈阳玉米工业产业园管委会主任（2005 年 7 月至 2007 年 7 月在美国班尼迪克大学企业管理专业攻读硕士学位，获得管理学硕士学位）；2007 年 10 月至 2008 年 3 月沈阳蒲河新城管委会副主任，沈阳玉米工业产业园管委会主任；2008 年 3 月至 2010 年 1 月辽宁省沈阳市沈北新区区委常委、常务副区长；2010 年 12 月至 2011 年 1 月辽宁省沈阳市于洪区委副书记、副区长、代区长，沈阳大工业区管委会主任（兼），沈阳丁香湖新城管委会主任（兼）；2011 年 1 月至 2013 年 2 月辽宁省沈阳市于洪区委副书记、区长，沈阳大工业区管委会主任（兼），沈阳丁香湖新城管委会主任（兼）；2013 年 2 月至 2015 年 4 月辽宁省沈阳市政府党组成员、秘书长，市政府办公厅党组书记；2015 年 4 月至 2016 年 9 月辽宁省沈阳市政府党组成员、秘书长（2009 年 9 月至 2015 年 6 月在东北师范大学城市与环境科学学院区域经济学专业在职研究生学习，获经济学博士学位）；2016 年 9 月至 2016 年 10 月辽宁省沈阳市委常委、市政府党组成员、秘书长；2016 年 10 月至今辽宁省沈阳市委常委、秘书长，市直机关工委书记（兼）。

（组织部）

【王　健】 1984 年 9 月至 1988 年 8 月沈阳工业大学管理工程系工业管理工程专业学习；1988 年 8 月至 1993 年 5 月沈阳科学技术总院工作人员；1993 年 5 月至 1995 年 5 月沈阳轴瓦材料研究所所长；1995 年 5 月至 1996 年 3 月辽宁省沈阳市科技局工作人员；1996 年 3 月至 1999 年 2 月辽宁省沈阳市科技局人事处副处长（主持工作）；1999 年 2 月至 2001 年 3 月辽宁省沈阳市科技局人事处处长（1997 年 9 月至 1999 年 9 月在沈阳工业大学管理工程系会计学专业在职研究生学习，获工学硕士学位）；2001 年 3 月至 2001 年 6 月辽宁省沈阳市科技局人事处处长、机关党委专职副书记、纪委书记（兼）；2001 年 6 月至 2004 年 7 月辽宁省沈阳市科技局助理巡视员，西藏自治区安多县委书记（援藏）；2004 年 7 月至 2006 年 4 月辽宁省沈阳市新城子区委副书记；2006 年 4 月至 2006 年 11 月辽宁省沈阳市沈北新区区委副书记；2006 年 11 月至 2007 年 1 月辽宁省沈阳市苏家屯区委副书记、副区长、代区长、区长人选；2007 年 1 月至 2007 年 5 月辽宁省沈阳市苏家屯区委副书记、区长；2007 年 5 月至 2008 年 12 月辽宁省沈阳市苏家屯区委副书记、区长、沈阳浑河新城管委会主任；2008 年 12 月至 2010 年 12 月辽宁省沈阳市苏家屯区委副书记、区长、沈阳浑河新城管委会主任，沈阳民用航空产业国家高技术产业基地管委会副主任（兼）；2010 年 12 月至 2011 年 1 月辽宁省沈阳市大东区委副书记、副区长、代区长，沈阳—欧盟经济开发区管委会主任（兼）；2011 年 1 月至 2011 年 9 月辽宁省沈阳市大东区委副书记、区长，沈阳—欧盟经济技术开发区管委会主任（兼）；2011 年 9 月至 2013

年1月辽宁省沈阳市大东区委副书记、区长;2013年1月至2013年2月辽宁省沈阳市大东区委书记、区长;2013年2月至2016年7月辽宁省沈阳市大东区委书记;2016年7月至2016年10月辽宁省沈阳市浑南区委书记,沈阳高新区党工委书记;2016年10月至2016年11月辽宁省沈阳市委常委,浑南区委书记、沈阳高新区党工委书记;2016年11月至今辽宁省沈阳市委常委、政法委书记。

（组织部）

【王　镇】　1980年9月至1984年7月东北工学院机械设计专业学习;1984年7月至1987年1月东北工学院研究生院机械设计专业研究生学习;1987年1月至1991年6月东北工学院机械二系助教、讲师(其间:1988年10月至1991年6月借调至沈阳市科委工作);1991年6月至1991年10月辽宁省沈阳市科技工作领导小组办公室工作人员;1991年10月至1994年4月辽宁省沈阳市科技工作领导小组办公室副主任(副处级);1994年4月至1995年5月辽宁省沈阳市科技工作领导小组办公室副主任(正处级);1995年5月至1997年6月辽宁省沈阳市和平区科技副区长(下派锻炼);1997年6月至2003年9月辽宁省沈阳市和平区副区长;2003年9月至2006年7月辽宁省沈阳市和平区委常委、常务副区长;2006年7月至2007年5月辽宁省沈阳市浑南新区(沈阳高新技术产业开发区)管委会副主任;2007年5月至2007年12月辽宁省沈阳市于洪区委副书记、副区长、代区长;2007年12月至2008年3月辽宁省沈阳市于洪区委副书记、区长;2008年3月至2010年7月辽宁省沈阳市于洪区委副书记、区长,沈阳大工业区管委会主任(兼);2010年7月至2010年12月辽宁省沈阳市于洪区委副书记、区长,沈阳大工业区管委会主任(兼),沈阳丁香湖新城管委会主任(兼);2010年12月至2016年10月辽宁省沈阳市委副秘书长、办公厅主任;2016年10月至今辽宁省沈阳市委常委、统战部部长。

（组织部）

【王冬石】　1980年8月至1984年8月锦州工学院机械工程系拖拉机设计制造专业学习;1984年8月至1991年12月辽宁省本溪市纪委检查员;1991年12月至1992年9月辽宁省本溪市平山区纪委副书记;1992年9月至1995年3月辽宁省本溪市平山区委办公室主任(1991年8月至1993年12月中央党校函授学院经济专业在职大学学习);1995年3月至1995年6月辽宁省本溪市平山区委常委、区纪委书记;1995年6月至1997年9月辽宁省本溪市纪委常委;1997年9月至2003年2月辽宁省本溪市南芬区委书记(其间:2002年9月—2003年1月中央党校县(市)委书记进修班学习)(1996年9月至1998年7月在辽宁省委党校社会主义市场经济专业在职研究生学习);2003年2月至2006年9月辽宁省本溪市明山区委书记;2006年9月至2006年11月辽宁省监察厅副厅长;2006年11月至2010年8月辽宁省纪委秘书长,省监察厅副厅长;2010年8月至2016年10月辽宁省纪委常委、秘书长(副厅级);2016年10月至2016年12月辽宁省纪委常委、秘书长,沈阳市委常委、市纪委书记;2016年12月至今辽宁省纪委常委,沈阳市委常委、市纪委书记。

（组织部）

【刘国秀】　1977年8月至1981年5月辽宁省岫岩满族自治县雅河乡财政助理、团委书记;1981年5月至1983年5月辽宁省岫岩满族自治县雅河乡武装部助理;1983年5月至1986年8月辽宁省岫岩满族自治县公安局雅河派出所所长;1986年8月至1988年7月辽宁省委党校党政管理专业学习;1988年7月至1989年8月辽宁省岫岩县公安局政治处科员;1989年8月至1991年10月辽宁省岫岩满族自治县公安局政治处主任、治安科长、刑警队长;1991年10月至1994年3月辽宁省岫岩满族自治县公安局副局长;1994年3月至1995年9月辽宁省岫岩满族自治县公安局副局长兼保密局局长;1995年9月至1997年12月辽宁省岫岩满族自治县委常委、宣传部部长;1997年12月至2001年3月辽宁省岫岩满族自治县委常委、常务副县长(其间:1998年10月至2000年9月中国社会科学院财政学专业在职研究生课程班学习);2001年3月至2002年1月辽宁省岫岩满族自治县委副书记、副县长、代县长;2002年1月至2003年8月辽宁省岫岩满族自治县委副书记、县长;2003年8月至2008年4月辽宁省岫岩满族自治县委书记;2008年4月至2008年11月辽宁省本溪市公安局局长;2008年11月至2009年12月辽宁省本溪市副市长、市公安局局长;2009年12月至2011年11月辽宁省本溪市副市长、市公安局局长、市委政法委副书记;2011年11月至2011年12月辽宁省本溪市委常委、组织部部长,副市长、市公安局局长、市委政法委副书记;2011年12月至2014年11月辽宁省本溪市委常委、组织部部长;2014年11月至2014年12月辽宁省本溪市委常委;2014年12月至2016年2月辽宁省本溪市委常委、副市长;2016年2月至2016年3月辽宁省公安厅党委委员,沈阳市副市长提名人选;2016年3月至今辽宁省公安厅党委委员,沈阳市政府副市长、党组成员,市公安局党委书记、局长、督察长兼市维稳办主任。

（组织部）

感动沈阳人物

【九大妈志愿服务队】　和平区太原街街道民族社区,2012年,9位平均年龄72岁的老人组建了“九大妈”志愿者服务队。她们立足社区实际,创建“九大妈鹊桥会”,坚持开展“邻里守望”等社区志愿服务活动。在她们的感召下,更多的志愿者加入到志愿服务的队伍里,已经发展成有300多人参与的“九大妈志愿服务中心”。

（宣传部）

【周玉祥】　圣威门窗个体经营户。作为一名来沈务工的“新市民”,在送货途中,听说一小区居民家中着火、门被反锁、两个小孩困在火中的危急情况,他挺身而出,徒手攀上三楼阳台,冒着浓重的黑烟,将两个孩子抱出窗口。

（宣传部）

【李春和】　市公安局苏家屯分局大沟派出所社区民警。身患癌症不失本色,勇闯火海抢救群众财产、为农民工讨回辛苦钱、用真情转化上访人,他把时间献给了老百姓的“烦心事”,用实际行动谱写了一曲共产党员的奉献担当之歌。

(宣传部)

【姜兆军】 沈阳航天新光集团有限公司装配试验工。在航天飞船装配战线工作36年,在天宫二号发射期间,他身患胃癌仍坚持工作在一线,为神舟十一号与天宫二号交会对接并成功返回作出了突出贡献。

(宣传部)

【杨凤田】 中国工程院院士、沈阳航空航天大学校长。从事飞机总体设计工作40多年来,先后参加过12种歼击机的方案设计,担任过6种型号飞机的副总设计师、总设计师,在“歼八”系列加油机研制中作出了突出贡献。

(宣传部)

【何 伟】 沈阳何氏眼科医院院长。1987年,他作为国家公派留学生留学日本,以优异的成绩获得了博士学位并取得日本行医执照,拥有了私家住宅、汽车和不菲的收入。1995年,具有强大爱国精神的他毅然决然地放弃了令许多人羡慕的地位和条件回到沈阳,献身中国防盲事业。

(宣传部)

【郑姝音】 沈阳体育学院学生、奥运冠军。在2016年巴西里约奥运会上,她为中国体育代表团夺得第25枚金牌,实现了辽宁奥运会跆拳道项目金牌“零”的突破。

(宣传部)

【孙家宇孙家沧兄弟】 黎明公司职工。孙家宇与孙家沧兄弟同是黎明公司的一线工人,在父亲的熏陶下,刻苦钻研、比学赶帮,从默默无闻的技能工人,成长为行业翘楚。

(宣传部)

【张艳侠】 康平县张强九年一贯制学校教师。从教26年来,工作认真负责,乐于奉献。2015年不幸患上双侧股骨头坏死,只能借助拐杖行走。她一边治疗,一边拄着双拐坚持上课,用顽强、乐观诠释了生命的意义。

(宣传部)

【皮雅婷等爱心人士】 沈阳市第十五中学学生皮雅婷,沈阳八中学生胡哲睿、荆金来,中建二局东北分公司员工张蔼天、薛东辰、刘家良。2016年4月12日晚,沈阳中雨,下班回家的马女士被一辆出租车撞倒无法起身,孤独无助之际,皮雅婷蹲到她身边撑起了雨伞,一撑就是40分钟,一直等到救护车来之后才离开。2016年9月9日晚,荆金来、胡哲睿在放学回家的途中,见到一位80多岁的老人摔倒在路旁,当时天上下着雨,他们为老人撑着雨伞在身边守候,直到近21点,老人的亲属到来。2016年3月16日下午,张蔼天、薛东辰、刘家良,在下班回宿舍的途中路过南京北街时,看到一名老人突然昏厥倒地。3人急忙联系老人家属和急救车,并采取急救措施,使老人转危为安。他们用这些凡人善举,温暖着这座城市,创造了沈阳温馨包容的社会环境,汇聚起幸福沈阳共同缔造的强大合力。

(宣传部)

市级领导及市管领导干部名单

市 委

书 记:王蒙徽(省委副书记)

副书记:姜有为(市政府副市长,代市长,党组书记)

韩东太(宣传部部长,市互联网信息办公室主任(兼),市委教科工委书记(兼),市委党校(沈阳行政学院、沈阳市社会主义学院)校(院)长(兼))

常 委:马占春(市政府副市长)

刘晓东(市政府副市长))

刘桂香(市委组织部部长)

李松林(铁西区委书记)

冯守权(和平区委书记)

连茂君(秘书长,市直机关工委书记(兼))

王 健(市政法委书记)

王 镇(市委统战部部长)

王冬石(辽宁省纪委常委、秘书长、市纪委书记)

其他干部:常 明(市委原常委)

邓福林(副市级)

秘书长:连茂君

副秘书长:程晓龙 赵 颖

张小虎

市纪委、市监察局

书 记:王冬石

副书记:邓福林 孙建军 张 淼

监察局局长:张 淼(兼)

原副书记:孟凡伟

副局长:于克力

常 委:赵 岩 刘恩举

张中人 孔宪才

关卫民 毕成伟

李新和

组织部部长:赵久平

宣传部部长:于 凯

副局级室主任:张嘉学 何增春

闫 东 胡 光

范红刚 侯 军

骆 峰 程 洁

杨 军 王 锋

专 员:马 琳 毕 军

郭春利

市委办公厅

副主任:刘 波 李志民

李伟梁 徐 成

巡视员:赵煜昊

副巡视员:柳 鹰 郑立姝

张 泉

市委机要局(沈阳市密码管理局)

局 长:贾 群

副巡视员:付文颖

市保密局

副局长:马万云

市委督查室

主 任:程谟刚

督查专员:徐 策 车东育

信息综合室

主 任:王 宏

市机关事务管理办

主 任:马志军

副主任:陈书怀 邹常辉

市委组织部

部 长:刘桂香

副部长:吴奇汉 韩春声

市委宣传部

部　长：韩东太

副部长：马　丽　陈　波
王久成　刘晓虹

副巡视员：李　颖　叶朝辉

市外宣办

主　任：刘壮野

市文明办

主　任：刘庚杰

市思想政治工作研究会

会　长：王久成（兼）

市委讲师团

团　长：张龙海

市互联网信息办公室

主　任：韩东太（兼）

专职副主任：赵　晖

市国防动员委员会政治动员（国防教育）办公室

主　任：姜羞卉

市委统战部

部　长：王　镇

副部长：任桂芳　李书鲤
杨志宏

市委政法委

书　记：王　健

副书记：袁　昭　徐　明

纪检组组长：张　虹

巡视员：刘大刚

市综治办

副主任：孙超武　李雪冰

市防邪办

副主任：李俊杰

市法学会

副会长：蔡　彤

市委政研室

主　任：于久元

副主任：袁国华　刘文生
李向来

决策咨询委员会秘书长：谢丽萍

市委深化改革领导小组办公室

常务副主任：戴贺臣

副主任：张向阳

市台办

主　任：王羽轻

副主任：蒋　新　朱　军

市编委办

主　任：雷雨润

副主任：王文波　王凤达
王　延

副巡视员：王华君

市直机关工委

书　记：连茂君（兼）

常务副书记：姜　萍

副书记：战　捷　孟宪杰

纪工委书记：姜　明

委　员：陈景红　彭铁岩
王桂梅

副巡视员：徐德庆

市委中省直企业工委

书　记：王亚忠

副书记、纪工委书记：杨德东

副书记：童汝军

巡视员：李本石

市委教科工委

书　记：韩东太（兼）

副书记：齐　舒

副书记、纪工委书记：孙晓慧

市委老干部局

局　长：闫凤霞

副局长：李　炜　张　续

副巡视员：范达方

沈阳市委党校（沈阳行政学院、沈阳市社会主义学院）

校（院）长：韩东太（兼）

常务副校（院）长：徐兴家

副校（院）长：李振林　陈　静
孙德平　王信权

校委委员：阎质杰

巡视员：王传民

沈阳市委党史研究室

主　任：鲁　颖

副主任：金国范

市人大常委会

党组书记：潘利国

主　任：赵长义

副主任：邢　凯　顾春明
李继安　徐　璐
黄　凯　聂洪升
于　波　王开军

秘书长：张　宁

副秘书长：孟昭贵　朱　杰
李　丹

驻会委员：宫文义　李亚光
李英民　隋　莉
郭翼青　赵恒波
郭向文　董文志
王　谦　张伟明
王毅明　赵正心
刘阁臣　李　铁
唐　励　陈玉海
崔敬禹　周荣生
郑继俊　陈维忠
王　桅　张良荣
李　萍　梁志新

副巡视员：顾丽雅　郭　直
段希才　顾　健
曾宪刚　傅爱敏

市人大内司委

主任委员：宫文义

副主任委员：李亚光　李英民

专职副主任委员：王凯功

市人大财经委

主任委员：隋　莉

副主任委员：郭翼青　赵恒波

专职副主任委员：郎文杰

市人大农业与农村委

主任委员：郭向文

副主任委员：董文志　王　谦

提名副主任委员人员：姜　欣

专职副主任委员：张慧娟

市人大环资委

主任委员：张伟明

副主任委员：王毅明　赵正心
刘阁臣

专职副主任委员：黄　颖

市人大教科文卫委

主任委员：李　铁

副主任委员：唐　励　陈玉海

专职副主任委员：范　丽

市人大民侨外委

主任委员：崔敬禹

提名主任委员人选：周荣生

副主任委员：郑继俊　范泉水

专职副主任委员：金光爱

市人大法制委
主任委员:陈维忠
副主任委员:王　桅　张良荣
李　萍
专职副主任委员:刘　野
市人大人事选举委
主任委员:梁志新
市人大常委会办公厅
主　任:孟昭贵
副主任:范景伟
市人大常委会法工委
主　任:陈维忠
副主任:郭铁钧
市人大常委会代表工委
主　任:袁立斌
副主任:王　义　李　玉
市人大常委会研究室
副主任:郭玉春　王智茂
市人大常委会申诉控告工委
主　任:李　超
副主任:顾元明
市人大常委会预算工委
副主任:杨博览
市政府
副市长、代市长:姜有为
副市长:马占春　王翔坤
刘晓东　姜　军
赵忠滨(挂职)
张景辉　庞洪波
刘国秀
其他干部:沙波涛(副市级)
佟晶石(副市级)
阎秉哲(副市级)
秘书长:肖　枫
副秘书长:张国祥　曲向军
陈双伟　闫卫东
高　杨　王晓林
市政府办公厅
主　任:肖　枫
纪检组组长:韩庆升
副主任:李世勇　孙鸿庆
葛　明
党组成员:孙振山　王　利
巡视员:邸　峻
副巡视员:路勤学　刘淑云

市政府参事室
主　任:张　荣
市政府督考办(原市政府督查室)
主　任:孙振山
督查专员:彭岩峰　王　利
市创新改革办
一部部长:刘永熙
市政府驻北京办
主　任:李国栋
副主任:田爱祥
市政府驻上海办
主　任:刘　帅
市政府驻浙江办
主　任:高　岩
市政府驻闽南办(福建办)
主　任:刘振宁
市政府驻深圳办(广东办、香港经贸代表处)
主　任:叶天勇
市民委(市宗教局)
主　任:张昕光
副主任:程　心　金　翔
关艳萍
副巡视员:马宏伦
市公安局
局　长:刘国秀
党委副书记、副局长:刘晓竞
市维稳办常务副主任:许树文
副局长:王晓刚　邓万宏
王晓东　王佩军
于　江
孟　炜(挂职锻炼)
政治部主任:赵金府
巡视员:李黎杰　田　维
副巡视员:张　民　秦　毅
田　林　郝立志
警务保障部主任:吴东风
工会主席:崔明秀
交警支队支队长:赵　跃
巡警支队支队长:孙　波
政委:刘秀娟
刑警支队支队长:朴　强
政委:秦　牧
特警支队支队长:郑　义
政委:张明杰

治安支队支队长:董　斌
政委:刘晓光
技侦支队支队长:鄂继怀
国保支队支队长:蹇　威
政委:贾连成
监管支队支队长:刘　学
政委:温志成
反恐支队支队长:刘志海
辽河保护区分局(支队)
局长(支队长):曲戈平
政委:陶　枫
公交(地铁)分局局长:王　斌
政委:关立光
禁毒支队支队长:战　涛
经侦支队支队长:裴学臣
政委:程　山
和平分局局长:赵秀海
政委:邹　飞
铁西分局局长:曹力钧
政委:窦鸿良
沈河分局局长:郭忠涛
政委:徐　洪
皇姑分局局长:王世辉
政委:张野驰
大东分局局长:李学民
政委:李钢城
浑南分局局长:宁　勇
于洪分局局长:王大海
政委:穆　雷
苏家屯分局局长:曲廷会
政委:周小龙
沈北新区分局局长:关　强
政委:陈亚明
北站地区分局局长:杜宏达
政委:刘牧野
经济技术开发区分局局长:栾广京
市维稳办
主　任:刘国秀(兼)
常务副主任:许树文
市民政局
局　长:刘　祥
副局长:刘　文　陈连宽
徐　阳　刘　宁
巡视员:王　宏
副巡视员:王克宏　赵立新

市老龄工作办主任:关赞梅

市司法局

局长、党组书记(兼市监狱局局长、政委):董开德

副局长:刘 晶 侯绍立
刘 京 朱少飞

政治部主任:庞 挺

纪检组组长:陶克辉

副巡视员:董华光 代微佳
姜荣涛

市人力资源社会保障局(市公务员局、市外专局)

局长、党组书记:徐凤翔

副局长、党组副书记:杨顺昌

副局长:冯 志 王 群
杨 怀

外专局副局长:王义东

副巡视员:韩宏兴 张万东
张景伟 丁传建

军转办主任:崔剑平

就业和人才服务局局长:张剑光

社会医疗保险管理局局长:韩春丽

社会养老和工伤保险管理局

局 长:蒋晶磊

党委书记:乔佐文

劳动监察局局长:岳茂新

劳动人事争议仲裁院院长:金 凡

市外办

主任、党组书记:王晶莹

副主任:罗 丽 孙 利
马立新 周宝峰

纪检组组长:边国江

副巡视员:胡冷非 刘振家

对外友协副秘书长:王子江

市信访局

局长、党组书记:么汝兴

副局长:何 畏 杨 良

纪检组组长:梁 威

副巡视员:王 刚 崔革新
赵汝淮 王世海
高诚慧

市法制办

主任、党组书记:王武范

副主任:裴胡锁 宋坤赤

党组成员:孙国远

沈阳仲裁办

主 任:王武范(兼)

副主任:孙国远

市政府研究室

主任、党组书记:赵 斌

副主任:孙玉娟 穆淑娟

副巡视员:王东辉

市发展改革委

主 任:阎秉哲

副主任、党组副书记:李忠信

副主任:梁洪杰 程 育
李逸群 王政宇
段继阳

总经济师:倪庆东

纪检组组长:闫 伟

重点项目管理办公室主任:杨廷威

重点项目稽查办公室主任:李 涓

市开发性金融合作协调办公室

副主任:张洪涛

市绿色工程领导小组办公室

主 任:孙洪科

沈阳铁西改造经济技术开发总公司

副总经理:李 雷

巡视员:马学山 孙大军

副巡视员:赵大为 关嘉玉
陆 兵 刘耀国
伊丽华 姜柏林
张 影

市经济和信息化委

副主任(兼)、党组副书记、市智慧沈阳建设工作领导小组办公室主任、市大数据管理局局长:陈大为

副主任:马 达 孟 然
关 怀 曹晓玲
李 芃

纪检组组长:常 征

老干部局局长:李越力

沈阳机电设备招标公司

副总经理:宋 军 曹慧卿
鞠秀智 胥 薇

市技术改造基金领导小组办公室

主任:马 征

市大数据管理局副局长:李 莹
徐 莉

巡视员:刘一民 栗文安

副巡视员:李志平 王忠宇

市教育局

局长、党组书记:苏文捷

副局长、党组副书记:韩燕子

副局长:赵仁君 孙 勇
刘志民

纪检组组长:李春宇

市政府教育督导室主任:徐爱秋

副主任:高 琛

市招生考试委员会办公室

主 任:卢 娜

副主任:郑 卫

副巡视员:李志祥 韩铁军
张贵军

市科技局(市知识产权局)

局长、党组书记:赵日刚

副局长、沈阳科技总院院长:吴希平

纪检组组长:张引平

副局长:王义清 郭玉福

沈阳科学技术总院副院长:于 胜

副巡视员:李志勇 马忠胜

市财政局

局长、党组书记:陈 勇

副局长:吴景峰 刘莹光
邱立全

总会计师:陈 青

纪检组组长:杨国凯

市投融资管理中心副主任:刘锦荣
牛 良

市财政监督检查局局长:孙 丽

市农村综合改革办公室

主 任:赵 霞

巡视员:吴 玲

副巡视员:任传玉 宋 莉

市规划国土局(市地理信息局)

副局长、党组副书记:曾庆元

副局长:严文复 沈 跃
曲长令 赵 辉

总规划师:于丽新

纪检组组长:刘 岩

市土地储备中心主任:刘镇川

副巡视员:丁景华

市环保局

副局长:李 刚 王 莉
王 阳 李国宏

纪检组组长：张　浩
总工程师：索丽珍
巡视员：齐　放
副巡视员：单伟民

市建委
主任、党组书记：于振明
党组副书记、纪检组组长：张立文
副主任：张志刚　隋明悦
崔雪东　孙百如
工会主席：张海伏
总工程师：朱昌伟
市村镇建设办公室主任：张雪松
市城市地下空间开发建设管理办公室专职副主任：张振宁
市现代建筑产业化管理办公室
主任：居理宏
市快速干道建设指挥部
副总指挥：张伯辽
副巡视员：李宁生　赵焕阳
李　健

市城管局
局长、党组书记：孙晓光
副局长：矫　琚　刘　伟
李荣波　李晓东
纪检组组长：商雅林
总工程师：关正君
工会主席：陆庆轩
副巡视员：杨万成　洪　毅
金振库

市执法局
局长、党组书记：孙　明
副局长：张长胜　徐　强
丁奇志
副巡视员：何永连　申　理

市房产局
局长、党组书记：纪　凯
副局长、党组副书记：何　军
副局长：范　民　王　镭
总工程师：刘　戈
纪检组组长：张　雷
副巡视员：黄殿忠　王立志
钟　杨　王晓东

市交通局
局长、党组书记：李宏德
副局长：高　虹　石　坚
王晓民　赵　光（兼）
工会主席：汤　泓
纪检组组长：杨久兴
市城际轨道交通建设办公室
副主任：左志清
副巡视员：刘玉琳

市农经委
主任、党组书记：朱文波
副主任：刘　奇　崔　颖
张俊华　李　晔
邸瑞峰　张丽君
纪检组组长：王长国
市新农村建设办公室副主任：李春禄
沈阳市农业信息调查大队
副大队长：夏君轶　卢文经
曹承佳　黄　强
巡视员：陈永祥
副巡视员：全奎国　张庆玲
孙可兵　曹月顺
石福祥

市水利局
局长、党组书记：衣　甫
副局长：石　军　赵晓明
防汛抗旱指挥部办公室主任：杨绍华
副巡视员：王铁声　陈友阁
杨　阳

市林业局
局长、党组书记：房东辉
副局长：张国强　叶　舒
副巡视员：魏英健

市服务业委
主任、党组书记：李　军
副主任：石宝晔　张　利
李　斌　卜立山
纪检组组长：张国荣
巡视员：马　闯
副巡视员：王增兴　许云诚
任凤云　陈　冲

市外经贸局
局长、党组书记：高　航
副局长：郭志祥　岳贵君
张晓军　陈立元
王晨曦
纪检组组长：凌伯山
沈阳综合保税区开发建设领导小组办公室
常务副主任：李　屹
副主任：赖立明
市政府驻韩国经贸代表处
副主任：孙锦花　朴京善
市政府驻东南亚经贸代表处
主　任：李力铭
市政府驻日本经贸代表处
副主任：马　宁
市政府驻欧洲经贸代表处主任：杨耀志
市政府驻美国经贸代表处主任：李旭臣
市政府驻欧洲招商代表处主任：李雪梅
市口岸办专职副主任：李　榕
巡视员：米鸿森
副巡视员：王维信

市文广局
党组书记、纪检组组长（兼）：杜春华
副局长：杨　弘　宋振虹
张宪宏　马　今
市文化市场行政执法总队
总队长：轩维平
副巡视员：金　铎　张晓伟
王大庆

市体育局
局长、党组书记：杨　树
副局长：张心江　张晓权
马　强
副巡视员：董蓓蓓

市旅游委
主　任：于　龙
党组书记：赵继凯
副主任：刘智勇　李志强
闫守祝
副巡视员：张振深

市卫计委
主任、党组书记：陶庆才
副主任、党组副书记：都英杰
副主任：裴庆双　苏立明
毛印百　丛雪枫
纪检组组长：富宏鹏
正局级（原市卫生局长）：闫　石
市医改领导小组综合办公室
主　任：裴庆双（兼）
市疾病预防控制中心
党委书记：张春青
副巡视员：杨伟华　罗永荣
高乐娟　许　伟

市审计局
局长、党组书记:韩 力
副局长:陈玉涛 高洪光
刘宝石 周成铀
纪检组组长:张秋艳
总审计师:康 健
市经济责任审计联席会议办公室
主 任:石静华
副巡视员:刘济民
市工商局
局长、党组书记:方铁林
副局长:杨利群 王伟民
薛春毅 于振伟
杨述静
副巡视员:王延学 巴忠涛
市质监局
局长、党组书记:张坚强
副局长、党组副书记:于 力
纪检组组长:侯树纲
副局长:刘 波 黄志勇
副巡视员:李 军
市食品药品监管局
副局长:袁 革
许 明 王长钟
食品药品安全总监:高丽莎
巡视员:王世林
市统计局
局长、党组书记:李长斌
副局长:陈伟昌 李争时
董 玥
副巡视员:张振川 康 勇
市安监局
局长、党组书记:陈 杰
副局长、党组副书记:陈树奎
纪检组组长:刘 强
总工程师:谢 辉
副局长:庆会利
巡视员:孙有铁
副巡视员:郭光第 刘宝成
市金融办
副主任:宁 纯 那 娜
赵永强
副巡视员:王晶秋
市人防办
主任、党组书记:徐学东
副主任:武利华 牛 勇
总工程师:冯 勇
纪检组组长:成 勃
市国资委
主任、党委书记:曹 鹏
党委纪委书记:孙久红
工会主席:牟 莉
副主任:吴向国 刘延辉
梁炳欣
沈阳联合产权交易所主任:王琳琳
市国有企业监事会工作办公室
专职监事会主席:孟 宏
李 军
史仕成
石晓峰
张国宾
张明强
副巡视员:汪惠泳
沈阳市政务服务管理办公室(沈阳市公共资源交易管理办公室)
主任、党组书记:邹 昊
副主任:崔 放 龙 加
纪检组组长:张超波
副巡视员:高志刚
沈阳市档案局(馆)
局(馆)长、党组书记:荆绍福
副局(馆)长:赵建伟 马凤云
甄 晖
副巡视员:徐丽萍
沈阳市地震局
局长、党组书记:程文海
副局长:石盛昌
沈阳市地方志办公室
主 任:吴 歌
副主任:王春湖
副巡视员:卜 克
沈阳市接待办公室
主任、党组书记:刘 军
副主任:王 静 刘 朋
佟永明
沈阳市文史研究馆
馆 长:许光明
副馆长:王 鑫
沈阳市供销合作社联合社
理事会主任、党组书记:刘澜波
党组副书记、监事会主任:王兴国
理事会副主任:孔德树 侯景林
刘 成 王玉晗
林福国
纪检组组长:邓 颂
副巡视员:王芳财 张秀山
沈阳公共资源交易中心
主任、党组书记:许 健
副主任:张学伟 赵丹宁
沈阳住房公积金管理中心
主任、党组书记:唐玉辉
副主任:王 彦 赵 雷
纪检组组长:富晓露
沈阳市辽河保护区管理局
局长、党组书记:陈 勇
副局长:姜 涛 孙 博
曲戈平
沈阳市地铁建设指挥部
总指挥、党组书记:卢春风
常务副总指挥、党组副书记:王 刚
纪检组组长:赵 旸
副总指挥:张 锐 邱 耘
王子良
总会计师:岳红旗
总工程师:高云胜
总经济师:巴 放
沈阳日报报业集团
总裁、党委书记、总编辑:姜 军
副总裁、党委副书记、副总编辑:张春风
副总裁、党委副书记、纪委书记:佟伟仁
副总裁、副总编辑:兰宝刚 吴秀娥
罗宪杰 李 兵
沈阳广播电视台
台长、党委书记:张东毅
总编辑、党委副书记:袁 柳
副台长:王建华 关 金
陈 真 莫 克
纪委书记:张复忠
沈阳大学
党委书记:李继安
校 长:李 峰
党委副书记、纪委书记:王明友
党委副书记、副校长:李 鹏

副校长:李露萍　刘克斌
王晓初　原忠虎
王淑梅

沈阳医学院

党委书记:张广印
院长、党委副书记:肖纯凌
党委副书记、纪委书记:王凯军
副院长:朱启文　刘成果
任　冰　韩　松
毕　建

沈阳广播电视大学

党委书记:阴训法
校长、党委副书记:王　滨
党委副书记、纪委书记:曾丽艳
副校长:周东辉　游　洪
樊　杰　吕玉明

沈阳职业技术学院

党委书记:张黎明
院长、党委副书记:刘树敏
党委副书记、纪委书记:杨　明
副院长:李晓峰　夏宗光
李　静　管俊杰

沈阳中兴商业集团有限公司

董事长、党组书记:李晓航
党委副书记、副总经理:李四文
党委副书记、纪委书记:曹　青

沈阳副食集团公司

董事长、党委书记:李　军
总经理、党委副书记:刘玉东
党委副书记、纪委书记、
工会主席:李　澍

沈阳物资集团有限责任公司

董事长、党委书记:王军锋
总经理、党委副书记:孙忠霖
党委副书记、纪委书记、
工会主席:杨艳华

沈阳水务集团有限公司

董事长、党委书记:陈　阳
总经理、党委副书记:陈显利
副总经理:张英健　闫　明
张亚峰　刘　石
王　毅　刘继扬
刘淑杰
工会主席:邹　军
党委副书记、纪委书记:汪　丽

中国沈阳国际经济技术合作有限公司

总经理、党组书记:唐乐珍
常务副总经理:徐　磊
副总经理:任月强　王宝东
王兆生　高彦松
党委副书记、纪委书记、
工会主席:宋　刚

盛京银行股份有限公司

党委书记:刘彦学
行　长:王春生
总稽核、纪委书记:胡　光
党委副书记、工会主席:张　涛

沈阳机床(集团)有限责任公司

董事长、党委书记:关锡友
党委副书记、纪委书记:李文华
工会主席:车欣嘉

东北制药集团股份有限公司

董事长、党委书记:魏海军
副董事长、总经理、
党委副书记:汲　涌
工会主席:王　燕
党委副书记、纪委书记:吴　涛

北方重工集团有限公司

董事长、党委书记:刘鹤群
副董事长、总经理、
党委副书记:王学民
党委副书记、纪委书记、
工会主席:刘　林

沈阳鼓风机集团股份有限公司

董事长:戴继双
党委书记:孔跃龙
总经理:马　诚

沈阳基础产业建设发展集团有限公司

董事长、总经理:董　强
副总经理:李　侠　李治民
李文彦

沈阳产业投资发展集团有限公司

董事长、党委书记、总经理:苏庆祥
副总经理:韩　波　李建伟

沈阳出版发行集团

董事长、党委书记、总经理:王　京
党委副书记、常务副总经理:田雪峰
副总经理:郑索军　盛利民
党委副书记、纪委书记、
监事会主席:高鹏举

工会主席:詹　军

沈阳沈西燃气有限公司

董事长、党委书记:卢　俊
总经理:刘旭辉
副总经理:徐　强　赵永圣
党委副书记:冯　民

沈阳市装备制造工程学校

校　长:张春雨
党委书记:杨　克

沈阳市化工学校

校　长:胡显伟
党委书记:贲志宇

沈阳现代制造服务学校

党委书记:李富全

沈阳市教育研究院

党委书记:穆道欣

市政协

主　席:姜　宏
副主席:鞠秀礼　赵晓川
许文有　卢　柯
李　丰　李　峰
孙　红　李卓然
韩晓言　汪　涛
刘慧鸣
秘书长:徐大地
副秘书长:冯　彦　马智天
常胜权
原副秘书长:李宏吉
副巡视员:宋晓星　杨　帆
刘传甲　关武林
付　兵

市政协提案委

主　任:苏效众

市政协经济委

主　任:于喆光
副主任:薛　野

市政协农业和农村工委

主　任:王　杰

市政协人口资源环境和城乡建设委

原主任:王晓非

市政协教科文卫体委

主　任:刘　斌
副主任:李　彤

市政协社会和法制委

主　任:王文忠

市政协民族和宗教委员会
原主任:刘仁刚
市政协学习宣传文史委
原主任:石　敏
市政协港澳台侨联络与外事委
主　任:赵　丹
市政协委员工作委
主　任:宗景海
原主任:马建萍
副主任:陈　辉
市政协办公厅
主　任:徐大地(兼)
副主任:孙立河
市政协研究室
主　任:周　斌
副主任:隋吉行
民革沈阳市委
专职副主委:高孝杰
民盟沈阳市委
专职副主委:王　东
民建沈阳市委
专职副主委:赵丽娟
农工党沈阳市委
专职副主委:王　莉
致工党沈阳市委
专职副主委:李展超
九三学社沈阳市委
专职副主委:张　颖
台盟沈阳市委
专职副主委:吴　涛
沈阳市工商业联合会
主　席:李卓然
党组书记:李书鲤(兼)
副主席:王　罡　刘延民
副巡视员:李凤男
市法院
院长、党组书记:周维远
副院长:孙淑华　孔　岩
曲阿翔　张延丹
政治部主任:聂雪松
纪检组组长:杨　丽
监察专员:田爱群
副巡视员:郭图新　丛雁民
解全晖
市法院执行局
局　长:白云良
政　委:吴红专
市法院审判委员会
专职委员:朱晓光　王世光
任　燕
沈阳经济技术开发区人民法院
院　长:王文艳
沈阳高新技术产业开发区人民法院
院　长:宋丽君
市检察院
检察长、党组书记:赵东岩
副检察长、党组副书记:吴　冬
副检察长:王　勇　贾海洋
吴　威
政治部主任:李冠山
纪检组组长:李　然
反贪局局长:方世义
监察专员:李景会
副巡视员:李　伟　孙长平
周园园
市检察院反贪污贿赂局
局长:方世义
市检察院反渎职侵权局
局长:魏武宁
市检察院检察委员会
专职委员:李雅君　黄　骏
市城郊检察院
检察长:肖　爽
沈阳经济技术开发区人民检察院
检察长:韩　壮
沈阳高新技术产业开发区人民检察院
检察长:郑　郁
市总工会
提名主席人选、党组书记:安俊辉
副主席、党组副书记:周荣生
副主席:张　梅　段　阳
曹　洪　王　勤
杨顺昌(兼)　韩玉芹(兼)
纪检组组长:王　静
农民工维权中心主任:傅宏宁
经费审查委员会主任:陈国青
副巡视员:毛积涛
团市委
书记、党组书记:张　明
副书记:马　宁
市妇联
主席、党组书记:初立华
副主席:韩玉芹　张怡文
冯　慧　段　阳(兼)
韩春丽(兼)
副巡视员:李　婷
沈阳市科学技术协会
副主席、党组书记:倪　左
副主席:张丽茹　李宏印
吕　波
巡视员:陈　刚
沈阳市社会科学界联合会
主　席:王　民
副主席:唐丽娟
副巡视员:刘　杰
沈阳市文学艺术界联合会
主席、党组书记:关蓉晖
副主席:王英辉　潘晓宏
沈阳市归国华侨联合会
主席、党组书记:王庆伟
驻会副主席:傅晨松
沈阳市台湾同胞联谊会
党组书记:杨志宏(兼)
驻会副会长:廖艳芳
沈阳市残疾人联合会
理事长、党组书记:沙　钢
副理事长:马爱民　才　利
纪检组组长:王伟华
副巡视员:付　军
中国国际贸易促进委员会沈阳市分会(中国国际商会沈阳商会)
会　长:赵　凯
副会长:王丽杰　方　捷
巡视员:常　亮
沈阳市红十字会
专职副会长、党组书记:宿　鲁
副巡视员:赵金石

铁　西　区

区委
书　记:李松林
副书记:董　峰　刘　斌
常　委:张洪利　刘凤岐
赵　安　宁兴华
杨松涛　刘亚杰
顾清华　李　鸥

区人大
主　任:杨振清
副主任:张　林　李奇星
陈政卫　刘文博
李　高
区政府
区　长:董　峰
副区长:赵　安　曹力钧
吴　波　佟　颖
安亩沙　李景祥
区政协
主　席:王玉辰
副主席:李海波　金　文
姜晓娟　袁庆伟
梁宏新
其他干部
区政协原主席:黄士硕
区人大原副主任:姜玉田　陈卓桃
区政协原副主席:申维民　王志军
副区级待遇:于　夫　刘　放
李　卫
区法院
院　长:张东波
区检察院
检察长:邵　杰
沈阳经济技术开发区管委会
主　任:董　峰(兼)
常务副主任:韩　博
副主任:王铁利　王林祥
原工会主席:孟祥锁
副巡视员:牛树森
沈阳市副局级待遇:任德林
副区级待遇:周建忠
沈阳化学工业园管委会
主　任:李纪宁
中德沈阳高端装备产业园管委会
主　任:董　峰(兼)
常务副主任:李宝军
副主任:赵　韬(兼)　王林祥(兼)
张砚瓒
沈阳现代建筑产业园管委会
主　任:任宝箭
区纪委
书　记:刘凤岐
副书记:何元柱　杜长青

和　平　区

区委
书　记:冯守权
副书记:田　家　王　菁
常　委:宋　丽　厉　馨
吴开华　解润泽
董德高　张　德
安建晔　王海岩
区人大
主　任:蔡效军
副主任:高　斌　张　伟
权晓艳　金　川
于　洋
区政府
区　长:田　家
副区长:董德高　朱　翎
王泓伟　赵秀海
张万勇
区政协
主　席:孙源志
副主席:周以胜　初良广
李红实　朴哲虎
蔡玉芬
区法院
院　长:李清杰
区检察院
检察长:史启林
沈阳长白岛经济区(沈阳满融经济区管理委会)
主　任:田　家(兼)
副主任:吴智丰　杨　波
孙　辉
区纪委
书　记:厉　馨
副书记:刘庆霞　臧　健

沈　河　区

区委
书　记:王　健
副书记:陈　弘　杨文凯
常　委:张顺成　王　林
孙伟山　骆　颖
徐　强　李宝纯
杨晓波　丛志宏
区人大
主　任:吴晓冰
副主任:王志刚　高　璇
张怡中　巩俊海
侯德安
区政府
区　长:陈　弘
副区长:孙伟山　董雪峰
田晓晶　袁长跃
郭忠涛
区政协
主　席:李晓东
副主席:王卓刚　戴丽梅
李　哲　刘　颖
宋丽娜
其他干部
副区级待遇:龙世泽　刘　峰
区人大原副主任:桑玺元
区法院
院　长:李万涛
区检察院
检察长:黄　伟
沈阳金融商贸开发区管委会
主　任:陈　弘(兼)
副主任:曹连全　王　旭
吴　军
副巡视员:秦路捷
副局级调研员:项洪峰
区纪委
书　记:张顺成
副书记:王海廷　吴宝军

大　东　区

区委
书　记:曾　波
副书记:李　军　刘志寰
常　委:王庆海　于明海
王永刚　栾　峰
邱立民　马　旭
齐海涛　宋效力
区人大
主　任:白　实
副主任:王　东　哈　林
刘希刚　张国志
赵宪波
区政府
区　长:李　军
副区长:王庆海　冷雪峰
张鸿雁　李学民
孟广川　牟丽博
区政协
主　席:陈玉光
副主席:王芝庭　邢　军
郭　玲　康长安
田　亮
区法院
院　长:马　巍

区检察院

检察长：田桂娟

沈阳—欧盟经济开发区管委会

主　任：李　军（兼）

常务副主任：李英华

副主任：赵　韬　杜献忠　盛　力

区纪委

书　记：于明海

副书记：高　明　刘钊惠

皇　姑　区

区委

副书记：王新北　李　凯

常　委：张红军　吴　迪　林学家　刘占福　孙常福　谷军营　蔡云波　高政威

区人大

主　任：柏　野

副主任：赵晓明　张传东　邓　华　张树华

区政府

区　长：王新北

副区长：谷军营　贺　燕　戴纪锋　唐　纲　王世辉

区政协

主　席：张黎光

副主席：李　跃　蓝东芝　刘庆瑞　董显声

其他干部

区人大原副主任：石宝焕

区政协原副主席：徐国瑾

副区级调研员：李寿鸣

区法院

院　长：张立斌

区检察院

检察长：徐宏捷

沈阳首府新区管委会

主　任：王新北（兼）

副主任：刘守宇

区纪委

书　记：孙常福

副书记：宋宝岩　王文涛

浑　南　区

区委

书　记：王一兵

副书记：吕　凡　刘　欣

常　委：金光熙　郭士全　高华山　纪德宇　林宇航　李艳露　李东江　王立勋

区人大

主　任：白凤华

副主任：孙　敏　朱　杰　刘汉君　赵恒君　宗先奎

区政府

区　长：吕　凡

副区长：金光熙　林宇航　顾　瑛　宁　勇　孙含欣　陆长春　汪德军

区政协

主　席：李桂盛

副主席：隆　楠　宋崴嵬　郭福有　苏丽岩　郑向东

其他干部

区人大原副主任：唐绍远

副区级调研员：王宏军　吴永强　胡　颖　赵　震　胡光耀　王苏磊　王宏兴

副区级待遇：杨建明

区法院

院　长：程起华

区检察院

检察长：吴　波

沈阳高新区管委会

党工委书记：王一兵

主　任：吕　凡

副主任：银　鹰　裴希岩　周　武　刘绍东

纪工委书记：高华山

工会主席：王颖坤

沈阳国家大学科技城管委会

主　任：赵　戈

副主任：张书炜　张奎夫

沈阳沈抚新城管委会

主　任：周　武

副主任：徐　莉　卫大同　范光跃　焦志勇

沈阳浑南国际新兴产业园区管委会

主　任：周再强

副主任：杨　琦

沈阳浑南现代商贸区管委会

主　任：任立辉

副主任：郝　毅

沈阳浑南现代农业示范区管委会

主　任：李广杰

沈阳浑南生态观光区管委会

主　任：刘建立

棋盘山风景名胜区管理局

局　长：吕　凡（兼）

副局长：洪　波　钱乃生　吴　琼

沈阳综合保税区浑南管委会

主　任：吕　凡（兼）

副主任：高　峰　孙树旗

沈阳空港经济区（沈阳民用航空产业国家高技术产业基地）管委会

主　任：高　峰

沈阳泗水科技新城管委会

主　任：周　成

副主任：刘凤楠

区纪委

书　记：高华山

副书记：季春辉　丁洪彪

于　洪　区

区委

副书记：王忠昆

常　委：赵胜龄　戴英杰　郭忠孝　张海涛　李英明　闫占峰　曹　阳

区人大

主　任：黄宝晖

副主任：刘俊英　曲万成　赵伟祺　宋　威　韩维臣

区政府

区　长：王忠昆

副区长：赵胜龄　郭忠孝
罗丽萍　王大海
张　泰　白　纯

区政协
主　席：姜　雷
副主席：付彦明　韩立克
何　伟　刘志强
李永贺

其他干部
区人大原主任：孙铁夫
区人大原副主任：马占信
副区级调研员：王国印　王彦仁
张玉忠

区法院
院　长：李　阳

区检察院
检察长：徐　适

沈阳永安新城管委会
主　任：王忠昆（兼）
常务副主任：戚　宇
副主任：李福天　焦　就
胡　良

区纪委
书　记：张海涛
副书记：刘文权　关　伟

苏家屯区

区委
书　记：赵世宏
副书记：蹇　骞　徐晓勇
常　委：王志刚　王海波
刘显锋　张信宇
沈凤娟　陈　材
秦　辉　刘黎明

区人大
主　任：侯晓东
副主任：赵德林　孟令山
吴旭日　何有祥
吴秀丽
副区级调研员：马祥春

区政府
区　长：蹇　骞
副区长：刘显峰　刘金英
佟文刚　曲廷会
王知非　王晓伟

区政协
主　席：王德利
副主席：田志远　羿冰华
关　英　崔浩然
邹学英

其他干部
副区级调研员：马祥春
副区级待遇：王荣良

区法院
院　长：高铁军

区检察院
检察长：张丰才

沈阳雪松经济开发区（沈阳金属新材料产业园、沈阳浑河新城）管委会
主　任：蹇　骞（兼）
副主任：赵志坚　高　岩
武仲刚

区纪委
书　记：王海波
副书记：郑立军　于文武

沈北新区

区委
书　记：金志生
副书记：李　强　金玉龙
常　委：刘克武　杨宇光
蒋　勇　衣丽娜
李　盛　陈　亮
丁一楠　胡　罡

区人大
主　任：刘东耀
副主任：王　艳　曹永刚
韩奎全　付献春
李春鹏

区政府
区　长：李　强
副区长：刘克武　侯　巍
关　强　张文国
方万斌　张　玲

区政协
主　席：陈国聆
副主席：孙兴武　周海杰
王凤久　吴凤立
梁彦龙

其他干部
区政协原主席：于宜贤
副区级待遇：慈维德
副区级调研员：田树军

区法院
院　长：侯献生

区检察院
检察长：孟秋野

沈阳辉山经济技术开发区（沈阳蒲河新城）管委会
主　任：李　强（兼）
常务副主任：周鹏举
副主任：宋永贵　卜世杰
金　刚
副区级待遇：刘志峰

沈阳辉山食品医药产业园区管委会
主　任：王金钟

沈阳道义高新技术产业园区管委会
主　任：王宏新

沈阳虎石台先进制造业产业园区管委会
主　任：吕殿友

区纪委
书　记：杨宇光
副书记：王冬梅　李　全

辽　中　区

区委
书　记：陈世海
副书记：张江徽　李淑文
常　委：马立伟　陶志伟
高　东　孙宪锋
王洪超　张　堃
张铁军　傅大瑞

区人大
主　任：姜　涛
副主任：年桂菊　李徽章
王玉杰　李宝权
李雅儒

区政府
区　长：张江徽
副区长：马立伟　孙海燕
葛海军　张新波
李　丹

区政协
主　席:丁　宇
副主席:张荣国　何　岩
万秀英　王连方
其他干部
区政协原副主席:郭　兵
副县级待遇:王大勇
区法院
院　长:张海军
区检察院
检察长:颜国军
沈阳近海经济区(沈阳近海新城)管委会
主　任:张江徽(兼)
副主任:翟　克　安　冲
沈阳综合保税区辽中管委会
主　任:张江徽(兼)
副主任:姜永斌
区纪委
书　记:张　堃
副书记:秦玮键　韩　笑

新　民　市

市委
书　记:顾少清
副书记:邢　鹏　赵志一
常　委:范庆军　邵　锐
宋一甲　张广辉
刘艳玲　柴静祥
刘　刚　冯亚威
市人大
主　任:杨树德
副主任:王宏伟　钱静菊
刘俊儒　崔魁武
市政府
市　长:邢　鹏
副市长:宋一甲　吴绍斌
郭浩然　李晓萌
曾　彦
市政协
主　席:吕建伟
副主席:徐占海　赵　潇
赵红霞　安　秋
其他干部
副市级调研员:刘　正　马运忠
副市级待遇:关　英　王　铁
市法院
院　长:樊志军
市检察院
检察长:张遂志
辽宁新民经济开发区管委会(沈阳胡台新城管委会)
主　任:邢　鹏(兼)
副主任:余宏伟　高广友
市纪委
书　记:刘　刚
副书记:曹庆伟　梁丽伟

法　库　县

县委
书　记:陈佳标
副书记:王欢苗　赵　丹
常　委:王冠木　杜　波
周　左　郝志文
王大为　吴玉波
张祥波
县人大
主　任:段秀华
副主任:段绍英　何云波
霍福来　安会民
县政府
县　长:王欢苗
副县长:王冠木　盖燕风
林　涛　乔治国
年　军
县政协
主　席:苗初印
副主席:田久荣　林长义
兴颖杰
其他干部
县委原常委:褚秀芹
副县级待遇:李　恒
县法院
院　长:王文革
县检察院
检察长:靳　伟
辽宁法库经济开发区管委会(沈阳法库通用航空产业基地管委会)
主　任:王欢苗(兼)
副主任:刘连恒　姜春杰
沈阳法库通用航空产业基地管委会
副主任:王大为
县纪委
书　记:郝志文
副书记:万　方　李振彦

康　平　县

县委
书　记:朱文蔚
副书记:王志刚　王一平
常　委:代国斌　刘景山
高　原　张　龙
金维中　王守刚
李洪生
县人大
主　任:李鸿志
副主任:李奎兴　刘　财
吴　峰　张　凯
县政府
县　长:王志刚
副县长:孔德军　包艳艳
王天明
县政协
主　席:吕明臣
副主席:葛　峰　窦海龙
杨　泉　李绍华
其他干部
副县级调研员:刘　忠
县法院
院　长:张　宁
县检察院
检察长:赵永林
辽宁康平经济开发区管委会
主　任:王志刚(兼)
常务副主任:张继明
副主任:魏继彦
县纪委
书　记:代国斌
副书记:黄立国　黄　明

[注]此名单依据2016年12月31日在职干部名册列出,由市委组织部提供。

光 荣 榜

辽宁省劳动模范

洪家光 中国航发沈阳黎明航空发动机有限责任公司工装制造厂夹具工部一工段车工班车工
孙 飞 沈阳飞机工业(集团)有限公司五十五厂机加三工段车工
王 崴 沈阳造币有限公司造币一部生产保障班班长
李凤义 沈阳航天新光集团有限公司先进成型车间车工班车工
陈 雷 中国联合网络通信有限公司沈阳市分公司机务员
马 辉 中车沈阳机车车辆有限公司转向架分厂工装班班长
倪 军 沈阳航天三菱汽车发动机制造有限公司生产技术准备部维修科工长
张树栋 沈阳航天新乐有限责任公司研究所所长
盖立亚(女) 沈阳机床股份有限公司中捷立加分公司产品线经理
李 林 北方重工集团有限公司隧道掘进装备分公司装配车间配管班班长
安 亮 华晨宝马汽车有限公司车身车间返修段段长
纪 伟 上汽通用(沈阳)北盛汽车有限公司返修班班组长
辛红昇 东北制药集团股份有限公司装备部弱电自动化班班长
辛 强 红塔辽宁烟草有限责任公司沈阳卷烟厂卷包车间包装机维修工
姜玉成 沈阳副食集团工程物业部维修班班长
李宜荣(女) 中兴——沈阳商业大厦(集团)股份有限公司男装卖区创世品牌营业员
石 莉(女) 沈阳大东兴隆百货有限公司服饰商场针织床品部营业员
王忆洁(女) 沈阳地铁集团有限公司设备处副处长
赵朝兵 中建三局东北公司大连新星项目部机电负责人
姜广祥 沈阳汽运出租车有限公司驾驶员
慈 君 沈阳安运公共交通有限公司111线路驾驶员
邓 楷 沈阳市和平区邓楷美术创意设计工作室设计师
魏辉艰 沈阳夏云龙房屋修缮有限公司水暖工
赵宏江 三一重型装备有限公司制造部电焊工
辛德铮 可口可乐辽宁(北)饮料有限公司行政部经理
唐艳秋 沈阳防锈包装材料有限责任公司技术中心副主任
杨维毅 沈阳帕卡濑精有限总公司技术部副课长
艾志松 辽宁辉山乳业集团研发组组长
张怀东 沈阳芯源微电子设备有限公司设计部部长
杨广明 沈阳机床股份有限公司沈一车床厂产品线经理
慈 东 红塔辽宁烟草有限责任公司副总经理
王明伟 沈阳石蜡化工有限公司CPP分厂厂长
汪创华 沈阳鼓风机集团股份有限公司设计院总工程师
石 阳 盛京银行股份有限公司沈阳分行党委书记、行长
刘 莉(女) 沈阳家乐福商业有限公司金牛店店长
高安培 中建二局建筑工程(辽宁)有限公司沈阳盛京金融广场项目部项目经理
焦万胜 沈阳燃气有限公司管网输配分公司、燃气抢修中心副经理、副主任
张秀兰(女) 沈阳市和平区新华街道丰泽社区党委书记
尚雅娟(女) 沈阳市铁西区兴华中心商务区勋望社区党委书记、主任
宋翠玲(女) 沈阳市于洪区城东湖街道阳光100社区党委书记、主任
倪旭太 国网沈阳市苏家屯区供电公司分公司经理
陈 茹(女) 辽中县炼油厂有限公司工会主席、党支部书记
于 波 沈阳铸造研究所新技术研究中心主任
杨国军 沈阳航天誉兴机械制造有限公司党委书记、总经理
王 宁 招商银行沈阳分行行长
姜 成 辽宁雪松医药连锁有限公司董事长
李 岩 沈阳博世高级人才培训学校校长
韩大冬 沈阳君威新能科技有限公司董事长
范金星 沈阳王者陶瓷有限公司总经理
孙晓丹(女) 国药控股沈阳有限公司党委书记、总经理
张 宏 沈阳新光华晨汽车发动机有限公司董事长
周继红 新民市罗家房镇孟房申村村党支部书记
佟成山 新民市兴隆镇图颜太村村党支部书记
高 征 沈阳华征渔业专业合作社理事长
于光远 康平县方正河寒富苹果专业合作社理事长
赵 龙 康平县东升乡东升村村党支部书记
郭秀芬(女) 法库县四家子蒙古族乡王爷陵村村党支部书记
金 铖 苏家屯区王纲街道办事处张当堡村农民
张亚艳(女) 沈阳强农果蔬农民合作社理事长
刘宝财 沈阳浑南现代农业示范区佟家峪社区党支部书记
陈秀丽(女) 沈阳市常王寨国章沼气服务专业合作社理事长
刘玉石 沈阳市沈北新区石佛寺街道孟家台社区村党支部书记
李金辉 辽中区金鑫辉煌农业机械服务专业合作社理事长
边 防 辽中区大黑镇东于村村党支部书记
何 雪(女) 沈阳市富成蔬菜种植专业合作社理事长
王义华(女) 砂山新村儿童之家家政人员
神克柱 沈阳市和平区城市管理局机械化作业车队修理工

王家强　辽宁东鹰电器集团有限公司结构车间主任
王　硕　沈阳世润重工有限公司制造车间编程人员
李月英(女)沈阳金飞马制漆有限公司生产副总

辽宁省先进工作者

王向明　中航工业沈阳飞机设计研究所项目总设计师
柳文波　人民银行沈阳分行营业管理部主任科员
张桂荣(女)沈阳市口腔医院院长
康　健　中国医科大学附属第一医院书记
范立南　沈阳大学信息工程学院院长
郑洪新(女)辽宁中医药大学基础医学院教师
邵春岩　沈阳环境科学研究院院长
杨　松(女)辽宁大学法学院院长
王世杰　沈阳工业大学机械工程学院院长
马　英(女)沈阳市外事服务学校校长
邬　波　沈阳市骨科医院院长
陈　亮　沈阳市不动产登记中心登记部部长
于丽肖(女)沈阳市和平区南宁幼儿园园长
田　冬　沈阳市沈河区文艺路第二小学校长
陈冬梅(女)沈阳市铁西区勋望小学校长
路忠郊　沈阳市大东区城管局汽车一队修理工
李成子(女)沈阳市大东区杏坛小学校长
刘　刚　沈阳市第120中学校长
李井明　沈阳市新民市信访局接访科科长
冯冬昌　沈阳市辽中区茨榆坨镇人民政府党委书记
任泽民　沈阳市康平县人民医院胸骨科主任
夏国峰　沈阳市浑南区城市管理和行政执法局车维修中心负责人
王红杰(女)中共沈阳市纪委第六纪检监察室副主任
汤思奇　中共沈阳市委组织部组织三处处长
倪　兵(女)沈阳市人民政府办公厅新闻处处长
常　东　沈阳京剧院院长助理
程云志　沈阳市公安局于洪分局北李官工作站站长
杨建夫　沈阳市公安局皇姑分局新乐派出所主任科员
王　迪　沈阳市回龙岗革命公墓火化工
关凤艳(女)沈阳市第二中学校长

辽宁省先进集体

中共沈阳市委督查室
沈阳市公安局技术侦察支队
中国医科大学附属盛京医院
沈阳市金融护卫中心
沈阳飞机工业(集团)有限公司14厂三单元方文墨班

沈阳市"五一"劳动奖章

刁立虹(女)沈阳地铁集团有限公司工程三处高级工程师
张　康　北方重工集团有限公司矿业装备分公司装配车间钳工二班班长
邢龙斌　上汽通用(沈阳)北盛汽车有限公司规划与生产技术支持部改善项目主任
温华栋　沈阳第一机床厂多功能产品线技术团队室主任
洛　沈　沈阳金杯车辆制造有限公司卡车平台处设计主管
孟凡辉　沈阳金杯江森自控汽车内饰件有限公司发泡工厂发泡生产线生产段长
贺　亮　沈阳机床股份有限公司中捷立加分公司T1产品线数控车工
李美亮　红塔辽宁烟草有限责任公司技术中心工艺质量科科长
孙　章　沈阳石蜡化工有限公司乙烯分厂技术组组长
孙　雷　沈阳化工股份有限公司聚氯乙烯分厂聚合工段工段长
赵鹏飞　特变电工沈阳变压器集团有限公司销售公司经理
潘　峰　华润雪花啤酒(辽宁)有限公司包装二部K、L线线长
曲　涛　红塔辽宁烟草有限责任公司沈阳卷烟厂卷包车间维修工
徐　辉　中国有色(沈阳)冶金机械有限公司起重设备制造部总装车间主任
王亚东　华晨宝马汽车有限公司发动机工厂总装物流车间接收段工段长
聂海涛　东北制药集团股份有限公司106分公司保修班班长
罗　劲　沈阳鼓风机集团股份有限公司研究院新产品开发室主任
陈秀华(女)沈阳鼓风机集团股份有限公司核电公司试验室主任
黄　洋　华晨宝马汽车有限公司铁西物流车间物流区域主管
曲　琦(女)北方重工集团有限公司海外营销总公司第三事业部部长
鞠环宇　华晨汽车工程研究院流程信息处处长
马胜林　东北制药集团股份有限公司401分公司左卡尼汀产品研究室主任

张　冰　北方重工集团有限公司重大部件加工分公司机加二车间机加三班班长
祁忠福　沈阳铸锻工业有限公司锻造分公司水压机车间3200吨水压机丙班班长
黄爱江　沈阳华晨金杯汽车有限公司车身II车间车门线上段段长
于春明　上海优尼斯工业设备销售有限公司沈阳分公司技术总监
白宇翔　华晨汽车集团整车事业部销售公司华东大区部长
苏晓飞　华晨宝马汽车有限公司铁西车身车间精整线区域主管
翟　琪　沈阳机床股份有限公司沈一车床厂品种型数控车床产品线装配车间装配工段工段长
王克明　华晨宝马汽车有限公司大东涂装车间区域主管
李　闯　上汽通用(沈阳)北盛汽车有限公司动力总成车间曲轴工艺工程师
王振禹　沈阳机床股份有限公司营销服务事业部辽南、辽东区域总监
刘　杰　东北制药集团供销有限公司总经理
张国胜　华晨中华汽车公司党委书记
吴祥辉　中国联合网络通信有限公司沈阳市分公司网络优化中心部门经理
匡志华　沈阳飞机工业(集团)有限公司制造数据中心数据管理室主任
杨国心　沈阳飞机工业(集团)有限公司十四厂方文墨班钳工
姜　华　中国航发沈阳黎明航空发动机有限责任公司运行保障中心设备维修工部维修二班班长
潘宗强　沈阳航天新光集团有限公司数控加工车间数控一班班长
王　岩　辽沈工业集团有限公司工具制造厂车工班班长
刁正国　沈阳兴华航空电器有限责任公司工艺装备制造中心钳工
李　柯　中车沈阳机车车辆有限公司新造分厂维修班班长
胡　宁(女)中国移动通信集团辽宁有限公司沈阳分公司传输中心运维管理班班长
宋克英(女)中车集团沈阳汽车车桥制造有限公司品质管理部部长
周　磊　沈阳华润热电有限公司发电部安全经理
崔　扬　沈阳航天新乐有限责任公司十七厂电工班班长
胡久龄　沈阳辽海装备有限责任公司军品制造中心设计室主任
刘浩阳(女)中国邮政集团公司辽宁省新民市胡台支局经理
吕春光　中国航发沈阳发动机研究所015项目总体设计部设计员
张　刃　中航工业空气动力研究院气动研究与试验二部气动分析室主任
张奎峰　中航工业沈阳飞机设计研究所三产管理部科研区运营维护组组长
俞建国　中航沈飞民用飞机有限责任公司39厂48段铆装钳工
孙多伟　沈阳宝驹汽车传动系统有限公司前桥车间主任
蒋明宏　际华三五二三特种装备有限公司制造车间焊工班焊工
王旭刚　沈阳际华三五四七特种装具有限公司一车间主任
吴海港　中智沈阳经济技术合作有限公司社保部经理
李鸿毅　中国航发沈阳黎明航空发动机有限责任公司精密锻造厂叶片锻造工段精锻班锻造工
李志华　沈阳造币有限公司造币二部印检包班印花机长
李学伟　中国联合网络通信有限公司沈阳市分公司信息化服务中心软件开发员
费庆明　沈阳航天三菱汽车发动机制造有限公司铸造部作业长
葛晓莉(女)中国电信股份有限公司沈阳分公司政企客户部支撑中心总监
夏新禹　沈阳黎明航空零部件制造有限公司作动筒工段车工班车工
贾朝波(女)中国航发沈阳黎明航空发动机有限责任公司部级项目经理
张丽新(女)沈阳飞机工业(集团)有限公司党委组织部部长
高为民　中国航发沈阳发动机研究所副总设计师
翟向军　辽宁大唐国际法库风电有限责任公司党委书记、副总经理
陈长征　沈阳工业大学机械工程学院教授
田鹏颖　东北大学马克思主义学院院长
黄树涛　沈阳理工大学机械工程学院院长
陈　刚　沈阳环境科学研究院科技管理办公室主任
计晓科　中煤科工集团沈阳设计研究院有限公司副总工程师
赵欣昕(女)沈阳化工研究院测评中心标准与检验中心主任
冯长青　中国能源建设集团辽宁电力勘测设计院有限公司勘测分公司测量室主任
冯国会　沈阳建筑大学环境学院教授
郑吉龙　中国刑事警察学院法医学系教授
杨忠杰　沈阳体育学院竞技体校速滑队国家级教练员
陈　峰　辽宁林业职业技术学院木材工程学院教师
徐　涵(女)沈阳师范大学教育科学学院教授
周　皓(女)沈阳大学音乐与传媒学院教授
唐晓雯(女)沈阳广播电视大学理工学院教师
马晓欣(女)中国医科大学附属盛京医院妇产科副主任

李成雨　北方联合广播电视网络股份有限公司沈阳分公司总工程师
周　放(女)　沈阳市轻工艺术学校形象设计专业主任
赵景芬(女)　辽宁水利职业学院实验员
张　陈　沈阳工程学院机械学院院长
张洪革　辽宁省交通高等专科学校轨道交通系主任
张庆波　鲁迅美术学院展陈系主任
官大威　中国医科大学法医学院院长
段志文　沈阳医学院公共卫生学院院长
姜立娟(女)　中国电子科技集团公司第四十七研究所产业发展部副主任
邱兰萍(女)　辽宁医药职业学院护理系主任
路　阳(女)　沈阳出版发行集团沈阳市新华书店中街书店经理
张建军　沈阳市规划设计研究院总规划师
陈振军　沈阳医学院附属第二医院副院长
刘继东　辽宁中医药大学党政办公室主任
杨志安　辽宁大学宣传部部长
李连星(女)　中交煤气热力研究设计院有限公司总工程师
吴星恺　沈阳市中医院院长
张英元　沈阳物资集团老企业管理中心信访办主任
林乐辉　沈阳物资集团钢材物流事业部保管科副科长
刘　溪(女)　沈阳兴隆大天地购物中心有限公司兴隆大都汇分公司收银组组长
马彦红(女)　中兴—沈阳商业大厦(集团)股份有限公司招商部部长
董鸿廷　中兴—沈阳商业大厦(集团)股份有限公司保安员
林宗伟　沈阳副食集团工程物业部保洁主管
王　云(女)　沈阳东副超市有限公司大东店店长
姜　颖(女)　沈阳稻香村商业有限公司食品加工部调度员
单　韬　沈阳长生产业集团股份有限公司物流产业部仓储主任
陈人舰　中国建设银行沈阳铁西支行公司业务部经理
高　莹(女)　中国石油天然气股份有限公司辽宁沈阳销售分公司加油站操作员
王奇志　沈阳市金融护卫中心押运三大队大队长
王振明　沈阳市金融护卫中心押运一大队大队长
杨竣博　国药控股沈阳有限公司物流中心副经理
高　原(女)　沈阳家乐福商业有限公司营运控制部总监
刘京阳　中国银行辽宁省分行营业部营业中心副主管
张弘超　沈阳商业城股份有限公司人事专员
王　帅　招商银行股份有限公司沈阳分行战略客户五部经理
李志国　中国农业银行股份有限公司辽宁省分行营业部副总经理
张煜辉　辽宁省展览贸易集团有限公司副总经理
张淑华(女)　吉林银行股份有限公司沈阳分行副行长
王德刚　沈阳德氏企业集团有限公司总裁
刘志军　沈阳市社会养老和工伤保险管理局皇姑分局局长
王　林(女)　沈阳市房地产交易资金管理有限公司网络部经理
谭　闯　中建五局东北公司碧桂园项目部项目经理
邹志丹(女)　沈阳安运公共交通有限公司115线路驾驶员
缪春远　中铁九局四公司沈阳地铁十号线项目部经理
汪　海　沈阳市东陵公园管理中心保卫科科长
闫　磊　沈阳地铁集团有限公司运营分公司车站设备主任工程师
张立红(女)　沈阳燃气有限公司客服中心经理
陈　凯　沈阳新北燃气有限公司售后服务部部长
陶　彬　沈阳焦煤股份有限公司红阳三矿机电班班长
赵春生　沈阳通利公共交通有限公司212线路驾驶员
祝海臣　沈阳高等级公路建设总公司第一工程公司康平养护项目经理
夏卫列(女)　沈阳市不动产登记中心电子信息部部长
徐　轶　国网沈阳供电公司客户服务中心计量室采集运维二班采集运维工
刘文正　沈阳热电厂生产技术部主任
叶　青　中建三局集团有限公司东北分公司宝能项目工会主席
陈疆宁　沈阳水务集团有限公司管网管理中心主任
胡立强　中建二局东北分公司第十七项目部总工程师
梁智博　沈阳安运巴士有限公司162线路驾驶员
铁维毅　沈阳市城市管理皇姑综合监管中心市政科科长
张　姣(女)　中建一局集团(辽宁)建设有限公司工会女职工委员会主任
杨宏宇　沈阳市不动产登记中心登记三部部长
刘　和　沈阳市公路规划设计院副院长
王建国　国电东北环保产业集团有限公司高级工程师
杨　博(女)　辽宁中咨华宇环保技术有限公司常务副总经理
孙殿海　国电沈阳热电有限公司副总经理
李亚兵　沈阳市供热管理办公室副调研员
王茂龙　沈阳市城乡建设委员会计划处处长
李　澜(女)　沈阳市运河风景管理处主任
卢　丹　沈阳市国有土地房屋征收管理办公室副主任
张立春　沈阳市不动产登记中心副主任
刘　洋(女)　沈阳市和平区长白街道新加坡城社区党委书记
马　戬(女)　沈阳市和平区浑河湾街道砂阳南社区党委书记兼主任
马兴龙　沈阳市和平区浑河站西街道新村社区党支部书记兼主任
胡继军　沈阳市第二十中学校长
毕显明　沈阳酷发美发美容职业培训学校教师
刘春桦(女)　沈阳市和平区政务审批服务局主任科员

肖　菲　　沈阳市和平区人民检察院侦查监督科副主任科员
王晓东(女)沈阳市和平区人民法院审判管理办公室主任
张映月(女)中共沈阳市和平区委办公室综合科科长
葛雯清(女)沈阳市和平区新华街道办事处主任
夏东鹏　　沈阳夏云龙房屋修缮有限公司水暖工
徐　静(女)中共沈阳市沈河区纪律检查委员会宣传部主任科员
吴桂华(女)沈阳市公安局沈河分局社区警务大队民警
田海燕(女)沈阳市沈河区丰乐街道溪林社区党委书记
高　原(女)沈阳市沈河区万莲街道办事处党群工作部副主任科员
张丽娟(女)沈阳市沈河区南塔街道办事处党群工作部部长兼工会主席
金小刚　　沈阳市公安局北站地区分局站前治安派出所教导员
杨晓丹(女)沈阳市沈河区政务服务管理办公室常务副主任
张祥晔　　沈阳市沈河区北京投资促进局局长
王铁元　　沈阳市沈河区卫生和计划生育局局长
袁振海　　沈阳华新饭店厨师
翟炎琦(女)沈阳友谊(铁西)购物中心有限公司商品部主管
李国震　　沈阳市铁西区房产局主任科员
李颖(女)　沈阳市铁西区中心医院内科病房主任
沈忠山　　沈阳市第三十六中学教务主任
王建新(女)沈阳市铁西区兴顺街道嘉业社区党委书记
肖云峰　　沈阳市铁西区服务业局主任科员
雷云鹏　　三一重型装备有限公司装配班班长
谭海滨　　沈阳中辰钢结构工程有限公司安装公司经理
王春华　　沈阳远大企业集团组框组组长
郭成旭　　沈阳经济技术开发区信访局接访科科员
任代君(女)沈阳市公安局铁西分局工人村派出所民警
王　翔　　中德园土地征收局核量组组长
田志红　　中法城余粮组城管科科长
岳学臻　　沈阳市铁西区民政局副局长
王振东　　贝卡尔特沈阳精密钢制品有限公司北方地区总经理
李　佳(女)沈阳市皇姑区寿泉街道中海西社区联合工会委员会工会主席
雷书云(女)沈阳市皇姑区三台子城管所清扫班班长
孙鸿雁(女)沈阳市皇姑区人民法院审判员
谷　威(女)沈阳市皇姑区岐山路第一小学校长
赵　宇　　沈阳市皇姑区陵东街道文官社区书记兼主任
田福生　　沈阳市皇姑区园林绿化管理处突击队队长
曲开颜　　沈阳市皇姑区地方税务局综合业务一科科长
赵晓娜(女)沈阳市皇姑区服务业局商贸流通科科长
贾　梅(女)沈阳首府新区管委会招商处副处长
姜梦虹(女)沈阳市大东区市场监督管理局行政审批科科员
王　玲(女)沈阳市大东区市政排水养护管理所排水工
王国忠　　沈阳市城市管理行政执法局大东分局勤务科副主任科员
胡进秋(女)沈阳市大东区大北街道绿苑社区书记
许志鑫　　沈阳振浩企业集团黎明柳林苑项目经理
杨海昱　　沈阳萃华金银珠宝股份有限公司行政办经理
曾　辉　　沈阳市大东区地方税务局文官税务所所长
柏　苗　　沈阳市大东区人社局干部管理科科长
戴凤芝(女)沈阳市大东区万泉街道办事处党工委书记
宋宏宇　　沈阳市浩鸣包装印刷有限公司总经理
王英杰(女)沈阳市浑南区中心医院感染科科长
黄世华　　沈阳市公安局浑南分局高坎派出所主任科员
王保成　　中铁大桥局集团(沈阳)工程有限公司测量技能导师
刘宏大(女)辽宁远大诺康生物制药有限公司研发项目经理
张安序　　沈阳富创精密设备有限公司铣工班技术员
武文祥　　沈阳浑南热力有限责任公司热源车间主任
师俊威　　沈阳海为电力设备有限公司涂装班班长
赵玉涛(女)沈阳市浑南区供热管理办公室主任
段大为　　沈阳市于洪区北陵街道办事处征收办科员
张　磊　　沈阳市于洪区永安现代商贸经济区管委会招商中心主任(雇员)
张海笙　　沈阳市于洪区中心敬老院护理员
李世龙　　沈阳市公安局于洪分局维稳办副主任
邢维铮　　沈阳市于洪区陵西街道党工委书记
杜福云　　沈阳市公安局苏家屯分局姚千派出所主任科员
乐　军　　沈阳娃哈哈荣泰食品有限公司办公室主任
翟忠太　　沈阳市苏家屯区中心医院副院长
杨建华　　沈阳市苏家屯区民主街道企业联合工会委员会主席
崔长宏　　沈阳市苏家屯区政务服务管理办公室主任
肖勇尧　　沈阳市沈北新区公路工程公司拌合站副站长
郑清占　　沈阳市公安局沈北新区分局石佛寺派出所民警
周红霞(女)沈阳市沈北新区虎石台环卫所清扫队队长
郑　宏(女)中共沈阳市沈北新区委员会办公室秘书科科长
姚新优　　中共沈阳市沈北新区尹家街道办事处党工委书记
曾　光　　中国联合网络通信有限公司新民市分公司总经理
吕海滨　　辽宁亿邦制药有限公司生产经理
张多刚　　新民市信访局驻京工作组组长
李　忱　　新民市红光百货商场经理
苏　坤(女)沈阳市辽中区第二高级中学教师
王若楠(女)沈阳农大禾丰饲料有限公司销售员
邵　迪　　沈阳市公安局辽中分局经侦大队大队长
陈玉辉(女)沈阳市辽中区人力资源和社会保障局局长
孙旭华　　康平县出租车服务公司驾驶员
邹向梅(女)康平县第二中学教导处主任
蔡立新(女)康平县残疾人联合会办公室主任
安慧斌　　康平县城乡管理行政执法局局长

张　铁　法库县公安局民警
黄冬梅(女)法库县东湖第一初级中学校长
李　展　法库县中心医院副院长
张洪占　法库经济开发区管委会常务副主任
陈　实　沈阳市人民检察院检察员
孔祥政　沈阳市中级人民法院审判员
王春颖(女)沈阳广播电视台党委工作部干事
郁　文　沈阳市环保局环境监控与投诉中心副主任科员
李晓楠　沈阳市林业局主任科员
刘家君　中共沈阳市委办公厅信息综合室主任科员
孙　威(女)沈阳市互联网信息办公室主任科员
张海波　沈阳市政府外事办公室副调研员
肖　超　中共沈阳市委组织部干部一处处长
王耀辉　沈阳市直机关工委老干部处处长
井绪国　沈阳市水利局专职副书记
张　进　沈阳市法制办公室综合处处长
王　绪　中共沈阳市委政策研究室综合处副处长
赫荣勃(女　)沈阳市工商行政管理局企业注册局局长
刘桂珍(女)沈阳市旅游委员会政策法规处处长
李福志　沈阳市总工会城建交通农林工会主席
杨　敬(女)沈阳市政府办公厅财务处处长
张一涛　沈阳市振兴老工业基地办公室振兴处处长
王雅红(女)沈阳市发展和改革委员会政策研究处处长
栾仕和　沈阳市物价局监督检查分局举报中心主任
逯松全　沈阳市经济和信息化委员会科技处副处长
李　明　沈阳市社会医疗保险管理局铁西分局局长
梁丽丽(女)沈阳储运集团有限公司财务科科长
吕　勇　沈阳国有控股集团有限公司总经理
王振忠　沈阳市公安局新民市局文保科科长
王　舒(女)沈阳市第一强制隔离戒毒所民警
王　浩　沈阳市公安局网络安全保卫支队副大队长
李泽甫　沈阳市公安局交通警察局和平一大队民警
宋　涛　沈阳市公安局技术侦察支队情报大队大队长
安　平　沈阳市禁毒支队易制毒化学品管理大队大队长
王　峰　沈阳市公安局刑侦局专案二大队侦查二队副中队长
张　勇　沈阳兴旗汽车销售服务有限公司车间主任
迟　鹏　沈阳耘垦有限公司办公室主任
杨焕立　沈阳中机西铝机械锻造有限责任公司质控班班长
车德心　北方重工集团有限公司隧道掘进装备分公司装配车间钳工一班班长
宁　鑫　沈阳鼓风机集团股份有限公司焊工
蒋立杰　沈阳水务集团有限公司生产服务中心氯站汽车维修站长
韩　笑(女)沈阳评剧院演员
王　丹(女)沈阳市民政局规划财务处主任科员
孟　滨　沈阳市康家山监狱政委
白　钢　沈阳市城市管理行政执法局直属六支队主任科员
孙广来　沈阳市铁西区总工会经济部部长
王庆辉　沈阳市沈河区餐饮行业工会副主席
邱英伟　沈阳市和平区八经地区非公企业联合工会委员会工会副主席
岳英波　沈阳市苏家屯区钢管企业工会联合会主席
尚　海　沈阳沈抚新城管理委员会党群工作办公室工会干事

沈阳市“五一”劳动奖状

沈阳航天誉兴机械制造有限公司
沈阳金杯进出口有限公司
沈阳机床实业有限公司
沈阳铸锻工业有限公司
中国能源建设集团东北电力第一工程有限公司
中国电信股份有限公司沈阳分公司
沈阳市第一人民医院
沈阳市蓓蕾幼儿园
中国医科大学附属第一医院
沈阳市胸科医院
辽宁中医药大学附属第三医院
国药控股沈阳有限公司
沈阳水务集团有限公司皇姑营业分公司
沈阳新北燃气有限公司
沈阳市村镇建设办公室
沈阳市市容景观设施管理中心
辽宁金帝路桥建设有限公司
辽宁中普金服互联网科技集团有限公司
沈阳市和平区城市协同服务监督指挥中心
沈阳市沈河区新闻中心
沈阳市沈河区国家税务局
沈阳市沈河区文化体育广播电视新闻出版局
沈阳市政集团有限公司
沈阳奥吉娜药业有限公司
沈阳昊诚电气有限公司
沈阳宜家家居有限公司
沈阳市皇姑区聋人学校
沈阳市皇姑区公厕管理办公室
中国医科大学附属第一医院大东医院
沈阳市公安局大东分局
沈阳市浑南区城市管理和行政执法局
沈阳芯源微电子设备有限公司
沈阳金开工业设备制造有限公司
沈阳旺达金属结构有限公司
沈阳市苏家屯区财政局

沈阳市沈北新区中心敬老院
新民市柳河沟镇人民政府
沈阳市辽中区茨榆坨镇人民政府
康平县扶贫开发局
法库县发展和改革局
沈阳市体育运动学校
沈阳市地方税务局第一稽查局
沈阳市公安局警务督察支队

沈阳工人先锋号

沈阳机床股份有限公司中捷立加分公司 i5T5 产品线 A、B 班
上汽通用(沈阳)北盛汽车有限公司动力总成车间 B 班装配二工段
沈阳鼓风机集团股份有限公司透平设计院空分煤化工工程部
特变电工沈阳变压器集团有限公司装配车间
沈阳华晨金杯汽车有限公司总装 I 车间
沈阳同联集团有限公司鸿洋化工维修班
沈阳航天三菱汽车发动机制造有限公司生产技术准备部设备维修工段
中国航发沈阳发动机研究所燃机总体设计部
中国航发沈阳黎明航空发动机有限责任公司钣焊加工厂加力扩散器工段加力班
沈阳飞机工业(集团)有限公司工程技术中心
中车沈阳机车车辆有限公司货修分厂预除锈班
沈阳市骨科医院骨关节外科
中国医科大学附属第四医院急诊科
沈阳新华购书中心有限责任公司服务台
沈阳市第二中学 17 届外语组
中国邮政储蓄银行沈阳市分行新民市支行
盛京银行股份有限公司沈阳分行天合支行营业室
中国石油天然气股份有限公司辽宁沈阳销售分公司沈东加油站
中建二局东北分公司第十七项目部
沈阳地铁集团有限公司运营分公司 AFC 检修五工班
国网沈阳供电公司电力调度控制中心地区调控班
沈阳市城乡建设委员会城乡环境建设管理处
沈阳市和平区绿化管理处沈水湾公园
沈阳市公安局和平分局刑警大队
沈阳市公安局沈河分局刑警大队
可口可乐辽宁(北)饮料有限公司叉车班
普利司通(沈阳)轮胎有限公司制造一课 C 班
铁西区环境卫生管理处业务科
辽宁华一实业有限公司仓储部
沈阳市大东区人民检察院公诉科
沈阳市第一二〇中学化学组
沈阳浑南现代有轨电车运营有限公司设施维修部
沈阳东方钛业股份有限公司制造部洁净班
沈阳市于洪区迎宾路街道珍珠社区居民委员会
中粮米业(沈阳)有限公司仓储部叉车班
传奇电气(沈阳)有限公司电流互感器车间器身包扎组
法库县政务服务管理办公室政务服务中心
康平县国有土地房屋征收管理办公室征收管理科
沈阳市国家税务局车辆购置税分局办税服务厅
沈阳市机关事务管理办公室服务处
沈阳市发改委审批办
沈阳市检察院控告申诉检查处
沈阳市人力资源和社会保障局就业和人才服务局人才交流开发处
沈阳广播电视台广播剧原创团队
沈阳市经济和信息化委员会经济运行处
沈阳市总工会农民工工作部
中国家具城股份有限公司家具城市场部
沈阳市公安局视频侦查支队
沈阳市公安局治安管理局危险物品管理大队

中国青年“五四”奖章

洪家光　沈阳黎明航空发动机(集团)有限责任公司首席技能专家

辽宁“五四”荣誉奖章

魏　斌　沈阳市发展和改革委员会社会发展处处长

辽宁青年“五四”奖章

王　欢　沈阳市铁西区兴工四校副校长
江　菲　沈阳市皇姑区利州社会工作服务中心主任

沈阳市“五四”奖章

沈阳十佳青年道德模范

万传琦　无
车　敏　沈阳医学院附属中心医院手外一科主治医师
杨　琳　沈阳市和平区南站社区卫生服务中心业务院长
苏文淇　沈阳市汽车工程学校教师

努尔麦麦提·吐尔孙　沈阳建筑大学材料科学与工程学院学生
张杭州　中国医科大学附属第一医院医生
张雪松　沈阳市外事服务学校高级讲师
柴　宇　沈阳农业大学工程学院党委副书记、副院长
阎敏娜　辽宁省乒乓球羽毛球运动管理中心教练员
雷　方　沈阳市儿童福利院医务科副科长
宋　阳　沈阳市工商局市场规范管理处主任科员
杨　颖　沈阳——欧盟经济开发区管委会招商一局局长
张一帆　沈阳广播电视台交通广播主持人
姚　品　中国医科大学附属盛京医院门诊部主任、超声科主治医师
董　明　沈阳机床股份有限公司沈一车床厂工艺员
董　鑫　沈阳鼓风机集团股份有限公司设计院项目开发设计室主任

沈阳十佳青年企业家

王惠东　沈阳联汇不锈钢商行总经理
刘　飞　启点创客基地(沈阳道源科技有限公司)副总经理
任大勇　沈阳李尔汽车系统有限公司总经理
朱晓冬　沈阳新华购书中心有限责任公司董事长、总经理
李长清　沈阳玫瑰大酒店有限公司董事长、总经理
宋宏宇　沈阳市浩鸣包装印刷有限公司董事长
段　杰　沈阳威云果品有限公司总经理
赵海涛　辽宁源味生态牧业有限公司董事长(法人)、沈阳耘垦牧业有限公司总经理
崔　萌　沈阳安邦海得食品配送有限公司总经理
寇有良　金柏生态环境股份有限公司董事长

沈阳市十佳农村青年致富带头人

丁　杰　沈阳市辽中区益农蔬菜专业合作社理事长
马　勇　沈阳市铁西区前村勇闯农机专业合作社、家庭农场理事长
孙　亮　沈阳水务集团康平自来水公司党总支书记、常务副经理
刘　敏　辽宁圣迹山畜牧有限公司董事长
牟仁春　沈阳市浑南区众志成农民专业合作联社理事长
陈　卓　新民市福德蔬菜种植专业合作社副理事长
张丽丽　沈阳市辽蔬种植专业合作联社党支部书记
苏芳莉　沈阳农业大学教授、国家林业局生态站副站长
季秀丽　沈阳市康平县兴果花生专业合作社理事长
潘福超　沈阳市苏家屯区陈相街道胡老花卉基地花之缘种植园经理

沈阳十佳青年卫士

马旭峰　中航工业沈阳发动机设计研究所信访办干事
何　壮　沈阳市大东区国家税务局政策法规科科长
张　伟　沈阳市和平区人民法院审判员、机关团委书记
宋　建　沈阳市财政局行政政法处副处长
张昆伦　沈阳市人民检察院监所检察处检察员
张忠星　沈阳市中级人民法院少年及家事案件审判庭审判员
张德四　沈阳市地方税务局人事处主任科员
季　斌　中共沈阳市委政法委综治办综治一处主任科员
胡　波　沈阳市公安局特警支队一大队副大队长
赵振宇　沈阳市文化市场行政执法总队指挥中心副主任

沈阳十佳青年创业标兵

马大伟　沈阳示剑网络科技有限公司总经理
马孝慈　沈阳孝慈餐饮管理有限公司总经理
王胜君　沈阳熹诺农业科技有限公司总经理
田春雨　沈阳市康平县海洲乡小雨家庭种植农场法人
刘洪伟　沈阳东深科技有限公司CEO
张　波　沈阳西利奥布科技有限公司总经理
李洪博　沈阳成阳科技研发有限公司总经理
尚洪洋　沈阳锋尚房产代理有限公司总经理
祝　刚　沈阳小黄牛网络科技有限公司董事长
赵　敏　沈阳禾农农业科技开发有限公司总经理

沈阳十佳青年岗位能手

王伊卓　沈阳市图书馆外借部主任
孙　明　沈阳飞机工业(集团)有限公司十七厂数控车工
孙长远　中建二局东北分公司第十七项目部党支部书记
朱米娜　沈阳住房公积金管理中心大东管理部副主任

沈阳十佳青少年思想道德建设工作者

付　佳　沈阳市辽中区满都户九年一贯制学校大队辅导员
白晓微　沈阳音乐学院艺术学院团委书记
闫　研　东北大学团委书记
刘　鑫　沈阳工程学院电力学院辅导员

杨　军　沈阳市实验学校小学部副校长
张　雨　沈阳师范大学团委宣传统战部、综合事务部部长
周　健　辽宁中医药大学团委书记
段晋娜　沈阳儿童活动中心办公室主任
郭艳玲　沈阳市于洪区杨士中心小学副校长
寇福生　沈阳建筑大学团委书记

沈阳十佳社会公益青年

王博宇　辽宁大学学生
刘佳颖　沈阳建筑大学学生
陈　剡　东北大学学生
陈岩磊　沈阳京东世纪贸易有限公司区域总经理
李胜京　上海通用沈阳北盛汽车有限公司检验员
赵　博　沈阳市辽中区人民检察院检察官
徐　跃　辽宁中医药大学班长、学生会主席
黄施泽　沈阳市浑南区城市管理和行政执法局科员
蔡　冰　沈阳市青年书法家协会副秘书长、沈阳博盛建筑装饰工程有限公司总经理
霍　东　沈阳市沈北新区机关事务管理中心综合科科长、区机关团工委书记

沈阳市"五四"荣誉奖章

许宏印　中国联合网络通信有限公司沈阳市分公司总经理
刘锦荣　沈阳市建设资金管理办公室、沈阳市投融资管理中心副主任
何　畏　沈阳市信访局副局长
吴文生　沈阳发动机设计研究所党委书记、副所长
张明庆　沈阳市地方税务局教育处处长
岳喜庆　沈阳农业大学食品学院院长
赵　雷　沈阳市住房公积金管理中心机关党委书记、副主任
赵玉虹　中国医科大学附属盛京医院党委书记、副院长
黄宝晖　中共沈阳市于洪区委副书记、党校校长
韩　伟　沈阳工程学院副校长、辽宁省团校校长

沈阳市"五四"奖状

沈阳机床（集团）有限责任公司i5智能机床产品团队青年集体
沈阳黎明航空发动机（集团）有限责任公司航空维修服务分公司青年集体
沈阳广播电视台新闻频道新媒体事业部青年集体
沈阳盛京红磨坊剧组青年集体
沈阳市档案局（馆）档案文件查阅大厅青年集体
辽宁通用航空研究院青年集体
公安沈河分局万莲派出所青年集体
沈阳市第四批援疆工作队青年集体
沈阳网青年集体
沈阳新华购书中心青年集体

全国"三八"红旗手

孟庆微　沈阳航天新光集团有限公司科研生产部副部长

辽宁省"三八"红旗手标兵

郑秋菊　中航工业沈阳飞机工业（集团）有限公司线束厂工段长

辽宁省"三八"红旗手

金树颖　沈阳航空航天大学经济与管理学院教师
祁　虹　市卫计委妇幼处处长
田桂娟　大东区人民检察院党组书记、检察长
陆颖佳　沈河区山东庙街道党工委书记
王　晶　约学车驾培平台CEO
袁素贤　沈阳农业大学工会副主席、妇委会副主任
陈玉艳　法库县妇联主席
曹玖玲　沈北新区妇联主席

辽宁省"三八"红旗集体

沈阳安运公共交通有限公司结算中心
沈阳市公安局交警支队女子特勤大队
和平区南京一校
沈阳市安宁医院
东北大学医院

沈阳市"三八"红旗手

万　岩　法库县高级中学英语教师
于　洪　市信访局调研员
于天英　市委党校法学教研部主任、教授

于伟华	市卫计委药品器械处处长
马延军	中国邮政储蓄银行沈阳市分行三农金融部总经理
马明月	沈阳医学院学报编辑部主任、教授
王 云	皇姑区区委组织部副部长兼非公党工委副书记
王 珏	和平区北市场街道办事处党工委书记
王 晖	铁西区文体局党委书记、局长
王 晶	大东区万泉街道指导科长
王 晶	沈阳铝镁设计研究院有限公司党委工作部副主任
王丹丹	市政府法制办主任科员
王书玫	沈阳地铁报业传媒股份有限公司董事会秘书
王兰兰	市国家税务局第二稽查局副主任
王亚新	市委教科工委组织部副部长
王丽娟	沈阳农业大学生物科学技术学院党委书记兼副院长
王建新	铁西区兴顺功能区嘉业社区党委书记兼主任
王英珍	市人民检察院未成年人刑事检察工作处处长
王香菊	康平县人民医院财务科长
王鹤锦	和平区政务审批服务局党总支书记、局长
兰松梅	市外事服务学校党政办公室主任兼培训处主任
白 岩	沈阳出版发行集团教材发行公司总经理
仲 涛	沈阳市旅游学校校长
任 昕	沈阳地铁集团有限公司职员
刘 茂	新民市人民检察院未成年人刑事检察办公室主任
刘 俐	市财政局企业处处长
刘 婷	市第一人民医院党委书记兼副院长
刘 超	中建二局东北分公司机关党支部书记
刘 辉	市委组织部组织一处副处长
刘 颖	市公安局禁毒支队预防管控大队民警
刘浩阳	中国邮政集团沈阳市公司新民市分公司胡台支行行长
回 杨	国网沈阳供电公司工会女工部长
朱丽红	沈鼓集团往复机事业部技术部工艺员
江旭艳	沈阳惠天热电股份有限公司西部公司综合办主任
汤 芳	皇姑区城市建设局园林处工人
衣雪梅	市发改委利用外资和境外投资处处长
许世萍	市安监局监管四处处长
何萍萍	市服务业委员会资金管理处处长
冷冬青	沈阳鹏瑞利长峰购物中心有限公司总经理
宋 洋	沈阳桃仙国际机场商旅保障部 CIP 国内部经理
张 力	市民政局复员退伍军人安置办公室主任
张 宜	沈阳师范大学大学外语教学部主任
张 洋	沈阳道路运输主枢纽信息调度指挥中心副主任
张 玲	沈北新区道义街道副主任、正良社区党委书记
张 涛	华晨宝马汽车有限公司大东工厂总装车间生产总监
张伟娟	市体育运动学校教练
张秀文	市外办机关党委专职副书记
张宗明	盛京银行股份有限公司工会干事
张明伟	和平区八经街道和平新村社区党委书记
张晓宁	沈阳晚报主任记者
张颂娟	辽宁省交通高等专科学校建筑工程系主任
张锐华	市城市管理行政执法局主任科员
李 丹	市娘子军家政服务有限公司家政服务员
李 红	沈阳市蓓蕾幼儿园教师
李 青	市百强家政有限公司家政服务员
李 彬	市工商联会员处处长
李 燕	市百强家政有限公司家政服务员
李宏源	辽宁同格律师事务所妇委会主任
李靖一	沈阳航天三菱汽车发动机制造有限公司党群工作室主任
杨 宁	沈北现代农业开发区副主任
杨 光	市政工程养护管理处机械化养护中心主任
杨 飒	市城市管理行政执法局皇姑分局党办主任
杨玉梅	市妇联宣传部部长
杨伟利	苏家屯区妇联主席
杨秀萍	市人大常委会机关党委专职副书记
杨芙蕾	大东区司法局社区矫正科科长
杨洪颖	市科技局政策法规与体制改革处处长
杨晓宇	于洪区妇联组宣部副部长
杨晓春	东北大学计算机科学与工程学院计算机科学系主任
汪 虹	铁西区工人村街道清乐社区党委书记
肖 洪	北方测盟科技有限公司董事长
肖羽曼	北方重工集团有限公司隧道掘进装备分公司设计所所长
苏冬梅	沈阳世润重工有限公司常务总经理
邵文联	市妇联妇女发展部部长
陈 晶	市康家山监狱企财科科长
陈卉晗	沈阳北站售票车间售票员
陈冰茹	市国家安全局九支队副处长
陈秀艳	沈阳机床股份有限公司钣焊分公司主管设计员
单洪嫣	沈阳高尔康科技有限公司总经理
周 莉	沈河区大西街道杏林社区党委书记兼主任
孟春华	市政协民族宗教委员会办公室副调研员
宗 秋	沈阳广播电视台记者
林 红	沈阳市实验学校校长
范丽红	沈阳“九一八”历史博物馆党委书记、馆长
范雪梅	美的地产集团辽宁公司总经理
郑向东	浑南国际新兴产业园区管委会副主任
金 凡	市劳动人事争议仲裁院院长
侯 珺	沈河区地方税务局人事教育科科长
侯爱洁	辽宁省人民医院副院长
洪立敬	市纪委宣传部副部长
胡凤娇	市政府办公厅综合三处副处长

胡舒颖　市地震局震害防御与应急救援处处长
贺　军　沈阳水务集团客户服务部副部长
赵　红　浑南区王滨环卫所清扫队长
赵　智　市中级人民法院审判员
赵　薇　市委政策研究室秘书处主任科员
赵　霞　中兴——沈阳商业(集团)股份有限公司国际化妆品卖区经理
赵桂芝　辽宁大学经济学院财税系教授
赵晓双　浑南区沈抚新城兴隆社区党支部书记
夏秋菊　于洪区建设工程质量监督站站长兼书记
夏艳丽　铁西区彰驿站街道朴坨村养殖专业户
徐立平　皇姑区委政法委副书记
徐桂娟　市安宁医院院长兼党总支副书记
浴　辉　沈阳日报广告部副主任
翁莹秀　市政府研究室工业经济处副调研员
耿晓磊　市妇女会馆工程联络员
袁　英　市委老干部局调研员
贾　喆　沈阳住房公积金管理中心机关团委书记
高子丁　市中级人民法院宣教处处长
高艳萍　市飞轮厂党支部书记
崔丹岩　市人民检察院人民监督工作办公室主任
崔婀娜　沈阳大学信息工程学院教师
梁素清　东北制药集团股份有限公司305分公司污水处理工段段长
章崇梅　沈阳首府新区公共事业处处长
黄　赫　市委督查室督查三处副处长、市营商办综合部部长
黄　静　市林业局森林公安局政委
景　林　市公安局交警支队女子特勤大队副大队长
董利梅　沈阳中燃城市燃气发展有限公司总经理
董崇厦　沈阳沈西燃气有限公司地区经营管理员
韩艳春　大东区妇联主席
靳达宇　市司法局干部管理处主任科员

沈阳市“三八”红旗集体

和平区城市协同服务监督指挥中心国际化营商环境受理服务平台
沈河区大南社区卫生服务中心
博宇金属股份有限公司财务部
皇姑区政务服务管理办
大东区杏坛小学
市地方税务局高新技术产业开发区分局计划财务科
沈阳旺旺食品有限公司
沈北新区沈北街道办事处
苏家屯区中心医院手术室
市城市规划展示馆
市残疾人康复中心
市委办公厅机关党委
中国移动通信集团辽宁有限公司沈阳分公司传输中心运维管理班
辽沈工业集团有限公司检验部无损检测组
沈阳建筑大学管理学院工程教研室
沈阳理工大学国际教育学院
于洪分局出入境管理大队
市法制教育学校
市口腔医院
沈阳小商品大世界有限公司财务部
盛京银行股份有限公司沈阳市滨河支行
沈阳市碧桂园房地产开发有限公司
沈阳地铁集团有限公司总工程师办公室土建设计管理组
辽宁金秋实物业管理有限公司

统 计 资 料

1—1 行 政 区 划
Administrative Divisions

单位:个 (unit)

地 区	Region	街道办事处 Subdisrtict Offices	社区管委会 Resident's Committees	乡人民政府 Township Government	镇人民政府 Town Government	村民委员会 Village Committees
全 市	**Total**	**141**	**893**	**18**	**55**	**1557**
市 区	**Districts under City Administration**	**133**	**837**		**18**	**828**
5个中心区	**Five Central Districts**					
和平区	Heping	13	95			10
沈河区	Shenhe	15	111			
大东区	Dadong	14	107			14
皇姑区	Huanggu	12	124			3
铁西区	Tiexi	20	135			87
其它5个区	**Other Five Districts**					
苏家屯区	Shujiatun	17	55			122
浑南区	Hunnan	15	64			185
沈北新区	Shenbei New	13	32			141
于洪区	Yuhong	12	96			80
辽中区	Liaozhong	2	18		18	186
市辖县(市)	**Counties under City Administration**					
康平县	Kangping	3	14	7	5	161
法库县	Faku		9	5	14	233
新民市	Xinmin	5	33	6	18	335

1—2 分地区土地面积、户数和人口数
Land Area, Households and Population By Region

地 区	Region	土地面积（平方公里）Land Area (sq. km)	户 数（万户）House Hold (10000 units)	人 口 数（万人）Population (10000 persons)	人口密度（人/平方公里）Population Density (person/sq. km)
全 市	**Total**	**12860**	**268.4**	**734.4**	**571**
市 区		**5115.8**	**217.5**	**586.5**	**1146**
和平区	Heping	58.9	24.3	66.3	11255
沈河区	Shenhe	59.5	26.5	71	11933
大东区	Dadong	100.1	25.7	67.3	6723
皇姑区	Huanggu	66.2	30	82.4	12450
铁西区	Tiexi	286.1	34.5	91.1	3185
苏家屯区	Shujiatun	782.0	16	42.7	546
浑南区	Hunnan	734.5	12.8	35	477
沈北新区	Shenbei New	884.4	11.5	32.2	364
于洪区	Yuhong	499.3	17.2	46.1	924
辽中区	Liaozhong	1644.8	19	52.3	318
市辖县(市)		**7744.2**	**50.9**	**147.9**	**191**
康平县	Kangping	2167.0	12.1	35	161
法库县	Faku	2280.6	13.8	44.8	196
新民市	Xinmin	3296.6	24.9	68.1	207

1—3 人民物质文化生活
People's Material and Cultural Life

指 标	Item	2000	2010	2015	2016
城镇非私营单位从业人员平均工资(元)	Average Wage of Employeers in Non - private Sector in Cities and Towns(yuan)	9394	40565	59515	65392
城镇居民人均可支配收入(元)	Per Capita Annual Disposable Income of Residents (yuan)	5850	20541	36643	39135
农村居民人均可支配收入(元)	Per Capita Annual Net Income of Rural Residents (yuan)	3135	10022	13486	14445
人均社会消费品零售总额(元)	Per Capita Retail Sales of Consumer Goods(yuan)	8310	25675	46836	48069
人均储蓄额(本外币)	Per Capita Balance of Saving Deposit(yuan)	14152	46390	80159	85239
城市人均住宅建筑面积(平方米)	Per Capita Living Floor Space of Building Construction in Urban Areas(sq. m)	17.4	32.8	31.9	32.1
农民人均住房面积(平方米)	Per Capita Housing Floor Space of Rural(sq. m)	21.8	26.5	33.6	33.8
燃气普及率(%)	Percentage of Households With Access to Tap Gas %	97.3	100	100	100
人均日生活用水(升)	Per Capita Water Consumption For Living (litre)	192.2	152.46	188.1	144.8
人均日生活用电(千瓦/小时)	Per Capita Electricity Consumption for Living(kwh)	0.9	1.7	1.8	1.9
每百户城市居民家庭拥有	Number of Sets Per 100 Households in City				
家用汽车(辆)	Home Cars (set)	1.0	14.8	25.1	25.2
家用电脑(台)	Home Computer(set)	9.6	88.2	93.6	92.4
移动电话(部)	Mobile Telephone(set)	18.8	206.0	219.3	216.5
每千人口拥有医院床位(张)	Number of Beds in Hospital Per 1000 Persons (unit)	5.30	5.96	8.07	8.70
建成区绿化覆盖率(%)	Green Land Coverage Rate in Eslablished Zone(rate)	23.9	42.01		
城区人均公园绿地面积(平方米)*	Per Capita Park Green Land Area in Urban Areas(sq. m)	4.3	12.72		

注:城区人均公园绿地面积2005年及以前为建成区人均公共绿地面积。城镇非私营单位从业人员平均工资指标2010年及以前为职工平均工资口径。从2015年起,人均储蓄存款为人均住户存款。

Note: It was per capita public green land area in established zone before 2005. The index of the employeers of non - private sector in cities and towns before 2010 was the index of average wage of employeers.

1—4 平均每天主要社会经济活动
Average Daily Main Social and Economic Indicators

指　　标	Item	2000	2010	2015	2016
每天创造的财富	**Daily Production**				
地区生产总值(万元)	Gross Domestic Product(10000 yuan)	29233	137467	199241	151542
农林牧渔业总产值(万元)	Cross Output Value of Agriculture, Forestry, Animal Husbandry and Fishery(10000 yuan)	3659	12189	18867	14636
一般公共预算收入(万元)	General Public Budget Revenue(10000 yuan)	1624	12749	16609	17012
每天服务量	**Daily Service Supply**				
用电量(万千瓦/时)	Output of Electricity(10000 kwh)	3107	6523	8418	8920
供水量(万吨)	Output of Water(10000 tons)	162.4	143.7	148	195.8
货运量(万吨)	Freight Traffic(10000 tons)	41.7	47.5	58.5	60.3
铁路、公路、民航客运量(万人)	Passenger Traffic of Railways, Highways and CivilAviation (10000 persons)	18.1	84.0	56.6	56.4
市内公交客运量(万人次)	Passenger Traffic of Buses in City(10000 persons)	221.1	328.8	287.6	273.9
邮电业务量(万元)	Telecommunication Services(10000 yuan)	1261.4	7671.6	5383.9	8271.7
每天人口变动	**Population**				
出生人口(人)	Birth(person)	156	149	134	190
死亡人口(人)	Death(person)	126	161	166	166
迁入人口(人)	Move In(person)	196	191	131	158
迁出人口(人)	Move Out(person)	121	100	101	73

1—5 国民经济和社会发展结构
Structure on National Economic and Social Development

指　　标	Item	2000	2010	2015	2016
人口结构	Struture of Population				
男　性	Male	50.6	49.8	49.5	49.4
女　性	Female	49.4	50.2	50.5	50.6
地区生产总值结构	Structure of Gross Domestic Product by Region				
#工业	#Industrial	34.5	45.8	42.5	31.5
第一产业	Primary Industry	7	4.6	4.7	4.8
第二产业	Secondary Industry	39	50.7	47.8	38.8
第三产业	Tertiary Industry	54	44.7	47.5	56.4
固定资产投资结构	Structure of Tolal Investment in Fixed				
#房地产开发	#Real Estate Development Assets	24.4	35	25.1	43.5
第一产业	Primary Industry	2.9	2	1.2	0.8
第二产业	Secondary Industry	28.9	35.7	39.7	26.7
第三产业	Tertiary Industry	68.2	62.3	59.1	72.5
规模以上工业总产值结构	Structure of Gross Industrial Output Value above Designated Size				
轻工业	Light Industry	23.8	26.1	24.8	18.6
重工业	Heavy Industry	76.2	73.9	75.2	81.4
农林牧渔业总产值结构	Structure of Gross Output Value of Farming, Foresty, Animal Husbandry and Fishery				
农　业	Farming	54.5	39.2	38.5	45.5
林　业	Forestry	1	1.7	1.9	2.4
牧　业	Husbandry	37.5	50.6	52.1	42.6
渔　业	Fishery	7	4.5	3.9	5.1
农林牧渔服务业	Farming, Forestry, Animal Husbandry, Fishery and Service		4	3.6	4.4

注:从2000年起调整为新行业分类口径。

Note: It was adjusted to a new principle of industrial classification from 2000.

1—6 国民经济主要指标
Main Indicators of National Economy

指标	Item	2000	2010	2015	2016
年末总人口(户籍人口)(万人)	Year—end Total Population(10000 persons)	685.1	719.6	730.4	734.4
#市区人口	Urban	485	515.4	529.8637	586.5
城镇非私营单位从业人员年末人数(万人)	Employees in Non - private Sector in Cities and Towns(10000 persons)	127.8	110.4	146.7	129.3
地区生产总值(亿元)	Gross Domestic Product(100 million yuan)	1067	5017.5	7272.3	5546.4
#工业	#Industry	367.7	2283.5	3088.8	1746
第一产业	Primary Industry	74.3	232.7	341.4	266.4
第二产业	Secondary Industry	416.4	2529.9	3474.2	2151.6
第三产业	Tertiary Industry	576.4	2254.9	3456.7	3128.5
人均地区生产总值(元)	Per Capita Gross Domestic Product(yuan)	14911	62357	87734	66893
规模以上工业总产值(亿元)	Gross Industrial Output Value(100 million yuan)	714.3	9612.5	9239.3	5337.2
规模以上工业高新技术产品产值(亿元)	High - new Technology Industrial Output Value above Designated Size(100 million yuan)		3890	3362.5	2446.1
规模以上工业增加值(亿元)	Value - added of Industry above Designated Size Industrial Enterprises(100 million yuan)	190	2361.4	2620.7	1208.3
规模以上工业主营业务收入(亿元)	Revenue from Principal Business above Designate Size Industrial Enterprises(100 million yuan)	705.3	9399.6	9181.3	5484.6
规模以上工业实现利润(亿元)	Profit on Industry above Designated Size Industrial Enterprises(100 million yuan)	29.1	673.3	446.6	274.6
规模以上工业实现利税(亿元)	Pre—tax Profit on Industry above Designated Size Industrial Enterprises(100 million yuan)	64.2	996.8	751	540.5
规模以上工业能源最终消耗总量(万吨标煤)	Total Energy Consumption above Designate Size Industrial Enterprises(10000 tons of SCE)		1334.1	1063.4	904.6
#工业生产用(万吨标煤)	#Industry(10000 tons of SCE)		1244.5	1051.1	892.6
农林牧渔业总产值(亿元)	Total Output Value of Farming, Forestry, Animal Husbandry and Fishery(100 million yuan)	133.5	444.9	688.64	534.2
固定资产投资(亿元)	Total Investment in Fixed Assets(100 million yuan)	262.2	4139.1	5326	1631.6
#第一产业	#State - owned Investment in Fixed Assets	7.6	84.0	66.4	13.2
第二产业	Investment of Collective Units in Fixed Assets	75.9	1476.3	2112.3	434.9
第三产业	Investment of Individuals on Buildings	68.7	2578.9	3147.4	1183.5
社会消费品零售总额(亿元)	Total Retail Sales Value of Consumer Goods(100 million yuan)	566	2105.6	3883.2	3985.9
进出口总额(亿美元)	Total Exports and Imports (USD 100 million)	26.8	78.6	140.8	113.3
出口总额(亿美元)	Total Exports(USD 100 million)	13	40.8	67.9	42.4
进口总额(亿美元)	Total Imports(USD 100 million)	13.9	37.8	72.9	70.8
实际利用外资(亿美元)		7.1	50.5		
#外商直接投资(亿美元)	#Total Foreign Capital Actually Used(USD100 million)			10.6	8.2
全社会用电量(亿千瓦时)	Total Electricity Consumption(100 million kwh)	110.4	238.1	307.2	325.6
货运总量(万吨)	Total Freight Traffic(10000 tons)	15221.2	17348	21362	22069
客运总量(万人)	Total Passenger traffic(10000 persons)	6620	30658	20643	20636
一般公共预算收入(亿元)	Budgetary Revenue of Public Finance(100 million yuan)	59.3	465.3	606.2	620.9
一般公共预算支出(亿元)	Budgetary Expenditure of Public Finance(100 million yuan)	89.4	516.6	808.6	825.4
金融机构本外币存款余额(亿元)	Deposits of Banking System including Ren Ming Bi and Foreign Currency(100 million yuan)		8254.2	14035.4	14446.3
金融机构本外币贷款余额(亿元)	Loans of Banking System including Ren Ming Bi and Foreign Currency(100 million yuan)		6068.4	11581	12798.2
城乡居民储蓄本外币年末余额(亿元)	Year—end Deposit of Residents including Ren Ming Bi and Foreign Currency(100 million yuan)		3394.9	5854.9	6260.0
在校学生总数(万人)	Total Students Enrollment(10000 persons)	189.3	119.4	120.3	119.8
#高等教育院校	#Institutions of Higher Education	20.6	42.8	47.5	46.7
普通中专	Secondary Schools	3.7	7.5	5.7	5.2
普通中学	Regular Secondary Schools	36.5	30.2	26.7	26.7
小学	Primary Schools	52.5	33.8	36.5	37.4
各种卫生机构床位数(张)	Number of Beds in Health Institutions(unit)	36116	42822	58959	63908
医生数(人)	Number of Doctors(person)	20656	20859	24979	26504
居民消费价格指数(%)	General Consumer Price Indices(%)	100.1	102.9	101.2	101.7
商品零售价格总指数(%)	General Retail Price Indices of Commodities(%)	98	102.6	100	100.6
城镇居民人均可支配收入(元)	Per Capita Annual Disposable Income of UrbanResidents(yuan)	5850	20541	36643	39135
农村居民人均可支配收入(元)	Per capita Annual Net Income of Rural Residents(yuan)	3135	10022	13486	14445
城镇非私营单位从业人员工资总额(亿元)	Total Salary of Staff in Non - private Sector in Cities and Towns(100 million yuan)	121.7	446.2	886.8	848.8
城镇非私营单位从业人员年平均工资(元)	Per Capita Salary of Staff in Non - private Sector in Cities and Towns(yuan)	9394	40565	59515	65392

注:①在校学生总数包括普通教育和成人教育;②公共财政预算收入指标口径历年有调整;③固定资产投资指标2010年及以前为全社会口径;④2013-2014年地区生产总值按第三次全国经济普查数据修订,以前年份数据待国家历史数据修订方案出台后再作调整,三次产业分类采用《三次产业划分规定》(2012年),故总量、速度及结构与三经普前年度不可比。下同。⑤高新技术产品产值从2015年起执行《辽宁省高新技术产品目录》(2014年修订)。 Note: ①The total number of students at school includes general education and adult education. ②The caliber of the budgetary revenue of has been adjusted over the years. ③The caliber of total investment in fixed assets has been adjusted since 2011. Before 2010, it was the range of total society. ④The GDP in 2013-2014 has been revised according to the data of 3rd China Economic Census(3rd CEC). The data of the past few years should be adjusted after the publishment of National historical data revision program. The classification of three industries should be according to the Three Industrial Division(2012). Therefore, the amount, speed and proportion cannot be compared with those before 3rd CEC. The same below. ⑤Production value of high and new technology products had implemented catalogue of high and new technology products from 2015.

1—7 国民经济主要指标发展速度

Major Indicators of Development Speed of National Economy

上年为 100%(Preceding Year = 100)

指 标	Item	2000	2010	2015	2016
年末总人口(户籍人口)	Year—end Total Population	101.2	100.4	99.9	100.5
市区人口	Urban	100.7	100.6	100.3	100.7
城镇非私营单位从业人员年末人数	Year - end staff in Non - private Sector in Cities and Towns	94	104.9	95.5	88.1
地区生产总值	Gross Domestic Product	110.3	114.1	103.4	94.4
工业	Industry	109.9	115.1	99.5	81.4
第一产业	Primary Industry	101.9	106	103.5	82.2
第二产业	Secondary Industry	109.8	115.2	100.2	85.1
第三产业	Tertiary Industry	112.4	113.7	106.8	103.7
人均地区生产总值	Per Capita Gross Domestic Product	108.8	112.5	103.1	94.3
规模以上工业总产值	Gross Industrial Output Value	122.6	125.9	67.2	57.8
规模以上工业高新技术产品产值	High - new Technology Industrial Output Value above Designated Size		121	93.5	82.6
规模以上工业增加值	Value - added of Industry above Designated Size Industrial Enterprises(100 million yuan)	114	119.1	97.1	80.3
规模以上工业主营业务收入	Revenue from Principal Business above Designated Size Industrial Enterprises	128.2	126.3	67.5	59.7
规模以上工业固定资产净值	Size Industrial Enterprises	122.3	112.9	97.3	72.7
规模以上工业实现利润	Profit on Industrial above Designated Size Industrial Enterprises	177.4	175.8	59.8	61.5
规模以上工业实现利税	Pre—tax Profit on Industry above Designated Size Industrial Enterprises	141.4	143.7	64.0	72.0
农林牧渔业总产值	Total Output Value of Farming, Forestry, Animal Husbandry and Fishery	103.2	106.5	103.8	82.2
固定资产投资	Total Investment in Fixed Assets	109.2	122.5	81.1	30.6
第一产业	Primary Industry	119.1	122.0	65.0	19.8
第二产业	Secondary Industry	124.4	118.5	83.4	20.6
第三产业	Tertiary Industry	103.5	124.9	80.1	37.6
社会消费品零售总额	Total Retail Sales Value of Consumer Goods	109.7	118.4	108.2	102.5
进出口总额	Total Value of Imports and Exports	147.7	119.5	89.2	80.7
出口总额	Total Exports	162.5	115.7	95.0	62.9
进口总额	Total Imports	136.3	124.0	84.3	97.1
实际利用外资	Total Foreign Capigal Actually Used	142.9	93.4		
外商直接投资	Foreign Direct Investment			46.70	76.9
全社会用电量	Total Electricity Consumption	109.7	114.6	103.7	106.0
货运总量	Total Freight Traffic	98.9	114.4	90.9	103.3
客运量	Total Passenger traffic	86.4	110.8	81.3	100.0
一般公共预算收入	General Public Budget Revenue	110.0	117.6	77.2	102.4
一般公共预算支出	General Public Budget Expenditure	117.3	108.6	88.4	102.1
金融机构本外币存款余额	Deposits of Banking System including Ren Ming Bi and Foreign Currency		121.2	110.4	102.9
金融机构本外币贷款余额	Loans of Banking System including Ren Ming Bi and Foreign Currency		117.4	112.8	110.5
城乡居民本外币储蓄年末余额	Year—end Deposit of Residents including Ren Ming Bi and Foreign Currency		112.7	112.4	106.9
在校学生总数	Total Students Enrollment	100.3	97.6	99.7	99.6
高等教育院校	Institutions of Higher Education	120.2	98.4	98.3	98.3
普通中专	Secondary Schools	92.5	105.6	111.8	90.4
普通中学	Regular Secondary Schools	109.3	95.6	97.1	100.0
小学	Primary Schools	93.9	98.5	104.0	102.4
各种卫生机构床位数	Number of Beds in Health Institutions	96.6	113.2	105.7	107.7
医生数	Number of Doctors	100.8	105.0	104.1	106.4
城镇居民人均可支配收入	Per Capita Annual Disposable Income of Urban Residents	109.1	111.2	107.0	106.8
农村居民人均可支配收入	Per capita Annual Net Income of Rural Residents	101.1	114.5	107.7	107.1
城镇非私营单位从业人员工资总额	Total Salary of Staff in Non - private Sector in Cities and Towns	102.5	114.2	103.5	95.7
城镇非私营单位从业人员年平均工资	Per Capita Salary of Staff in Non - private Sector in Cities and Towns	111.1	108.6	108.7	109.9

注:2005 年起,规模以上工业增加值发展速度为可比价之比;2014 年高新技术产品产值发展速度按可比口径计算。

Note: From 2005, the development speed of above - scale industrial added value has been the ratio of comparable price. In 2014, the development speed of the output value of the high and new technology products was calculated according to the comparable caliber.

1—8 地区生产总值及指数
Cross Domestic Product and Indices

年 份 year	地区生产总值（万元） GDP(10000 yuan)				地区生产总值指数(%)	(以上年为100) Indices(Indices Preceding Year=100)		
		第一产业 Primary Industry	第二产业 Secondary Industry	第三产业 Tertiary Industry		第一产业 Primary Industry	第二产业 Secondary Industry	第三产业 Tertiary Industry
1986	1255307	115992	720955	418360	110.0	97.0	111.7	110.0
1987	1541602	145997	852985	542620	114.2	112.7	111.4	119.8
1988	1937656	201048	993239	743369	110.6	117.9	105.9	117.3
1989	2175936	164028	1104194	907714	101.2	73.9	100.1	108.3
1990	2348819	238243	1071207	1039369	105.5	144.2	97.4	112.1
1991	2547241	254456	1133609	1159176	104.4	106.4	103.8	104.5
1992	3266072	292526	1506390	1467156	117.8	113.2	123.1	113.3
1993	4245977	349600	1955557	1940820	114.1	109.1	118.7	110.0
1994	5520457	447409	2464203	2608845	112.5	90.4	117.4	111.6
1995	6728642	513541	2848009	3367091	109.9	103.0	109.5	111.7
1996	7476656	549340	3021457	3905859	110.0	105.8	111.4	108.9
1997	8258248	590113	3364808	4303326	110.0	101.8	112.8	107.5
1998	9070368	653720	3620331	4796317	110.9	114.8	111.2	109.8
1999	9716730	703659	3815358	5197713	110.0	107.7	111.1	108.7
2000	10669908	742519	4163501	5763887	110.3	101.9	109.8	112.4
2001	11740239	801228	4463658	6475353	110.1	106.4	110.2	110.5
2002	13260183	874178	4956707	7429298	113.1	108.0	114.6	112.5
2003	15018961	893233	5974341	8151387	114.2	106.8	121.6	108.1
2004	17729334	1140852	7262813	9325668	115.5	114.2	119.8	111.1
2005	20841339	1263299	9062862	10515178	116.0	109.4	122.3	111.7
2006	25196339	1351958	11391228	12453153	116.7	104.1	122.2	113.6
2007	31596939	1661506	15004185	14931247	120.5	106.1	127.0	116.1
2008	37808727	1836782	18648432	17323513	116.3	108.0	118.3	115.0
2009	42685137	2070681	21274319	19340137	114.1	107.3	116.4	112.3
2010	50175427	2327484	25299343	22548600	114.1	106.0	115.2	113.7
2011	59157142	2790615	30268802	26097725	112.3	106.5	114.0	111.0
2012	66025865	3152016	33831544	29042305	110.0	105.1	111.3	108.9
2013	67681194	3216129	34148230	30316835	108.8	104.6	110.1	107.6
2014	70987051	3252872	35411488	32322691	106.0	103.2	105.3	106.9
2015	72723051	3414262	34741847	34566942	103.4	103.5	100.2	106.8
2016	55464498	2663562	21515580	31285356	94.4	82.2	85.1	103.7

2—1 人口及构成
Population and It's Composition

单位:人 （年底数）(year—end) (person)

年 份 Year	总人口 Total Population	按性别分 By Sex 男 Male	按性别分 By Sex 女 Female	按农业非农业分 By Agriculture 农业人口 Agriculture Population	按农业非农业分 By Agriculture 非农业人口 Non—agriculture Population
1949	2942443	1548628	1393815	1796406	1146037
1952	3295179	1753754	1541425	1763036	1532143
1957	4251709	2221391	2030318	1755161	2496548
1962	4376555	2251101	2125454	1818709	2557846
1965	4845081	2492378	2352703	2042320	2802761
1970	4897417	2504140	2393277	2543171	2354246
1975	5187372	2640878	2546494	2700459	2486913
1978	5404700	2751185	2653515	2756720	2647980
1980	5667669	2881247	2786422	2631852	3035817
1985	6063377	3084886	2978491	2549105	3514272
1990	6460649	3282141	3178508	2572537	3888112
1995	6667917	3384270	3283647	2517142	4150775
1996	6710376	3401134	3309242	2512109	4198267
1997	6737910	3412197	3325713	2511640	4226270
1998	6748628	3416423	3332205	2506427	4242201
1999	6770792	3423899	3346893	2505546	4265246
2000	6850969	3464878	3386091	2517760	4333209
2001	6893397	3480301	3413096	2536439	4356958
2002	6889182	3473915	3415267	2506510	4382672
2003	6890947	3468893	3422054	2485201	4405746
2004	6938708	3484920	3453788	2475337	4463371
2005	6985663	3503856	3481807	2477089	4503735
2006	7035617	3524664	3510953	2486188	4546156
2007	7097715	3551216	3546499	2537032	4557554
2008	7135053	3563878	3571175	2524076	4604896
2009	7165490	3573438	3592052	2521086	4640956
2010	7196048	3584164	3611884	2498483	4692388
2011	7226910	3595345	3631565	–	–
2012	7247929	3602013	3645916	–	–
2013	7271126	3608601	3662525	–	–
2014	7308396	3622010	3686386	–	–
2015	7304051	3614191	3689860	–	–
2016	7343967	3628468	3715499	–	–

注:从 2005 年起,因有"未落常住户口人员",故"农业人口"+"非农业人口"小于合计。

Note: Because having not signed number of households, total population from 2005 was less than Agriculture population added non – agriculture population.

2—2 人口自然变动情况
Natural Change of Population

年 份 Year	出生人口(人) Birth (person)	出生率(‰) Birth Rate (‰)	死亡人口(人) Death (person)	死亡率(‰) Death Rate (‰)	自然增长率(‰) Natural Growth Rate(‰)
全市数 Total					
1980	86089	15.4	30846	5.5	9.9
1985	81526	13.5	34028	5.6	7.9
1990	79799	12.4	37894	5.9	6.5
1995	53100	7.99	40957	6.16	1.83
1996	52466	7.84	43268	6.47	1.37
1997	49443	7.35	43118	6.41	0.94
1998	43627	6.47	42760	6.34	0.13
1999	44189	6.54	44829	6.63	-0.09
2000	57008	8.37	46094	6.77	1.60
2001	43950	6.40	38166	5.55	0.85
2002	45609	6.62	39785	5.77	0.85
2003	36731	5.33	42323	6.14	-0.81
2004	47795	6.91	47605	6.88	0.03
2005	49381	7.09	43150	6.20	0.89
2006	48554	6.93	40725	5.81	1.12
2007	58089	8.22	41442	5.86	2.36
2008	54821	7.70	60720	8.53	-0.83
2009	52206	7.30	51014	7.13	0.17
2010	54378	7.57	58637	8.17	-0.59
2011	55736	7.73	56625	7.85	-0.12
2012	62597	8.65	63231	8.74	-0.09
2013	58056	8.00	57205	7.88	0.12
2014	71926	9.87	57811	7.93	1.94
2015	48949	6.70	60500	8.28	-1.58
2016	69427	9.48	60820	8.30	1.18
市区数 Districts under					
1980	52863	14.02	20057	5.32	8.70
1985	55851	13.40	22461	5.39	8.01
1990	49412	10.93	26600	5.88	5.05
1995	32324	6.86	29318	6.23	0.63
1996	31615	6.66	31120	6.56	0.10
1997	29980	6.27	30999	6.49	-0.22
1998	25690	5.36	31079	6.48	-1.12
1999	26756	5.57	31770	6.61	-1.04
2000	32874	6.80	34330	7.10	-0.30
2001	26194	5.39	30438	6.26	-0.87
2002	28888	5.92	32518	6.66	-0.74
2003	21105	4.32	33825	6.92	-2.60
2004	27359	5.58	35253	7.19	-1.61
2005	29425	5.95	36624	7.41	-1.46
2006	29849	6.00	34979	7.03	-1.03
2007	38397	7.64	35345	7.04	0.60
2008	35833	7.07	36824	7.26	-0.19
2009	35928	7.04	37078	7.26	-0.23
2010	36908	7.18	39728	7.73	-0.55
2011	39823	7.70	39082	7.56	0.14
2012	47284	9.08	41837	8.04	1.05
2013	43869	8.38	41964	8.02	0.36
2014	55740	10.59	43074	8.18	2.41
2015	36820	6.96	44126	8.34	-1.38
2016	57908	9.81	50235	8.60	1.31

2—3 总户数及总人口
Total Households and Population

单位:户、人 (household,person)

指标	Item	2000	2010	2015	2016
总户数	**Total Households**	2181144	2512831	2651628	2683863
市　区	**District under**	1554476	1823458	1954454	2175304
和平区	Heping	203271	226335	236677	243320
沈河区	Shenhe	196165	262859	263712	265101
大东区	Dadong	211195	252474	257018	256682
皇姑区	Huanggu	224230	279700	295299	300000
铁西区	Tiexi	245918	310208	341310	345085
苏家屯区	Sujiatun	135484	156293	159778	160053
浑南区	Hunnan	129544	91896	121181	127710
沈北新区	Shenbei New	90606	109811	113924	115066
于洪区	Yuhong	118063	133882	165555	172300
辽中区	Liaozhong	–	–	–	189987
市辖县(市)	**Counties under**	410653	689373	697174	508559
辽中县	Liaozhong	176763	191494	190387	–
康平县	Kangping	102403	118007	120218	121222
法库县	Faku	131487	138195	138233	138340
新民市	Xinmin City	216015	241677	248336	248997
总人口数	**Total Households**	6850969	7196048	7304051	7343967
市　区	**District under**	4850371	5154241	5298637	5864912
和平区	Heping	633932	656271	651557	662905
沈河区	Shenhe	599707	735333	711914	710005
大东区	Dadong	641664	702987	681607	672942
皇姑区	Huanggu	714447	808460	818015	824167
铁西区	Tiexi	760325	857827	908652	911225
苏家屯区	Sujiatun	413498	428730	427158	426764
浑南区	Hunnan	413690	257855	333563	350089
沈北新区	Shenbei New	296069	318809	320337	322192
于洪区	Yuhong	377039	387969	445834	461341
辽中区	Liaozhong	–	–	–	523282
市辖县(市)	**Counties under**	1312365	2041807	2005414	1479055
辽中县	Liaozhong	522248	541714	525635	–
康平县	Kangping	344456	353605	349138	349801
法库县	Faku	445661	448107	447894	448052
新民市	Xinmin City	688233	698381	682747	681202

注:2016 年经国家民政部批准,辽中撤县设区,纳入市区统计。

Note:In 2016, with the permission of Ministry of Civil Affairs, Liao zhong was changed from county to district, their statistics were listed in the district column.

2—4 从业人员

Number of Employees in Non - private Sector in Cities and Towns

单位:万人 （年末数）(year - end) (10000 persons)

年 份 Year	从业人员年末人数 Staff	国有单位 State - owned Units	集体单位 Collective owned Units
1980	186.4	121.2	65.2
1985	218.7	133.7	79.0
1990	230.5	146.9	75.3
1995	225.5	139.6	66.8
1996	218.7	137.0	61.7
1997	210.2	133.9	55.5
1998	193.5	123.0	44.1
1999	181.2	115.8	39.0
2000	175.8	110.8	36.1
2001	162.5	96.5	34.2
2002	142.2	82.6	25.6
2003	126.0	71.4	20.5
2004	119.3	65.6	18.4
2005	100.17	57.95	7.81
2006	100.19	59.34	6.99
2007	100.26	59.41	6.74
2008	104.42	60.75	6.67
2009	105.22	60.75	6.12
2010	110.42	62.21	5.73
2011	120.80	66.39	5.74
2012	121.95	66.75	5.53
2013	152.78	63.20	5.60
2014	153.66	65.92	4.39
2015	146.7	64.1	3.9
2016	129.3	56.3	3.4

注:统计口径为城镇非私营单位,含铁路。2004 年及以前为职工人数。
Note:The statistical standards has been urban non - private unit, included railway. Before 2004 it was the number of employees.

2—5 从业人员工资总额和平均工资
Total and Average Wages of Employees in Non - private Sector in Cities and Towns

年 份 Year	工资总额（亿元）Total Wages (100 million yuan)	国 有 State - owned Units	集 体 Collective - owned Units	为上年(%) Compare With last year	平均工资（元）Average Wages (yuan)	国 有 State - owned Units	集 体 Collective - owned Units	为上年(%) Compare With last year
1980	14.07	10.19	3.88		755	841	595	
1985	25.29	16.24	8.29	125.3	1156	1215	1049	123.0
1990	52.56	37.12	13.60	110.2	2309	2527	1806	109.2
1995	110.45	77.81	21.22	109.4	4900	5593	3164	111.3
1996	113.79	81.51	20.31	103.0	5198	5939	3283	106.1
1997	122.86	88.36	20.02	108.0	5801	6547	3564	111.6
1998	119.59	86.33	15.42	97.3	6090	6910	3491	105.0
1999	120.36	87.36	13.72	100.6	6517	7371	3472	107.0
2000	123.46	89.57	12.12	102.6	6995	8052	3296	107.3
2001	139.20	96.98	11.36	112.7	8249	9608	3264	117.9
2002	149.87	100.30	9.91	107.7	9811	11174	3662	118.9
2003	157.98	102.93	8.87	105.4	11630	13256	4001	118.5
2004	170.10	109.04	8.23	107.7	13815	15781	4341	118.8
2005	196.73	125.03	8.14	114.6	19580	21173	10053	115.7
2006	228.78	152.05	8.49	116.3	22832	25651	11627	116.6
2007	271.97	185.36	9.46	118.9	26696	30740	13319	116.9
2008	340.32	229.00	10.85	125.1	32469	37534	15927	121.6
2009	390.73	261.05	12.57	114.8	37361	43625	19781	115.1
2010	446.16	287.95	14.12	114.2	40565	46895	24434	108.6
2011	530.13	325.20	14.95	118.8	44585	49999	26545	109.9
2012	602.79	365.06	19.08	113.7	48719	53823	34700	109.3
2013	805.95	358.26	20.97	133.7	51042	57712	37600	104.8
2014	856.82	383.24	18.42	106.3	54762	59671	41405	107.3
2015	886.76	415.58	19.11	103.5	59515	66104	47410	108.7
2016	848.80	399.41	16.16	95.7	65392	71282	46242	109.9

注:统计口径为城镇非私营单位,含铁路。2004 年及以前为职工工资。
Note: Statistical standards has been urban non - ptivate unit, included railway. Before 2004 they were wages of workers.

3—1 农 林 牧 渔
Gross Output Value of Farming, Forestry, Animal

单位:万元

项 目	Item	沈阳市 Total	苏家屯 Sujiatun
农林牧渔业合计	**Total**	**5342066**	**309722**
农业产值	**Farming**	**2432412**	**190330**
谷物及其他作物	Cereal and other Farm Crops	938541	62362
谷 物	Cereal	747602	61523
小 麦	Wheat	2038	
稻 谷	Rice	297761	30237
玉 米	Corn	435532	31283
薯 类	Tubers	20641	104
油 料	Oil – bearing Crops	69478	353
花 生	Peanuts	69100	353
豆 类	Beans	18916	136
大 豆	Soy Bean	16216	136
棉 花	Cotton		
糖 类	Sugar Crops		
其他农作物	Other Crops	81614	246
饲料作物	Drinke crops	69540	246
蔬菜、食用菌及花卉盆景园艺产品	Vegetables、Mushrooms、Flowers and Rockery	1122528	87342
蔬 菜(含菜用瓜)	Vegetables(include Melon)	1012830	57414
食用菌	Mushrooms	42965	5
花卉	Flowers	62440	29923
盆景园艺	Rockery	4293	
水果、坚果、饮料和香料作物	Fruits	371277	40626
水果(含瓜果类)	Fruit and Nut	370086	40086
苹 果	Apples	88577	5100
梨	Pears	7762	4170
中药材	Traditional Chinese Medicine	66	
林业产值	**Forestry**	**125554**	**14104**
林木的培育和种植	Woods	104209	14104
育种育苗	Breading and Growing seedlings	11116	200
造 林	Afforestation	41040	225
抚育和管理	Fostering and Management	29933	13600
竹木的采运	Timber Cutting	20106	
村及村以下	Timber Cutting by village	1225	
林产品	Woods Products	1239	
牧业产值	**Animal Husbandary**	**2274951**	**83741**
牲畜饲养	Raising livestock	786896	18868
牛的饲养	Cow	523418	10454
羊的饲养	Sheep and Goats	78366	1389
其他牲畜饲养	Others	6106	252
奶产品	Milk	142036	6773
牛 奶	Cow Milk	135263	
毛绒产品	Cashmere Products	3927	
羊 毛	Sheep Wool	3925	
羊 绒	Cashmere	2	
其他牲畜副产品	Others	33043	
猪的饲养	Raising Pork	1017972	39779
家禽饲养	Raising Poultry	444115	25094
肉 禽	Meat	292189	14054
禽 蛋	Eggs	151926	11040
狩猎和捕捉动物			
其他畜牧业	Others	25968	
蚕 茧	Silkworn		
兔	Rabbit	21	
渔业产值	**Fishery**	**271755**	**14847**
农林牧渔服务业	**Farming, Forestry, Animal Husbandry, Fishery and Service**	**237394**	**6700**

业 总 产 值 （现价）
Husbandry and Fishery（at current price）

（10000 yuan）

浑南区 Hun nan	沈北新区 Shen bei new	于洪区 Yu hong	辽中区 Liao zhong	康平县 Kang ping	法库县 Fa ku	新民市 Xin min
104604	**420711**	**218214**	**1377645**	**672045**	**811507**	**1264607**
70805	**162414**	**151038**	**551787**	**246709**	**315591**	**660549**
27092	70826	39128	152520	143201	231126	179839
21728	45551	38408	144672	82147	161442	160504
		94	760	63	203	918
2295	31908	17000	99078	6736	11896	80790
19433	13204	21314	44834	66542	146343	78773
	776	310	705	6884	1223	10468
855	230		5721	42561	13524	5845
855	230		5721	42183	13524	5845
4509	150	120	1422	6360	2937	3022
4509	150	120	1422	3909	2739	2971
	24119			5249	52000	
	24119			1120	44055	
25044	77186	103410	358253	80743	58108	296370
15323	67790	70000	346189	80503	55058	285691
582		33300	404	240		7679
4846	9396	110	11660		3050	3000
4293						
18669	14352	8500	41014	22765	26341	184340
18669	14352	8500	41014	22165	26290	184340
7931	3603	1600	36057	16528	3347	13090
606	684		678	207	534	72
	50				16	
7192	**2236**	**7570**	**13747**	**28590**	**38000**	**14020**
7192	2236	7570	11727	20323	34676	6361
	812	1430	415	1804	6064	382
	150		4499	6180	24000	5979
7192			2959	5810	368	
			2020	7028	3324	7659
			1225			
				1239		
21919	**212961**	**30729**	**595131**	**372746**	**411970**	**488754**
4432	96941	10817	235477	128944	163085	124533
1491	70812	5070	193775	103309	60707	75567
1463	3538	3053	8092	17173	14274	28380
	9	1		595	4573	676
1348	22556	2693	1455	5893	82927	17850
1348	22556	2693	1455	5893	82927	17850
130	26		73	1013	604	2060
130	24		73	1013	604	2060
	2					
			32082	961		
8432	31136	12468	243290	133273	208481	301274
9055	84863	7444	90417	110529	40404	62947
6776	62817	2420	60049	89560	32215	18398
2279	22046	5024	30368	20969	8189	44549
	21		25947			
	21					
198	**15479**	**11900**	**138480**	**4000**	**3330**	**65965**
4490	**27621**	**16977**	**78500**	**20000**	**42616**	**35319**

3—2 农 林 牧 渔
Gross Output Value of Farming, Forestry, Animal

单位:万元

项 目	Item	沈阳市 Total	苏家屯 Sujiatun
农林牧渔业合计	**Total**	**5409198**	**320026**
农业产值	**Farming**	**2630737**	**205838**
谷物及其他作物	Cereal and other Farm Crops	1147874	79212
谷 物	Cereal	951995	78343
小 麦	Wheat	2059	
稻 谷	Rice	335732	34093
玉 米	Corn	561977	40365
薯 类	Tubers	22380	113
油 料	Oil - bearing Crops	73227	372
花 生	Peanuts	72829	372
豆 类	Beans	19780	142
大 豆	Soy Bean	16957	142
棉 花	Cotton		
糖 料	Sugar Crops		
其他农作物	Other Crops	80163	242
饲料作物	Drinke crops	68304	242
蔬菜、食用菌及花卉盆景园艺产品	Vegetables、Mushrooms、Flowers and Rockery	1112274	86136
蔬 菜(含菜用瓜)	Vegetables(include Melon)	1002405	56823
食用菌	Mushrooms	44741	5
花 卉	Flowers	61156	29308
盆景园艺	Rockery	3972	
水果、坚果、饮料和香料作物	Fruits	370529	40491
水果(含瓜果类)	Fruit and Nut	369495	40022
苹 果	Apples	84999	4894
梨	Pears	8723	4686
中药材	Traditional Chinese Medicine	61	
林业产值	**Forestry**	**116279**	**13293**
林木的培育和种植	Woods	96070	13293
育种育苗	Breading and Growing seedlings	10487	189
造 林	Afforestation	36477	200
抚育和管理	Fostering and Management	28239	12830
林木的培训和种植	Timber Cutting	18968	
村及村以下	Tibe Cutting by village	1227	
林产品	Woods Products	1241	
牧业产值	**Animal Husbandary**	**2136486**	**78307**
牲畜饲养	Raising livestock	780878	18308
牛的饲养	Cow	527533	10536
羊的饲养	Sheep and Goats	81904	1452
其他牲畜饲养	Others	5945	245
奶产品	Milk	127387	6074
牛 奶	Cow Milk	118444	
毛绒产品	Cashmere Products	3832	
羊 毛	Sheep Wool	3796	
羊 绒	Cashmere	2	
其他牲畜副产品	Others	34277	
猪的饲养	Raising Pork	877449	34288
家禽饲养	Raising Poultry	455036	25711
肉 禽	Meat	299374	14400
禽 蛋	Eggs	155662	11311
狩猎和捕捉动物			
其他畜牧业	Others	23124	
蚕 茧	Silkworn		
兔	Rabbit	19	
渔业产值	**Fishery**	**293426**	**16032**
农林牧渔服务业产值	**Farming, Forestry, Animal Husbandry, Fishery and Service**	**232270**	**6555**

业总产值（可比价）
Husbandry and Fishery (at comparable price)

(10000 yuan)

浑南区 Hun nan	沈北新区 Shen bei new	于洪区 Yu hong	辽中区 Liao zhong	康平县 Kang ping	法库县 Fa ku	新民市 Xin min
108719	**428568**	**227941**	**1390843**	**679944**	**815541**	**1270152**
76413	**173605**	**162249**	**587921**	**271309**	**359092**	**702787**
33285	82935	49698	192506	168734	275307	225056
27668	58005	48909	184225	104606	205580	204386
		95	768	64	205	928
2588	35977	19168	111713	7595	13413	91093
25075	17037	27502	57850	85861	188830	101643
	841	336	764	7464	1326	11350
901	242		6030	44858	14254	6160
901	242		6030	44459	14254	6160
4715	157	125	1487	6651	3071	3160
4715	157	125	1487	4088	2864	3107
	23690			5156	51076	
	23690			1100	43272	
24490	76295	104064	354467	79924	57479	293685
15165	67092	69279	342626	79674	54491	282750
606		34677	421	250		7996
4746	9203	108	11420		2987	2938
3972						
18639	14329	8486	40948	22650	26292	184046
18639	14329	8486	40948	22130	26248	184046
7611	3457	1535	34600	15860	3212	12561
681	769		762	233	600	81
	46				15	
6785	**2101**	**7142**	**12723**	**26707**	**34539**	**12900**
6785	2101	7142	10818	18835	31403	5675
	766	1349	392	1702	5721	360
	133		3999	5493	21331	5314
6785			2792	5481	347	
			1906	6630	3136	7225
			1227			
				1241		
20913	**209137**	**29091**	**563863**	**358042**	**376618**	**448680**
4368	95330	10717	238412	129919	155519	124500
1503	71369	5110	195298	104121	61184	76161
1529	3698	3191	8457	17948	14918	29661
	9	1		579	4453	658
1209	20230	2415	1305	5285	74374	16009
1180	19751	2358	1274	5160	72616	15630
127	25		71	988	589	2010
126	23		71	980	584	1992
	2					
			33280	997		
7268	26838	10747	209706	114876	179702	259685
9278	86950	7627	92640	113247	41398	64495
6943	64362	2480	61526	91762	33007	18850
2335	22588	5148	31115	21485	8390	45644
	19		23105			
	19					
214	**16700**	**12850**	**149530**	**4319**	**3596**	**71229**
4393	**27025**	**16611**	**76806**	**19568**	**41696**	**34557**

3—3 农 林 牧 渔
Value - added of Farming, Forestry, Animal

单位:万元

指 标	Item	沈阳市 Total	苏家屯 sujiatun
农林牧渔业	**Farming, Forestry, Animal Husbandry and Fishery**		
总产值	Gross Output Value	5342066	309722
中间消耗	Middle Consume	2539884	139339
增加值	Value - added	2802182	170383
农 业	**Farming**		
总产值	Gross Output Value	2432412	190330
中间消耗	Middle Consume	1044000	78359
增加值	Value - added	1388412	111971
林 业	**Forestry**		
总产值	Gross Output Value	125554	14104
中间消耗	Middle Consume	54463	5860
增加值	Value - added	71091	8244
牧 业	**Amimal Husbandry**		
总产值	Gross Output Value	2274951	83741
中间消耗	Middle Consume	1200643	42716
增加值	Value - added	1074308	41025
渔 业	**Fishery**		
总产值	Gross Output Value	271755	14847
中间消耗	Middle Consume	142004	9724
增加值	Value - added	129751	5123
服务业	**Service**		
总产值	Gross Output Value	237394	6700
中间消耗	Middle Consume	98774	2680
增加值	Value - added	138620	4020

业 增 加 值
Husbandry and Fishery

(10000 yuan)

浑南区 Hun nan	沈北新区 Shen bei new	于洪区 Yu hong	辽中区 Liao zhong	康平县 Kang ping	法库县 Fa ku	新民市 Xin min
104604	420711	218214	1377645	672045	811507	1264607
49534	197442	99720	654204	318726	405721	592106
55070	223269	118494	723441	353319	405786	672501
70805	162414	151038	551787	246709	315591	660549
32455	70226	66976	234887	99809	147001	276753
38350	92188	84062	316900	146900	168590	383796
7192	2236	7570	13747	28590	38000	14020
2877	1081	3156	5621	13590	16760	5484
4315	1155	4414	8126	15000	21240	8536
21919	212961	30729	595131	372746	411970	488754
11858	107381	16052	313411	196027	221023	260826
10061	105580	14677	281720	176719	190947	227928
198	15479	11900	138480	4000	3330	65965
99	6567	6348	69030	2100	1495	35052
99	8912	5552	69450	1900	1835	30913
4490	27621	16977	78500	20000	42616	35319
2245	12187	7188	31255	7200	19442	13991
2245	15434	9789	47245	12800	23174	21328

3—4 农村基层组织、从业人员及基础设施情况
Rural Basic level organization, Practitioners and Facilities

单位:个、户、人 (unit, person)

指　标	Item	2000	2010	2015	2016
乡镇场个数	Number of Farms, Township and Towns	208	98	81	81
村　数	Number of Villages	1938	1252	1499	1557
乡镇场户数	Number of Households of Farms, Township and Towns	772472	911432	884122	883315
乡镇场人口数	Population of Farms, Township and Towns	2680574	2844962	2754515	2738403
农村劳动力资源	Rural Labor Force	1199985	1674832	1628775	1628002
劳动力年龄内人口	Number of Laborers within Labor Ages	1178311	1456802	1435580	1438566
实有从业人员	Real Employment	1065350	1432356	1412574	1409631
第一产业从业人员	Employment of Primary Industry	700193	770874	723990	739244
第二产业从业人员	Employment of Secondary Industry	136879	277966	303139	287992
第三产业从业人员	Employment of Tertiary Industry	137033	496195	385445	382395
工　业	Industry	89270	179146	200575	193872
建筑业	Construction	47609	98820	102564	94120
交运仓储及邮政业	Transportation, Storage, Post and Telecommunication	42378	55495	60890	58015
贸易、餐饮	Trade and Catering Services	51589	136358	146655	144711
批发与零售业					87672
住宿和餐饮业					57039
其　它	Others	18032	191663	163916	165589

3—5 农作物播种面积
Total Sown Areas of Farm Grops

单位:公顷 (hectare)

指 标	Item	2000	2010	2015	2016
农作物总播种面积	**Total Sown Areas**	**599212**	**654813**	**658750**	**656023**
粮食作物	**Grain Crops**	**449028**	**506848**	**501958**	**508308**
谷 物	Cereal	382819	477680	482279	478785
稻 谷	Rice	113829	126849	108944	117590
春小麦	Spring Wheat	26577	2381	1383	1774
玉 米	Corn	227919	344800	370022	352012.8
高 粱	Sorghum	11636	2007	1250	4006
谷 子	Millet	2785	772	580	3312
薯 类	Tubers	19120	12045	10548	14775
土 豆	Potatoes	11623	9407	9460	12543
豆类合计	Total Beans	41540	17123	9131	14748
大 豆	Soybeans	36653	16255	8355	12733
杂 豆	Mixed Beans	4887	868	474	1880
棉 花	Cotton	552	25		
油料作物	Oil – bearing Crops	33171	43763	35096	36707
花 生	Peanuts	26378	40094	33958	36074
芝 麻	Seasame	872	17		
向日葵	Sunflower	1348	3652	804	
甜 菜	Beetroots	4459			
药 材	Medicial Material	700	1112	691	644
蔬菜、瓜类	**Vegetables and Melon**	**83782**	**85193**	**100230**	**88613**
蔬菜(含菜用瓜)	Vegetables	75360	67385	81359	71549
西甜瓜	Muskmelon and Watermelon	8422	16665	15861	15281
西瓜	Watermelon	5933	12546	13474	13228

3—6 分地区农作物播种面积
Sown Areas by District and County

单位:公顷 (hectare)

项　目	Item	沈阳市 shenyang	苏家屯 sujiatun	浑南区 Hunnan	沈北新区 Shen bei new	于洪区 Yuhong	辽中区 Liaozhong	康平县 Kangping	法库县 Faku	新民市 Xinmin
农作物总播种面积	**Total Sown Area**	**656023**	**33991**	**22576**	**38306**	**23785**	**94224**	**102725**	**123925**	**199735**
粮食作物合计	**Total Grain Crops**	**508308**	**28370**	**21200**	**27070**	**19867**	**74690**	**74670**	**96730**	**152570**
其中:夏收粮食	Grain in summer	10274	85			247	858	3200	1080	4804
谷　物	Cereal	478785	27538	19020	26480	19573	73250	63490	91730	144720
稻　谷	Rice	117590	9520	870	12310	7003	35520	2650	4760	39760
小　麦	Wheat	1774				34	530	150	310	750
春小麦	Wheat in spring	1774				34	530	150	310	750
玉　米	Corn	352013	18010	18150	14170	12536	37200	55400	84610	104150
谷　子	Millet	3312	2					2810	500	
高　粱	Sorghum	4006	6					2470	1510	20
其他谷物	Others	90						10	40	40
荞　麦	Buckwheat	10						10		
豆类合计	Total Beans	14748	680	2180	120	81	820	5670	2800	2260
大　豆	Soybeans	12733	680	2180		81	820	3970	2670	2210
绿　豆	Green Gram	850						700	100	50
红小豆	Red bean	1030						1000	30	
薯类(折粮)	Tubers	14775	152		470	213	620	5510	2200	5590
马铃薯	Potatoes	12543	150		470	213	420	4680	1560	5050
油料作物	**Oil bearing Crops**	**36707**	**193**	**671**	**100**		**3733**	**20292**	**7850**	**3673**
花　生	Peanuts	36074	193	671	100		3733	20052	7850	3280
芝　麻	Seasame									
向日葵籽	Sunflower									
棉　花	**Cotton**									
糖　料	**Sugar**									
甜　菜	Beet									
药材类合计	**Medicial Material**	**644**			**467**		**2**		**13**	**162**
蔬菜(含菜用瓜)及食用菌	**Vegetables**	**71549**	**4975**	**539**	**4293**	**3599**	**15056**	**4953**	**6042**	**29160**
瓜果类	**Melon**	**17064**	**359**	**48**	**84**	**145**	**735**	**583**	**592**	**14030**
西　瓜	Watermelon	13228	25			12	167	369	88	12567
甜　瓜	Muskmelon	2054	265	40	44	4	308	207	497	657
草　莓	Strawberry	1302	70	5	40	27	3	7	7	806
其他农作物	**Others**	**21577**	**94**	**118**	**6292**		**8**	**2227**	**12698**	**140**
青饲料	Succulence	18597	94		5922			2227	10354	

3—7 农 作 物 总 产 量
Total Output of Farm Crops

单位:吨 (ton)

指 标	Item	2000	2010	2015	2016
粮食作物	**Grain Crops**	**2338012**	**3251122**	**3580408**	**3604139**
谷 物	Cereal	2172834	3138162	3509143	3494850
稻 谷	Rice	937905	1000833	1003641	1022718
春小麦	Spring Wheat	55116	8732	5552	6075
玉 米	Corn	1122542	2107704	2489690	2441976
高 粱	Sorghum	52423	14680	8383	21846
谷 子	Millet	4390	3098	1675	2099
薯 类	Tubers	81076	63364	51624	72867
土 豆	Potatoes	44894	41144	46983	64057
豆类合计	Total Beans	77483	49596	19641	36422
大 豆	Soybeans	73140	47830	17985	32619
杂 豆	Mixed Beans	4343	1766	725	3435
经济作物	**Economic Crops**				
棉花	Cotton	1584	21		
油料作物	Oil – bearing Crops	58914	128346	90546	107323
花 生	Peanuts	51697	116784	88220	106010
芝 麻	Seasame	671	16		
向日葵	Sunflower	1405	3605	959	
麻 类	Fiber Crops	20			
甜 菜	Beetroots	131141			
烟 叶	Leaf Tobacco	24			
其他作物	**Other crops**				
蔬菜(含菜用瓜)	Vegetables	2842299	4218129	5376699	3713468
西甜瓜	Muskmelon and Watermelon	271798	754443	900907	806252
西瓜	Watermelon	203818	599030	797324	724035

3—8 主要农产品产量
Yield of Major Farming Products

单位:万吨 (10000 tons)

年 份 Year	粮食及大豆 Grain Crops	蔬 菜 Vegetable	猪牛羊肉 Pork, Beef and Mutton	禽 蛋 Poultry Eggs	牛 奶 Cow Milk	水产品 Aquatic Products	水 果 Fruits
1980	210.6	94.6	5.2	0.9	1.7	0.2	0.5
1985	205.0	107.8	7.1	4.4	3.1	0.5	1.2
1990	307.7	158.5	13.0	11.2	5.6	1.8	2.5
1991	308.9	175.9	15.3	14.2	6.8	2.4	3.6
1992	333.4	209.2	17.5	16.3	7.4	3.1	4.4
1993	318.3	246.0	17.5	16.6	6.0	4.3	6.0
1994	201.7	198.8	23.5	19.8	6.2	5.6	7.0
1995	215.1	196.1	15.3	18.2	6.1	6.5	7.4
1996	329.8	260.0	28.8	20.3	6.1	7.0	7.3
1997	252.5	216.7	17.3	21.6	5.1	8.4	6.9
1998	325.9	256.1	17.3	21.4	5.3	9.0	7.9
1999	343.3	277.2	18.5	22.5	5.0	9.5	8.6
2000	233.8	284.2	19.7	24.5	5.7	10.0	9.1
2001	251.7	272.2	20.9	27.5	6.6	11.4	8.3
2002	278.2	284.1	23.3	29.2	8.1	11.5	8.5
2003	283.2	255.9	27.8	30.0	12.5	13.5	9.1
2004	365.4	206.6	34.9	37.9	18.8	14.1	10.7
2005	342.7	239.1	41.7	42.5	21.2	15.0	11.1
2006	321.4	271.5	40.7	37.7	28.8	16.2	11.8
2007	390.9	315.1	41.8	39.4	31.2	16.8	13.5
2008	358.7	356.7	46.9	53.7	32.3	18.7	17.5
2009	344.6	422.1	53.8	57.5	37.1	20.6	17.4
2010	325.1	421.8	57.0	60.6	39.2	16.7	17.6
2011	406.1	463.0	60.2	69.2	44.7	17.7	21.2
2012	400.7	501.8	64.8	74.9	48.1	18.7	24.4
2013	383.5	576.1	69.3	79.3	50.8	19.0	27.8
2014	359.9	548.4	66.6	79.7	51.7	19.3	30.2
2015	358.0	537.7	63.7	73.4	50.5	22.6	30.0
2016	360.4	371.3	47.7	19.3	48.4	24.1	30.2

3—9 畜牧业生产情况
Production of Animals Husbandry

指　　标	Item	2000	2010	2015	2016
年末大牲畜头数(头)	Large Animal at Year－end (head)	417310	932803	1054275	549169
马(头)	Horses (head)	79925	37251	21365	6090
骡(头)	Mules (head)	61070	18014	8318	4600
驴(头)	Donkeys (head)	117014	49365	30519	15735
牛(头)	Cattle and Buffaloes (head)	159301	828173	994073	522744
奶牛(头)	Cows (head)	13698	106628	144789	101130
改良肉用牛(头)	Meat Cattle (head)	145603	713837	848241	421614
年末生猪存栏(头)	Hogs at Year－end (head)	1582263	3180598	3601179	2165461
能繁殖母猪(头)	Female Pigs for Breeding (head)	119835	455391	482006	249002
年末羊存栏(只)	Sheep and Goats at Year－end (head)	229111	706166	814689	760718
能繁(只)	For Breeding(head)	159826	313651	362125	343303
山　羊(只)	Goats(head)	60478	262837	292129	227613
能繁(只)	For Breeding (head)	33661	112706	117309	98235
绵　羊(只)	Sheep (head)	168633	443329	522560	533105
能繁(只)	For Breeding(head)	126165	200945	244816	245068
年末家禽存栏(万只)	Poultry at Year－end (10000 heads)	3749.4	8902.9	9664	2688.3
蛋禽(万只)	Egg Poultry (10000 heads)	1937.2	4380.1	4961	1280.6
年末兔存栏(只)	Rabbits at Year－end (head)	35685	16733	3899	8115
年末生猪出栏(只)	Slaughtered Hogs (head)	2047009	5112792	3601179	4848542
年内牛出栏(头)	Slaughtered Cattles (head)	88581	957008	994073	536391
年内羊出栏(只)	Slaughtered Sheep and Goats (head)	152623	861293	814689	812755
年内家禽出栏(万只)	Slaughtered Poultry (10000 heads)	6059.5	16325.8	9664	7670
年内兔出栏(只)	Slaughtered Rabbits (head)	34202	91442	4215	3000
肉类总产量(吨)	Total Output of Meat (ton)	333202	865705	987425	645170
猪肉产量(吨)	Pork (ton)	179694	401175	463065	360290
牛肉产量(吨)	Beef (ton)	15822	156737	161360	101303
羊肉产量(吨)	Mutton (ton)	1944	12309	12358	15836
禽肉产量(吨)	Meat of Poultry (ton)	131284	286572	347652	166511
奶类总产量(吨)	Total Output of Milk (ton)	56863	396286	505345	483866
牛奶产量(吨)	Output of Milk (ton)	56601	392220	505134	483866
绵羊毛产量(公斤)	Output of Sheep's Wool (kg)	817081	1048351	1385498	1576230
蜂蜜产量(公斤)	Output of Honey (kg)	3410	8900	15560	
禽蛋产量(吨)	Output of Poultry Eggs (ton)	245421	605919	734050	192957

4—1 主要工业产品产量
Main Industrial Products

年份 Year	彩色电视机（万台）Color TV Sets (10000 units)	灯泡（万只）Lamps (10000 units)	机制纸及纸板（吨）Machine - made Paper and Paperboards (ton)	卷烟（万箱）Cigarettes (10000 cases)	白酒（千升）Liquor (kiloliter)
1980		3299	98210	25.5	17351
1985	3.97	4975	135064	21.98	28643
1990	10.77	6819	124469	24.2	64242
1995	1.3	30700	122916	20.1	69566
2000	175	4583	55245	8	162533
2001	139.62	11885	37053	15	13333
2002	179.35	4248	45453	16	4173
2003	241.55	13101	46857	17.8	2032
2004	248.42	10079	47355	20.4	50577
2005	472.04	12813	44573	20	74784
2006	271.80	51066	33775	21	100716
2007	344.09	90343	160909	22.57	207136
2008	398.47	80890	4546	23	284921
2009	340.38	33636	36382	23	271949
2010	329.87	36874	17314	24	352588
2011	362.31	40038	44982	22.83	381700
2012	426.43	47430	12085	23	505044
2013	385.2	39615	19750	23	460303
2014	338.0	45357	48653	25	326474
2015	287.90	35515	58564	25	318863
2016	145.07	19686	58138	25	61405

4—1 续表 1 Continued

年份 Year	啤酒（千升）Beer (kiloliter)	味精（吨）Gourmet Powder (ton)	瓷砖（万平方米）Ceramid Tile (10000 sq. m)	合成洗衣粉（吨）Synthetic Detergents (ton)
1980	60259	3460		9352
1985	111834	5326		22870
1990	185726	9508		28766
1995	345145	16991		26130
2000	429682	34142		4253
2001	420156	33001		28532
2002	411680	37026		31440
2003	437475	43318		22180
2004	484340	42513		12825
2005	540721	46016	6770	17100
2006	613793	51560	8493	17411
2007	801908	45990	13078	14541
2008	801450	37947	21538	28185
2009	869598	40318	29776	24246
2010	897814	35250	41413	42600
2011	1046896	–	56758.7	57577
2012	1106614	–	73464.4	59980
2013	1154852	–	74493.0	66531
2014	1142219	–	66198.6	66353
2015	914686	–	40494.8	21510
2016	932464	–	12478.7	11555

4—1 续表 2 Continued

年份 Year	发动机（万千瓦）Motor Engine（10000 kw）	气体压缩机（台）Gas Compressed Motor（unit）	风机（台）Pneumatic Machine（unit）	金属切削机床（台）Metal - cutting Machines（unit）	房间空气调节器（台）Air Conditioner（unit）	交流电动机（万千瓦）AC Motors（10000 kw）
1980		2245	14510	9817		129.4
1985		5782	19549	11356		148
1990		2731	23600	10013		170
1995		15730	15456	9294	72512	206.74
2000		2444	6346	8426	230692	133.97
2001	361	1003	4900	10513	362297	129.4
2002	850	771	3559	16586	300172	156.85
2003	1615	1077	5841	32241	271345	205.48
2004	1410	1431	4737	53261	344462	314.69
2005	1476	1525	5559	68209	609916	404.39
2006	2870	20372	4061	80681	498287	302.5
2007	3674	4332	14101	90224	480158	294.66
2008	2491	4756	4262	93121	555223	210.07
2009	3011	14718	4613	73355	434312	124.93
2010	4382	13080	5944	95244	338397	106.2
2011	4727	11816	5167	76471	244679	143.91
2012	5574	12591	4954	67327	62929	120.82
2013	5882	3013112	4063	57505		92.19
2014	6582	1841631	4689	56372		99.91
2015	6647	1849741	3357	50357		96.59
2016	8300	2439497	709	53171		56.87

4—1 续表 3 Continued

年份 Year	变压器（万千伏安）Transformer（10000 kVA）	电力电缆（公里）Electric Cables（km）	汽车（辆）Motor Vehicle（unit）	原煤（万吨）Coal（10000 tons）	发电量（万千瓦时）Electricity（10000 kwh）
1980	1140	15191	4032	586	29489
1985	1330	15534	25306	564.1	51587
1990	1336	18752	22572	608.8	96561
1995	2265	54156	21541	383.2	475859
2000	2283	33012	79211	477.4	351420
2001	1844	24005	75461	486.2	344856
2002	1645	37226	86809	760.9	365347
2003	1264	114816	125598	689.4	597813
2004	3457	122879	124394	1006.4	491293
2005	3586	108916	138496	992.2	443340
2006	4613	98730	267710	1453.3	453090
2007	5518	183289	352439	960.8	554708
2008	8157	179110	299061	898.9	613092
2009	9488	234305	482001	822.1	806217
2010	9728	279638	665791	881	1114482
2011	9919	333088	715121	939	1691038
2012	9841	349382	832591	916	1660180
2013	11444	291955	1031756	929.3	1937633
2014	11325	334678	1087221	851.5	1919593
2015	9630	346595	1061255	1057.4	1954905
2016	10020	51259	1052859	900	1972132

4—1 续表4 Continued

年份 Year	煤气生产量（万立方米）Coal Gas（10000 cu. m）	钢（万吨）Steel（10000 tons）	成品钢材（万吨）Steel Products（10000 tons）	铜（吨）Copper（ton）	铅（吨）Lead（ton）	铜材（吨）Copper Products（ton）	铝材（吨）Aluminum Products（ton）
1980	21978	22.86	51.41	56618	52294	21618	4700
1985	26220	32.2	46.86	56562	54643	31281	7638
1990	17008	38.6	49.2	54897	62970	26472	17519
1995	26683	24.25	38.17	51700	56701	25578	24674
2000	8026	12.57	35.82	17815	5945	50094	27995
2001	18970	18.44	17.13	11890	22213	51673	18704
2002	19927	8.81	34.99	7586	4975	359980	16132
2003	21831	10.53	23.87	8212	1280	73464	18954
2004	23992	14.35	40.09	4823	2485	80362	18299
2005	29866	20.57	151.15	3140	5222	116555	25864
2006	30926	20.17	241.28	13115	7356	77853	45854
2007	34867	40.94	230.84	11480	8771	102443	51310
2008	27215	39.6	153.11	8034	8843	125681	89998
2009	19320	21.73	52.64	9457	2139	144691	40596
2010	18910	21.51	57.19	4594	2963	118808	34626
2011	27747	6.87	48.95	15000	3922	69057	35030
2012	32935	4.19	43.58	35660	4791	78216	37268
2013	42040	4.96	94.57	32710	4843	74269	99158
2014	57488		63.54	13647	1306	85344	68697
2015	50359		30.28			41791	41104
2016	44276		18.74			12328	29766

4—1 续表5 Continued

年份 Year	焦炭（万吨）Coke（10000 tons）	轮胎外胎（万条）Tires（10000 units）	水泥（万吨）Cement（10000 tons）	平板玻璃（万重量箱）Plate Glass（10000 weight cases）	砖（亿块）Brick（100 million units）
1980	26.52	21.2	20.46	156.9	10.35
1985	31.41	37.4	29.3	151.4	21.61
1990	29.69	67.3	35.51	212.9	24.81
1995	28.01	39.91	73.48	270.4	20.83
2000	26.13	165.16	40.75	495.8	7.81
2001	28.28	189.6	62.73	522.5	0.34
2002	31.73	208.5	55.8	607.4	0.43
2003	34.54	272	147.33	531.5	0.42
2004	40.87	291.8	172.78	765.9	1.71
2005	67.04	314.99	179.24	744.33	5.84
2006	76.35	362.6	231	519.7	53.82
2007	90.96	358.58	285.43	552.2	22.59
2008	83.37	371.11	275.9	429.18	21.99
2009	90.84	343.76	397.53	325.5	28.2
2010	82.9	402.41	363.72	373.26	28.53
2011	121.25	400.69	186.25	471	38.05
2012	102.41	503.43	462.33	576	38.23
2013	166.5	561.5	259.68	579	28.56
2014	166.37	581.65	268.75	409	31.45
2015	138.35	666.93	119.66		23.11
2016	12.98	985.60	57.11		2.26

4—2 全社会能源物资消费总量
Total Consumption of Energy and Material

年 份 Year	能源消费总量（万吨标煤）Total Consumption of Energy (10000 tons of SCE)	工业用 Industry Use	煤炭消费总量（万吨）Total Consumption of Coal (10000 tons)	汽 油（万吨）Gasoline (10000 tons)
1980	733.7	466.1	592.1	7.7
1985	839.7	507.8	829.6	9.7
1990	925.4	558.8	773	11.4
1995	1187.0	886	1158.9	14
2000	960.3	752.9	951.4	14.1
2001	640.0	599.2	838.4	2.3
2002	662.0	626.0	899.4	2.5
2003	718.3	687.0	1068.2	2.7
2004	764.7	733.1	1351.8	4.6
2005	805.5	782.2	1731.2	3.9
2006	968.4	942.8	2057.5	8.2
2007	1043.4	1023.9	2023.4	17.9
2008	1202.9	1165.6	2316.4	28.3
2009	1251.0	1104.9	2522.7	62.5
2010	1334.1	1244.5	2877.4	40.4
2011	1422.9	1403.5	2951.2	39.3
2012	1400.6	1379.3	2802.5	44.7
2013	1375.7	1356.2	2992.9	42.8
2014	1285.5	1266.5	2998.5	39.9
2015	1063.4	1051.1	2804.9	32.4
2016	904.6	892.6	2683.1	9.7

注:2001 年开始为规模以上工业口径。

Note:They have been above designated size industrial enterprises after 2001.

4—3 全市民用车辆拥有量
Nnmber of Civil Motor Vehicles Owned

单位:辆 (unit)

指 标	Item	2000	2010	2015	2016
民用汽车	Total Number of Civil Motor Vehicles Owned	210893	831759	1645135	1879654
载客汽车	Passenger Vehicles	115195	653360	1465939	1690651
大 型	Large	5854	13063	15667	16725
载货汽车	Ordinary Trucks	73857	139829	168415	178191
大型(重型)	Large	25457	25344	33294	36369
其他汽车	Other Trucks	21841	38570	10781	10812
拖 拉 机	Tyre Tractors	32544	64358	74644	73568
摩 托 车	Motors	115791	81301	95505	30390
其他机动车	Number of Other Motor Vehicles	1459	1439	1989	1434

注:其他汽车 2004 年以前为其他专用汽车。

Note:Other motor vehicles before 2004 were other special trucks.

4—4 运 输 量
Transportation

年份 Year	客运量（万人次）Passenger Traffic (10000 persons times)	铁路 Railways	公路 Highways	民航 Civil Aviation	货运量（万吨）Freight Traffic (10000 tons)	铁路 Railways	公路 Highways	民航 Civil Aviation
1980	4788	3669	1084	5	1679	563	1108	0.24
1985	6462	4508	1941	13	9279	702	8577	0.34
1990	7386	3760	3595	31	11777	549	11227	0.59
1995	11227	3388	7747	92	13052	584	12467	1.06
1996	9661	2966	6589	106	13858	582	13275	1.18
1997	8273	2789	5375	110	14536	607	13926	3.02
1998	7598	2750	4753	95	14809	449	14358	2.3
1999	7663	2784	4778	100	15396	496	14898	2.31
2000	6620	3084	3385	151	15221	566	14652	3.2
2001	6790	3035	3587	168	15157	472	14682	3.1
2002	7053	2951	3913	189	14451	537	13910	3.5
2003	6691	2649	3819	223	14656	501	14150	4.7
2004	7964	2895	4783	285.8	14757	542	14210	4.95
2005	8629	2886	5432	310.7	15571	545	15020	5.72
2006	9598	3096	6152	350	17264	558	16700	6.3
2007	10062	3035	6641	386	19092	586	18500	6.3
2008	26101	3581	22143	377	13979	466	13507	5.7
2009	27668	3982	23316	370	15164	431	14728	5.4
2010	30658	3979	26285	394	17348	538	16804	5.5
2011	31625	3542	27734	349	19406	504	18897	4.3
2012	32869	3348	29121	400	21720	456	21259	4.5
2013	24484	3816	20254	414	21491	530	20957	4.4
2014	25397	4145	20801	451	23489	544	22940	4.3
2015	20643	4427	15554	662	21362	483	20873	6.5
2016	20636	4718	15244	674	22069	559	21503	6.7

注：1. 铁路运输数据，2002 年以前来自沈阳铁路分局，以后来自沈阳铁路局；
2. 2009 年公路运输口径调整。2013 年公路数据按交通部门专项调查结果调整。

Note: 1. The Data of railway transportation came from Shenyang Railway Branch before 2002. After 2002 it came from Shenyang Railway Bureau.
2. In 2009, the highway transportation coverage was adjusted. The highway data in 2013 was adjusted according to the special investigation of the department of transportation.

4—5 邮电业务量
Post and Telecommunication Services

年份 Year	邮电业务总量（万元）Business Value of Post and Teleco－mmunication (10000 yuan)	函件（含机要）（万件）Number of Letters (include confidential document (10000 pcs)	报刊（万份）Newspapers and Magazines (10000 copies)	网络用户（万户）Number of Subscribers of Internet Services (10000 subscribers)	移动电话（万户）Number of Mobile Telephone Subscribers (10000 subscribers)	市话年末到达户数（万户）Number of Subscribers Of Urban Telephone (10000 subscribers)	农话年末到达户数（万户）Number of Subscribers Of Rural Telephone (10000 subscribers)
1980	4282	3427	25306			2.77	0.72
1985	7680	5782	38099			4.33	0.71
1990	21338	7452	13508			9.37	1.01
1995	119095	8897	12315		6.47	60.91	4.62
1996	152734	8366	13653		11.46	79.35	7.98
1997	171756	7398	12854		20.6	91.24	14.35
1998	197460	7991	13138		40.97	104.53	18.17
1999	442059	7637	12988		73.42	120.09	22.22
2000	460398	6581	11752	21.04	125.17	137.72	27.96
2001	581223	5553	9027	52.85	170.01	161.69	34.89
2002	647436	3691	8698	96.53	216.03	180.4	41.86
2003	792470	3887	8239	93.18	274.81	224.7	48.9
2004	950202	3963	7990	72.02	304.71	261.76	55.06
2005	1150519	4241	8107	75.68	348	298	64
2006	1439394	3269	8706	83.4	412	305	69
2007	1862260	2498	8693	103	434	316	68
2008	1997828	2578	9808	108	513	281	67
2009	2369386	2313	9517	128	747	271	66
2010	2800119	2419	10368	136	855	260	63
2011	1123520	2469	10840	153	882	242	61
2012	1218100	2495	11880	176	996	-	-
2013	1313334	2508	13626	153	1016	-	-
2014	1637972	2379	13578	163	1044	-	-
2015	1965133	1841	12808	179	1349	-	-
2016	3027449	1513	12508	208	1226	-	-

注：邮电业务总量2011年开始采用2010年不变价。历年口径有调整。
Note: The total business value of post and telecommunication began to use the constant prices of 2010 from 2011. The caliber has been adjusted over the years.

5—1 固定资产投资和房屋建筑面积
Investment in Fixed Assets and Floor Space of Buildings

单位:万元 (10000 yuan)

指　　标	Item	2015	2016
投资总额	**Total Investment(10000 Yuan)**	**53260443**	**16316212**
按经济类型分	**Grouped by Ownership**		
内资		47740085	12794715
国　　有	State－owned Economic Units	5780249	1737120
集　　体	Collective－owned Economic Units	583757	22285
股份合作		162868	4708
联　　营	Joint Ownership Economic Units	208810	19730
有限责任公司		13685792	5860635
股份有限公司	Share Holding Economic Units	2167522	423206
私营企业	Private Economic Units	22883550	4590458
个体经营	Individual Economic Units	219653	18110
其　　他	Others	2047884	118463
港澳台商投资	Economic Units with Funds from Hong Kong, Macao and Taiwan	2862931	1611299
外商投资	Foreign Funds Economic Units	2657427	1910198
本年资金来源小计＊	**Total Captal Grouped by Sources**	**55494674**	**19953173**
国家预算内资金	State Budgetary Appropritation	2480660	863487
国内贷款	Domestic Loans	6325942	3097748
利用外资	Foreign Investment	207578	22861
自筹投资	Fundraising	41836367	10435436
其他投资	Others Investment	4644127	5528710
按构成分	**Grouped by Form**		
建筑工程	Construction	40470130	10450329
安装工程	Installation		1654627
设备工具器具购置	Purchasing of Equipment,Tool and Appliance	9729312	2432874
其他费用	Others	3061001	1778382
按三次产业分	**Grouped by Type of Industry**		
第一产业	Primary Industry	663892	131672
第二产业	Secondary Industry	21122762	4349260
工　业	Industry		
第三产业	Tertiary Industry	31473789	11835280
房地产开发	Real Estate Development		
房屋建筑面积(万平方米)	**Floor Space of Buildings(10000 sq. m)**		
施工面积	Floor Space under Construction	13812.8	7792.8
住　宅	Residential Building	5885.9	4970.9
竣工面积	Floor Space Completed	2910.4	1018.5
住　宅	Residential Building	770.8	802.6

注:①2011 年开始统计口径调整,2010 年及以前为全社会口径,下同;②本表中的国有经济包括国有、国有联营和国有独资有限责任公司;③2010 年及以前为城镇口径。

Note:Since 2011 the statistic standards has been adjusted . Before 2010 it was the whole society . The same below. ②In this sheet, the state owned economy includes state－owned, state owned joint venture and stato owned limited liability company. ③It shows the cities and towns caliber.

5—2 房地产开发投资主要指标

Major Indicators of Investment on Real Estate Development

单位:万元、万平方米 (10000 yuan,10000 sq. m)

指 标	Item	2000	2010	2015	2016
本年完成投资	Investments Completed in This Year	640395	14500794	13376632	7096706
本年新增固定资产	Newly Increased in Fixed Assets	502732	3727811	5092451	4183712
本年施工房屋面积	Floor Space of Buildings under Construction	828.4	8851.4	8341.3	7058.1
住 宅	Residential Buildings	635.3	6634.2	5868.5	4970.3
本年竣工房屋面积	Floor Space of Buildings completed	349.5	1393.2	1037.0	903.2
住 宅	Residential Buildings	289.8	1107.7	768.8	802.1
商品房销售面积 *	Sold Floor Space of Commercial Houses	210.5	1746.5	1065.1	1184.3
住 宅	Residential Buildings	184	1516.1	949.9	1099.4
商品房销售额	Total Sales of Commercial Houses	565412	9450487	7306985	8441568

注: * 2006 年起包括预售。

Note: Data after 2006 has covered selling in advance.

5—3 建筑安装企业主要经济指标

Major Indicators of Construction and Installation Enterprises

指 标	Item	2000	2010	2015	2016
全 市	**Total**				
建筑业总产值(亿元)	Gross Constructive Output Value (100 million yuan)	162.6	1055.2	1601.1	1395.9
施工房屋面积(万平方米)	Floor Space of Buildings under Construction(10000 sq. m)	1929	5733	9928.8	8781.1
竣工房屋面积(万平方米)	Floor Space of Buildings Completed (10000 sq. m)	915.4	1839.5	2342.8	1881.0
竣工率(%)	Completed Rate (%)	47.6	32.1	23.6	21.4
职工平均人数(万人)	Average Staff and Workers (10000 persons)	25.1	67.7	48.4	39.0
年末固定资产原值(亿元)	Origial Value of Fixed Assets at Year - end (100 million yuan)	49	155.9	203.6	184.1
年末固定资产净值(亿元)	Net Value of Fixed Assets at Year - end (100 million yuan)	33.3	102.1	36.7	27.9
利润总额(万元)	Total Profits (10000 yuan)	18237	350891	464897	425558
国有企业	**State - owned Enterprises**				
建筑业总产值(亿元)	Output of Construction (100 million yuan)	57.3	149	73.7	77.8
施工房屋面积(万平方米)	Floor Space of Buildings under Construction(10000 sq. m)	430.4	835	306.6	156.9
竣工房屋面积(万平方米)	Floor Space of Buildings Completed (10000 sq. m)	181.1	242.1	110.7	85.8
竣工率(%)	Completed Rate (%)	42.1	29	36.1	54.7
职工平均人数(万人)	Average Staff and Workers (10000 persons)	7.6	10.5	2.9	2.4
年末固定资产原值(亿元)	Origial Value of Fixed Assets at Year - end (100 million yuan)	24.6	22	21.4	15.7
年末固定资产净值(亿元)	Net Value of Fixed Assets at Year - end (100 million yuan)	15.5	13.5	3.3	2.7
利润总额(万元)	Total Profits (10000 yuan)	231	23899	27952	28337

6 国内贸易主要综合指标
Main Indicators of Domestic Trade

单位:万元 (10000 yuan)

指　　标	Item	2000	2010	2015	2016
社会消费品零售总额 *	Total Retail Sales of Consumer Goods	5660080	21056471	38832398	39858992
私营批发零售贸易业	Private Wholesale and Retail Trade				
户数(个)	Number of Economic Active Unit (unit)	8598	27073	56570	63149
人数(人)	Number of Persons (person)	98300	174964	280809	286406
个体批发零售贸易业	Indivial Wholesale and Retail Sale Trade				
户数(个)	Number of Economic Active Unit(unit)	116156	136957	198228	218895
人数(人)	Number of Persons(person)	251283	332817	387783	427503
限额以上批发零售贸易业主要财务指标	Above Designated Size in Wholesale and Retail Trade				
资产总计	Total Assets	3556223	12812619.6	19308505	19247345
负债总计	Total Liabilities	3006513	9673985	15286085	16456208
商品销售收入净额	Net Revenue of Sales	8107213	47371584.8	65386652	61524589
商品销售成本	Total Sales Cost	7694821	45169502.9	62860124	59157548
经营费用	Total Operating Cost	274810	1180551	1205760	1245952
管理费用	Total Management Cost	138332	553619	929772	796494
营业利润	Total Operating Profits	-26819	320385	-29754	-35895
利润总额	Total Profits	6956	283120	-51971	-54175

注:2003 年开始,社会消费品零售总额不含制造业和农对非零售额。2011 年开始,社会消费品零售总额中不含其他行业零售额。
Nate:Total retail sales of consumer goods from 2003 didnt include retail sales of manufacture and farmer sold nonfarmer. The total retail sales of consumer goods have not included other industry since 2011.

7—1 进出口总额
Total Imports and Exports

单位:万美元 (USD 10000)

年份 Year	进出口总额 Total Imports and Exports	进口总额 Total Imports	出口总额 Total Exports
1990	44199	11130	33069
1995	161834	70177	91657
2000	268348	138646	129702
2001	279178	154085	125093
2002	285596	145531	140065
2003	426037	225599	200438
2004	525161	285026	240135
2005	458998	221876	237122
2006	528931	263100	265831
2007	606943	275007	331936
2008	712863	300527	412336
2009	657028	304679	352349
2010	785604	377887	407717
2011	1062025	579513	482512
2012	1274827	678313	596514
2013	1432870	733289	699581
2014	1580029	865725	714304
2015	1408080	729467	678613
2016	1133141	708457	424684

注:1990 年以后为地区口径,1995 年以后为海关统计数字。

Note: Data in this table refer to local calculation methods since 1990, and refer to Custom's statistics since 1995.

7—2 国际旅游事业发展情况
Development of International Tourism

年份 Year	接待国家及地区数(个) Number of Foreign Countries and Regions (unit)	接待的境外旅游人数(人) Number of Foreign Tourists (person)	外国人 Foreigners	港澳台胞 Hongkong, Macao and Taiwan Compatriot
1990	100	41899	26269	15045
1995	119	103696	86665	16913
2000	138	161245	132688	28497
2001	151	176961	144086	32623
2002	152	237627	194984	42643
2003	148	184255	150769	33486
2004	148	272838	222758	50080
2005	148	326513	264221	62292
2006	148	400037	332027	68010
2007	148	456013	378773	77240
2008	148	476357	399555	76802
2009	148	495517	415356	80161
2010	148	550313	460885	89428
2012	–	750011	587028	162983
2013	–	813652	633832	179820
2014	–	591314	453044	138270
2015	–	650011	515048	134963
2016	–	686668	549361	137307

注:旅游收入 1994 年以前计量单位为万元外汇券。入境游客 2014 年按照国家新口径改为过夜人数,不含过境一日游人数。

Note: Measured unit of tourism revenue before 1994 refer to 10000 FEC. In 2014, the definition of the entry tourists has been revised to the population of passing the night, excluding the people who transit by the day.

7—3 利 用 外 资
Used Foreign Capial

单位:万美元 (USD 10000)

年 份 Year	新签项目数(个) New Signed Projects (unit)	新签合同外资额 New Signed Contracts of Foreign Capital	实际利用外资 Direct Foreign Investment
1985	29	5661	24
1986	33	4349	150
1987	25	4737	597
1988	89	11008	1411
1989	75	8166	2806
1990	104	15899	2747
1991	186	39615	3348
1992	708	93801	8009
1993	1129	118035	33254
1994	835	181928	40662
1995	666	116977	46052
1996	512	109669	39551
1997	492	93864	53760
1998	475	103278	56636
1999	598	110734	49836
2000	646	176835	71230
2001	569	154633	85217
2002	661	205188	140880
2003	743	225074	224237
2004	771	259650	242277
2005	901	616732	212312
2006	863	852098	303444
2007	772	1284685	504451
2008	518	1026288	600138
2009	710	1205220	541039
2010	473	812110	505369
2011	221	542149	550247
2012	158	299188	580435
2013	155	273400	581093
2014	145	259408	446227
2015	137	193592	106116
2016	132	68062	81606

注:2015 年起实际利用外资改为实际利用外商直接投资口径。

Note: In 2015, the actual use of foreign capital changed the actual use of foreign direct investment.

8—1 一般公共预算收入
General Public Budget Revenue

单位:万元 (10000 yuan)

年 份 Year	合 计 Total	增值税 Value－added Tax	营业税 Business Tax	个人所得税 Individual Income Tax
1980	145226			
1985	209685			
1990	310726	85402	89474	
1995	355684	85863	118226	21213
2000	611225	102329	181231	48684
2001	808178	116022	207681	66601
2002	1018511	138751	267568	71808
2003	1039268	99954	239212	40968
2004	1395086	91920	319011	51943
2005	1815157	126103	364924	59377
2006	2457841	143852	450114	62807
2007	2308085	167666	553293	77831
2008	2910381	189969	645841	84298
2009	3202070	206245	725216	86929
2010	4653540	399458	1295086	173245
2011	6201243	464531	1629897	201518
2012	7150377	520788	1803516	175968
2013	8009997	653681	1956634	197698
2014	7855020	852445	1648311	213655
2015	6062411	794252	1464885	232562
2016	6209494	1548628	739518	262219

注:2010 年财政指标口径调整。
Note:The caliber of financial index was adjusted in 2010.

8—2 一般公共预算支出
General Public Budget Expenditure

单位:万元 (10000 yuan)

年 份 Year	合 计 Total	科技三项费 Three kinds Funds of Science and Technology Promotion	城市维护费 City Maintenance Expenditure	行政管理费 Expenditure for Government Administration
1980	50245	745	5557	4751
1985	105264	1181	8902	8574
1990	230580	3672	31234	13370
1995	458861	7972	42952	30448
2000	924893	16565	102892	50559
2001	1034810	19327	139292	61458
2002	1281673	22304	146385	65118
2003	1608515	27240	172724	71667
2004	2033157	33157	234083	92593
2005	2534094	41829	314929	122771
2006	3393019	62953	395492	140937
2007	3396754			
2008	4067372			
2009	4758822			
2010	5166242			
2011	6392904			
2012	7660854			
2013	8812817			
2014	9143712			
2015	8085751			
2016	8253935			

8—3 金融机构人民币存款
Saving Deposits of Financial Institution

单位:万元 (10000 yuan)

年份 Year	合计 Total	企业 Enterprises Deposits	财政 Treasury Deposits
1980	241023	110224	5231
1985	592234	246727	1049
1990	1817149	547384	-812
1995	7638677	2259015	96777
2000	17004871	6014533	58446
2001	19070186	6514187	92245
2002	22741574	7045754	234561
2003	26917421	8103598	173388
2004	30504700	9778109	147342
2005	35630020	10435257	141276
2006	39712846	13330155	189634
2007	45497117	17101533	1534609
2008	52759189	18345237	1281317
2009	66574455	25025439	2192293
2010	80919886	25975315	2424321
2011	88956679	46176511	2200122
2012	102753529	53087198	2852221
2013	114372103	57718673	3680585
2014	123095522	61840137	4044906
2015	138678978	52880940	3188350
2016	142427559	51412942	4828929

8—4 金融机构人民币贷款
Loans of Financial Institutions

单位:万元 (年末余额)(Year-end) (10000 yuan)

年份 Year	合计 Total	工业企业 Loans of Industrial Enterprises	商业 Commercial Loans	农业 Agriculture
1980	476909	123914	163466	8448
1985	830225	220910	243665	23350
1990	2481718	954692	669374	37953
1995	7158771	2349455	1714425	145387
2000	13921674	3131357	2659249	275434
2001	15472805	3445679	3051279	300743
2002	18485879	3575166	3258976	359696
2003	21721849	3585917	3272161	328460
2004	22947475	3428991	2860594	389076
2005	22885209	1985803	2365452	923562
2006	25518637	2544607	2501493	955818
2007	26997552	2715724	2472866	1005785
2008	32500508	2746408	2138102	1125437
2009	50848567	3690848	2144433	1409902
2010	59701639			
2011	68889672			
2012	78527063			
2013	88670501			
2014	100269468			
2015	113438488			
2016	125696109			

注:2009年起贷款余额包括国家开发银行贷款。

Note: Balance of Loans included Development Bank of China from 2009.

9—1 各类学校数
Number of Schools

单位:个 (unit)

年份 Year	合计 Total	高等学校 Institutions of Highter Education	普通中专 Secondary Vocational Schools	普通中学 Regular Secondary Schools	职业中学 Vocational Schools	技工学校 Secondary Technical Schools	小学 Primary Schools
1952	2089	11	22	39			2015
1957	1556	10	27	135			1317
1962	1928	23	27	189			1628
1965	3299	14	19	223			2666
1970	3263	9	14	518			2722
1975	3126	9	22	515		19	2580
1978	2635	15	18	465		46	2137
1980	2732	18	27	385	18	111	2168
1985	2650	22	44	348	44	110	2069
1986	2494	23	50	340	53	118	1900
1987	2483	24	50	339	52	116	1892
1988	2481	21	46	335	52	114	1900
1989	2485	21	46	339	53	111	1892
1990	2469	21	46	334	51	110	1893
1991	2446	21	45	333	51	114	1866
1992	2311	22	45	322	53	113	1742
1993	2265	22	45	330	56	113	1685
1994	2230	22	44	335	76	108	1627
1995	2310	22	48	359	85	113	1664
1996	2344	22	50	369	97	111	1681
1997	2342	22	51	368	98	111	1677
1998	2242	20	52	373	105	63	1584
1999	2112	21	48	367	103	45	1519
2000	2040	21	42	368	92	35	1468
2001	1958	21	40	360	77	30	1415
2002	2004	24	46	365	96	93	1366
2003	1817	36	39	362	89	30	1247
2004	1670	36	40	362	98	33	1087
2005	2064	37	39	354	95	34	977
2006	1398	37	35	348	85	30	849
2007	1185	40	35	337	66	32	649
2008	1090	40	43	334	58	35	545
2009	1011	49	41	334	52	37	482
2010	927	50	41	321	47	37	415
2011	864	51	40	324	46	37	350
2012	834	50	40	322	44	37	325
2013	825	53	39	322	44	31	320
2014	777	54	37	299	44	31	295
2015	752	55	37	295	44	31	274
2016	751	54	33	296	48	31	272

9—2 学校专任教师数
Number of Full - time Teachers

单位:人 (person)

年 份 Year	合 计 Total	高等学校 Institutions of Highter Education	普通中专 Secondary Vocational Schools	普通中学 Regular Secondary Schools	职业中学 Vocational Schools	技工学校 Secondary Technical Schools	小 学 Primary Schools
1952	14580	1527	769	1778			10412
1957	21770	2915	2050	4583			11870
1962	32122	4674	1919	6270			19015
1965	39661	4063	1528	8138			23954
1970	49776	3181	668	16060			29837
1975	57186	3441	1366	23249			28946
1978	58195	5665	1468	26127			24770
1980	59509	6689	1372	25652	114	1634	23628
1985	60749	8513	2433	20318	1673	2175	25453
1986	62448	10418	2687	20289	2099	2436	26812
1987	65869	10235	2898	20891	2370	2540	26857
1988	66920	10023	3183	20402	2704	2493	27781
1989	69801	11224	3125	20330	2607	2572	29582
1990	73080	10353	3055	21255	2733	2746	32641
1991	74189	10202	3042	21792	2835	2828	33166
1992	75262	10440	3169	22174	2576	2694	33875
1993	72734	10442	3193	21976	2816	2594	31309
1994	72396	10434	3207	21487	2966	2550	31096
1995	73318	10594	3203	22313	3142	2439	31216
1996	74195	10421	3197	23209	3268	2361	31340
1997	75095	10241	3435	23668	3574	2137	31566
1998	73511	10305	3364	23258	3736	1705	30781
1999	73240	10537	3310	23449	3903	1486	30208
2000	72508	11514	2822	23693	3570	1294	29276
2001	71675	12016	2756	24032	3451	1090	27989
2002	73476	13538	3070	24689	3437	956	27435
2003	77222	17074	2743	25231	4023	1174	26589
2004	82831	22632	3042	25164	4456	1168	25978
2005	111383	19944	2871	24994	4481	431	25518
2006	77488	20980	2544	24610	3846	430	24714
2007	79167	22702	2423	24224	2464	1074	24081
2008	78461	22981	3637	24052	2339	1296	23336
2009	78831	24079	4178	23943	1616	1357	22852
2010	77644	24058	4044	23873	1552	1299	22023
2011	79764	25665	4098	24329	1452	1705	21715
2012	79750	25986	4146	24015	1373	1444	21963
2013	80801	27254	3842	23818	1321	2046	21709
2014	81258	27860	3808	23860	1312	1486	22085
2015	81088	28557	3716	24290	1365	1214	22321
2016	75404	27794	3726	24659	1429	1285	16069

9—3 在校学生数
Number of Students

单位:万人 (10000 persons)

年份 Year	合计 Total	高等学校 Institutions of Highter Education	普通中专 Secondary Vocational Schools	普通中学 Regular Secondary Schools	职业中学 Vocational Schools	技工学校 Secondary Technical Schools	小学 Primary Schools
1952	54.62	1.14	1.34	4.69			47.45
1957	69.59	1.71	2.24	12.25			53.39
1962	88.35	2.81	1.32	13.54			70.68
1965	115.33	1.78	1.46	20.46			91.63
1970	137.37	0.38	0.1	43.95			92.94
1975	141.26	1.11	0.65	57.98			81.52
1978	132.54	2.03	0.81	63.22			66.48
1980	116.06	2.85	1	46.37	0.28	2.17	63.39
1985	96.82	4.18	1.68	31.23	2.17	1.17	56.39
1986	101.58	4.77	2.04	32.61	3.28	1.55	57.33
1987	101.9	4.92	2.32	31.18	3.41	1.64	58.43
1988	103.75	5.85	2.57	29.11	3.8	1.55	60.87
1989	105.35	5.72	2.6	27.41	3.84	1.53	64.25
1990	106.18	5.78	2.44	28.01	2.8	1.45	65.57
1991	106.41	5.92	2.45	30.38	2.7	1.44	63.4
1992	108.37	6.33	2.69	32.92	2.83	1.74	61.7
1993	108.87	6.76	3.04	33.26	3.11	1.87	60.68
1994	111.79	7.61	3.3	34.13	3.95	2.16	60.44
1995	114.49	8.81	3.71	35.63	4.73	1.9	59.55
1996	115.10	8.98	3.85	35.71	5.25	1.81	59.35
1997	115.03	9.19	3.95	34.1	5.99	1.55	60.1
1998	113.38	9.59	3.97	32.57	6.63	1.24	59.23
1999	112.12	10.91	3.95	33.42	6.72	1.03	55.93
2000	113.48	13.97	3.71	36.49	5.67	0.97	52.54
2001	113.99	16.77	3.79	38.75	5.12	0.91	48.43
2002	113.54	20.23	1.6	39.29	5.52	0.93	45.78
2003	129.91	35.16	5.46	38.94	5.69	1.33	43.17
2004	135.02	38.6	8.66	38.1	6.25	1.49	41.77
2005	133.76	43.24	5.78	37.22	5.86	1.77	39.74
2006	133.04	45.61	5.82	36.28	5.57	1.81	37.81
2007	127.42	42.02	5.58	34.93	5.26	1.46	36.39
2008	126.55	42.92	6.47	33.42	4.17	1.71	35.63
2009	122.30	43.54	7.13	31.63	3.21	1.96	34.27
2010	119.37	42.85	7.50	30.22	2.2	2.4	33.78
2011	121.14	45.71	7.12	29.02	2.16	2.45	34.26
2012	119.83	45.85	6.70	28.16	2.07	2.28	34.37
2013	120.03	47.57	5.74	27.25	2.10	2.50	34.47
2014	120.69	48.31	5.13	27.52	1.99	2.21	35.11
2015	120.35	47.49	5.75	26.73	1.90	1.52	36.52
2016	119.78	46.73	5.25	26.73	1.91	1.60	37.41

9—4 各类学校毕业生数
Number of Graduates

单位:人 (person)

年份 Year	合计 Total	高等学校 Institutions of Highter Education	普通中专 Secondary Vocational Schools	普通中学 Regular Secondary Schools	职业中学 Vocational Schools	技工学校 Secondary Technical Schools	小学 Primary Schools
1980	370563	3960	1863	248745		2394	112823
1985	201168	7160	4245	85095	5047	4813	94156
1990	209420	15629	8293	87316	8346	4485	85140
1995	273662	19869	9050	109834	10319	9778	114609
1996	236019	24557	9192	86467	13916	6506	95111
1997	254420	24090	9563	113397	16354	7733	83023
1998	266049	23452	10512	120606	18745	5802	86685
1999	264571	23705	10789	107561	17195	5346	99975
2000	269752	23551	9619	97953	25769	3123	109518
2001	271328	26413	9087	103424	22408	3074	106658
2002	274188	33231	10423	118056	17536	2592	92122
2003	313895	73804	13514	127278	16618	3204	79265
2004	347418	91386	30060	127782	16086	3552	78291
2005	523406	100424	21379	126222	19886	5330	77078
2006	350156	106576	17274	125129	18055	5481	77432
2007	346035	119269	19240	117579	16899	6674	66672
2008	348551	119175	17117	115242	15570	7040	65761
2009	349546	125736	19296	116806	16210	8129	61952
2010	339456	130736	18827	105937	15167	9322	59206
2011	328563	129345	24478	102857	6518	8103	56683
2012	320474	125059	23005	98521	7191	8884	57293
2013	313635	127170	22759	93184	5704	7412	56817
2014	296226	133705	17316	88065	6228	7653	42562
2015	324148	156374	11517	90142	12166	5452	47953
2016	310168	135785	16833	89919	6527	5528	55348

9—5 卫生事业基本情况
Basic Status of Public Health

年 份 Year	医疗卫生机构数(个) Number of Health Institutions (unit)	医 院 Hospitals	门诊部(所) Clinics	医疗床位(张) Number of Beds (unit)	医 院 Hospitals	卫生技术人员(人) Medical Technical Personnel (person)	医 生 Doctors
1990	1753	332	1290	37390	36015	52714	20350
1995	1380	374	857	38818	37344	55332	21964
2000	738	368	243	36116	34893	47943	20656
2005	635	196	146	34033	29618	42109	17329
2006	660	211	156	35377	31129	44784	18414
2007	1856	191	136	34731	30863	48835	19700
2008	1767	183	122	35053	31130	48736	19643
2009	1771	179	118	37528	33575	49699	20303
2010	1752	180	122	42822	38701	52327	20859
2011	1814	181	140	44634	40265	54636	22002
2012	1892	191	155	50933	46259	57989	22699
2013	2106	199	157	53515	48661	59360	23392
2014	2174	207	154	55775	51002	60981	23815
2015	2156	216	157	58959	54147	64188	24797
2016	5008	268	164	63908	58860	68854	26504

注:2007 年开始,卫生统计口径调整。
Note: Data on index had adjused Since 2007.

9—6 文化事业基本情况
Basic Conditions of Culture

单位:个 (unit)

年 份 Year	电影放映单位(影剧院) Film Projecting (Theater)	艺术表演团 体 Art Performance Troupes	图书馆 Libraries	文化馆 Cultural Centers	博物馆 Museums	广播电台(座) Broadcasting Stations	电视台(座) Television Stations	图书馆藏书(万册) Collections of Libraries (10000 volume)
1990	55	17	18	16	4	2	2	529
1995	54	14	20	16	4	2	2	627
2000	29	12	20	16	5	2	2	685
2005	12	12	20	15	5	2	2	806
2006	40	12	21	15	5	2	2	839
2007	58	13	21	16	6	2	2	894
2008	59	15	21	16	6	2	2	945
2009	52	14	21	16	6	2	2	1021
2010	30	11	21	16	6	2	2	1089
2011	36	11	21	16	8	2		1134
2012	42	11	21	16	8	1		1300
2013	45	11	21	16	9	1		1272
2014	49	11	21	24	17	1		1315
2015	59	11	21	29	17	1		1121
2016	63	11	21	29	13	1		1426

注:2005 年以前电影放映单位数为影剧院数;2010 年起,电影放映单位数、坐席数与全年发行各种影片均来源于市文广局。2011 年起,省、市两级广播电台和电视台均合并成广播电视台。2012 年,省、市广播电视台合并为辽宁广播电视台。
Note: Before 2005, the number of film playing units was the number of theatres; since 2010, the number of the film playing units, seats and every kind of videos issued through the year all came from the Culture and Broadcast Bureau. From 2011, the provinces and cities´broadcasting stations and TV stations merged into radio and television stations.

9—7 城市火灾与交通事故
Basic Statistics on Fires and Traffic Accidents

年份 Year	火灾 Fires			交通事故 Traffic Accidents		
	发生次数（次）Numbers of Fires(case)	死亡人数（人）Deaths (person)	损失折款（万元）Losses Converted into Cash (10000 yuan)	交通事故数（起）Number of Trafffic Accidents (case)	死伤人数（人）Deaths and Injuries (person)	死亡人数 Deaths
1985	164	24	719	5535	4299	280
1990	2058	23	3359	5199	2348	292
1995	2449	19	550	3732	2087	301
1996	1548	17	6000	3150	1806	232
1997	1855	45	2678	3945	2162	233
1998	2469	31	2386	4568	2164	215
1999	2457	46	2221	3889	2185	205
2000	3387	30	2049	5887	4066	705
2001	4469	38	2005	6482	5112	809
2002	4550	41	1827	4780	4612	827
2003	5246	29	1729	3365	3652	718
2004	5683	40	1641	2948	3619	698
2005	4997	28	442	2796	3601	684
2006	6474	29	493	2162	2974	622
2007	2648	18	4164	2093	2900	614
2008	1842	18	286	2005	2652	556
2009	390	5	113	1989	2661	541
2010	396	19	122.5	1825	2496	556
2011	1028	12	464.3	1614	2346	529
2012	853	9	1179.3	1291	1803	502
2013	9453	30	9086.9	1265	1867	452
2014	7488	27	5183.7	1255	1814	445
2015	5946	30	1760	964	1375	443
2016	4389	20	960.6	953	1376	442

注：自1990年起，对火灾标准有修订，故统计口径不可比。
Note: Standards on fires had been revised since 1990, Therefor, statistical standards are not comparable.

10—1 城市公用设施
Urban Public Facilities

年份 Year	自来水供水量(万立方米) Supply of Tap Water (10000 cu. m)	生活用量 For Residential Use	煤气销售量(万立方米) Total Volume of Coal Gas Sold (10000 cu. m)	生活用量 For Residential Use	液化气销售量(吨) Volume of Liquefied Petroleum Sold (ton)	年末公交营运车辆(辆) Number of Public Transpor-tation Vehicles (unit)	年末公交营运线路(条) Number of Routes	客运总量(万人次) Number of Passengers (10000 persons times)	出租汽车(辆) Number of Taxis (unit)
1985	35557	15621	19584	12002	18196	1124	69	65190	370
1990	55670	25395	27439	18746	33039	1356	75	71049	2998
1995	65518	34485	28631	22048	71828	2562	103	54640	13641
2000	59283	27000	21960	17472	64514	3217	111	80663	16609
2005	55985	13914	34626	24546	43900	4913	136	83785	17118
2006	66008	13894	21503	13475	44100	5096	142	90558	17316
2007	67940	14396	22403	14075	39564	5096	153	102489	17176
2008	67990	15060	22709	14366	38451	5192	192	110971	17334
2009	56935	16980	26594	11563	35300	5081	199	116000	17357
2010	52461	17128	31889	18081	31800	5013	202	120000	17200
2011	53490	19036	35672	18156	156000	5139	205	117894	17353
2012	56641	20785	39163	18499	156000	5232	206	113200	17844
2013	59677	22668	43042	20315	149000	5510	215	115000	17844
2014	57169	20823	47340	18577	134200	5573	223	115096	17844
2015	54007	21183	52071	18972	127590	5381	229	104971	17844
2016	71483	30175	77320	21169	122800	5444	254	100232	17844

注:煤气销售量2006年起为天然气销售量。
Note: Total volume of coal gas sold is natural gas after 2006.

10—2 城市市政工程设施及绿化
Urban Municipal Facilities and Green Areas

年份 Year	铺装道路 Paved Roads		桥梁(座) Bridges (unit)	立交桥 Overpass	排水管道长度(公里) Length of Sewer Pipelines (km)	路灯盏数(万盏) Number of Street Lights (10000 unit)	绿地面积(公顷) Green Areas (hectare)	建城区 Developed Area	绿化覆盖率(%) Developed Areas Covering Rate
	公里 (km)	万平方米 (10000 sq. m)							
1985	923	853	80	7	1004	2.8	9128	2183	15
1990	1640	1423	105	14	1578	3.2	11267	3314	22.03
1995	2452	2369	130	30	1793	3.4	18210	3398	19.33
2000	3018	3117	188	47	2116	5.2	20100	4528	23.91
2005	3117	4620	179	95	2888	14.0	20718	12602	40.65
2006	2533	4323	233	75	2932	15.3	21606	11974	41.10
2007	2590	4418	268	77	3115	19.6	22549	12856	41.65
2008	2603	4544	267	77	3206	20.9	22964	13812	41.81
2009	2833	5261	273	79	3850	21.0	25994	15159	41.83
2010	2895	5706	296	81	3738	21.3	25994	15836	42.01
2011	2906	6223	296	85	3648	21.9	26686	16533	42.00
2012	3138	6648	325	92	3797	22.3	28435	17540	42.22
2013	3527	7777	337	93	3981	24.3	28461	17540	42.22
2014	3806	8413	352	95	4109	24.6	28724	17757	41.78
2015	3826	9017	352	95	3909	24.7			
2016	2619	6129	417	123	4206	24.7			

注:铺装道路及桥梁,2006年口径发生变化。
Note: Statistics Standards were changed in 2006 in paved roads and bridges.

11—1 重点城市地区生产总值
Gross Domestic Products of Main Cities

单位:亿元 (100 million yuan)

城 市	City	地区生产总值 Gross Domestic Product	第一产业 Primary Industry	第二产业 Secondary Industry	第三产业 Tertiary Industry
沈阳	Shenyang	5546.4	266.4	2151.6	3128.5
大连	Dalian	6730.3	462.8	2793.7	3473.9
长春	Changchun	5928.5	323.5	2926.2	2678.8
哈尔滨	Harbin	6101.6	691.2	1896.7	3513.8
南京	Nanjing	10503	252.5	4117.2	6133.3
杭州	Hangzhou	11050.5	304.8	3977.4	6768.3
宁波	Ningbo	8541.1	304.6	4239.6	3996.9
济南	Jinan	6536.1	317.3	2368.9	3849.9
青岛	Qingdao	10011.3	371	4160.7	5479.6
武汉	Wuhan	11912.6	390.6	5227.1	6294.9
广州	Guangzhou	19610.9	240	5925.9	13445
成都	Chengdu	12170.2	474.9	5232	6463.3
西安	Xi'an	6257.2	232	2197.8	3827.4
深圳	Shenzhen	19492.6	6.3	7700.4	11785.9
厦门	Xiamen	3784.3	23.5	1558.6	2202.2
北京	Beijing	24899.3	129.6	4774.4	19995.3
天津	Tianjin	17885.4	220.2	8003.9	9661.3
上海	Shanghai	27466.2	109.5	7994.3	19362.3
重庆	Chongqing	17558.8	1303.2	7755.2	8500.4

11—2 固定资产投资及实际利用外资
Total Investment in Fixed Assets of Main Cities and Actual Utilization of Foreign Capital

城 市	City	固定资产投资额 Total Investment in Fixed Assets		实际利用外商直接投资 Direct Investment of Actual Utilization of Foreign Capital	
		亿元(100 million yuan)	增长率(%) Increases Rate(%)	亿美元(USD 100 million)	增长率(%) Increases Rate(%)
沈阳	Shenyang	1631.6	-69.4	8.2	-23.1
大连	Dalian	1436.4	-68.5	30	11.1
长春	Changchun	4659	10.5	12.9	8
哈尔滨	Harbin	5040.1	9.7	32.1	7.1
南京	Nanjing	5533.6	2	34.8	4.3
杭州	Hangzhou	5842.4	5.1	72.1	1.4
宁波	Ningbo	4961.4	10.1	45.1	6.6
济南	Jinan	3974.3	13.7	-	-
青岛	Qingdao	7454.7	13.7	70	11.3
武汉	Wuhan	7093.2	-2.6	85.2	16.1
广州	Guangzhou	5703.6	8	57	5.3
成都	Chengdu	8370.5	14.3	86.2	14.5
西安	Xi'an	5191.4	2	45.1	14
深圳	Shenzhen	4078.2	23.6	67.3	3.6
厦门	Xiamen	2159.8	14.4	22.2	6.2
北京	Beijing	8461.7	5.9	-	-
天津	Tianjin	14629.2	12	101	12.2
上海	Shanghai	6755.9	6.3	185.1	0.3
重庆	Chongqing	17361.1	12.1	26.3	-30.4

注:厦门市固定资产投资为城镇以上固定资产投资额。
Note: Investment in Xiamen fixed assets is the investment in or above the town's fixed assets.

文献·法规选编

文 献

关于进一步加强市委常委班子思想政治建设的决定

(2016年1月4日)

市委常委班子是全市各项事业的领导核心。为进一步巩固和拓展“三严三实”专题教育成果,全面践行“八个带头、八个自觉”要求,把市委常委班子建设成为忠诚、干净、担当的坚强领导集体,使每位班子成员都成为“三严三实”的表率,更好地担负起引领沈阳老工业基地实现全面振兴、建设国家中心城市的光荣使命,特作如下决定。

一、必须把学讲话作为首要政治任务,全面系统掌握马克思主义基本理论。习近平总书记系列重要讲话是马克思主义中国化的最新成果,必须制定完善学习计划,坚持经常学、深入学、系统学,着力把握贯穿其中的马克思主义立场、观点、方法和一系列解决当代中国实际问题的新思想、新论断、新要求,切实用讲话精神武装头脑、修身律己、指导实践、推动工作。坚持和完善市委理论学习中心组制度,切实把思想政治建设摆在首位,进一步提高理论素养和党性修养,更加坚定中国特色社会主义道路自信、理论自信、制度自信。

二、必须对党绝对忠诚,始终坚持坚定正确的政治方向。更加强化看齐意识,坚定不移地在思想上政治上行动上与以习近平同志为总书记的党中央保持高度一致,始终做政治上的明白人。坚持开展经常性的理想信念教育、革命传统教育、宗旨意识教育,进一步锤炼过硬的思想定力、战略定力、道德定力,善于从政治上观察、分析、解决问题,妥善驾驭和处理各种复杂矛盾。时刻绷紧政治纪律、政治规矩这根弦,坚决杜绝“七个有之”,切实做到“五个必须”,敢于同一切违背党的主张、党的要求的言行作坚决斗争,切实维护党的团结统一。不折不扣贯彻落实中央、省委的各项决策部署,自觉维护中央权威。

三、必须坚持民主集中制,不断提高科学决策、民主决策、依法决策水平。进一步营造团结务实、生动活泼的良好政治环境,完善市委常委会议议事规则和决策程序,充分发挥每位班子成员的积极性、主动性和创造性。凡属全局性的重大问题,在决策前,每位班子成员都要进行有针对性的调查研究,主动听取各方面的意见建议,切实加强论证分析和综合评估,充分做好各项准备;在决策中,坚持民主基础上的集中和集中指导下的民主,每位班子成员都要敢于善于发表意见,特别是对不同意见要进行认真讨论,凝聚集体的智慧,努力形成既符合中央、省委要求,又符合沈阳实际情况和广大群众意愿的科学决策;在决策后,坚持集体领导与个人分工负责相结合,每位班子成员都要按照集体决定和工作分工,大胆负责,狠抓执行,推动各项决策部署落地生根。树立正确的大局观,妥善处理好局部和全局的关系,自觉服从服务于大局和全局。严格党内生活,用好用足批评和自我批评这个有力武器,进一步增强班子的凝聚力和战斗力。

四、必须大力弘扬严和实的作风,全力推动新一轮振兴发展各项任务落到实处。最近,中央作出了全面振兴东北地区等老工业基地的重大决策部署,这是推动沈阳实现全面振兴的行动纲领,目标要求明确,任务清晰具体,措施务实有力。市委常委班子必须坚持好、发扬好严和实的作风,经常深入实际、深入基层,密切联系群众,了解掌握一手情况,以更加强烈的问题意识、顽强拼搏的进取精神、求真务实的工作态度、无私无畏的责任担当,夜以继日、夙夜在公,创新改革、攻坚克难,真正把“四个着力”要求和全面创新改革试验任务落到实处,推动沈阳在新一轮振兴发展中当先锋打头阵。

五、必须强化纪律规矩意识,始终做到遵规守纪、廉洁自律。坚持把纪律和规矩挺在前面,认真学习《党章》和《准则》、《条例》,时时刻刻用党规党纪规范言行,坚决克服特权思想,始终牢记党性原则,不该做的坚决不做,不该说的坚决不说,管住自己,管住亲属、家人和身边同志,管好分管领域的干部队伍,驰而不息反四风转作风,以崇德尚廉的模范行为和严抓严管的自觉行动,打造清明的政治环境,引领清新的社会风气,为广大干部群众作出示范表率。带头落实主体责任,认真履行班子集体责任、第一责任人责任和班子成员的一岗双责,切实把党风廉政建设各项任务落到实处。

中共沈阳市委 沈阳市人民政府 贯彻落实《中共中央 国务院关于落实发展新理念加快农业现代化实现全面小康目标的若干意见》的实施意见

(2016年4月13日)

各区、县(市)党委和人民政府,各开发区党工委和管委会,市委各部委,市直各单位,各人民团体:

为深入贯彻落实《中共中央 国务院关于落实发展新理念加快农业现代化实现全面小康目标的若干意见》(中发〔2016〕1号)、《中共辽宁省委 辽宁省人民政府关于贯彻落实〈中共中央 国务院关于落实发展新理念加快农业现代化实现全面小康目标的若干意见〉的实施意见》(辽委发〔2016〕1号)精神,加快推进农业现代化步伐,结合我市实际,制定如下实施意见。

一、夯实现代农业发展基础,提升农产品市场竞争力

(一)优化农业生产结构。积极调整优化种植业结构,推进农业供给侧结构性改革,合理安排农业发展优先序,促进粮食、经济作物二元结构逐步向粮食、经济作物、饲料作物三元结构发展。调减玉米种植面积,因地制宜改种特色作物或青储玉米、苜蓿等优质饲料作物。开展玉米、大豆轮作试点。粮食作物播种面积稳定在702万亩以上,粮食总产量在不发生特大灾害情况下稳定在65亿斤以上。继续推进设施农业提质增效工程,出台扶持政策,重点加快老旧棚区改造。鼓励连年干旱地块改种特色经济作物,确保特色农业生产面积稳定在300万亩以上。加强畜禽标准化规模养殖场、良种示范场建设,发展畜禽养殖优势产业,培育壮大养殖优势区。稳定发展生猪、蛋鸡、肉鸡,大力发展肉牛、奶牛、羊,因地制宜发展驴、鸭、鹅等特色产业。加强渔业健康养殖基地建设,优化养殖品种。以杨树人工林为主,发展林药、林菜、林菌、林禽等多种模式林下经济产业,提高林地经济效益,重点抓好示范区建设。全面实施《沈阳市寒富苹果产业发展三年规划(2016—2018年)》,年均新增种植面积5万亩。

(二)强化农业科技创新和推广。农业科技创新能力总体高于国家平均水平。大力发展"互联网+现代农业",加快智慧农业建设。加强智慧监管平台建设,构建现代农业生产管理系统,推进农村电子商务发展。围绕种植业、农产品精深加工、农村生态环境建设、农村循环经济发展等方面组织关键技术攻关25项,引领和支撑现代农业产业发展。提升自主创新能力,落实玉米生物育种国家重点实验室配套政策,支持企业与优势科研单位建立育种平台,实现科研院所、高等学校与企业合作共享;支持蔬菜种质资源创新、瘦肉猪等动植物新品种选育及种质资源创新项目3—5个。加强与国家产业科技体系合作,推动寒富苹果、葡萄等产业科技支撑体系建设。推动农业科技成果转化,强化基层科技服务,完善科技特派员制度,开展农村科技培训,培育新型职业农民。加快现代种业发展,做大做强育繁推一体化种子企业,通过市场机制整合种业科技资源,开展商业化育种。全面推进依法治种,加大打假维权力度。实施畜禽遗传改良计划,加强种畜禽核心育种场(站)建设。培育水产良种繁育体系,加大水产优势品种的种鱼和苗种引进力度。抓好9个国有场圃定向培育苗圃申报工作,培育名特优林业种苗花卉产业。

(三)推进农田水利建设。全面提高农业灌溉供水保障能力,到2020年,农田有效灌溉面积增加50万亩。加快大中型灌区骨干工程节水改造和田间渠系配套建设、灌排泵站更新改造,完善小型农田水利设施,加强涝区治理工程建设。大力发展节水灌溉设施,推广应用先进适用的节水灌溉技术。积极参与省农田基本建设"大禹杯"竞赛,推进中小河流治理工程建设。深化小型水利工程管理体制改革,创新水利工程建设管理模式。鼓励社会资本参与水利工程建设、运营和管护,培育水利专业化服务队伍。加强新增粮食生产能力规划田间工程项目建设。推进高标准农田建设,提高建设标准,优化建设布局,建成集中连片、旱涝保收的标准农田。

二、推进农村三次产业融合发展,不断增加农民收入

(四)推动农产品加工业转型升级。提高加工转化率和附加值,增强对农民增收的带动能力。强化政策扶持,重点培育产业关联度大、带动能力强的龙头企业,支持企业开展自主创新和技术改造,推动蒲兴禽业、辉山乳业等一批龙头加工企业转型升级。落实省对投资超10亿元农产品加工重大项目扶持政策,积极推进项目建设,做好跟踪服务。鼓励农产品加工业集聚发展,支持加工园区基础设施和公共服务平台建设。重点抓好法库孟家绿色食品、康平朝阳农副产品、浑南健康食品、新民大民屯农产品、辽中精细农产品等5个农产品加工园区的基础设施配套项目建设,争取早日投入使用。实施农产品加工品牌战略,打造一批农产品精深加工领军企业和国内外知名品牌。推进重点企业融资及上市工作,搭建科企、银企对接平台和企业信息交流平台,帮助企业解决科技、融资等方面的问题。提高环保、能耗、质量、安全等标准,促进农产品加工企业优胜劣汰。

(五)加强农产品流通渠道和市场建设。推动现有农产品批发市场改造升级,培育建设跨区域、综合性大型现代化农产品批发交易中心。加快相关区县(市)农产品批发市场建设,建设和改造与全省跨区域、综合性大型现代化农产品交易中心互联互通的专业性农产品批发市场,加大蔬菜、果品、肉类、水产品、禽蛋等全市流通品种覆盖。推进物流配送体系建设,推广全程温度可追溯监控设备和农产品冷链物流信息追溯系统,完善产地预冷、销地冷藏和保鲜运输、保鲜加工的流程管理和标准对接,形成高效便捷的仓储配送中心网络。推进粮食仓储设施和物流项目建设。大力支持发展农村电子商务,有效整合农产品生产加工、分类包装、仓储配送、电子结算、质量安全监控等资源,推动零售网络布局,加快电子商务应用和线上线下交易互动。加大信息进村入户试点力度,加快村级益农信息社建设。积极开展农产品"田头市场"建设试点工作。扩大农产品出口,打造沈满俄农产品出口大通道,推进农产品出口5年倍增计划。

(六)大力发展休闲农业。按照"政府扶持引导、社会资本投入、农民广泛参与、市场主体运作"的发展思路,采取以奖代补、先建后补等方式扶持休闲农业和乡村旅游业发展,推进重点休闲农业专业村建设,拓展农民增收途径。围绕蒲河生态经济带、沈康现代农业示范带、环城都市农业产业带,鼓励发展多样式、多类型、多功能的都市农业示范园区;鼓励配套发展,优化资源配置,形成基地类都市农业项目;鼓励利用荒山、荒地、荒滩等资源,发展休闲采摘园区;鼓励依托自然山水资源,发展生态观光农业,建设一批乡村旅游庄园综合体、休闲农庄、乡村酒店、特色民宿、特色旅游示范村、创意田园、品牌农家乐、自驾露营、户外运动等乡村休闲度假产品。加快推进环城都市农业产业带建设,依托浑南区、于洪区、沈北新区和苏家屯区,打造4条各具特色的都市农业精品线路,逐步建成以东部生态观光、南部休闲采摘、西部科普展示、北部创意体验为主导的都市农业景观田、生态带和休闲园。

(七)完善农业产业链与农民利益联结机制。促进农村一二三产业深度融合,推进农业产业链和价值链提升,使农民共享产业融合发展的增值效益。财政支农资金使用要与建立农民分享产业链利益机制相关联。培育农民增收新模式,支持供销社创办、领办农民合作社,

创新发展订单农业，支持农业产业化龙头企业建设稳定的原料生产基地，为农户提供贷款担保和资助订单农户参加农业保险。鼓励发展股份合作，引导农民自愿以土地经营入股龙头企业和合作社，采取“保底收益+持股分红”等方式，让农户分享加工销售环节收益。规范农民专业合作社等新型经营主体发展，实现小生产与大市场的有效衔接。支持合作社发展农产品加工、流通和直供直销。推动“大众创业、万众创新”落户乡村，培养农民“创客”队伍，开发乡村文创产品，形成一批智慧型乡村旅游“大家创客”基地，推动乡村旅游产品设计、形象、生产、销售相统一，实现以旅促农、以旅创收。巩固和完善“合同帮农”机制，为农民和涉农企业提供法律咨询、合同示范文本、纠纷调处等服务。

三、强化生态保护修复，推动绿色农业发展

（八）加强农业生态保护和修复。强化农业资源保护，坚持最严格的耕地保护制度，坚守耕地红线。大力开展植树造林，规划和实施荒山绿化、现代林业示范带建设和种苗培育等10大工程。全面完成闭坑矿山生态治理任务，做好退牧还草工作。加强退耕还林监管，在相关区县（市）选择退耕还林低产林改造经营试点，提高退耕还林经济效益。加强水土流失治理，治理面积不低于5万亩。在苏家屯区大沟小流域开展生态清洁型小流域建设试点工作，待条件成熟后在全市推广。实施黑土地保护和利用，加大对黑土地耕地的保护性投入，抓好法库县东北黑土地保护利用试点，通过应用秸秆还田、粮豆轮作、增施有机肥等综合技术模式实现黑土地保护。推广高效生态循环农业模式，优化调整种养业结构，促进种养循环、农牧结合、农林结合，因地制宜推广节水、节药等节约型农业技术以及林下经济等生态循环农业模式。推进秸秆综合利用项目，秸秆综合利用率力争达90%，推进畜禽粪便、农田残膜等农业废弃物基本资源化利用，加快农业领域突出问题治理，确保农业生态环境总体向好。

（九）加强农产品质量安全监管。依据创建农产品质量安全市、食品安全城市的总体要求，实施农产品质量安全战略。注重生产管控、源头提升，积极推行农业标准化生产，实施化肥农药零增长行动，支持开展“三品一标”认证，大力推进无公害标准化生产基地、畜禽标准化规模养殖场和水产健康养殖示范场建设。加强农产品质量安全智能化监管，打造东北首个功能完备的农产品质量安全监管平台。严格落实农产品质量安全政府属地管理责任，加大农产品检测执法力度，保证食用农产品质量安全；加大对农产品收储运企业和种植基地监管力度，做好基地准出和市场准入的衔接，推进健全农产品溯源机制。深入推进区县（市）级农产品质量安全检测机构双认证工作，力争2个地区通过认证。完善市、区县（市）、乡三级畜产品质量安全监管体系，加强病死畜禽无害化处理设施建设，健全病死畜禽无害化处理长效机制。强化屠宰管理，全面促进屠宰行业机械化、规模化、品牌化。深入开展食品安全专项整治行动，从严查处各类食品安全违法犯罪行为，保障居民“舌尖上的安全”。

（十）加强农业品牌创建工作。打响绿色生态农产品品牌，契合消费者“舌尖上的需求”，让农产品既“产得出”，更“叫得响”、“卖得动”。根据全市农业产业发展特点，挖掘品牌资源，发挥政策激励的导向作用，培育和奖励农业品牌，重点培育农产品加工业国家和省级名牌及地理标志保护产品，确保“三品一标”认证面积不低于全市耕地果园面积的65%。加大寒富苹果产业发展扶持力度，树立沈阳特产地位，争创“中国沈阳寒富苹果”地理标志，打造中国寒富苹果第一市。引导农业产业化龙头企业、农民合作社等经营主体增强商标意识，开展商标注册。加大品牌保护力度，增强企业品牌保护意识，完善打假协调机制，规范市场秩序，维护品牌企业合法权益。提高对农业品牌创建工作的宣传力度，扩大名牌农产品知名度。

四、统筹城乡协调发展，实现共同富裕

（十一）加快农村基础设施建设。健全基础设施投入机制。强化饮用水水源保护，分类推进水源保护区或保护范围划定工作，完善农村饮水工程水质检测体系，实施农村饮水安全巩固提升工程。加快实施农村电网改造工程，开展农村“低电压”综合治理，重点对10千伏及以下农村中低压电网设施进行改造，加大农村供电“卡脖子”、“低电压”问题治理力度。开展一事一议村内道路、边沟改造及农村公路维修改造工程，维修改造农村公路500公里，改善百姓通行条件。加大农村公路养护和管理力度，开展标准化养护工程创建活动，保证路网有效运行。加快乡村旅游基础设施和服务设施建设，统筹推进城乡公交网络向重要景点延伸，加快乡村旅游绿道体系建设，推进乡村自驾游营地、房车营地试点建设。加强农业气象预警减灾工作，完善人工影响天气作业指挥系统，完成人工防雹作业示范点建设。加强森林防火基础设施和应急道路建设。做好2016年8290户农村危房改造工作。

（十二）提高农村公共服务水平。推进农村学前教育，做好城乡结合部幼儿园布点规划，缓解“入园贵”现象。提升教师队伍水平和农村职业教育质量，落实省农村教师提升和免费师范生工作，推动职教中心转型发展。积极推进城乡义务教育一体化，加大农村教育经费支持力度。进一步加强农村校车管理。严格落实各项农村学生资助制度。加强农村基层医疗卫生服务体系建设，完善农村居民大病保险制度，提高筹资标准和报销比例，增强大病保障能力。完善农村社会救助体系，推进城乡低保救助一体化，提高农村居民最低生活保障标准。加大农村医疗救助力度，特别是对农村困难家庭重性精神病患者的救助；参照城市分散供暖救助标准，对农村分散供暖特困居民予以适当救助；在相关区县（市）开展农村互助幸福院建设，满足老年人养老服务需求。积极推进农村妇女项目、科技“双进家”活动，促进农村妇女增收致富。推进城乡公共文化基础设施建设，加速实施公共文化设施提升工程，确保到2020年基层公共文化设施全面达标。扎实推进农村公益电影放映工程，全年完成放映场次达2万场。

（十三）开展农村人居环境整治和美丽宜居乡村建设。实施村屯河道标准化建设工程，全面完成村屯河道治理三年规划任务。推进农村生活污水处理设施建设，加大乡镇所在地行政村污水处理设施投入，做好全市农村生活污水处理运行补贴工作。加快推进畜禽污染防治规划编制及禁养区、限养区划定工作，扶持改造升级畜禽标准化生态养殖场（小区）。加强农村垃圾治理，建设垃圾中转站、村内垃圾收集设施，加大农村生活垃圾处理运行补贴。开展农村绿化达标村和绿化示范村创建工作。开展农村村屯美化亮化工作，安装太阳能路灯，维修、粉刷围墙。加快农村无害化卫生厕所建设，建立卫生厕所建、管、用并重的长效管理机制。在乡村旅游点建设水冲厕所或无水生态环保厕所。加快推进农村土壤污染防治规划工作。全力抓好卧龙湖生态保护，完成重点项目建设任务。鼓励生态文明示范村建设，开展一事一议财政奖补美丽乡村示范村建设，完成14个美丽乡村示范村建设工作。完善宜居示范村和示范样板村建设规划工作，建设14个宜居示范乡镇、38个宜居示范村、5个宜居示范样板村。

（十四）推进农村劳动力转移和农民工市民化。加快推进农村劳动力转移，适度扩大外出规模。支持农民返乡就业。整合涉及被征地农民社会保障工作相关部门的资源，建立互通共享的信息资源平台和工作推进机制，共同推动被征地农民社会保障工作落实。加快培育新型职业农民，提高农民科技文化素质，增强农民创业增收能力，提高进城务工农民适应性，全年计划培训农民20万人（次）以上。健全劳动力转移就业服务体系，增加农民就业机会。扶持农村小微企业发展，为农民创造更多的本地就业岗位，增加农民工资性收入。全面创新人口管理，深化户籍制度改革，完善居住证一证通制度，引导农村人口就近就地向城镇转移。实施差异化的分类户籍迁移政策，建立健全基本公共服务体系，力争实现常住人口基本公共服务全覆盖。

（十五）实施扶贫攻坚工程。深入推进精准扶贫、精准脱贫，因人因地施策，分类扶持贫困人口。进一步落实脱贫攻坚责任，市、区县（市）、乡镇党政主要领导作为脱贫攻坚第一责任人，建立“市负总责，区县（市）、乡镇、村抓落实”的精准脱贫工作机制。通过实施“扶持生产和就业发展一批”“教育培训就业一批”“低保政策兜底一批”“医疗救助扶持一批”“危房改造安置一批”等5个“一批”工程，确保2016年实现建档立卡贫困人口11662人全部脱贫。抓好产业扶贫，因地制宜发展特色产业，支持“企业+基地+农户”的产业发展模式。依托贫困地区自然、民俗等特色资源发展旅游产业，提高附加值，增加农民收入。加大行业扶贫和社会定点扶贫力度，落实对口帮扶，推进“城乡互联、结对共建”活动，确保取得实效。做好60个重点贫困村的驻村帮扶工作。创新工作载体和内容，加大文化、科技、卫生“三下乡”工作力度。积极开展贫困乡镇、村创业致富带头人创业培训，支持创业致富带头人创办企业，发展农民合作社和家庭农场等新型农业经营主体。

五、深入推进农村改革，增强农村发展内生动力

（十六）健全农业农村投入持续增长机制。优先保障财政对农业农村投入，将农业农村作为固定资产投资重点，确保力度不减、总量增加。充分发挥财政政策导向功能和财政资金杠杆作用，通过基金、贴息、担保等途径，鼓励和引导资本更多地投向农业农村。加大专项建设基金对扶贫、水利、农村产业融合、农产品批发市场等重点领域和项目支持力度。落实将种粮农民直接补贴、良种补贴、农资综合补贴合并为农业支持保护补贴政策，重点支持耕地地力保护和粮食产能提升。重点支持高端精品、高产生态、高效特色农业发展及蒲河生态经济带、沈康现代农业示范带、环城都市农业产业带、沈阜现代农业示范带建设，促进农业转方式调结构，促进农民增收。落实农机购置补贴，调整优化农机装备结构。将农垦全面纳入国家强农惠农和改善民生政策覆盖范围。落实产粮大县、生猪调出大县奖励政策。

（十七）推动金融资源向农村倾斜。支持银行、保险机构创新金融产品和服务方式，积极改进和完善农业金融服务。鼓励大型银行机构稳定现有县域网点，在空白地区增设分支机构，改善农村基本金融服务环境。支持涉农企业境内外上市、在“新三板”和辽宁股权交易中心挂牌融资，重点推进涉农企业与中介机构衔接，做好跟踪服务。鼓励小贷公司按照“小额分散”的原则，加大涉农贷款比重，将涉农贷款占比纳入小贷监管评级参考项。在风险可控的前提下，稳妥有序地推进农村承包土地经营权抵押贷款和农民住房财产权抵押贷款试点。完善对新型经营主体的金融服务。积极发展林权抵押贷款。完善农业保险制度，扩大覆盖面，增加保险品种。积极探索农业保险保单质押贷款和农户信用保证保险。进一步推进森林保险工作。

（十八）深化农村集体产权制度改革。稳定农村土地承包关系，总结推广苏家屯区农村土地承包经营权确权登记颁证整区推进试点经验，完成实测面积400万亩以上。进一步总结土地承包经营权模式试点经验，巩固试点成果。引导土地经营权规范有序流转，推进适度规模经营。规范农村集体“三资”管理，扩大“三资”清理核实试点，完成100个村清理核实任务。扶持村级集体经济发展试点。完善集体建设用地、宅基地确权登记工作，工作费用纳入财政预算。加快供销社综合改革，推进农业社会化服务惠农工程和新网工程建设，提高为农服务能力。深化集体林产权制度改革，进一步完善林地承包合同，按照“分利不分林”的原则，推进林地流转。推进农垦和国有粮食企业改革。积极引导推动集中连片土地承包经营权、林权、“四荒地”承包经营权流转交易。继续完善农村产权交易中心建设，搭建网络信息化平台。

六、加强党对农村工作的领导，为做好“三农”工作提供坚强保证

（十九）提高党领导农村工作水平。坚持把“三农”工作作为全市工作的重中之重，不断健全党委统一领导、党政齐抓共管、党委农村工作综合部门统筹协调、涉农部门各司其职各负其责的农村工作领导体制和工作机制。注重选配熟悉“三农”工作的干部进入各级党委、政府领导班子。落实党在农村的各项方针政策，巩固和拓展党的群众路线教育实践活动和“三严三实”专题教育成果，深入开展“两学一做”学习教育，巩固党在农村的执政基础，密切党同农民群众的血肉联系。健全“三农”决策咨询机制，强化农民负担监管工作。

（二十）加强农村基层党组织建设。坚持基层党组织领导核心地位不动摇，推动全面从严治党向农村基层延伸，深入落实“两个责任”，严格落实党委抓基层党建责任制，建立县乡党委书记抓农村基层党建任务清单制度和述职评议考核制度。优化完善农村基层党组织设置，推动区域性党组织共创共建。扩大农村党组织和党的工作覆盖面，加大在农民合作社、农事企业、农业社会化服务组织等建立党组织的力度。切实加大对基层党组织不作为的整顿力度，按照倒排10%的比例确定整顿对象。做好第一书记选派和驻村工作队管理工作。加强农村基层党风廉政建设，着力解决损害群众利益不正之风和腐败问题。健全以财政投入为主的经费保障制度和长效机制，落实村级组织运转经费和村干部基本报酬。加强村级党组织标准化建

设。

（二十一）创新和完善乡村治理机制。加强乡镇服务型政府建设，依法开展村民自治。推进农村社区建设试点工作，打造1－2个农村社区实验区县，完善农村社区建设重大问题的民主决策、民主监督制度。依法保障符合条件的非本村户籍居民参加村民委员会，参与农村社区公共事务和公益事务的民主决策。培育和弘扬社会主义核心价值观，加强农村思想道德建设。开展“美丽乡村”、“文明家庭”、“十星级文明户”评选，深入挖掘和培育新乡贤文化，用文化引领道德风尚，营造文明和谐的乡风民风。

2016年度区县（市）和市直部门领导班子和领导干部工作实绩考核实施方案

（2016年4月27日）

按照市委、市政府部署和省委、省政府印发的《2016年度市级和省直部门领导班子和领导干部工作实绩考核实施方案》（辽委发〔2016〕15号）精神，现制定2016年度区县（市）和市直部门领导班子和领导干部工作实绩考核实施方案。

一、总体要求

全面贯彻党的十八大和十八届三中、四中、五中全会精神，深入学习贯彻习近平总书记系列重要讲话精神，扎实推进《中共中央、国务院关于全面振兴东北地区等老工业基地的若干意见》（中发〔2016〕7号）的落实，认真贯彻市委十二届十二次全会、全市经济工作会议等对2016年工作的决策部署，明确任务，强化责任，严格考评，充分发挥工作实绩考核“风向标”和“指挥棒”作用，激发全市各级领导班子和领导干部干事创业的精气神，为“十三五”时期发展开好局起好步、加快建设国家中心城市、推动沈阳老工业基地新一轮振兴发展提供强大动力和保证。

二、考核范围

13个区县（市）党委、人大、政府、政协领导班子和领导干部；83个市直部门领导班子和领导干部。按照差异化分层分类考核，将区县（市）分为三类，市直部门分为四类进行，考核结果要拉开档次。

市人大常委会、市政协、市纪委机关各自制定考核方案，报市考核办审定后，自行组织实施；市级民主党派机关及市工商联、市侨联、市台联等带有统战性质人民团体的考核由市委统战部组织实施，考核结果要拉开档次。

部分驻沈中省直单位采取简便有效的考核方式进行。

三、考核内容

紧紧围绕党中央、国务院、省委、省政府、市委、市政府重大决策部署，省督考任务，稳增长工作，市委工作要点，市政府工作报告，中央7号文件，全面创新改革试验工作，市委全体会议，市委常委会议，市政府全体会议，市政府常务会议，市长办公会议确定事项，市委、市政府主要领导确定和交办的事项，重点项目建设，重点产业发展，重点民生工程，智慧城市建设，“三争取”工作等，制定考核指标，确定考核内容和标准。

（一）各区县（市）考核内容

区县（市）领导班子工作实绩考核指标包括稳增长、改革创新、民生改善、社会稳定、生态文明建设、政府自身建设、各地特色和党的建设8个一级指标。其中，稳增长、改革创新、民生改善、社会稳定、生态文明建设、政府自身建设和各地特色权重占80%，党的建设权重占20%。

区县（市）领导干部工作实绩考核包括德、能、勤、绩、廉、作风6个方面内容。

（二）市直部门和部分驻沈中省直单位考核内容

市直党群部门领导班子工作实绩考核指标包括重点任务、职责工作、常规工作、社会稳定和党的建设5个一级指标。其中，重点任务、职责工作权重占70%，常规工作权重占5%，社会稳定权重占5%，党的建设权重占20%。

市直综合及社会管理服务部门、经济部门、执法司法部门和部分驻沈中省直单位领导班子工作实绩考核指标包括重点工作、政府自身建设、社会稳定、常规工作和党的建设5个一级指标。其中，重点工作、政府自身建设、社会稳定、常规工作权重占80%，党的建设权重占20%。

市直部门领导干部考核包括德、能、勤、绩、廉、作风6个方面内容。

四、考核方式

2016年度领导班子和领导干部工作实绩考核采取指标考核、民主测评、领导评价和公众评议相结合的方式进行。

（一）指标考核。指标考核分为过程考核和年度考核。

过程考核：市考核办组织考核部门制定对各区县（市）和市直有关部门年度考核的指标和考核标准，并在半年、第三季度设置考核节点。对各区县（市）指标、市直部门指标的过程考核，由考核部门依据确定的时间节点进度，通过考核信息系统进行动态监控，根据上报到信息系统的指标完成情况材料，同时采取实地察访核验等方式，对过程考核情况进行量化计分。市考核办通过考核信息系统进行跟踪管理，对重点考核指标在半年（第三季度）或随机组织抽查验证。

年度考核：今年年底前，在各地区、各部门总结自查的基础上，由考核部门对各区县（市）和市直有关部门考核指标进行考核评价，量化计分，考核结果由市委派出的考核组进行察访核验。年度考核按照市委、市政府部署，由市考核办负责组织实施。市考核办抽调有关人员成立考核组，深入各区县（市）和市直部门开展工作实绩考核。

（二）民主测评。采取召开民主测评大会、述职述廉、填写民主测评表和个别谈话听取意见等方式进行。

（三）领导评价。由市领导对各区县（市）和市直部门领导班子、党政主要领导干部、工作实绩进行评价，由市领导结合分管工作实际对市管副职领导干部进行评价，市管副职领导干部还需由本单位“一把手”对其进行评价。

（四）公众评议。委托第三方机构，从“两代表一委员”、管理服务对象等随机抽取评议人员，对各区县（市）经济社会发展、民生改善等重点工作进行评议；对市直部门贯彻落实重大决策部署、履行工作职责、自身建设等方面情况进行评议。

五、考核结果评定和运用

市考核办依据有关规定，坚持定量与定性相结合，对指标考核、民主测评、领导评价、公众评议等得分进行综合汇总，在量化考核基础上进行定性分析，形成综合评价意见。

1.领导班子考核结果评定。各区县（市）和市直部门领导班子工作实绩考核结果按百分制计算。领导班子工作实绩考核得分 = 指标考核得分(年度考核得分 ×80% + 过程考核得分 ×20%)×75% + 民主测评得分 ×5% + 领导评价得分 ×10% + 公众评议得分 ×10% + 加分 + 减分。

加分分为两项。第一项分为 4 类:获得上级机关表彰;获得上级主要领导充分肯定性批示;上级正式推广经验;代表沈阳市列入省对市个性化考评工作并取得良好成绩,加分之和不超过 10 分。第二项为领导班子平时考核得分,不超过 10 分。

减分是指受到中共中央、国务院通报批评的每次减 3 分,受到省委、省政府、国家部委通报批评的每次减 2 分,被市委、市政府主要领导约谈的每次减 1 分,虚报、瞒报或随意更改考评数据的每次减 1 分。减分不限最低分。

领导班子工作实绩考核结果分为好、较好、一般、较差 4 个等次,等次比例原则上设定为 30%、50%、15%、5%。

2. 领导干部考核结果评定。市管领导干部工作实绩考核结果按百分制计算。领导干部工作实绩考核得分 = 年度考核得分(领导班子工作实绩得分 ×20% + 民主测评得分 ×20% + 领导评价得分 ×40% + 个别谈话得分 ×20%)×80% + 过程考核得分 ×20%。

领导干部工作实绩考核结果分为优秀、称职、基本称职、不称职 4 个等次(其中,事业单位领导干部考核结果分为优秀、合格、基本合格、不合格 4 个等次),"一把手"与其他领导干部分别排名评定等次,优秀等次人数最多不超过 20%。优秀等次以下、80 分以上的评定为称职(合格)等次,60 至 80 分(不含 80 分)的评定为基本称职(基本合格)等次,60 分以下(不含 60 分)的评定为不称职(不合格)等次。

领导班子工作实绩考核评为较差等次的,领导班子正职原则上不能评为优秀等次。在应对重大突发事件中表现突出的领导干部可直接评为优秀等次。在干部选拔任用中出现违纪违规问题,不履行全面从严治党主体责任或履行全面从严治党主体责任不力造成严重损害或严重不良影响的,因工作出现重大失误造成严重后果、产生恶劣影响的,领导班子不得评为好和较好等次,主要领导、有关领导不得评为优秀等次。

市考核办在综合分析基础上初步确定考核等次,报市领导班子和领导干部工作实绩考核领导小组审核后,报请市委审定。

领导班子和领导干部工作实绩考核结果与奖金挂钩、与评先选优挂钩、与干部管理使用挂钩,按照相关规定进行奖惩。

六、组织领导

2016 年度各区县(市)和市直部门领导班子和领导干部工作实绩考核在市委、市政府领导下,由市领导班子和领导干部工作实绩考核领导小组及其办公室统一组织实施。市考核办要加强沟通协调,改进方式方法,精心组织做好考核工作。考核部门要高度负责,认真研究制定对各区县(市)和市直有关部门的考核指标,完善评价标准,准确考核计分。各地区、各部门要把工作实绩考核摆在重要位置,高度重视,加强领导,明确责任,层层抓好实绩考核工作。要严格遵守考核工作纪律,做到公平、公正、公开,严禁滥用职权、敷衍塞责、弄虚作假等问题发生,确保考核各项数据客观真实。

中共沈阳市委沈阳市人民政府关于进一步加强城市规划建设管理的实施意见

(2016 年 5 月 23 日)

为进一步提升我市城市规划、建设、管理水平,根据中央城市工作会议和《中共中央、国务院关于进一步加强城市规划建设管理工作的若干意见》(中发〔2016〕6 号)、《中共中央、国务院关于全面振兴东北地区等老工业基地的若干意见》(中发〔2016〕7 号)精神,结合我市实际,制定本实施意见。

一、总体要求

(一)指导思想。全面贯彻党的十八大和十八届三中、四中、五中全会及中央城市工作会议精神,牢固树立新发展理念,认真落实"四个着力"要求,全力推进沈阳老工业基地新一轮振兴发展,紧密围绕建设国家中心城市的目标,把握全面创新改革试验重大机遇,尊重城市发展规律,依法规划、建设和管理城市,着力转变城市发展方式、塑造城市特色风貌、提升城市环境质量、创新城市治理方式,实现城市科学规划、有序建设、精细管理、高效运行,努力把我市建设成为便捷高效的智慧城市、环境友好的生态城市、以人为本的宜居城市、城乡一体的全域城市和具有自身特色的现代化城市,让人民生活更美好。

(二)基本原则。

——坚持尊重规律,科学发展。城市建设发展要兼顾规模速度和质量效益,使基础设施、公共服务、管理能力等与经济社会发展相适应。在沈阳经济区协同发展的大格局中谋划好城市建设,不断强化我市的中心城市作用。

——坚持全面协调,统筹城乡。推动城乡规划、建设、管理一体化发展,增强我市的城市综合承载能力,形成城市与农村均衡发展、地上与地下有效衔接、发展与保护全面协调的新格局。

——坚持规划引领,建管并重。综合考虑城市功能定位、文化特色、建设管理等多种因素,坚持先规划、后建设,切实维护规划的权威性和严肃性。推动城市立体化、智慧化发展和精细化管理,提升城市治理现代化水平。

——坚持深化改革,创新驱动。推进简政放权,优化服务。实施创新驱动战略,城市设计、智慧城市、海绵城市、地下综合管廊等现代化城市建设理念广泛应用。全面推进现代建筑产业发展,实现建造方式、管理模式和产业结构的根本转变。

——坚持以人为本,依法治理。树立以人民为中心的工作导向,坚持人民城市为人民。完善法律体系,坚持依法行政,增强守法意识,规范市民行为。鼓励市民通过各种方式参与城市建设管理,实现城市共治共管、共建共享,让人民群众在城市生活得更方便、更舒心、更美好。

(三)发展目标。按照中央城市工作会议和有关文件精神,通过加强城市建设,以建设国家中心城市为目标打造城市形态和空间格局,为我市经济社会发展提供基础支撑和强劲动力。

到 2020 年,我市中心城市地位显著提升,基本实现现代化国家综合交通枢纽功能,中心城市辐射能力进一步增强,为打造东北区域金融中心、商贸流通中心提供有力支撑。城市化水平进一步提高,人口规模和建成区面积相匹配,城镇化发展质量不断提高,城乡一体的教育、医疗、养老等基本公共服务体系更加健全。城市基础设施更加先进，现代化立体交通体系基本建成，水、电、气、暖及通信设施的供应保障能力大幅提升，海绵城市、地下综合管廊、慢行系统等先进城市建设理念得到广泛推广，装配式技术成为建筑的主要建造方式。生态宜居环境持续改善，建成区绿化覆盖率、市域森林覆盖率、空气质量优良天数、垃圾无害处理率、污水集中处理率不断提高，农村环境全面改善，群众生活更加舒适、安全。城市治理方式不断优化，城市管理法律法规和标准体系基本完善，城市管理行政执法体制基本理顺，管理和服务智能化建设不断加强，城市管理更加现代化，管理效能大幅提高。形成沈阳城市特色风貌，突出我市的文化底蕴，彰显盛京古都风貌，展现沈阳独特韵味，突出沈阳清前文化、清文化、民国文化、工业文化等城市特色，实现现代化都市形象与特色历史文化风貌有机融合。

二、提升规划设计水平

（四）科学编制城市规划。不断创新规划理念和方法，增强规划的前瞻性、严肃性和连续性，坚持一张蓝图干到底，推进城市科学发展。坚持城市集约发展，按照框定总量、限定容量、盘活存量、做优增量、提高质量、保护生态的要求，统筹空间、规模、产业三大结构，进一步优化人口和资源要素的空间分布，进一步优化完善行政区划，实现城市规模和承载力相适应，提高城市发展的持续性和宜居性。

建立健全城市规划体系。推进"多规合一"，建立统一的数据管理平台，统筹城乡建设发展思路。推进城市总体规划报批工作，在城市总体规划的指导下，编制次区域规划，完善地下空间、文化、生态、公共服务设施以及城市基础设施等专项规划。做好中心城区控制性详细规划编制和更新工作，实现中心城区建设地区控制性详细规划全覆盖。各项规划编制完成后，依法履行审批程序。各区、县（市）政府要进一步加强本地区城市规划组织编制工作，将城市规划编制经费纳入财政预算。

（五）严格依法执行规划。坚持城市规划的权威性和严肃性。市、区两级政府和有关部门要严格执行依法批准的城市规划，确保依规划进行城市开发建设。严格按照依法批准的控制性详细规划进行土地出让，依法履行控制性详细规划修改程序。

认真履行"一书两证"制度。依法引导、协调和控制各类城乡规划实施活动，有效维护公共利益和社会秩序，保护个人和建设单位的合法权益。加强规划精细化管理，提升规划管理技术手段，规范管理标准和程序，确保规划管理工作依法有序开展。

加强规划批后监管工作。完善规划核实制度，确保建设项目符合规划要求。规划国土和执法部门要认真履行职责，加强协同配合，有效利用卫星遥感监测信息资源，开展规划监督检查工作。用5年左右时间，全面清查并处理建成区违法建设，坚决遏制新增违法建设项目。

加强公众参与和监督，严肃责任追究工作。建设项目规划管理应依法履行公示制度，保障公众的知情权、参与权和监督权。加大对政府部门、开发主体、个人违法行为的责任追究和处罚力度，将城市规划执行情况纳入党政领导干部考核事项。

（六）做好城市设计工作。开展总体城市设计，保障城市建设行为的有序开展和城市风貌的协调统一。深入开展城市色彩等专项城市设计，加强重点地区城市设计编制工作，提高城市的可识别性和区域特色。统筹处理建筑实体与城市空间的关系，实现建筑与周边的环境、功能相互协调、促进，创造符合公众审美、方便群众使用、兼顾地方特色的公共空间。

加强城市设计实施管理。形成城市设计导则，制定城市设计编制及管理相关配套法规和制度，保证城市设计规范编制和有效实施。城市设计成果应纳入法定规划，提升城市设计的法律地位。城市设计应纳入土地出让规划条件，在城市设计指导下开展项目招商、土地出让、规划审批管理。

（七）加强建筑设计管理。坚决贯彻"适用、经济、绿色、美观"的建设方针和"以人为本"的指导思想，做好建筑设计与城市规划工作的衔接，城乡规划主管部门要将建筑风格、色彩材质、绿化景观等要求纳入规划条件，对外观设计与周围环境的协调性进行审查。中心城区重要区域的所有建筑项目和一般区域的重大建筑项目，需提交不少于3个设计方案进行比选，并且引入专家论证制度。进一步开放规划设计、建筑设计市场，不断提高城市规划和建筑设计水平。依法实行规划设计、建筑设计项目招投标制度和信息公告制度，制定项目招标、评标、定标办法，规范市场秩序。

（八）塑造沈阳城市特色。严格执行《历史文化名城保护规划》。以建筑和街路为载体，保护和挖掘沈阳清前文化、清文化、民国文化、工业文化等城市特色。实施城市修补和有机更新要符合历史文化名城保护规划确定的建设控制要求，避免对历史建筑、历史环境的损毁。健全历史文化街区及历史建筑保护法规体系，完善保护规划，加强日常管理。

严格做好历史文化街区传统格局、历史风貌和空间尺度的管控，明确历史文化街区核心保护范围和建设控制地带的界限及控制要求。改善历史文化街区基础设施、公共服务设施和居住环境。做好古遗址、古建筑、工业遗产、近现代历史建筑的保护工作，继续开展历史建筑认定及挂牌保护工作。做好历史建筑维护加固工作，在保持原有风貌基础上充分发挥其使用功能。

三、提高交通辐射承载能力

（九）建设国家级交通枢纽。启动桃仙机场第二跑道建设，强化东北亚枢纽航空港地位。打通连接"一带一路"的战略通道，深化"沈阳港"平台搭建，拓宽沈阳出海通道。加大铁路、公路及枢纽场站建设力度，创建全国综合运输服务示范城市，巩固东北地区最大铁路枢纽地位，提高公路运输通达能力，推进多种交通运输方式无缝衔接和零距离换乘。新建改造京沈高铁、沈阳——通化——白河客运专线、沈金线、沈吉线和沈丹线5条铁路，改扩建京沈、沈哈、沈康3条高速公路。到2020年，建成沈阳经济区1小时交通圈，打造沈阳经济区对外7大复合走廊，市域公路网密度达到102.6公里/百平方公里，二级以上公路比重达到25%。

（十）建设现代化畅通城市。完善"环形+放射"的快速路系统，加密跨河通道建设，完善干道网络，打通铁路瓶颈，改造交通节点，推进支路建设，改造街巷路，建设快速路、主次干路和支路配比合理的道路网系统，打造便捷高效、快慢结合的现代化畅通城市。按照"窄马路、密路网"的城市道路布局理念，逐步推行建设项目交通影响评价体系，试点探索街区制，不断优化城市道路微循环体系。建设改造2条快速路，建设6座过浑河通道，新建30条干道、20座跨铁路通道和10座立交节点。优化交通信号调控，完善指路系统、护栏和标线等设施配置，做到道路与交通设施设计、建设、使用“三同时”。到2020年，城市建成区道路网密度达到8公里/平方公里、道路面积率达到17%、跨河通道平均间距达到1.8公里，实现机动车辆15分钟上高快速路，打造30分钟主城交通圈、60分钟市域交通圈。

（十一）加快轨道交通建设。打造安全舒适、高效便捷的现代化轨道交通体系。启动地铁1号线东延长线、2号线南延长线、4号线北延长线、4号线支线和地铁3、6、7、8、11号线一期建设，建设总长度约208公里。推进悬挂式轨道交通系统、中运量有轨电车和机场快线建设。启动沈辽、沈新市域快线建设。到2020年，城市轨道交通通车总里程达到190.7公里、地铁总里程达到128公里。

四、统筹地下空间建设

（十二）推进地下空间开发利用。在《沈阳市城市地下空间开发利用总体规划》基础上，进一步制定完善重点地区控制性详细规划。严格坚持规划先行，由政府主导地下空间开发利用，统筹地下地上空间建设并加强项目监管。商业街区、公共建筑等地下空间要与地铁、大型交通枢纽实现互联互通。重点开发金廊核心区、太原街地区、中街地区、奥体中心地区、新行政中心地区等11个区域，同步开发会展中心地区、全运功能区等20个区域，打造现代化立体城市。

（十三）加强地下管网建设。开展城市地下管网普查，摸清地下管线基础信息，明确管理责任，建立城市地下管网综合信息管理系统。逐步消除管线运行安全隐患。

建设改造地下管网系统。加强城市供水、排水、燃气、供热、电力、通信等各类地下管网的建设和改造。重点实施保障性干线管网工程，建设盛京500千伏、沈南500千伏输变电工程，完善220千伏、66千伏供电网络，建设大伙房输水配套二期工程和辽西北供水配套工程，建立城市备用饮用水水源地，建设大沈线、大唐国际等长距离燃气输送管线。重点实施城乡结合部等薄弱地区管网配套和改造，全面实施百姓生活亟需的水、气、暖三网改造，推进城市架空线入地改造工程。到2020年，中心城区集中供水普及率达到100%、排水管网覆盖率达到90%、燃气管道普及率达到98%、集中供热普及率达到92.4%，县城以上全部具备常规指标水质检测能力，基本完成急险部分老旧管网和雨污分流改造。

（十四）推进地下综合管廊建设。编制沈阳市地下管廊规划，推动南运河综合管廊和铁西新城综合管廊国家试点项目建设，按照规划扩大管廊建设范围。凡建有地下综合管廊的区域，各类管线要全部入廊，管廊以外一定范围不得新建管线。鼓励社会资本投资和运营地下综合管廊，建立管廊投资、使用、收费管理制度。到2020年，建成综合管廊总里程达到100公里。

五、建设绿色生态城市

（十五）推进海绵城市建设。综合采用渗、滞、蓄、净、用、排等手段，最大限度地实现雨水的蓄存、渗透和净化。道路和广场要推广透水建材铺装，加大建设集雨型绿地、雨水花园、人工湿地、植草沟等雨水滞留设施。有条件的单位和居民家庭可安装雨水收集回用装置。以生态手段提升城市应对内涝积水危害的能力，涵养地下水，不断提高城市雨水就地蓄积、渗透比例，构建城市良性水系循环。编制沈阳市海绵城市建设规划，完善海绵城市建设的标准规范和政策措施，结合老城区中重点区域更新改造、新城区建设推进海绵城市建设。到2020年，城市建成区20%以上面积区域的年径流总量控制率不低于80%。

（十六）不断提高绿化水平。全面落实绿化提升三年行动计划，在积极拓展城市绿量的基础上，进一步均衡绿地分布，加强城市中心区、老城区的园林绿化建设和改造提升；紧密结合城市居民日常游憩、出行等需求，加快公园绿地、居住区绿地、道路绿化和绿道建设，不断完善绿地系统综合功能，原则上公园免费开放。重点建设城市公园绿地、完善防护绿地、提升庭院绿地，建设滨水绿化空间。推行生态绿化方式，保护古树名木资源，广植乡土树种，减少人工干预，让乔灌草搭配、自然生长。鼓励发展屋顶绿化、立体绿化，让城市更自然、更生态、更有特色。同时，加强园林绿化精细化管护，推动全市园林绿化水平的整体提高。努力实现城市园林化、郊县森林化、道路林荫化、公园优美化、社区花园化、庭院盆景化的目标，把我市建设成国家生态园林城市。到2020年，市域森林覆盖率力争达到33%、建成区绿化覆盖率力争达到45%、建成区绿地率力争达到40%。

（十七）优化水生态环境质量。排查治理黑臭水体，强化城中村、老旧城区和城乡结合部污水截流、收集，抓紧治理城区污水横流、河湖水系污染严重的现象。重点对南北运河、细河、满堂河、辉山明渠等重点水体采取控源截污、垃圾清理、清淤疏浚、生态修复等措施，全面实施治理。

实施城市周边的河、湖、渠等水系资源与城区运河水系联通，实现河湖联通，河湖互济。全面实施河流、滩涂、入河口、支流河湿地工程建设，打造城市水生态服务功能区。巩固提升辽河、浑河、蒲河沿线生态景观环境，建设卧龙湖、白塔堡河等生态湿地景观，实施生态修复，加大退耕还林、还草、还湿力度。到2020年，城市水环境功能区水质达标率达到100%。

（十八）全面提升空气质量。建立区域一体的现代化高效供热体系，推进大型热源和热电联产项目建设，实施供热锅炉“拆小并大”，对具备条件的40吨以下民用燃煤供热锅炉实施淘汰。推进煤改气配套管网工程和工业燃煤锅炉、供暖锅炉清洁能源替换工程。实施燃煤锅炉除尘改造、高效脱硫设施升级改造工程。因地制宜发展再生水源热泵、土壤源热泵和原生污水源热泵等供热方式。新建住宅要全部实现供热分户计量，既有住宅根据实际情况稳步实施供热分户计量改造。积极开展淘汰黄标车辆工作，扩大新能源、清洁能源汽车使用量。加快建设机动车充电设施等新能源设备配套服务网络。建立城市抑尘监管体系，通过消除裸露地面、控制建筑施工现场扬尘、严控露天烧烤和秸秆焚烧等措施，有效预防和消除大气污染突发事件。到2020年，空气质量优良天数达到260天，全市细颗粒物（PM2.5）年均浓度在60微克/立方米以下。

大力推广绿色建筑。完善绿色节能建筑和建材评价体系，制定分布式能源建筑应用标准。分类制定建筑全生命周期能源消耗标准定额。开展相关应用技术研究,健全完善绿色建筑技术支撑体系。鼓励开展被动式建筑、高星级绿色建筑和绿色住宅建设,研究制定扶持激励政策。推动既有建筑节能和工业建筑节能,鼓励太阳能建筑应用。到2020年,全市新建居住建筑全面执行建筑节能率75%强制性标准,绿色建筑建设量占新建建筑建设量的比例达到50%。

(十九)加强污染源管控治理。加强生活垃圾分类治理,通过分类投放收集、综合循环利用,促进全市垃圾处理减量化、资源化、无害化。利用新技术、新设备推广厨余垃圾家庭粉碎处理。推进垃圾收运处理企业化、市场化,促进垃圾清运体系与再生资源回收体系对接。建设大辛、老虎冲生活垃圾焚烧发电厂和老虎冲餐厨垃圾处理厂等基础设施。加强环卫、除雪机械化水平,提高清运能力。到2020年,基本建立餐厨废弃物和建筑垃圾回收和再生利用体系,城区生活垃圾分类投放设施覆盖率达到80%、城区生活垃圾无害化处理率达到100%、城区生活垃圾资源利用率达到60%,医疗垃圾、工业危险固体废物、放射性废物得到安全妥善处置,垃圾焚烧比例达到55%。

强化城市污水治理,加快城市污水处理设施建设与改造,按照雨污分流的原则,全面加强配套管网建设,提高城市污水收集处理能力。新建住房和单体建筑面积超过一定规模的新建公共建筑应安装中水设施,老旧住房逐步实施中水利用改造。培育中水业务经营企业,市场化经营中水。城市工业生产、道路清扫、车辆冲洗、绿化浇灌、生态景观等生产和生态用水要优先使用中水。倡导家庭生活污水洁厕。对北部、西部、沈水湾、仙女河等4座大型污水处理厂提标改造,出水达到一级A标准。到2017年,城市生活污水处理率达到100%,城市建成区实现污水全收集、全处理,再生水回用率达到30%。

六、提高城市宜居水平

(二十)提升市民居住质量。全力推进安居工程。加快城市棚户区及危旧房改造,全面完成4.4万户城市棚户区及危旧房的改造任务。建立以公共租赁房为主体的多种形式住房保障体系。完善城市保障性住房的准入、退出等相关政策。解决中等偏下收入家庭、外来务工人员及新就业大学生住房困难。加快推进保障性住房建设。到2020年,城镇保障性住房覆盖面达到25%左右。

改善老旧小区环境。继续实施老旧小区改造,做好绿化提升、道路维修、庭院排水维修、增设健身文化娱乐设施等工作,增设安全防护设施和垃圾箱、晾衣架等配套设施。重点实施老旧房屋暖房改造,到2020年,实现改造面积5623万平方米。

继续实施二次供水设施改造。到2020年,通过对市政供水范围内的477处二次加压泵站、447个住宅小区的646公里内网、2835栋楼的立躺杠进行改造,有效解决因二次供水设施年久老化等导致的水量不足、水质恶化等供水安全问题。

(二十一)方便市民交通出行。以创建"国家公交都市"示范城市为契机,加快公共交通系统建设,不断提高公交线网密度、通达深度和运行速度,形成主干线、区域干线和驳运线三级运行网络互为补充、功能清晰的现代化线网体系。加强城市综合交通枢纽建设,促进不同运输方式和城市内外交通之间的顺畅衔接、便捷换乘。到2020年,中心城区公共交通出行分担率达到46%,实现主城区500米上车、5分钟换乘。

建立慢行系统,改造城市道路非机动车道,形成路面完好、行走畅通的微循环交通网络。结合城市路网、运河水系和公园休闲道路,串联城市景观节点。发展公共自行车,多渠道解决市民短距离出行需求。到2020年,绿道总里程达到560公里。

加大公共停车场建设力度。通过释放存量、错时共享、加大供给等渠道,增加停车泊位供应。提高建筑物机动车停车位配建标准,结合地铁工程、道路桥梁、园林绿化等市政工程建设,同步配建停车场。在地铁沿线、商业街区等重点区域新建停车设施,大力发展立体停车场、地下停车场,缓解停车难问题。

(二十二)方便市民日常生活。探索新型社区规划方法与模式,科学确定市民日常生活范围,合理设置公共服务设施建设标准。加强社区服务场所及设施建设,以社区范围设施为基础,形成社区、辖区和市域3级设施衔接配套的公共服务网络体系。市民日常生活范围内要配套建设中小学、幼儿园、超市、菜市场、社区养老、医疗卫生和文体娱乐等基础生活服务设施。注重开辟公共空间,推动社区内公共设施向居民开放,方便居民休闲娱乐、交流活动。

以市民精神文化需求为导向,结合老城区改造和新城建设,合理规划配置公共图书馆、美术馆、文化馆(站)、博物馆、科技馆、体育场馆、健身广场、休闲公园等文体娱乐设施,原则上向全社会开放,有条件的应免费开放。

完善公共服务设施及居住区公共设施无障碍建设,推进既有道路、建筑物、居住小区等无障碍设施建设和改造。主要街路、商业街区、旅游景区、公园广场等公共区域,应设置商亭、公厕、座椅等各类街设家具,并设置标准化、国际化的标识、标牌和指引系统。

七、大力推进新型城镇化

(二十三)完善城镇空间布局。强化新民新城、近海新城等4个县城和佟沟新城、沈抚新城等4个近郊新城建设,推进产业聚集和人口集聚。打造10个新市镇作为服务新城、辐射周边区域的经济增长点。积极发展一般镇,结合我市村镇特色、民族文化、历史风貌、产业结构,建设20个左右重点镇和特色镇。到2020年,建成"一城、六轴"的市域城镇空间布局结构和中心城区、新城、新市镇、一般镇4个等级的城镇结构体系。

(二十四)统筹城乡建设发展。加快推进城乡建设一体化和公共服务均等化。将全市域城镇和农村纳入规划范围,加强基础设施建设,实现所有乡镇半小时内上高速,构建全域统筹的电网体系,在新城、新镇引入天然气,实现城乡供水同质同标,完成一县一热源工程,实现信息化与城镇化深度融合。大力推进农业转移人口市民化,稳步推进城镇基本公共服务常住人口全覆盖,稳定就业和生活的农业转移人口在住房、教育、文化、医疗卫生、计划生育和证照办理服务等方面,与城镇居民享有同等权利和义务。

(二十五)建设美丽宜居乡村。落实好《沈阳市宜居乡村建设行动方案(2015—2017年)》,实施"农村环境整治、设施完善提质、宜居示范创建"三大工程,抓好村路建设、无害化厕所、安全饮水、危房改造、村屯绿化、污水处理、垃圾处理等重点项目。编制《沈阳市宜居乡村建设技术指导手册》,指导农村做好工程设计、建设和验收,确保工程质量。建立健全农村基础设施和公共服务设施长效运行管理机制。到2017年，村屯主要道路实现硬化，全市行政村全部实现生活垃圾常态化、科学化、规范化管理，新建乡镇污水处理设施和配套生活污水收集管网，做好农村饮水工程的巩固提升工作，对168条村屯河道实施标准化建设，建成20个宜居示范乡镇和150个宜居示范村。

八、加快实施产业转型升级

（二十六）全面发展现代建筑产业。加快推进国家建筑产业现代化示范城市建设，不断扩大产业化应用范围，对政府投资的建筑工程、市政工程、公共设施、轨道交通等项目全面采用产业化方式建设，除辽中、新民、法库和康平外，我市新建的房地产开发项目须采用产业化方式建设。加快铁西、浑南、沈北、法库等产业园区建设，扶持以建筑装备制造和新型建筑材料为主体的6大重点配套产业发展，形成从装备制造到建筑生产、家居装修的全产业链条。升级现有产业化技术标准，完善设计、生产、施工、管理、验收、运营等环节标准体系，制定相关导则和标准化设计图集，积极推进钢结构、木结构建筑技术体系推广应用。全面提高建筑工程质量安全和节能环保要求，探索与现代建筑产业化相适应的招投标、一体化总承包、质量安全监管、工程造价等管理模式。

到2017年，产业化工程占建筑开工总量的比例达到30%。到2020年，装配式建筑和商品住宅全装修成为主要建筑方式，形成现代建筑特色产业集群，打造2—3个具有一体化总承包能力、年产值百亿以上的企业集团或产业联盟，把我市打造成为全国现代建筑产业化装备制造基地和产品基地、科技创新基地和人才培养基地，努力把我市建设成为国内一流、国际领先的现代建筑产业之都。

（二十七）推进传统建筑业改革。引导建筑业企业由粗放型向集约型、质量效益型、科技进步型转变，重点培育高资质、多领域的工程总承包龙头企业，积极扶持专业承包企业，大力培育劳务分包市场，在全市形成大、中、小企业层次结构合理，总包、专业分包和劳务分包配套的专业结构体系，增强建筑业的总体实力。提高产业集中度，实施“集团化、多元化”经营战略，提升建筑企业竞争实力。支持企业经营模式创新，鼓励施工企业与房地产开发、勘察设计及建设监理等企业合作，探索建立基础设施建设与投资一体化，设计、施工、管理运营一体化模式。

加快行业诚信体系建设，推进建筑业各类企业、从业人员和工程项目3大基础数据库的建立，实现建筑市场和施工现场的联动。金融机构对符合条件的建筑业企业在授信额度、质押融资、贷款发放、保函业务等方面给予支持，完善低价风险保证金制度，实行施工企业银行保函和工程质量责任保险制度。

（二十八）优化房地产业发展结构。通过消化存量、优化增量、调整结构、加强配套、提升品质等举措，实现房地产业健康发展。注重产业规划布局，逐步形成统一、规范、成熟、稳定的住房投资、供应和消费体系，实现房地产市场供需基本平衡。促进区域市场协调发展，合理控制开发规模和时序，优先开发金廊、地铁、环路及城市主干道沿线等具备发展潜力的区域，完善新城新区房地产项目配套设施。努力培育市场新的增长点，推动养老地产、旅游地产、教育地产、物流地产等多元化地产均衡发展。

实施供给侧改革，住宅产品设计更加注重合理布局、节省空间，切实满足刚性需求和改善型需求，同时要推广全装修、智能化住宅，不断提高住宅品质。严格实行商品住房交付使用管理办法，切实保证房屋质量和使用功能。规范物业管理，提高服务水平。

（二十九）加快建筑服务业发展。鼓励勘察设计、工程监理、招标代理、造价咨询、质量检测等技术与知识密集型的服务机构快速发展，积极培育行业龙头企业。严格规范各类服务机构行为，对低价恶意竞标、不履行合同约定等扰乱市场秩序的违法违规行为进行严厉查处。提高建筑服务业从业人员素质，做好继续教育和专业技能培训。

九、提升城市综合治理能力

（三十）强化城市依法治理。加强重点领域法规规章的立改废释，形成覆盖城市规划建设管理全过程的法规体系。作出重大行政决策应坚持3项制度，即重大行政决策听证制度、重大行政决策风险评估制度、重大行政决策跟踪反馈和责任追究制度。严格执行城市规划建设管理行政决策法定程序，落实重大决策合法性审查制度，坚决遏制领导干部随意干预城市规划设计和工程建设现象。

（三十一）深化治理体制改革。理顺城市管理行政执法体制，科学划分城市管理行政执法部门与相关行政主管部门的工作职责，依法建立城市管理行政执法部门的权力清单、责任清单。推进综合执法，结合简政放权，逐步移交下放城市管理执法相关职能，推动执法重心下移和执法事项属地化管理，强化区级执法管理，形成权责统一、运转高效的“市区共管、属地为主”的城市管理执法体制。科学确定城市管理行政执法人员配备比例标准，统筹解决好执法人员身份编制问题，对城市管理协管队伍实现规范管理。

（三十二）优化城市治理机制。打造建管统筹协调机制，确保建设、管理无缝衔接。贯彻城市网格化巡查治理制度，实现巡查全覆盖。完善城市精细化管理标准体系和目标考评制度，完善城市管理激励机制，充分调动各方积极性，适时引入市场机制。落实市、区、街道、社区的管理责任，健全城市基层治理机制。进一步强化街道、社区党组织的核心作用，以社区服务型党组织建设带动社区自治组织、社区社会组织建设。增强社区服务功能，实现政府治理和社会调节、居民自治良性互动。

十、切实保障城市安全

（三十三）强化工程建设质量安全。加强在建工程质量安全监管，全面落实安全生产责任制和责任追究制，加大“风险源”管控力度，落实在建工程精细化管理，推进安全生产标准化，实施重大工程在线监测，实现网络化管理、远程视频监控与现场实地监管相结合的监管方式，实现在建工程全方位、全过程质量安全监管。巩固工程质量治理两年行动成果，全面落实各方主体项目负责人质量终身责任，建立建筑市场和工程质量安全监管一体化工作平台，加大工程质量安全监督执法检查和专项检查整治力度，有效预防质量安全事故发生，建设放心工程、优质工程。

（三十四）保障城市运行安全。实施工程全生命周期风险管理，重点抓好房屋、桥梁、地铁等工程运行使用的安全监管，做好质量安全鉴定和抗震加固管理，建立安全预警及应急控制机制，全面排查城市老旧建筑安全隐患，严防发生垮塌等重大事故。建立城市基础设施安全管理系统，构建基础设施安全管理智能指挥平台，全面实施城市基础设施及运行实时监控，提升基础设施运行安全可靠度。

（三十五）提高城市抵御风险能力。提高城市综合防灾和安全设施建设配置标准，加强设施运行管理。健全城市抗震、防洪、排涝、消防、应对地质灾害应急指挥体系，完善城市安全运行指挥平台建设，加强城市防灾避难场所建设，增强抵御自然灾害能力、处置突发事件能力、危机管理能力，以及疾病疫情控制能力。建立专业化、职业化的救灾救援队伍，提升社会治安综合治理水平，形成全天候、系统性、现代化的城市安全保障体系。

十一、推进城市建设管理智慧化

（三十六）推动项目建设智慧化。以建设项目管理为主线，重点围绕行政审批、施工现场和建筑市场监管，统筹全市建设管理工作。汇集市、区、乡村各级城建实时信息，并对建设项目资金、勘察、设计、招标、施工现场、质量和安全监管、竣工备案、档案资料、造价和预决算等业务环节进行全面管理。

实施“互联网+现代建筑”战略，推广应用建筑信息模型技术（BIM），制定配套政策法规、规范标准和管理办法。在建筑工程、市政工程、地下管网、城市地理信息系统等方面逐步推广应用，推进BIM在智能化生产运输、虚拟建造技术、智能建筑产品集成等方面的应用。

（三十七）推动城市管理智慧化。综合运用物联网、云计算、大数据等现代信息技术，推动数字化城市管理向智慧化升级。以视频监控资源和城市空间地理信息平台为依托，增强对市政基础设施、道桥、管网、环卫、园林绿化、房屋土地等各类设施的动态管理，建立电子档案。通过对各类基础设施的运行状态进行分析和预测，为城市规划、建设维护、运行管理提供决策支持。重点推进地下综合管线系统、管网管控一体化平台、交通运输电子政务系统、交通指挥调度系统等项目建设，提升城市管理的精准化、标准化、智慧化水平，实现城市管理基础信息资源的智能化、立体化、可视化。

（三十八）推动城市服务智慧化。结合“我的沈阳”智能门户网站建设，以对接和共享交通、房产、环保、档案信息等各领域信息资源为重点，全面聚合与市民生活相关的城乡规划建设和管理资源，为市民提供协同性、综合性、针对性服务。深化“一卡通”服务体系和网络。建立多种方式的公众出行信息发布与服务体系，通过移动终端等多种方式为市民提供快速、直接、精准的乘车信息查询服务。整合各类停车资源，推进智能停车场建设，通过停车诱导屏、手机移动终端等渠道集中发布停车诱导动态信息。

十二、完善各项保障措施

（三十九）建立完善工作机制。各地区、各部门要切实加强组织领导，定期研究推进相关工作，确保各项政策措施落实到位。要建立统筹协调工作机制，形成科学编制总体规划、统筹制定项目实施规划、合理确定年度计划、全面落实项目建设条件、稳妥组织建设实施的管理体系，不断提高规划建设管理的系统性。实施城市规划建设管理工作监督考核制度。

（四十）加强人才队伍建设。加大干部培训力度，相关部门要加强城市规划建设管理等专业培训，加快培育一批懂城市、会管理的干部。加强专业技术人员队伍建设，支持高等院校开设相关专业，加强国际交流合作，培育既有国际视野又有民族自信的设计师、建造师等专业技术管理人员，为城市建设提供人才支持。加强建设一线从业人员的技能培训，提高从业人员素质。

（四十一）切实做好资金保障。积极争取国家、省各类专项补助资金。统筹用好各类资金，充分发挥财政资金引导作用，加大城市基础设施建设管理的资金投入力度，并采取PPP、政策性贷款、融资租赁等多种方式筹集建设资金，不断提高城市基础设施建设、运营和管理水平。理顺市政公用产品和服务价格形成机制，对纳入政府购买服务目录的城市基础设施项目，要制定各类定额标准，足额保障养护运行费用。

（四十二）树立创新发展理念。加快推进地下综合管廊、智慧城市、海绵城市、慢行系统、停车系统、绿色建筑、中水回用等试点示范工程。推广应用装配式建筑、绿色建材、盾构施工等新技术，试点引入自动融雪路面、大型结构运行监测、结合虚拟现实编制规划等高科技手段。推进简政放权，优化审批服务，提高审批效率，形成具有北方特色的全天候城市建设管理体系。

（四十三）加大宣传工作力度。通过多种渠道、多种方式开展宣传活动，鼓励企业和市民参与城市规划、建设、管理，努力实现城市共治共管、共建共享。深化文明城市创建，建立市民行为规范，增强市民法治意识，不断提高市民文明素质和城市文明程度。

中共沈阳市委 沈阳市人民政府 关于进一步深化国资国企改革的实施意见

（2016年5月30日）

根据《中共辽宁省委、辽宁省人民政府关于进一步深化全省国资国企改革的意见》（辽委发〔2014〕12号）精神，结合我市实际，现就进一步深化全市国资国企改革提出如下意见。

一、总体要求

（一）指导思想

深入贯彻落实党的十八大和十八届三中、四中、五中全会精神，认真学习贯彻习近平总书记系列重要讲话精神，紧紧抓住国家全面推进东北地区等老工业基地振兴和我市被列为国家全面创新改革试验区的重大机遇，坚持基本经济制度，坚持市场化改革方向，坚持增强活力和强化监管相结合，坚持党对国有企业的领导，以提高国有资本效率、做强做优做大国有企业为中心，完善国有资产管理体制，分类推进国有企业改革，完善现代企业制度，解决国有企业历史遗留问题，强化监管防止国有资产流失，加强和改进党对国有企业的领导，不断增强国有经济活力、控制力、影响力、抗风险能力，为沈阳老工业基地新一轮振兴发展作出积极贡献。

（二）主要目标

通过深化改革，到2020年实现以下主要目标：

——建成统一管理、分类监管的国有资产监管体系。市属经营性国有资产实现集中统一监管，以管资本为主的国有资产分类监管体系基本健全，构建覆盖全面、规则统一、权责明确、规范透明、运转高效的国有资产监管新格局。

——建立更加市场化的企业经营机

制。企业的市场主体地位更加突出,协调运转、有效制衡的公司法人治理结构基本形成。市场化选人用人机制和差异化薪酬分配制度基本建立。企业历史遗留问题得到有效解决。

——国有企业公司制股份制改革基本完成。除少数确需保持国有独资形式的企业外,绝大多数企业实现股权多元化,具备条件的企业实现整体上市或核心业务资产上市。

——国有资本配置效率显著提高。有效推动国有资本向产业中高端、战略性新兴产业,以及基础设施、公共服务、生态建设等民生和公用事业领域集聚,国有资本创新引领、产业带动和基础保障功能进一步增强。

——国有企业党组织作用充分发挥。企业党的建设全面加强,反腐倡廉制度体系、工作体系更加完善,国有企业党组织在公司治理中的法定地位更加巩固,政治核心作用充分发挥。

二、主要任务

(一)完善国有资产管理体制,提高国有资本配置效率

1. 推进国有资产监管机构职能转变。按照市政府授权,国有资产监管机构对市属经营性国有资产统一履行出资人职责,以管好资本投向、优化资本结构、规范资本运作、提高资本回报、维护资本安全为重点,以产权为纽带、以公司章程和法人治理结构为依托,依法履职行权。建立国有资产监管权力清单和责任清单,减少事前审批,强化规则指引约束、事中事后监督考核及责任追究。放开企业投资权、融资权、资产处置权,国有资产监管机构原则上只对一级企业产权变动进行审批,二级及以下企业由一级企业审批。落实企业薪酬分配权,国有资产监管机构只对董事长进行业绩考核和薪酬管理,其他人员交由董事会管理。国有资产监管机构配合承担的信访稳定、安全生产等公共管理职能要归位于相关政府部门和单位。

2. 推进国有资本授权经营体制改革。立足现有基础,整合全市各方面资源,组建装备制造、金融控股、商贸流通等不同功能的国有资本投资运营公司。支持主业清晰、治理结构完善、风险防控机制健全、核心竞争力强的企业集团作为试点,改组为国有资本投资公司。建立国有资产监管机构依法对国有资本投资运营公司和其他直接监管的国有企业履行出资人职责,国有资本投资运营公司对授权范围内的国有资本履行出资人职责的经营体制。国有资本投资运营公司作为国有资本市场化运作的专业平台,依法自主开展国有资本运作,对所出资企业行使股东职责,按照责权对应原则承担国有资产保值增值责任。

3. 推动国有资本合理流动优化配置。优化国有资本投资方向,新增国有资本更多投向战略性新兴产业及基础设施、公共服务、生态建设等领域。推动国有资本从不具优势的行业和领域有序退出,对资不抵债、扭亏无望的企业,实行依法破产、清算注销。涉及企业国有股权转让和增资扩股应进入公开产权交易市场依法规范操作。发挥国有资本投资运营公司的作用,通过开展投资融资、产业培育、资本整合,推动产业集聚和转型升级,创新发展一批国有企业;通过股权运作、价值管理、有序进退,促进国有资本合理流动,清理退出一批、重组整合一批国有企业。整合市属各类政府主导的投资基金、产业基金,形成投资引领合力,优化经济布局结构,促进传统企业加快转型升级。

4. 推进市属经营性国有资产集中统一监管。建立健全全市统一的国有资产监管法规制度体系和基础管理工作体系,实现国有资产监管制度全覆盖。凡未经市政府授权履行国有资产出资人职责的党政机关、事业单位出资形成的企业国有资产(含国有独资、控股、参股企业资产),由事业转为企业单位的国有资产,新开工项目形成的国有资产,国有土地、森林、河流、矿产等资源开发利用转换后形成的国有资产,均纳入经营性国有资产集中统一监管范围。全面推进党政机关所属企业脱钩改制工作,对脱钩改制后形成的经营性国有资产,具备条件的可直接划入国有资本投资、运营公司;对于文化、金融等特殊行业的经营性国有资产,按照中央、省有关规定执行。建立覆盖全市国有企业、分级管理的国有资本经营预算制度和收益分享机制,国有资本经营预算在优先满足支付国有企业改革成本、处理历史遗留问题以及推进企业转型升级的基础上,更多地用于保障和改善民生。根据国家要求,逐步提高国有资本收益上缴比例,至2020年提高到30%。

(二)准确界定国有企业功能,划分类别、一企一策推进改革

5. 明确市属国有企业分类。将市属国有企业分为竞争类、功能类和公益类,通过界定功能、划分类别,实行分类监管、实施分类改革、实现分类发展。市本级国有资产监管机构负责制定所出资企业的具体分类方案,经市政府批准后实施。按照国有资本布局结构和企业发展战略,企业分类可动态调整。

6. 推进竞争类国有企业改革。竞争类企业包括制造业、商贸物流、房地产、金融等领域,以市场为导向,以增强活力、实现经济效益最大化为主要目标,兼顾社会效益。这类企业原则上都要进行股份制改革,实行完全市场化的经营机制,放开国有股权比例限制,积极引入其他国有资本或各类非国有资本,实现股权多元化,推进企业上市发展。对竞争类企业,重点考核经营业绩指标、国有资产保值增值和市场竞争能力、持续发展能力。

7. 推进功能类国有企业改革。功能类企业包括投融资平台、资产管理公司、产权交易平台等领域,以放大国有资本功能、完成政府重大专项任务、服务战略性任务和实体经济发展为目标,追求经济和社会的综合效果。这类企业原则上要采用国有独资形式,可引入其他国有资本实行股权多元化;对其竞争性业务实行业务板块有效分离,独立运作、独立核算,并可引进非国有资本发展混合所有制经济。对功能类企业,在考核经营业绩指标和国有资产保值增值情况的同时,要加强对完成市政府重大专项任务、资本运营能力、融资能力和风险控制能力的考核。

8. 推进公益类国有企业改革。公益类企业包括城市供水、供气、供暖、交通等领域,以保障民生、服务社会、提供公共产品和服务,实现社会效益最大化为目标,兼顾经济效益。这类企业可以采取国有独资形式,具备条件的也可以推行投资主体多元化,还可以通过购买服务、特许经营、委托代理等方式,鼓励非国有企业参与经营。对公益类国有企业,重点考核成本控制、服务质量、营运效率和保障能力,根据企业不同特点有区别地考核经营业绩指标和国有资产保值增值情况,考核中要引入社会评价。

(三)健全市场化经营机制,完善现

代企业制度

9.健全公司法人治理结构。进一步厘清股东(大)会、董事会、监事会、经理层、党委会各自权责界限,形成权责明确、运转协调、制衡有效的决策执行监督机制。重点推进董事会建设,规范议事规则、决策程序和相关制度,强化董事会专门委员会功能。切实落实董事会依法行使重大决策、选人用人、薪酬分配等权利,保障经理层经营自主权,法无授权任何政府部门和机构不得干预。完善董事选派制度,进一步拓宽外部董事来源渠道,可从现职国有企业领导人员和国有资产监管机构中选出一批经验丰富的同志转任专职外部董事,实现国有独资、国有控股企业外部董事所占比例超过半数。改进董事会和董事评价办法,强化对董事的考核评价和管理,对重大决策失误负有直接责任的要及时调整或解聘,并依法追究责任。精简企业集团董事会和经营层,依据企业规模、盈利能力、经营难度等要求,董事会(包括外部董事)的人数一般为5到9人,经营层原则控制在7人以内。推进监事会建设,明确监事会职责,完善监事会的履职内容、工作方式及业绩考核评价机制,充分发挥监督职能作用。成立外部董事、监事管理中心,加强对外部董事、监事的考核评价和管理。积极探索现代企业制度与党组织发挥政治核心作用有效融合的途径、健全企业党组织参与企业重大问题决策的体制机制。

10.建立国有企业领导人员分类分层管理制度。坚持党管干部原则与董事会依法产生、董事会依法选择经营管理者、经营管理者依法行使用人权相结合,根据不同企业类别和层级,实行选任制、委任制和聘任制等不同选人用人方式,上级党组织和国有资产监管机构按照管理权限重点管理企业董事会成员、党委领导成员,经理层逐步由董事会管理。推行职业经理人制度,实行内部培养和外部引进相结合,企业现任高管人员在档案移交社会管理后可自主选择按职业经理人制度模式管理,新设国有企业的高管人员以及国有企业的新增高管人员实行市场化选聘。全面推行企业领导人员任期制和契约化管理,严格任期管理和目标考核,建立健全市场化退出机制。任期届满后不再连任的自行解除职务,不再享受原岗位待遇。

11.建立长效激励约束机制。合理确定国有企业领导人员薪酬水平,建立与选任方式相匹配、与企业功能性质相适应、与经营业绩相挂钩的差异化薪酬分配制度。对组织任命的企业领导人员,按照省、市有关规定,合理确定基本年薪、绩效年薪和任期激励收入。对市场化选聘的经理层人员实行期股期权、岗位增量分红权等中长期激励方式。支持企业建立科技成果、知识产权归属和利益分享机制,激励金额在当年工资总额结算时单列,不计入工资总额基数。健全与激励机制相配套的业绩考核、财务审计、信息披露、延期支付、追索扣回等约束机制。合理确定企业领导人员履职待遇,严格规范业务支出。

12.深化企业内部经营机制改革。建立健全企业各类管理人员公开招聘、竞争上岗等制度,拓宽选人用人视野和渠道。建立健全以合同管理为核心、以岗位管理为基础的市场化用工制度,允许企业按照市场规则依法建立和完善员工流动和退出机制。建立反映劳动力市场供求关系和企业经济效益的市场化员工工资决定机制和正常增长机制。推行全员绩效考核,根据岗位职责和绩效贡献自主决定不同岗位人员工资,合理拉开收入分配差距。真正形成企业内部管理人员能上能下、员工能进能出、收入能增能减的运行机制。

(四)建立组织制度政策体系,妥善解决国有企业历史遗留问题

13.推动解决国有企业历史遗留问题。按照统筹安排、先易后难、分类实施的原则,探索用改革的办法、创新的思路,着力解决"壳企业"职工安置、厂办大集体、离退休人员社会化管理以及分离企业办社会职能等历史遗留问题,制定相关政策,切实减轻企业负担,妥善安置职工,为推进国有企业改制重组和公平参与市场竞争创造条件。

14.加强解决国有企业历史遗留问题的组织领导。建立分级、分类解决国有企业历史遗留问题的组织领导和工作体系,实行联席会议制度,明确相关部门和地区职责分工,形成相互协调、联动配合的工作机制。研究制定分类解决国有企业历史遗留问题的工作方案和具体推进实施方案,明确目标、任务和责任,加强工作考核和监督检查。

15.为解决国有企业历史遗留问题提供资金支持。多渠道筹措资金,建立起公共财政资金、国有资本经营预算资金、企业自筹资金共担改革成本的机制,先易后难,分步实施。探索设立国有企业改革专项基金,解决历史遗留问题。

(五)深化股权多元化改革,发展混合所有制经济

16.全面深化公司制股份制改革。对国有独资企业实行规范的公司制改革,对竞争类企业推进实施混合所有制改革,对公益类企业推进股权多元化改革。鼓励竞争类企业和功能类、公益类企业竞争性业务板块通过整体上市、并购重组、发行可转换债等方式,调整国有股权比例,积极引进各类投资者,形成股权结构多元、股东行为规范、内部约束有效、运行高效灵活的经营机制。充分发挥企业上市在推进混合所有制经济中的重要作用,使企业上市成为发展混合所有制经济的重要途径,使上市公司成为国有企业的重要组织形式。对通过实行股份制、上市等途径已经实行混合所有制的国有企业,要进一步完善现代企业制度,不断提高资本运行效率。

17.推动国有资本与非公资本相互融合。鼓励非国有资本、股权投资基金等各类新型社会资本通过出资入股、收购股权、认购可转换债等多种形式,参与国有企业改制重组或国有控股上市公司增资扩股以及企业经营管理,实现国有资本和非公资本交叉持股,相互融合,打造一批体制新、机制活,市场竞争优势明显的混合所有制企业。支持国有企业根据自身实际积极探索发展混合所有制的具体模式和途径,允许将部分国有资本转化为优先股,探索建立特别管理股。推广政府和社会资本合作(PPP)模式,鼓励社会资本参与投资国有资本投资项目,吸纳社会资本参与公益性、基础性项目建设和后续经营管理,实现公共项目资金投入多元化和经营运作市场化。鼓励国有资本以多种方式入股非国有企业,充分利用国有资本投资、运营公司的资本运作平台功能,以公共服务、高新技术、生态环保、战略性产业为重点领域,对发展潜力大、成长性强的非国有企业进行股权投资。允许市属国有企业从本企业战略发展需要出发,通过投资入股、联合投资、重组等多种方式,与非国有企业进行股权融合、战略合作、资源整合。

18.推进混合所有制企业员工持股。

鼓励制造业企业通过增资扩股、出资新设等方式率先实行员工持股。支持对企业经营业绩和持续发展有直接或较大影响的核心技术人员、经营管理人员和业务骨干出资参与本企业改制。支持符合条件的国有创投企业建立跟投机制，除项目团队外，允许公司管理层参与跟投。混合所有制企业实行员工持股，要按照国家有关要求做到程序规范、公开透明，严禁暗箱操作，防止利益输送。

（六）加大监管力度，防止国有资产流失

19. 强化企业内部监督。完善企业内部监督体系，明确监事会、审计、纪检监察以及法律、财务等部门的监督职责，完善监督制度，增强制度执行力。强化对权力集中、资金密集、资源富集、资产聚集部门和岗位的监督，实行分事行权、分岗设权、分级授权，定期轮岗，强化内部流程控制，防止权力滥用。建立审计部门、竞争类企业总会计师向董事会负责的工作机制。落实企业内部监事会对董事、经理和其他高级管理人员的监督。加强法律审核把关，市属大型企业都应建立总法律顾问制度，推进企业依法经营、合规管理。集团公司要加强对子企业的管理，建立科学的组织架构、管控体系和运行机制，管理层级原则上控制在3级以内。大力推进厂务公开，健全以职工代表大会为基本形式的企业民主管理制度，加强企业职工民主监督。

20. 建立健全高效协同的外部监督机制。整合出资人监管、外派监事会监督和审计、纪检监察等监督力量，引入社会监督，建立监督工作会商机制，健全监督意见反馈整改机制，提高监督效能。强化出资人监督，国有资产监管机构要加强对企业关键业务、改革重点领域、国有资本运营重要环节以及境外国有资产的监督，规范操作流程，强化专业检查，功能类和公益类企业总会计师由国有资产监管机构委派。推进外派监事会制度全覆盖，突出当期和事中监督，强化监督成果运用，建立健全核查、移交和整改机制。健全国有资本审计监督体系和制度，实行企业国有资产审计监督全覆盖，建立对企业国有资本的经常性审计制度。加强纪检监察监督，强化对企业领导人员廉洁从业、行使权力等的监督，加大案件查处力度，狠抓对存在问题的整改落实。引入社会监督，建立统一的信息公开网络平台，及时准确披露国有资本整体运营和监管、国有企业公司治理以及管理架构、经营情况、财务状况、关联交易、企业负责人薪酬等信息。

21. 严格责任追究。建立健全国有企业重大决策失误和失职、渎职责任追究倒查机制，建立和完善重大决策评估、决策事项履职记录、决策过错认定标准等配套制度，严厉查处侵吞、贪污、输送、挥霍国有资产和逃废金融债务的行为。建立健全企业国有资产的监督问责机制，对企业重大违法违纪问题敷衍不追、隐匿不报、查处不力的，严格追究有关人员失职、渎职责任，视不同情形给予纪律处分或行政处分，构成犯罪的由司法机关依法追究刑事责任。

（七）加强和改进党对国有企业的领导

22. 充分发挥国有企业党组织政治核心作用。把加强党的领导和完善公司治理统一起来，将党建工作总体要求纳入国有企业章程，明确国有企业党组织在公司法人治理结构中的法定地位。将党组织的机构设置、职责分工、工作任务纳入企业的管理体制、管理制度、工作规范，明确党组织在企业决策、执行、监督各环节的权责和工作方式以及与其他治理主体的关系，使党组织成为公司法人治理结构的有机组成部分，确保党组织政治核心作用有效发挥。在国有企业改革中坚持党的建设同步谋划、党的组织及工作机构同步设置、党组织负责人及党务工作人员同步配备、党的工作同步开展。坚持和完善双向进入、交叉任职的领导体制，董事长、总经理原则上分设，党委书记、董事长一般由1人担任。

建立健全党建工作责任制。国有企业党组织要切实承担好、落实好从严管党治党责任，党委书记要切实履行党建工作第一责任人职责，党组织领导班子其他成员要切实履行"一岗双责"，结合业务分工抓好党建工作，纪检组长（纪委书记）要坚持原则，主动作为，强化监督，执纪必严。国有企业党委书记同时担任企业其他主要领导职务的，必须设立1名专职抓党建工作的副书记。要坚决防止以改革为名撤并党的工作机构、裁减党务工作人员、压缩党务经费开支。加强党（总）支部规范化建设和工作考核。确保党（总）支部组织健全、制度完善、运行规范、活动经常、档案齐备。要深入开展"两学一做"学习教育和争创"四强"党组织、争做"四优"共产党员、"共产党员工程"等活动，充分发挥基层党组织战斗堡垒作用和党员先锋模范作用。加强企业党组织对群众工作的领导，发挥好工会、共青团等群团组织的作用，深入细致做好职工群众的思想政治工作。

23. 进一步加强国有企业领导班子建设和人才队伍建设。坚持党管干部原则，建立适应现代企业制度要求和市场竞争需要的选人用人机制。根据企业改革发展需要，明确选人用人标准和程序，创新选人用人方式。强化党组织在企业领导人员选拔任用、培养教育、管理监督中的责任，支持董事会依法选择经营管理者、经营管理者依法行使用人权，坚决防止和整治选人用人中的不正之风。加强对国有企业领导人员尤其是主要领导人员的日常监督管理和综合考核评价，及时调整不胜任、不称职的领导人员，切实解决企业领导人员能上不能下的问题。大力实施人才强企战略，加快建立健全国有企业集聚人才的体制机制。

24. 深入推进国有企业反腐倡廉建设。国有企业党委、纪委要切实履行主体责任、监督责任。加强党性教育、法治教育、警示教育，引导国有企业领导人员坚定理想信念，自觉践行"三严三实"要求，正确履职行权。强化上级纪委对下级纪委的领导，纪委书记的提名和考察以企业上级纪委会同组织部门为主；纪委副书记的提名和考察，由企业上级纪委听取企业党委、纪委意见后确定人选并组织考察，企业党委配合。加强反腐倡廉制度体系建设，严格执行廉洁从业若干规定和"三重一大"决策制度，严格落实中央八项规定和省、市有关规定，防止"四风"反弹。强化对国有企业领导人员权力运行的监督和制约，努力构筑国有企业领导人员不敢腐、不能腐、不想腐的有效机制。

三、保障措施

（一）完善各类配套政策

围绕推进国有资产集中统一监管、以管资本为主加强国有资产管理、完善现代企业制度、妥善解决历史遗留问题、发展混合所有制经济、推进企业员工持股及股权激励、建立市场化选人用人机制、防止国有资产流失等方面，出台相关政策措施。工商、财政、税务、规划国土、房产、国资、人力资源社会保障等部门要进一步梳理完善有关工商登记、税费管理、土地流转、资产处理、劳动关系调整、社会保险关系接续等方面的政策规定，积极争取国家政策支持，并牵头解决企业的合理诉求。完善公共服务合理定价、政府政策性补贴机制，建立稳定可靠、补偿合理、公开透明的公共服务支出补偿机制。

（二）营造有利于国资国企改革的良好环境

切实转变政府职能，最大限度减少行政审批，优化制度、简化手续、提高效率。发挥司法部门作用，对涉及国有企业可能影响社会和谐稳定的案件要及时依法妥善处理，确保法律效果、社会效果与政治效果的有机统一。在推进国有企业混合所有制改革中，坚持以企业为主体，不搞“拉郎配”，不搞“一刀切”，不设时间表，成熟一个推进一个，确保改革规范有序进行。建立鼓励改革创新的容错机制，尊重基层首创精神，营造开拓进取、锐意改革的宽松环境。

（三）切实加强组织领导

全市各级党委、政府要加强对深化国资国企改革工作的领导，将其作为经济体制改革的一项重要任务，切实抓紧抓好。成立深化国资国企改革工作领导小组，负责统筹研究和协调解决改革中的重大问题和难点问题，跟踪督促改革进展。市直有关部门要按照上级有关要求和本意见的部署，结合实际抓紧制定相关配套文件。市属国有企业要从本企业实际出发，制定改革实施方案，积极稳妥操作。各区县（市）、开发区要结合实际，制定具体贯彻落实意见并有效组织实施。

中共沈阳市委 沈阳市人民政府 贯彻落实《中共中央、国务院关于全面振兴东北地区等老工业基地的若干意见》的实施意见

（2016年8月1日）

为认真贯彻落实《中共中央、国务院关于全面振兴东北地区等老工业基地的若干意见》（中发〔2016〕7号）和省有关文件精神，加快推动沈阳老工业基地新一轮振兴发展，结合我市实际，现提出如下实施意见。

一、总体要求

（一）总体思路。全面贯彻落实党的十八大和十八届三中、四中、五中全会精神，深入学习贯彻习近平总书记系列重要讲话精神，按照党中央、国务院和省委、省政府决策部署，协调推进“四个全面”战略布局，牢固树立并切实贯彻创新、协调、绿色、开放、共享的发展理念，适应把握引领经济发展新常态，坚持稳中求进工作总基调，做好与“一带一路”建设、京津冀协同发展、长江经济带发展“三大战略”互动衔接，以“四个着力”要求为根本遵循，以“四个驱动”落实为重要引擎，以提高经济发展质量和效益为中心，以转方式调结构为主攻方向，保持战略定力，增强发展自信，坚持变中求新、变中求进、变中突破，坚决破除体制机制障碍，加大供给侧结构性改革力度，解决突出矛盾和问题，不断提升发展活力、内生动力和整体竞争力，努力走出一条质量更高、效益更好、结构更优、优势充分释放的发展新路，为加快建设国家中心城市、推动沈阳老工业基地全面振兴、实现国家“两个一百年”奋斗目标作出更大贡献。

（二）发展目标。到2020年，重要领域和关键环节改革取得重大成果，转变经济发展方式和结构性改革取得重大进展，经济保持中高速增长，实现全面建成小康社会目标。产业迈向中高端水平，自主创新和科研成果转化能力大幅提升，科技创新成为经济发展的核心动力，重点行业和企业具备较强国际竞争力，经济发展质量和效益明显提高；新型工业化、信息化、城镇化、农业现代化协调发展新格局基本形成；人民生活水平和质量普遍提高，城乡居民收入增长和经济发展同步，基本公共服务水平大幅提升。到2025年，建成东北科技创新中心、对外开放高地、具有国际竞争力的先进装备创新制造基地和国家新型工业化示范城市。到2030年，基本建成国家中心城市，实现沈阳老工业基地全面振兴，走进全国现代化建设前列。

二、着力完善体制机制

要坚决破除体制机制障碍，加快形成同市场完全对接、充满内在活力的新体制和新机制。

（三）加快转变政府职能。深入推进行政体制改革和机制创新，激发和释放发展动力和市场活力，建设创新型政府，打造宜商、宜居、宜业的软环境。进一步理顺政府、市场、社会的关系，厘清政府职能，科学设置政府机构。继续深化行政审批制度改革，依托市行政审批局，推进相对集中行政许可权改革试点，精简审批事项，简化审批程序，压缩审批时限，提高审批效率，同步强化事中事后监管。深化公共资源交易管理体制改革，进一步简政放权、放管结合、优化服务、提高效能。深入推进商事制度改革，优化营商环境，进一步放开放活市场，激发市场内在活力。大力推进投融资体制改革，发挥政府投资对市场经济和创新活动的引领作用，加大政府购买公共服务力度，全面推进政府和社会资本合作。依法履行政府职能，实施市场准入负面清单，公开政府权力清单，明确政府责任清单，建立权责清单动态调整机制，强化对行政权力的制约和监督，推进地方性法规“立改废释”，制定《沈阳市法治政府建设实施方案（2016—2020年）》，不断提高法治政府建设水平。完善绩效评价体系和评估机制，努力提升绩效考评对政府效能的激励约束作用。

（四）进一步推进国资国企改革。深化国有企业改革，完善国有企业治理模式和经营机制，建立市场化运行机制和现代企业制度，卸掉企业历史包袱，切实增强企业内在活力、市场竞争力和发展引领力，使其成为沈阳老工业基地振兴的重要支撑力量。根据党中央、国务院和省委、省政府统一部署，研究制定深化国有企业改革具体实施意见，对市属国有企业实行分类监管，实施分类改革，实现分类发展。推进经营性国有资产集中统一监管，优化国有资源配置，放大国有资本功能，建立健全以管资本为主的国有资产监管体系，改组组建国有资本投资、运营公司，重组整合一批国有企业，促进国有资产保值增值。推进设立国有资本创业投资基金，完善国有创投机构激励约束机制。推进国有企业建立健全现代企业制度，构建国有企业高效创新的长效机制。加强国有企业党的建设，强化国有资产监督，严格责任追究，防止国有资产流失。推进国有企业股权多元化发展，推进国有企业间交叉持股、

相互融合，积极引进非国有资本及各类新型社会资本参与国有企业改革重组，促进国有资产资本化、证券化，重点推进盛京银行等A股上市。支持人才资本和技术要素贡献占比较高的转制科研院所、高新技术企业和科技服务型企业通过增资扩股、出资新设等方式开展员工持股试点。妥善解决国有企业改革历史遗留问题，为国有企业公平参与竞争、释放创新活力创造条件。落实中央企业与地方协同发展、融合发展的政策，推进中央企业与我市共建一批产业园区。

（五）大力支持民营经济发展。加快转变发展理念，建立健全体制机制，支持民营经济做大做强，使民营企业成为推动发展、增强活力的重要力量。积极开展民营经济发展改革试点，在资金、土地、技术、人才等方面实行与国企同等政策。进一步放宽民间资本进入的行业和领域，鼓励民间资本投资金融服务、基础设施、市政公用事业、社会事业等领域，促进民营经济公开公平公正参与市场竞争。支持民营企业通过多种形式参与国有企业改制重组。落实《沈阳市支持小微企业创业创新若干政策措施》等针对中小微企业的优惠和扶持政策，完善中小微企业综合服务体系，建设中小微企业创业（辅导）基地及公共技术服务平台，加强中小微企业创新创业培育，推进国家小微企业创业创新基地示范城市建设。改善金融服务，疏通金融进入民营企业的通道，鼓励民间资本依法合规投资入股金融法人机构，支持在沈阳兴办民营银行、消费金融公司等金融机构，完善担保体系，促进担保和再担保机构健康发展。推进中小企业向“专精特新”方向发展，壮大一批主业突出、核心竞争力强的民营企业集团和龙头企业，支持建立现代企业制度，构建龙头企业引领、优势企业带动、中小企业配套的高效协同、资源共享、竞争力强的产业集群。

（六）深入推进重点专项领域改革。积极争取中央加大对我市支持力度，加快完善政府和企业合理分担改革成本的机制，允许我市国有企业划出部分股权转让收益以及出让部分国有企业股权，专项解决厂办大集体和分离企业办社会职能等历史遗留问题。争取中央财政继续对我市厂办大集体改革实施“奖补结合”政策，将中央财政奖励和补助资金统筹用于支付改革成本。稳步推进国有林区、林场改革，统筹考虑改革成本，加快构建政事企分开的国有林区管理体制，妥善化解林场改革矛盾，推进国有生态林保护与经济转型。进一步推进农垦系统改革发展，理顺政企、社企关系，推进分离办社会职能改革，提高垦区公共服务水平。

（七）主动融入、积极参与“一带一路”建设战略。加强对外经贸合作及人文交流，努力将我市打造成为我国向东北亚地区开放的重要窗口。积极参与丝绸之路经济带建设与欧亚经济联盟、蒙古国草原之路倡议的对接，支持企业参与中蒙俄经济走廊建设，加强沈阳振兴与俄远东开发战略衔接，深度开发境外市场。落实中韩经济部长会议成果，深化我市与韩国地方友好城市的经济技术合作，积极推动对日经济和产业合作。借助中德经济技术合作论坛、中欧城镇化伙伴关系城市合作、中美绿色能源和环境十年合作等国家层面的多（双）边国际合作机制，深化与欧美等国家（地区）的经济技术合作，高水平推进中德（沈阳）高端装备制造产业园建设，努力将其建设成为“中国制造2025”与“德国工业4.0”战略合作试验区、开放型经济新体制探索区、国际先进装备制造业发展示范区。推进我市面向东北亚开放合作平台基础设施建设，积极争取国家在沈设立自由贸易试验区。积极扩大与周边国家的贸易，创新贸易方式，实现对外贸易与我市优势产业发展的互动，促进进出口贸易水平不断提高。以电力装备、智能装备、石化装备、自主品牌汽车等优势装备制造业为重点，推进有实力的企业、优势产业、骨干产品走出去，积极参与国际产能合作，培育境外工程承包旗舰企业；推动我市重点项目纳入中哈、中蒙俄等各项国家层面的多（双）边国际产能合作机制；推进境外产业园区建设，先期重点在“一带一路”沿线国家建设特变电工沈变集团印度绿色能源产业园、中国白俄罗斯工业园等境外园区，积极参与乌干达辽沈工业园、罗马尼亚辽宁工业园等境外产业园区建设。积极对接政策性金融机构和大型商业机构，拓宽“走出去”融资渠道。

（八）对接京津冀等经济区构建区域合作新格局。加强务实合作，推动我市与京津冀地区融合发展。着力促进工业转型升级，大力推进装备制造、新材料、精细化工、冶金钢铁等传统优势产业与京津冀地区深度合作对接，推动产业合作园区建设，加强战略性新兴产业合作发展，以产业链配套、供应链协同等方式推进产能合作。着力建设服务于京津冀地区重要的农副产品供应基地，积极吸引京津冀农产品龙头企业参与我市农产品加工产业，开发农产品全产业链，深化农产品加工与流通领域合作对接。着力深化现代服务业对接合作，整合旅游资源，推动旅游标准、管理和服务与京津冀对接，面向京津冀发展总部经济，加强会展、文化卫生、现代物流、信息服务、工业设计等领域合作。着力加强科技创新合作与人才交流，促进我市与京津冀科技创新资源开放共享，加强科技项目合作，与京津冀建立互相开放的人力资源市场。着力开展生态环境联防联治，加大科尔沁沙地南缘生态治理力度，加强水环境和大气污染联防联治，积极构建京津冀地区生态环境保护沈阳屏障区。加强与环渤海地区的经济联系，积极推进我市与山东半岛经济区互动合作。推动我市与长江经济带、港澳台地区加强经贸投资合作。深化区域内部合作，以城市群协调发展为统领，以沈抚同城化为突破口，推进沈阳经济区一体化进程，促进区域内基础设施互联互通、产业协同发展、生态环境同保同治、资源集约共享。按照国家统一部署，积极参与东北地区通关一体化进程。

三、着力推进结构调整

坚持以质量效益为核心，多策并举，“加减乘除”一起做，全面推进经济结构优化升级，加快构建战略性新兴产业和传统制造业并驾齐驱、现代服务业和传统服务业相互促进、信息化和工业化深度融合的产业发展新格局。

（九）促进装备制造等优势产业提质增效。按照经济发展新常态下国家对东北地区产业转型升级的战略定位，加快制造业由传统制造向智能制造转变，大力发展以自动化技术、智能信息技术、智能控制技术为核心的高端制造业，提高制造业核心竞争力，再造产业竞争新优势，建设“中国制造2025”试点示范城市，全力打造国家制造业智能化转型的先行试验区，建设具有国际竞争力的装备制造业基地和重大技术装备战略基地。做优做强电力装备、通用石化装备、重型矿山装备、先进轨道交通装备、航空航天装备等先进装备制造业。促进汽车产业优化升级，积极发展新能源汽车。提升重大技术装备自主化以及核心技术与关键零部件研发制造水平，推进特高压输变电装备、百万千瓦级核电站装备、重型燃气轮机发电装备、页岩气压裂成套装备等一批重大技术装备研发及产业化，发展大型化、智能化、成套化的重大技术装备。积极支持重大技术装备拓展市场，推进沈阳装备“装备中国”、走向世界。提升原材料产业精深加工水平，推进钢铁、有色、化工、建材等行业绿色改造升级，积极稳妥化解过剩产能，严格控制高耗能行业新增产能项目，让更多要素资源向优势企业、优势产业集聚。促进军民优势资源双向流动，开展军民融合创新示范区建设。加快信息化和工业化深度融合，推进制造业智能化改造，实施制造业智能升级三年行动计划，推动汽车、机械装备、航空、轻工、化工等行业的重点企业智能升级，建成一批智能化工厂和智能化车间，促进工业互联网、云计算、大数据在企业研发设计、生产制造、经营管理、销售服务的综合集成应用，提升企业核心竞争力，促进产品质量和经济效益显著提高。加强质量、品牌和标准建设，打造一批具有国际竞争力的产业基地和区域特色产业集群。争创老工业基地产业转型升级示范区和示范园区，促进产业向高端化、集聚化、智能化升级。

（十）积极培育新产业新业态。大力促进产业多元化发展，尽快形成多点多业支撑的新格局。制定实施战略性新兴产业“十三五”规划，出台促进战略性新兴产业发展的意见，实施战略性新兴产业三年行动计划，发展壮大机器人及智能制造装备、航空等高端装备制造和新一代信息技术、生物医药、新材料、新能源、新能源汽车、节能环保等战略性新兴产业，积极争取国家战略性新兴产业布局向沈阳倾斜。以铁西、浑南、沈北3大产业集聚区为核心，其他区域协同错位发展，加快形成功能定位清晰、产业优势互补、集聚效益明显的新兴产业发展格局，重点打造中德（沈阳）高端装备制造产业园、中德节能环保产业园等20个产业特色鲜明、创新能力突出、核心竞争力强的新兴产业创新创业园区，把战略性新兴产业打造成为沈阳市最具经济发展活力和竞争力的战略增长极，形成一批国内领先的战略性新兴产业集群，将战略性新兴产业培育成为支撑我市全面振兴发展的支柱性产业。全面落实《沈阳市优先培育新兴业态的指导意见》，优先培育扶持智慧城市、电子商务、互联网金融、导航与位置服务等一批新兴业态，推动互联网、云计算、大数据、物联网技术向经济社会各领域融合发展，打造新的产业增长点。积极引进和培育电商龙头企业，支持跨境电子商务发展。

（十一）大力发展以生产性服务业为重点的现代服务业。积极顺应供给侧结构性改革的大趋势，加快实施生产性服务业发展规划，引导和支持制造业企业从生产制造型向生产服务型转变。开展生产性服务业发展示范工作，鼓励企业盘活存量资产，分离和外包非核心业务，推动生产性服务业向专业化方向发展和价值链高端延伸。创新制造业服务体系，打造公共研发、工业设计、检验检测、咨询策划、人力资源开发等公共服务平台。积极争取国家和省服务业引导资金支持我市服务业升级发展。积极发展金融业，加快金融商贸开发区、金融街等金融集聚区建设，引进和培育银行、证券等各类金融机构总部，鼓励各类金融机构在沈设立分支机构，支持在沈金融机构发展，加快建立健全多层次的资本市场，拓宽企业直接融资渠道。进一步优化物流业发展布局，加快物流社会化、标准化、信息化、专业化建设，推动我市国家现代物流创新发展试点城市尽快获批。积极发挥历史、文化、冰雪、民俗等资源优势，完善旅游产品体系，强化品牌建设，推进沈阳经济区与东北其它地区旅游消费资源整合，争创“国家级旅游业改革创新先行区”，建设旅游强市和东北亚国际旅游城市。加快发展旅游、养老、健康、文体、休闲等生活性服务业，推动生活性服务业向精细化和高品质发展。

（十二）加快发展现代化大农业。积极构建现代农业产业体系、生产体系、经营体系，着力提高农业生产规模化、集约化、专业化、标准化水平和可持续发展能力，提高农业整体效益和竞争力，使现代农业成为重要的产业支撑。加强高标准农田建设，实施黑土地保护工程，落实好法库县东北黑土地保护利用试点项目，积极争取国家定期深松整地、耕地质量保护与提升补贴试点，建设粮油高产示范区。加快蒲河生态经济带、沈康现代农业示范带、环城都市农业产业带、沈阜现代农业产业示范带建设。优化种植业结构，加快发展现代种业，统筹发展现代畜牧业、园艺业、水产业、农畜产品深加工和流通业，拉长产业链条，发展培育一批主业突出、核心竞争力强的现代化农事龙头企业，推进农业产业化。实施农机购置及作业补贴，加强农机服务体系建设，推进农业生产机械化。大力发展“互联网+”现代农业，推进农业信息化。着力建设无公害农产品标准化生产示范基地、国家或省级农产品质量安全县（市）、出口农产品示范基地、绿色食品原料基地以及畜禽标准化示范场和水产健康养殖示范场，培育绿色生态农业知名品牌，推进农业标准化。加快推进重大水利工程建设，继续实施大型灌区节水改造项目。以“生产、生活、生态”功能为基础，以高端精品、高效特色、高产生态和休闲观光农业为主线，进一步优化都市农业空间布局，发展都市休闲农业。加强粮食仓储和物流设施建设，完善粮食物流体系。创新涉农金融产品和服务，加大对新型农业经营主体的金融支持力度。坚持规划先行，推动产城互动和农村一二三产业融合发展，科学推进新农村建设。

（十三）不断提升基础设施水平。推进重大基础设施建设，优化完善基础设施网络。积极争取国家尽快实施涉及我市的低标准铁路扩能改造工程，改善路网结构，提升老旧铁路速度和运力。配合国家科学规划建设快速铁路网，加快京沈客运专线、通辽连接京沈客专快速铁路等重大工程建设。推进高速公路和干线公路建设，重点推进沈康高速三环连接线、沈四高速改扩建等工程。争取国家加大对我市公路建设支持力度。配合国家、省有关方面推进沈阳桃仙国际机场二跑道建设，鼓励中外航空公司开辟至沈阳的国际航线，加快建设面向东北亚地区的航空枢纽。以建设综合运输示范城市为契机，加快推进综合交通运输体系建设，提升综合运输服务水平，推进国际陆海联运。构建全方位辐射的对外交通格局。控制新增火电装机，有序发展风电等清洁能源，配合国家能源局等部门研究建设电力外送通道。配合中石油集团加快中俄原油管道二线和东线天然气管道建设。全面实施项目带动战略，争取我市一批重大基础设施项目列入国家和省重点支持计划，做好招商落地、开工建设、达产达效等，加强项目“全过程、精细化、信息化”管理，加快投资进度，提高投资效率，充分发挥有效投资对稳增长的关键作用。

四、着力鼓励创新创业

要大力实施创新驱动发展战略，充分发挥区位优势和创新资源集聚优势，着力培育良好的创新创业环境，激发各类创新主体活力，把创新作为培育沈阳老工业基地内生发展动力的主要生成点，加快形成以创新为主要引领和支撑的经济体系和发展模式。

（十四）完善区域创新体系。把鼓励支持创新放在更加突出的位置，激发调动全社会的创新激情，推动科技创新、产业创新、企业创新、市场创新、产品创新、业态创新、管理创新。以实现创新驱动发展转型为目标，以推动科技创新为核心，以破除体制机制障碍为主攻方向，开展全面创新改革试验，推动科技创新与经济社会发展深度融合。按照国务院《关于建设大众创业万众创新示范基地的实施意见》要求，加快推进浑南区国家“双创”区域示范基地建设。全面落实《沈阳市推进大众创业万众创新实施意见》《沈阳市人民政府关于进一步做好新形势下就业创业工作的实施意见》等政策，为大众创业万众创新和产业创新发展营造良好政策和制度环境，充分发挥创客空间、孵化器等载体作用，加快推进众创、众包、众扶、众筹等新模式、新业态，加快推动大众创业万众创新。面向战略性新兴产业发展和传统产业改造的重大创新需求，科学配置创新资源，围绕产业链部署创新链，围绕创新链优化资金链，加快推进创新链整合，构建以企业为主体，科研院所、高校、职业院校、科技服务机构等参加的全链条、贯通式协同创新体系，打通基础研究、应用开发、中试和产业化之间的有效通道，支持机器人、IC 装备、数控机床、航空装备等产业与技术创新联盟，开展协同创新，提升产业核心竞争力。积极争取东北振兴重大创新工程落户我市。深入开展国家创新型城市创建工作。做好沈大国家自主创新示范区批复后的建设工作，积极开展创新政策先行先试，全面提升区域创新体系整体效能，加快建设区域科技创新创业中心。依托城区老工业区或其搬迁改造承接地，建设创新创业发展示范区。构建市场驱动的科技研发和成果转化机制，落实国家支持自主创新的有关政策，在促进科技成果转化、股权激励等方面积极探索试验。

（十五）促进科教机构与区域发展紧密结合。扶持驻沈科研院所和高校、职业院校加快发展，积极争取国家在沈布局建设国家重大科技基础设施。深化中国科学院沈阳分院与我市“院地合作”，推进沈阳材料国家实验室、机器人与智能制造创新研究院建设。支持高校、职业院校建设研发转化平台。提高市属本科高校、职业院校办学水平，引导各类院校办出特色，支持市属本科高校向应用型高校转变，建设高水平应用技术型大学。大力推进现代职业教育改革创新，实施“工厂化”办学、“双元制”教学改革试点，深化校企合作、产教融合，探索行业、企业参与职业教育的新模式。支持高校、职业院校加强国际交流与合作，建立符合国际通行规则的科研项目管理和成果分享机制，吸引境外研发机构在沈设立分支机构，搭建科教合作平台。推动沈阳经济区科教创新资源深度整合，构建沈阳经济区协同创新机制，打造协同创新发展共同体。

（十六）加大人才培养和智力引进力度。把引进人才、培养人才、留住人才、用好人才放在优先位置，深入实施“盛京人才”战略，打造东北地区创新创业人才高地。创新人才引进机制，建立高端人才信息库，围绕建设国家中心城市需要和产业升级核心技术需求，大力引进海内外科技领军人才、高层次工程技术人才、高级经营管理人才等各类高端人才和创新团队，争取国家“千人计划”“万人计划”等重大人才计划对我市给予重点支持。营造人尽其才、才尽其用、用有所成的人才发展环境，构建人才激励保障机制，研究出台支持吸引和用好人才的政策措施。鼓励高校、科研院所和国有企业强化对科技、管理人才的激励。优化配置教育资源，完善教育结构，提高人才培养水平，创新人才培养模式。进一步深化国际合作，支持高校引进国外优质教育资源、探索新型办学模式，培养沈阳振兴紧缺专业人才。鼓励设立高校、职业院校毕业生创新创业基金，引导大学毕业生在我市就业创业。加大高素质技术技能人才培养和引进力度，以中德（沈阳）高端装备制造产业园为先导区，以汽车和机器人产业为突破口，实施沈阳市“双元制”教育方案，不断深化国家装备制造业职业教育沈阳试验区建设，组织开展老工业基地产业转型技术技能人才双元培育改革试点。

五、着力保障和改善民生

要坚持共享发展，把保障和改善民生作为推动沈阳老工业基地振兴的出发点和落脚点，使发展成果更多更公平惠及全体人民，让人民群众有更多获得感。

（十七）切实解决好社保、就业等重点民生问题。加大民生建设资金投入，全力解决好人民群众关心的教育、就业、收入、社保、医疗卫生、食品安全等问题，保障民生链正常运转。继续扩大普惠性学前教育资源，推动义务教育优质均衡发展，启动普通高中优质达标建设，提升特殊教育办学水平，推动终身教育向社区和农村延伸。坚持就业优先，实施更加积极的就业政策。提高就业服务网络化水平，加强就业和再就业培训，加大对高校毕业生、农民工、特困群体的就业帮扶力度，构筑政府、企业、社会力量等多方参与的就业创业服务机制，帮助就业困难人员实现就业，确保零就业家庭实现至少一人就业。要坚决守住民生底线，防止经济发展下行压力传导到民生领域。采取务实举措，做好增收节支，坚决压缩一般性支出，切实保障教育、社保、医疗卫生等重点民生支出。加快构建城乡一体的社会保障体系，努力实现“五险合一”，积极争取中央财政加大对我市企业职工基本养老保险和医疗保险的投入，进一步提高企业退休人员基本养老金水平，妥善解决厂办大集体职工的生活困难和社会保障问题。加快推进智慧医疗和分级诊疗建设，积极推进城市公立医院改革试点，引导支持社会资本参与公立医院改革，积极开展国家卫生城市创建和建设国家健康城市工作。整合城镇职工医保、居民医保和新农合。稳定城乡居民就业和收入，确保社会和谐稳定。

（十八）全面实施棚户区、独立工矿区改造等重大民生工程。积极争取中央财政和中央预算内投资支持我市棚户区改造，争取国家开发银行、中国农业发展银行等机构加强金融支持，加快棚户区改造进程。实施旧住宅区环境改造和节能暖房工程。推进采煤沉陷区综合治理，争取中央预算内投资对采煤沉陷区居民避险安置及配套基础设施、公共服务设施和接续替代产业平台建设的支持。加强矿区生态和地质环境整治，开展露天矿坑、矸石山、尾矿库等综合治理。

（十九）推进城市更新改造和城乡公共服务均等化。加大城市道路、城市轨道交通、城市地下综合管廊等设施建设与更新改造力度，改善薄弱环节，优化城市功能，提高城市综合承载和辐射能力。实施畅通工程，加快建设沈辽路、北一路等城市快速路，打通城市“断头路”，打造贯通城市的快速交通网络，提高城市通行效率。加快“公交都市”建设，完善轨道交通系统，加快推进地铁二号线北延线和四、九、十号线等在建工程建设和建成通车，积极推进《沈阳市城市轨道交通建设规划（2016－2023年）》确定的9条线路前期工作，力争早日开工建设，初步形成城市地铁交通网络，实现地铁与城市发展良性互动。新建中央大街桥、金阳通道等桥梁和通道，提升浑河两岸道路通行能力。完善城市公交停车系统，推动地下空间开发利用。综合部署给排水、环保、防灾等各项市政公用设施，推进国家综合管廊试点城市建设。积极稳妥推进铁西区重工街等城区老工业区搬迁改造，对相关企业视情况实施异地迁建、就地改造和依法关停，促进调整产业结构、完善功能布局、修复生态环境和改善民生。结合老城区更新改造及新城新区建设，积极推动“海绵城市”建设，加强浑河南岸防洪能力建设，提升城市应对内涝积水危害和防洪能力。按照国家以哈（尔滨）长（春）沈（阳）大（连）为主轴培育形成东北地区城市群的总体部署，落实国家空间规划顶层设计，促进城市协调发展。依托自然、历史、文化、民族等优势，加快发展一批特色魅力城镇。加快农村饮水、电网、道路、污水和垃圾处理等基础设施建设，推进城乡规划、建设和基本公共服务一体化，加快建设美丽宜居乡村。

（二十）打造北方生态屏障和山青水绿的宜居家园。牢固树立绿色发展理念，实施“青山、绿水、蓝天”工程和绿化工程，加快创建国家生态文明试验区，推进绿色发展、循环发展和低碳发展。坚持以生态建设为主的林业发展战略，全面落实绿化提升三年行动计划，加快推进东部山区和西北部沙区森林建设，加大森林资源管理力度，逐步提高全市森林化水平。加大卧龙湖、仙子湖湿地、秀湖湿地公园等保护力度，加强退耕还湖还湿。积极争取国家在我市开展林区、湿地、沙地等生态脆弱区生态移民试点。推进流域生态和环境综合治理。加大自然保护区建设和野生动物资源保护力度，禁止商业性开发。完善对重点生态功能区的补偿机制。全面推行绿色制造，强化节能减排，推进清洁生产，构建循环链接的产业体系，严格控制高耗能、高排放和产能过剩产业发展，加快国家循环经济示范城市建设。加强大气、水和土壤污染防治，进一步改善辽河、浑河、蒲河等重点流域水质。

六、切实抓好组织落实

（二十一）加强组织领导。各级党政组织和广大党员干部要深刻认识党中央、国务院实施东北地区等老工业基地全面振兴战略的重要意义和深远影响，切实做到守土有责、守土尽责，进一步增强责任感、紧迫感和使命感，凝神聚力、开拓创新、务实进取，加快推动沈阳实现新一轮振兴发展。市振兴老工业基地领导小组要加强领导，安排部署重大工作任务，定期听取落实情况汇报，研究审议重大政策和重点规划，协调解决重大问题，督促推进重大事项。领导小组办公室要充实力量，加强综合协调，牵头推进重点工作，加大督促力度，针对发现的问题提出整改建议，遇有重要情况和重大事项及时向市委、市政府报告。各地区、各部门要根据职能分工，密切配合、加强联动、履职尽责、有序推进，主要负责同志要亲自挂帅、靠前指挥，认真抓好各项任务落实，形成推动新一轮振兴发展强大合力。

（二十二）加强工作对接。各相关地区和部门要认真研究在注重质量和效益前提下保持经济稳定增长的举措和办法，主动与国家、省有关部门加强沟通、深度对接，争取更多政策、项目和资金支持。积极争取国家出台具体政策支持我市发展，推进国家振兴政策在我市落地实施；积极推动我市更多项目得到国家支持，全力争取国家重大生产力布局特别是战略性新兴产业布局向我市倾斜；积极争取国家资金加大对我市一般性转移支付和社保、教育、就业、保障性住房、传统产业升级、新产业新业态培育等领域的支持力度，进一步完善我市社会保障体系、调整优化产业结构、培育形成发展新动能。

（二十三）狠抓工作落实。各地区、各部门要坚持问题导向，围绕新一轮振兴发展的目标任务深入开展调查研究，及时发现新情况、勇于解决新问题。要求真务实、开拓进取，甘于奉献、主动作为，以踏石留印、抓铁有痕的精神，认真细化工作举措并逐项制定具体工作方案，明确时间表和路线图，切实抓紧、抓实、抓好、抓出水平，确保党中央、国务院和省委、省政府各项部署落到实处，取得实效。

（二十四）健全考核机制。要将各地区、各部门落实振兴文件重点任务情况纳入绩效考核，完善奖惩机制，充分调动各方面的主动性、积极性和创造性，推动各项任务尽快贯彻落实。相关部门要按照任务分解和责任分工，强化定期督促检查，及时发现问题并向市振兴老工业基地领导小组办公室反馈。

实现老工业基地全面振兴是一项艰巨的任务，意义重大，影响深远。各地区、各部门要认真贯彻落实党中央、国务院和省委、省政府的各项决策部署，凝神聚力、开拓创新、敢于担当、扎实工作、持续用力，抓好新一轮沈阳老工业基地振兴战略的实施，加快实现全面振兴，为全面建成小康社会、不断夺取中国特色社会主义新胜利、实现中华民族伟大复兴的中国梦作出应有贡献。

中共沈阳市委关于进一步加强新时期人民政协工作的决定

（2016年8月2日）

为全面贯彻党的十八大和十八届三中、四中、五中全会精神，深入学习贯彻习近平总书记系列重要讲话精神，认真落实《中共中央关于加强社会主义协商民主建设的意见》（中发〔2015〕3号）、《中共中央办公厅印发〈关于加强人民政协协商民主建设的实施意见〉的通知》（中办发〔2015〕36号）和《中共辽宁省委关于进一步加强人民政协工作的决定》(辽委发〔2015〕15号)有关要求,切实加强和改进党对人民政协工作的领导,扎实推进人民政协协商民主建设,结合我市实际,现就进一步加强新时期人民政协工作作出如下决定。

一、准确把握人民政协的性质定位和新时期工作任务

做好新时期人民政协工作,不断开创人民政协事业新局面,必须进一步深化对人民政协性质、地位和作用的认识,遵循做好政协工作的重要原则,全面落实政协工作的新任务新要求,充分发挥人民政协在推动沈阳老工业基地全面振兴中的重要作用。

1. 提高对人民政协工作重要性的认识。中国共产党领导的多党合作和政治协商制度是我国的基本政治制度。中国人民政治协商会议是最广泛的爱国统一战线组织,是我国政治生活中发扬社会主义民主的重要形式,是我国政治体制和国家治理体系的重要组成部分。加强新时期人民政协工作,有利于促进党和政府决策科学化、民主化,有利于更好实现人民当家作主,有利于化解矛盾、促进社会和谐稳定,有利于推进国家治理体系和治理能力现代化,有利于协调推进"四个全面"战略布局。当前,我市正处于加快建设国家中心城市、推进老工业基地全面振兴和全面建成小康社会的关键时期,充分发挥人民政协的重要作用,对于团结全市各族各界人士,主动适应、科学把握、积极引领经济发展新常态,坚持新发展理念,落实"四个着力"要求,加快全面创新改革试验,推动沈阳新一轮振兴发展,具有十分重要的意义。各级党委要切实提高对人民政协工作重要性的认识,充分发挥人民政协制度的独特优势,坚定不移地走中国特色社会主义政治发展道路,为实现我市"十三五"规划目标任务提供有力的民主政治保证。

2. 遵循做好人民政协工作的重要原则。做好人民政协工作,必须坚持中国共产党的领导,认真贯彻落实党的重大方针政策和重要决策部署,在思想上政治上行动上与以习近平同志为总书记的党中央保持高度一致,确保人民政协事业始终沿着正确的政治方向发展;必须坚持人民政协的性质定位,更加自觉地围绕中心、服务大局,把政协工作放到党委工作大局中去思考、去谋划、去推进,紧扣振兴发展献计出力;必须坚持大团结大联合,充分发挥人民政协代表性强、联系面广、包容性大的优势特色,最大限度调动一切积极因素,团结一切可以团结的人,汇聚起万众一心谋发展、聚精会神促振兴的强大力量;必须坚持发扬社会主义民主,积极扩大公民有序的政治参与,丰富民主形式,畅通民主渠道,有效组织各党派、各团体、各民族、各阶层、各界人士共商大计,推动实现广泛有效的人民民主。

3. 发挥人民政协在发展协商民主中的重要作用。社会主义协商民主是中国社会主义民主政治的特有形式和独特优势,是党的群众路线在政治领域的重要体现。人民政协协商民主,是社会主义协商民主的重要组成部分。加强人民政协协商民主建设,发挥人民政协作为协商民主重要渠道和专门协商机构的作用,最大限度地凝聚共识、凝聚智慧、凝聚力量,既是人民政协履行职能的重要工作方式和重要工作任务,也是各级党委的重要领导方式和重要工作任务。各级党委要认真贯彻落实党中央关于发展社会主义协商民主的重大战略部署,高度重视人民政协协商民主建设,坚持重要事项在决策之前和决策实施之中开展政协协商,广纳群言、广谋良策、广聚共识,努力营造民主协商、平等议事、求同存异、体谅包容的民主政治氛围,为实现老工业基地全面振兴贡献智慧和力量。

二、坚持把协商民主贯穿人民政协履行职能全过程

政治协商、民主监督、参政议政是人民政协的重要职能。要坚持把协商民主贯穿于人民政协履行职能的全过程,推进政治协商、民主监督、参政议政制度化、规范化、程序化,不断提高人民政协协商民主的实效和水平。

4. 建立健全政协协商民主制度体系。抓住决策之前和决策实施之中这个重要节点,贯彻重要事项开展政协协商这个基本要求,把握需要协商的事项必须经协商后提交决策实施这个关键环节,进一步完善协商制度,明确协商内容,丰富协商形式,制定协商计划,构建程序合理、环节完整的协商民主体系,增强开展政协协商的规范性和严肃性,进一步提高决策的科学化、民主化水平。

5. 明确政协协商的主要内容和形式。政协协商的主要内容包括:党的代表大会报告,党委全委会报告,政府工作报告,国民经济和社会发展计划报告,财政预决算报告,人民法院和人民检察院工作报告;重大改革方案,经济建设、城乡建设重要事项,科技、教育、文化、卫生等社会事业重要事项,涉及群众切身利益的重要事项,依法治市、廉政建设有关重要事项,重要人事事项;各党派、团体参加人民政协工作的共同性事务,政协内部的重要事务,以及有关爱国统一战线的其他重要事项。政协协商形式主要包括政协全体会议、常委会会议、主席会议、专题协商会议、专委会会议,以及其他协商会议。按照协商民主制度的要求,党委或政府主要领导、分管领导应参加相应的协商会议,认真听取协商意见和建议。根据形势任务的发展,丰富协商内容和协商形式,增加协商密度,提高协商质量。

6. 科学制定年度协商计划。实施政协年度协商计划是党委加强对政协工作领导和推动政协协商民主发展的重要机制。各级党委要会同同级政府、政协制定政协年度协商计划,并将其列入党委年度工作要点。协商议题由党委、政府、政协有关部门会商提出,协商计划由政协汇总形成,经政协主席会议审议后,报同级党委常委会会议确定。制定政协年度协商计划,要从党委、政府决策和决策实施的需要出发,统筹安排好议政性协商和监督性协商,加强政协协商与党委、政府工作的有效衔接,积极构建党委重视、政府支持、政协有为、各方参与的共同推进政协协商民主的工作格局。

7. 建立健全监督性协商机制。各级党委要支持政协有针对性地开展专项民主监督。各级政府部门和司法机关要自觉接受民主监督,与政协协商派驻民主监督小组或聘任民主监督员,并明确其民主监督的工作职权、程序等,增强民主监督的实效。各级政协要丰富监督性协商形式,积极运用民主评议方式对社会各界反映强烈、呼声较高的热点、难点问题进行民主监督,完善通过民主评议强化民主监督的工作机制,发挥政协提案、视察调研、反映社情民意和委员来信来访等在民主监督中的作用。

8. 积极为政协协商议政创造条件。各级党委、政府要加强与人民政协的联系,建立健全与政协工作有效衔接的相关制度。坚持政协主席列席党委常委会会议和其他重要会议制度,坚持政协副主席、秘书长、副秘书长和专门委员会主要负责人列席党委全会、参加涉及全局

性重要会议和重大活动制度。支持政协加强界别建设,充分发挥界别在政协协商民主中的重要作用。党委、政府有关部门要密切同政协专门委员会的协作和配合,邀请政协相关专门委员会负责同志参加重要工作会议或重要活动,参加政协相关专门委员会以议题为纽带的专题调研和视察等活动。坚持定期向政协委员通报重要情况和重要事项,扩大和保障政协委员的知情权、参与权、监督权。

9.建立完善政协协商成果落实机制。对政协全体会议、常委会会议、主席会议形成的建议案和重要协商成果,应列为党委常委会会议或政府常务会议议题进行研究采纳。对其他重要协商成果,党委和政府有关领导同志应认真阅批交办,推动政协协商意见落实。各级党委、政府要建立健全对落实政协协商成果的督办机制和反馈机制,促进政协建议案和其他重要协商成果的落实。政协要加强对开展政协协商的民主监督,采取适当形式对协商成果采纳落实情况进行民主评议,也可以组织政协委员通过视察等方式,提出落实与改进意见。

三、进一步加强人民政协自身建设

加强政协自身建设,是提高人民政协履职效能的重要基础。要进一步加强政协委员、干部队伍和基层政协组织建设,重视发挥各党派团体的作用,不断提高人民政协政治把握能力、调查研究能力、联系群众能力、合作共事能力,努力开创政协工作新局面。

10.加强思想政治建设。各级政协组织要主动适应新形势新要求,持之以恒地抓好思想政治建设,认真学习贯彻党的十八大以来党中央重大方针政策和习近平总书记系列重要讲话精神,不断增强思想政治素质和政策理论水平,切实把思想和行动统一到党中央重大决策部署上来。要始终把坚持和发展中国特色社会主义作为巩固共同思想政治基础的主轴,团结和引导参加人民政协的各党派团体和各族各界人士,坚定不移地走中国特色社会主义政治发展道路,进一步把人民政协事业推向前进。

11.切实发挥政协委员在政协履职中的主体作用。进一步完善委员联络制度,尊重和依法保护政协委员的各项民主权利,为政协委员履行职能、发挥作用创造更好的条件。委员所在单位要积极支持其参加政协活动,保证各项待遇不因参加政协活动受到影响。加强政协委员队伍建设,坚持标准、严格程序,切实把政治素质好、议政水平高、代表性强、群众认可、德才兼备的优秀人士吸收到委员队伍中来。对换届时继续提名的政协委员要充分听取政协党组意见,对届中出现工作岗位变动、代表性明显减弱或失去代表性或经考核履职不合格等情况的政协委员要及时予以调整。各级政协要建立健全政协委员履职管理考核通报制度,加强政协委员的基础性和适应性培训,使其懂政协、会协商、善议政和守纪律、讲规矩、重品行,切实发挥其在本职工作中的带头作用、界别群众中的代表作用。适当增加政协委员履职的活动经费。

12.重视发挥民主党派、工商联和无党派人士在政协组织中的重要作用。密切党委领导班子成员同民主党派、工商联和无党派人士的联系,完善政协班子成员联系各民主党派、工商联和无党派人士的工作制度,创新政协专门委员会与参加政协的各党派团体联合调研、视察、考察活动的形式与方法。按照有关政策规定,确保各民主党派、工商联成员、无党派人士在政协委员、常务委员和政协领导成员中应占的比例。市政协应至少有1名党外专职副秘书长,政协各专门委员会负责人中应有适当数量的民主党派和无党派人士。支持各民主党派、工商联和无党派人士参与重大方针政策的协商讨论及履行职能的各项活动,尊重和保障在政协会议上以本党派团体名义发表意见的民主权利,鼓励和支持通过参加政协会议、视察调研和提交提案、报送社情民意信息等形式,积极发表见解和主张。

13.加强政协干部队伍建设。各级党委要统筹政协领导班子和同级党政领导班子配备,把政治坚定、作风民主、经验丰富、年富力强、熟悉统战工作的同志充实到政协领导班子中。强化政协有关专门委员会领导力量配备,增强工作的梯次衔接,充分发挥专门委员会在政协工作中的基础性作用。重视政协机关干部队伍建设,把政协机关干部的培养、选拔、交流、任用纳入全市干部队伍建设总体规划,建立平级交流、提拔交流、挂职锻炼、对口学习机制,不断优化政协干部的年龄、知识和专业结构,努力造就一支政治坚定、作风优良、学识丰富、业务熟练,能够适应政协工作发展需要的高素质的干部队伍。

14.推进人民政协新型智库建设和对外交往工作。适应加强政协协商民主建设的需要,发挥政协人才荟萃、智力密集、联系广泛的优势,整合全市各级政协组织和社会各界智力资源,设立市政协智库工作部门并相应配备专职人员,建设专业结构合理、研究能力较强的政协新型智库。按照服务决策、适度超前的原则,组织智库专家就我市经济社会发展中的重大问题深入开展调查研究,对政协提出的重要协商意见建议进行专业论证,进一步提高政协咨政建言的质量和水平,为党委、政府提供富有战略性和较强专业性、针对性、可操作性的协商议政成果。积极开展人民政协对内联谊和对外交往工作,增进了解,加强合作,为沈阳老工业基地全面振兴凝聚更多力量。

15.加强市政协对基层政协组织的工作指导。完善市政协领导班子成员联系区、县(市)政协工作制度,设立有关工作机构,加强对区、县(市)政协组织在政治方向、履职原则、工作思路和联系协作等方面工作的指导。市及区、县(市)政协要通过联合开展调研、视察、考察和组织两级政协委员共同参加的履职活动,形成上下联动、优势互补、成果共享的工作机制,提升全市政协工作的整体水平。鼓励区、县(市)政协从加强政协协商民主建设的实际出发,积极探索,推进创新,不断增强政协工作的生机与活力。

16.强化基层政协组织建设。规范设置区、县(市)政协机关工作机构,适当增加人员编制,保证新形势下基层政协职能得到有效履行。在区、县(市)政协设立委员联络工作机构,加强委员培训、管理和考核工作。加强和改进街道(乡镇)及功能区管委会政协委员联络服务工作,并由一名担任政协委员的街道(乡镇)及功能区管委会党政领导负责。鼓励探索按一定区域开展协商议政的组织形式,发挥其在调查研究、推动发展、改善民生和反映社情民意中的经常性作用。

17.切实保证政协履职活动经费。切实保证政协工作经费和活动经费。政协履职活动经费要纳入同级财政预算,由同级政协机关安排使用。对市政协重大活动、信息化建设、远程协商等各种专项工作经费以及区、县(市)政协在基层开展委员联络工作的经费要给予支持，为政协履行职能提供有力保障。

四、加强党对人民政协工作的领导

党的领导是人民政协事业蓬勃发展的根本保证。各级党委要充分发挥总揽全局、协调各方的领导核心作用，把握正确的政治方向，完善领导体制，落实工作责任，支持人民政协充分履行职能、积极开展工作。

18. 认真落实党委对政协工作的领导责任。政协工作是党的全局工作的重要组成部分。加强和改进党委对政协工作的领导，是做好政协工作的根本保证和重要条件。各级党委要高度重视政协工作，把政协工作摆到重要位置、纳入重要日程，支持政协依照章程独立负责、协调一致地开展工作。各级党委常委会每半年要听取1次同级政协党组工作汇报，及时研究、解决政协工作中的重大问题。党委每届任期内应至少召开1次政协工作会议，总结经验，研究问题，部署工作。党委主要负责同志要亲自抓政协工作，并确定一位副书记分工联系政协。政府由分管常务工作的领导同志负责与同级政协的日常联系，其他领导同志要在分管范围内对政协工作给予支持，切实在全市形成重视支持政协工作的良好局面。

19. 充分发挥政协党组的领导核心作用。各级政协党组必须牢固树立政治意识、大局意识、核心意识、看齐意识，切实发挥领导核心作用，认真执行《中国共产党党组工作条例》，坚定不移地贯彻执行党关于人民政协的方针政策，围绕中心、服务大局，把党委的重大决策部署贯彻到政协工作中去。自觉接受同级党委的领导，维护党委的领导核心地位，健全政协重大工作向党委报告制度，主动向党委请示和汇报工作。认真执行《中国共产党廉洁自律准则》《中国共产党纪律处分条例》和《中国共产党问责条例》，严格落实从严治党主体责任，抓好委员队伍建设和政协机关干部队伍建设，强化正风肃纪、反腐倡廉。政协党组成员和政协委员中的共产党员必须模范遵守党的政治纪律和政治规矩，发挥好表率带头作用。

20. 大力推进人民政协理论建设和宣传工作。各级党委要重视抓好人民政协理论学习和研究工作，将其纳入党校、行政学院、社会主义学院的教学计划，加大对有关人民政协协商民主理论的培训力度。把宣传人民政协工作纳入同级党委宣传计划，加大对人民政协协商民主理论和实践的宣传力度。市属主要新闻媒体要有计划、有重点、经常性地宣传各级政协和政协委员履职的生动实践和创新做法。注重发挥新媒体在对人民政协宣传工作中的重要作用，努力营造更加有利于人民政协协商民主建设的良好氛围。

中共沈阳市委 沈阳市人民政府 关于深化供销合作社 综合改革的实施意见

（2016年8月12日）

供销合作社是为农服务的合作经济组织，是党和政府做好“三农”工作的重要载体。为全面贯彻落实《中共中央、国务院关于深化供销合作社综合改革的决定》（中发〔2015〕11号）、《中共辽宁省委、辽宁省人民政府关于深化供销合作社综合改革的实施意见》（辽委发〔2016〕5号）精神，切实做好全市供销合作社综合改革各项工作，结合我市实际，现提出如下实施意见。

一、总体要求

（一）指导思想。全面贯彻党的十八大和十八届三中、四中、五中全会精神，深入学习贯彻习近平总书记系列重要讲话精神，牢固树立创新、协调、绿色、开放、共享的发展理念，围绕“三农”工作大局，以密切与农民利益联结为核心，以提升为农服务能力为根本，以强化基层社和创新联合社治理机制为重点，按照“改造自我、服务农民”的总体要求，全面推进体制改革和机制创新，构建以农民专业合作社和供销联合社为基础的新型农业社会化服务体系，努力开创供销合作事业新局面。

（二）基本原则。坚持为农服务根本宗旨，切实做到为农、务农、姓农；坚持合作经济基本属性，推动多种形式的联合与合作；坚持改革创新，着力破解制约发展的体制机制障碍，充分激发和释放供销合作社动力与活力；坚持从实际出发，因地制宜、分类指导，确保改革积极稳妥、有序推进。

（三）目标任务。围绕“坚持为农服务宗旨、大力发展合作经济”的“一条主线”，突出“发展完善基层网络、增强社有企业活力”的“两个重点”，实现“创新系统体制机制、拓展为农服务领域、社有企业转型升级取得突破”的“三大突破”，以互联网技术为纽带贯通“生产、流通、消费、金融”的“四大领域”，构建服务农民生产生活的综合平台，形成与农民联结更紧密、为农服务功能更完善、市场化运作更高效的新型合作经济组织体系。

到2020年，全面完成供销合作社各项改革任务。健全以供销合作社主导的专业合作社、联合社组织体系，明确供销合作社基层社、联合社职能，社有企业建立现代企业制度，形成以互联网为依托，生产合作、流通合作、消费合作、信用合作“四位一体”的为农服务体系。生产环节抓好基地试点建设；加工流通环节大力培育农产品加工流通企业；消费环节探索组建城乡消费合作社；信用环节抓好农村金融服务业务。搭建全市供销合作社涉农电子商务平台，促进农业供给与农业需求的精准对接。在区县（市）、乡（镇）、较大行政村建设电子商务综合服务站，构建城乡终端交易系统和全市农村电子商务综合服务平台；全系统商品市场交易额达200亿元，利润总额达3亿元；建成各类仓储、分拣、配送中心60个，各类鲜活农产品网络终端700个；供销合作社服务网络带动农产品销售额实现年平均100亿元；“新网工程”拉动农村消费额实现年平均100亿元。将我市供销合作社系统打造成为东北领先、面向全国、辐射东北亚的新型为农服务合作经济组织。

二、深化联合社改革

（四）明确联合社职责。市级联合社要充分发挥领导全市供销合作事业发展的作用，贯彻落实市委、市政府为农服务方针政策，研究制定发展战略和规划，指导服务供销合作社系统改革发展，充分履行行业管理、政策协调、资产监管、教育培训等职能。区、县（市）联合社要组织实施好基层社改造，坚持民主办社、开放办社，加快将区、县（市）联合社办成基层社共同出资、各类合作经济组织广泛参与、实行民主管理的联合组织。创新区、县（市）联合社运行机制，统筹运营本行政区域内供销合作社资源，推进直接面向农民的生产生活服务网点建

设，试行“一县一社”，形成规模化服务优势。（牵头单位：市供销社，各相关区县市政府）

（五）创新联合社治理结构。要深化体制改革，创新运行机制，理顺社企关系，着力构建联合社机关主导的行业指导体系和社有企业支撑的经营服务体系，形成社企分开、上下贯通、整体协调运转的双线运行机制。要全面落实社员代表大会、理事会、监事会制度，建立健全理事会、监事会组织机构。按照建设合作经济联合组织的要求，优化联合社机关机构设置、职能配置，切实履行行业指导、为农服务职责。稳定市和区、县（市）联合社机关参照公务员法管理。对参照公务员法管理的联合社机关新招录工作人员，按照公务员法有关规定，经批准可探索实行聘任制。允许不同发展水平的联合社机关选择参公管理模式或企业化管理模式。各区、县（市）联合社机关可以先行先试，探索具有合作经济组织特点的干部人事管理制度。在改革过渡期，联合社机关参照公务员法管理人员确因工作需要，经批准可到本级社有企业兼职，但不得在企业领取报酬。发挥行业协会在构建新型服务体系中的专业平台作用，推动行业协会与联合社融合互补、协同发展。（牵头单位：市供销社、市委组织部、市编委办、市人力资源社会保障局、市民政局，各相关区县市政府）

（六）密切联合社层级联系。强化联合社层级间的联合合作，创新上下联结机制。落实联合社对成员社的资产监管职责，建立成员社对联合社的工作评价机制，完善联合社对成员社的工作考核机制。设立供销合作社合作发展基金，各级联合社当年社有资产收益按照不低于20%的比例注入本级供销合作社合作发展基金。区、县（市）联合社在自愿的基础上，将本级部分合作发展基金上缴市级联合社合作发展基金。鼓励市级联合社合作发展基金吸收社会资本加入，扩大基金规模和服务范围。制定合作发展基金运行和管理办法，确保出资成员权责明确，基金运行和管理公开、透明、规范、高效。（牵头单位：市供销社，各相关区县市政府）

（七）理顺联合社与社有企业关系。供销合作社理事会作为本级社有资产和所有企事业单位资产的所有权代表和管理者，要落实社有资产出资人代表职责，坚持为农服务方向，促进社有企业面向市场自主经营，确保社有资产保值增值。建立社有资产授权经营出资人制度。建立社有资产管理委员会、社有资本投资公司、社有企业三个层次的管理运营架构，合理界定责、权、利关系。社有资产管理委员会按照理事会授权，建立社有资本经营预算制度，接受审计和财政部门监督，以管资本为主加强对社有资产的监管。社有资本投资公司要以资本为纽带，以项目为载体，优化社有资本布局，重点投向为农服务领域，构建社有资本合理流动、有效配置、保值增值的运营平台。监事会要强化监督职能，确保社有企业资产重组、对外投资、改革改制、债务处置等事项公开透明、规范操作。下级社资产处置的重大事项要履行报上级社审核备案手续，进一步落实联合社对成员社及其社有企业的资产监管职责。（牵头单位：市供销社、市财政局、市审计局，各相关区县市政府）

三、深化基层社改革

（八）推进基层社分类改造。按照统筹城乡的原则，将基层社改造纳入当地小城镇发展规划，优化基层社资源和网络布局。对已开发改造、资产状况良好、经营运转正常、有一定服务能力的基层社，要面向农民生产生活积极扩大服务领域，加快办成以农民为主体的综合性合作社。对于基础条件较差、没有经营业务、仅靠资产收益维持的“薄弱社”，要吸纳农民专业合作社、涉农企业、农民经营大户、农产品经纪人等入社，恢复发展经营服务业务，提升服务农民生产生活能力。对于经营服务网点破旧、尚未开发改造的基层社，要因地制宜采取自主开发、合作开发、招商引资等多种方式，稳步推进基层社改造。对于资不抵债、已丧失为农服务功能的“空壳社”或基层社空白地区，要采取能人领办、村社合一、社社合一等多种方式新建基层社。鼓励社有企业投资参与基层社经营服务网点开发改造。（牵头单位：市供销社，各相关区县市政府）

（九）加大对基层社的扶持力度。扶持供销合作社的政策要向基层社倾斜，各级联合社资源要更多投向基层社。支持基层社作为相关涉农政策和项目的实施主体，承担农村土地整治、农业综合开发、农田水利建设等公益性服务，参与现代农业建设。各级工商部门要做好重组、新建基层社的设立登记和现有基层社的规范登记工作。支持符合条件的基层社作为农民专业合作社进行工商登记注册，享受农民专业合作社的优惠政策。允许财政项目资金直接投向注册后的基层社，财政补助形成的资产可转交注册后的基层社持有和管护。（牵头单位：各相关区县市政府，市工商局、市财政局、市供销社）

（十）坚持基层社合作经济组织属性。通过劳动合作、资本合作、土地合作等途径，以合作制、股份合作制等形式，广泛吸纳农民和各类新型农业经营主体成为供销合作社社员，把供销合作社的基层组织延伸到农民身边，实现组织上、经济上、情感上与农民紧密联系。按照合作制原则加快完善治理结构，落实基层社社员代表大会、理事会、监事会制度，强化民主管理、民主监督，提高农民社员在经营管理事务中的参与度和话语权，逐步确立农民的主体地位。拓宽基层社选人用人渠道，鼓励村“两委”负责人、大学生村官、农村能人和机关干部等进入基层社领导班子。积极探索“村社共建”合作模式，通过土地流转、建基地、建合作社、建市场等方式，鼓励村集体经济组织和供销合作社基层组织双向联合，形成村社资源互补，实现共建共赢。规范基层社和农民社员的利益分配关系，建立健全按股分红和按交易额返利相结合的分配制度，切实做到农民出资、农民参与、农民受益。（牵头单位：市供销社，各相关区县市政府）

（十一）积极领办创办农民专业合作社及其联合社。引导基层社、社有企业通过共同出资、共创品牌、共享利益等方式，领办创办一批管理民主、制度健全、产权清晰、带动力强的农民专业合作社，努力打造区域性农产品品牌。具备条件的要积极组建农民专业合作社联合社，提高农民的组织化程度，促进农业产业化经营。加强农民专业合作社规范化建设，推进合作社提质扩容，增强市场竞争力和抗风险能力。围绕当地优势产业开展系列化服务，推动农民专业合作社在更大范围、更高层次上联合发展。（牵头单位：市供销社、市农经委、市工商局，各相关区县市政府）

四、深化社有企业改革

（十二）加快完善社有企业现代管理制度。以建立现代企业制度为目标，健全社有企业法人治理结构，构建股东会、董事会、监事会、经理层各负其责、协调运转、有效制衡的运行机制。完善社有企业分配制度及与绩效挂钩的激励约束制度。建立适应现代企业制度要求的选人用人机制，探索实行外部董事、职工代表董事、监事和职业经理人制度。建立健全社有企业财务、预算、审计、资产处置、重大投融资等管理制度，促进社有企业集约化、精细化管理。(牵头单位：市供销社，各相关区县市政府)

(十三)加快社有企业集团化发展。加快组建市供销企业集团。围绕增强社有企业活力和为农服务能力，着力将社有企业做大做强，加快推动跨区域横向联合和跨层级纵向整合，加强各层级社有企业间的产权、资本和业务联结，实现社有企业相互参股，加快构建生产加工销售、农工贸一体化的产业型多元化企业集团。推进社有企业并购重组，在重要领域和行业培育一批主业突出、具有行业引领能力的企业集团。对社有企业资产因重组在联合社理事会直属单位间调拨，不结转资金且符合税法规定的免征增值税。允许联合社争取的财政专项资金依法以股权形式投入本级或下级社有企业。支持社有骨干企业、新兴行业企业在资本市场上市，促进企业规范快速成长。(牵头单位：市供销社、市地税局、市国税局)

五、建立健全农业全过程社会化服务体系

(十四)为农业生产提供系列化服务。适应农村劳动力转移和农业专业化分工要求，以土地托管为切入点，加快推进现代农业规模化、专业化服务。围绕农业生产各环节，大力推广“保姆式”“菜单式”等托管服务模式。鼓励供销合作社以产品为纽带，与龙头企业、农民专业合作社、家庭农场、乡村旅游企业、经营业户等农业经营主体联合，开展全产业链生产经营服务。支持供销合作社在科研单位、农技推广机构与农户之间开展新品种、新技术、新模式的推广应用。支持供销合作社建设线上、线下“庄稼医院”，为农业经营主体提供综合性、专业化服务。(牵头单位：市供销社、市农经委)

(十五)推进城乡消费合作社建设。依托供销合作社电子商务平台和物流配送体系，创新服务消费需求新模式，组建城乡消费合作社，发展订单农业，实现基地、配送中心、社区的闭环直供，提供多层次、多样化、便利实惠的消费服务。(牵头单位：市供销社，各相关区县市政府)

(十六)稳步开展农村合作金融服务。发挥合作金融在构建可持续服务机制中的重要作用，加强与商业金融机构合作，整合各类服务资源，大力发展涉农普惠金融服务，促进供销合作社实体经济与金融服务有机结合。积极探索金融服务“三农”的新模式，提高金融服务的精准性、高效性和便利性。开展内部资金互助业务，鼓励符合条件的农民专业合作社按照有关规定申请设立农民资金互助合作社。支持供销合作社联合农保、财保、寿保公司依法依规申请设立农村互助合作保险组织，开展互助保险业务。研究探索有条件的供销合作社企业按照法定程序发起设立中小型银行。鼓励供销合作社或社有企业设立融资租赁公司、小额贷款公司、融资性担保公司，鼓励政府与社会资本共同出资或整合现有担保资源设立担保公司，财政部门按有关政策给予支持，培育供销合作社金融助农能力。各级政府要按照职责分工，承担监管职责和风险处置责任，切实防范和化解金融风险。(牵头单位：市供销社、市政府金融办、市财政局，各相关区县市政府)

(十七)强化城乡社区综合服务功能。适应新型城镇化和宜居乡村建设要求，加快建设农村综合服务社、农村电子商务综合服务站和城乡社区服务中心(站)，积极开展“全方位”“一站式”服务，提供日用消费品、医疗卫生、金融服务、文体娱乐、养老幼教、科技咨询、就业培训、综合信息等多样化便民服务，满足城乡居民多元化、个性化需求。提升城市供销合作社沟通城乡、服务“三农”的辐射带动能力，统筹整合城市供销合作社资源，发展城市商贸中心和经营服务综合体，不断完善社区商业网点和物流布局，到2020年，实现城乡社区连锁经营全覆盖。(牵头单位：各相关区县市政府，市供销社、市民政局)

六、加强农村现代流通网络建设

(十八)大力发展农村电子商务。结合沈阳市智慧城市建设总体规划，实施“互联网+供销合作社”行动计划。发挥供销合作社联结生产基地和农民专业合作社的优势，加快组建区域性、专业性电子商务平台，发展特色优质农产品交易，构建集生产、采购、检测、分拣、加工、仓储、运输、销售全过程于一体的大型涉农电子商务平台，打造立足沈阳、辐射全国的农产品销售网络。要组建电子商务运营中心和农村电子商务协会，并由协会负责全市农村电子商务培训经费的统一使用管理。启动沈阳农村电子商务创业帮扶计划，设立农村电子商务综合服务站，解决农村电子商务服务“最后一公里”问题。(牵头单位：市供销社、市发改委、市大数据管理局、市民政局，各相关区县市政府)

(十九)提升农产品流通服务水平。发挥供销合作社在全市农产品现代流通体系建设中的市场主体作用，将供销合作社农产品市场建设纳入全市农产品市场发展规划。加快建设跨区域、综合性大型现代化农产品交易中心和现代物流配送中心。通过资产整合、资本注入的方式，在集散地建设大型农产品批发市场，在产地建设农产品收集市场和仓储设施，在城市社区建设生鲜超市等零售终端。大力发展农产品冷链物流，加大预冷储存、冷链运输、加工配送等设施建设力度，提高鲜活农产品流通水平。在2018年底前，对于符合条件的专门经营农产品的农产品批发市场、农贸市场使用的房产、土地，暂免征收房产税和城镇土地使用税；对于同时经营其他产品的农产品批发市场和农贸市场使用的房产、土地，按其他产品与农产品交易场地面积的比例确定征免房产税和城镇土地使用税。加强农产品质量检测与追溯体系建设，培育一批品牌化、规模化的农产品生产基地，建立农产品可追溯体系，构建从“基地”到“餐桌”的农产品质量安全保障链条。(牵头单位：市服务业委、市农经委、市地税局、市国税局、市供销社，各相关区县市政府)

(二十)深入推进“新网工程”建设。加快构建农产品、农资、日用品、再生资源“四网”融合的农村现代流通体系。创新农资服务方式，推动农资销售与技术服务有机结合，开展农业技术、测土施肥等综合服务，加快农资物联网应用与示范项目建设。加大对农资网络的整合力度，加快配送中心建设，扩大连锁配送规模。整合系统内外资源，打破行政区划壁垒，统一服务标准，加快形成集物流配送、电子商务和综合服务于一体的农村日用消费品现代流通网络体系。加快建设经营性与公益性兼具、回收分拣集散功能健全的再生资源回收利用体系。突出做大线上线下二手商品交易、公共机构废旧物资回收、城市居民家庭生活垃圾再生资源分类收集和主要商业区、办公区再生资源自动回收等业务。支持供销合作社参与美丽乡村建设,促进资源循环和高效利用,改善城乡生态环境。(牵头单位:市供销社、市建委,各相关区县市政府)

七、保障措施

(二十一)加强组织领导。各级党委、政府要充分认识供销合作社在服务"三农"中的重要作用,将深化供销合作社综合改革纳入本地区全面深化改革大局,成立深化供销合作社综合改革领导小组,统筹协调供销合作社综合改革工作。要结合实际,积极创造条件,强化供销合作社服务"三农"的功能,将从行政部门剥离出来的社会化服务职能,委托或赋予供销合作社承担,实行市场化运作。要重视和加强供销合作社领导班子建设,特别是选好配强联合社领导班子。联合社领导班子成员因工作需要变动须事先征得上级联合社同意;联合社领导班子成员工作不力的,上级联合社有调整建议权。允许上级联合社委派机关干部到下级联合社挂职锻炼。各级供销合作社要切实增强深化综合改革的自觉性和主动性,转变行政化的思维方式和工作方法,用改革的思路和市场的办法不断破解体制机制难题,着力在关键环节和重点领域取得突破。要及时有效总结和宣传综合改革的新成果、新经验,营造改革发展的良好氛围。(牵头单位:各相关区县市政府,市供销社、市委组织部、市委宣传部)

(二十二)加大政策支持力度。加大对供销合作社综合改革、农业社会化服务惠农工程和供销合作社基层组织建设的支持力度。各级党委、政府及有关部门出台的支持国有企业、中小企业改革发展的优惠政策,原则上都适用于供销合作社企业。社有企业重组时,享受国有企业的有关政策。有关部门要支持供销合作社改革发展,按照职能分工,对于已出台的扶持政策和相关配套措施逐项梳理,加强督促检查,确保落实到位,形成推进供销合作社综合改革的合力。(牵头单位:各相关区县市政府,市供销合作社综合改革专项小组成员单位)

加强财政政策支持。加大"新网工程"专项资金支持力度,对于"新网工程"建设项目,在市级产业专项资金相关专项中给予资金支持,市供销合作社要做好组织申报、评审及制定计划等相关工作。对于新建社区商业网点和综合服务设施,由市供销合作社统一规划,加快推进全市性连锁平价超市建设。(牵头单位:市财政局、市服务业委、市供销社、市建委)

加强税收政策支持。对符合《财政部、国家税务总局关于企业改制重组有关土地增值税政策的通知》(财税〔2015〕5号)、《财政部、国家税务总局关于进一步支持企业事业单位改制重组有关契税政策的通知》(财税〔2015〕37号)有关政策规定的供销合作社及所属企事业单位,可享受土地增值税和契税优惠政策。对符合困难减免税有关政策规定且缴纳城镇土地使用税和房产税确有困难的企业,可按照税收审批权限申请税收减免。(牵头单位:市国税局、市地税局)

加强用地政策支持。供销合作社使用的政府产权房产,其产权可无偿划拨给供销合作社或按作价出资(入股)方式注入供销合作社。对各级供销合作社及社有企业使用的原国有划拨建设用地,经批准出让的,土地出让金地方收益部分由地方财政预算安排给同级供销合作社,用于供销合作社改善城乡流通服务设施建设。各级政府要支持供销合作社土地确权工作,市规划国土局、市建委、市房产局等有关部门根据供销合作社及所属企业的申请,对原始资料不全但供销合作社长期使用、权属合法、界址清楚、尚无争议的现有土地和房屋依法确权时,依照法定程序办理相关产权证书。按照国家、省、市有关规定,办理涉及土地、房产、水电、通讯设施、交通工具等过户手续时,免收过户等相关收费。(牵头单位:各相关区县市政府,市规划国土局、市建委、市房产局、市财政局、市供销社)

加强对涉农项目支持。对供销合作社集中托管服务的农业片区,各级政府及有关部门要在土地综合整治、水利设施配套、田间林网建设、粮食高产创建等项目上予以优先安排。基层社及其领办创办的农民专业合作社、各类基层社会化服务组织,同等享受对新型农业经营主体的扶持政策。支持社有企业参与地方农业产业化经营、标准化示范、农业技术研发推广等项目。支持社有农资经营企业承担化肥、农药等国家和地方储备任务。鼓励符合条件的社有企业参与大宗农产品政策性收储。支持供销合作社企业开展粮食临储业务,其粮仓建设计划纳入全市粮食仓储建设总体规划,在符合国家粮食临储政策的前提下,给予满足条件的供销合作社粮食经营、加工企业国有收储库点资质,享受各级粮食临储政策。(牵头单位:市农经委、市财政局、市发改委、市供销社,各相关区县市政府)

(二十三)妥善解决历史遗留问题。各级政府要采取有效措施抓紧处理供销合作社系统政策性财务挂账问题。在停息挂账基础上,作本金化解处理。供销合作社在农业银行形成的经营性债务,在符合国家政策前提下,努力妥善处理解决。稳妥解决供销合作社系统全民所有制身份和集体所有制身份下岗职工的安置问题。(牵头单位:市供销社、市政府金融办、市人力资源社会保障局,各相关区县市政府)

保持供销合作社组织体系和社有资产完整性,任何部门和单位不得违法违规平调、侵占供销合作社财产,不得将社有资产纳入地方政府融资平台,不得改变供销合作社及其所属企事业单位的隶属关系。确因公共利益或规划调整需要征收供销合作社房产或国有土地使用权的,原则上可以用等值的房屋和土地置换。

中共沈阳市委 沈阳市人民政府 关于打造国际化营商环境的意见

(2016年12月6日)

党的十八大以来,以习近平同志为核心的党中央着眼于国际国内的新形势和东北地区的重要地位,作出了推动东北地区等老工业基地新一轮振兴的战略部署,并出台了一系列重大支持政策。为全面贯彻党的十八大和十八届三中、四中、五中、六中全会精神,深入学习贯彻习近平总书记系列重要讲话精神特别是关于东北振兴发展的重要指示批示精神,有效落实省委、省政府的工作部署和市第十三次党代会确定的工作任务,市委、市政府研究决定将打造国际化营商环境作为落实"四个全面"战略布局、新发展理念和“四个着力”要求、推动沈阳创新改革和率先实现全面振兴的重要举措，现提出如下意见。

一、重要意义

1. 打造国际化营商环境是完善体制机制的内在要求。营商环境建设是解决沈阳老工业基地体制机制性问题和结构性问题的重要切入点和突破口。只有通过打造国际化营商环境，加快体制机制创新，从根本上破除制约发展的体制机制障碍，才能建立起国际化、便利化、法治化的市场规则，实现市场在优化资源配置中的决定性作用，充分激发市场活力；才能不断提高政府管理和服务水平；才能更好地融入“一带一路”战略，积极参与国际经济合作与竞争，提升城市国际化水平。

2. 打造国际化营商环境是新常态下推进结构调整的必然选择。营商环境建设是沈阳老工业基地转型发展的重要着力点和主要抓手。只有通过打造国际化营商环境，才能在振兴老工业基地“滚石上山、爬坡过坎”的关键阶段更好地推动产业转型，促进产业多元化发展，打造市场化导向的产业链；才能更好地加快城市转型，推进城市治理体系和治理能力现代化，提升城市的承载力和宜居度；才能更好地促进社会转型，转变社会治理模式，为全面振兴提供根本动力和保障。

3. 打造国际化营商环境是推动创新创业的重要前提。营商环境建设是沈阳老工业基地实现创新驱动发展的重要关节点和有力依托。只有通过打造国际化营商环境，抢抓新旧动能转换机遇，营造创新创业的氛围，才能让创新成为驱动发展的新引擎，激发全社会创造活力，促进科技与经济深度融合；才能建设具有国际竞争力的人才高地，构建创新创业强大智力支撑。

4. 打造国际化营商环境是保障和改善民生的现实需要。营商环境建设是沈阳老工业基地增进民生福祉的重要支撑点和保障基础。只有通过打造国际化营商环境，才能激发内生发展动力，切实扩大就业，提高城乡居民收入水平；才能不断增加优质公共产品和服务供给，促进公共服务优质化均等化；才能建立更加公平可持续的社会保障制度，促进社会和谐稳定。

二、总体目标和基本原则

5. 总体目标。紧紧抓住中央支持东北地区等老工业基地振兴、实施全面创新改革试验、自主创新示范区和自贸试验区建设等重大机遇，围绕沈阳推动全面振兴发展的国际化战略、区域一体化战略、城市空间优化战略、产业多元化战略和人的现代化战略，对标国际一流营商环境，重点打造廉洁高效的政务环境、诚信规范的市场环境、互利共赢的开放环境、完备优质的要素环境、功能完善的设施环境、温馨包容的社会环境、公平公正的法治环境。力争通过3年左右的努力，沈阳市的营商环境能够达到世界银行营商环境排名前50名经济体水平，形成沈阳振兴发展新优势，为沈阳争当新一轮振兴发展的排头兵、2020年建成引领实现东北振兴发展的中心城市，以及2030年建成东北亚地区重要的国际中心城市，奠定坚实基础，提供重要保障。

6. 基本原则

——目标导向、对标一流。坚持借鉴国际先进经验与沈阳本地实践相结合，以营商环境排名前列的国家和地区为标杆。坚持贴近企业实际，遵循市场经济规律，从解决社会反映突出的问题入手，创造公平公正的制度环境，提高各类市场主体对沈阳营商环境的满意度，构建国际化的企业生态环境。

——规则对接、法治为本。积极对接国际国内先进理念和通行规则，建立与国际接轨的营商规则体系，使营商环境更规范、更透明、更便利。切实保障市场主体的合法权益，加强法治建设，实现规则公平、机会公平、权利公平。

——问题切入、重点突破。坚持统筹规划与分步推进相结合，注重整体制度安排和政策设计。加大改革创新力度，侧重解决当前突出问题，在重点领域和关键环节抓紧试点，形成示范效应，带动全局发展。

——政府主责、共同缔造。处理好政府、市场、社会的关系，发挥政府在经济调节、市场监管、社会管理和公共服务等方面的主导作用，建设服务型政府。更加注重激发市场主体活力，引导社会力量积极参与国际化营商环境的构建。

三、打造廉洁高效的政务环境

7. 实施“多规合一”改革。坚持统筹规划、规划统筹，把“多规合一”改革作为推进城市治理体系和治理能力现代化的重要举措，作为建立可持续发展新机制的重要平台，推动由项目为主导向规划为主导转变，建立以规划为主导的经济发展管理体系。推进一个战略、一张蓝图、一个平台、一张表单、一套机制“五个一”为主要特征的“多规合一”改革。科学制定和全面实施沈阳振兴发展战略规划，明确城市发展愿景目标、发展战略、实施策略；建立一个统一的空间规划体系，实现一张蓝图干到底，促进发展目标、空间坐标、用地指标“三标”衔接；建立全市统一的空间信息管理平台，完善项目生成策划协调机制，做大做实项目储备库；推行一张表单审批模式；完善一整套工作保障机制。通过“多规合一”改革，推动空间布局和利用的有序平衡，实现资源集约利用，解决规划“打架”等城市发展中不平衡、不协调和不可持续的问题。

责任单位：市规划国土局、市发展改革委、市建委、市编委办、市行政审批局、市环保局、市经信委、市服务业委、市农经委、市旅游委、市林业局、市水利局、市交通局等相关部门，各区县(市)

8. 加快政府职能转变。进一步理顺政府和市场关系，着力解决政府直接配置资源、管得过多过细以及职能越位、缺位、不到位等问题。以建设法治政府、诚信政府、廉洁政府、服务型政府为目标，进一步推进简政放权、放管结合、优化服务改革。深入推进机构改革，按照精简统一高效的原则，科学设置政府机构，着力推进“大部制”改革，并积极稳妥推进事业单位分类改革。依法履行政府职能，建立完善权力清单、责任清单、负面清单管理模式，实行动态管理。强化行政职权事中事后监管，建立责任明确、协同联动的监管体系。以市场主体需求为导向，坚持“六个一律”，即向企业和社会充分放权，市场机制能有效调节的经济活动，一律取消审批；直接面向基层、量大面广、由地方管理更方便有效的事项，一律下放地方和基层管理；企业投资项目，除特殊情况外，一律由企业依法依规自主决策，政府不再审批；其他同类城市已取消的审批项目，我市一律取消；非行政许可审批项目，除国务院明确规定外，原则上一律取消；已改为备案的事项，一律不得搞变相审批。

责任单位：市编委办、市政府办公厅、市发展改革委、市规划国土局、市环保局、市建委、市行政审批局等相关部门，各区县(市)

9. 深化行政审批制度改革。依托“多规合一”平台，精简审批事项，再造审批流程，积极推广“一个窗口受理、一站式办理、一条龙服务”。健全行政审批运行机制，建立完善全市网上审批服务平台，构建市、区（县）、街道（乡镇）三级服务体系。所有行政审批事项的办结时限原则上不超过国家规定办结时限的40%。先行试点企业投资项目承诺制，探索创新以“政策性条件引导、企业信用承诺、监管有效约束”为核心的管理模式，实行企业投资项目管理负面清单制度，完善投资领域相关管理制度。优化完善建设工程项目审批流程，实行并联审批、联评联审、集中审图、区域环评、区域能评。实施中介服务清单制度改革，建立中介机构服务管理平台，推进房产测绘、检验检测等服务市场化管理。

责任单位：市行政审批局、市编委办、市发展改革委、市规划国土局、市房产局、市环保局、市工商局、市建委、市人力资源社会保障局等相关部门，各区县（市）

10.加强诚信政府建设。完善政府守信践诺机制，建立健全政务和行政承诺考核制度。加强各种所有制经济产权保护，减少利用行政手段干预经济活动。规范招商引资行为，严格履行各项政策承诺和兑现已签订的各类合同。

责任单位：市政府办公厅、市行政审批局、市编委办、市发展改革委、市建委、市财政局、市外经局等相关部门，各区县（市）

11.提高政务公开水平。建立清单公开制度，提高政府工作透明度。创新公开载体和形式，完善新闻发布制度，运用报刊、广播、电视、网络等各种传媒手段提高政府信息发布的及时性、准确性和权威性。通过社会公示、公众参与、听证制度、专家咨询等形式，增强政府决策的透明度和公众参与度，树立政府廉洁透明的良好形象。

责任单位：市政府办公厅、市委宣传部、市行政审批局、市编委办、市发展改革委等相关部门，各区县（市）

12.强化行政效能监察。建设以“亲”“清”为主要特征的新型政商关系，制定干部联系服务企业制度、企业问题收集处理制度，坚决整治政府部门不作为、慢作为、乱作为等问题。开展整治吃拿卡要、服务窗口质量差、乱检查、乱收费等专项行动，进一步提升效能、优化服务。严肃监督执纪，加大行政问责力度，规范行政管理行为。完善政府绩效评估体系，建立政务服务行政效能奖惩机制。加强人大依法监督和政协民主监督，强化社会监督，拓宽社会评议和投诉渠道，实现公众对政府服务的实时监督。

责任单位：市委办公厅、市政府督考办、市信访局、市直机关工委、市人大常委会办公厅、市政协办公厅等相关部门，各区县（市）

四、打造诚信规范的市场环境

13.优化市场准入机制。试行市场准入负面清单制度，组织实施公平竞争审查制度，努力在同规则、同待遇、降门槛上下功夫，凡是法律法规未明确禁止的，一律允许各类市场主体进入；凡是已向外资开放或承诺开放的领域，一律向民间资本开放；凡是影响民间资本公开进入和竞争的各种障碍，一律予以清除。创新公共服务领域市场开放机制，制定社会资本进入垄断行业和特许经营领域管理办法，引导和鼓励民营资本和各类产业投资基金投资战略性新兴产业、基础设施、重大民生工程、新型城镇化以及教育、医疗等社会事业领域。严肃查处采取不正当手段阻碍企业注册地迁移、影响要素流动等破坏市场规则的行为。各级政府要带头遵守市场规则和维护公平、诚信、有序的市场环境。

责任单位：市工商局、市行政审批局、市发展改革委、市建委、市经信委、市财政局等相关部门，各区县（市）

14.培育市场主体。深入推进商事制度改革，进一步放开放活市场，激发市场内在活力。实行“五证合一、一照一码”，全面推广工商登记“双告知”工作机制。围绕打造市场化导向的产业链，完善国有企业治理模式和经营机制，真正确立企业市场主体地位，切实增强企业内在活力、市场竞争力和发展引领力，开展国有企业混合所有制改革试点，改组组建国有资本投资、运营公司。大力培育中小企业发展，建立健全中小企业服务机制。落实小微企业创业创新空间、科技成果转化等方面的财税政策，设立创业投资引导基金，强化创业就业政策扶持。以沈阳“双创”示范基地为平台，构建“互联网+”创业网络体系，建设一批小微企业创业基地，建立“创业大街”“创业园区”。严格落实已出台的各项收费清理政策，动态调整涉企收费目录清单，省级以上重点经济园区实行行政事业“零收费”政策，着力降低制度性交易成本，各项收费不高于同类城市水平。多措并举降低企业用工、审批、融资、物流及供水、供电、供气、供暖等要素投入成本。

责任单位：市工商局、市国资委、市经信委、市发展改革委、市行政审批局、市编委办、市人力资源社会保障局、市财政局、市国税局、市地税局、市创新改革办、团市委等相关部门，各区县（市）

15.加快社会信用体系建设。推进“信用沈阳”建设，创建全国社会信用体系建设示范城市，建设信用公共信息共享平台，实行信用信息一站式查询。培育和规范信用服务市场，推进在行政管理和公共服务领域广泛使用信用记录和信用产品。强化重点领域守信联合激励机制和失信联合惩戒机制。加强诚信文化建设与考核推进机制，全面提升信用体系建设水平。

责任单位：市发展改革委、市工商局、市公安局、市法院、市检察院、人民银行沈阳分行营业管理部等相关部门，各区县（市）

16.健全市场监管体系。制定市场监管规则、流程和标准，健全监管责任制。推进市场监管规范化建设，建立健全“打、控、防、管”市场综合监管体系，强化对垄断、不正当竞争等违法行为的查处。加大企业违法违规惩戒力度，维护公平公正的市场环境。创新监管方式，推进协同监管、大数据监管和智能监管。完善质量监管体系，加强质量技术标准、质量检验检测、质量预警和风险防范工作。

责任单位：市工商局、市行政审批局、市公安局、市行政执法局、市环保局、市食药监局、市安监局、市质监局、市建委、市大数据管理局等相关部门，各区县（市）

17.提升市场服务能力。扶植和规范行业协会、商会等社会组织，强化服务定位，维护市场契约实施、行业规范和行业发展秩序。构建创新创业培训、专业咨询、金融服务、人才服务等一体化、全方位的服务体系，积极壮大各类专业服务机构，为企业提供多元化专业服务。建立政府职能转移目录清单和购买公共服务目录清单，健全政府采购、定向委托等多元化社会购买服务机制。

责任单位：市发展改革委、市行政审批局、市工商联、市财政局、市人力资源社会保障局、市经信委、市民政局、市服务业委、市国税局、市地税局等相关部

门,各区县(市)

五、打造互利共赢的开放环境

18. 加快推进辽宁自由贸易试验区沈阳片区改革创新。以辽宁自贸试验区沈阳片区建设为契机,加快探索营商环境法治化、国际化、便利化市场取向体制机制改革,尽快形成以负面清单管理为核心的投资管理制度,以贸易便利化为重点的贸易监管制度,以服务实体经济发展为主的金融开放创新制度,及时总结推广一批可复制的改革试点经验,着力将沈阳建设成为新一轮东北老工业基地振兴的示范区、全面对外开放的新引擎和全面创新改革试验的先导区。

责任单位:市外经局、市发展改革委、沈阳综合保税区管委会办公室、市政府金融办、沈阳海关、沈阳出入境检验检疫局、市经信委、市服务业委、市科技局、市财政局等相关部门,各区县(市)

19. 建立与国际接轨的营商规则。接轨国际规则、国际惯例,引入国际通用的行业规范和管理标准,支持企业积极参与制定国际标准。鼓励境外研发机构参与我市科技创新计划,建立符合国际通行规则的科研项目管理和成果分享机制。鼓励外资企业引进更多创新成果,在沈阳实现产业化。开展多种形式的国际产能合作,支持有实力的企业、优势产业、骨干产品走出去,重点推进国际产能和装备制造合作,推动企业加快适应全球贸易投资新竞争规则。

责任单位:市外经局、市外办、市发展改革委、市科技局、市经信委、市质监局、市财政局等相关部门,各区县(市)

20. 推进口岸通关便利化。创新贸易管理和服务体制,加快建设投资贸易便利、监管高效便捷的监管服务体系。建立电子口岸通关服务平台,推进"三互"通关、"单一窗口"服务和无纸化通关,推进货物贸易通关的联网监管。推进沈阳港和空港经济区发展,申请建设多式联运海关监管中心。进一步加强政府与机场、铁路、港口、海关、检验检疫和边检等相关单位的战略合作,积极创新通关便利化政策和举措,为企业和产品开拓国际市场提供优质服务。优化沈阳口岸72小时过境免签政策,免签人员在沈阳、大连口岸实现互通进出,扩大免签人员停留范围。大力实施离境退税政策。

责任单位:市外经局、沈阳海关、沈阳出入境检验检疫局、市公安局、市外办、市旅游委等相关部门,各区县(市)

21. 扩大对外经贸合作。努力打造开放沈阳,实施更加积极主动的开放战略,全面提升开放层次和水平,主动融入"一带一路"国家战略,主动对接国家多双边产能合作机制,积极参与中蒙俄经济走廊建设。以中德(沈阳)高端装备制造产业园为平台,促进"中国制造2025"与"德国工业4.0"战略合作对接。进一步加强与韩国友好城市的经贸合作,建设中韩国际合作示范区。打造一批重大开放合作平台,构建中俄、中蒙、中日产业投资贸易合作平台,以及中以、中新合作园区。创建新型外经贸合作模式,实施技术、品牌、营销、服务带动出口战略,逐步提升服务贸易国际竞争力。深入推进沈阳综合保税区境内外维修业务和融资租赁业务。构筑对外开放大通道,进一步拓展港铁联运,扩大沈阳经满洲里通往欧洲的中欧班列的运力和周边辐射力。

责任单位:市外经局、市发展改革委、市经信委、沈阳出入境检验检疫局、市服务业委、沈阳综合保税区管委会办公室等相关部门,铁西区、沈北新区等相关区县(市)

22. 加强区域对口合作。积极对接京津冀协同发展战略,推进与环渤海地区合作发展,建立沈阳与北京对口合作机制,积极参与辽宁省与江苏省对口合作,加强与厦门市等地区的交流合作。充分发挥比较优势,创新合作机制,拓展合作领域,进一步建立互利共赢、长期稳定的合作关系,实现共同发展。开展互派干部挂职交流和定向培训,深化科技创新等方面合作,通过市场化合作方式积极吸引项目和投资在沈阳落地。

责任单位:市发展改革委、市外经局、市科技局、市委组织部等相关部门,各区县(市)

23. 提升国际交流水平。创新与沈阳友好城市、经济合作城市合作机制,扩大政府和民间的友好往来,争取缔结更多知名度高、与沈阳产业互补性强的国际友城、国际友好合作关系城市。提升制博会、农博会、国际飞行大会、韩国周等活动的国际影响力,做大做强汽车博览会、家具博览会、食品博览会等品牌展会,引进一批国际高端展会和专业学术会议。加快对外文化体育交流,提升沈阳马拉松、哥德杯(中国)足球赛等赛事品牌知名度,承办更多具有较强国际影响力的顶级赛事。

责任单位:市外办、市发展改革委、市外经局、市服务业委、市建委、市农经委、市经信委、市体育局、市文广局、市委宣传部等相关部门,各区县(市)

六、打造完备优质的要素环境

24. 打造东北科技创新中心。实施创新驱动发展战略,积极开展创新政策先行先试,激发各类创新主体活力。深入实施沈阳市沈大国家自主创新示范区建设三年行动计划,加快科技体制创新,在股权激励、科研项目和经费管理等方面进行探索示范。扩大高等学校和科研院所在经费使用、成果处置、职称评审、选人用人、薪酬分配、设备采购等方面的自主权。加快组建以企业为主体,科研院所、高校、职业院校、科技服务机构等参加的若干产业技术创新战略联盟。扶持引导骨干企业和科技型企业建设一批国家级工程(技术)研究中心、工程实验室、重点实验室、企业技术中心。推进辽宁科技大市场、机器人创新研究院、沈阳工业技术创新研究院等一批创新平台建设,加快国家机器人创新中心建设。壮大完善浑南大学科技城、三好双创大街、新经济产业园、国际软件园、远大科技园等一批科技创新孵化园区。加快建设国家创新型城市,大力培育创新型经济,推动科技创新同产业发展有效对接,让创新成果落实到创造新的经济增长点上。到2020年,全社会研发投入占地区生产总值比重达到3%以上,科技创新成为经济发展的核心动力。

责任单位:市科技局、市发展改革委、市教育局、市经信委、市委教科工委等相关部门,浑南区、铁西区、和平区等相关区县(市)

25. 打造创新创业人才高地。深入实施"盛京人才"战略,加快人才引进、培养、发展、服务保障等体制机制改革和政策创新,制定出台推进人才管理改革试验区建设的若干意见,突破人才竞争、评价、流动、薪酬等制度瓶颈。积极引进各类高端人才和创新创业团队,实施"引博"工程和"盛京人才支持计划",营造吸引人才回流的良好环境。建立与国际接轨的专业人才培养质量标准和评估认证体系,优化创新领军人才和优秀专家评选,加强人才智库建设。大力倡导企业家精神,培养造就一大批勇于创新、敢于创业的企业家。到2020年,基本建成东北创新创业人才高地。

责任单位:市人才办、市人力资源社会保障局、市发展改革委、市国资委、市财政局、市委政研室、市政府研究室、市工商联等相关部门,相关区县(市)

26. 打造东北金融中心。深入推进优化金融生态试验,促进各类金融法人机构和金融创新业态集聚。争取东北振兴银行等区域性金融总部落户沈阳,加快设立东北振兴产业投资基金,提升金融要素供给能力。鼓励企业设立融资租赁公司、政策性再担保公司等产业金融机构,推进产融结合。推动“银政企保”合作,积极建立符合企业发展特点的信贷体系和融资担保体系,争取银行、担保、保险等各类金融机构加大对我市企业的金融服务力度,建立应急转贷、风险补偿等机制。培育发展金融要素市场,促进金融服务产品创新,打造东北地区资金流动最活跃平台。全面推进跨境人民币创新业务试点建设,支持企业和金融机构赴境外融资。加快推进专利权、商标权质押融资试点和流动性债权基金试点,开展科创企业投贷联动金融改革试点,加快发展金融租赁、消费金融、法人保险、法人信托等创新业务,积极引进天使投资、风险投资、私募股权投资等各类投资机构,支持龙头企业、民营企业和中小微企业发展,切实提升金融服务实体经济能力。

责任单位:市政府金融办、市发展改革委、市科技局、市经信委、市财政局等相关部门,沈河区、和平区等相关区县(市)

27. 打造东北亚物流枢纽。着力打造装备制造全球供应链枢纽,大力扶持、发展装备制造业全球供应链管理服务平台,整合研发、加工、安装等资源,提供一站式解决方案,构建集物流、资金流、信息流、商流服务为一体的全球供应链枢纽。建设国家现代物流创新发展试点城市,加大政策支持力度,构建公共服务信息平台,加快发展第三方物流,完善拓展物流园区、物流集中发展区、专业物流中心等服务功能,全面提升物流服务水平。依托沈阳区位优势,大力发展保税物流、航运物流以及铁路集装箱物流,积极融入欧亚大通道国际物流体系,成为“一带一路”重要的物流枢纽城市。

责任单位:市发展改革委、市交通局、市服务业委等相关部门,各区县(市)

28. 打造区域信息枢纽。加快大数据综合试验区、信息惠民、电子商务等国家试点示范城市建设。加快完善智慧城市信息基础设施,推动光网城市、宽带乡村及无线城市等建设,推进国家级互联网骨干直联点、宽带沈阳以及移动通信网络建设,推进新建区域宽带共享接入网络部署和已建区域网络扩容升级,积极推进宽带乡村工程,扩大无线网络覆盖范围。加快实施智慧政务、智慧医疗、智慧交通等重点工程建设,完善智慧沈阳统一平台,促进全市数据资源整合共享,全力打造惠民、兴业、善政“三位一体”的智慧城市。加快发展云计算、大数据、物联网等产业,引导知名互联网企业深度参与我市电子商务发展。建立数据社会化开发利用的体制机制,将沈阳打造成为东北地区的数据资源汇聚地、数据服务能力中枢和数据产业领先区域。

责任单位:市大数据管理局、市发展改革委、市政府办公厅、市卫计委、市服务业委、市交通局等相关部门,各区县(市)

七、打造功能完善的设施环境

29. 完善交通网络体系。构建全方位、立体化的对外大交通格局,完善轨道交通系统和快速交通系统网络,规划形成“环形+放射”高效便捷的路网结构。加快沈阳桃仙国际机场二跑道、京沈客运专线及沈康高速三环连接线等重大工程建设。优化城际间交通网络体系,实施沈阳至营口、沈阳至铁岭城际铁路工程,建设沈阳——营口陆海联运系统,形成“一带一路”东通道上的重要运输枢纽。加快推进沈阳到周边城市的快速路建设,实现沈阳经济区一小时交通圈。实施畅通工程,加快建设城市轨道交通和快速路,推进地铁4、9、10号线等工程建设。打通连接城区与各类产业园区通道,加快推进新区道路基础设施建设。完善城市公共停车系统,推动建设立体公共停车设施。

责任单位:市建委、市发展改革委、市交通局、市规划国土局、市城建局、市地铁建设指挥部等相关部门,相关区县(市)

30. 提升市政基础设施承载力。增强城市保障能力,加大城市地下管网建设和改造力度,加快推进“海绵城市”及综合管廊建设。加强节水型城市建设,推进城乡供水一体化,提升城市应对内涝积水危害和防洪能力。实施生活垃圾“减量化、无害化、资源化”处理。增强能源保障能力,深入开展电能替代试点,推进一批热电联产项目建设,加快输变电工程建设,提供便捷的电力接入和稳定的电力供应。

责任单位:市建委、市发展改革委、市水利局、市城建局、市房产局、市环保局、市地铁建设指挥部、沈阳供电公司等相关部门,各区县(市)

31. 健全多层次社会服务设施。建设国家学前教育改革发展实验区、老工业基地产业转型技术技能人才双元培育改革试点城市,构建学前教育、义务教育、高等教育、职业教育、老年教育完整的教育体系,全面提升各类教育办学条件和水平,支持国际性高水平大学建设,加快引进创办国际学校,推进中德学院及跨企业实训中心建设。完善公共文化服务和全民健身设施,加快建设一批达到国际水准的文化体育设施,推进文化、体育、教育等产业融合发展。完善旅游基础设施,建设东北亚旅游集散中心,提升城市吸引力。推进国家医养结合试点城市和国家养老服务业试点城市建设,建成一批兼具医疗卫生和养老服务的医养结合机构。优化医疗机构布局,科学合理配置医疗卫生设施,增加开发区、新城和农村地区的医疗卫生资源供给,有效提升医疗卫生保障能力。

责任单位:市发展改革委、市教育局、市民政局、市卫计委、市文广局、市旅游委、市体育局、市人力资源社会保障局、市财政局等相关部门,各区县(市)

32. 优化城市生态环境。实施“青山、碧水、蓝天”工程,构建“东山西水、一河两岸、一主三副”的城市空间格局,打造北国风光宜居家园。在确定市域主体功能区的基础上,划定城市开发边界和生态保护红线,稳定城市长期发展格局。推进生态绿地建设,保育“三环三带四楔”生态廊道,新建一批城市综合公园和街旁绿地,完善城市绿地系统。实施城市水系综合提升工程,推进水系环境综合整治,加强浑河、蒲河、卧龙湖等河流湖泊生态建设保护,建设互联互通城市网状水系。实施抗霾攻坚行动,落实燃煤总量控制、防治机动车尾气污染等重点工程。推进节能减排,建设国家循环经济示范城市。到2020年,二氧化碳排放强度、单位地区生产总值能耗和主要污染物排放等指标逐年降低,建成区绿化覆盖率达到45%,城市空气质量优良天数比率达到80%以上。

责任单位：市环保局、市发展改革委、市建委、市城建局、市水利局、市财政局、市规划国土局、市林业局等相关部门，各区县(市)

八、打造温馨包容的社会环境

33.打造稳定安全公共环境。深化平安沈阳创建活动，为市场主体提供安全、安定、安心的社会环境。严格落实安全生产责任制，完善应急体系，坚决遏制重特大事故发生。深化信访工作制度改革，完善社会稳定风险评估机制，有效预防和妥善化解征地拆迁、劳动社保等重点领域的矛盾和问题。建设国家食品安全试点城市，建立食品药品可追溯体系。加强社会治安综合治理，健全现代化、立体化社会治安防控体系。加强企业和个人信息安全保护，为公众创造良好的信息安全环境。

责任单位：市委政法委、市公安局、市信访局、市安监局、市食药监局、市人防办等相关部门，各区县(市)

34.健全社会和谐共治机制。共同缔造幸福沈阳，树立社会生活共同体理念。按照"核心是共同、基础在社区、群众为主体"的基本原则，创新社会治理体系，转变社会治理模式，提升社会治理水平，完善矛盾纠纷"大调解"工作体系，构建全民共谋、共建、共管、共评、共享的社会治理格局。推进和谐社区共治，完善社区网格化规范化治理机制。建立健全"纵向到底"的管理服务机制、"横向到边"的多元共治机制、群众广泛参与社会治理的协商共治机制。尽可能把资源、服务、管理放到基层，鼓励居民、社区组织有序参与社区治理，塑造共同精神。加强对涉外企业和外籍人员服务，在外企较为集中的经济园区和街道社区设立外国人服务站，提供专业服务。积极推进工资集体协商，加强劳动人事争议仲裁机构建设。

责任单位：市委宣传部、市民政局、市公安局、市人力资源社会保障局等相关部门，各区县(市)

35.完善均衡优质公共服务。提高公共服务供给效率，推进城乡基本公共服务均等化。积极推进教育现代化，优质均衡发展义务教育，加强职业培训和教育，推动职业教育和高等教育与地方经济发展深度融合。提升教育国际化水平，形成与国际化相适应的教育体系和运行机制。创建国家卫生城市和建设国家健康城市，深化医药卫生体制改革，建立起完善的分层级诊疗体系，采取更加便捷的措施吸引全球高水平医疗卫生人才来沈执业，鼓励本地医疗机构与境内外知名医疗管理机构合作，积极引进外资设立高端医疗机构，提升医疗发展水平。加强国际社区建设，为国际人群提供良好的城市居住环境。推进城镇基本公共服务常住人口全覆盖，建立城乡平等的就业机制，进一步提升公共文化服务水平。

责任单位：市发展改革委、市教育局、市人力资源社会保障局、市卫计委、市文广局、市民政局、市财政局等相关部门，各区县(市)

36.发展多元包容城市文化。加强社会主义核心价值观建设，加快提升全市文化的综合实力，做强国家文化产业示范基地，建设多元开放的"文化城市"。加强文化传承与保护，加快打造清文化、民国文化、抗战文化、工业文化等特色文化和非物质文化遗产品牌，形成多元包容、特色鲜明的城市文化形态。打造国内外有影响力的文化艺术交流平台，提升城市文化品位和品质。巩固提升创建全国文明城市成果，创新城市建设管理的群众参与机制，深入开展志愿者行动，调动市民参与文明创建的积极性，持续提升城市文明风尚。

责任单位：市委宣传部、市文广局、市外办、市旅游委等相关部门，各区县(市)

九、打造公平公正的法治环境

37.健全营商环境法制体系。深化法治沈阳建设，尽快建立符合国际化营商环境发展方向和改革创新要求的法规体系。自贸试验区先行开展对接国际通行规则的立法探索，同步建立区内外有机衔接机制，推动区内经验在全市推广，并及时将经过实践检验证明行之有效的政策和制度上升为地方性法规或规章。充分借鉴国际先进地区在权责界定、程序设定等方面的内容，科学制定市场综合监管和政府行政管理基础性、关键性制度和规则。适时废止或者修改不适合商事改革要求的地方性法规、规章和规范性文件。

责任单位：市人大常委会法工委、市政府法制办等相关部门，各区县(市)

38.建立规范文明执法体系。完善各级行政执法部门执法程序，实行执法报批制度，明确行政执法主体资格和涉企行政执法行为依据，全面推开"双随机、一公开"监管改革，建立随机抽查事项清单。加强跨部门、跨区域协同监管，完善综合行政执法体系，探索跨部门综合执法。建立行政裁量权基准制度，科学细化、量化行政裁量权，完善适用规则，严格规范裁量权行使，避免执法随意性。健全企业执法检查回访机制，严格执行处罚案件问责制。

责任单位：市政府法制办、市行政执法局、市政府办公厅、市编委办、市人力资源社会保障局、市建委、市服务业委、市外经局、市质监局、市食药监局、市司法局、市工商局等相关部门，各区县(市)

39.构建公正司法运行体系。以高效解决商事合同纠纷为导向，积极参与国际司法交流合作，提高商事司法活动的国际化水平，形成权责明晰统一、规范有序的司法运行体系，保障各类投资主体公平竞争，维护公平公正的司法环境。推进行政部门和司法部门信息资源共享，建立联合惩戒机制。着力推进强制执行案件信息公开，完善执行联动机制，提高生效法律文书的执行率。

责任单位：市委政法委、市法院、市检察院、市司法局等相关部门，各区县(市)

40.建立多元化商事纠纷解决机制。推进"一站式"纠纷解决服务平台建设。鼓励和支持行业协会或专业机构依法设立有偿商事调解组织，探索降低调解费用的有效途径，建立符合国际贸易规则的商事调解中心。引导社会各方面力量积极参与矛盾纠纷化解，推动各类诉讼外调解组织与法院的积极互动。整合基层诉调资源和力量，在区县(市)建立诉调对接中心，设立劳动争议、商事纠纷、委托鉴定等专业调解工作室和非诉执行化解工作室，实现法院、行政部门和区县(市)政府的三调联动工作机制。

责任单位：市法院、市委政法委、市仲裁委、市司法局等相关部门，各区县(市)

41.健全知识产权保护机制。加强知识产权立法。建立知识产权综合执法体制，加大对专利、注册商标、商业秘密等方面知识产权侵权假冒行为的打击力度，降低企业维权成本。创新知识产权审判工作机制，综合运用民事、行政和刑事司法保护措施。加强知识产权宣传与普及教育。实施中德(沈阳)高端装备制造产业园知识产权管理试点。

责任单位：市科技局、市法院、市工商局、市委宣传部、市委政法委、市政府法制办等相关部门，各区县（市）

十、全面加强从严治党

42. 强化政治保障。坚持把营造良好政治生态作为打造国际化营商环境的重要基础和检验标准，以良好的党风政风带动行风和社会风气好转。各级党组织要切实负起从严治党的主体责任，不断强化政治意识、大局意识、核心意识、看齐意识，严格落实"讲诚信、懂规矩、守纪律"要求，不断提高管党治党的能力和水平，努力建设高素质干部队伍，积极营造风清气正、干事创业的良好从政环境。要严肃党内政治生活，严守党的政治纪律和政治规矩，切实强化党内监督，教育和引导党员干部群众依法依纪依规办事。要加强对营商环境建设的组织领导，成立打造国际化营商环境工作领导小组，实行"一把手"负责制，确保各项任务在执行中不落空、不变通、不走样。

43. 加大反腐败力度。努力建设廉洁沈阳，把握运用监督执纪"四种形态"，深入推进党风廉政建设和反腐败斗争，为构建新型政商关系、打造国际化营商环境提供坚强保障和持续动力。坚持"苍蝇、老虎一起打"，既坚决查处领导干部违纪违法案件，又切实解决发生在群众身边的不正之风和腐败问题，构建不敢腐、不能腐、不想腐的体制机制，坚持无禁区、全覆盖、零容忍，切实打造有利于振兴发展的良好环境。

44. 大力弘扬积极向上的城市精神。发扬老工业基地广大劳动者艰苦奋斗、勤俭节约、无私奉献、爱岗敬业的优良品质，大力弘扬老工业基地劳模精神、工匠精神，提升人的精神品质，塑造振兴发展新时期勇于创新、敢于担当的精神和锲而不舍的"钉钉子"精神。完善激励机制，努力破除束缚、解放思想，塑造探索创新精神；完善容错免责机制，鼓励求真务实、有为创新，塑造担当有为精神；完善褒奖机制，形成更加适应市场经济体制运行的思维方式，与时俱进地倡导创业创新的价值追求，提升劳动者的市场化意识。

45. 形成社会广泛参与机制。牢固树立人人都有责任，人人都是环境的理念，切实增强优化营商环境的责任感、紧迫感和使命感，强化共同缔造意识，建立营商环境建设的全社会参与机制，策划好载体平台，深入发动群众参与战略谋划、项目建设、效果评价，实现共谋共建、共管共享、共同缔造。拓宽企业和社会意见反映渠道，鼓励全社会建言献策，推动形成人人参与营商环境建设的浓厚氛围，凝聚打造国际化营商环境的强大合力。

46. 完善监督考评机制。将打造国际化营商环境纳入绩效考核体系，由市委办公厅会同市政府督考办、市发改委等部门，研究制定督查考评方案，开展检查、督办、考核工作。建立由党代表、人大代表、政协委员、企业代表、社会群众、公众媒体、建设幸福沈阳监督员等多方参与的全方位监督系统，畅通监督渠道，对发现的问题及时处理，同时向社会公布。建立营商环境评价体系，引入第三方专业评估机构，每年评估两次。建立科学的奖惩机制，进一步激发广大党员干部的工作热情。进一步加强舆论宣传引导，及时宣传营商环境建设的先进典型和工作成效，为打造国际化营商环境、加快全面振兴营造良好舆论氛围。

中共沈阳市委
关于认真组织学习
《胡锦涛文选》的通知

各区、县（市）党委，各开发区党工委，市委各部委，市直各党委（党组），各人民团体党组：

《胡锦涛文选》出版发行是党和国家政治生活中的一件大事。习近平总书记在学习《胡锦涛文选》报告会上发表重要讲话，全面回顾了党的十六大至党的十八大10年间，以胡锦涛同志为总书记的党中央带领全党全国各族人民团结奋斗取得的重大成就和在此基础上形成的涵盖改革发展稳定、内政外交国防、治党治国治军各方面的系统科学理论，深刻阐述了科学发展观是我们党指导思想的重要组成部分，同时对当前和今后一个时期学习《胡锦涛文选》提出了明确要求。为深入贯彻落实习近平总书记在学习《胡锦涛文选》报告会上的重要讲话精神和中央、省委有关要求，现就学习《胡锦涛文选》有关事宜通知如下。

一、充分认识学习《胡锦涛文选》的重要意义

《胡锦涛文选》汇集了胡锦涛同志从1988年6月到2012年11月这一时期，特别是党的十六大到党的十八大期间的重要著作，生动记录了以胡锦涛同志为总书记的党中央团结带领全党全国各族人民在新的起点上坚持和发展中国特色社会主义的历史进程，科学总结了我们党依靠人民战胜一系列重大挑战、推动改革开放和社会主义现代化建设取得新的重大成就的宝贵经验，集中反映了我们党坚持以马克思列宁主义、毛泽东思想、邓小平理论、"三个代表"重要思想、科学发展观为指导，坚持把马克思主义基本原理同当代中国实践和时代特征相结合创造性提出的重大理论成果，为巩固全党全国各族人民团结奋斗的共同思想基础提供了重要教材。认真学习《胡锦涛文选》，对于全市上下高举中国特色社会主义伟大旗帜，坚定不移贯彻落实党的基本理论、基本路线、基本纲领、基本经验、基本要求，坚定不移贯彻落实习近平总书记系列重要讲话精神和党中央治国理政新理念新思想新战略，巩固马克思主义在意识形态领域的指导地位，正确认识国内外发展大势，齐心协力推动沈阳振兴发展，努力把沈阳建设成为引领实现东北振兴发展的中心城市、东北亚地区重要的国际中心城市，为实现"两个一百年"奋斗目标、实现中华民族伟大复兴的中国梦而奋斗具有十分重要的意义。

二、准确把握《胡锦涛文选》的基本内容和精神实质

各级党组织和广大党员干部要以习近平总书记的重要讲话和中央、省委文件要求为根本遵循，切实增强学习《胡锦涛文选》的思想自觉和行动自觉，继续在武装头脑、指导实践、推动工作上下功夫。

要深刻领会科学发展观的重大意义、科学内涵、精神实质、实践要求，全面把握科学发展观是同马克思列宁主义、毛泽东思想、邓小平理论、"三个代表"重要思想既一脉相承又与时俱进的科学理论，深刻认识科学发展观是党必须长期坚持的指导思想，深刻认识党的十八大以来习近平总书记系列重要讲话是中国特色社会主义理论体系最新成果。要深刻领会坚持解放思想、实事求是、与时俱进、求真务实的重大意义，认真学习胡锦涛同志运用马克思主义立场、观点、方法解决重大理论和实际问题的科学态度

和创新精神，继续推进理论创新，使党的全部理论和工作体现时代性、把握规律性、富于创造性。要深刻领会坚持和发展中国特色社会主义这个主题，继续维护和用好我国发展的重要战略机遇期，满怀信心为实现"十三五"时期发展目标、完成全面建成小康社会各项任务而努力工作。要深刻领会发展是第一要义，坚持以经济建设为中心，坚持四项基本原则，坚持改革开放，聚精会神搞建设，一心一意谋发展，着力把握发展规律、破解发展难题，坚持以创新、协调、绿色、开放、共享的发展理念引领发展，主动适应经济发展新常态，积极推进供给侧结构性改革。要深刻领会以人为本的核心立场，坚持以人民为中心的发展思想，把实现好、维护好、发展好最广大人民根本利益作为发展的目的和归宿。要深刻领会全面协调可持续的基本要求，统筹推进"五位一体"总体布局，协调推进"四个全面"战略布局。要深刻领会统筹兼顾的根本方法，把各项工作统一起来，把经济社会发展各领域各环节协调好，把总体部署和具体规划统一起来。要深刻领会加快推进国防和军队现代化建设的重大意义，坚持党对军队的绝对领导，牢牢把握党在新形势下的强军目标，全面推进政治建军、改革强军、依法治军。要深刻领会维护和促进祖国完全统一的重大意义，全面贯彻"一国两制"、"港人治港"、"澳人治澳"、高度自治的方针，积极推动两岸关系和平发展。要深刻领会坚定不移走和平发展道路的重大意义，坚决维护国家主权、安全、发展利益，推动同各方关系全面发展，推动全球治理体系变革，构建以合作共赢为核心的新型国际关系，打造人类命运共同体。要深刻领会全面提高党的建设科学化水平的重大意义，坚持全面从严治党，不断增强党自我净化、自我完善、自我革新、自我提高能力，经受"四大考验"、克服"四种危险"，确保党始终成为中国特色社会主义事业的坚强领导核心。

三、紧密联系实际推动各项工作

全市各级党组织和广大党员干部要大力弘扬理论联系实际的马克思主义学风，坚持理论指导和实践探索辩证统一，不断实现理论创新和实践创新良性互动，进一步转变思想观念、思维方式、工作方式和工作作风，推动全市党的建设和振兴发展各项事业不断取得新进展、新成效。要把学习《胡锦涛文选》与深入学习贯彻习近平总书记系列重要讲话精神特别是关于东北振兴发展的重要指示批示精神紧密结合起来，不断加深理解，切实增强政治意识、大局意识、核心意识、看齐意识，进一步坚定道路自信、理论自信、制度自信、文化自信，在思想上政治上行动上同以习近平同志为核心的党中央保持高度一致，确保党中央的各项决策部署在沈阳落地生根。要把学习《胡锦涛文选》与实现沈阳振兴发展紧密结合起来，把对发展的科学认识转化为引领实践的正确思路，进一步增强贯彻落实新发展理念和"四个着力"要求的思想自觉和行动自觉，坚持以打造国际化营商环境为主要切入点做好各项工作，努力走出一条振兴发展的新路子。要把学习《胡锦涛文选》与全面深化改革紧密结合起来，破解制约振兴发展的深层次矛盾和问题，全力推动产业转型、城市转型、社会转型，不断增强沈阳振兴发展的内生动力。要把学习《胡锦涛文选》与落实全面从严治党要求紧密结合起来，坚持党建工作和中心工作一起谋划、一起部署、一起考核，严格遵守党章党规，严肃党内政治生活，树立正确用人导向，加强基层党建工作，用好监督执纪"四种形态"，积极营造良好政治生态和从政环境。

四、精心组织好《胡锦涛文选》的学习宣传工作

各级党委(党组)要高度重视，切实把学习《胡锦涛文选》摆在党的思想政治建设和党员、干部理论学习培训的重要位置，加强领导，精心组织，细化措施，务求实效。各级党委(党组)理论学习中心组要把《胡锦涛文选》作为学习的重要内容，制定学习计划，落实学习措施。各级领导干部要带头学习、当好表率，先学一步、深学一层，潜心研读原著，准确把握精髓要义，真正学通弄懂。

各地区、各部门要把学习《胡锦涛文选》纳入"两学一做"学习教育，纳入县(处)级以上党员干部培训计划，切实抓好党员干部的学习。充分发挥党校、行政学院等干部培训学校的作用，通过举办各种形式的研讨班、培训班、学习班，推动各级干部学习。市委讲师团、全市四级理论宣讲体系中各级各类宣讲团要围绕《胡锦涛文选》内容，深入机关、企业、农村、社区、学校等，广泛、深入、持久开展宣讲活动。要组织理论界开展专题研究，尽快推出一批有分量的研究成果。要把《胡锦涛文选》作为高等学校师生理论学习教育的重要教材。

各级党委宣传、组织部门要加强对学习的指导和督促检查，组织好宣传报道活动。市属新闻媒体要发挥各自优势和特色，精心筹划，周密安排，开辟专栏，设立专题，在重要版面、重点时段刊播和转发重点理论文章、理论述评和言论评论等，深入阐释和解读《胡锦涛文选》中的重要著作，大力宣传各地区、各部门学习《胡锦涛文选》、解决实际问题的具体实践和工作成效。要积极开展网络宣传，各网络媒体平台要突出转载、及时推送中央和省、市主要媒体的重点稿件；发动驻沈网站，精心策划专栏专题，综合文字、图片、视频、直播等多种表达方式，进行多角度、全方位、立体式传播，形成网上正面宣传强势，不断把学习引向深入，确保取得实实在在的效果。

中共沈阳市委 沈阳市人民政府 关于印发《沈阳市法治政府建设实施方案(2016—2020年)》的通知

(2016年12月30日)

各区、县(市)党委和人民政府，各开发区党工委和管委会，市委各部委，市直各单位，各人民团体：

《沈阳市法治政府建设实施方案(2016—2020年)》已经市委、市政府同意，现印发给你们，请结合实际认真贯彻落实。沈阳市法治政府建设实施方案(2016—2020年)

为深入推进依法行政，加快建设法治政府，共同缔造幸福沈阳，根据《中共中央关于全面推进依法治国若干重大问题的决定》(中发〔2014〕10号)、《中共中央、国务院关于印发〈法治政府建设实施纲要(2015—2020年)〉的通知》(中发〔2015〕36号)、《中共辽宁省委、辽宁省人民政府关于印发〈辽宁省法治政府建设实施方案(2016—2020年)〉的通知》(辽委发〔2016〕23号)和《中共沈阳市委关于贯彻党的十八届四中全会精神全面推进依法治市工作实施意见》

(沈委发〔2014〕18号),结合我市实际,制定本方案。

一、依法全面履行政府职能

1.坚持职权法定。进一步优化完善市和区、县(市)政府两级权责清单,推动权责清单管理制度化、规范化、法治化,对权责清单每年实施一次集中动态调整,坚决消除权力设租寻租空间,不得法外设定权力。深化行政体制改革,2017年年底前,按照市场化和统一高效的原则,科学界定政府职能,优化设置政府机构,进一步明晰部门权责,推进机构、职能、权限、程序、责任法定化。

2.打造国际化营商环境。对标国际一流营商环境,打造廉洁高效的政务环境、诚信规范的市场环境、互利共赢的开放环境、完备优质的要素环境、功能完善的设施环境、温馨包容的社会环境、公平公正的法治环境。推进一个战略、一张蓝图、一个平台、一张表单、一套机制"五个一"为主要特征的"多规合一"改革。健全营商环境法制体系,建立规范文明执法体系,构建公正司法运行体系,建立多元化商事纠纷解决机制,健全知识产权保护机制。

3.深化行政审批制度改革。依法全面清理行政审批事项,持续推进简政放权、放管结合、优化服务,增强放权的协同性,提高监管的有效性,强化服务的便利性。做好上级政府下放行政审批事项的承接工作。对保留的行政审批事项,探索目录化、编码化管理,全面推行一个窗口办理、并联办理、限时办理、规范办理、透明办理、网上办理。按照国家、省统一部署,做好我市负面清单的贯彻落实工作。进一步向区、县(市)政府下放权力,调整完善市对区、县(市)专项转移支付制度,将适合区、县(市)管理的专项转移支付项目审批和资金分配权下放给区、县(市)政府。加快投资项目在线审批监管平台建设,实施在线监测并向社会公开。取消不符合规定的资质资格准入许可,对增加企业和公民负担的证照进行清理规范。严格规范行政许可中介服务,2017年6月前,全面清理现有行政许可前置环节的技术审查、评估、鉴证、咨询等有偿中介服务,确需保留的要规范时限和收费标准并向社会公示。逐步完善相对集中行政许可权改革工作。

4.加强市场监管。推行电子营业执照和全程电子化登记,实行"一址多照"和"一照多址"。落实监管责任,按照"谁审批、谁监管"和"谁主管、谁监管"的原则,厘清政府部门监管职责,建立健全行政审批、行业主管与后续监管相一致的市场监管责任制。构建完善以信用监管为核心的事中事后监管新模式,大力推进企业信用信息统一公示。深化经济发达镇行政管理体制改革试点工作,适时赋予其与人口和经济规模相适应的行政管理权限。完善透明、规范、高效的投资项目纵横联动、协同监管机制,建立和完善严重违法失信企业"黑名单"制度,健全守信激励和失信惩戒机制,落实联动惩戒约束措施。

5.创新社会治理。提高社会治理科学化、法治化、智能化、专业化水平,提升预测预警预防各类风险能力,把专项治理与系统治理、综合治理、依法治理、源头治理相结合。加快形成党委领导、政府主导、社会协同、公众参与、法治保障的社会治理体制。深入推进社会治安综合治理,落实领导责任制,完善综治工作(平安建设)工作机制和考核评价指标体系。加快建设立体化、信息化社会治安防控体系,依靠大数据平台,逐步实现对社会治安、矛盾纠纷、重点人群等精细化管理。健全突发事件应急管理体制和应急处置、应急保障、恢复重建及信息发布与舆论引导机制。凝聚社会新经济组织、新社会组织及"互联网+"等新业态的资源力量,拓展社会治理新领域。完善社会组织登记管理制度,加强对社会组织的规范和管理。2017年,实现社会组织与政府部门的人员、机构、财务、资产、职能"五分开"。支持和发展社会工作服务机构和志愿服务组织。健全网上舆论引导机制和舆情监测体系,2017年年底前,制定加强互联网管理工作的实施意见。

6.优化公共服务。强化政府统筹推进教育、卫生、医疗、文化、体育等基本公共服务均等化职责,形成政府主导、覆盖城乡、可持续的基本公共服务体系,实现基本公共服务标准化、均等化、法定化。编制实施基本公共服务专项规划。建立健全政府购买公共服务制度,完善政府向社会组织购买服务指导性目录、操作办法和监督评价机制。推进基本公共服务提供主体和提供方式多元化,扩大基本公共服务向社会资本开放的领域。

7.强化生态环境保护。健全环境与发展综合决策制度,加强耕地、大气、水质保护,实行主体功能区制度。2017年年底前,健全资源有偿使用制度和生态补偿制度。改革生态环境保护管理体制,完善并严格实行环境信息公开制度、环境影响评价制度和污染物排放总量控制制度。建立生态环境源头保护及损害赔偿、生态修复和责任追究制度,建立重大环境污染终身追责制。完善环境保护责任考核指标体系,实行重大环境污染事故"一票否决制"。构建环境保护社会监督机制。加强环境保护执法能力和法制建设。2017年年底前,完成全市重点污染源、重点能耗企业和环境质量三大自动监控系统建设;完成沈阳市排污权交易办法等规章的制定,启动沈阳市大气污染防治条例修订工作。2018年,启动沈阳市碳排放权交易机制。

二、加强和改进政府立法

8.完善政府立法工作机制。健全政府立法立项、起草、论证、协调、审议机制,推进政府立法精细化。突出政府法制机构在政府立法中的主导协调地位,涉及政府部门职责交叉、与群众利益密切相关的政府规章,逐步过渡到由政府法制机构组织起草。对部门间争议较大的重要立法事项,由决策机关引入第三方评估。坚持科学民主立法,拓展社会各方有序参与政府立法的途径和方式,完善政府立法征求人大代表和政协委员意见制度,完善立法协商制度。2017年,普遍建立基层立法联系点。

9.加强重点领域政府立法。发挥立法在推动发展、深化改革、简政放权、转变职能中的引领、推动和保障作用,坚持立法与改革决策相衔接、立法进程与发展进程相适应。尽快建立符合国际化营商环境发展方向和改革创新要求的法规体系。围绕全市中心工作,加强营商环境、"多规合一"、生态环境保护、政府自身建设、社会诚信体系建设、规范公共服务和社会管理等领域的政府立法。加大自贸试验区沈阳片区先行开展对接国际通行规则的立法探索力度,对实践证明成熟的改革经验和行之有效的改革举措要及时上升为地方性法规和政府规章。

10.严格控制新设行政许可。强化行政权力的源头治理,地方性法规草案一般不新设行政许可;政府规章一律不设定行政许可;上位法对行政许可有规定的,不再新增条件和程序;区、县(市)政府能够管理的事项,应当将管理权限下放到区、县(市)。禁止以备案、登记、注册、年检、监制、认定、论证、审定、指定、配号、换证等形式变相设定行政许可。禁止将行政许可转为中介服务。

11. 加强规范性文件监督管理。加大规范性文件备案审查力度，不断完善规范性文件制定程序。严格执行规范性文件合法性审查制度，以市政府或市政府办公厅名义制发的规范性文件应当进行合法性审查。规范性文件应当按照法定要求和程序予以公布。

12. 建立地方性法规和政府规章、规范性文件清理常态化机制。坚持立改废释相结合的原则，定期清理地方性法规、政府规章和规范性文件，及时修改、废止与上位法相抵触或者不符合我市实际的地方性法规、政府规章和规范性文件。严格落实规范性文件实施期满自动失效制度，确需继续实施的，应当重新向社会公布。实行向社会公布现行有效规范性文件目录和文本制度，未列入现行有效规范性文件目录的，不得作为行政管理依据。加强政府规章解释工作。

三、推进行政决策科学化、民主化、法治化

13. 完善公众参与和专家论证机制。加强公众参与平台建设，涉及人民群众切身利益的重大行政决策事项，公开向社会征求意见，及时反馈意见采纳情况。推行文化教育、医疗卫生、环境保护、公用事业等重大民生决策事项民意调查制度。建立行政决策咨询论证专家库，对专业性、技术性较强的决策事项，组织相关领域的专家或者专业机构就必要性、可行性、可控性等进行论证。选择论证专家要注重专业性、代表性、均衡性，支持其独立开展工作，逐步公开专家信息和论证意见。

14. 健全风险评估机制。2017 年，引入社会组织和专业机构进行风险评估，对重大行政决策，通过舆情跟踪、抽样调查、重点走访、会商分析等方式就社会稳定、环境保护、安全生产、经济风险等进行评估，重点排查风险源、风险点，把评估结果作为决策重要依据。

15. 全面实施合法性审查。建立行政机关内部重大决策合法性审查机制，明确审查范围。重大行政决策前应当统一交由政府法制机构进行合法性审查，未经合法性审查或经审查不合法的，不得提交讨论。推行合法性审查法律意见书制度。

16. 建立健全集体讨论决定、终身责任追究制度及责任倒查机制。重大行政决策由政府常务会议或者全体会议、部门领导班子会议集体讨论，由行政首长在集体讨论基础上作出决定。探索建立重大行政决策全过程记录和立卷归档制度。决策机关应当跟踪决策执行情况和实施效果，根据实际需要进行重大行政决策后评估。2017 年，研究建立决策过错认定标准及责任追究启动机制，对决策严重失误或者依法应该及时作出决策但久拖不决造成重大损失、恶劣影响的，按照“谁决策、谁负责”的原则追究责任。

17. 全面落实政府法律顾问制度。在全市普遍建立以政府及部门法制机构工作人员为主体、吸收专家和律师参加的政府法律顾问队伍，充分发挥法律顾问队伍的作用。区、县(市)政府和执法涉法事务多的市政府部门，要依托本级政府或部门法制机构建立政府法律顾问制度。区、县(市)政府重要执法部门和乡(镇)政府根据需要建立政府法律顾问制度。政府法制机构负责本级政府外聘法律顾问的组织、协调、联系、聘任、考核、管理、培训等日常工作。

四、深化行政执法体制改革

18. 加强城市管理执法规范化建设。建立城市管理协调机制，明确城市管理职责边界，合理划分城市管理事权。依法推进城市管理领域机构改革和队伍建设，实现管理和执法机构综合设置。有条件的区、县(市)应当建立规划、建设、管理一体化的行政管理体制。

19. 下移执法重心。完善区、县(市)市场监管执法，对食品药品安全、商贸服务等实行分级管理的事项，原则上由市和区、县(市)政府属地监管。加强食品药品安全、安全生产、资源环境、劳动保障等重点领域基层执法力量。充实基层执法力量，把机构改革、政府职能转变调整出来的人员编制重点向区、县(市)转移。经济发达、城镇化水平较高的乡(镇)可以通过法定程序行使部分行政执法权。

20. 推进综合执法。减少市和区、县(市)两级执法队伍种类，2017 年，在食品药品安全、工商质监、公共卫生、安全生产、文化旅游、资源环境、农林水利、交通运输、城乡建设等领域内推行综合执法，在有条件的领域推行跨部门综合执法，有效整合执法队伍。

21. 健全行政执法和刑事司法衔接机制。健全行政执法机关和司法机关联动机制。2018 年年底前，完善案件移送标准和程序，建立健全行政执法机关、公安机关、检察机关、审判机关信息共享、案情通报、案件移送制度，实现行政处罚和刑事处罚无缝对接。

22. 完善罚缴分离和收支两条线管理制度。行政机关履行执法职责所需经费，由各级政府纳入本级政府预算，保证执法经费足额拨付。改善执法条件，加大执法装备配备、科技建设、基础设施方面的投入。建立健全非税收入管理制度。对行政事业性收费、政府性基金、经营服务性收费实行目录清单管理，清理取消不合法、不合规、不合理的经营服务性收费和行政审批中介服务及收费。大力推进非税收入执收单位的支出与执收罚没等非税收入真正脱钩，彻底解决罚没收入同部门利益直接或者变相挂钩、按比例返还罚款、行政机关违法收缴罚款、下达或者变相下达罚没指标等突出问题。建立方便快捷的缴纳罚款机制。

23. 实行行政执法资格制度。全面实行行政执法人员持证上岗和资格管理制度。行政执法主体资格必须经同级政府法制机构审核确认，并在本行政区域媒体上公告。严格执法资格考试，未经执法资格考试合格，不得授予执法资格，不得从事执法活动。全面清理行政执法主体和行政执法人员，坚决查处社团组织和合同工、临时工等非行政主体和行政执法人员从事行政执法活动。逐步推行行政执法人员平时考核制度，科学合理设计考核指标体系，考核结果作为执法人员职务级别调整、交流轮岗、教育培训、奖励惩戒的重要依据。规范执法辅助人员管理，明确其适用岗位、身份性质、职责权限、权利义务、聘用条件和程序等。

五、坚持严格规范公正文明执法

24. 依法惩处各类违法行为。加大对食品药品安全、公共安全、资源环境、安全生产、劳动者权益、金融、市场价格等关系群众切身利益的重点领域执法力度。建立食品安全领域失信惩戒机制，严厉打击食品生产经营违法行为。加强对公共场所卫生状况的监督检查，防止公共卫生事件的发生。严厉打击侵害公民、法人或其他组织合法权益、扰乱市场经济秩序以及危害公共安全的违法行为。加大环境监测和环保执法力度，健全跨地区联防联控机制。健全安全生产预警机制，严格生产安全事故查处和事故挂牌督办制度，实施企业安全生产“黑名单”制度，推动落实企业安全生产主体责任。加强对非法用工、不支付劳动报酬等侵害劳动者权益行为的监督。加强金融市场监管，严格防范、依法打击非法集资等行为。逐年分行业制定价格行为规范和价格监管办法，严厉查处行政机关和具有管理公共事务职能的组织滥用行政权力排除限制竞争行为，依法打击达成实施价格垄断协议、滥用市场支配地位的价格垄断行为，维护市场公平竞争秩序。

25. 创新行政执法方式。严格落实行政执法公示制度。坚持标准化执法与人性化服务相结合，推行说服教育、劝导示范、行政指导、行政奖励、轻微问题告诫、突出问题约谈等非强制性执法手段。2018 年年底前，健全行政管理相对人守法信用记录和公开制度，完善守法诚信褒奖机制和违法失信行为惩戒机制。

26. 完善行政执法程序。建立执法全过程记录和行政执法公示制度，实现执法过程、结果有据可查。细化执法流程，明确执法环节，完善行政执法调查取证、告知、听证、集体讨论决定、罚没收入管理等制度，重点规范行政许可、行政处罚、行政强制、行政征收、行政收费、行政检查等执法行为，严格整治乱收费、乱罚款、乱检查等问题。

27. 加强行政执法信息化建设。2019 年年底前，建立全市统一的行政执法信息共享平台，并与省行政执法信息共享平台互通。强化科技、装备在行政执法中的应用，提高执法效率和执法规范化水平。

28. 全面落实行政执法责任制。严格确定不同部门及机构、岗位执法人员的执法责任，编制行政执法流程图，完善行政执法人员执法档案。加强行政执法评议考核和执法过错责任追究制度建设，建立常态化的责任追究机制。2018 年年底前，建立统一的行政执法监督网络平台，健全完善投诉举报、情况通报等制度。推行行政执法监督联系点、行政执法社会监督员制度。

29. 强化行政执法监督工作。加强行政执法监督队伍建设，推进行政执法监督常态化、长效化机制建设，在政府法制机构增挂行政执法监督局牌子。完善重大执法决定法制审核制度。深入推进行政裁量权基准制度落实。严格执行重大行政处罚决定备案审查制度。公开行政执法检查计划。定期检查下级政府及政府部门执行行政许可法、行政处罚法、行政强制法等法律的情况。

30. 扎实推进“双随机、一公开”监管工作。加快建立健全“一单、两库、一细则”（随机抽查事项清单、市场主体名录库和执法检查人员名录库、随机抽查工作细则）制度。对照各部门权责清单中的检查事项，制定本部门随机抽查事项清单，并向社会公开。大力推广随机抽查，并按照“谁抽查、谁公示”的原则，及时将抽查情况向社会公示。加快配套制度建设，积极探索开展联合检查，建立统一的市场协同监管信息平台，做好与社会信用体系衔接工作。2017 年年底实现监管工作全覆盖。

六、强化对行政权力的制约和监督

31. 强化行政权力制约。全面推进行政权力运行制度系统、公共资源交易系统、行政绩效管理系统、行政权力电子监察系统、民意诉求反馈系统建设，确保行政机关按照法定权限和程序行使权力。对财政资金分配使用、国有资产监管、政府投资、政府采购、公共资源转让、公共工程建设等权力集中的部门和岗位实行分事行权、分岗设权、分级授权，定期轮岗，强化内部流程控制，防止权力滥用。加强行政程序制度建设，严格规范作出各类行政行为的主体、权限、方式、步骤和时限。

32. 自觉接受党内监督、人大监督、政协监督、司法监督。政府有关重大事项及时向党委报告，依法向人大及其常委会报告，主动向政协通报，认真办理人大代表建议和政协提案。尊重并执行人民法院生效裁判，及时回应司法建议。积极配合检察机关对在履行职责中发现的行政违法行为进行监督。

33. 完善政府内部层级监督机制。改进上级机关对下级机关的监督，实现内部层级监督常态化。建立行政监督联席会议制度，完善立体化监督体系。落实对行政机关执法情况的检查制度，及时纠正违法或不当行政行为，发现问题及时通报，追究责任。建立健全行政执法案卷评查、行政执法投诉举报、行政执法督办等制度，坚决排除对执法活动的不当干预，防止和克服地方与部门保护主义。做好政府督考工作。

34. 完善社会监督和舆论监督机制。建立对行政机关违法行为实名投诉举报登记制度，畅通举报箱、电子信箱、热线电话等渠道，方便群众投诉举报、反映问题，依法及时调查处理违法行政行为。充分发挥新闻媒体的监督作用，重视运用和规范网络监督，建立健全网络舆情监测、收集、研判、处置机制，推动网络监督规范化、法治化。

35. 加强审计监督。完善审计制度，保障审计机关依法独立行使审计监督权，逐步对公共资金、国有资产、国有资源和领导干部履行经济责任情况实行审计监督全覆盖。对重大政策措施、重大投资项目、重点专项资金和重大突发事件开展跟踪审计。创新审计组织方式，加大全市审计工作统筹力度。探索并逐步完善领导干部自然资源资产离任审计工作。

36. 完善纠错问责机制。推进行政问责规范化、制度化，进一步明确问责主体和范围，增强行政问责的针对性和时效性。加大问责力度，坚决纠正行政不作为、乱作为，坚决克服懒政、庸政、怠政，坚决惩处失职、渎职。认真落实党风廉政建设责任制，坚持有错必纠、有责必问，对“四风”问题突出、发生顶风违纪问题或者出现区域性、系统性腐败案件的地方、部门和单位，既要追究主体责任、监督责任，又要严肃追究领导责任。健全责令公开道歉、停职检查、引咎辞职、责令辞职、罢免等问责方式和程序，建立被问责官员申辩、核查和救济程序，规范重新任用机制。严格执行行政监察法、公务员法及行政领导干部不作为不担当问责办法，坚持把行政不作为、失职渎职、滥用职权和严重损害群众利益的行为作为问责重点，对负有领导责任、主管责任和直接责任的人员，按照相关规定进行处理。

37. 全面推进政务公开。坚持以公开为常态，不公开为例外原则，推进决策公开、执行公开、服务公开、结果公开。完善政府信息公开制度，推进政务信息化建设工作，拓宽政府信息公开渠道，进一步明确政府信息公开范围和内容。各级政府及其工作部门依据权力清单，向社会主动公开政府职能、履职依据、实施主体、职责权限、管理流程、监督方式等事项。重点推进财政预算、公共资源配置、重大建设项目批准和实施、社会公益事业建设等领域的政府信息公开。完善政府新闻发言人、例行发布、应急发布、政策解读等机制，做好对热点敏感问题的舆论引导。加强互联网政务信息数据服务平台和便民服务平台建设,建立以网上审批系统为核心、兼备电子监察功能的网上审批平台,实现全市所有非涉密的行政许可事项网上办理和集中监管。2017年,建立规范性文件查询系统。

七、依法有效化解社会矛盾纠纷

38.健全依法化解社会矛盾机制。建立健全社会稳定风险评估机制、社会矛盾预警机制、利益表达机制、协商沟通机制、救济救助机制。制定和落实《沈阳市关于完善矛盾纠纷多元化解机制的实施办法》,强化依法应对和处置群体性事件机制和能力,加强群体性、突发性事件预警监测,及时收集分析热点、敏感、复杂矛盾纠纷信息。依法加强对影响或危害食品药品安全、安全生产、生态环境、网络安全、社会安全等方面重点问题的治理。进一步完善调解、仲裁、行政裁决、行政复议、诉讼等纠纷解决制度,建立运行顺畅、有机衔接、相互协调的多元化纠纷解决机制。

39.加强行政复议工作。完善行政复议制度,简化办案程序,提高行政复议效率。畅通行政复议申请渠道,整合行政复议资源,充分发挥行政复议在解决行政争议中的主渠道作用。实行行政复议机构到基层召开听证会制度。注重运用调解、和解方式解决行政纠纷。实行行政复议案件通报和公开制度。依法加强行政复议能力建设,切实提高行政复议人员素质,落实办案场所和有关装备保障,行政复议经费列入本级政府财政预算。县级以上政府和市直主要执法部门要依法设立行政复议机构,配备专职办案人员,确保一般案件由2名行政复议人员承办,重大、复杂的行政复议案件由3名行政复议人员承办。

40.提高行政应诉能力。加强行政应诉能力建设,完善行政复议机关、政府法制机构与人民法院定期交流机制。建立行政诉讼案件定期通报制度。健全行政机关负责人依法出庭应诉制度。

41.健全行政调解制度。推动建立由政府负总责、政府法制机构牵头、各职能部门为主体,与人民调解、司法调解有效联动的行政调解体制。加强行政调解规范化建设,明确行政调解范围,完善行政调解机制,规范行政调解程序,创新行政调解方式。

42.加强人民调解工作。健全人民调解组织网络,推进企事业单位、乡镇街道、社会团体或其他组织中人民调解组织建设。2019年,实现人民调解组织在村委会、居委会的全覆盖。加强消费者权益、劳资关系、医患关系、道路交通、物业管理等领域人民调解组织建设。进一步健全完善人民调解、行政调解、司法调解"三调联动"工作体系和工作机制,推动检调对接、诉调对接平台建设。

43.改进仲裁工作。加强仲裁机构和仲裁员队伍建设,完善仲裁制度,提高仲裁公信力。依托沈阳仲裁委员会,探索自贸试验区沈阳片区商事仲裁制度创新,成立沈阳国际商事仲裁院。

44.健全行政裁决制度。进一步明确损害赔偿裁决、权属纠纷裁决、侵权纠纷裁决等行政裁决的适用范围、裁决程序和救济途径,强化行政机关解决同行政管理活动直接相关的民事纠纷功能。加强对行政裁决的指导和监督。

45.改革信访工作制度。厘清信访工作职责边界,规范信访工作程序,畅通群众诉求表达、利益协调和权益保障渠道,维护信访秩序。坚持法定途径优先原则,严格实行诉访分离。把涉及民商事、行政、刑事等诉讼权利救济的信访事项从普通信访体制中分离出来,依法处理。完善涉法涉诉信访依法终结制度,引导群众通过法律途径、在法治框架内解决矛盾纠纷。畅通引导分流渠道,推行依法逐级走访和网上信访,健全及时就地解决群众合理诉求机制。对因失职、渎职造成大规模群体上访、酿成不良后果的,依纪依法追究责任。

八、提高政府工作人员法治思维和依法行政能力

46.树立重视法治素养和法治能力的用人导向。抓住领导干部这个全面依法治国的"关键少数",将法治建设成效作为对其工作实绩考核的重要内容。把法治观念强不强、法治素养好不好作为衡量干部德才的重要标准,把能不能遵守法律、依法办事作为考察干部的重要内容。在相同条件下,优先提拔使用法治素养好、依法办事能力强的干部。

47.加强对政府工作人员的法治教育培训。健全政府机关领导干部集体学法、法律培训等制度,把宪法法律列入党委(党组)中心组学习内容,各级政府每年至少举办一期领导干部法治专题培训班,政府领导班子每年应当举办两期以上法治专题讲座。各级党校、行政学院、干部学院等要把宪法法律列为干部教育的必修课。健全行政执法人员岗位培训制度,每年组织开展行政执法人员通用法律知识、专门法律知识、新法律法规等专题培训。加大对公务员初任培训、任职培训中法律知识的培训力度。

48.完善政府工作人员法治能力考查测试制度。加强对领导干部任职前法律知识考核和依法行政能力测试,将考查和测试结果作为领导干部任职的重要参考。

49.注重通过法治实践提高政府工作人员的法治思维和依法行政能力。政府工作人员特别是领导干部想问题、作决策、办事情必须守法律、重程序、受监督,牢记职权法定,切实维护人民权益。营造办事依法、遇事找法、解决问题用法、化解矛盾靠法的法治环境,注重发挥法律顾问和法律专家的咨询、审核作用。

九、加强法治宣传教育和法律服务

50.完善普法教育机制。制定沈阳市"七五"普法规划,深入开展法治宣传教育,认真组织实施普法活动。严格落实行政机关"谁执法谁普法"的普法责任制,实行普法责任制清单制度,全面落实部门、行业及社会单位的普法责任。建立政府法制工作人员、行政执法人员和律师等以案释法制度,在行政执法、纠纷调解和法律服务过程中广泛开展以案释法和警示教育。

51.建立系统完备的法律服务体系。加强民生领域法律服务,将法律服务向就业、就医、就学等民生领域拓展延伸。完善法律援助制度,扩大法律援助范围,降低法律援助门槛。加强法律援助工作站(点)建设。统筹城乡、区域法律服务资源,制定完善法律服务发展规划。发展律师、公证、专利代理等法律服务业,建设覆盖城乡的公共法律服务热线平台。加强司法鉴定管理,提高司法鉴定质量。强化公安派出所、司法所的服务职能。落实对特殊人群的司法救助政策,推进以政府投入为主的过渡性安置基地建设,动员组织社会力量,做好教育帮扶、就业等方面的法律服务工作。

52.推进法律服务队伍建设。建设社会律师、公职律师、公司律师等优势互补、结构合理的律师队伍。加强律师教育培训工作,完善律师执业保障机制。理顺公职律师、公司律师与政府法律顾问、企业法律顾问的管理体制。加强公证员、基层法律服务工作者、人民调解

员、法律服务志愿者队伍建设。建立激励法律服务人才跨区域流动机制。

十、健全法治政府建设的领导协调机制

53. 坚持党对法治政府建设工作的领导。各级政府要在党委统一领导下，统筹谋划和落实好法治政府建设的各项任务，主动向党委报告法治政府建设中的重大问题，及时消除制约法治政府建设的体制机制障碍。建立由主要领导负责、各部门分工落实的法治政府建设领导协调机制，履行好统筹协调、推进落实、督促考核等职责。区、县(市)政府及其部门要结合本地区、本部门实际，统一部署法治政府建设年度重点工作。建立法治政府建设年度进展报告制度。县级以上政府每年第一季度要向同级党委、人大常委会和上一级政府报告上一年度法治政府建设情况，政府部门每年第一季度要向本级政府和上一级政府有关部门报告上一年度法治政府建设情况，报告要通过报刊、政府网站等向社会公开。

54. 强化党政主要负责人作为推进法治政府建设第一责任人的职责。严格贯彻落实《党政主要负责人履行推进法治建设第一责任人职责规定》，将建设法治政府摆在工作全局重要位置，及时研究解决法治政府建设有关重大问题，对法治政府建设重要工作亲自部署、重大问题亲自过问、重点环节亲自协调、重要任务亲自督办。

十一、加强政府法制工作

55. 加强各级法制机构建设，使机构设置、人员配备与法治政府建设任务相适应，充分发挥政府法制机构在法治政府建设工作中的统筹规划、综合协调、监督指导、考核评价作用。加强规范性文件备案审查机构建设，做好全市规范性文件备案审查工作。区、县(市)政府所属部门、乡镇政府、街道办事处要配备专职法制工作人员。建立政府法制工作人员定期培训制度，鼓励政府法制工作人员参加国家统一组织的法律资格考试，加大政府法制干部培养、使用和交流力度。畅通政府法制机构与其他立法、行政执法、司法机关干部交流渠道。

十二、强化考核评价和督促检查

56. 各级党委要把法治政府建设成效作为衡量领导班子和领导干部工作实绩的重要内容，纳入考核指标体系，充分发挥考核评价对法治政府建设的重要推动作用。各级政府及其部门的党组织要领导和监督本单位模范遵守宪法法律，坚决查处执法犯法、违法用权等行为。加强对法治政府建设进展情况的督促检查，结合法治政府建设年度重点工作，开展定期检查或专项督查，对工作不力、问题突出的，要及时约谈、责令整改、通报批评。

十三、开展示范创建活动

57. 深入开展依法行政示范单位创建活动，健全完善评选、复核和退出机制。大力培育依法行政先进典型，通过召开现场会、经验交流会等形式及时总结、交流和推广先进经验，充分发挥先进典型的示范带动作用。定期通报和曝光违法行政典型案例，分析原因、吸取教训、改进工作。

十四、完善财政保障机制

58. 各级政府及其工作部门履行法定职责所需经费纳入本级政府财政预算，保障法治政府建设的组织推动、宣传培训、示范创建、考核评议、表彰奖励等支出。加大信息化建设投入，提高法治政府建设信息化水平。围绕建设重心下移、力量下沉的执法工作体制，改善基层基础设施和装备条件。

十五、加强宣传引导和理论研究

59. 各级政府及其工作部门要广泛开展法治宣传，大力弘扬社会主义法治精神。完善依法行政新闻发布会制度，宣传法治政府建设目标、工作部署、先进经验、典型做法，营造全社会关心、支持和参与法治政府建设的良好社会氛围。加强事关法治政府建设全局性、战略性、前沿性课题的研究，加强与省内外高等学校、科研机构的交流合作，为法治政府建设提供理论支撑。

中共沈阳市委 沈阳市人民政府转发《中共沈阳市委宣传部、沈阳市司法局关于在公民中开展法治宣传教育的第七个五年规划(2016—2020年)》的通知

2016年12月30日

各区、县(市)党委和人民政府，各开发区党工委和管委会，市委各部委，市直各单位，各人民团体：

《中共沈阳市委宣传部、沈阳市司法局关于在公民中开展法治宣传教育的第七个五年规划(2016—2020年)》已经市委、市政府同意，现转发给你们，请结合实际认真贯彻执行。中共沈阳市委宣传部、沈阳市司法局关于在公民中开展法治宣传教育的第七个五年规划(2016—2020年)

为深入贯彻党中央关于全面依法治国的重要决策部署，深入开展法治宣传教育，全面推进法治沈阳建设，服务打造国际化营商环境，共同缔造幸福沈阳，推进沈阳老工业基地全面振兴，根据《中共中央、国务院转发〈中央宣传部、司法部关于在公民中开展法治宣传教育的第七个五年规划(2016—2020年)〉的通知》(中发〔2016〕11号)和《中共辽宁省委、辽宁省人民政府转发〈中共辽宁省委宣传部、辽宁省司法厅关于开展法治宣传教育的第七个五年规划(2016—2020年)〉的通知》(辽委发〔2016〕45号)精神，结合我市实际，制定本规划。

一、指导思想、主要目标和工作原则

(一)指导思想。高举中国特色社会主义伟大旗帜，全面贯彻党的十八大和十八届三中、四中、五中、六中全会精神，以马克思列宁主义、毛泽东思想、邓小平理论、“三个代表”重要思想、科学发展观为指导，深入学习贯彻习近平总书记系列重要讲话精神和治国理政新理念新思想新战略，协调推进“四个全面”战略布局，牢固树立创新、协调、绿色、开放、共享的发展理念，按照全面依法治国新要求，深入开展法治宣传教育，弘扬社会主义法治精神，建设社会主义法治文化，创新法治宣传教育机制，推进法治宣传与法治实践相结合，充分发挥法治宣传教育在全面依法治国中的基础作用，推动全社会树立法治意识，扎实推进依法治理和法治创建，主动服务沈阳老工业基地全面振兴，为沈阳打造国际化营商环境，实现幸福沈阳共同缔造营造良好的法治环境。

(二)主要目标。进一步健全全市法治宣传教育机制，增强法治宣传教育实效性，进一步深化法治创建，增强全民法治观念和全体党员党章党规意识，形成厉行法治、守法光荣、违法可耻的法治氛围。

(三)工作原则

——坚持围绕中心，服务大局。紧紧围绕全市中心工作，深入开展法治宣传教育，积极服务完善体制机制、推进结构调整、鼓励创新创业、保障改善民生，以法治助力沈阳新一轮全面振兴。

——坚持依靠群众，服务群众。从群众的实际法治需求出发，以群众喜闻乐见、易于接受的方式开展法治宣传教育，增强全社会尊法学法守法用法意识，使国家法律和党内法规为党员群众所掌握、所遵守、所运用。

——坚持学用结合，普治并举。坚持法治宣传教育与依法治理有机结合，把法治宣传教育融入立法、执法、司法、法律服务和党内法规建设中，引导党员群众自觉学习、运用国家法律和党内法规，在法治实践中提升法治素养。

——坚持分类指导，突出重点。根据不同地区、部门、行业及对象的实际和特点，分类实施法治宣传教育，突出抓好重点对象，带动和促进全民普法。

——坚持创新发展，注重实效。加强法治宣传教育工作理论研究，总结经验，把握规律，创新理念，完善机制，拓展载体，改进方式方法，提升法治宣传教育的针对性和实效性。

二、主要任务

（一）深入学习宣传习近平总书记关于全面依法治国的重要论述。坚持把学习贯彻习近平总书记关于全面依法治国的重要论述作为法治宣传教育的首要任务，把学习宣传党中央关于全面依法治国的重要部署作为重要内容，深刻理解建设中国特色社会主义法律体系、建设社会主义法治国家的重大意义，准确把握全面依法治国的总体目标、基本原则、基本要求和重点任务，增强走中国特色社会主义道路的自觉性和坚定性，增强全社会厉行法治的积极性、主动性，更好地发挥法治的引领和规范作用。

（二）突出学习宣传宪法。坚持把学习宣传宪法摆在首要位置，深入宣传依宪治国、依宪执政等理念，宣传党的领导是宪法实施的最根本保证，宣传宪法确立的国家根本制度、根本任务和我国的国体、政体，宣传公民的基本权利和义务等宪法基本内容，实行宪法宣誓制度，认真组织好“12·4”国家宪法日集中宣传活动，确定年度宪法日宣传主题，提高全体公民特别是各级领导干部和国家机关工作人员的宪法意识，教育引导一切组织和个人都必须以宪法为根本活动准则，增强宪法观念，维护宪法尊严。

（三）深入宣传中国特色社会主义法律体系。坚持把宣传以宪法为核心的中国特色社会主义法律体系作为法治宣传教育的基本任务，充分利用法治宣传活动月、维权周和纪念日等载体，大力宣传宪法相关法、民法商法、行政法、经济法、社会法、刑法、诉讼与非诉讼程序法等多个法律部门的法律法规，在全社会形成学法守法用法的良好法治氛围。大力宣传推进社会主义民主政治建设的法律法规，提高人民有序参与民主政治的意识和水平。大力宣传保障公民基本权利的法律法规，推动全社会树立尊重和保障人权意识，促进公民权利保障法治化。大力宣传依法行政领域的法律法规，推动各级行政机关树立“法定职责必须为、法无授权不可为”的意识，促进法治政府建设。大力宣传与打造国际化营商环境相关的法律法规，推动全社会树立保护产权、平等交换、公平竞争、诚实守信等意识，确保经济平稳健康发展。大力宣传保障人民文化权益的法律法规，激发社会文化创造活力，促进精神文明建设。大力宣传保障和改善民生的法律法规，以教育、就业、社会保障、社会救助、医疗卫生、收入分配、食品安全、扶贫、慈善和妇女儿童、老年人、残疾人权益保障等内容为重点，维护人民群众合法权益。大力宣传国家安全和公共安全领域的法律法规，深入宣传安全生产、消防安全、交通安全、治安管理、防灾减灾等直接关系公民生命财产安全的法律法规，提高全民安全意识、风险意识和预防能力。大力宣传国防法律法规，提高全民国防观念，促进国防建设。大力宣传党的民族、宗教政策和相关法律法规，促进民族关系、宗教关系和谐。大力宣传环境保护、自然生态保护、资源能源节约利用等方面的法律法规，建设美丽沈阳。大力宣传互联网领域的法律法规，教育引导网民依法规范网络行为，促进形成良好的网络秩序。大力宣传诉讼、行政复议、仲裁、调解、信访等方面的法律法规，引导群众依法表达诉求、维护权利，促进社会和谐稳定。

（四）深入学习宣传党内法规。突出宣传党章，教育全市广大党员尊崇党章，以党章为根本遵循，积极树立党章意识、党员意识。大力宣传《中国共产党廉洁自律准则》《关于新形势下党内政治生活的若干准则》《中国共产党纪律处分条例》《中国共产党问责条例》和《中国共产党党内监督条例》等党内法规，引导党员干部特别是领导干部增强纪律规矩意识，坚持纪在法前、纪严于法，把纪律和规矩挺在前面，做党章党规党纪和国家法律的自觉尊崇者、模范遵守者、坚定捍卫者。

（五）繁荣发展社会主义法治文化。以宣传法律知识、弘扬法治精神、推动法治实践为主旨，积极推进具有沈阳特色的法治文化建设，充分发挥法治文化的引领、熏陶作用，引导全民自觉守法、遇事找法、解决问题靠法。把法治文化建设纳入现代公共文化服务体系，充分发挥沈阳资源优势，推动法治文化与地方文化、行业文化、企业文化融合发展。强化法治文化阵地建设，把法治元素纳入城乡建设规划设计，加强基层法治文化公共设施建设，充分利用现有的博物馆、图书馆、文化馆、社区文化中心等公共文化服务设施和场所，建设乡级各类法治文化基地。强化法治文化精品建设，支持、鼓励和引导法治影视剧、法治动漫、法治公益广告、法治书画等法治文化产品的创作和推广。强化法治文化的群众性，利用重大纪念日、民族传统节日等组织开展法治文艺展演展播、法治文艺演出下基层等活动，满足人民群众日益增长的法治文化需求。

（六）推进法治教育与道德教育相结合。大力弘扬社会主义核心价值观，弘扬中华传统美德，培育社会公德、职业道德、家庭美德、个人品德，提高市民思想道德水平，为法治沈阳、幸福沈阳建设创造良好的人文环境。强化社会公众的诚信意识、规则意识和法治意识，倡导契约精神，弘扬公序良俗，引导市民自觉履行法定义务、社会责任、家庭责任，形成守法光荣、违法可耻的社会氛围。发挥法治在解决道德领域突出问题中的作用，健全公民和组织守法信用记录，完善守法诚信褒奖机制和违法失信行为惩戒机制。

（七）推进多层次多领域的法治创建。坚持法治宣传教育与法治实践相结合，把法律条文变成引导、保障经济社会发展的基本规则。认真总结具有沈阳特色的创建经验，建立健全工作制度，完善考核标准和办法。深化法治城市、法治县（市、区）、民主法治示范村（社区）创建工作，力争到2020年，全市60%的县（市、区）达到省级法治县（市、区）创建标准,培育省级诚信守法企业、平安校园、民主法治示范村(社区)各10个。在党政机关推行法律顾问制度,健全依法决策机制。在国有企业实行法律顾问制度,鼓励和倡导规模以上非公有制企业设立法律顾问,督促企业守法经营、依法开展活动,为企业发展提供法律保障。深化法治副校长、律师进校园工作,保证学校依法管理、依法建章立制。在村(社区)进一步探索法律顾问制度,全面推行"一村一法律顾问"。发挥市民公约、乡规民约、行业规章、团体章程等社会规范在社会治理中的积极作用,支持行业协会商会类社会组织发挥行业自律和专业服务功能,发挥社会组织对其成员的行为导引、规则约束、权益维护作用。

三、对象和要求

法治宣传教育的对象是一切有接受教育能力的公民,重点是领导干部和青少年。

(一)坚持把领导干部带头尊法学法、模范守法、严格执法作为树立法治意识的关键。制定出台《沈阳市完善国家工作人员学法用法制度的实施意见》,全面规范国家工作人员特别是各级领导干部学法用法行为。把宪法法律和党内法规列入党委(党组)中心组学习内容,列为党校、行政学院必修课;把法治教育纳入领导干部和公务员初任培训、任职培训的必训内容,保证法治培训课时数量和培训质量,切实提高领导干部运用法治思维和法治方式深化改革、推动发展、化解矛盾、维护稳定的能力,切实增强国家工作人员自觉守法、依法办事的意识和能力。加强党章和党内法规学习教育,引导党员领导干部增强党章党规党纪意识,严守政治纪律和政治规矩,在廉洁自律上追求高标准,自觉远离违纪红线。健全日常学法制度,创新学法形式,结合现场教学、行政案件审理旁听等法治实践,促进领导干部法治思维的日常养成。健全完善重大决策合法合规性审查机制,积极推行法律顾问制度,各级党政机关和人民团体普遍设立公职律师,在企业可设立公司律师。把尊法学法守法用法情况作为考核各级领导班子和领导干部的重要内容。把法治观念强不强、法治素养好不好作为衡量干部德才的重要标准,把能不能遵守法律、依法办事作为考察干部的重要内容。

(二)坚持从青少年抓起,有针对性地开展法治宣传教育。落实教育部《青少年法治教育大纲》中各学段法治教育的目标、任务、内容和要求,开展课堂教学讲授、校园文化熏陶、青少年法治知识大赛、法治教育实践基地实习、大学生法治文化论坛等多种形式的法治宣传教育。健全青少年法治宣传教育机制,确保计划、教材、课时、师资和经费"五落实"。在小学普及宪法基本常识,在中学增加法治知识内容,充分利用第二课堂和社会实践活动开展青少年法治宣传教育,在开学第一课、毕业仪式、班会、队会、团会中有机融入法治教育内容,使青少年牢固树立宪法意识和国家意识。加强对高等院校学生的法治教育,增强其法治观念和参与法治实践的能力。完善教育与立法、司法、执法相关部门的合作机制,加强对德育副校长、法治课教师及法治副校长、法治辅导员培训。强化学校、家庭、社会"三位一体"的青少年法治宣传教育格局,加强青少年法治宣传教育实践基地建设和网络建设。

(三)坚持推进全民守法,开展特色法治宣传教育。各地区、各部门、各单位要根据实际需要,针对不同群体的特点,开展富有特色的法治宣传教育。突出加强对企业经营管理人员的法治宣传教育,提高其依法生产、依法经营、依法管理能力。加强对新经济组织和新社会组织管理人员的法治宣传教育,引导其树立诚信守法、爱国敬业意识。加强对进城务工人员、留守妇女、留守儿童、留守老人、城市无业人员和辍学学生等群体的法治宣传教育,突出遵纪守法、依法表达利益诉求等内容的宣传,引导其依法维权和运用法律手段解决矛盾纠纷。加强村(社区)干部法治培训,提高民主选举、民主决策、民主管理、民主监督的意识和能力。

四、工作措施

(一)健全法治宣传教育机制。各级党委和政府要加强对法治宣传教育工作的领导,宣传、文化、教育部门和各人民团体以及社会组织要在法治宣传教育中发挥职能作用。要充分发挥各级人大、政协的监督作用,组织人大代表、政协委员对法治宣传教育工作实施定期评估,提出意见和建议。立法部门要通过多种形式,动员社会各方面广泛参与立法,把立法过程变为法治宣传的过程。法治宣传部门要建立法治宣传教育工作联席会议制度,定期汇总工作情况,掌握全市法治宣传教育动态,指导考核全市法治宣传教育工作;各级组织、宣传、文化、教育、流动人口管理等部门以及相关人民团体、社会组织要健全完善法治宣传教育工作协调协作机制,结合行业特点和特定群体的法治需求,重点做好相关部门法、专业法以及新颁布法律法规的宣传普及。

(二)健全普法责任制。各级党组织要坚持全面从严治党、依规治党,切实履行学习宣传党内法规的职责,把党内法规作为学习型党组织建设的重要内容,充分发挥正面典型倡导和反面案例警示作用,为党内法规的贯彻实施营造良好氛围。按照"谁执法谁普法"的要求,全面建立和落实部门、行业及社会单位的法治宣传教育责任,形成资源共享、齐抓共管的社会普法新格局。发挥法官、检察官、行政执法人员、律师、人民调解员及法律工作者的专业优势,在执法司法实践中广泛开展以案释法和警示教育,使案件审判、行政执法、纠纷调解和法律服务的过程成为向群众弘扬法治精神的过程。推进以案释法工作机制建设,加强司法、行政执法案例整理编辑工作,整合全市以案释法宣传资源,创新以案释法宣传形式,通过主题宣讲、社会法庭、巡回审判、预防职务犯罪专题讲座、参观警示教育基地、旁听案件审理、庭审直播等形式,提高法治宣传教育的质量和效果,进一步扩大以案释法工作的社会影响力。健全媒体公益普法制度,推进新闻媒体落实法治宣传教育责任制,广播电视、报纸期刊、互联网和手机媒体等大众传媒要在重要版面、重要时段制作刊播普法公益广告,开设法治讲堂,针对社会热点和典型案(事)例开展及时、权威的法律解读。

(三)推进法治宣传教育工作创新。坚持服务全市工作大局、服务人民群众生产生活,创新工作理念,培育全社会法治信仰,增强法治宣传教育工作实效。创新方式方法,坚持集中法治宣传教育与经常性法治宣传教育相结合,深化法律进机关、进乡村、进社区、进学校、进企业、进单位的"法律六进"主题活动,完善工作标准,建立长效机制。创新载体阵地,充分利用广场、公园等公共场所开展法治宣传教育;在政府机关、社会服务机构的服务大厅和服务窗口增加法治宣传教育功能;利用各类电子显示屏、广告牌、宣传栏,打造法治宣传教育的重要平台。加强新媒体新技术在法治宣传教育中的运用,充分利用互联网、自媒体,发挥微博、微信、微视频、客户端等的传播作用,进一步丰富宣传手段,创新宣传方式,策划开展系列互动性强、参与度高、效果好的法治宣传教育活动。充分利用“互联网+”和大数据技术,构建法治宣传教育数据库,进一步扩大信息服务范围、丰富服务功能。

(四)加强法治宣传教育队伍建设。着力构建覆盖全市的法治宣传教育工作网络,健全完善管理制度,广泛开展业务培训,建设一支以专职人员为骨干、专兼群相结合的高素质法治宣传教育队伍。充实“七五”普法联络员和讲师团队伍,抓好法律顾问团和法治副校长队伍建设。加强法治宣传志愿者队伍建设,积极动员社会力量开展法治宣传教育。建立沈阳市法治宣传志愿者协会,将普法讲师团、大学生法治辅导员以及司法和行政执法人员、法律服务人员、大专院校法律专业师生纳入法治宣传志愿者队伍。健全完善法治宣传志愿者协会各项规章制度,畅通服务渠道,提高宣传水平,打造沈阳法治宣传教育工作品牌。

(五)健全考核和评估评价机制。加强工作考核评估,建立健全法治宣传教育工作考评指导标准和评估体系,加强对日常工作开展和实际效果的考核,注重考核结果的运用。认真开展“七五”规划执行情况阶段性检查和总结验收。对开展工作不力的部门进行督查、约谈并限期整改,推动法治宣传教育工作全面深入开展。探索引入第三方评价评估机制,依托社会调查组织,通过政府购买服务的方式,按年度对全市法治宣传教育工作情况进行评估。采取网络调查、问卷调查及入户走访调查等方式,了解群众对法治宣传教育工作成效的客观评价,推动各地区、各部门、各单位抓实工作。

五、组织保障

(一)加强组织领导。进一步完善党委领导、人大监督、政府实施、全社会共同参与的法治宣传教育工作领导体制。各级党委和政府要高度重视,把法治宣传教育纳入当地经济社会发展规划,纳入重要议事日程,定期听取情况汇报,及时研究解决法治宣传教育工作中的重大问题。各级人大要加强对法治宣传教育工作的日常监督和专项检查。各级党委宣传部门、政府司法行政部门和法治宣传教育工作领导小组办公室负责组织、协调、指导和检查规划的实施工作。加强各级法治宣传教育工作组织机构建设,高度重视基层法治宣传教育队伍建设,切实解决人员配备、基本待遇、工作条件等方面的实际问题。各级法治宣传教育领导小组每年要向同级党委(党组)和上级法治宣传教育工作领导小组报告工作进展情况。

(二)加强协调配合。市、区县(市)司法行政机关要担负起法治宣传教育领导小组办公室的职责,健全完善议事规则,切实履行计划、组织、协调、指导、监督和服务的职责。各部门、各单位要加强沟通协调,发挥各自优势,形成工作合力。各地区、各部门要结合工作实际,根据不同对象的法治需求,区别对待、分类指导,不断增强法治宣传教育的针对性。坚持问题导向,深入基层、深入群众调查研究,积极解决问题。认真总结推广法治宣传教育工作的先进经验,充分发挥先进典型的示范和带动作用,推动法治宣传教育工作不断深入。

(三)落实经费保障。各级政府要把法治宣传教育经费纳入本级财政预算,专款专用,切实予以保障,并作为一项刚性指标。各部门、各单位要统筹安排相关经费,保证法治宣传教育工作正常开展。

第七个法治宣传教育五年规划从2016年开始实施,至2020年结束。各地区、各部门、各单位要根据本规划,认真制定本地区、本部门、本单位五年规划和实施方案,深入宣传发动,全面组织实施,确保第七个五年法治宣传教育规划各项目标任务落到实处。

法规·规章

沈阳市农田水利设施条例

(2016年11月4日沈阳市第十五届人民代表大会常务委员会第三十六次会议通过;2016年12月7日辽宁省第十二届人民代表大会常务委员会第三十次会议批准)

第一章 总 则

第一条 为了加强农田水利设施的建设和管理,提高农业综合生产能力,促进农业可持续发展,根据《中华人民共和国水法》、国务院《农田水利条例》等有关法律、法规,结合本市实际,制定本条例。

第二条 本市行政区域内农田水利设施的规划、建设、运行、维护等活动,适用本条例。

本条例所称农田水利设施,是指为防治农田旱、涝等灾害,改善农业生产条件,而建设的灌溉、排水等工程设施(以下称农田水利工程设施)以及为上述工程设施配套的建筑物、构筑物、机电设备、监测设备等相关设施。

第三条 农田水利设施的规划、建设、运行、维护等,应当遵循政府主导、部门协作、农民参与、社会支持的方针,坚持统筹规划、因地制宜、建管并重、节水高效的原则。

第四条 市和区、县(市)人民政府应当加强对农田水利设施工作的组织领导,制定发展规划,完善政策措施,建立政府为主、多渠道的投入机制,协调解决相关重大事项。

市和区、县(市)人民政府水行政主管部门负责本行政区域内农田水利设施的管理和监督工作。

市和区、县(市)人民政府发展和改革、财政、农业、规划国土、建设、环境保护、林业等有关部门按照职责分工,做好农田水利设施相关工作。

乡镇人民政府(涉农街道办事处)应当协助上级人民政府及其有关部门做好本行政区域内农田水利设施建设、运行、维护等方面的工作。

第二章 规划与建设

第五条 市和区、县(市)人民政府水行政主管部门应当依法编制农田水利规划。农田水利规划包括农田水利设施的建设目标、布局和规模、运行和维护、资金筹措和应急保障等内容。

农田水利规划是农田水利设施建设和管理的依据,非经法定程序,不得擅自修改。

编制土地整治、农业综合开发等规划涉及农田水利设施的,应当征求本级人民政府水行政主管部门的意见。

第六条 农田水利设施建设应当节约集约使用土地。市和区、县(市)人民政府应当根据农田水利规划,保障农田水利设施建设用地需求。

第七条 农田水利工程设施建设应当遵守国家、省规定的相关建设程序和项目管理要求。建设单位应当将工程规模、建设内容、施工单位等相关情况进行公示,接受社会监督。

第八条 建设农田水利工程设施,应当根据运行、维护的实际需要配备相应的配套设施。

第九条 新建、改建、扩建农田水利工程设施应当符合国家、省有关农田水利标准;现有农田水利工程设施达不到标准的,应当通过改造逐步达到标准。

第十条 政府投资建设的农田水利工程设施竣工后,由水行政主管部门或者有关部门会同水行政主管部门依法组织验收。社会力量投资建设的农田水利工程设施由投资者或者受益者组织竣工验收。政府与社会力量共同投资的农田水利工程设施,由市或者区、县(市)人民政府有关部门,社会投资者或者受益者共同组织竣工验收。

农田水利工程设施的验收应当按照工程等级和相应的验收规程或者验收办法进行。

农田水利工程设施验收合格后,由市或者区、县(市)水行政主管部门组织造册存档,有关部门、投资者或者受益主体应当予以配合。

第三章 运行与维护

第十一条 政府投资建设的下列农田水利设施,按照以下方式分级负责运行与维护:

(一)跨乡镇(涉农街道办事处)的排灌沟渠及其配套设施由区、县(市)人民政府负责;

(二)跨村的排灌沟渠及其配套设施由乡镇人民政府(涉农街道办事处)负责;

(三)村内的排灌沟渠及其配套设施由村民委员会负责;

(四)排灌泵站由区、县(市)人民政府或者乡镇人民政府(涉农街道办事处)或者其委托的机构负责。

其他农田水利设施应当依法明确运行与维护主体,落实相关责任。

农村土地承包经营权依法流转的,应当同时明确该土地上农田水利设施的运行与维护主体。

第十二条 灌区农田水利设施实行灌区管理单位管理与受益农村集体经济组织、农民用水合作组织、农民等管理相结合的方式,具体管理办法应当按照国家有关规定执行。

第十三条 负责农田水利设施运行与维护的单位和个人应当建立健全运行维护制度,按照有关规范和规程进行维修养护,保障农田水利设施正常运行。

重要的农田水利设施周边,应当设立注明工程等级、管理单位、工程造价、管理和保护范围的标识牌。

第十四条 农田水利设施有下列情形之一的,应当按照有关规定及时处置,消除安全隐患,并将相关情况告知市或者区、县(市)人民政府水行政主管部门:

(一)超过设计使用年限的;

(二)灌溉排水功能基本丧失的;

(三)严重毁坏而无法继续使用的;

(四)法律、法规规定的其他情形。

第十五条 市和区、县(市)人民政府应当依法划定农田水利设施的管理范围和保护范围。

第十六条 禁止危害农田水利设施的下列行为:

(一)侵占、损毁农田水利设施;

(二)危害农田水利设施安全的爆破、打井、采石、取土等活动;

(三)堆放阻碍蓄水、输水、排水的物体;

(四)建设妨碍蓄水、输水、排水的建筑物和构筑物;

(五)向塘坝、沟渠排放污水、倾倒垃圾以及其他废弃物;

(六)法律、法规规定的其他危害农田水利设施的行为。

第十七条 任何单位和个人不得擅自占用农田水利设施。

建设产业园区,修建铁路、公路等建设工程确需占用农田水利设施的,应当依法与农田水利设施所有权人协商,并报经有管辖权的市或者区、县(市)人民政府水行政主管部门同意。经同意占用的,占用者应当建设与被占用的农田水利设施效益和功能相当的替代工程;不具备建设替代工程条件的,应当依法给予补偿。

第四章 保障与扶持

第十八条 市和区、县(市)人民政府应当将农田水利设施建设、运行、维护等方面所需政府投入资金纳入本级财政预算。

农田水利设施建设、运行、维护资金应当专款专用,任何单位和个人不得挤占、挪用或者截留。

第十九条 市和区、县(市)人民政府应当对农村集体经济组织、农民用水合作组织、农民和其他社会力量依法投资建设的农田水利设施,按照财政奖补、民办公助等方式予以支持。

第二十条 区、县(市)人民政府应当依法建立基层水利服务机构,配备专职或者兼职农田水利设施管护员。

基层水利服务机构应当履行农田水利设施建设管理、科技推广等公益性职能;农田水利设施管护员负责农田水利设施养护工作,发现和制止危害农田水利设施安全的行为。

市和区、县(市)人民政府水行政主管部门应当会同本级人民政府有关部门制定培训计划,加强对基层水利服务人员和农民的培训。

第五章 法律责任

第二十一条 违反本条例第十六条第一项和第二项规定,构成犯罪的,依法追究刑事责任;尚不够刑事处罚,且防洪法未作规定的,由市或者区、县(市)人民政府水行政主管部门责令停止违法行为,采取补救措施,处一万元以上五万元以下的罚款;违反治安管理处罚法的,由公安机关依法给予治安管理处罚;给他人造成损失的,依法承担赔偿责任:

(一)侵占、损毁农田水利设施的;

(二)从事危害农田水利设施安全的爆破、打井、采石、取土等活动的。

第二十二条 违反本条例第十六条第三项、第四项和第十七条规定,有下列行为之一的,由市或者区、县(市)人民政府水行政主管部门责令停止违法行为,限期恢复原状或者采取补救措施;逾期不恢复原状或者未采取补救措施的,依法强制执行;给他人造成损失的,依法承担民事责任;违反治安管理处罚法的,由公安机关依法给予治安管理处罚;构成犯罪的,依法追究刑事责任:

(一)堆放阻碍农田水利设施蓄水、输水、排水的物体的;

(二)建设妨碍农田水利设施蓄水、输水、排水的建筑物和构筑物的;

(三)擅自占用农田水利设施的。

第二十三条 违反本条例第十六条第五项规定,向塘坝、沟渠排放污水、倾倒垃圾以及其他废弃物的,依照环境保护有关法律、行政法规的规定处理。

第二十四条 违反本条例第十八条第二款规定的，责令其改正，对负有直接责任的主管人员和其他直接责任人员依法给予处分。

第二十五条 违反本条例规定，市和区、县(市)人民政府水行政主管部门和其他有关部门不依法履行农田水利设施管理和监督职责的，对负有责任的领导人员和直接责任人员依法给予处分；负有责任的领导人员和直接责任人员构成犯罪的，依法追究刑事责任。

第六章 附 则

第二十六条 本条例自2017年1月1日起施行。

沈阳市劳动争议调解条例

(2016年8月26日沈阳市第十五届人民代表大会常务委员会第三十三次会议通过;2016年11月11日辽宁省第十二届人民代表大会常务委员会第二十九次会议批准)

第一章 总 则

第一条 为了公正及时解决劳动争议，促进劳动关系和谐稳定，根据《中华人民共和国劳动争议调解仲裁法》、《中华人民共和国人民调解法》等有关法律法规，结合本市实际，制定本条例。

第二条 本条例所称劳动争议调解，是指具有劳动争议调解职能的组织，依据争议的事实和法律法规的规定，通过说服、疏导等方法，促使当事人在平等协商基础上自愿达成调解协议，从而解决劳动争议的活动。

第三条 本市行政区域内用人单位与劳动者发生的下列劳动争议，适用本条例：

(一)因确认劳动关系发生的争议；

(二)因订立、履行、变更、解除和终止劳动合同发生的争议；

(三)因除名、辞退和辞职、离职发生的争议；

(四)因工作时间、休息休假、社会保险、福利、培训以及劳动保护发生的争议；

(五)因劳动报酬、工伤医疗费、经济补偿或者赔偿金等发生的争议；

(六)法律、法规规定的其他劳动争议。

第四条 发生劳动争议，当事人不愿协商、协商不成或者达成和解协议后不履行的，可以向调解组织申请调解。

第五条 市和区、县(市)人民政府应当加强对劳动争议调解工作的领导，建立健全劳动争议调解工作协调、考核和保障机制。

市和区、县(市)人力资源和社会保障行政部门、司法行政部门应当按照各自的职责，指导本行政区域内的劳动争议调解工作。

乡镇人民政府、街道办事处应当支持基层人民调解委员会以及在乡镇、街道设立的劳动争议调解组织依法履行职责，保障其必要的工作条件。

第六条 市和区、县(市)总工会应当督促、帮助企业依法建立劳动争议调解委员会，推动建立区域性、行业性劳动争议调解组织。

企业工会应当协助本企业依法建立劳动争议调解委员会。

第二章 调解组织和调解员

第七条 发生劳动争议，当事人可以到下列调解组织申请调解：

(一)本企业劳动争议调解委员会；

(二)劳动合同履行地或者用人单位所在地的依法设立的基层人民调解委员会；

(三)在劳动合同履行地或者用人单位所在地的乡镇、街道设立的具有劳动争议调解职能的组织；

(四)劳动合同履行地或者用人单位所在地的行业性劳动争议调解组织；

(五)其他依法设立的具有劳动争议调解职能的组织。

调解组织受理和调解劳动争议，不收取费用。

第八条 大中型企业应当依法设立劳动争议调解委员会，并为其开展工作创造必要的条件。

设有分支机构的企业，可以根据需要在总部和分支机构分别设立调解委员会。总部调解委员会指导分支机构调解委员会开展劳动争议调解工作。

调解委员会可以根据需要在车间、工段、班组等设立调解小组。

小微型企业可以设立调解委员会，也可以由劳动者和企业共同推举人员，开展调解工作。

第九条 企业劳动争议调解委员会由劳动者代表和企业代表组成，人数由双方协商确定。劳动者代表由工会成员担任或者由全体劳动者推举产生，企业代表由本企业负责人指定。推举或者指定的代表只能代表一方参加调解委员会。调解委员会主任由工会成员或者双方推举的人员担任。调解委员会的办事机构设在企业工会。

女性劳动者人数较多的企业，调解委员会中应当有女性劳动者代表。

第十条 除企业以外的用人单位可以根据需要设立相应的劳动争议调解组织或者推举人员，开展劳动争议调解工作。

第十一条 基层人民调解委员会应当依法将劳动争议纳入调解范围，积极开展劳动争议调解工作。

第十二条 乡镇、街道劳动就业社会保障服务中心(所)应当依法设立劳动争议调解中心。调解中心主任由劳动就业社会保障服务中心(所)的人员担任，办事机构设在劳动就业社会保障服务中心(所)。

在个体经济、私营经济比较集中的社区(村)，劳动就业社会保障服务站可以设立劳动争议调解中心，负责劳动争议调解工作。

第十三条 行业(产业)工会和行业商会(协会)双方可以共同组建本行业的劳动争议调解委员会，为本行业的企业和劳动者提供劳动法律、法规相关咨询服务，调解本行业企业与劳动者之间发生的劳动争议。

第十四条 调解员由调解组织的组成人员和调解组织聘任的人员担任。

调解员应当公道正派、联系群众、热心劳动争议调解工作，具有一定法律知识、政策水平、文化水平和沟通协调能力，且为成年公民。

调解员的聘期至少为一年，可以续聘。调解员不能履行调解职责时，调解组织应当及时调整。

第十五条 市和区、县(市)人力资源和社会保障行政部门、司法行政部门、总工会应当定期对调解员进行业务培训。

第三章 调解程序

第十六条 当事人申请劳动争议调解，可以书面申请，也可以口头申请。口头申请的，调解组织应当当场记录申请人基本情况、申请调解的争议事项、理由和时间。

第十七条 劳动争议调解组织不受理本条例**第三条** 所列情形之外的争议事项以及处于仲裁、诉讼和劳动行政监察处理过程中的劳动争议事项的调解申请。

第十八条 调解组织接到调解申请后，应当在三个工作日内征询对方当事人的意见，对方当事人同意调解的，调解组织应当在三个工作日内作出受理调解通知，送达双方当事人，并在送达后的三个工作日内告知双方当事人调解的时间、地点；对方当事人不同意调解的，调解组织应当作好记录，及时告知申请人不予受理。

第十九条 发生劳动争议的劳动者一方在十人以上，并有共同请求的，可以书面委托适当数量的代表申请并参加调解。

第二十条 劳动争议调解应当以召开调解会议的方式进行。调解会议由双方当事人及调解员参加。

调解组织可以指定一名或者数名调解员进行调解，也可以由当事人选择一名或者数名调解员进行调解。主持调解会议的调解员，由调解组织的负责人指定；调解组织的负责人参加调解的，由其主持调解会议。

双方当事人对调解员均无异议时，调解方可进行。

第二十一条 调解会议包括以下主要内容：调解员充分听取双方当事人对争议的事实和理由的陈述；调解员讲解或者帮助当事人查找有关法律、法规和国家政策；调解员对当事人进行耐心疏导、劝解；调解员在双方当事人平等协商、互谅互让的基础上提出争议解决方案，促使其自愿达成调解协议。

调解会议应当形成调解记录，主要载明争议的事项、调解的经过以及最终形成的意见。调解会议结束后，双方当事人、调解员应当在调解记录上签字。

第二十二条 调解组织根据调解劳动争议的需要，在征求当事人同意后，可以邀请当事人的亲属、同事等参与调解，也可以邀请有关单位和律师、专家学者等个人协助调解。

第二十三条 当事人无正当理由不参加调解或者未经调解员同意中途退出调解会议的，调解组织可以认定为调解不成，调解即告终止。

第二十四条 自劳动争议调解组织收到调解申请之日起十五日内未达成调解协议的，劳动争议调解组织应当终止调解，当事人可以依法申请仲裁。但是，对于情况复杂或者接近调解成功，并且双方当事人同意延长期限的，经劳动争议调解组织负责人批准可以延长期限，延长期限不得超过十五日。

第四章 调解协议

第二十五条 经调解双方当事人达成协议的，调解组织应当制作调解协议书。调解协议书应当载明下列事项：

（一）双方当事人的基本情况；

（二）争议的主要事实、双方争议的焦点；

（三）当事人达成调解协议的内容、履行方式、期限；

（四）双方约定的其他事项。

调解协议书由双方当事人签名或者盖章，经调解员签名并加盖调解组织印章后生效，对双方当事人具有约束力，当事人应当自觉履行。

调解协议书一式三份，当事人双方各执一份，调解组织留存一份。

第二十六条 双方当事人可以自调解协议书生效之日起十五日内共同向劳动争议仲裁委员会提出仲裁审查申请。

第二十七条 达成调解协议后，一方当事人在协议约定期限内不履行调解协议的，另一方当事人可以依法申请仲裁。

第二十八条 经人民调解委员会调解达成调解协议后，双方当事人认为有必要的，可以自调解协议生效之日起三十日内共同向人民法院申请司法确认。

第二十九条 因支付拖欠劳动报酬、工伤医疗费、经济补偿或者赔偿金事项达成调解协议，用人单位在协议约定期限内不履行的，劳动者可以持调解协议书依法向人民法院申请支付令。

第三十条 各类调解组织应当建立必要的工作制度，加强劳动争议调解档案管理，做好劳动争议调解分析统计工作。

第五章 法律责任

第三十一条 违反本条例规定，当事人不遵守调解现场秩序，不尊重调解员，不尊重对方当事人行使权利的，由调解组织责令改正；当事人侮辱、诽谤或者故意伤害调解员的，依照有关规定处理；构成犯罪的，依法追究其刑事责任。

第三十二条 违反本条例规定，企业未成立调解组织，劳动争议或者群体性事件频发，影响劳动关系和谐，造成重大社会影响的，由市或者区、县（市）人力资源和社会保障行政部门予以通报；违反法律、法规规定的，依法予以处理。

第三十三条 违反本条例规定，调解员严重失职或者违法违纪，侵害当事人合法权益的，由调解组织予以解聘；构成犯罪的，依法追究其刑事责任。

第六章 附 则

第三十四条 本市行政区域内的国家机关、事业单位、社会团体等实行聘用制的工作人员与本单位发生人事争议的，可以依照本条例执行。

第三十五条 本条例自 2017 年 1 月 1 日起施行。

沈阳市城市市容和环境卫生管理条例

（2016 年 4 月 26 日沈阳市第十五届人民代表大会常务委员会第三十次会议修正；2016 年 5 月 25 日辽宁省第十二届人民代表大会常务委员会第二十六次会议批准）

第一章 总 则

第一条 根据国务院《城市市容和环境卫生管理条例》等有关法律、法规，结合本市实际，制定本条例。

第二条 本条例适用于本市城市内和其他实行城市化管理地区的市容和环境卫生管理。

实行城市化管理地区的范围，由市人民政府划定。

第三条 市城市建设管理部门是市容和环境卫生主管部门，负责本市市容和环境卫生的监督和管理工作。

区、县（市）市容和环境卫生主管部门负责本辖区内市容和环境卫生的管理工作。

公安、民政、规划、环保、建设、行政执法、房产、交通、水利、服务业、卫生、工商、供销社等有关部门应当按照各自职责，做好市容和环境卫生管理的有关工作。

第四条 市容和环境卫生管理实行

责任制度，按照下列规定实行分工负责：

（一）主要街道、桥梁、地下通道、广场、公厕等公共区域，由环境卫生作业单位负责；

（二）街巷、住宅小区，由街道办事处负责，实行物业管理的住宅小区，由物业服务企业负责；

（三）商店、超市、集贸市场、展览展销场馆、证券市场、宾馆、饭店等场所，由经营管理单位或者经营者负责；

（四）机场、火车站、长途汽车客运站、停车场、公交车始末站点，由经营管理单位负责；

（五）浑河、南北运河等城市水域沿岸，由管理单位负责；

（六）公路、铁路沿线，由管理单位负责；

（七）工程施工现场由施工单位负责，尚未开工的建设工程用地由建设单位负责；

（八）公园、绿地、风景名胜区，由管理单位负责；

（九）文化、体育、娱乐等公共场所由经营管理单位负责；

（十）经济技术开发区、高新技术开发区、新城等相对独立的功能区域，由管理单位负责；

（十一）机关、团体、部队、学校、企事业及个体工商户等，按照市容和环境卫生主管部门划定的管理区域，负责市容和环境卫生管理工作。

市容和环境卫生责任区管理责任人不明确的，由上一级市容和环境卫生主管部门确定。

第五条 市和区、县（市）人民政府应当将市容和环境卫生事业纳入经济和社会发展规划，并组织实施。

第六条 市和区、县（市）人民政府应当积极推进市容和环境卫生事业的改革，逐步实现市容和环境卫生作业和服务的社会化和市场化。

第七条 市和区、县（市）人民政府应当组织各机关、团体、部队、学校、企事业单位、街道办事处、社区组织等加强市容和环境卫生科学知识和法律知识的宣传教育，增强市民的市容和环境卫生意识，提高市民的公共道德水平。

广播、电视、报刊等新闻媒体应当根据需要，安排市容和环境卫生方面的公益性宣传内容。

机场、火车站、长途汽车客运站、风景名胜区等经营管理单位，应当对旅客、游客进行遵守市容和环境卫生法规的宣传教育。

第八条 任何单位和个人都有保护市容和环境卫生的义务，对损坏市容和环境卫生的行为有劝阻和举报的权利。

第九条 市和区、县（市）人民政府对在市容和环境卫生工作中成绩显著的单位和个人应当给予表彰和奖励。

第二章　市容管理

第十条 城市建筑物、构筑物、道路、园林绿化、公共设施、广告标志、照明、公共场所、城市水域、居住区等容貌，应当符合国家、省和本市规定的城市容貌标准。

第十一条 建筑物、构筑物的容貌应当符合下列规定：

（一）建筑物、构筑物的体量、造型、色彩和风格应当与周边环境相协调；

（二）建筑物、构筑物外立面应当保持整洁和完好，并按照有关规定定期粉刷、修饰、修复；

（三）建筑物顶部不得堆放杂物、搭棚设架，主要街路两侧和重点地区的建筑物的顶部、阳台外、窗外不得设置不符合容貌景观标准的设施，不得吊挂、晾晒和摆放物品，平台、阳台内堆放的物品不得超过护栏的高度，并保持整洁。主要街路和重点地区的范围由市人民政府确定并公布；

（四）建筑物的所有权人和使用人不得擅自改建窗门、阳台；经批准改建的，应当符合城市容貌标准；

（五）新建、改建建筑物、构筑物应当按照设计标准设置空调设备托架、空调机凝水统一管道，依附建筑物设置的电力、通信等线路应当摆放整齐、有序。

第十二条 主要街道两侧和繁华地区的建筑物前，应当根据需要与可能，选用透景、半透景的围墙、栅栏或者绿篱、花坛（池）、草坪等作为分界，除特殊情况外，不得设置实体围墙。

第十三条 城市道路及其附属设施的容貌应当符合下列规定：

（一）道路应当保持平坦、完好、畅通。路面出现坑槽、碎裂隆起、溢水以及水毁、塌陷等情形，管理单位应当在规定的期限内修复；

（二）城市道路在进行新建、扩建、改建、养护、维修等施工作业时，在施工现场应当设置明显标志和安全防护设施。施工完毕后应当及时平整现场、恢复路面、拆除防护设施；

（三）保持道路和桥梁上设置的隔离墩、隔离栏、防护墙、隔音板和照明、排水等设施整洁、完好；出现破损、污损的，所有权人或者维护管理单位应当及时清洗、修复或者更换；

（四）在道路上设置的井盖、雨箅，应当保持完好。出现移位、损坏、丢失的，所有权人或者维护管理单位应当立即采取设置警示标志、护栏等临时防护措施并及时维护、更换；

（五）不得在道路边石上安装设置交通护栏，隔离栏等各类公共设施，已设置的应当逐步进行改造。

第十四条 需要在道路及其他公共场所设置公安、交通、路灯、民政、环保、电力、邮政、通信等公共设施的，应当向城建主管部门提出申请，经城建主管部门组织有关部门审查批准后，方可设置。设施的所有权人或者维护单位应当及时对公共设施进行维修、更换、清洗或者补设，保持各类设施完好、整洁、美观。

第十五条 任何单位和个人不得擅自占用城市道路、广场、过街天桥、地下通道及其他公共场地设置集贸市场、进行生产加工、堆放物料、摆摊设点、搭建棚厦或者台阶等设施。因特殊需要占用的，应当征得市容和环境卫生主管部门同意后，按照有关规定办理审批手续，并应当保持容貌整洁。

临街的商业、饮食业等行业的经营者不得超出门、窗进行店外经营或者摆放杂物。

第十六条 任何单位和个人不得擅自在道路和公共场地借助护栏、电杆悬挂物品。

第十七条 工程施工现场应当设置围挡、警示标志和临时环境卫生设施。建筑、拆迁施工现场的出入口路面应当作必要的覆盖，设置冲洗设备，对进出的车辆进行清洗，不得带泥行驶，污染路面。

第十八条 浑河、南北运河等城市水域沿岸应当保持整洁，岸坡完好，无破损，及时清除水面垃圾、漂浮物。禁止滥倒或者堆放垃圾、粪便、污染物及其他废弃物。

第十九条 临街树木、园林绿地、公共绿地和庭院绿地应当保持整洁美观，管理单位应当及时清扫绿地内的垃圾杂物，并做好绿化设施的日常维护。

街路、广场、公共场所的造型植物、攀援植物和绿篱，管理单位应当及时剪修，保持造型美观。

第二十条 在主要街道及公共场所设置建筑小品、雕塑等建筑景观的，应当与周围景观相协调，并按照规定定期维护。出现破旧、污损的，应当及时粉饰、修饰。

第二十一条 城市景观照明规划、建设和管理应当符合下列规定：

（一）本市景观照明建设总体规划和实施方案，由市市容和环境卫生主管部门会同有关部门共同编制，报市人民政府批准后组织实施。区、县（市）景观照明建设规划应当根据市景观照明建设总体规划编制，并报市市容和环境卫生主管部门备案；

（二）本市景观照明建设规划区域内的建筑物、构筑物、道路、广场、绿地等，应当按照规划要求建设照明设施。区、县（市）景观照明建设方案，应当按照规定经市市容和环境卫生主管部门审查同意后，方可实施；

（三）新建高层建筑附属景观照明设施应当与建筑工程同步设计、同步施工、同步使用。市市容和环境卫生主管部门进行统一管理、审核；

（四）景观照明设施应当达到防火、防风、防震、防漏电标准，权属单位应当定期维护、及时修复，保持设施完整和功能完好。

第二十二条 户外广告、橱窗广告、牌匾、标识的设置和管理应当符合下列规定：

（一）大型户外广告的设置应当经市市容和环境卫生主管部门同意，按照有关规定办理审批手续。具体审批办法由市市容和环境卫生主管部门制定；

（二）户外广告设置使用权应当通过招标、拍卖、挂牌、协议出让方式取得。任何单位和个人不得擅自设置户外广告、大型电子显示屏等广告设施；

（三）设置牌匾、电子滚动显示屏、标识等设施，应当符合城市容貌标准；

（四）户外广告、橱窗广告、牌匾、标识的设置应当牢固安全、整洁美观。图案、文字、灯光显示不全或者破损、污浊、腐蚀、陈旧的应当及时维修或者更换。

第二十三条 在市区内应当选择适当地点设置公共信息栏，为发布信息者提供方便。市容和环境卫生主管部门应当制定公共信息栏设置的规划和标准。公共信息栏由市容管理责任区的责任人按照规划和标准设置。

信息的内容必须健康、真实，符合法律、法规的规定。

第二十四条 在公共场所、公共设施、建筑物、构筑物上设置标语、宣传品的，应当经市市容和环境卫生主管部门审批，并按照审批的范围、地点、数量、规格、内容和期限设置。

任何单位和个人不得擅自在公共场所散发、悬挂宣传品和广告，不得在建筑物、构筑物、公共设施及树木等处刻画、涂写、喷涂宣传品和广告。

第二十五条 再生资源回收站（点）应当在市人民政府规定的范围内设置，并保持周围环境整洁。再生资源管理部门应当依法加强废品收购站的监督管理。再生资源回收经营者应当按照市容管理要求，加强经营场所管理。

第二十六条 在市区运行的机动车辆，应当保持车身完好、车容整洁。

运输液体、散装货物的车辆，应当密封、包扎、覆盖，避免泄漏、遗撒。

设置的机动车、非机动车停（存）车场，应当设立明显的界限标志，车辆摆放整齐有序。

第三章 环境卫生管理

第二十七条 清扫保洁、清运垃圾粪便、除雪、环境卫生设施建设，应当符合国家、省和本市规定的环境卫生质量标准。

第二十八条 专业清扫保洁单位，应当按照作业规范，定时清扫，保证街路及其他公共场所的整洁，并应当提高湿式作业率和机械化清扫率。

机关、团体、部队、企事业单位、个体工商户等应当按照划定的责任区域进行清扫保洁。

第二十九条 收集和管理各类垃圾应当遵守下列规定：

（一）各类垃圾应当实行分类收集和管理；

（二）推行生活垃圾收集容器化。产生生活垃圾的单位和个人，应当到规定地点投放垃圾；

（三）医疗垃圾、工业固体废弃物，易燃易爆、有毒有害废弃物以及餐饮垃圾，应当单独收集、运输、处置，禁止混入生活垃圾；

（四）建设单位对建设施工中产生的建筑垃圾和工程渣土应当在施工现场范围内存放，不得裸露堆放，随时清运并按照规定的地点排放，在该建设工程竣工验收前，将所产生的建筑垃圾全部清除；

（五）非有毒有害工业垃圾，应当按照市市容和环境卫生主管部门规定的地点排放；

（六）鼓励废弃物的回收利用，推广先进技术，实现城市垃圾的减量化、资源化、无害化。

第三十条 环境卫生作业单位应当及时清运生活垃圾，做到日产日清。垃圾箱、站、点应当配有专人管理。

商场、饭店等单位对其产生的垃圾，应当装袋运到规定地点排放，或者委托环境卫生作业单位有偿清运。

第三十一条 城市生活垃圾经营性清扫、收集、运输服务实行许可制度。从事城市生活垃圾经营性清扫、收集、运输的企业应当符合法定条件，并依法取得市市容和环境卫生主管部门的许可。

从事环境卫生作业服务的企业，应当遵循环境卫生作业服务规范，达到城市容貌标准和城市环境卫生质量标准。

第三十二条 责任单位应当及时清掏和疏通公厕、化粪池，防止堵塞、粪便外溢。清掏的粪便应当密闭运送到规定的消纳场所处理。对易于孳生、聚集蚊蝇的公厕、化粪池、垃圾箱、果皮箱、垃圾场、排水沟等，应当采取有效措施预防和消灭蚊蝇。

第三十三条 从事车辆清洗和维修的单位或者个人应当采取措施，防止废油、废液等影响周围环境。清洗车辆的污水必须集中排入沉淀池。不得占用道路进行经营。

第三十四条 垃圾排放实行收费制度。产生和排放垃圾的单位或者个人应当根据国家的有关规定缴纳垃圾排放费或者处理费。

第三十五条 市和区、县（市）人民政府应当及时组织冬季除雪，保障道路畅通。

任何单位和个人都应当按照市容和环境卫生主管部门划定的责任区域和规定的时限完成除雪任务。

第三十六条 禁止下列有碍环境卫生的行为：

（一）随地吐痰、便溺；

（二）乱丢瓜果皮核、烟头、纸屑、口香糖、饮料罐、包装袋、宣传品等废弃物；

（三）乱扔、乱倒生活垃圾、污水、粪便、残土、动物尸体等；

（四）饲养鸡、鸭、鹅、兔、羊、猪等家禽家畜；

（五）在街道两侧等公共露天场所屠宰动物；

（六）焚烧冥纸、冥钞和在出殡途中抛撒纸钱、纸花等；

（七）其他有碍环境卫生的行为。

第四章 环境卫生设施管理

第三十七条 规划主管部门在进行城市具体规划、建设工程选址时，应当会同市容和环境卫生主管部门，依据有关规定，编制环境卫生设施专项规划，确定环境卫生设施的用地。建设单位应当按照环境卫生设施专项规划和市容和环境卫生主管部门的要求，建设、设置环境卫生设施。

任何单位和个人不得擅自占用环境卫生设施规划用地或者改变其使用性质。确需变更的，应当征得市容和环境卫生主管部门的同意，并经规划主管部门批准。

鼓励单位和个人投资建设环境卫生设施。

第三十八条 从事新区开发、旧区改建和住宅小区开发建设的单位，以及机场、码头、车站、公园、广场、景点、体育娱乐场所、商饮等公共设施、场所的经营管理单位，应当按照城市环境卫生设施设置标准配套建设环卫设施。

第三十九条 建筑施工现场内应当设置厕所和密闭式垃圾站或者垃圾收集容器，设置的厕所应当为水冲或者环保移动式厕所。

第四十条 环境卫生设施应当与主体工程同时规划、设计、施工、验收，所需费用纳入建设工程概算，由主体工程建设单位承担。配套建设的环境卫生设施，其项目和设计方案的审查应当有市容和环境卫生主管部门参加。经批准的环境卫生设施设计方案，不得随意改变。环境卫生设施竣工，必须有市容和环境卫生主管部门参加验收。验收不合格的，建设单位应当在规定的期限内改正或者交纳返工、补建工程费用，由市容和环境卫生主管部门组织返工、补建。

第四十一条 市和县（市）市容和环境卫生主管部门应当统一规划生活垃圾、餐饮垃圾、建筑垃圾处理厂（场），并组织实施。

任何单位和个人不得擅自设置生活垃圾、餐饮垃圾、建筑垃圾处理厂（场），不得擅自设立弃置场受纳生活垃圾、餐饮垃圾、建筑垃圾。

第四十二条 环境卫生设施所有权人，应当持有关资料向市容和环境卫生主管部门申报登记。

市容和环境卫生主管部门应当建立健全城市环境卫生设施档案和管理制度。

第四十三条 环境卫生设施“谁建设、谁所有、谁管理”。权属单位无力管理的，可以委托环境卫生专业单位或者经营单位进行管理。将环境卫生设施移交给环境卫生专业单位维护的，应当按照规定办理移交手续。

第四十四条 任何单位或者个人不得擅自闲置、占用、迁移、拆除、关闭环境卫生设施，或者改变其使用性质和内部结构。确有必要关闭、闲置或者拆除的，应当经市容和环境卫生主管部门审核批准，并由建设单位予以等量还建或者补偿。

经批准拆除的环境卫生设施必须补建的，应当先建后拆。确需先拆后建的，拆除单位应当交纳环境卫生设施代建费，由批准机关组织建设；也可以交纳保证金，待还建验收合格后予以返还。

经批准拆除环境卫生设施后不需还建的，由建设单位给予权属单位补偿，补偿标准由市容和环境卫生主管部门规定。

第四十五条 环境卫生设施实行有偿使用的，应当达到国家和省、市规定的标准、条件。具体的收费办法和标准，由市物价部门会同市市容和环境卫生主管部门规定。

第四十六条 市和区、县（市）人民政府应当按照国家现行标准、规范，配套设置公共厕所。公共场所没有附设公共厕所或者原有公共厕所数量不足的，市容和环境卫生主管部门应当根据需要组织建设。

第四十七条 禁止下列损害环境卫生设施的行为：

（一）在环境卫生设施上乱涂、乱贴、乱刻；

（二）依附环境卫生设施或者占用环境卫生作业场所搭建建筑物或者构筑物；

（三）在环境卫生设施上堆放各种物品；

（四）在环境卫生设施用地或者作业场所挖掘沙石、泥土；

（五）向环境卫生设施内排放腐蚀性物质、易燃易爆或者剧毒物质；

（六）在环境卫生设施内焚烧物品；

（七）其他损毁环境卫生设施的行为。

第五章 法律责任

第四十八条 违反本条例第四条规定，管理责任人不履行其责任区内市容环境卫生维护和保洁责任的，由行政执法部门予以警告，责令改正，并处二百元以上一千元以下罚款。

第四十九条 违反本条例第十一条第一项、第二项规定，建筑物、构筑物及其附属设施不符合城市容貌标准的，由行政执法部门会同规划主管部门，责令有关单位或者个人限期改正或者拆除。逾期未改正或者未拆除的，经市或者区、县（市）人民政府批准，由行政执法部门会同规划主管部门组织强制拆除，并对非经营性行为的，处一百元以上一千元以下罚款；对经营性行为的，处一千元以上一万元以下罚款。

第五十条 违反本条例第十一条第三项规定，在建筑物顶部堆放杂物、搭棚设架，主要街路两侧和重点地区的建筑物的顶部、阳台外、窗外设置不符合容貌景观标准的设施，吊挂、晾晒和摆放物品，平台、阳台内堆放的物品超过护栏的高度，并未保持整洁的，由行政执法部门责令限期改正；逾期不改正的，处五十元以上一百元以下罚款。

第五十一条 违反本条例第十一条第四项规定，建筑物的所有权人和使用人擅自改建窗门、阳台的，由行政执法部门责令停止违法行为，限期拆除违法设施，或者采取其他补救措施，并对非经营性行为，处一百元以上一千元以下罚款；对经营性行为且有违法所得的，处违法所得一倍以上三倍以下罚款，最高不得超过三万元；对经营性行为而无违法所得的，处一百元以上一千元以下罚款。

第五十二条 违反本条例第十四条规定，在道路及其他公共场所设置公安、交通、路灯、民政、环保、电力、邮政、通信等公共设施，设施的所有权人或者维护单位未及时对公共设施进行维修、更换、清洗或者补设，未保持各类设施完好、整洁、美观的，由行政执法部门责令限期改正；逾期未改正的，处五百元以上五千元以下罚款。

第五十三条 违反本条例第十五条规定，擅自占用城市道路、广场、过街天桥、地下通道及其他公共场地设置集贸市场、进行生产加工、堆放物料、摆摊设点、搭建棚厦或者台阶等设施，临街商业、饮食业等行业的经营者超出门、窗进行店外经营或者摆放杂物的，由行政执法部门责令改正，并处一百元以上一千元以下罚款。

第五十四条 违反本条例第十六条规定，擅自在道路和公共场地借助护栏、电杆悬挂物品的，由行政执法部门责令改正，并处一百元以上一千元以下罚款。

第五十五条 违反本条例第十七条规定，工程施工现场没有设置围挡、警示标志和临时环境卫生设施，建筑、拆迁施工现场的出入口路面不作必要覆盖，未设置冲洗设备，对进出的车辆未进行清洗，带泥行驶，污染路面的，由行政执法部门责令改正，并对责任单位处二千元以上二万元以下罚款。

第五十六条 违反本条例第十八条规定，在浑河、南北运河等城市水域沿岸滥倒或者堆放垃圾、粪便、污染物及其他废弃物的，由行政执法部门责令改正，并处五百元以上一千元以下罚款。

第五十七条 违反本条例第二十二条第一项、第二项规定，未经批准，擅自设置户外广告的，由行政执法部门责令停止违法行为，限期拆除违法设施，并处违法所得一倍以上三倍以下罚款。

第五十八条 违反本条例第二十二条第三项规定，设置牌匾、电子滚动显示屏、标识等设施不符合城市容貌标准的，由行政执法部门责令限期改正或者拆除；逾期未改正或者未拆除的，处一千元以上一万元以下罚款。

第五十九条 违反本条例第二十二条第四项规定，设置的橱窗广告、牌匾、标识、电子显示屏不牢固安全、不整洁美观，图案、文字、灯光显示不全或者破损、污浊、腐蚀、陈旧未及时维修或者更换的，由行政执法部门责令改正；逾期不改正的，强制拆除，并处五百元以上一千元以下罚款。

第六十条 违反本条例二十四条第一款规定，未经批准擅自在公共场所、公共设施、建筑物、构筑物上设置标语、宣传品的，由行政执法部门责令改正，并处五百元以上一千元以下罚款。

第六十一条 违反本条例第二十四条第二款规定，擅自在公共场所散发、悬挂宣传品和广告，在建筑物、构筑物、公共设施等处刻画、涂写、喷涂宣传品和广告的，由行政执法部门责令改正，并处一百元以上一千元以下罚款。

第六十二条 违反本条例第二十六条规定，运输液体、散装货物的车辆，未作密封、包扎、覆盖，造成泄漏、遗撒的，由行政执法部门责令其纠正违法行为，采取补救措施，并处二百元以上一千元以下罚款。

第六十三条 违反本条例第二十九条第三十条规定，未按照规定地点投放生活垃圾，未单独收集、运输、处置餐饮垃圾，未按照规定地点排放建筑垃圾、工程渣土、非有毒有害工业垃圾的，由行政执法部门责令停止违法行为，限期改正，单位有此行为的，处五千元以上五万元以下罚款；个人有此行为的，处二百元以下罚款。

医疗垃圾、工业固体废弃物、易燃易爆、有毒有害废弃物未单独收集、运输、处置，混入生活垃圾的，按照《中华人民共和国固体废物污染环境防治法》、《医疗废物管理条例》等法律法规处罚。

第六十四条 违反本条例第三十一条规定，未经批准擅自从事城市生活垃圾经营性清扫、收集、运输活动的，由行政执法部门责令停止违法行为，并处一万元以上三万元以下罚款。

第六十五条 违反本条例第三十三条规定，从事车辆清洗和维修的单位或者个人，未采取措施导致废油、废液等影响周围环境或者占用道路进行经营的，由行政执法部门责令改正，并处五十元以上三百元以下罚款；情节严重的，处三百元以上三千元以下罚款。

第六十六条 违反本条例第三十六条规定，由行政执法部门责令其纠正违法行为，并对随地吐痰，乱丢瓜果皮核、烟头、纸屑、口香糖、饮料罐、包装袋、宣传品等废弃物的，处二十元罚款；对随地便溺，乱倒污水、粪便，乱扔动物尸体，在街道两侧等公共露天场所屠宰动物的，处五十元以上一百元以下罚款；对乱扔乱倒生活垃圾、残土的，责令清除，并对个人处二百元以下罚款，对单位处五千元以上五万元以下罚款；对饲养鸡、鸭、鹅、兔、羊、猪等家禽家畜的，责令其限期处理或者予以没收，并按照每只（头）处二十元以上五十元以下罚款。

第六十七条 违反本条例第三十七条、第三十八条规定，未按照规定配套建设环境卫生设施的，由行政执法部门责令限期改正，并处一万元以下罚款。未建的配套设施由市容和环境卫生主管部门代为建设，建设费用由违法行为人承担。

第六十八条 违反本条例第四十条规定，配套建设的环境卫生设施未经验收或者验收不合格投入使用的，由行政执法部门责令限期改正，并处工程造价款百分之二以上百分之四以下的罚款；造成损失的，应当承担赔偿责任，专项用于环卫设施建设。

第六十九条 违反本条例第四十一条规定，擅自设立垃圾处理厂（场）、弃置场的，由行政执法部门责令停止违法行为，并处五千元以上一万元以下罚款。

第七十条 违反本条例第四十四条规定，擅自占用、迁移、拆除、关闭环境卫生设施或者改变环境卫生设施用途的，由行政执法部门责令恢复原状，并处一万元以上十万元以下罚款；造成环境卫生设施损毁应当依法承担赔偿责任。

第七十一条 违反本条例第四十七条规定，在环境卫生设施上乱涂、乱贴、乱刻；依附环境卫生设施或者占用环境卫生作业场所搭建建筑物或者构筑物；在环境卫生设施上堆放各种物品；在环境卫生设施用地或者作业场所挖掘沙石、泥土；向环境卫生设施内排放腐蚀性物质、易燃易爆或者剧毒物质；在环境卫生设施内焚烧物品的，由行政执法部门给予警告，责令恢复原状，并对非经营性行为，处一千元以下罚款；对经营性行为，处五千元以上三万元以下罚款。

第七十二条 市容和环境卫生主管部门在管理活动中，发现现行违法行为，可以责令改正，滞留违法行为使用的工具；对于随地便溺，乱倒垃圾残土等适用简易程序的违法行为，可以做出行政处罚，并及时向行政执法部门通报。

市容和环境卫生主管部门在管理活动中发现既成违法行为，应当函告行政执法部门，行政执法部门应当及时依法处理并将处理结果向市容和环境卫生主管部门回复。

市容和环境卫生主管部门与行政执法部门应当建立工作联系制度，协调管理活动，互相支持配合。

第七十三条 侮辱、殴打市容和环境卫生工作人员、行政执法人员或者阻碍其执行公务的，破坏环境卫生设施的，依法给予处罚；构成犯罪的，依法追究刑事责任。

第七十四条 市容和环境卫生工作人员、行政执法人员玩忽职守、滥用职权、徇私舞弊的，由其所在单位或者上级主管部门给予行政处分；构成犯罪的，依法追究刑事责任。

第六章 附 则

第七十五条 本条例自2012年1

月1日起施行。

沈阳市城镇职工基本医疗保险定点零售药店管理办法

第一章 总 则

第一条 为加强和规范城镇职工基本医疗保险定点零售药店(以下简称定点零售药店)的管理,根据《城镇职工基本医疗保险定点零售药店管理暂行办法》(劳社部发[1999]16号)、《劳动和社会保障部关于印发城镇职工基本医疗保险定点医疗机构和定点零售药店服务协议文本的通知》(劳社部函[2000]3号)及《沈阳市城镇职工基本医疗保险规定》(市政府令[2008]7号)等有关规定,并结合我市实际,制定本办法。

第二条 本办法所称的医疗保险定点零售药店,是指经市医疗保险经办机构评估,并与之签订《沈阳市城镇职工基本医疗保险定点零售药店服务协议书》(以下简称服务协议),为医疗保险参保人员提供服务的零售药店。

第三条 市医疗保险行政部门负责制定定点零售药店政策,对定点零售药店执行医疗保险政策法规、履行服务协议情况以及各项监管制度落实情况进行监督和检查,并会同相关部门进行年度综合考核及专项、综合检查等工作。

第四条 市医疗保险经办机构负责与定点零售药店签订服务协议及对其进行日常监管工作,包括受理零售药店医疗保险定点资格申请、注册信息变更或注销,及对其履行服务协议的情况进行日常监督和检查,并协助市医疗保险行政部门做好对定点零售药店的年度综合考核及专项、综合检查等工作。

第二章 服务与管理

第五条 依法取得《药品经营许可证》、《药品经营质量管理规范认证证书》、《营业执照》及符合承担医疗保险定点服务受理条件的零售药店,可向市医疗保险经办机构提出申请,市医疗保险经办机构负责受理其申请及材料审核,并组织评估专家对其进行集中评估,合格后,按照医疗保险有关政策规定与零售药店签订服务协议。

第六条 市医疗保险经办机构应当加强对定点零售药店的检查和费用的审核,按时、按规定结算费用,对违反规定的费用,不予拨付。

市医疗保险经办机构与定点零售药店按期结算时,以审核后总额的97%拨付给定点零售药店,其余3%留作服务质量保证金,年最高预留限额为200万,根据年度综合考核情况再予拨付。

定点零售药店依法注销次日起,签订的服务协议自动失效,应停止医保服务,否则发生的费用不予拨付,并应在注销次日起5个工作日内到市医疗保险经办机构申请办理结算等相关业务。在年度综合考核结果公布前注销的定点零售药店,相应年度未发生违规的,服务质量保证金全部予以拨付,否则按照同期市医疗保险经办机构日常考评计算拨付金额。

第七条 定点零售药店名称、经营地址、法定代表人、企业负责人等情况发生变更的,应在依法履行相关手续后30日内,到市医疗保险经办机构办理变更手续。未在规定时限办理变更手续的,市医疗保险经办机构须对其重新进行评估。

第八条 定点零售药店应当建立健全药品质量保证体系,严格规范药品的采购、验收、储存、建账、处方配药及零售管理,确保药品安全有效。具体包括以下内容:

(一)必须从合法的药品生产或批发企业采购药品,并做好药品质量验收工作。

(二)根据不同药品所规定的储存要求(如温度、湿度和避光等)进行认真保管;对质量不稳定的药品要定期进行检查和养护,做好养护记录;对有效期近半年的药品要按月填报效期商品催销表;对不合格药品要单独存放,并及时处理。

(三)建立有关药品、医用材料等所有经营项目的购、销、存账簿,并按月装订记账凭证(有关购、销、存方面的票据、合同、清单等),以备核查。

(四)建立健全配药责任制,处方配药严格按照审方、配方、复核的程序进行,必须经药师审核、签字。外配处方必须由有处方权的医师开具,并有医师签章;除处方医师外,任何人不得更改外配处方药品的配伍和剂量。处方要单独装订,并保存两年以上,以备核查。

第九条 定点零售药店有义务向市医疗保险经办机构定期、如实报告医疗保险费用发生情况。

第十条 定点零售药店应当在营业场所公布医疗保险政策咨询、投诉及社会保障卡(包括医疗保险卡)挂失电话。

第十一条 参保人员在定点零售药店购买属于医疗保险基金支付范围内的药品、医疗器械等,所需费用由个人账户基金支付,个人账户基金用完后用现金等其他支付方式。

第三章 监督检查及年度综合考核

第十二条 市医疗保险经办机构应当按照有关规定与定点零售药店签订服务协议,对其履行服务协议的情况进行日常监管和检查。

市医疗保险经办机构应在每次服务协议签订及变更或注销工作结束后,按月向市医疗保险行政部门进行备案。

第十三条 市医疗保险行政部门与市医疗保险经办机构对定点零售药店进行年度综合考核工作,具体考核内容及评分标准根据每年医疗保险政策的调整进行设定,考核内容如下:

(一)确定被考核单位的方式

1. 考核范围:(1)在综合考核年度及其上一年度内,日常监管中存在违规行为的定点零售药店;(2)在综合考核年度内,首次签订服务协议的定点零售药店,连接医保网络达到三个月以上的(未达到三个月以上的,参加下一年度综合考核)。

2. 定点零售药店应根据每年年度综合考核通知的要求,严格按照考核内容及评分标准,进行认真自查。

(二)考核分值分配

定点零售药店的年度综合考核实行日常考评与年终考核相结合的方式进行,考核总分为100分:

1. 市医疗保险行政部门对定点零售药店实行年终考核的分值为55分。

2. 市医疗保险经办机构对定点零售药店实行日常考评的分值为45分。

(三)考核结果与拨付费用挂钩

1. 年度综合考核总成绩在85分以上(含85分)的定点零售药店,由市医疗保险经办机构为其拨付与考核结果相挂钩而留存的3%服务质量保证金。

2. 年度综合考核总成绩低于85分的定点零售药店,由市医疗保险经办机构对其按照每低一分，扣除与考核结果相挂钩而留存的服务质量保证金的10%，直到扣完为止。

3. 因严重违反医疗保险政策的定点零售药店，由市医疗保险经办机构对其扣除与考核结果相挂钩而留存的全部服务质量保证金。

（四）考核结果作为市医疗保险经办机构是否与定点零售药店继续签订服务协议的依据

1. 年度综合考核总成绩75分以上（含75分）的定点零售药店，由市医疗保险经办机构可与其继续签订下一年度服务协议。

2. 年度综合考核总成绩75分以下或严重违反医疗保险政策的定点零售药店，由市医疗保险经办机构解除服务协议。

（五）考核通报

由市医疗保险行政部门负责汇总考核结果，并通报全市各有关单位。

第四章 违规处理

第十四条 定点零售药店有下列情形的，由市医疗保险经办机构提出处理意见，责令限期整改，整改期间暂停其医保服务：

（一）违反本办法第八条 规定的；

（二）医保网络上传的信息与实际销售情况严重不符的；

（二）将营业场所全部或部分提供给其他单位或个人使用的；

（四）赠送医疗保险基金支付范围外的物品。

第十五条 定点零售药店有下列情形的，由市医疗保险经办机构解除服务协议，并在一年内不再与其签订服务协议，发生违规费用的，对已支付的违规费用全部追回，当年的服务质量保证金不予拨付：

（一）《药品经营许可证》、《营业执照》过期失效后继续经营，未停止医保服务，发生医保费用的；

（二）被相关部门吊销《药品经营许可证》、《营业执照》及被撤销《药品经营质量管理规范认证证书》后继续经营，未停止医保服务，发生医保费用的；

（三）在签订服务协议的地址之外私自接入医保网络的；

（四）销售假冒、伪劣、过期、失效药物的；

（五）拒绝、阻挠、不配合检查、考核工作的；

（六）采取为非医疗保险基金支付范围内的商品提供刷社会保障卡（包括医疗保险卡）业务的手段骗取医疗保险基金的；

（七）与持卡人采取将社会保障卡（包括医疗保险卡）内金额兑换成现金或转移到其他途径消费的手段骗取医疗保险基金的；

（八）采取为其他单位提供划社会保障卡（包括医疗保险卡）的手段骗取医疗保险基金的；

（九）采取伪造处方、外配处方的手段骗取医疗保险基金的；

（十）使用其他定点机构医保网络上传数据的；

（十一）采取为其他单位提供医保网络的手段骗取医疗保险基金的；

（十二）将移动POS机具、PSAM卡借换他人或挪为它用；

（十三）受到责令限期整改处理，整改期满，仍不合格的。

违反《社会保险法》等医疗保险相关政策的，按照社会保险行政处罚案件移交、移送程序处理。

第十六条 市医疗保险行政部门根据社会保险法等相关法律法规的规定，可以通过调查、抽查等多种方式对市医疗保险经办机构和协议管理的定点零售药店执行医疗保险政策法规、履行服务协议情况以及各项监管制度落实情况进行监督检查。发现违法违规行为的，应提出整改意见，并依法作出行政处罚决定。涉及其他行政部门职责的，移交相关部门；涉嫌犯罪的，移送公安机关。受到行政处罚的定点零售药店，2年内不得再签订服务协议。

第五章 附则

第十七条 本办法自2017年1月1日起执行。《沈阳市城镇职工基本医疗保险定点零售药店管理办法》（沈人社发〔2010〕68号）同时废止。

沈阳市房屋登记若干问题规定

第一条 为加强房屋登记管理，维护房地产交易安全，保护购房人的合法权益，根据国家有关规定，结合我市实际，制定本规定。

第二条 本规定适用于本市行政区域国有土地范围内的房屋转移登记、预购商品房预告登记及预购商品房抵押权预告登记。

第三条 房屋登记机构在受理直管房（包括直管房、主辅分离房产、市房产局列管的自行接受房产）房改转移登记时，转移登记所需要件中“房屋所有权证”，可以用加盖“沈阳市房产局房产清查验收专用章”的《房产管量清查分栋装户图》代替。

第四条 我市实行房屋初始登记前，即2001年5月1日前竣工的建设项目，部分房屋已办理房屋登记，其余未办理登记的房屋产权单位可使用“具结书”办理房改转移登记；2001年5月1日前竣工的建设项目，尚未办理房屋登记手续的，按照历史遗留问题的处理原则，由相关产权单位报市信访部门解决；2001年5月1日后竣工的建设项目，应当办理房屋初始登记后，再办理房改审批手续。

第五条 房改出售公有住房标准价与成本价接轨、房改调房、房改房面积变更，房屋登记机构仍按《房屋登记办法》实施之前的程序办理。

第六条 房屋登记机构在受理房改房屋转移登记业务时，可以沿用原有规定，由房改单位代为申请，不需双方到场申请。

第七条 2008年7月1日前已经受理的商品房转移登记（含2008年7月1日前担保公司已经受理代办的商品房转移登记），房屋登记机构按《房屋登记办法》实施前的程序、要件操作实施。

第八条 开发建设单位营业执照已经被工商行政管理部门注销或者被吊销，对其已经建成的开发项目，购房人可以单方申请商品房转移登记，房屋登记机构可以按《房屋登记办法》实施前的程序办理。

第九条 国有房产转移登记须提供国有资产管理部门同意书；不能提供的，需提供上级主管单位出具的同意转让国有资产的书面材料。

第十条 2008年7月1日前，建设单位取得《商品房预售许可证》的，预售人和预购人申请预购商品房预告登记及预购商品房抵押权预告登记的，登记机构暂不受理。2008年7月1日后，建设单位取得《商品房预售许可证》的，预售人和预购人订立商品买卖合同后,双方可以约定申请预购商品房预告登记及预购商品房抵押权预告登记。2009 年 1 月1 日后,登记机构全面开展预购商品房预告登记及预购商品房抵押权预告登记。

第十一条 商品房预购人以 2008 年 7 月 1 日前核发《商品房预售许可证》商品房设定抵押的,2009 年 1 月 1 日前,登记机构仍按照预购商品房抵押备案的程序受理。

第十二条 本规定自 3 月 15 日起施行。2008 年 9 月 1 日发布实施的《沈阳市房屋登记若干问题规定》(沈房发[2008]9 号)即行废止。

沈阳市学前教育管理规定实施细则(暂行)

第一条 为了加强学前教育管理,促进学前教育事业的发展,保障学前儿童健康成长,根据《沈阳市学前教育管理规定》(沈阳市人民政府令 14 号),结合本市实际,特制定本细则。

第二条 本市行政区域内的学前教育和管理,以及学前教育机构的工作,适用本细则。

第三条 教育部门是学前教育的主管部门,要认真贯彻学前教育的方针、政策;对幼儿园的业务,实行分类定级管理,制定相关标准;指导学前教育教学改革、课程改革;向有关部门提出对幼儿园收费标准的意见;建立学前教育督导和评估制度;培养和培训各类幼儿园的园长、教师,建立园长、教师考核和资格审定制度;具体指导和推动家庭学前教育。

第四条 按照《关于调整我市托幼园所收费标准的通知》(沈价发〔1999〕152 号)规定,执行幼儿园收费标准。

(一)保育教育费(含杂费、取暖费)。一级托幼园所每孩每月104 元;二级托幼园所每孩每月85 元;三级托幼园所每孩每月65 元;等外托幼园所每孩每月44 元。

寄宿制托幼园所在此基础上增加15 元。

(二)园所代办费。本单位无托幼园所而将职工子女送至其他单位办的托幼园所的,须向收托园所交代办费。其中寄宿制每孩每月40 元,全日制每孩每月30 元。

(三)伙食费。由托幼园所自定。

(四)具有下列情况之一的,可放开收费价格:

1. 经批准达到省、市级示范幼儿园的;

2. 与外资联合办托幼园所并具有一定规模的;

3. 个人办托幼园所的;

4. 收三周岁以下婴儿的。

其中 1、2 项收费价格到县(市)、区教育行政部门备案。

第五条 按照有关规定执行对婴、幼儿实行的补贴标准。

已领取独生子女光荣证的子女,无论入哪一级托幼园所,由单位每月补贴40 元;不入托幼园所的,由单位每月补贴 22 元。符合计划生育政策的非独生子女(包括双胞胎),无论入哪一级托幼园所,由单位每月补贴 36 元(双胞胎每孩每月补贴36 元);不入托幼园所的,由单位每月补贴 18 元。

第六条 按照有关规定执行对婴、幼儿实行的补贴费报销办法。

(一)入托幼园所的,由婴、幼儿父母凭市财政制定的托幼园所收据到所在单位领取托幼补贴费和园所代办费;不入托幼园所的,由婴、幼儿父母出据到所在单位领取托幼补贴费。

托幼补贴费和园所代办费由婴、幼儿父母双方单位各负担一半,或由一方单位负担。

(二)具有下列情况之一的,托幼补贴费和园所代办费由婴、幼儿父母一方单位负担:

1. 丧偶或离婚的;

2. 一方丧失劳动能力并无经济来源的;

3. 一方是现役军人,其子女在地方托幼园所入托的,由地方单位全额补贴;在部队托幼园所入托的,地方不发补贴。

第七条 按照有关规定执行五城区街办幼儿园 1993 年底前退休教职工原退休金解决办法。即和平区、沈河区、皇姑区、大东区、铁西区的街道办事处的托幼园所中,1993 年 12 月 31 日以前退休的教职工的退休金由市、区、街、托幼园所共同负责解决(其中市财政补贴30%,区财政补贴 40%,街道办事处负责 15%,托幼园所负责 15%)。

第八条 调整后的退休金解决办法按《关于妥善解决 1993 年底以前街办幼儿园退休教师待遇问题的意见》(沈教发〔2007〕66 号)规定执行。

第九条 本细则自 2010 年 2 月 1 日起施行。本细则执行过程中,国家法律、法规和上级有关规定调整时,按照国家法律、法规和上级有关规定执行。

沈阳市廉租住房保障实施细则

第一条 为了建立健全我市廉租住房保障制度,根据建设部《廉租住房保障办法》等规定,结合本市实际,制定本细则。

第二条 城市低收入住房困难家庭廉租住房保障及其监督管理,适用本细则。

本细则所称城市低收入住房困难家庭(以下简称保障家庭),是指城市和县(市)人民政府所在地的镇范围内,家庭人均收入、住房状况等符合市人民政府规定的廉租住房保障条件的家庭。

第三条 市房产局是本市廉租住房保障工作的行政主管部门,市住房保障与房改办公室负责日常管理工作。

各区、县(市)房产(建设)部门是本行政区域内廉租住房保障工作的管理部门。所属的住房保障机构(以下简称区级住房保障机构)负责具体组织实施。

第四条 廉租住房保障方式为货币补贴、实物配租和租金核减。

货币补贴是指政府向符合廉租住房保障条件的家庭发放住房补贴,由其自行承租住房的保障方式。

实物配租是指政府向符合廉租住房保障条件的家庭提供住房,并按照规定标准收取租金的保障方式。

租金核减是指对已承租公有住房的低保或者低保边缘家庭,按照廉租住房保障条件及其租金标准给予核减租金,并向公有住房的产权单位或者管理单位补贴核减部分的保障方式。

符合住房保障条件的家庭同一时间只能享受一种保障方式。

第五条 申请廉租住房货币补贴和租金核减的,应当以家庭为单位,并同时符合下列条件:

(一)家庭成员具有本市城市户口,并在本市居住;

(二)持有民政部门颁发的《沈阳市城市居民最低生活保障金领取证》或者《沈阳市城市低保边缘户救助证》;

(三)家庭人均住房面积 16 平方米以下(承租公有住房家庭申请租金核减

的,不受家庭人均住房面积的限制);

(四)市政府规定的其他条件。

其他急需救助家庭享受廉租住房保障按市有关规定和程序办理。

第六条 符合第五条规定,无私有住房或者未承租公有住房(含违建房屋)的家庭可以申请实物配租。

符合廉租住房保障条件的孤、老、病、残及其他急需救助的困难家庭应当优先安排实物配租。

第七条 保障家庭成员以民政部门认定的城市低保及低保边缘家庭成员为准。

第八条 家庭住房是指保障家庭成员、成员配偶、未成年人父母(非保障对象)的房屋。具体如下:

(一)私有房屋和承租的公有房屋(含违建房屋);

(二)自申请之日前5年内已转让、赠与房屋;

(三)拆迁的房屋,以货币补偿的,按拆迁前住房面积计算;以实物安置的,按安置的实际面积计算;

申请家庭现有二处或二处以上住房的,住房面积应当合并计算。

第九条 实行实物配租方式的,每个保障家庭只能租赁一套廉租住房。

第十条 实行货币补贴方式的,按保障面积与现住房面积的差额发放补贴。

低保家庭货币补贴额为低保家庭人均住房面积与保障面积标准的差额乘以每平方米货币补贴标准乘以家庭补贴人口。

低保边缘家庭补贴人口的货币补贴标准为城市低保家庭货币补贴标准的百分之六十。

第十一条 家庭补贴人口数的计算方法为:1人家庭按2人计算,2人家庭按2.5人计算,3人家庭按3人计算,4人以上(含4人)家庭按4人计算。

第十二条 实行租金核减方式的,对保障家庭保障面积标准内的租金予以核减。核减人口按民政部门认定的城市低保及低保边缘家庭人口计算。

保障家庭人均住房面积低于16平方米的按实际面积核减,人均住房面积高于16平方米(含16平方米)的按人均住房面积16平方米核减。

在计算核减租金额时,租金核减面积应扣除保障家庭的私有住房面积,并按使用面积进行核减。

第十三条 新建廉租住房,应当实行集中建设和在经济适用住房、普通商品住房项目中配套建设相结合,以配套建设为主的方式。

配套建设廉租住房的经济适用住房或者普通商品住房项目,应当在用地规划、国有土地划拨决定书或者国有土地使用权出让合同、建设工程规划许可证、住房建设合同中,明确配套建设的廉租住房总建筑面积、套数、套型以及建成后的移交等事项。

新建廉租住房的套型建筑面积应当控制在50平方米以内,并根据居住需要合理确定套型结构。

第十四条 廉租住房建设应当坚持经济、适用原则,提高规划设计水平,优化户型设计,并加大建筑节能技术的推广和应用。廉租住房建设应当符合国家质量安全标准。

第十五条 新建(购买、改建)廉租住房及配建的经营性公建,纳入政府直管房产进行管理,并在《房屋所有权证》中注明该房屋为保障性住房。

第十六条 申请廉租住房保障应当提供下列材料:

(一)《沈阳市城市低保及低保边缘家庭住房情况信息表》;

(二)《沈阳市廉租住房保障审核、核准表》;

(三)《沈阳市城市居民最低生活保障金领取证》或者《沈阳市城市低保边缘户救助证》;

(四)家庭住房情况证明;

(五)户口簿、家庭成员身份证以及婚姻状况证明;

(六)属于孤、老、病、残等特殊困难家庭的,还需出具相应证件及证明材料;

(七)需提交的其他材料。

第十七条 廉租住房保障按照下列程序办理:

(一)申请廉租住房保障的家庭应当推举具有完全民事行为能力的家庭成员作为申请人,向户籍所在地的社区委员会提出书面申请,如实申报。

社区委员会受理后,对申请人要件进行核对,并在3个工作日内对申请家庭进行入户调查。对符合申请条件的家庭签署受理意见后报街道办事处(镇政府)。

(二)街道办事处(镇政府)应当在收到受理意见及相关资料之日起10个工作日内,完成初审并组织公示,公示期为5个工作日。初审合格的,上报区级住房保障部门。

申请人户籍所在地和现居住地以及办理低保和低保边缘证所在地不一致的,申请人现居住地、办理低保和低保边缘证所在地街道办事处(镇政府)应当配合调查、核实,并在户籍所在地和现居住地同时组织公示。

(三)区级住房保障部门应当自收到初审资料起10个工作日内对申请家庭的有关材料进行审核。同时对申请货币补贴和租金核减的家庭,确认补贴金额(租金核减基数按现行公有住房租金标准计算);对申请实物配租的家庭按有关规定进行评分。审核合格的,按月报送市住房保障与房改办公室。

(四)市住房保障与房改办公室应当自收到审核资料之日起5个工作日内,会同房屋登记机构和民政部门对申请家庭的住房情况、享受低保和低保边缘情况进行核查,将符合条件的申请人家庭有关情况在市房产网上公示,公示期5个工作日。无异议或者异议不成立的,予以核准。

第十八条 补贴划转、实物配租、租金核减按照下列规定办理:

(一)准予货币补贴的家庭,由申请人到区级住房保障部门领取《沈阳市廉租住房保障货币补贴通知单》,区级住房保障部门核定补贴资金后,由市住房保障与房改办公室从住房保障资金管理专户中将补贴资金划转到保障家庭个人账户。

对申请实物配租的家庭在轮候期间实施货币补贴保障。

(二)准予实物配租的家庭,按照得分顺序进入轮候。轮候到位的家庭,持区级住房保障部门签发的《沈阳市廉租住房保障实物配租通知单》,与市房产局委托的管理单位签订房屋租赁合同。

对有特殊困难的家庭可以优先安排选房;放弃选房的家庭,两年内不予安排廉租住房实物配租。

(三)准予租金核减的家庭,持《沈阳市廉租住房保障租金核减确认单》,与直管房管理单位或者自管公房产权单位签订《沈阳市城市低收入家庭承租公有住房租金核减协议》。市住房保障与房改办公室定期将核减的补贴资金拨付区级住房保障部门,由其拨付给直管公房管理单位或者单位自管公房产权单位。

第十九条 享受廉租住房保障的家庭应当及时向户籍所在地街道办事处(镇政府)如实申报家庭收入、人口及住房变动情况。

区级住房保障部门、街道办事处(镇政府)应当按年度对保障对象进行复核并将结果上报。市住房保障与房改办公室核准后将复核结果在市房产网公布。

第二十条 有下列情况之一的,经街道办事处(镇政府)初审、区级住房保障部门审核、市住房保障与房改办公室核准,取消其廉租住房保障资格,并由区级住房保障部门送达终止通知书:

(一)未如实申报家庭收入、人口及住房状况的;

(二)因家庭收入、居住条件等情况发生变化,已不符合保障条件的;

(三)擅自改变房屋用途的;

(四)将承租的廉租住房转借或转租的;

(五)无正当理由连续6个月以上未在实物配租住房居住的;

(六)无正当理由累计6个月以上未交纳廉租住房租金的。

第二十一条 有第二十条规定情况之一的,已经享受货币补贴和租金核减的,停止发放货币补贴和减免租金;以虚假手段骗取保障的,追缴已领取的补贴资金和核减的租金。

已经享受实物配租的,应腾退租住的廉租住房;暂时无法腾退的,给予6个月的过渡期,过渡期内按公房租金标准计租;过渡期满,仍不腾退廉租住房的,由住房保障管理部门向人民法院申请强制执行,同时按市场租金标准计租。

不符合原核定保障标准、方式,但仍符合其他保障标准、方式的,按照对应的保障标准和方式调整。

第二十二条 实物配租后期管理包括实物配租的廉租住房的租金管理、房屋维修管理、资格动态管理和物业管理等。

第二十三条 廉租住房的租金收缴、房屋修缮及经营性公建的日常管理工作,由市房产局委托的管理单位负责。廉租住房和公建的租金收入用于廉租住房及配套设施的维修养护和管理,不足部分由市财政预算安排。

第二十四条 资格动态管理实行属地化原则,区级住房保障部门及街道办事处(镇政府)要通过定期入户调查等方式,及时了解保障对象家庭成员变动情况及廉租住房居住情况,管理单位要做好配合。

第二十五条 市、区级住房保障部门应当按照《城镇廉租住房档案管理办法》(建住房[2006]205号)等文件规定,做好廉租住房档案、廉租住房管理档案及建(筹)廉租住房相关档案的建立工作。区级住房保障部门对保障家庭按户建档,并根据家庭人口、收入、住房情况及保障方式的变动情况及时更新,实行动态管理。

保障家庭户籍所在地与享受廉租住房保障的行政区域不一致的,户籍所在地的住房保障部门应当及时将保障家庭的档案移交享受廉租住房保障的住房保障管理部门。

第二十六条 市房产局应当根据市统计部门公布的本市上年度城镇居民人均可支配收入和人均住房建筑面积,结合城市经济发展水平和住房价格,会同有关部门报经市政府同意后适时调整廉租住房保障标准。保障标准每年向社会公布。

第二十七条 本细则所称的住房面积均为建筑面积。

第二十八条 本细则自2010年1月1日起执行。《关于印发<沈阳市廉租住房保障租赁补贴实施细则>的通知》(沈房发[2008]5号)和《关于印发<沈阳市廉租住房实物配租实施细则>的通知》(沈房发[2008]7号)同时废止。

沈阳市城市容貌标准

第一章 总　则

第一条 为了规范城市容貌,根据国务院《城市市容和环境卫生管理条例》、中华人民共和国住房和城乡建设部《城市容貌标准》和《沈阳市城市市容和环境卫生管理条例》,结合我市实际,制定本标准。

第二条 沈阳市城市建设管理局做为我市城市景观行政主管部门负责本市行政区域内城市景观的监督和管理工作。

规划、建设、环保、公安、消防、交通、水利、邮政、电力、民政、铁路、电信、移动、联通、房产、商业等相关部门按照各自职能做好相关管理工作。

第三条 城市的道路、建(构)筑物、公共设施、工地、园林绿化、户外广告、标识、牌匾、标语、宣传品、摊亭、照明、夜景灯饰、公共场所、水域、居民区等容貌应当符合本标准。

第二章 城市道路

第四条 本标准所指道路系统包括车行道、人行道、桥梁、人行地下通道、道路附属设施。

第五条 城市道路应保持平坦、完好、便于通行。路面出现坑凹、碎裂、隆起、溢水以及水毁塌方等情况,应及时修复。

第六条 城市道路在进行新建、扩建、改建、养护、维修等施工作业时,在施工现场应设置明显标志和安全防护设施。施工完毕后应及时平整现场、恢复路面、拆除防护设施。

第七条 禁止在无障碍通道上设置任何设施,并应保持其畅通、完好。

第八条 道路上设置的井盖、雨篦应保持齐全、完好、正位,无缺损、不堵塞。各类井盖出现松动、破损、移位、丢失时,应及时加固、更换、归位和补齐。

第九条 地铁、地下通道出入口构筑物造型应与路面景观相协调,设置的遮阳棚应采用透光的材质,出入口应保持清洁,无摆摊设点。

第十条 人行天桥、立交桥、铁路桥外观应保持美观、完好,出现损坏时应及时维修。桥梁的护栏、扶梯、桥塔、悬索、桥墩等部位应定期进行清洗和涂装。桥梁下的地面应进行硬化或绿化,不得摆摊设点。桥下不得乱搭乱建、乱堆乱放。

第十一条 新增交通护栏、隔离栏等各类公共设施不得在道路边石上安装设置。

第十二条 城市道路应保持整洁,不得乱扔垃圾、乱倒污水,不得任意焚烧落叶、枯草等废弃物。

第十三条 各种城市交通工具,应保持车容整洁。运载垃圾、残土等车辆应采用密闭式运输,严禁滴、撒、漏,污损路面。

第三章 建(构)筑物

第十四条 本标准所指建(构)筑物包括建筑外墙面、屋顶、防护栏、阳台、门窗、空调架、油烟排放口、围墙等。

第十五条 建(构)筑物的造型、装饰应当与所在区域的环境相协调,外形应保持完好、整洁、美观。具有历史保护建(构)筑物不得擅自拆除、改建、装饰装修,具有历史价值的建(构)筑物及具有代表性风格的建(构)筑物宜保持原有风貌特点。

第十六条 道路两侧的建(构)筑物外墙要定期进行清洗和粉饰,玻璃、金属板类至少每年清洗一次;贴面砖、石材类至少每两年清洗一次;水泥、涂料等其它材质类至少每年清洗或粉饰一次。

第十七条 新建和改造的建筑物应预留有供空调外机安装的位置和供空调机冷凝水统一排水的管道,空调机冷凝水应接入统一安装的排水管道,不得直接流向建(构)筑物的外墙面。

第十八条 空调外机临街安装时,不得占用人行道,外机下缘离地面高度不得低于2.5米。

第十九条 空调外机应当保持外观整治,表面无尘垢。空调外机使用机罩的,机罩出现破损、破旧时应当进行清洗或更换。

第二十条 在临街建筑物开设餐饮、加工制作场所的应安装油烟排放通道和油烟净化装置,油烟排放不得污染建筑物,被污染的建筑物应及时清洗。

第二十一条 临街单位应采用绿篱、栅栏、透景围墙等形式区别用地分界。因使用功能确需修建围墙的,应尽量采用通透式围墙,通透式围墙内的空地应进行景观绿化;利用栅栏作为分界的,其高度控制在1.6米以下。住宅小区设置的景门,其造型、色调、风格应与周边环境相协调。

第四章 公共设施

第二十二条 本标准所指的公共设施是指在道路和公共场所设置的交通、电力、邮政、通迅、环卫、公交站点、废弃物收集箱、报刊亭等设施。

第二十三条 公共设施应按规范设置,应保持完好、整洁、美观、无乱涂写、乱刻画、乱张贴、无破损、残缺、锈蚀。

第二十四条 交通标志、信号灯杆、交通护栏等交通设施要保持完好、整洁,表面无油漆脱落,无乱贴乱画。

第二十五条 供电杆、路灯杆等电力设施要保持整洁,无乱贴乱画。发生倾斜、断裂、倒地要及时扶正、更换。

第二十六条 依附城市道路和建筑物设置的电力、通迅等线路应当设在地下,未设在地下或者不能设在地下的架空线路应排列整齐有序。对地上的各类配电箱、开闭站、电缆风亭、电讯接线箱等设施应保持完好无损、无乱贴乱画。

第二十七条 公交站上设置的候车廊要完好无损、保持整洁。站牌设置合理,造型简洁、清洁美观。

第二十八条 经批准设置的书报亭、售货亭、公用电话亭等各类商亭应当严格遵守相关规定,保持亭内亭外整洁,不得亭外经营,不得在亭外堆放杂物,乱摆乱放。

第二十九条 公共厕所及周围区域应每天清扫保洁,无粪便外溢、垃圾、蝇蛆、积水、臭气等。独立式公共厕所的外部结构、造型、风格、色彩等应与周围环境和景观相适应。

第三十条 道路两侧、广场、繁华商业街等公共场所应设置废弃物收集箱。废弃物收集箱应造型美观、使用方便。废弃物收集箱应及时清理清洗,确保箱外干净,箱内无滴溢,周围无废弃物,地面无明显污迹。

第三十一条 设置在公共场所的公共健身器材、休闲设施应保持完好、清洁,损坏的要及时修复。

第五章 工　地

第三十二条 施工场地、拆迁工地和施工现场应设有符合规定的施工、安全警示标志。

第三十三条 建筑工地、拆迁工地应设置围挡。围档应沿工地四周连续设置,不能有缺口。围档必须采用坚固、稳定、整洁、美观的砌体或定型钢板封闭,禁止使用彩条布、竹笆、安全网等易变形材料。围档高度不低于4米,最高不得超过6米。围墙外表面设置的楼盘广告用语应保持完好、整洁。市政设施、道路挖掘施工现场围档高度不应低于1.8米,地铁工地围挡设置高度为2-2.5米。

第三十四条 建筑工地应当有固定的出入口,出入口应设大门,大门宽度不小于6米,采用封闭门扇,大门上方应设有箱式门头,门头应设有企业名称和企业标识;主要出入口明显处应设置工程概况牌。

第三十五条 建筑工地的施工材料、机具及建筑垃圾等应置于围档范围之内;围档内的临时堆放物的堆放高度不得超过围档高度;成品、半成品及原材料,应堆放整齐,不得违法侵占市政道路及公用设施。

第三十六条 建筑工地临时用房应符合安全标准,应采用标准组合板房或者砖砌体临时用房,做到整齐、统一、协调。

第三十七条 施工产生的泥浆、污水必须经处理达到环保排放标准后方可排入市政污水管网。

第三十八条 建筑工地出入口路面应硬化;在出入口应有临时洗车设施,对进出的车辆应进行清洁,不得带泥上路。施工现场的主要道路必须进行硬化处理,土方应集中堆放。裸露的场地和集中堆放的土方应采取覆盖、固化或者绿化等措施。从事土方、渣土和施工垃圾运输应采用密闭式运输。

第三十九条 建筑工地土方作业应采取防止扬尘措施;拆迁工地应采取湿式作业,减少扬尘污染。

第四十条 建筑工地建筑垃圾、生活垃圾应分类存放,并及时清运出场,办公区和生活区应设密闭式垃圾容器,并按规定采取除“四害”措施。拆迁工地不能及时清运的垃圾应进行覆盖。

第六章 园林绿化

第四十一条 本标准所指园林绿化包括园林植物、园林建设、园林小品及景观水系工程等。

第四十二条 行道树应保持树形整齐、树冠丰满,无缺株、无枯死树,无病虫害,定期修剪,不应妨碍车、人通行。

第四十三条 城市绿地应定时进行养护,保持植物生长良好,叶面洁净美观,无明显病虫害。一、二级公共绿地不宜出现单处面积大于1平方米以上的泥土裸露;造型植物、攀缘植物和绿篱应保持造型美观,绿地中设置的花坛造型应保持完整;绿地环境应整洁美观,无垃圾杂物堆放,并应及时清理残土、枝叶等,严禁露天焚烧枯枝、落叶。

第四十四条 绿篱、花坛(池)内的泥土土面应低于道路边石10厘米以上,树池内的土面低于树池边石10厘米,宜采用草坪、碎石等覆盖,无泥土裸露。

第四十五条 园林建筑和小品、座椅、道路景观灯等应完好无损,出现破损,有碍原有风貌、功能和观瞻时,应及时维修、更换和清洗。

第四十六条 街路两侧摆放的时令花卉或者造型植物应注重景观效果,保持整齐美观,出现凋谢、残损应及时更换。

第四十七条 严禁违章侵占绿地,不得擅自在园林植物和绿化设施上悬挂或摆放与绿化无关的物品。

第七章 户外广告、牌匾

第四十八条 本标准所指户外广

告、牌匾包括在户外设置的商业广告、公益广告、电子显示屏、户外标语、宣传品、牌匾、标志等。

第四十九条 户外广告设置管理按照《沈阳市户外广告设置管理办法》执行。

第五十条 牌匾管理按照《沈阳市牌匾标志设置管理规范》执行。

第五十一条 户外标语和宣传品管理按照《沈阳市户外标语和宣传品设置管理办法》执行。

第五十二条 户外广告设置规范按照《沈阳市户外广告设置规范(试行)》执行。

第五十三条 电子屏设置应按照《沈阳市户外电子显示屏设置管理规定》执行。

第八章 城市照明

第五十四条 本标准所指城市照明包括公共照明和景观照明。

第五十五条 路灯亮灯率、设施完好率达到国家规定标准,出现灯光不亮或显示不全时应及时修复。

第五十六条 路灯杆、临时架设线路应保持直立,发生倾斜时应及时清除修复。

第五十七条 景观照明建设要求按照《沈阳市城市夜景灯饰建设管理规定》执行。

景观照明设施应控制外溢光、杂散光,避免形成障害光。

第五十八条 公共照明设施要科学、合理,应避免光线对于乔木、灌木和其他花卉生长的影响。

第五十九条 景观照明的控制箱、管线安装应采用隐蔽方式,做好防盗、防火、防雷击等安全防护措施。

第九章 公共场所

第六十条 本标准所指公共场所是指车站、港口、码头、影剧院、体育场(馆)、公园、广场等供公众从事社会活动的各类室外场所。

第六十一条 公共场所及其周边环境应保持整洁,无违章建筑,无乱贴乱画。

第六十二条 在公共场所举办节庆、文化、体育、宣传、商业等活动,应在行政主管部门批准的指定位置进行,活动结束后,应及时清扫保洁。

第六十三条 在公共场所设置的娱乐设施要保持整洁、完好,摆放的各类售货亭要整洁、美观,无亭外摆放,保持卫生清洁。

第六十四条 公交站点、各种车辆停车场应设施完好、造型美观、标志醒目,地面保持平整、洁净。

第六十五条 机场、车站、码头、人行天桥、地下通道、影剧院、体育场(馆)、学校、医院、旅游景点等公共场所应保持整洁,无违章设摊、无人员露宿。经批准在公共场所设置的经营摊点应规范经营,无跨门经营,并保持摊点的整洁卫生,不影响周围市容环境。

第十章 城市水域

第六十六条 本标准所指城市水域是指江河、湖泊、水库、河港等岸线内由水体、滩涂和岸坡等组成的区域。

第六十七条 城市水域水面应保持清洁,无垃圾、油污等废弃漂浮物,禁止向城市水域内排放污水、垃圾及其它杂物。

第六十八条 城市水域内的各类船舶、码头应容貌整洁。岸坡应保持完好,无破损、无堆放垃圾。亲水平台等休闲设施应安全、整洁、完好。

第六十九条 不得在岸边从事污染水体的餐饮、食品加工等经营活动。

第十一章 居住区

第七十条 居住区的建(构)筑物墙面应保持洁净,无乱张贴、乱涂写、无油渍污迹。临街阳台无晾晒衣物、乱堆杂物,应保持阳台整洁、美观。

第七十一条 居住区内道路应完好通畅,无违章搭建、占道设摊、乱堆乱放。

第七十二条 居住区内公共设施应规范设置,整洁完好。坐椅、报栏、电线杆等设施无乱张贴、乱刻画、乱涂写。

第七十三条 居住区内公共娱乐、健身休闲、绿化等场所无积存垃圾和积存污水,无乱堆乱放杂物。

第七十四条 居住区内严禁饲养家禽家畜。居民饲养宠物和信鸽不得污染环境,对宠物在道路和公共场所排放的粪便,饲养人应当及时清除。

第七十五条 居住区内严禁占用空隙地种植蔬菜,严禁利用树杆、电杆及其它公用设施挂、晒衣物,严禁进行规划之外的各种搭建,严禁在车道、人行道、绿化地及其它公共场所乱堆、乱放、摆摊设点。

第十二章 附 则

第七十六条 沈阳市城市建设管理局负责本市城市容貌管理工作,各区、县(市)人民政府、开发区城市管理主管部门负责本行政区域内的城市容貌管理工作。

第七十七条 如有违反本标准的行为,按照国务院《城市市容和环境卫生管理条例》、《沈阳市城市市容和环境卫生管理条例》的有关规定进行处罚。第七十八条本标准自2011年1月1日起施行。

沈阳市城市道路挖掘管理办法

第一条 为进一步加强城市道路管理,规范城市道路挖掘行为,保障城市道路完好、安全和畅通,改善市容市貌,根据《城市道路管理条例》、《辽宁省市政公用设施保护条例》和《沈阳市城市道路管理条例》等有关法规规定,结合本市实际,制定本办法。

第二条 本办法适用于本市城市道路挖掘管理。

第三条 本办法所称的挖掘人,是指因管线敷设、调整道路功能等工程需要挖掘城市道路的建设单位和个人。

挖掘施工单位,是指从事道路挖掘及回填等施工且具备相应资质的单位和个人。

路面恢复单位,是指对城市道路挖掘管沟进行路面恢复且具备相应资质的施工单位。

第四条 挖掘城市道路应当坚持统一计划、科学控制、协调运作、规范管理和谁审批、谁管理的原则。特殊时期执行市政府有关规定。

第五条 市城市建设管理局是全市城市道路挖掘的行政主管部门,负责城市道路挖掘的行政审批。道路挖掘施工的监管与业务指导工作由市城市管理综合监管机构实施。

区城(建)管局负责区级审批工作及道路挖掘监管工作,同时接受市城市管理综合监管机构的指导和监督检查。

住宅小区内的道路挖掘管理工作由市、区房产行政管理部门负责。

城市规划行政主管部门、公安交通管理部门、城市管理行政执法部门按照各自职责,做好城市道路挖掘的相关管理工作。

第六条 城市道路挖掘实行市、区两级计划管理,建设行政主管部门每年初应向社会发布道路改造信息,同时各挖掘单位向主管部门报送当年道路挖掘项目,形成当年城市道路挖掘计划。区级管理挖掘计划报市级管理部门备案。特殊情况论证后调整挖掘计划,调整后不得超出原计划的10%。

各类建设项目在同一条 路段上涉及配套设施的各类管线施工,项目建设单位负责一次性申报,并同步组织一次性实施城市道路挖掘工程。

道路挖掘工程涉及重点区域、窗口区域、跨行政区域的,道路挖掘行政主管部门要召开多部门的协调会,确保挖掘工程有序实施。

第七条 除特殊情况外,有下列情形之一的,不得挖掘城市道路:

(一)新建、改建、扩建的城市道路交付使用后未满5年的;

(二)大修的城市道路竣工后未满3年的;

(三)当年11月1日至翌年4月15日,城市道路禁挖期内挖掘城市道路的;

(四)法律、法规和规章规定的其他情形。

第八条 挖掘城市道路及设置依附城市道路建(架)设各种管线、杆线实行许可制度。需要挖掘道路的,包括地下暗挖和顶进施工作业的,应当到道路挖掘行政主管部门办理《挖掘道路许可证》,并按照《挖掘道路许可证》批准的挖掘理由、地点、面积和时间挖掘城市道路。

管线设置的附属设施应在城市道路规划红线1米范围以外,禁止在慢车道、人行道设置附属设施。

第九条 因特殊情况确需挖掘新建、改建、扩建的交付使用后未满5年的城市道路、大修竣工后未满3年的城市道路,应当按照管理权限经市或区人民政府批准,并按规定标准三倍缴纳道路挖掘修复费。

因特殊情况确需在禁挖期内挖掘施工的,须经市人民政府批准,并按照规定标准二倍缴纳道路挖掘修复费。

因特殊情况确需挖掘施工,应按照差异化、季节化管理,以保证道路挖掘后的恢复质量。

修复费由城市道路挖掘行政主管部门负责收缴并上缴财政部门,实行收支两条线。

第十条 因城市道路下的管线发生故障需要紧急抢修的,可先行挖掘抢修,并同时通知市、区监管机构和公安交通管理部门,在24小时内按照有关规定补办审批手续,并交纳道路相应挖掘修复费。

第十一条 道路挖掘工程应当实施分段挖掘施工、分段恢复道路、分段质量验收。除特殊情况,经道路挖掘行政主管部门同意外,每段挖掘长度不得超过100米。

第十二条 挖掘施工单位在挖掘工程开工至管沟回填验收前须遵守下列规定:

(一)进行现场实地勘察,制订应急预案。

(二)施工现场符合安全管理和文明施工制度要求,现场和周边环境整洁、道路平整、排水畅通、交通安全,并设立专职安全员。工程预算中应列入临时措施费。

施工现场的材料和机械设备,不得堆放在围挡设施外,确需占用道路堆放的,应按有关规定办理临时占用道路的相关审批手续并交纳道路占用费。

施工现场内不得设置宿舍、厨房、厕所等设施。

施工产生的污水不得直接向路面排放,产生的残土应当立即清运。

(三)施工现场设置统一标准的工程公告牌、道路交通安全警示标志和施工围档。

设置的警示闪烁灯,在夜间、雾天、骤暗天气时开启,车行道相邻灯距不得大于4米,人行道相邻灯距不得大于10米。

大型管沟恢复时,路面结构恢复至水稳层后挖掘单位才能拆除围挡。

设置封闭围挡必须连续施工,严格按工期完成任务。

(四)挖掘管沟上口宽度大于下口宽度。

(五)各种管线的敷设,其顶面高度应低于路床顶面以下500mm,否则应当采取加固措施。严禁在路面结构层中敷设各类管线。

(六)挖掘道路后须敷设的配套窨井及各类设施检查井井体,采用预制或现浇混凝土结构,不得设置在路面着力点上;塔杆、配电箱等构筑物,应符合道路建设和城市市容有关规定。

(七)在道路挖掘期满前,回填净砂或混砂并按撼砂程序达到规范密实度要求;清理施工现场,并通知地下设施权属单位,对排水等地下设施进行检测验收。

(八)因特殊情况敷设管线施工处于停滞状态的,应采取路面简易恢复措施,保障交通安全,落实防尘措施,并承担简易恢复路面的工程费用。

(九)横断挖掘的,必须在夜间进行,当日不能完工的工程要于次日6时前恢复道路平整,并采取安全措施,保证道路通行。鼓励采用装配式临时路面设施,减少对市容及道路通行的影响。对已经回填的道路挖掘工程,应在规定时限内恢复路面。

(十)因道路挖掘施工原因造成的纠纷,导致人身伤害或财产损失的,挖掘人应当主动协调处理,并依法承担相应责任。

第十三条 路面恢复施工一般由路权所属市政行政主管部门负责实施,并履行市政工程质量监督程序。恢复资金在道路挖掘修复费中列支。

第十四条 路面恢复施工,应当遵守下列规定:

(一)在管沟回填完工后,及时进入现场进行路面恢复施工,履行现场管理责任。

(二)落实安全施工,文明施工措施和要求。

(三)遵守道路施工相关技术规程。

(四)管沟开口宽度小于800mm,按照800 mm标准予以恢复。

(五)城市道路挖掘恢复工程实行相关质量保证规定,在保质期内如出现沉陷、破损等问题,道路结构责任单位应当及时整改。

第十五条 道路挖掘工程全程实施监理责任制,由市、区两级道路监管机构委托工程监理单位、并与监理单位签订规范的建设工程委托监理合同或协议。

监理单位严格履行监理合同或协议规定的权利义务和责任,落实施工期间的旁站监督职责,确保文明施工、安全施工、规范施工。

监管部门实施全程专人专管负责制,落实施工期间的行为监管职责,确保文明施工、规范施工。

道路挖掘工程建立健全追究问责机制,确保文明施工、施工工艺流程规范及道路恢复质量。

第十六条 道路挖掘应当全面推广应用非开挖技术,凡可采用非开挖技术的,不得采用明挖施工方案;管线工程鼓励倡导科学合理的同管沟敷设。

非开挖技术工程施工应当比照道路挖掘进行管理,采取非开挖技术施工期间及工程保质期内,因施工质量和技术操作等原因出现塌陷事故的,工程建设单位应及时进行无偿处置和恢复，并赔偿因此而造成的损失。

第十七条 违反本办法规定，未取得《挖掘道路许可证》擅自改变城市道路功能的，由市、区两级监管机构责令停止违法行为，相关部门依据有关规定进行处罚。造成损失的，应当依法承担赔偿责任。

第十八条 违反本办法规定，未按规定提前办理延期手续而超期施工，或超面积、超期限占用或挖掘道路的，由市、区两级监管机构责令限期改正，按规定交纳道路超期占用或挖掘费，相关部门并依据有关规定进行处罚。

挖掘施工单位如需继续施工的，须重新办理道路挖掘审批手续，并重新交纳道路挖掘修复费。

第十九条 违反本办法规定，挖掘施工单位向道路路面排放施工污水或未立即清运施工残土的，由市、区两级监管机构责令限期改正，相关部门并依据有关规定进行处罚。造成损失的，应当依法承担赔偿责任。

第二十条 挖掘施工单位在挖掘道路期满后没有及时清理场地的，由市、区两级监管机构责令限期改正，并按有关规定交纳道路占用费。

第二十一条 路面恢复单位无正当理由拒绝或拖延恢复、恢复质量不达标经督办仍未整改的，市政行政主管部门可以委托其他路面恢复单位进行整改。

第二十二条 施工期间违反市政工程质量及安全管理等有关法律法规的，由相关部门进行处罚。

第二十三条 沈北新区、苏家屯、新民市、辽中县、法库县、康平县等可参照本办法施行。

第二十四条 本办法自印发之日起施行。

沈阳市历史建筑认定办法

第一条 为进一步加强对我市历史建筑的保护和管理，根据《历史文化名城名镇名村保护条例》、《沈阳历史文化名城保护条例》等法律、法规，结合我市实际，制定本办法。

第二条 本办法适用于我市城市规划区内历史建筑的认定工作。

第三条 本办法所称历史建筑是指具有一定历史意义和保护价值，未公布为文物保护单位，也未登记为不可移动文物的建筑物和构筑物。

第四条 历史建筑可以通过普查、推荐等途径产生。任何单位和个人都可以作为推荐人，通过书信、电子邮件、传真、电话、来访等形式，向市城乡规划行政主管部门推荐历史建筑或者提供有关信息和线索。

第五条 市城乡规划行政主管部门负责历史建筑认定工作的组织协调。

市文物行政主管部门负责提供历史建筑的建设年代、历史、文化、科学、艺术、人文等相关资料；

市房产行政主管部门负责提供历史建筑的建筑结构、使用功能、房屋产权人（使用权人）、现状使用人等相关资料；

市城乡建设行政主管部门负责提供历史建筑的建设档案资料。

财政、公安、旅游、宗教事务、民政等行政主管部门，应当按照各自职责，负责历史建筑认定的相关工作。

第六条 我市历史建筑认定工作坚持“尊重历史、统筹兼顾、实事求是、科学决策”的基本原则。

第七条 鼓励单位和个人提供或参与调查历史建筑信息及线索，市、区人民政府及其有关行政部门应当对在历史建筑认定工作中做出突出贡献的单位和个人，给予表彰和奖励。

第八条 市、区人民政府应当把历史建筑普查或调查资金列入本级财政预算。

第九条 符合本办法第三条之规定，且建成50年以上，具有下列情形之一的建筑物、构筑物，可以认定为历史建筑。

（一）在建筑风格、工程技术、结构形式、建筑材料或施工工艺等方面具有艺术特色和科学研究价值；

（二）能够反映我市城市历史风貌和地域文化特色；

（三）与重大历史事件、著名历史人物或重要历史机构相关，具有特殊纪念意义或教育意义；

（四）著名建筑师代表作品；

（五）在产业发展史上具有代表性；

（六）其他具有特殊历史意义的。

第十条 建成不满50年，具有特殊历史、科学、艺术价值或者具有非常重要纪念意义、教育意义的建筑物、构筑物，也可以认定为历史建筑。

第十一条 根据历史、文化与艺术、科学技术的价值和保存完好程度，将历史建筑划分为以下3个类别：

一类历史建筑，是指具有突出代表性，结构保存完好，外部装饰与内部空间保存较为完整，必须按照文物保护单位的保护标准进行修缮，不得改变建筑外部特征与内部布局的历史建筑。

二类历史建筑，是指具有重要价值，建筑结构较为完好，外部装饰仍有一定遗存，在不改变外部造型、饰面材料和色彩、内部重要结构和重要装饰的前提下，允许对内部非重要结构和装饰进行适当改变的历史建筑。

三类历史建筑，是指具有一般价值，可以采用局部保护的方式，在不削弱建筑物的保护价值，不改变建筑的外部造型、色彩和重要饰面材料的前提下，允许对建筑内部结构和装饰进行改变的历史建筑。

第十二条 市城乡规划行政主管部门负责组织市文物等行政部门，对推荐建筑进行现场查勘、拍摄照片，并填写现场查勘记录。

第十三条 市城乡规划行政主管部门负责委托大专院校、科研机构或者由文物、建筑、民俗、档案等方面专家组成的价值评估委员会，对推荐建筑的价值和类别进行预评估、预认定，提出历史建筑初选建议名单。

第十四条 市城乡规划行政主管部门会同市文物行政主管部门组织召开专家论证会，对历史建筑初选建议名单进行评审，确定历史建筑备选名单和类别，并征求相关部门和所在区人民政府的意见。

第十五条 市城乡规划行政主管部门综合专家及各方面的意见，对历史建筑备选名单进行修改完善，形成历史建筑批次名录，报市人民政府批准公布。

第十六条 本办法自印发之日起施行，由市城乡规划行政主管部门负责解释。

沈阳大事记(2016年)

一 月

1日 辽宁省开始执行第九次调整后的最低工资标准。沈阳市执行一档标准。市内九区由1300元/月调整为1530元/月。新民、辽中、康平、法库由1050元调整为1230元。

2日 省委副书记、市委书记曾维先后到市公安局指挥中心和沈阳站,实地检查安保维稳工作,亲切慰问节日期间奋战在工作一线的公安干警和安保人员。

4日 市委专门召开常委会议,进一步巩固和拓展"三严三实"专题教育特别是专题民主生活会成果,审议通过《中共沈阳市委关于进一步加强市委常委班子思想政治建设的决定》。省委副书记、市委书记曾维主持会议并讲话,市人大常委会主任赵长义、市政协有关领导参加会议。

同日 市政府党组召开专题民主生活会,深入贯彻习近平总书记系列重要讲话特别是关于"三严三实"专题教育的重要指示精神,开展批评和自我批评,巩固扩大专题教育成果。市委副书记、市长潘利国主持会议并讲话。

同日 市人大常委会党组召开"三严三实"专题教育民主生活会,开展批评和自我批评,巩固扩大专题教育成果。市人大常委会主任、党组书记赵长义主持会议,代表市人大常委会党组通报班子对照检查情况,带头查摆和剖析自身存在的问题,并作总结讲话。

5—8日 政协沈阳市第十四届委员会第四次会议召开。会议审议并通过市政协主席姜宏代表市政协十四届委员会常务委员会所作的工作报告和市政协副主席刘慧鸣所作的提案工作情况报告。会议协商讨论了潘利国市长所作的政府工作报告、沈阳市国民经济和社会发展第十三个五年规划纲要(草案)以及其他报告;协商讨论了沈阳市中级人民法院工作报告和沈阳市人民检察院工作报告,均表示赞同;协商讨论了市人大常委会副主任人选。会议增补了市政协常务委员。

6—9日 沈阳市第十五届人民代表大会第四次会议在辽宁人民会堂召开。会议听取审议市长潘利国所作的《政府工作报告》、市人大常委会主任赵长义所作的《沈阳市第十四届人民代表大会常务委员会工作报告》等。大会表决通过了关于《沈阳市人民政府工作报告》的决议、关于沈阳市国民经济和社会发展第十三个五年规划纲要的决议、关于沈阳市2015年国民经济和社会发展计划执行情况与2016年国民经济和社会发展计划的决议、关于沈阳市2015年预算执行情况和2016年预算的决议、关于《沈阳市人民代表大会常务委员会工作报告》的决议、关于《沈阳市中级人民法院工作报告》的决议、关于《沈阳市人民检察院工作报告》的决议。邢凯、顾春明当选市十五届人大常委会副主任。

9日 沈阳市组织收听收看辽宁省创新创业专题报告会。全球创新论坛创始人、北京大学经济学院院长助理崔巍,中关村国家自主示范区驻硅谷联络处主任谈峰等5位嘉宾,分别通过生动事例,剖析了硅谷创新创业的启示、互联网众筹规律、创新战略与责任使命、创新企业孵化等内容。

同日 市政协党组召开"三严三实"专题教育民主生活会,开展批评和自我批评,深入查摆问题,深化整改落实,巩固扩大专题教育成果。市政协主席、党组书记姜宏主持会议,代表市政协党组班子进行对照检查,带头查摆和剖析自身存在的问题,并作总结讲话。

13日 沈阳市组织收听收看全省农村工作暨脱贫攻坚电视电话会议。会议认真总结了全省"十二五"时期三农工作,围绕贯彻中央扶贫开发工作会议、中央农村工作会议精神,客观分析当前三农工作面临的问题,全面部署今年和"十三五"时期全省三农工作和脱贫攻坚各项任务。

15日 市应急救援航空队暨市公安局警务航空支队正式成立并进行首航。市长潘利国和沈阳军区空军司令部参谋长助理王洪斌为市应急救援航空队揭牌,省公安厅副厅长关耀林和省发改委副主任、省沈阳经济区工作办主任刘始杰为市公安局警务航空支队揭牌。

同日 沈阳市举行工业系统业务培训会,邀请美国辛辛那提大学教授、美国白宫信息物理系统专家组顾问李杰为全市局级以上领导干部、工业部门主要领导、重点工业企业负责人进行"工业大数据价值创造模式"的专题讲座。市长潘利国参加学习并会见李杰,聘请他为市政府工作顾问。

16日 市公安局举行"蓝盾突击队"授旗仪式。蓝盾突击队核定警力75名,由特警支队、交警支队、刑警支队、消防支队和武警支队各选派15名警力组成。主要职责为空中巡逻和突发事件的空中警戒任务,参与反恐作战等。

同日 第四届康平卧龙湖大辽文化冬捕节举行。当日捕鱼4万公斤,头鱼14.5公斤,拍得28万元;接待游客5.2万人次,车辆2万余台。

18日 市政府与营口港务集团签署战略合作协议,双方将组建沈阳港(集团)有限公司,联手打造全方位物流平台,构建海陆联运的国际物流母港。市长潘利国,营口市委书记吴汉圣、市长赵长富出席签约仪式。

同日 沈阳旅游集团有限公司成立。该公司成立初期将以整合沈阳市植物园、国家森林公园等棋盘山地区的旅游景区为主,业务范围涵盖旅游、餐饮服务,旅游产业投资,旅游资源开发服务,旅游工艺品开发、销售等。

20日 沈阳市召开2016年重点项目建设推进工作会议,听取全市和各地区2015年重点项目建设及2016年重点项目总体安排情况汇报。省委副书记、市委书记曾维出席会议并讲话,市长潘利国主持会议并部署下步工作,市人大常委会主任赵长义、市政协主席姜宏出席会议。

22日 华晨宝马新发动机工厂在中德装备园竣工投入使用,首批发动机下线。这是宝马公司在欧洲以外建设的第一家发动机工厂,也是宝马在全球四个发动机工厂中惟一全能型发动机工厂。新工厂毗邻华晨宝马铁西工厂,占地面积0.9平方公里,拥有铸造、机械加工和总装等发动机制造的完整生产工艺,并配有发动机质量及性能测试中心、大型物流中心等设施。主要生产宝马新一代3缸和4缸涡轮增压汽油发动机,产品将满足大东、铁西两座整车工厂的生产需求。

26日 2015年度感动沈阳人物暨道德模范颁奖典礼在盛京大剧院举行。仝学让、李艳霞、万传琦、姜广祥、李剑平、慕善新、马喜军、四六三医院援利抗埃六人团队、陈温福、创新创业群体等10名个人(集体)获评2015年感动沈阳人物,高国武等11人获评2015年度感动沈阳人物提名奖。感动沈阳人物及提名奖得主被同时授予"沈阳市道德模范"称号。

27日 市政府与西门子公司举行工作会商,双方总结了自签署全面合作框架协议以来各项合作的工作对接及进展情况,并就下步合作达成共识。市长潘利国、西门子(中国)有限公司总裁兼首席执行官赫尔曼参加会议。会上,双方经协商,决定建立合作对接长效机制,并尽快制订各相关合作领域的具体工作方案。

28日 省委副书记、市委书记曾维,市长潘利国,与来沈的阜新市党政代表团就进一步贯彻落实省委、省政府关于突破辽西北的战略部署,全面推进沈阜区域合作与帮扶工作,加快两市互动发展进行专题座谈。

29日 市创业就业发展基金正式成立。按照国家"大众创业,万众创新"相关部署,沈阳市制定出台一系列政策措施,深入推进创新创业工作。一期以1400万的政府引导资金,撬动3.1倍社会资本进入,形成首期总规模5800万元的沈阳市创业就业发展基金。

同日 由新浪财经、人民日报新媒体中心、澎湃新闻、吴晓波频道联合评选的"2015十大经济年度人物"在京揭晓。新松机器人自动化股份有限公司总裁曲道奎当选。

30日 全国最大的电子竞技综合基地百万星光在铁西区正式上线投入运营。该基地占地面积5万余平方米。以"互联网+"为核心,以电子竞技产业为主,带动相关游戏运营、赛事运营、游戏媒体、影视产业、周边商业产业等多元化产业的发展。

31日 省委副书记、市委书记曾维代表省委、省政府和市委、市政府率春节慰问团亲切慰问驻沈部队官兵、公安干警、老党员、困难群众。

二 月

1日 中国共产党沈阳市第十二届纪律检查委员会第六次全体会议召开。省委副书记、市委书记曾维出席会议并讲话,市委副书记、市长潘利国,市人大常委会主任赵长义,市政协主席姜宏出席会议。市委常委、市纪委书记王德波主持会议并做工作报告。会议还传达了十八届中央纪委六次全会和省纪委十一届六次全会精神。市委常委,市人大常委会、市政府、市政协党员副市级以上领导,市法院、市检察院主要领导,市纪委委员和市直各部门、各单位、各区县(市)及有关方面负责同志参加会议。

同日 沈阳市开始执行上调后的失业保险金标准。和平区、沈河区等九区累计缴纳失业保险费满1年不足10年的失业人员,失业保险金由每月910元调整到1071元;新民市、辽中县等四县(市)失业保险金标准由每月735元调整到861元。和平区、沈河区等九区累计缴纳失业保险费满10年以上(含10年)的失业人员,失业保险金由每月1040元调整到1224元;新民市、辽中县等四县(市)失业保险金标准由每月840元调整到984元。

3日 德国企业入驻中德环保产业园暨德国绿城煤粉锅炉联盟成立签约仪式在友谊宾馆举行。市长潘利国出席签约仪式,并会见德国绿城能源环保集团监事会主席戴特勒夫·基尔,以及德国诗道芬集团总裁马丁·哈斯等欧洲客人。中德环保产业园项目位于于洪区永安新城,由沈阳市城市公用集团联合德国绿城能源环保集团共同建设,项目投资1.2亿美元,占地20公顷。

同日 沈北新区与湖北巨星集团旗下长沙妙盛动力科技有限公司签约建设新能源电池产业基地项目。该项目计划投资总额5.5亿元,建筑面积6万平方米,将装备2条智能化锂离子动力电池生产线,生产高功率锂离子汽车动力电池,计划年产值20亿元。

4日 中德新松教育集团并购德国陶特洛夫职业培训学院签约仪式在沈阳市政府举行。市长潘利国出席并购签约仪式。中德新松教育集团由新松机器人股份有限公司和安信咨询公司共同出资组建而成,前期注册资本1亿元人民币。此次并购使中德新松教育集团成为国内首家收购德国职业教育机构的企业,并率先将德国双元制先进教育理念及办学经验引入中国。

6日 沈阳市举行迎新春茶话会。省委副书记、市委书记曾维主持茶话会,市长潘利国致辞,市人大常委会主任赵长义,市政协主席姜宏,市老领导任殿喜、赵金城、刘雅琴出席茶话会。市委、市人大常委会、市政府、市政协副市级以上领导,市法院、市检察院主要领导,部分离退休老干部,各区县(市)、市直各部门、市级群团组织、市属企业、市属大专院校和部分中央驻沈单位主要领导,以及感动沈阳人物、功勋企业家、纳税20强企业负责人代表出席茶话会并观看了文艺演出。

同日 市长潘利国分别看望慰问了公安、消防、供暖、应急指挥等部门和单位的一线工作人员,给他们送去慰问品和节日祝福。

15日 市政府公布2015年度全市纳税百强单位名单。全市前100户重点纳税企业上年共缴纳全口径税收422亿元,占全市税收总额的46.83%。其中前10家企业共纳税274.69亿元,占全市税收总额的30.48%,占百强重点纳税企业总纳税额的65%。华晨宝马汽车有限公司继续蝉联榜首。沈阳市2015年度纳税百强前10名为:华晨宝马汽车有限公司、上汽通用(沈阳)北盛汽车有限公司、盛京银行股份有限公司、红塔辽宁烟草有限责任公司沈阳卷烟厂、辽宁省烟草公司沈阳市公司、国网辽宁省电力有限公司、中国移动通信集团辽宁有限公司、国家开发银行股份有限公司辽宁省分行、国网辽宁省电力有限公司沈阳供电公司、华润雪花啤酒(辽宁)有限公司。

16日 省委副书记、市委书记曾维主持召开市委常委(扩大)会议,学习贯彻《中共中央国务院关于全面振兴东北地区等老工业基地的若干意见》,传达省委常委(扩大)会议精神,研究部署全市贯彻落实意见。

19日 新松机器人自动化股份有限公司与全球能效管理专家施耐德电气签署全面战略合作协议。双方将发挥各自优势,共同为客户提供智能制造解决方案,帮助企业实现智能化转型升级。

同日 沈阳市召开农村工作暨脱贫攻坚工作会议,深入贯彻习近平总书记系列重要讲话精神,全面落实中央一号文件、七号文件和上级农村工作会议、扶贫工作会议以及市委全会精神,对农村工作和脱贫攻坚工作进行总结和部署。市长潘利国出席会议并讲话,提出要全力打赢脱贫攻坚战,确保完成全年11662人的脱贫任务,实现60个重点贫困村如期全部脱贫,如期摘掉康平的贫困县帽子。

23日 沈阳市召开区县(市)、乡镇党委换届工作会议,深入贯彻落实中央、省委有关换届会议和文件要求,对换届工作进行安排部署。省委副书记、市委书记曾维出席会议并讲话。

同日 市政府成立督查和绩效考评办公室,启动实施"督考合一"工作。市政府督查和绩效考评办公室是在市政府督查室的基础上,划入了市人力资源和社会保障局的绩效考评职责、市政务服务管理办公室的全市政务公开职责,主要负责对市政府直属部门,驻沈单位,区县(市)政府和开发区管委会的督查、绩效考评以及政务公开和营商环境建设等方面的督查考评工作。

24日 市十五届人大常委会举行第二十七次会议。市人大常委会主任赵长义、副主任王刃军分别主持两次全体大会。会议听取审议并表决通过市人大常委会2016年工作要点;听取审议并表决通过《沈阳市人民代表大会常务委员会专题询问办法》、《沈阳市人民代表大会常务委员会审议意见督办办法》、《关于市政府工作部门主要负责人向市人大常委会报告履职情况的实施办法》;会议还进行了人事任免事项,决定免去顾春明沈阳市人民政府副市长职务。市人大常委会副主任邢凯、顾春明、徐璐、黄凯、聂洪升、于波,秘书长张宁出席会议。市领导周维远、赵东岩等列席会议。10名省、市人大代表列席会议,10名公民旁听了全体大会。

29日 沈阳市召开学习动员大会,就深入学习贯彻《中共中央国务院关于全面振兴东北地区等老工业基地的若干意见》精神进行集中动员、全面部署。省委副书记、市委书记曾维主持会议并讲话,市长潘利国做辅导讲话,市人大常委会主任赵长义出席会议。

同日 市人社局公布关于调整公益性岗位人员岗位补贴标准的通知。和平区、沈河区、大东区、皇姑区、铁西区、苏家屯区、浑南区、沈北新区、于洪区公益性岗位的岗位补贴为每人每月1530元;新民市、辽中县、法库县、康平县公益性岗位的岗位补贴为每人每月1230元。同时,全市困难家庭大学生公共就业服务岗位的岗位补贴每人每月由1500元上调至1800元。"慈爱儿康行动"公益性岗位的岗位补贴由每人每月1500元上调至1800元。

三　月

2日 北京大墨科技有限公司携手中科院浦俪智能机器人实验室投资的大墨智能机器人产业园项目在沈阳签约。该项目投资40亿元,选址于沈北新区规划中的沈阳新北站南侧、四环北侧。

4日 市文明办、沈河区委宣传部在沈河区大南街道红巾社区举行全国"最美志愿服务社区"授牌仪式,红巾社区成为沈阳市惟一获此殊荣社区。

9日 市政府与北京北辰实业集团有限责任公司在京签署战略合作协议,共同组建会展产业集团。双方将进一步整合资源,做大做强沈阳会展业,把沈阳逐步打造成为东北乃至全国会展中心城市。

14日 中国首款电动载人飞机锐翔RX1E型号电动飞机在法库财湖机场成功试飞。锐翔飞机是地道的"沈阳造",在沈完成研发工作,并获得生产许可。

16日 沈阳市政府与360公司在北京签署战略合作协议,根据协议,市政府与360公司在构建智慧沈阳安全防御体系和开展安全预警方面进行合作,携手建设全国首个大数据互联网安全预警平台—"智慧沈阳网络安全监控预警平台"。

17日 市委召开常委扩大会议,传达学习全国"两会"精神,研究部署沈阳市贯彻落实工作。省委副书记、市委书记曾维主持会议并讲话。市长潘利国出席会议。市人大常委会主任赵长义、市政协主席姜宏分别传达十二届全国人大四次会议、全国政协十二届四次会议精神。

18日 中国农业发展银行副行长林立一行来沈,重点考察棚户区改造、宜居乡村、新农村建设等合作项目进展情况。

19日 康平县人民政府与京东集团签署《关于农村电商精准扶贫示范工程战略合作协议》,双方将把电商产业作为调结构、惠民生的有效载体,依托康平县特色资源和优势产业,把康平县打造成为农村电子商务全国性示范县。此举标志着京东东北区电商精准扶贫计划正式启动,康平县成为京东在东北三省实施精准扶贫计划的第一县。

20日 辽宁省福建商会和辽宁省闽商公益基金会在沈阳天后宫原址举办恢复重建奠基仪式,沈阳天后宫重建项目正式开工建设。

23日 沈辽路(兴隆大大地)过街天桥建成投入启用。这是沈阳市最长的过街天桥,桥身呈"L"形,全长超过118米,跨越沈新路天桥主梁全长58.02米,跨越沈辽路天桥主梁全长60.57米。

25日 沈阳化工股份有限公司举行老厂区关停仪式。这个拥有78年历史的老厂告别过去,开启新的征程。铁西老城区内最后一座大型工业企业迁出,铁西长达十余年的"东搬西建"任务画上了圆满的句号。

27日 白鹤楼开馆仪式在法库举行,重新兴建的千年白鹤楼正式对外开放。开馆仪式上,湖北省武汉市黄鹤楼管委会与法库县白鹤楼管委会联合签署"黄鹤楼与白鹤楼缔结'姊妹楼'交流合作意向书",双方将联袂打造"南有黄鹤楼、北有白鹤楼”的大文化格局。

28日 中国医科大学附属盛京医院沈北院区正式开诊。设置床位800张，辐射沈北地区的50余万居民，缓解沈北居民的就医需求。

30日 国务院常务会议决定在现有11个国家自主创新示范区基础上，再新设河南郑洛新、山东半岛、辽宁沈大3个国家自主创新示范区。依托沈阳、大连国家级高新区设立辽宁沈大国家自主创新示范区，打造高新技术产业经济带，对促进东北老工业基地转型升级具有重要意义。

同日 沈阳警备区召开党委四届十七次全委扩大会议。省委副书记、市委书记、警备区党委第一书记曾维出席会议并讲话，市委常委、警备区政委赵俊才做工作报告，警备区司令员赵恒志宣读2015年先进单位和个人表彰通报、通令。

同日 沈阳市在北京举办投资项目推介洽谈会，全市各区县(市)及相关部门负责人，与150多位来自世界500强企业驻京总部、中国500强企业、中央直属企业及京津冀地区的企业家们汇聚一堂，围绕“创新发展、合作共赢”的主题，积极洽谈项目、深入推进合作。会上重点推介了沈阳中德装备园投资环境和招商项目。首都航空、北京泛华集团、北京东方园林等18家企业与和平、沈河、皇姑、铁西、于洪、沈北、新民、辽中等8个区县(市)就19个合作项目进行了现场签约。

31日 市委召开常委(扩大)会议，传达全省向毛丰美同志学习做党和人民满意的好党员好干部座谈会精神和省委关于做好当前工作的重要意见，并就抓好贯彻落实进行研究部署。省委副书记、市委书记曾维主持会议并讲话。

同日 沈北新区与武汉光谷联合集团有限公司签约，建设总投资20亿元的光谷联合创投科技城项目。市长潘利国出席项目合作签约仪式，并会见光谷联合集团有限公司董事会主席、总裁黄立平，向黄立平颁发了市政府工作顾问聘书。

同日 韩中双方在韩国仁川国际机场庄严举行第三批在韩中国人民志愿军烈士遗骸交接仪式。民政部副部长窦玉沛率中方交接代表团出席交接仪式，中韩双方代表现场签署交接书，确认交接36位中国人民志愿军烈士遗骸及相关遗物。随后，由中国空军1架伊尔-76飞机运抵沈阳桃仙机场。

四　月

1日 沈阳开始调整居民用气用水价格：居民用气价格由3.30元/立方米下调至2.95元/立方米，下调0.35元/立方米；居民用水价格由1.80元/吨调整到2.35元/吨，提高0.55元/吨。

5日 创新沈阳俱乐部举行理事长联席会议。市长潘利国出席会议并讲话。东软集团董事长刘积仁、沈阳新松机器人自动化股份有限公司总裁曲道奎、何氏医学院院长何伟、中航工业沈阳飞机设计研究所所长刘志敏、信中利资本董事长汪潮涌分别作主题发言。会议进行了合作项目签约。会议还选举连茂君为俱乐部秘书长，增补沈阳日报社为理事单位。

同日 上汽通用(沈阳)北盛汽车有限公司高级轿车项目开工建设，项目计划总投资19.2亿元。该项目利用现有厂房和设备，引进冲压、车身、油漆、总装等主要国外先进设备工艺，对生产线进行调整改造，将其中年产15万辆生产线所生产的原车型更新为D2JC、D2LC两款车型，项目建设期为一年。

6日 辽宁陆军预备役高炮一师党委召开七届七次全委扩大会议。省委副书记、市委书记、预备役高炮一师第一政委、党委第一书记曾维出席会议并讲话。预备役高炮一师政委金爱群作工作报告，师长胡德山主持会议。

同日 沈阳浑南环线198路公交线路正式开通，线路从美地庄园始发至美地庄园终点，共计30多个站位。该线路的开通填补了创新二路、桃仙二街、创新路等没有公交的空白，线路连接省图书馆、省博物馆等公益展馆，并与地铁白塔河站路接驳，方便浑南区居民出行。

同日 沈阳交警通过互联网投放7.2万个机动车号牌，供新购车辆车主上网选择，市民可网上选取个性号牌。

7日 中共沈阳市委召开十二届十三次全体会议。省委副书记、市委书记曾维讲话。市委副书记、市长潘利国主持会议，并宣读《中共沈阳市委关于召开中国共产党沈阳市第十三次代表大会的决议》(草案)。市委常委、组织部部长刘桂香对《中共沈阳市委关于召开中国共产党沈阳市第十三次代表大会的决议》(草案)进行了说明，并宣读《中共沈阳市委关于成立辽中区委、区纪委，撤销辽中县委、县纪委的决议》(草案)。会议表决通过了《中共沈阳市委关于召开中国共产党沈阳市第十三次代表大会的决议》和《中共沈阳市委关于成立辽中区委、区纪委，撤销辽中县委、县纪委的决议》。市委委员、市委候补委员61人出席了会议。

同日 沈阳市机器人产业联盟成立。该联盟由沈阳新松机器人自动化股份有限公司牵头，全市38家机器人及智能装备企业、高校、科研院所、金融机构等单位组建。

8日 毛丰美同志先进事迹报告会在沈阳盛京文化艺术中心举行。市委副书记、市长潘利国，市人大常委会主任赵长义，市政协主席姜宏出席报告会，并会见报告团成员。

同日 全省首台秸秆直燃锅炉在苏家屯区白清街道试验供暖获成功。秸秆供暖与燃煤效果相当，费用仅为燃煤的一半，且排污较低，成为农村集中供热的首选。

9日 沈阳法库通航机场正式被国家体育总局批准为全国首批航空飞行营地。法库通航机场已引进企业20家，累计完成投资近20亿元，实现运营培训收入5500多万元；引进俄、美、法、意、德等国20款先进机型，成为国内落户通用机型最多的产业园区，基地获国家空管委批准成为低空空域改革试验区、国内首个航空服务站试点。

11日 沈阳市召开辽中区成立大会。省委副书记、市委书记曾维出席会议，市委副书记、市长潘利国出席会议并讲话，市人大常委会主任赵长义、市政协主席姜宏出席会议。会上，宣读了《国务院关于同意辽宁省调整沈阳市部分行政区划的批复》、《关于辽中撤县设区相关机构更名的通报》，宣布了关于辽中区领导干部职务名称变更的决定。

同日 “中国澳大利亚周”国际教育专题活动在沈阳开幕。由澳大利亚政府主办的第二届“中国澳大利亚周”活动于4月11日至15日分别在北京、广州、深圳、成都、香港、杭州、沈阳、上海等城市举行。

同日　第九届中国数控机床展览会（CCMT2016）在上海新国际博览中心举办。中国机床行业龙头企业沈阳机床发布了世界首创的平台型智能机床i5M8系列产品。i5M8系列智能机床搭载了沈阳机床自主研发的i5智能系统，可实现智能编程、图形诊断、在线工艺、图形模拟等智能化功能。

同日　沈阳成为东北首个实施境外旅客购物离境退税政策的城市。中兴—沈阳商业大厦（集团）股份有限公司、皇城恒隆广场等13家商业企业获批成为沈阳市首批境外旅客退税定点商店。

12日　中国银行辽宁省分行迁址沈阳并正式揭牌。沈阳市人民政府与中国银行股份有限公司签署战略合作协议。

13日　省委书记、省人大常委会主任李希到沈阳市浑南区，深入定点联系项目及部分企业，就贯彻习近平总书记系列重要讲话精神，落实中央7号文件和"四个着力"要求，深入推进稳增长、调结构进行专题调研。省委副书记、沈阳市委书记曾维，市长潘利国参加调研。

14日　市公安局经保分局联合市邮政管理局、物流快递企业等单位启动"寄递物流安全知识宣传月"活动。沈阳从4月15日起实施快递包裹实名登记，违规快递企业将处5—10万元罚款。

15日　"沈阳市居民信息平台"上线试运行，平台提供核对信息、即时验证、诚信记录、查询服务等功能。

17日　沈阳市全民义务植树活动日。省委书记、省人大常委会主任李希，省长陈求发，省政协主席夏德仁，省委副书记、市委书记曾维，市长潘利国，市人大常委会主任赵长义，市政协主席姜宏等领导来到蒲河生态廊道于洪区闸上村段，与机关干部、部队官兵、各界群众一起参加义务植树活动。

18日　省长陈求发到沈阳市浑南区，深入定点联系项目及重点工程建设现场，就贯彻落实习近平总书记系列重要讲话精神，落实中央7号文件和"四个着力"要求，加快重点工程建设，培育和壮大健康产业，创建国家级区域医学中心进行专题调研。省委副书记、市委书记曾维，副省长贺旻，市长潘利国参加调研。

19日　省政协主席夏德仁率队到沈阳调研简政放权后保留审批权力情况。夏德仁一行先后来到远大企业集团、东药集团、市政务服务中心等地进行实地调研，听取企业生产经营情况介绍及对简政放权工作的意见和建议听取意见建议。市政协主席姜宏陪同调研。

同日　由德国驻华大使馆、中国并购公会主办，沈阳市政府协办的中德并购论坛暨工业4.0恳谈会在北京举行。市长潘利国、德国驻华大使柯慕贤出席论坛并致辞。论坛期间，潘利国与柯慕贤、中国并购公会会长王巍、丝路基金董事长金琦等举行闭门会议，就进一步深化沈阳与德国合作、共建中德产业发展基金等议题进行磋商。德国对外贸易促进会、德意志商业银行、西门子、保时捷、拜耳公司、SAP公司等德国知名企业和相关机构参加活动。

20日　"辽宁省第五届全民读书节暨沈阳第八届全民读书季揭幕仪式"在盛京大剧院太阳广场举行。

21日　省长陈求发深入中德（沈阳）高端装备制造产业园调研，考察华晨宝马发动机工厂，并召开建设领导小组第一次会议。省委常委、常务副省长谭作钧参加调研并出席会议。市长潘利国参加调研并汇报中德装备园建设情况及沈阳市制造业智能化转型升级工作情况。

同日　市长潘利国会见恒大集团董事局主席许家印，双方就恒大集团拟在沈投资建设国际养老社区项目达成共识，并就在其他领域开展合作进行商谈。许家印一行还前往浑南区沈抚新城和沈阳创新大地，考察沈阳发展环境以及项目选址和配套情况。

23日　全国第一家以产业金融为主题的公益性博物馆—产业金融博物馆在沈阳开馆。产业金融博物馆位于和平区中山路83号，由沈阳市与中国金融博物馆集团合作建设，展示面积约3800平方米。博物馆以沈阳产业金融百年发展历史为主线，设有东北经济历史沿革、现代东北金融与工业产业深度融合、产业互联网等多个展览主题，记录和展示了从民国时期到新中国成立以及改革开放以来沈阳产业金融的发展历史。

25日　省长陈求发到中国科学院沈阳自动化研究所就加快新一代信息技术与制造业融合发展、推进智能制造进行专题调研，考察工业4.0示范生产线演示、激光检测与加工设备等，并在随后召开的智能制造云服务平台建设组织实施方案汇报会上讲话。市长潘利国参加调研。

26日　沈阳市召开"学党章党规、学系列讲话，做合格党员"学习教育工作会议。省委副书记、市委书记曾维出席并讲话，市委副书记、市长潘利国主持会议并传达习近平总书记关于开展"两学一做"学习教育的重要指示和中央、省委有关会议精神。市人大常委会主任赵长义出席会议。

同日　沈阳中盟自贸投资发展有限公司与沈北新区政府签约，拟投资126亿元在道义地区建设北方电商产业总部项目。这将是东北地区首个参照上海外高桥跨境电商综合试验区管理和运营模式建设的国际贸易园区。

同日　市委、市政府决定，授予沈阳金杯江森自控汽车内饰件有限公司等50个单位"沈阳市先进单位"称号，授予中航工业沈阳飞机工业（集团）有限公司十四厂三单元方文墨班等150个集体"沈阳市先进集体"称号；授予沈阳黎明航空发动机（集团）有限责任公司机匣加工厂对开机匣工段数控铣一班操作工栗生锐等10名同志"沈阳市特等劳动模范"称号，授予中车沈阳机车车辆有限公司货修分厂打砂一班班长李刚毅等500名同志"沈阳市劳动模范"称号。

27日　2016年沈阳市先进集体和劳动模范表彰大会在辽宁人民会堂隆重召开。省委副书记、市委书记曾维出席会议并讲话，市长潘利国主持会议，市人大常委会主任赵长义出席会议。市委常委、副市长、市总工会主席王翔坤宣读《关于表彰全市先进单位、先进集体和劳动模范的决定》。

同日　和平体育公园足球场正式开园。足球场位于长白岛原沈水湾高尔夫球场，占地面积4万平方米，以举办国际级赛事为标准，全部采用天然草坪，包括4个11人专业球场，5人制、7人制球场各一个。

28日　沈阳市召开创建国家卫生城市暨建设国家健康城市动员大会，提出确保到2017年底完成创建国家卫生城市和建设国家健康城市的目标。

29日　沈阳拓源投资控股集团有限公司成立。这是一家经市政府批准设立、由市国资委出资的市属国有企业，也是沈阳市惟一一家承接国家专项建设基金和国家各类发改资金的专业平台,将为全市产业发展提供担保、融资租赁、小额贷款等金融服务。

五 月

4日 省长陈求发到沈阳市围绕装备制造业发展情况进行调研。考察沈鼓集团、北方重工集团和沈阳机床集团,并召开座谈会。市长潘利国参加调研并汇报沈阳工业经济发展情况。

同日 沈阳养老产业集团正式成立。这是由政府出资设立的市属国有企业,注册资本5亿元,标志着沈阳市养老服务产业化进程迈入新的阶段。

5日 由市政府和欧洲货币机构投资者公司共同主办的2016年中国(沈阳)东北振兴国际金融大会开幕。德国商业银行、摩根大通、法国巴黎投资、芝加哥商业交易所集团、韩国SK集团等近200家中外企业、金融机构参会。

同日 市人大常委会机关召开"学党章党规、学系列讲话,做合格党员"学习教育工作会议。市人大常委会党组成员邢凯、顾春明、聂洪升、于波、王开军、张宁参加会议,市人大常委会副主任徐璐列席会议。

同日 市政协召开在机关党员中开展"两学一做"学习教育大会。市政协主席姜宏参加会议。会议分别传达了省委副书记、市委书记曾维在全市"两学一做"工作会议上的讲话要点,市政协主席姜宏在政协党组召开的"两学一做"学习教育工作会议上的讲话要点,对政协机关落实"两学一做"学习教育工作提出要求。市政协副主席鞠秀礼、赵晓川、刘慧鸣参加会议。

8日 世界微笑日。"'微笑看得见'2016中国沈阳·城市微笑汇"活动暨《微笑的旅行日记》举行首发仪式。

9日 由德国德铁信可集团与金杯汽车股份有限公司共同出资建设的金杯全球物流项目奠基,正式落户沈阳经济技术开发区,成为中德(沈阳)高端装备制造产业园的一个重要项目。项目总投资3.8亿元,利用土地7.6万平方米。

10日 由全国人大常委会委员、财经委员会副主任委员乌日图带队的全国人大财经委调研组来沈开展安全生产执法检查前期调研。调研组先后到沈阳兴华航空电器有限公司和新东北电气集团高压开关有限公司实地调研,了解企业在贯彻实施安全生产法过程中存在的主要问题,同时征求执法检查等方面的意见建议。市人大常委会主任赵长义陪同调研。

12—14日 2016沈阳韩流商品博览会在辽宁工业展览馆举办。展会由市政府与韩国产业通商资源部共同主办,市外经贸局、韩国驻沈阳总领事馆、大韩贸易投资振兴公社承办。

13日 中华全国总工会副主席、书记处书记焦开河率调研组一行,来沈调研工会企事业单位资产监管工作和公益性服务工作。先后考察了市第二工人疗养院、市工人文化宫和市文化宫,实地参观了市总工会推动职工文化阵地建设和服务职工的情况,并认真听取了市总工会的工作汇报。

14日 由沈阳市教育局等单位联合举办的沈阳市首届中小学生机器人竞赛在浑南二校开赛。共设置了"FLL机器人工程挑战赛"、"网络机器人野外生存"、"机器人足球比赛"等10个项目,吸引全市123所中小学参赛。

15日 零时起,铁路对旅客列车运行图实施近十年来规模最大的一次调整。沈阳站、沈阳北站共有175列列车开行、站停时刻发生变化。今后从沈阳出发,可乘坐火车去往三亚、拉萨等地区旅游。沈阳到三亚实现直达,运行时间不到50个小时。

同日 沈阳—冲绳航线实现首航。首都航空JD437于上午10时50分从沈阳首飞日本冲绳,标志着首都航空在沈阳执飞的第一条国际航线顺利起航。首都航空与辽宁省机场集团达成战略合作协议,成为继南航、深航、春秋航之后驻沈阳机场的第四家基地航空公司。

16日 京沈高铁首个无砟轨道在辽宁段开始铺设。京沈高铁全长709公里,设计时速350公里。预计2017年10月辽宁段完工,全线计划于2019年通车。

18日 沈阳市与北爱尔兰首府贝尔法斯特市正式结为友好城市关系。市长潘利国和贝尔法斯特市市长阿尔德·卡森分别代表两市签署建立友好城市关系协议书。至此,沈阳市已经与14个国家的19座城市结为友好城市。

18—20日 由中国畜牧业协会主办的第十四届中国畜牧业博览会在沈阳国际展览中心举行,展览面积12万平方米,8个展馆共设置展位4900个,吸引英国、法国、加拿大、美国、德国、荷兰、丹麦等20个国家和地区的1200余家企业参展,其中包括禾丰牧业、德宝农牧等20余家沈阳本地企业。

22日 2016年"奥美体育杯"沈阳市中小学生校园足球联赛小学组决赛在和平体育公园足球场举行。文艺二校获得小学男子一组甲组冠军,河北二校、东站小学分获亚军和季军;浑南一校获得小学男子二组甲组冠军,卧牛石学校和登仕堡小学分获亚军和季军。本次联赛由市教育局主办,沈阳市学生体育艺术发展中心、国家体育总局华体集团承办,沈阳市13个区、县(市)均派出队伍参赛,参赛人数达1500余人,共计举行246场比赛。

23日 第十二届沈阳法库国际陶瓷博览交易会开幕。本次交易会由中国陶瓷工业协会、中国建筑卫生陶瓷协会、沈阳市政府主办。陶博会开幕当天,由沈阳铁路局大青集装箱物流基地至大连港的法库陶瓷海铁联运通道同时启用。

25日 沈阳市召开进一步贯彻落实《中共中央国务院关于全面振兴东北地区等老工业基地的若干意见》工作会议。省委副书记、市委书记曾维出席会议并讲话,市长潘利国主持会议,市人大常委会主任赵长义、市政协主席姜宏出席会议。会上,国家发改委东北振兴司副司长杨荫凯对《若干意见》精神进行解读。

25—27日 2016中国(沈阳)国际现代建筑产业博览会在沈阳国际展览中心举行,博览会由国家住建部科技与产业化发展中心、省住建厅、沈阳市政府共同主办,以"转型升级与建筑产业现代化"为主题,展出面积约6万平方米,设置展位3000个。

26日 在第八次全国法治宣传教育工作会议上,沈阳市荣获2011—2015年度"全国法治宣传教育先进城市"称号。

27日 2016盛京汇年会暨共创沈阳营商环境新生态高峰论坛在沈举行。论坛由沈阳日报社、中国东北振兴研究院、沈阳市工商业联合会、创新沈阳俱乐部、沈阳安信咨询顾问有限公司联合主办。

28日 省长陈求发到沈抚新城调研。考察北方健康食品产业园和锦联新经济产业园、沈抚新城规划展示馆，主持召开沈抚新城建设发展座谈会。

26—30日 市政府代表团应邀赴韩国出席第十四次中韩经济部长会议并推动对韩重大合作项目。代表团与韩国技术风险财团、18家科技园区和中韩共建"网上丝绸之路"韩方执行机构—电子通讯研究院，分别就在沈共建中韩创新创业中心、开展园区合作、智慧城市建设等一系列事项上达成合作共识等。

31日 省公安厅打击治理电信网络新型违法犯罪沈阳查控中心启用，该中心为省公安厅与沈阳市公安局联合办案办公。同日，市公安局案件管理中心成立并揭牌，该中心将解决并规范公安系统有案不受、该立不立、立案不查、违法立案等问题。

六　月

1—6日 市长潘利国率经贸代表团出访俄罗斯和白俄罗斯。期间，代表团洽谈推进了沈阳市"走出去"企业参与中白工业园建设、买卖城（沈阳）对俄跨境电商平台、俄罗斯吉利特与沈阳德恒公司合资生产除雪设备、湃勃莱雅夫—阿鲁斯法律服务中心、俄罗斯商品交易中心、中铁九局参与白俄罗斯M10公路改造建设等13个项目，并成功签署2个战略合作框架协议。

6日 中国科协党组书记、常务副主席、书记处第一书记尚勇一行来沈阳，考察和平区文安路社区开展科普活动的情况。

7日 中国供销集团农产品交易中心、中国供销集团中药材交易中心在和平区华强广场揭牌。两大交易中心将依托优势资源，搭建服务大宗农产品、小宗特色农产品及优质中药材的综合交易服务平台，服务农业供给侧改革。

10日 市长潘利国率市经贸代表团结束对英国的访问回到沈阳。在英期间，代表团拜会了中国驻英国大使刘晓明，围绕金融、智慧城市、汽车及零部件、旅游、保险、生态环境建设及PPP项目等，积极开展经贸合作，洽谈推进了一批重点项目，取得丰硕成果。其中，大东区东湖水域治理及周边基础设施配套PPP项目和皇姑区首府新区商业地产等项目签约。

14日 德国总理默克尔到辽宁沈阳参观访问。省委书记、省人大常委会主任李希在沈阳香格里拉大酒店会见默克尔总理一行。当天，默克尔总理参观了沈阳故宫和中国工业博物馆，并到华晨宝马铁西工厂参加了宝马新一代混合动力版车型下线仪式。

同日 由省政府主办的中德（辽宁）经贸合作推介会在沈举行。省长陈求发主持会议并讲话。市长潘利国介绍了中德（沈阳）高端装备制造产业园建设情况。来自中德双方近70名企业家及政府官员参加推介会。

16日 由国内机器人产业骨干企业发起的中国机器人TOP10峰会启动大会在沈阳召开。国家工业和信息化部副部长辛国斌一行视察了沈阳新松机器人自动化股份有限公司三期智慧产业园、中科院自动化所东区、中科院沈阳自动化所南区，并听取了国家机器人创新中心筹建工作的汇报。

同日 沈阳劳动模范纪念馆开馆，沈阳劳动创造体验馆、沈阳劳模网同步启动。

16—17日 中央政治局常委、国务院副总理张高丽在辽宁调研老工业基地振兴情况。张高丽到和平区政务审批服务局办事大厅、沈阳机床集团公司、沈阳新松机器人自动化公司、沈阳国际软件园等地开展调研，了解相关情况。17日上午，张高丽在沈阳主持召开辽宁、吉林、黑龙江、内蒙古四省区负责同志参加的全面振兴东北地区等老工业基地座谈会。

17日 由陕西省铜川市主办的"纪念建党95周年暨长征胜利80周年'照金精神'巡展"走进辽宁，在沈阳"九一八"历史博物馆举行开展仪式。

23日 省委副书记、市委书记曾维主持召开民营企业座谈会，征求意见建议，现场解决问题。沈阳新程汽车零部件有限公司、辽宁衣贝洁洗衣产业园、沈阳格微软件有限公司、辽宁禾丰牧业有限公司等民营企业负责人发言。

同日 市政府与庞巴迪公司举行座谈会，推进沈飞民机Q400项目及沈飞国际C系列项目，并商谈继续开展多种合作。市长潘利国和庞巴迪公司总裁兼首席执行官阿兰·贝勒马尔出席座谈会。

26日 东北大学夺得第十五届全国大学生机器人大赛总决赛冠军，将代表中国出征在泰国举办的亚洲广播联合会"亚太大学生机器人大赛"。

26—27日 市长潘利国在参加"2016天津夏季达沃斯论坛"期间，率市政府代表团考察了天津城市规划建设及历史风貌建筑保护和水系建设情况，并洽谈推进了多个重点合作项目。

29日 市行政审批局正式揭牌，全市37个部门的审批事项集中进行审批，标志着沈阳市全面创新改革试验取得重要阶段性成果。省长陈求发，省委副书记、市委书记曾维为市行政审批局揭牌。市长潘利国主持揭牌仪式。市行政审批局将推行"一窗受理、合并审查、集约审批、一站办结"等审批模式，对所有证照实行受理窗口统一发证，为全省深化行政体制改革积累经验。

同日 沈阳市庆祝中国共产党成立95周年暨"两优一先"表彰大会在辽宁人民会堂召开。省委副书记、市委书记曾维出席会议并讲话，市委副书记、市长潘利国主持会议，市人大常委会主任赵长义、市政协主席姜宏出席会议。市委常委、组织部部长刘桂香宣读了表彰优秀共产党员、优秀党务工作者、先进基层党组织的决定。与会领导为获奖单位和个人代表颁奖。

同日 庆祝中国共产党成立95周年沈阳合唱团队汇报演出在盛京大剧院举行。沈阳日报童声合唱团、枫之韵合唱团、老知音合唱团、群星合唱团和沈阳广播电视台童声合唱团等五支合唱团队参演。

七　月

1日 沈阳航空产业集团有限公司成立。沈阳航空产业集团有限公司是经市政府批准成立的国有独资公司和沈阳市航空产业战略性投资管理平台，注册资本2亿元，负责落实全市航空产业规划，承担引领行业发展、整合各方资源、开展招商引资、推进重大项目合作等重要任务。

同日 沈阳城乡低保标准提高。城市低保标准:城区(不含辽中区)每人每月由580元调整为610元;辽中区和三县(市)每人每月由505元调整为535元;农村低保标准:城区(不含辽中区)每人每月由355元调整为395元;辽中区和三县(市)从每人每月由295元调整为335元。城市和农村低保边缘户标准以及农村五保对象标准相应提高。

2日 沈鼓集团召开"120万吨/年乙烯装置裂解气压缩机组机械运转试验见证会",这标志着沈鼓集团和中海油共同开创了超百万吨/年乙烯三机成套国产化新征程。

5日 沈阳市举行"学习先进弘扬劳模精神推动沈阳振兴"主题活动。省委副书记、市委书记曾维,市长潘利国,市人大常委会主任赵长义,市政协主席姜宏,以及市委常委在市劳模纪念馆进行实地参观学习。

13日 沈阳市与国网辽宁省电力有限公司签署战略合作框架协议仪式举行。省委副书记、市委书记曾维出席仪式,市长潘利国在仪式上讲话,国网辽宁省电力有限公司总经理谭洪恩致词。

15日 沈阳市召开全面创新改革试验区工作推进大会,就落实国务院批复的《沈阳市系统推进全面创新改革试验方案》进行动员部署。省委副书记、市委书记曾维,市长潘利国,国家发改委东北振兴司副司长金喜双分别讲话,市人大常委会主任赵长义,市政协主席姜宏出席会议。

同日 沈阳市政府与农发行辽宁省分行签署战略合作协议,双方将充分发挥政府组织资源优势和农发行金融服务优势,进一步拓宽合作领域、扩大融资规模,在地区粮食安全、生态环境建设等领域开展广泛合作,实现共赢发展。

同日 省医学会健康管理分会与市社会医疗保险局联合启动国内第一个"以医保为入口的健康管理数据共享平台"。沈阳军区总医院、中国医科大学附属第一医院、中国医科大学附属盛京医院、中国医科大学附属第四医院、辽宁中医药大学附属医院、解放军第202医院、解放军第463医院、沈阳市红十字会医院等八家医院已经纳入平台。

同日 市政府与浪潮集团大数据双创行动计划发布会在和平区三好众创空间举办。沈阳将依托丰富的数据资源和成熟的大数据产业发展模式,持续激发"大众创业、万众创新"的活力。

16日 第九届世界合唱比赛第二阶段颁奖典礼在俄罗斯索契大冰宫体育场举行。沈阳广播电视台童声合唱团取得儿童组冠军赛金奖,沈阳日报童声合唱团斩获第九届世界合唱比赛公开赛银奖,枫之韵合唱团、辽宁群星合唱团、老知音合唱团分别斩获银奖。

19日 中国孔子基金会辽宁地区首批40家"孔子学堂"授牌典礼在沈阳市第十一中学举行,沈阳市盛京小学、沈阳市第43中学、皇姑区岐山一校、珠江五校等40家单位被授牌。

26日 市政府与中国航天系统科学与工程研究院签署战略合作框架协议。双方将共同建设沈阳军民融合技术转移中心,同时在智慧城市建设、节能环保、工业信息及决策咨询、航天科普等领域开展合作。

29日 交通运输部党组副书记、副部长,中国民用航空局党组书记、局长冯正霖一行,参观沈阳法库通用航空产业基地,考察东北航空博物馆、辽宁通飞公司、亿家通航公司、联航神燕飞机制造公司、航站楼指挥塔台、辽宁锐翔通用航空公司,并召开座谈会。

同日 国土资源部副部长王广华率国务院促进民间投资专项督导第五组一行9人来沈,就沈阳市民间投资有关工作进行督导。当日,督导组走访了沈阳飞驰电气设备有限公司和沈阳国际软件园两家民营企业,并与企业和政府部门分别进行座谈。

八 月

1—5日 由中国合唱协会、中国对外文化集团公司和沈阳市人民政府共同主办,市文广局承办的2016中国·沈阳国际合唱节。活动期间,来自美国、俄罗斯、乌克兰、匈牙利、哈萨克斯坦、白俄罗斯等国家的8支外国合唱团,国内14个省(市)的15支优秀合唱团以及沈阳本地的26支合唱团队近3000名演员登台,为观众献上具有不同民族特色和强烈感染力的合唱表演。

2日 市公安局举行命名授牌仪式,北陵社区警务室正式更名为杨建夫警务室。这是沈阳首个以现任社区民警名字命名的警务室。杨建夫56岁,自1986年以来一直是北陵社区民警,创造了沈阳连续服务一个社区的最长记录。

5—7日 2016第五届中国沈阳国际家博会在沈阳国际展览中心举办。展览分8大展馆,面积达12万平方米,有700余家企业参展。

5—9日 由沈阳市人民政府主办,和平区政府和沈阳奥美体育文化传播有限公司承办的第二届"和平杯"国际青少年足球邀请赛举行。来自俄罗斯、日本、韩国、巴西、西班牙等国家的16支国外球队以及47支国内球队约1300名青少年运动员参赛,巴西圣保罗足球队捧得冠军奖杯。

6日 国家发改委主任徐绍史率东北振兴专题调研组来沈调研,省委副书记、市委书记曾维,市长潘利国陪同调研。在沈期间,调研组一行先后考察了沈阳远大科技园、北方重工集团、沈阳机床集团、东软数字医疗国际产业园、中航沈飞民机公司、沈阳国际软件园,并分别召开国有企业改革座谈会、民营经济发展和促进民间投资座谈会。

7日 "中国首次环球飞行—从法库飞向世界"接机仪式在法库通航产业基地举行。该活动被纳入第五届沈阳法库国际飞行大会暨2016沈阳航展大型活动中,作为法库"八月飞行活动月"的开篇盛事。经中国民航局批准,由5人组成的特殊飞行团队,计划用时58天飞行约8万里,飞越三大洲、三大洋共19个国家约50个经停点。

8日 沈阳广阔热源厂工业级分布式光伏发电项目正式并网发电,为沈阳首个供热行业光伏发电项目。该项目由沈阳爱易智慧能源科技有限公司研发,是"互联网+光伏发电"的分布式光伏电站首次应用于工业企业和沈阳市供热行业。

10日 由市政府主办,市发改委、沈北新区区委、区政府,东北总部基地承办的沈阳蒲河生态经济带创新发展论坛举办。省委副书记、市委书记曾维出席论坛,市长潘利国讲话。总部经济国际联盟研究院院长许为平、中国行政体制改革研究会副会长汪玉凯等就蒲河生态经济带开发建设战略提出具有前瞻性、建设性的建议。

12 日 世界青少年足球峰会在沈举办。市长潘利国出席峰会,并与“哥德杯”秘书长丹尼斯共同为世界青少年足球联合会足球之都基地揭牌。

13 日 位于和平区长白岛森林公园的沈阳足球之都博物馆开馆,官方网站同时正式上线。市长潘利国、中国足协专职执委林晓华为博物馆揭牌。

13—19 日 2016 哥德杯(中国)世界青少年足球赛在沈阳举行。共有来自全球 28 个国家和地区的 260 只球队参加了此次比赛。市第十九中学男子足球队在本届“哥德杯”U15 组别的比赛中获得冠军。

18 日 市长潘利国率市政府代表团赴北京招商考察,洽谈推进了一批对于沈阳产业结构调整具有重要推动作用的新兴产业项目。和平区的北斗产业应用合作项目、沈阳足球之城、高和国际社区医疗中心等 3 个项目实现签约。

23 日 沈阳市召开领导干部大会,宣布中共中央关于沈阳市委主要领导调整的决定。省委书记、省人大常委会主任李希出席会议并讲话。省委副书记曾维讲话。省委常委、组织部部长辛桂梓宣读中央和省委的决定。省委常委、市委书记王蒙徽讲话。市委副书记、市长潘利国主持会议。市人大常委会主任赵长义、市政协主席姜宏参加会议。

近日,中央批准:王蒙徽同志任辽宁省委委员、常委和沈阳市委书记,曾维同志不再担任沈阳市委书记职务。省委决定:王蒙徽同志任沈阳市委委员、常委,曾维同志不再担任沈阳市委常委、委员职务。

26—28 日 第五届沈阳法库国际飞行大会暨 2016 中国沈阳国际航空博览会在法库财湖机场举行。本届大会特技飞行表演等活动精彩纷呈,邀请了澳大利亚野马、澳洲雷神、新西兰银爵等国际知名特技飞行表演队 8 架外籍特技飞机,向观众展现精彩绝伦的特技编队表演、单双机特技表演。本届航展静态展示成果显著,中航直升机 AC311、运 12 固定翼飞机等国内外知名机型 30 余种、近百架具飞行器参展,观展的专业采购商近 700 家。航展期间,共实现意向销售飞机整机 49 架,意向成交额 1.58 亿元人民币。

同日 沈阳市举行 2016 中国(沈阳)民用航空应急救援演练,这是沈阳市第一次组织开展民用航空应急演练,也是对市民用航空应急救援能力的一次直接检验。

30 日 沈阳市政府与沈阳海关、沈阳出入境检验检疫局、沈阳边防检查站、辽宁省机场管理集团有限公司、沈阳铁路局、营口港务集团有限公司召开座谈会并签署全面战略合作协议。

31 日 沈阳市和日本川崎市签署深化友城交流合作关系备忘录。2016 年是沈阳与川崎两市建立友好城市关系 35 周年。市长潘利国、川崎市市长福田纪彦分别代表两市签字,并就深入推进两市交流合作进行会谈。

九　月

1 日 由共青团中央、人力资源和社会保障部联合举办的第十二届“振兴杯”全国青年职业技能大赛决赛在沈阳落下帷幕。沈阳多美姿服饰销售有限公司的王语、沈阳黎明航空发动机(集团)有限责任公司的姜华、本钢集团的于涛分获服装设计定制工项目、机修钳工项目、网络课件设计师项目第一名。

1—5 日 第十五届中国国际装备制造业博览会在沈阳国际展览中心举行。本届展会共有 830 家企业报名参展,其中境外和外商投资企业 239 家,包括德国西门子股份公司、美国谷歌、日本三菱电机自动化、美国美孚润滑油等在内的 61 家世界著名装备制造业企业和世界 500 强及跨国公司参展。展会举办期间还举办了首届中国国防科技工业展览会和中国(沈阳)国际机器人展览会。此次展会的参展企业现场签订销售合同及意向金额为 6.22 亿元,参观的专业人士及采购商超过 10.3 万人次,参观总人数达 16.4 万人次。

5 日 以“传承、聚力、引领”为主题的辽宁足球改革发展高峰论坛在沈阳举行。会上,和平区被省体育局授予“辽宁省足球改革发展示范区”牌匾,成为全省惟一获此殊荣的县区。和平区体校被国家体育总局评为国家高水平体育后备人才基地。

6 日 省委常委、市委书记王蒙徽就贯彻五大发展理念、落实“四个着力”要求,到浑南区的东软集团产品展示中心、沈阳国际软件园等重点企业和园区进行调研。

同日 2018 年俄罗斯世界杯亚洲区预选赛决赛阶段 A 组中国国家队对阵伊朗国家队比赛在沈阳奥体中心体育场举行。最终,中国队在主场 0:0 逼平了亚洲排名第一的伊朗队。

8 日 沈阳市举行教师节庆祝大会。市委副书记、市长潘利国参加会议,向辛勤工作在教育战线的广大教师致以节日问候,向为教育事业做出卓越贡献的全市教育工作者表示衷心感谢。会上,126 中学校长邓华等 11 名教师被授予“沈阳市教育专家”称号。

10 日 由沈阳市人民政府和中国田径协会主办,市体育局、和平区、沈河区、皇姑区、浑南区人民政府、智美体育集团和沈阳体育产业集团共同承办的“2016 沈阳马拉松赛”于 17 时正式开跑,来自 28 个国家的 1.5 万名马拉松爱好者参加。

10—13 日 由市政府主办的第十六届中国沈阳国际农业博览会在国际展览中心举行。展会共设 4 个展馆,2464 个展位,展出面积 6 万平方米,特装面积近 4 万平方米,来自省内外 42 个展团以及境外 28 个国家和地区的 1600 余家企业参展。签订交易合同 126 个,合同交易额 23.6 亿元,现场交易额达 2.4 亿元。

同日 网库沈阳电商谷启动暨中国机床产业网、中国酸菜产业网上线仪式在沈阳国际展览中心举行。

14 日 沈阳市网上审批服务平台正式上线运行。这是沈阳市继今年在全国副省级城市中率先组建市行政审批局之后,在深化行政审批制度改革方面进行的又一次全新探索。

18 日 勿忘“九一八”撞钟鸣警仪式在“九一八”历史博物馆残历碑广场举行。中共中央政治局委员、国务院副总理刘延东出席仪式并讲话。9 时 18 分,刘延东等领导同志和群众代表推动钟槌击响“警世钟”,沈阳全城拉响防空警报,火车、汽车鸣笛。全国人大常委会副委员长张宝文,全国政协副主席陈晓光出席仪式。省委书记、省人大常委会主任李希主持仪式。省长陈求发,省政协主席夏德仁,省委常委、市委书记王蒙徽,市长潘利国,市人大常委会主任赵长义,市政协主席姜宏等省、市领导出席仪式。

同日 沈阳奥拓福科技股份有限公司自主研发的国内首台冷态抢险救援消防车在厂区进行试验操作,标志着中国在水射流技术的应用推广上走在了世界前列。

同日 市残疾人轮椅篮球队正式成立。沈阳将实施“残奥项目振兴计划”,除成立首家轮椅篮球队,还将陆续启动射击、射箭等项目,帮助残疾人参与到更多残奥会项目中。

19日 沈河区被中国纺织工业联合会授予“中国服装商贸名城”的荣誉称号。沈河区是全国第4个获此殊荣的城区。

22日 张氏帅府博物馆“海峡两岸交流基地”授牌仪式暨第七届“两岸三馆年会”开幕式在沈阳举行。“两岸三馆年会”是由沈阳张氏帅府博物馆、西安事变纪念馆和台湾新竹张学良故居共同搭建的合作交流平台。在全国共批准设立49家“海峡两岸交流基地”中,张氏帅府博物馆是东北地区首家。

23日 市政府与辽宁中医药大学签署合作框架协议,双方将开启新型市校合作模式,共同建设沈阳市中医院。沈阳市中医院规划建筑面积12万平方米,床位规模1000张。

24—26日 由中国城市规划学会、沈阳市人民政府主办,辽宁省住建厅协办、沈阳市规划和国土资源局承办的2016中国城市规划年会在沈阳新世界博览馆举行。年会主题为“规划60年·成就与挑战”。来自全国各地的城市规划机构的代表、各高校及科研院所城市规划领域的专家学者共7200余人参加。沈阳市政府荣获“2016中国城市规划年会特别奖”。

26日 南北快速通道北段高架桥工程开始试通车。桥梁全长7.285公里,从小北关街团结路到北三环朱尔屯立交桥跨越18个信号灯,车程由40多分钟缩短到15分钟。

27日 沈阳市召开警示教育大会,认真总结、深刻反思辽宁拉票贿选案的沉痛教训,对全市深入开展警示教育进行全面安排部署。省委常委、市委书记王蒙徽出席会议并讲话,市委副书记、市长潘利国主持会议,市人大常委会主任赵长义参加会议。市委常委、市纪委书记王德波传达中央有关精神。市委常委、市人大常委会、市政府、市政协领导班子中的党员负责同志,市法院院长、市检察院检察长;市委各部委、市直各单位领导班子中的党员负责同志,市属国企、高校党政主要负责同志;各区县(市)党委、人大、政府、政协领导班子中党员负责同志等共1400余人参加会议。

28—29日 省委常委、省纪委书记陈小江到沈阳调研,听取沈阳市纪检监察工作情况汇报,并实地考察东软集团、沈鼓集团、沈飞集团等企业。市委常委、市纪委书记王德波参加调研。

30日 省委书记、省人大常委会主任李希,北部战区政委褚益民,省长陈求发,省政协主席夏德仁与各界代表到沈阳抗美援朝烈士陵园,向烈士敬献花篮。省委副书记曾维主持仪式。省委常委、市委书记王蒙徽,市长潘利国,市人大常委会主任赵长义,市政协主席姜宏参加仪式。

十　　月

7日 市旅游委发布信息:国庆假日期间,沈阳共接待游客657.9万人次,同比增长14.3%;旅游总收入48.6亿元,同比增长11.2%。

12日 “2016年辽宁·沈阳大众创业万众创新活动周”启动。省、市安排的42项主题系列活动,将分别在沈阳创新天地、创业梦工厂、锦联新经济产业园、于洪区启点创客基地、和平区三好街及各区县举行。来自鞍山、本溪、锦州、阜新、辽阳、盘锦、铁岭、朝阳等8个城市的27个主题展示项目也参加了活动周展览。

14日 市长潘利国到辽中区调研,考察正在建设的辽中区政务服务中心、沈阳石油产品交易中心、沈阳忠旺特种车制造项目、沈阳辽河铁山运输装备有限公司玻璃生产项目和沈阳金杯车辆制造有限公司搬迁改造项目。

同日 中俄技术转化创新基地在和平区三好街启迪科技园(沈阳)正式揭牌落户,包括轮式机器人、宇航器用配套电力设备等一批来自俄罗斯的高科技项目将通过该基地在辽宁展开合作开发。

15—16日 “中国制造2025·国家千人计划”主题系列活动—装备制造业转型升级主题峰会在沈举办。欧美同学会副会长、全国政协常委、致公党中央副主席、中科院院士程津培,市长潘利国,国家“千人计划”专家联谊会副会长李东升在15日举行的峰会开幕式上致辞。国家“千人计划”专家联谊会还与铁西区签约,共同组建海创千人计划(沈阳)工业技术研究院。

15—18日 国务院安委会安全生产第二巡查组到沈对安全生产工作进行巡查。在沈期间,巡查组深入上海通用(沈阳)北盛汽车有限公司、沈阳延锋江森座椅有限责任公司、沈阳新松机器人自动化股份有限公司等企业以及沈阳故宫博物院等人员密集场所进行现场检查,并听取相关企业和部门的安全生产工作汇报。

19日 市第十五届人大第五次会议在辽宁人民会堂举行。会议补选辽宁省第十二届人民代表大会代表,选出辽宁省第十二届人民代表大会代表73人。

21日 大型历史文化旅游综合体项目“盛京古城”正式签约落户沈北新区。“盛京古城”项目选址于沈北新区道义经济区,毗邻方特欢乐世界,规划占地面积44公顷,总投资约60亿元。

24日 市政府与国家信息中心在北京签署战略合作协议,双方将在大数据创新创业、创新政府治理模式等领域开展全面合作,为促进沈阳大数据产业健康发展、深化大数据创新应用提供数据、技术及商业模式等支撑。为促进项目实施,市政府同时与国家信息中心发起的混合所有制公司—国信优易签署战略合作协议。

25日 市人大常委会主任赵长义带领视察组对《关于加快我市社会化养老服务体系建设的议案》办理情况进行视察。视察组实地视察了于洪区幸福9号居家养老服务中心、五彩阳光城养老服务中心、丁香居家养老服务中心等。

29日 中国工程院院长、院士周济率工信部、中国工程院及国家制造强国建设战略咨询委专家组来沈,考察评估沈阳市“中国制造2025”试点示范城市创建工作。专家组到远大科技园、沈阳机床集团、新松机器人股份有限公司,考察民营企业创新机制、i5发展战略、双元教育、机器人产业发展等情况。

31日 市重点建设项目—普洛斯

集团大东物流产业园在沈阳汽车城开工建设，总投资4亿元，占地面积10.5万平方米。产业园拟建设以汽车产业为中心的汽车零部件、整车物流、智能物流综合园区，项目达产后可实现年产值3亿元。

十一月

1日 2016中国国际工业博览会在上海国家会展中心开幕，沈阳新松公司重点发布的国内首台具备柔性多关节技术和可动双目视觉系统的双臂协作机器人荣获本届工博会工业设计金奖。

2日 沈阳诚通与14家合作伙伴签约，由沈阳诚通筹建的诚通商品交易中心项目正式成立，成为面向全国的有色金属互联网流通平台。

3日 国家发改委副主任兼国家统计局局长、党组书记宁吉喆一行来沈调研经济形势和统计工作，先后到华晨宝马铁西工厂总装车间、沈阳机床集团股份有限公司B2.1智能数控车床生产车间进行实地调研。

同日 市委召开全市党员领导干部会议，传达学习贯彻党的十八届六中全会精神，安排部署贯彻落实意见。省委常委、市委书记王蒙徽主持会议，传达六中全会及全省党员领导干部会议精神并讲话。市人大常委会主任赵长义、市政协主席姜宏出席会议。市委副书记韩东太传达全会精神。

4日 沈阳西子航空产业有限公司与天津波音复合材料有限公司签署驾驶舱内饰项目合同，该公司成为波音公司在中国的次级供应商中的首家民营航空制造企业。

8日 沈阳德中企业服务中心A区正式揭牌，德国西门子、史太白、诗道芬等首批12家企业正式入驻。

11—13日 以“振兴、协同、共赢”为主题的2016沈阳·第三届中国智慧城市（国际）创新大会暨2016智慧城市和大数据发展（沈阳）博览会举行。大会发布了由国家25个相关部委共同参与编写的《新型智慧城市发展报告2015-2016》。大会活动包括高峰论坛、展览展示、创意大赛等3大板块，主要环节包括1个主论坛和17个平行论坛、专题研讨会、国际交流会、政企对接会及闭门会议等。内容涵盖智慧小镇、智慧交通、大数据应用、创新创业、东北振兴、海绵城市等智慧城市建设的多个领域。

同日 2016年智慧沈阳优秀项目和创意评选活动颁奖仪式举行。市公安局的“沈阳易行”APP、市政府办公厅的“智慧政务协同办公平台”获最优项目奖一等奖；市教育局的“公益学堂”、市国税局的“纳税人家园”、市人社局的“智慧医保”APP荣获“最优项目奖”二等奖；市交通局的“乘车易”、和平区教育局的“慧学网”等5家单位获最优项目奖三等奖。中国医科大学附属第一医院骨科教授、主任医师李良满荣获最佳创意奖一等奖，杨代冰、郎宏君、徐雷等60名市民分别获得最佳创意奖二、三等奖。

同日 市政府分别与华为技术有限公司、德勤管理咨询（上海）有限公司、赛仕软件（北京）有限公司签署战略合作框架协议，共同推动沈阳智慧城市建设和大数据产业发展。

15—17日 中共沈阳市第十三次代表大会在辽宁人民会堂召开。王蒙徽代表中共沈阳市第十二届委员会作《深入贯彻新发展理念打造国际化营商环境为实现沈阳老工业基地全面振兴而努力奋斗》的报告。大会选举出由73名委员、14名候补委员组成的中共沈阳市第十三届委员会；选举出由51名委员组成的市纪律检查委员会；选举出沈阳市出席中国共产党辽宁省第十二次代表大会的113名代表。

17日 中共沈阳市第十三届委员会举行第一次全体会议。新当选的73名市委委员和14名候补委员出席会议，市纪委委员列席会议。王蒙徽同志主持会议。全会选举产生11名市委常委：王蒙徽、韩东太、马占春、刘晓东、刘桂香、李松林、冯守权、连茂君、王健、王镇、王冬石。全会选举王蒙徽为市委书记，韩东太为市委副书记。全会通过了市纪委一次全会的选举结果：王冬石为市纪委书记，邓福林、孙建军、张淼为副书记。

18日 由中国旅游协会、中国旅游饭店业协会共同举办的首届“中国金牌旅游小吃”在京揭幕，200个中国金牌旅游小吃摘得“金牌”。其中，沈阳的老边百年煸馅饺子获得中国金牌旅游小吃“金牌”。

18—20日 由省委常委、市委书记王蒙徽，市长潘利国率领的沈阳市党政代表团前往厦门市，考察学习厦门在国际一流营商环境建设及推动产业转型、城市转型、社会转型方面取得的成功经验。厦门市委书记裴金佳、代市长庄稼汉陪同考察。11月18日，沈阳与厦门两市政府在厦门市行政服务中心共同签署战略合作框架协议。根据合作协议，沈阳和厦门将在七个方面开展全面合作。

23日 省长陈求发在沈阳市召开经济形势座谈会，听取沈阳市及部分县（区）2016年主要经济指标、重点工作完成情况汇报和明年经济工作安排。省委常委、市委书记王蒙徽，省领导郦志刚、赵化明，市长潘利国出席会议。

同日 由辽中区政府与中科北方投资发展有限公司合作建设的沈阳石油产品交易中心正式揭牌运营。该中心是国内规模最大的石油产品交易中心，预计2017年交易额可达1000亿元。

28日 省政协主席夏德仁率调研组来沈，就贯彻落实省委政协工作会议精神情况进行调研。市政协主席姜宏陪同调研，并在座谈会上汇报沈阳市贯彻落实省委政协工作会议精神情况。沈阳市13个区县（市）政协就贯彻落实省委政协工作会议精神和对省政协工作提出意见建议等进行了发言。

29日 沈阳振兴发展战略规划专家论证会在清华大学召开。省委常委、市委书记王蒙徽出席并讲话。会上，全国规划协会会长唐凯代表战略规划编制组说明战略规划起草背景和总体框架。国内著名城市规划专家、中国科学院院士、中国工程院院士、清华大学教授吴良镛，清华大学国情研究院院长胡鞍钢，清华大学海峡研究院院长梁勤等专家学者提出建设性意见。

十二月

1日 省委常委、市委书记王蒙徽到康平县实地调研脱贫攻坚工作和县域经济发展，实地考察东升乡龙旭种植专业合作联社、沈阳恒生生物科技发展有限公司和卧龙湖。市领导连茂君、阎秉哲参加调研。

同日 沈阳正式实施个体工商户“两证整合（工商、税务）”政策。全市首张“两证整合”个体工商户执照在沈河区市场监督管理局皇城街道市场监督管理所颁发。

同日 市政府与中国工商银行股份

有限公司辽宁省分行签署全面战略合作协议。市长潘利国与工商银行辽宁省分行行长鞠延强就深入推进政银合作、支持沈阳振兴发展进行工作会商。

6日　沈阳市召开领导干部大会，宣布省委关于姜有为同志任职的决定。省委常委、市委书记王蒙徽主持会议并讲话。省委常委、组织部部长王正谱宣布省委决定并讲话。省委决定：姜有为同志任中共沈阳市委委员、常委、副书记。姜有为在会上讲话。市长潘利国、市人大常委会主任赵长义、市政协主席姜宏出席会议。

同日　沈阳市召开《沈阳振兴发展战略规划》报告会。省委常委、市委书记王蒙徽出席会议并讲话，市长潘利国主持会议。市委副书记姜有为、市人大常委会主任赵长义、市政协主席姜宏出席会议。会上，全国规划协会会长唐凯介绍了《沈阳振兴发展战略规划》起草背景和总体框架。

8日　沈阳市召开打造国际化营商环境动员部署大会。省委常委、市委书记王蒙徽出席会议并讲话，市长潘利国主持会议。市委副书记姜有为、市政协主席姜宏出席会议。会上，市委副书记韩东太作《中共沈阳市委沈阳市人民政府关于打造国际化营商环境的意见》的说明，市委常委、常务副市长马占春就开展优化营商环境专项整治行动进行部署，市委常委、秘书长连茂君宣读关于聘请建设幸福沈阳监督员的通知，监督员代表和部分地区、部门负责同志作表态发言。

同日　省委常委、统战部部长范继英来沈调研统战工作，并到西塔街道图们社区、西塔民俗文化馆、实胜寺、辽宁大学、沈阳国际软件园等地进行实地调研。

8—10日　2016中国会展业年会暨沈阳会展经济论坛举行，沈阳市在年会上荣获“2016年度中国十佳品牌会展城市”称号。

10日　由中国并购公会与沈阳市人民政府联合主办的首届东北并购年会在和平区产业金融博物馆召开。省政协主席夏德仁发表主题演讲并为中国并购公会辽宁分会揭牌。年会上，部分金融界人士、专家学者、企业家代表围绕“一带一路、振兴东北”“振兴东北与产业整合”等开展深入研讨。

13日　市委召开十三届二次全体会议。市委常委会主持会议。省委常委、市委书记王蒙徽代表市委常委会就全市深入学习贯彻落实党的十八届六中全会和省委十一届十四次全会精神进行安排部署。会议审议通过《中共沈阳市委贯彻〈中共辽宁省委关于贯彻党的十八届六中全会精神落实全面从严治党要求营造良好政治生态的决定〉的实施意见》。王蒙徽就《实施意见（讨论稿）》向全会作说明。市委委员、市委候补委员参加会议，市纪委委员和相关部门负责人列席会议。

同日　省委常委、市委书记王蒙徽，市委副书记、副市长、代市长姜有为到铁西区进行调研，深入中德装备园、沈阳鼓风机集团有限公司等部分企业实地了解情况。

14日　市委副书记、副市长、代市长姜有为与各民主党派、工商联和无党派人士座谈，听取对《政府工作报告（征求意见稿）》的意见建议。会上，高孝杰、王东、李峰、姜军、王莉、李展超、张颖、柯英明、王罡、孙中强等民主党派、工商联和无党派人士分别结合沈阳发展实际，针对城市规划建设管理、产业结构调整、装备制造业发展、民营经济发展、三农工作、科技创新、扩大开放、国资国企改革、融资服务体系建设、人才发展战略、诚信政府建设以及就业、教育、文化、卫生等民生和社会治理工作提出了具体意见建议。

同日　华晨宝马汽车有限公司在新发动机工厂举行第100万台国产宝马发动机下线仪式。这台宝马集团最新一代2.0升直列四缸涡轮增压发动机，将被装配在一台全新BMWX1上。

16日　沈阳市召开《沈阳振兴发展战略规划》专家论证会。全国规划协会会长唐凯代表编制组对战略规划起草情况作说明，清华大学国情研究院院长胡鞍钢主持专家论证会。国内著名的城市规划专家、中国科学院院士、中国工程院院士、清华大学教授吴良镛提出书面意见建议，国务院发展研究中心原党组书记、副主任陈清泰，全国规划协会副会长吴建平等先后发言。省委常委、市委书记王蒙徽出席会议并讲话。市委副书记、副市长、代市长姜有为，市人大常委会党组书记潘利国，市政协主席姜宏出席会议。

19日　沈阳浑南综合保税区跨境电商首单通关暨方得外贸综合服务平台开通仪式在沈阳空港经济区举行，沈阳人自己的跨境电商平台正式运营。

同日　沈阳地铁报业传媒股份有限公司（《地铁第一时间》报出版单位）正式在全国中小企业股份转让系统（新三板）挂牌（证券简称：地铁传媒；股票代码：870252）。地铁传媒创造全国报纸系统带刊号整体挂牌新三板第一家、全国地铁报系统挂牌新三板第一家、沈阳市属文化企业挂牌新三板第一家的“三连冠”。

同日　位于北中街路的沈阳汗王宫遗址陈列馆正式开馆，汗王宫遗址是“一宫两陵”世界文化遗产的重要组成部分，曾入围2012年度全国十大考古新发现终评名单。

20—23日　中共辽宁省第十二次代表大会在沈举行，沈阳113名代表参加大会。在23日举行的省委十二届一次全会上，市委书记王蒙徽当选为省委副书记。

23日　经中国银监会批复同意，由沈阳荣盛中天等公司发起设立的辽宁振兴银行在沈阳筹建，成为东北地区第一家获批筹建的民营银行。辽宁振兴银行股份有限公司注册资本20亿元，初步确定股东由荣盛中天实业（占股30%）、沈阳天新浩科技有限公司（占股28%）、沈阳启源工业泵研究所有限公司（占股22.5%）等5家公司构成。

26日　沈阳跨境电商公共服务平台正式开通。于洪区政府被授予“辽宁（沈阳）跨境电商产业示范基地”称号。示范基地发展区域选址在于洪区沈阳国际物流港和平罗湾新兴产业经济区，分为A、B两个片区。

27日　沈阳海关与厦门海关签署支持促进自由贸易试验区建设发展合作备忘录。省委副书记、市委书记王蒙徽出席签署仪式。

30日　辽宁新民农村商业银行股份有限公司正式挂牌开业。新民农商银行是沈阳县域首家总部商业银行，是在新民市农村信用合作联社的基础上，经过股份制改造设立的股份制商业银行，注册资本5亿元，是新民地区规模最大、从业人员最多、网点分布最广的金融服务机构。全行拥有营业网点34个，包括29家支行和5个分理处。

附　　录

2016年度沈阳名牌产品

序号	商　标	产品名称	单　位
1	德氏	冷饮系列	沈阳德氏冷饮食品有限公司
2	特拉卫普	珠宝首饰	沈阳特拉卫普珠宝有限公司
3	林大生	珠宝首饰	沈阳林大生珠宝首饰有限公司
4	华光	原子吸收光谱仪	沈阳华光精密仪器股份有限公司
5	盛京鲁博	一锈钢厨房设备	沈阳鲁博厨业有限公司
6	亿友	全瓷欧式连锁瓦	沈阳亿友陶瓷有限公司
7	金威廉+拼音	内墙砖	沈阳王者陶瓷有限公司
8	希格雅	内墙砖	沈阳新宏远陶瓷有限公司
9	依曼	内墙砖	沈阳新大地陶瓷有限公司
10	东方鸿运	内墙砖	沈阳新东方陶瓷有限公司
11	雷明	低压流体输送用焊接钢管	沈阳雷明钢管有限公司
12	前进	电线电缆	辽宁塑力电线电缆有限公司
13	成思	架空导线系列电缆	沈阳长顺电线有限责任公司
14	图标	钛及钛合金系列产品	沈阳兴合钛业有限公司
15	新纪	荧光增白剂	沈阳新纪化学有限公司
16	冬冬	系列面食制品	沈阳冬冬食品工业有限公司
17	为雅	番茄	康平县绿康蔬菜专业合作社
18	弘侨	弘侨蛹虫草	辽宁弘侨生物科技股份有限公司
19	伟达	钢化玻璃	沈阳伟达玻璃加工有限公司
20	非常贝贝	葵花籽仁巴旦仁油炸类坚果炒货	沈阳市贝贝食品有限公司
21	朗诺贝尔	涂料	沈阳顺风新材料有限公司
22	创浪	涂料	沈阳顺风新材料有限公司
23	SHVS	气体绝缘金属封闭开关设备	沈阳高压成套开关股份有限公司

序号	商　标	产品名称	单　位
24	嘉益	嘉益肉花肠	沈阳东方嘉益食品制造有限公司
25	四季牡丹	内衣	沈阳柯伊诺服饰有限公司
26	百世	强化复合地板	沈阳百世业有限公司
27	世润	叶轮系列产品	沈阳世润重工有限公司
28	智胜	熏煮香肠	辽宁智胜食品有限公司
29	克达	鱼饲料系列	沈阳市克达饲料有限公司
30	东环合金	铝合金锭、锌合金锭系列产品	沈阳市东环有色金属制造有限公司
31	图标	电梯	沈阳三洋电梯有限公司
32	萃华	萃华牌首饰	沈阳萃华金银珠宝股份有限公司
33	八王寺	瓶(桶)装饮用水、碳酸饮料	沈阳八王寺饮料有限公司
34	龙士达	钢结构	辽宁龙士达钢结构股份有限公司
35	圣高	强化复合地板	沈阳市金海木业有限责任公司
36	蒲农	大米	沈阳蒲农米业有限公司
37	SANA	饲料	辽宁众友饲料有限公司
38	方驰	动物饲料	沈阳方正农牧业有限公司
39	银环	电线电缆	沈阳沈缆银环企业集团有限公司
40	DUOGUDUO	大米	沈阳金鑫华腾米业有限公司
41	迈德利	大米	沈阳奥多程粮食贸易有限公司
42	沈建	普通塔式起重机	沈阳三洋建筑机械有限公司
43	图标	井用潜水电泵	沈阳潜水泵业有限公司
44	I5	系列智能机床	沈阳机床股份有限公司
45	九豪	塑料管材管件	沈阳九豪管业有限公司
46	沈冶机械	回转窑	中国有色(沈阳)冶金机械有限公司
47	图标	中式固体绝缘开闭站	沈阳昊诚电气有限公司
48	佳玉	大米	沈阳粮油集团有限公司
49	图标	KYN92A 开关柜	沈阳飞驰电气设备有限公司
50	亨通光电	通信用光缆	沈阳亨通光通信有限公司
51	沈大内窥镜	医用内窥镜系列产品	沈阳沈大内窥镜有限公司
52	图标	吉水散热器	沈阳吉水暖气片厂

序号	商　标	产品名称	单　位
53	清华同方	数字液晶电视	沈阳同方多媒体科技有限公司
54	中辰钢构	钢结构房屋	沈阳中辰钢结构工程有限公司
55	利林	全密封变压器	沈阳全密封变压器股份有限公司
56	古玉	香油、芝麻油	沈阳古玉清真食品有限公司
57	沈飞	防静电活动地板	沈阳沈飞民品工业有限公司
58	日月新	服装	沈阳市日月新服饰有限公司

2016年新认定省著名商标企业

辽宁朵朵童世界商业管理有限公司
沈阳市红利来厨房设备制造有限公司
沈阳金夫人婚纱摄影有限公司
沈阳市其乐大帝商贸有限公司
辽宁方林装饰工程有限公司
辽宁奇辉电子系统工程有限公司
沈阳长城陶瓷有限公司
东软集团股份有限公司
沈阳柯伊诺服饰有限公司
沈阳新飞宇橡胶制品有限公司
新民市宝石淀粉食品有限公司
沈阳奥多程粮食贸易有限公司
沈阳金鑫华腾米业有限公司

2016年新认定市著名商标企业(个人)

沈阳恒久华实业有限公司
沈阳铭宇知识产权代理有限公司
沈阳市和平区酷发美发美容工作室
沈阳思航网络工程有限公司
沈阳五环体育产业开发有限责任公司
沈阳宏思航科技有限公司
沈阳金夫人婚纱摄影有限公司
沈阳鸥迪良子足道连锁有限公司
沈阳双益餐饮管理有限公司
沈阳七好国际鞋城股份有限公司
沈阳荼城有限公司
沈阳琦丰汇鑫商贸有限公司
金盛
沈阳商正木业有限公司
沈阳葫露酒业有限公司
沈阳长城陶瓷有限公司
沈阳市东环有色金属制造有限公司
沈阳同德大药房连锁有限公司
沈阳市省体大院食品厂
东软集团股份有限公司
辽宁弘侨生物科技股份有限公司
薄项文(沈阳柯伊诺服饰有限公司)
沈阳市富成蔬菜种植专业合作社
沈阳顺风新材料有限公司
沈阳市佳梦食品有限公司
沈阳市乔亚厨房家具制造有限公司
沈阳市信生牧业有限公司
沈阳天众合金股份有限公司
辽宁格林生物药业集团股份有限公司
沈阳绿珠米业有限公司
沈阳金鑫华腾米业有限公司
沈阳兴农特米业有限公司
沈阳清王酒业有限公司
沈阳市御清泉酒厂
沈阳伍丰畜牧有限公司
沈阳派羽木业制造有限公司
沈阳新宏远陶瓷有限公司
沈阳交联电缆制造有限公司
沈阳顺发肥业有限公司

沈阳市旅游星级饭店一览表

五星级饭店

单位名称	电话	传真	地址	邮编
K7W]沈阳皇朝万豪酒店	23883456	23880677	和平区青年大街388号	110003
沈阳中山皇冠假日酒店	23341999	23341199	和平区南京北街204－208号	110001
沈阳丽都索菲特酒店	23188888	23188000	和平区青年大街386号	110004
沈阳黎明国际酒店	24359999	24359000	大东区长安街10号	110042
沈阳凯宾斯基饭店	22988988	22988101	沈河区青年大街109号	110014
东北大厦	62508888	62508882	沈河区哈尔滨路99号	110013
北约客维景国际大酒店	89305555	89305678	和平区同泽街35号	110001

四星级饭店

单位名称	电话	传真	地址	邮编
沈阳凯莱大酒店	22528855	22521112	沈河区北站迎宾街32号	110013
沈阳盛贸饭店	23412288	23411988	和平区中华路68号	110001
沈阳格林大饭店	22576688	22522288	沈河区北站路72号	110013
沈阳金都饭店	23510888	23510580	和平区太原南街189号	110001
沈阳高登大酒店	22818888	22818866	沈河区青年大街52号	110014
沈阳假日酒店	23341888	23341188	和平区南京北街204号	110001
沈阳时代广场酒店	22532828	22531950	沈河区北站路99号	110013
沈阳世星国际饭店	62135555	62135888	铁西区启工街8号	110026
沈阳七宝山饭店	62266789	62538866	和平区十一纬路79－81号	110003
辽宁凤凰饭店	86105858	86105340	皇姑区黄河南大街109号	110031
辽宁大厦	86081166	86809355	皇姑区黄河南大街105号	110031
辽宁政协会馆	86293888	86293555	皇姑区崇山东路73号	110032
沈阳玫瑰大酒店	24898188	24898060	沈河区中街路201号	110011
沈阳金厦酒店	82978888	82978053	沈河区大西路289号	110014
辽宁天都饭店	23296666	23296166	和平区南五马路238号	110006

单位名称	电话	传真	地址	邮编
辽宁瑞心国际城市酒店	88598588	88598599	沈河区敬宾街 3－3 号	110013
沈阳市华人大酒店	23900000	23910099	和平区青年大街 314 号	110003
辽宁荣富饭店	25117777	25111177	铁西区北二东路 17 号	110025
沈阳沈飞宾馆	86598999	86598881	皇姑区陵北街 1 号	110034
沈阳天伦瑞格酒店	24876666	24876999	沈河区朝阳街 23 号	110011
沈阳迎宾馆	22805588	22805603	沈河区北三经街 9 号	110013
沈阳悦客来柏晶酒店	31515888	31515688	皇姑区华山路 93 号	110031
沈阳南阳华人国际酒店	23922222	23811188	和平区和平北大街 176 号	110003
沈阳天丰国际酒店	86678888	25610799	铁西区兴华南街 31 号	110023

三星级饭店

单位名称	电话	传真	地址	邮编
辽宁宾馆	23839166	23839103	和平区中山路 97 号	110001
沈阳鸿翔宾馆	24018888	24018855	沈河区万柳塘路 53 号	110015
辽宁省华峰宾馆	31519696	31519322	皇姑区崇山东路 32 号	110032
沈阳亚泰大酒店	24897777	24897878	沈河区沈阳路 265 号	110011
沈阳空港来登饭店	89398866	89397988	浑南区沈阳桃仙国际机场	110169
沈阳鸿宇山庄	88055051	88055065	棋盘山风景区	110013
沈阳市紫薇仙庄	89591100	89591122	苏家屯区佟沟乡	110003
沈阳金海岸大酒店	5300688	25305688	于洪区黄海路 35 号	110141
沈阳华苑大酒店	89135632	89135647	苏家屯区海棠街 39 号	110101
辽宁工会大厦	62235999	62234828	皇姑区崇山东路 40 号	110032
辽宁东盛大厦	62236666	62236565	沈河区北京街 9 号	110013
沈阳瑞心东方酒店	22583333	22583777	沈河区北站路 112 号	110013
沈阳民航宾馆	88291888	88291333	大东区小河沿路 3 号	110043
沈阳邮政大厦	22593333	22593077	沈河区北站路 78 号	110013
辽宁省人民大厦	86681666	86223148	皇姑区崇山东路 41 号	110032
辽宁金三角饭店	23292288	23292002	和平区中华路 43 号	110001

单位名称	电话	传真	地址	邮编
辽宁瑞心快捷北站酒店	62231888	62232888	沈河区北站路102号	110013
沈阳文华酒店	87888886	87898889	辽中县东环街59号	110200
沈阳金辉大厦	62256666	62256666	和平区南八马路27号	110005
辽宁省老道口大厦	62100399	23404508	和平区胜利北街1号	110001
沈阳正兴宾馆	22829988	22710513	沈河区一经街二纬路23号	110013
辽宁金剑宾馆	86686666	86686910	皇姑区崇山东路8号	110032
沈后金辉宾馆	25688688	25688666	铁西区沈辽东路34号	110021
沈阳金山宾馆	31313333	31313399	和平区昆山北街62号	110001
辽宁瑞心商旅东旭酒店	23299188	23299088	和平区南京南街40号	110001
沈阳金杯汽车大厦	23868888	23879582	和平区中华路57号	110001
沈阳金星宾馆	62101111	62101187	和平区太原北街9号	110001
沈阳金城宾馆	23168888	23168777	和平区太原北街1号	110001
沈阳金利宾馆	23911171	23051690	沈河区文化路83号	110016
辽宁金科大厦	23898880	23907788	和平区文化路19号	110004
辽宁大剧院宾馆	22735688	22743953	沈河区市府大路363号	110013
辽宁国大酒店	86399000	86398898	皇姑区昆山东路28号	110032
新民市迎宾馆	87856427	87859928	新民市辽河大街135号	110300
沈阳科隆酒店	24896666	24896699	沈河区朝阳街238号	110011
沈阳兰亭宾馆	86395888	86395858	皇姑区北陵大街37号	110032
沈阳北辰大酒店	88522425	88556428	沈河区惠工街169号	110013
辽宁省柳湖宾馆	31015566	86895756	皇姑区崇山东路30号	110032
沈阳毓英楼宾馆龙	31297888	31297888	沈河区六纬路23号	110014
辽宁东湖度假村	88050209	88057788	棋盘山风景区秀湖南岸	110163
辽宁杏林苑宾馆	88051238	88051258	棋盘山风景区满堂乡观音阁村	110163
沈阳中城商务酒店	31809777	31809808	铁西区景星南街38号	110021
沈阳军交大厦	22582666	22582699	沈河区北站路110号	110013
辽宁阳光宾馆	86198888	86198103	于洪区长江北街56号	110036
新民市丽景宾馆	0427－7560666	0427－7560744	新民市兴隆堡沈阳采油厂	110316

单位名称	电话	传真	地址	邮编
神鹏国际商务酒店	27037777	27125072	法库县南大街	110418
辽宁省玉龙山庄	88058008	88058018	棋盘山国际旅游开发区	110164
沈阳军区金泉宾馆	28889666	25653097	铁西区云峰街 45 号	110021
沈阳市康平宾馆	87325656	87325858	康平县康平镇建设街	110500
沈阳地中海印象酒店	89799555	89764567	沈北新区马刚乡洋什水库	110121
沈阳圣有声大酒店	23300570	23328000	和平区砂山南路 5 号 5 甲	110005

二星级饭店

单位名称	电话	传真	地址	邮编
沈阳宾馆	86688888	86688007	皇姑区泰山路 2 号	110033
沈阳石化大厦	86298000	86241748	皇姑区长江街 17 号	110031
沈阳市国兴大酒店	25305858	25308488	于洪区黄海路 46 号	110141
沈阳市老天合宾馆二部	84183000	24807138	沈河区热闹路 62 号	110011
沈阳市老天合宾馆	24807158	24807138	沈河区热闹路 60 号	110011
沈阳天源宾馆	88559988 –6666	88530899	沈河区惠工街 235 号	110013
沈阳怪坡金源宾馆	89758158	89758277	新城子区怪坡风景区	110121
沈阳铁建宾馆	88530560	88556839	沈河区敬宾街 3–1 号	110013
沈阳市政府招待所	24849575	24844201	沈河区正阳街 212 号	110011
沈阳金碧大厦	25361188	25819406	于洪区沈新路 188 号	110141
沈阳翔云楼宾馆	28863335	86860145	皇姑区北陵大街 9 号	110032

一星级饭店

单位名称	电话	传真	地址	邮编
沈阳翰皇国际商务酒店	88596000	88596166	大东区北顺城路 188 号	110041
沈阳泉银宾馆	24839800	24314148	大东区小河沿路 68 号	110042
法库宾馆	87103555	87103555	法库镇兴法路吉祥街	110400
辽宁红霞宾馆	23231099	23225503	和平区光荣街 26 号甲	110003

沈阳市公共交通线路一览表

线路	起始站点	途 经 站 点
环路	沈阳站南——沈阳站北	沈阳站南（南一马路）、市文化宫、体育广场南、和平广场、南五马路中兴街、南五马路振兴街、南湖公园、盛京医院南湖院区、展览馆、陆军总院、南塔、省医院东门、大南边门、第二十七中学、大南街热闹路、大南门、故宫东华门、商业城（钟楼）、北中街皇城恒隆广场、中街鼓楼、小西门、市红十字会医院、中山路杏林街、辽宁日报社、中山路和平大街、中山广场东、中山路太原街、沈阳站北
100路	全运五路公交枢纽——21世纪广场	全运五路公交枢纽、智慧四街全运三路、智慧四街全运二路、智慧四街全运路、智慧四街高深路、北环路白塔河二路、北环路智慧三街、智慧三街双深路、卓越平方、双E港小区、新隆街高科路、21世纪广场
100路支线	沈阳南站——全运五路公交枢纽	沈阳南站、新运河路沈营路、新运河路白塔二街、白塔三街新运河路、莫子山路白塔四街、智慧大街全运五路、省档案馆、省科技馆、智慧四街全运三路、全运五路公交枢纽
101	弓匠小区——工业大学中央校区东门	弓匠小区、北方交通重工集团、沈鼓集团、中央大街地铁站、优诗美地、中央湖畔、中央大街沈辽路、工业大学中央校区东门
102	和泰馨城——沈阳站西广场	和泰馨城、洪汇路东平湖街、东平湖街沈大路、北李官、沈大路巢湖街、沈大路太湖街、沈大路洪湖二街、于洪新村、铁西森林公园、康利汽车公司、肇工街建设大路、南六路启西巷、南六路马壮街、南六路卫工街、南六路保工街、南六路兴顺街、景星街南六路、景星街北四路、小北三路景星街、小北三路兴华街、小北三路云峰街、小北三路兴工街、沈阳站西广场
103	长客西站——五爱市场	长客西站公交枢纽站、长客西站、仙女湖公园北、西部货运中心北、沈辽路齐贤街、沈辽路艳粉街、兴华街沈辽路、兴华街南十路、兴华公园东、铁西百货、铁西广场、建设大路云峰街东、建设大路兴工街、胜利大街南五马路、沈阳站南、中华路太原街、中华路南京街、马路湾、十三纬路光荣街、十三纬路四经街、十三纬路三经街、大西菜行、顺通食街、第七中学、五爱西区北、五爱市场
104	恒大绿洲西——兴隆大都汇	恒大绿洲西、汪河路南阳湖街、碧桂园银河城、汪河路大通湖街、大通湖街细河南路、大通湖街细河路、惠泽园东、仙女河路大通湖街、仙女河路吉力湖街南、吉力湖街仙女河北路、冶金机械公司、沈辽路赞工街、卫工街沈辽路、劳动公园东、劳动公园北、卫工街南九路、南八路卫工街、南七路马壮街、卫工街建设大路、兴隆大都汇
105	嘉华新城——沈阳北站	嘉华新城、嘉华学校、汇泉路文源街、文澜苑、坤泰新界、富民街浑南五东路、富民桥南、富民街银河丽湾、富民街文萃路、富民街文化东路、文化东路富民街、泉园街泉园三路、泉园街泉园二路、东陵区医院、长青街泉园一路、万泉实业公司、东方宾馆、翠园小区、热闹路东滨河路、大南门东、小河沿、大东门、东中街、小津桥、横街、天后宫路小北街、房产市场、惠工广场东、沈阳北站
106	中海城北——沈阳北站北广场	中海城北、赤山路西江街、八家子小区、绿地老街坊、武警总队、万科魅力之城北门、万科魅力之城、恒盛广场、亚都名苑、教师新村、陵西二小区、第四十中学、北方医院、第九印刷厂、沙河子小区、长江街泰山路、泰山路黄河大街、省实验中学、辽宁中医、北陵电影院、龙江广场、沈阳北站北广场
107	东方御景——龙之梦亚太城	东方御景、美林逸墅、三江紫香园、东陵路农科院、省农业技术学校、沈抚立交桥东、东北汽贸、一汽福达、良城美景、辽宁奥通、新东安居小区、新光红樱小区、和睦路新东二街、三家子、善邻路东塔街、善邻路黎明三街、善邻路地坛街、龙之梦衡园、龙之梦丽晶大酒店、龙之梦海洋馆、龙之梦小商品大世界、龙之梦亚太城
108	全运五路公交枢纽——泉园小区	全运五路公交枢纽、智慧四街全运三路、绿城全运村、桃仙街全运三路、桃仙街全运路、宏运路沈本大街、国际软件园、沈本大街白塔河二路、沈本大街双深路、沈本大街白塔河路、新松机器人、市气象局、亿丰时代广场、奥体中心南门、省浑南训练基地、富民街浑南五东路、富民桥南、银河丽湾、富民街文萃路、富民街文化东路、和美妇产医院、东陵区医院、泉园小区

线路	起始站点	途 经 站 点
109	彩霞街临波路——大西电子市场西	彩霞街临波路、临波路夹河街、伊丽雅特湾、泛华广场、浑河堡、浦江苑、新华社、五里河公园西、夏宫、五里河茂业中心、文化路立交桥南、展览馆、盛京医院南湖院区、鲁迅美术学院、领事馆、第七医院、十一纬路二经街、大西边门、房地产大厦、大西电子市场西
109 支线	浑河站——奥体中心枢纽站	浑河站、浑河站邮局、三山集团、长白中路胜利大街、长白二街夹河路、长白二街仙岛南路、万科鹿特丹、长白南路长白二街、长白南路长白三街、长白南路南京街、富海澜湾半岛、东北气象中心、名流幸福小区、铸造厂、后榆村、临波路夹河街、临波路彩霞街、浑河堡、浦江苑、奥体中心公交枢纽站
111	东北制药——昆山路松花江街	东北制药、昆明湖街林海路、张士果品市场、沈新路巢湖街、沈新路开发大路、沈新路洪湖二街、洪湖小区、长客西站、仙女湖公园北、西部货运中心北、沈辽路齐贤街、沈辽路艳粉街、沈辽路兴华街、沈辽路云峰街、云峰街南九路、云峰街南七路、云峰街建设大路、云峰街北四路、云峰街北三路、云峰街北二路、虹桥路爱工街、兴工街千姿汇、兴工街北一路、珠江街天山路、珠江街华山路、昆山路珠江街、碧塘公园南、第四医院南、昆山路嫩江街、沈阳有线电视台、沈阳北站北、昆山路松花江街
112	新泰街新立堡路——皇姑屯火车站	新泰街新立堡路、新泰街东新路、保利花园、第149中学、新宁街东平路、新立堡、东北汽贸、一汽福达、良城美景、辽宁奥通、二〇一、民贵家园、东贸库、黎明金叶家园、沈海热电厂、珠林桥东、莱茵河畔、市骨科医院、辽沈二街东北大马路、文华园、洮昌小区、沈阳大学南门、小北边门、省高级法院、敬宾街、沈阳北站北、沈阳有线电视台、昆山路嫩江街、第四医院南、碧塘公园南、昆山路珠江街、昆山路荆江街、怒江街华山路、皇姑屯火车站
113	观音村——泉园广场	观音村、观音、观音路、德孚润滑油、空训基地、鸭绿江北街天仙路、北陵开发区、新锐防爆电器、上岗子、城建北尚、富丽阳光、中驰汽贸、剑苑小区、梨园剧场、崇山路鸭绿江东街、恒驰物流、沈阳大学西门、望花街临河路、小北关街二〇二巷、小北边门、沈阳大学南门、八王寺、八王寺街天后宫路、横街、小津桥、东中街、大东门、小河沿、大南门、大南街热闹路、第二十七中学、大南边门、省医院东门、南塔鞋城、文化东路天坛南街、出租汽车公司南、和美妇产医院、泉园广场
114	保利心语花园——沈阳北站站前	保利心语花园、铁西区体育中心、北四路重工街、美好愿景、北四路肇工街、北四路启工街、北四路卫工街、市交通技术学校、新北方装饰建材城、陶林居、北四路贵和街、兴华街北四路、铁西区政府、北三路云峰街、北三路兴工街、沈阳站西广场、沈阳站北、中山路太原街、中山广场东、中山路和平大街、辽宁日报社、八一公园东、市人大、青年北大街、沈阳北站站前
115	望花工业园——新华路	望花工业园、侯家岗子、三五四七装具厂、望花新村、上海通用北盛汽车、海鲜市场、北大营街南卡门路、合作街上园路、华美英语学校(老瓜堡)、合作街北海街、洮昌小区、沈阳大学南门、小北边门、省高级法院、虎跃快客、青年北大街、市人大、市府大路三经街、八一公园西、和平大街北七马路、中山路和平大街、中山广场东、医大一院、南京街北二马路、中山公园西、体育广场、铁路中学、新华广场西、和平区法院、新华路
116	恒大城——龙之梦亚太城	恒大城、桃源欣城、万科魅力之城、恒盛广场、亚都名苑、教师公寓、教师新村、红田地产、格林阳光、格林梦夏、怒江北街新开河、市委党校、百鸟公园、辽宁大学、宁山路北行、宁山路黄河大街、地质局、北陵电影院、龙江广场、沈阳北站北、敬宾街、省高级法院、市物价局、天后宫、小北街天后宫路、小北门、大北门、小津桥、津桥路小什字街、市群众艺术馆、龙之梦会展中心、龙之梦亚太数码、龙之梦亚太城
116 支线	千山西路(八家子)——三台子地铁站	千山西路八家子、华邑世纪城、千山西路怒江北街、千山西路规划街、千山西路长江北街、千山西路川江街、千山西路黄河大街、黄河大街松山路、三台子地铁站
117	腾飞二街飞翔路——小北边门	腾飞二街飞翔路、盛京医院滑翔院区、滑翔路腾飞一街、生日城、滑翔公园东、天华医药、诗波特小区、沈辽路兴工街、东北汽配商贸中心、南八马路太原街、南八马路海口街、沈阳急救中心、南湖公园西门、方型广场南、南湖公园、盛京医院南湖院区、展览馆、陆军总院、地王国际花园、风雨坛街西滨河路、五爱市场西区、五爱市场、热闹路大南街、大南门、故宫东华门、商业城(钟楼)、大北门、八王寺街天后宫路、八王寺、小北边门

线路	起始站点	途　经　站　点
118	沈阳出口加工区——北中街	沈阳出口加工区、沈阳建筑大学、音乐学院南校区、沈音南校区、在水一方社区、和泰东方园、万科花园新城、金杯汽车制造有限公司、东陵加工区、六〇六所、江东街小河沿路、小河沿路滂江街、万泉公园东门、四六三医院、魁星楼路大什字街、大南门东、大南门、故宫东华门、商业城(钟楼)、北中街
118 支线	古城子——沃尔玛超市	古城子、古城子市场、牛相、麦子屯、中科院计算所(高精数控)、水家北、沈阳出口加工区西区、东亚国际城、浑南东路文华街、沈阳建筑大学、音乐学院南校区、文汇街南堤路、南堤路文汇街、和泰东方园、万科花园新城、沃尔玛超市
121	康城春天里——陵园街银山路	康城春天里、道义五街正良五路、正良五路道义四街、道义三街、蒲昌路道义二街、正良、唐轩公馆、沈阳师范大学北门、沈北巴士、郭七路口、蒲昌路盛京大街、五洲龙汽车公司、沈阳师范大学东门、梅江街文大路、万方小学、梅江市场、北三台子、第十中学、三台子一校、陵北街辉山路、陵北街三台子、沈飞四中、沈飞集团、航空博览园、客运出租公司、金山路陵北街、陵园街金山路、陵园街银山路
123	腾飞一街揽军路——五十中学	腾飞一街揽军路、腾飞一街南滑翔路、盛京医院滑翔院区、腾飞一街滑翔路、腾飞一街飞翔路、第十五中学、云峰街沈辽路、云峰街南七路、云峰街建设大路、建设大路兴工街、胜利大街南五马路、沈阳站南、沈阳站北、中山路太原街、中山广场东、中山路和平大街、和平大街北七马路、八一公园西、北市场东、阜新二街总站路、市行政执法局、北站路青年北大街、市建委、敬宾街、市消防局、小北关街二〇二巷、望花街临河路、沈阳大学西门、恒驰物流、五十中学
124	长青街南三环——中兴街砂阳路	长青街南三环、沈阳理工大学、浑南实验学校、浑南中路朗明街、陆军总院浑南分院、朗日街银卡东路、朗月街银卡东路、朗月街浑南中路、沈阳乐府艺术学校、河畔新城、艺术家园、新华公寓、科普公园东、五爱街文萃路、陆军总院、展览馆、盛京医院南湖院区、南湖公园、方型广场南、南湖公园西门、中兴街砂阳路
125	朝鲜一中——南通天街	朝鲜一中、昆山路向工街、昆山路前塔湾、中海寰宇天下塔湾西、塔湾邮局、太平庄、崇山路淮河街、海华新居、延河街昆山路、小白楼、华山路怒江街、皇姑公安分局、华山路珠江街、华山路长江街、皇寺广场、北市场西、沈医二院、南京街北六马路、中山广场东、中山路和平大街、辽宁日报社、中山路杏林街、市红十字会医院、奉天街药王庙路、房地产大厦、奉天街北热闹路、五爱西区北、五爱市场、南通天街
126	奥体中心枢纽站——上园路望花南街	奥体中心枢纽站、泛华广场、浑河堡、浦江苑、新华社、五里河公园西、夏宫、五里河茂业中心、文萃路青年大街、五爱街文萃路、陆军总院东门、地王国际花园、风雨坛街西滨河路、奉天街五爱市场西区、奉天街北热闹路、房地产大厦、万寿寺街大西路、万寿寺街小西路、市信访大厅、令闻街教场路、令闻街天后宫、令闻街房产市场、市物价局、小北边门、沈阳大学南门、洮昌小区、联合路辽沈二街、北方客运公司、上园小区东、上园小区、上园路合作街、上园路望花南街
127	青山路怒江西街——龙之梦亚太城	青山路怒江西街、依云北郡A区、依云北郡、教师新村、陵西二小区、白山路川江街、北陵公园北、客运出租公司、金山小区、北陵东门、金山钢材市场、富丽阳光南区、银山路鸭绿巷、鸭绿江东街银山路、金辉天鹅湾、鸭绿江东街锡山路、崇山路鸭绿江东街、恒驰物流北门、市胸科医院、北海街联合路、市骨科医院、北海街工农路、莱茵河畔、龙之梦红星美凯龙、龙之梦大酒店、龙之梦小商品大世界、龙之梦亚太城
128	全运五路公交枢纽——沈阳站西广场	全运五路公交枢纽、智慧四街全运三路、省博物馆、省图书馆、全运三路智慧大街、全运三路白塔二街、白塔一街全运路、全运路沈营路、红椿路高铁二街、红椿路铁路桥、红椿路南京街、红椿路胜利大街(暂不停靠)、九州湾景汇(暂不停靠)、新加坡城、万科城、胜利大街砂南路、胜利大街南九马路、沈辽路兴工街、兴工街建设大路、沈阳站西广场
129	金奥新城——药王庙路	金奥新城、仙女河北路金龙湖街、仙女河路金龙湖街、仙女河路大通湖街、仙女河路吉力湖街南、仙女河路吉力湖街北、路官二街、西部货运中心东、路官一街沈辽路、路官一街红粉路、今日阳光家园、艳粉新村、红粉路艳璐街、家乐福金牛店、兴华街沈辽路、兴华街南十路、兴华公园东、铁西百货、铁西广场、北四路兴华街、北四路云峰街、兴工街北四路、兴工街北三路(沈阳站西)、兴工街北二路、沈阳站北、中山路太原街、中山广场东、中山路和平大街、辽宁日报社、中山路杏林街、市红十字会医院、药王庙路

线路	起始站点	途经站点
130	金山小区——全运五路公交枢纽	金山小区、北陵东门、北陵公园、辽宁中医、市残联、青年北大街、市政府、市委、青年公园西、华润中心、五里河茂业中心、浑河堡、彩霞街沈营路、21世纪广场、沈中大街白塔河路、沈中大街双深路、沈中大街白塔河二路、沈中大街全运路、沈中大街全运三路、全运五路公交枢纽
131	七三九医院——大东门	七三九医院(沈阳医学院)、沈阳十中、百花小区、陵北街辉山路、陵北街三台子、沈飞四中、沈飞集团、航空博览园、客运出租公司、金山小区、北陵东门、武功山小区、省游泳馆、省教育厅、北塔、崇山路鸭绿江东街、恒驰物流、沈阳大学西门、望花街临河路、小北关街二〇二巷、市物价局、天后宫、小北街天后宫路、小北门、大北门、小津桥、东中街、大东门
132	沈阳工贸学校——科普公园东	沈阳工贸学校、大东科技园、沈阳东站北、东北大马路明堂街、东北大马路新生二街、市骨科医院、辽沈二街如意三路、辽沈二街工农路、北边城路草仓路、东边城街珠林路、市群众艺术馆、津桥路小什字街、小津桥、大北门、小北门皇城恒隆广场、中街、故宫西华门、市环保局、五爱市场、五爱市场西区、风雨坛街西滨河路、地王国际花园、陆军总院东门、五爱街文萃路、科普公园东
133	保利花园——东滨河路小南街	保利花园、新宁街东平路、新立堡、东北汽贸、一汽福达、良城美景、辽宁奥通、二〇一、民贵家园、东贸库、黎明金叶家园、沈海热电厂、珠林桥东、天江老龙口、市群众艺术馆、津桥路小什字街、小津桥、东中街、大东门、大南门东、大南门西、市环保局、五爱服装城、成城花园、小南街文艺路、省金秋医院、东滨河路小南街
134	路官一街——龙之梦亚太城	路官一街、路官一街沈辽路、保工街南十四路、保工街南十二路、保工街南十路、南九路兴顺街、九路市场、兴华公园东、铁西百货、铁西广场、建设大路云峰街东、建设大路兴工街、南五马路胜利大街、南五马路民族街、铁路中学、和平广场、南五马路中兴街、南五马路振兴街、方型广场北、鲁迅儿童公园、万科春河里、华润中心北、青年公园南、风雨坛街西滨河路、五爱市场西区、风雨坛街热闹路、南顺城路风雨坛街、市环保局、大南门西、小河沿、大东门、大东车库、大东路小什字街、东边城街大东路、东边城街津桥路、龙之梦亚太城
135	沈阳机床城——南塔客运站	沈阳机床城、沈胡路东平湖街、和泰馨城、东平湖街沈大路、北李官、沈大路巢湖街、沈大路太湖街、沈大路洪湖街、于洪新村、铁西森林公园、康利汽车公司、建设大路肇工街、建设大路启工街、建设大路卫工街、建设大路保工街、建设大路兴顺街、铁西广场、建设大路云峰街西、建设大路兴工街、南五马路胜利大街、南五马路民族街、铁路中学、和平广场、南五马路中兴街、南五马路振兴街、南湖公园、盛京医院南湖院区、展览馆、陆军总院、南塔、南塔鞋城、南塔客运站
136	英守村——沈阳北站站前	英守村(丁香湖公园)、白山路丁香湖路、白山路元江街、华润橡树湾、保利上林湾南门、靓马新村、巴黎香榭、西江街白山路、万科四季花城、香炉山路西江街、香炉山路怒江北街、龙逸花园、北方医院、香炉山路黄河大街、新乐宿舍、新乐遗址、凤凰饭店、辽宁大厦、北陵公园、辽宁中医、儿童医院、松花江街崇山路、宁山路小学、省消防总队、市建委、沈阳北站站前
138	沈阳医学院——马路湾	沈阳医学院、何氏眼科医院、丽晶公馆、国奥现代城、赤山路黄河大街、赤山路川江街、松山小区、长江街北岡山路、五彩新村、陵西二小区、第四十中学、北方医院、香炉山路黄河大街、新乐宿舍、新乐遗址、辽宁大厦、省实验中学、黄河大街宁山路、黄河大街巴山路、第四医院、皇寺广场、市检察院、八一公园西、和平大街北七马路、水务集团、和平大街八纬路、和平大街十纬路、马路湾
139	东北大学浑南校区——东北大学南湖校区	东北大学浑南校区、沈营路创新二路、火石桥、新运河路沈营路、沈阳南站、沈阳南站西、名仕雅居、金钱松路南京南街、南京南街银杏路、恒大名都、沈阳卷烟厂、王士村、沙岗子、长白港湾站、长白北路长白四街、三好桥北、市交通局西门、东北大学南湖校区
140	新湖小区——上木厂	新湖小区、和平家园、虹桥路爱工街、兴工街千姿汇、兴工街北一路、西塔东、市检察院、北市场、市府大路三经街、市中级法院、清真寺、太清宫东、小北门皇城恒隆广场、中街、故宫西华门、市环保局、大南门东、小河沿、大东门、大东车库、大东路小什字街、大东边门、长安路滂江街、长安小区、二四五医院、东塔机场、东塔、八里堡、方凌路凌云街、方凌路10号、上木厂

线路	起始站点	途经站点
141	辽宁大学北校区——兴华公园北	辽宁大学北校区、沈阳航空航天大学、正良(唐轩公馆)、唐轩公馆(正良二路)、沈阳师范大学、四台子、黄河大街万山路、沈阳医学院、何氏眼科医院、国奥现代城、赤山路黄河大街、赤山路川江街、松山小区、长江街北固山路、五彩新村、陵西二小区、教师公寓、教师新村、红田地产、格林阳光、格林梦夏、怒江北街新开河、市委党校、怒江广场、昆山路怒江街、小白楼、第二十一中学、淮河街天山路、重型文化广场、兴华街小北一路、兴华街北二路南、铁西区政府、兴华街北四路、铁西广场、铁西百货、兴华公园北
142	新兴屯(苏家屯东西环路)	新兴屯、新兴绿色家园、大淑市场、锦绣家园、富民小区、种子公司(林校)、香柏路、苏家屯消防中队、雪松开发区管委会、血栓医院、公园商场、金色月光、朝鲜小学、铁路医院、苏家屯区教委、劳动公园、科圣花园、铁路俱乐部、沈阳南站、老圈楼(文化馆)、商业大厦、青年桥、广特超市、维康药房、丁香小区、苏家屯工商局、种子公司(林校)、富民小区、锦绣家园、大淑市场、新兴绿色家园、新兴屯
143	花苑新村(苏家屯南北环路)	花苑新村、圣为供热分公司、苏家屯客运站、苏家屯妇婴医院(民主市场)、598部队、老圈楼(文化馆)、沈阳南站、铁中铁小、苏白路、六库(人民路)、高楼子、湖畔绿洲、窑地、敬老院、金宝台道口、金宝花园、彩虹桥、路灯管理所、巡警大队、桂花市场、血栓医院、公园商场、轻工市场东门、青年桥、广特超市、维康药房、176中学、工人村市场、花苑新村
144	金宝台二手车交易市场(环)	金宝台二手车市场、金宝台村、金宝花园、青松中学、安居园、电业小区、朝鲜二中、苏家屯区政府、苏家屯中心医院、华苑商场、老圈楼、苏家屯火车站、香杨路牡丹街、富城一期、富城二期、新生活实业、三角地、文成堡、苏家屯河道管理所、海棠花园、河畔一期南门、沙柳路小学、河畔三期南门、碧桂园凤凰城、河畔三期北门、河畔一期北门、大润发苏家屯店、枫杨路青年桥、苏家屯水利局、苏家屯工商局、苏家屯消防中队、丁香苑、新时代石材城、长城金色佳园、鹏达电器、金宝台村、金宝台二手车市场
145	满融村——雪松开发区	满融村、满融东、吉水暖气公司、苏家屯交警大队、湖畔绿洲、第175中学、正大香格城南门、苏白路市场、中顺汽车、苏家屯区政府、铁路医院、朝鲜小学、金色月光、公园商场、青年桥、枫杨路丽花街、商业大厦、苏家屯妇婴医院、香杨路海棠街、大润发超市、河畔花城北门、荣成世纪嘉园、维康药房、轻工市场西门、血栓医院、桂花市场、丁香苑、雪松开发区
146	绿色家园——奥体中心枢纽站	绿色家园、华瑞家园、营城子、后桑林子、璟悦香湾、上深沟建材市场、金水湾家园、博荣水立方(大甸子)、教场、泰莱十六区、文澜苑、坤泰新界、省浑南训练基地、奥体中心南门、女人街、奥体中心枢纽站
147	工业博物馆——莲花街万柳塘路	工业博物馆、粮食市场、北一路保工街东、沈阳国际纺织服装城、小北一路齐贤街、小北一路景星街、小北一路兴华街、和平家园、虹桥路爱工街、霁虹、富云花都、克俭小区、珠江桥东、珠江街步云山路、珠江街华山路、昆山路珠江街、碧塘公园南、第四医院南、嫩江街昆山路、肇东街大庆路、北站路青年北大街、家乐福北站店、省高级法院、小北边门、沈阳大学南门、八王寺、八王寺街天后宫路、横街、草仓路大什字街、大悦城东、大东路小什字街、大东边门、华润万家滂江店、滂江市场、莲花街万柳塘路
148	东陵公园——沈阳北站	东陵公园、东陵路前陵堡、东陵路东三环、沈阳农业大学、农科院、省农业技术学校、沈抚立交桥东、东北汽贸、水晶城街一汽福达、水晶城街八家子、水晶城、东贸路水暖城、观泉路铁道口、国瑞商城、东毛君屯、世捷教育、铁路物资公司、工农路东建街、沈阳东站、工农路东辽街、第141中学、工农路北海街、市骨科医院、大东工人俱乐部、辽沈二街东北大马路、文华园、洮昌小区、沈阳大学南门、小北边门、省高级法院、家乐福北站店、惠宾街沈阳北站
149	陶林居——三菱发动机厂北门	陶林居、建设大路兴顺街、铁西广场、建设大路云峰街东、建设大路兴工街、南五马路胜利大街、太原街南五马路、太原街南八马路、太原街南十马路、胜利大街南十一马路、胜利大街砂川街、胜利大街砂阳路、胜利大街玉屏路、胜利桥北、万科城、格林生活坊、长白港湾站、下夹河、中海国际社区、沙岗子、上夹河、金家湾东、前榆树台、三菱发动机厂北门
150	三菱发动机厂北门——大悦城	三菱发动机厂北门、三菱发动机厂、新秀街沈营路、东大软件园、变压器研究所、东海电子、海外学子园、亚泰花园、东陵区(浑南新区)政府、报业印务中心、21世纪广场、辽宁移动通信、彩霞街公铁桥、彩霞街沈营路、泛华广场、浑河堡、浦江苑、奥体中心地铁站、新华公寓、艺术家园、富民街银河丽湾、富民街文萃路、富民街文化东路、和美妇产医院、泉园广场、血磁医院、万柳塘公园、大南边门、第二十七中学、大南街热闹路、大南门东、小河沿、大东门、大什字街大东路、大悦城

线路	起始站点	途经站点
151	二台子街观泉路——第七医院南	二台子街观泉路、观泉路望花新村、观泉路二台子街、观泉路沈铁路、沈阳宝钢、观泉路五金建材市场、钢花小区、联合路东建街、金地铂悦、康福食品、新颖宾馆、联合路东辽街、联合路北海街、文华园、辽沈二街东北大马路、辽沈二街如意三路、辽沈二街工农路、北边城路草仓路、东边城街珠林路、市群众艺术馆、大悦城东、天龙家园、大东路小什字街、大东门、小河沿、大南门西、市环保局、风雨坛街沈州路、风雨坛街热闹路、五爱西区北、第七中学、顺通食街、大西莱行、十三纬路三经街、第七医院南
152	沈阳理工大学——沈阳站	沈阳理工大学、巨子模具城、嘉华新城、嘉华学校、汇泉路文源街、文澜苑、汇泉路5号、市气象局、亿丰时代广场、女人街、五里河公园西、夏宫、五里河茂业中心、文化路立交桥南、展览馆、盛京医院南湖院区、南湖公园、南五马路振兴街、省委、市体育局、体育广场、中山公园西、市文化宫、沈阳站
152 支线	沈阳站——沈阳北站	沈阳站、沈阳站北、太原街中山路、西塔、北市场西、皇寺广场、哈尔滨路肇东街、青年北大街、沈阳北站
152 专线	沈阳理工大学——王宝石寨村	沈阳理工大学、张沙布、王宝石寨村
153	胡台新城——和泰馨城	胡台新城、繁荣三路、后胡台、宋岗、前七线、昂邦牛、集贤、诺木珲、沙坨、新蔡线、繁荣、爱国、西爱线、兴盛、后民屯、东民、沈胡路东平湖街、和泰馨城
154	东大软件园——大润发和平店	东大软件园、变压器研究所、亿达唯美品格、东海电子、海外学子园、亚泰花园、东陵区(浑南新区)政府、报业印务中心、21世纪广场、彩霞街公铁桥、沈营路华园东路、融城时代、首创国际城、嘉禾源农贸市场、伊丽雅特湾、铸造厂、上夹河、沙岗子、中海国际社区、长白港湾站、南京街长白北路、工农桥南、盛发花园、省体院、市第六医院、和平大街南七马路、和平广场、体育广场、市文化宫、大润发和平店
155	汪家——奥体中心枢纽站	汪家、汪家新村、前汪家、东李公路沈抚大道、沈抚立交、石庙子、石庙子东街、刘付屯、东岗子、李巴彦、恒大江湾(万家)、杨官屯、沈阳出口加工区、水家屯、东亚国际城、浑南东路文华街、沈阳建筑大学、音乐学院南校区、文汇街南堤路、南堤路长青街、长青桥南、万科金域蓝湾、南堤路朗月街、朗云街南堤路、河畔新城、艺术家园、新华公寓、奥体中心枢纽站
155 路地铁专线	沈阳建筑大学——奥体中心枢纽站	沈阳建筑大学、音乐学院南校区、文汇街南堤路、南堤路长青街、长青桥南、南堤路朗日街、南堤路朗月街、朗云街南堤路、河畔新城、艺术家园、新华公寓、奥体中心枢纽站
157	道义大街道义——五爱市场西区	道义大街道义、龙腾碧玉湾、瀚博皇家御湾、太湖国际花园、瀚博皇家御院、辽宁大学北校区、沈阳航空航天大学、唐轩公馆、沈阳师范大学、四台子、黄河大街万山路、沈阳医学院、七三九医院、何氏眼科医院、黄河大街百花山路、松陵文化宫、莲花山路三台子、沈飞集团、航空博览园、客运出租公司、金山小区、北陵东门、武功山小区、省游泳馆、松花江街崇山路、宁山路小学、省消防总队、敬宾街、省高级法院、市物价局、天后宫、太清宫北、小西门、大西门、风雨坛街沈州路、风雨坛街热闹路、五爱市场西区
157 支线	雷明雅阁——五爱市场西区	雷明雅阁、诚信食品、沈阳航空航天大学、唐轩公馆、沈阳师范大学、四台子、黄河大街万山路、沈阳医学院、七三九医院、何氏眼科医院、黄河大街百花山路、松陵文化宫、莲花山路三台子、沈飞集团、航空博览园、客运出租公司、金山小区、北陵东门、武功山小区、省游泳馆、松花江街崇山路、宁山路小学、省消防总队、敬宾街、省高级法院、市物价局、天后宫、太清宫北、小西门、大西门、风雨坛街沈州路、风雨坛街热闹路、五爱市场西区
158	金水港湾——凌空一街揽军路	金水港湾、锦水街大榆桥南、塔湾欣城、锦水街苍山路、明廉路锦水街、明廉路食品公司、北一路保工街东、小北一路齐贤街、景星街北一路、景星街北二路、景星街北三路、景星街北四路、建设大路兴顺街、兴顺街南六路、兴顺街南八路、九路市场、南九路兴华街、云峰街沈辽路、腾飞一街沈辽路、市第十五中学、腾飞一街北滑翔路、生日城、滑翔路凌空二街、凌空一街揽军路
159	山水文园——皇寺广场	山水文园、毛望公路、东山嘴子、华晨汽车、陶瓷城、东望街东陶路、沈阳宝钢(钢花小区)、联合路东建街、金地铂悦、康福食品、新颖宾馆、联合路东辽街、联合路北海街、市胸科医院、恒驰物流北门、恒驰物流、沈阳大学西门、望花街临河路、小北关街二〇二巷、市物价局、天后宫、太清宫北、清真寺、市中级法院、市府广场东、市政府、哈尔滨路青年北大街、皇寺广场

线路	起始站点	途经站点
160	十三号街地铁站——宝马园区五号门	十三号街地铁站、地铁大厦、开发大道十五号街、开发大道十六号街、开发大道十七号街、西四环开发大道、西四环沈西五路、西四环开发二路、西四环沈辽路、二十二号路西四环、二十二号路二十街、马贝村、二十二号路二十四街、宝马发动机、宝马园区三号门、宝马园区五号门
161	六号街十一号路——金沙江街北行	六号街十一号路、丽水金阳、六号街十四号路、家宁花园、宁官市场、沈辽路大明湖街、沈辽路昆明湖街、鹏程花园、山东堡、三隆碧桂园、新型建材厂、鼓风机一分厂、冶金机械公司、沈辽路赞工街、肇工街沈辽路、劳动公园西、工人村、肇工街南十路、启工机械学校、南九路卫工街、南九路保工街、南九路兴顺街、九路市场、兴华公园东、铁西百货、铁西广场、建设大路云峰街西、建设大路兴工街、兴工街建设大路、兴工街北四路、兴工街北三路(沈阳站西)、兴工街北二路、兴工街千姿汇、兴工街北一路、珠江街天山路、珠江街华山路、金沙江街北行
162	西三家子——铁西广场	西三家子、望花三小、东机正门、老年公寓、沈阳职业技术学院、劳动广场、西门、望花新村木材市场、东方欧博城、望花立交桥北、金山路鸭绿江东街、城建北尚南、富丽阳光、中驰汽贸、剑苑小区、梨园剧场、鸭绿江街崇山路、北塔、省教育厅、华商晨报、儿童医院、辽宁中医、崇山路嘉陵江街、辽宁大学、长江街宁山路、北行、碧塘公园南、珠江街华山路、珠江街天山路、兴工街北一路、兴工街千姿汇、兴工街北二路北、兴工街北三路(沈阳站西)、兴工街北四路、兴工街建设大路、建设大路兴工街、建设大路云峰街、铁西广场、铁西广场西
163	汾河街新开河——省劳经学校	汾河街新开河、虹桥中学、太平庄、崇山路淮河街、海华新居、延河街岐山路、岐山路怒江街、岐山路荆江街、岐山路大渡河街、岐山路北行、岐山路嘉陵江街、岐山路黄河大街、省公安厅、市残联、北站路青年北大街、沈阳北站、惠工广场东、家乐福北站店、省高级法院、小北关街二〇二巷、望花街临河路、沈阳大学西门、恒驰物流、九一八历史博物馆、通利汽车公司、上园路北大营街、上园小区、小二台子、三洋空调、沈铁路63号、大二台子、观泉路、化工油漆厂、前进、省劳经学校
164	东方威尼斯——沈阳站南	东方威尼斯、丰乐二街文萃路、摩托车城、东北大学基础学院、文化东路富民街、出租汽车公司南、文化东路天坛一街、南塔鞋城、省医院东门、大南边门、建设大厦、南关小区、南关路小南街、辽宁奉天中医院、五爱市场西区、五爱西区北、第七中学、顺通食街、大西菜行、十三纬路三经街、十三纬路五经街、十三纬路光荣街、十三纬路吉林路、体育广场、中山公园西、市文化宫、沈阳站南
165	苏家屯沙柳路——家乐福金牛店	苏家屯沙柳路、香杨路迎春街、香杨路玫瑰街、牡丹街山榆路、铁路客车厂、雪莲街山榆路、沈阳国际展览中心(十里锦城)、木材防腐厂、大官房、可济药业、玉皇药业、中升汽车园、馨丽康城、九洲湾景汇、胜利大街公铁桥、胜利大街环城高速、胜利大街金家湾、新加坡城、越秀星汇蓝海花园、万科城、胜利桥北、胜利大街玉屏路、砂南路砂平街、砂山商店、滑翔路凌空二街、生日城、滑翔路腾飞一街、盛京医院滑翔院区、家乐福金牛店
166	阳光100——金杯汽车制造有限公司	阳光100、阳光100新城、汪河路阳光100一号路、凌空二街南滑翔路、生日城东、滑翔路凌空二街、砂阳路砂山街、省妇婴医院、市第六医院南、省体院、盛发花园、龙王庙公园、交通安全教育学校、东北大学南门、市交通局西门、文体路三好街、世茂百货、五里河茂业中心、文萃路青年大街、沈阳教育学院、宏伟新都、南塔公园、南塔日杂、天坛小区、文萃路富民街、溪林花园、文萃路丰乐二街、文萃路长青街、和泰东方园、万科花园新城、长青街文化东路、金杯汽车制造有限公司
167	永盛水调歌城西——三号街纺织厂	永盛水调歌城西、永盛水调歌城南、汪河路吉力湖街东、汪河路阳光100一号路、凌空二街南滑翔路、生日城东、凌空二街滑翔路、滑翔公园东、天华医药、诗波特小区、兴工街沈辽路、南六路兴工街、铁西区中心医院北、铁西百货、南六路勋望街、兴顺街南六路、兴顺街南八路、市第五医院、兴顺街南十二路、工业大学兴顺校区、南十三路保工街、保工街南十四路、西部货运中心北、仙女湖公园北、长客西站、洪湖小区、洪湖二街沈新路、水产市场、花海路燕塞湖街、张士开发区管委会、大明湖街星海路、沈辽路大明湖街、宁官市场、家宁花园、广全中学、四号街十号路、三号街纺织厂

线路	起始站点	途经站点
168	沈阳北站——秀湖广场	沈阳北站、市建委、敬宾街、省高级法院、小北边门、沈阳大学南门、八王寺、八王寺街天后宫路、横街、小津桥、津桥路小什字街、市群众艺术馆、天江老龙口、珠林桥东、沈海热电厂、一汽惠华、二〇一、辽宁奥通、良城美景、东北汽贸、沈抚立交桥东、省农业技术学校、农科院、沈阳农业大学、东陵路东三环、前陵堡、东陵公园、鸟岛西、盛京高尔夫、中旅国际小镇、桑提亚纳庄园、奥林匹克花园、世博园西门、世博园、海洋世界、上满堂、满族风情村、下木、中木、上木、清韵百园、棋盘山景区、冰川动物乐园、秀湖广场
168（观光一线）	马路湾——秀湖广场	马路湾、十一纬路招商银行、十一纬路交通银行、十一纬路二经街、大西边门、房地产大厦、铁通公司、南顺城路风雨坛街、市环保局、大南门西、小河沿、大东门、东中街、小津桥、津桥路小什字街、市群众艺术馆、天江老龙口、珠林桥东、沈海热电厂、一汽惠华、二〇一、辽宁奥通、良城美景、东北汽贸、沈抚立交桥东、省农业技术学校、农科院、沈阳农业大学、东陵路绕城高速、前陵堡、东陵公园、鸟岛、盛京高尔夫、中旅国际小镇、桑提亚纳庄园、奥林匹克花园、世博园西门、世博园、海洋世界、上满堂、满族风情村、下木、中木、上木、清韵百园、棋盘山景区、冰川动物乐园、秀湖广场
168（观光二线）	秀湖广场——花果山神秘谷	秀湖广场、影视基地、棋盘山风景区北门、毛望路、望滨派出所、望滨办事处、花果山神秘谷
168支线	世博园——辽宁何氏医学院	世博园、辽宁何氏医学院
169	水晶城——长白港湾站	水晶城、水晶城街八家子、水晶城街一汽福达、良城美景、辽宁奥通、新东安居小区、八里堡小学、东陵环卫所、八里堡、凌云街、方凌路、上木厂、东陵油库、第五十一中学、德氏冷饮、方方园小区、方家栏、金杯汽车制造有限公司、文化东路长青街、东北大学基础学院、文化东路富民街、出租汽车公司南、文化东路大坛一街、南塔鞋城、南塔、陆军总院、文化路立交桥南、五里河茂业中心、世贸百货、市交通局、新世界花园、三好桥北、长白东路长白四街、长白港湾站
170	恒大绿洲西——沈阳站西广场	恒大绿洲西、恒大绿洲、南阳湖街汪河路、碧桂园银河城、汪河路大通湖街、省路桥二公司、汪河路吉力湖街西、汪河路吉力湖街东、汪河路阳光100一号路、凌空二街南滑翔路、生日城东、凌空二街滑翔路、滑翔公园东、天华医药、诗波特小区、沈后招待所、云峰街沈辽路、云峰街南七路、云峰街建设大路、云峰街北四路、云峰北街地铁站、小北三路兴工街、沈阳站西广场
171	荣盛锦绣天地——张士开发区管委会	二十一号路（工业大学西）、香堤南苑西门、沈辽路浑河十一街、荣盛锦绣天地、化工大学东门、工业大学中央校区北门、荣盛幸福大道、新湖青蓝国际、地铁巴士西区、金色枫景、四号街十四号路、四号街十号路（中光电子）、国电东北分公司、地铁四号街站、张士灯具城、张士开发区管委会
172	荣盛锦绣天地——地铁十三号街站	荣盛锦绣天地、沈阳化工大学正门、滨河社区B区、滨河社区A区、金泰集团、十三号街十三号路、远大集团、地铁大厦、地铁十三号街站
173	长白苑——龙之梦亚太城	长白苑、万科城、格林生活坊、长白东路长白四街、三好桥北、新世界花园、华强广场、百脑汇、沈阳音乐学院、盛京医院南湖院区、鲁迅美术学院、华润中心北、青年公园南、风雨坛街西滨河路、五爱市场西区、五爱市场、热闹路大南街、大南门东、小河沿、大东门、大东车库、小什字街大东路、天龙家园、小东路小什字街、市群众艺术馆、龙之梦亚太城
175	包道屯——兴隆大都汇	包道屯、包道社区、长江街辉山西路、长江街千山路、长江街赤山路、松山小区、长江街北固山路、五彩新村、陵西二小区、第四十中学、北方医院、铸铁管件厂、第九印刷厂、沙河子小区、长江街泰山路、建赏欧洲、辽宁大学、长江街宁山路、岐山路北行、岐山路珠江街、岐山路荆江街、怒江街岐山路、昆山路怒江街、小白楼、中海寰宇天下、塔湾、中海寰宇天下塔湾西、昆山路前塔湾、向工一校、飞跃实验中学、向工街明廉路、卫工街北一路、卫工街北二路、卫工街北三路、卫工街北四路、兴隆大都汇
176	砂山街玉屏二路——塔湾家乐福	砂山街玉屏二路、砂山街玉屏一路、万和花园、砂山商店、滑翔路凌空二街、生日城、盛京医院滑翔院区、万科花园、南滑翔路腾飞二街、艳粉新村、艳粉街沈辽路、景星街南十二路、景星街南十中路、九路市场、景星街南八路、南六路兴顺街、南六路保工街、南六路卫工街、建设西路、卫工街建设大路、卫工街北四路、卫工街北三路、卫工街北二路、卫工街北一路、向工街明廉路、飞跃实验中学、向工一校、昆山路前塔湾、昆山路塔湾西、塔湾家乐福

线路	起始站点	途经站点
177	大溪地——沈阳北站	大溪地、东北育才双语学校、沈北路人和街、中信银行沈北支行、水木康桥、辽宁装备学院、蒲河新城管委会、闽南石材城、兴农路通顺街、奥森环境公司、赵家沟、王家沟、上王家沟、八棵树、罗家沟、南赵家沟、祥和汽校、山水文园、东山嘴子、陶瓷城、国瑞商城、中铁物资集团、万科蓝山、沈阳东站北、东北大马路明堂街、东辽街联合路、联合路东辽街、联合路北海街、联合路辽沈二街、洮昌小区、沈阳大学南门、小北边门、省高级法院、家乐福北站店、惠工广场东、沈阳北站
178	郭七——柳条湖	郭七、蒲昌路盛京大街、郭七路口、沈北巴士、沈阳师范大学北门、唐轩公馆、道义大街正良二路、沈阳师范大学、四台子、文储路黄河大街、加华小城、万山路梅江街、北三台子、第十中学、三台子一校、陵北街辉山路、陵北街三台子、沈飞四中、沈飞集团、航空博览园、客运出租公司、金山小区、银山小区、陵园街银山路、陵园街铜山路、陵园街锡山路、北塔、柳条湖
179	蒲河镇——五爱市场	蒲河镇、通顺街蒲河大道、泰盈九如溪谷、禾丰牧业、黄泥河子、香雪面粉、安宁医院、益海嘉里、飞龙包装、大志新村、大洼、沈阳机电市场、王家沟、榆林后村、东山公墓、大富豪家俬、榆林堡、省劳经学校、前进、化工油漆厂、大二台子、沈铁路63号、三洋空调、小二台子、上园小区、北方客运公司、文华园、辽沈二街东北大马路、莱茵河畔、天江老龙口、市群众艺术馆、津桥路小什字街、小津桥、东中街、大东门、小河沿、大南门、五爱市场
180	正良——辉山(大溪地)	正良、蒲昌路道义二街、蒲昌路道义大街、道义大街蒲昌路、沈阳航空航天大学、沈北路招商银行、沈阳航空航天大学南门、辽宁美术职业学院、沈北路盛京大街、青杨林公园、国土督察局沈阳局、沈北路陵园北街、北方软件学院、光电产业园、沈阳国际科技园、沈北路鸭绿江北街、辽宁经济管理干部学院、省交校南门、兴明街蒲裕路、辽宁金融职业学院、虎石台镇政府、黄楼、虎石台管委会、蒙牛乳业、柳岗屯、沈北路月亮湖街、沈北路大望街、吉隆公司、北钢不锈钢公司、沈北路辉山大街、沈北路宏业街、泉涌新镇、沈北路人和街、沈阳二中北校区、东北育才双语学校、辉山(大溪地)
181	西湖俪景东——盛京医院滑翔院区	西湖俪景东、西湖俪景西、世代书香、第五十六中学、红旗石材城、姚家、新塔湾钢材市场、于洪职教中心、于洪动监、东平湖街沈胡公路、和泰馨城、东平湖街沈大路、北李官、沈大路巢湖街、沈大路太湖街、家乐福于洪店、于洪广场、于洪南里、强工二街南十路、铁西劳动局、南十二路重工街、共济爱婴医院、劳动公园北、卫工街南十二路、南十三路保工街、南十三路齐贤街、工业大学兴顺校区、沈辽路兴华街、沈辽路云峰街、腾飞一街沈辽路、第十五中学、腾飞一街北滑翔路、盛京医院滑翔院区、腾飞二街滑翔路
182	虎石台职教园——辽宁广告职业学院	虎石台职教园、市信息工程学校南门、虎石台综合大市场、第一一九中学、兴盛街建设北一路、虎石台公园西、省交校北门、兴明街建设南一路、兴明街蒲裕路、兴明街沈北路、天赋家园、辽宁经济管理干部学校、鸭绿江北街蒲昌路、捷通消防车公司、雨润市场北门、蒲昌路天乾湖街、蒲昌路孝汉街、蒲昌路陵园北街(明丰家园)、沈师大沈北附属学校、蒲昌路蓝湾街、蒲昌路雅居街、蒲昌路盛京大街、郭七路口、沈北巴士、沈阳师范大学北门、唐轩公馆、正良(福瑞佳超市)、沈阳航空航天大学、沈北路道义三街、沈北路道义四街、雷明雅阁、沈北路学园街、香槟新坐标、博士花园、郭大桥村、文林苑小区、辽宁广告学院
183	辽宁经济管理干部学院(虎石台环线)	东环:辽宁经济管理干部学院、天赋家园、省交校南门、兴明街蒲裕路、沈阳农大高职技术学院、省交校北门、虎石台公园西、虎石台镇政府、黄楼、矿务局中学、大古城子、首开国风润城、蒲河大道虎石台大街、市化工学校、市汽车工程学校、联东U谷、宏达驾校、鸭绿江北街蒲河大道、中国医科大学、省城建学院、辽宁经济管理干部学院北门、辽宁经济管理干部学院 西环:辽宁经济管理干部学院、辽宁经济管理干部学院北门、省城建学院、中国医科大学、鸭绿江北街蒲河大道、宏达驾校、联东U谷、市汽车工程学校、市化工学校、蒲河大道虎石台大街、首开国风润城、大古城子、矿务局中学、黄楼、虎石台镇政府、虎石台公园西、省交校北门、沈阳农大高职技术学院、兴明街蒲裕路、省交校南门、天赋家园、辽宁经济管理干部学院
184	北站北广场——兴隆大都汇	北站北广场、省公安厅、岐山路黄河大街、岐山路嘉陵江街、北行、碧塘公园西、家具广场、储备局、西塔、胜利大街北四马路、胜利大街北二马路、北二路兴工街、北二路云峰街、北二路兴华街、北二路景星街、保工街北二路、北三路保工街、圣工街北四路、北四路卫工街、卫工街北四路、兴隆大都汇
185	前进——东湖市场	前进(诺木珲村委会)、诺木珲、沙坨子西、沙坨子村委会、沙坨子东、沙坨子路口、繁荣村、爱国、爱国家园、兴盛西、兴盛、后民、东民、西和平、沈胡路永瑞街、和泰停车场、东平湖街沈湖路、和泰馨城、东平湖街沈大路、北李官、沈大路巢湖街、于洪区广播局、于洪区委、依云首府北门、于洪广场、东湖市场

线路	起始站点	途 经 站 点
186	东湖市场——五金工业园	东湖市场、于洪广场、依云首府北门、于洪区委、和谐广场、于洪运管处、东平湖街沈大路、和泰馨城、安捷巴士于洪分公司、洪汇路西三环、圣吉木业、宏发家具、旺达金属公司、工业园管委会、洪汇路永康街、洪汇路永兴街、索坤玻璃公司、洪汇路车桥厂、五金工业园
187	凯德俪锦城——碧桂园公交场站	凯德俪锦城、金沙二期、中海希望小学(水木城典)、五金工业园、洪汇路车桥厂、索坤玻璃公司、洪汇路永兴街、工业园管委会、旺达金属公司、宏发家具、圣吉木业、洪汇路西三环、安捷巴士于洪分公司、洪汇路东平湖街(和泰馨城)、东平湖街沈大路、于洪运管处、和谐广场、于洪区委、依云首府北门、于洪区政府、漾日华庭、沈新园西、洪湖小区、洪湖一街沈新路、洪湖一街、澳海西湖印象、三隆世纪城、山东堡、南阳湖街仙女河北路、于台、益格风情湾、于洪中医院、宏发天琴湾、恒大绿洲、碧桂园银河城、碧桂园公交场站
188	红椿路铁路桥——马路湾	红椿路铁路桥、红椿路高铁二街、百荷湾(白塔堡)、白塔市场、阳光新嘉园、沈营路新秀街、沈铁田园牧歌、万科新榆公馆、糖厂子、新优街世纪路、东陵区(浑南新区)政府、二十一世纪广场、浑南新区医院、沈营路华园东路、融城时代、首创国际城、嘉禾源农贸市场、伊丽雅特湾、浦江御品、临波路金阳大街、名流幸福小区、东北气象中心、长白南路和安街、和安街仙岛南路、合众公园、长白四街长白中路、翰逸华园、新世界花园、市交通局、百脑汇、沈阳音乐学院、盛京医院南湖院区、鲁迅美术学院、领事馆西、十四纬路五经街、省水利厅、光荣街十四纬路、马路湾
189	海逸诗阁——熊家岗路	熊家岗路铁道口、于洪机场、东大智慧森邻、石材市场、洪湖北街沈大路、洪湖社区、于洪人力资源市场、于洪广场、太湖街黄海路、太湖街渤海路、太湖街东海路、开发大道地铁站、沈新路巢湖街、西湖街沈新路、海逸诗阁、西湖街黄海路
190	环北家园——皇姑屯火车站	环北家园、环际酒店、新北浅食品、保利溪湖林语、沈阳计算机学校、万科假日风景、恒大雅苑、沈师大学生公寓、黄河大街万山路、沈阳医学院、何氏眼科医院、国奥现代城、松山路黄河大街、松山小区、长江街北固山路、五彩新村、陵西二小区、第四十中学、北方医院、第九印刷厂、沙河子小区、长江街泰山路、建赏欧洲、辽宁大学、长江街宁山路、北行、碧塘公园南、珠江街昆山路、华山路珠江街、皇姑公安分局、怒江街华山路、皇姑屯火车站
191	沈阳师范大学——方特欢乐世界	沈阳师范大学、道义大街正良二路、唐轩公馆、沈阳航空航天大学、沈北路招商银行、沈阳航空航天大学南门、辽宁美术职业学院、郭七、盛京大街蒲南路、碧桂园太阳城、总部基地、总部基地北、盛京大街蒲田路、方特欢乐世界
192	方特欢乐世界——沈阳师范大学	方特欢乐世界、盛京大街蒲田路、总部基地北、总部基地、碧桂园太阳城、盛京大街蒲南路、盛京大街郭七、郭七、蒲昌路盛京大街、郭七路口、沈北巴士、沈阳师范大学北门、唐轩公馆、正良(唐轩公馆)、道义大街正良二路、沈阳师范大学
193	道义北(北苑绿洲)——正良	道义北(北苑绿洲)、自来水厂、弓匠屯、俪景小区、龙腾碧玉湾、瀚博皇家御湾、太湖国际花园、瀚博皇家御院、辽宁大学北校区、沈阳航空航天大学、蒲昌路道义大街、蒲昌路道义二街、正良
194	虎石台公交枢纽站——世博园	虎石台公交枢纽站、黄楼、建设路大古城街、建设路小古城街、欧盟开发区管委会、八王寺饮料公司、大望街建设路、海尔公司、邵家河桥、李尔汽车配件、蒲南路辉山大街、禾丰牧业、泰盈九如溪谷、蒲北路人和街、沈北路人和街、沈阳二中北校区、东北育才双语学校、大溪地、金河湾、绿地国宾府、沈棋路、中木、下木、满族风情村、上满堂、海洋世界、世博园
195	辽宁现代服务职业技术学院——沈北路辉山大街	辽宁现代服务职业技术学院、九如溪谷、蒲北路人和街、越秀明湖郡、皇第龙邸、天时街沈北路、东北育才双语学校、沈阳二中北校区、沈北路人和街、中信银行沈北支行、水木康桥、省装备学院、蒲河新城管委会、明珠路通顺街、翔宇中学、冯道社区、泉涌新镇、沈北路宏业街、沈北路辉山大街
197	正良——首开国风润城	正良(福瑞佳超市)、沈阳航空航天大学、辽宁大学北校区、瀚博皇家御院、太湖国际花园、瀚博皇家御湾、信基城、盛京医院沈北分院、城市公用商业广场、蒲河大道盛京大街、蒲河大道盛京二街、三盛颐景蓝湾、中兴和园、龙湖香醍漫步、尚柏奥特莱斯、蒲河大道蒲南路、医大新校区西门、医大新校区南门、医大新校区、虎石台市政公用管理所、一一九中学、兴盛街建设北一路、兴明街建设北一路、兴明街建设路、黄楼、矿务局中学、多维联合集团、蒲平路小古城街、蒲升路小古城街、大润发仓储库、首开国风润城(古城新都)

线路	起始站点	途经站点
201	惠泽园西——沈阳站西广场	惠泽园西、临河街大通湖街、临河街宏发华城、仙女河路吉力湖街北、路官二街、西部货运中心东、沈辽路齐贤街、沈辽路艳粉街、兴华街沈辽路、兴华街南十路、兴华公园东、铁西百货、铁西广场、兴华街北四路、铁西区政府、北二路兴华街、北二路云峰街、北二路兴工街、兴工街北三路(沈阳站西)、沈阳站西广场
202	砂山街玉屏一路——塔南公园	砂山街玉屏一路、万和花园、砂山商店、砂山体育场、砂山街南十马路、南八马路太原街、东北汽配商贸中心、胜利大街南五马路、沈阳站南、沈阳站北、兴工街北二路、霁虹、富云花都、克俭小区、珠江桥东、天山路新安江街、皇姑屯火车站、天山路同江街、同江街步云山路、小白楼、华山路淮河街、淮河街昆山路、淮河街宁山路、太平庄、塔湾邮局、塔南公园
203	艳粉新村——沈阳北站	艳粉新村、艳粉街腾飞二街、万科花园、盛京医院滑翔院区、滑翔二小区、天华医药、诗波特小区、沈辽路兴工街、东北汽配商贸中心、胜利大街南五马路、沈阳站南、中华路太原街、中华路南京街、马路湾北、和平大街十纬路、和平大街八纬路、水务集团、和平大街北七马路、八一公园西、北市场东、哈尔滨路青年北大街、哈尔滨路惠工街、沈阳北站
204	和泰馨城——沈阳站北	和泰馨城、洪汇路东平湖街、东平湖街沈大路、北李官、沈大路巢湖街、沈大路太湖街、沈大路洪湖街、于洪新村、重工街南七路、南十路重工街、南十路肇工街、启工二校、南十路卫工街、保工街南十路、保工街南八路、香江家居、市交通技术学校东、保工街北三路、北二路保工街、北二路景星街、北二路兴华街、北二路云峰街、北二路兴工街、沈阳站北
205	富山花园——沈阳站北	富山花园、富山花园西门、富丽阳光南区、陵东装饰材料市场、北陵东门、省军区北门、北陵公园、辽宁中医、崇山路嘉陵江街、辽宁大学、百鸟公园、市委党校、崇山路淮河街、太平庄、塔湾邮局、中海寰宇天下西、食品公司、第一粮库、北二路保工街、北二路景星街、北二路兴华街、北二路云峰街、北二路兴工街、沈阳站北
206	沈阳化工大学——沈阳站南	沈阳化工大学、沈阳化工大学东门、工业大学中央校区北门、沈辽路中央大街、翟家街道办事处、翟家开发区、家宁花园、宁官市场、沈辽路大明湖街、沈辽路昆明湖街、鹏程花园、山东堡、三隆碧桂园、新型建材厂、鼓风机一分厂、冶金机械公司、沈辽路赞工街、仙女湖公园北、西部货运中心北、沈辽路齐贤街、沈辽路艳粉街、沈辽路兴华街、沈辽路云峰街、沈后招待所、沈辽路兴工街、东北汽配商贸中心、胜利大街南五马路、沈阳站南
206路夜线	沈阳化工大学——马路湾	沈阳化工大学、沈阳化工大学东门、工业大学中央校区北门、沈辽路中央大街、翟家街道办事处、翟家开发区、家宁花园、宁官市场、沈辽路大明湖街、沈辽路昆明湖街、鹏程花园、山东堡、三隆碧桂园、新型建材厂、鼓风机一分厂、冶金机械公司、沈辽路赞工街、仙女湖公园北、西部货运中心北、沈辽路齐贤街、沈辽路艳粉街、沈辽路兴华街、沈辽路云峰街、沈后招待所、沈辽路兴工街、东北汽配商贸中心、胜利大街南五马路、沈阳站南、中华路太原街、中华路南京街、马路湾
207	工业大学兴顺校区——龙之梦亚太城	工业大学兴顺校区、齐贤街南十二路、齐贤街南十路、齐贤街南八路、齐贤街南六路、建设大路兴顺街、铁西广场、建设大路云峰街西、建设大路兴工街、胜利大街南五马路、沈阳站南、中华路太原街、中华路南京街、马路湾、中山公园东、十三纬路光荣街、十三纬路五经街、十三纬路三经街、大西菜行、第七中学、五爱西区北、西顺城街沈州路、大西门、小西门、太清宫东、小北门、大北门、小津桥、津桥路小什字街、市群众艺术馆、龙之梦亚太城
208	中铁万科(香湖盛景)——沈阳站北	中铁万科(香湖盛景)、元江街橙山路、松山西路元江街、丁香水岸、松山路南(松山路147号)、保利上林湾东门、保利上林湾、华润橡树湾、白山路元江街、白山路丁香湖路、金辉湖畔里、宠物市场、东北汽配城、向工北小区、向工一校、飞跃实验中学、向工街明廉路、明廉路锦水街、食品公司南、北一路保工街东、沈阳国际纺织服装城、北一路万达广场、重型文化广场、兴华街小北一路、北二路兴华街、北二路云峰街、北二路兴工街、沈阳站北
209	东北汽配城——沈阳北站	东北汽配城、向工北小区、向工一校、昆山路前塔湾、昆山路塔湾东、中海寰宇天下、小白楼、昆山路怒江街、昆山路荆江街、昆山路珠江街、碧塘公园南、第四医院南、皇寺广场、市检察院、北市场、三经街市府大路、市人大、青年北大街、沈阳北站

线路	起始站点	途 经 站 点
210	金山小区——马路湾	金山小区、北陵东门、省军区北门、北陵公园、辽宁中医、崇山路嘉陵江街、辽宁大学、长江街宁山路、岐山路北行、珠江街岐山路、珠江街华山路、珠江街天山路、兴工街北一路、兴工街千姿汇、兴工街北二路、沈阳站北、中山路太原街、医大一院、马路湾
211	东望北街——大北门	东望北街、东山嘴子、华晨汽车、陶瓷城、东望街东陶路、国瑞商城、中铁物资集团、万科蓝山、沈阳东站北、东北大马路明堂街、东北大马路新生二街、市骨科医院、大北边门、第五中学、枫合万嘉、横街、大北门
212	东机正门——科普公园东	东机正门、正新路、建新街、西门、望花新村木材市场、东方欧博城、望花立交桥、圣淘沙家园、紫竹茗郡、通利汽车公司、九一八历史博物馆、恒驰物流、沈阳大学西门、望花街临河路、小北关街二〇二巷、市物价局、天后宫、太清宫北、太清宫、小西门、大西门、风雨坛街沈州路、风雨坛街热闹路、五爱市场西区、风雨坛街西滨河路、地王国际花园、陆军总院东门、五爱街文萃路、科普公园东
213	纺织研究院——乐购超市	纺织研究院、宏伟新都、南塔、省医院东门、大南边门、建设大厦、成城花园、南关路小南街、辽宁奉天中医院、五爱市场西区、五爱市场、热闹路大南街、大南门、故宫东华门、商业城(钟楼)、大北门、横街、枫合万嘉、第五中学、大北边门、市骨科医院、北海街联合路、市胸科医院、恒驰物流北门、崇山路鸭绿江东街、北塔、省教育厅、华商晨报、儿童医院、辽宁中医、北陵公园、辽宁大厦、乐购超市
214	浑南管委会 ——北站北广场	浑南管委会、辽宁移动通信、彩霞街公铁桥、彩霞街沈营路、泛华广场、浑河堡、浦江苑、新华社、五里河公园西、夏宫、五里河茂业中心、文化路立交桥南、华润中心、青年公园西、彩电塔、大西菜行东、市委、市府恒隆广场、市府广场东、市政府、青年北大街、沈阳有线电视台、北站北广场
215	长江街泰山路—— 莲花街万柳塘路	长江街泰山路、建赏欧洲、辽宁大学、长江街宁山路、北行、碧塘公园南、第四医院南、皇寺广场、市检察院、北市场、市府大路三经街、市府恒隆广场、小西路、小西门、中街鼓楼、故宫西华门、市环保局、大南门西、小河沿、大东车库、小什字街大东路、省肿瘤医院、万泉公园、莲花街万柳塘路
216	保工南街——沈阳北站	保工南街(南十四路)、南十三路保工街、南十三路艳粉街、兴华街沈辽路、兴华街南十路、兴华公园东、铁西百货、铁西广场、建设大路云峰街东、建设大路兴工街、胜利大街南五马路、沈阳站南、沈阳站北、太原街中山路、铁路局、西塔南、市检察院、北市场、市府大路三经街、市政府东、沈阳北站
217	北三台子——沈阳北站	北三台子、第九十七中学、三台子一校、陵北街辉山路、陵北街三台子、沈飞四中、松山路黄河大街、二四二医院、省中医二院、新乐宿舍、凤凰饭店、辽宁大厦南、北陵公园、辽宁中医、北陵大街宁山路、省公安厅、市残联、北站路青年北大街、沈阳北站
217 支线	沈阳军区现代管理学院 ——三台子地铁站	沈阳军区现代管理学院、沈阳警察特训支队、沈阳市公安局收容教育所、金德工业园、田义屯北、文储路梅江街、加华小城、利生华园、省工程技术学校、沈阳医学院、何氏眼科医院、黄河大街百花山路、国奥现代城、黄河大街松山路、三台子地铁站
218	东陵公园——大东门	东陵公园、前陵堡、东陵路东三环、沈阳农业大学、农科院、省农业技术学校、沈抚立交桥东、东北汽贸、一汽福达、良城美景、辽宁奥通、二〇一、一汽惠华、沈海热电厂、珠林桥东、天江老龙口、市群众艺术馆、津桥路小什字街、小津桥、东中街、大东门
219	王家沟——五爱市场	王家沟、榆林后村、东山公墓、大富豪家私、榆林堡、省劳经学校、前进、化工油漆厂、大二台子、沈铁路63号、三洋空调、小二台子、上园小区、北方客运公司、北海街联合路、市骨科医院、莱茵河畔、天江老龙口、市群众艺术馆、津桥路小什字街、小津桥、东中街、大东门、小河沿、大南门、五爱市场
220	金山小区——沈阳站	金山小区、北陵东门、省军区北门、北陵公园、辽宁中医、北陵大街宁山路、省公安厅、市残联、青年北大街、市人大、八一公园东、辽宁日报社、中山路和平大街、中山广场东、医大一院、中华路太原街、沈阳站
221	沈阳东站北——沈阳站	沈阳东站北、东北大马路明堂街、东北大马路新生二街、市骨科医院、大北边门、第五中学、枫合万嘉、横街、天后宫路小北街、太清宫北、清真寺、市中级法院、八一公园东、辽宁日报社、沈阳日报社、十一纬路交通银行、十一纬路招商银行、中华路和平大街、中华路太原街、沈阳站

线路	起始站点	途 经 站 点
222	大北门——长白二街长白五路	大北门、小北门皇城恒隆广场、中街、故宫西华门、市环保局、风雨坛街沈州路、风雨坛街热闹路、五爱市场西区、风雨坛街西滨河路、青年公园南、华润中心北、鲁迅美术学院、盛京医院南湖院区、沈阳音乐学院、百脑汇、华强广场、新世界花园、三好桥北、长白东路长白四街、格林生活坊、高炮一师、长白二街长白五路
223	江南水乡——沈阳站南	江南水乡、朗明街孤石路、朗明街浑南中路、恒达路朗明街、在水一方社区、和泰东方园、万科花园新城、汽车制造厂、长青街泉园三路、长青街泉园一路、万泉实业公司、东方宾馆、翠园小区、热闹路大南街、五爱市场、五爱西区北、第七中学、顺通食街、大西菜行、十三纬路三经街、十三纬路五经街、十三纬路光荣街、十三纬路吉林路、体育广场、中山公园西、市文化宫、沈阳站南(南一马路)
224	杨官——沈阳北站	杨官、杨官屯、沈阳出口加工区、水家屯、东亚国际城、浑南东路文华街、沈阳建筑大学、音乐学院南校区、沈音南校区南、在水一方社区、和泰东方园、万科花园新城、汽车制造厂、东北大学基础学院、文化东路富民街、出租汽车公司南、文化东路天坛一街、南塔鞋城、南塔、陆军总院、地王国际花园、风雨坛街西滨河路、五爱市场西区、风雨坛街热闹路、西顺城街沈州路、大西门、小西门、太清宫北、天后宫、房产市场、惠工广场东、沈阳北站
224 区间	水家——沈阳北站(公交枢纽西区)	水家、水家北、沈阳出口加工区西区、东亚国际城、浑南东路文华街、沈阳建筑大学、沈音学院南校区、沈音南校区南、在水一方社区、和泰东方园、万科花园新城、汽车制造厂、东北大学基础学院、文化东路富民街、出租汽车公司南、文化东路天坛一街、南塔鞋城、南塔、陆军总院、地王国际花园、风雨坛街西滨河路、五爱市场西区、风雨坛街热闹路、西顺城街沈州路、大西门、小西门、太清宫北、天后宫、房产市场、惠工广场东、沈阳北站
225	东塔机场——沈阳站南	东塔机场、小河沿路江东街、小河沿路滂江街、四六三医院、省东方医院、荣昌集团、科学家花园、万柳塘公园西、大南边门、省医院、小南边门、文艺路五爱街、地王国际花园、陆军总院、展览馆、盛京医院南湖院区、南湖公园、方型广场北、十三纬路光荣街、市体育局、中山公园西、市文化宫、沈阳站南(南一马路)
226	于洪区委——和平广场	于洪区委、依云首府北门、于洪广场、于洪南里、南十路强工二街、南十路重工街、南十路肇工街、启工二校、南十路卫工街、南九路保工街、南九路兴顺街、九路市场、南九路兴华街、云峰街沈辽路、沈后招待所、沈辽路兴工街、东北汽配商贸中心、南八马路太原街、新华广场东、和平广场
227	金山小区——煤炭设计院	金山小区、北陵东门、省军区北门、北陵公园、辽宁中医、儿童医院、松花江街崇山路、宁山路小学、省消防总队、敬宾街、省高级法院、市物价局、天后宫、太清宫北、太清宫、小西门、大西门、风雨坛街沈州路、风雨坛街热闹路、五爱市场、热闹路大南街、热闹路东滨河路、煤炭设计院
228	宠物市场——小河沿	宠物市场、东北汽配城、向工北小区、向工一校、昆山路前塔湾、中海寰宇天下塔湾西、塔湾邮局、太平庄、崇山路淮河街、市委党校、怒江广场、宁山路金沙江街、宁山路北行、宁山路黄河大街、地质局、北陵电影院、宁山路小学、省消防总队、敬宾街、家乐福北站店、惠工广场东、市政府东、小西路、小西门、中街鼓楼、故宫西华门、市环保局、大南门西、小河沿
229	沈阳东站——沈阳北站	沈阳东站、沈阳东站北、东北大马路明堂街、东北大马路新生二街、市骨科医院、北海街联合路、市胸科医院、沈阳北方客运公司、恒驰物流、沈阳大学西门、望花街临河路、小北关街二〇二巷、省高级法院、惠工广场东、沈阳北站
230	新东安居小区——沈阳北站	新东安居小区、和睦路新东二街、黎明文化宫、二〇四、和睦路地坛街、地坛街和睦北二路、天江老龙口、市群众艺术馆、津桥路小什字街、小津桥、大北门、小北门、市信访大厅、清真寺、市中级法院、市政府东、惠工广场北、沈阳北站
231	金山小区——滑翔三小区	金山小区、北陵东门、省军区北门、北陵公园、辽宁大厦南、省实验中学、黄河大街宁山路、黄河大街巴山路、第四医院、皇寺广场、北市场西、沈医二院、南京街北六马路、医大一院、南京街北二马路、中山公园西、体育广场、铁路中学、新华广场、南京街南十马路、砂山公园东、省妇婴医院、砂阳路砂山街、滑翔路凌空二街、腾飞一街滑翔路、滑翔公园北、滑翔三小区
232	三台子——万达商业广场	三台子、松陵文化宫、黄河大街松山路、二四二医院、省中医二院、新乐宿舍、新乐遗址、辽宁大厦、省实验中学、黄河大街宁山路、黄河大街巴山路、第四医院、皇寺广场、北市场西、沈医二院、南京街北六马路、中山路太原街、沈阳站北、万达商业广场

线路	起始站点	途 经 站 点
233	中海城北——沈阳站西广场	中海城北、中海城、中海城南、西江街白山路、万科四季花城、太岳山路西江街、刑警学院家属区、塔湾小学、刑警学院、塔南公园、中海寰宇天下西、食品公司、北一路保工街东、小北一路齐贤街、小北一路景星街、小北一路兴华街、和平家园、云峰街北二路、云峰街北三路、小北三路兴工街、沈阳站西广场
235	丁香湖畔新城——马路湾	丁香湖畔新城、丁香屯、丁香小学、广业西路、重工街广业路、重工街北一路、长城宾馆、东北制药厂、北二路肇工街、北二路北启工街、北二路卫工街、北二路奖工街、北二路保工街、北二路景星街、北二路兴华街、北二路云峰街、北二路兴工街、沈阳站北、沈阳站、中华路太原街、中华路南京街、马路湾
236	蒲河大道——沈阳北站	蒲河大道、盛京医院沈北分院、瀚博皇家御湾、太湖国际花园、瀚博皇家御院、辽宁大学北校区、沈阳航空航天大学、唐轩公馆、道义大街正良二路、沈阳师范大学、四台子、黄河大街万山路、沈阳医学院、何氏眼科医院、国奥现代城、松山路黄河大街、松山小区、长江街北固山路、五彩新村、陵西二小区、第四十中学、北方医院、第九印刷厂、沙河子小区、长江街泰山路、建赏欧洲、辽宁大学、长江街宁山路、北行、碧塘公园南、第四医院南、昆山路嫩江街、北站路青年北大街、沈阳北站
237	和睦路地坛街——铁西广场	和睦路地坛街、二〇四、三家子、东塔街东宁街、航天新光集团、东塔、东塔机场、二四五医院、长安小区、长安路滂江街、大东边门、大东路小什字街、大东车库、大东门、大南门东、大南门西、市环保局、南顺城路风雨坛街、大西门、大西路奉天街、大西边门、十一纬路二经街、十一纬路交通银行、十一纬路招商银行、马路湾、中华路南京街、中华路太原街、沈阳站、沈阳站南、胜利大街南五马路、建设大路兴工街、云峰街建设大路、铁西广场
238	天泰翰宇苑——五爱市场西区	天泰翰宇苑、沈阳建筑大学西、沈音南校区南、浑南中路朗明街、军区总院浑南分院、金地国际花园、沈阳乐府艺术学校、坤泰新界、省浑南训练基地、奥体中心南门、女人街、五里河公园西、夏宫、五里河茂业中心、文化路立交桥南、华润中心、青年公园西、彩电塔、第七中学、五爱市场西区
239	康利汽车公司——泉园小区	康利汽车公司、建设大路肇工街、建设大路启工街、建设大路卫工街、建设大路保工街、建设大路兴顺街、铁西广场、建设大路云峰街西、建设大路兴工街、南五马路胜利大街、南五马路民族街、铁路中学、和平广场、南五马路中兴街、南五马路振兴街、南湖公园、盛京医院南湖院区、展览馆、陆军总院、南塔、南塔鞋城、文化东路天坛一街、出租汽车公司南、和美妇产医院、泉园二路、泉园小区
240	长客西站公交枢纽站——马路湾	长客西站公交枢纽站、壮工街勋业三路、华润万家重工店、勋业三路重工街、万聚隆超市、勋业三路肇工街、劳动公园西、工人村、肇工街南十路、肇工街南七路、建设大路肇工街、建设大路启工街、建设大路卫工街、建设大路保工街、建设大路兴顺街、铁西广场、建设大路云峰街西、建设大路兴工街、胜利大街南五马路、沈阳站南、沈阳站、中华路太原街、中华路马路湾、马路湾
241	重工街广业路——长客西站	重工街广业路、重工街北一路、长城宾馆、东北制药厂、重工街北三路、水泵总厂、北四路重工街、美好愿景、肇工街建设大路、南七路肇工街、重工街南七路、重工街南十路、重工街南十二路、重工街勋业一路、长客西站
241 支线	意大利风情小镇——保利心语花园	意大利风情小镇、意大利风情小镇东、广业路重工街、重工街广业路、重工街北一路、长城宾馆、东北制药厂、肇工街北二路、肇工街北三路、肇工街北四路、肇工街建设大路、重工街地铁站、铁西区体育中心、保利心语花园
242	金山小区——保工街南十四路	金山小区、北陵东门、省军区北门、北陵公园、辽宁大厦南、长江街泰山路、辽宁大学、长江街宁山路、北行、碧塘公园南、昆山路珠江街、昆山路荆江街、昆山路怒江街、小白楼、中海寰宇天下、昆山路塔湾东、中海寰宇天下西、食品公司、第一粮库、保工街北二路、保工街北三路、市交通技术学校东、香江家居、保工街南八路、保工街南十路、保工街南十二路、保工街南十四路
243	新东三街东陵西路——沈阳站北	新东三街东陵西路、新东三街和睦路、和睦路新东二街、黎明文化宫、二〇四、和睦路地坛街、地坛街和睦北二路、天江老龙口、市群众艺术馆、津桥路小什字街、小津桥、大北门、小北门、市信访大厅、清真寺、市中级法院、市府大路三经街、北市场、市检察院、西塔、胜利大街北四马路、沈阳站北
244	东北大学南门——沈阳北站	东北大学南门、交通安全教育学校、龙王庙公园、盛发花园、省体院、市第六医院、南湖公园西门、方型广场南、南湖公园、盛京医院南湖院区、展览馆、华润中心、青年公园西、彩电塔、大西菜行东、市委、市府恒隆广场、市府广场东、市政府东、沈阳北站

线路	起始站点	途 经 站 点
245	金山小区——南塔客运站	金山小区、北陵东门、省军区北门、北陵公园、辽宁中医、儿童医院、华商晨报、省教育厅、北塔、崇山路鸭绿江东街、恒驰物流北门、市胸科医院、北海街联合路、市骨科医院、北海街工农路、莱茵河畔、龙之梦红星美凯龙、龙之梦衡园、龙之梦畅园、华润万家滂江店、滂江市场、万柳塘路莲花街、万柳塘路万莲路、万泉旅社、沈空司令部、南塔电子市场、南塔客运站
246	方凌路——沈阳站南	方凌路(上木厂)、东陵油库、凌云公司、德氏冷饮、方方园小区、方家栏、东陵加工区、六〇六所、万莲小区、万柳塘路万莲路、东方宾馆、翠园小区、热闹路大南街、五爱市场、五爱市场西区、西滨河路风雨坛街、彩电塔、西滨河路三经街、领事馆西、十四纬路五经街、省水利厅、光荣街十三纬路、二〇二医院、马路湾、中华路南京街、中华路太原街、沈阳站南
247	玉屏路砂川街——家乐福北站店	玉屏路砂川街、万和花园、河北街二校、砂南路砂阳路、省妇婴医院、市第六医院、和平大街南七马路、省委、中山公园东、马路湾、和平大街十纬路、和平大街八纬路、水务集团、八一公园西、三经街市府大路、市人大、青年北大街、家乐福北站店
248	大东门——第二十一中学	大东门、东中街、小津桥、大北门、小北门、市信访大厅、清真寺、市中级法院、市府大路三经街、北市场、市检察院、皇寺广场、华山路长江街、珠江街华山路、昆山路荆江街、昆山路怒江街、小白楼、第二十一中学
249	万科四季花城——中兴街砂阳路	万科四季花城、皇姑热电厂、怒江公园西、水榭花都、淮河街崇山路、市委党校、怒江广场、昆山路荆江街、昆山路珠江街、家具广场、储备局、西塔南、铁路局、太原街中山路、中山路太原街、中山广场东、水务集团、物资局、沈阳日报社、第七医院、领事馆、五经街十四纬路、省水利厅、回民中学、方型广场南、南湖公园西门、中兴街砂阳路
250	青阳四季园——北站北广场	青阳四季园、瑞丰嘉园、青阳四季园北门、方明街方兴路、中房凌云花园、民航南路江东街、六〇六所、万莲小区、万柳塘路万莲路、市盲校万泉街、万泉公园西门、大什字街育才巷、大什字街大东路、大悦城、大什字街草仓路、小什字街中学堂路、枫合万嘉、市第一医院、清泉路八王寺街、沈阳大学南门、小北边门、省高级法院、敬宾街、沈阳北站北、北站北广场
251	沈阳站西广场——龙之梦亚太城	沈阳站西广场、振工街建设大路、南五马路胜利大街、南五马路民族街、铁路中学、和平广场、南五马路中兴街、南五马路振兴街、方型广场北、鲁迅儿童公园、万科春河里、华润中心北、青年公园南、文艺路五爱街、小南边门、省医院、大南边门、第二十七中学、大南街热闹路、大南门、故宫东华门、商业城(钟楼)、大北门、小津桥、津桥路小什字街、市群众艺术馆、龙之梦亚太城
252	于洪新城管委会——沙河子	于洪新城管委会、细河路大通湖街、惠泽园小区、仙女河路大通湖街、吉力湖街仙女河路、宏发三千院、细河路吉力湖街、东北机电五金城、南滑翔路腾飞二街、万科花园、南滑翔路凌空二街、生日城东、滑翔公园东、天华医药、诗波特小区、兴工街沈辽路、兴工街南七路、兴工街建设大路、兴工街北四路、兴工街北三路(沈阳站西)、兴工街北二路、胜利大街北二马路、胜利大街北四马路、西塔南、储备局、家具广场、碧塘公园西、北行、长江街宁山路、辽宁大学、建赏欧洲、长江街泰山路、沙河子小区、沙河子
253	东方玫瑰园——市第六医院	东方玫瑰园、和惠家园、梧桐馨园、北大营街上园路、通利汽车公司、九一八历史博物馆、恒驰物流、沈阳大学西门、望花街临河路、小北关街二〇二巷、省高级法院、家乐福北站店、惠工广场东、惠工广场南、奉天街市府大路、奉天街小西路、奉天街药王庙路、大西边门、十一纬路二经街、第七医院、五经街十三纬路、光荣街十四纬路、方型广场北、方型广场南、南湖公园西门、市第六医院
254	保利心语花园——龙之梦亚太城	保利心语花园北、保利心语花园、铁西区体育中心、牛心屯三路重工街、美好愿景北门、北三路北启工街、北三路卫工街、北三路圣工街、北三路保工街、北三路齐贤街、北三路景星街、铁西区政府、云峰街北三路、北二路云峰街、北二路兴工街、胜利大街北二马路、胜利大街北四马路、老道口、三洞桥、皇寺广场、哈尔滨路青年北大街、华府天地南、天后宫路友好街、天后宫路令闻街、天后宫路小北街、横街、草仓路大什字街、草仓路小什字街、东边城街珠林路、龙之梦亚太城

线路	起始站点	途经站点
255	蒲河大道——沈阳站北	蒲河大道、盛京医院沈北分院、瀚博皇家御湾、太湖国际花园、瀚博皇家御院、辽宁大学北校区、沈阳航空航天大学、唐轩公馆、道义大街正良二路、沈阳师范大学、四台子、黄河大街万山路、沈阳医学院、何氏眼科医院、国奥现代城、松山路黄河大街、松山小区、松山路长江街、恒盛广场、青山路怒江街、青山路、依云北郡A区、加州花园、大禹蘭庭花园、西江街白山路、万科四季花城、皇姑热电厂、怒江公园西、水榭花都、淮河街崇山路、淮河街昆山路、小白楼、华山路怒江街、华山路珠江街、华山路长江街、储备局、西塔、铁路局、太原街中山路、沈阳站北
256	辽宁美术印刷厂——砂山街玉屏一路	辽宁美术印刷厂、北大营街南卡门路、上园路合作街、上园小区、北方客运公司、联合路辽沈二街、洮昌小区、沈阳大学南门、市物价局、天后宫、太清宫北、清真寺、奉天街小西路、奉天街药王庙路、房地产大厦、奉天街北热闹路、顺通食街、大西菜行、十三纬路三经街、五经街十四纬路、省水利厅、回民中学、方型广场南、南湖公园西门、市第六医院、市第六医院南、省妇婴医院、砂南路砂阳路、砂南路砂山街、万和花园、砂山街玉屏一路
257	于洪新城管委会——龙之梦亚太城	于洪新城管委会、惠泽园社区、临河街大通湖街、临河街宏发华城、宏发三千院、细河路吉力湖街、东北机电五金城、南滑翔路腾飞二街、万科花园、滑翔六小区、南滑翔路凌空二街、生日城东、滑翔公园东、天华医药、诗波特小区、沈辽路兴工街、东北汽配商贸中心、南五马路胜利大街、南五马路民族街、铁路中学、和平广场、南五马路中兴街、南五马路振兴街、方型广场北、鲁迅儿童公园、万科春河里、华润中心北、青年公园南、文艺路五爱街、小南边门、省医院、大南边门、第二十七中学、大南街热闹路、大南门、故宫东华门、商业城(钟楼)、大北门、小津桥、津桥路小什字街、市群众艺术馆、龙之梦亚太城
258	洮昌小区——艳粉新村	洮昌小区、联合路辽沈二街、北海街联合路、市骨科医院、大北边门、第五中学、枫合万嘉、横街、小津桥、大北门、小北门、太清宫、小西门、市红十字会医院、中山路杏林街、辽宁日报社、沈阳日报社、三经街交通银行、第七医院、领事馆、鲁迅公园、方型广场北、方型广场南、南湖公园西门、市第六医院南、省妇婴医院、砂阳路砂山街、生日城、盛京医院滑翔院区、万科花园、南滑翔路腾飞二街、艳粉新村
259	榆林南路榆林二街——文萃路丰乐一街	榆林南路榆林二街、北大营街榆林南路、望花新村、上海通用北盛汽车、海鲜市场、北大营街南卡门路、合作街上园路、华美英语学校、北海街联合路、市骨科医院、大北边门、第五中学、枫合万嘉、横街、小津桥、大悦城东(大悦城)、天龙家园(外)、小什字街大东路(大什字街大东路)、省东方医院、东滨河路热闹路、科学家花园、万柳塘公园西、南塔电子市场、南塔客运站、文化东路天坛一街、出租汽车公司、文化东路富民街、东北大学基础学院(外)、丰乐二街文萃路(丰乐一街文化东路)、文萃路丰乐一街
260	中海城北——南通天街	中海城北、中海城、中海城南、白山路西江街、大禹蘭庭花园、加州花园、教师新村、陵西二小区、第四十中学、北方医院、第九印刷厂、沙河子小区、长江街泰山路、建赏欧洲、辽宁大学、长江街宁山路、北行、碧塘公园南、第四医院南、皇寺广场、市检察院、北市场、市府大路三经街、市中级法院、奉天街小西路、药王庙路奉天街、大西门、南顺城路沈州路、市环保局、五爱服装城、南通天街
260支线	中海城北——三台子地铁站	中海城北、八家子小区、绿地老街坊、省武警总队、万科魅力之城、赤山路怒江街、桃源欣城南、长江街赤山路、松山小区、松山路黄河大街、三台子地铁站
261	曹后路——中山公园西	曹后路、曹家屯、翟家开发区、家宁花园、宁官市场、沈辽路大明湖街、沈辽路昆明湖街、鹏程花园、山东堡、三隆碧桂园、大通湖街沈辽路、仙女河北路吉力湖街、仙女河路吉力湖街北、路官二街、西部货运中心东、保工街南十四路、保工街南十二路、保工街南十路、南九路保工街、南九路兴顺街、九路市场、南九路兴华街、云峰街南九路、云峰街南七路、兴工四校、兴工街建设大路、胜利大街南五马路、沈阳站南、中华路太原街、中山公园西
261支线	郎家圣新园——家宁花园	郎家圣新园、大于堡、小于堡、小于村委会、浑河六街小于、浑河六街十八号路、金辉尚璟、浑河六街淀粉厂、家宁花园
261地铁支线	曹后路——张士开发区管委会	曹后路、浑河六街小于、浑河六街十八号路、金辉尚璟、浑河六街淀粉厂、家宁花园、宁官市场、沈辽路大明湖街、沈辽路昆明湖街、昆明湖街沈辽路、张士开发区管委会

线路	起始站点	途经站点
262	砂南路砂平街——沈阳北站	砂南路砂平街、胜利大街砂川街、胜利大街南十一马路、胜利大街南九马路、东北汽配商贸中心、胜利大街南六马路、胜利大街南五马路、沈阳站南、沈阳站北、胜利大街北二马路、胜利大街北四马路、老道口、西塔、北市场西、皇寺广场、哈尔滨路肇东街、哈尔滨路青年北大街、华府天地南、惠工广场南、沈阳北站
263	御龙逸城——西塔	御龙逸城、方文路、方明街方兴路、方方园小区、方家栏、汽车制造厂、东北大学基础学院、文化东路富民街、和美妇产医院、泉园广场、血磁医院、万柳塘公园、大南边门、建设大厦、南关小区、南关路小南街、辽宁奉天中医院、五爱市场西区、五爱西区北、第七中学、顺通食街、大西菜行、十三纬路三经街、十三纬路五经街、十三纬路光荣街、十三纬路吉林路、中山公园东、马路湾、中华路南京街、中华路太原街、沈阳站北、胜利大街北二马路、胜利大街北四马路、西塔
264	长客西站——沈阳北站	长客西站公交枢纽站、长客西站、重工街勋业一路、重工街南十二路、重工街南十路、重工街南七路、南七路肇工街、市中心医院、南七路卫工街、南七路保工街、南七路兴顺街、南七路勋望街、南七路兴华街、铁西区中心医院、云峰街建设大路、建设大路兴工街、胜利大街南五马路、市文化宫、中山公园西、南京街北二马路、医大一院、南京街北六马路、沈医二院、北市场西、皇寺广场、哈尔滨路肇东街、青年北大街、沈阳北站
265	银山小区——文萃路丰乐二街	银山小区、北陵东门、省军区北门、北陵公园、辽宁中医、北陵电影院、宁山路小学、省消防总队、敬宾街、家乐福北站店、惠工广场东、市政府东、八一公园东、辽宁日报社、沈阳日报社、三经街交通银行、第七医院、领事馆、鲁迅美术学院、盛京医院南湖院区、展览馆、陆军总院东门、沈阳教育学院、宏伟新都、南塔公园、南塔日杂、天坛小区、文萃路富民街、溪林花园、文萃路丰乐二街
266	人大附小沈阳分校——泉园小区	人大附小沈阳分校、于洪广场、于洪南里、南十路强工二街、南十路重工街、重工街南七路、康利汽车公司、建设大路肇工街、建设大路启工街、建设大路卫工街、建设大路保工街、建设大路兴顺街、铁西百货、兴华公园东、兴华街南十路、兴华街沈辽路、家乐福金牛店、盛京医院滑翔院区、滑翔路腾飞一街、生日城、滑翔路凌空二街、砂阳路砂山街、省妇婴医院、砂山公园东、南京街南十马路、新华广场、和平广场、省委、中山公园东、十一纬路招商银行、十一纬路交通银行、十一纬路二经街、大西边门、房地产大厦、五爱西区北、五爱市场、热闹路大南街、热闹路东滨河路、翠园小区、东方宾馆、万泉实业公司、泉园小区
267	丁香屯——沈阳北站	丁香屯、丁香小学、广业西路、重工街广业路、北一路钢材市场、北一路肇工街、博宇金属贸易集团、北启工街北二西路、卫工北街北二路、向工街明廉路、飞跃实验中学、向工一校、昆山路前塔湾、中海寰宇天下塔湾西、中海寰宇天下、东北玩具城、小白楼、华山路怒江街、皇姑公安分局、华山路珠江街、华山路长江街、皇寺广场、哈尔滨路青年北大街、华府天地南、惠工广场南、沈阳北站
267 支线	大兴——兴隆大都汇	大兴、新光、大兴学校、西桥、大兴街道办、大兴沙岗子、陈孤家子、陈孤家子东、红兴路环城高速、红旗台高速口、西湖俪景西、丁红、沈阳金谷、北一路重工街、北一路钢材市场、肇工街北一路、万科朗润园、肇工街北三路、肇工街北四路、北四路肇工街、北四路启工街、卫工街北四路、兴隆大都汇
268	中海城北——砂山货运站	中海城北、中海城、中海城南、西江街白山路、万科四季花城、皇姑热电厂、怒江公园西、水榭花都、淮河街崇山路、淮河街昆山路、小白楼、昆山路怒江街、皇姑公安分局、珠江街天山路、新湖小区、北一东路 65 号、重型文化广场、兴华街小北一路、兴华街北二路北、铁西区政府、兴华街北四路、铁西广场、建设大路云峰街东、建设大路兴工街、兴工街南七路、兴工街沈辽路、凌空一街沈辽路、凌空一街北滑翔路、凌空一街滑翔路、砂山商店、砂山货运站
268 支线	华润橡树湾——三台子地铁站	华润橡树湾、保利上林湾二期东门、松山西路西江街、松山西路中海城、松山西路依云北郡、松山西路万科魅力之城、阳光尚城、松山路长江街、松山小区、松山路黄河大街、三台子地铁站
269	于洪新城管委会——沈阳北站	于洪新城管委会、细河路大通湖街、于洪新城供暖公司、细河路吉力湖街、东北机电五金城、南滑翔路腾飞二街、万科花园、盛京医院滑翔院区、生日城、滑翔路凌空二街、砂阳路砂山街、省妇婴医院、市第六医院南、南湖公园西门、方型广场南、方型广场北、回民中学、光荣街十四纬路、二〇二医院、电业体育馆、八经街七纬路、水务集团、和平大街北七马路、八一公园西、市府大路三经街、市政府东、沈阳北站

线路	起始站点	途 经 站 点
271	炮兵学院——沈阳站	炮兵学院、第三干休所、省行政学院、沈抚立交桥东、新立堡、高官台、水暖城、观泉路铁道口、高官台街东望街、沈阳宝钢(钢花小区)、联合路东建街、金地铂悦、康福食品、新颖宾馆、联合路东辽街、联合路北海街、市胸科医院、恒驰物流北门、崇山路鸭绿江东街、北塔、省教育厅、松花江街崇山路、宁山路小学、省消防总队、敬宾街、惠工广场东、哈尔滨路青年北大街、皇寺广场、华山路长江街、储备局、西塔、太原街中山路、沈阳站
272	前榆新村——南十三纬路	前榆新村、制控电机厂、前榆村、铸造厂、后榆村、绮霞街浑南西路、金地檀郡、沈营路华园东路、融城时代、首创国际城、泛华广场、浑河堡、浦江苑、新华社、五里河公园西、夏宫、五里河茂业中心、文化路立交桥南、展览馆、盛京医院南湖院区、南湖公园、方型广场北、鲁迅公园、领事馆西、南十三纬路
273	沈阳东站——市第六医院	沈阳东站、工农路东辽街、第一四一中学、工农路北海街、辽沈二街工农路、北边城路草仓路、草仓路东边城街、大东交通分局、大悦城东、天龙家园、大东路小什字街、大东车库、大东门、小河沿、大南门、热闹路大南街、五爱市场、五爱市场西区、西滨河路风雨坛街、彩电塔、西滨河路三经街、鲁迅公园、方型广场北、方型广场南、南湖公园西门、市第六医院
274	中房基安花园西门——五爱市场西区	中房基安花园西门、东陵西路联盛南巷、新东安居小区、和睦路新东二街、黎明文化宫、二〇四、和睦路地坛街、地坛街善邻路、善邻路滂江街、龙之梦畅园、华润万家滂江店、滂江市场、万柳塘路莲花街、万柳塘路万莲路、东方宾馆、翠园小区、热闹路大南街、五爱市场、五爱市场西区
276	沈阳理工大学——龙之梦亚太城	沈阳理工大学、长青街孤石路、浑南实验学校、音乐学院南校区、在水一方社区、文萃路长青街、丰乐二街文萃路、摩托车城、东北大学基础学院、文化东路富民街、和美妇产医院、泉园广场、血磁医院、万柳塘公园、万柳塘公园西、科学家花园、热闹路东滨河路、大南街热闹路、大南门、故宫东华门、商业城(钟楼)、大北门、小津桥、津桥路小什字街、市群众艺术馆、龙之梦亚太城
276 复线	罗官——龙之梦亚太城	罗官屯、观象台、东方钛业、沈阳理工大学、长青街孤石路、浑南实验学校、音乐学院南校区、在水一方社区、文萃路长青街、丰乐二街文萃路、摩托车城、东北大学基础学院、文化东路富民街、和美妇产医院、泉园广场、血磁医院、万柳塘公园、万柳塘公园西、科学家花园、热闹路东滨河路、大南街热闹路、大南门、故宫东华门、商业城(钟楼)、大北门、小津桥、津桥路小什字街、市群众艺术馆、龙之梦亚太城
277	黄河汽车公司——五爱市场西区	黄河汽车公司、东药宿舍、北一路重工街、北一路钢材市场、北一路肇工街、博宇金属贸易集团、北一路卫工街、粮食市场、北一路保工街西、北一路保工街东、沈阳国际纺织服装城、北一路万达广场、重型文化广场、北一东路65号、新湖小区、兴工街北一路、兴工街千姿汇、兴工街北二路、沈阳站北、北二马路天津街、医大一院、中山广场东、中山路和平大街、辽宁日报社、中山路杏林街、市红十字会医院、奉天街药王庙路、房地产大厦、五爱市场西区
278	黄河汽车公司——滑翔三小区	黄河汽车公司、东药宿舍、长城宾馆、东北制药厂、水泵总厂、北四路重工街、美好愿景、肇工街建设大路、肇工街南七路、肇工街南十路、启工二校、南十路卫工街、劳动公园北、保工街南十二路、南十三路齐贤街、工业大学兴顺校区、艳粉街沈辽路、艳粉新村、艳阳小区、盛京医院滑翔院区、滑翔路腾飞一街、生日城、滑翔公园东、滑翔三小区
279	金山北路永安街——兴华公园北	金山北路永安街、居易青年城、城建北尚、富丽阳光、中驰汽贸、剑苑小区、梨园剧场、北塔、省教育厅、华商晨报、儿童医院、辽宁中医、宁山路黄河大街、黄河大街巴山路、第四医院、皇寺广场、三洞桥、老道口、胜利大街北四马路、胜利大街北二马路、沈阳站北、沈阳站南、胜利大街南五马路、建设大路兴工街、建设大路云峰街、铁西百货、兴华公园北
280	金山小区——中兴街砂阳路	金山小区、北陵东门、武功山小区、省游泳馆、华商晨报、辽河街燕山路、北陵电影院、北陵大街宁山路、省公安厅、市残联、青年北大街、市人大、八一公园东、辽宁日报社、沈阳日报社、三经街交通银行、第七医院、十三纬路三经街、十三纬路五经街、五经街十四纬路、光荣街十四纬路、回民中学、方型广场南、南湖公园西门、中兴街砂阳路

线路	起始站点	途经站点
281	七二四文化宫——沈阳站西广场	七二四文化宫、劳动广场、西门、市殡仪馆、观音屯、北陵开发区、省邮电仓库、上岗子、城建北尚、富丽阳光、富丽阳光南区、陵东装饰材料市场、银山小区、金山小区、北陵东门、武功山小区、省游泳馆、华商晨报、辽河街燕山路、北陵电影院、龙江广场、省公安厅、市残联、青年北大街、市人大、市府大路三经街、北市场、市检察院、西塔南、铁路局、太原街中山路、沈阳站北、兴工街北二路、沈阳站西广场
282	沈阳环科院——华山路淮河街	沈阳环科院、纺织研究院、宏伟新都、南塔、陆军总院、展览馆、盛京医院南湖院区、南湖公园、方型广场北、回民中学、十三纬路光荣街、十三纬路吉林路、市体育局、体育广场、中山公园西、南京街北二马路、医大一院、南京街北六马路、沈医二院、西塔东、兴工街北一路、兴工街千姿汇、霁虹、富云花都、克俭小区、珠江桥东、天山路新安江街、皇姑屯火车站、天山路同江街、同江街步云山路、小白楼、华山路淮河街
283	工业大学中央校区南门——万科四季花城	工业大学中央校区南门、工业大学中央校区东门、沈辽路中央大街、翟家街道办事处、翟家开发区、家宁花园、宁官市场、沈辽路大明湖街、沈辽路昆明湖街、鹏程花园、山东堡、三隆碧桂园、新型建材厂、鼓风机一分厂、冶金机械公司、沈辽路赞工街、仙女湖公园北、西部货运中心北、沈辽路齐贤街、沈辽路艳粉街、兴华街沈辽路、兴华街南十路、兴华公园东、铁西百货、铁西广场、兴华街北四路、铁西区政府、兴华街北二路、兴华街小北一路、重型文化广场、淮河街天山路、第二十一中学、淮河街昆山路、淮河街崇山路、水榭花都、怒江公园西、皇姑热电厂、万科四季花城
284	巢湖街渤海路——沈阳站西广场	巢湖街渤海路、于洪区委南、依云首府北门、于洪广场、于洪南里、强工二街南十路、建业路强工二街、建业路重工街、建业路肇工街、南八路启工街、市中心医院南、南八路卫工街、南八路保工街、香江家居、市交通技术学校东、保工街北三路、小北二路齐贤街、小北二路景星街、小北二路兴华街、小北二路应昌街、小北二路云峰街、云峰街北三路、小北三路兴工街、沈阳站西广场
286	万科新榆公馆——龙之梦亚太城	万科新榆公馆(桥下)、万科新榆公馆、糖厂子、世纪新城、华园东路沈营路、浑南新区医院、彩霞街公铁桥、彩霞街沈营路、嘉禾源农贸市场、泛华广场、浑河堡、浦江苑、新华社、五里河公园西、夏宫、五里河茂业中心、文萃路青年大街、沈阳教育学院、宏伟新都、南塔、省金秋医院、文艺路小南街、省医院、大南边门、万柳塘公园西、科学家花园、东滨河路热闹路、荣昌集团、省东方医院、大什字街育才巷、大什字街大东路、大悦城、津桥路小什字街、市群众艺术馆、龙之梦亚太城
287	天河家园——龙之梦亚太城	天河家园、长白港湾站、南京街长白路、工农桥南、工农桥北、省妇婴医院、市第六医院南、中兴街南八马路、中兴二巷中兴街、省委、中山公园东、马路湾、十一纬路招商银行、十一纬路交通银行、十一纬路二经街、大西边门、房地产大厦、铁通公司、南顺城路风雨坛街、市环保局、大南门、故宫东华门、商业城(钟楼)、大北门、小津桥、津桥路小什字街、市群众艺术馆、龙之梦会展中心、龙之梦小商品大世界、龙之梦亚太城
288	长客西站——北站北广场	长客西站、赞工街沈新路、赞工街勋业三路、赞工街勋业一路、赞工街南十二路、赞工街南十路、南十路肇工街、肇工街南七路、市中心医院、卫工街建设大路、卫工街北四路、卫工街北三路、卫工街北二路、北二路奖工街、保工街北二路、第一粮库、北一路保工街东、沈阳国际纺织服装城、北一路万达广场、重型文化广场、北一东路65号、新湖小区、西塔东、北市场西、皇寺广场、总站路阜新二街、市行政执法局、肇东街安达路、昆山路嫩江街、沈阳有线电视台、北站北广场
289	新华壹品——华强广场	新华壹品、上园小区、上园路联合路、联合路东辽街、联合路北海街、联合路辽沈二街、洮昌小区、沈阳大学南门、市物价局、天后宫、太清宫北、太清宫、小西门、大西门、大西路奉天街、大西边门、十一纬路二经街、第七医院、领事馆、鲁迅美术学院、盛京医院南湖院区、沈阳音乐学院、百脑汇、华强广场
290	包道社区北——小河沿	包道社区北、包道社区、辉山西路川江街、川江街千山西路、川江街赤山路、赤山路川江街、松山小区、长江街北固山路、五彩新村、陵西二小区、第四十中学、北方医院、第九印刷厂、沙河子小区、长江街泰山路、泰山路黄河大街、北陵公园、辽宁中医、审判法庭陈列馆、龙江广场、沈阳北站北、敬宾街、省高级法院、市物价局、天后宫、小北街天后宫路、小北门皇城恒隆广场、中街、故宫西华门、市环保局、大南门西、小河沿
290支线	包道社区北——三台子地铁站	包道社区北、包道社区、辉山路川江街、川江街千山西路、川江街赤山路、赤山路黄河大街、黄河大街松山路、三台子地铁站

线路	起始站点	途　经　站　点
291	天泰翰宇苑——家乐福北站店	天泰翰宇苑、沈阳建筑大学西、沈音南校区南、浑南中路朗明街、军区总院浑南分院、朗日街浑南中路、恒达路朗日街、沈阳乐府艺术学校、河畔新城、富民街银河丽湾、富民街文萃路、富民街文化东路、和美妇产医院、泉园广场、血磁医院、万柳塘公园、大南边门、省医院、小南边门、文艺路五爱街、风雨坛街西滨河路、奉天街五爱市场西区、房地产大厦、万寿寺街大西路、万寿寺街小西路、小西路、市政府东、惠工广场东(虎跃快客)、家乐福北站店
292	铜山路(陵园街)——御龙逸城	铜山路(陵园街)、铜山路陵园街、陵园街锡山路、省教育厅、华商晨报、辽河街燕山路、北陵电影院、龙江广场、沈阳北站北、敬宾街、省高级法院、市物价局、天后宫、小北街天后宫路、小北门皇城恒隆广场、中街、故宫西华门、市环保局、大南门西、小河沿、育才巷小什字街、四六三医院、小河沿路滂江街、江东街小河沿路、六〇六所、东陵加工区、方家栏、方明街方兴路、金华苑、方文路方明街、御龙逸城
293	华润橡树湾东——南通天街	华润橡树湾东、松山路南、保利上林湾东门、靓马新村、巴黎香榭、西江街白山路、北陵法庭、万科四季花城北二门、万科四季花城北一门、北苑明珠、红田地产、格林阳光、格林梦夏、怒江街新开河、市委党校、怒江广场、宁山路金沙江街、宁山路北行、宁山路黄河大街、北陵大街宁山路、省公安厅、市残联、青年北大街、市政府、市府广场西、清真南寺、奉天街小西路、房地产大厦、奉天街北热闹路、五爱西区北、五爱市场、五爱服装城、南通天街
294	陵北街三台子——五爱市场北(南乐郊路)	陵北街三台子、松山路柳江街、松山路黄河大街、松山小区、长江街北固山路、五彩新村、陵西二小区、第四十中学、北方医院、香炉山路黄河大街、新乐宿舍、新乐遗址、辽宁大厦、省实验中学、黄河大街宁山路、黄河大街巴山路、第四医院、皇寺广场、哈尔滨路青年北大街、华府天地南、天后宫路友好街、天后宫路令闻街、小北街天后宫路、小北门皇城恒隆广场、中街、故宫西华门、市环保局、五爱市场北(南乐郊路)
295	家乐福北站店——保工街南十四路	家乐福北站店、惠工广场东、市政府东、市府大路三经街、北市场、市检察院、西塔、西塔南、铁路局、太原街中山路、沈阳站北、北二路兴工街、北二路云峰街、兴华街北二路南、铁西区政府、兴华街北四路、铁西广场、铁西百货、南六路勋望街、南六路兴顺街、保工街南六路、保工街南八路、保工街南十路、保工街南十二路、保工街南十四路
296	滑翔三小区——龙之梦亚太城	滑翔三小区、滑翔公园东、滑翔路凌空二街、砂阳路砂山街、省妇婴医院、砂山公园东、南京街南十马路、新华广场、铁路中学、体育广场、市体育局、中山公园东、马路湾、十一纬路招商银行、十一纬路交通银行、十一纬路二经街、大西边门、房地产大厦、铁通公司、南顺城路风雨坛街、市环保局、大南门、故宫东华门、商业城(钟楼)、大北门、小津桥、津桥路小什字街、市群众艺术馆、龙之梦会展中心、龙之梦小商品大世界、龙之梦亚太城
297	市工人文化宫——万柳塘公园北	市工人文化宫、保工街南八路、香江家居、新北方装饰建材城、陶林居、北四路贵和街、北四路兴华街、北四路云峰街、兴工街北四路、兴工街建设大路、南五马路胜利大街、南五马路民族街、铁路中学、和平广场、南五马路中兴街、南五马路振兴街、方型广场北、回民中学、省水利厅、十四纬路五经街、领事馆西、十三纬路三经街、大西菜行、第七中学、五爱西区北、五爱市场、热闹路大南街、翠园小区、万柳塘公园北
298	东机正门——大东路	东机正门、文官街、文体中心、劳动广场、西门、望花新村木材市场、东方欧博城、望花立交桥、圣淘沙家园、紫竹茗郡、通利汽车公司、九一八历史博物馆、沈阳北方客运公司、市胸科医院、北海街联合路、市骨科医院、大北边门、第五中学、枫合万嘉、横街、小津桥、东中街、大东门、大东路
299	卫士家园——沈阳站西广场	卫士家园、上园路联合路、上园小区、上园路合作街、通利汽车公司、九一八历史博物馆、崇山路鸭绿江东街、北塔、省教育厅、华商晨报、儿童医院、辽宁中医、崇山路嘉陵江街、辽宁大学、百鸟公园、市委党校、崇山路淮河街、淮河街昆山路、淮河街天山路、重型文化广场、小北一路兴华街、新湖北国之春南、小北一路颂工街、兴工街千姿汇、兴工街北二路北、兴工街北三路、沈阳站西广场

线路	起始站点	途经站点
324	苏家屯——北站北广场	苏家屯、新石代石材城、血栓医院、雪松路迎春街、雪松路牡丹街、中顺汽车、苏白路市场、辽宁卫生职院、湖畔绿洲、吉水暖气公司、满融首府、苏家屯区委党校、下河湾、民族开发区、浑河站、三山集团、越秀星汇蓝海花园、万科城、格林生活坊、远洋天地、工农桥南、南京街砂阳路、南京街南十马路、新华广场、铁路中学、沈阳站、沈阳站北、太原街中山路、铁路局、西塔、储备局、家具广场、第四医院南、昆山路嫩江街、北站北广场
325	虎石台——沈阳北站	虎石台(辽宁交通高等专科学校)、兴盛街、虎石台邮局、虎石台第一小学、老市场、市益民医院、矿务局中学、欧盟工业园(黄楼)、虎石台开发区、辽宁金融职业学院、詹屯、鑫宁家园、三〇一、朱尔屯、朱尔屯道口、西三家子、文官屯、西门、望花新村木材市场、东方欧博城、望花立交桥、圣淘沙家园、紫竹茗郡、通利汽车公司、九一八历史博物馆、崇山路鸭绿江东街、北塔、省教育厅、松花江街崇山路、宁山路小学、省消防总队、沈阳北站
326	新城子——五爱市场西区	新城子中央路北斗街、新城子电影城、新城子邮局、新城子大市场、红楼小区、五五村口、道树子东、道树子西、七家子东、七家子西、财落三村、财落二村、财落市场、姚家东、姚家西、大辛二村、全胜北、全胜西、三家子检查站、三家子、依生制药厂、道义大街大三线、自来水五厂、弓匠村、俪景小区、太湖国际花园、瀚博皇家御院、辽宁大学北校区、沈阳航空航天大学、唐轩公馆、沈阳师范大学、四台子、黄河大街万山路、沈阳医学院、何氏眼科医院、国奥现代城、黄河大街松山路、二四二医院、省中医二院、新乐宿舍、辽宁大厦、省实验中学、黄河大街宁山路、黄河大街巴山路、第四医院、皇寺广场、市检察院、北市场、市中级法院、太清宫、小西门、大西门、风雨坛街热闹路、五爱市场西区
327	碧桂园凤凰城——沈阳站南	碧桂园凤凰城、丁香街沙柳路、苏家屯工商局、枫杨路青年桥、苏家屯大润发超市、玫瑰街香杨路、苏家屯火车站、玫瑰街北九路、十里锦城(沈阳国际展览中心)、木材防腐厂、大官房、可济药业、银杏路雪莲街(原加工厂)、沈阳市工业技术学校、华府丹郡、恒大名都、沈阳卷烟厂、上河湾、王士村、前榆树台、上夹河、沙岗子、中海国际社区、长白港湾站、工农桥南、工农桥北、南京街砂阳路、南京街南十马路、新华广场、铁路中学、沈阳站南(南一马路)
328	新城子——马路湾	新城子、沈北客运站、新城子中心大市场、贵州路北斗街、新兴广场、王驿屯、西五旗、木材交易中心、崔公堡、孟家屯、大望花台、小望花台、吴三家子、中古城子、首开国风润城、大古城子、矿务局中学、虎石台开发区(黄楼)、辽宁金融职业学院、詹屯、三〇一、朱尔屯、朱尔屯南、西三家子、新楼、文官屯、西门、望花新村木材市场、东方欧博城、望花立交桥北、圣淘沙家园、紫竹茗郡、通利汽车公司、九一八历史博物馆、崇山路鸭绿江东街、北塔、省教育厅、松花江街崇山路、宁山路小学、省消防总队、市建委、沈阳北站站前、惠工广场西、哈尔滨路青年北大街、总站路阜新二街、皇寺广场、北市场西、西塔、沈阳站北、沈阳站、中华路南京街、马路湾
329	马三家子——黑龙江街武夷山路	马三家、马三教养院、马三家中街、马三桥头、兰屯、兰屯桥、小三家、铁路西站、永安桥、朝鲜小学、刘家窝棚、大转弯桥、小转弯桥、大芳士、元江街白山路、向工一校、昆山路前塔湾、中海寰宇天下塔湾西、太平庄、崇山路淮河街、宁山路延河街、怒江广场、宁山路金沙江街、宁山路北行、宁山路黄河大街、嫩江街宁山路、省公安厅、龙江广场、黑龙江街武夷山路
329 支线	闸上——中海寰宇天下塔湾西	闸上、闸上村委会、嘉益食品、明星村(南线)、高力屯、阳光城、高力大棚、看守所、造化监狱、大转弯桥、小转弯桥、大芳士、元江街白山路、向工一校、昆山路前塔湾、中海寰宇天下塔湾西
333	苏家屯——沈阳北站	苏家屯客运站、苏家屯大润发超市、青年桥、公园商场、铁路医院、雪松路牡丹街、北国奥林匹克花园、沈阳国际会展中心、辽宁反腐倡廉展览馆、航天路、小羊安、城建学院、白塔堡、白塔市场、阳光新嘉园、沈营路新秀街、沈铁田园牧歌、万科新榆公馆、糖厂子、世纪新城、沈营路华园东路、融城时代、首创国际城、泛华广场、浑河堡、浦江苑、新华社、五里河公园西、夏宫、五里河茂业中心、文化路立交桥南、陆军总院、地王国际花园、风雨坛街西滨河路、五爱市场西区、风雨坛街热闹路、大西门、小西门、太清宫北、天后宫、房产市场、惠工广场东、沈阳北站

线路	起始站点	途经站点
333 支线	苏家屯——沈阳北站	苏家屯客运站、苏家屯大润发超市、青年桥、公园商场、铁路医院、雪松路牡丹街、北国奥林匹克花园、沈阳国际会展中心、南京街银杏路、沈阳体育学院、新沈阳南站（预留站）、小羊安、城建学院、白塔堡、白塔市场、阳光新嘉园、沈营路新秀街、沈铁田园牧歌、万科新榆公馆、糖厂子、世纪新城、沈营路华园东路、融城时代、首创国际城、泛华广场、浑河堡、浦江苑、新华社、五里河公园西、夏宫、五里河茂业中心、文化路立交桥南、陆军总院、地王国际花园、风雨坛街西滨河路、五爱市场西区、风雨坛街热闹路、大西门、小西门、太清宫北、天后宫、房产市场、惠工广场东、沈阳北站
334	红椿路铁路桥——沈阳北站	红椿路铁路桥（郡原小石城）、红椿路高铁二街（郡原望庄）、百荷湾（白塔堡）、白塔小学、百荷湾北门、白塔三街高深路、理想新城、三环辅路、卓越平方、双 E 港小区、白塔河路（上深村）、飞云路金辉街、飞云路新岛街、教场、泰莱十六区、文澜苑、坤泰新界、省浑南训练基地、奥休中心南门、新华公寓、科普公园东、五爱街文萃路、陆军总院东门、地王国际花园、风雨坛街西滨河路、五爱市场西区、风雨坛街热闹路、大西门、小西门、太清宫北、天后宫、房产市场、惠工广场东、沈阳北站
335	金宝台二手车市场——二十一世纪广场	金宝台二手车市场、金宝台村、金宝花园、三十中学、桂花街北青松路、血栓医院、公园商场、铁路医院、雪松路牡丹街、北国奥林匹克花园、雪莲街山榆路、华润雪花啤酒厂、大羊安村、有轨电车车辆段、毡匠村、毡匠路口、火石桥、东北花卉大世界、小羊安村、城建学院、白塔堡、白塔市场、阳光新嘉园、沈营路新秀街、东大软件园、变压器研究所、高科路世纪路、高科路新明街、下深工业园、21 世纪广场
381	石佛寺——大渡河街	石佛寺、孟家、立新、张家、鲁家、中心台、兴鲜村、兴隆台、救兵台、永丰村（粮库）、尹家（世家沈北新城）、纸板厂、下坎子、全胜、三家子（沈北）、道义工业新区、弓匠屯、瀚博小区、道义镇政府、道义中学、辽宁大学北校区、正良村、沈阳师范大学、四台子、黄河大街万山路、沈阳医学院、国奥现代城、黄河大街松山路、二四二医院、省中医二院、新乐宿舍、新乐遗址、辽宁大厦、省实验中学、辽宁大学、长江街宁山路、北行、大渡河街
382	新城子——大渡河街	新城子、五五村、道树子、七家子、德胜台、财落、七十五中学、姚家、大辛屯二村、全胜、三家子（沈北）、道义工业新区、弓匠屯、瀚博小区、道义镇政府、道义中学、辽宁大学北校区、正良村、沈阳师范大学、四台子、黄河大街万山路、沈阳医学院、国奥现代城、黄河大街松山路、二四二医院、省中医二院、新乐宿舍、辽宁大厦、省实验中学、辽宁大学、长江街宁山路、北行、大渡河街
383	依路——龙之梦亚太城	依路、拥屯、怪坡风景区、阎家沟、万米、后腰堡、前腰堡、清水台、泥沟堡、二井、孙家洼子、蒿甸子、马家堡子、蒲河镇、华康牧业公司、好利来工业园（黄泥河子）、希杰饲料公司（转盘/百事可乐）、聚农路（千禧鹤/雨润食品）、泉涌新镇（辉山畜牧场/阳光洛可可）、冯道社区、翔宇中学、闽南石材城、奥森环境公司、赵家沟（中南陶瓷城）、王家沟、上王家沟、八棵树、罗家沟、南赵家沟、祥和汽校、山水文园（花园新城）、东山嘴子、陶瓷城、东望街东陶路、国瑞商城、中铁物资集团、万科蓝山、沈阳东站北、东北大马路明堂街、东北大马路新生二街、市骨科医院、北海街工农路、莱茵河畔、龙之梦亚太城
384	棋盘山——白塔路	棋盘山、宋家、清韵百园、中木、下木、小东沟、上满堂、世博园（碧桂园）、上水泉、中水泉、老年公寓、下水泉、英达桥头、英达、御湖开发区、后陵、东方御景、炮校东门、金家屯、农科院、省农业技术学校、沈抚立交桥东、东北汽贸、一汽福达、良城美景、辽宁奥通、二〇一、一汽惠华、沈海热电厂、珠林桥东、天江老龙口、市群众艺术馆、津桥路小什字街、小津桥、白塔路
385	皇家极地海洋世界——白塔路	皇家极地海洋世界、晓仁镜村、砖瓦村、大仁镜村、化工厂、旧站、高坎镇桥头、三家子村、上马村、世博园南门、万科兰乔圣菲、烟台村、七间房、工人医院、司法干校、东陵公园、少林武校、前陵堡、东陵路东三环、沈阳农业大学、农科院、省农业技术学校、沈抚立交桥东、东北汽贸、良城美景、辽宁奥通、二〇一、一汽惠华、沈海热电厂、珠林桥东、天江老龙口、市群众艺术馆、津桥路小什字街、小津桥、白塔路
386	深井子——白塔路	深井子村委会、深井子街、十大线、大甸子、小甸子、上伯、下伯、后汪家、前汪家、石庙子、东陵路东三环、沈阳农业大学、农科院、省农业技术学校、沈抚立交桥东、东北汽贸、一汽福达、良城美景、辽宁奥通、二〇一、一汽惠华、沈海热电厂、珠林桥东、天江老龙口、市群众艺术馆、津桥路小什字街、小津桥、白塔路

线路	起始站点	途经站点
387	白清寨——南塔客运站	白清寨、顺山子、太平山、山城子、老瓜洼、上高士、下高士、祝家、常王寨、小常王寨、常家湾、红旗岭、畜牧场、李相、古城子、麦子屯、沈阳出口加工区、沈阳建筑大学、沈音南校区南、在水一方社区、和泰东方园、万科花园新城、东北大学基础学院、出租汽车公司南、南塔客运站
387 区间	祝家——南塔客运站	祝家、常王寨、小常王寨、常家湾、红旗岭、畜牧场、李相、古城子、麦子屯、沈阳出口加工区、沈阳建筑大学、沈音南校区南、在水一方社区、和泰东方园、万科花园新城、东北大学基础学院、出租汽车公司南、南塔客运站
388	老塘峪——南塔客运站	老塘峪、石官屯、杏树村、馒首山、李相、邦士台、得胜屯、高八寨、永安道口、保和、施家寨、元科蜡厂、东陵殡仪馆、孙家寨、下泉水峪村道口、下泉水峪村委会、下泉水峪村、南岭村、南岭村委会、新大地公司、营城子、后桑林子、博荣水立方（大甸子）、教场、泰莱十六区、文澜苑、奥体中心南门、河畔花园、五爱街文萃路、陆军总院东门、南塔、南塔鞋城、南塔客运站
389	陈相——南塔客运站	陈相、公墓、皮家湾、下庙子、电池厂、刘后地、佟沟、佳地园、胜利、绿岛、信盟花园、荒山子、舞蹈学校、桃仙镇、万家岭、美地庄园、班家寨、前桑林子、营城子、后桑林子、博荣水立方（大甸子）、教场、泰莱十六区、文澜苑、奥体中心南门、河畔花园、五爱街文萃路、陆军总院东门、南塔、南塔鞋城、南塔客运站
390	桃仙——南塔客运站	桃仙、富家屯、荒山子、舞蹈学校、桃仙镇、万家岭、美地庄园、班家寨、前桑林子、营城子、后桑林子、博荣水立方（大甸子）、教场、泰莱十六区、文澜苑、奥体中心南门、河畔花园、五爱街文萃路、陆军总院东门、南塔、南塔鞋城、南塔客运站
393	光荣——北陵公园	光荣、茨榆、曙光、马家、穆家、新农村、全胜、三家子检查站、沟子沿、平罗、上蒲河、黄土坎、道义中学、辽宁大学北校区、正良村、沈阳师范大学、四台子、黄河大街万山路、沈阳医学院、国奥现代城、黄河大街松山路、二四二医院、省中医二院、新乐宿舍、辽宁大厦、北陵公园
394	陈相——南塔客运站	陈相、柳匠屯、胡老屯、小东沟、前三道岗子、后长岭子、沙河堡佟古家子、于家道口、沙河堡、沙河桥北、后桑栏子、鲍家、毡匠路口、火石桥、东北花卉大世界、大羊安村、小羊安村、白塔市场、阳光新嘉园、沈营路新秀街、万科新榆公馆、糖厂子、世纪新城、沈营路华园东路、融城时代、浑河堡南、五里河公园西、五爱街文萃路、陆军总院东门、南塔、南塔客运站
395	姚千——南塔客运站	姚千、上瓦房、朱家庄、刘千户、小堡屯、奉集、刘后地、佟沟、佳地园、胜利、绿岛、信盟花园、荒山子、舞蹈学校、桃仙镇、万家岭、美地庄园、班家寨、前桑林子、营城子、后桑林子、博荣水立方（大甸子）、教场、泰莱十六区、文澜苑、奥体中心南门、河畔花园、五爱街文萃路、陆军总院东门、南塔、南塔鞋城、南塔客运站
396	光辉农场——重工街北一路	光辉农场、三台子市场、光辉乡政府、三台子养鸡场、高台子、门台加油站、集体、西大林子、东大林子、曹台、范家屯、大兴、新兴村、西桥、大兴乡政府、大兴沙岗子、陈孤家子、第五十六中学、红旗台、丁红、丁香屯、丁香小学、重工街北一路
397	解放——大渡河街	解放、解放市场、于金台、万金台、大尚义、小尚义、达连屯、周家、陆家、青堆子、马家甸、监狱城、白辛台、北刘家、东二台子、西二台子、平罗镇政府、平罗市场、广告学院、关家、旺牛屯、白家、造化、中海城北、中海城、加州花园、教师新村、陵西二小区、第四十中学、北方医院、第九印刷厂、沙河子小区、长江街泰山路、建赏欧洲、辽宁大学、长江街宁山路、北行、大渡河街
397 区间	监狱城——大渡河街	监狱城、白辛台、北刘家、东二台子、西二台子、平罗镇政府、平罗市场、广告学院、关家、旺牛屯、白家、造化、中海城北、中海城、加州花园、教师新村、陵西二小区、第四十中学、北方医院、第九印刷厂、沙河子小区、长江街泰山路、建赏欧洲、辽宁大学、长江街宁山路、北行、大渡河街
398	虎石台——北陵公园	虎石台综合大市场、虎石台小学、老市场、虎石台镇政府、省金融学校、兴明街蒲裕路、省交校南门、沈北路天赋家园、辽宁经济管理干部学校、小桥子村北、小桥子村、小桥子村南、万合汽校、物流园、五金建材市场、消防训练基地、文官屯、德孚润滑油、空训基地、鸭绿江街圣安路（观音屯）、北陵开发区、新锐防爆电器、上岗子、城建北尚、烈士陵园、金山小区、北陵东门、省军区北门、北陵公园

线路	起始站点	途 经 站 点
399	虎石台——沈阳站北	虎石台、老市场、矿务局中学、虎石台开发区、辽宁金融职业学院、詹屯、三〇一、朱尔屯、西三家子、新楼、西门、望花新村木材市场、东方欧博城、望花立交桥、圣淘沙家园、紫竹茗郡、通利汽车公司、九一八历史博物馆、崇山路鸭绿江东街、北塔、省教育厅、松花江街崇山路、宁山路小学、省消防总队、市建委、青年北大街、总站路阜新二街、皇寺广场、北市场西、沈医二院、西塔、铁路局、太原街中山路、沈阳站北
501	沙岭客运站——五爱市场西区	沙岭客运站、大成公司、永森木业、家具园管委会、俪锦城、沙岭小区、粮旺集团、兰胜台、辽宁成工(金威橡胶)、高明台、共和综合市场、连云塔机、沈新路七号街、天津汽贸、张士、沈新路松花湖街、沈新路巢湖街、巢湖街渤海路、于洪区委、依云首府北门、于洪广场、于洪南里、南十路强工二街、南十路重工街、南十路肇工街、启工机械学校、南九路卫工街、南七路保工街、南七路兴顺街、南七路勋望街、铁西百货、铁西广场、建设大路兴工街、胜利大街南五马路、沈阳站南、中华路太原街、中华路南京街、二〇二医院、十三纬路光荣街、十三纬路五经街、十三纬路三经街、大西菜行、顺通食街、第七中学、五爱市场西区
503	沈阳北站——五爱市场北	沈阳北站、家乐福北站店、惠工广场东、房产市场、天后宫北、天后宫、太清宫北、太清宫、小西门、大西门、市环保局、五爱市场北(小南街)
523	东方威尼斯——沈阳站南	东方威尼斯、丰乐二街文萃路、摩托车城、东北大学基础学院、文化东路富民街、出租汽车公司南、文化东路天坛一街、南塔鞋城、省医院东门、大南边门、建设大厦、南关小区、南关路小南街、辽宁奉大中医院、五爱市场西区、五爱西区北、第七中学、顺通食街、大西菜行、十三纬路三经街、十三纬路五经街、十三纬路光荣街、十三纬路吉林路、体育广场、中山公园西、市文化宫、沈阳站南(南一马路)
718	东湖市场——解放南	东湖市场、于洪广场、于洪家乐福、太湖街、巢湖街、北李官、东平湖街、和泰馨城、沈胡公路、于洪动监、于洪职教中心、新塔湾钢材市场、姚家、红旗石材城、第五十六中学、世代书香、创奇游乐公司、双联电子公司、陈孤家子、大兴沙岗子、大兴街道、西桥、大兴学校、新光(新房子)、大兴铸造厂、范屯、西大林、集体、光辉乡、老边、南台、解放南
719	东湖市场——造化大集	东湖市场、于洪广场、于洪家乐福、太湖街、巢湖街、北李官、东平湖街、和泰馨城、沈胡公路、于洪动监、于洪职教中心、新塔湾钢材市场、姚家、红旗石材城、第五十六中学、世代书香、创奇游乐公司、双联电子公司、陈孤家子、大兴沙岗子、大兴街道、西桥、大兴学校、新光(新房子)、大兴铸造厂、马三家供电所、范家屯、交通经济驾校、马三家街道、第五十九中学、马三家公铁桥、金马新村、马三家、前辛台、郝三家、平罗、造化大集
720	东湖市场——解放北	东湖市场、于洪广场、于洪家乐福、太湖街、巢湖街、北李官、东平湖街、和泰馨城、沈胡公路、于洪动监、于洪职教中心、新塔湾钢材市场、姚家、红旗石材城、第五十六中学、世代书香、创奇游乐公司、双联电子公司、陈孤家子、大兴沙岗子、大兴街道、西桥、大兴学校、新光(新房子)、大兴铸造厂、马三家供电所、范家屯、交通经济驾校、马三家街道、第五十九中学、马三家公铁桥、金马新村、马三家、古城子、十里河、双树子、解放北
721	东湖市场——前进	东湖市场、于洪广场、太湖街、于洪区委、巢湖街、北李官、东平湖北街、和泰馨城、沈胡公路、沈胡路环城高速、东民、后民屯、兴盛、西爱线、爱国、繁荣、沙陀子、前进
721 支线1	东湖市场——门台	东湖市场、于洪广场、太湖街、于洪区委、巢湖街、北李官、东平湖北街、和泰馨城、沈胡公路、沈胡路环城高速、东民、后民屯、兴盛、西爱线、爱国、繁荣、曹台、岔路、皮台、边台、静安、门台
721 支线2	东湖市场——曹台	东湖市场、于洪广场、黄海路、于洪区委、巢湖街、北李官、东平湖北街、和泰馨城、沈胡公路、环东物流、宏发小学、东民、后民屯、兴盛、爱国家园、光辉、大兴、全胜、曹台
800	陵园西街——三好桥	陵园西街、金山路91号、金山小区、北陵东门、省军区北门、北陵公园、辽宁中医、北陵大街宁山路、省公安厅、市残联、北站路青年北大街、沈阳北站、惠工广场南、奉天街市府大路、奉天街小西路、奉天街药王庙路、房地产大厦东、风雨坛街沈州路、风雨坛街热闹路、五爱市场西区、风雨坛街西滨河路、地王国际花园、陆军总院东门、五爱街北文萃路、文萃路青年大街、五里河茂业中心、世贸百货、市交通局、新世界花园、三好桥

线路	起始站点	途经站点
K801	碧桂园凤凰城——五爱市场	碧桂园凤凰城、南营子、沙柳小学、溪畔人家、苏家屯客运站、海棠花园、苏家屯妇婴医院、苏家屯房产大厦、青年桥、公园商场、铁路医院、雪松路牡丹街、北国奥林匹克花园、十里锦城、大官房、可济药业、玉皇药业、加工厂宿舍、馨丽康城、九州湾景汇、胜利南街湾景汇北、浑河站、三山集团、马总、长白苑、万科城、格林生活坊、远洋天地、工农桥南、工农桥北、南京街砂阳路、省妇婴医院、市第六医院南、南湖公园西门、方型广场、盛京医院南湖院区、展览馆、陆军总院、南塔、省医院东门、大南边门、第二十七中学、五爱市场
K802	碧桂园凤凰城——龙之梦亚太城	碧桂园凤凰城、南营子、沙柳小学、溪畔人家、苏家屯客运站、海棠花园、苏家屯妇婴医院、苏家屯房产大厦、青年桥、公园商场、铁路医院、雪松路牡丹街、北国奥林匹克花园、十里锦城、大官房、可济药业、玉皇药业、加工厂宿舍、馨丽康城、九州湾景汇、胜利南街湾景汇北、浑河站、三山集团、马总、长白苑、万科城、格林生活坊、远洋天地、工农桥南、工农桥北、南京街砂阳路、省妇婴医院、市第六医院南、南湖公园西门、方型广场、盛京医院南湖院区、展览馆、陆军总院、地王国际花园、风雨坛街街西滨河路、五爱市场西区、五爱市场、热闹路大南街、大南门东、小河沿、大东门、东中街、小津桥、津桥路小什字街、市群众艺术馆、龙之梦亚太城
铁西新区1线	张士灯具城——西塔	张士灯具城、张士开发区管委会、花海路燕塞湖街、水产市场、沈新路洪湖二街、洪湖小区、长客西站、重工街勋业一路、重工街南十二路、重工街南十路、重工街南七路、南七路肇工街、建设大路肇工街、建设大路启工街、建设大路卫工街、建设大路保工街、建设大路兴顺街、铁西广场、建设大路云峰街西、建设大路兴工街、胜利大街南五马路、沈阳站南、沈阳站北、太原街中山路、铁路局、西塔
铁西新区2线	久利公司——南湖公园西门	久利公司、七号路七号街、七号路六号街、七号路六号街东、七号路四号街、四号街开发大路、四号街十一号路、四号街十四号路、家宁花园、宁官市场、沈辽路大明湖街、沈辽路昆明湖街、鹏程花园、山东堡、三隆碧桂园、新型建材厂、鼓风机一分厂、冶金机械公司、沈辽路赞工街、仙女湖公园北、西部货运中心北、沈辽路齐贤街、沈辽路艳粉街、沈辽路兴华街、沈辽路云峰街、沈后招待所、沈辽路兴工街、东北汽配商贸中心、南八马路太原街、南八马路海口街、沈阳急救中心、南湖公园西门
铁西新区产业一线	长客西站——六合苑	长客西站、洪湖一街沈新路、洪湖一街、澳海西湖印象、星海路、昆明湖街星海路、昆明湖街(张士开发区管委会)、普力司通、云海路(东北制药)、云海路松花湖街、七号路一号街、七号路四号街、七号路六号街东、七号路六号街、七号路七号街、久利公司、开发大路七号街、施道克电力公司、中央大街地铁站、沈鼓集团南、高中压阀门、机床集团、丽都新城西、机床集团 3 号门、远大集团、十三号街地铁大厦、北车集团、三一重工、特变电工、申克动力、安川电机、中床物流、日本工业园、沈西燃气、积水房屋、大青村、六合苑
浑南一线	理想新城——方荣路	理想新城、高远路东大软件园、变压器研究所、东海电子、海外学子园、亚泰花园、东陵区(浑南新区)政府、报业印务中心、二十一世纪广场、辽宁移动通信、彩霞街公铁桥、彩霞街沈营路、泛华广场、浑河堡、浦江苑、新华社、新华公寓、艺术家园、河畔新城、沈音乐府艺术学校、恒达路朗日街、金海园、长青桥、南堤路文汇街、文汇街南堤路、音乐学院南校区、在水一方社区、和泰东方园、万科花园新城、方青北路、青阳四季园、瑞丰嘉园、方荣路
预备役号专线	高炮一师西——皇姑屯火车站	高炮一师西、万科城、格林生活坊、长白东路长白四街、三好桥北、新世界花园、市交通局西门、东北大学南门、交通安全教育学校、龙王庙公园、盛发花园、省体院、市第六医院、和平大街南七马路、铁路中学、南五马路民族街、南五马路胜利大街、振工街建设大路、兴工街北三路(沈阳站西)、兴工街北二路、兴工街千姿汇、兴工街北一路、珠江街天山路、华山路珠江街、皇姑公安分局、怒江街华山路、皇姑屯火车站
旅游观光一线(观光巴士1号线)	辽宁大厦——奥体中心南门	辽宁大厦、北陵公园、省政府、辽宁中医、省公安厅、北站路青年大街、惠工广场北、市府广场西、市中级法院、太清宫东、小津桥、东中街、大东门、大南门西、房地产大厦、大西边门、彩电塔、青年公园西、华润中心、文化路立交桥南、五里河茂业中心、夏宫、五里河公园西、奥体中心南门

线路	起始站点	途　经　站　点
浑河西峡谷旅游专线	地铁中央大街站——浑河西峡谷公园	地铁中央大街站、荣盛幸福大道、中央大街沈辽路、工业大学中央校区东门、工业大学中央校区南门、浑河西峡谷公园
沈北专线	新城子－虎石台－蒲河新城	新城子、新城子邮局、新城子中心大市场、贵州路北斗街、新兴广场、王驿屯、西五旗、木材交易中心、崔公堡、孟家屯、大望花台、小望花台、吴三家子、中古城子、首开国风润城、大古城子、矿务局中学、市益民医院、老市场、虎石台镇政府、黄楼、虎石台管委会、蒙牛乳业、柳岗屯、沈北路月亮湖街、沈北路大望街、吉隆公司、北钢不锈钢公司、沈北路辉山大街、沈北路宏业街、泉涌新镇、中信银行沈北支行、水木康桥、省装备学院、蒲河新城管委会
沈抚一号线	沈阳站——抚顺南站	沈阳站、胜利大街北四马路、三洞桥、皇寺广场、珠林桥东、二〇一、二〇五、保利花园、沈抚立交桥东、马官桥、沈阳农业大学、李石开发区、三宝屯、抚顺八纬路、石化大学、七百商店、石油研究院、海城街、大官屯、三道街、抚顺南站
沈抚三号线	沈阳北站——抚顺南站	沈阳北站、惠工广场南、龙之梦亚太城、珠林桥东、二〇一、二〇五、保利花园、沈抚立交桥东、马官桥、沈阳农业大学、东陵公园、赛特奥莱、奥林匹克花园、世博园南门、高坎、砖瓦村、小仁镜村、皇家极地海洋世界、热高乐园、高湾、和平桥北、石化大学、七百商店、石油研究院、海城街、永济路西、大官屯、三道街、抚顺南站
沈抚四号线	沈阳五爱市场——抚顺白云商场	沈阳五爱市场、鸿翔宾馆、莲花街、珠林桥东、二〇一、二〇五、保利花园、沈抚立交桥东、马官桥、沈阳农业大学、李石开发区、三宝屯、抚顺八纬路、石化大学、七百商店、石油研究院、海城街、大官屯、三道街、抚顺白云商场
沈抚城际公交1线	抚顺沈抚新城——龙之梦亚太城	沈阳理工大学应用技术学院、沈抚新城管委会、四方高中、锦绣澜湾、君悦地产、抚顺万科金域蓝湾、金风湾、四环桥、伯官东街、伯官大街、伯官西街、汪家、沈抚立交桥、石庙子、刘付屯、东岗子、李巴彦、恒大江湾、杨官屯、沈阳出口加工区、东亚国际城、沈阳建筑大学、音乐学院南校区、在水一方社区、和泰东方园、万科花园新城、长青街、泉园一路、万泉旅社、莲花街、华润万家滂江店、龙之梦畅园、龙之梦亚太城
沈抚城际公交2线	抚顺沈抚新城——龙之梦亚太城	沈阳理工大学应用技术学院、沈抚新城管委会、亿丰国际、顺安路、悦鑫国际、阳光丽景、开发区公安分局、顺飞广场、催化剂厂、万科金域蓝湾东门、永泰电力、化工机械、凯顺化工、抚顺职业技术学院、旺力城、四环桥、伯官东街、伯官大街、伯官西街、汪家、沈抚立交桥、石庙子、刘付屯、东岗子、李巴彦、恒大江湾、杨官屯、沈阳出口加工区、东亚国际城、沈阳建筑大学、音乐学院南校区、在水一方社区、和泰东方园、万科花园新城、长青街、泉园一路、万泉旅社、莲花街、华润万家滂江店、龙之梦畅园、龙之梦亚太城
苏家屯中环	苏家屯金山小区	苏家屯金山小区、路灯管理所、巡警大队、桂花市场、血栓医院、苏家屯交通局、苏家屯公安局、苏家屯消防中队、苏家屯工商局、丁香小区、维康药房、枫杨路市场、青年桥、苏家屯客运站、海棠街、苏家屯妇婴医院（民主市场）、商业大厦、玫瑰街电业局、沈阳南站、军人招待所、铁中铁小、苏白路、六库（人民路）、带锯厂、苏白路市场西门、中顺汽车、苏家屯区教委、朝鲜小学、北青松路、苏家屯金山小区
机场巴士	马路湾——桃仙机场	马路湾、桃仙机场
机场巴士1号线	辽宁省快速汽车客运站——桃仙机场	辽宁省快速汽车客运站（北站虎跃快客）、桃仙机场

线路	起始站点	途经站点
机场巴士2号线	沈阳站SK客运枢纽站——桃仙机场	沈阳站SK客运枢纽站、桃仙机场
地铁一号线	十三号街——黎明广场	十三号街、中央大街、七号街、四号街、张士、开发大道、于洪广场、迎宾路、重工街、启工街、保工街、铁西广场、云峰北街、沈阳站、太原街、南市场、青年大街、怀远门、中街、东中街、滂江街、黎明广场
地铁二号线	全运路——航空航天大学	全运路、白塔河路、世纪大厦、营盘街、奥体中心、五里河、市图书馆、工业展览馆、青年公园、青年大街、市府广场、金融中心、沈阳北站、岐山路、中医药大学、北陵公园、新乐遗址、陵西、三台子、医学院、师范大学、航空航天大学
有轨电车1号线	兴隆大奥莱——会展中心	兴隆大奥莱、亿丰广场、银卡路、中国电信、新松机器人、白塔河路、月星国际城、消防总队、万丽广场、金道城、国际软件园、新松智慧园、绿城全运村、华茂中心、运行中心、尚盈丽城、府城铭邸、国际学校、光明学校、黑牛财富、城建学院、艺术中心、沈阳南站、东北大学、尚盈丽景、电车公司、会展中心
有轨电车2号线	兴隆大奥莱——桃仙机场	兴隆大奥莱、亿丰广场、银卡路、中国电信、新松机器人、白塔河路、月星国际城、消防总队、万丽广场、金道城、国际软件园、新松智慧园、国际设计谷、千锦汇酒店、美地庄园、宁路村、桃仙、机场宾馆、桃仙机场
有轨电车3号线	世纪大厦——会展中心	世纪大厦、白塔河路、中海康城、首创光和城、华茂中心、和鸿广场、科技馆、鲁美学院、锦联产业园、大学科技城、音乐学院、国际医院、东北大学、尚盈丽景、电车公司、会展中心
有轨电车5号线	奥体中心——沈抚新城	奥体中心、沈阳海关、金水花城、奥体游泳馆、行政服务中心、浑南图书馆、陆军总院、浑南实验学校、万科新里程、建筑大学、金地滨河国际、综合保税区、万科新城、东湖学校、温馨港湾、金地艺境、东北冷鲜港、天洁华尔街、汪家馨城、通航大厦、伯官、上伯官、沈抚新城

(交通局)

索　　引

一、本索引采用分析索引方法，按英语26个字母的顺序排列。

二、本索引依据编目、分目及主要条目所在的列序位置，分别注明页码（其中黑体字为编目），其后“a、b、c”表示所在栏目，供读者在检索时查阅。